행정법

김성수 이국현

Administrative Law

弘 文 社

머 리 말

이 책은 법학전문대학원에서의 행정법 강의를 위한 것이며, 학생들이 행정법을 이해하는 데 필요한 기본적인 내용을 간결하게 담으려고 하였다. 그 내용은 김성수 교수의 『일반행정법－행정법이론의 헌법적 원리－』에 기초한 것이므로 여기서 보다 풍부한 설명과 참고문헌을 확인할 수 있다. 이 책에는 개별행정법을 설명하는 부분이 별도로 할애되어 있지 않지만, 일반행정법을 설명하는 데 필요한 범위에서 간략히 서술하고 있다. 물론 향후 개별행정법의 내용을 이 책에 추가할 것이나 그 분량을 조절하여 너무 두꺼운 책이 되지는 않게 할 것이다. 이 책은 강의 교재이므로 학생들의 질문을 통해 더욱 이해하기 쉽고 유용하게 발전할 수 있을 것으로 기대한다. 한편 행정법의 주요 판례와 그 평석을 담은 보조교재는 별도로 집필할 생각이다.

어려운 출판여건에서도 이 책의 출간을 수락하여 주신 도서출판 홍문사의 임권규 사장님과 무더운 여름 편집작업 등으로 고생하신 임정우, 임진우 팀장님, 이경희 주간님에게 감사드린다. 공저자는 사제관계이다. 여러모로 부족한 제자를 학문의 길로 이끌어주시고 공저자로 삼아주신 존경하는 은사님께 감사드린다. 하지만 제자는 스승의 또 다른 스승이다. 학문적 대화와 공감 속에서 스승과 제자를 구별할 아무런 의미도 없으며 이 책은 오로지 학문적 동지애로부터 만들어졌다. 자칫 잊혀질 뻔한 책을 발전적으로 부활시킨 이국현 교수에게 진심으로 감사를 전한다.

오늘날 우리가 누리는 자유와 평화는 이를 갈구한 수많은 사람들의 희생에 빚지고 있으며 이와 함께 행정법은 발전하였고 앞으로도 또한 그럴 것이다. 행정법이 사회변화와 공동체의 정책적 이슈에 민감한 것도 그러한 연유일 것이다. 행정법을 이해한다는 것은 이러한 역사적 맥락과 공동체가 당면하고 해결하고자 하는 물음과 해법에서 깨달음을 얻고 이를 실천하는 것이다. 이야말로 우리 시대에 필요한 것이 아닐까? 사랑하는 가족들에게 이 책을 바친다.

2023년 8월

공저자 이국현 김성수

차 례

제1편 행정법의 기초이론

제2편 행정작용의 법적 형식

제3편 행정의 실효성확보를 위한 법제(행정집행)

제 4 편 행정절차와 민원처리제도

제5편 행정상 손해전보제도

제6편 행정쟁송제도

법령약어표

감염병예방법	감염병의 예방 및 관리에 관한 법률
개발이익환수법	개발이익 환수에 관한 법률
개발제한구역법	개발제한구역의 지정 및 관리에 관한 특별조치법
개인정보보호법	개인정보 보호법
경직법	경찰관 직무집행법
공공감사법	공공감사에 관한 법률
공간정보관리법	공간정보의 구축 및 관리 등에 관한 법률
공공기관운영법	공공기관의 운영에 관한 법률
공공재정환수법	공공재정 부정청구 금지 및 부정이익 환수 등에 관한 법률
공정거래법	독점규제 및 공정거래에 관한 법률
교원지위법	교원의 지위 향상 및 교육활동 보호를 위한 특별법
교육자치법	지방교육자치에 관한 법률
교육환경법	교육환경 보호에 관한 법률
국가계약법	국가를 당사자로 하는 계약에 관한 법률
국가소송법	국가를 당사자로 하는 소송에 관한 법률
국토계획법	국토의 계획 및 이용에 관한 법률
노동조합법	노동조합 및 노동관계조정법
민간투자법	사회기반시설에 대한 민간투자법
민원처리법	민원 처리에 관한 법률
법령공포법	법령 등 공포에 관한 법률
법제업무규정	법제업무 운영규정
부동산거래신고법	부동산 거래신고 등에 관한 법률
부동산공시법	부동산 가격공시에 관한 법률
부패방지권익위법	부패방지 및 국민권익위원회의 설치와 운영에 관한 법률
신항만건설법	신항만건설 촉진법
석유사업법	석유 및 석유대체연료 사업법
업무운영규정	행정 효율과 협업 촉진에 관한 규정
5·18보상법	5·18민주화운동 관련자 보상 등에 관한 법률
전자문서법	전자문서 및 전자거래 기본법
정보공개법	공공기관의 정보공개에 관한 법률
정보통신망법	정보통신망 이용촉진 및 정보보호 등에 관한 법률
즉결심판법	즉결심판에 관한 절차법
지방계약법	지방자치단체를 당사자로 하는 계약에 관한 법률
지방행정제재부과금법	지방행정제재 · 부과금의 징수 등에 관한 법률

폐기물시설촉진법	폐기물처리시설 설치촉진 및 주변지역지원 등에 관한 법률
해양사고심판법	해양사고의 조사 및 심판에 관한 법률
행정업무규정	행정업무의 운영 및 혁신에 관한 규정
행정위임위탁규정	행정권한의 위임 및 위탁에 관한 규정
훈령등발령규정	훈령 · 예규 등의 발령 및 관리에 관한 규정
환경범죄단속법	환경범죄 등의 단속 및 가중처벌에 관한 법률

제 1 편

행정법의 기초이론

■■■

제 1 장
행정법과 행정법학

제 1 절 행정법의 대상인 행정의 개념과 그 분류

Ⅰ. 행정의 개념

행정(Administration, Verwaltung)이란 본래 무엇인가를 '관리하다', '집행하다'는 의미를 가지고 있다. 행정은 국가의 공행정작용뿐만 아니라 가계나 기업의 살림살이 관리나 기업의 의사결정 집행 등 민간 부문의 활동까지 포함하는 인간조직의 관리작용 일체를 가리키는 개념이라고 할 수 있다. 이러한 실질적 의미의 행정(Verwaltung im materiellen Sinne)은 인류 역사가 시작된 이래 사회적 동물인 인간의 공동체 운영에서 필수적인 관리행위라고 할 수 있다. 한편 형식적 의미의 행정은 행정부라는 국가기관의 활동을 행정으로 파악하는 것이다.

그런데 행정법이 규율하는 행정은 유럽에서 발생한 시민혁명의 결과로 성립한 권력분립과 의회민주주의에 따른 근대국가의 공행정활동을 의미한다. 19세기 자유주의적 법치국가 시대의 일반행정법관계에서, 행정은 입법부가 제정한 법률의 통제를 받고 그 내용을 위반하지 아니하며 집행하는 소극적 의미의 행정을 그 특징으로 하였다. 하지만 20세기 사회적 법치국가 시대의 행정은 국가의 정책 과제와 공익을 보다 적극적으로 실현하는 능동적인 양태를 보이게 되었다. 이처럼 행정의 변화된 모습과 특징은 행정의 개념 정의에 더욱 어려운 과제를 던지고 있다.

오늘날 행정법학의 대상인 행정은 입법의 기속을 받으면서 국가적 과제와 공익을 적극적으로 실현하는 국가작용이라고 할 수 있다. 이는 행정법이론의 기본적인 고민으로 이어진다. 즉 한편으로는 법치주의원리에 따라 행정의 의사를 법률에 종속시키면서도 다른 한편으로는 행정의 적극성을 통한 사회형성적 과제의 효율적 실현을 어떻게 조화시킬 것인지 문제된다.

하지만 행정의 개념을 명확하게 정의하는 것은 여전히 지난(至難)한 일이다. 이러한 의미에서 독일의 행정법학자인 포르스트호프(E. Forsthoff)는 "행정은 정의할 수 없다. 다만, 묘사할 수 있을 뿐이다"(nicht definieren, sondern nur beschreiben)라고 말한다. 행정의 징표는 발견할 수 있으나 행정의 개념을 명확히 구체적으로 정의하기는 어려움을 우회적으로 표현한 것이다.

Ⅱ. 행정의 분류

행정은 개인에게 미치는 법적 효과에 따라 침해적 행정, 수익적 행정, 이중효과적(복효적) 행정으로 구분할 수 있다. 물론 그밖에도 다양한 분류가 가능하다.

1. 침해적 행정과 수익적 행정

침해적 행정은 국민의 자유와 권리를 제한하거나 의무를 부과하는 등 국민의 입장에서 볼 때 불리한 법적 효과를 야기하는 행정작용이다. 예를 들면 건축공사중지명령, TV수신료부과처분이 있다. 수익적 행정은 국민의 자유와 권리를 신장시키거나 부과된 의무를 해제하는 등 국민에게 유리한 법적 효과를 발생시키는 행정작용이다. 그 예로는 영업허가, 보조금지급결정이 있다. 침익적 행정과 수익적 행정의 구분은 법률유보의 적용범위, 상대방의 신뢰보호를 위한 수익적 행정작용의 취소·철회 제한 등 문제에서 중요한 의미를 갖는다.

2. 이중효과적(복효적) 행정

이중효과적 또는 복효적(複效的) 행정은 침해적 성질과 수익적 성질을 모두 갖는 행정작용이다. 이는 다시 혼합적 행정과 제3자효적 행정으로 구분된다. 혼합적(混合的) 행정작용은 그 상대방에게 수익적 효과와 침해적 효과가 함께 나타난다. 예를 들면 영업허가를 하면서 심야영업을 금지하는 부관을 붙이는 것이다. 제3자효 행정작용은 그 상대방에게는 수익적 효과가 발생하나 제3자에게는 침해적 성질을 갖는다. 예컨대 환경오염을 일으킬 수 있는 공장에 대한 공장설립허가는 그 허가를 받은 사람에게 수익적이지만 인근 주민에게는 침해적이다. 이와 관련하여 행정쟁송에서 제3자 보호를 위하여 그에게 당사자적격이 인정될 수 있는지 문제된다.

제 2 절 행정법학의 개념, 대상, 방법론

Ⅰ. 공법질서로서의 행정법

의회민주주의와 권력분립원칙이 헌정의 기본질서로 자리 잡은 근대국가에서 행정이 법규범을 통해 통제받는 제도가 자유주의적 법치국가의 행정법이라고 할 수 있다. 따라서 행정법은 법규범의 기속을 받으며 국가 정책과 공익을 실현하는 법질서의 축(軸)을 형성하고, 행정작용, 이를 행하기 위한 행정조직, 행정작용으로 인하여 권익을 침해당한 국민에 대한 행정적 · 사법적 권리구제를 다루는 공법(公法)으로 그 개념을 정의할 수 있다.

Ⅱ. 일반행정법과 개별행정법

행정작용은 법률의 통제를 받으며 항상 법률에 적합하게 이루어져야 한다. 행정법학은 법치행정의 핵심적인 내용인 행정의 법률적합성원칙을 비롯하여 다양한 행정법규에 공통적으로 적용할 수 있는 일반적인 개념과 원리, 행정작용의 법적 형식, 행정작용의 실효성을 확보하는 수단, 적법절차, 행정작용으로 인한 권리침해와 구제 등에 대하여 자유주의적 법치주의 시대를 거치면서 일정한 이론적 틀을 구성하였다. 이와 같이 행정법의 모든 분야에 공통적으로 적용할 수 있는 이론적 체계를 대상으로 하는 행정법질서 내지 연구 방법론을 일반행정법(Allgemeines Verwaltungsrecht)이라고 부른다.

행정법의 개별 분야에는 수많은 단행법들이 존재한다. 실제로는 좀 더 복잡한 명칭을 가지고 있는 공무원법, 지방자치법, 국가재산법, 경찰법, 도로교통법, 환경법, 조세법, 건축법, 토지공법, 경제행정법 등 다양한데, 이들의 규범체계와 내용을 연구하는 것을 개별행정법(Besonderes Verwaltungsrecht)이라고 한다. 이러한 개별행정법은 국내 및 국제사회의 변화에 따라 보다 세부적으로 분화하는 경우가 있다. 예를 들어 환경법의 경우에도 물, 폐기물, 대기, 유해물질, 원자력, 소음, 자연환경 등 세부적인 개별 분야로 분화하고 있는 과정에 있다. 따라서 조세법과 환경법 같은 행정법의 개별 분야는 그 자체로서 독립한 법분야를 형성하는 한편, 환경법의 경우에는 물, 폐기물 등 개별 분야를 대상으로 하는 개별환경법과 환경법의 모든 분야를 아우르는 이론체계를 형성하는 일반환경법으로 구분된다.

Ⅲ. 행정법의 해석론과 정책론

전통적으로 독일을 비롯한 대륙법계 국가에서의 법학연구와 교육의 주요한 방법론은 실정법의 내용과 의미를 해석하여 소송과정에서 적용하는 것이다. 특히 구체적인 판례를 대상으로 하여 문제되는 실정법 규범을 다양한 시각에서 해석하고 다수견해와 소수견해를 중심으로 그 당위성 여부를 판단하는 법학방법론은 법학자의 연구와 대학의 교육과정에서 중요한 비중을 차지하고 있다.

행정법학 역시 행정쟁송이나 손해전보 등을 중심으로 하는 행정소송사건에서 문제가 되는 조항 내지 관련 조항의 해석을 중심으로 문제를 해결하는 방법론에 익숙한 것이 사실이다. 그러나 행정법은 국가 공행정 작용의 근거와 내용을 결정하는 규범이다. 따라서 우리 사회에서 현안 문제로 등장하는 국가와 정부의 주요 정책을 입법화하는 과정에서 바람직한 입법론이 무엇인가에 관하여 대안을 제시하는 입법정책론도 중요한 의미를 가지고 있다. 물론 형사법이나 민사법을 비롯한 각 법영역도 사회의 변화에 대응하고 국가의 정책적 목표를 실현하기 위한 다양한 정책 과제가 제시되고 이를 입법으로 실현하는 과제를 가지고 있다. 그러나 행정법의 영역만큼 일상적으로 국가의 정책 과제가 제시되고 공론의 과정에 붙여지지는 않는다. 정부는 일상적으로 경제 상황을 개선하고 국민에게 일자리를 제공하는 경제 정책을 수행하여 경제 성장과 함께 사회적 약자와 취약계층을 배려하는 분배와 복지를 동시에 달성하려고 한다. 이때 세법이나 경제 관련 법률은 물론 시행령이나 시행규칙과 같은 행정법의 하위규범까지 정부 정책의 실현 수단으로 등장한다. 아마도 행정법만큼 법률뿐만 아니라 하위규범의 중요성이 부각되는 영역도 없을 것이다.

이처럼 행정법학이 가지고 있는 정책론이라는 방법론은 행정법학이 헌법이나 다른 법분야에 비해 매우 현실지향적이고 exciting한 매력을 가지게 하는 측면이다. 어떻게 보면 정책론은 행정법이라는 법학 분야의 '種의 特性'에 해당한다. 이러한 관점에서 행정법학에는 경제학, 행정학, 정책학, 사회학 등 관련 사회과학 분야와의 통섭적 · 융합적인 연구와 교육이 필요하기 때문에 오늘날 법학 분야에서 융 · 복합연구를 실현하는 중심 분야라고 할 수 있다.

제 3 절 행정법과 헌법, 공법의 체계

Ⅰ. 기술법으로서의 행정법과 독자성

헌법규범의 특성으로서 정치적 성격을 드는 것은 역사적으로 한 시대의 헌정질서가 막을 내리는 경우 이를 규율한 헌법은 역사적으로 사라진다는 것으로도 이해할 수 있다. 예를 들어 입헌군주주의 시대의 헌법은 공화제 국가의 시작과 더불어 더 이상 헌법규범으로서의 의미와 효력을 유지할 수 없으며, 공화제의 개막과 더불어 역사의 장에서 퇴출된다. 이러한 헌법규범의 특징을 가리켜 흔히 헌법규범의 정치성 또는 역사성으로 부른다.

이에 비하여 행정법은 헌법적인 변화를 당장 행정법질서에 반영하지는 않는다. 예를 들어 군주제가 폐지되고 공화제가 시작되는 경우에도 건축법의 거리제한규정이나 건폐율 · 용적률에 관한 규정이 당장 개정되는 것은 아니며, 조세법상 과세대상이나 세율이 급격한 변화를 겪는 것도 아니다. 이와 같이 헌법규범이 역사적 사건이나 시대적인 정치 상황을 직접적으로 반영하는 것에 비하여 행정법은 기본적으로 일상적인 공행정 작용을 규율하는 기술적(技術的) 성격을 가지고 있다는 점을 고려하여 Otto Mayer는 행정법의 독자성을 다음과 같이 표현하였다. "헌법은 사라지나, 행정법은 존속한다"(Verfassungsrecht vergeht, Verwaltungsrecht besteht). 흔히 헌법규범과 행정법규범 간의 관계가 밀접하지 않고 행정법질서는 헌법질서로부터 독자적인 영역을 구축하고 있음을 상징적으로 보여주는 Mayer의 명제는 오늘날에도 상당한 함의와 타당성을 가지고 있다. 물론 오늘날에는 헌법질서와 행정법질서의 유기적 관련성이 강조되지만 여전히 행정법 영역은 헌법질서와는 무관하게 자신의 독자적인 정책 과제와 기술적인 문제를 다룬다는 점에서 행정법의 정체성을 유지한다.

Ⅱ. 행정법과 헌법의 유기적 관련성

Mayer는 1924년 그의 독일행정법 제3판의 서문에서 위 명제를 제시한 것이므로 이는 100여 년 전의 일이다. 지난 100년간 행정법 이론체계는 물론 행정법규는 양적으로 비약적인 발전과 성장을 이루었다. 오늘날 헌법재판제도가 정착되고 실질적 법치주의가 등장하면서 행정법질서는 헌법원리나 원칙을 수용하는 것이 일반화되었다. 행정법규가 헌법의 명문규정이나 헌법원칙에 반하는 경우 헌법재판을 통하여 그 위헌성이 확인되고 무효로 처리되면서 이제 최고규범인 헌법에 행정법질서가 종속하는 것을 보편적인 현상으로 보고 있다. 또한 행정법질서는 헌법규범 내지 법치주의의 구조변화에 따라서 그 내용과 체계를 적응·변화시키고 있다는 점에서 흔히 "헌법구체화 법으로서의 행정법"(Verwaltungsrecht als konkretisiertes Verfassungsrecht)으로 양자간의 관계를 표현한다.

하지만 1987년 현행 헌법이 처음으로 헌법재판제도를 도입한 이래 한국의 법치주의 환경은 보다 근본적인 변화를 경험하고, 헌법질서와 행정법질서의 관계 역시 근본적으로 달라졌다는 점을 지적할 수 있다. 지난 30년 가까이 행정법은 이론적인 측면에서의 심화, 개별행정법 분야의 성장과 더불어 실정 행정법의 양적·질적 발전과 외연 확대를 가져왔다는 점에서 괄목할 만한 성과를 이루었다. 그런데 지난 30년간의 행정법질서 발전 과정에서 일종의 거시적 지표의 하나로서 헌법질서와 행정법질서의 상호 착종을 심화시킨 것은 한국의 헌법재판제도라고 할 수 있다. 한국의 헌법재판제도를 통하여 행정법질서는 행정의 법률적합성원칙에서 한 걸음 더 나아가 헌법적합성이 강조됨으로써 이제 한국의 법치국가는 헌법국가를 지향하고 있다. 헌법재판제도를 통하여 축적된 이론과 판례가 행정법에 직접 적용되는 계기가 마련됨으로써 헌법재판은 행정법의 주요한 법원(法源)이 되고 있다.

Mayer가 100여 년 전에 언급한 위 명제가 여전히 타당한 것은 사실이지만 헌법재판제도를 통하여 성립하고 발전한 헌법판례와 원칙들은 이제 한국 헌정질서의 변화에도 불구하고 한국의 법치주의와 행정법질서에서 불변의 구성요소가 되었다. 또한 행정법 이론의 발전과 실정법의 변화 또한 주목할 만하다. 그렇다면 한국의 공법질서에서 헌법과 행정법간의 관계에 대한 Mayer의 명제는 다음과 같이 다시 음미할 필요가 있다. "헌법은 존속하고, 행정법은 변화한다"(Verfassungsrecht besteht, Verwaltungsrecht wandelt sich). 다만, 행정법의 헌법종속성을 일방적인 관계로 이해하는 것은 곤란하다. 행정법의 변화와 발전이 거꾸로 헌법질서에 미치는 영향을 간과할 수 없기 때문이다. 예를 들어 국가가 일방적으로 명령·강제하는 질서환경법을 극복하고 행정의 상대방인 국민의 적극적인 참여와 협력을 통하여 환경행정의 효율성을 제고하는 영미환경법의 방식이 대륙환경법에 이식되면서 이것이 참여와 협력을 바탕으로 하는 법치국가와 헌법질서로 변화시키고 있다. 따라서 헌법과 행정법은 일방적인 종속관계라기보다는 상호간의 착종과 유기적 관련성이 강조되는 공법질서로 이해하여야 한다.

제4절 행정법의 생성과 발전

Ⅰ. 행정법의 모국인 프랑스와 독일

1. 프랑스의 경우

행정법의 발전은 프랑스에서 시작되었다고 할 수 있다. 유럽에서 시민혁명이 일어나고 권력분립과 의회민주주의가 정착한 이후이기는 하지만 이미 17세기와 18세기에 절대왕권이 확립되고 군주의 권력이 막강하게 성장했던 프랑스의 경우 행정권의 돌출현상은 그에 대한 특별한 법적 조치를 요구하였다. 오늘날의 권력분립원칙에서 보면 이해하기 어렵지만 프랑스의 경우에는 절대군주를 중심으로 하는 행정부의 활동에 대한 재판권은 일반법원이 아니라 행정부 내에 설치된 행정법원이 행사하는 것을 원칙으로 하였다. 이와 같이 행정권의 행사에 대한 사법적 관할권을 꽁세유데따(Conseil d'Etat)라는 행정부형 법원에 부여하였지만 꽁세유데따는 이러한 조직법상 한계를 극복하고 수많은 판례를 통하여 프랑스 행정법의 발전은 물론 국민의 권익구제에도 결정적인 역할을 수행하였다.

프랑스 행정법의 발전 과정에서 주목할 현상 중의 하나는 19세기 후반에 이르러 국가가 명령하고 통제하는 질서행정 내지 경찰행정작용과 함께 국민에게 일종의 공적 서비스를 제공하는 공역무(service public) 개념이 등장하였다는 점이다. 국민에게 공역무를 제공한다는 것은 행정활동의 내용 중에서 국민의 생활에 필요한 재화와 용역을 공급하는 서비스 활동이 시작되었다는 것을 의미하는 것으로서 행정법관계에서 법률의 역할과 행정법관계에서 국가와 개인의 관계가 변화한다는 것을 의미하는 것이다. 그 효시를 이룬 사건이 1873년 관할법원의 이른바 블랑꼬판결이다. 관할법원은 국가의 비권력 행정작용은 단순한 민사적인 문제에 불과한 것이 아니라 국가가 국민에게 제공하는 공역무이기 때문에 국가의 공역무 수행 과정에서의 권리침해에 대한 재판관할권은 꽁세유데따가 행사한다는 점을 분명하게 밝히고 있다.

2. 독일의 경우

1) 19세기 자유주의적 법치국가와 Otto Mayer의 '독일행정법'

독일행정법은 초기에 프랑스로부터 큰 영향을 받았으나 지난 200여 년의 역사를 통해 가장 체계적인 행정법이론과 행정재판제도를 정착시켜 유럽은 물론 많은 나라에 영향을 미치고 있다. 독일행정법의 아버지라고 부르는 Otto Mayer는 1846년 Nürnberg 부근의 Fürth에서 출생하였으나 그 이후 법학을 공부하고 프랑스 접경지역인 엘사스 지방에서 변호사로 활동하였는데, 이때부터 프랑스 행정법의 영향을 받은 것으로 보인다. Mayer는 그 후에 스트라스부르그대학의 교수로 부임하면서 1886년 『프랑스 행정법이론』을 저술하였다. 이는 1895년 그의 저서 『독일행정법』의 모태가 되었으며 독일행정법은 19세기 독일의 시민적 · 자유주의적 법치주의 시대를 풍미한 대표적인 저작으로 오늘날까지도 독일은 물론 일본과 우리나라의 행정법 이론체계에 막대한 영향을 미치고 있다.

Mayer의 『독일행정법』의 주된 관심사는 당시 행정작용의 중심 개념인 질서행정 내지 국민의 자유와 권리를 제한하는 공권력 작용을 행정법으로 통제하는 것이었으며, 그 핵심적인 이론상 도구로서 법률유보이론과 행정행위를 제안하였다. 물론 Mayer를 전후하여 수많은 학자들이 다양한 저작을 발표하였으나 그의 『독일행정법』은 1917년 제2판, 1924년 제3판으로 이어지며 자유주의적 법치주의 시대를 풍미한 저서로 평가받고 있다. 프랑스의 꽁세유데따와 마찬가지로 19세기 후반 독일의 각 주에 설치되기 시작한 행정법원들 역시 독일행정법 발전에 커다란 영향을 주었다. 그중에서도 1872년 개원한 프로이센 고등행정법원은 행정법 영역에서 오늘날까지도 적용되는 원칙과 개념을 판례를 통해 확립하였다.

2) 20세기 사회적 법치국가, 21세기 유럽통합

독일행정법은 20세기에 들어와 본격적으로 사회적 법치국가 시대로 접어들었다. 이제 법률의 기능은 지난 세기의 행정통제적 법률유보와 더불어 국민의 권리를 보장하고 촉진하는 기본권 형성적 법률유보의 성격도 가지게 된 것이다. 특히 제2차 세계대전 이후 독일의 연방헌법재판소와 연방행정법원의 판례들은 신뢰보호의 원칙과 국민의 법적 안정을 보호하는 이론과 원칙을 제시하면서 실질적 법치국가로의 이행을 완성하였다. 특히 독일기본법하에서의 독일행정법은 주관적 공권론의 심화와 함께 영미법의 전유물과 같았던 적법절차, 공법상 계약, 정보화시대의 개인정보보호와 같은 문제에 대해 특별한 관심을 기울이게 되었다.

1990년 독일의 통일과 21세기에 가속화된 독일행정법의 유럽화 현상은 독일행정법의 발전 과정에서 또 다른 구조적 변화와 발전을 요구하고 있다. 특히 독일행정법의 유럽화 현상은 영미행정법과의 수렴과 착종을 가속화하고 있다. 물론 공권력의 우위를 인정하지 않았던 전통적인 영미행정법이론을 독일행정법이 수용하는 과정에서 상당한 진통이 있었던 것은 사실이지만, 독일행정법은 헌법적으로 그 지위가 더욱 격상된 개인의 참여와 협력을 통해 행정법 이론체계를 구축하기 위한 노력을 계속하고 있다.

Ⅱ. 영미행정법

영미법은 국가와 사인 간의 법률관계를 별도로 인정하지 않고 국가의 법적 행위도 사인과 동일하게 취급하는 보통법의 영향을 받고 있었기 때문에 공권력 행사를 별도로 규율하는 행정법체계의 발전을 기대하기 어려웠다. 물론 영국과 같이 절대군주시대를 경험한 나라에서 군주권 행사를 규율하는 법이 없었다는 것은 상상하기 어렵다. 다만, 이 경우에도 시민의 대표기관인 의회가 제정한 법률이 최고의 규범이었기 때문에 절대군주의 통치활동과는 달리 일상적인 국가의 행정활동은 의회주권 사상하에 의회가 제정한 법률을 단순하게 집행한다는 차원에 머물렀다. 따라서 "행정법규는 존재하나 행정법 체계나 이론은 부재한 상태"를 20세기 중반까지 영미행정법의 상황으로 볼 수 있을 것이다.

그러나 이후 경제대공황과 제1차, 제2차 세계대전을 겪으면서 영미행정법에서 위기 극복을 위한 행정국가화 현상이 두드러지게 되었다. 특히 미국의 경우 대공황을 극복하기 위한 각종의 경제 관련 입법을 집행하기 위하여 독립규제위원회를 비롯한 행정위원회의 활동이 증대되었으며, 이러한 행정위원회에게 일정한 범위의 위임입법권(rule making)을 부여하는 것과 더불어 불이익한 행정처분(adjudication)을 할 때의 사전고지와 청문을 중심으로 하는 행정법체계가 성립하였다. 미국연방대법원은 수많은 판례를 통하여 미국수정헌법 제5조와 제14조에 규정된 적법절차원리에 근거하여 위임입법과 처분절차에 사전 고지와 청문절차가 엄격하게 적용된다는 판례와 더불어 행정효율성의 증대와 비용 절감 등을 이유로 이러한 과정을 생략하거나 축소하는 이른바 약식절차의 적법성을 광범위하게 인정하는 판례를 보이고 있다.

Ⅲ. 한국행정법

1. 한국행정법학의 성과와 과제

근대국가의 행정법체계는 유럽을 중심으로 하는 서구의 학문적 성과를 바탕으로 성립한 것이라고 할 수 있다. 우리나라도 근대국가의 형태를 갖추게 되면서 수많은 행정법규가 존재하였으나 이를 법적으로 체계화하고 행정법의 이론적 틀을 갖추는 노력은 해방과 건국 이후에 본격적으로 이루어지게 되었다. 이 당시 일부 행정법학자들이 저서를 통하여 일본과 서구의 행정법이론을 소개하면서 앞서 언급한 여러 나라의 행정법체계와 이론이 도입되었다. 대체적으로 초기에는 일본 문헌을 통하여 프랑스나 독일 등 서구 행정법이론이 간접적으로 소개되었고, 1980년대 이후에는 유럽에 유학을 한 학자들이 그 나라의 행정법이론을 본격적으로 수입하였다. 또한 행정절차법이나 정보공개법, 개인정보보호법 등의 제정에 따라 행정법이 보다 체계화되고, 학자들의 행정법 연구 역시 계속하여 그 외연을 확장하고 있는 것은 긍정적인 측면이라고 평가할 수 있다.

현재 우리나라의 행정법이론과 체계는 대체로 독일의 일반행정법(Allgemeines Verwaltungsrecht)을 따르고 있다고 평가할 수 있다. 이는 아직 우리나라의 행정법 연구가 일본과 유럽, 미국의 정교하고 복잡한 이론을 전향적인 방향으로 극복하지 못하고 있으며, 독자적인 체계화에 성공하고 있지 못하는 방증이라고 할 수 있다. 물론 법치주의와 국민의 권리보장이라는 가치가 인류 공통의 문화자산이라는 점과 공권력에 대한 통제장치를 정교하게 구축하는 것이 모든 나라 행정법의 공통적인 관심사라는 점을 고려한다면 한국 특유의 행정법이론과 체계를 구성한다는 것이 현실적으로 가능할 것인가라는 회의론도 제기될 수 있다. 그러나 한국의 행정법학은 독일법학의 영향하에 실정법을 해석하거나 판례를 분석하는 해석법학의 범주에 안주해 왔음을 부인할 수 없다. 따라서 다양한 방법론을 개발하거나 한국 상황에 적합한 특별한 이론과 체계를 구성하는 데에도 미흡한 상황이라고 평가할 수 있다. 거의 모든 법학 분야가 그러하듯이 행정법 분야의 연구 역시 사법시험이나 변호사시험 등 국가시험을 준비하는 학생들에 중점을 두고 수험서를 집필하거나 학자들이 기존에 발표한 논문을 집성하여 출판하는 것이 주류를 이루고 있다. 어느 다른 법학 영역보다도 정책적인 함의가 큰 행정법 분야에서 인접 사회과학 분야와의 협업이나 융합적 연구는 아직 눈에 잘 띄지 않고 있다. 21세기 중반의 한국행정법은 여전히 기존의 수험법학과 강단법학에 머무르고 다양한 방법론과 독자적인 이론체계를 구축하는 역사적 과제에 아직 부응하지 못하고 있는 것이다.

2. 헌법재판제도, 서울행정법원, 로스쿨 시대의 한국 행정법학

한국의 행정법질서가 지난 30년간 긍정적인 측면에서 발전한 결정적 계기는 헌법재판제도라고 할 수 있다. 한국의 헌법재판제도는 행정법질서가 변화하고 발전할 수 있었던 외부적 환경을 제공함과 동시에 헌법과 행정법 간의 착종을 심화시키고 행정법의 지향점을 법률과 더불어 헌법에 두게 함으로써 실질적 법치주의를 넘어서는 헌법국가의 행정법질서를 향도하고 있다. 또한 한국의 최고법원인 대법원과의 선의의 경쟁을 통하여 신뢰보호원칙과 적법절차원리 등을 행정법질서에 직접 적용되는 법원으로서 확고하게 정착시키는 계기를 제공하고 있다. 따라서 한국의 행정법학은 이러한 새로운 변화와 발전을 행정법 이론체계의 정비에 적극 활용하여야 하는 학문적 과제를 안게 된 것이다.

헌법재판소와 함께 1998년 개원한 서울행정법원 역시 그동안 일련의 판결을 통하여 한국의 법치주의와 행정법질서가 한 단계 도약하고 발전할 수 있는 사법기관으로 자리 잡아 가고 있다. 다만, 행정사건에 대한 전문법원이라는 제도적 장점을 바탕으로 일상적인 행정사건에서는 국민의 권리구제에 적극적이었던 반면에 하급심 법원이라는 한계 때문인지 헌법재판소나 대법원 같이 사회적 impact가 큰 사건에 대해 서울행정법원이 주목할 만한 판결을 한 것은 드물다(2003년 새만금 사건에서의 집행정지결정 등). 행정법원의 구성원에 판사뿐만 아니라 각 분야의 전문가, 행정법 전공 교수 등의 부분적인 참여를 통하여 그 제도적 한계를 극복할 필요가 있다. 이를 통하여 서울행정법원이 한국의 꽁세유데따, 한국 법치주의의 진정한 대장간 역할을 할 것을 기대한다.

마지막으로 로스쿨 제도와 행정법학은 어떠한 관계에 있을까? 로스쿨은 직업교육을 위한 고등교육기관이기 때문에 로스쿨에서의 연구와 강의는 실무와 판례가 중심을 이루고 순수학문은 점차 설 자리를 잃고 있는 것이 현실이다. 따라서 행정법학은 물론 다른 분야의 학문 연구 역시 변호사시험에 대한 부담, 법학이라는 학문에 대한 구성원들의 무관심과 희박한 신념, 경험 부족 등으로 인하여 우려할 상황으로 치닫고 있다. 이러한 순수 학문 연구의 부진과 퇴행은 결과적으로 재판을 비롯한 우리나라 사법의 수준을 저하시킬 것으로 우려된다. 연구 환경이 열악해 질수록 교수를 비롯한 연구자들의 각성과 남다른 노력이 요구된다. 수험서 위주의 행정법 연구는 이러한 환경의 변화와 출판시장의 어려움으로 인하여 자연스럽게 도태될 것이 예상되기 때문에 특별한 주제나 분야 등을 대상으로 하는 단행본(monograph)들이 행정법 연구의 주류가 될 수 있기를 희망해 본다.

제 2 장
행정과 법치주의-행정의 법률적합성원칙

제 1 절 법치주의, 행정의 법률적합성

법치주의에서 법치행정은 국민의 대표기관인 의회가 제정한 법률에 따라 국가의 행정활동이 집행된다는 통치원리 또는 국가행정활동의 원칙이다. 또한 정부의 행정작용이 의회가 제정한 법률에 근거를 두지 않거나 법률의 내용을 위반하는 경우, 사법부가 이를 시정하는 권한을 행사하는 것 역시 법치주의에서 중요하다. 이처럼 법치주의 또는 법치행정은 정부, 의회, 법원이 각각 헌법과 법률에 따라 자신이 부여받은 권한을 행사하고 상호 견제하는 권력분립원리를 그 전제로 한다. 이는 유럽에서 의회민주주의가 성립한 이후 국가통치작용의 기본 프레임이라고 할 수 있다. 법치행정 또는 법치주의는 17, 18세기의 절대왕정을 극복하고 권력분립과 의회민주주의에 따라 시민의 인권을 보장하는 근대 민주국가의 통치원리인 것이다.

다시 말해 법치주의는 "사람에 의한 지배"가 구조적으로 가지고 있는 자의적 행정과 권력 남용에 대한 인류 역사의 반성에서 출발하여 Max Weber가 지적한 전통이나 카리스마에 의한 비합리적인 지배로부터 법률에 의한 합법적 지배로의 이행을 의미한다. 행정법 영역에서 법치주의원리는 흔히 행정의 법률적합성원칙(Gesetzmäßigkeit der Verwaltung)으로 표현되며 그 중요한 내용으로는 법률의 우위와 법률의 유보가 있다. 이러한 법치행정은 신속하고 효과적인 권리구제제도와 함께 법치주의원리의 본질적 구성요소라고 할 수 있다.

행정기본법은 제8조에서 "행정작용은 법률에 위반되어서는 아니 되며, 국민의 권리를 제한하거나 의무를 부과하는 경우와 그 밖에 국민생활에 중요한 영향을 미치는 경우에는 법률에 근거하여야 한다"라고 법치행정의 원칙을 명문화하였다.

제2절 법률의 우위

Ⅰ. 개 념

1. 법률의 우위(Vorrang des Gesetzes)는 행정작용에 대한 법률의 우월적 지위를 말한다. 법치주의원리는 권력분립원리에 따라 국가공동체 내에 입법적 의사와 행정적 의사가 존재하는 경우 행정적 의사 또는 권력은 국민의 대표기관인 입법기관의 의사를 거스를 수 없다는 내용을 담고 있다. 흔히 국회가 제정한 형식적 의미의 법률을 통해 구체적으로 표현되는 입법적 의사는 행정권과 사법권보다 우위에 있으며, 행정권의 행사 또는 집행작용이 법률의 내용을 위반하는 것은 금지된다. 이는 대의제나 의회민주주의에 따라 국민의 대표기관인 의회가 제정한 법률의 우월성을 의미하며, 국가공동체 내의 행정적 의사는 원칙적으로 입법적 의사에 종속함을 말한다.

그런데 오늘날 행정이 준수하여야 하는 법률은 형식적 의미의 법률에 국한되지 않고 그 이상의 효력을 갖는 헌법까지 포함하는 것으로 확대되었다. 이제는 국가행성이 국회가 제정한 형식적 의미의 법률에만 적합하면 된다는 의미를 넘어서서 헌법상 신뢰보호원칙, 과잉금지원칙, 적법절차원칙 등에 부합하는 합헌적 법률을 통해 행정의 수요자인 국민에게 실질적으로 법적 안정성과 예측가능성 등을 보장하는 경우에 한하여 그 적법성을 인정받는 것이다. 이는 실질적 법치주의를 강화하고, 실질적 법치국가는 결국 헌법국가를 지향한다.

또한 법률의 우위에서 법률은 형식적 의미의 법률이 위임한 바에 따라 제정된 법규명령이나 조례와 같은 하위규범까지 포함한다. 오늘날에는 행정작용이 법률의 위임에 따라 제정된 하위규범의 내용이나 취지에 어긋나더라도 위법이라는 법적 효과를 낳는다. 왜냐하면 법률의 위임을 받은 하위규범 역시 법률의 연장선상에 있는 것으로서 입법적 의사가 확장된 것으로 보기 때문이다. 이에 따라 형식적 의미의 법률만이 법규에 해당한다는 이른바 법률의 법규창조력은 더 이상 설득력을 갖기 어렵다.

대법원은 지방의회가 의결한 예산안 중 세출예산의 집행목적이 법령이나 조례를 위반하였다면 자치행정작용인 예산안 의결행위는 위법 · 무효라고 본다(대판 2013.1.16. 2012추84). 한편 세출예산의 의결은 자치행정활동의 담당 기관 중 하나인 지방의회가 한 것이지만, 지방자치단체의 장이 법령이나 조례에 반하는 의결에 따라 해당 예산을 집행하는 행위를 하였다면 이 역시 법령이나 조례에 반하는 것으로서 위법하다고 평가된다.

행정기본법 제8조에서 “행정작용은 법률에 위반되어서는 아니 되며” 부분은 법률의 우위를 확인적으로 규정한 것이다.

2. 한편 법규(Rechtssatz) 또는 법규범(Rechtsnorm)은 국가와 국민 사이의 권리의무 관계를 일반적 · 추상적으로 규율하는 법형식으로서 내부법관계가 아닌 외부법관계에 관한 것이다. 다만 외부법관계를 규율하는 법규범과 내부법관계까지 규율하는 법규로 양자를 구별하는 견해도 있다. 또한 형식적 의미의 법률에 상응하는 실질적 의미의 법률은 법규범을 말하는데 여기서 헌법은 제외된다.

Ⅱ. 적용범위

법률우위의 원칙은 행정작용의 종류나 성질과 무관하게 전면적으로 적용된다. 다시 말해 행정행위, 행정입법, 행정계획, 공법상 계약 등 법적 행위는 물론 사실행위도 법규범에 위반될 수 없다. 법률의 근거를 요하는 행정작용의 범위에 관하여 역사적으로 상당한 이견이 있었던 것과는 달리, 법률의 우위는 모든 행정작용에 적용된다. 행정기본법 제8조도 단순히 "행정작용"은 법률에 위반되면 안 된다고 규정하고 있다. 또한 행정기본법 제27조 제1항 제1문은 "행정청은 법령등을 위반하지 아니하는 범위에서 … 공법상 법률관계에 관한 계약(이하 "공법상 계약"이라 한다)을 체결할 수 있다"라고 하여 공법상 계약에도 법률우위원칙이 적용됨을 분명히 하고 있다.

Ⅲ. 위반의 효과와 권리구제수단

법률우위원칙은 행정의 법률적합성원칙의 내용에 해당한다. 행정권의 행사 또는 불행사가 법률우위의 원칙에 위반되면 법률에 적합하지 않아 위법하다고 평가된다. 예를 들어 행정처분이 법률이나 그 위임을 받아 제정된 하위규범의 내용에 저촉되면 해당 행정처분은 법률우위원칙 위반으로 위법하게 되는 것이다. 판례는 불이익처분을 할 때 사전통지와 의견제출의 기회 부여에 관한 행정절차법을 위반하면 위법하다고 본다(대판 2013.1.16. 2011두30687). 또한 경직법에 따른 경찰관의 보호조치와 같은 권력적 사실행위가 그 법적 요건을 충족하지 않으면 위법한 것으로 평가한다(대판 2012.12.13. 2012도11162). 판례는 법무부장관이 공증인의 감독기관으로서 공증인이 직무를 수행할 때 준수하여야 할 사항을 정한 '집행증서 작성사무 지침' 제4조가 법률상 허용되는 '쌍방대리 형태의 촉탁행위'를 금지하는 내용을 담고 있으므로 법률우위원칙에 위반되어 무효라고 판시하였다(대판 2020.11.26. 2020두42262).

법률우위의 원칙이 실효성을 가지려면 행정청 스스로 또는 사법부가 위법한 행정작용을 시정하여야 한다. 특히 행정작용이 법령을 위반하여 개인의 권리를 침해한 경우 그 개인은 해당 행정작용의 법적 성격에 따라 그 위법성을 다투는 사법절차를 통해 침해된 권리를 구제받을 수 있다. 일반적으로 행정처분이 법률우위원칙을 위반한 경우에는 그 위법성의 정도에 따라 무효확인소송이나 취소소송과 같은 항고소송을 제기할 수 있다. 법규명령이 법률이나 헌법에 위반되는 경우에는 헌법 제107조 제2항에 따른 부수적 · 구체적 규범통제로 해당 사건에서 이를 위법 · 무효로 판단하고 그 적용을 배제할 수 있다. 공법상 계약이 법령에 위반되는 경우에는 일반적으로 해당 계약을 무효로 하고 그에 따르는 원상회복이나 손해배상을 청구할 수 있다. 경찰관의 직무행위와 같은 사실행위가 법령에 위반되면 그 위법성과 손해 등을 이유로 하여 국가배상법에 따라 국가 또는 지방자치단체에 대한 손해배상을 청구할 수 있다.

제 3 절 법률의 유보

Ⅰ. 개념, 위반의 효과와 권리구제수단

국가의 행정작용이 법률에 적합하게 이루어져야 한다는 것은 그 법적 근거의 존재를 전제로 한다. 법적인 근거도 없는 상태에서 행정활동이 이루어진다는 것은 법률에 적합한 것으로 볼 수 없기 때문이다. 따라서 행정의 법률적합성원칙은 법률의 우위와 더불어 행정작용에 대한 법적인 근거의 요구를 포함한다. 이처럼 법적 근거가 있어야 한다는 것을 법률유보원칙(Der Grundsatz des Vorbehalts des Gesetzes)이라고 한다. 여기서 법률은 형식적 의미의 법률과 그 위임에 따라 제정된 하위규범을 말한다(헌재결 2013.7.25. 2012헌마167).

이미 언급한 바와 같이 법치행정은 국가공동체 내에 공존하는 입법적 의사와 행정적 의사 사이의 우열관계에서 구조적으로 유래하는 자연스러운 결과이다. 행정적 의사의 실현은 일단 입법적 의사결정이 이루어지고 나서 이를 근거로 하여야만 그 적법성을 인정받을 수 있다. 이처럼 법률유보원칙은 행정의 법률적합성원칙의 중요한 내용을 이루는 것이지만, 오늘날 행정활동이 법률에 근거를 두어야 한다는 것은 그 이상의 함의를 가지고 있다.

첫째, 행정활동이 법적 근거를 가진다는 것은 그 내용과 요건, 절차, 그에 따르는 법적 효과가 법률에 규정되어 그 상대방인 국민이 결과를 예측할 수 있게 된다는 의미에서 국가행정작용의 투명성을 제고한다. 오늘날 실질적 법치국가의 중요한 속성 중 하나는 국민이 행정작용의 내용과 효과를 항상 잘 알 수 있도록 제도를 갖추는 것이다. 이러한 의미에서 법률유보원칙은 법치국가원리의 투명성 · 예측가능성 보장과 상통한다. 둘째, 법률유보원칙은 헌법 제37조 제2항에 규정된 바와 같이 국민의 자유와 권리를 제한하는 경우 법률의 형식을 요구한다. 그 제한에 관한 결정은 행정부가 하는 것이 아니라 국민의 대표기관인 국회가 제정한 법률로 이루어진다. 이처럼 헌법상 기본권에 대한 제한을 국회의 권한과 책무로 인정하는 법률유보원칙은 의회민주주의원리를 실현하는 중요한 제도적 수단이다.

법률유보원칙은 행정활동에 대한 법적 근거를 요구하기 때문에 법적 근거를 결여한 행정활동은 법률유보원칙 위반으로 위법하다. 또한 법률우위원칙 위반의 경우와 마찬가지로, 행정활동의 법적 성격에 따라 항고소송, 국가배상, 원상회복 등 다양한 권리구제수단을 강구할 수 있다.

Ⅱ. 적용범위

구체적으로 어느 범위의 행정활동까지 법적 근거를 요구할 것인가, 예를 들어 국민의 자유와 권리를 제한하고 의무를 부과하는 침해적 행정작용에 대하여만 법적 근거가 필요한 것인가 아니면 국가의 광범위한 급부활동이나 서비스 제공에도 법적 근거가 요구되고 그 흠결은 법률유보원칙 위반으로 위법하게 되는가에 대하여는 역사적으로 다양한 견해가 제시되었다. 그렇기 때문에 법률의 우위 원칙과는 달리 법률유보원칙에 대해서는 그 적용범위에 대한 역사적인 논의의 전개 과정을 고찰하는 것이 필요하다.

1. 침해유보설

침해적 행정작용(Eingriffsverwaltung)에 대하여는 국회가 제정한 법률에 근거가 있어야 한다는 견해를 침해유보설(Eingriffsvorbehalt)이라고 한다. 바꾸어 말한다면 침해적 행정작용 이외의 국가행정작용에 대해서는 법률적 근거가 필요하지 않으며 법률적 근거가 없다고 하더라도 법률유보원칙에 반하지 않는다.

헌법 제37조 제2항은 "국민의 모든 자유와 권리는 국가안전보장 · 질서유지 또는 공공복리를 위하여 필요한 경우에 한하여 법률로써 제한할 수 있으며"라고 하여 국민의 기본권 제한은 위와 같은 공익을 위해 법률을 근거로 하여 이루어질 수 있음을 규정하고 있다. 그런데 공익을 위해 국민의 기본권을 제한하는 행위는 넓은 의미의 경찰작용을 포함하는 국가의 고전적인 행정활동으로 오늘날 국가의 행정활동은 이에 그치지 아니함을 고려하면, 헌법 제37조 제2항은 "적어도 국민의 자유와 권리를 침해하는 국가의 행정활동에 대해서는 법률적 근거가 필요하다"는 원칙을 규정한 것으로 이해할 수 있다.

이처럼 헌법 제37조 제2항이나 침해유보설은 19세기의 자유주의적 법치국가에서 국민의 자유를 제한하는 경우에는 반드시 국민의 대표기관인 국회의 법률이 필요하지만 그 이외의 경우에는 최대한 국민의 자유를 보장하고 불필요한 자유와 권리의 제한을 허용하지 않겠다는 레세페르(laissez–faire)식의 자유방임주의 사상에 기초하고 있다.

그런데 오늘날 국가의 행정활동은 침해적 행정에서 사회복지행정, 생존배려행정, 과학기술 및 문화행정, 국가전략행정 등으로 그 외연이 넓어지고 성격도 다양해질 뿐만 아니라 그에 대한 법적 근거도 갖추고 있기 때문에 "침해적 국가행정활동에만 법률적 근거가 필요하다"는 침해유보설은 오늘날의 법률유보이론을 만족스럽게 설명하지 못한다. 그렇다면 침해유보설은 19세기의 자유주의적 법치주의와 함께 박물관에서나 그 의미를 찾을 수 있는 화석화된 이론에 불과한가? 당연히 그에 대한 답은 그렇지 않다는 것이다.

헌법 제37조 제2항이 건재하듯이 침해유보설은 법률유보의 최소한이라는 의미를 여전히 가지고 있으며 현재도 통용되는 법률유보이론이다. 다시 말하자면, 적어도 행정작용의 성질이 침해적인 것이라면 당연히 법적 근거가 요구된다는 점에서 침해유보설은 침해적 행정활동에 대한 '최소한의 법적 근거 요청'인 것이다. 행정기본법이 제8조에서 "행정작용은 … 국민의 권리를 제한하거나 의무를 부과하는 경우 … 에는 법률에 근거하여야 한다"라고 규정한 것도 이러한 의미의 침해유보설을 반영한 것이다.

대법원은 집합건물의 구분소유자가 자신의 전유부분에 대한 용도변경신고를 하자 행정청이 다른 부분까지의 용도변경이 없는 한 부분적인 용도변경은 불가하다며 그 수리를 거부한 것은 법률적 근거 없이 재산권 주체인 구분소유자의 용도변경행위를 제한하는 것이라서 위법하다고 판단한 원심을 유지하였다(대판 2007.6.1. 2005두17201). 즉 피고 행정청이 재산권 주체인 구분소유자의 용도변경을 제한하기 위해서는 법률적인 근거가 요구됨에도 불구하고 이를 결여하여 법률유보원칙 위반으로 판단한 것이다.

2. 급부유보설

19세기의 자유주의적 · 시민적 법치국가와는 달리 20세기의 사회적 법치국가에서는 국민 또는 지방자치단체 주민의 생활을 적극적으로 배려하여 재화나 용역을 공급하는 급부행정, 도로 · 수도 · 전기 · 가스 등 생존 필수재의 공급에 관한 생존배려행정, 사회적 약자에 대한 국가의 지원과 배려나 사회보험에 관한 사회보장행정 등이 중요한 의미를 가지게 되었다. 이에 따라 국민의 자유와 권리를 제한하고 의무를 부과하는 침해적 행정작용뿐만 아니라 급부행정활동에 대해서도 법적 근거를 요구하게 되었고, 실제로 의회 역시 그에 필요한 법률을 제정하여 급부행정을 제도화하였다.

우리나라에서도 대부분의 생존배려행정, 사회보장행정 등 급부행정에 대한 실정법의 근거가 광범위하게 마련되어 있으며, 국민의 자유와 권리를 보장하고 생존에 필요한 공적 서비스와 재화를 공급하는 수익적 행정활동은 대부분 국회의 법률적 근거를 바탕으로 하여 이루어진다.

그렇다면 어떠한 이유로 국가의 급부행정작용에 대하여 법률적 근거를 요구하는 것인가? 바꾸어 말한다면 수익적인 급부행정작용에 대한 법률적 근거가 결여된 경우 이를 위법이라고 보는 이유는 무엇인가? 이러한 의문이 제기되는 이유는 침해적 행정활동과는 달리 국가의 급부행정활동은 국민의 권리를 침해하는 것이 아니며 이에 대한 법률적 근거를 요구한다면 법률이 없는 상태에서는 국가가 국민에게 어떠한 수익적 행정활동도 할 수 없기 때문이다. 또한 수익적 급부행정작용이 법률적 근거를 갖지 못해 위법이라고 하더라도 누가 이를 주장하며 자신의 권리가 침해되었다고 주장할 것인가?

이러한 상식적인 의문에도 불구하고 급부유보설을 제시하는 이유는 다음과 같다. 첫째, 국가의 급부행정작용이 법적 근거를 결여하면 이는 국가의 시혜적 작용이 될 것이며 제도화된 국가행정활동은 기대하기 어렵다. 둘째, 국가의 급부행정에 대하여 국회가 법률적 근거를 마련하면 그 수혜자인 상대방 국민은 법률상 일정한 요건을 충족하는 경우 이를 단순한 시혜가 아닌 법적인 권리로 주장할 수 있으며 소송을 통해 이를 실현할 수도 있다. 셋째, 오늘날 국가가 특정인에게 수익적인 급부를 행하는 것은 시장에서 경쟁관계에 있는 다른 사람에게는 침해적 효과를 야기할 수 있다. 경업자관계나 경원자관계에서 국가의 급부행정작용이 그 상대방에게는 수익적 법적 효과를 발생시키지만 제3자에 대하여는 침해적 효과를 갖는 제3자효적 행정행위의 경우, 특정인에 대한 수익적 행정작용이 법적 근거 없이 이루어지면 제3자는 특정인에 대한 수익적 처분의 취소를 구하는 항고소송을 제기할 수 있다. 또한 법원은 법적 근거를 결여한 수익적 급부행정작용의 위법성을 인정하고 이를 취소할 수 있다.

판례는 경업자관계의 여객자동차운송사업자들 중 일방에게 법적 근거 없이 수익적 처분을 하여 타방인 제3자가 그 취소를 구하는 항고소송을 제기한 경우 제3자의 원고적격을 인정하고 더 나아가 법적 근거가 없는 수익적 처분은 위법하다는 이유로 이를 취소하였다(대판 2010.11.11. 2010두4179). 다시 말해 이 사건에서 대법원은 법률상 고속형 시외버스운송사업에 대한 사업계획변경 인가권은 국토해양부장관에게 있으므로 시·도지사가 고속형 시외버스운송사업에 대한 사업계획변경을 인가한 행위는 법적 근거가 결여된 월권행위로서 위법하다고 판단한 것이다.

3. 본질사항(중요사항)유보설

1) 의 의

본질사항(중요사항)유보설 또는 본질성이론(Wesentlichkeitstheorie)은 국가의 행정작용 중에서 공익의 실현이나 국민의 기본권과 관련하여 중요하고 본질적인 것은 반드시 법적 근거가 요구된다는 것을 의미한다. 행정기본법 제8조에서 "행정작용은 … 그 밖에 국민생활에 중요한 영향을 미치는 경우에는 법률에 근거하여야 한다"라고 규정한 부분은 본질사항유보설에 따른 것이다. 본질성이론이 등장하게 된 배경은 침해유보와 급부유보를 거치면서 행정처분이 그 상대방 국민에게 야기하는 법적 효과에 따라서 법적 근거를 요하는 이론은 법적 현실에서 그 의미를 점차 상실하게 되었다는 것이다. 그 중요한 이유 중의 하나는 이른바 제3자효적 행정행위가 많아지면서 특정인에게 권리와 이익을 부여하는 행정작용이 그와 경쟁관계에 있는 사람에게, 그리고 사업장에 대한 인허가의 경우 그 부근에 거주하는 인근 주민에게 침해적 효과를 발생시킬 수 있기 때문이다.

독일의 경우 법률유보의 이론적인 근거는 점차 해당 행정작용이 관련 기본권의 실현에서 중요하고 본질적인 사항에 관한 것인가에 따라 논하는 것으로 전개되었다. 독일에서는 과거 이른바 특별권력관계의 전형으로 여겨졌던 재소자관계와 재학관계에서도 법률유보원칙이 정착됨에 따라, 연방헌법재판소는 재소자의 신체의 자유와 학생의 교육의 자유를 실현하기 위하여 본질적으로 중요한 사항은 반드시 입법자가 법률로써 스스로 규율할 것을 요구하였다. 반면 특정 행정작용이 의도하는 사항이 관련 기본권의 실현에서 비본질적이거나 경미한 의미만 가지고 있다면, 그러한 사항은 입법자가 직접 법률로 규정하지 않고 행정부의 법규명령에 위임할 수 있으며, 단순 기술적이거나 기본권 관련성이 희박한 사항은 행정청이 법률의 위임 없이도 행정규칙으로 정할 수 있는 것이다.

본질사항유보는 종래 특별권력관계처럼 법률적 근거 없이 행정청이 행정규칙 등을 통해 규율하던 것도 재소자나 학생의 관련 기본권 실현에서 본질적으로 중요한 사항에 대하여는 행정규칙 등이 아닌 법률로 정해야 한다는 의미를 가지고 있다. 따라서 이는 횡적으로 법적 근거를 요구하는 이론적 토대가 된다. 이때 "橫的으로"(horizontal)라는 말은 종래 행정규칙으로 규율된 영역을 법률이 규율하는 것으로 대체한다는 의미를 가지며 여기서는 일단 법적 근거의 필요성이 강조된다.

그런데 본질사항유보는 일정한 영역은 법률에 근거하여 규율하여야 한다는 횡적인 의미에 그치지 않는다. 법률이나 법률의 위임을 받아 제정된 하위규범에 근거를 두는 것에서 나아가 국민의 기본권 실현에서 본질적으로 중요한 사항은 입법자인 국회가 직접 법률로 규율하여야 한다는 것까지 의미한다. 이를 흔히 "의회유보"(Parlamentsvorbehalt)로 표현한다. 다시 말해 입법자는 기본권 실현과 관련하여 비본질적이거나 경미한 사항은 행정부의 법규명령과 같은 하위규범에 "縱的으로"(vertikal) 위임할 수 있다. 그렇다면 종적인 의미에서 보았을 때 중요사항유보는 입법부와 행정부에게 입법권능을 배분하는 원리라고 할 수 있다. 즉 중요한 사항에 대하여는 국회가 입법권을 행사하여 법률로, 중요하지 않은 사항에 대하여는 행정부가 헌법 제75조와 제95조에 따른 위임입법권을 통하여 하위규범의 형식으로 각각 규율할 수 있도록 하는 것이다. 또한 종적인 의미에서의 본질사항유보에 따르면 비본질적이거나 경미한 사항만을 행정부의 법규명령에 위임할 수 있기 때문에 본질사항유보는 헌법 제75조가 규정하는 포괄위임금지원칙과 일맥상통하는 것으로 볼 수 있다.

2) 판 례

우리나라의 경우에도 헌법재판소와 대법원은 독일식의 본질사항유보론을 주로 헌법 제75조의 포괄위임금지원칙과 관련하여 받아들이고 있다.

(1) 본질사항유보와 포괄위임금지원칙

헌법재판소는 양도소득세 과세표준의 기준시가에 관한 위임조항 등 위헌제청 사건에서 양도소득세 과세표준 산정을 위한 기준시가의 내용 및 그 결정절차를 대통령령으로 정하도록 한 위임법률이 조세법률주의와 포괄위임금지원칙에 위반된다고 보면서 헌법불합치 결정을 하였다(헌재결 1995.11.30. 91헌바1 등). 여기서 조세법률주의 위반은 기준시가와 관련하여 횡적으로 법적 근거는 있지만 과세행위에서 중요사항 중 하나인 과세표준의 산정을 위한 기준시가에 관하여 국회 스스로 규정하지 않았다는 것이 본질사항유보의 종적인 한계를 일탈한 것으로 평가됨을 말한다. 즉 헌법재판소는 조세법률주의의 내용으로서 과세표준이나 세율과 같은 과세요건은 법률로 정한다는 과세요건법정주의를 강조하고 있는 것이다. 또한 본질사항유보의 종적인 측면은 입법권 위임의 한계 문제로 연결됨을 보여주고 있다.

(2) 본질사항유보의 종적 한계와 의회유보사항의 판단기준

헌법재판소는 TV수신료 부과 관련 한국방송공사법 위헌소원 사건에서 한국방송공사의 텔레비전방송수신료 부과와 관련하여 본질사항유보에 대하여 "헌법은 법치주의를 그 기본원리의 하나로 하고 있으며, 법치주의는 행정작용에 국회가 제정한 형식적 법률의 근거가 요청된다는 법률유보를 그 핵심적 내용의 하나로 하고 있다. 그런데 오늘날 법률유보원칙은 단순히 행정작용이 법률에 근거를 두기만 하면 충분한 것이 아니라, 국가공동체와 그 구성원에게 기본적이고도 중요한 의미를 갖는 영역, 특히 국민의 기본권실현에 관련된 영역에 있어서는 행정에 맡길 것이 아니라 국민의 대표자인 입법자 스스로 그 본질적 사항에 대하여 결정하여야 한다는 요구까지 내포하는 것으로 이해하여야 한다(이른바 의회유보원칙)"라고 하면서 "입법자가 형식적 법률로 스스로 규율하여야 하는 그러한 사항이 어떤 것인가는 일률적으로 획정할 수 없고, 구체적 사례에서 관련된 이익 내지 가치의 중요성, 규제 내지 침해의 정도와 방법 등을 고려하여 개별적으로 결정할 수 있을 뿐이나, 적어도 헌법상 보장된 국민의 자유나 권리를 제한할 때에는 그 제한의 본질적인 사항에 관한 한 입법자가 법률로써 스스로 규율하여야 할 것이다"라고 판시하였다(헌재결 1999.5.27. 98헌바70).

나아가 헌법재판소는 교사임용후보자 선정경쟁시험 가산점 관련 시험시행요강 헌법소원 사건에서 시험시행요강 중 특정 가산점 항목에 관하여는 법률적 근거가 없어 법률유보원칙에 위반된다고 하면서, 포괄위임금지원칙 위반 여부와 관련하여 국회가 법률로 정해야 하는 사항 해당 여부와 그 정도를 판단할 때에는 기본권적 중요성뿐만 아니라 공개적 토론의 필요성 또는 상충하는 이익간 조정의 필요성도 고려하여야 한다고 보았다(헌재결 2004.3.25. 2001헌마882). 이러한 판단기준은 의회유보원칙과 포괄위임금지원칙에 공통되는 것으로서 동전의 양면과도 같은 양자의 밀접한 관계를 보여준다.

(3) 구체적 사례

① 헌법재판소는 TV수신료 통합징수 관련 방송법 위헌소원 사건에서 수신료금액의 결정, 납부의무자의 범위, 징수절차 등은 국민의 기본권 실현을 위하여 본질적이고 중요한 사항으로서 의회유보의 대상이 된다고 본 반면, 수신료 징수업무를 누가 수행할 것인지는 징수업무의 효율성 제고와 관련되는 비본질적인 사항이기 때문에 하위규범으로 위임할 수 있다고 판시하였다(헌재결 2008.2.28. 2006헌바70). ② 헌법재판소는 업무정지기간 범위의 위임 관련 의료기기법 위헌제청 사건에서 "업무정지기간은 국민의 직업의 자유와 관련된 중요한 사항으로서 업무정지의 사유 못지않게 업무정지처분의 핵심적 · 본질적 요소라 할 것이고, 비록 입법부가 복잡 · 다기한 행정영역에서 발생하는 상황의 변화에 따른 적절한 대처에 필요한 기술적 · 전문적 능력에 한계가 있어서 그 구체적 기준을 하위법령에 위임할 수밖에 없다 하더라도 최소한 그 상한만은 법률의 형식으로 이를 명확하게 규정하여야 할 것이다 … 결국, 이 사건 법률조항은 의료기기 판매업자에 대한 업무정지처분의 기간에 대하여 구체적이고 명확한 규정을 두지 아니한 채 이를 보건복지가족부령에 포괄적으로 위임함으로써 행정부에게 지나치게 광범위한 입법재량권을 주는 결과를 낳았고, 이로 인하여 의료기기 판매업자로 하여금 그가 받게 될 업무정지처분의 범위를 예측할 수 없게 만들었다고 할 것이므로, 헌법 제75조의 포괄위임금지원칙에 위배된다"라고 하여, 사업자에 대한 업무정지기간의 범위, 특히 상한을 법률로 전혀 규정하지 않은 것은 본질사항유보의 횡적, 종적 측면을 모두 위반한 것이라는 취지로 판시하였다(헌재결 2011.9.29. 2010헌가93). ③ 대법원 전원

합의체 다수의견은 전교조 법외노조 통보처분 취소청구 사건에서 '근로자가 아닌 자의 가입을 허용하는 경우에는 노동조합으로 보지 아니한다'라고 규정한 노동조합법 제2조 제4호 라목은 노동조합법상 노동조합 해당 여부에 관한 판단기준에 불과하고 전국교직원노동조합에 대한 법외노조 통보처분은 노동조합의 법적 지위를 박탈하는 침익적 처분에 해당함에도 법률적 근거가 없어 무효인 시행령에 따라 이루어진 것이므로 위법하다고 판단하였다[대판(전합) 2020.9.3. 2016두32992]. 그런데 법률유보원칙 위반 여부에 관하여 다수의견과 견해를 달리하는 별개의견 2개와 반대의견이 제시되었다. 대법관 김재형의 별개의견은 "요컨대, 원고에 대한 법외노조 '통보'의 당부를 판단하기에 앞서 원고를 '법외노조'로 보는 것 자체에 잘못이 있으므로, 이를 전제로 한 이 사건 법외노조 통보는 위법하다"라고, 대법관 안철상의 별개의견은 "요컨대, 이 사건 법외노조 통보가 위법한 것은 이 사건 시행령 조항이 무효이기 때문이 아니라 원고의 위법사항에 비하여 과도한 것이기 때문이다. 따라서 이와 다른 전제에서 이 사건 법외노조 통보를 적법하다고 본 원심의 판단에는 수익적 행정처분의 철회 제한에 관한 법리를 오해하여 판결에 영향을 미친 잘못이 있다"라고 한다. 이러한 다수의견과 별개의견을 모두 강력히 비판하는 반대의견은 근로자가 아닌 자의 가입이 허용되는 경우 노동조합으로 볼 수 없게 되는 효과는 법률 자체에 의하여 발생하는 것이고 이 사건 시행령 조항은 이러한 법적 효과를 실현하기 위한 구체적인 방법과 절차에 관한 규정으로서 매우 자연스러운 집행명령이라는 법문언에 충실한 해석을 하고 있다. 과연 다수의견처럼 법률유보원칙 위반으로 평가할 수 있는 것인지 생각해 볼 문제이다.

제 4 절 법치주의의 예외 - 법으로부터 자유로운 행정?

19세기의 시민적 · 자유주의적 법치주의는 군주와 시민계급의 양보와 타협의 산물이라서 여전히 군주의 절대권력을 인정하는 부분이 남게 되는데, 이를 흔히 법치주의의 예외 또는 법으로부터 자유로운 행정으로 불렀다. 그 대표적인 것이 통치행위, 특별권력관계, 자유재량행위다. 그러나 국가행정의 합헌적 법률에의 기속이라는 실질적 법치주의가 확립되고 이를 제도적으로 담보하는 헌법재판제도가 일반화되면서 법적으로 아무런 구속도 받지 않고 사법심사의 대상에서 원천적으로 제외되는 국가작용은 오늘날 인정되기 어렵다. 더욱이 국민이 갖는 재판청구권의 포괄적 성격이 강조됨에 따라 법률로부터 자유로운 행정이라는 용어 자체가 계속 사용될 수 있을지 의문이다. 아래에서는 통치행위와 특별권력관계에 대하여 설명하고, 자유재량행위는 행정행위편에서 본다.

Ⅰ. 통치행위

1. 개 념

삼권분립의 원칙에 따라 국가권력을 입법, 행정, 사법으로 나눌 때 행정권은 우리 헌법 제66조 제4항에 의하여 대통령을 수반으로 하는 행정부에 속한다. 이렇게 헌법상 행정부에 속하는 행정권에는 좁은 의미에서 법률을 집행하는 행정작용뿐만 아니라 외교 및 군사, 국가긴급권 등 보다 정책적이며 정치적인 사안을 결정하고 집행하는 권한이 포함된다. 좁은 의미의 행정작용 외에 행정부, 특히 대통령에 속하는 이러한 정치적 · 정책적 권한의 행사를 흔히 통치행위라고 불렀다.

일반적으로 통치행위는 실정법상 인정된 개념이라기보다는 각국의 학설과 판례를 통하여 성립된 것으로서 역사적으로는 법으로부터 자유로운 행정의 영역으로 인식되었다. 흔히 행정법학에서는 통치행위가 포함된 넓은 의미의 행정에서 행정법학의 관심대상인 좁은 의미의 행정을 분리시키려는 기술적인 이유에 의하여 통치행위를 다루기도 하였다.

그러나 통치행위는 이러한 기술적인 측면보다는 법치주의원리와의 근본적인 관련성 속에서 살펴보아야 한다. 통치행위가 법치주의와 행정의 법률적합성원칙에 대한 예외라는 것은 여기에 적용되는 제원리가 타당하지 않다는 것을 의미한다. 다시 말해 통치행위의 법적 특성으로 들 수 있는 것은 법률우위의 원칙과 법률유보의 원칙이 적용되지 않는다는 것이다. 따라서 통치행위에 대하여는 위헌 · 위법을 문제 삼을 수 없으며 개인의 권리제한도 법률의 형식에 의존할 필요 없이 긴급권 발동이나 행정명령 등을 통하여 이루어진다. 또한 위헌 · 위법한 통치행위로 인한 권리침해를 주장하는 사람이 헌법재판, 행정소송을 비롯한 각종의 재판을 청구한다 하더라도 이에 대한 사법적 심사는 이루어질 수 없다.

2. 학 설

1) 긍정설

통치행위의 존재나 기능론에 대하여 긍정적인 입장을 취하는 견해이다. 그 이론적 근거로는 주로 미연방대법원이 정치문제(political question)에 대한 사법심사를 회피하는 사법적 자제(judicial self-restraint)나 권력분립이 거론된다. 다만 최근에는 통치행위를 긍정하는 입장도 그 범위를 축소하고 사법심사의 가능성도 인정하여 통치행위와 법치주의의 관계를 질적인 차원의 문제가 아니라 양적인 차이로 보는 경향을 보이고 있다. ① 권력분립설은 삼권분립에 따라 사법부에 부여된 권한은 구체적인 법률관계에서 법령의 해석과 적용을 통하여 해결할 수 있는 법률적 쟁송을 심판하는 것이므로,

순수히 정치적 문제이거나 다소의 법률적 문제가 관련되었다 하더라도 보다 정책적인 관점에서 이루어진 행정부의 결정에 대하여 그 적법 여부를 심사하는 것은 사법부의 관장사항이 아니라는 견해이다. ② 사법자제설은 비록 법률적인 측면이 다소 결부되어 있다 하더라도 통치행위와 같이 고도의 정치적 성격을 갖는 국가행위를 사법부가 심리·판단하는 것은 정치적 부담을 스스로 떠맡는 결과가 되고, 사법부가 정쟁의 소용돌이에 휘말리게 되면 그 최후의 보루라고 할 수 있는 사법부 스스로의 독립성과 존엄성을 크게 해칠 수 있으므로 정치적 문제의 판단을 스스로 자제해야 한다는 견해이다. ③ 자유재량행위설은 재량행위를 기속재량과 자유재량으로 구별하던 종래의 재량행위이론을 전제로 하여 통치행위는 고도의 정치적·정책적 판단에 따른 행위로서 자유재량행위에 해당하므로 비록 그 권한 행사에 잘못이 있을지라도 이는 타당성 문제에 그치는 것이지 위법 여부를 판단하는 사법적 심사의 대상이 되는 것은 아니라는 견해이다.

2) 부정설

오늘날 행정소송사항에 대한 개괄주의가 일반화되고 국민의 재판청구권이 포괄적 성격을 가짐에 따라 개인의 권익침해가 있음에도 이에 대한 재판청구의 기회가 원천적으로 봉쇄되는 국가행위가 존재한다는 것은 실질적 법치주의와 국민의 기본권 보장이라는 헌법정신에 부합하지 아니하므로, 이른바 통치행위라는 국가행위도 위헌·위법하다고 평가될 수 있고 이러한 국가행위로 인하여 권리를 침해당한 국민은 행정소송을 비롯하여 최후적으로는 헌법재판을 통하여 이를 사법심사의 대상으로 삼을 수 있다는 견해이다.

3. 검토 – 부정설(통치행위가 아닌 대통령과 국회의 헌법상 권한 행사)

1) 통치행위 긍정설에 대하여는 다음과 같은 문제점이 지적될 수 있다. ① 권력분립설의 경우 권력분립원리는 권력의 분립에 그치는 것이 아니고 상호 견제를 통해 권력의 독점과 남용을 막으려는 것이 그 궁극적인 제도적 취지라고 할 수 있음을 간과한 측면이 있다. 다시 말해 다소 정치적 성격의 사안이라고 하더라도 법률적 판단이 필요한 경우에 이루어지는 재판작용은 오히려 본연의 사법권 행사로서 행정부에 대한 견제에 해당하여 권력분립원리에 부합하는 것이다. ② 사법자제설은 권력분립설과 사실상 같은 맥락에서 이해될 수 있으며 권력분립설과 원인과 결과의 관계에 있다고 할 것이다. 따라서 권력분립설의 문제점은 사법자제설의 것이기도 하다. 또한 사법자제가 반드시 미덕이라고 말할 수 없는 경우도 있다. 사실상 헌법재판의 경우에는 거의 모든 심판대상 사건이 정치적 성격을 띠고 있으므로 이런 모든 문제에 대하여 사법자제를

내세우며 심판 자체를 포기한다면 사법부의 존립 의의 자체를 부인하는 결과가 된다. ③ 오늘날 법으로부터 자유롭다는 의미에서의 자유재량행위론은 이미 극복되었다. 다시 말해 계획재량을 포함한 모든 재량행위는 그 행사에 법적 한계가 존재하며 이를 넘어서는 경우에는 당연히 사법심사의 대상이 된다(행정소송법 제27조). 따라서 자유재량행위를 이론적 근거로 한 통치행위 긍정설은 그 기반을 상실한 것이다.

2) 통치행위를 긍정하는 견해에서 그 목록으로 흔히 열거하는 것에는 대통령의 국민투표부의권(헌법 제72조), 외교에 관한 행위(제73조), 군사에 관한 행위(제74조), 긴급재정 · 경제처분 또는 명령, 긴급명령권의 행사(제76조), 계엄의 선포(제77조), 사면권의 행사(제79조), 영전수여권의 행사(제80조), 국무위원의 임면(제86조, 제87조), 법률안에 대한 거부권의 행사(제53조 제2항), 국회의 의사 및 의원자격심사(제64조) 등이 있다.

그런데 이는 대통령과 국회의 헌법상 권한에 해당한다. 이를 이른바 통치행위로 본다면 법치주의의 핵심적인 내용인 행정의 법률적합성원칙이 적용되지 않고 위헌 · 위법한 국가행위로 권익을 침해당한 개인에 대한 사법적 구제 가능성은 배제된다. 과연 이러한 결론은 정당한 것인가? 오늘날 실질적 법치주의가 확립된 국가에서 대통령과 국회의 헌법상 권한은 그 법적 한계를 준수하여 행사되어야 함이 당연하다.

여기서 말하는 헌법적 · 법률적 한계로는 다음과 같은 것들을 생각할 수 있다. 첫째, 대통령과 국회의 헌법상 권한은 헌법과 법률이 정한 절차에 따라 행사되어 절차적 정당성이 있어야 한다. 둘째, 그 헌법상 권한 행사는 헌법과 법률의 실체적 내용에 위반될 수 없다. 예를 들어 비례원칙, 평등원칙, 신뢰보호원칙 등 행정법의 일반원칙에 어긋나게 행사될 수 없다. 셋째, 국민의 기본권은 법률과 그 밖의 법률적 효력을 갖는 대통령의 긴급명령 등을 통하여 제한될 수는 있으나 그 본질적 내용을 침해할 수 없다. 대통령과 국회의 헌법상 권한은 이러한 법적 한계 내에서 행사되어야 헌법적 · 법률적으로 정당화될 수 있는 것이다.

예를 들어 대통령의 군사나 외교에 대한 권한 행사가 정당하다고 평가되는 것은 그것이 이른바 통치행위이기 때문이 아니라 그러한 권한이 헌법과 법률상 한계를 준수하여 적법하게 행사된 것이기 때문이다. 다시 말해 정책적으로 더 좋은 대안을 선택하지 않은 대통령의 행위가 합목적적으로 이루어지지 못한 것으로 평가된다고 하더라도 헌법과 법률이 정하는 절차와 내용에 따른 적법한 것이라면 법적으로 문제삼을 수 없는 것이다. 이는 통치행위로 정당화되는 것이 아니라 대통령의 헌법상 권한이 적법하게 행사되었기 때문에 정당하다고 보는 것이다.

반면 통치행위라는 이름으로 자행된 대통령의 행위가 헌법과 법률의 한계를 일탈하였다면 이는 위법한 행위로서 통치행위로 정당화될 수 없다. 따라서 이러한 국가행위로 권익을 침해당한 국민은 국가배상청구를 포함한 행정쟁송, 최후적으로는 헌법소원을 통한 권리구제가 가능해야 하며, 대통령 자신은 헌법에 따른 탄핵소추를 면하기 어렵다.

4. 판 례

판례는 기본적으로 통치행위 긍정설의 입장이지만 그 인정범위를 제한하는 등 과거와 다른 태도를 보이고 있다.

1) 대법원

(1) 대법원은 ① 과거 대통령의 계엄선포행위에 대하여 그 법적 요건을 흠결하였음이 명백하여 당연무효에 해당하지 않는 이상 그 당부는 국회가 판단하는 것이지 법원이 판단할 수 없다고 하였다(대재 1979.12.7. 79초70; 대판 1964.7.21. 64초3). 대통령의 계엄선포행위를 통치행위로 보고 권력분립원칙, 사법부의 내재적 한계를 이유로 하여 이에 대한 사법심사가 불가함을 인정한 것이다. ② 다만 대법원은 계엄선포행위가 고도의 정치적·군사적 성격을 가진다고 하더라도 국헌문란의 목적으로 행하여진 것이라면 그 자체가 범죄행위에 해당하는지 여부를 사법부가 심사할 수 있다고 하였다[대판(전합) 1997.4.17. 96도3376]. ③ 또한 대법원은 남북정상회담의 개최는 통치행위에 해당하지만 그 개최과정에서 이루어진 대북송금행위는 사법심사의 대상이 된다고 한 원심의 판단을 정당하다고 보았다(대판 2004.3.26. 2003도7878).

(2) 나아가 대법원은 ① 고도의 정치성을 띤 국가행위에 대하여는 이른바 통치행위라 하여 법원 스스로 사법심사권의 행사를 억제하여 그 심사대상에서 제외하는 영역이 있을 수 있으나, 이러한 통치행위의 인정은 국민의 기본권 보장과 법치주의원리를 유념하여 매우 신중하게 이루어져야 하며, 법치주의의 원칙상 통치행위라 하더라도 헌법과 법률에 근거하여야 하고 그에 위배되어서는 아니된다고 보면서, 유신헌법에 따른 긴급조치 제1호는 위헌·무효이므로 그 위반에 대하여는 범죄가 성립하지 아니하여 무죄라고 판단하였다[대판(전합) 2010.12.16. 2010도5986]. ② 또한 대법원은 종래 유신헌법에 근거한 대통령의 긴급조치권 행사는 고도의 정치성을 가지므로 민사상 불법행위책임이 성립하지 않는다고 보았는데, 이후 판례를 변경하여 긴급조치 제9호의 발령·적용·집행이라는 일련의 국가작용은 전체적으로 위법하다고 평가되어 국가배상책임이 인정될 수 있다고 판단하였다[대판(전합) 2022.8.30. 2018다212610]. ③ 한편 대법원은 대통령의 서훈취소는 서훈수여와는 달리 기득권을 박탈하는 것으로서 사법심사의 필요성이 크고, 법원이 사법심사를 자제하여야 할 정 고도의 정치성을 띤 행위라고 볼 수는 없기 때문에 통치행위에 해당하지 않는다고 보았다(대판 2015.4.23. 2012두26920).

2) 헌법재판소

(1) 지방자치단체장 선거일 불공고 위헌확인 사건에서 헌법재판소 다수의견은 이는 고도의 정치적 성격을 지닌 사건이므로 국회에서 우선적으로 해결하도록 함이 타당하다고 본 전제에서, 국회가 지방자치법을 개정하여 선거일을 법정화함으로써 선거일 공고가 필요 없게 되었으므로 권리보호의 이익이 없다고 판단하였다(헌재결 1994.8.31. 92헌마126). 여기서 헌법재판소는 통치행위라는 용어를 명시적으로 사용하지 않았지만 통치행위 긍정론에서 전면적으로 벗어난 것으로 보기는 어렵다. 이러한 입장 자체도 비판의 대상이 되겠으나, 헌법소원의 보충성에 근거하여 사건 해결의 국회 우선을 주장하는 것은 국회의원도 아닌 심판청구인들에게 기대가능한 사법적 권리구제 수단이 있다고 볼 수 있는 것인지라는 측면에서 도무지 이해하기 어렵다. 이는 재판관 변정수의 반대의견과 재판관 김양균의 반대의견에서도 지적되는 바이다.

(2) 헌법재판소는 금융실명제 실시를 위한 대통령긴급재정명령 위헌확인 사건에서 통치행위에 대한 변화된 견해를 제시하였다. 앞서 본 지방자치단체장 선거일 불공고 위헌확인 사건과는 달리 통치행위라는 용어를 명시적으로 사용하면서도 그 법적 한계와 사법심사의 가능성을 강조하고 있다. 즉 고도의 정치적 결단에 의하여 행해지는 국가작용이라 할지라도 국민의 기본권 침해와 직접 관련되는 경우에는 당연히 헌법재판소의 심판대상이 될 수 있다는 것이다(헌재결 1996.2.29. 93헌마186). 헌법재판소가 위 사건에서 통치행위에 대한 사법심사 가능성을 인정한 것은 긍정적인 평가를 받을 수 있는 부분이다. 그러나 대통령의 긴급재정경제명령이 통치행위에 해당한다고 인정하는 부분은 이해하기 어렵다. 왜냐하면 헌법재판소도 밝힌 바와 같이 통치행위는 그 속성상 일반적으로 사법적 심사의 대상으로 삼기에 부적절한 것으로 정의되고 있음에도 그 법적 한계를 거론하는 것은 논리적으로 모순이기 때문이다. 헌법 제76조는 긴급재정경제명령의 요건으로 "내우 · 외환 · 천재 · 지변 또는 중대한 재정 · 경제상의 위기에 있어서 국가의 안전보장 또는 공공의 안녕질서를 유지하기 위하여 긴급한 조치가 필요하고 국회의 집회를 기다릴 여유가 없을 때에 한하여"라고 규정하고 있으며 이는 헌법상 하나의 불확정개념이고 대통령에게 상당한 정책적 판단여지가 있지만, 그 요건 판단을 그르치면 위헌에 해당하고 사법심사의 대상이 되는 것이 당연하다.

(3) 헌법재판소는 일반사병 이라크파병 위헌확인 사건에서 대통령의 일반사병 이라크파병 결정은 통치행위에 해당하는데 헌법과 법률이 정한 절차를 지켜 이루어진 것임이 명백하므로 사법적 판단을 자제하여야 한다는 이유로 청구인의 심판청구를 각하하였다(헌재결 2004.4.29. 2003헌마814). 그런데 이 결정에서도 아쉬운 점은 헌법과 법률에 따라 이루어졌다는 것에서 나아가 굳이 고도의 정치적 결단으로서 사법적 심사를 자제해야 한다고 표현할 필요가 없었다는 것이다. 또한 청구인의 심판청구가 부적

법하여 각하되어야 하는 직접적인 이유로는 별개의견이 제시한 바와 같이 청구인에게 자기관련성이 결여되어 있음을 제시하는 것이 보다 설득력있다.

(4) 헌법재판소는 개성공단 전면중단 조치 위헌확인 사건에서 대통령과 통일부장관의 개성공단 전면중단 조치는 고도의 정치적 결단을 요하는 문제지만 국민의 기본권 제한과 직접 관련되므로 헌법소원심판의 대상이 될 수 있다고 하면서, 과잉금지원칙의 심사기준과 관련하여 개성공단 전면중단 조치는 고도의 정치적 결단에 따른 것이므로 정치적 대의기관인 대통령에게 광범위한 판단 재량이 인정되어야 하고 그에 대한 사법심사는 정책 판단이 명백하게 재량의 한계를 벗어나거나 선택된 정책이 현저히 합리성을 결여한 것인지 여부를 판단하는 데 그쳐야 한다고 보았다(헌재결 2022.1.27. 2016헌마364). 고도의 정치적 행위도 기본권 제한과 직접 관련되는 경우에는 사법심사의 대상이 되는데 그 정책적 판단여지와 재량을 고려하여 심사기준을 정해야 한다는 것은 긍정적으로 평가할 수 있다.

Ⅱ. 특별권력관계

1. 특 징

독일 법치주의의 역사적 산물로서 이른바 특별권력관계(das sogenannte besondere Gewaltverhältnis)는 특수한 행정목적의 달성을 위하여 필요한 범위 내에서 특별한 공법적 원인에 의하여 성립되어 특정한 범위의 행정객체에게 행정주체(특별권력주체)가 포괄적 지배권을 행사하는 법률관계를 말한다. 여기서는 행정객체에게 행정법상 공권의 성립여지가 없으며 행정주체의 특별권력에 대한 복종과 징계권 행사의 대상이 될 뿐이다. 반면 일반권력관계는 국가와 시민간의 행정상 법률관계로서, 원칙적으로 행정주체와 행정객체간의 권리의무관계이기 때문에 행정주체 또는 행정객체가 공권을 행사하고 의무를 부담하는 쌍무관계를 의미한다.

특별권력관계의 법적 특징으로는 법치주의, 행정의 법률적합성원칙이 적용되지 않는다는 것이다. 물론 법률유보원칙과 관련하여 역사적으로 보았을 때 강제적 성격의 특별권력관계의 성립에 관한 법률적 근거가 마련되는 경우도 있었다. 그러나 이는 특별권력관계의 성립이나 발동을 정당화하는 의미일 뿐 개인의 권익 보호라는 본래적인 의미의 법률유보원칙과는 거리가 멀다. 따라서 특별권력관계 내부에서 이루어지는 권리 제한과 의무 부과, 징계권의 행사 등은 모두 내부적 효력을 갖는 행정명령에 의하여 이루어진다. 또한 특별권력관계 내부에서는 행정객체의 권리를 상정할 수 없다. 따라서 일반권력관계와는 달리 특별권력관계에서는 행정객체가 권리 침해를 주장한다고 해도 이에 대한 사법적 심사는 원천적으로 배제된다.

2. 성립원인

특별권력관계는 특별한 공법적 원인에 의하여 발생하는데, 이는 전통적으로 법률의 규정과 상대방의 동의 두 가지로 대별된다. 그런데 이러한 성립원인이 요구되는 것은 개인의 권익을 보호하기 위한 것이 아니라 특별권력관계에 대한 관할권을 창설하거나 이를 정당화하는 의미가 크다. 법률에 의하여 직접 특별권력관계가 성립하는 예로는 병역법에 따른 입영(제16조), 감염병예방법에 의한 강제입원(제41조), 초·중등교육법에 따른 초등학교 취학(제13조) 등이 있다. 상대방의 동의에 의한 예로는 공무원의 임용, 국공립학교 입학 등이 있다.

3. 종 류

전통적으로 특별권력관계는 크게 공법상 근무관계, 공법상 영조물이용관계, 공법상 특별감독관계, 공사단관계로 나누어진다. 첫째, 공법상 근무관계는 국가의 행정적·군사적 업무의 지속적이고 안정적인 수행을 위하여 그 상대방에 대한 포괄적 지배권이 성립하는 것이다. 그 예로는 공무원의 근무관계, 군복무관계 등이 있다. 둘째, 공법상 영조물이용관계는 흔히 공공시설 이용관계를 의미하지만, 그 중에서도 철도이용관계와 같이 사법상 이용관계로 취급되는 것을 제외한다. 재소자 수감관계, 국공립학교 재학관계, 국공립박물관 및 도서관 이용관계 등이 이에 속한다. 셋째, 공법상 특별감독관계는 지방자치단체의 장에 대한 기관위임사무에 관련된 국가의 감독관계, 공공조합 등 공공단체에 대한 국가의 감독관계를 말한다. 넷째, 공사단관계는 농지개량조합, 산림조합과 같은 공공조합과 그 조합의 구성원 간의 관계이다.

4. 내 용

1) 명령권과 징계권

특별권력관계에서 행정주체는 특정한 행정목적을 달성하기 위하여 필요한 범위 내에서 행정객체에 대하여 다양한 명령과 지시를 할 수 있는 명령권을 갖는다. 이러한 명령과 지시는 개별적인 행정명령과 지시의 형태를 띠는 경우도 있고, 행정규칙과 같이 일정한 반복적 명령과 지시를 가능하게 하는 형식을 취하는 경우도 있다. 만약 행정객체가 이러한 명령과 지시를 이행하지 않을 경우에는 당연히 특별권력관계의 실효성 확보의 차원에서 행정객체에 대한 징계권이 행사된다.

그런데 명령권과 징계권의 행사는 행정객체에게 권리의 침해와 의무의 부과를 의미하는 침해적 행정작용임에도 원칙적으로 특별권력관계에서는 그에 대한 법률적 근거를 요하지 않는다. 만약 법률적 근거가 있다면 여기에는 두 가지 경우가 있다. 하나는 법률을 통하여 특별권력의 발동을 정당화하는 주의적 규정을 두는 경우이다. 대개 이러한 경우에는 법규정상 특별권력의 행사에 필요한 일반적 수권조항만 두는 것에 그친다. 다른 하나는 법률규정이 이미 특별권력관계를 부인하고 일반권력관계로의 편입을 실현한 경우이다. 따라서 명령권과 징계권 행사를 위한 요건 · 내용 · 종류 · 절차 등이 법률로 규정되며 법적 근거가 결여되거나 법률의 내용에 위반되는 명령권 · 징계권의 행사는 위법임을 면하지 못한다.

2) 이른바 특별명령론에 대하여

특별권력관계이론이 동요하고 법치주의에 대한 요구가 커짐에도 불구하고 종래 특별권력관계가 수행하던 특수한 기능과 성격에 초점을 맞추어 일반권력관계에서의 법률이 아닌 다른 특별한 법적 근거로 특별권력관계를 규율하려는 이른바 특별명령론(Sonderverordnung)이 주장되었다. 특별명령론에 대한 이해는 학자들마다 다소 상이하기는 하지만 특별권력관계에 전적으로 법이 침투하여 법치주의를 요구하는 것은 특별권력관계의 특수성을 무시하는 결과가 된다는 점을 공통적으로 지적하고 있다. 이러한 독일에서의 특별명령론은 헌법적 관습, 행정유보 내지 행정의 독자성을 이론적 근거로 하여 법률을 대체하여 특별권력관계를 규율하는 법형식으로 특별명령을 제시하는 특별한 법규명령이론이라고 할 수 있다. 그런데 특별명령은 다른 위임입법과는 달리 위임의 근거가 포괄적으로 이루어져도 무방하고 심지어 특별한 법률적 위임의 근거가 없어도 헌법상 관습을 통하여 정당화되는 것으로 본다.

그러나 Maurer 교수가 적절히 지적하고 있는 바와 같이 특별명령론은 독일연방헌법재판소의 재소자결정으로 사라진 특별권력관계론을 다른 이름으로 부활시키는 바람직하지 못한 결과를 가져올 수 있다. 더욱이 독일기본법상 모든 법규명령은 위임입법으로서 헌법상 위임입법의 요건을 갖추어야 하므로 헌법적 관습, 행정의 독자성 등을 근거로 하는 법규명령은 허용될 수 없다. 만약 특별명령이 헌법상 위임입법의 요건을 충족한 법규명령에 지나지 않는다면 위임의 법적 근거가 이미 마련된 것이므로 "특별"이라는 수식어는 불필요하며 이는 통상적인 법규명령에 불과한 것이다.

5. 특별권력관계에 대한 이론적 검토

1) 긍정설

(1) 절대적 긍정설은 특별권력관계에 대한 독일의 전통적 학설로서 특별권력관계를 통치행위나 자유재량행위와 같이 법으로부터 자유로운 행정의 영역으로 인정하는 것이다. 이는 일반권력관계와 절대적으로 구별된다는 의미에서 절대적 구별설이라고도

한다. 그러나 특별권력관계를 절대시하고 일반권력관계와의 질적인 차이를 인정하는 이론은 이미 실질적 법치주의가 일반화함에 따라 극복되었으며 오늘날에는 단순히 연혁적 · 역사적 의미를 갖는 데 그친다.

(2) 상대적 · 제한적 긍정설은 특별권력관계에도 원칙적으로 법률의 유보, 법률의 우위, 사법심사 등 법치주의원칙이 적용되는 것으로 보면서도 실제적인 법적용에 있어서는 개괄조항 및 포괄적 위임에 의한 기본권 제한, 완화된 사법심사 등을 허용하는 견해이다. 이는 과거 특별권력관계에서 인정되고 수행된 특별한 신분 및 법률관계가 오늘날의 법치주의 시대에도 절대적으로 불필요하거나 불식될 수 있는 성질의 것은 아니므로 그러한 한도 내에서 법치주의의 전면적 적용은 바람직하지 못하다는 것이다. 따라서 특별권력관계는 일반권력관계와 질적으로 차이가 나는 것은 아니지만 법치주의의 적용범위라는 측면에서 양적인 차이는 엄연히 존재한다. 이에 특별권력관계라는 용어 대신에 "특별법률관계" 또는 "특별신분관계"로 이러한 법률관계를 지칭하기도 한다.

(3) 특별권력관계수정설은 독일의 Ule 교수에 의해 체계화된 것이다. 그는 특별권력관계에서의 법률관계를 기본관계(Grundverhältnis)와 경영관계(Betriebsverhältnis)로 구분하고, 전자에서 이루어지는 행정작용은 일종의 행정처분으로 보아 법치주의와 사법심사가 가능한 것으로 보았다. 반면 후자의 경우에는 특별권력관계 내부에서 이루어지는 일상적인 관계이므로 여전히 법이 침투할 수 없는 행정영역으로 인정하였다. 흔히 외부관계로 지칭되는 기본관계는 특별권력관계 자체의 성립 · 변경 · 소멸을 수반하는 관계이고, 여기서는 공무원의 임면 · 보직발령 · 징계, 군인의 입대 · 전역 · 징계, 국공립학생의 입학 · 졸업 · 징계, 수형자의 입소 · 퇴소 등의 행정작용이 이루어진다. 이러한 행정작용은 대부분 행정객체의 법적 지위에 직접적 변동을 수반하는 행정처분적 성격이 있으므로 항고소송의 대상이 된다. 내부관계 또는 일상관계로 칭해지는 경영관계는 특별권력관계 내부에서 일상적으로 수행되는 것으로서 공무원의 일상적 근무, 직무상 명령, 군인의 훈련과 복무, 국공립학교에서의 수업, 수형자의 수형생활 등이 이에 해당한다. 이러한 내부관계는 행정객체의 법적 지위에 변동을 주는 경우가 거의 없고 대부분 단순한 사실행위에 해당하여 처분성이 결여되므로 항고소송의 대상이 될 수 없다.

그러나 이러한 특별권력관계 수정설도 오늘날의 입장에서 보면 문제가 있다. 첫째, 외부관계와 내부관계의 구별이 사실상 애매한 경우가 많아서 사법심사의 가능성 여부를 결정하는 데 어려움이 따른다. 둘째, 아무리 일상적으로 이루어지는 내부관계라 하더라도 행정객체의 권리 제한이 수반되는 행위(예컨대 근무시간의 연장, 근무자의 거주 제한)에는 법률유보의 최소한인 침해유보설의 입장에서도 법적 근거가 필요하고, 내부관계에서의 권리 침해도 사법적 심사의 대상이 되어야 한다.

2) 부정설

(1) 일반적 부정설은 특별권력관계와 일반권력관계간의 질적인 차이를 인정하지 않고 전면적인 법률유보와 사범심사를 인정하는 견해이다. 특별권력관계는 과거 자유주의적 법치국가에서 생성된 역사적 산물이므로 실질적 법치주의와 국민의 포괄적 재판청구권이 보장된 오늘날에는 성립할 수 없다는 것이다. 따라서 특별권력의 명령권이나 징계권 행사가 행정객체에 대한 권리 제한과 의무 부과 등으로 인정되는 한 당연히 법적 근거가 있어야 하고 권리 침해가 있으면 재판청구가 가능하다.

특별권력관계에 대한 전면적 부정설은 독일연방헌법재판소의 재소자판결을 기점으로 독일의 통설적 입장으로 굳어졌다. 재소자판결의 요지는 다음과 같다. 어떤 재소자가 외부의 인사에게 교도소장, 일부의 관계 공무원, 교도소 내의 수감생활에 대하여 모욕적인 내용을 담은 서신을 발송하였다. 그러자 교도소장은 관례에 따라 서신을 검열하고 이를 압류하였다. 이러한 서신의 검열과 압류에 대하여 헌법소원이 제기되었다. 연방헌법재판소는 헌법상 기본권은 재소자의 경우에도 그대로 보장되어야 하며, 그 제한의 요건은 다른 기본권 제한과 동일하게 법률적 근거에 의하여야 한다고 결정함과 동시에 형집행법을 1973년 가을까지 제정하도록 하는 입법촉구를 하였다(BVerfGE 33, 1). 독일연방헌법재판소는 1975년 10월 29일 유사 사건에서 다시 한 번 입법촉구 결정을 내렸고 이에 따라 연방의회는 1976년 3월 16일 형집행법(Strafvollzugsgesetz)을 제정하여 재소자관계의 법률적 근거를 마련하였다.

(2) 개별적 부정설은 특별권력관계의 종류에 따라 일반권력관계, 공법상 계약관계, 사법상 계약관계 등으로 개별적으로 부정·해체하자는 견해이다. 특별권력관계의 개념과 제도를 일반적인 범주에서 부정하는 일반적 부정설과는 다르다. 예를 들어 군복무관계, 재소자관계, 공법상 감독관계 등은 일반권력관계로, 국공립학교 재학관계, 그 밖의 영조물 이용관계는 사법관계로 해체가 가능할 것이다. 공무원의 근무관계는 일종의 공법상 계약관계 또는 일반권력관계로 설정할 수 있다.

그러나 개별적 부정설에 의할 경우 다른 법률관계로 환원시키거나 해체할 수 없는 잔여분의 특별권력관계(예를 들어, 공법상 사단과 구성원의 관계)는 계속 특별권력관계로 유지해야 하는 것인지 의문이 남는다.

(3) 기능적 재구성설은 특별권력관계라는 용어는 부정하나 종래 특별권력관계로 인정해 왔던 특수한 기능이나 목적에 착안하여 사회 전체에 비하여 인정되는 이른바 부분사회의 특수한 성격 또는 자율성을 강조하고 있다. 부분사회의 구성원은 특수한 법적 규율을 받을 수도 있다는 점을 지적하면서 그러한 목적과 법치주의의 조화가 부

분사회의 과제임을 지적하고 있다.

3) 결론 – 일반적 부정설

특별권력관계는 원래 법치주의의 적용을 배제하기 위한 이론이다. 따라서 오늘날 보편화된 법치주의 아래에서는 더 이상 그 정당성을 인정하기 어렵다. 물론 과거 특별권력관계로 부르던 법률관계에 특수성이 있음을 부정하는 것은 아니다. 국민 전체에 대한 봉사자로서 공무원에게는 일반 국민에 비하여 더 강한 기본권 제한이 불가피하며, 전쟁 억지에 필요한 국방력을 유지하기 위해 군복무관계에 대한 특수한 법적 취급이 필요하다는 것은 오늘날에도 충분히 인정될 수 있다. 하지만 그러한 특수한 기능이나 목적이 법치주의를 배제할 정도의 특별한 성격을 갖는 것은 아니다. 다시 말해 종래의 특별권력관계로 취급해 왔던 법률관계는 일반적 행정법관계와 질적인 차이가 있는 것이 아니다. 따라서 특별권력관계는 그 밖의 행정상 법률관계와 양적인 차이가 있음에 불과하며 다양한 행정상 법률관계 중 하나일 뿐이다. 종래 특별권력관계로 불러온 법률관계에는 전면적으로 법치주의와 사법심사가 적용됨이 타당하며 양적인 특수성은 이를 규율하는 법률의 내용에 반영하거나 사법심사의 기준을 설정할 때 고려할 수 있다.

그럼에도 특별권력관계를 원칙적으로 부정하면서도 이를 특별한 행정법관계로 변화시켜 법치주의의 적용을 완화하려는 견해는 지나치게 기교적이고 동의하기 어렵다. 사실상 오늘날 다양한 행정작용을 통하여 생성되는 다양한 행정상 법률관계들을 보면 이른바 특별권력관계도 다른 법률관계에 비하여 특수한 내용을 갖는 하나의 법률관계에 불과하다. 행정행위에 비하여 공법상 계약을 통해 성립하는 법률관계, 수익적 처분에 비하여 침해적 처분에 따른 법률관계, 허가에 비하여 특허에 따른 법률관계가 다소 특수하다고 하여 이를 특별권력관계 또는 특별한 행정법관계라고 부르며 법치주의의 예외나 완화를 인정하지는 않는다.

6. 특별권력관계에 대한 현행법의 구조

종래 특별권력관계로 다루어져 온 공무원의 근무관계, 군복무관계, 학생교육관계, 재소자관계 등 관련, 우리 헌법은 이러한 특별한 기능을 갖는 법률관계의 특수성을 고려하거나 일반 국민에 비해 더 강한 기본권 제한의 가능성을 인정하고 있다. 예를 들어 헌법 제39조 제1항은 국방의 의무를, 제31조 제2조는 교육을 받게 할 의무를, 제12조 제1항 제2문과 제13조 제1항 전단은 죄형법정주의를 규정하고 있다. 또한 공무원의 근무관계를 규율한 헌법 제23조 제2항은 "공무원인 근로자는 법률이 정하는 자에 한하여 단결권·단체교섭권 및 단체행동권을 가진다"라고 규정하고 있다.

그런데 이러한 헌법상 공무원의 근무관계를 이른바 특별권력관계로 보고 이들의 기본권을 탈법치적으로 제한할 수 있는 특별권력 발동의 관할권 규정으로 이해하는 것은 용납될 수 없다. 헌법규정 자체가 공무원이 국가와 맺고 있는 특별한 법률적 관계로 인하여 더 강한 기본권 제한의 필요성이 존재함을 인정하더라도 그 형식은 법률이며 일반적인 기본권 제한의 헌법적 한계가 이 경우에도 그대로 적용된다. 또한 대부분의 특별권력관계는 오늘날 국가공무원법, 지방공무원법, 「형의 집행 및 수용자의 처우에 관한 법률」, 군인사법 등 법률을 통해 규율되고 있으므로 법현실적으로도 상당부분 그 이론적 기초가 무너진 셈이다.

그럼에도 교육관계법은 학생의 징계 등에 관련된 사항을 직접 법률에 구체적으로 규정하지 않고 학칙으로 정할 수 있는 근거 규정을 두고 있다. 예를 들어, 고등교육법은 제13조 제1항에서 "학교의 장은 교육을 위하여 필요하면 법령과 학칙으로 정하는 바에 따라 학생을 징계할 수 있다"라고, 제2항에서 "학교의 장은 학생을 징계하려면 그 학생에게 의견을 진술할 기회를 주는 등 적절한 절차를 거쳐야 한다"라고 규정하고 있다. 그리고 제6조 제2항은 "학칙의 기재사항, 제정 및 개정 절차 등 필요한 사항은 대통령령으로 정한다"고 규정하고 있다.

7. 판 례

판례가 '특별권력관계'라는 용어를 사용하는 경우도 있으나 이는 절대적 긍정설이 아니라 상대적 · 제한적 긍정설의 특별권력관계를 의미하는 것으로 볼 수 있다.

1) 대법원

(1) 대법원은 특별권력관계라는 용어를 사용하면서도 행정소송(대판 1995.6.9. 94누10870)과 국가배상(대판 1966.11.22. 66다1800)이 가능하다고 보았다.

(2) 대법원은 ① 국립 교육대학 학생에 대한 퇴학처분을 행정처분으로 보고 사법심사의 대상으로 삼았는데 이때에는 특별권력관계라는 용어를 사용하지 않았다(대판 1991.11.22. 91누2144). ② 또한 대법원은 수형자나 피보호감호자의 권리에 대한 제한이 법률의 구체적 위임에 의하지 않은 행형법시행령이나 계호근무준칙 등으로 허용될 수는 없다고 하였다(대판 2003.7.25. 2001다60392). 물론 이때 특별권력관계가 언급된 것도 아니고 사법심사 가능성이 다루어진 것도 아니지만, 전통적으로 특별권력관계의 한 종류로 인정되어 온 재소자관계에서도 수형자 등의 권리 제한은 법률에 근거하여야 함을 요구하였다는 데 그 의의가 있다.

(3) 불온서적 영내 반입금지 지시에 대한 헌법소원 제기를 이유로 한 징계처분의 효력이 다투어진 사건에서, 대법원 전원합의체 다수의견은 군인이라는 '특수한 신

분관계'에 따라 일반 국민보다 기본권이 더 제한될 수 있으나 법치주의의 예외에 해당하는 것은 아니라고 보면서 군인복무규율상 사전건의의무 위반의 징계사유가 인정되지 않는다고 판단하였다[대판(전합) 2018.3.22. 2012두26401]. 그러나 반대의견은 특수한 신분관계에 있으므로 법률유보원칙이나 명확성 원칙이 완화되어 적용되어야 한다고 보면서 사전건의의무 위반의 징계사유가 인정된다고 하였다. 다수의견은 특별권력관계에 대한 일반적 부정설에 가깝고, 반대의견은 상대적 · 제한적 긍정설에 근접한다고 볼 수 있다.

(4) 수당 및 성과상여금 등 지급 관련 공무원과 공무직 근로자 사이의 차별적 처우가 문제된 사건에서, 대법원 전원합의체 다수의견은 공무원의 근무관계는 그 특수한 지위가 반영된 특별한 근무관계로서 '공법상 신분관계'에 해당하므로, 공무원과 무기계약직 근로자인 공무직 근로자는 동일한 비교집단이 되지 않는다고 판단하였다[대판(전합) 2023.9.21. 2016다255941]. 반대의견에 대한 보충의견은 다수의견이 비교대상으로도 삼을 수 없다고 본 논거가 이미 극복된 이른바 특별권력관계론의 논거와 동일하다고 비판하였다.

2) 헌법재판소

(1) 헌법재판소는 공무원의 근무관계인 이른바 특별권력관계에서도 행정처분에 대하여 그 취소를 구하는 행정소송을 제기할 수 있다고 본다(헌재결 1995.12.28. 91헌마80). 또한 수용자도 일반 국민처럼 헌법상 기본권 주체성이 인정된다고 하였다(헌재결 2005.5.26. 2001헌마728).

(2) 헌법재판소는 불온도서의 소지 · 전파 등을 금지하는 군인복무규율 위헌확인 사건에서, 과잉금지원칙의 침해최소성 원칙 위반 여부와 관련하여 군인의 기본권도 보장되나 일반인이나 일반 공무원에 비하여 더 제한될 수 있으며, 군인의 복무 기타 병영생활 및 정신전력 등과 밀접하게 관련되어 있는 부분에는 법률유보원칙을 철저히 준수할 것을 요구할 수 없다고 하였다(헌재결 2010.10.28. 2008헌마638). 그러나 위 사건에서 재판관 이강국은 반대의견으로 이른바 특별권력관계에서는 일반국민보다 기본권이 더 제한될 수는 있으나 법치주의는 그대로 적용되어야 한다고 하였다. 법정의견이 상대적 · 제한적 긍정설이라면 반대의견은 일반적 부정설이라고 할 수 있다.

■■■

제3장 행정법의 법원

Ⅰ. 행정상 법률관계와 법원의 의의

행정법에서 법원(法源, Rechtsquelle)은 행정상 법률관계에 적용되는 법규의 존재형식 또는 그 범위를 말한다. 예를 들어 조세부과처분을 통하여 조세채권채무관계라는 행정상 법률관계가 성립하는 경우 이러한 법률관계에 적용되는 법규에는 어떠한 것들이 있는지 인식하여 그 범위를 확정하고 이때 그 법규들이 성문 혹은 불문의 형태로 존재하는 것인지 검토하는 작업을 법원론(法源論)이라고 부를 수 있다. 따라서 법원론은 특정한 법률관계를 전제로 그 의미를 가질 수 있다.

행정법의 영역에서는 행정의 법률적합성원칙이 근간을 이루고 있기 때문에 국회가 제정한 법률과 그 위임을 받아 제정된 하위규범이 중요한 법원이다. 이러한 성문(成文)법원에 못지않게 과잉금지의 원칙, 신뢰보호의 원칙과 같은 불문(不文)의 헌법원칙 또는 행정법의 일반원칙도 행정법의 법원론에서 큰 비중을 차지한다. 한편 법령보충적 행정규칙이나 규범구체화 행정규칙을 법규범으로 보고 행정상 법률관계에서 법원으로 인정할 것인지에 대한 논란이 있다. 이와 관련하여 행정기본법은 종래 법규명령인지 행정규칙인지 문제된 감사원규칙, 상위법령의 위임을 받아 제정된 행정규칙을 법규명령으로 보는 다수설에 따라 '법령'으로 규정하였다[제2조 제1호 가목 2), 3)]. 그러나 이에 대하여는 행정입법편에서 설명하듯이 비판의 여지가 있다.

Ⅱ. 행정법의 성문법주의, 단일법전화의 한계 및 가능성

민법이나 상법과 같은 사법질서의 경우 상대적으로 관습법과 같은 불문법원의 의미가 크다고 할 수 있으나, 행정법 영역에서는 행정작용이 국회가 제정한 법률에 적합해야 하는 법치행정이 요구되기 때문에 성문법주의가 지배한다고 말할 수 있다. 또한 사법관계에도 집단적 법률관계가 존재하지만, 행정상 법률관계에서는 수많은 국민을 대상으로 일률적인 처분을 하는 것과 같이 집단적이고 표준적인 행정작용이 이루어지는 빈도가 크기 때문에 행정법관계의 법적 안정성과 예측가능성을 보장하는 것이 무엇보다 중요하다. 그렇기 때문에 행정상 법률관계에서는 성문법규를 적용함이 원칙이라고 할 수 있다.

법제의 현황을 보면 행정법규는 지방자치법, 경찰행정법, 보건복지행정법, 환경행정법, 조세 및 재무행정법, 도로교통법, 토지행정법, 공용부담법 등 수많은 개별분야를 규율하기 위한 다수의 단행법률과 그 위임을 받은 하위규범들이 행정법의 법원으로 존재한다. 이처럼 행정법 영역의 법제상 특징은 다양한 개별 분야를 규율대상으로 한다는 것이다. 따라서 민법전이나 형법전처럼 단일한 법전으로 법제화하는 것은 본질적으로 어려운 일이다. 다만 행정법 영역에서도 개별 분야에 공통되는 법원칙이나 법원리, 기본개념 등을 행정절차법을 통해 법제화하려는 시도는 있어 왔다. 예컨대, 독일의 연방행정절차법(Bundesverwaltungsverfahrensgesetz)은 행정법 분야에서 최소한의 법전화 작업을 이룬 것으로 평가받고 있다. 또한 연방사회법전(Sozialgesetzbuch) 역시 사회보장법 영역에서 이루어진 일종의 체계적인 법전화 작업으로 볼 수 있다.

Ⅲ. 성문법원

1. 헌 법

헌법의 최고규범성에 따라 행정법관계에서도 헌법은 다른 법규범보다 우위의 효력을 갖는다. 특히 우리나라에서 헌법재판제도가 발전함에 따라 과거 행정작용이 법률에 적합하여야 한다는 법률적합성원칙을 넘어서서 헌법에 적합하여야 한다는 "행정의 헌법적합성"이 강조되고 있는 현실을 주목할 만하다. 기본적으로 헌법은 법률에 대한 합헌성심사의 척도이자 그 해석기준이 된다. 이에 더하여 행정상 법률관계에서 헌법이 직접 적용되는 경우도 흔히 목격할 수 있으며, 행정소송에서 법원이 헌법 또는 헌법원리를 재판규범으로 직접 적용하는 판례가 늘어나고 있다.

2. 법률과 법규명령

행정상 법률관계에 적용되는 법규범 중 가장 중요한 것은 국회가 제정한 형식적 의미의 법률이라고 할 수 있다. 그리고 행정법 분야에서는 수많은 단행법률이 존재한다. 그런데 법원론과 관련하여 민법, 형법, 상법 등 다른 법률 분야와 달리 행정법 이 갖는 특징은 법률의 위임을 받아 제정된 대통령령(시행령의 형태), 총리령 및 부령(시행규칙의 형태)과 같은 하위규범이 커다란 의미를 갖는다는 점이다. 행정상 법률관계에서는 이러한 하위규범이 어떠한 의미로는 실제 이루어지는 행정의 일상에서 법률보다 더욱 중요한 역할을 하고 있다. 다만 법률의 위임에 따라 제정된 법규명령이 법률의 위임범위를 벗어나면 법률우위원칙 위반으로 위법 · 무효가 되며 구체적 · 부수적 규범통제절차에 따라 해당 사건에서 그 적용이 배제된다.

한편 대통령의 긴급재정 · 경제명령(헌법 제76조 제1항)과 긴급명령(제2항)은 명령의 형식이지만 헌법이 인정한 특별한 경우로서 법률의 위임과 관계없이 발령이 되고 법률과 동일한 효력을 갖는다. 그러나 이러한 경우에도 헌법은 사후적으로 국회에 대한 보고 및 그 승인을 얻도록 하고 승인을 얻지 못하면 그때부터 효력을 상실하게 하여(제76조 제3항, 제4항) 입법적 의사에 종속되도록 하고 있다.

3. 조약 및 국제법규

1) 법률과 더불어 조약 및 국제법규도 행정법관계에서 법원으로서의 중요성이 날로 커지고 있다. 글로벌화에 따라서 특히 무역과 환경 분야에서 조약 및 국제법규가 행정법관계를 직접 규율하는 경우가 많아지고 있기 때문이다. 조약은 국가 또는 국제기구 등이 서로 체결한 쌍무 또는 다자간의 문서에 의한 합의로서 법적 구속력이 인정되는 것이다. 국제법규는 우리나라가 당사자는 아니라 하더라도 국제사회에서 일반적으로 통용력이 인정되는 국제규범과 국제관습법을 말한다. 다만 국제관습법은 불문법원에 해당한다.

2) 우리 헌법 제6조 제1항은 "헌법에 의하여 체결 · 공포된 조약과 일반적으로 승인된 국제법규는 국내법과 같은 효력을 가진다"고 규정하여 이러한 조약 및 국제법규의 국내법적 효력을 인정하고 있다. 따라서 행정상 법률관계와 관련된 조약 및 국제법규는 직접 또는 국내의 입법절차를 통하여 행정법의 법원으로 기능한다. 다시 말해 원칙적으로 조약 및 국제법규에서 규범의 수신인은 국가이지만 그 규율내용이 국내행정에 관련되는 경우에는 행정상 법률관계에서의 법원이 될 수 있는 것이다. 다만 조약 및 국제법규가 헌법, 법률, 법규명령 등과 견주어 봤을 때 어느 수준의 효력을 갖는지는 그 내용과 국내법적 효력을 갖기 위한 절차 등에 따라 달라진다. 예를 들어 헌법 제60조 제1항에 따라 그 체결 · 비준에 국회의 동의를 요하는 조약은 법률과 같은 효력을 가지는 반면, 비동의조약의 효력은 그보다 낮다. 또한 동일한 수준의 효력을 갖는 국내법과의 사이에는 신법우선의 원칙이나 특별법우선의 원칙이 적용된다. 그러나 이른바 비자기집행적 조약은 국내에 직접 적용되거나 사인에게 직접 효력을 미치지 못한다. 즉 법원의 재판규범이 되거나 개인의 권리와 의무를 규율하지 못하는 것이다.

판례도 국회의 동의를 필요로 하는 조약은 법률적 효력을 가지며 헌법소원심판이나 위헌법률심판의 대상이 된다고 한다(헌재결 2013.11.28. 2012헌마166; 헌재결 2001.9.27. 2000헌바20; 대판 2005.9.9. 2004추10). 또한 특별법우선의 원칙(대판 2006.4.28. 2005다30184), 신법우선의 원칙을 적용한다(헌재결 1998.11.26. 97헌바65).

대법원은 대형마트 개설자들이 대형마트 영업시간 제한 및 의무휴업일 지정 처분의 취소를 구하는 사건에서 '서비스 무역에 관한 일반협정'(GATS)과 '한-유럽연합 자유무역협정'(한-EU FTA)은 "국가와 국가 사이의 권리 · 의무관계를 설정하는 국제협정으로서, 그 내용 및 성질에 비추어 이와 관련한 법적 분쟁은 협정에서 정한 바에 따라 국가간 분쟁해결기구에서 해결하는 것이 원칙이고, 특별한 사정이 없는 한 사인에 대하여는 협정의 직접 효력이 미치지 아니한다. 따라서 이 사건 각 협정의 개별 조항 위반을 주장하여 사인이 직접 국내 법원에 해당 국가의 정부를 상대로 그 처분의 취소를 구하는 소를 제기하거나 협정위반을 처분의 독립된 취소사유로 주장하는 것은 허용되지 아니한다"라고 판시하였다[대판(전합) 2015.11.19. 2015두295]. 즉 GATS와 한-EU FTA의 시장접근 제한금지 조항은 '서비스 영업의 총 수나 서비스 총 산출량을 제한'하여 시장접근 자체를 제한하는 것을 금지하는데 이는 자기집행성이 없다고 본 것이다.

4. 자치법규

1) 조례와 규칙

우리나라에서 지방자치제도가 사반세기의 역사를 거쳐 성숙화됨에 따라 일상적인 국가행정은 물론 지방자치단체의 자치행정에서 조례와 규칙이라는 자치법규가 행정법의 중요한 법원으로 등장하였다. 행정기본법은 자치법규를 지방자치단체의 조례 및 규칙으로 정의하면서, 법령과 자치법규를 '법령등'으로 통칭한다(제2조 제1호 나목). 조례는 지방의회의 의결을 통해 제정되고 규칙은 지방자치단체의 장이 제정한다(지방자치법 제28조, 제29조, 교육자치법 제25조).

지방자치단체는 자치행정조직이므로 자치법규는 행정입법에 해당한다. 그러나 자치법규는 헌법 제117조 제1항에 따라 지방자치단체에게 포괄적으로 부여된 자치입법권에 따른 자주입법이다. 이는 헌법 제75조, 제95조 등에 근거한 국가행정기관의 행정입법권에 의한 법규명령과 다르다. 또한 조례의 제정을 그 의결사항으로 하는 지방의회는 주민의 직접선거에 의하여 선출된 지방의회의원으로 구성되어 지역적 민주적 정당성을 가진 최고의 의결기관에 해당한다. 이는 집행기관인 지방자치단체장과 교육감 및 국가행정기관과 다른 점이다.

한편 조례는 지방자치단체가 처리하는 사무인 자치사무와 단체위임사무에 관하여 제정될 수 있다(대판 2022.4.28. 2021추5036). 판례에 따르면 기관위임사무는 조례제정사항이 아님이 원칙이지만 개별법령의 특별한 위임이 있는 경우에는 그에 관하여도 조례를 제정할 수 있다(대판 2000.11.24. 2000추29). 규칙은 지방자치단체장의 권한에 속하는 사무에 관하여 제정될 수 있으므로 자치사무와 위임사무도 그 제정사항이 될 수 있다.

2) 법령과 자치법규의 긴장관계

우리 헌법은 제117조 제1항에서 "지방자치단체는 주민의 복리에 관한 사무를 처리하고 재산을 관리하며, 법령의 범위 안에서 자치에 관한 규정을 제정할 수 있다"라고 하여 자치법규에 대한 헌법적 근거를 규정하고 있다. 이에 따라 지방자치법은 제28조 제1항에서 "지방자치단체는 법령의 범위에서 그 사무에 관하여 조례를 제정할 수 있다. 다만, 주민의 권리 제한 또는 의무 부과에 관한 사항이나 벌칙을 정할 때에는 법률의 위임이 있어야 한다"라고 조례의 법적 근거와 한계를 규정하고 있다. 또한 지방자치법 제29조에서는 "지방자치단체의 장은 법령 또는 조례의 범위에서 그 권한에 속하는 사무에 관하여 규칙을 제정할 수 있다"라고, 교육자치법 제25조 제1항에서는 "교육감은 법령 또는 조례의 범위 안에서 그 권한에 속하는 사무에 관하여 교육규칙을 제정할 수 있다"라고 하여 지방자치단체장과 교육감의 규칙제정권은 법령과 조례의 범위라는 한계를 준수하여 행사될 것을 요구하고 있다.

헌법과 지방자치법의 위 규정에 의하면 조례는 '법령의 범위에서', 규칙은 '법령과 조례의 범위(안)에서' 제정되는 것이므로 자치법규는 법령의 하위규범으로 이해할 수 있다. 그런데 행정의 일상적 현실에서는 어떠한 사항을 규율하는 법령이 존재하지 않거나 자치법규로 위임하는 법령상 근거가 불분명한 경우가 있다. 이러한 상황에서 조례나 규칙이 제정되면 '법령의 범위(안)에서'가 과연 무엇을 의미하는지 문제 될 수 있다. 즉 법률유보와 법률우위를 모두 말하는가? 역설적으로 이러한 현상은 우리나라 행정의 실제에서 법령뿐만 아니라 자치법규가 행정법의 법원으로서 그 위상과 기능이 강화되었음을 반영하는 것으로도 볼 수 있다. 다시 말해 법령과 자치법규는 늘 일정한 긴장관계에 놓여 있다고 할 수 있는 것이다. 이는 특히 지역적 민주적 정당성을 가진 지방의회가 의결하여 제정하는 조례의 경우 두드러진다.

3) 법률우위원칙 – 지방자치법 제28조 제1항 본문

(1) 판례는 헌법 제117조 제1항과 지방자치법 제28조 제1항 본문에 규정된 '법령의 범위(안)에서'는 '법령에 위반되지 않는 범위 내에서', 즉 법률우위원칙을 말하므로 조례가 법령에 위반되면 무효라고 한다(헌재결 2009.7.30. 2007헌바75; 대판 2023.7.13. 2022추5149). 그렇다면 조례는 어떠한 경우에 법령에 위반되는 것으로 평가되는가? 판례는 "조례가 법령에 위반되는지 여부는 법령과 조례의 각 규정 취지, 규정의 목적과 내용 및 효과 등을 비교하여 양자 사이에 모순·저촉이 있는지 여부에 따라서 개별적·구

체적으로 판단하여야 한다"라고 본다(대판 2020.2.13. 2017추5039).

예를 들어, 대법원은 "이 사건 조례안['부산광역시 공공기관의 인사검증 운영에 관한 조례안'] 제2조 제2호는 직무수행능력, 자질, 도덕성 등을 인사검증의 내용으로 규정하고, 이 사건 조례안 제8조 제1항, 제3항은 위원회의 시장에 대한 인사검증 관련 자료 제출 요구권을 정하며, 이 사건 조례안 제11조는 정보주체인 인사검증대상자의 동의가 없는 경우에도 위원회의 의결이 없는 이상 인사검증회의가 공개되도록 하고 있다. 인사검증의 내용, 제출 자료 및 인사검증회의의 공개 범위가 개인정보에 관한 부분을 별도로 제외하고 있지 않은 이상, 위 조례안 규정들에 의해 「개인정보 보호법」 제4조 제2호에 따른 자신의 개인정보의 처리에 관한 동의 여부와 동의 범위 등을 선택하고 결정할 권리의 제한이 발생할 수 있으므로, 위 조례안 규정들이 적법하기 위해서는 「개인정보 보호법」 제15조 제1항 각호의 개인정보 수집 · 이용 요건을 갖추어야 한다. … [그런데] 개인정보 수집 · 이용 요건을 갖추었다고도 볼 수 없다"라고 하면서 "인사검증의 공개에 관한 위 조례안 규정들이 「개인정보 보호법」 제15조 제1항에 위반된다는 취지의 원고의 주장은 이유 있다"라고 판시하였다(대판 2023.3.9. 2022추5118).

(2) 조례의 법령위반 여부가 문제되는 경우로는 조례가 법령이 이미 규율하고 있는 사항을 규율하는 것이 있다. 그 판단기준에 대하여 판례는 "조례가 규율하는 특정사항에 관하여 그것을 규율하는 국가의 법령이 이미 존재하는 경우에도 조례가 법령과 별도의 목적에 기하여 규율함을 의도하는 것으로서 그 적용에 의하여 법령의 규정이 의도하는 목적과 효과를 전혀 저해하는 바가 없는 때 또는 양자가 동일한 목적에서 출발한 것이라고 할지라도 국가의 법령이 반드시 그 규정에 의하여 전국에 걸쳐 일률적으로 동일한 내용을 규율하려는 취지가 아니고 각 지방자치단체가 그 지방의 실정에 맞게 별도로 규율하는 것을 용인하는 취지라고 해석되는 때에는 그 조례가 국가의 법령에 위배되는 것은 아니라고 보아야 한다"라고 판시하였다(대판 2022.7.28. 2021추5050). 이에 따라 대법원은 "저출산 · 고령사회기본법의 목적과 입법 취지 및 지방자치단체로 하여금 지역실정에 부합하는 저출산 · 고령사회정책을 수립 · 시행하도록 한 점 등 그 규정 내용에 비추어 볼 때, 지방자치단체인 정선군이 강원도 정선군민의 출산을 적극 장려하기 위하여 세 자녀 이상의 세대 중 세 번째 이후 자녀에게 양육비 등을 지원하도록 하는 내용의 이 사건 조례안['정선군세자녀이상세대양육비등지원에관한조례안']은 저출산 · 고령사회기본법에서 정한 지방자치단체의 책무의 범위 안에서 자녀의 임신 · 출산 · 양육 및 교육에 소요되는 경제적 부담을 경감하기 위하여 필요한 시책을 강구한 것이라 할 것이므로, 이 사건 조례안이 저출산 · 고령사회기본법에 위배된다고 할 수 없다"라고 하였다(대판 2006.10.12. 2006추38).

(3) 지방의회가 조례로 지방자치단체장의 권한을 침해하였는지 문제되는 경우도

있다. 이에 관하여 판례는 "① 지방자치법상 지방자치단체의 집행기관과 지방의회는 서로 분립되어 각기 그 고유 권한을 행사하되 상호 견제의 범위 내에서 상대방의 권한 행사에 대한 관여가 허용된다. 지방의회는 집행기관의 고유 권한에 속하는 사항의 행사에 관하여 사전에 적극적으로 개입하는 것은 허용되지 않으나, 견제의 범위 내에서 소극적 · 사후적으로 개입하는 것은 허용된다"라고 판시하였다(대판 2021.9.16. 2020추5138). ② 또한 판례는 "상위 법령에서 지방자치단체의 장에게 기관구성원 임명 · 위촉 권한을 부여하면서도 임명 · 위촉권의 행사에 대한 지방의회의 동의를 받도록 하는 등의 견제나 제약을 규정하고 있거나 그러한 제약을 조례 등에서 할 수 있다고 규정하고 있지 아니하는 한, 당해 법령에 의한 임명 · 위촉권은 지방자치단체의 장에게 전속적으로 부여된 것이라고 보아야 한다. 따라서 하위 법규인 조례로써는 지방자치단체의 장의 임명 · 위촉권을 제약할 수 없고, 지방의회의 지방자치단체 사무에 대한 비판, 감시, 통제를 위한 행정사무감사 및 조사권의 행사의 일환으로 위와 같은 제약을 규정하는 조례를 제정할 수도 없다"라고 하였다(대판 2017.12.13. 2014추644).

4) 법률유보원칙 – 지방자치법 제28조 제1항 단서

(1) 조례에 대한 법률유보원칙의 완화된 심사기준 – 헌법 제117조 제1항과 지방자치단체의 포괄적 자치권

헌법 제117조 제1항에 규정된 지방차치단체의 자치고권은 비록 지역적 한계는 있지만 일반행정은 물론 인사에 대한 권한, 재정에 관한 권한 등 광범위한 관할권을 가지고 있으며, 헌법이 지방자치단체에 부여한 이러한 권한을 포괄적으로 보는 경우에는 "헌법과 법률상 명시적으로 금지되지 않는 것은 원칙적으로 허용된다"는 논리가 성립할 수 있다. 이러한 의미에서 실제로 지방자치법 제28조 제1항 단서에 대하여 헌법이 지방자치단체에게 부여한 포괄적 자치권을 침해한다는 이유로 위헌론을 제기하는 견해도 있다. 다시 말하자면 지역 주민에게 침해적 효과를 가져오는 일체의 행정작용에 대하여 일일이 국회가 제정한 법률에 근거를 두도록 요구하는 것은 지방자치단체의 포괄적인 권한을 과도하게 침해한다는 것이다.

물론 위헌론도 경청할 필요가 있기는 하지만, 대법원은 "지방자치법 제15조[현행 제28조 제1항]가 원칙적으로 헌법 제117조 제1항의 규정과 같이 지방자치단체의 자치입법권을 보장하면서, 국민의 권리제한 · 의무부과에 관한 사항을 규정하는 조례의 중대성에 비추어 입법정책적 고려에서 법률의 위임을 요구한다고 규정하고 있는바, 이는 기본권 제한에 대하여 법률유보원칙을 선언한 헌법 제37조 제2항의 취지에 부합한다고 할 것이므로 조례제정에 있어서 위와 같은 경우에 법률의 위임근거를 요구하는 것이 위헌성이 있다고 할 수는 없[다]"고 하여 합헌이라는 입장이다(대판 1995.5.12. 94추

28). 헌법재판소도 합헌으로 본다(헌재결 1995.4.20. 92헌마264 등).

그런데 헌법상 지방자치단체가 가지고 있는 포괄적 자치권과 헌법 제37조 제2항의 조화로운 해석론이 불가능한 것으로는 보이지 않는다. 다시 말하자면 주민과 국민의 기본권을 제한하는 경우 헌법 제37조 제2항과 지방자치법 제28조 제1항 단서에 의하여 법률적 근거가 필요하지만, 대통령령이나 부령과 같은 행정부의 위임입법과는 달리 헌법 제75조가 금지하는 포괄적 위임에 대하여 보다 유연하고 완화된 심사기준을 적용하는 것이다. 지방자치단체의 장과 지방의회의원은 지역주민이 선출하는 것이므로 지역적 범위에서는 일정한 민주적 정당성을 가지고 있으며, 헌법이 지방자치단체에게 포괄적인 자치권을 부여한 이상 비록 침해적 행정작용에 대해 법적 근거가 필요하더라도 입법권의 위임에 요구되는 규율밀도(Regelungsdichte)를 완화할 수 있다는 것이다.

실제로 헌법재판소는 "조례의 제정권자인 지방의회는 선거를 통해서 그 지역적인 민주적 정당성을 지니고 있는 주민의 대표기관이고, 헌법이 지방자치단체에 대해 포괄적인 자치권을 보장하고 있는 취지로 볼 때 조례제정권에 대한 지나친 제약은 바람직하지 않으므로 조례에 대한 법률의 위임은 법규명령에 대한 법률의 위임과 같이 반드시 구체적으로 범위를 정하여 할 필요가 없으며 포괄적인 것으로 족하다"고 하여 법률로 조례에 일정한 사항을 위임하는 경우 포괄위임도 가능하다는 확립된 판례를 유지하고 있다(헌재결 2008.12.26. 2007헌마1387). 대법원도 마찬가지다(대판 2014.12.24. 2013추81).

(2) 적용범위

판례는 "구 지방자치법 제22조 단서[현행 제28조 제1항 단서]에 의하면, 지방자치단체가 조례를 제정할 때 그 내용이 주민의 권리제한 또는 의무부과에 관한 사항이나 벌칙인 경우에는 법률의 위임이 있어야 [한다]"고 하여 주민의 권리제한이나 의무부과 또는 벌칙을 정하는 등의 이른바 침해적 조례에는 법률유보원칙이 적용된다고 본다(대판 2022.7.28. 2021추5067; 헌재결 2023.9.26. 2019헌마1417). 따라서 침해적 조례의 경우에는 그 사무의 성질을 묻지 않고 법률유보원칙이 적용된다. 즉 판례는 자치사무나 단체위임사무와는 달리 기관위임사무에 관하여는 개별법령의 위임이 있어야 조례를 제정할 수 있으므로, "주민의 권리제한 또는 의무부과에 관한 사항이나 벌칙에 해당하는 조례를 제정할 경우에는 그 조례의 성질을 묻지 아니하고 법률의 위임이 있어야 [한다]"고 본다(대판 2007.12.13. 2006추52).

반면 수익적 조례에는 법률유보원칙이 적용되지 않는다. 판례는 청주시 행정정보공개조례안 재의결 취소 등 청구 사건에서 "이 사건 정보공개조례안은 앞에서 본 바와 같이 행정에 대한 주민의 알 권리의 실현을 그 근본내용으로 하면서도 이로 인한 개인의 권익침해 가능성을 배제하고 있으므로 이를 들어 주민의 권리를 제한하거나 의무를 부과하는 조례라고는 단정할 수 없고 따라서 그 제정에 있어서 반드시 법률의 개별적 위임이 따로 필요한 것은 아니라 할 것이다"라고 하여 수익적 조례에는 법률유보원칙이 적용되지 않는다는 입장이다(대판 1992.6.23. 92추17).

(3) 판 례

가) 대법원은 지방자치가 막 태동하면서 청주시의회가 제정한 행정정보공개조례안의 적법성이 문제된 위 사건에서 그 적법성을 인정하였다. 당시에는 국회가 아직 정보공개법을 제정하지 않았기 때문에 청주시장은 헌법과 지방자치법에 규정된 "법령의 범위 안에서"라는 의미를 문리적으로 해석하여 법률이 부재한 상태에서 의결된 행정정보공개조례안은 헌법 및 지방자치법의 위 조항에 위반되어 무효라고 주장하면서 지방자치법에 따라 재의를 요구하였는데 청주시의회가 가중된 정족수로 재의결하자 대법원에 위 재의결의 취소를 구하는 소송을 제기하였다. 이에 대하여 대법원은 "이 사건 정보공개조례안은 앞에서 본 바와 같이 행정에 대한 주민의 알 권리의 실현을 그 근본내용으로 하면서도 이로 인한 개인의 권익침해 가능성을 배제하고 있으므로 이를 들어 주민의 권리를 제한하거나 의무를 부과하는 조례라고는 단정할 수 없고 따라서 그 제정에 있어서 반드시 법률의 개별적 위임이 따로 필요한 것은 아니라 할 것이다"라고 판시하였다(대판 1992.6.23. 92추17).

이 사건에서 원고인 청주시장은 헌법 제117조와 당시 지방자치법 제15조(현행법 제28조)에 규정된 "법령의 범위 안에서"의 의미를 법률유보원칙으로 이해하고 국회가 정보공개법을 제정하지 않는 상태에서 청주시의회가 행정정보공개조례를 제정하는 것이 위법하다고 주장한 것이다. 그러나 대법원은 절묘하게도 구법 제15조 단서(현행법 제28조 단서)에 대한 반대해석을 근거로 하여 지역 주민들에게 행정정보를 공개하고 제공하는 것은 수익적인 행정서비스에 해당하는 것으로서 '주민의 권리 제한 또는 의무 부과에 관한 사항이나 벌칙을 정하는 것이 아니기 때문에' 상위법령의 위임이 없다고 하여도 법률유보원칙과 헌법 및 지방자치법의 위 조항들을 위반하는 것이 아니라는 것이다. 물론 대법원은 이 사건에서 행정정보공개조례가 상위법령을 위반하는 것인가의 문제, 즉 법률우위원칙 위반에 대해서는 판단하지 않았다. 그 이유는 국회가 정보공개법을 제정하지 않았기 때문이다. 다시 말해 위반할 법률이 존재하지 않으니 법률우위원칙은 적용할 필요가 없는 것이다.

이 사건에서 대법원은 조례의 적법성에 관한 중요한 심사기준을 제시하였다. 즉 해당 조례가 규율하는 행정작용이 갖는 법적 성격이 수익적 활동 또는 행정서비스를 제공하는 것일 때에는 침해적 행정활동과는 달리 "상위법령에 위반되지 않으면, 상위법령의 위임을 받을 필요가 없다"라는 것이다. 다시 말해 침해적 조례가 아닌 수익적 조례는 법률우위원칙에만 적합하면 되고 법률유보원칙은 적용되지 않는다는 심사기준이 정립된 것이다.

나) 조례의 적법성에 관한 대법원의 이러한 심사기준은 이후의 유사한 사건에서도 계속하여 적용되고 있다. 대법원은 전라북도 순창군 내 대중교통 소외지역에 거주하는 주민들의 사전요청에 따른 택시 운행과 해당 주민에 대한 운행요금의 보조 등에 관한 사항을 정한 '순창군 대중교통 소외지역 주민 교통복지 증진에 관한 조례안'에 대하여 순창군수가 법령에 위배된다는 등의 이유로 재의를 요구하였으나 순창군의회가 재의결한 사안에서 앞서 본 사건과 동일한 논리로 조례의 적법성을 인정하였다(대판 2015.6.24. 2014추545). 즉 자치사무에 관한 수익적조례에 대하여는 법률유보원칙이 적용되지 않고 법률우위원칙만 적용되는데 그 위반사항이 없다는 것이다.

Ⅳ. 불문법원

1. 문제점

행정법 영역에서 성문법주의가 지배하고 행정의 법률적합성원칙에 따라서 국회가 제정한 법률이 행정상 법률관계에서 가장 중요한 법원으로 인식되고 있기 때문에 관습법이나 판례법과 같은 불문법원이 설 자리가 있는지 의문이 제기될 수 있다.

그러나 행정규칙과 같은 행정청의 내부적인 사무처리규정에 따라 행정작용이 오랫동안 이루어지면서 일정한 행정적 관행이 성립하고 이러한 행정적 관행을 행정청이나 국민이 일종의 법으로 인식할 가능성은 충분히 있다. 예를 들어 법령상 과세요건이 충족되었음에도 불구하고 행정청이 일정한 공익적 목적을 위하여 특정 세목에 대하여 비과세 또는 이를 감면하는 관행을 지속해 왔다면 납세자들은 이러한 관행이 계속되리라는 것을 신뢰하고 이러한 관행적 상태가 바로 법이라고 인식할 수 있다는 것이다. 이른바 행정선례법이 그것이다. 그러므로 이러한 행정적 관행 또는 선례법이 성립한 경우 이는 그 성립 이후 과세에 따른 조세채권채무관계라는 행정상 법률관계에 적용될 수 있다는 것이다.

또한 하천법에 따라 하천을 점용하거나 하천수를 사용하게 하는 법률규정에도 불구하고 행정청이 어떠한 처분도 하지 아니한 경우, 하천의 연안에서 거주하거나 농업을 영위하는 사람들은 관행적으로 관할 행정청으로부터 어떠한 허가도 받지 않고 하천수를 사용하는 관행수리권을 가지고 있는 것으로 인식할 수 있다. 만약 이러한 관행수리권이 이후 법률의 개정에 따라 전면적으로 폐지되고 모든 하천수 사용에 대해 관할 행정청으로부터 허가를 받아야 하며 이를 위반하는 경우에는 형사처벌과 함께 행정적 제재의 대상이 된다면, 관련 소송에서 관행수리권이라는 일종의 행정적 관행 또는 주민적 관행이 법원으로 적용될 수 있는 것인가에 대한 문제가 발생한다.

이처럼 관습법은 일반국민이 성문법이 아님에도 불구하고 그러한 관행에 대하여 법적 확신을 갖고 적어도 그들 사이에서는 법으로 취급되는 것이므로 행정주체와 국민 사이의 대외적 행정법관계에서는 당연히 법원의 하나로 인정되어야 한다. 또한 행정법관계의 복잡성과 다양성으로 인하여 모든 문제를 법규로 규율하는 것은 불가능하고 경우에 따라서는 바람직하지도 못하다.

이러한 관습법과 함께 법원의 판례가 행정법관계에서 법원이 될 수 있는지도 문제 된다. 그런데 지금 책상 앞에서 저술활동을 하고 있는 필자도 특정 주제와 관련된 판례를 우선적으로 검색하고 법원이나 정부의 관계자들 역시 특정 사안을 해결할 때 대법원과 헌법재판소의 판례를 중요한 자료로 사용하고 있음을 고려한다면 판례야말로 가장 중요하고 영향력이 큰 "심리적 법원"임을 부정할 수 없다. 다만 후술하는 바와 같이 법적 구속력이 있는가에 대하여는 부정적인 견해가 우세하다.

2. 관습법

1) 의의와 성립요건

일반적으로 관습법이란 오랫동안 계속된 법적 관행에 대하여 일반국민이 "이것은 법이다"라고 인식하는 법적 확신을 갖게 된 것을 말한다. 따라서 관습법의 성립요건으로는 오랜 관행의 존재와 관행에 대한 일반국민의 법적 확신을 들 수 있다.

이에 더하여 법원 등을 통한 국가적 승인이 필요한지 문제된다. 그러나 관습법의 가치는 성문법과는 달리 국가기관의 명시적 법정립행위나 인정 여부와는 관계없이 관행에 대한 국민의 법적 확신만으로 존재하는 데 있으므로 관습법의 성립 그 자체는 국가적 승인과는 무관하다고 보는 것이 옳다. 판례도 "관습법이란 사회의 거듭된 관행으로 생성한 사회생활규범이 사회의 법적 확신과 인식에 의하여 법적 규범으로 승인·강행되기에 이른 것"이라고 하여 같은 입장이다[대판(전합) 2005.7.21. 2002다1178].

2) 행정선례법과 민중적 관습법

(1) 행정선례법은 오랫동안 계속되어 온 행정청의 관례에 대하여 일반국민이 법적 확신을 갖게 됨으로써 성립한다. 행정청의 선례는 통상적으로 유사한 사안의 처리를 위하여 정해 놓은 행정규칙 등을 매개로 이루어지는 경우가 대부분이다. 흔히 소급과세금지의 원칙, 신뢰보호의 원칙과 관련하여 인용되는 국세기본법 제18조 제3항은 "세법의 해석이나 국세행정의 관행이 일반적으로 납세자에게 받아들여진 후에는 그 해석이나 관행에 의한 행위 또는 계산은 정당한 것으로 보며, 새로운 해석이나 관행에 의하여 소급하여 과세되지 아니한다"라고 규정하고 있다. 따라서 성립원인을 불문하고

납세자가 법적으로 확신을 갖고 신뢰하게 된 국세행정의 관행은 행정선례법으로 인정되어 조세법관계의 중요한 법원이 된다.

행정절차법도 제4조 제2항에서 "행정청은 법령등의 해석 또는 행정청의 관행이 일반적으로 국민들에게 받아들여졌을 때에는 공익 또는 제3자의 정당한 이익을 현저히 해칠 우려가 있는 경우를 제외하고는 새로운 해석 또는 관행에 따라 소급하여 불리하게 처리하여서는 아니 된다"라고 하여 행정법 분야에서 행정선례법의 존재를 인정하고 있다. 이는 매우 추상적인 내용을 담고 있지만 행정법의 모든 영역에서 행정적 선례와 그에 대한 개인의 신뢰보호를 위한 일반규정으로서의 의미가 크다.

(2) 행정선례법과 더불어 행정관습법의 하나인 민중적 관습법은 흔히 자연공물의 이용관계를 둘러싸고 오랫동안 관습으로 굳어진 것으로서 성문법이 정비되지 않았던 때에는 공물이용의 법률관계를 규율하는 법원으로 기능하였다. 그 예로는 판례상 인정된 입어권(入漁權)(대판 2010.12.9. 2007두6571), 하천과 호수의 용수권(用水權)(대판 1977.7.12. 76다527) 등이 있다.

그러나 이러한 민중적 관습법은 자연공물의 이용관계를 규율하는 실정법규범들이 양산되면서 점차 그 인정범위가 협소해지고 있다. 예를 들어 민법 제231조에 규정된 공유하천용수권은 일종의 관습법상 수리권으로 인정되나 그 범위는 매우 제한적이며 하천수에 대한 이용권은 대부분 하천법상 관할 행정청의 허가를 얻어야 하는 공법상 법률관계에 속한다.

3) 효 력

행정선례법이 행정법관계에서 직접 적용되는 법원이라고 하더라도 성문법주의를 취하고 있는 우리나라에서 성문법을 개폐하는 효력을 갖는지에 대하여는 의문의 여지가 있다. 물론 상법 제1조에 따라 상관습법이 민법에 우선하는 효력을 가지는 경우처럼 관습법의 효력이 성문법에 우선하는 경우도 있을 수 있다.

하지만 특히 행정법의 영역에서 관습법은 성문법을 보충하는 효력만 가지며 양자가 충돌하는 경우 당연히 성문법이 우선하는 것으로 보아야 할 것이다. 다시 말해 행정의 법률적합성원칙을 고려하면 관습법은 성문법이 결여되는 경우에 한하여 적용되는 보충적 효력을 갖는다. 예를 들어 민법 제231조에 따라 인정되는 관행수리권이 하천법에 의한 허가수리권보다 우월하다고 볼 수는 없으므로, 양자가 충돌하는 경우 허가수리권이 우선하며 관행수리권은 허가수리권을 침해하지 않는 한도 내에서만 행사할 수 있다. 다만 국세기본법 제18조 제3항처럼 성문법이 관습법에 성문법을 개폐하는 효력을 부여하는 것은 별개의 문제로서 가능하다. 판례도 "그 분야의 제정법이 주로 강행규정일 경우에는 그 강행규정 자체에 결함이 있거나 강행규정 스스로가 관습에 따르도록 위임한 경우등 이외에는 이 관습에 법적 효력을 부여할 수 없다"라고 하여 관습법은 성문법에 대해 보충적 효력을 갖는다고 본다(대판 1983.6.14. 80다3231).

나아가 관습법은 헌법질서에 반하는 것이 아니어야 한다. 판례도 "사회의 거듭된 관행으로 생성한 어떤 사회생활규범이 법적 규범으로 승인되기에 이르렀다고 하기 위하여는 그 사회생활규범은 헌법을 최상위 규범으로 하는 전체 법질서에 반하지 아니하는 것으로서 정당성과 합리성이 있다고 인정될 수 있는 것이어야 하고, 그렇지 아니한 사회생활규범은 비록 그것이 사회의 거듭된 관행으로 생성된 것이라고 할지라도 이를 법적 규범으로 삼아 관습법으로서의 효력을 인정할 수 없다"고 한다[대판(전합) 2003.7.24. 2001다48781].

3. 판례법

판례란 유사사건에서 법원의 판결이 집적된 결과를 말한다. 법원은 소송사건을 심리·판결하기 위하여 법령을 해석·적용하는 과정을 통하여 일반·추상적인 법규범의 내용을 구체화한다. 이때 판례를 통하여 나타난 이러한 법령의 해석과 이성적 판단의 기준은 이후의 유사사건에서 일반국민과 행정청, 하급심법원의 법령해석에 상당한 영향을 미친다. 영미의 경우 이른바 선례구속의 법리(doctrine of stare decisis)에 따라 최고법원의 판례는 다른 유사사건에서 하급심을 구속하는 데 비하여, 대륙법계에 속하는 우리나라의 경우에는 이러한 원칙이 없어 사실상의 심리적 구속력을 가지는 데 그친다.

다만 대법원 판결과 같은 최고법원 판례의 사실상 구속력을 제도적으로 강화하기 위하여 법원조직법은 대법원의 판례변경에 일정한 제한을 가하고 있다. 대법원의 심판권은 대법관 전원의 3분의 2 이상으로 구성된 전원합의체에서 행사하며 대법원장이 재판장이 되는데, 대법관 3명 이상으로 구성된 부(部)에서 먼저 사건을 심리하여 의견이 일치한 경우에 한하여는 그 부에서 재판할 수 있다(법원조직법 제7조 제1항). 하지만 '종전에 대법원에서 판시한 헌법·법률·명령 또는 규칙의 해석 적용에 관한 의견을 변경할 필요가 있다고 인정하는 경우'에는 전원합의체에서 그 심판권을 행사하여야 한다(제7조 제1항 제3호). 또한 「상고심절차에 관한 특례법」에 따라 대법원은 상고이유에 관한 주장이 '원심판결이 법률·명령·규칙 또는 처분에 대하여 대법원 판례와 상반되게 해석한 경우' 혹은 '법률·명령·규칙 또는 처분에 대한 해석에 관하여 대법원 판례를 변경할 필요가 있는 경우' 등의 사유를 포함하지 않는다고 인정하면 더 나아가 심리를 하지 않고 판결로 상고를 기각한다(제4조 제1항 제3호, 제4호). 이는 대법원 판례와 배치되는 하급심판결에 대하여는 심리불속행으로 상고를 기각하지 않는다는 것으로서 대법원 판례가 행정법관계의 사실상 법원으로서 차지하는 비중을 간접적으로 시사하고 있다.

V. 행정법의 일반원칙

1. 의의와 연원

행정상 법률관계에 직접적으로 적용되는 법원으로서 행정법의 일반원칙(Allgemeine Grundsätze des Verwaltungsrechts)은 학설과 특히 판례에 의하여 성립하고 발전하였다. 공행정작용은 합리적인 근거와 이유가 없는 한 모든 국민을 동등하게 처우하고, 이러한 과정을 통하여 집적된 행정적 관행에 구속을 받는다는 평등의 원칙과 행정의 자기구속, 행정목적과 이를 달성하기 위한 수단은 일정한 균형관계가 유지되어야 한다는 비례의 원칙, 행정청의 공적 견해표명을 신뢰한 국민을 일정한 요건이 충족됨을 전제로 보호하는 신뢰보호의 원칙, 상대방에게 침해적 행정작용을 하기 이전에 통지하고 의견을 청취하여야 한다는 적법절차원칙, 달성하려는 목적과 객관적 관련성이 없는 수단을 연계할 수 없다는 부당결부금지의 원칙 등이 그 내용이 된다. 다만 행정법의 일반원칙에 신의성실의 원칙, 보충성의 원칙 등이 포함된다고 보는 것처럼 학자마다 견해를 달리하기도 한다.

행정법의 일반원칙은 특히 독일에서 제2차 세계대전 이후에 연방헌법재판소와 연방행정법원의 판례를 통해 발전하였으나 그 이론적 근거에 대해서는 다양한 견해가 존재한다. 행정법의 일반원칙은 관습법, 헌법규범의 구체화, 기존 법령의 유추, 일반적 법원칙으로부터 도출되는 것으로 보는 견해들이 그것인데, 이러한 견해들은 상호 배척하는 것이라기보다는 보완적으로 작용하는 것으로 이해할 수 있다. 또한 행정법의 일반원칙은 독일은 물론 우리나라에서도 헌법재판소 또는 법원의 판례를 통하여 그 요건이나 내용, 법적 효과 등이 매우 정교하게 구성되어 있다. 따라서 과거의 단순한 조리(條理. Natur der Sache)라는 표현은 행정법 분야에서 잘 사용되지 않는다.

행정법의 일반원칙은 불문법원으로서 성문법원과 동일한 지위를 갖는다. 다만 행정기본법은 행정법의 일반원칙 중 평등원칙(제9조), 비례원칙(제10조), 신뢰보호원칙(제12조), 부당결부금지원칙(제13조)을 '행정의 법 원칙'으로 규정하여 이는 성문법원에 속한다. 한편 행정기본법은 법치행정의 원칙(제8조)과 성실의무 및 권한남용금지의 원칙(제13조)도 행정의 법 원칙으로 규정하고 있다.

2. 위반의 효과

행정법의 일반원칙은 법률적 효력을 가지는 것으로 보고 있다. 판례도 "신뢰보호의 원칙에 반하는 행위로서 위법하게 된다"고 하여 행정법의 일반원칙에 위반되는 처분에 대하여 위법의 효과를 인정하고 있다(대판 2001.11.9. 2001두7251). 행정기본법에 규정된 평등원칙, 비례원칙 등을 위반한 처분이 법률위반으로 위법함은 물론이다.

다만 헌법재판소와 대법원은 최근 과잉금지원칙이나 신뢰보호원칙을 법치국가원리로부터 유래하는 헌법원칙으로 이해하는 경향을 보이고 있고 이러한 행정법의 일반원칙에 대한 위반은 위헌의 효과를 야기하는 경우도 있기 때문에, 사안에 따라서는 행정법의 일반원칙에 대한 위반이 위법에 그치는 것이 아니라 위헌의 효과를 발생시키기도 한다. 예를 들어, 대법원은 "[변리사] 제1차 시험의 상대평가제를 규정한 개정 시행령 제4조 제1항을 2002년의 이 사건 시험에 시행하는 것은 헌법상 신뢰보호의 원칙에 비추어 허용될 수 없다 할 것이므로, 개정 시행령 부칙 중 제4조 제1항을 즉시 이 사건 시험에 대하여 시행하도록 그 시행시기를 정한 부분은 헌법에 위반되어 무효[다]"라고 하여 헌법상 신뢰보호의 원칙에 위반되는 행정입법은 헌법 위반으로 무효라고 하였다[대판(전합) 2006.11.16. 2003두12899].

3. 평등의 원칙과 행정의 자기구속

1) 평등원칙

행정청은 모든 국민을 동등하게 처우해야 한다. 이러한 동등처우의 원칙은 헌법 제11조의 법 앞의 평등으로부터 유래하는 자연스러운 결과이며, 개인은 헌법 제11조의 평등권의 주체로서 행정청의 차별적 처우에 대하여 평등권의 효력으로서 차별행위의 위헌을 주장할 수 있다. 물론 그 법률적 근거는 행정기본법 제9조이다.

법원 또는 헌법재판소가 평등원칙 위반 여부를 심사할 때에는 차별에 합리적 이유가 있는지 살펴보게 되는데, 헌법이 특별히 평등을 요구하고 있는 경우 또는 차별로 인하여 관련 기본권에 중대한 제한을 초래하는 경우에는 엄격한 심사기준이 적용된다(헌재결 1999.12.23. 98헌마363).

2) 행정의 자기구속의 법리

(1) 이와 같은 헌법상 평등조항 또한 평등권은 행정법의 영역에서 흔히 행정의 자기구속의 법리(Selbstbindung der Verwaltung)로 나타난다. 행정청은 재량준칙에 따라 유사한 사안을 다수 처리하여 그 상대방 국민을 동등하게 처우하면서 일정한 행정적 관례를 집적하게 된다. 앞서 언급한 바와 같이 이러한 행정선례를 국민들이 법으로 받아들이게 되면 관습법으로서 행정선례법이 성립된다. 그렇지 않다고 하더라도 행정청은 합리적이고 객관적인 근거가 없는 한 유사한 사안에서 자신이 집적한 행정적 관례로부터 벗어나지 못하고 이에 스스로 구속당하게 된다는 행정의 자기구속의 법리가 성립한다.

결국 행정의 자기구속의 원칙은 헌법 제11조의 평등조항에서 유래하여 행정법의 일반원칙으로 발전되었고 이것이 행정작용의 적법 여부를 심사하는 기준이 된 것으로서 사실상 평등의 원칙과 자기구속의 원칙은 동일한 내용을 갖는다. 따라서 행정의 자기구속의 법리도 행정기본법 제9조에서 그 법률적 근거를 찾을 수 있다. 다만 판례는 행정의 자기구속의 원칙이 평등원칙과 신뢰보호의 원칙에 근거한 것으로 보고 있다(대판 2013.11.14. 2011두28783; 헌재결 1990.9.3. 90헌마13).

(2) 그런데 행정의 자기구속의 원칙이 적용되려면 행정적 관례가 성립되어야 하므로, 행정적 관례가 존재하지 아니하는 경우에는 평등의 원칙만 적용될 수 있다는 차이점이 있다. 이는 특히 재량준칙의 경우에 문제되는데, 판례도 "재량준칙이 정한 바에 따라 되풀이 시행되어 행정관행이 이루어지게 되면 평등의 원칙이나 신뢰보호의 원칙에 따라 행정기관은 그 상대방에 대한 관계에서 그 규칙에 따라야 할 자기구속을 받게 [된다]"라고 하여 행정관행이 성립되어야 행정의 자기구속의 법리가 적용된다고 본다(대판 2013.11.14. 2011두28783).

반면 징계처분의 평등원칙 위반이 문제된 경우를 보면, 판례는 "합리적인 사유 없이 같은 정도의 비행에 대하여 일반적으로 적용하여 온 기준과 어긋나게 공평을 잃은 징계처분을 선택함으로써 평등의 원칙에 위반한 경우에 이러한 징계처분은 재량권의 한계를 벗어난 처분으로서 위법하다 … 대략 같은 정도의 비위를 저지른 자들에 대하여 그 구체적인 직무의 특성, 금전 수수의 경우에는 그 액수와 횟수, 의도적·적극적 행위인지 여부, 개전의 정이 있는지 여부 등에 따라 징계의 종류의 선택과 양정에 있어서 차별적으로 취급하는 것은 사안의 성질에 따른 합리적 차별로서 이를 자의적 취급이라고 할 수 없어 평등의 원칙 내지 형평에 반하지 아니한다"라고 하였다(대판 2012.5.24. 2011두19727).

3) 행정의 자기구속과 행정재량의 축소

행정의 자기구속의 법리는 그 자체만으로는 매우 단순하다. 그런데 행정청은 자신이 집적한 행정적 관례로부터 합리적 근거 없이 벗어날 수 없다는 것은 어떠한 결과를 가져올까? 행정청이 이룩하는 행정적 관례는 흔히 법령이 행정청에게 재량권을 부여하고 행정청이 그 재량권 행사의 기준과 요건을 행정청의 내부적 행위지침으로 정하여 그에 따라 재량권을 행사함으로써 집적된다. 그런데 법령이 행정청에게 재량권을 부여하는 경우에도 행정청이 행정의 자기구속의 법리에 따라 일정한 행위를 하여야 한다는 것은 이제 법령상 재량권의 의미가 사라지고 사실상 그 행위가 기속화 되었음을 의미한다. 이처럼 행정의 자기구속의 법리 또는 평등원칙은 행정청으로 하여금 집적된 행정적 관례를 반드시 따르도록 하여 일정한 행위를 할 수밖에 없는 상황으로 이끌고 간다. 이를 '재량의 축소' 내지 '재량권의 0으로의 수렴'이라고 하는데, 아직 우리나라의 판례는 행정의 자기구속의 법리가 행정재량을 축소하는 기능이 있다는 점을 명시적으로 언급하고 있지는 않다.

그러나 판례가 "재량준칙이 정한 바에 따라 되풀이 시행되어 행정관행이 이루어지게 되면 평등의 원칙이나 신뢰보호의 원칙에 따라 행정청은 상대방에 대한 관계에서 그 규칙에 따라야 할 자기구속을 받게 되므로, 이러한 경우에는 특별한 사정이 없는 한 그에 반하는 처분은 평등의 원칙이나 신뢰보호의 원칙에 어긋나 재량권을 일탈 · 남용한 위법한 처분이 된다"라고 한 판시를 잘 들여다보면(대판 2014.11.27. 2013두18964), 이는 결국 "행정청은 자기구속을 받아서 재량준칙에 의하여 집적된 행정관행을 반드시 따라야 한다. 그렇지 않고 이 사건처럼 행정청이 재량을 이유로 행정관행에 따르는 처분을 거부하게 되는 경우에는 평등의 원칙(자기구속의 원칙)에 반하여 위법하다"는 내용이다. 다시 말하자면 평등의 원칙이건 행정의 자기구속이건 이러한 원칙들이 법령상 행정청이 가지는 재량권의 행사를 더 이상 허용하지 않게 된다는 점이 중요한 것이다.

4) 행정규칙의 법규성

행정규칙은 원래 법규명령과는 달리 상위법령의 위임을 받지 아니하고 행정청 내부의 사무처리를 위하여 정립한 규정으로서 대외적 구속력이 없다는 것을 그 특징으로 한다.

그런데 일정한 행정적 관행이 이룩된 재량준칙에 대하여 그 법규성을 인정하는 판례와 학설이 있다. 특히 재량준칙의 경우 이를 매개로 하여 일정한 행정적 관행이 구축되고 행정청은 이에 스스로 구속되기 때문에, 판례는 이러한 재량준칙이 대외적 구속력과 법규성을 가지는 것으로 보고 있다. ① 대법원은 다수의 판결에서 "행정관행이 이루어지게 되면 평등의 원칙이나 신뢰보호의 원칙에 따라 행정기관은 그 상대방에 대한 관계에서 그 규칙에 따라야 할 자기구속을 받게 [된다]"는 입장을 보이고 있다(대판 2009.12.24. 2009두7967). ② 헌법재판소는 주로 행정의 자기구속의 법리 또는 평등의 원칙을 근거로 하여 재량준칙의 법규성과 외부적 구속력을 인정하고 이를 공권력의 행사로 보아 헌법소원의 대상성 문제로 이해하고 있다. 예를 들어, 헌법재판소는 국토해양부장관이 행정규칙으로 제정한 전세자금지원기준의 대외적 구속력을 인정하고 이를 헌법소원의 대상으로 보고 있다. 즉 "이 사건 전세자금 지원기준은 국토해양부장관이 국민주택기금 중 저소득세입자의 주거안정을 위한 저소득가구 전세자금 대출제도의 운용을 위하여 그 대출대상 및 대출 절차 등을 정하고 있는 행정규칙이므로 원칙적으로 헌법소원의 대상이 되는 '공권력의 행사'에 해당하지 않는다. 다만 행정규칙이 재량권행사의 준칙으로서 그 정한 바에 따라 되풀이 시행되어 행정관행을 이루게 되어 평등의 원칙이나 신뢰보호의 원칙에 따라 행정기관이 그 상대방에 대한 관계에서 그 규칙에 따라야 할 자기구속을 당하게 되는 경우에는 대외적인 구속력을 갖게 되어 헌법소원의 대상이 된다"는 것이다(헌재결 2011.10.25. 2009헌마588).

그러나 이러한 판례의 입장에 대하여는 비판의 여지가 있다. 행정규칙편에서 상론하겠지만 법령의 위임도 받지 않고 행정청이 스스로 제정한 행정규칙의 법규성을 인정하게 되면, 행정청이 법령을 의식하고 이를 적용할 동인(動因)이 줄어들게 되고 자신의 행정규칙에 의한 집행이 일상화되어 '법률에 의한 행정'이 아닌 '규칙에 의한 행정', '행정규칙으로의 도피'가 만연하여 법치주의의 근간을 훼손할 가능성이 크다. 앞서 본 국토해양부장관의 전세자금지원기준 사건(위 2009헌마588)에서, 재판관 이강국, 이동흡의 반대의견은 이러한 문제에 대하여 "다수의견과 같은 논리로 행정규칙 자체에 대하여 대외적 구속력을 인정한다면 법치주의의 기초가 크게 흔들릴 위험에 봉착하게 된다는 점을 강조하지 않을 수 없다"라고 경종을 울리고 있다.

5) 불법에서의 평등

대부분 수익적 행정작용의 영역에서 문제되는 것으로서, 위법한 행정적 관례가 집적되었을 때 국민은 자신에게도 평등원칙이나 행정의 자기구속을 근거로 동일한 위법한 행정작용을 요구할 권리가 있을까? 이른바 불법에서의 평등(Gleichheit im Unrecht)이 평등원칙의 적용영역이 될 수 있는지 문제된다. 그러나 불법에 있어서의 평등권 주장은 국가에게 위법행위를 요구하는 것이므로 행정의 법률적합성원칙에 위배되어 인정될 수 없다.

대법원도 "평등의 원칙은 본질적으로 같은 것을 자의적으로 다르게 취급함을 금지하는 것이고, 위법한 행정처분이 수차례에 걸쳐 반복적으로 행하여졌다 하더라도 그러한 처분이 위법한 것인 때에는 행정청에 대하여 자기구속력을 갖게 된다고 할 수 없다"라고 하여 같은 입장이다(대판 2009.6.25. 2008두13132). 헌법재판소도 "헌법상 평등은 불법의 평등까지 보장하는 것은 아니[다]"라고 한다(헌재결 2016.7.28. 2014헌바372 등).

4. 비례의 원칙 또는 과잉금지의 원칙

1) 의 의

행정법의 일반원칙으로서 비례의 원칙(Das Verhältnismäßigkeitsprinzip) 또는 과잉금지의 원칙(Das Übermaßverbot)은 특정한 행정목적과 이를 달성하기 위하여 행정청이 동원하는 수단 간에는 일정한 균형관계가 유지되어야 한다는 원칙이다. 목적을 달성하는데 불필요하게 과도한 수단은 비례의 원칙 또는 과잉금지의 원칙을 위반하여 위법한 것으로 평가된다.

과잉금지의 원칙은 전형적인 자유주의 국가의 행정통제원리라고 할 수 있으며, 과잉적인 국가 공권력 행사를 지양함으로써 상대적으로 최대한 개인의 자유를 보장하기 위한 것이다. 연혁적으로 비례의 원칙은 경찰행정법과 같은 질서행정법 분야에서 과도한 경찰권 행사를 지양하고 통제하기 위한 원칙으로 발전하였으며, 오늘날 역시 국가 공권력이 남용되어 개인의 집회나 시위 등에 관한 표현의 자유를 과도하게 제한할 우려가 있는 분야가 바로 질서행정법 영역이라고 할 수 있다.

그러나 비례의 원칙은 개인의 자유와 권리를 제한하고 의무를 부과하는 침해적 행정작용이 주류를 이루는 질서행정법 분야에서만 타당한 원칙은 아니다. 국민에게 필요한 급부와 복지를 제공하는 수익적 행정작용의 영역에서도 국가는 국민의 납세의무를 통하여 조성되는 국가재정의 낭비적 요소를 지양하고 특정인에 대한 특혜적 시비를 불식하기 위하여 필요한 최소한도의 범위 안에서 급부행정을 시행하여야 한다. 국가의 급부활동은 상대방을 부자로 만들기 위한 것이 아니라 자립과 갱생에 필요한 최소한도의 급부를 제공하여 국민 전체에게 공정하고 효과적으로 복지행정을 실현한다는 점에서 과잉금지의 원칙은 수익적 행정작용에도 적용된다.

이러한 측면에서 과잉금지의 원칙은 질서행정법의 원칙으로 그치지 않고 모든 행정법 분야에서 통용되는 '행정법의 일반원칙'으로 자리 잡은 것이다. 더 나아가 과잉금지의 원칙은 헌법재판소나 대법원이 법률이나 하위규범의 위헌성을 심사하는 기준으로 적용되고 있다.

2) 법적 근거

과잉금지원칙은 실정법적 근거에 의하여 인정되는 행정법의 일반원칙인가? 흔히 과잉금지원칙의 헌법적 근거로서 헌법 제37조 제2항을 드는 견해가 있다. "국민의 모든 자유와 권리는 국가안전보장 · 질서유지 또는 공공복리를 위하여 필요한 경우에 한하여 법률로써 제한할 수 있으며, 제한하는 경우에도 자유와 권리의 본질적인 내용을 침해할 수 없다"는 내용이 바로 그것이다. 이 외에도 경직법 제1조 제2항은 "이 법에 규정된 경찰관의 직권은 그 직무 수행에 필요한 최소한도에서 행사되어야 하며 남용되어서는 아니 된다"라고, 행정절차법 제48조 제1항은 "행정지도는 그 목적 달성에 필요한 최소한도에 그쳐야 하며, 행정지도의 상대방의 의사에 반하여 부당하게 강요하여서는 아니 된다"라고 규정하고 있다. 그렇다면 이러한 법률상의 규정이 있기 때문에 경찰권 행사와 행정지도에 비례의 원칙이 적용되는 것인가? 아니면 이러한 규정들은 비례의 원칙을 창설하는 것이라기보다는 오늘날 법치국가가 지향하는 통제된 권력 또는 순화(純化)된 권력을 통하여 국민에게 필요 이상의 권리침해를 야기하지 않겠다는 국가이성의 발현으로서 확인적 규정에 불과한 것인가?

헌법재판소는 이미 초기의 결정을 통하여 오늘날 과잉금지원칙은 법치국가원리로부터 유래하는 헌법상의 원칙이고 헌법 제37조 제2항은 확인적 규정인 것으로 이해하고 있다. 즉 "과잉금지의 원칙이라는 것은 국가가 국민의 기본권을 제한하는 내용의 입법활동을 함에 있어서, 준수하여야 할 기본원칙 내지 입법활동의 한계를 의미하는 것으로서 국민의 기본권을 제한하려는 입법의 목적이 헌법 및 법률의 체제상 그 정당성이 인정되어야 하고(목적의 정당성), 그 목적의 달성을 위하여 그 방법(조세의 소급우선)이 효과적이고 적절하여야 하며(방법의 적절성), 입법권자가 선택한 기본권 제한(담보물권의 기능상실과 그것에서 비롯되는 사유재산권 침해)의 조치가 입법목적달성을 위하여 설사 적절하다 할지라도 보다 완화된 형태나 방법을 모색함으로써 기본권의 제한은 필요한 최소한도에 그치도록 하여야 하며(피해의 최소성), 그 입법에 의하여 보호하려는 공익과 침해되는 사익을 비교형량할 때 보호되는 공익이 더 커야 한다(법익의 균형성)는 헌법상의 원칙이다(헌법재판소 위 결정 참조). 위와 같은 요건이 충족될 때 국가의 입법작용에 비로소 정당성이 인정되고 그에 따라 국민의 수인의무가 생겨나는 것으로서, 이러한 요구는 오늘날 법치국가의 원리에서 당연히 추출되는 확고한 원칙으로서 부동의 위치를 점하고 있으며, 헌법 제37조 제2항에서도 이러한 취지의 규정을 두고 있는 것이다"라고 판시하였다(헌재결 1990.9.3. 89헌가95). 이는 헌법재판소가 특정 법률이 과잉금지원칙에 위반되었다고 하여 위헌으로 결정한 최초의 사례이다.

대법원도 "비례의 원칙은 법치국가 원리에서 당연히 파생되는 헌법상의 기본원리로서, 모든 국가작용에 적용된다 … 행정목적을 달성하기 위한 수단은 그 목적달성에 유효 · 적절하고, 또한 가능한 한 최소침해를 가져오는 것이어야 하며, 아울러 그 수단의 도입으로 인한 침해가 의도하는 공익을 능가하여서는 아니 된다 … 특히 처분상대방의 의무위반을 이유로 한 제재처분의 경우 의무위반의 내용과 제재처분의 양정(量定) 사이에 엄밀하게는 아니더라도 대략적으로라도 비례 관계가 인정되어야 하며, 의무위반의 내용에 비하여 제재처분이 과중하여 사회통념상 현저하게 타당성을 잃은 경우에는 재량권 일탈 · 남용에 해당하여 위법하다고 보아야 한다"고 판시하여 같은 입장이다(대판 2019.9.9. 2018두48298).

비례의 원칙 역시 행정기본법에 그 법률적 근거를 두고 있다(제10조).

3) 내 용

헌법재판소는 과잉금지의 원칙의 내용으로서 목적의 정당성, 수단의 적합성, 침해의 최소성, 법익의 균형성이라는 네 가지 내용 내지 단계적 심사기준을 제시하고 있으나 통상적으로 공익을 실현하기 위하여 행정청이 설정한 목적 자체가 부당한 경우는 거의 찾아보기 어렵기 때문에 이하에서는 수단의 적합성, 침해의 최소성, 법익의 균형성을 중심으로 그 내용을 서술한다.

(1) 수단의 적합성

수단의 적합성 또는 방법의 적절성은 행정목적 달성을 위하여 행정청이 사용하는 수단이 적절하거나 적합하여야 한다는 의미이다. 적합성의 원칙이라고도 한다. 그런데 과연 "적합한 수단"이라는 것이 구체적으로 무엇을 의미하는 것인가? 헌법재판소 판례를 보면 적합성 또는 적절성을 "입법목적의 달성에 어느 정도 기여한다"는 의미로 사용하고 있는데, 과연 입법목적 또는 행정목적의 달성에 어느 정도로 기여하여야 적합한 수단으로 평가되는가? 70% 혹은 90%가 되어야 하는가? 아니면 10%도 '어느 정도'의 범주에 들어갈 수 있는가? 참으로 애매한 기준이다.

일반적으로 수단의 적합성이라는 것은 입법목적 또는 행정목적을 달성하기 위한 여러 수단 중에서 "객관적 관련성"이 있는 수단이라는 의미로 이해할 수 있다. 여기서 객관적 관련성은 일정한 행정목적을 달성하기 위하여 행정청이 사용하는 수단은 일반 국민이라면 누구나 일반적으로 예측가능하고 통상적으로 납득할 수 있는 것이어야 함을 말한다. 특정한 행정목적을 실현하기 위해 행정청이 동원하는 수단이 전혀 객관적으로 관련성이 없고 도저히 납득하기 어려우며 예측불가능하다면 그러한 수단은 적합하지 못한 것으로서 수단의 적합성원칙, 더 나아가 비례의 원칙에 위반된다.

예를 들어 국세징수법상 이른바 관허사업의 제한이 국세징수를 위한 수단으로서 적합한 것인지, 그 위헌성에 대하여 강한 의심이 든다. 국세징수법에 따르면 관할 세무서장은 납세자가 허가 · 인가 · 면허 · 등록 등(이하 '허가등')을 받은 사업과 관련된 소득세, 법인세, 부가가치세를 체납한 경우 해당 사업의 주무관청에 그 납세자에 대하여 허가등의 갱신과 그 허가등의 근거 법률에 따른 신규 허가등을 하지 아니할 것을 요구할 수 있음이 원칙이다(제112조 제1항 본문). 또한 허가등을 받아 사업을 경영하는 자가 해당 사업과 관련된, 소득세, 법인세, 부가가치세를 3회 이상 체납하고 그 체납된 금액의 합계액이 500만 원 이상인 경우 해당 주무관청에 사업의 정지 또는 허가등의 취소를 요구할 수 있음이 원칙이다(제2항 본문). 이러한 관할 세무서장의 요구가 있으면 해당 주무관청은 정당한 사유가 없는 한 그 요구에 따라야 하며 그 조치 결과를 즉시 관할 세무서장에게 알려야 한다(제4항). 그런데 세금을 내지 않은 사람이 체납처분절차가 이루어질 수 있음은 쉽게 예상할 수 있지만 과연 자기 사업을 더 이상 영위할 수 없게 될 수 있다고 일반적으로 생각할 수 있을까? 물론 관허사업의 제한이 체납된 조세채권을 확보하기 위한 목적을 달성하는 강력한 수단이라고 할 수 있지만 바로 이러한 강력한 수단이 과잉금지의 원칙에 반할 우려가 있는 것이다.

그렇다면 보다 근본적인 문제로서 적합성의 원칙이 요구되는 이유는 무엇일까? 그 이유는 특정한 국가목적 또는 행정목적을 달성하기 위한 수단 중에서 누구나 쉽게 이해하고 납득할 수 있는 수단만을 적법한 것으로 인정하여 국가작용의 투명성과 예측가능성을 보장한다는 법치국가의 속성에서 찾을 수 있을 것이다. 따라서 특정한 목적을 달성하기 위하여 국민이 일반적으로 예측하고 납득할 수 없는 수단은 부적합한 수단이며 법치주의에 반하는 수단이다. 다시 말해 탈법치주의적(脫法治主義的) 수단에는 흔히 행정편의나 공권력 우위라는 "점잖지 못한 국가권위"가 숨어 있으며 법적인 무리수(無理數)가 수반되는 경우가 많다.

(2) 침해의 최소성 – 최소침해의 원칙

행정목적을 달성하기 위하여 다수의 적합한 수단이 존재하는 경우에 행정청은 그러한 수단 중에서도 해당 상황을 고려하여 상대방인 국민에게 가장 기본권 또는 권리침해가 작은 수단을 선택하여야 한다는 것이 최소침해의 원칙이다. 바꾸어 말한다면 특정 사안을 처리하기 위하여 행정청이 적합한 수단이기는 하지만 상대방의 권리침해가 보다 덜할 수 있는 수단을 유보한 채 사실상 보다 큰 침해와 영향을 야기할 수 있는 수단을 선택하여 이를 사용하는 경우에는 침해의 최소성 원칙에 반하는 것이다. 이는 필요성의 원칙이라고도 한다.

예를 들어 사업자의 환경침해가 있는 경우 자발적 협약이나 행정지도 등 협력적이고 비권력적인 수단으로 충분히 사업자의 침해행위를 억제 또는 단념시킬 수 있는 상황임에도 불구하고 벌칙이나 대집행 등 권력적 수단을 우선적으로 사용한다면 최소침해의 원칙에 반하는 결과가 된다. 행정대집행법 제2조는 대집행의 요건과 관련하여 "다른 수단으로써 그 이행을 확보하기 곤란하고"라고 규정하고 있다. 이는 행정대집행이라는 권력적 집행행위는 그보다 권리침해가 덜한 수단이 있다면 그것이 여의치 못한 경우에만 적법하다는 것을 의미한다.

판례도 침해의 최소성에 관하여 "공용수용은 공익사업을 위하여 타인의 특정한 재산권을 법률의 힘에 의하여 강제적으로 취득하는 것이므로 수용할 목적물의 범위는 원칙적으로 사업을 위하여 필요한 최소한도에 그쳐야 한다"라고 판시하였다(대판 2005.11.10. 2003두7507). 결국 침해의 최소성원칙을 통하여 국가권력의 행사가 순화되는 과정을 밟으면서 행정권력이 벌거숭이 권력(naked power)이 아닌 통제되고 절제된 공익실현의 수단으로서 주권자인 국민의 권리를 보호하는 수단으로 전환된다.

(3) 법익의 균형성 – 좁은 의미의 비례의 원칙

행정청은 적합하고 필요한 수단이기는 하지만 실제로 특정한 수단을 적용하기 이전에 다시 한 번 이러한 수단이 야기할 수 있는 공익적 효과와 침해할 수 있는 사익간의 형량이라는 고민의 과정을 밟게 된다. 다시 말하자면 적합하고 필요한 수단이기는 하지만 이러한 수단이 사용되는 경우 달성할 수 있는 공익이나 행정목적은 경미한 반면에 침해되는 개인의 이익이 현저하다면 법익의 균형성 원칙은 그러한 수단의 사용을 금지한다. 적어도 50대 50의 관계는 유지되어야만 그러한 수단의 적법성이 인정된다는 것이다. 이는 상당성의 원칙이라고도 한다.

다시 한 번 행정대집행법 제2조로 돌아가자. 이 조항은 대집행의 요건으로서 "다른 수단으로써 그 이행을 확보하기 곤란하고"와 더불어 "또한 그 불이행을 방치함이 심히 공익을 해할 것으로 인정될 때에는"이라고 규정하고 있다. 즉 의무불이행이 있고 또한 이것을 방치하는 것이 공익을 해하기는 하지만 그것이 경미한 반면에 대집행을 실행하면 오히려 보다 커다란 개인의 이익이 침해되는 경우(예를 들어 철거하려는 건축물에 이미 입주한 세대가 많다면)에는 대집행을 실행할 수 없다. 이를 위반하는 경우 법익의 균형성원칙에 반하는 결과가 되기 때문이다. 그렇다면 법익의 균형성원칙은 불법건축물을 용인하고 불법을 방치하라는 이야기인가? 그것은 아니다. 보다 사인의 이익을 덜 침해하는 수단, 예를 들어 건축주에 대하여 건물에 대한 보강을 명하는 시정명령이나 벌칙을 적용하여 입주한 세대들의 주거권을 존중하는 것이다.

판례도 좁은 의미의 비례원칙에 관하여 "운전면허정지처분기간 중의 운전행위를 방지할 공익상의 필요에 비추어 보면 원심이 설시하고 있는 바와 같은 원고가 운전면허를 정지당하게 된 경위, 위 운전의 동기, 이 사건 처분으로 원고가 입게 될 경제적 불이익 등을 감안하더라도 피고의 원고에 대한 이 사건 처분으로 달성하고자 하는 공익목적이 원고가 이로 인하여 입게 될 불이익보다 결코 가볍다고 볼 수 없다"(대판 1997.12.26. 97누17216)거나 "이 사건 처분[수입한약재폐기등지시처분]으로 인하여 원고가 입게 될 불이익이 의약품의 안전성과 유효성을 확보함으로써 국민보건의 향상을 기하고 고가의 한약재인 녹용에 대하여 부적합한 수입품의 무분별한 유통을 방지하려 하는 이 사건 처분의 공익상 필요보다 크다고는 할 수 없으므로, 이 사건 처분이 재량권을 일탈 또는 남용한 것으로 위법하다고 할 수 없다"(대판 2006.4.14. 2004두3854)라고 판시하였다.

(4) 심사기준의 단계적 적용

이와 같이 비례의 원칙에서 각각의 심사기준은 단계적으로 적용된다. 수단이 적합하지 않는 경우 바로 과잉금지원칙 위반이며, 적절한 수단이라도 필요성에 문제가 있으면 역시 위법하고, 양자가 문제가 없더라도 최후적으로 법익의 균형이 무너지면 역시 위법한 수단이다.

이쯤에서 과잉금지의 원칙을 재차 음미해 보자. 오늘날 과잉금지의 원칙이 적용되는 법치국가는 법률을 기계적으로 적용하는 나라가 아니다. 국가는 공권력을 행사하기 이전에 법을 형식적으로 또는 기계적으로 적용하는 과정에서 나타날 수 있는 국민들의 피해나 우려를 고민하고 또 고민한다. 적합한 수단을 넘어서서, 필요한 수단 그리고 법익의 균형성이 이루어지는 수단만이 사용되어야 한다. 이를 통하여 궁극적으로 국민의 권리와 기본권은 최대한 보장되고 신장된다. 그렇다면 오늘날의 실질적 법치국가는 치자(治者)의 입장에서는 다스리기에 매우 까칠한 나라임에 틀림이 없다. 향후에 다루게 될 사전적인 적법절차와 더불어 사후에도 공권력의 행사를 단계별로 통제하는 원리와 장치가 귀찮을 정도로 많은 국가, 이것이 바로 국가권력을 순화하고 절제된 형태로 행사하게 하는 오늘날의 법치국가가 아닐까?

(5) 침해의 불가피성? – 비례의 원칙의 또 다른 엄격심사기준

행복추구권, 사생활의 비밀과 자유와 같은 핵심적 기본권을 제한함에 있어서는 과잉금지의 원칙을 보다 엄격하게 적용할 필요가 있다. 일반적으로 과잉금지의 원칙의 구조를 살펴보면 특정 공익목적을 실현하기 위하여 국가의 공권력을 행사하는 것 자체가 정당화되는가의 심사와 그것이 긍정된다면 다음 단계로서 공권력 행사의 정도와 균형성 유지가 검토의 대상이 된다.

다시 말하자면, 과잉금지원칙의 내용 중 목적의 정당성과 수단의 적합성 원칙은 국가가 특정인의 기본권을 제한하기 위한 사전 단계로서 국가적 개입이 과연 정당한지, 더 나아가 국가의 공권력 행사를 통하여 달성하려는 공익목적과 이를 위하여 적용하는 수단이 적절하고 합리적인가를 검토하는 것이다. 이렇게 보면 목적의 정당성과 수단의 적합성은 기본권 제한 자체의 필요성과 정당성이 존재하는가의 여부(ob)를 심사하는 기준이다. 그리고 이러한 기본권 제한의 정당성이 긍정되는 경우에 한하여 이제 비로소 기본권 제한을 최소화하기 위하여 침해의 최소성원칙이 적용되고, 기본권 침해가 최소한도로 이루어지는 것을 전제로 달성되는 공익과 형량이 이루어진다는 점에서 침해의 최소성과 법익의 균형성은 기본권 제한행위의 정도(inwieweit)를 심사하는 기준이다.

그러므로 인간의 존엄과 가치, 행복추구권, 사생활의 비밀과 자유, 사상과 양심의 자유, 종교의 자유, 학문과 예술의 자유와 같은 인간존엄을 중심으로 하여 인간의 자유와 행위의 자율성을 보장하는 우리 헌법의 핵심적 가치를 구현하는 기본권을 제한하려는 경우에는 그 제한의 정당성이 인정된다고 하더라도 제한의 정도 문제로 전환되는 과정에서 당해 기본권 제한의 불가피성원칙(Das Prinzip der Unumgänglichkeit)이 한 단계 추가되어 과잉금지원칙에 대한 보다 엄격한 심사를 하는 것이 필요해 보인다.

침해의 불가피성은 기본권 제한을 위한 목적이 정당하고 적절한 수단이라고 하더라도 특정 공익목적을 실현하기 위하여 당해 기본권 제한의 정당성과 필요성이 반드시 있는지, 당해 기본권 제한 이외의 다른 기본권을 제한함으로써 동일 또는 유사한 목적을 달성할 수 있는지, 당해 기본권을 제한하는 방식보다 다른 기술적 방법이 존재하는 것은 아닌지 등을 심사하는 것이다. 예를 들어 양심적 병역거부에 대하여 형벌보

다는 대체복무제를 인정함으로써 양심의 자유와 병역의 의무를 통한 국방력 유지라는 공익을 조화시키는 사안과 관련하여 흔히 대체복무제도가 일반적으로 형벌보다는 양심의 자유를 보다 덜 침해하는 수단인가에 논의가 집중된다. 그런데 여기에서 중요한 것은 종교적 양심에 의한 병역거부자에 대하여 형벌을 가하는 것이 대체복무제에 비하여 종교와 양심의 자유를 더욱 침해하는 수단인가 그렇지 않는가를 가리는 것보다는 그러한 기본권에 대한 침해가 과연 불가피한 것이었는가를 우선적으로 검토하는 것이다. 침해의 불가피성이 부인된다면 기본권 제한행위 자체가 이루어질 수 없기 때문이다. 따라서 국가안보와 국방력의 유지라는 공익목적의 실현에 결정적인 장애가 발생하는 것이 아니라는 것을 전제로 대체복무라는 다른 수단이 존재함에도 불구하고 반드시 종교와 양심의 자유, 더 나아가 이들과 불가분의 관계에 있는 인간의 존엄과 가치를 침해하는 방식으로만 문제를 해결할 불가피성이 있는가 하는 것이 문제의 핵심인 것이다.

(6) 부당결부금지의 원칙

부당결부금지원칙은 "행정주체가 행정작용을 함에 있어서 이와 실질적인 관련이 없는 상대방의 의무를 부과하거나 그 이행을 강제하여서는 아니 된다는 원칙"이다(대판 2009.2.12. 2005다65500). 이는 수단의 적합성에서 말하는 목적과 수단 간의 객관적 관련성이 인정되지 않는 경우이고, 행정기본법 제13조로 명문화되었다.

판례는 ① "수익적 행정처분에 있어서는 법령에 특별한 근거규정이 없다고 하더라도 그 부관으로서 부담을 붙일 수 있고 … 그와 같은 부담은 행정청이 행정처분을 하면서 일방적으로 부가할 수도 있지만 부담을 부가하기 이전에 상대방과 협의하여 부담의 내용을 협약의 형식으로 미리 정한 다음 행정처분을 하면서 이를 부가할 수도 있다"고 하면서 해당 협약의 부당결부금지원칙 위반 여부를 판단하였다(위 2005다65500 판결). 또한 판례는 금전지급의무를 부과하는 부담의 적법성 판단에 관하여 "수익적 행정처분으로서의 재량행위에는 법령상의 근거가 없는 경우에도 부관을 붙일 수 있지만, 이 경우에도 그 부관의 내용은 적법하고 이행이 가능하여야 하며 비례의 원칙, 평등의 원칙 및 부당결부금지의 원칙에 적합함은 물론 행정처분의 본질적 효력을 해하지 아니하는 등 부관의 한계를 벗어나서는 안 된다 … 특히 행정청이 그 공권력의 영향력 내에 있는 상대방에게 행정처분을 하면서 일정한 금전지급의무를 가하는 부관으로서의 부담을 붙이는 경우에는 법치주의와 사유재산 존중, 조세법률주의 등 헌법의 기본원리와 함께 부담금법정주의를 규정한 부담금관리기본법 등 다른 법령의 취지나 규정을 위반하는지 여부도 충분히 고려하여 그 부관의 적법성을 판단하여야 한다"라고 하였다(대판 2011.9.29. 2009다99433). ② 반면 판례는 국유재산 무단점유 등에 대한 변상금 부과처분은 기속행위이므로 부당결부금지원칙에 위반된다고 볼 수 없다고 하였다(대판

2000.1.28. 97누4098).

4) 판 례

(1) 대법원

가) 대법원은 검찰조직상 항명사태로 알려진 이른바 심재륜 전 고검장 사건에서 심 전 고검장에 대한 징계처분이 비례의 원칙에 반하는 것으로 보면서, "징계사유에 해당하는 행위가 있더라도, 징계권자가 그에 대하여 징계처분을 할 것인지, 징계처분을 하면 어떠한 종류의 징계를 할 것인지는 징계권자의 재량에 맡겨져 있다고 할 것이나, 그 재량권의 행사가 징계권을 부여한 목적에 반하거나, 징계사유로 삼은 비행의 정도에 비하여 균형을 잃은 과중한 징계처분을 선택함으로써 비례의 원칙에 위반하거나 또는 합리적인 사유 없이 같은 정도의 비행에 대하여 일반적으로 적용하여 온 기준과 어긋나게 공평을 잃은 징계처분을 선택함으로써 평등의 원칙에 위반한 경우에는, 그 징계처분은 재량권의 한계를 벗어난 것으로서 위법하다"라고 하여 징계처분의 비례원칙 위반 여부에 관한 구체적 심사기준을 설시하였다(대판 2001.8.24. 2000두7704).

나) 대법원 전원합의체 다수의견은 쌀소득직불금 부정수령에 대한 제재조치로 등록된 모든 농지에 대한 지급제한, 기 지급액 회수, 기 지급액 2배의 추가징수가 이루어지는데 그중 2배 추가징수 기준인 '지급한 금액'은 '거짓이나 그 밖의 부정한 방법으로 수령한 직불금'에 한정되는 것으로 해석하는 것이 비례의 원칙에 부합된다고 판단하였다[대판(전합) 2019.2.21. 2014두12697]. 반면 반대의견은 '등록된 모든 농지에 관하여 지급한 직불금 전액'으로 해석하여야 하고 이는 비례원칙에 반하지 않는다고 보았다.

다) 대법원은 비례의 원칙 또는 과잉금지의 원칙을 법률과 하위규범의 위헌성 심사기준으로 적용하고 있다[대판 2011.10.27. 2011두15640(시행령); 대판 2010.2.11. 2009도6576(시행령); 대판 2013.3.14. 2010도16157(시행규칙)]. 다만 법률에 대한 위헌심판권은 헌법재판소에 있으므로 대법원의 경우에는 '해당 법률조항이 위헌이라는 합리적인 의심이 없다'는 이른바 '소극적 위헌심사'를 한 사건이 대부분이다(대결 2007.6.18. 2007아12).

라) 대법원은 ① 주택사업계획 승인을 하면서 그 주택사업과 아무런 관련이 없는 토지를 기부채납하게 하는 부관은 부당결부금지원칙에 위반되어 위법하다고 하였다. 다만 해당 사안의 경우 무효사유에 해당하지는 않는다고 보았다(대판 1997.3.11. 96다49650). ② 반면 대법원은 교통수요를 유발한 주택건설사업자에게 주택건설사업계획 승인을 하면서 경전철 분담금을 부과하는 승인조건을 부가한 것은 부당결부금지원칙에 위반되지 않는다고 하였다(대판 2007.12.28. 2005다72300). ③ 또한 대법원은 고속국도와 그 접도구역의 관리 및 유지를 담당하는 관리청인 한국도로공사가 송유관과 관련된 제빈사업의 영위 등을 주요 목적으로 하는 회사를 상대로 협약에 따른 약정금의

지급을 구한 사안에서, 원고가 피고에 대하여 한 수익적 행정처분인 도로점용 및 접도구역 내 공작물 설치허가를 하면서 그 허가조건 중 하나로 송유관 매설에 관한 협약 위반을 임의적 허가취소사유로 부가하였고, 위 협약의 내용은 '고속국도의 유지관리 및 도로확장 등의 사유로 도로부지 및 접도구역에 매설한 송유시설의 전부 또는 일부의 이설이 불가피할 경우에는 원고는 피고에게 송유관시설의 이전을 요구할 수 있고 그로 인하여 발생되는 이설비용은 피고가 부담한다'는 것이었는데, 판례는 위 협약 중 접도구역 매설 송유관 이설비용 피고 부담 부분이 부당결부금지원칙에 위반되지 않는다고 하였다(대판 2009.2.12. 2005다65500).

마) 대법원은 ① 비례의 원칙은 모든 국가작용에 적용되는 것이라고 하면서, 법원이 「장애인차별금지 및 권리구제 등에 관한 법률」(이하 '장애인차별금지법') 제48조 제2항에 따른 '사법작용'으로서 사인(私人)인 피고에게 재정 부담을 지우는 것과 같은 적극적 조치 판결을 할 때에도 "원고와 피고를 비롯한 모든 이해관계인들의 공익과 사익을 종합적으로 비교 · 형량하여야 한다"라고 판시하였다(대판 2022.2.17. 2019다217421). 적극적 조치 판결에 따라 의무를 부담하게 되는 상대방인 피고뿐만 아니라 원고를 포함한 모든 이해관계인들의 공익과 사익을 모두 가급적 최대한 보장하면서 조화시키도록 한 것으로 이해할 수 있다. 상충하는 이익 간의 형량과 조화라는 비례성의 사고방식은 과잉금지원칙, 평등원칙에서의 비례성심사, 과소보호금지원칙, 계획재량에 대한 형량명령 등 공법학 전반에서 볼 수 있다. ② 또한 대법원은 미성년 자녀가 있는 성전환자에 대한 성별정정 허가 여부에 대하여도 미성년 자녀와 그 부모인 성전환자의 이해관계가 조화를 이룰 수 있도록 비례원칙에 따라 판단하여야 한다고 본다[대결(전합) 2022.11.24. 2020스616].

(2) 헌법재판소

가) 헌법재판소는 출범 초기부터 과잉금지의 원칙을 법률과 하위규범에 대한 위헌심사기준으로 사용하였다. 그리고 많은 판례를 통하여 그 세부적인 내용에 대해서도 구체화하는 등 그동안 많은 사법적 발전을 이룩한 것으로 평가할 수 있다. 다만 문제가 되는 것은 과잉금지원칙의 내용 중 적합성심사에 관한 것이다. 헌법재판소는 수단의 적합성에 대해서는 여전히 그 구체적인 내용이 무엇인지 정확한 의견을 제시하지 못하고 통상적으로 "심판대상 조항은 목적의 정당성과 수단의 적합성을 갖추고 있다"는 식으로 목적의 정당성에 단순 편승하는 무의미한 심사기준을 유지하고 있다.

수단의 적합성이 인정되지 아니한 예로 도로교통법과 관련된 위헌제청 사건을 보기로 하자(헌재결 2005.7.21. 2004헌가30). 이 사건 심판대상조항은 자동차운전전문학원을 졸업하고 운전면허를 받은 사람 중 교통사고를 일으킨 사람의 비율이 일정 비율을 초과하는 때 그 교통사고의 원인과 관계없이 해당 자동차운전전문학원에 대하여 운영정지나 등록취소를 할 수 있도록 하였다. 헌법재판소는 이 사건 심판대상조항의 입법목적의 정당성은 인정되지만 "입법목적을 달성하기 위한 합리적이고 공정한 방법이라 보기 어렵다"고 하여 수단의 적합성을 인정하지 않았다.

다시 말해 헌법재판소는 위 사건에서 적합성의 원칙에 관하여 "효과적이고 적절하여야 하며 … 적어도 현저하게 불합리하고 불공정한 수단의 선택은 허용될 수 없다"고 하면서 그 모습을 "사리에 맞지 않는다"라는 표현으로 어렴풋하게나마 그리고 있다. 그렇다면 적합성원칙은 객관적으로 관련성이 없기 때문에 불합리(unreasonable)한 수단을 금지하는 원칙으로 이해할 수 있을까? 그러면 더 나아가 경제적으로 비효율(uneffektive)적인 수단, 엄청난 예산이 투입되었으나 국민의 후생은 별로 나아지지 못하는 예산집행도 적합성원칙에 반하는 것일까? 그렇다면 4대강 사업은 과잉금지원칙상 어떠한 평가가 가능할까? 이른바 독일법상 경제성원칙(Das Wirtschaftlichkeitsprinzip)을 일종의 법적 원칙으로 볼 수 있다면 그 근거를 적합성원칙에서 찾을 수 있지 않을까? 문제해결은커녕 숙제만 많아지고 있다.

한편 아동 · 청소년 대상 성폭력범죄자에 대한 신상정보 공개 위헌소원 사건에서, 헌법재판소 반대의견은 그 효과성에 관한 연구결과들을 인용하면서 신상정보 공개가 이러한 범죄를 예방하려는 입법목적 달성에 얼마나 효과적일지 알 수 없고 크게 기여하지 못하므로 수단의 적합성이 인정되지 않는다고 하였다(헌재결 2013.10.24. 2011헌바106 등). 이는 적합성원칙을 '효과성원칙'으로 이해하는 것으로 평가할 수 있다.

나) 헌법재판소는 재정조달목적의 부담금이 헌법적 정당성을 갖추었는지 여부를 평등원칙이나 과잉금지원칙에 따라 심사하는데, 과잉금지원칙에서는 수단의 적합성의 문제로 보고 있다(헌재결 2008.11.27. 2007헌마860). 즉 조세 외의 부담금이 헌법적으로 정당화 되기 위해서는 그 부담금으로 수행하려는 특정한 공적과제와 그 부담금을 납부하는 특정집단 사이에 특별하고 긴밀한 관계가 있어야 하는데, 이는 집단적 동질성, 객관적 근접성, 집단적 책임성, 집단적 효용성을 그 요건으로 한다. 또한 부담금이 장기적으로 유지되는 때에는 그 타당성이나 적정성이 입법자에 의해 지속적으로 심사되어야 한다.

헌법재판소는 ① 구 먹는물관리법상 수질개선부담금은 헌법에 위반되지 않는다고 판단하였다(헌재결 1998.12.24. 98헌가1). ② 헌법재판소의 이러한 입장은 "부담금 부과조항은 한강수계 중 하류 지역의 상수원으로부터 취수된 수돗물의 최종수요자(이하 '부담금 납부대상자'라 한다)에게 물이용부담금을 부과하고 있는데, 물이용부담금을 부과하는 것이 위와 같은 입법목적을 달성하기 위한 적합한 수단이 되기 위해서는 그것이 재정조달목적 부담금으로서 헌법상 허용되는 것이어야 한다"라고 하여 물이용부담금 위헌소원 사건에서도 이어지고 있으며 물이용부담금은 헌법에 위반되지 않는다고 하였다

(헌재결 2020.8.28. 2018헌바425). ③ 반면 헌법재판소가 수단의 적합성이 인정되지 않는다고 본 예로는 이른바 '수분양자에 대한 학교용지부담금'이 있다(헌재결 2005.3.31. 2003헌가20).

5. 신뢰보호의 원칙

1) 의 의

신뢰보호의 원칙은 행정청의 적극적(명시적) 또는 소극적(묵시적) 행정작용에 대하여 국민이 이를 신뢰하였을 경우 그러한 행정작용의 정당성 · 존속성에 대한 보호가치 있는 신뢰를 보호하여 주는 것이다. 제2차 세계대전이 종료되고 독일의 판례이론이 이룩한 업적 중에서도 신뢰보호의 원칙을 법치국가의 본질적 실현요소로 발전시킨 것은 커다란 의미를 갖는다. 과거 행정의 법률적합성원칙이 바로 법치주의원리라고 이해하여 법치주의를 기계적이고 형식적으로 이해하던 법원이 행정의 법률적합성원칙 뿐만 아니라 행정청의 언동(言動)을 신뢰한 개인의 법적 안정과 신뢰를 보호하는 것 역시 실질적인 의미에서 법치주의원리를 실현한다는 시대이성의 변화는 어떻게 보면 행정법의 영역에서 코페르니쿠스적 전환이라고 볼 수 있다. 이로써 형식적 법치주의는 국민의 법적 지위를 실질적으로 고려하는 오늘날의 법치주의로 변모하게 된 것이다.

그리고 이러한 신뢰보호의 원칙은 국가의 급부활동에 그 생존을 의지하고 있는 국민의 권리를 보호하기 위해 모든 행정작용의 영역에 적용되는 행정법의 일반원칙을 넘어서서 행정작용의 투명성을 실현하고 행정에 대한 국민의 예측가능성을 보장하는 헌법적 위상을 갖게 되었다. 이와 같이 신뢰보호의 원칙은 그 법적 근거에 대한 다양한 논의에도 불구하고 직접적으로는 법의 형식적 집행을 지양하고 모든 행정활동이 국민의 권리와 법적 안정을 중요시하게 됨으로써 오늘날 법치국가의 성격이 변모되었다는 점에서 그 근거를 찾을 수 있다.

2) 적용 영역과 법적 근거

신뢰보호의 원칙은 독일 판례법상 수익적 행정행위에 대한 취소권 제한의 법리로부터 시작되었다. 수익적 행정행위가 존속되리라고 상대방이 신뢰한 경우 원시적 하자를 이유로 취소하는 것은 행정의 법률적합성원칙에서 보면 당연한 것으로 보이지만, 이 경우 비록 위법한 행정행위라도 이것이 지속될 것을 귀책사유 없는 상대방이 신뢰한 경우 보호할 필요가 있다는 것이다. 이와 같이 판례법상 신뢰보호원칙을 근거로 하여 위법한 수익적 행정행위의 직권취소권 행사가 제한되고, 더 나아가 적법한 수익적 행정행위 철회권 제한, 직권취소권도 일정한 기간 내에 행사하지 않으면 상대방에 대한 신뢰보호를 위하여 취소권이 상실된다는 실권의 법리, 확정된 행정계획의 존속을 신뢰하고 그에 따라 일정한 행위를 한 상대방을 보호하기 위한 행정계획 폐지 · 변경의 제한, 소급효의 금지 등 다양한 영역에서 신뢰보호원칙이 성립 · 발전하였다. 다시 말해 신뢰보호원칙은 행정법의 일반원칙으로서 모든 행정작용법 분야에 널리 적용되고 있다.

한편 독일의 경우에는 이와 같이 다양한 형태의 신뢰보호방식을 연방행정절차법에 반영하였다. 행정법의 일반원칙과 같은 내용을 연방행정절차법에 규정하여 행정법 분야에서 일정 부분 법전화가 이루어진 것이다. 우리나라의 경우 1980년대 초반부터 법원의 판례가 신뢰보호원칙을 수용하기 시작하였다. 1897년 입법예고 되었던 행정절차법안은 독일연방행정절차법과 유사한 규정을 두었으나 입법화되지는 못하였다. 현행 행정절차법은 제4조 제2항에서 "행정청은 법령 등의 해석 또는 행정청의 관행이 일반적으로 국민들에게 받아들여졌을 때에는 공익 또는 제3자의 정당한 이익을 현저히 해칠 우려가 있는 경우를 제외하고는 새로운 해석 또는 관행에 따라 소급하여 불리하게 처리하여서는 아니 된다"고 규정하여 일정 부분 행정법규의 소급적 해석이나 적용을 금함으로써 상대방의 신뢰를 보호하는 규정을 두고 있다. 또한 국세분야의 경우에도 국세기본법이 제18조 제3항에서 행정절차법 제4조 제2항과 동일한 내용을 규정하여 과세처분의 경우에도 납세자에게 불리한 관행이나 법해석을 금한다는 내용을 두고 있다. 마침내 행정기본법은 제12조에서 신뢰보호의 원칙을 명문화하였다.

그러나 이와 같은 실정법상의 규정들로 인하여 신뢰보호원칙이 비로소 적용되는 것은 아니기 때문에 위 규정들이 창설적 효력을 가지는 것은 아니다. 앞서 언급한 과잉금지의 원칙과 마찬가지로 신뢰보호원칙은 법치국가의 투명성과 예측가능성으로부터 유래하는 그 본질적 속성에 해당한다. 마찬가지로 대법원은 "헌법의 기본원리인 법치주의 원리에서 도출되는 신뢰보호의 원칙"[대판(전합) 2006.11.16. 2003두12899]이라고, 헌법재판소는 "헌법상 법치국가의 원칙으로부터 신뢰보호의 원리가 도출된다"(헌재결 1995.6.29. 94헌바39)라고 하여 신뢰보호의 원칙을 법치주의원리에 근거한 헌법적 원칙으로 이해하고 있다. 따라서 위 규정들은 신뢰보호원칙을 확인하는 의미를 가짐에 불과하다.

3) 신뢰보호의 성립요건 및 한계

신뢰보호는 선행조치, 개인적 신뢰의 법적 보호가치, 개인적 처분, 인과관계, 선행조치에 반하는 처분이라는 요건을 충족하는 경우에 성립하고, 일단 신뢰보호원칙이 적용되면 이를 통하여 보호되는 사익과 행정의 법률적합성원칙을 통해 실현하려는 공익을 형량하여 전자가 더 큰 경우에 처분 등 해당 행정작용이 신뢰보호원칙을 위반하여 위법한 것으로 평가된다.

대법원도 "일반적으로 행정상의 법률관계에 있어서 행정청의 행위에 대하여 신뢰보호의 원칙이 적용되기 위해서는, 첫째 행정청이 개인에 대하여 신뢰의 대상이 되는 공적인 견해표명을 하여야 하고, 둘째 행정청의 견해표명이 정당하다고 신뢰한 데에 대하여 그 개인에게 귀책사유가 없어야 하며, 셋째 그 개인이 그 견해표명을 신뢰하고 이에 상응하는 어떠한 행위를 하였어야 하고, 넷째 행정청이 위 견해표명에 반하는 처분을 함으로써 그 견해표명을 신뢰한 개인의 이익이 침해되는 결과가 초래되어야 하며, 마지막으로 위 견해표명에 따른 행정처분을 할 경우 이로 인하여 공익 또는 제3자의 정당한 이익을 현저히 해할 우려가 있는 경우가 아니어야 한다"라고 본다(대판 2006.6.9. 2004두46). 그런데 대법원이 제시한 마지막 다섯 번째의 요건은 신뢰보호원칙의 적용요건이라기보다는 일단 신뢰보호원칙이 성립한 이후에 행정의 법률적합성원칙을 통하여 실현하는 공익 또는 제3자의 이익과 상대방의 신뢰보호의 이익과의 형량을 통하여 신뢰보호원칙의 침해 여부를 가리는 기준으로 이해하여야 한다.

(1) 선행조치

신뢰보호원칙을 적용하기 위해서는 일차적으로 행정청이 상대방에 대하여 일정한 선행조치 또는 공적인 견해를 표명하여야 한다. 이와 같은 선행조치는 일반적으로 행정청의 처분 등 법적인 행위는 물론 행정지도 등 사실행위를 포함하는 적극적인 작위를 의미하는 것이지만, 경우에 따라서는 일정한 행위를 하지 않는 것이 관행적으로 지속되어 상대방이 행정청의 부작위를 선행조치로 볼 여지도 있다. 예를 들어 과세관청이 과세할 수 있는 상태에 있었음에도 불구하고 다양한 이유로 오랫동안 비과세의 관행을 유지하는 경우에 이러한 부작위 상태를 행정청의 선행조치 또는 공적인 견해의 표명으로 볼 수 있다는 것이다. 또한 상대방의 귀책사유 없이 행정청의 단순 착오로 인한 행위도 여기에서의 선행조치로 볼 수 있는 경우가 있다.

판례는 "행정상의 법률관계에 있어서 행정청의 행위에 대하여 신뢰보호의 원칙이 적용되기 위한 요건의 하나인 행정청의 공적 견해 표명은 명시적으로만이 아니라 묵시적으로도 이루어질 수 있는 것이고 … 표명된 견해의 내용이 다소 포괄적일 수도 있는 반면 매우 한정된 범위에 그치는 경우도 있을 것이며, 공적 견해의 표명이 있었는지의 여부를 판단하는 데 있어서는 반드시 행정조직상의 형식적인 권한분장에 구애될 것이 아니라 담당자의 조직상의 지위와 임무, 당해 언동을 하게 된 구체적인 경위 및 그에 대한 상대방의 신뢰가능성에 비추어 실질에 의하여 판단하여야 한다"라고 본다(대판 2008.4.24. 2007두25060). 예를 들어, 판례는 "피고 포항시장이 원고에게 두 차례 항만시설 사용허가를 해주었다는 사실만으로 그 이후로도 계속하여 항만시설 사용허가를 해줄 것이라는 공적인 견해표명을 하였다고 볼 수 없[다]"고 하였다(대판 2017.11.23. 2014두1628).

착오에 따른 선행조치 관련, ① 판례는 "행정상의 법률관계에 있어서 특정의 사항에 대해 신뢰보호의 원칙상 처분청이 그와 배치되는 조치를 할 수 없다고 할 수 있을 정도의 행정관행이 성립되었다고 하려면 상당한 기간에 걸쳐 그 사항에 대해 동일한 처분을 하였다는 객관적 사실이 존재할 뿐만 아니라, 처분청이 그 사항에 관해 다른 내용의 처분을 할 수 있음을 알면서도 어떤 특별한 사정 때문에 그러한 처분을 하지 않는다는 의사가 있고 이와 같은 의사가 명시적 또는 묵시적으로 표시되어야 한다 할 것이므로, 단순히 착오로 어떠한 처분을 계속한 경우는 이에 해당되지 않는다 할 것이고, 따라서 처분청이 추후 그 오류를 발견하여 합리적인 방법으로 이를 변경하는 것은 위 원칙에 위배되지 않는다"라고 하면서 20여 년간 도로점용료 산정 기준으로 적용한 인근토지의 범위를 변경한 것은 신뢰보호원칙에 위반되지 않는다고 보았다(대판 1993.6.11. 92누14021). ② 반면 판례는 자동차운전면허 취소사유가 있음에도 음주운전을 적발한 경찰관의 소속 경찰서장이 전산입력 착오로 운전면허정지처분을 하였는데 이후 음주운전자의 주소지 관할 지방경찰청장이 그에게 운전면허취소처분을 한 사안에서 "원고로서는 그 면허정지처분이 효력을 발생함으로써 그 처분의 존속에 대한 신뢰가 이미 형성되었다 할 것이고 또한 그와 같은 처분의 존속이 현저히 공익에 반한다고는 보이지 아니하므로, 동일한 사유에 관하여 보다 무거운 면허취소처분을 하기 위하여 이미 행하여진 가벼운 면허정지처분을 취소하는 것은 선행처분에 대한 당사자의 신뢰 및 법적 안정성을 크게 저해하는 것이 되어 허용될 수 없다"라고 하였다(대판 2000.2.25. 99두10520).

(2) 개인적 신뢰의 법적 보호가치

행정청의 선행조치에 대하여 상대방에게 귀책사유가 없어야만 선행조치에 따른 개인의 신뢰를 법적 보호가치가 있는 것으로 판단할 수 있다. 바꾸어 말한다면 행정청이 공적 견해를 표명한 것이 상대방의 강박, 기만, 뇌물의 공여 등으로 이루어진 것이라면 그러한 선행처분이 존속할 것이라고 신뢰하더라도 법적 보호가치를 인정할 수 없기 때문에 신뢰보호원칙은 성립할 수 없다. 또한 행정청의 선행조치가 명백하게 위법함에도 불구하고 이를 상대방이 과실로 인식하지 못한 경우에도 법적 보호가치를 인정하기 어렵다.

판례도 "둘째 요건에서 말하는 귀책사유라 함은 행정청의 견해표명의 하자가 상대방 등 관계자의 사실은폐나 기타 사위의 방법에 의한 신청행위 등 부정행위에 기인한 것이거나 그러한 부정행위가 없다고 하더라도 하자가 있음을 알았거나 중대한 과실로 알지 못한 경우 등을 의미한다고 해석함이 상당하고, 귀책사유의 유무는 상대방과 그로부터 신청행위를 위임받은 수임인 등 관계자 모두를 기준으로 판단하여야 한다"라고 하여 같은 입장이다(대판 2002.11.8. 2001두1512). 특히 "수익적 행정처분의 하자가 당사자의 사실은폐나 기타 사위의 방법에 의한 신청행위에 기인한 것이라면 당사자는 처분에 의한 이익이 위법하게 취득되었음을 알아 취소가능성도 예상하고 있었다 할 것이므로, 그 자신이 처분에 관한 신뢰이익을 원용할 수 없음은 물론 행정청이 이를 고려하지 아니하였다고 하여도 재량권의 남용이 되지 않는다"고 한다(대판 2006.5.25. 2003두4669).

(3) 개인적 처분

신뢰보호의 원칙은 행정청의 선행조치를 귀책사유 없이 믿은 상대방이 일정한 조치를 하였음에도 불구하고 이후에 행정청이 선행조치에 반하는 처분을 함으로써 상대방의 법적 보호가치 있는 신뢰를 침해하는 것이기 때문에 단순한 관념상의 논의가 아니라 실제적으로 발생하는 사실관계에 적용된다. 따라서 행정청의 선행조치가 있었고 상대방이 이를 신뢰하였다고 하더라도 실제로 상대방이 어떤 행위를 착수하지 않거나 실행에 나아가지 않는다면 신뢰보호원칙이 성립하거나 적용될 수 없다. 그러므로 행정청의 선행조치를 신뢰한 상대방은 일정한 행위를 하였어야 한다. 예를 들어 위법한 영업허가처분이 내려진 경우 상대방은 이에 의거하여 건물을 임차하는 등 일정한 영업준비행위를 하거나, 정부로부터 위법한 자금지원결정을 받아서 이를 소비하는 행위가 실제로 존재하여야 한다. 또한 과세관청의 비과세 관행을 신뢰한 개인은 납세의무를 이행할 금전을 다른 용처에 소비하는 등의 행위가 있어야 한다.

(4) 인과관계

행정청의 선행조치, 상대방의 신뢰, 개인적 처분 간에는 상당인과관계가 존재하여야 한다. 따라서 행정청의 적극적 또는 소극적인 견해 표명이 없었음에도 불구하고 이를 신뢰하는 경우, 예를 들어 자신이 보유하는 토지의 용도가 변경될 것이라는 세간의 풍문을 듣고 그에 상응하는 건축허가를 신청하거나 행정청의 선행조치에는 포함되지 않는 그 이상의 사안에 대하여 신뢰하는 이른바 오상신뢰(誤想信賴) 또는 과잉신뢰(過剩信賴)는 상당인과관계를 넘어서는 것이어서 이러한 경우 인과관계를 인정할 수 없거나 그 범위를 축소하는 것이 불가피하다.

(5) 선행조치에 반하는 처분

행정청이 선행조치와 이에 대한 개인적 신뢰에 반하는 처분을 하여 선행조치를 신뢰한 사람의 이익을 침해함으로써 신뢰보호가 성립된다. 건축법상 건축 관련 입지와 규모에 대한 사전결정을 건축주가 신뢰하였는데 건축허가를 불허하는 경우, 비과세의 관행이 지속되리라고 납세자가 신뢰하였는데 과세관청이 소급적으로 과세하는 경우 등이 이에 해당한다.

(6) 한계 – 신뢰보호의 원칙과 행정의 법률적합성원칙 간 관계

행정의 법률적합성원칙을 통한 공익달성과 개인의 법적 안정이라는 사익의 보호는 모두 법치주의원리에 근거한 것으로 동일한 헌법적 비중을 부여받고 있다. 따라서 구체적인 사건에서는 어느 한쪽에도 치우치지 않고 양자 간의 엄격하고 신중한 비교형량에 의하여 문제의 해결이 시도되어야 한다.

판례도 ① 한려해상국립공원지구 인근 자연녹지지역에서의 토석채취에 대한 불허가처분의 취소를 구하는 사건에서 "행정처분이 이러한 요건[신뢰보호원칙의 적용요건]을 충족하는 경우라고 하더라도 행정청이 앞서 표명한 공적인 견해에 반하는 행정처분을 함으로써 달성하려는 공익이 행정청의 공적 견해표명을 신뢰한 개인이 그 행정처분으로 인하여 입게 되는 이익의 침해를 정당화할 수 있을 정도로 강한 경우에는 신뢰보호의 원칙을 들어 그 행정처분이 위법하다고는 할 수 없다 … 이 사건 불허가처분에 의하여 피고가 달성하려는 주변의 환경 · 풍치 · 미관 등의 보존 · 유지라는 공익은 이 사건 불허가처분으로 인하여 원고가 입게 되는 불이익을 정당화할 만큼 강한 경우에 해당한다고 보아야 할 것이고, 따라서 피고의 이 사건 불허가처분이 재량권을 남용하였다거나 신뢰보호의 원칙에 반하여 위법하다고는 할 수 없다"라고 하여 행정의 법률적합성원칙과 신뢰보호원칙 간의 형량을 요구하고 있다(대판 1998.11.13. 98두7343). ② 또한 이른바 러브호텔 건축허가신청반려처분의 취소를 구하는 사건에서도 판례는 "이 사건 처분에 의하여 피고가 달성하려는 학생들의 교육환경과 인근 주민들의 주거환경 보호라는 공익은 이 사건 처분으로 인하여 원고들이 입게 되는 불이익을 정당화할 만큼 강한 경우에 해당한다고 할 것이므로, 같은 취지에서 원고들의 각 숙박시설 건축허가신청을 반려한 이 사건 처분이 신뢰보호의 원칙에 위배되지 않는다고 한 원심의 판단도 앞서 본 법리에 따른 것으로 정당하다고 넉넉히 수긍할 수 있[다]"라고 하였다(대판 2005.11.25. 2004두6822 등).

4) 구체적 적용영역

(1) 위법 · 부당한 수익적 행정행위에 대한 직권취소권의 제한

신뢰보호원칙은 독일법상 위법한 수익적 행정행위에 대한 직권취소권 제한의 법리로서 발전하였다. 이는 신뢰보호를 통한 권리의 '존속보호'라고 할 수 있다. 반면 신뢰보호를 통한 권리의 '보상보호'는 위법한 수익적 행정행위의 직권취소가 가능한 경우라 하더라도 상대방이 이러한 행정행위의 존속을 신뢰하여 신뢰보호원칙의 적용요건이 충족되는 한 재산적 손실에 대하여 조절적 보상을 하는 것이다. 1987년 입법예고되었던 행정절차법안의 제31조 제1항은 권리의 존속보호를 위한 취소권제한의 법리를 규정하였고, 같은 조 제3항은 "위법한 행정처분을 취소한 경우에 당해 행정청은 청

구가 있으면, 당사자 등이 행정처분의 존속을 신뢰함으로 인하여 받은 재산상의 손실에 대하여 원상회복, 손실보상 기타 필요한 조치를 하여야 한다"라고 하여 보상보호 형식의 신뢰보호원칙을 인정하였으나, 입법에 이르지는 못하였다. 그리하여 종래에는 이 문제에 대한 해결을 전적으로 판례에 위임하고 있었다. 판례는 권리의 존속보호를 위한 취소권제한의 법리는 인정하였으나(대판 2017.6.15. 2014두46843), 신뢰보호를 위한 보상보호의 형태가 가능한지의 문제는 여전히 미지수로 남았다.

그런데 행정기본법 제18조는 '위법'한 처분뿐만 아니라 '부당'한 처분의 직권취소에 관하여 규정하면서 권리의 존속보호에 관한 내용을 명문화하였다. 즉 제18조 제2항은 "행정청은 제1항에 따라 당사자에게 권리나 이익을 부여하는 처분을 취소하려는 경우에는 취소로 인하여 당사자가 입게 될 불이익을 취소로 달성되는 공익과 비교·형량(衡量)하여야 한다. 다만, 다음 각 호의 어느 하나에 해당하는 경우에는 그러하지 아니하다. 1. 거짓이나 그 밖의 부정한 방법으로 처분을 받은 경우 2. 당사자가 처분의 위법성을 알고 있었거나 중대한 과실로 알지 못한 경우"라고 하여 위법한 수익적 처분의 직권취소권이 신뢰보호원칙에 따라 제한됨을 규정하였다. 또한 제1항은 "당사자의 신뢰를 보호할 가치가 있는 등 정당한 사유가 있는 경우에는 장래를 향하여 취소할 수 있다"라고 규정하였다. 다만 보상보호에 관한 규정은 없어 입법적 개선이 필요하다.

(2) 적법한 수익적 행정행위에 대한 철회권의 제한

상대방의 신뢰보호를 위한 위법한 수익적 행정행위 직권취소권제한의 법리는 철회의 경우에도 그대로 적용된다. 종래에는 이에 대한 규정이 없었다. 그러나 판례는 직권취소의 경우와 마찬가지로 상대방의 신뢰보호를 위한 철회권제한의 법리를 인정하였다. 즉 "공무원연금법에 따른 급여환수·제한처분에도 '수익적 행정처분 직권취소·철회 제한 법리'가 적용되어, 급여 과오급 발생에 수급인에게 고의 또는 중과실이 없어 선행 급여결정에 관한 수급인의 신뢰에 보호가치가 있는 때에는 급여환수·제한처분으로 달성하려는 공익과 그로 말미암아 수급인이 입게 될 불이익의 내용·정도를 형량하여 사익이 우월한 경우에는 급여환수·제한처분이 허용되지 않는다는 규범적 제한이 있을 뿐이다"라고 하였다(대판 2021.8.2. 2020두40693).

행정기본법은 제19조 제2항에서 "행정청은 제1항에 따라 처분을 철회하려는 경우에는 철회로 인하여 당사자가 입게 될 불이익을 철회로 달성되는 공익과 비교·형량하여야 한다"라고 하여 이러한 법리를 명문화하였다. 다만 이 역시 보상보호에 관한 규정은 두고 있지 않다.

(3) 실 권

일반적으로 행정심판이나 행정소송과 같이 행정쟁송을 통하여 위법한 행정처분의 취소를 구하는 경우에는 일정한 기간 내에 쟁송을 제기하여야 하는 제소기간이 법으로 규정되어 있다. 그러나 행정청이 직권으로 위법한 처분을 취소하는 직권취소의 경우에는 그러한 기간상의 제약은 없고 원칙적으로 행정청은 그 위법을 이유로 언제든지 자유롭게 취소할 수 있다. 그러나 수익적 행정행위의 경우에 그러한 처분이 언제라도 제한 없이 취소될 수 있다면 상대방은 법적 불안정을 면할 수 없게 된다. 직권취소권의 경우에도 일정 기간 동안 취소권이 행사되지 않으면 신의칙상 취소권이 상실된다고 보는 것이 실권의 법리이다. 이는 민법상 신의성실원칙에 따라 권리에 대한 소멸시효가 인정되는 취지와 비교할 수 있는 것이다.

종래에는 이에 대한 규정이 없었으나, 판례는 "실권 또는 실효의 법리는 법의 일반원리인 신의성실의 원칙에 바탕을 둔 파생원칙인 것이므로 공법관계 가운데 관리관계는 물론이고 권력관계에도 적용되어야 함을 배제할 수는 없다 하겠으나 그것은 본래 권리행사의 기회가 있음에도 불구하고 권리자가 장기간에 걸쳐 그의 권리를 행사하지 아니하였기 때문에 의무자인 상대방은 이미 그의 권리를 행사하지 아니할 것으로 믿을만한 정당한 사유가 있게 되거나 행사하지 아니할 것으로 추인케 할 경우에 새삼스럽게 그 권리를 행사하는 것이 신의성실의 원칙에 반하는 결과가 될 때 그 권리행사를 허용하지 않는 것을 의미[한다]"라고 하여 이를 인정하였다(대판 1988.4.27. 87누915).

행정기본법은 신뢰보호원칙에 관한 제12조 제2항에 "행정청은 권한 행사의 기회가 있음에도 불구하고 장기간 권한을 행사하지 아니하여 국민이 그 권한이 행사되지 아니할 것으로 믿을 만한 정당한 사유가 있는 경우에는 그 권한을 행사해서는 아니 된다. 다만, 공익 또는 제3자의 이익을 현저히 해칠 우려가 있는 경우는 예외로 한다"라고 하여 실권의 법리를 명문화하였다. 또한 이에 대한 특별규정으로서 행정기본법 제23조는 제재처분의 제척기간을 규정하고 있다.

(4) 확 약

확약은 행정청이 특정인에 대하여 장차 일정한 행정행위를 하거나 하지 않을 것을 약속하는 의사표시를 말한다. 신뢰보호원칙과 관련하여 확약은 행정청의 선행조치에 해당하는 것으로서 확약을 위반한 행정처분은 신뢰보호의 원칙을 위반하는 것이다.

종래에는 이에 대한 규정이 없었지만, 판례는 "행정청이 상대방에게 장차 어떤 처분을 하겠다고 확약 또는 공적인 의사표명을 하였다고 하더라도 그 자체에서 상대방으로 하여금 언제까지 처분의 발령을 신청을 하도록 유효기간을 두었는데도 그 기간 내에 상대방의 신청이 없었다거나 확약 또는 공적인 의사표명이 있은 후에 사실적 · 법률적 상태가 변경되었다면 그와 같은 확약 또는 공적인 의사표명은 행정청의 별다른 의사표시를 기다리지 않고 실효된다"라고 하여 이를 인정하였다(대판 1996.8.20. 95누10877).

행정절차법 제40조의2는 확약을 명문화하였다.

(5) 행정계획의 폐지 · 변경

이미 수립되어 확정된 행정계획이 폐지되거나 변경되는 경우에 그 계획이 기존 내용대로 실시될 것으로 신뢰한 개인은 불측의 손해를 입을 가능성이 크다. 그러므로 행정계획의 폐지나 변경에 따르는 개인의 신뢰를 보호할 필요성이 생긴다. 독일에서는 이와 관련하여 계획보장청구권의 법리가 논의되었으나 계획에 대한 존속보장을 의미하는 계획보장은 인정되지 않고 손실보상을 허용함에 그쳤다. 우리나라의 경우 1987년 입법예고된 행정절차법안은 제58조 제1항에서 "행정계획을 확정 · 변경 또는 폐지하고자 할 때에는 국민의 재산상의 손실을 방지하기 위한 시설의 설치 기타 필요한 예방대책을 강구하여야 한다"라고 하고, 제2항에서는 "제1항에 의한 조치에도 불구하고 행정계획의 확정 · 변경 · 폐지 또는 실효로 인한 재산상의 손실이 있을 때에는 법률이 정하는 바에 의하여 손실보상 기타 필요한 구제조치를 하여야 한다"라고 규정하여 행정계획의 변경 등에 따르는 개인의 신뢰를 보상보호의 방법으로 보호할 것을 예정하였으나, 입법에 이르지는 못하였다.

대법원은 "피고가 이 사건 토지들을 포함한 성남시 분당구 (주소 생략) 일원 21필지에 대하여 용도지역을 자연녹지지역으로 결정한 것만으로는 위 결정 후 이 사건 토지들의 소유권을 취득한 원고들에게 이 사건 토지들에 대하여 용도지역을 종래와 같이 자연녹지지역으로 유지하거나 보전녹지지역으로 변경하지 않겠다는 취지의 공적인 견해표명을 한 것이라고 볼 수 없[다]"고 한 원심의 판단이 정당하다고 하였다(대판 2005.3.10. 2002두5474). 또한 판례는 "폐기물관리법령에 의한 폐기물처리업 사업계획에 대한 적정통보와 국토이용관리법령에 의한 국토이용계획변경은 각기 그 제도적 취지와 결정단계에서 고려해야 할 사항들이 다르므로, 피고가 위와 같이 폐기물처리업 사업계획에 대하여 적정통보를 한 것만으로 그 사업부지 토지에 대한 국토이용계획변경 신청을 승인하여 주겠다는 취지의 공적인 견해표명을 한 것으로 볼 수 없고, 그럼에도 불구하고 원고가 그 승인을 받을 것으로 신뢰하였다면 원고에게 귀책사유가 있다 할 것이므로, 이 사건 처분이 신뢰보호의 원칙에 위배된다고 할 수 없다"라고 하였다(대판 2005.4.28. 2004두8828). 이는 존속보장 의미의 계획보장을 인정하지 않은 사례들이다.

(6) 소급효

가) 법령과 행정행위 등이 소급하여 효력이 발생되는 경우에는 기존의 법상태를

신뢰한 개인의 법적 지위를 위태롭게 할 가능성이 있다. 그러므로 소급효로 인한 개인의 법적 불안정을 방지하기 위하여 원칙적으로 소급효는 금지된다. 여기에서 원칙적으로 금지되는 소급효는 이미 종료한 법률관계나 사실관계에 법령과 행정행위의 효력이 미치는 이른바 진정소급효의 경우이다. 반면 이미 종료하지 않고 아직 진행중인 법률관계 또는 사실관계에 법령이나 행정행위의 효력이 미치게 되는 부진정소급효의 경우에는 신뢰보호의 원칙에 어긋나지 않음이 원칙이다. 그러나 진정소급효와 부진정소급효의 구별은 법기술적인 기준에 의한 것일 뿐 절대적인 구별은 아니며 구체적인 사건에서 개인의 법적 안정과 행정의 법률적합성의 실체적인 비교교량이 요구된다(헌재결 1995.10.26. 94헌바12). 그러므로 법령이나 행정행위를 통한 부진정소급효의 경우에도 개인의 신뢰를 침해하는 것이 가능하다.

헌법재판소도 ① "소급입법은 새로운 입법으로 이미 종료된 사실관계 또는 법률관계에 작용하도록 하는 진정소급입법과 현재 진행 중인 사실관계 또는 법률관계에 작용하도록 하는 부진정소급입법으로 나눌 수 있는바, 부진정소급입법은 원칙적으로 허용되지만 소급효를 요구하는 공익상의 사유와 신뢰보호의 요청 사이의 교량과정에서 신뢰보호의 관점이 입법자의 형성권에 제한을 가하게 되는 데 반하여, 진정소급입법은 개인의 신뢰보호와 법적 안정성을 내용으로 하는 법치국가원리에 의하여 특단의 사정이 없는 한 헌법적으로 허용되지 아니하는 것이 원칙이나 예외적으로 법적 상태가 불확실하고 혼란스러웠거나 하여 보호할 만한 신뢰의 이익이 적은 경우, 신뢰보호의 요청에 우선하는 심히 중대한 공익상의 사유가 소급입법을 정당화하는 경우에는 예외적으로 허용될 수 있다"라고 한다(헌재결 2021.1.28. 2018헌바88). 진정소급입법이 예외적으로 허용된 예로는 5 · 18민주화운동등에관한특별법 위헌제청 사건(헌재결 1996.2.16. 96헌가2 등), 친일반민족행위자재산의국가귀속에관한특별법 위헌소원 사건(헌재결 2011.3.31. 2008헌바141 등)이 있다. ② 또한 헌법재판소는 부진정소급입법의 경우에는 종래의 법적 상태의 존속에 대한 신뢰보호의 문제가 있을 뿐 소급입법의 문제는 발생하지 않는다고 하면서, "신뢰보호의 원칙은 헌법상 법치국가의 원칙으로부터 도출되는데 … 그 내용은 법률의 제정이나 개정시 구법질서에 대한 당사자의 신뢰가 합리적이고도 정당하며 법률의 제정이나 개정으로 야기되는 당사자의 손해가 극심하여 새로운 입법으로 달성하고자 하는 공익적 목적이 그러한 당사자의 신뢰의 파괴를 정당화할 수 없다면, 그러한 새로운 입법은 신뢰보호의 원칙상 허용될 수 없다는 것이다. 이러한 신뢰보호원칙의 위반 여부를 판단하기 위해서는, 한편으로는 침해받은 신뢰이익의 보호가치, 침해의 중한 정도, 신뢰가 손상된 정도, 신뢰침해의 방법 등과 다른 한편으로는 새로운 입법을 통해 실현하고자 하는 공익적 목적을 종합적으로 비교 · 형량하여 판단하여야 한다"고 하면서 개인의 신뢰이익의 보호가치에 관한 판단기준으로 '법령개정의 예측성'과 '유인된 신뢰의 행사 여부'를 제시하고, 신뢰보호의 구체적 실현수단으로 '경과규정'을 든다(헌재결 2002.11.28. 2002헌바45).

대법원도 "소급입법은, 새로운 입법을 이미 종료된 사실관계 또는 법률관계에 적용하도록 하는 진정소급입법과, 현재 진행 중인 사실관계 또는 법률관계에 적용하게 하는 부진정소급입법으로 나눌 수 있다. 이 중에서 기존의 법에 의하여 이미 형성된 개인의 법적 지위를 사후입법을 통하여 박탈함을 내용으로 하는 진정소급입법은 개인의 신뢰보호와 법적 안정성을 내용으로 하는 법치국가원리에 의하여 허용되지 않음이 원칙이다. 반면 부진정소급입법은 원칙적으로 허용되지만, 소급효를 요구하는 공익상의 사유와 신뢰보호를 요구하는 개인보호의 사유 사이의 교량과정에서 그 범위에 제한이 가하여질 수 있다. 또한 법률불소급의 원칙은 그 법률의 효력발생 전에 완성된 요건사실에 대하여 그 법률을 적용할 수 없다는 의미일 뿐, 계속 중인 사실이나 그 이후에 발생한 요건사실에 대한 법률적용까지를 제한하는 것은 아니다"라고 한다(대판 2019.1.31. 2015두60020).

나) 행정기본법 제14조 제1항은 새로운 법령의 진정소급효가 원칙적으로 금지됨을 명문화하였다. 또한 제2항과 제3항으로는 신청에 따른 처분에는 처분 당시의 법령등이, 제재처분의 경우에는 위반행위 당시의 법령등이 적용됨이 원칙이라는 것이 분명하게 규정되었다.

종래 판례도 ① "행정처분은 그 근거 법령이 개정된 경우에도 경과 규정에서 달리 정함이 없는 한 처분 당시 시행되는 개정 법령과 그에서 정한 기준에 의하는 것이 원칙이고 … 그 개정 법령이 기존의 사실 또는 법률관계를 적용대상으로 하면서 국민의 재산권과 관련하여 종전보다 불리한 법률효과를 규정하고 있는 경우에도 그러한 사실 또는 법률관계가 개정 법률이 시행되기 이전에 이미 완성 또는 종결된 것이 아니라면 이를 헌법상 금지되는 소급입법에 의한 재산권 침해라고 할 수는 없으며, 그러한 개정 법률의 적용과 관련하여서는 개정 전 법령의 존속에 대한 국민의 신뢰가 개정 법령의 적용에 관한 공익상의 요구보다 더 보호가치가 있다고 인정되는 경우에 그러한 국민의 신뢰보호를 보호하기 위하여 그 적용이 제한될 수 있는 여지가 있을 따름이다"라고 하여 신청에 따른 처분에 처분시법주의가 적용된다고 보았다(대판 2000.3.10. 97누13818). 다만 "소관 행정청이 허가신청을 수리하고도 정당한 이유 없이 처리를 늦추어 그 사이에 법령 및 허가기준이 변경된 것이[라면] 변경된 법령 및 허가기준에 따라서 한 불허가처분은 위법하다"고 본다(대판 2005.7.29. 2003두3550). ② 또한 판례는 "위반행위를 이유로 하는 행정상의 제재처분을 하려면 그 위반행위 이후 법령의 변경에 의하여 처분의 종류를 달리 규정하였다 하더라도 그 법률적용에 관한 특별한 규정이 없다면 위반행위 당시 시행되던 법령을 근거로 처분을 하여야 함이 마땅하다"라고 하여 제재처분에는 행위시법주의가 적용된다고 하였다(대판 1983.12.13. 83누383).

4) 판 례

(1) 신뢰보호원칙에 대한 판례는 1980년대부터 무수히 축적되어 왔다. 일단 중요한 것은 판례상 신뢰보호원칙의 효시를 이루는 1980년 대법원 전원합의체 판결을 들 수 있다[대판(전합) 1980.6.10. 80누6]. 이 사건에서 다수의견은 보세운송 면허세의 근거 법령이 존재하였던 4년 동안 이를 부과하지 않았다가 그 폐지 후 1년 3개월이나 지난 시점에 지난 4년 동안의 면허세를 한 번에 부과한 것은 납세자인 원고의 신뢰 이익을 침해한 것이라고 판단하였다. 이에 대하여 반대의견은 납세자의 신뢰보다는 행정의 법률적합성원칙, 세법상 합법성원칙을 더 중요하게 보고 있다.

1980년에 벌어진 다수의견과 반대의견의 논쟁은 오늘날에 보아도 흥미롭다. 물론 이 사건은 국세기본법상 소급과세를 통하여 납세자에게 불리한 과세를 금지하는 당시 국세기본법 제18조 제2항(현재 제3항)의 해석을 둘러싼 다수의견과 반대의견의 대립이라고 볼 수도 있다. 그러나 이전과는 달리 이 사건에서는 납세자가 비과세의 관행을 신뢰한 경우 이를 보호할 것인가에 대하여, 대법원이 합법성원칙과 과세공익보다 '신뢰보호원칙을 통한 납세자의 법적 안정을 더 중요한 문제로 취급하기 시작하였다'는 점을 주목할 필요가 있다. 이는 이전의 판례와는 분명하게 구별되는 것이며, 이 판례는 그러한 면에서 큰 의의를 갖는 것으로 볼 수 있다.

(2) 신뢰보호원칙은 그 이후 수많은 판례에서 적용되면서 특히 수익적 행정행위의 취소 또는 철회에 관한 일반적인 원칙으로 발전하였고, 급기야 대법원이 신뢰보호원칙에 대하여 헌법적인 위상을 부여하는 단계에까지 이르게 되었다. 특히 대법원이 신뢰보호원칙의 근거를 헌법의 어느 특정 조항에서 구하지 않고 법치국가원리에 당연히 내재하는 원칙으로 본 것도 흥미로운 점이다. 물론 헌법재판소는 이미 이전에 수많은 결정을 통하여 "신뢰보호원칙은 헌법상 법치국가의 원칙으로부터 파생되는 것"이라고 하였다(헌재결 2014.2.27. 2012헌바424; 헌재결 1998.11.26. 97헌바58; 헌재결 2008.9.25. 2007헌바74).

즉 대법원 전원합의체 다수의견은 제1차 시험을 절대평가제에서 상대평가제로 변경한 이른바 '변리사법 시행령 사건'에서 위와 같은 견해를 제시하였다[대판(전합) 2006.11.16. 2003두12899]. 그러나 반대의견에 대한 보충의견은 보수적인 입장에서 다수의견을 반박하였다. 그 요지는 이 사건의 쟁점은 변리사법 시행령이 위헌인지가 아니라 위법 여부, 즉 "헌법문제가 아니라 법률문제"라는 것이다. 헌법 제107조 제2항에 따라 법원이 부수적·구체적 규범통제를 할 때 대통령령 등 하위규범에 대하여 위헌심사를 하는 경우는 드물다. 더욱이 이 사건의 경우 특정한 헌법규정 위반을 문제 삼는 것이 아니고 법치국가원리로부터 유래하는 헌법상 신뢰보호원칙 위반이라는 일종의 불문법원 위반 여부를 다루고 있기 때문에 위와 같은 반대의견에 대한 보충의견이 충분히 근거를 가질 수 있다. 하지만 오늘날 신뢰보호원칙은 국가가 공적 언동을 통하여 개인에게 일정한 법적인 기대 상태를 조성하였다면 이를 통하여 상대방에 대한 예측가능성을 보장함으로써 국가작용이 실질적 법치국가가 가지고 있는 본질에 부합하도록 이바지하는 기능을 가지고 있다. 다시 말해 오늘날 법치국가의 이성 자체가 이러한 본질을 포함하고 있기 때문에 신뢰보호원칙이 헌법의 어느 특정 조항에 근거를 두고 있는가 하는 것은 문제가 되지 않는다. 다수의견을 헌법적 비약이라고 단정할 수 없는 이유가 여기에 있다.

(3) 소급입법 또는 소급효로 인한 신뢰보호원칙 위반 여부는 그 소급효의 성격이 진정소급효인지 혹은 부진정소급효인가에 따라서 결정된다. 일반적으로 판례에 따르면 전자의 경우에는 진정소급효를 정당화하는 예외적인 사유가 존재하지 않는 한 이를 위헌으로 보는 반면에, 후자의 경우에는 부진정소급효를 통하여 달성하려는 공익과 이로 인하여 침해되는 사익을 형량하여 신뢰보호원칙 위반 여부를 가리게 된다.

헌법재판소는 공무원연금법 개정에 따라 이미 지급한 연금에 대하여 소급적 환수처분을 규정한 개정법 부칙조항이 진정소급입법으로 위헌이라고 판단하였다(헌재결 2013.8.29. 2011헌바391 등). 즉 위 부칙조항이 진정소급입법이 허용되는 예외적인 사유, 예를 들어 침해되는 사익을 상회하는 우월한 공익의 존재, 상대방이 소급입법을 예상할 수 있는 경우, 침해되는 사익이 경미한 경우 등에 해당하지 않기 때문에 헌법 제13조 제2항에 위반하는 것으로 판단하고 있다.

그러나 이미 퇴직한 공무원들도 국회가 입법을 미루고는 있지만 조만간 공무원연금법을 개정하여 이미 자신들이 수령한 연금의 일부를 환수할 수 있다는 사정을 알고 있었다면 혹시 진정소급입법도 이를 정당화하는 예외적 사유가 있는 것으로 보아야 할 것인가? 이 사건에서 반대의견은 이 문제를 주목하면서 위 부칙조항은 위헌이 아니라고 보고 있다. 결국 반대의견은 공무원연금공단이 당사자들에게 법률개정과 그에 따르는 환수가능성에 대하여 통지하였다면 상대방의 예측가능성을 침해하는 것이 아니고, 침해되는 사익도 경미한 경우에 해당한다고 본 것인데, 충분히 경청할 가치가 있다고 할 수 있다.

(4) 대법원은 석유판매업등록신청과 그 영업장소인 주유소 건축허가신청에 이격거리 제한이 동일하게 적용되는 경우 주유소 건축허가를 하였다면 적어도 이격거리 제한을 이유로 하여 석유판매업 등록신청을 거부하지는 않겠다는 공적인 견해표명을 한 것으로 보아야 하고, 이는 착오로 건축허가를 한 경우에도 같다고 한다. 다만 해당 주유소에 근접해 있는 어린이집에서 교육을 받는 영유아의 심신 보호 등 공익이 공적

견해표명을 신뢰한 개인의 이익보다 크므로 신뢰보호원칙 위반에 해당하지 않는다고 보았다(대판 2008.4.24. 2007두25060).

(5) 헌법재판소는 의무사관후보생의 병적에서 제외된 사람의 징집면제연령을 31세에서 36세로 상향조정한 구 병역법조항은 과거에 시작되거나 완성된 사실관계 등을 규율대상으로 하는 것이 아니라서 소급입법에 해당하지 않고, 설사 그렇지 않더라도 부진정소급입법에 해당할 뿐이므로 신뢰보호원칙 위반 여부가 문제될 수 있으나 이러한 법률개정은 국민들이 충분히 예측할 수 있고 유인된 신뢰가 존재한다고 볼 수 없으며 경과규정 등도 마련되었고 법률의 개정으로 달성하려는 공익이 청구인의 불이익보다 훨씬 크기 때문에 헌법상 신뢰보호원칙에 위배되지 않는다고 보았다(헌재결 2002.11.28. 2002헌바45).

6. 적법절차원칙

1) 의 의

"누구나 변명의 기회 없이 비난당하지 아니 한다", "누구도 자신의 일에 대하여 스스로 심판관이 될 수 없다"는 이른바 자연적 정의(natural justice)는 국가의 행정작용이 공정하고 적절하게 이루어져야 한다는 일종의 관습법적 요청이라고 할 수 있다. 특히 행정활동의 양과 폭이 증가하는 오늘날의 환경에서 개인의 행정법상 권리행사와 의무의 이행에 큰 영향을 미치는 행정작용이 행하여지기 이전에 상대방에게 이를 알리고, 그의 의견을 청취하며, 행정결정에 충분한 설명과 이유를 부기하는 것은 주권자로서 기본권의 주체인 국민을 보호하기 위한 매우 중요한 사안이다. 이와 같이 행정활동의 주체인 행정청이 특히 상대방인 국민에게 불이익한 행정작용을 행하는 경우에 사전적으로 적법한 절차를 밟아야 한다는 원칙이 적법절차(due process)원칙이다. 따라서 여기서 적법절차원칙은 절차적 적법절차원칙을 말한다.

적법절차원칙은 영국법상의 자연적 정의가 미국수정헌법 제5조와 제14조를 통하여 정착된 것으로부터 시작한다. 이 조항에 따라서 미국시민은 적법절차에 의하지 않고서는 연방정부나 주정부로부터 생명, 자유, 재산을 박탈당하지 않는 것을 보장받고 있다. 우리나라의 경우 미국과는 달리 이러한 조항은 없으나 형사사법절차에 있어서 영장주의를 규정한 헌법 제12조 제1항과 제3항이 존재한다. 물론 적법절차원칙은 우리나라는 물론 각국의 행정절차법을 통하여 구체화되지만 이를 행정법의 일반원칙, 더 나아가 법치국가의 일반원칙으로서 행정절차법이 적용되지 않는 사안의 경우에도 실질적으로 상대방인 국민의 권리를 침해하는 경우에 법원이 된다는 점을 주목할 필요가 있다.

2) 이론적 근거

적법절차원리에 대한 헌법적 근거에 대해서는 많은 논의가 있었지만 정작 적법절차원리가 어떻게 헌법적으로 정당화 되는 것인가에 관한 이론적인 연구는 찾아보기 힘들다. 사실상 적법절차원리도 지금까지 논의한 과잉금지원칙, 신뢰보호원칙과 같은 맥락에서 이해할 수 있다. 이러한 원칙들은 국가가 상대방인 국민에게 일정한 행정작용을 할 때 국민에 대한 불필요하고 과도한 권리침해를 지양하고 행정활동의 내용과 그에 따르는 법적 효과가 무엇인지 분명하게 알 수 있는 상태를 마련하여야 한다는 가치를 공유하고 있다. 국민주권원리에 따라서 국가권력 행사의 정당성의 원천이 바로 국민이 정부에 위임한 사실에 토대를 두고 있기 때문에 국가권력의 행사는 항상 예측가능하고 합리적이며, 과도하게 남용하지 않아야만 권력을 위임한 국민의 뜻에 반하지 않는 결과가 된다. 또한 과도한 권력행사는 필연적으로 국비의 과다한 사용을 의미하는 것이기 때문에 "최소한의 비용으로 최대한의 민복실현"이라는 납세자로서의 국민의 이익에도 반하는 것이다. 결국 적법절차원칙도 이러한 국민주권과 민주주의원리에 따라서 국민이 위임한 권력을 행사하는 국가가 모두의 민복을 실현하는 과정에서 불가피하게 특정인의 권리를 침해하는 경우에는 미리 양해를 구하고 일련의 과정에 대한 설명과 함께 상대방의 의견을 구하라는 것에 다름 아니다. 이와 같이 보면 적법절차원리는 국민주권, 민주주의, 기본권 보호 등의 여러 헌법적인 원칙으로부터 이론적으로 정당화될 수 있을 것으로 보인다.

판례는 적법절차원칙이 헌법 제12조 제1항에 근거한 것으로 보고 있다(헌재결 2012.6.27. 2011헌가36; 대판 2016.4.15. 2015두52326). 특히 헌법재판소는 "헌법 제12조 제1항은 적법절차원칙의 일반조항이고, 제12조 제3항의 적법절차원칙은 기본권 제한 정도가 가장 심한 형사상 강제처분의 영역에서 기본권을 더욱 강하게 보장하려는 의지를 담아 중복 규정된 것이라고 해석함이 상당하다. … 헌법 제12조 제1항의 적법절차원칙의 특별규정[이] 헌법 제12조 제3항의 영장주의원칙"이라고 본다(헌재결 2012.6.27. 2011헌가36). 한편 행정기본법 제3조 제1항은 "국가와 지방자치단체는 국민의 삶의 질을 향상시키기 위하여 적법절차에 따라 공정하고 합리적인 행정을 수행할 책무를 진다"라고 하여 적법절차원칙을 확인하고 있다.

3) 적용 범위

판례는 적법절차원칙이 단순히 형사사법절차뿐만 아니라 행정과 입법절차에 광범위하게 적용되는 것으로 보고 있다. 즉 헌법재판소는 "적법절차의 원칙(due process of law)은 공권력에 의한 국민의 생명 · 자유 · 재산의 침해는 반드시 합리적이고 정당한 법률에 의거해서 정당한 절차를 밟은 경우에만 유효하다는 원리로서 … 1987. 10. 29.

공포된 9차 개정헌법에서 처음으로 인신보호를 위한 헌법상의 기속원리로 채택되었는데, 그 의미는 누구든지 합리적이고 정당한 법률의 근거가 있고 적법한 절차에 의하지 아니하고는 체포 · 구속 · 압수 · 수색을 당하지 아니함은 물론, 형사처벌 및 행정벌과 보안처분, 강제노역 등을 받지 아니한다고 이해되는바, 이는 형사절차상의 제한된 범위 내에서만 적용되는 것이 아니라 국가작용으로서 기본권 제한과 관련되든 아니든 모든 입법작용 및 행정작용에도 광범위하게 적용된다고 해석하여야 한다"고 판시하였다(헌재결 2001.11.29. 2001헌바41). 대법원도 "헌법 제12조 제1항에서 규정하고 있는 적법절차의 원칙은 형사소송절차에 국한되지 아니하고 모든 국가작용 전반에 대하여 적용[된다]"라고 판시하였다(대판 2016.4.15. 2015두52326).

4) 적법절차원칙의 내용

헌법재판소는 "[헌법 제12조 제1항]의 적법한 절차라 함은 인신의 구속이나 처벌 등 형사절차만이 아니라 국가작용으로서의 모든 입법작용과 행정작용에도 광범위하게 적용되는 독자적인 헌법원리의 하나로, 절차가 형식적 법률로 정하여져야 할 뿐만 아니라 적용되는 법률의 내용에 있어서도 합리성과 정당성을 갖춘 적정한 것이어야 함을 요구하는 것"이라고 하여 적법절차원칙에는 실체적 적법절차와 절차적 적법절차가 포함된다고 본다(헌재결 1997.11.27. 92헌바28).

행정법의 일반원칙으로서 절차적 적법절차원칙에서 핵심이 되는 주요 내용으로는 사전통지, 의견청취, 이유제시를 들 수 있는데, 그 구체적인 내용은 개별적 상황에 따라 결정되어야 한다. 이와 관련하여 헌법재판소는 "헌법 제12조에 규정된 적법절차원칙은 형사절차뿐만 아니라 모든 국가작용 전반에 적용된다. 적법절차원칙에서 도출되는 중요한 절차적 요청으로, 당사자에게 적절한 고지를 행할 것, 당사자에게 의견 및 자료 제출의 기회를 부여할 것 등을 들 수 있다. 그러나 이 원칙이 구체적으로 어떠한 절차를 어느 정도로 요구하는지는 규율되는 사항의 성질, 관련 당사자의 권리와 이익, 절차의 이행으로 제고될 가치, 국가작용의 효율성, 절차에 소요되는 비용, 불복의 기회 등 다양한 요소를 비교하여 개별적으로 판단할 수밖에 없다"고 판시하였다(헌재결 2018.6.28. 2012헌마191 등).

또한 헌법재판소는 행정절차에서 구속된 사람에게는 헌법 제12조 제4항에 따라 변호인의 도움을 받을 권리가 인정된다고 한다. 즉 "우리 헌법은 신체의 자유를 명문으로 규정하여 보장하는 헌법 제12조 제1항 제1문에 이어 제12조 제1항 제2문, 제2항 내지 제7항에서 신체의 자유가 제한될 우려가 있는 특별한 상황들을 열거하면서, 각각의 상황별로 신체의 자유의 보장 방법을 구체적으로 규정한다. 따라서 형사절차를 특히 염두에 둔 것이 아닌 헌법 제12조 제1항 제1문과의 체계적 해석의 관점에서 볼 때,

헌법 제12조 제1항 제2문, 제2항 내지 제7항은 당해 헌법조항의 문언상 혹은 당해 헌법조항에 규정된 구체적인 신체의 자유 보장 방법의 속성상 형사절차에만 적용됨이 분명한 경우가 아니라면, 형사절차에 한정되지 않는 것으로 해석하는 것이 타당하다 … 결국 헌법 제12조 제4항 본문은 형사절차뿐 아니라 행정절차에도 적용된다고 해석하는 것이 헌법 제12조 제4항 본문 자체의 문리해석의 측면에서 타당하고, 변호인 조력권의 속성에도 들어맞으며, 우리 헌법이 제12조 제1항 제1문에 명문으로 신체의 자유에 관한 규정을 두어 신체의 자유를 두텁게 보호하는 취지에도 부합할 뿐 아니라, 헌법 제12조의 체계적 해석 및 목적론적 해석의 관점에서도 정당하다"라고 판시하였다(헌재결 2018.5.31. 2014헌마346).

5) 판 례

(1) 대법원은 2012년 가산세부실납세고지와 관련된 사건에서 헌법 제12조 제1항과 제3항의 내용조차 거론하지 않고 적법절차원리가 헌법상의 위상을 가지는 원칙으로 판시하였다[대판(전합) 2012.10.18. 2010두12347]. 그 판시내용을 요약하면 가산세는 본세와는 달리 국세징수법 등에 산출근거가 명시적으로 규정되지 않았지만 가산세도 납세자에게 불이익한 행정작용이라는 점에서 헌법상 적법절차원칙이 적용되어야 한다는 것이다. 그런데 이때 대법원은 헌법 제12조 제1항과 제3항을 언급한 것도 아니고 행정절차법 제3조 제2항 제9호와 행정절차법 시행령 제2조 제5호에서 "조세관계법령에 의한 조세의 부과 · 징수에 관한 사항"에 행정절차법이 적용되지 않는다고 명시적으로 규정하였음에도 불구하고 조세에 부가되는 가산세에 헌법상 적법절차원칙을 적용한 것은 큰 함의를 가지는 것으로 볼 수 있다. 다시 말한다면, 대법원은 비록 행정절차법령이 행정절차법의 적용을 배제하는 경우라고 하더라도 사안에 따라서는 헌법상 적법절차원리를 적용할 수 있다는 견해를 제시한 것이다.

(2) 대법원은 행정절차법 제3조 제2항 제9호, 같은 법 시행령 제2조 제3호의 적용배제사항인 "공무원 인사관계법령에 의한 징계 기타 처분에 관한 사항"을 절대적으로 이해하지 않고 해당 행정작용의 성질상 행정절차를 거치기 곤란하거나 거칠 필요가 없다고 인정되는 사항과 행정절차에 준하는 절차를 거친 사항으로 제한하였다(대판 2013.1.16. 2011두30687). 물론 "성질상 행정절차를 거치기 곤란하거나 거칠 필요가 없다고 인정되는 사항과 행정절차에 준하는 절차를 거친 사항"을 구별하고 확인하는 작업이 용이한 것은 아니지만, 행정청은 행정절차법령이 일정한 사항에 대하여 그 적용을 배제하는 것으로 규정하였다고 하여 만연히 사안을 가볍게 처리할 것이 아니라 그러한 사안이라고 하더라도 실질적으로 행정절차법의 적용이 배제될 만한 사항인지 그 옥석을 신중하게 가려야 할 것이다. 적법절차원칙이 헌법상 지위를 가진다는 대법원

판결의 의미는 바로 행정청이 행정절차법을 적용할 때 일종의 가중된 주의의무를 부과받게 하는 것이라고 할 수 있다.

Ⅵ. 법의 일반원칙으로서 신의성실원칙

1. 신의성실의 원칙과 권리남용금지

신의성실의 원칙과 그에서 파생된 권리남용금지의 원칙은 민법 제2조에 규정되어 있는 것이지만 이는 법의 일반원칙에 해당하므로 행정법관계에도 직접적으로 적용될 수 있다.

판례는 신의성실의 원칙에 관하여 "신의성실의 원칙은 법률관계의 당사자는 상대방의 이익을 배려하여 형평에 어긋나거나 신뢰를 저버리는 내용 또는 방법으로 권리를 행사하거나 의무를 이행하여서는 아니 된다는 추상적 규범을 말하는 것으로서, 신의성실의 원칙에 위배된다는 이유로 그 권리의 행사를 부정하기 위하여는 상대방에게 신의를 주었다거나 객관적으로 보아 상대방이 그러한 신의를 가짐이 정당한 상태에 이르러야 하고, 이와 같은 상대방의 신의에 반하여 권리를 행사하는 것이 정의 관념에 비추어 용인될 수 없는 정도의 상태에 이르러야 하고 … 일반 행정법률관계에서 관청의 행위에 대하여 신의칙이 적용되기 위해서는 합법성의 원칙을 희생하여서라도 처분의 상대방의 신뢰를 보호함이 정의의 관념에 부합하는 것으로 인정되는 특별한 사정이 있을 경우에 한하여 예외적으로 적용된다"라고 하였다(대판 2004.7.22. 2002두11233).

또한 판례는 하천구역 편입토지에 대한 손실보상금 청구 사건에서 국가의 소멸시효 항변이 권리남용에 해당하는지에 관하여, 판례는 "채무자의 소멸시효에 기한 항변권의 행사도 우리 민법의 대원칙인 신의성실의 원칙과 권리남용금지의 원칙의 지배를 받는 것이어서 … 특별한 사정이 있는 경우에는 채무자가 소멸시효의 완성을 주장하는 것이 신의성실의 원칙에 반하여 권리남용으로서 허용될 수 없다. 그러나 국가에게 국민을 보호할 의무가 있다는 사유만으로 국가가 소멸시효의 완성을 주장하는 것 자체가 신의성실의 원칙에 반하여 권리남용에 해당한다고 할 수는 없으므로, 국가의 소멸시효 완성 주장이 신의칙에 반하고 권리남용에 해당한다고 하려면 앞서 본 바와 같은 특별한 사정이 인정되어야 하고, 또한 위와 같은 일반적 원칙을 적용하여 법이 두고 있는 구체적인 제도의 운용을 배제하는 것은 법해석에 있어 또 하나의 대원칙인 법적 안정성을 해할 위험이 있으므로 그 적용에는 신중을 기하여야 한다"라고 하였다(대판 2009.2.12. 2008두20109).

2. 행정기본법상 성실의무 및 권한남용금지의 원칙

1) 행정기본법은 제11조 제1항에서 "행정청은 법령등에 따른 의무를 성실히 수행하여야 한다"라고 하여 성실의무를 규정하였다. 이는 신의성실의 원칙을 명문화하면서 사법상 원칙이 아닌 행정의 법 원칙으로 이름을 부여한 것이다.

2) 행정기본법 제11조 제2항은 "행정청은 행정권한을 남용하거나 그 권한의 범위를 넘어서는 아니 된다"라고 하여 권한남용금지의 원칙을 규정하고 있다. 판례는 행정기본법 제정 이전에 권한남용금지에 관하여 "법치국가원리는 국가권력의 행사가 법의 지배 원칙에 따라 법적으로 구속을 받는 것을 뜻한다. 법치주의는 원래 국가권력의 자의적 행사를 막기 위한 데서 출발한 것이다. 국가권력의 행사가 공동선의 실현을 위하여서가 아니라 특정 개인이나 집단의 이익 또는 정파적 이해관계에 의하여 좌우된다면 권력의 남용과 오용이 발생하고 국민의 자유와 권리는 쉽사리 침해되어 힘에 의한 지배가 되고 만다. 법치주의는 국가권력의 중립성과 공공성 및 윤리성을 확보하기 위한 것이므로, 모든 국가기관과 공무원은 헌법과 법률에 위배되는 행위를 하여서는 아니 됨은 물론 헌법과 법률에 의하여 부여된 권한을 행사할 때에도 그 권한을 남용하여서는 아니 된다 … 원심이 인정한 사실관계에 의하면, 이 사건 세무조사는 세무공무원인 소외 2가 소외 1과 토지 관련 분쟁관계에 있던 소외 3의 부탁을 받고 세무조사라는 이름으로 소외 1을 압박하여 분쟁 토지의 소유권을 반환하게 하기 위한 방편으로 행하여진 것으로서 세무조사의 객관적 필요성이 결여된 것이다. … 이 사건 세무조사는 외관상으로는 세무조사의 형식을 취하고 있으나 그 실질은 세무공무원이 개인적 이익을 위하여 그 권한을 남용한 전형적 사례에 해당하고 그 위법의 정도가 매우 중대하다"라고 하였다(대판 2016.12.15. 2016두47659).

■■■

제4장 행정상 법률관계와 공권

제1절 행정상 법률관계

Ⅰ. 의 의

행정상 법률관계는 민법상 법률관계와 마찬가지로 권리의무관계를 의미한다. 민법상 법률관계는 계약 등을 통하여 당사자 간에 권리와 의무의 관계로 성립하는 것에 비하여 행정상 법률관계는 행정법규나 행정처분을 근거로 하여 행정주체와 상대방인 개인 간에 성립하는 권리의무관계다. 따라서 행정상 법률관계에서는 개인이 권리를 행사하고 행정주체가 의무를 부담하는 관계와, 이와는 대조적으로 행정주체가 권리를 갖고 상대방인 개인이 의무를 지는 경우를 상정할 수 있다. 개인은 전자의 경우에는 행정법상 공권(公權)을 행사하며, 후자의 경우에는 공의무(公義務)를 부담하는 관계에 있다. 물론 행정주체가 행정상 법률관계에서 권리를 가지는 경우도 '행정법상 공권'이라고 할 수는 있지만 이는 권리라는 측면보다는 행정적 관할 또는 권한의 행사라는 성격이 보다 강하다. 따라서 행정법상 공권론은 후술하는 바와 같이 개인적 공권론을 중심으로 논의하는 경향이 있다.

오늘날 행정상 법률관계가 일반행정법 분야에서 가지는 의미는 매우 크다고 할 수 있다. 그 이유는 헌법상 국민주권원리에 따라서 기본권의 주체인 개인의 격상된 지위를 고려할 때 행정상 법률관계에서도 개인은 행정청과 대등한 당사자로서의 권리를 행사하고 의무를 부담하기 때문이다. 이러한 점을 고려하여 일반행정법 분야에서 핵심적인 도구개념으로 자리 잡은 행정행위론을 행정상 법률관계가 대체할 수 있는가 하는 문제가 제기되고 있다. 사실상 우리나라는 물론 대륙법계 행정법질서를 가지고 있는 독일과 일본의 경우 행정행위의 개념이 일반행정법, 즉 행정법 총론 분야에서 압도적인 비중을 가지고 있다. 다만 행정행위는 행정주체의 법률상 우월적 지위를 인정하는 전형적인 행위형식이므로 행정상 계약을 중심으로 하는 행정상 법률관계론에 비하여 개인과 국가 간의 보다 대등하고 수평적인 관계에 부합하지 못한다는 비판이 제기될 수 있다. 일반적으로 행정상 법률관계는 민법상 법률관계와 유사하게 법률관계 당사자가 대등하다는 것을 전제로 하므로, 행정법의 영역에서 행정계약을 통하여 성립하는 법률관계를 그 대표적인 예로 들 수 있다.

이와 같이 행정처분 또는 행정행위를 통하여 수직적으로 형성되는 법률관계에 대하여 다소의 거부감이 있는 것은 사실이지만, 행정행위론을 바탕으로 성립한 행정법의 이론체계와 더불어 위법한 행정처분에 대한 항고소송제도를 중핵으로 하는 행정법상 권리구제제도가 착근된 우리나라에서 행정계약 또는 공법상 계약을 근거로 한 행정상 법률관계론이 행정행위론을 가까운 시일 내에 대체하기는 현실적으로 어렵다. 그럼에도 불구하고 오늘날 공법 분야에서 국민의 지위가 날로 향상된다는 점을 고려한다면 행정상 법률관계론이 행정행위론을 대체하지는 못한다고 하더라도 상당 부분 그 구조적 문제점을 보완하여 행정행위보다는 계약, 그리고 항고소송 중심주의에서 당사자소송으로의 변화를 이끌게 될 것이라는 전망은 가능하다.

Ⅱ. 종 류

행정상 법률관계는 행정법규나 행정처분에 따라 성립되는 행정주체와 개인 사이의 법률관계이다. 이를 좁은 의미의 행정상 법률관계라고 한다면, 넓은 의미로 보았을 때 행정상 법률관계는 행정주체 상호간의 법률관계뿐만 아니라 그 기관인 행정청 상호간의 것까지 포함한다. 다시 말해 권리의무의 주체인 국가나 지방자치단체 사이의 법률관계에서 나아가 권리의무의 주체라고 할 수 없는 국가기관 간 또는 지방자치단체의 기관 간 법률관계도 행정상 법률관계에 해당한다. 그러나 행정주체나 행정기관 사이의 법률관계는 대부분 법률로 규정되는 관할권 및 직무범위에 관한 것이므로 진정한 의미의 행정상 법률관계와는 차이가 있다. 따라서 아래에서는 행정상 법률관계를 좁은 의미로 한정하여 설명한다. 그 종류를 보면 이는 크게 공법관계와 사법관계로 나누어지며, 다시 행정상 공법관계는 권력관계와 비권력관계로, 행정상 사법관계는 사법관계(국고관계)와 행정사법관계로 분류된다.

1. 공법과 사법의 구별

1) 행정상 법률관계는 공법관계와 사법관계로 크게 나누어지고 그중에서 권력관계를 중심으로 하는 행정주체와 개인 사이의 권리의무관계가 핵심을 이룬다. 이는 공사법의 이원적 체계를 전제로 하는 것이다. 그렇다면 행정상 법률관계의 내용과 법적

특성을 살펴보기 위해서는 공법과 사법은 어떠한 기준으로 구별되며 그 구별의 실익은 무엇인지 알아볼 필요가 있다.

2) 공법과 사법의 구별기준에 대해서는 많은 학설이 제시되었으나 그 어떠한 이론이나 학설도 명확한 기준을 제시하고 있지는 못하다. 대표적인 학설을 보면 다음과 같다.

(1) 주체설은 법률관계의 주체 또는 당사자를 중심으로 하여 공법과 사법을 구별하려는 입장이다. 법률관계의 주체 또는 당사자가 국가 또는 공공단체 등 행정주체인 경우에는 공법관계이며 일반사인이 법률관계의 주체 또는 당사자인 경우에는 사법관계라는 것이다. 그런데 국가가 필요한 관공서를 짓기 위하여 건설업자와 체결하는 건설도급계약은 국가재정법, 국가계약법 등에 따른 제약을 받지만 그 법적 성질은 사법관계에 해당한다. 또한 공무수탁사인의 경우에는 사인이 일정한 범위에서 공권력을 행사하게 되며 이는 공법관계로 보는 것이 일반적이다. 따라서 행정주체가 법률관계의 당사자라고 하더라도 항상 공법관계에 해당하는 것은 아니다.

(2) 이익설은 공익의 실현을 위한 법질서 또는 법관계를 공법관계로, 사익의 실현을 위한 법질서를 사법관계로 파악하는 견해이다. 공법관계는 공익의 실현을 지향하지만 사법관계는 원칙적으로 개인 간의 법률관계이므로 사익의 실현에 이바지한다는 측면이 강함을 고려한 것이다. 그러나 이익설은 오늘날 공익의 개념이 다양화되고 개인의 이익을 실현하는 문제가 개인적인 문제로 그치지 않고 사회와 국가공동체 전체의 과제라는 점을 간과하고 있다는 비판을 받고 있다. 예를 들어 환경피해나 소비자피해를 피해자 개인의 문제로 국한하여 볼 수도 있으나 수천수만의 유사한 피해자가 존재한다면 이러한 피해의 구제 문제는 국가공동체 전체의 이익에 관한 것으로 중대한 공익적 사안이 된다. 따라서 「증권관련 집단소송법」, 소비자기본법 등에 마련된 집단적 피해구제를 위한 소송법제는 원칙적으로 민사특별법의 성격을 갖는 것이지만 이와 동시에 공법적 측면이 공존한다고 볼 수 있다.

(3) 법률관계설(종속설)은 전통적으로 보았을 때 사법관계는 대등한 지위를 갖는 사인간의 수평적인 법률관계임에 반하여 공법관계는 행정주체의 의사가 갖는 우월성을 바탕으로 하는 행정주체와 개인 간의 수직적인 불평등 종속관계라는 것이다. 따라서 사법관계에서의 대표적인 법적 형식은 계약이고, 공법관계에서는 법규명령과 행정행위가 전면에 나타나게 된다. 그러나 법률관계설은 행정법관계가 권력관계를 중심으로 하는 질서행정, 재정권력행정 등에 국한될 때에만 설득력을 가질 뿐이다. 오늘날 행정에서는 급부행정, 유도행정 등 비권력적 행정작용이 큰 비중을 차지하고, 이를 위한 행정지도, 공법상 계약 등의 법률관계를 보면 여기서 국가와 개인은 대등한 지위를 갖는다. 또한 사법관계에서도 친권자와 미성년자 사이의 가족법관계에서는 법주체간의

종속관계가 나타나기도 한다.

(4) 귀속설(신주체설, 특별법설)은 법규범의 귀속주체가 누구인가에 따라 공법과 사법체계를 구별하려는 견해이다. 즉 공법체계는 국가 또는 공공단체 등 공권력을 행사하는 주체들의 권리의무관계를 규율하는 법규범의 체계만을 의미한다. 반면 사법체계는 공권력의 주체뿐 아니라 모든 권리의무의 주체에게 귀속됨으로써 그들의 권리의무관계를 규율하는 법규범의 체계이다. 이러한 의미에서 사법은 일반법의 체계이며, 공법은 그 귀속주체가 한정되어 있다는 점에서 사법에 대한 특별법의 체계라고 할 수 있다. 또한 과거의 주체설이 행정주체가 당사자가 되는 모든 법규범을 공법으로 보는 데 반하여, 귀속설은 공권력 행사주체만을 공법관계의 당사자로 본다는 점에서 신주체설이라고도 한다. 그러므로 귀속설에 따르면 행정주체가 사인과 동등한 지위에서 권리의무관계를 맺는 경우에는 단순한 사법관계로 보며, 행정처분의 근거가 되는 법규범은 오로지 공권력의 주체에게만 귀속하는 법체계이므로 공법으로 본다.

그러나 귀속설도 지나치게 형식논리적이며 공사법을 구별하는 실체적인 기준을 제시하지 못하고 있다는 비판이 가해진다. Wolff에 의하여 제시된 귀속설은 이러한 비판을 의식하여 공권력의 주체에게만 귀속되는 것을 공법으로 보는 것에서 실체적 요소의 첨가를 통하여 다소 그 요건을 수정 · 강화하였다. 즉 공권력의 주체는 단순한 행정주체임에 그치지 않고 그 속성상 원래 고권적 권력을 행사하는 주체에 한한다는 것이다. 예를 들어 공법상 계약관계가 모두 공법관계가 되는 것은 아니다. 대등한 행정주체와 개인 상호간의 계약인 대등계약은 공법관계라고 볼 수 없고, 행정행위에 갈음하여 행정주체와 개인 간에 체결되는 종속계약만이 원래의 고권적 권력행사 주체로서 계약당사자가 되는 것이므로 공법관계에 해당한다. 귀속설은 이러한 "고권적 권력"이라는 실체적 요소의 첨가로 공법체계의 범위를 한정하기는 하였으나 이러한 요소를 강조한다면 법률관계설과의 구별이 애매해진다.

3) 이러한 학설 외에도 중요설(국가공동체의 중요 사항), 관리자설(공익의 관리자), 관할권설(국가행위의 관할권) 등 많은 학설과 이론이 제기되고 있으나 어느 하나의 기준으로 명확하게 공법과 사법을 구별하는 것은 어렵다. 그 이유는 오늘날 공법과 사법의 구별이 상대화되고 양자의 중간영역에 속하는 공사법 혼합형태가 출현함에 따라 이 문제를 더욱 복잡하게 만들기 때문이다. 따라서 앞서 언급한 학설 중에서 "공익", "국가", "공권력" 등 모든 실체적 요소를 종합적으로 고려하면서 문제가 되는 법규범과 법률관계를 검토하여 공법과 사법으로 구별할 수밖에 없다. 그런데 이론적인 기준에 따라 공사법을 구별하는 것은 실제적으로 그리 큰 의미를 갖는 것은 아니다. 왜냐하면 공사법의 체계는 이론적인 측면보다 한 나라의 법질서가 법규범의 체계를 어떻게 제도화하는가에 따라 결정되는 측면이 강하기 때문이다. 다시 말하자면 공사법체계라는

법질서의 형성은 각국의 역사적 · 현실적 여건을 반영하여 제도화되는 것이기 때문이다. 예를 들어 공공시설의 이용관계는 일반적으로 비권력관계로서 공법관계로 인식되고 있지만, 오래전부터 민영화가 고도로 진척된 나라에서는 공공시설의 이용관계를 법제도상 사법의 형식으로 형성하는 것도 얼마든지 가능한 것이다.

우리나라에서는 원칙적으로 공사법의 이원적 체계를 형성하고 있으나, 실정법에 따라 제도적으로 다음과 같은 기준에 의하여 공사법의 체계가 구별된다고 볼 수 있다. 첫째, 행정상 법률관계에서 사인에게는 인정되지 않는 우월한 의사력을 인정하는 경우이다. 대표적인 것으로 법령에 따라 개인에게 의무를 부과하는 경우, 의무불이행에 대하여 행정강제나 행정벌을 부과하는 경우이다. 둘째, 행정주체에게 공권력행사의 근거가 되는 관할권을 창설하는 규범으로서 조직규범, 작용규범 등이 존재하는 경우이다. 셋째, 국가공권력행사에 대하여 국가배상이나 손실보상 등을 인정하는 규범이 있는 경우도 공법체계의 징표가 된다. 넷째, 행정상 법률관계에서의 다툼을 공법상 당사자소송이나 항고소송 등 행정쟁송에 따라 해결하려는 법규범 등을 공법체계로 분류할 수 있을 것이다.

4) 공법과 사법체계의 구별실익은 ① 우선 해당 법률관계에서의 분쟁을 어떠한 소송절차에 통하여 해결할 것인가에 대한 처리기준이 된다는 데 있다. 개인 상호간의 권리의무관계에서 분쟁이 발생하는 경우에는 원칙적으로 민사소송절차에 따라 이를 해결한다. 그러나 행정상 법률관계에서의 법적 분쟁은 항고소송이나 당사자소송으로 다루어진다. 우리나라의 경우 행정사건에 대한 재판관할권을 행정법원에 부여하고 있다. 구체적으로는 서울행정법원, 행정법원이 설치되지 않은 지역의 경우에는 해당 지방법원 본원 및 춘천지방법원 강릉지원이 이를 담당한다. 또한 민사소송에 비하여 행정소송은 심리절차상 차이를 가지는데 이는 특히 항고소송에서 두드러진다. ② 또한 공사법의 구별실익은 법원리 및 적용법규에서도 찾아볼 수 있다. 사법은 기본적으로 개인 상호간의 법률관계를 규율하는 법체계이므로 개개인 의사의 자율성을 존중하며 강행규범을 비롯한 사회질서에 반하는 내용을 대상으로 하지 않는 한 계약의 자유를 최대한 보장하고 이에 따른 법해석이 이루어진다. 반면 공법은 행정주체가 공익을 실현하는 집단적이고 정형적인 법률관계를 대상으로 한다. 특히 행정처분을 통한 행정작용에는 행정주체의 우위성, 강제집행력, 존속력 등 사법관계에서는 찾아볼 수 없는 독특한 효력이 부여된다. 또한 특정한 법규나 법률관계가 공법관계로 확인되면 같은 손해배상의 문제도 국가배상법상 배상청구의 요건, 절차 등이 적용되며, 부당이득반환청구의 경우에는 원칙적으로 공법상 당사자소송에 관한 행정소송법이 적용된다.

2. 권력관계와 비권력관계, 사법관계와 행정사법관계

1) 권력관계

행정상 법률관계 중 공법관계에서 중심이 되는 것은 행정행위론을 바탕으로 하는 법률관계인 권력관계이다. 권력관계의 대표적인 것으로 공공의 안녕과 질서를 유지하는 질서행정과 조세를 비롯한 공과금 부과를 중심으로 하는 재정권력행정이 있다. 권력관계에서는 행정청이 갖는 의사력의 우위를 바탕으로 행정처분의 구속력, 공정력, 존속력, 집행력 등 사법관계에서는 찾아볼 수 없는 특권이 행정주체에게 부여된다.

2) 비권력관계

공법관계에는 권력관계와 더불어 국민의 생존을 배려하고 그들에게 행정적 서비스를 제공하는 행정작용과 같은 비권력관계가 있다. 급부행정작용과 유도행정작용을 중심으로 하는 비권력작용은 양적 · 질적으로 발전을 거듭하고 그 중요성이 커지면서 "생존배려"(Daseinsvorsorge), "급부주체로서의 행정"(Die Verwaltung als Leistungsträger)이라는 신조어를 탄생시켰다.

비권력관계는 공법관계이기는 하지만 주로 수익적 행정작용을 그 내용으로 하기 때문에 권력적 요소는 후퇴하고 국민에 대한 행정의 재화 및 용역의 제공이라는 측면이 부각된다. 권력적 요소가 배제되는 비권력관계의 행위형식으로는 당연히 공법상 계약이나 행정지도 등이 등장하지만, 행정적 현실은 여전히 행정행위를 선호하며 이때 행정행위에 수반되는 공정력 등의 효력은 비권력관계에서의 행정행위에도 인정된다. 또한 비권력관계에도 권력관계처럼 법적 근거가 요구되며, 특히 행정작용의 존속을 신뢰한 개인의 보호가 강하게 요구된다.

3) 사법관계(국고관계)

사법관계는 종래 국고관계(國庫關係)로 불리던 것이다. 이러한 사법관계는 행정주체가 개인과 동등한 지위에서 사법상 법률행위를 하거나 재산을 관리하거나 영리활동을 하는 법률관계이다. 즉 사법관계에는 행정의 보조활동, 재산관리, 행정의 영리활동이 있다.

행정의 보조활동은 행정주체가 업무수행에 필요한 물품을 구매하는 계약을 체결하거나 건물을 짓는 건설도급계약을 체결하는 것처럼 조달행정을 하는 것인데, 이때 행정주체는 개인과 동등한 지위를 가지며 원칙적으로 사법의 규정이 적용된다. 다시 말해 이러한 법률관계에서는 국가나 지방자치단체가 당사자이며 국가 등의 예산이 수반되기 때문에 행정작용의 공정성과 투명성을 확보하기 위하여 국가재정법, 지방재정법, 국유재산법, 「공유재산 및 물품관리법」, 「국가를 당사자로 하는 계약에 관한 법률」,

「지방자치단체를 당사자로 하는 계약에 관한 법률」 등의 규율을 받지만 기본적으로는 사법관계로 취급된다.

재산관리는 공물과 공기업 등 국가와 지방자치단체의 재산을 관리하는 것을 말한다. 이 역시 사인과 체결하는 다양한 계약 등을 통하여 수행된다. 재산의 관리에는 단순히 국가 등이 소유한 재산의 관리뿐 아니라 재산의 사용 · 수익을 포함하며, 재정수요의 충족과 부족한 재원을 조달하기 위하여 사인으로부터 필요한 자금을 차입하는 것도 포함한다. 후자의 예를 들면, 국채나 지방채의 발행이다. 이는 국가 등에 재정적인 부담을 주는 것이므로 국가재정법, 국채법, 지방재정법, 지방자치법 등에 의한 제약을 받기는 하지만 재원조달을 위한 행위 그 자체는 사법적 성질을 갖는 것이다.

행정의 영리활동은 국가나 지방자치단체가 별도의 주식회사를 설립하거나 민간자본을 유치하여 민관합동법인을 통해 사기업과 마찬가지로 영리를 추구하는 활동을 말한다. 이외에도 넓은 의미의 영리활동에는 국가 등이 사기업에 주주로 참여하여 배당을 받는 것도 포함된다. 특히 국가의 영리활동에는 사인에 비하여 특별한 혜택을 부여하는 것이 금지되며 「독점규제 및 공정거래에 관한 법률」의 적용을 받는다.

4) 행정사법관계

행정상 사법관계에는 앞서 본 사법관계와 더불어 행정사법관계가 포함된다. 행정사법은 주로 유도행정과 급부행정과 같은 비권력적 행정작용을 사법의 형식으로 수행하는 것을 말한다. 다시 말해 비권력적 행정작용이 공법의 형식으로 수행되면 공법관계에서의 비권력관계이고, 사법의 형식일 경우에는 사법관계에서의 행정사법관계인 것이다. 이러한 행정사법은 행정주체가 비권력적 행정작용을 할 때 그 조직과 운영의 측면에서 행위형식의 선택권을 갖는다는 것을 이론적 전제로 한다.

Ⅲ. 당사자

행정상 법률관계에서 가장 전형적인 당사자는 공법관계(권력관계와 비권력관계)에서의 행정주체와 그 상대방인 개인이다.

1. 행정주체와 행정청, 공무원

행정주체는 행정상 법률관계에서 행정권, 주로 공권력을 행사하고 그 법적 효과가 귀속되는 당사자다. 행정주체는 행정청을 통해 의사를 결정하고 대외적으로 표시한다. 이러한 행정주체와 그 행정기관으로서 행정청은 공무원으로 구성된다. 다시 말해 행정주체의 공권력행사는 행정조직상 관할 행정기관의 공무원을 통해 이루어진다고 할 수 있다. 그러나 이때 공무원 자신이 행정주체로서 권리의무의 주체가 되는 것은 아니다. 이는 공무원이 피해자에게 국가배상책임을 부담하는 경우에도 마찬가지이다. 다시 말해 공무원의 행위로 인한 법적 효과는 권리의무의 주체로서 행정주체인 국가와 지방자치단체에 귀속된다. 한편 행정기본법은 제2조 제2호에서 행정청을 정의하고 있다.

2. 행정주체의 종류

1) 국 가

국가는 헌법상 국민주권과 권력분립의 원칙에 따라 입법, 행정, 사법의 공권력을 행사한다. 특히 대통령을 정점으로 하는 행정부는 정부조직법으로 구체화 된 관할권을 근거로 행정작용을 담당한다. 국가는 국가행정조직을 바탕으로 직접 공권력을 행사하여 행정법관계의 당사자가 되기도 하고(직접행정), 경우에 따라서는 국가로부터 법적으로 독립한 법인을 설립하여 이 법인이 행정법관계의 당사자가 되기도 한다(간접행정). 또한 국가는 지역주민이나 특정 국민을 위하여 더 효율적인 행정이 필요하다고 인정하는 경우에는 지방자치단체나 일정한 자격을 갖춘 사인에게 그 권한을 위임하거나 위탁하기도 한다(위임 및 위탁행정).

2) 지방자치단체

지방자치단체는 지방자치법 제3조 제1항에 따라 국가로부터 독립한 법인체로서 관할지역 내에서 국가와 마찬가지로 공권력을 행사하는 행정주체이다. 지방자치단체도 공법인으로서 공공단체에 해당한다. 지방자치단체의 자치권행사는 지방자치단체의 고유한 것이라는 견해와 국가로부터 전래된 것이라는 견해가 대립하고 있지만, 어느 나라를 막론하고 정도의 차이는 있더라도 국가의 지휘와 감독을 받는다.

현행 지방자치법상 지방자치단체는 보통지방자치단체와 특별지방자치단체로 구분된다(제2조 제1항). 보통지방자치단체는 광역지방자치단체로서 특별시, 광역시, 특별자치시, 도, 특별자치도가 있고, 기초지방자치단체로는 시 · 군 · 자치구가 있다. 또한 지방자치단체는 지방자치법에 따라 특별지방자치단체를 법인으로 설치할 수 있다(제2조 제3항, 제199조). 지방자치단체조합도 2개 이상의 지방자치단체가 특정 사무를 공동으로 처리하기 위하여 법인으로 설립되는 것으로서 그 성질상 특별지방자치단체에 해당한다(제176조). 따라서 광역지방자치단체, 기초지방자치단체, 특별지방자치단체 등이 모두 행정상 법률관계에서 행정주체로서 권리의무의 당사자가 된다.

3) 공공조합(공공사단), 영조물법인, 공공재단

공권력을 행사하는 주체로서 행정주체에는 국가와 지방자치단체 외에 공공단체로서 공공조합(공공사단), 영조물법인, 공공재단이 있다.

공공조합 또는 공법상 사단법인은 일정한 행정목적을 위해 일정한 자격을 가진 사람들이 결합한 단체로서 법인격이 인정되는 것이다. 그 예로는 변호사회(헌재결 2019.11.28. 2017헌마759), 「도시 및 주거환경정비법」상 재개발조합(대판 2023.8.18. 2022두51901)이 있다.

영조물법인은 특정한 행정목적의 계속적 실현을 위하여 제공된 인적 · 물적 종합시설에 법인격이 인정되는 것이다. 이는 흔히 국가로부터 재정적으로 독립하여 운영되는 법인체로서 공공기관운영법상 공공기관의 대부분이 이에 해당한다. 예를 들자면 한국산업은행, 한국조폐공사, 한국토지주택공사가 있다.

공공재단 또는 공법상 재단법인은 공익목적실현을 위하여 설립된 재단법인으로서 공공조합이나 영조물법인과는 달리 인적 요소가 흠결된다. 그 예로는 한국연구재단, 「총포 · 도검 · 화약류 등의 안전관리에 관한 법률」에 따라 설립된 총포 · 화약안전기술협회(대판 2021.12.30. 2018다241458)가 있다.

4) 공무수탁사인

(1) 공무수탁사인은 국가 또는 지방자치단체로부터 법령에 따라 공권력의 행사를 수탁받은 사인으로 그 수탁받은 범위 내에서 행정주체의 지위에 서게 된다. 행정권한을 위탁하는 것은 권한을 이전하는 것에 해당하므로 법률적 근거가 있어야 한다. 따라서 공무수탁사인의 권한과 업무, 법적 지위 등은 법령으로 정해진다. 그 예로는 권력적 사무가 수탁되는 경우(예컨대 사인이 사업시행자로서 토지를 수용하는 경우), 비권력적 급부행정작용이 수탁되는 경우(사인이 별정우체국의 지정을 받아 체신업무를 관장하는 경우), 양자의 중간에 위치하는 검사 · 검정업무를 위탁받아 수행하는 경우가 있다(자동차검사업무, 국가자격시험관리의 위탁업무).

현행법상 공무수탁사인에 관한 일반적인 규정으로는 정부조직법, 지방자치법이 있다. 즉 정부조직법 제6조 제3항은 “행정기관은 법령으로 정하는 바에 따라 그 소관사무 중 조사 · 검사 · 검정 · 관리 업무 등 국민의 권리 · 의무와 직접 관계되지 아니하는 사무를 지방자치단체가 아닌 법인 · 단체 또는 그 기관이나 개인에게 위탁할 수 있다”고 규정하고 있다. 지방자치법 제117조 제3항도 마찬가지다. 개별적 규정의 예로는 사인인 사업시행자의 토지수용에 관한 토지보상법 제19조, 사인이 별정우체국으로 지정되어 체신업무를 수행하는 것에 관한 별정우체국법 제3조, 사인이 지정정비사업자로서 정기검사 업무를 수행하는 것에 관한 자동차관리법 제45조를 들 수 있다.

이러한 공무수탁사인은 법령에 따라 행정권한을 수탁받아 자신의 이름으로 공권력을 행사하는 주체이므로 그 수탁된 업무의 수행 중에 제3자에게 손해를 발생시킨 경우에는 민법상 불법행위책임뿐 아니라 국가배상책임이 문제된다. 다만 국가배상법 제2조에 따르면 공무를 위탁받은 사인의 직무상 불법행위에 대하여도 국가배상책임의 주체는 국가 또는 지방자치단체이므로 국가배상법상 공무원에 해당하는 공무수탁사인은 고의 또는 중과실이 있는 경우에 한하여 민법상 불법행위책임이 문제된다.

대국민관계에서 공무수탁사인은 행정상 법률관계에서의 행정주체로 등장하지만 업무를 위탁한 국가 등에 대하여는 법령에 따라 업무의 수행의무, 일정한 감독을 받을 의무와 더불어 국가에 대한 소요비용청구권, 제3자에 대한 수수료징수권 등의 권리가 부여된다.

행정기본법은 행정청을 정의하면서 이에 '행정에 관한 의사를 결정하여 표시하는 권한을 위탁받은 사인', 즉 공무수탁사인을 포함하였다(제2조 제2호 나목). 이렇듯 공무수탁사인은 행정주체이자 행정청에 해당하지만 공무원으로 구성되지는 않는다.

(2) 한편 행정의 보조자는 행정권한을 이전받지 않고 행정청의 지시에 따라 그 권한의 행사를 단순히 보조할 뿐이다. 예를 들어, 법률상 국가를 대신하여 원천납세의무자의 납부세액을 징수하고 국가에 납부하는 원천징수의무자는 자신의 이름과 책임으로 원천징수행위를 하는 것이 아니므로 행정주체나 행정청에 해당한다고 보기 어렵다. 다시 말해 원천징수의무자는 관련 법규에 따라 단순히 과세관청의 조세징수업무를 보조하는 행정의 보조자다. 따라서 원천징수행위는 행정처분에 해당하지 않는다(대판 1990.3.23. 89누4789).

Ⅳ. 특 색

행정상 법률관계도 다른 법률관계와 마찬가지로 법주체간의 권리의무관계라는 측면에서는 차이가 없다. 행정상 법률관계에서 핵심을 이루는 국가와 국민 사이의 공법관계도 기본적으로 이러한 권리의무관계를 중심으로 한다. 그러나 행정상 법률관계는 개인들 사이의 권리의무관계인 민사법관계에 비하여 공익목적의 달성을 위해 법적으로 다른 취급을 받는 특성이 있음을 부인할 수 없다. 따라서 여기에서 언급하는 행정상 법률관계의 특성은 민법을 비롯한 사법관계와 비교해서 나타나는 공법관계에서의 법적 특색을 일컫는 것이다. 또한 이는 주로 행정행위를 매개로 하여 나타난다.

1. 행정작용의 법률적합성

민사법관계에서는 강행규범에 위반되지 않는 한 당사자의 의사를 최대한 존중하는 것이 특징이다. 반면 행정법관계는 행정행위를 중심으로 이루어지는데 이는 행정청의 자유로운 의사에 따르는 것이 아니라 법규에 규정된 내용을 구체화시키는, 즉 법규범의 내용을 객관화하는 과정이라고 할 수 있다. 예를 들어 행정청이 특정인을 위하여 영업허가를 하거나 자금지원결정으로 일정한 법률관계를 형성하는 것과 같이 행정청의 의사표시를 내용으로 하는 법률행위적 행정행위는 법률유보원칙과 법률우위원칙을 위반하면 안 된다. 다시 말해 사적 자치에 따른 사인의 의사표시와는 그 의미가 다르다. 이와 관련하여 행정기본법 제8조에는 법치행정의 원칙이 규정되어 있다.

2. 행정주체 의사의 우월성

행정법관계에서는 공익목적의 달성을 위하여 필요한 범위 내에서 개인에게는 인정되지 않는 우월한 의사력을 법령에 따라 행정주체에게 부여하는 것이 일반적이다. 물론 이러한 의사의 우월성은 행정행위의 형식을 통하여 권력관계를 중심으로 한 전통적인 행정법관계에서 법이론적으로 정당화되어 온 것이다. 그러나 행정주체의 우월성은 이미 오래전부터 관권주의적인 국가사상에 근거를 둔 것이라는 이유로 비판의 대상이 되고 있다. 따라서 오늘날 이러한 행정주체의 의사의 우월성은 법규에 따라서만 인정되며 행정목적달성을 위한 최소한에 그친다는 것이 일반화되고 있다.

1) 공정력

공정력이란 행정행위에 대하여 법령이 요구하는 요건을 완벽하게 충족시키지 못하고 흠결이 생기는 경우에도 그 흠결이 중대하고 명백하여 당연무효의 정도에 이르지 않고 단순위법사유에 그치는 경우에는 취소권한이 있는 기관이 그 흠을 이유로 취소하지 않는 한 어느 누구도 부인하지 못하는 행정행위의 효력을 말한다. 예를 들어 과세관청이 특정인에게 소득세를 부과하는 과정에서 경미한 과세표준 계산상 흠결이 발생하였다 하더라도 과세관청이 직권으로 혹은 행정쟁송이 제기되어 이를 심리 · 판단하는 행정심판위원회나 법원이 취소하지 않는 한 납세자는 일단 소정의 세액을 납부하고 사후에 권리구제절차를 밟아야 한다. 이러한 공정력은 행정기본법 제15조로 명문화되었다.

2) 존속력

행정행위가 일단 행하여져서 법률관계가 형성되면 행정행위와 그로 인한 법률관계가 쉽사리 소멸되지 않고 존속하는 효력이다. 사법관계에서는 법률관계의 당사자가 제3자의 이익을 부당하게 침해하지 않는 한 상대방의 동의가 있으면 법률관계를 자유롭게 변경할 수 있는 것에 비하여 행정상 법률관계는 당사자의 의사와는 관계없이 공익목적에 따라 행정행위의 존재가 유지된다.

(1) 형식적 존속력(불가쟁력)

행정행위는 비록 법령상 요건에 흠이 있고(당연무효가 아닌 취소사유) 이로 인해 개인의 권리침해가 발생하는 경우에도 일정한 기간 내에 행정쟁송을 제기하여 그 흠을 다투지 않고 그 기간이 경과하면 더 이상 행정행위를 다툴 수 없는 효력이 발생한다. 행정소송법 제20조에는 취소소송의 제소기간이, 행정심판법 제27조에는 취소심판의 청구기간이 규정되어 있다. 이러한 기간이 경과하면 비록 행정행위가 위법 또는 부당하고 그로 인한 개인의 권익침해가 있다고 하더라도 그 기간이 경과하면 행정쟁송을 통해서는 행정행위를 취소할 수 없는 것이다. 결과적으로 위법한 행정행위라 하더라도 그 존재는 확고해진다. 이를 형식적 존속력 또는 불가쟁력이라고 부른다.

행정행위의 불가쟁력은 위법한 행정행위에 따른 불안정한 행정상 법률관계를 조속히 안정시키고자 하는 공익적 입장에서 인정되는 것이다. 따라서 만약 이러한 공익보다 더 큰 개인의 이익이나 권리침해를 보호할 필요가 있는 경우에는 불가쟁력에 대한 예외를 인정할 수 있다. 따라서 불가쟁력은 결코 절대적 효력이 아니다. 불가쟁력의 예외로서는 행정처분의 재심사제도와 흠의 승계에 관한 문제가 다루어진다. 처분의 재심사에 관하여는 행정기본법 제37조에 규정되어 있다.

(2) 실질적 존속력(불가변력)

행정행위의 존속력 중 불가변력이란 행정행위를 행한 행정청이 사후에 정당한 사유가 없는 한 행정행위를 함부로 폐지하거나 변경할 수 없는 효력을 말한다. 다시 말해 권한 있는 행정청이 행정행위를 발령하면 그 내용에 따라 상대방 개인을 구속함과 동시에 행정청도 이에 스스로 구속되어 사후에 정당한 사유 없이 이를 폐지 · 변경할 수 없다(양면적 구속력). 또한 행정상 법률관계에서 개인은 행정행위의 존속에 대하여 강한 신뢰를 갖고 있으므로 행정법관계의 안정을 유지하기 위하여 그 내용의 존속을 요구하게 된다.

불가쟁력이 행정행위 자체의 존속을 요구하는 형식적 의미의 존속력이라면 불가변력은 행정행위 내용의 존속을 요구하는 실질적 의미의 존속력이라고 할 수 있다. 불가변력은 모든 행정행위에 공통적으로 인정되지만, 행정심판의 재결과 같이 사법절차에 준하는 까다로운 절차를 거쳐 발령되는 이른바 준사법적 행정행위 등에 특히 강하게 요구된다. 판례는 불가변력에 대하여 "행정청이 일단 행정처분을 한 경우에는 행정처분을 한 행정청이라도 법령에 규정이 있는 때, 행정처분에 하자가 있는 때, 행정처분의 존속이 공익에 위반되는 때, 또는 상대방의 동의가 있는 때 등의 특별한 사유가 있는 경우를 제외하고는 행정처분을 자의로 취소(철회의 의미를 포함한다. 아래에서도 같다)할 수 없다"라고 한다(대판 2000.2.25. 99두10520).

3) 집행력

민법을 비롯한 사법상 법률관계에서 채무의 불이행을 포함하여 권리의무에 관한 법적 분쟁이 발생한 경우에는 민사소송을 제기하여 급부판결 등을 얻고 이를 집행권원으로 하여 채무자에 대한 강제집행을 할 수 있다. 그러나 행정상 법률관계에서 개인의 의무가 이행되지 않는 경우에는 행정주체가 소송을 통하지 않고 직접 개인의 재산이나 신체에 강제력을 행사하여 의무이행을 확보할 수 있다. 이러한 강제력을 집행력이라고 한다. 예를 들어 조세부과에 따른 조세채무의 이행이 지체되는 경우 과세관청은 국세징수법상 체납처분절차에 따라 강제징수할 수 있다. 행정주체에게 의무이행 단계에서 강제적 실현을 인정하는 것은 역시 행정목적의 신속하고 효과적인 달성을 위한 공익적 요구에 따라 인정되는 일종의 특권이다. 이러한 집행력 또는 강제력은 행정법상 의무의 이행을 확보하기 위하여 대집행처럼 직접적인 수단이나 행정벌처럼 간접적인 수단으로 발현된다.

3. 권리의무의 특수성

행정상 법률관계에서 발생하는 국가적 공권과 개인적 공권은 사법관계에서의 순수한 개인의 권리와는 달리 공익의 달성을 위하여 그 행사와 포기가 제한되는 것과 같이 권리인 동시에 의무적 성격이 강하게 부각된다. 또한 금전적 급부를 내용으로 하는 채권이라 하더라도 공권의 경우에는 공익상 단기의 소멸시효가 인정되거나 이전·담보의 제공 등이 제한된다. 예를 들어 국가와의 금전채권채무는 객관적 기산점을 기준으로 하는 소멸시효가 5년이다(국가재정법 제96조).

4. 권리구제상 특수성

1) 행정상 손해전보

행정상 손해전보제도는 국가배상제도와 행정상 손실보상제도를 총칭하는 것이다. 기본적으로는 금전채권을 그 내용으로 한다는 점에서 민사적 청구권의 성격을 갖고 있다. 우리나라에서는 소송실무적으로 국가배상청구권과 손실보상청구권 모두 민사소송으로 다루어지고 있다. 다만 판례는 하천구역 편입토지 보상청구권은 공법상 권리로서 당사자소송에 의하여야 하는 것으로 본다[대판(전합) 2006.5.18. 2004다6207].

그러나 국가배상제도는 국가의 불법행위에 대한 손해배상을 통하여 불법행위를 시정함으로써 행정의 법률적합성원칙을 실현하는 헌법적 제도라는 점에서 원칙적으로 국가와 개인 간의 공법적 법률관계라고 볼 수 있다. 또한 그 청구절차도 당사자가 소송의 제기 이전에 배상심의회의 사전결정을 거칠 수 있도록 하여 소송과의 선택권을 부여함으로써 민사소송과 다른 절차적 특수성이 인정된다. 행정상 손실보상제도는 공공필요에 의한 개인의 재산권에 대한 공용침해로 발생한 특별한 희생을 공평부담의 견지에서 조절하는 보상제도이다. 따라서 이 역시 공법적 법률관계로 봄이 타당하다.

이에 학계에서는 국가배상청구와 손실보상청구를 위한 소송방식으로서 행정소송의 하나인 당사자소송에 의할 것을 주장하고 있다.

대법원이 추진했던 행정소송법개정안 제3조 제2호는 당사자소송의 개념을 "행정상 손실보상, 행정행위 등으로 인한 손해배상 · 부당이득반환, 그 밖의 공법상 법률관계에 관한 소송"으로 정의하여 공법상 원인으로 발생한 손실보상이나 국가배상은 일률적으로 행정소송의 하나인 당사자소송으로 다루어질 수 있도록 하였으나, 입법에 이르지는 못하였다.

2) 행정쟁송

위법 · 부당한 행정처분의 취소, 무효확인, 위법한 부작위 등의 확인 등을 다투는 행정쟁송제도는 이를 일반법원의 관할로 하는 영미법계 국가와 특수법원의 하나인 행정법원으로 하여금 행정사건을 다루도록 하는 대륙법계로 대별된다. 우리나라는 행정소송의 재판권을 행정법원의 관할로 하고 있으며, 일반 민사소송과는 달리 예외적 행정심판전치주의, 출소기간의 제한, 집행부정지의 원칙, 사정판결제도 등 특수성이 인정된다.

제 2 절 개인적 공권

Ⅰ. 개인적 공권

1. 의 의

공법상 권리, 특히 행정법상 권리를 공권이라고 부른다면 일단 권리라는 개념부터 명확하게 정의할 필요가 있다. 법학에서 권리를 중심으로 하는 법률관계는 단순한 이해관계와 다르다. 권리가 있는 당사자는 의무를 부담하는 상대방에 대하여 자신의 이익을 위해 작위, 부작위, 수인, 급부 등 일정한 행위를 요구할 수 있는 법률상 힘을 갖는다. 여기에서 법률상 힘이 있다는 것은 의무를 부담하는 상대방이 그 의무를 이행하지 않는다면 최후에는 소송절차를 통해 이를 강제할 수 있음을 의미한다.

민법상 권리를 비롯한 사권의 경우에는 일반적으로 한쪽 당사자가 권리를 가지면 그 상대방은 의무를 부담하여 법률관계의 구도가 비교적 단순하다. 그러나 공법, 특히 행정법의 경우에는 권리와 의무가 다소 복잡한 과정을 거쳐 성립한다. 왜냐하면 행정청에게 일정한 행위를 할 법률상 의무가 있다 하더라도 이는 일차적으로 공익 또는 공적 과제의 실현을 위한 것이기 때문이다. 다시 말해 행정청에게 일정한 법적 의무가 인정된다고 하더라도 그러한 의무가 반드시 개인의 이익을 보호하기 위한 것이라고 볼 수는 없고 개인에게 항상 자신의 이익을 실현하기 위한 법률상 힘이 인정되기는 어렵다.

관념적으로는 행정상 법률관계에서 개인이 행정주체에 대하여 가지는 권리를 개인적 공권으로, 이와는 대조적으로 행정주체가 개인에게 행사하는 국가적 공권으로 구분할 수 있다. 이러한 공권에 대하여 상대방이 부담하는 의무를 공의무라고 한다. 그런데 '국가적 공권'이라는 개념에는 국가의 행정관할권, 행정적 권능의 의미가 강하기 때문에 행정상 법률관계는 '개인적 공권'을 중심으로 논의가 이루어진다.

2. 공권의 성립요건

1) 그렇다면 과연 어떠한 법적 요건이 충족되어야 개인은 자신의 이익을 실현하기 위하여 직접 행정청에게 특정한 행위를 요구할 수 있는 공권이 성립하는가? 이 문제는 행정법 총론에서 가장 중요한 행정법 도그마틱 중의 하나라고 할 수 있다. 일반적으로 드는 공권의 성립요건은 두 가지다. 첫째, 행정청에게 일정한 행위의무를 부과하는 실정법규정이 존재해야 한다. 둘째, 이러한 실정법규정이 공익만 실현하는 경우에는 개인적 공권이 성립하기 어렵기 때문에 행정청의 행위의무는 최소한 부수적으로라도 개인의 이익을 보호하는 목적을 가지고 있어야 한다는 것이다. 전자의 요건을 흔히 강행규범의 존재로, 후자의 요건을 강행규범의 사익보호성으로 설명한다. 다만 정보공개법 제5조 제1항의 정보공개청구권처럼 실정법규정이 개인에게 명시적으로 공권을 부여하고 있다면 이러한 성립요건 충족 여부는 문제되지 않는다.

원래 공권의 성립요건으로 제시되었던 소송청구권능의 부여, 즉 강행규범에 따라 행정주체에게 부여된 행위의무를 소송으로 실현할 수 있는 법률상의 힘이 개인에게 있어야 한다는 것은 더 이상 성립요건에 해당하지 않는다. 왜냐하면 헌법 제27조에 따라 포괄적인 공법상의 재판청구권이 모든 국민에게 부여되어 있고, 행정소송법은 행정소송사항에 대하여 개괄주의를 취하고 있으며 제3자에게도 원고적격이 확대되고 있어(제1조, 제19조, 제12조), 일단 실정법규범에 따라 성립한 개인의 공권이 침해되면 이를 소송법적으로 실현하기 위한 원고적격이 당연히 부여되기 때문이다. 다시 말해 소송청구권능의 부여는 공권의 성립요건이 아니라 일단 성립한 공권이 침해되는 경우 이를 소송법적으로 실현하는 수단의 문제라고 할 수 있다.

2) 한편 행정작용의 근거가 되는 실정법규범은 요건규정과 효과규정이라는 2단계의 구조로 설명할 수 있다. 크게 보아 요건규정은 "~ 하는 경우"로, 효과규정은 " ~ 할 수 있다" 또는 " ~ 하여야 한다"로 구성된다. 이러한 법문언은 재량행위와 기속행위를 구별하는 출발점이 된다. 행정청의 법적용은 우선 구체적으로 발생한 사실관계를

확정하고 요건 부분의 내용을 해석한 후에 이러한 사실관계가 요건에 합치하는지 여부를 판단하여 최종적으로 이에 따르는 법적효과를 부여하는 단계로 이루어진다.

전통적으로 행정법에서는 요건규정의 해석에 따라 일정한 행위의무가 부여되는 기속행위와 공권력발동 자체의 결정 여부 또는 다양한 대안의 선택을 허용하는 재량행위를 구별하였다. 다시 말해 재량행위는 행정행위의 근거법규가 법률상 일정한 요건이 충족되었을 때 행정청으로 하여금 일정한 행위를 하거나 하지 않을 수 있는 여지를 부여하거나, 다양한 수단 중에서 어느 하나를 선택할 수 있는 가능성을 부여하는 것을 말한다. 전자의 경우를 결정재량이라고 하며 후자의 재량을 선택재량이라고 부른다.

1) 강행규범의 존재

강행규범이란 행정작용의 근거가 되는 실정법규범이 "~ 하는 경우 행정청은 일정한 행위를 하여야 한다"라는 구조를 갖는 경우를 말한다. 바꾸어 말하면 근거규범이 "~ 하는 경우 행정청은 일정한 행위를 할 수 있다"라고 규정하여 행정청에게 일정한 행위를 할 수도 있고 하지 않을 수도 있는 활동의 여지를 부여하면, 즉 행정청에게 재량권이 인정되면 개인이 행정청에게 일정한 행위를 할 것을 요구할 수 없기 때문에 개인적 공권은 성립할 수 없다. 이러한 의미에서 강행규범은 기속규범으로 이해할 수 있다. 다시 말해 강행규범으로 행정청에게 일정한 행위의무가 부과되어야 한다. 이러한 행위의무가 있어야 그에 대응하여 개인이 일정한 권리를 행사할 수 있는 여지가 생기는 것이다. 또한 행위의무에는 작위, 부작위, 수인, 급부의무가 포함된다.

그런데 행정청에게 재량권을 부여하는 법규범이 있다 하더라도 일정한 요건을 충족하는 경우에는 재량이 축소되어 일정한 처분을 할 의무가 발생하고 이에 대응하여 개인에게는 공권이 성립한다. 이처럼 재량영역에서 공권의 성립 가능성을 인정하는 법리가 무하자재량행사청구권, 행정개입청구권이다. 이때 강행규범은 기속화된 재량규범이라고 할 수 있다.

여기에서 말하는 강행규범은 원칙적으로 국회가 제정한 형식적 의미의 법률을 의미하는 것이지만, 법률의 위임을 받은 시행령, 시행규칙, 조례 등 하위규범도 포함한다. 강행규범에 헌법이 포함되는가의 문제는 후술한다. 대외적 구속력을 가지는 하위규범은 강행규범에 속하지만, 행정청의 내부규정인 행정규칙은 이에 속하지 않는다. 또한 법률에 준하는 예산이 강행규범이 될 수 있는지 의문이 제기될 수 있으나, 예산법률주의를 취하지 않는 우리나라에서는 일정한 지출예산이 확정된 경우에도 이를 강행규범으로 보고 개인이 예산당국에 대하여 해당 지출행위를 요구할 수 있는 공권을 가지기는 어렵다.

강행규범의 존재에 관한 예를 들어 보자. 정보공개법 제15조 제1항은 "공공기관은 전자적 형태로 보유·관리하는 정보에 대하여 청구인이 전자적 형태로 공개하여 줄 것을 요청하는 경우에는 그 정보의 성질상 현저히 곤란한 경우를 제외하고는 청구인의 요청에 따라야 한다"라고 규정하고 있어 그 규정형식이 강행규범에 해당한다. 다시 말해 개인이 공공기관에 전자적 형태로 보유·관리하는 정보를 전자적 형태로 공개하여 줄 것을 요청하면 공공기관은 원칙적으로 이에 따를 의무가 발생하는 것이다(대판 2016.11.10. 2016두44674).

2) 강행규범의 사익보호성

강행규범이 단순히 공익실현의 목적만 가진다면 행정청에게 일정한 행위의무가 존재하는 경우에도 개인에게 공권이 성립하기는 어렵다. 다시 말해 특정한 개인에게 권리가 성립하려면 행정청에게 특정한 행위의무를 부과하는 강행규범이 단순히 공익을 실현하는 것에 그치지 않고 개인의 이익을 보호하는 것을 그 목적으로 하여야 한다. 개별법규범에 특정한 개인의 이익을 보호하기 위한 명시적인 내용이 포함되어 있다면 별문제 없이 사익보호성이 인정된다. 그러나 실제로 많은 경우에는 사익보호성에 관한 명시적 규정이 없다고 하더라도 개별법규범의 취지나 목적을 고려한 목적론적 해석을 통해 공권의 성립을 인정할 수 있는지 문제된다.

예를 들어 보자. 정보목록의 작성·비치 등에 관하여 정보공개법 제8조 제1항 본문에는 "공공기관은 그 기관이 보유·관리하는 정보에 대하여 국민이 쉽게 알 수 있도록 정보목록을 작성하여 갖추어 두고, 그 목록을 정보통신망을 활용한 정보공개시스템 등을 통하여 공개하여야 한다"라고, 제2항에는 "공공기관은 정보의 공개에 관한 사무를 신속하고 원활하게 수행하기 위하여 정보공개 장소를 확보하고 공개에 필요한 시설을 갖추어야 한다"라고 규정되어 있다. 이는 공공기관에게 정보목록이나 정보공개에 필요한 시설 등을 마련하여야 한다는 행위의무를 부과하고 있다는 점에서 강행규범으로 볼 수 있다. 그렇다면 정보공개를 위한 이러한 인프라를 사용하는 국민이 공공기관에 대하여 이러한 시설의 설치를 요구할 수 있는 공권을 가질 수 있으며, 나아가 이러한 요구를 공공기관이 제대로 수용하지 못하는 경우 소송절차를 통하여 관철할 수 있을까?

생각건대 위 규정은 공공기관으로 하여금 국민에 대한 정보공개서비스가 원활하게 이루어질 수 있도록 필요한 시설을 갖추라는 의미, 다시 말하자면 전적으로 정보공개행정을 위한 공적 과제를 원활하게 실현하라는 목적을 가진 것이지 정보공개청구권자의 개인적 이익을 보호하라는 의미는 아니다. 공공기관이 정보공개를 위한 인프라를 적절하게 갖추면 국민은 그에 따른 반사적 이익을 얻을 뿐이다. 물론 단순한 공익실현을 넘어 국민의 알권리를 실효적으로 보장하기 위해서는 정보공개시설의 구축이 필수적이기 때문에 위 규정이 개인의 이익도 보호한다고 해석할 여지가 있다고 주장할 가능성이 있다. 이것이 이른바 사익보호성에 대한 목적론적 해석방법이다. 일반적으로 행정법규가 사인의 이익을 명시적으로 보호하는 경우는 드물기 때문에 오늘날 판례는 사익보호성의 인정을 위하여 규범의 취지와 목적을 고려하는 목적론적 해석론을 제시하고 있다. 이를 통한 공권의 확대화 경향에 대해서는 후술한다.

3. 공권과 반사적 이익

공권은 개인이 행정주체에게 일정한 행위를 요구할 수 있는 법률상 힘으로서 행정법상 권리이며 소송상 관철이 가능한 것이라고 할 수 있다. 이에 비하여 반사적 이익(Rechtsreflex)은 행정법규가 일정한 내용을 정하고 있는 결과로 그 규율 상대방이나 제3자가 반사적으로 누리는 사실상의 이익이다. 다시 말해 공권의 성립요건을 갖추지 못하였지만 개인이 누리는 이익은 반사적 이익 또는 사실상 이익에 해당한다.

예를 들어 개인정보 영향평가에 관하여 개인정보보호법 제33조 제1항에는 "공공기관의 장은 대통령령으로 정하는 기준에 해당하는 개인정보파일의 운용으로 인하여 정보주체의 개인정보 침해가 우려되는 경우에는 그 위험요인의 분석과 개선 사항 도출을 위한 평가(이하 "영향평가"라 한다)를 하고 그 결과를 보호위원회에 제출하여야 한다"라고, 제3항에는 "영향평가를 하는 경우에는 다음 각 호의 사항을 고려하여야 한다. 1. 처리하는 개인정보의 수 2. 개인정보의 제3자 제공 여부 3. 정보주체의 권리를 해할 가능성 및 그 위험 정도 4. 그 밖에 대통령령으로 정한 사항"이라고 규정되어 있다. 위 규정은 오늘날 다양한 형태로 이루어지는 개인정보에 대한 침해를 사전에 예방하고 차단하기 위하여 공공기관이 개인정보파일을 운용하는 경우 개인정보 영향평가라는 절차를 통하여 개인정보 침해의 가능성과 위험성을 사전에 평가하기 위한 목적을 가지고 있다. 결국 정보의 주체인 개인은 이와 같이 개인정보보호법이 개인정보 영향평가를 실시하도록 규정한 결과 자신의 개인정보를 보다 효과적으로 보호받을 수 있는 혜택을 누리게 된 것이다.

이때 개인정보보호법 제33조의 규정에 따라 정보주체인 개인이 향유하는 혜택은 공권인가 아니면 단순한 반사적 이익인가? 일단 개인정보보호법 제33조가 공공기관으로 하여금 "평가를 하고 그 결과를 … 제출하여야 한다"라고 규정하여 강행규범적 성격을 가지고 있기 때문에 정보주체인 개인이 개인정보 영향평가를 법적으로 요구할 수 있는 권리를 가지는 것 아닌가 하는 의문이 제기될 수 있다. 그러나 개인정보보호법 제33조의 입법 취지와 목적은 공공기관으로 하여금 개인정보의 보호를 위한 절차적 인프라를 구축하도록 의무를 부과하는 것이지 이에 따라 개인에게 이러한 공공기관의 행위를 요구할 수 있는 권리를 부여하는 것은 아니다. 따라서 위 규정에 따라 개인은 보다 효과적이고 철저한 개인정보 보호의 반사적 이익을 누릴 뿐이다.

그렇다면 공권과 반사적 이익은 다음과 같은 면에서 개념적으로 구별할 수 있다. 공권에 비하여 반사적 이익은 행정법규가 행정청에게 일정한 행위의무를 부과하는 경우가 있다고 하더라도 이는 전적으로 공공의 이익을 위한 것일 뿐 사익보호성이 결여된다. 이러한 반사적 이익은 법적으로 보호받는 이익이 아니기 때문에 이에 대한 침해가 있다고 하더라도 행정쟁송절차, 행정상 손실보상이나 손해배상을 통하여 구제받을 수 없다.

Ⅱ. 공권과 법률상 이익 - 제3자 공권의 확대

1. 제3자효적 행정행위와 공권론의 구조변화

초기의 공권론은 주로 행정처분의 상대방에 초점을 맞추었다 즉 행정작용의 상대방이 일정한 요건을 충족하는 경우 행정청에게 주장할 수 있는 권리를 중점에 두었다. 그러나 20세기 사회적 법치국가에서 행정의 권한과 활동영역이 확장됨에 따라 행정처분의 상대방에게 일정한 권리를 부여하는 경우 그 상대방의 인근에 거주하는 제3자나 경제적 의미에서 그와 경쟁관계에 있는 제3자에게 사실상 불이익한 효과를 수반하여 제3자의 이익을 해하는 일이 빈번하게 발생하였다. 전자의 예로는 공장설립허가에서의 인근 주민, 후자의 예로는 노선이 중복되는 기존 버스운송사업자와 신규 버스운송사업자가 있다. 다시 말해 행정처분의 상대방에게는 수익적 효과를 수반하는 행정처분이 제3자에게는 실질적으로 침해적 효과를 야기하는 이른바 제3자효적 행정행위(Verwaltungsakt mit Drittwirkung)가 보편화된 것이다.

과거 행정법이론과 판례는 이 문제를 반사적 이익의 침해 문제로 보았다. 제3자의 이익침해가 있는 것은 사실이지만 행정처분의 근거법령이 상대방에게 수익적 행정처분을 하는 경우 침해될 수 있는 제3자의 이익을 보호하라는 명문의 규정을 두고 있지 않다는 이유에서이다. 즉 제3자에 대한 사익보호성이 결여된다는 것이다. 그러나 침해되는 제3자의 이익이 단순한 반사적 · 사실상 이익에 그치지 않고 때로는 인근 주민의 환경권 또는 보건권과 경업자나 경원자의 직업의 자유 등 중요한 헌법상 기본권이 문제되는 상황에서 행정법이론과 판례는 이 문제를 고민하기 시작하였다. 특히 행정법판례는 행정처분의 근거법규가 제3자의 사익보호성을 명시적으로 규정하지 않았다고 하더라도 당해 규정의 취지와 입법자의 의도를 고려한 목적론적 해석을 통해서 사익보호성을 도출하고 제3자에게 원고적격을 인정하였다. 그러나 판례는 이 경우 '제

3자의 공권'이라는 용어를 대신하여 "법적으로 보호받는 이익", "법률상 이익" 등의 표현을 사용하여 항고소송에서 제3자의 원고적격과 공권침해에 대한 주장을 받아들였다. 이러한 용어상 차이는 행정소송법에 항고소송의 원고적격에 대하여 "법률상 이익이 있는 자"로 규정되어 있기 때문이라고 할 수 있다(제12조, 제35조, 제36조).

이와 같은 제3자의 공권 또는 법률상 이익에 대한 보호는 인인소송(隣人訴訟)과 경업자소송(競業者訴訟) 내지 경원자소송(競願者訴訟)에서 이들의 원고적격을 인정하는 방식으로 나타난다. 나아가 수익적 처분뿐만 아니라 불이익 처분으로 인해 침해적 효과를 입게 되는 제3자에게도 공권 또는 법률상 이익이 인정될 수 있다. 이에 관하여 판례는 "행정처분의 직접 상대방이 아닌 제3자라고 하더라도 당해 행정처분으로 인하여 법률상 보호되는 이익을 침해당한 경우에는 취소소송을 제기하여 그 당부의 판단을 받을 자격이 있다. 여기에서 말하는 법률상 보호되는 이익은 당해 처분의 근거 법규와 관련 법규에 의하여 보호되는 개별적 · 직접적 · 구체적 이익이 있는 경우를 말하고, 공익보호의 결과로 국민 일반이 공통적으로 가지는 일반적 · 간접적 · 추상적 이익과 같이 사실적 · 경제적 이해관계를 갖는 데 불과한 경우는 포함되지 아니한다. 또 당해 처분의 근거 법규와 관련 법규에 의하여 보호되는 법률상 이익은 당해 처분의 근거 법규의 명문 규정에 의하여 보호받는 법률상 이익, 당해 처분의 근거 법규에 의하여 보호되지는 아니하나 당해 처분의 행정목적을 달성하기 위한 일련의 단계적인 관련 처분들의 근거 법규에 의하여 명시적으로 보호받는 법률상 이익, 당해 처분의 근거 법규 또는 관련 법규에서 명시적으로 당해 이익을 보호하는 명문의 규정이 없더라도 근거 법규와 관련 법규의 합리적 해석상 그 법규에서 행정청을 제약하는 이유가 순수한 공익의 보호만이 아닌 개별적 · 직접적 · 구체적 이익을 보호하는 취지가 포함되어 있다고 해석되는 경우까지를 말한다"라고 한다(대판 2014.12.11. 2012두28704).

2. 인인소송

1) 의 의

인인(隣人)소송 또는 이웃소송은 행정청의 건축허가, 영업허가, 소음배출시설 또는 대기오염물질 배출시설 설치허가 등으로 인하여 인근에 거주하는 주민과 같은 제3자가 주거의 안녕, 건강하고 쾌적한 환경 등에 대한 피해를 입게 되는 경우 이들이 이와 같은 허가처분을 다투는 행정소송을 제기하는 것을 말한다.

예를 들어 「공유수면 관리 및 매립에 관한 법률」 제28조 제1항에는 "공유수면을 매립하려는 자는 대통령령으로 정하는 바에 따라 매립목적을 구체적으로 밝혀 다음 각 호의 구분에 따라 해양수산부장관, 시 · 도지사, 특별자치시장 또는 특별자치도지사(이하 "매립면허관청"이라 한다)로부터 공유수면 매립면허(이하 "매립면허"라 한다)를 받아야 한다. 1. 「항만법」 제3조제1항 각 호에 따른 항만구역의 공유수면 매립: 해양수산부장관 2. 면적이 10만 제곱미터 이상인 공유수면 매립: 해양수산부장관 3. 제1호 및 제2호에 따른 공유수면을 제외한 공유수면 매립: 시 · 도지사, 특별자치시장 또는 특별자치도지사"라고 규정되어 있다.

그런데 매립면허관청이 사업자에게 공유수면 매립면허라는 수익적 행정처분을 하게 되면 인근에서 어업에 종사하는 어민 등 지역주민은 환경상 이익에 대한 심대한 침해를 받을 수 있다. 이와 관련하여 공유수면 매립면허의 근거법규는 아니지만 관련 법규로서 환경영향평가법에 따르면 공유수면매립은 환경영향평가 대상사업에 속한다(제22조 제1항 제10호). 또한 환경영향평가법은 사업자를 위한 공유수면 매립면허가 인근의 주민에게 환경피해를 줄 수 있다는 사실을 염두에 두고 사업자가 환경영향평가서 초안을 작성하는 경우 공청회 등을 통하여 주민 등의 의견을 수렴하여야 한다고 규정하고 있다(제25조 제1항).

만약 공유수면 매립면허를 받은 사업자가 환경영향평가서 초안을 작성하여 주민 의견을 수렴하지 않는 등 심대한 실체적 · 절차적 하자가 있으면 주민들은 위 매립면허처분의 취소 또는 무효확인을 구하는 항고소송을 제기할 수 있다. 이러한 경우 법원은 환경영향평가 지역 내 주민의 원고적격을 인정함은 물론이고 그 지역 이외의 주민이라도 공유수면 매립면허 이전과 비교하여 수인한도를 넘는 환경침해를 스스로 입증하면 그 원고적격을 인정한다. 즉 지역주민은 공유수면 매립면허라는 행정처분의 직접 당사자는 아니고 제3자에 불과하기는 하지만 사업자에 대한 면허처분으로 인하여 심대한 환경침해를 받거나 받을 우려가 크기 때문에 그들의 공권 또는 법률상 이익이 침해되었다는 주장을 받아들이는 것이다. 또한 이는 관련법규의 목적론적 해석에 따른 것이다.

2) 판 례

(1) 대법원은 1970년대 중반부터 인인소송에서 인근 주민의 원고적격을 인정하였다. 특히 근거법규나 관련법규의 사익보호성에 대한 목적론적 해석을 통하여 인근 주민이 사업자에 대한 제3자효적 인허가의 취소나 무효확인을 구할 법률상 이익을 가진다고 인정한 것이다.

이른바 연탄공장설치허가취소 사건이 대표적이다(대판 1975.5.13. 73누96 등). 판례는 위 사건에서 제3자인 주민에게 그 취소를 구할 법률상 이익이 있다고 보았다. 즉 건축법과 도시계획법은 기본적으로 공익을 실현하기 위하여 행정청에게 주거지역 내에서의 일정한 건축을 금지 또한 제한하도록 일정한 행위의무를 부과하고 있는데, 이는 공익의 실현을 넘어서서 "위와 같은 도시계획법과 건축법의 규정 취지에 비추어 볼 때 이 법률들이 주거지역 내에서의 일정한 건축을 금지하고 또는 제한하고 있는 것은 … 동시에 한편으로는 주거지역 내에 거주하는 사람의 "주거의 안녕과 생활환경을 보호"하고저 하는데도 그 목적이 있는 것으로 해석이 된다"라고 하여 근거법규의 목적론적 해석을 통해 제3자인 주민의 법률상 이익을 보호하는 것에도 그 목적이 있음을 분명히 하였다. 이러한 대법원 판례의 입장은 그 이후에 엘.피.지.자동차충전소설치허가처분취소 사건에서 인근 주민의 원고적격을 인정하면서 이어지게 되었다(대판 1983.7.12. 83누59).

(2) 그 이후 대법원은 환경침해가 예상되는 행정처분을 다툴 법률상 이익의 범위를 더욱 넓히는 판결을 하게 되었는데, 그 대표적인 것이 이른바 새만금판결이다[대판(전합) 2006.3.16. 2006두330]. 이 판결에서도 역시 대법원은 "각 관련 규정의 취지"를 목적론적으로 해석한 결과 주민들에게 법률상 보호받는 이익이 존재한다고 보면서 그들의 원고적격을 인정하였다. 여기서 주목할 것은 대법원이 이와 같은 환경소송에서 주민의 원고적격을 더욱 확대하는 논리를 제시한 것이다. 다시 말하자면, 환경영향평가지역 밖에서 거주 내지 생업을 영위하는 주민의 경우에도 공유수면매립면허처분 이전과 비교하여 그 이후에 수인한도를 넘는 환경침해를 받거나 받을 우려가 있다는 점을 스스로 입증하는 경우에는 역시 원고적격이 인정된다고 한 것이다.

3. 경업자소송, 경원자소송

1) 의 의

경업자는 시장에서 상호 간에 경쟁관계에 있는 사업자를 의미한다. 그런데 광의의 경업자에는 기존에 일정한 인허가 등을 받아 사업을 영위하는 기존업자와 신규로 동일 내지 유사한 인허가를 받은 신규업자가 서로 경쟁하는 경우와 신규로 동시에 일정한 인허가를 신청하는 자들이 서로 경쟁하는 경우로 구분된다. 전자에서 기존업자가 신규업자를 대상으로 제기하는 소송을 협의의 경업자소송으로, 후자의 경우 인허가에서 탈락한 자가 선정된 자를 피고로 소송을 제기하는 것을 경원자소송으로 부른다. 경업자소송을 경쟁자소송이라고 부르기도 한다.

2) 판 례

(1) 경업자소송

대법원은 경업자소송에서 신규업자에 대한 인허가로 인하여 기존업자가 침해받을 수 있는 이익을 행정소송법 제12조의 법률상 이익으로 보고 기존업자의 원고적격을 인정하는 판례를 오래전부터 집적해 왔다.

판례는 동일한 노선에서 여객자동차운송사업을 하고 있는 기존의 고속형 시외버스운송업자와 신규로 운송사업면허를 받은 직행형 시외버스운송사업자 간의 경업자소송에서 기존의 고속형 시외버스운송사업자의 원고적격을 인정하였다(대판 2010.11.11. 2010두4179). 이 판결에서도 대법원은 면허의 기준을 정한 조항에 관하여 이는 단순히 여객자동차운송업의 발전이라는 공익을 실현하는 것뿐만 아니라 경쟁업자 간의 과도한 경쟁으로 인한 경영의 불합리를 미리 방지하자는 데에도 그 목적이 있다는 점을 강조함으로써 당해 조항의 목적론적 해석을 통해 기존업자의 원고적격, 다시 말해 법률상 이익 내지 공권침해의 가능성을 인정한 것이다. 다만 이러한 해석론이 자칫 업자 간의 자유로운 경쟁을 저해하고 신규업자의 시장진입을 봉쇄하여 시장에서의 독과점 형성과 소비자의 피해로 이어지는 부분이 존재할 수 있다는 점을 유의할 필요가 있다.

(2) 경원자소송

경업자의 법률상 이익 내지 공권을 인정하는 대법원의 견해는 이른바 경원자소송에서도 신규의 인허가 부여를 위한 조항에 대하여 그 취지와 목적을 고려한 해석을 통해 그대로 이어지고 있다.

판례는 법학전문대학원 예비인가처분취소 사건에서 "인, 허가 등의 수익적 행정처분을 신청한 수인이 서로 경쟁관계에 있어서 일방에 대한 허가 등의 처분이 타방에 대한 불허가 등으로 귀결될 수밖에 없는 때 허가 등의 처분을 받지 못한 자는 비록 경원자에 대하여 이루어진 허가 등 처분의 상대방이 아니라 하더라도 당해 처분의 취소를 구할 원고적격이 있다고 할 것이고, 다만 명백한 법적 장애로 인하여 원고 자신의 신청이 인용될 가능성이 처음부터 배제되어 있는 경우에는 당해 처분의 취소를 구할 정당한 이익이 없다"라고 판시하였다(대판 2009.12.10. 2009두8359). 또한 판례는 "이른바 경원관계(競願關係)에 있는 경우로서 동일 대상지역에 대한 공유수면매립면허나 도로점용허가 혹은 일정지역에 있어서의 영업허가 등에 관하여 거리제한규정이나 업소개수제한규정 등이 있는 경우를 그 예로 들 수 있다"라고 한다(대판 1999.10.12. 99두6026).

4. 이중적 불이익처분

1) 의 의

인인소송, 경업자소송, 경원자소송에서는 수익적처분의 침해적 효과가 미치는 제3자에게 이를 다툴 수 있는 공권 또는 원고적격이 인정되는지 문제된다. 물론 이러한 경우가 인인소송 등에 국한되는 것은 아니다. 예를 들어 임시이사가 선임된 학교법인 정상화 절차의 일환으로 교육과학기술부장관이 사립학교 법인에 대하여 한 정식이사 선임처분에 대하여 '상당한 재산을 출연한 자'와 '학교 발전에 기여한 자'도 원고적격이 인정된다고 한 판례가 있다(대판 2013.9.12. 2011두33044). 또한 판례는 지방자치단체장이 집합건물의 구분소유자에게 한 내력벽의 해체에 대한 사용승인처분을 다툴 법률상 이익이 그 건물의 다른 구분소유자에게 인정된다고 하였다(대판 2024.3.12. 2021두58998). 마찬가지로 불이익처분의 경우에도 그 상대방뿐만 아니라 침해적 효과가 미치는 제3자 보호가 문제된다.

2) 판 례

(1) 판례는 재단법인 한국연구재단이 대학교 총장에게 한 연구개발사업 협약해지처분의 경우에 위 협약의 실질적 이해관계는 협약의 당사자로 되어 있는 대학이 아니라 해당 연구개발과제의 수행주체인 연구팀에 귀속되므로 그 연구팀장은 위 협약해지처분의 효력을 다툴 법률상 이익이 있다고 하였다(대판 2014.12.11. 2012두28704). 이는 학술진흥법 등과 과학기술기본법령의 취지와 목적을 고려한 해석에 따른 것이다.

(2) 판례는 교육감이 사립학교법인의 이사장 및 학교장에게 호봉이 과다산정된 소속 직원들의 호봉을 정정하고 5년의 범위 내에서 환수하도록 하는 등의 시정명령을 다툴 법률상 이익이 해당 직원들에게 인정된다고 하였다(대판 2023.1.12. 2022두56630). 위 시정명령의 이유가 호봉이 과다산정되었다는 것이므로 그 호봉산정이나 보수에 관하여 규정하고 있는 사립학교법 등이 근거법규 또는 관련법규에 해당한다고 하면서 그 목적론적 해석에 따라 원고적격을 인정한 것이다.

Ⅲ. 공권과 기본권

1. 문제점

일반적으로 헌법상 기본권도 국가에 대한 주관적 공권으로서의 성격을 갖는 것으로 이해되고 있다. 그렇다면 행정법상 공권과 헌법상 기본권의 관계는 어떠한가? 특히 제3자효적 행정행위에서 제3자의 보호 문제와 관련하여 공권과 기본권 상호 간에는 어떠한 단계 또는 순서가 존재하는 것인가?

개인적 공권에는 헌법상 기본권과 법률상 권리가 있다. 주관적 공권에는 법률상 권리이면서 헌법상 기본권에 해당하는 것도 있지만 헌법상 기본권의 보호범위에 포함되지 않는 법률상 권리도 있다. 다시 말해 양자의 내용이 항상 일치하는 것은 아닌데 그 구별이 쉽지만은 않다. 예를 들어 지방자치법상 주민투표권은 헌법이 보장하는 것이 아니라 법률로 인정되는 참정권에 해당한다(헌재결 2001.6.28. 2000헌마735). 이러한 법률상 권리는 기본권이 아니므로 이를 침해하는 공권력작용에 대하여는 헌법소원을 제기할 수 없고(헌법재판소법 제68조 제1항) 법원의 소송절차를 통한 권리구제를 검토하여야 한다.

반면 행정처분으로 침해되는 공권이 법률상 권리이자 헌법상 기본권이라면 소송법적 차원에서 보았을 때 헌법소원의 보충성에 따라 행정소송법상 항고소송을 제기할 수 있다. 이때 항고소송에서 침해되는 권리로 주장하는 것은 헌법상 기본권이 아니라 법률상 권리이다. 이를 실체법적으로 보자면 헌법상 기본권은 법률상 권리보다 효력상 우위에 있지만 그 적용의 차원에서는 법률상 권리가 우선하는 것이다.

그렇다면 행정처분으로 법률상 권리가 아닌 헌법상 기본권이 침해된다면 항고소송을 제기할 수 있을까? 이는 특히 제3자의 원고적격이 헌법상 기본권의 직접적용으로 인정될 수 있는지의 문제가 된다.

2. 공권과 기본권의 단계이론

이 문제는 행정법상 공권과 헌법상 기본권 간의 단계이론을 동원하여 설명할 필요가 있다. 우선 문제되는 행정행위의 근거법규 또는 관련법규에서 제3자의 이익을 명시적으로 보호하고 있는지 여부가 검토되어야 한다. 그러나 대부분의 행정법규는 이러한 내용을 흠결하고 있으므로 이때에는 근거법규 또는 관련법규의 제3자 보호목적을 고려하여 그에 상응하는 목적론적 해석이 이루어져야 한다. 물론 목적론적 해석은 헌법합치적이어야 한다. 마지막으로 근거법규와 관련법규 자체에 제3자의 보호를 위한 목적론적 해석의 여지가 없는 때에는 기본권에 따라 직접적으로 공권이 성립하는지 검토하여야 한다. 다시 말해 「실정법규(근거법규 또는 관련법규)의 명시적 규정(1단계) − 실정법규의 목적론적 해석(2단계) − 기본권의 직접적용(3단계)」이라는 단계가 적용된다.

다만 인인소송에서의 주민과 경업자소송에서의 기존업자 모두에게 아무런 구별 없이 권리침해와 원고적격의 범위를 확대하는 것은 주의할 필요가 있다. 왜냐하면 제3자효적 행정행위로 침해되는 인근 주민의 이익은 대부분 생명 · 신체 · 보건 · 환경에 관한 것으로 헌법상 중요한 법익임에 반하여, 기존업자가 그 구제를 구하는 것은 신규업자와의 경쟁으로 잃게 되는 경제적 이익에 불과하기 때문이다. 기존업자에게 신규업자와의 경쟁으로부터 보호받을 권리가 헌법적으로 보장된다고 볼 수 없고, 기존업자의 경제적 이익을 광범위하게 보호할 경우에는 자칫 공급독점을 통한 시장지배적 세력의 등장, 소비자피해와 더불어 실질적으로 특정 업종에의 진입장벽으로서 신규업자의 직업의 자유를 침해할 가능성이 크기 때문에 신중한 접근이 요구되는 것이다. 이러한 경우에는 기존업자의 경제적 이익과 충돌하는 다른 헌법적 가치들을 형량하여 제정된 근거규범 또는 관련규범이 있어야 하고 해당 규범이 명시적으로 기존업자의 경제적 이익을 보호하여야 공권이 성립할 수 있다. 그렇지 아니한 경우 제2단계의 목적론적 해석이나 제3단계인 기본권의 직접적용은 제한되거나 허용될 수 없다. 따라서 경업자의 권리침해와 원고적격은 1단계인 개별법규범의 명시적 규정에 한하여 인정될 뿐이다.

그럼에도 대법원이 버스운송사업의 기존업자와 신규업자 간 경업자소송에서 목적론적 해석을 통해 원고적격의 범위를 확대하여 기존업자가 신규업자와의 경쟁을 회피할 수 있도록 보호하는 입장을 취하였음은 앞서 본 바와 같다(대판 2010.11.11. 2010두4179). 반면 헌법재판소는 헌법상 기본권에 관한 것이기는 하지만 여객자동차운수사업법시행규칙을 개정하여 개인택시운송사업 면허를 취득할 수 있는 사람의 범위를 넓혔다고 하여 기존의 면허취득 가능자가 갖는 독점적 영업이익의 기대는 기본권으로 보호되는 것이 아니므로 침해될 가능성도 없다고 보았다(헌재결 2000.4.11. 2000헌마210). 그렇다면 법령상 규제에 따라 기존업자가 제한된 범위에서라도 독점적으로 누리게 되는 경제적 이익이 헌법상 기본권으로 보호되지는 않더라도 실정법규범의 목적론적 해석을 통해 그에 관한 공권이 성립될 수 있다고 보는 것이 대법원의 입장이라고 할 수 있다. 하지만 독점적 또는 제한된 범위에서의 독점적 이익을 법령의 해석을 통해 공권으로 보호하는 것 역시 자유경쟁을 존중하는 헌법상 경제질서를 고려하였을 때 허용되기 어렵다.

3. 기본권의 직접적용

1) 실정법규범의 목적론적 해석을 통해서도 공권이 성립될 수 없는 경우에 비로소 헌법상 기본권의 직접적용을 검토하게 된다. 이는 헌법상 기본권에 근거하여 행정청에게 특정한 행위의무가 인정될 수 있는지의 문제라고 할 수 있다. 다시 말해 헌법상 기본권에 대응하는 일정한 행위의무가 행정청에게 부과될 수 있는지 문제된다. 이는 헌법상 기본권으로 바로 구체적인 권리가 인정될 수 있는지 아니면 법률을 통한 구체화가 필요한지에 따라 달라진다. 따라서 문제되는 기본권의 성격이 자유권으로서 바로 구체적인 내용을 갖게 되는 것인지 아니면 청구권적 기본권, 참정권, 사회권과 같이 법률로 그 구체적인 내용을 형성하여야 하는지에 따라 항고소송에서의 원고적격 인정 여부가 달라질 수 있다. 다만 헌법상 환경권(헌재결 2008.7.31. 2006헌마711)과 보건권(헌재결 2013.9.26. 2010헌마204 등)에도 자유권적 성격이 있고, 인간다운 생활을 할 권리(헌재결 2006.11.30. 2005헌바25)에서도 구체적인 권리가 직접 도출되기도 한다.

2) 항고소송에서의 원고적격이 헌법상 기본권으로 인정될 수 있는지 여부 관련, 헌법재판소는 납세병마개제조자로 지정되지 못한 경업자인 제3자의 원고적격이 헌법상 기본권인 경쟁의 자유에 근거하여 인정된다고 보았다(헌재결 1998.4.30. 97헌마141). 이는 경쟁으로부터 독점적 이익을 보호하는 것이 아니라 경쟁이 가능하게 하는 사안이다. 다시 말해 기존의 버스운송사업자와 신규업자 간 경업자소송과는 다르다.

반면 새만금판결에서 대법원은 헌법상 환경권은 그 내용이 구체적이지 않기 때문에 이에 근거하여 원고적격이 인정될 수 없다고 하였다[대판(전합) 2006.3.16. 2006두330]. 물론 이 사건에서 대법원은 실정법규범의 목적론적 해석을 통해 공유수면매립면허처분 전후로 수인한도를 넘은 환경피해를 받거나 받을 우려가 있는 경우에는 원고적격이 인정될 수 있다고 보았다. 하지만 헌법상 환경권에도 자유권적 성격이 있음을 고려하면 그 내용이 구체적이지 않아서 원고적격이 인정될 수 없다는 것은 재고의 여지가 있다.

Ⅳ. 공권의 종류

공권은 국가에 대한 소극적 지위로서의 자유권, 적극적 지위로서의 수익권, 능동적 지위로서의 참정권으로 분류할 수 있다. 아래에서 헌법상 기본권을 행정법상 공권으로 구체화한다는 것은 그 내용을 확인하거나 형성하는 의미를 갖는다.

1. 자유권을 구체화하는 공권

헌법상 자유권적 기본권을 구체화하는 개인의 행정법상 공권으로는 다양한 종류가 있다. 물론 자유권은 그 성격상 국가의 공권력행사로부터의 자유를 의미하는 소극적인 것이므로 주로 위법한 행정작용의 시정을 구하는 공권의 형태로 나타난다. 예를 들어 조세채무자는 법률상 부담하여야 하는 조세채무 이상의 위법한 조세부과처분에 대항할 수 있는 권리를 가지므로 이를 위한 행정쟁송을 제기할 수 있다. 또한 위법한 공권력행사에 대한 국가배상청구권, 결과제거청구권, 적법한 공권력행사로 인하여 개인에게 특별한 희생이 발생할 때 인정되는 손실보상청구권 등은 헌법상 자유권인 재산권과 관련되는 개인의 공권이다.

2. 수익권을 구체화하는 공권

행정법상 공권의 가장 전형적인 형태가 국가에 대하여 일정한 현물 및 금전의 급부, 특정 처분의 요구권, 공공시설의 이용을 청구할 수 있는 권리이다. 예를 들어 「국민기초생활 보장법」상 수급권자는 직접 자신을 수급권자로 지정할 것을 청구하고 이에 따르는 법률상 각종의 국가적 급부를 누릴 권리를 갖는다.

실정법상 각종의 인·허가, 특허, 보조금의 교부 등 국가로부터 특정한 처분을 구할 공권도 헌법상 수익권을 구체화하는 공권이다. 또한 국민의 생존에 필수적인 전기·수도·가스 등 재화의 공급을 받을 공기업이용권, 국립학교와 도서관 등 시설이용권 등도 오늘날 개인에게 부여된 중요한 공권이다.

그러나 이러한 급부청구권 등은 법적으로 행정청의 재량사항인 경우가 많다. 그렇다면 행정주체가 법률상 재량권을 가지므로 개인이 국가에게 급부청구권을 행사하는 것은 어려운 일인가? 이미 언급한 바와 같이 법규상 행정청이 보유하는 재량권도 일정한 요건이 존재하면 재량이 축소되어 처분의무가 발생하고, 개인은 이에 대응하여 공권을 행사할 수 있다. 무하자재량행사청구권, 행정개입청구권 등의 공권이 그것이며, 이에 대하여는 재량행위 부분에서 상세히 논한다.

3. 참정권을 구체화하는 공권 – 국가에 대한 새로운 능동적 지위로서 절차적 권리

기본권으로서의 참정권은 모든 국민이 능동적으로 정치적 의사결정과정에 참가하는 것으로 각종의 선거권과 피선거권을 말한다. 선거권과 피선거권의 상세한 요건과 행사절차는 공직선거법에 규정되어 있다.

참정권과 더불어 최근에 국가에 대한 능동적 권리로서 그 의미의 중요성이 강조되는 것은 각종의 행정절차에 참여하는 개인의 권리이다. 실체적 권리와 더불어 중요한 행정적 의사결정에 직접 참여하여 자신의 입장을 개진하고 행정청의 의사결정에 영향을 미치는 청문권 등은 이른바 "절차형성을 통한 기본권 보장"이라는 헌법적 요청에 부응하는 것이다. 우리나라는 행정절차에 관한 일반적으로 행정절차법을 두고 있다. 행정절차상 개인의 권리에 관한 문제는 행정절차편에서 상세히 논한다.

V. 공권의 특색

행정법상 권리인 공권은 헌법상 기본권과 마찬가지로 공법상 권리로서 사법상 권리인 사권과 개념적으로 구별된다. 헌법상 기본권이 개인의 주관적 공권으로서의 기능과 더불어 국가공동체 내에서 객관적 가치규범으로서의 이중적 기능을 갖는다는 것은 공법상 권리가 순수한 사권과 구별되는 특수한 성격을 갖는다는 것을 암시하고 있다. 그러므로 사권에 비하여 행정법상 공권은 권리인 동시에 공동체의 유지를 위하여 의무적 성격을 띠는 경우도 있으며 공익상 이유로 그 행사가 제한되는 경우도 있다.

1. 양도의 제한 · 금지 등 이전성의 제한

공권은 금전채권을 그 내용으로 하는 경우에도 공익상 이유로 양도가 제한되거나 금지되는 등 이전이 제한되는 경우가 적지 않다. 예를 들어 공무원의 직무상 불법행위로 인하여 생명 · 신체상 손해를 입은 국민은 국가를 상대로 손해배상청구권을 행사할 수 있는데, 국가배상법 제4조는 생명 · 신체의 침해로 인한 국가배상청구권의 양도나 그에 대한 압류를 금지하고 있다. 그 이유는 재산상 손해나 정신적 손해와는 달리 생명이나 신체상 피해로 인한 권리는 피해자 자신이나 유가족에게 생존에 필수적인 사회보장적 급부의 성질을 아울러 갖고 있기 때문이다. 또한 공무원이 직무행위에 전념하고 비리로부터의 유혹을 차단시키기 위하여 공무원의 봉급청구권이나 병사의 급료, 연금청구권의 양도 또는 압류가 제한되거나 금지되는 경우도 있다(민사집행법 제246조 제1항 제3호, 제4호, 공무원연금법 제39조).

2. 포기의 제한

공권은 그 행사가 권리인 동시에 공동체의 유지와 존속을 위하여 건전한 행사의 의무가 수반되는 성격을 갖는다. 판례도 "행정소송에 있어서 소권은 개인의 국가에 대한 공권이므로 당사자의 합의로써 이를 포기할 수 없는 것"(대판 1995.9.15. 94누4455)이라거나 "재해위로금은 국내의 석탄수급상황을 감안하여 채탄을 계속하는 것이 국민경제의 균형 발전을 위하여 바람직하지 못하다고 판단되는 경제성이 없는 석탄광산을 폐광하는 한편 그 광산에서 입은 재해로 인하여 전업 등에 특별한 어려움을 겪게 될 퇴직근로자를 대상으로 국가정책 차원에서 통상의 재해보상금에 추가하여 지급하는 지원금의 성격을 갖는 것이므로 … 재해위로금 청구권은 개인의 공권으로서 그 공익적 성격에 비추어 당사자의 합의에 의하여 이를 미리 포기할 수 없는 것[이다]"(대판 1998.12.23. 97누5046)라고 하여 공권의 포기가 제한된다고 하였다.

3. 소멸시효에서의 특수성

일반적으로 공권은 법률관계의 조속한 안정을 위하여 민법상 권리에 비해 단기간의 소멸시효가 예정되어 있다. 예를 들어 국가재정법 제96조와 지방재정법 제82조 제2항은 개인의 국가 또는 지방자치단체에 대한 금전채권의 소멸시효를 5년으로 규정하고 있다. 또한 국세기본법 제27조 제1항 제2호는 5억 원 미만의 국세의 강제징수권의 소멸시효를 5년으로 규정하고 있다.

제 3 절 행정법관계에 대한 사법규정의 적용

Ⅰ. 문제점

행정법의 대원칙인 행정의 법률적합성원칙에도 불구하고 행정작용의 근거법규는 모든 행정법관계를 일일이 규율할 수 있을 정도로 완벽한 것은 아니다. 이는 기간과 나이의 계산에 관한 규정(제6조 내지 제7조의2)까지 둔 행정기본법이 제정되어 시행된 지금도 마찬가지다. 그러므로 구체적인 행정상 법률관계에 적용할 법규가 흠결되는 경우에는 민법 등 사법규정이 행정법관계에 적용될 수 있는지, 적용될 수 있다면 그 범위는 어떠한지 등이 문제된다.

Ⅱ. 학 설

1. 직접적 적용설

대륙법계 국가에서는 일반적으로 공사법의 이원적 법체계를 가지고 있기는 하지만 사법에 규정되거나 일반적으로 통용되는 신의성실의 원칙이나 권력남용의 금지원칙 등 법의 일반원칙은 공법관계, 즉 행정상 법률관계에도 직접적용되어야 한다는 견해이다.

2. 유추적용설(간접적 적용설)

공익의 실현을 위한 공법체계와 사적 자치 및 계약의 자유원칙을 근간으로 하는 사법체계는 상호간에 특수한 성격을 인정하지 않을 수 없으므로 행정법관계에 사법규정이 전면적 · 직접적으로 적용된다는 것은 무리라고 할 수 있다. 그러므로 법률관계의 성질상 사법관계와 유사하고(계약관계, 불법행위, 사무관리 등), 해당 법률관계에 적용될 수 있는 행정법규가 흠결되며, 이러한 흠결상태를 다른 공법규범을 적용하여 해소할 수 없을 때에는 관련되는 사법규정이 유추적용된다는 견해이다.

Ⅲ. 결 론

직접적용설과 유추적용설은 상호 배척하는 입장이라기보다는 보완적 관계에 있다고 보는 것이 옳다. 왜냐하면 신의성실의 원칙이나 권리남용금지, 선량한 풍속 기타 사회질서에 위반하는 행위의 부인 등 법의 일반원칙에 해당하는 사법규정들은 행정법관계에도 직접적으로 적용될 수 있는 것들이기 때문이다. 반면에 대다수의 민법규정은 그 성질에 반하지 않는 한 행정법관계에 유추적용될 수 있다.

그런데 이러한 사법규정의 직접 또는 유추적용의 가능성은 행정상 법률관계가 권력관계인지 비권력관계인지에 따라서 일률적으로 결정된다기 보다는 구체적인 법률관계에서 개별적으로 결정되는 것이다. 우리나라의 실정법규도 해당 법률관계에 적용될 법규가 흠결되는 경우에 민법규정이 직접적으로 적용된다고 규정한 예가 적지 않다. 예를 들어 국가배상법 제8조는 “국가나 지방자치단체의 손해배상 책임에 관하여는 이

법에 규정된 사항 외에는 「민법」에 따른다. 다만, 「민법」 외의 법률에 다른 규정이 있을 때에는 그 규정에 따른다"라고 규정하였다. 또한 국세기본법은 제27조 제2항에서 "제1항의 소멸시효에 관하여는 이 법 또는 세법에 특별한 규정이 있는 것을 제외하고는 「민법」에 따른다"라고 규정하고 있다. 이러한 규정들은 국가배상청구에서의 법률관계에서는 민법의 불법행위에 관한 규정이, 조세채권채무관계에는 소멸시효에 관한 민법의 규정이 직접적으로 적용됨을 분명히 한 것이다.

그렇다면 민법의 직접적용 외에 유추적용은 언제 이루어지는 것인가? 판례를 보면 공유수면매립법상 간척사업에 따른 관행어업권 상실로 인한 손실보상청구권과 같은 공법상 손실보상청구권에도 그 소멸시효에 관하여 달리 정한 바가 없다면 민법의 소멸시효규정이 유추적용될 수 있다고 하였다(대판 2010.12.9. 2007두6571). 반면 산업재해보상보험법상 요양급여는 근로자의 생활보장적 성격을 가지고 있으므로 불법행위로 인한 손해배상에서의 과실상계의 법리가 유추적용되지 않는다고 하였다(대판 2010.8.19. 2010두5141).

제 2 편

행정작용의 법적 형식

제 1 장 행정행위

제 2 장 행정입법

제 3 장 행정계획

제 4 장 공법상 계약

제 5 장 행정법상의 사실행위

제 6 장 행정지도

제 7 장 행정자동화

제 8 장 행정상 사법관계-행정사법, 공공부문과 민간부문 간의 협력법제

제 9 장 정보공개와 개인정보의 보호

서 장

행정주체와 상대방 사이에 권리의무관계가 존재하기 위해서는 양자를 매개하는 구체적인 법적인 수단이 존재하여야 한다. 이러한 행정작용의 법적 형식 중에서 가장 전형적이고 전통적인 수단이 행정행위(行政行爲)와 행정입법(行政立法)이다. 그중에서도 행정행위는 행정법이론의 근간을 이루는 핵심개념이다. 행정행위와 행정입법은 주로 공권력의 우위를 바탕으로 하는 권력관계에서의 행정법이론을 설명하는 이론적 도구였으므로 현대의 복잡다기한 행정작용을 수행하는 법적 수단으로서는 그 한계를 드러내게 되었다.

헌법과 행정법상 그 지위가 격상된 국민의 권리의무관계는 국가와 동등한 법률관계를 전제로 하는 공법상 계약(公法上 契約)의 형식을 자연스럽게 출현시켰다. 또한 국가가 일방적으로 명령 · 강제하는 법적 형식으로는 행정목적달성에 한계가 있으므로 국민의 자발적인 협력과 동의를 바탕으로 그들을 설득하는 행정지도(行政指導)의 형식도 등장하였다.

더 나아가 행정적 과제를 사법의 형식으로 수행하는 행정사법(行政私法)과 더불어 국민의 자본과 기술 그리고 노하우 등을 적극적으로 공익사업에 활용하기 위하여 다양한 공사협력(公私協力)의 법적 형태가 출현하게 되었는데, 특히 우리나라에서의 민자유치라는 민관협력의 형태가 바로 그것이다. 이러한 법적 형식들은 주로 행정의 미래지향적인 구상과 밀접하게 연관되어 있으므로 행정작용법 분야에서 또 다른 법적 형식으로서 행정계획(行政計劃)의 중요성을 더욱 부각시키고 있다.

그러나 국가행정작용의 양적 · 질적 팽창과 함께 출현한 다양한 행정작용의 법적 형식은 이로 인한 개인의 권익침해 가능성을 높이고 있는 것도 간과할 수 없으므로 개인의 권익구제를 위한 법이론의 발굴도 행정작용법에서의 중요한 관심사 중의 하나이다.

■ ■ ■

제 1 장 행정행위

제 1 절 행정행위의 개념

Ⅰ. Otto Mayer의 행정행위론

행정행위(Verwaltungsakt)는 오늘날 행정작용의 가장 흔한 법적 형식으로 사용되는 도구개념이다. 행정행위는 연혁적으로 19세기 독일의 행정법학 연구의 결과물이라고 할 수 있으며, 그 개념적 요소의 형성에는 오토 마이어의 학문적 역할이 결정적이었다. 그러나 오늘날 행정행위는 행정법의 연구나 강학상의 논의에 그치지 않고 행정행위의 효력론을 바탕으로 하여 행정작용의 실효성을 담보하고 하자론에 의하여 취소 또는 무효의 법적 효과를 인정하고 행정쟁송제도를 통한 권리구제에 이르기까지 일반행정법 영역에서 이론과 실무에 핵심적인 기능을 수행하고 있다.

물론 오토 마이어가 행정행위론을 중심으로 행정법 이론체계를 구축함에 있어서는 이미 당시에 민법에서 일반화된 의사표시론을 차용하였으며, 행정과 국민 사이에 존재하는 건축허가, 영업허가, 경찰명령, 영업정지와 취소와 같은 행정작용이 가지고 있는 개념적 공통분모를 추출하여 행정행위 개념을 창출하는 실천적 지혜를 발휘하였다. 그리하여 오토마이어는 이와 같이 현실적으로 존재하는 각종 행정작용의 개념적 요소를 응집하여 행정행위를 "행정청이 개별적 사안에서 臣民(개인)에 대하여 무엇이 법인가를 규정하기 위하여 그의 권한에 의하여 발령하는 고권적 요구"라고 그 개념을 정의하였다. 물론 이 자체로 보면 추상적인 의미로 보이지만 마이어는 행정행위의 개념적 징표로서 행정청, 개별적 사안, 개인에 대한 법적 규율, 고권적 결정 등을 제시하여 다른 행정작용의 법적 형식과 구별되는 행정행위만의 실체적 요소를 강조하였다.

그 이후 학설과 실정법은 대체로 마이어의 행정행위론을 수용하였으며, 하자 있는 행정행위에 대하여 그 취소나 무효확인, 부작위에 대한 의무이행을 구하는 행정재판제도가 일반화되면서 행정행위는 행정법이론이나 강학상 의미와 함께 쟁송법적으로는 행정처분(Verwaltungsverfügung)으로 불리게 되었다. 사실상 행정쟁송의 실무에서는 항고쟁송의 대상으로서 당해 행정작용이 행정처분에 해당하는가 하는 것이 소송요건을 검토함에 있어서는 보다 핵심적인 문제로 등장한다. 당해 행정작용이 처분에 해당하지 않으면 적법성 요건을 충족하지 못하여 당해 소제기는 부적법 각하되기 때문이다. 그러므로 실무상으로는 항고소송의 소송요건으로서의 처분 개념이 보다 현실적인 중요성을 가진다고 볼 수 있는 것이다. 그럼에도 불구하고 재판실무상 어떠한 것이 처분인지 가려내는 것은 결코 용이한 일이 아니다.

Ⅱ. 실정법상 행정행위 내지 행정처분의 개념

우리나라에서 실정법이 행정행위에 대하여 그 개념을 정의한 규정은 없다. 오히려 우리나라에서는 행정기본법, 행정절차법, 행정소송법, 행정심판법이 모두 행정행위의 쟁송법적 개념인 '처분'에 대하여 규정하고 있을 뿐이다. 네 법 모두 행정처분에 대하여 동일하게 그 개념을 정의하고 있는데, 행정기본법 제2조 제4호에는 ""처분"이란 행정청이 구체적 사실에 관하여 행하는 법 집행으로서 공권력의 행사 또는 그 거부와 그 밖에 이에 준하는 행정작용을 말한다"라고, 행정소송법 제2조 제1항 제1호에도 ""처분등"이라 함은 행정청이 행하는 구체적 사실에 관한 법집행으로서의 공권력의 행사 또는 그 거부와 그 밖에 이에 준하는 행정작용(이하 "處分"이라 한다) 및 행정심판에 대한 재결을 말한다"라고 규정되어 있다. 그리고 수많은 개별법규에서는 이러한 처분 개념을 전제로 하여 '허가', '승인', '면허', '영업정지', '취소' 등 다양한 실정법상 용어를 사용하여 행정행위에 갈음하고 있다.

이에 비하여 독일의 경우에는 행정절차법 제35조에서 행정행위 개념을 정의하고 있다. 이에 따르면 행정행위는 "행정청이 공법 영역에서 개별 사안의 규율을 위하여 발령하는 모든 처분, 결정, 기타의 고권적 조치로서 외부에 대하여 직접적인 법적 효과를 야기하는 것을 말한다"라고 규정하고 있다.

결과적으로 행정행위는 "행정청이 개별적 · 구체적 사안의 법적 규율을 위하여 외부에 대하여 직접적인 법적 효과를 발생하게 하는 권력적 단독행위로서 공법행위"로 정의할 수 있다. 그렇다면 앞서 언급한 행정소송법 제2조 제1항 제2호의 '처분등'에서 '행정청이 행하는 구체적 사실에 관한 법집행으로서의 공권력의 행사 또는 그 거부' 부분은 행정청, 법적 행위, 구체적 · 개별적 사안, 고권적 단독행위, 외부에 대한 공권력 행사 등으로서 독일연방행정절차법과 강학상 일반적인 행정행위 개념과 대동소이하다고 볼 수 있다.

1. 행정청

행정청이란 국가 또는 지방자치단체 등 행정주체의 의사를 결정하여 외부로 표시할 수 있는 권한을 가진 자를 말한다. 행정기본법 제2조 제2호는 행정청을 정의하고 있는데, 같은 호 가목에서는 행정청이란 “행정에 관한 의사를 결정하여 표시하는 국가 또는 지방자치단체의 기관”을 말한다고 그 개념을 정의하고 있다. 다시 말하자면 행정행위는 바로 이와 같은 권한을 가지는 국가 또는 지방자치단체의 기관이 발령하는 것을 원칙으로 한다. 또한 정부의 장관뿐만 아니라 국회와 법원의 기관도 정보공개청구에 대한 결정권, 직원에 대한 징계권, 변상금 부과권 등 실질적 의미의 행정권한을 행사할 때에는 행정청이 될 수 있다.

그런데 행정주체에는 공공단체와 공무수탁사인도 있다. 이를 의식하여 행정기본법은 제2조 제2호 나목에서 이러한 행정청의 범위에 “그 밖에 법령등에 따라 행정에 관한 의사를 결정하여 표시하는 권한을 가지고 있거나 그 권한을 위임 또는 위탁받은 공공단체 또는 그 기관이나 사인(私人)”을 포함시키고 있다. 따라서 공공단체와 그 기관 및 공무수탁사인도 일정한 요건 하에 행정청으로서 행정행위를 발할 수 있다.

2. 개별적 · 구체적 사안에 대한 법적 규율행위

1) 개별적 · 구체적 사안에 대한 규율

(1) 개별적 · 구체적 규율

행정행위는 구체적 · 개별적 사안에 대하여 공권력을 행사한다는 점에서 일반적 · 추상적 사안을 규율하는 행정입법과 구별된다. 추상적인지 구체적인지는 규율되는 사안이 일회적인지 반복적인지에 따라, 일반적인지 개별적인지는 규율되는 사람이 특정되어 있는지 여부에 따라 구별된다고 본다. 따라서 구체적이고 개별적인 사안을 규율한다는 의미는 특정인에 대한 조세의 부과, 영업의 허가와 정지 등을 그 대상으로 한다는 의미이며, 향후에 일정한 행위를 하게 될 일반적이고 추상적인 기준을 정하는 입법행위와 성질상 구분된다.

행정의 법률적합성원칙에 따라 행정행위는 법률을 집행하게 되는데 법률은 일반성과 추상성을 갖는다. 법률의 위임을 받아 행정입법을 하는 경우는 일반적 · 추상적 형식으로 법률을 집행하는 것이 된다. 행정행위라는 형식으로 법률을 집행한다는 것은 법률로 규율된 일반적 · 추상적 사안이 구체적이거나 개별적인 모습을 갖는 것이다. 그 중에서도 시간적 · 공간적 요소가 모두 특정된다면 매우 구체적인 모습을 갖춘 것이라고 할 수 있다. 예를 들어 서울지방병무청장이 특정 예비역에게 입영부대, 소집중대, 입영일시, 모이는 장소, 도착지 등을 정하여 한 병력동원소집 통지는 ‘구체적 · 개별적’

규율로서 행정행위에 해당한다.

또한 불특정 다수를 대상으로 한 규율이라면 일반적이라고 할 수 있고 한 사람이든 여러 사람이든 구체화되어 특정되면 개별적이다. 예를 들어, 경찰공무원이 특정 시간에 특정 도로에서 집회를 하고 있는 다수의 사람들에 대하여 한 해산명령의 경우 그 명령을 발할 당시에는 해산명령의 대상이 되는 사람이 구체적으로 특정되므로 개별적 규율에 해당한다. 즉 개별적 · 구체적 규율인 행정행위다.

(2) 일반적 · 구체적 규율

특정한 사물의 법적 상태를 일반적으로 규율하는 물적 행정행위나 일반적인 사안을 대상으로 하는 일반처분도 행정행위로서의 성질을 유지한다(이에 대한 구체적인 내용은 후술). 그 이유는 이러한 '일반적 · 구체적' 규율도 공권력이 행사되는 시점에서는 구체적 사안을 법적으로 규율한다는 점에서는 행정행위와 차이점이 발견되지 않기 때문이다. 예를 들어, 교통신호등은 일반적으로 교통행위에 참여하는 모든 보행자와 운전자를 그 대상으로 하지만 특정한 상황에서 점멸되는 신호등은 이 상황에서 교통행위에 참여하는 자들의 권리의무관계를 구체적으로 규율한다. 또한 서울특별시장이 감염병을 예방하기 위하여 특정 일시 이후 서울 전역에서 10인 이상의 집회를 금지하는 것은 불특정 다수를 대상으로 한 것으로서 일반적이고 특정 일시 이후 서울에서의 집회는 9인 이하로만 가능하게 하여 구체적이라고 할 수 있다(헌재결 2023.12.21. 2021헌마615).

(3) 개별적 · 추상적 규율

'개별적 · 추상적' 규율의 예로는 특정인에게 눈이 올 때마다 집 앞의 눈을 치우라는 명령을 든다. 반복적이기 때문에 추상적이라는 것이다. 그런데 이 역시 적용되는 때에는 그 적용대상에 이르는 순간 개별적 · 구체적 규율의 단계로 이행하기 때문에 행정행위에 해당한다고 본다.

반면 특정 대규모점포에 대하여 매주 일요일을 의무휴업일로 지정한 경우 매주 일요일이 돌아오는 것은 반복적이지만 눈이 언제 올 것인지와는 달리 확정적인 것이므로 구체적이라고 할 수 있다. 따라서 개별적 · 구체적 규율이다.

(4) 이른바 일반처분과 물적 행정행위

일반처분(Allgemeinverfügung)이란 통상적인 행정행위와는 달리 구체적 · 개별적으로 특정한 사안을 규율하는 것이 아니라 일반적 징표에 따라서 특정할 수 있는 범위의 다수인을 대상으로 하는 행정행위, 특정 물건의 공법적 특성을 결정하는 행위, 특정 공물 등의 일반적 이용을 규율하는 행정행위를 말한다. 예를 들면 감염병예방을 위한 특정 시기 · 장소에서 일정 인원 이상의 집회금지, 공물의 지정행위, 교통표지판이나 교통신호기 등이 있다. 여기서 물건을 대상으로 하는 것을 과거에는 물적 행정행위라고 하였으나 순수히 물적 요소만을 대상으로 하는 행정행위는 사실상 존재하기 어렵고, 일반처분 개념이 점차 확대되어 감에 따라서 물적 행정행위는 일반처분에 포함되었다.

일반처분에 관한 또 하나의 예를 들자면 보건복지부장관이 건강보험의 적용을 받는 의약품에 대하여 국민건강보험공단이 요양기관에게 지급할 수 있는 약제비의 상한을 고시하는 경우 이러한 내용의 고시는 구체적이고 개별적인 사안만을 대상으로 하는 것은 아니지만 구체적인 약품을 그 대상으로 하고 있으면서도 개별사건이 아닌 일반적인 사례를 규율한다는 점에서 일반적 · 구체적 성격의 행정행위라고 할 수 있다. 대법원도 약제금액상한을 정한 보건복지부장관의 고시에 대하여 일반처분으로서의 성격을 인정한 원심의 판단이 정당하다고 하였다(대결 2004.5.12. 2003무41). 다만 이른바 약가고시에 대한 판례의 일반적 입장은 처분적 법규명령으로서 처분성을 인정하는 것이라고 할 수 있다(대판 2007.1.11. 2006두3841).

(5) 구별의 상대성

앞서 본 집회금지의 예를 보자. 불특정 다수에 대한 일반적 규율임은 알 수 있다. 집회는 반복적으로 발생할 수 있고 실제로 집회가 이루어질 것인지는 불확실하다. 그렇다면 추상적인가? 규율되는 사실관계를 6하원칙에 따라 서술한다면 '누가'라는 인적요소는 일반적 또는 개별적 규율에 관한 것이고, 나머지 요소는 추상적 또는 구체적 규율에 관한 것으로 볼 수 있다. 위 나머지 요소 중 어느 것이라도 특정된 게 있는 경우 구체적이라고 본다면 특정 일시 이후라는 시간, 서울 전역이라는 장소, 집회라는 대상, 10인 이상이 모이는 방식으로 구체화되었다고 볼 수 있다. 하지만 금지되거나 허용되는 집회의 범위 내에서는 다시 다양한 경우가 있을 수 있다. 예를 들어 8인 집회, 7인 집회, 11인 집회, 15인 집회가 있다. 여기에 주목한다면 추상적이라고 할 수도 있다.

일반처분이나 개별적 · 추상적 규율의 경우도 마찬가지다. 법률이나 법규명령과 같은 일반적 · 추상적 규율도 적용될 때에는 집행행위를 통해서 혹은 집행행위를 매개하지 않고 구체적 · 개별적 규율이 될 수 있다.

미술에서의 추상화와 구상화를 생각해 보면, 구상화조차도 실재하는 대상을 그대로 옮겨 놓는 것은 아니다. 다시 법적 논의로 돌아와 보자. 규율되는 사안의 특정 정도에 따라 추상적이거나 구체적이라고 할 수 있는데 다만 규율되는 사안 중 인적요소에 대한 부분은 일반적이거나 개별적이라고 달리 표현한다고 보았을 때, 역시 법에서도 추상적인지 구체적인지 구별하는 것은 정도의 문제이고 상대적이라고 할 수 있다. 그리고 항고쟁송의 대상인 처분 개념에서의 '구체적 사실에 대한 법집행'은 인적요소까지 포함하여 구체적인지 여부를 따지는 것이라고 할 수 있다. 이는 행정소송의 사법 본질상 한계로 언급되는 '구체적 사건성'에 대하여 개별적 사건이라고 따로 말하지 않는 것과 같다.

2) 법적 행위

행정행위는 구체적인 사실에 대한 법집행행위로서 일종의 법적 행위(Rechtsakt)라는 점에서 사실상의 결과발생만을 의도로 하는 사실행위(Realakt)와 구별된다. 다시 말하자면, 행정행위가 이루어지는 경우에는 그로 인한 행정상 법률관계가 성립하는 반면에 사실행위의 경우에는 구체적인 행정법상 권리의무관계가 형성되는 것은 아니다. 물론 경찰관이 총기를 위법하게 사용하여 타인의 신체에 상해를 가한 경우 국가배상법에 따른 손해배상청구권의 성립이라는 일정한 법률관계가 성립할 수 있다. 그러나 이는 사실행위로 인한 부수적 결과일 뿐 사실행위 자체가 가지고 있는 법적 효과는 아니라는 점에서 법적 행위와 구별된다.

3. 외부에 대하여 직접적인 법적 효과를 발생시키는 행위

행정행위는 행정주체와 국민 사이의, 즉 상이한 법주체 간의 외부적 법률관계를 규율한다는 점에서 행정조직 내부에서 이루어지는 이른바 내법관계(Innenrecht)와 구별된다. 여기에서 내법관계라는 것은 행정조직 내부에서 상하위 관청 간의 지시나 감독과 같은 법적 관계를 말한다. 한편 이른바 특별권력관계 내부에서의 명령이나 징계처분 등은 전통적으로 내부관계로 다루어져 온 측면이 있으나, 오늘날 공무원이나 국공립학교 학생 등에 대한 징계는 외부적인 법적 효과를 발생시키는 처분으로서 항고소송의 대상이다.

최근 판례에서 주목할 부분은 행정주체 간의 행위라 하더라도 법주체를 달리하며 한쪽 행정주체가 다른 쪽 행정주체에 대하여 우월적 지위에서 실질적인 공권력 행사를 하는 경우 이를 행정처분으로 보고 그에 대한 항고소송을 인정한다는 것이다. 즉 대법원은 지방지치단체의 장이 다른 지방자치단체에 대하여 한 건축협의취소가 항고소송의 대상인 처분에 해당한다고 보았다(대판 2014.2.27. 2012두22980).

4. 권력적 단독행위로서 공법행위

Otto Mayer는 행정행위의 개념을 민법상 법률행위로부터 차용하여 의사표시라는 요소를 강조하였다. 그런데 여기에서 행정청의 의사표시는 민법상 대등한 양당사자 사이의 의사표시와는 달리 행정주체의 의사적 우월성을 바탕으로 하는 고권적(hoheitlich)인 의사표시라는 특징을 갖는다. 행정소송법상 "공권력의 행사 또는 그 거부"라는 처분의 개념적 요소는 바로 행정행위가 행정청의 일방적인 의사표시에 따라 이루어지는 권력행위임을 암시하는 것이다. 따라서 행정행위는 행정청의 일방적인 의사표시라는 점에서 행정청과 상대방인 개인의 의사표시의 합치에 의하여 행정상 법률관계를 형성하는 공법상 계약과 구별된다. 물론 행정행위가 상대방의 신청에 따라 발령되기도 하지만 행정청은 원칙적으로 그러한 신청에 구속되지 않고 부관 등을 활용하여 신청 내용과 다른 행정행위를 할 수 있다는 점에서 권력적 단독행위로서의 성격을 상실하지 않는다. 또한 공법상 재단의 설립과 같은 합동행위와도 구별된다.

행정행위는 공법행위이므로 행정청이 행하는 사법상 행위와 구별된다.

제 2 절 행정행위의 분류

Ⅰ. 분류의 기준

행정행위는 다양한 기준에 따라서 분류가 가능하다. 우선 가장 중요하고 유의미한 구별은 행정행위를 법규의 기속 여부에 따라서 기속행위와 재량행위로 구분하는 것이다. 이에 대해서는 후술한다. 또한 오토 마이어는 행정행위 개념을 민법상 법률행위로부터 차용하였기 때문에 당시에는 의사표시를 구성요소로 하는 법률행위적 행정행위와 의사표시 이외의 다른 정신작용을 중심으로 하는 준법률행위적 행정행위로 분류하였다. 이러한 분류방법이 오늘날 큰 의미를 가지는 것은 아니지만 행정행위의 내용적 분류편에서 다루기로 한다. 이하에서는 우선 행정행위의 법적 효과에 따른 분류에서 제3자효적 행정행위에 대하여 다시 간략하게 언급하기로 한다.

Ⅱ. 제3자효적 행정행위에서의 제3자 보호

1. 침해적 행정행위, 수익적 행정행위, 복효적 행정행위

행정행위는 발생시키는 법적 효과에 따라서 상대방에게 권리를 제한하고 의무를 부과하는 등 불리한 법적 효과를 발생시키는 침해적 행정행위(belastender Verwaltungsakt)와 이와는 대조적으로 상대방에게 권리를 부여하거나 부과된 의무를 해제하는 등 유리한 법적 효과가 발생하는 수익적 행정행위(begünstigender Verwaltungsakt)로 구분한다.

그런데 행정행위 중에는 침해적 효과와 수익적 효과가 동시에 발생하는 경우도 있는데, 이러한 행정행위를 흔히 이중효과적 행정행위 또는 복효적 행정행위(Verwaltungsakt mit Doppelwirkung)라고 부른다. 그리고 이중효과적 행정행위는 상대방에게 수익적 효과가 있는 행정행위를 발령하면서 부관 등을 부과하여 동시에 침해적 효과가 수반되는 이른바 혼합적 행정행위(Verwaltungsakt mit Mischwirkung)와 상대방에게는 수익적 효과를 발생시키지만 제3자에게는 침해적 효과가 나타나는 제3자효적 행정행위(Verwaltungsakt mit Drittwirkung)로 나뉘어진다.

2. 제3자효적 행정행위와 제3자 보호

이미 언급한 바와 같이 오늘날 행정행위는 상당한 정도로 제3자효를 발생시킨다. 과거에는 행정법관계의 직접 당사자가 아닌 제3자에게 미치는 침해적 효과를 단순한 반사적, 사실상 이익 침해 정도로만 인식하였으나 오늘날 이들의 보호는 공권론에서 상당한 비중을 가지게 되었다. 따라서 행정소송법 제12조의 원고적격과 관련하여 법률상 이익의 범위에는 행정처분의 직접 상대방은 물론 제3자효적 행정행위에서 제3자의 공권침해 가능성을 인정하는 판례가 대세를 이루고 있음을 이미 언급하였다. 이 외에도 행정소송법, 행정심판법, 정보공개법은 제3자를 보호하는 규정을 두고 있다.

1) 행정소송법상 제3자의 소송참가와 재심청구

제3자효적 행정행위에서 행정청이 그 상대방에게 한 수익적 행정행위를 취소 또는 변경하여 상대방이 이에 대한 항고소송을 제기하는 경우 제3자의 권익에 상당한 영향을 미칠 수 있다. 이러한 점을 의식하여 행정소송법은 제3자의 소송참가를 인정하고 있다(제16조). 또한 행정소송법은 처분등을 취소하는 판결에 의하여 권리 또는 이익의 침해를 받은 제3자는 자기에게 책임없는 사유로 소송에 참가하지 못함으로써 판결의 결과에 영향을 미칠 공격 또는 방어방법을 제출하지 못한 때에는 이를 이유로 확정된 종국판결에 대하여 재심의 청구를 할 수 있게 하였다(제31조).

2) 행정심판법상 제3자의 심판참가

행정소송법과 함께 행정심판법 역시 상대방이 행정청의 행위에 대하여 불복하는 경우 제3자에게 미치는 심대한 영향을 고려하여 제3자의 심판참가를 인정하고 있다. 즉 행정심판의 결과에 이해관계가 있는 제3자나 행정청은 해당 심판청구에 대한 중앙행정심판위원회 또는 행정심판위원회나 소위원회의 의결이 있기 전까지 그 사건에 대하여 심판참가를 할 수 있다(행정심판법 제20조 제1항).

3) 정보공개법에 따른 제3자 보호

국민이 공공기관을 상대로 하여 공공기관이 보유한 정보의 공개를 청구하였는데 그 정보가 제3자의 권익과 밀접한 관련이 있는 경우가 있다. 정보공개법은 이러한 경우 그 사실을 제3자에게 지체 없이 통지하여야 하고 필요한 경우 그의 의견을 들을 수 있다고 규정하고 있다(제11조 제3항). 이러한 통지를 받은 제3자는 그 통지를 받은 날부터 3일 이내에 비공개 요청을 할 수 있다(제21조 제1항). 비공개 요청에도 불구하고 공공기관이 공개 결정을 할 때에는 그 결정 이유와 실시일을 분명히 밝혀 지체없이 문서로 제3자에게 통지하여야 하고, 제3자는 공공기관에 문서로 이의신청을 하거나 행정쟁송을 제기할 수 있는데 이의신청은 통지를 받은 날부터 7일 이내에 하여야 한다(제21조 제2항).

Ⅲ. 기속행위와 재량행위

1. 재량행위의 의의와 현대행정의 특징

행정법규가 행정청이 일정한 행위를 할 수 있는 근거가 되는 경우에 행정의 법률적합성원칙을 기계적으로 실현한다면, 법규의 요건이 충족됨에 따라 자동적으로 일정한 행위를 하거나 하지 않도록 행정행위를 엄격하게 기속시키는 것이 그 취지에 부합한다. 이처럼 행정청이 법규범의 내용을 기계적으로 집행함에 그치는 경우를 기속행위라고 부른다.

그러나 오늘날 행정이 대면하고 있는 현실은 매우 복잡하다. 또한 법규에 일의적으로 요건을 규정하고 그에 따르는 기계적 법집행을 요구하는 것은 행정의 탄력성과 유연성을 저해하는 것은 물론 행정활동을 통하여 민복과 공익을 실현하는 爲民行政의 원칙에도 반하는 결과가 된다. 따라서 행정법규는 행정청에게 일의적인 법집행을 요구하여 특정한 공익을 실현하려는 경우에는 기속규범의 형식을 취하고, 행정청의 전문성이나 상황적 유연성을 통하여 보다 합목적적인 결과를 도출하고자 하는 경우에는 재량규범의 구조를 취하게 된다.

다만 행정법규를 집행하는 행정청의 입장에서는 행정법규의 내용이나 취지 등을 고려할 때 그것이 기속규범인지 혹은 재량규범인지를 현실적으로 구별하는 것이 어려운 경우가 많아서 구별기준을 찾는 것이 중요하다. 특히 중요한 것은 사법부가 재량의 하자와 그 위법성을 이유로 하는 행정소송사건에서 행정청의 재량행위를 통제할 수 있는 범위와 관련하여 기속행위와의 차이점이 무엇인지다. 또한 재량행위에 대한 사법심사의 범위는 재량행위의 존재형식 내지 실현구조를 어떻게 이해할 것인가의 문제와 직접적으로 결부되어 있다. 다시 말하자면, 행정청의 재량은 근거규범의 요건에 존재하는 것인지 아니면 효과 부분에 존재하는 것인가에 따라서 재량행위의 위법성에 대한 심사기준과 그 정도가 결정된다는 것이다.

구체적인 설명에 앞서 두 가지 사항을 먼저 제시한다. 첫째, 판례는 기속행위와 재량행위를 구분하는 방법과 그 사법심사 방식에 관하여 "행정행위가 그 재량성의 유무 및 범위와 관련하여 이른바 기속행위와 재량행위로 구분된다고 할 때, 그 구분은 해당 행위의 근거가 된 법규의 체재·형식과 그 문언, 해당 행위가 속하는 행정 분야의 주된 목적과 특성, 해당 행위 자체의 개별적 성질과 유형 등을 모두 고려하여 판단하여야 한다. 이렇게 구분되는 양자에 대한 사법심사는, 전자의 경우 그 법규에 대한 원칙적인 기속성으로 인하여 법원이 사실인정과 관련 법규의 해석·적용을 통하여 일정한 결론을 도출한 후 그 결론에 비추어 행정청이 한 판단의 적법 여부를 독자의 입장에서 판정하는 방식에 의하게 되나, 후자의 경우 행정청의 재량에 기한 공익판단의 여지를 고려하여 법원은 독자의 결론을 도출함이 없이 해당 행위에 재량권의 일탈·남용이 있는지 여부만을 심사하게 된다"라는 입장이다(대판 2020.10.15. 2019두45739). 둘째, 행정법규의 요건부분에 불확정개념이 사용된 경우 재량이 존재한다고 볼 수 있는지에 대하여 판례를 이를 긍정하는 반면, 본서는 재량은 효과부분에 존재하며 요건부분이 불확정개념에 대한 판단여지와 구별된다는 입장을 취한다.

2. 재량행위와 기속행위의 구별기준

1) 문언상 의미와 한계

(1) 재량행위와 기속행위의 구별기준은 일단 근거규범의 문언에 의하여 결정됨이 원칙이다. 행정행위의 근거규범이 "행정청은 ~ 하는 경우에는 ~ 할 수 있다"라고 규정한 경우에는 행정청의 재량이 인정된다. 반면 "행정청은 ~ 하는 경우에는 ~ 하여야 한다"라는 내용을 가지는 경우 행정청은 그 요건에 따르는 하나의 행위만을 하는 것으로서 기속행위에 해당한다. 한편 일부 문헌과 판례에서는 기속행위와 기속재량행위, 재량행위와 자유재량행위라는 구분방법을 사용하고 있으나(대판 2018.10.4. 2014두37702), 오늘날 기속재량은 사실상 기속행위에 불과하고 법의 통제를 받지 않는다는 의미의 자유재량은 존재하지 않으며 모든 재량행위는 법적 의무에 합당한 재량이라는 점에서 단순하게 재량행위로 통일한다. 최근 판례가 "기속행위 내지 기속재량행위와 재량행위 내지 자유재량행위"라고 하였던 종래와는 달리 "기속행위와 재량행위"로 설시하는 것은 긍정적인 변화다.

재량행위와 기속행위의 구별이 문언상 분명한 예를 보자. 의료법 제65조 제1항에는 "보건복지부장관은 의료인이 다음 각 호의 어느 하나에 해당할 경우에는 그 면허를 취소할 수 있다. 다만, 제1호·제8호의 경우에는 면허를 취소하여야 한다"라고 규정되어 있다. 이때 본문의 경우는 면허취소 여부를 결정할 수 있는 재량행위이고, 단서의 경우는 반드시 면허를 취소하여야 하는 기속행위다.

대기환경보전법 제69조 제1항에는 "특별자치시장·특별자치도지사·시장·군수 · 구청장은 전문정비사업자가 다음 각 호의 어느 하나에 해당하면 6개월 이내의 기간을 정하여 업무의 전부 또는 일부의 정지를 명하거나 그 등록을 취소할 수 있다. 다만, 제1호 · 제2호 · 제4호 및 제5호에 해당하는 경우에는 등록을 취소하여야 한다"라고 규정되어 있다. 본문의 경우에는 업무정지 또는 등록취소, 업무정지라면 그 대상이 업무의 전부인지 일부인지, 그 기간이 6개월 이내 중 어느 정도인지에 관하여 결정할 수 있는 선택재량과 함께 그러한 제재처분을 할 것인지 여부를 결정할 수 있는 결정재량이 있는 재량행위이다. 반면 단서의 경우는 필요적 등록 취소사유로서 기속행위에 해당한다.

건축법 제11조 제4항 단서에는 "다만, 다음 각 호의 어느 하나에 해당하는 경우에는 이 법이나 다른 법률에도 불구하고 건축위원회의 심의를 거쳐 건축허가를 하지 아니할 수 있다. 1. 위락시설이나 숙박시설에 해당하는 건축물의 건축을 허가하는 경우 해당 대지에 건축하려는 건축물의 용도 · 규모 또는 형태가 주거환경이나 교육환경 등 주변 환경을 고려할 때 부적합하다고 인정되는 경우 2. 「국토의 계획 및 이용에 관한 법률」 제37조제1항제4호에 따른 방재지구(이하 "방재지구"라 한다) 및 「자연재해대책법」 제12조제1항에 따른 자연재해위험개선지구 등 상습적으로 침수되거나 침수가 우려되는 대통령령으로 정하는 지역에 건축하려는 건축물에 대하여 일부 공간에 거실을 설치하는 것이 부적합하다고 인정되는 경우"라고 규정되어 있어 그 문언상 행정청이 건축허가 여부에 대하여 재량권을 가지고 있는 것이 분명하다.

(2) 이외에도 법규의 문언에 "행정청은 ~ 하는 경우에는 ~ 한다", "~ 하려는 사람은 행정청의 허가를 받아야 한다" 등으로 규정하는 경우가 있는데, 행정청이 법규상 재량권을 가지는 것인지 혹은 요건에 따르는 특정한 행위를 요구받고 있는 것인지 구별하기 어렵다.

예를 들어 보자. 국적법 제4조 제1항은 "대한민국 국적을 취득한 사실이 없는 외국인은 법무부장관의 귀화허가(歸化許可)를 받아 대한민국 국적을 취득할 수 있다"라고, 제2항은 "법무부장관은 귀화허가 신청을 받으면 제5조부터 제7조까지의 귀화 요건을 갖추었는지를 심사한 후 그 요건을 갖춘 자에게만 귀화를 허가한다"라고 규정하고 있다. 이러한 문언만으로는 재량조항인지 기속조항인지는 구별하기 어렵다.

또 다른 예를 들어 보자. 건축법 제11조 제1항에는 "건축물을 건축하거나 대수선하려는 자는 특별자치시장 · 특별자치도지사 또는 시장 · 군수 · 구청장의 허가를 받아야 한다. 다만, 21층 이상의 건축물 등 대통령령으로 정하는 용도 및 규모의 건축물을 특별시나 광역시에 건축하려면 특별시장이나 광역시장의 허가를 받아야 한다"고, 제4항에는 "허가권자는 제1항에 따른 건축허가를 하고자 하는 때에 「건축기본법」 제25조에 따른 한국건축규정의 준수 여부를 확인하여야 한다. 다만, 다음 각 호의 어느 하나에 해당하는 경우에는 이 법이나 다른 법률에도 불구하고 건축위원회의 심의를 거쳐 건축허가를 하지 아니할 수 있다. (각호 생략)"라고 규정되어 있다. 이처럼 건축허가권자가 허가 여부를 결정할 때 그 준수 여부를 확인하여야 하는 한국건축규정은 건축물의 설계, 시공, 공사감리 및 유지·관리 등과 관련된 건축법 및 그 관계 법령, 행정규칙 및 조례 등의 규정(이하 '건축물 관련 규정')을 통합한 것으로 국토교통부장관이 공고하며(건축기본법 제25조), 이는 건축허가 시 반드시 확인해야 하는 법령, 의제처리 법령, 추가 확인이 필요한 법령의 세 부분으로 구성되어 있다(한국건축규정 별표 2). 그런데 이러한 건축법에 따르면 일반적인 건축물의 건축이나 대수선에 대하여 건축주는 반드시 행정청의 허가를 받아야 하는 것이 명확하지만 행정청이 허가 여부에 대하여 재량권을 가지고 있는지는 문언상 분명하지 않다.

2) 문언상 불분명한 경우

(1) 이러한 경우 판례는 당해 규정의 문리적 의미뿐만 아니라 행정작용의 분야와 성격, 행정법규의 취지와 목적 등을 고려하여 총체적인 판단하에 개별적으로 결정할 것을 요구하고 있다. 즉 대법원은 "어느 행정처분이 기속행위인지 재량행위인지는 해당 처분의 근거가 되는 규정의 체재·형식과 그 문언, 해당 처분이 속하는 행정 분야의 주된 목적과 특성, 해당 처분 자체의 개별적 성질과 유형 등을 모두 고려하여 개별적으로 판단하여야 한다"라는 입장을 제시하고 있다(대판 2020.7.9. 2018두44838).

(2) 그렇다면 이러한 기준에 따라서 국적법 제4조 제2항이 기속규범인가 혹은 재량규범인가를 판단하여 보기로 하자. 일반귀화의 요건에 관하여 국적법 제5조는 "외국인이 귀화허가를 받기 위해서는 제6조나 제7조에 해당하는 경우 외에는 다음 각 호의 요건을 갖추어야 한다. 1. 5년 이상 계속하여 대한민국에 주소가 있을 것 1의2. 대한민국에서 영주할 수 있는 체류자격을 가지고 있을 것 2. 대한민국의 「민법」상 성년일 것 3. 법령을 준수하는 등 법무부령으로 정하는 품행 단정의 요건을 갖출 것 4. 자신의 자산(資産)이나 기능(技能)에 의하거나 생계를 같이하는 가족에 의존하여 생계를 유지할 능력이 있을 것 5. 국어능력과 대한민국의 풍습에 대한 이해 등 대한민국 국민으로서의 기본 소양(素養)을 갖추고 있을 것 6. 귀화를 허가하는 것이 국가안전보장·질서유지 또는 공공복리를 해치지 아니한다고 법무부장관이 인정할 것"이라고 규정하고 있다.

그런데 국적법 제5조 제1호 내지 제2호는 명확한 개념인 반면에 제3호 내지 제6호는 불확정개념이다. 또한 귀화허가는 외국인에게 국적을 부여하여 국가공동체의 구성원으로 받아들이는 성질을 갖는 것이다. 따라서 귀화요건이 모두 충족된다고 하더라도 행정청은 이를 포함한 제반 사정을 종합적으로 검토하여 그 허가 여부를 결정한다.

다시 말해 행정청에게는 제5조의 일반귀화 요건, 즉 대한민국의 국민으로서 문화적 동질성 유지, 자산이나 기능 등의 자격 존부, 우리 국민으로서의 소양 등과 같은 공익과 사익을 균형 있게 고려하여 귀화허가 여부에 관한 최종적인 결정을 할 수 있는 활동의 여지가 부여되어 있다고 할 수 있다. 따라서 국적법 제4조 제2항에 따른 귀화허가는 재량행위로 볼 수 있다. 대법원 역시 귀화허가를 재량행위로 본다(대판 2010.7.15. 2009두19069).

(3) 건축법 제11조 제1항의 허가는 어떠한가? 앞서 본 바와 같이 건축허가권자는 건축허가를 하려면 건축물 관련 규정 준수 여부를 확인하여야 한다(제11조 제4항). 건축 관련 법령의 부합 여부를 검토하여 건축허가 발령 여부를 결정한다는 것은 공익상 건축행위를 일반적으로 금지하기는 하지만 그 해제의 요건이 존재하는 경우에는 건축주가 원래 기본권으로 가지고 있는 건축의 자유(Baufreiheit)를 회복하도록 금지를 해제하는 의미를 갖는다. 따라서 해제의 사유가 있다면 반드시 해제가 되어 자연적 자유를 회복하는 데 중요한 의미가 있으므로 건축허가는 기속행위로서의 성격을 가지게 되는 것이다.

이와 관련하여 건축허가의 경우에는 건축의 자유라는 '기본권'을 보장하는데 비하여 귀화허가는 '공익적 사안'이라고 하면서 기속행위와 재량행위의 구별기준으로 기본권을 제시하기도 한다. 물론 기본권도 고려사항이 된다. 그런데 일반적으로 건축허가는 기속행위인 반면 개발제한구역에서의 건축허가는 재량행위로 평가된다. 이는 모두 헌법상 재산권에 대한 제한에 해당하지만 도시의 미관이나 이웃 주민 등 제3자의 기본권 보호와 같은 공익적 관점이 허가 여부를 결정하는 기준이 될 수 있으므로, 공익의 실현이나 기본권을 기준으로 재량행위와 기속행위를 구별하는 것은 상대적인 의미를 가질 뿐이다. 다시 말해 건축허가 여부를 결정해야 하는 사안이 단순히 건축 안전 관련 법규 부합 여부를 따져 집행하는 행정적 사안인지 아니면 '정책적 판단'이 개입되는 사안인지에 따라 재량행위 여부를 결정하는 것이 보다 유의미하다고 할 수 있다. 귀화허가의 경우도 마찬가지다. 귀화를 통한 국적취득 역시 특정인의 일반적 행동자유권을 실현하는 측면이 있으므로[다만 헌법재판소는 일반적 행동자유권과 직접 관련성이 없다고 한다(헌재결 2016.7.28. 2014헌바421)], 귀화허가와 건축허가 모두 기본권과 관련되고 그에 공익적 관점이 고려되지만, 외국인을 대한민국의 국민으로 통합하는 문제는 보다 정책적인 사안임에 비하여 일반건축물에 대한 허가는 단순 행정적 사안이라고 평가할 수 있는 것이다.

판례는 건축법상 건축허가는 기속행위에 해당하지만 중대한 공익상 필요가 있는 경우에는 위 기속행위를 거부할 수 있다고 본다[대판(전합) 2012.11.22. 2010두22962; 헌재결 2010.2.25. 2009헌바70; 다만 후술하는 바와 같이 어떠한 입지에 어떠한 건축물을 건축하느냐에 따라 적용법규와 문제상황이 달라지고 그에 따라 재량행위 여부에 대한 판단도 영향을 받게 된다]. 이와 관련하여 원칙적으로는 기속행위이나 중대한 공익이 있으면 이를 거부할 수 있는 예외가 인정되는 기속재량행위라는 개념을 긍정하는 견해도 있다. 그러나 건축허가가 기속행위임에도 해석을 통해 건축 관련 법령에 규정되지 아니한 공익적 필요에 따라 허가를 거부하는 것은 법률우위원칙에 위반된다. 그러한 거부의 필요성이 있다면 법령에 이를 요건으로 명시하여야 한다. 그 예가 건축법 제11조 제4항 단서이며 이러한 경우의 건축허가는 그 문언에 따라 재량행위로 봄은 전술한 바와 같다.

한편 건축물의 건축은 건축법상 건축허가의 대상이자 국토계획법상 개발행위허가의 대상이다(국토계획법 제56조 제1항 제1호). 다만 건축물의 건축에 대한 개발행위허가에 필요한 서류의 제출은 건축법상 건축허가 절차에 따라 이루어지며(국토계획법 제57조 제1항 단서) 건축허가를 받으면 국토계획법상 개발행위허가를 받은 것으로 본다(건축법 제11조 제5항 제3호). 따라서 이러한 경우의 건축허가는 개발행위허가의 성격을 함께 갖게 되므로 국토의 계획 및 이용에 관한 정책적 판단이 개입될 수 있어 재량행위로 평가될 여지가 있게 된다(대판 2020.7.23. 2019두31839). 물론 개발행위허가는 건축허가와 마찬가지로 기속행위라는 것이 다수설인데, 판례는 요건부분에 재량이 있다는 의미에서 개발행위허가를 재량행위로 본 바 있다(대판 2017.3.15. 2016두55490).

3. 재량행위와 기속행위 구별의 실익

1) 연혁적인 이유

과거 재량행위와 기속행위를 구별하는 이유로는 세 가지가 제시되었다. 첫째, 행정소송사항에 대한 이른바 열기주의 방식이 존재하던 20세기 중반 이전의 독일에서는 행정소송을 제기할 수 있는 사항에서 재량행위를 배제하였기 때문에 기속행위를 그르치는 위법사유에 대해서만 사법심사가 가능하였다. 다시 말하자면, 재량행위는 무엇이 법인가를 판단하는 기속행위와는 달리 무엇이 보다 공익목적에 부합하는지를 결정하는 합목적성 판단이기 때문에 전자와는 달리 후자는 사법부가 행정소송을 통하여 위법으로 선언할 수 없다는 것이다. 이른바 자유재량행위에 대한 사법심사 불가론은 제2차 세계대전이 종료하고 각국이 처분을 포함하는 행정작용 전반에 대한 사법심사를 인정하면서 극복되었다. 우리나라 행정소송법 역시 제27조에서 “행정청의 재량에 속하는 처분이라도 재량권의 한계를 넘거나 그 남용이 있는 때에는 법원은 이를 취소할 수 있다”라고 규정하고 있는데, 이는 재량권 행사가 법적 한계를 일탈하여 위법하다고 인정하는 경우 법원이 사법심사를 통하여 이를 취소한다는 주의적인 규정으로 볼 수 있다.

둘째, 수익적 행정행위에 붙여지는 부관의 가능성에 관한 문제이다. 일반적으로 부관은 주된 행정행위의 내용을 제한 또는 보충하기 위하여 붙여지는 종된 규율로서 이는 행정행위의 내용에 대하여 행정청이 법규상 재량권을 가지고 있는 경우에 한하여 가능하다는 것이 종래의 입장이었다. 다시 말하자면, 행정행위의 부관은 재량행위에는 가능하지만 행정청이 법규의 내용을 일의적으로 집행해야 하는 기속행위에는 부가할 수 없다는 것이다. 그러나 이러한 종래의 입장은 오늘날 수정이 불가피하다. 그 이유는 기속행위의 경우에도 법률상 근거가 있는 경우에는 부관을 부가하는 것이 원칙적으로 허용되기 때문이다. 행정기본법은 제17조 제1항에서 재량행위에 부관을 붙일 수 있고, 제2항에서는 기속행위에도 법률에 근거가 있으면 부관을 붙일 수 있다고 규정한다.

예를 들어 식품위생법상 식품조사처리업, 단란주점영업, 유흥주점영업을 하려는 자는 영업 종류별 또는 영업소별로 식품의약품안전처장 또는 특별자치시장 · 특별자치도지사 · 시장 · 군수 · 구청장의 허가를 받아야 한다(제37조 제1항). 학설과 판례는 식품위생법상 허가는 허가의 요건이 충족되는 경우 행정청이 이를 원칙적으로 발급하여야 하는 기속행위로 보고 있다[대판 2000.3.24. 97누12532(일반음식점영업허가); 대판 1993.2.12. 92누4390(유흥접객업허가)]. 그런데 위 허가권자는 영업허가를 할 때 필요한 조건을 붙일 수 있다(제37조 제2항). 이는 기속행위라고 하더라도 법령상 부관의 근거가 있으면 이를 붙일 수 있는 예다. 따라서 부관의 가능성 여부에 따라서 기속행위와 재량행위를 구분하는 것도 연혁상 이유에 불과하다.

마지막으로 개인이 국가에 대하여 공권을 행사하기 위한 요건으로서 강행규범이 존재해야 하므로 기속행위의 경우에만 한정적으로 개인적 공권이 성립할 수 있고 재량행위의 경우에는 행정청이 행위의 발동 여부에 대하여 선택권을 가지기 때문에 개인은 국가에 대하여 일정한 행위를 요구할 수 없다는 것이 과거의 통설이었다. 다시 말하자면, 재량행위의 경우에는 공권성립 불가라는 등식이 존재한 셈이다. 그러나 오늘날 행정청이 법규상 재량권을 가지는 경우에도 개인의 생명, 신체, 재산 등에 대한 긴급한 위해가 발생하거나 발생할 우려가 있어 재량이 축소됨으로써 일정한 행위의무가 발생하는 경우에는 무하자재량행사청구권과 행정개입청구권과 같은 공권이 성립할 수 있다는 점에서 이 역시 연혁적인 이유에 그치고 있다.

2) 행정소송에서 법원의 심리범위

기속행위와 재량행위를 구분하는 실익이 연혁적 이유에 그친다면 그리 크지 않다고 할 수 있다. 오늘날 양자를 구별하는 것은 보다 실제적인 이유, 특히 행정소송에서 법원이 행정청의 사실판단을 중시할 것인가에 있다고 할 수 있다. 다시 말하자면 기속행위의 경우 행정청은 처리하고자 하는 사안이 법규상 요건에 합치하는가에 따라서 이를 집행하는 것이므로 행정청의 사실판단 자체가 합리적으로 적법하게 이루어진 것인지에 대하여도 심사하게 된다. 이에 비하여 재량행위의 경우에 사법부는 행정소송의 심리과정에서 재량의 행사에 관한 행정청의 사실판단을 존중하며 사실관계로부터 일정한 결정이 도출되는 과정에서의 중대한 오인이나 객관적 증거의 부족 등에 한정하여 사법심사를 진행한다. 그렇기 때문에 사법부는 재량행위의 경우에는 이와 같은 객관적 결정과정과 최종적인 결정이 비례의 원칙이나 평등원칙 등에 위반되었는가의 문제에 국한하여 심사의 범위를 제한한다. 판례 역시 "재량행위에 대한 사법심사의 경우, 행정청의 재량에 기한 공익판단의 여지를 감안하여 법원은 독자의 결론을 도출함이 없이 당해 행위에 재량권의 일탈 · 남용이 있는지 여부만을 심사하게 되고, 이러한 재량권의 일탈 · 남용 여부에 대한 심사는 사실오인, 비례 · 평등의 원칙 위배 등을 그 판단 대상으로 한다"고 본다(대판 2010.12.23. 2010두21204).

4. 재량행위와 기속행위의 본질과 실현구조

1) 요건규정과 효과규정

행정행위의 근거규범은 두 부분으로 구성된다. 즉 행정법규는 "~ 하는 경우에는 ~ 할 수 있다" 혹은 "~ 하여야 한다"라고 규정하고 있으며, 전자를 요건규정이라고 하고, 후자를 효과규정이라고 부른다. 요건규정은 일의적 개념 혹은 불확정개념을 사용하여 행정청으로 하여금 일차적으로 요건규정에 대한 판단을 하도록 하고, 그에 따라서 효과규정을 통하여 일정한 행위를 할 수 있도록 재량의 여지를 부여하거나 요건에 따르는 엄격한 법집행을 요구한다.

그런데 후술하는 바와 같이 행정법규의 요건규정에 대한 해석이나 판단을 하는 부분과 효과규정에 따라 행정청이 일정한 행위를 하는 부분을 구분하는 이른바 판단여지와 재량의 구분론에 의하는 경우에는 행정청의 재량은 오로지 효과부분에서 실현된다. 그러나 이러한 효과재량설과는 달리 행정법규의 요건부분에 재량이 존재하며 실현된다는 요건재량설이 오랫동안 주장되었다. 이하에서는 요건재량설과 효과재량설에 따르는 재량권의 실현구조를 살펴보고 이른바 판단여지설과의 차이에 대하여 논하기로 한다.

2) 요건재량설

행정재량은 근거규범의 요건에 대한 판단 부분에 존재하는 것으로 이해하는 견해이다. 다시 말하자면 행정행위의 요건규정에서 불확정개념을 사용하는 경우에 행정청이 불확정개념을 해석할 때 일정한 판단의 여지를 가지게 되는데, 이러한 판단의 여지를 재량으로 이해하는 견해이다. 요건재량설은 초기의 재량이론으로서 재량의 본질을 행정법규의 요건규정에 존재하는 것으로 보고 요건판단을 재량과 동일시함으로써 이후 제시된 효과재량설과 판단여지설에 의하여 비판의 대상이 되었다.

예를 들어 요건재량설을 설명하여 보기로 하자. 위험 발생의 방지 등에 관하여 경직법 제5조 제1항은 "경찰관은 사람의 생명 또는 신체에 위해를 끼치거나 재산에 중대한 손해를 끼칠 우려가 있는 천재(天災), 사변(事變), 인공구조물의 파손이나 붕괴, 교통사고, 위험물의 폭발, 위험한 동물 등의 출현, 극도의 혼잡, 그 밖의 위험한 사태가 있을 때에는 다음 각 호의 조치를 할 수 있다. 1. 그 장소에 모인 사람, 사물(事物)의 관리자, 그 밖의 관계인에게 필요한 경고를 하는 것 2. 매우 긴급한 경우에는 위해를 입을 우려가 있는 사람을 필요한 한도에서 억류하거나 피난시키는 것 3. 그 장소에 있는 사람, 사물의 관리자, 그 밖의 관계인에게 위해를 방지하기 위하여 필요하다고 인정되는 조치를 하게 하거나 직접 그 조치를 하는 것"이라고 규정하고 있다.

그리고 경찰관이 다중이 모이는 시설에 대한 테러를 암시하는 전화를 받았다고 가정하자. 이 경우 경찰관은 위 조항의 요건규정에서 정하는 "위험한 사태"에 대한 판단을 하게 되는데, 진정한 위험이 존재하는 것으로 판단하는 것을 재량권 행사로 이해하는 것이 요건재량설의 입장이다. 혹은 과거에도 수차례 동일한 시설에 대한 위협이 있었지만 실제로는 어떤 위험도 발생하지 않았기 때문에 이번 역시 위험발생 방지의 요건에 합치하지 않는 것으로 판단하는 것 역시 재량권 행사로 보는 것이다. 다시 말해 요건 충족 여부에 대한 긍정적 또는 부정적 판단 그 자체가 재량권행사로 보며 결국 행정재량의 본질은 법규의 요건부분에 존재하는 것으로 이해한다.

3) 효과재량설

효과재량설은 요건재량설이 법규의 요건규정에 대한 해석과 효과규정에 존재하는 재량을 혼동하고 있다고 비판한다. 즉 요건판단은 재량이 아니라 요건규정에 대한 법해석으로서 인간의 대뇌에서 이루어지는 법판단작용에 해당하는 것이다. 반면 재량은 행위에 관한 것이기 때문에 요건규정에 관한 인식과 판단을 전제로 행하여지는 일정한 작위 또는 부작위를 의미하는 것이다. 이처럼 행정재량은 행위이기 때문에 논리필연적으로 행정법규의 효과부분에 존재하고 실현되는 구조를 가지게 된다.

다시 경직법 제5조 제1항에 따라서 행정재량의 본질과 실현방식을 검토하여 보기로 하자. 경찰관이 시설에 대한 테러를 암시하는 협박전화를 받은 경우 일단 제5조 제1항의 요건에 따라서 위험발생의 방지가 필요하다고 판단한 경우 그에 따라서 위해를 방지하기 위하여 시설에 모인 다중에 대한 해산과 같이 필요하다고 인정되는 다양한 조치를 실제로 강구하게 된다. 효과재량설의 입장에서는 이러한 조치를 하는 작위가 경찰관의 구체적인 행위로서 재량권 행사에 해당하는 것이라고 이해하는 것이다. 물론 경찰관이 위험발생 방지의 요건이 충족된다고 판단했음에도 불구하고 어떠한 행동도 취하지 않는 것으로 결정하는 부작위 역시 재량권의 행사가 된다.

4) 판단여지설

판단여지설은 행정법규의 요건에 불확정개념을 사용한 경우 그에 대한 해석은 법판단 내지 법인식작용이기 때문에 이를 재량권 행사로 보는 요건재량설을 비판한다. 왜냐하면 불확정개념 역시 "불확정"(unbestimmt)이기는 하지만 "법적 개념" (Rechtsbegriff)이기 때문이다. 따라서 판단여지설도 재량의 본질과 그 실현구조를 행정법규의 효과부분에 있다는 것을 인정함으로써 효과재량설과 궤를 같이 한다고 볼 수 있다. 다만 효과재량설은 행정법규의 효과부분에 재량이 존재한다는 것 이외에 요건부분에 불확정개념을 사용한 경우 그에 대한 해석방법이나 법원의 사법심사의 범위에 대해서는 관심을 보이지 않았다는 점에서 판단여지설과 구별된다.

1955년 판단여지설을 처음으로 제시한 Bachof교수는 행정법규가 요건부분에 불확정개념을 사용하는 이유는 근본적으로 행정청이 가지고 있는 전문적 지식과 정책적 판단을 존중하기 위한 것으로 이해하였다. 그 이후 Ule와 Wolff교수는 이러한 요건판단에 대한 행정청의 고유한 영역으로 인하여 사법부는 그 후 행정청의 판단을 심사할 때 매우 제한적인 범위에 머물 수밖에 없으며, 행정청의 판단을 사법부가 존중한다는 의미에서 행정적 판단은 사법적 판단을 대체할 수 있다는 대체가능성설(Vertretbarkeitslehre) 내지 정책사안에 대한 행정의 평가특권(Einschätzungsprärogative) 등을 언급하였다.

이와 같이 행정법규 요건부분의 판단여지와 효과부분의 재량을 구별하는 견해는 그 이후 독일에서 일반적인 지지를 받게 되었으며, 우리나라의 경우에도 대체로 양자를 구별하는 것이 다수의 견해라고 할 수 있다. 다만 독일에서는 이후의 발전과정에서 요건부분에 불확정개념을 사용하는 경우 무제한적인 판단여지가 인정되는 것은 아니며, 법규가 확정적으로 행정청에게 최종적인 판단을 수권한 경우에 한하여 사법심사가 면제되는 것으로 보는 이른바 규범적 수권론(normative Ermächtigungslehre)이 대세를 이루고 있다.

5) 사법심사의 범위

위에서 언급한 바와 같이 재량의 본질과 그 실현구조에 대한 다양한 이론들은 결국 행정청의 요건판단이나 재량권 행사에 대한 사법심사의 범위를 결정하는데 유의미한 논거를 제공한다.

요건재량설에 의할 경우 요건판단 자체를 재량행위로 이해하기 때문에 위 사례에서 보듯이 테러에 대한 위험이 존재한다고 판단하는 것도 재량권 행사이며, 이와는 대조적으로 마침 그날이 이른바 만우절이어서 장난전화에 불과하므로 경직법 제5조 제1

항의 위험발생방지의 요건에 합치하지 않는 것으로 판단 내지 해석하는 것 역시 재량권 행사로 본다. 따라서 요건재량설에 의할 경우 재량권 행사에 대한 법적 한계를 설정하는 것이 사실상 곤란해지기 때문에 그에 대한 사법심사 또한 용이하지 않다. 예를 들어, 개발행위허가의 요건 중 '하천 · 호소 · 습지의 배수 등 주변 환경이나 경관과 조화 여부'에 관한 재량권 행사에 대한 사법심사는 어떠한 기준으로 할 것인가?

이에 비하여 효과재량설은 법적 효과에 따르는 행위를 재량으로 이해하기 때문에 재량행위에 대한 외부적 한계(유월 또는 일탈)와 내부적 한계(남용)를 설정하는 것이 가능해지며, 사법부는 이와 같은 법적 한계를 일탈 내지 남용한 재량권 행사를 통제할 수 있다. 이런 측면에서 효과재량설이 요건재량설보다는 진일보한 이론이라고 할 수 있다.

그렇다면 판단여지설의 경우에는 어떠한가? 일단 판단여지설에 의할 경우 재량은 효과부분에 있는 것으로 보기 때문에 효과재량설과 같이 재량행위에 대한 사법심사는 당연히 가능하다. 그런데 판단여지설은 여기에서 더 나아가 요건부분의 불확정개념을 행정청이 해석할 때 사실관계를 오인하거나 사실관계를 요건으로 포섭하는 과정에서 객관적이고 합리적인 기준을 준수하지 않는 경우에는 위법한 판단으로 보아 행위부분에 대한 사법심사와 함께 요건부분에 대한 법원의 심사가 가능해진다는 특징이 있다. 예를 들어 위 테러위협사건의 경우 최근 실제로 위협이 현실화되어 수차례 피해가 발생한 사실이 있음에도 불구하고 당일이 만우절이라는 이유로 자의적으로 판단하였고, 그 결과 테러로 인한 피해가 발생하였다면 경찰관의 판단은 지극히 주관적이며 방만한 것으로서 위법을 면할 수 없다. 결과적으로 본다면 판단여지설은 효과부분의 재량통제는 물론 불합리하고 자의적이며 방만한 요건판단에 대한 사법적 심사의 채널을 하나 더 열어 놓은 것으로서 사법심사의 범위와 정도를 강화하는 이론이라고 평가할 수 있다. 판단여지설을 제기한 학자들의 의도는 원래 사법부가 행정청의 판단을 존중하고 가능한 한도로 그 범위를 축소하려는 것이었지만 독일법원은 요건부분에 대한 행정청의 합리적이고 객관적인 법해석을 요구함으로서 방만하고 자의적이며 불합리한 판단을 위법한 것으로 보고 그에 따르는 법적 효과를 인정하는 방향으로 판례를 발전시켰다.

6) 사법심사가 배제되는 대체가능한 영역

그렇다면 행정청의 판단여지를 존중하여 사법심사가 배제 내지 자제되는 영역에는 어떠한 것들이 있을까? 첫째, 국가시험에서 시험위원에게 인정되는 전문적 판단, 둘째, 공무원에 대한 상급자의 근무평가, 셋째, 환경법과 경제법 영역에서의 예측적 결정이나 위해에 대한 평가, 넷째, 행정정책이나 경제정책과 같은 정책적 판단, 다섯째,

독립적이고 중립적인 행정위원회의 결정 등이다.

다만 이와 같은 영역에서 행정청의 전문적 판단이나 사법심사의 대체가능성이 인정된다는 사실이 곧바로 전면적인 사법심사의 배제를 의미하는 것은 아니라는 점을 주목할 필요가 있다. 이러한 영역에서도 독일의 사법부는 행정청의 판단이 첫째, 적법절차를 준수하였는지, 둘째, 사실관계를 적절하게 평가하였는지, 셋째, 일반적으로 승인된 평가의 기준을 적용하였는지, 넷째, 사안과는 동떨어진 고려를 한 것은 아닌지 등을 심사의 기준으로 활용하고 있다.

7) 판 례

(1) 앞서 언급한 바와 같이 행정법규의 요건부분에 대한 판단여지가 법판단과 해석에 대한 문제임에 비하여 재량은 행위로서 효과부분에 존재하므로 양자가 개념적으로 구별되어야 하는 것이 원칙이다. 또한 판단여지설은 효과부분에 대한 재량통제와 더불어 요건부분의 해석에 대하여 합리적이며 객관적인 판단을 요구함으로 인하여 자의적이고 방만한 행정청의 판단에 대한 사법심사의 가능성을 인정한다는 점에서 결과적으로 사법심사의 범위(scope)를 확대하였다는 점에서 그 의의를 발견할 수 있다. 또한 판단여지와 재량을 개념적으로 구별하는 것이 독일의 학설과 판례의 일반적인 경향이었음을 지적하였다.

이에 비하여 우리나라 판례는 "처분의 근거법령이 행정청에 처분의 요건과 효과 판단에 일정한 재량을 부여하였는데도, 행정청이 자신에게 재량권이 없다고 오인한 나머지 처분으로 달성하려는 공익과 그로써 처분상대방이 입게 되는 불이익의 내용과 정도를 전혀 비교형량하지 않은 채 처분을 하였다면, 이는 재량권 불행사로서 그 자체로 재량권 일탈 · 남용으로 해당 처분을 취소하여야 할 위법사유가 된다"라고 하여 요건부분과 효과부분 모두에 재량이 존재한다는 입장이다(대판 2019.7.11. 2017두38874). 다시 말해 대부분의 판례는 재량의 본질 내지 실현구조와 관련하여 행정행위 요건판단 자체를 재량으로 보는 요건재량설처럼 개념상 재량과 판단여지를 구별하지 않는다.

(2) 대법원은 감정평가사시험 합격기준을 절대평가로 할 것인가 혹은 상대평가로 정할 것인가의 문제는 행정청의 정책적 판단의 여지에 속하는 것이며 이것이 바로 행정청의 재량에 속하는 문제라고 보았다(대판 1996.9.20. 96누6882). 또한 대법원은 논술형으로 시행하는 사법시험 제2차시험에서 채점위원의 전문적인 판단의 여지를 역시 재량으로 인정하고 있다(대판 2007.1.11. 2004두10432).

이처럼 대법원이 행정청의 전문적 판단을 재량으로 보는 것은 재량의 본질이 요건에 있다고 이해한 결과라고 할 수 있다. 다시 말해 법원이 재량의 본질을 이렇게 이해하는 경우 행정청이 행하는 거의 모든 판단 그 자체를 재량권의 행사로 보게 된다.

그렇게 되면 요건판단 부분은 행정청의 재량행위로서 법원이 이를 존중할 가능성이 크기 때문에 이에 대한 사법심사가 실효적으로 이루어지기 어렵다. 앞서 본 판례와 같이 법원은 요건판단에 해당하는 합격기준의 선택이나 채점행위를 재량으로 보고 그에 대하여 평등의 원칙 등 재량권의 일탈 또는 남용의 심사기준을 적용하게 되는 것이다.

그러나 합격기준의 선택이나 채점행위는 요건부분에 해당하는 법판단작용이기 때문에 이에 대하여 재량권의 일탈이나 남용의 심사기준을 적용하여 위법성을 인정하는 것은 사실상 어렵다. 보다 중요한 것은 행정청이 합격기준이나 채점기준과 같은 것을 합리적이고 객관적으로 설정한 것인지 여부, 즉 행정청의 요건에 대한 판단이 자의적인 것인지에 대하여 사법심사가 집중되어야 한다. 이러한 합격기준이나 채점기준이 결정되면 그에 따르는 합격사정이나 채점행위는 오히려 기계적인 것에 불과하기 때문이다.

대법원은 아니지만 하급심에서는 요건부분을 판단여지로 보고 재량과 구분한 경우도 있다. 서울고등법원은 「민주화운동관련자 명예회복 및 보상 등에 관한 법률」에 따라 피고 행정청인 민주화운동관련자명예회복및보상심의위원회가 원고를 민주화운동관련자로 판단할 때 판단의 여지를 가지고 있음에도 불구하고 이에 대한 합리적인 판단이 이루어지지 못한 것으로 보고 그 판단의 기준을 제시하면서 요건부분에 대하여 피고가 한 판단의 위법성을 인정하였다(서울고등법원 2013.6.20. 2012누16291).

(3) 판례는 직무감독권자인 검찰총장이 검사의 개별 사건처리에 대한 가치평가 결과에 따라 평정하고 벌점을 부과한 것은 재량권의 한계를 벗어나는 특별한 사정이 없는 한 이를 존중하여야 한다고 보았다. 그리고 이러한 벌점 부과에 기초하여 이루어진 경고처분 역시 특별한 사정이 없는 한 존중하는 것이 바람직하다고 하였다(대판 2021.2.10. 2020두47564).

(4) 판례는 대형마트 영업시간 제한 및 의무휴업일 지정 사건에서 경제법 영역에서의 예측판단을 기초로 한 규제행정이 재량권 일탈 · 남용에 해당한다고 볼 때에는 신중하여야 한다고 보았다[대판(전합) 2015.11.19. 2015두295]. 또한 건설폐기물 처리사업계획서 부적합 통보 사건에서는 환경법 영역에서의 행정청이 한 예측판단도 폭넓게 존중되어야 한다고 본다(대판 2017.10.31. 2017두46783). 식품(대판 2022.9.7. 2022두40376)이나 농약(대판 2021.2.25. 2019두53389)의 위해성 평가에 관한 행정청의 예측적 판단도 마찬가지로 본다.

(5) 판례는 국제항공노선 운수권배분에는 항공정책적 판단이 필요하고 그에 관하여 행정청이 재량을 갖는다고 하였다(대판 2004.11.26. 2003두3123).

(6) 판례는 국립묘지 안장 대상자 부적격 사유인 영예성 훼손 여부에 대한 안장대상심의위원회의 판단에 재량의 여지가 인정되고 존중되어야 한다고 본다(대판

2013.12.26. 2012두19571).

(7) 한편 요건부분에 불확정개념을 사용하였다고 해서 항상 판단여지가 인정되는 것은 아니고 요건이 충족되지 아니한 경우에는 기속행위이든 재량행위든 요건이 인정됨을 전제로 한 효과가 발생할 여지가 없다(대판 2017.12.22. 2017두59420; 대판 2018.12.13. 2016두31616).

5. 재량행위의 법적 한계와 재량하자

1) 행정소송법 제27조의 의미

과거 자유재량행위라는 용어가 통용되던 시대에는 재량권은 어떠한 법적 구속도 받지 않으며 법적 한계를 알지 못하기 때문에 이에 대한 사법심사도 가능하지 않았다. 그러나 실질적 법치주의에서 모든 국가권력의 행사는 당연히 일정한 헌법적 · 법률적 · 조리상 한계를 가지는 것이기 때문에 재량권 행사 역시 일정한 법적 한계가 있으며 이를 준수하는 경우에 한하여 그 적법성을 인정받을 수 있다. 행정기본법 제21조는 "행정청은 재량이 있는 처분을 할 때에는 관련 이익을 정당하게 형량하여야 하며, 그 재량권의 범위를 넘어서는 아니 된다"라고, 행정소송법 제27조는 "행정청의 재량에 속하는 처분이라도 재량권의 한계를 넘거나 그 남용이 있는 때에는 법원은 이를 취소할 수 있다"라고 규정하고 있는데, 이는 재량의 법적 한계를 창설하는 규정이라기보다는 단순히 이를 확인하는 성격을 가지고 있다.

2) 재량하자의 유형

재량하자의 유형으로서 일탈(逸脫) 또는 유월(逾越)은 재량권의 외부적 한계를 넘어서는 위법유형을 의미한다. 예를 들어 근거법규가 "6개월의 기간 내에서 영업을 정지할 수 있다"라고 규정하였으나, 실제로 행정청이 8개월의 영업정지처분을 하는 경우를 들 수 있다. 이는 재량권 행사가 외부적 한계를 일탈한 것은 물론 행정처분이 법률의 우위원칙에도 위반하므로 위법한 것으로 평가한다.

이에 비하여 재량권 행사가 내부적 한계를 위반한 하자의 유형을 남용(濫用)이라고 부른다. 재량권 행사의 내부적 한계는 비례의 원칙, 평등의 원칙, 신뢰보호의 원칙 등 행정법의 일반원칙으로서 이를 위반한 경우 역시 재량하자로서 위법사유가 된다.

마지막 재량하자의 유형은 재량권의 불행사(不行使) 또는 미달(未達)이다. 이는 행정청이 재량권을 행사할 수 있고 경우에 따라서 그 행사의 법적 의무가 존재함에도 불구하고 행정청의 고의 또는 과실로 인하여 적절한 재량권행사가 이루어지지 못하여 개인의 권익이 침해되는 경우이다. 예를 들어 재량권의 불행사는 재량이 축소되어 특정한 처분의무가 발생하였음에도 불구하고 당해 처분을 하지 않는 경우를 의미하는 것으로서 이와 같은 부작위는 위법으로 평가한다.

6. 재량의 축소와 무하자재량행사청구권, 행정개입청구권

1) 의 의

(1) 행정청이 법규상 재량권을 행사할 수 있는 경우 개인은 원칙적으로 공권력발동을 청구할 권리가 없다. 하지만 재량권은 그 법적 한계를 준수하여 행사되어야 하므로 이에 대응하여 개인은 행정청에게 하자 없는 재량권행사를 청구할 수 있는 권리가 인정될 수 있다. 이처럼 흠 없는 재량권행사를 청구할 수 있는 권리가 무하자재량행사청구권이다. 특정한 행정행위가 아니라 하자 없는 재량권의 행사를 청구하는 것이라는 의미에서 형식적 권리라고 한다.

이러한 형식적 무하자재량행사청구권이 재량권의 영(零)으로의 수렴을 통해 특정한 행정행위를 청구할 수 있는 실체적 권리로 된 것이 진정한 의미의 무하자재량행사청구권이고, 그 특별한 형태가 경찰법 영역에서 제3자에 대한 경찰권발동을 청구할 수 있는 행정개입청구권이다. 행정법규가 행정청에게 문언상으로는 재량권을 부여하고 있는 경우에도 평등원칙 내지 행정의 자기구속의 법리에 따라서 행정청이 가지고 있는 재량이 축소되거나 개인의 생명 · 신체 · 재산 등에 대한 긴급한 위해가 발생하였거나 발생할 우려가 있어 재량권이 영으로 수렴하면 반드시 특정한 처분을 하여야 하는 상태에 이르게 된다. 이때 행정청의 처분의무에 대응하여 개인은 행정청에게 특정처분을 요구할 수 있는 공권을 가지게 되는데 이를 무하자재량행사청구권 또는 행정개입청구권이라고 부르는 것이다.

(2) 공권론의 창시자라고 할 수 있는 O. Bühler는 개인적 공권성립의 요건으로서 행정법규가 행정청에게 일정한 행위의무를 부과하는 경우, 즉 강행규범이 있는 때에 한하여 개인적 공권이 성립할 수 있다고 보았다. 이를 수정하는 이론이 무하자재량행사청구권과 행정개입청구권과 같은 공권이라고 할 수 있다. 물론 이 역시 공권의 성립요건을 갖추어야 하는데, 제3자 공권의 확대가 사익보호성에 관한 것이라면 무하자재량행사청구권은 강행규범의 존재와 관련하여 강행규범을 기속규범에서 재량규범까지 완화한 것이며, 행정개입청구권은 두 가지 성립요건을 모두 확대한 것이라고 할 수 있다. 여기서 강행규범은 무하자재량행사의무 또는 재량의 수축에 따른 특정한 처분의무를 부여하는 행정법규를 의미하게 된다. 이로써 고전적인 공권론에 비하여 행정법상 공권의 성립범위가 확장되는 결과를 가져온 것이라고 평가할 수 있다. 독일에서 시작된 이와 같은 공권이론은 우리나라에서도 학설상 광범위한 지지를 받고 있지만 판례의 불분명한 태도와 이를 실현할 수 있는 소송수단의 불비 등은 여전히 이와 같은 공권의 실익에 대한 회의적인 견해 제시로 이어지고 있다.

2) 무하자재량행사청구권

(1) 형식적 단계와 실체화 과정

무하자재량행사청구권은 두 단계로 나누어 볼 수 있다. 우선 첫 번째 단계로서 무하자재량행사청구권은 그 명칭이 상징하듯이 재산권, 선거권, 정보공개청구권 등 헌법 또는 행정법상 처음부터 일정한 실체적 내용을 가지고 있는 공권과는 다르고 그 자체로는 어떠한 실체적 내용이나 일정한 보호범위를 가지고 있지 못하다. 다시 말하자면 무하자재량행사청구권은 행정청이 법규상 재량권을 가지고 있더라도 일정한 요건이 충족되는 경우 상대방이 행정청에게 재량권을 하자 없이 행사해 달라고 요청하는 권리에 불과하다. "행정청 당신은 재량권을 가지고 있지만 법적 의무에 합당한 방식으로 하자 없이 행사하시오"라는 요청으로서의 무하자재량행사청구권이라는 의미이다. 따라서 이 단계의 무하자재량행사청구권은 이른바 형식적 권리에 불과하다. 그렇다고 이러한 형식적 단계의 권리가 무의미하다는 것은 결코 아니다. 행정청이 재량권을 자의적으로 행사하는 것은 금지되며 개인은 행정청에게 법적인 한계를 준수하여 흠 없이 행사하라는 요청을 할 수 있기 때문이다.

그러나 형식적 의미의 무하자재량행사청구권으로는 개인이 행정청에게 특정한 처분을 요구할 수 있는 '실체적 권리'를 가진 것이 아니기 때문에 이러한 형식적 권리는 법적 실효성 측면에서 제한적인 의미만을 가질 뿐이다. 무하자재량행사청구권은 재량의 축소와 함께 진정한 의미를 가지는 것으로 볼 수 있다. 다시 말하자면 개인의 생명 · 신체 · 보건 · 환경 · 재산권 등에 대한 명백하고 현존하는 침해가 존재하거나 예상되는 경우, 행정의 자기구속에 따르는 특정한 처분이 요구되는 경우 등에는 행정청의 재량이 축소하여 영으로 수렴하게 된다. 이때 개인은 행정청에게 단순히 하자 없는 재량권의 행사를 요구하는 것을 넘어서서 특정한 처분을 요구하게 된다. 재량권의 축소와 영으로의 수렴을 통하여 행정청에게 특정한 처분의무가 발생하면 개인은 그에 상응하여 특정한 실체적인 내용이 포함된 처분을 요구할 수 있는 법률상의 힘, 즉 공권을 행사할 수 있게 되는 것이다. 이와 같이 무하자재량행사청구권은 실체화 과정을 통하여 특정한 내용을 포함하게 된다. 이것이 두 번째 단계에서의 실체적 의미의 무하자재량행사청구권이다.

(2) 무하자재량행사청구권 논의의 실익 – 처분성, 원고적격?

독일의 학설과 판례에 의하여 인정되었던 재량의 축소에 따른 무하자재량행사청구권의 법리는 행정청의 거부처분이나 부작위에 대한 권리구제의 방식으로 논의되었던 것이 사실이다. 그런데 우리나라의 경우에는 독일과는 달리 소송법적으로 의무이행소송이 인정되지 않기 때문에 법리나 개념상으로 무하자재량행사청구권을 수용한다고 하더라도, 실체법적으로 독자적인 공권성을 인정할 수 없으며 부작위위법확인소송 또는 거부처분이 이루어진 후에야 그에 대한 취소소송을 제기할 수 있을 뿐이어서 이를 긍정할 소송법상 실익에 대해 회의적인 견해가 제시되었다.

예를 들어 행정청이 법규상 공사중지명령에 관한 재량권을 가지고 있어서 건축주에게 공사중지명령을 하였는데, 이후 공사중지명령의 사유가 더 이상 존재하지 않는다는 것을 근거로 하여 해당 건축주가 공사중지명령에 대한 해제신청을 하였고, 행정청은 이를 거부하였다고 가정하자. 이 경우 건축주는 행정청의 해제신청거부처분에 대하여 그 취소를 구하는 항고소송을 제기할 가능성이 있다. 이와 관련하여 건축주가 공사중지명령의 해제에 대한 법규상 또는 조리상 신청권을 가지고 있다고 주장할 때 무하자재량행사청구권이 원고적격이나 거부처분의 처분성이라는 소송요건을 충족하는 근거로 주장될 여지도 있다.

그런데 판례에 따르면 원고적격의 경우 원고가 근거 법규 또는 관련 법규에 의하여 직접 보호되는 구체적이며 개별적 이익을 가지고 있는가, 즉 법률상 이익을 가지고 있는가를 검토한다. 또한 거부처분의 처분성과 관련하여 법규상 또는 조리상 신청권의 존재와 함께 신청한 행위가 공권력의 행사 또는 이에 준하는 행정작용에 해당하는지, 거부행위가 상대방의 법적 지위에 직접적인 변동을 초래하는 것인지를 검토한다. 재량권이 축소하여 개인이 일정한 공권을 가지는가의 문제는 고려의 대상이 아니다.

이러한 측면에서 보면 무하자재량행사청구권을 소송법적 실익의 문제로 접근하는 것은 무의미하고, 행정재량의 축소와 더불어 개인이 주장하는 특정처분의 실체적 내용을 확정하는 본안판단으로서의 의미가 보다 본질적인 것이 된다. 위 공사중지명령 해제신청의 경우 공사중지명령의 사유가 소멸하였음에도 불구하고 그에 대한 해제처분이 이루어지지 않아 건축주에게 회복할 수 없는 재산권에 대한 피해가 발생하거나 발생할 우려가 명백하다면 특정한 공사중지명령 해제처분을 청구하는 구체적인 내용의 공권을 가지게 되는 것이며, 이는 본안에서 공사중지명령 해제신청거부처분이라는 위법한 행정작용으로 인한 권리침해 여부를 가리는 문제에 해당한다.

다시 말해 현행 행정쟁송법하에서 무하자재량행사청구권과 행정개입청구권은 의무이행심판, 취소소송, 부작위위법확인소송을 통하여 실현하거나, 사실행위가 문제되는 경우에는 당사자소송과 국가배상의 방식이 고려될 수 있을 것이다. 또한 판례에 따르면 취소소송이나 부작위위법확인소송에서의 원고적격과 대상적격을 충족하기 위해 무하자재량행사청구권이나 행정개입청구권이 전면에 나서기는 어려워 보인다. 따라서 무하자재량행사청구권과 행정개입청구권은 소송요건이 아니라 본안판단에서 실질적 의미를 가질 수 있다.

(3) 판 례

가) 우리나라 법원은 일부 판결에서 재량의 축소와 무하자재량행사청구권의 법리를 언급하고 있으나 그러한 용어를 직접적으로 사용하는 것은 아니다. 대법원은 공사중지명령 철회신청에 대한 부작위위법확인소송에서 재량의 축소와 공사중지해제신청에 대한 원고의 권리에 대하여 언급한 바 있다(대판 2005.4.14. 2003두7590). 그런데 이 판결은 크게 두 부분으로 구별할 수 있다.

우선 첫 번째 부분은 "행정청이 행한 공사중지명령의 상대방은 그 명령 이후에 그 원인사유가 소멸하였음을 들어 행정청에게 공사중지명령의 철회를 요구할 수 있는 조리상의 신청권이 있다 할 것이고, 상대방으로부터 그 신청을 받은 행정청으로서는 상당한 기간 내에 그 신청을 인용하는 적극적 처분을 하거나 각하 또는 기각하는 등의 소극적 처분을 하여야 할 법률상의 응답의무가 있다고 할 것이며"라는 내용이다. 이 부분은 행정청이 공사중지명령 해제 여부에 대하여 재량권을 가지고 있으나 그 사유가 소멸하였다면 해제의무가 존재하기 때문에 상대방은 그에 따라서 재량권을 법적 흠결 없이 행사하여 공사중지해제명령을 요청할 수 있는 조리상의 권리를 가진다는 것이다. 이는 무하자재량행사청구권의 형식적 단계라고 할 수 있다. "행정청 당신이 가지고 있는 재량권을 법적 흠결 없이 행사할 의무가 있으며, 나는 그것을 요청할 수 있는 권리가 있소"라는 단계인 것이다. 그러나 이 단계에서는 아직 재량의 축소는 이루어지지 않고 있다.

이제 상대방은 형식적 단계를 넘어서 다음과 같이 주장한다. "행정청 당신이 공사중지명령해제에 대한 나의 신청에도 불구하고 여전히 당신의 재량권을 주장하여 해제명령을 하지 않고 있음으로 인하여 나에게 회복할 수 없는 재산권 침해가 발생하고 있소. 그러니 당신의 재량권은 축소하여 해제명령처분을 하여야만 하는 단계에 이르렀소." 즉 재량의 축소에 따라서 처분의무가 발생하였음에도 불구하고 이를 하지 않고 부작위로 머무는 상태는 위법한 것이므로 법원이 본안판단을 통하여 그러한 부작위가 위법임을 확인하는 판결을 해달라는 것이다. 하지만 판례는 두 번째 부분에서 "행정청이 상대방의 신청에 대하여 아무런 적극적 또는 소극적 처분을 하지 않고 있는 이상 행정청의 부작위는 그 자체로 위법하다고 할 것이고, 구체적으로 그 신청이 인용될 수 있는지 여부는 소극적 처분에 대한 항고소송의 본안에서 판단하여야 할 사항이라고 할 것"이라고 하여 재량이 축소되어 특정한 처분의무가 발생하였는지 여부는 부작위위법확인소송이 아니라 거부처분에 대한 취소소송에서 판단할 사항이라고 한다. 이에 더하여 우리나라 행정소송법에는 의무이행소송제도가 없기 때문에 무하자재량행사청구권의 행사를 위한 소송법상 수단이 불비하다는 것이 무하자재량행사청구권의 실익론을 촉발하였음은 이미 언급하였다.

나) 위 판결과 더불어 법원이 법리상으로 무하자재량행사청구권을 언급한 것으로서 검사임용신청 거부처분에 대한 대법원 판결을 들 수 있다(대판 1991.2.12. 90누5825). 이 판결 역시 두 부분으로 나누어서 살펴볼 수 있으나 위 공사중지명령 철회신청에 대한 부작위위법확인소송과는 달리 재량의 축소에 따르는 처분의무(원고를 검사로 임용하는 처분)에 대해서는 상대적으로 큰 비중을 두고 있지 못하다. 다시 말하자면 검사임용신청 거부처분 사건의 경우 법원은 검사임용신청에 대한 응답의무라는 형식적 단계의 무하자재량행사청구권에 보다 치중하고 있다. 검사임용 여부는 임용권자의 재량에 속하는 사항이기는 하지만 재량권의 일탈이나 남용이 없는 응답의무가 있다는 것인데, 이는 무하자재량행사청구권의 형식적 단계를 의미한다.

이 사건에서 대법원은 재량권남용 여부를 심리하여 본안에 관해 판단하라고 판시하고 있는데, 이 부분이 재량권의 축소에 따르는 특정처분의무(이 사건의 경우 원고에 대한 검사임용)를 의미하는 것인지는 불명확하다. 만약 원고와 비교하여 사실상 동일한 조건에 있는 다른 신청자들은 검사로 임용한 사실이 있는 경우에 법원은 평등원칙에 따라서 임용권자의 재량이 축소하고 그에 따라 원고에 대한 검사임용신청 거부처분이 위법하다는 것을 본안판단의 대상으로 주문하였다면 무하자재량행사청구권이 실체화 단계로 전환하여 특정 처분의무가 발생하였다고 볼 여지도 있다. 다만 거부처분에 대한 위법을 이유로 이를 취소한다고 하더라도 원고를 검사로 임용하라는 판결을 할 수는 없기 때문에 무하자재량행사청구권을 소송법적으로 실현하기 위해서는 입법론적으로 의무이행소송이 필요하다.

3) 행정개입청구권

(1) 의 의

행정개입청구권은 행정청이 법규상 재량권을 가지고 있음에도 불구하고 개인의 생명 · 신체 · 재산에 대한 긴급한 위해가 발생하거나 예상되는 경우에는 행정청에게 그와 같은 위해를 발생시킨 책임에 있는 제3자에 대한 일정한 조치를 요구할 수 있는 행정법상 권리라고 그 개념을 정의할 수 있다. 예를 들어 이웃에 거주하는 제3자 소유의 건물이 붕괴위협에 직면한 경우 인근에 거주하는 주민이 행정관청에게 제3자 소유의 건물에 대하여 일정한 안전조치를 요구하는 것이다.

행정개입청구권은 특히 경찰행정법 영역에서 경찰권 발동에 대하여 행정청이 가지는 재량, 즉 경찰편의주의를 수정하는 원리로서 등장하였다. 경직법은 경찰권 발동과 관련하여 요건규정에서 불확정개념을 사용하여 경찰관에게 판단의 여지를 제공하고 효과부분에서는 재량을 인정하고 있는데, 위와 같이 경찰법상 위해를 야기한 책임이 있는 행위자 또는 시설 등에 대하여 긴급한 위해가 발생하거나 발생할 우려가 있는 경우 경찰권 발동을 요구하는 것이다.

(2) 무하자재량행사청구권과의 이동(異同)

행정개입청구권은 무하자재량행사청구권이 경찰법 영역에서 구체화된 형태라고 할 수 있다. 달리 표현하자면, 경찰관은 직무집행의 근거법규에 의하여 재량권을 가지고 있으나 개인의 생명 · 신체 · 재산에 대한 긴급한 위해가 발생하거나 예상되는 경우 그 재량권이 축소하고 경찰권 발동의 위해를 발생시킨 책임이 있는 자나 시설에 대한 공권력을 발동하여야 하며, 상대방은 그에 상응하는 행정개입청구권을 가지게 된다. 이렇게 볼 때 행정개입청구권은 경찰법 영역에서 재량이 축소하여 실체화되는 과정에서 발생하는 무하자재량행사청구권의 특별한 형태라고 할 수 있는 것이다.

다만 행정개입청구권은 다음과 같이 몇 가지 측면에서 무하자재량행사청구권과 구별할 수 있다. 첫째, 앞서 언급한 공사중지명령철회신청거부처분 사건과 검사임용신청거부처분 사건에서 살펴본 바와 같이 무하자재량행사청구권의 경우에는 상대방이 자신에게 일정한 처분 등으로 공권력을 행사할 것을 직접적으로 청구하는 형태임에 비하여 행정개입청구권은 경찰법상 위해를 발생시킨 제3자에 대한 개입을 청구한다는 점에서 권리발생의 메커니즘이 상이하다. 다시 말하자면, 행정개입청구권은 경찰법상 경찰책임을 야기한 자에 대한 개입을 통하여 간접적으로 자신의 생명 · 신체 · 재산을 보호받는다는 점에서 보다 간접적인 방식이라고 할 수 있다.

둘째, 무하자재량행사청구권의 경우에는 주로 일정한 행정처분을 구하는 것임에 비하여 행정개입청구권은 경찰법상 처분보다는 주로 경찰권 행사 자체로서 권력적인 사실행위를 요구하는 것이 많다는 점이다. 이와 같은 양자의 차이는 권리구제방식에서 차이를 보일 수 있는데, 전자의 경우에는 현행 행정소송법상으로 거부처분에 대한 취소소송과 부작위위법확인소송 등 항고소송에 의하는 반면, 후자의 경우에는 경찰권의 위법한 발동 내지 부작위로 인한 손해의 전보라는 점에서 국가배상절차에 따르게 된다. 다만 소송이론법적으로는 경찰관의 위법한 부작위가 있는 경우 그 이행을 청구하는 일반적인 이행의 소로서 당사자소송을 고려할 수 있으나, 우리나라 소송실무상으로는 그 예를 찾기 어렵다.

(3) 판 례

우리나라 법원은 행정개입청구권이라는 용어를 명시적으로 사용하고 있지는 않지만 구체적인 사건에서 그 법리에 대하여 언급하고 있다. ① 대법원은 경찰관이 농민들의 시위를 진압하고 시위과정에서 도로에 방치된 트랙터에 대하여 이를 도로 밖으로 옮기거나 후방에 안전표지판을 설치하는 것과 같은 위험발생방지조치를 취하지 아니한 채 그대로 방치하고 철수하여 버린 결과, 야간에 그 도로를 진행하던 운전자가 위 방치된 트랙터를 피하려다가 다른 트랙터에 부딪혀 상해를 입은 사안에서 국가의 손해배상책임을 인정하였다. 그리고 이러한 상황에서 행정청의 재량이 축소하고 경찰법상 위해를 발생시킨 책임자로서 트랙터의 소유자를 대상으로 이를 처리하게 할 의무와 부작위의 위법성에 관하여 "경찰관직무집행법 제5조는 경찰관은 인명 또는 신체에 위해를 미치거나 재산에 중대한 손해를 끼칠 우려가 있는 위험한 사태가 있을 때에는 그 각 호의 조치를 취할 수 있다고 규정하여 형식상 경찰관에게 재량에 의한 직무수행권한을 부여한 것처럼 되어 있으나, 경찰관에게 그러한 권한을 부여한 취지와 목적에 비추어 볼 때 구체적인 사정에 따라 경찰관이 그 권한을 행사하여 필요한 조치를 취하지 아니하는 것이 현저하게 불합리하다고 인정되는 경우에는 그러한 권한의 불행사는 직무상의 의무를 위반한 것이 되어 위법하게 된다"라고 하면서 "원심이, 앞서 본 사실을 인정한 다음, 농민들의 시위를 진압하고 시위 과정에 도로상에 방치된 트랙터 1대를 도로 밖으로 옮기는 등 도로의 질서 및 교통을 회복하는 조치를 취하던 소외 1 등 경찰관들로서는 도로교통의 안전을 위하여 나머지 트랙터 1대도 도로 밖으로 옮기거나 그것이 어려우면 야간에 다른 차량에 의한 추돌사고를 방지하기 위하여 트랙터 후방에 안전표지판을 설치하는 등 경찰관직무집행법 제5조가 규정하는 위험발생방지의 조치를 취하여야 할 의무가 있는데도 위 트랙터가 무거워 옮기지 못한다는 등의 이유로 아무런 사고예방조치도 취하지 아니한 채 그대로 방치하고 철수하여 버린 것은 직무상의 의무를 위반한 것으로 위법하다는 취지로 판단하여 이 사건 사고에 대한 피고의 손해배상책임을 인정한 것은 이러한 법리에 따른 것으로 정당하고, 거기에 경찰관직무집행법에 관한 법리오해 등 상고이유의 주장과 같은 위법이 없다"라고 판시하였다(대판 1998.8.25. 98다16890). ② 또한 대법원은 행정청의 위법한 부작위로 인한 국가배상청구소송 사건에서 행정청의 작위의무가 법령상 명확하게 규정되지 않은 경우에도 국민의 생명 · 신체 · 재산 등 중대한 법익의 보호를 위하여 조리상 일정한 공권력 발동의 의무가 인정될 수 있다고 판시하였다(대판 1998.10.13. 98다18520).

대법원의 이러한 판례들은 경직법이나 기타 관련 경찰법규가 행정청에게 일정한 재량을 인정하고 있다고 하더라도 국민의 중대한 권리침해가 현실적으로 발생한 경우는 물론 고도의 개연성이 존재하는 경우 그 재량이 축소한다는 전제하에 일정한 개입의무가 발생하며 상대방은 경찰책임이 있는 제3자에 대한 개입을 요구할 수 있는 권리가 있다는 점을 암시하고 있다. 앞서 언급한 바와 같이 대법원이 행정개입청구권이나 재량의 축소라는 용어를 명시적으로 사용한 것인가 하는 문제는 중요하지 않으며 그것이 내포하는 의미와 취지를 포착하는 것이 보다 본질적인 것이다. 그리고 두 판례 모두 행정청의 위법한 부작위로 인해 발생한 손해에 대하여 국가의 배상책임을 묻고 있다는 점에서 행정개입청구권이 주로 광의의 경찰행정작용으로서의 사실행위를 그 대상으로 한다는 점을 주목할 필요가 있다. 물론 행정개입청구권의 경우에도 제3자에 대한 개입청구가 일정한 행정처분을 요구하는 경우도 있을 수 있기 때문에 이러한 경우에는 항고소송을 통하여 거부처분이나 부작위의 위법성을 다툴 수 있다.

Ⅳ. 법률행위적 행정행위와 준법률행위적 행정행위

행정행위를 구별하는 또 하나의 기준으로서 민법상 의사표시를 요소로 하는 법률행위적 행정행위와 의사표시 이외의 다른 정신작용을 요소로 하는 준법률행위적 행정행위를 들 수 있다. 행정행위라는 개념을 Otto Mayer가 창시한 것은 사실이지만 그 역시도 당시 민법의 기본개념인 법률행위를 수용하여 행정행위에 대한 유의미한 분류를 시도한 결과 여전히 우리나라에서도 이러한 방식이 통용되고 있다.

그러나 민법상 의사표시와는 달리 행정청은 자신의 의사를 자유로이 결정하여 외부에 표시하는 것이 아니라 행정의 법률적합성원칙에 따라서 법률의 내용을 구체화하는 것이기 때문에 법률행위에 준하는 행정행위는 개념적으로 성립하기 어렵다. 따라서 법률행위적 행정행위와 준법률행위적 행정행위의 구별은 상대적인 의미를 가지는 데 불과한 것으로 보아야 한다. 강학상 법률행위적 행정행위는 하명, 허가, 예외적 승인, 면제의 명령적 행위와 특허, 인가, 대리의 형성적 행위로 다시 분류되고 준법률행위적 행정행위는 확인, 공증, 수리, 통지 등의 행위로 세분된다. 다만 강학상 명칭과 실정법상 용어가 항상 일치하는 것은 아님을 유의하여야 한다.

1. 법률행위적 행정행위

1) 명령적 행위

(1) 의 의

명령적 행위란 행정청이 근거 법령에 따라서 상대방에게 일정한 의무를 부과하거나 이를 해제하는 행정행위를 말한다. 명령적 행위에는 개인에게 다양한 행정법상 의무를 부과하는 하명과 이러한 의무를 해제하는 허가나 면제가 있다. 허가가 금지에 대한 것인 반면, 면제는 작위, 급부, 수인의무의 해제이다. 명령적 행위는 공익적 관점에서 원래 상대방이 헌법상 향유하는 권리와 자유를 제한하거나 이를 다시 회복시키는 것을 내용으로 한다. 따라서 상대방에게 새로운 권리나 자유를 창설하거나 포괄적 법률관계를 형성하는 형성적 행위와 다르다.

(2) 하 명

하명은 행정청이 상대방에게 일정한 작위, 부작위, 수인, 급부를 내용으로 하는 의무를 부과하는 명령적 행위다. 그 예로는 집회의 해산명령, 위험한 교량에 대한 통행금지, 광견병 예방주사를 맞지 아니한 개 · 고양이에 대한 억류 · 살처분 등 조치 공고, 조세 및 공과금의 부과 등을 들 수 있다. 특히 하명 중에서 부작위하명을 금지라고 부른다.

하명은 행정처분이기 때문에 법규가 직접적으로 일정한 사항을 요구하거나 금지하는 내용을 규정한 법규하명과는 개념적으로 구별된다. 법규하명의 예로는 「청소년보호법」 제29조로 부과되는 청소년 출입제한이나 고용금지가 있다.

하명은 대체로 상대방의 자유와 권리를 제한하는 것을 내용으로 하는 침해적 행정처분이기 때문에 법적 근거가 요구되며 이를 결여한 경우에는 법률유보원칙에 반한다. 상대방이 하명처분을 따르지 않는 경우에는 그 의무의 법적 성격에 따라서 행정상 대집행, 직접강제 등의 대상이 되며, 행정벌이 부과되는 경우도 있다. 그러나 영업정지라는 금지하명에 위반하여 금지기간에 영업을 하는 경우에 그로 인한 사법상 행위는 영향을 받지 아니함이 일반적이며 세법상 이른바 실질과세의 원칙에 따라서 사업소득에 대한 과세도 가능하다. 하명처분이 위법한 경우 상대방은 위법의 경중에 따라서 그에 대한 취소소송 내지 무효확인소송을 제기하여 침해된 권리를 구제받을 수 있으며, 하명처분을 행하거나 집행한 공무원의 고의 또는 과실이 있는 경우 국가 등에 대하여 그에 대한 손해배상을 청구할 수 있다.

(3) 허 가

가) 의 의

허가는 공익상 일정한 행위를 일반적 · 상대적으로 금지하고 금지의 사유가 소멸한 경우 상대방의 신청에 따라 금지를 해제함으로써 당해 행위를 적법하게 할 수 있도록 자연적 자유를 회복시키는 것을 내용으로 하는 행정행위이다. 예를 들어 허가의 전형으로 언급할 수 있는 건축허가의 경우 질서 없는 건축행위로 인한 주민 간의 갈등이나 도시의 미관, 공간계획질서의 침해 등을 방지하기 위하여 건축행위를 일단 일반적 · 상대적으로 금지하지만, 개인의 건축허가에 대한 신청이 있는 경우 더 이상 금지의 사유가 존재하지 않는다고 판단하면 허가를 통하여 건축행위가 적법하게 이루어지도록 개인이 헌법상 향유하는 건축의 자유를 회복시켜 주는 것이다.

이처럼 허가는 상대방에게 원래는 없던 자유를 새로이 형성 내지 창설해 주는 것이 아니기 때문에 형성적 행위와 구별되며, 자연적 자유의 제한과 회복이라는 인위적인 조작과정에 불과하다는 점에서 명령적 행위로서의 성질을 가진다.

한편 허가는 해제가 예정된 잠정적 금지로서 상대적 금지이므로 해제가 허용되지 않는 절대적 금지와 다르다. 절대적 금지의 예로는 교육환경보호구역 중 절대보호구역에 도축업 시설을 설치 · 운영하는 것이 있다(교육환경법 제9조 제1항 본문 제10호). 또한 허가는 금지의 해제가 예정되어 있다는 측면에서 해제가 가급적 제한되는 예외적 승인과도 다르다. 예를 들어 교육환경보호구역 중 상대보호구역에서는 학습과 교육환경에 나쁜 영향을 주지 아니한다고 인정되면 상대보호구역 내의 금지행위 및 시설에서 제외하는 결정을 받아 경마장을 설치 · 운영할 수 있는데(교육환경법 제9조 제1항 단서 제22호, 같은 법 시행규칙 제4조) 이러한 제외 결정이 예외적 승인에 해당한다.

나) 허가의 법적 성질 - 기속행위인가 혹은 재량행위인가?

(가) 원칙적인 기속행위성

a) 허가는 명령적 행위로서 금지의 사유가 소멸되면 이를 해제하여 자연적 자유를 회복시키는 것이 원칙이라고 할 수 있다. 예를 들어 건축의 자유를 공익상 제한하는 경우 제한의 사유가 소멸되면 건축주가 가지는 재산권 내지 일반적 행동자유권을 최대한으로 실현한다는 의미에서 원칙적으로 행정청은 허가를 내어 주어야 할 의무가 있다. 이렇게 볼 때 허가는 원칙적으로 기속행위로서의 성격을 가지는 것으로 보아야 한다(헌재결 1998.5.28. 96헌가5; 헌재결 2010.2.25. 2008헌바83).

b) 그러나 허가가 원칙적으로 기속행위로서의 성격을 가진다는 점에 대해 반론이 제기될 가능성은 얼마든지 있어 보인다. 그 이유는 일반건축물과는 달리 대규모시설이나 초고층빌딩과 같이 단위 건축물의 의미를 넘어서서 도시 전체의 공간계획이나 미관과 조화를 이룰 필요가 있거나 항공교통상 안전과 밀접한 관련을 가지는 경우처럼 소극적 질서행정의 차원에 그치는 것이 아니라 도시개발을 위한 공간계획법적 · 환경법적 요소를 고려하는 적극적인 측면을 갖는 때에는 허가가 반드시 기속행위로 규정되거나 해석되어야 하는 것은 아니기 때문이다.

예를 들어 건축법 제11조 제4항 단서는 “다만, 다음 각 호의 어느 하나에 해당하는 경우에는 이 법이나 다른 법률에도 불구하고 건축위원회의 심의를 거쳐 건축허가를 하지 아니할 수 있다. 1. 위락시설이나 숙박시설에 해당하는 건축물의 건축을 허가하는 경우 해당 대지에 건축하려는 건축물의 용도 · 규모 또는 형태가 주거환경이나 교육환경 등 주변 환경을 고려할 때 부적합하다고 인정되는 경우 2. 「국토의 계획 및 이용에 관한 법률」 제37조제1항제4호에 따른 방재지구(이하 “방재지구”라 한다) 및 「자연재해대책법」 제12조제1항에 따른 자연재해위험개선지구 등 상습적으로 침수되거나 침수가 우려되는 대통령령으로 정하는 지역에 건축하려는 건축물에 대하여 일부 공간에 거실을 설치하는 것이 부적합하다고 인정되는 경우”라고 규정하여 이러한 경우의 건축허가가 재량행위인을 명시하고 있다.

(나) 판 례

a) 대법원은 영업허가와 같은 일반적인 강학상 경찰허가에 대해서는 기속행위적 성격을 인정하고 있다(대판 2000.3.24. 97누12532). 그러나 판례는 건축허가[대판(전합) 2012.11.22. 2010두22962]나 주유소설치(석유판매업)허가(대판 1999.4.23. 97누14378)와 같은 경우 법령상 허가의 요건이 형식적으로 충족되더라도 중대한 공익상의 사유가 있다면 행정청이 허가를 거부할 수 있다는 입장을 보이고 있는데, 이는 허가의 재량행위적 성격을 일부 인정한 것으로 볼 수 있다.

한편 현행법상 일반음식점영업은 신고의 대상이고(식품위생법 제37조 제4항, 같은 법 시행령 제25조 제8호), 주유소는 등록하여야 한다(석유사업법 제10조 제1항, 같은 법 시행령 별표1).

b) 판례는 건축허가가 원칙적으로 기속행위임을 인정하면서도, 국토계획법에 의한 지구단위계획 등 도시 전체의 공간계획에 부합하지 않는 경우 이를 거부하는 것이 위법하지 않다고 본다(대판 2006.11.9. 2006두1227). 이는 국토계획법상 지구단위계획구역에 건축물을 건축하려는 경우 건축허가권자는 지구단위계획에 부합하는지 여부를 확인하여야 한다는 데 근거한 것이다(건축법 제11조 제4항 본문, 한국건축규정, 국토계획법 제54조). 결국 건축허가가 개별 건축물의 건축 자체로 그치는 경우에는 행정청이 이를 원칙적으로 허용하여야 하는 것이지만, 국토계획법과 같이 도시 전체의 미관이나 다른 건축물과의 조화, 도시 전체의 균형감 등의 유지 등 종합적인 검토를 요하는 경우에는 공간계획법, 환경법적 고려를 통하여 행정청에게 일정 부분 정책적 재량이 인정된다는 취지로 이해할 수 있다.

마찬가지로 판례는 건축허가를 받으면 국토계획법에 따른 개발행위허가를 받은 것으로 보게 되므로(건축법 제11조 제5항 제3호) 국토계획법상 토지의 형질변경행위를 수반하는 건축허가의 경우 그 건축허가는 형질변경허가의 성질을 아울러 갖는다는 이유로 재량행위에 해당한다고 본다(대판 2005.7.14. 2004두6181; 대판 2010.2.25. 2009두19960).

다) 허가의 종류

허가는 그 대상에 따라서 사람의 지식 · 기술 등을 고려하여 이루어지는 대인적 허가(운전면허), 물건이 갖추어야 하는 성질 · 상태 등에 따른 대물적 허가(건축허가), 양자의 측면이 혼합된 혼합적 허가(영업허가)로 구분한다. 이는 행정행위를 할 때 고려하는 대상을 기준으로 한 분류이며 흔히 허가의 양도성 여부를 결정하는 기준이 된다. 법령상 근거를 불문하고 대물적 허가는 양도의 대상이 되는 반면 대인적 허가는 양도가 인정되지 않음이 원칙이다. 혼합적 허가는 구체적인 사실관계나 법령의 규정에 따라 개별적으로 결정하여야 한다. 예를 들어 혼합적 허가의 경우에도 주로 시설이 허가의 대상이 되는 경우에는 양도가 허용되나, 영업자의 성실성이 허가의 기준인 경우에는 양수인의 성실성이 다시 검토되어야 하므로 양도가 제한된다. 한편 물건은 행정법 관계의 당사자가 아니므로 대물적 허가나 혼합적 허가의 경우에도 그 신청자 또는 상대방은 자연인이나 법인이다.

라) 무허가 행위의 사법적 효과

허가 없이 영업행위 등 일정한 사법상 행위를 한 경우에 그에 대하여 행정법상 강제나 행정벌을 부과하는 것과는 달리 사법상 계약 등의 행위는 효력이 있는 것으로 보아야 한다. 또한 이로 인한 소득의 발생 등에 대해서는 국가가 과세하는 것도 가능하다(실질과세의 원칙). 다만 법령으로 무허가행위를 무효로 규정하는 경우도 있다.

마) 허가신청 이후 법령의 개정에 의한 허가요건의 강화

개인이 허가를 신청한 이후에 법령이 개정되어 허가요건이 강화되었다면 행정청은 허가신청 당시의 허가기준을 따를 것인가 혹은 허가 시의 허가요건에 의하여 허가 여부를 결정할 것인가? 이 문제는 허가신청과 실제로 허가가 이루어지는 시점의 차이에 따라 흔히 발생하는 문제이다. 물론 입법자는 법령을 개정할 때 경과규정을 두어서 이와 같은 문제를 해결할 수 있지만 언제나 이와 같은 입법적인 배려가 이루어지는 것은 아니다. 경과규정이 없는 경우 신청인은 신뢰보호원칙에 따라서 신청 시의 허가요건 적용을 요구할 가능성이 크다.

이와 관련하여 대법원은 "행정행위는 처분 당시에 시행중인 법령과 허가기준에 의하여 하는 것이 원칙이고, 인 · 허가신청 후 처분 전에 관계 법령이 개정 시행된 경우 신법령 부칙에 그 시행 전에 이미 허가신청이 있는 때에는 종전의 규정에 의한다는 취지의 경과규정을 두지 아니한 이상 당연히 허가신청 당시의 법령에 의하여 허가 여부를 판단하여야 하는 것은 아니며, 소관 행정청이 허가신청을 수리하고도 정당한 이유 없이 처리를 늦추어 그 사이에 법령 및 허가기준이 변경된 것이 아닌 한 변경된 법령 및 허가기준에 따라서 한 불허가처분은 위법하다고 할 수 없다"라고 하였다(대판 2005.7.29. 2003두3550). 앞서 언급한 바와 같이 신청인은 신뢰보호원칙을 주장할 수 있겠지만 행정청의 선행조치 내지 의사표명이 구체적으로 이루어진 바 없으며, 법령의 개정에 따라서 처리 중인 허가신청에 적용하려는 것이기 때문에 부진정소급입법으로서 상대방에 대한 신뢰이익은 경미하다고 판단된다.

행정기본법 제14조 제2항은 "당사자의 신청에 따른 처분은 법령등에 특별한 규정이 있거나 처분 당시의 법령등을 적용하기 곤란한 특별한 사정이 있는 경우를 제외하고는 처분 당시의 법령등에 따른다"라고 하여 이를 명문화하였다.

바) 허가로 인한 이익 - 반사적 이익인가 혹은 권리인가?

과거에는 허가로 인한 이익이 반사적 이익에 해당한다고 보았다. 그러나 오늘날에는 허가의 경우에도 그 근거법규 또는 관련법규의 사익보호성이 인정되면 주관적 공권이 성립할 수 있다. 예를 들어 불허가처분의 취소를 구하거나 허가취소처분의 취소를 구하는 처분 상대방이 항상 주관적 공권 또는 법률상 이익이 없다고 보기는 어렵다. 또한 판례에 의하면 허가의 제3자인 기존업자도 그 근거법규가 해당 업자들 사이의 과당경쟁으로 인한 경영의 불합리를 방지하는 것도 그 목적으로 하고 있는 경우에는 그 수익적 처분을 다툴 법률상 이익이 인정되다(대판 2006.7.28. 2004두6716). 다시 말해 주관적 공권의 성립요건 충족 여부에 따라 개인적 공권이 성립하는 경우도 있고 판례의 양곡가공업허가 사안(대판 1990.11.13. 89누756)처럼 반사적 이익에 그치는 경우도 있는 것이다.

(4) 허가와 예외적 승인

허가는 명령적 행위이며 동시에 기속행위이다. 따라서 허가요건이 충족되는 경우 허가가 이루어지는 것이 원칙이다. 이에 비하여 원칙적으로 불허가 사항이지만 예외적으로 특별한 사유가 존재하는 경우 허가를 하는 것을 예외적 허가 내지 예외적 승인(Ausnahmebewilligung)이라고 부른다. 예를 들어 사행행위(射倖行爲)나 개발제한구역에서의 일정한 개발행위는 금지가 원칙이 되는 예외적 승인의 대상이 될 수 있다.

예외적 승인은 명령적 행위로서 허가와 유사한 성격을 가지는 것이기는 하지만 승인 여부에 대하여 행정청은 상당한 정책적 재량을 가지고 있다. 대법원은 개발제한구역 내에서의 개발행위는 원칙적으로 금지된다고 하여 그에 대한 허가를 예외적 승인에 가까운 것으로 보고 있다(대판 2003.3.28. 2002두11905).

(5) 면 제

면제는 작위하명, 수인하명, 급부하명을 해제하는 행정행위이다. 그 대표적인 예로는 조세의 면제가 있다. 면제는 명령적 행위이나 그 법적 효과는 수익적이므로 면제에 대한 취소 또는 철회의 경우에는 신뢰보호원칙이 문제된다. 또한 면제는 수익적 행정행위이지만 경쟁관계에 있는 제3자와의 관계를 고려하여 대부분 법적 근거가 요구된다. 예를 들면 조세특례제한법에 따른 조세의 면제가 있다.

2) 형성적 행위

(1) 의 의

형성적 행위는 상대방에게 권리나 능력 또는 포괄적인 법률관계를 형성시키는 행정행위를 말한다. 명령적 행위가 공익적 사유에 의한 자연적 자유의 제한과 해제라는 인위적인 조작과정임에 비하여 형성적 행위는 존재하지 않았던 새로운 권리나 법률관계를 행정행위를 통하여 창설한다는 점에서 그 특징이 있다. 물론 이와 같이 상대방을 위하여 설정한 권리나 법률관계를 변경하거나 소멸시키는 행정행위 역시 형성적 행위에 속한다. 강학상 형성적 행위에는 특허, 인가, 그리고 대리가 있다.

(2) 특 허

가) 의 의

특허는 행정청이 상대방에게 권리나 능력 또는 포괄적 법률관계를 설정, 변경, 소멸시키는 것을 내용으로 하는 행정행위이다. 다만 특허는 흔히 좁은 의미로 사용되어 설권행위를 의미한다. 예를 들어 방송통신위원회가 특정인을 방송사업자로 선정하는 행위, 도로를 점용하여 일정한 행위를 할 수 있도록 특별사용을 위한 점용허가를 하는 행위 등은 상대방에게 특별한 권리 내지 포괄적인 법률관계를 형성하는 특허처분에 해당한다. 이와 같이 특허는 형성적 행위이며 명령적 행위와는 달리 존재하지 않았던 권리나 법률관계를 창설하는 것이기 때문에 행정청의 정책적 판단이 인정되는 재량행위적 성격을 가지는 것으로 볼 수 있다.

나) 특허의 효과 - 특허처분에 따른 공법적 지위는 권리 또는 헌법상 재산권인가?

행정법 문헌에서는 특허처분으로 인하여 발생하는 상대방의 법적 지위 내지 포괄적인 법률관계를 흔히 권리로 표현하고 있다. 아래의 판례에서 보는 바와 같이 대법원이 공유수면이용권을 독점적 권리라고 표현하고 있는 것이 바로 그것이다. 물론 특허는 특정인에게 특정한 권리를 설정하거나 포괄적인 신분 또는 권리관계를 설정하는 것이므로 그 결과 특정인에게 행정상 법률관계에서 공권이 발생함이 원칙이다.

그러나 특허의 효과로 상대방에게 형성되는 공법적 지위가 권리, 나아가 헌법 제23조 제1항에 따른 재산권으로 인정되기 위해서는 일정한 전제조건이 충족되어야 한다. 다시 말하자면, 상대방이 이러한 특허처분을 받기 위하여 특허처분에 대한 단순한 행정수수료 이외에 상당한 액수의 자기기여분이 투입되거나 그러한 특허처분이 유통되는 시장에서 매매나 경락 등을 통하여 양수하는 경우에 한하여 특허처분으로 인한 법적 지위가 헌법상 재산권으로 보호될 수 있다.

예를 들어 「온실가스 배출권의 할당 및 거래에 관한 법률」 제12조 제1항에 의하여 주무관청은 계획기간마다 할당계획에 따라 할당대상업체에게 해당 계획기간의 총 배출권과 이행연도별 배출권을 할당하는데, 이러한 할당은 할당처분으로서 일종의 특허처분이며 재량행위이다. 그런데 이러한 배출권 할당처분이라는 특허처분은 현행법상 상당 부분 무상으로 이루어지며 무상으로 배출권을 할당받은 대상업체가 누리는 법적 지위는 권리나 헌법상 재산권에 해당하기 어렵다. 이러한 점을 의식하여 이 법은 배출권이라는 용어를 사용하고 있음에도 불구하고 제2조 제3호에서 그 개념을 권리가 아닌 "배출허용량"으로 정의하고 있다. 배출권을 배출권등록부의 배출권 거래계정에 등록하여 거래의 대상이 되는 단계에 이르는 경우에는 배출권을 헌법상 재산권으로 볼 수 있다. 그러나 배출권의 무상할당처분으로 인한 법적 지위 그 자체는 무상할당으로 발생하고 상대방의 자기기여가 결여되어 있기 때문에 헌법 제23조에 의한 재산권의 보호범위에 속하지 못한다.

다) 판 례

(가) 대법원은 도로법상 도로점용허가(대판 2008.11.27. 2008두4985), 공유수면법상의 사용허가(대판 2014.9.4. 2014두2164)를 그 실정법상 용어와는 달리 강학상 특허처분으로서 재량행위로 보고 있다. 이와 같이 공물의 사용관계와 관련하여 국유재산법상 일반재산에 대한 사용관계는 사법상 계약에 의하지만 행정재산의 사용은 행정청의 사용허가라는 특허처분에 따른다. 또한 행정청은 공물의 사용을 허가함에 있어서는 이용관계의 성격, 공물의 성상(性狀), 이용자의 수와 범위, 교통이나 환경상의 영향 등을 고려하여 최종적으로 그 허가 여부를 결정한다는 점에서 상당한 정책적 재량을 가지고 있다.

(나) 판례는 개인택시운송사업면허(대판 2009.8.20. 2008두21966), 공유수면매립면허(대판 1989.9.12. 88누9206), 귀화허가(대판 2010.7.15. 2009두19069), 체류자격 변경허가(대판 2016.7.14. 2015두48846)도 특허로서 재량행위에 해당한다고 본다.

(다) 판례는 주택재개발정비사업조합설립 인가처분(대판 2010.1.28. 2009두4845), 주택재건축정비사업조합설립 인가처분(대판 2009.10.15. 2009다30427)은 행정주체로서의 공법상 지위를 부여하는 설권적 처분으로 특허에 해당한다고 본다.

(3) 인 가

가) 의 의

인가는 행정청이 제3자간의 법률행위의 효력을 보충하여 전체적으로 그 법률행위의 효력을 완성시키는 내용의 행정행위이다. 다시 말하자면, 제3자의 법률행위라는 기본행위가 존재하고 행정청은 그에 대하여 인가처분이라는 보충행위를 결합시킴으로써 제3자의 법률행위의 효력을 발생시킨다. 여기에서 제3자의 법률행위는 사법상 행위[부동산거래신고법 제9조 제2항에 따르는 관할 행정청으로부터의 토지거래 허가(대판(전합) 1991.12.24. 90다12243)]이든 공법상 행위[공법인의 정관변경에 대한 주무관청의 인가(대판 2018.3.13. 2016두35281)]이든 가리지 않는다. 판례는 재단법인 정관변경 허가도 그 실정법상 용어와 달리 인가로 본다[대판(전합) 1996.5.16. 95누4810].

나) 인가의 법적 성격

인가는 타인의 법률행위의 효력을 보충하여 완성시키는 것으로서 (부분적) 형성행위로서의 성격을 가지고 있다. 따라서 인가를 받지 아니한 행위는 그 효력이 발생되지 않는 것으로 그친다. 명령적 행위로서 허가의 경우 무허가행위의 사법상 효력은 발생하지만 행정강제나 행정벌이 부과된다는 점에서 형성적 행위로서의 인가와 구별된다. 그런데 실정법상 인가로서의 성격을 가지는 경우에도 효력을 부인하는 것과 함께 무인가행위에 대한 벌칙 등 제재를 규정한 경우도 있다. 예를 들어 부동산거래신고법 제11조 제1항에 규정된 토지거래허가는 강학상 제3자간의 토지거래계약의 사법상 효과를 보충하는 인가로서의 성격을 가지고 있으나, 토지거래허가를 받지 않는 경우 위 법률 제26조 제3항에 따라서 형사처벌의 대상이 된다.

인가는 보충행위로서 기본행위인 사인간의 법률행위의 의미와 기능을 존중하는 측면에서 법령상 인가의 요건이 충족되면 이를 행하여야 하는 기속행위임이 원칙이다. 그러나 토지거래허가와 같은 인가처분의 경우에는 국토의 이용 및 관리에 관한 계획의 원활한 수립과 집행, 합리적인 토지 이용 등을 위하여 토지의 투기적인 거래가 성행하거나 지가가 급격히 상승하는 지역과 그러한 우려가 있는 지역을 토지거래허가구역으로 지정하고 이를 해제하여 사인간의 거래행위를 완성시키는 것이므로 상당한 정책적 재량이 인정될 수 있다.

따라서 인가처분의 성격은 관련 법령의 취지와 목적을 고려하여 개별적으로 결정되는 것으로 볼 수 있다.

다) 인가와 기본행위, 쟁송방식

인가는 기본행위의 효력을 보충하여 완성시키는 행위이므로 인가는 기본행위를 전제로 하여 그 의미를 가질 수 있으며 독자적으로 존립의 의의를 가지지 못한다. 다시 말하자면, 기본행위가 무효 또는 불성립인 경우 그에 대한 인가가 있더라도 전체적으로는 제3자의 법률행위가 효력을 가지지 못한다. 인가가 보충행위라는 것은 제3자의 법률행위의 효력을 보충하는 것이지 그 하자를 보완한다는 의미는 아니기 때문이다. 그렇다면 기본행위와 인가에 하자가 있는 경우 상대방이나 법률상 이해관계를 가지는 제3자는 여하히 권리구제방식을 선택할 것인가 하는 문제가 제기된다.

① 만약 기본행위에는 하자가 없고 인가처분에 하자가 있는 경우 상대방 등은 항고소송으로 인가처분의 무효 또는 취소를 구할 수 있다. 예를 들어 토지거래허가를 신청한 경우 행정청이 이를 거부한 것이 위법하다면 그에 대한 항고소송이 제기될 수 있다는 것이다. ② 또한 기본행위에 하자가 있는 경우에는 거래의 당사자는 그 상대방에게 민사소송으로 무효확인 등을 구할 수 있다. 예를 들어 토지거래행위에 착오 등 의사표시의 하자가 있는 경우 이를 민사소송으로 다투는 것이다. ③ 그러나 기본행위에 하자가 있는 경우 이를 이유로 하여 행정쟁송으로 인가처분을 다툴 수 없다. 왜냐하면 협의의 소의 이익이 없기 때문이다. ④ 거꾸로 인가처분의 하자를 기본행위의 하자로 삼아 민사소송으로 기본행위를 다툴 수 없으나, 인가처분이 효력이 없다면 기본행위도 무인가행위로서 효력이 없다. 대법원도 같은 입장이다(대판 2001.12.11. 2001두

7541; 대판 2010.12.9. 2009두4913; 대판 2005.12.23. 2005두4823).

(4) 대 리

공법상 대리에서 대리행위의 주체는 행정청이다. 행정청은 상대방에게 대리행위를 하지만 그 법적 효과는 제3자에게 귀속된다. 대리는 행정청의 행위가 제3자에게 일정한 법적 효과를 귀속·발생시킨다는 점에서 형성적 행위로 분류된다.

그 예로는 국세징수법상 강제징수에서 일련의 절차로 이루어지는 압류, 공매, 청산 중 공매와 청산을 들 수 있다. 여기서 공매와 이로 인한 매각대금 중에서 조세채권·체납처분비 등을 배분하고 남은 금액은 조세채무자에게 반환하거나 부족하면 최종적으로 결손처분을 한다. 즉 이러한 공매와 배분행위의 주체는 세무서장이나 그 법적 효과는 조세채무자에게 귀속된다.

2. 준법률행위적 행정행위

1) 의 의

의사표시를 요소로 하는 법률행위적 행정행위와는 달리 의사표시보다는 낮은 단계의 정신작용, 예를 들어 행정청의 단순한 확인 또는 증명 등을 요소로 하는 행정행위를 준법률행위적 행정행위라고 부른다. 민법상 의사표시는 표의자의 자유롭고 자율적인 의사를 결정하고 외부에 표시하는 것으로서 행정청의 높은 수준의 자율적 의사결정을 전제로 하는 법률행위적 행정행위에 비하여, 준법률행위적 행정행위는 사실관계의 존부(存否)나 정부(正否)에 대한 단순한 확인 내지 외부에의 통지 등으로 의사표시에 비하여 보다 낮은 수준의 정신작용을 그 요소로 한다.

다만 법률행위적 행정행위와 준법률행위적 행정행위는 Mayer가 행정행위를 민법상 법률행위 개념으로부터 차용한 불가피한 결과이지만 민법과는 달리 행정법의 영역에서는 행정의 법률적합성원칙에 따라 행정청은 법규상 내용을 구체화하는 것이지 사인과는 달리 전혀 자유로운 상태에서 의사를 결정하여 외부에 표시하는 것은 아니라는 점에서 양자의 구별은 상대적이다.

2) 확인행위

확인행위는 일정한 법률관계나 사실관계의 존재나 진위 여부에 대하여 관계인이 의문을 제기하는 경우 이를 공적으로 판단하여 선언하는 행정행위다. 그 예로는 행정심판의 재결, 선거관리위원회의 당선인 결정, 국가시험의 합격자 결정 등을 들 수 있다.

대법원은 친일반민족행위자재산조사위원회의 친일재산 국가귀속 결정을 준법률행위적 행정행위인 확인행위로 보고 있다(대판 2008.11.13. 2008두13491). 즉 친일재산의 국가귀속은 이 법의 규정에 따라서 직접적으로 귀속의 효과가 발생하는 일종의 법규귀속이며, 별도의 귀속결정이라는 행정처분을 통하여 이루어지는 것이 아니기 때문에 위원회의 귀속결정은 법규귀속에 따라서 개별 재산이 친일재산에 해당한다는 것을 단순하게 확인하는 준법률행위적 행정행위로 파악한 것이다.

이처럼 확인행위는 단순 확인작업에 불과한 것이라서 다른 준법률행위적 행정행위인 공증행위와 같이 기속행위로서의 성격을 가진다. 또한 일반적으로 확인행위는 마치 사법부의 재판과 같이 절차적 규제가 비교적 엄격하게 이루어지는 준사법적 행정행위로서 법원의 판결에 준하여 확인행위를 통해 선언된 법률관계나 사실관계를 사후에 함부로 변경할 수 없는 강한 불가변력을 갖는다.

3) 공증행위

공증행위는 일정한 법률관계의 존부와 진위 여부에 대하여 행정청이 공적으로 이를 증명하는 준법률행위적 행정행위다. 앞서 언급한 확인행위와는 달리 공증행위는 법률관계 등에 대한 분쟁이나 의문의 제기를 반드시 전제로 하지 않는다는 점에서 구별되며, 이러한 의미에서 확인보다도 더 낮고 단순한 증명행위라고 할 수 있고 기속행위에 해당한다. 또한 공증은 일정한 법률적 · 사실적 관계에 대한 공적인 증명이므로 반증이 없는 한 일단 진실한 것으로 추정되는 추정력을 가진다. 공증행위의 예로는 각종 공부에의 등기, 등재, 등록, 여권이나 운전면허증의 기재와 발급 등을 들 수 있다.

과거 판례가 공증행위의 처분성을 부인하는 입장을 취한 것도 상대방의 법률관계에 직접적인 변동을 초래하는 공권력 행사로서의 영향력(impact)이 경미하다는 반증이라고 할 수 있다. 대법원은 과거 자동차운전면허대장상의 등재행위는 행정처분이 아닌 것으로 보았다(대판 1991.9.24. 91누1400).

그러나 대법원은 2003, 2004년경부터 항고소송의 대상인 행정처분의 개념을 확대하면서, 특히 이와 같은 등기나 그에 대한 말소행위가 상대방의 법적 지위나 권리에 심대한 영향을 미칠 수 있는 경우에는 이를 행정처분으로 보는 입장으로 선회하였다. 예를 들어, 대법원은 지목변경신청 반려행위[대판(전합) 2004.4.22. 2003두9015], 건축물대장을 직권으로 말소한 행위(대판 2010.5.27. 2008두22655)가 행정처분에 해당하는 것으로 판시하였다.

4) 통지행위

통지행위는 행정청의 의사 또는 단순한 사실을 상대방과 이해관계인에게 알리는 행정처분이다. 통지는 그 자체로서 독립한 하나의 행정행위이므로 적법하게 성립한 행정행위를 상대방에게 알림으로써 그 내용에 따르는 효력을 발생시키는 효력발생요건으로서의 통지와는 다르다.

통지행위는 단순한 사실을 알리는 관념의 통지(특허출원의 공고, 토지수용을 위한 사업인정의 고시)와 행정청의 일정 부분 의지가 포함된 의사의 통지(대집행의 계고, 국세징수법상의 독촉)로 구분된다. 의사의 통지에 비하여 단순한 관념의 통지는 공권력 행사성이 희박하여 판례가 이를 행정처분으로 인정하지 않는 경우는 흔하다. 대법원은 국가공무원법상 결격사유에 해당하는 공무원에 대한 당연퇴직의 인사발령을 관념의 통지로 보고 그 처분성을 부인하였다(대판 1995.11.14. 95누2036).

다만 통지행위의 경우에도 대법원이 2003, 2004년경부터 처분개념을 확대하는 판례를 내놓으면서 통지행위로 인하여 상대방의 권리와 의무에 직접적인 변동을 초래하는 경우 이를 처분으로 보고 있다. 대법원은 기간제로 임용되는 대학교원에 대한 임용기간만료 통지행위를 항고소송의 대상인 처분으로 판시하였다[대판(전합) 2004.4.22. 2000두7735].

5) 수리행위

수리행위는 행정청이 개인의 신고나 신청 등을 적법 · 유효한 것으로 받아들이는 준법률행위적 행정행위다. 수리는 그 자체가 하나의 독립한 행정행위이므로 행정청에 일정한 사항이 도달하는 사실행위와 구별된다.

수리는 앞서 언급한 다른 행정행위와는 달리 행정청이 민원인의 신고나 신청 등을 소극적으로 받아들이는 것으로서 상대방의 권리와 의무에 직접적인 변동을 초래하는 처분으로서의 성격이 미약한 것으로 볼 여지가 있으나 수리행위의 처분성이 인정된다. 또한 신고나 신청에 대한 수리를 거부하는 것 역시 행정청의 적극적인 행위인 거부처분으로서 처분성을 인정할 수 있다.

판례는 토지보상법상 공증을 받아 협의 성립의 확인을 신청하는 경우 수리만으로 협의 성립이 확인된 것으로 간주하는 것으로 규정되어 있으므로 수리행위를 항고소송의 대상인 처분으로 본 전제에서 본안판단을 하였다(대판 2018.12.13. 2016두51719). 마찬가지로 판례는 주택재건축정비사업을 위한 추진위원회 해산신고에 대한 수리행위를 처분으로 보았다(대판 2009.1.30. 2008두14869). 또한 공무원의 사직의사를 수리하는 의원면직처분이 처분에 해당함을 전제로 하여 이는 확인적 성격이 강하기 때문에 원칙적으로 기속행위에 해당한다고 보았다(대판 2007.7.26. 2005두15748).

V. 사인의 공법행위로서 신고

1. 사인의 공법행위

1) 의 의

사인의 공법행위는 행정법관계에서 공법적 효과를 발생시키는 사인의 행위이다. 사인의 공법행위는 그 자체로 목적한 법률효과의 발생을 완성시키는 자체완성적 또는 자기완결적 공법행위와 행정주체가 하는 행정작용의 동기 또는 전제요건이 되는 행위요건적 공법행위로 구분된다. 예를 들면 자기완결적 신고와 수리를 요하는 신고가 있다. 자기완결적 공법행위와는 달리 행위요건적 공법행위에 대하여는 행정청에게 처리의무가 있다.

2) 적용법규

사인의 공법행위에 관한 일반법은 없다. 이에 적용할 법규의 문제는 행정법관계에 사법규정이 적용될 수 있는가에 관한 논의에 따라 해결하게 된다. 그러므로 특별한 규정이 있으면 그에 따르고 그렇지 않으면 대다수의 민법규정이 그 성질에 반하지 않는 한 유추적용될 수 있다.

예를 들어 진의 아닌 의사표시에 관한 민법 제107조는 공무원의 사직의 의사표시에 준용되지 않지만 사기 · 강박에 의한 의사표시에 관한 민법 제110조는 준용된다는 것이 판례이다(대판 1997.12.12. 97누13962). 또한 판례는 공무원이 한 사직의 의사표시는 의원면직처분이 있을 때까지만 철회 또는 취소할 수 있다고 한다(대판 2001.8.24. 99두9971).

3) 사인의 공법행위의 하자와 그 효력

사인의 공법행위가 그 적법요건을 규정한 행정법규에 위반되어 하자가 있는 경우 그 효력은 어떻게 되는가? 자기완결적 공법행위에 하자가 있으면 그 효력이 없어 목적한 법률효과가 발생하지 않는다. 그 예로는 필요한 구비서류가 첨부되어 있지 않은 자기완결적 신고가 있다.

행위요건적 공법행위에 하자가 있는 경우에는 하자 있는 행정행위의 효력에 관한 중대명백설에 따라야 한다고 보는 견해가 있다. 판례는 신고납부방식의 조세에서 납세의무자가 한 신고행위의 하자가 중대하고 명백하면 당연무효임이 원칙이라고 한다(대판 2014.1.16. 2012다23382). 신고행위의 하자가 중대하나 명백하지 않음에도 예외적으로 당연무효로 본 경우도 있다(대판 2009.2.12. 2008두11716). 한편 신고주의 조세에서 납세의무자의 신고는 관념의 통지에 해당한다고 보는 견해가 일반적이지만, 실질적으로 이를 적법한 신고로 수리하는 행정청의 준법률행위적 행정행위가 매개되는 것으로서 행정요건적 신고로 보아야 한다.

4) 사인의 공법행위의 하자와 그에 따른 행정행위의 효력

행위요건적 공법행위에서 사인의 공법행위에 하자가 있는 경우 그에 따른 행정행위의 효력은 어떠한가? 하자 있는 자체완성적 공법행위는 무효이고 행정청의 공법행위를 요하지 않기 때문에 이러한 문제가 발생하지 않는다.

사인의 공법행위가 행정행위의 단순한 동기에 그치는 경우에는 행정행위의 효력에 영향을 미치지 않는다는 것이 일반적인 견해이다. 반면 사인의 공법행위가 행정행위의 전제요건에 해당한다면 사인의 공법행위에 당연무효의 하자가 있는 경우에는 그에 따른 행정행위도 무효이고, 사인의 공법행위에 취소사유의 하자가 있는 경우에는 그에 따른 행정행위는 원칙적으로 유효하다고 보는 견해가 다수설이다.

판례도 사업양도·양수에 따른 허가관청의 지위승계신고의 수리는 적법한 사업의 양도·양수가 있었음을 전제로 하는 것이므로 그 수리대상인 사업양도·양수가 존재하지 않거나 무효인 때에는 수리를 하였다 하더라도 그 수리는 유효한 대상이 없는 것으로서 당연히 무효라고 하였다(대판 2005.12.23. 2005두3554). 또한 판례는 수리를 필요로 하는 신고에서 행정청이 그 신고를 수리하였다고 하더라도 신고서 위조 등의 사유가 있어 신고행위 자체가 효력이 없다면 그 수리행위는 유효한 대상이 없는 것으로서 수리행위 자체에 중대·명백한 하자가 있는지를 따질 것도 없이 당연히 무효라고 보았다(대판 2018.6.12. 2018두33593).

2. 신 고

1) 의 의

개인이 허가를 신청하는 경우 행정청은 허가요건에 대한 검토를 행한 이후에 허가 여부를 결정한다. 이에 비하여 행정법상 신고는 신고자가 일정한 사항을 행정청에 통보하는 것으로서 모든 절차가 종료되고 별도로 행정청이 수리 여부에 대하여 결정할 필요가 없는 경우를 말한다. 다시 말하자면 신고는 그 어의(語義)에 따라서 자기완결적 신고를 의미한다.

행정청은 허가와 함께 신고의 경우에도 이를 통하여 일정한 사실관계나 사항에 대한 정보를 가지고 신고자 등의 영업에 일정한 규제를 가할 수 있기 때문에 허가와 더불어 영업에 대한 통제수단으로 활용할 수 있다. 다만 허가와는 달리 규제의 강도가 현저히 완화되어 있으므로 흔히 허가에 대한 규제를 완화하는 경우 신고의 형식을 택하는 경우가 많다.

2) 자기완결적 신고와 이른바 수리를 요하는 신고

(1) 행정절차법은 신고에 관한 규정을 두어 신고는 자기완결적인 사인의 공법행위임을 분명히 하고 있다. 즉 제40조 제1항에는 "법령등에서 행정청에 일정한 사항을 통지함으로써 의무가 끝나는 신고를 규정하고 있는 경우 신고를 관장하는 행정청은 신고에 필요한 구비서류, 접수기관, 그 밖에 법령등에 따른 신고에 필요한 사항을 게시(인터넷 등을 통한 게시를 포함한다)하거나 이에 대한 편람을 갖추어 두고 누구나 열람할 수 있도록 하여야 한다"라고, 제2항에는 "제1항에 따른 신고가 다음 각 호의 요건을 갖춘 경우에는 신고서가 접수기관에 도달된 때에 신고 의무가 이행된 것으로 본다. 1. 신고서의 기재사항에 흠이 없을 것 2. 필요한 구비서류가 첨부되어 있을 것 3. 그 밖에 법령등에 규정된 형식상의 요건에 적합할 것"이라고 규정되어 있다.

그런데 행정실무적으로는 이와 같은 자기완결적 신고와 더불어 행정청이 사실상 신고의 내용과 요건을 심사할 수 있는 이른바 수리를 요하는 신고가 다수 존재한다. 그런데 문제는 이와 같이 행정청이 신고의 내용이나 요건에 대하여 실질적 심사권을 행사하고 심지어 이를 거부하게 되면 허가의 거부와 사실상 차이가 없다는 것이다. 이와 같이 민원인의 입장에서 보면 허가와 다르지 아니한데도 수리를 요하는 변칙적인 신고가 왜 양산되는 것일까? 그 이유는 규제완화를 위하여 상당수의 허가사항이 신고로 전환되었음에도 불구하고 여전히 관료사회는 변칙적인 수리를 요하는 신고를 통하여 허가와 유사한 행정적 권한을 유지하려고 하기 때문이다. 따라서 수리를 요하는 신고라는 개념에도 불구하고 행정청이 신고의 내용이나 요건에 대하여 실질적인 심사권을 가지거나 수리 여부에 대하여 재량권을 행사하는 경우에는 입법적으로 이를 허가사항으로 전환하는 것이 보다 분명한 문제 해결방식이라고 할 수 있다.

(2) 신고가 그 효력을 갖기 위해 수리를 요하는지 여부가 불분명하여 발생하는 문제를 해소하기 위해 행정기본법은 제34조에서 "법령등으로 정하는 바에 따라 행정청에 일정한 사항을 통지하여야 하는 신고로서 법률에 신고의 수리가 필요하다고 명시되어 있는 경우(행정기관의 내부 업무 처리 절차로서 수리를 규정한 경우는 제외한다)에는 행정청이 수리하여야 효력이 발생한다"라고 규정하고 있다. 따라서 수리를 요하는 신고라고 볼 수 있으려면 법률에 신고의 수리가 필요한 것으로 명시되어 있어야 한다(수리를 요하는 신고 법정주의). 예를 들어 신고수리 여부 통지 의무화 규정, 신고수리 간주 규정이 있다. 만약 신고의 수리가 필요하다고 명시되어 있지 않다면 자기완결적 신고로 보아야 한다.

행정기본법 제34조는 법적인 신고의무가 있는 경우에 적용된다. 따라서 '신고할 수 있다'와 같이 규정되어 있어 개인에게 신고할 의무가 없다면 적용되지 않는다. 예를 들면 공정거래법 제80조 제2항에는 "누구든지 이 법에 위반되는 사실을 공정거래위원회에 신고할 수 있다"라고 규정되어 있다. 또한 행정기본법 제34조는 행정기관의 내부 업무 처리 절차로서 수리가 규정되어 있는 경우에는 적용되지 않는데, 그 예로는 "제1항의 경우 동장은 소속 시장을 대행하여 신고서를 수리하고, 동이 속하는 시의 장에게 신고서를 송부하며, 그 밖에 대법원규칙으로 정하는 등록사무를 처리한다"라고 규정하고 있는 「가족관계의 등록 등에 관한 법률」 제21조 제2항이 있다.

3) 판 례

(1) 자기완결적 신고

가) 판례에 따르면 사인의 자기완결적 신고는 그 신고 자체가 위법하지 않는 이상 행정청에게 도달되면 신고가 이루어진 것이지 행정청의 수리행위가 있어야 하는 것은 아니다(대결 1993.7.6. 93마635). 이때 행정청은 자기완결적 신고에 해당하는 것인지, 법령상 그 신고의 구비서류 등으로 규정되어 있는 것이 갖추어져 있는지만 심사하여 모두 긍정되는 경우 이를 접수 또는 수리하여야 한다(대판 1999.4.27. 97누6780). 즉 형식적 요건을 갖춘 신고서가 행정청에 도달하면 신고로서의 효과가 곧바로 발생한다(대판 2002.3.12. 2000다73612).

나) 판례가 자기완결적 신고로 본 다른 예로는 화물자동차 운송주선사업 허가사항신고(대판 2011.8.25. 2010도7033), 다단계판매업등록이 되어 있는 자의 상호변경을 위한 변경신고(대판 2005.11.24. 2003도2213)가 있다.

다) 자기완결적 신고에 대한 거부 또는 반려가 항고소송의 대상이 되는 처분에 해당할까? 대법원은 종래 건축법상 일반적인 건축신고는 자기완결적 신고에 해당하므로 그 수리가 신고인 또는 제3자의 구체적인 권리의무에 직접 변동을 초래하는 행정처분에 해당하지 않는다고 보았다(대판 1999.10.22. 98두18435). 그렇다면 수리거부나 반려도 처분에 해당하지 않는 것이 되는데, 이후 대법원은 판례를 변경하여 건축신고에 대한 거부는 행정처분에 해당한다는 입장을 취하였다[대판(전합) 2010.11.18. 2008두167]. 이는 신고 거부행위가 상대방의 법적 지위에 직접적인 변동을 초래하는 공권력의 행사인 것으로 보고 그에 대한 항고소송의 가능성을 인정했다는 점에서 긍정적으로 평가할 수 있다.

특히 대법원이 건축신고가 반려된 상태에서 건축행위로 나아가는 경우 발생할 수 있는 각종의 제재와 법적 불안정성을 조기에 벗어날 수 있도록 하기 위해서 건축신고 반려에 대한 항고소송을 인정한 것은 권리구제의 실효성을 제고하였다는 점에서 그 의미를 찾을 수 있다. 일단 소송이 제기된 이후 신속하게 재판이 진행되는 것은 물론이고 국가를 상대로 공권력 행사의 초기단계에서 소송을 제기할 수 있는 기회를 부여하는 것은 헌법상 재판청구권의 실현과 관련하여 중요한 의미를 갖는다고 할 수 있다.

또한 자기완결적 신고인지 여부와 행정소송법상 항고소송의 대상이 되는 행정처분에 해당하는지 여부는 다른 문제임을 보여준다. 착공신고의 경우도 마찬가지이다(대판 2011.6.10. 2010두7321).

그런데 현행 건축법은 제14조 제3항에서 "특별자치시장 · 특별자치도지사 또는 시장 · 군수 · 구청장은 제1항에 따른 신고를 받은 날부터 5일 이내에 신고수리 여부 또는 민원 처리 관련 법령에 따른 처리기간의 연장 여부를 신고인에게 통지하여야 한다. 다만, 이 법 또는 다른 법령에 따라 심의, 동의, 협의, 확인 등이 필요한 경우에는 20일 이내에 통지하여야 한다"라고 규정하여 신고수리 여부 통지를 의무화하였다. 착공신고에 관하여는 제21조 제3항과 제4항에 신고수리 여부 통지 의무화와 신고수리 간주 규정이 있다. 따라서 이제는 입법에 따라 건축신고와 착공신고는 수리를 요하는 신고로 되었다.

라) 대법원은 후술하는 바와 같이 인허가의제 효과를 수반하는 건축신고가 수리를 요하는 신고라는 견해를 제시하였으나, 그로부터 6개월 정도 후 판결이 선고된 원격평생교육 신고서 반려처분 취소청구 사건에서 신고제도를 사실상 허가제와 유사하게 운영하는 경우에는 국가가 과도한 후견주의적 공권력을 행사하는 결과에 이를 수 있다는 의미 있는 경고적 견해를 제시하였다(대판 2011.7.28. 2005두11784). 환언하자면, 신고는 원칙적으로 신고자의 자기완결적 행위로서 모든 사항이 종결되는 것이므로 이는 전적으로 신고자의 자기결정권의 행사이기 때문에 그에 대하여 행정청이 실질적으로 그 요건이나 내용을 심사하는 경우에는 신고자의 자기결정권을 침해할 가능성이 있다는 함의를 가지는 것이다.

(2) 수리를 요하는 신고

가) 판례에 따르면 수리를 요하는 신고는 행정청이 형식적 요건에서 나아가 실체적 요건에 관한 심사를 한 후 수리하여야 하는 것으로서 수리 또는 수리의 거부나 반려는 행정처분에 해당한다(대판 2000.5.26. 99다37382). 또한 유통산업발전법상 대규모점포의 개설 등록을 수리를 요하는 신고로서 처분에 해당한다고 보았다(대판 2019.9.10. 2019다208953). 나아가 법령에서 정한 요건을 충족하더라도 중대한 공익상 필요가 있는 경우에는 수리나 등록을 거부할 수 있다고 본 경우도 있다(대판 2010.9.9. 2008두22631; 대판 2011.9.8. 2009두6766; 대판 1998.9.25. 98두7503). 이처럼 수리를 요하는 신고나 등록이 규제완화를 위해 도입되었으나 실질적으로 허가와 다를 바가 없다면 허가로 전환하여 법적 불안을 해소하는 것이 바람직하다.

나) 판례가 수리를 요하는 신고로 본 다른 예로는 악취방지법상 악취배출시설 설치 · 운영신고(대판 2022.9.7. 2020두40327), 골프장회원모집계획서 제출(대판 2009.2.26. 2006두16243), 의료기관 개설신고(대판 2018.10.25. 2018두44302)가 있다.

다) 건축법에 건축신고에 대한 신고수리 여부 통지를 의무화하는 규정이 신설되기 이전의 사안에서, 대법원 전원합의체 다수의견은 인허가의제 효과를 수반하는 건축신고는 일반적인 건축신고와는 달리 수리를 요하는 신고라고 하여 사실상 변칙적으로 운영되는 신고를 수용하는 입장을 보이고 있다[대판(전합) 2011.1.20. 2010두14954]. 이와 더불어 다수의견은 수리를 요하는 신고의 경우 행정관청이 신고요건에 대한 실질적 심사권을 가지고 있으며, 이를 검토한 후 요건을 충족하지 못했다고 판단하는 경우 수리를 거부할 수 있다는 점에서 재량의 여지가 있음을 시사하고 있다.

물론 건축신고에 따라 허가의 경우와 동일하게 다수의 법률에서 요구하는 인허가를 의제하는 경우에는 공익을 대변하고 실현하는 행정청이 의제되는 인허가에 관한 개별 법률상 요건이 충족되었는가에 대해 실질적으로 심사하는 것이 불가피하다는 점을 긍정할 수 있다. 또한 심사결과 그러한 요건이 충족되지 못하였다고 판단하는 경우 신고수리를 거부할 수 있다는 점도 충분히 경청할 가치가 있다. 그럼에도 불구하고 건축법상 인허가가 의제되는 허가처럼 신고의 경우에도 동일한 법적 효과를 인정하려는 경우에는 이를 신고가 아닌 허가의 대상으로 규정하는 것이 바람직하다. 상대방은 건축법이 허가에 비하여 상대적으로 소규모의 건축물에 대한 신고를 규정한 경우에는 비록 그에 대한 인허가가 의제되는 효과를 부여한 경우에도 여전히 신고로서 적법한 건축을 할 수 있다고 기대하기 때문이다.

이 판결에서 반대의견은 인허가가 의제되는 신고의 경우에도 여전히 자기완결적인 신고임을 강조하고 있다. 또한 반대의견은 수리를 요하는 신고를 사실상 허가와 동일하게 운영하는 경우에는 신고와 허가를 구별하는 제도적 취지가 몰각될 것을 우려하고 있다. 앞서 언급한 바와 같이 통상의 자기완결적 신고와는 달리 인허가가 의제되는 신고의 경우에는 강한 공익적 요청에 의하여 행정청이 보다 능동적이고 적극적인 역할을 수행하여야 한다는 다수의견의 합리적 주장도 수용할 부분이 있다. 또한 일반적인 신고와는 달리 건축법이 허가와 함께 신고의 경우에도 인허가 의제조항을 적용하는 것은 특별한 취급을 받아야 할 필요가 있다는 점도 수긍할 수 있다. 그럼에도 불구하고 우리나라에서 역대 정부들이 기업하기 좋은 나라를 실현하고 규제를 완화한다는 거시적인 정책 차원에서 상당 부분의 허가업종을 신고로 전환시켜왔다는 점을 고려한다면 수리를 요하는 변칙적인 신고제도를 운영하는 것은 이러한 정책의 취지와 부합하지 못한다. 특히 중요한 것은 상대방인 국민의 입장에서 볼 때 허가에 비하여 상대적으로 신고제가 가지고 있는 장점을 최대한 활용할 것을 기대한 상황에서 사법부의 판결이 이러한 변종신고의 적법성을 인정한다면 정부정책의 일관성, 지속성과 행정에 대한 국민의 기대와 신뢰가 유지되기 어렵다. 따라서 이러한 변종 내지 변칙적인 신고제도를 존치시키는 것보다 입법자가 보다 강화된 규제의 필요성을 인정하는 경우

허가로 재전환하도록 하는 것이 법치주의원칙에 보다 합당한 해결방식이다.

Ⅵ. 허가영업의 양도와 제재처분의 승계

1. 행정상 제재처분과 공의무

행정상 제재처분은 행정법상 의무불이행에 대한 제재로서 그 책임자에게 하는 침해적 행정행위이며 그 예로는 영업허가의 철회, 영업정지, 과징금 등이 있다. 행정기본법도 제재처분은 법령등에 따른 의무를 위반하거나 이행하지 아니하였음을 이유로 당사자에게 의무를 부과하거나 권익을 제한하는 처분으로서 행정대집행, 이행강제금의 부과 등 행정상 강제를 제외한 것으로 규정하고 있다(제2조 제5호).

이러한 제재처분에 따라 상대방이 부담하게 되는 의무는 공의무에 속하는 것인데 일신전속적 성질을 갖는 경우에는 승계의 대상이 될 수 없다. 예를 들어 행정법상 의무이행을 위한 간접강제 수단으로서 행정상 강제에 해당하는(따라서 제재처분은 아님) 이행강제금에 따른 납부의무는 일신전속적 성질을 가지므로 승계의 대상이 되지 못하지만(대결 2006.12.8. 2006마470), 공정거래법상 기업결합 관련 시정조치 불이행에 대한 이행강제금은 간접강제 수단일뿐만 아니라 과거 의무위반행위에 대한 제재의 성격도 가지는 제재금에 해당하므로 그 납부의무는 승계가 가능하다는 것이 판례다(대판 2019.12.12. 2018두63563).

2. 허가영업양도와 지위승계신고

허가, 등록, 신고, 특허에 따른 영업이나 사업을 양도 · 양수하여 허가영업자와 같은 공법상 지위를 승계하려면 신고, 인가 등에 의하도록 실정법에 규정되어 있는 경우가 있다.

이러한 영업양도에 따른 신고의 법적 성질에 관하여, 판례는 “사업양수에 의한 지위승계신고를 수리하는 허가관청의 행위는 단순히 양도, 양수자 사이에 이미 발생한 사법상의 사업양도의 법률효과에 의하여 양수자가 그 사업을 승계하였다는 사실의 신고를 접수하는 행위에 그치는 것이 아니라, 신규허가가 신청인으로 하여금 적법히 위 사업을 할 수 있는 법규상의 권리를 설정하여 주는 행위인 것과 마찬가지로 실질에 있어서는 양도자의 사업허가를 취소함과 아울러 양수자에게 적법히 위 사업을 할 수 있는 법규상의 권리를 설정하여 주는 행위로서 사업허가자의 변경이라는 법률효과를 발생시키는 행위라고 봄이 상당하다”라고 하면서 “허가관청의 사업양수에 의한 지위승계신고의 수리는 적법한 사업의 양도가 있었음을 전제로 하는 것이므로, 위 사업의 양도행위가 무효라고 주장하는 양도자는 민사쟁송으로 그 양도행위의 무효를 구함이 없이 막바로 허가관청을 상대로 하여 행정소송으로 위 신고수리처분의 무효확인을 구할 법률상의 이익도 있다"라고 하여(대판 1993.6.8. 91누11544) 허가영업의 경우에는 허가신청(대판 2020.3.26. 2019두38830; 대판 2012.12.13. 2011두29144), 수리를 요하는 신고에 따른 영업에서는 행위요건적 신고(대판 2022.1.27. 2018다259565), 자체완성적 신고에 따른 영업에서는 자기완결적 신고로 보는 것으로 평가된다. 학설상으로도 신고의 법적 성질은 양도의 대상이 되는 영업의 성질에 따라야 한다고 하여 판례와 같이 보는 견해가 있다. 반면 신고로 규정된 이상 자기완결적 신고 또는 행위요건적 신고로 보아야 한다는 견해도 있다.

특허사업의 양도에 대하여 인가를 요구하는 경우에는 영업양도가 기본행위가 되고 인가가 보충행위이자 양수인에 대한 특허처분이 되기도 한다. 판례는 개인택시운송사업 양도 · 양수에 대한 인가를 이렇게 보았다(대판 2010.11.11. 2009두14934). 이처럼 특허 또는 허가와 인가가 합쳐진 경우를 인허라고 부르는 견해도 있다.

3. 허가영업의 양도와 제재처분의 승계

1) 문제점

영업허가를 받은 사람이 그 영업을 다른 사람에게 양도하려면 사법상 영업양도계약을 체결하고 수허가자라는 공법상 지위를 양수인에게 이전하여야 한다. 그런데 이러한 공법상 지위 승계 전에 발생한 제재사유가 있는 경우 그에 따른 제재처분으로 양수인이 책임을 져야 하는지 문제된다. 특히 이에 관한 명문의 규정이 없는 경우는 어떻게 되는가.

이를 제재처분의 승계 문제라고 할 수 있는데 구체적인 모습은 다음과 같다. 첫째, 공법상 지위 승계 전에 제재사유가 발생하였는데 아직 제재처분의 절차도 진행되지 않은 상태에서 공법상 지위 승계가 이루어졌다면 제재사유가 승계되어 양수인에게 제재처분을 할 수 있는지. 둘째, 공법상 지위 승계 전에 발생한 제재사유에 따른 제재처분의 절차는 진행 중인데 아직 제재처분이 이루어지지 아니한 상태에서 공법상 지위 승계가 이루어졌다면 양수인에 대하여 제재처분의 절차를 이어서 진행하고 제재처분을 할 수 있는지. 이상의 두 가지를 제재사유의 승계라고 할 수 있다. 셋째, 공법상 지위 승계 전에 양도인에 대하여 이루어진 제재처분의 효과가 그 지위를 승계한 양수인에게 미치는지. 이러한 문제는 등록영업, 신고영업 등에서도 마찬가지다.

2) 학설 및 판례

허가를 그 대상에 따라서 구별하는 것은 허가가 양도 · 양수의 대상이 된다면 양도인에 대하여 내려진 제재처분이 원칙적으로 양수인에게 이전될 수 있는가의 문제가 발생하기 때문이다. 대물적 허가의 경우 양수인에게 제재적 처분이 이전되는데 반하여 대인적 허가는 일종의 일신전속적 성격을 가지고 있기 때문에 그것이 인정되지 않으며, 혼합적 허가의 경우에는 관련 법령과 해석에 따라서 개별적으로 판단하여야 한다는 것이 통설적인 견해이다.

판례 역시 대물적 허가의 경우 양도인에 대한 제재적 처분이 양수인에게 이전된다는 입장을 보이고 있다. 즉 대법원은 석유판매업 등록을 일종의 대물적 허가로 보면서 지위 승계 전에 발생한 유사석유제품 판매금지 위반이라는 제재사유에 기하여 양수인에게 사업정지처분에 갈음한 과징금을 부과할 수 있다고 보았다(대판 2003.10.23. 2003두8005). 그런데 당시 지위 승계 규정은 있었으나 제재처분의 승계에 관한 규정은 없었다.

반면 현행 석유사업법에는 지위 승계와 아울러 처분 효과의 승계에 관한 규정도 있다(제10조 제7항, 제7조, 제8조). 즉 석유판매업자가 그 사업의 전부를 양도한 경우 그 양수인은 양도인의 지위를 승계한다. 이렇게 석유판매업자의 지위가 승계되면 종전의 석유판매업자에 대한 제재적 처분의 효과는 새로운 석유판매업자에게 승계되고, 처분의 절차가 진행 중일 때에는 새로운 석유판매업자에 대하여 그 절차를 진행할 수 있다. 다만 새로운 석유판매업자(상속으로 승계받은 자 제외)가 석유판매업을 승계할 때에 그 처분이나 위반의 사실을 알지 못하였음을 증명하는 경우에는 그렇지 않다.

3) 검 토

그런데 이와 같은 판결은 대물적 허가가 물건에 대한 허가라는 점을 그 근거로 들고 있지만 행정의 법률적합성원칙에서 보면 다음과 같은 문제점을 가지고 있다. 첫째, 양수인에 대하여 제재적 처분의 효과가 미치거나 그 처분이 이루어질 수 있다는 것은 결과적으로 양수인의 영업의 자유를 제한하는 것이기 때문에 헌법 제37조 제2항에 따라서 당연히 법률적 근거가 있어야 한다. 대물적 허가의 특성에 따르는 행정편의주의는 기본권 제한의 법률형식이나 행정의 법률적합성원칙을 침해할 수 없다. 둘째, 양수인에 대하여 제재적 처분의 효과가 여과 없이 미치는 경우에는 행정작용의 투명성과 예측가능성 보장을 핵심적인 요소로 하는 법치주의원리에 반한다. 이 경우 양수인은 양도인을 대상으로 하는 사업정지 등의 처분이 있었는지를 확인할 수 없는 경우가 대부분이기 때문이다. 마지막으로 양도인에 대한 제재적 처분이 양수인에게 미치는 경우에는 자기책임의 원칙에도 반하는 측면이 있어서 양수인을 다른 영업자들에 비하여 합리적 근거 없이 차별하는 문제도 발생한다. 따라서 대물적 허가의 경우에도 양수인이 선의·무과실을 입증하여 제재적 처분으로부터 벗어날 수 있는 기회를 부여하고 양도인에 대한 제재적 처분을 양수인에게 이전시키기 위해서는 이전의 요건, 내용, 효과 등에 대한 법적 근거가 요구된다고 할 것이다.

예를 들어 토양환경보전법은 정화대상 토지의 양도양수와 관련하여 토양오염원인자의 범위에 대하여 제10조의4 제1항 제4호에서는 "다음 각 호의 어느 하나에 해당하는 자는 정화책임자로서 제11조제3항, 제14조제1항, 제15조제1항 · 제3항 또는 제19조제1항에 따라 토양정밀조사, 오염토양의 정화 또는 오염토양 개선사업의 실시(이하 "토양정화등"이라 한다)를 하여야 한다. 4. 토양오염이 발생한 토지를 소유하고 있었거나 현재 소유 또는 점유하고 있는 자"라고, 같은 조 제2항 제3호에서 "제1항에도 불구하고 다음 각 호의 어느 하나에 해당하는 경우에는 같은 항 제4호에 따른 정화책임자로 보지 아니한다. 다만, 1996년 1월 6일 이후에 제1항제1호 또는 제2호에 해당하는 자에게 자신이 소유 또는 점유 중인 토지의 사용을 허용한 경우에는 그러하지 아니하다. 3. 토양오염이 발생한 토지를 양수할 당시 토양오염 사실에 대하여 선의이며 과실이 없는 경우"라고 규정하고 있다. 이는 대물적 허가의 양도 · 양수 시에 제재적 처분의 이전과 관련된 입법적 지침을 제공할 수 있을 것이다.

한편 가짜석유제품 제조 및 판매를 이유로 석유판매업 등록이 취소된 경우 2년 동안 같은 시설을 이용하여 석유판매업 등록을 할 수 없게 한 규정이 문제된 사안에서, 헌법재판소의 반대의견도 석유판매업 등록은 대물적 허가의 성격이 강한 혼합적 허가에 해당하고 가짜석유제품의 제조 · 판매금지는 석유판매업자 개인에게 부과되는 일신전속적인 의무이므로 그 위반에 대한 제재처분은 행위책임적 성격이 강하여 대인적 처분에 해당하기 때문에, 가짜석유제품 제조 · 판매로 인한 제재처분의 효과는 양수인에게 당연히 승계될 수 없고 그 승계를 위해서는 특별한 법률규정이 필요하다는 의견을 제시하였다(헌재결 2015.3.26. 2013헌마461).

4) 구체적인 판례

(1) 제재처분의 승계에 관한 규정이 없는 경우

앞서 본 바와 같이 법률적 근거가 없다면 제재사유 또는 제재처분의 효과가 승계될 수 없다. 그러나 판례는 아래와 같이 승계를 인정한 바 있다.

한편 행정절차법 제10조는 당사자등의 지위 승계에 관하여 규정하고 있다.

가) 지위의 승계, 제재처분의 승계에 관한 규정이 없는 경우

(가) 판례는 구 공중위생관리법상 영업정지나 영업장폐쇄명령은 대물적 처분이라고 하면서 공중위생영업의 양도 · 양수가 있기 전 발생한 영업정지사유에 기하여 양수인에게 영업정지처분을 할 수 있다고 보았다(대판 2001.6.29. 2001두1611). 즉 제재사유 승계가 인정되었다. 현행법상으로는 공중위생영업이 신고업이고 지위 승계와 제재처분 효과의 승계에 관한 규정이 있으나(제3조의2, 제11조의3), 위 판례 사안 당시에는 통보업

이었고 이러한 승계 규정이 없었다(제재처분승계 규정이 행정처분기준에 관한 시행규칙 별표 7에 있었으나 판례에 의하면 그 법규성이 인정되지 않는다).

(나) 회사의 합병과 분할에 관하여는 상법 제235조(합병의 효과), 제530조의10(분할 또는 분할합병의 효과) 등이 문제된다. 판례는 회사합병의 경우 피합병회사의 공법상 권리 · 의무는 그 성질상 이전을 허용하지 않는 것을 제외하고 모두 합병으로 존속한 회사에게 승계된다고 하면서, 회계법인에 대한 감사인지정제외처분과 손해배상공동기금의 추가적립처분과 관련한 공법상의 관계는 위반행위의 태양 및 내용 등과 같은 객관적 사정에 기초하여 이루어지는 것이므로 합병으로 존속하는 법인에게 승계되므로, 피합병회사의 제재사유에 따라 합병후 존속법인에게 제재처분을 할 수 있다고 보았다(대판 2004.7.8. 2002두1946). 즉 제재사유의 승계가 인정된 것이다.

반면 판례는 회사분할의 경우 신설회사 또는 존속회사가 승계하는 것은 회사의 권리와 의무에 제한되므로 특별한 규정이 없는 한 분할하는 회사의 분할 전 위반행위를 이유로 신설회사에게 과징금을 부과할 수 없다고 보았다(대판 2007.11.29. 2006두18928). 즉 명문의 규정이 없으면 제재사유의 승계가 인정되지 않는다는 것이다.

현행 공정거래법에는 분할 또는 합병 등의 경우 시정조치와 과징금의 승계에 관한 규정이 있고(제7조 제2항 내지 제4항, 제14조 제4항, 제37조 제3항, 제42조 제2항, 제49조 제2항, 제52조 제2항, 제102조 제2항 내지 제4항), 하도급법은 시정조치와는 달리 과징금에 대하여 공정거래법의 위 승계 규정을 준용한다(제25조, 제25조의3 제4항). 따라서 제재처분의 승계에 관한 규정이 없는 하도급법상 시정조치의 경우에는 회사분할 전 위법행위를 이유로 하여 신설회사에게 시정조치를 할 수 없다는 것이 판례이다(대판 2023.6.15. 2021두55159). 즉 명문의 규정이 없어 제재사유의 승계가 인정되지 않는다.

그러나 판례는 하도급법에 따른 벌점 부과는 공법상 지위 또는 의무 · 책임이 구체화된 경우라고 볼 여지가 크기 때문에 단순히 위반행위만 존재하는 경우와는 사안이 다르며, 회사분할이 벌점 누적으로 인한 제재처분의 요청 및 그에 따른 공법상 의무 내지 책임의 발생이 임박한 상태에서 이루어졌으므로, 회사분할 전 부과된 벌점에 따라 신설회사에게 입찰참가자격제한 및 영업정지 요청처분을 할 수 있다고 하였다(대판 2023.4.27. 2020두47892). 즉 명문 규정이 없더라도 구체화된 제재사유에 따른 제재처분이 임박한 때 이루어진 회사분할의 경우에는 승계가 인정된다는 것이다.

(다) 한편 판례는 관광농원 개발사업 승인을 받은 양도인으로부터 해당 사업을 양수한 양수인에 대하여 위 사업계획 변경승인이 이루어졌는데 관련 규정에 지위 승계나 제재사유 승계에 관한 내용이 없는 경우 양수인에 대한 위 변경승인은 새로운 사업계획 승인처분의 실질을 갖는다고 하면서, 양도인이 부정한 방법으로 사업계획승인을 받았다는 이유로 양수인에 대한 사업계획 변경승인을 취소할 수는 없다고 하였

다(대판 2018.4.24. 2017두73310). 그런데 위 판례는 제재사유의 승계가 문제되는 것은 아니다. 양도인에 대한 사업계획 승인처분과 양수인에 대한 사업계획 변경승인처분은 별개이므로 양도인에 대한 위 승인처분에 하자가 있다고 하여 이를 이유로 양수인에 대한 변경승인처분을 취소할 수는 없다는 것이다.

나) 지위 승계 규정만 있고 제재처분의 승계에 관한 규정은 없는 경우

(가) 판례가 대물적 허가에 해당하는 석유판매업 등록의 경우 지위 승계 전에 발생한 제재사유(유사석유제품 판매금지 위반)에 따라 양수인에게 제재처분(과징금)을 할 수 있다고 보았음은 전술한 바와 같다(대판 2003.10.23. 2003두8005). 즉 제재사유 승계가 인정된 것이다.

(나) 판례는 개인택시 운송사업의 양도 · 양수가 있기 전에 양도인이 음주운전을 하여 운전면허의 취소사유가 발생하였지만 아직 운전면허취소에 이르지는 않아서 개인택시 운송사업면허의 취소사유가 발생하지는 못한 상태였다고 하더라도, 위 양도 · 양수에 대한 인가가 있은 후 양도인의 운전면허가 취소되었다면 이제는 양도인의 운송사업면허에 대한 취소사유도 발생한 것이므로 그에 따라 양수인의 운송사업면허를 취소할 수 있다고 하였다(대판 2010.4.8. 2009두17018). 위 사안도 제재사유의 승계가 인정된 것이다. 다만 여기서 취소사유는 강학상 철회사유에 해당한다.

(다) 한편 판례는 개인택시 운송사업면허의 최초 양수인이 관할 관청에 위조한 허위의 운전경력증명서 등을 제출하여 양도 · 양수인가를 받고 나서 다시 최종 양수인에게 위 운송사업을 양도한 경우 인가 자체에 하자가 있는 것이고 여기의 인가에는 양도인과 양수인의 양도행위의 효력을 보충하여 주는 의미의 인가와 아울러 양수인에게 면허를 부여하는 처분도 포함된다고 하면서, 처분청은 최초 양수인뿐만 아니라 최종 양수인에 대하여 개인택시 운송사업면허를 직권취소할 수 있다고 보았다(대판 2010.11.11. 2009두14934). 그런데 위 판례는 제재사유의 승계가 문제되기 보다는 최종 양수인에 대한 운송사업면허 자체에 하자가 존재하여 직권취소하는 경우라고 볼 수 있다.

(라) 또한 판례는 화물자동차 운송사업자의 지위를 승계한 양수인은 양도인의 의무위반행위에 따른 위법상태도 승계하는 것이므로 행정청은 양수인의 선의 · 악의를 불문하고 불법증차 차량에 관하여 지급된 유가보조금에 대한 반환명령을 할 수 있다고 하였다. 다만 유가보조금 부정수급하는 행위를 처분사유로 하는 유가보조금 반환명령은 대인적 처분이고, 양수인은 영업양도 · 양수 전에 벌어진 양도인의 불법증차 차량의 제공 및 유가보조금 부정수급이라는 결과 발생에 어떠한 책임이 있다고 볼 수 없으므로, 양수인의 책임범위는 지위승계 후 발생한 유가보조금 부정수급액에 한정된다고 하였다(대판 2021.7.29. 2018두55968). 다시 말해 제재사유가 승계된 것은 아니고 양수

인 자신의 제재사유에 따른 책임을 부담한 것이다.

(2) 제재처분의 승계에 관한 규정이 있는 경우

제재처분의 승계에 관한 규정이 있다면 그 규정된 바에 따라 제재사유나 제재처분의 효과가 승계될 수 있다. 다만 제재사유 승계 규정에는 제재처분절차가 진행 중인 때에는 양수인에게 절차를 계속할 수 있다는 내용만 있는 경우가 많은데 이는 제재처분절차조차 진행되지 아니한 경우의 제재사유 승계 근거 규정이 될 수 없다.

가) 판례는 종전 석유판매업자가 한 가짜 석유제품 저장 · 판매의 위반행위에 기하여 그에게 사업정지처분이 있은 후 지위 승계 규정에 따른 변경등록(2016.2.12.)이 이루어졌고, 그동안 위 사업정지처분에 대한 취소소송의 1심에서 집행정지결정이 있었다가 원고패소(2015.10.22.) 후 항소심에서는 집행정지신청이 기각(2016.2.2.)된 경우, 처분청은 제재처분효과의 승계 규정에 따라 새로운 석유판매업자에게 사업정지처분(2016.2.18.)을 할 수 있다고 보았다. 또한 새로운 석유판매업자가 종전 처분이나 위반사실에 대한 선의를 입증하면 면책될 수 있는데 지위 승계의 악용을 방지하기 위해서는 그 선의의 인정에 신중하여야 한다면서 위 판례 사안의 경우 선의가 증명되지 못하였다고 보았다(대판 2017.9.7. 2017두41085). 이는 제재처분의 효과가 승계된 사안이다.

나) 판례는 국민건강보험법에 따른 요양기관 업무정지처분(대판 2022.1.27. 2020두39365) 또는 의료급여법에 따른 의료급여기관 업무정지처분(대판 2022.4.28. 2022두30546)은 대물적 처분의 성격을 가지므로 요양기관 폐업 후 그 요양기관의 개설자가 새로 개설한 요양기관에 대하여 폐업한 요양기관에서의 위반행위를 이유로 업무정지처분을 할 수는 없다고 하였다. 이는 제재처분절차가 진행되기 전의 제재사유 승계가 인정되지 않은 사안이다. 이러한 결론에는 동의하지만 그 이유는 "대물적 처분"에 있는 것이 아니라 위 판례가 이유 중 판시한 바와 같이 "관련 법령에는 업무정지처분의 절차가 진행되기 이전에 이미 폐업한 요양기관에서 발생한 위반행위를 이유로 그 요양기관의 개설자가 새로 개설한 요양기관에 대하여 업무정지처분을 할 수 있는 규정을 두고 있지 아니하다"는 것에서 찾아야 한다.

제3절 행정행위의 부관

Ⅰ. 부관의 개념과 의의

행정행위의 부관(附款)은 주된 행정행위의 효력이나 내용을 보충 내지 제한하기 위하여 붙여진 종된 의사표시 내지 종된 규정을 말한다. 부관은 흔히 수익적 행정행위에 조건 등의 형태로 부가되는데, 이는 부관을 통하여 수익적 행정행위에 일정한 법적 규제나 제한을 가하기 위한 것이다.

상대방이 수익적 행정행위를 신청하는 경우 행정청은 두 가지 대안을 선택할 수 있는 상태에 놓인다. 다시 말하자면, 신청의 대상이 되는 행정행위가 법령상의 요건을 갖추는 경우 이를 발령하게 되며, 이와는 대조적으로 그렇지 못한 경우에는 이를 거부하게 된다. 그런데 행정의 실제에서는 이와 같은 두 가지의 대안 이외에 일단 상대방에게 수익적 행정행위를 발령하되, 공익적 견지에서 일정한 조건을 달아 무조건적인 승낙과 절대적인 거부 사이에서 행정청이 일정한 활동의 여지와 유연성을 유지할 수 있다. 부관은 바로 이와 같이 yes, but의 형태이며, 다양한 부관의 형태를 통하여 민원인의 권익을 보장하면서도 공익적 관점에서의 법적 규제나 통제를 실현할 수 있는 기제인 것이다.

이와 같이 부관이 가지고 있는 현실적인 장점에도 불구하고 부관을 통하여 주된 행정행위와는 관계없이 상대방을 사실상 압박하는 수단으로 사용될 수도 있으며, 행정과 민원인 간에 부정의 연결고리가 될 가능성도 있다. 법적으로는 부관이 법령 등에 위반하여 위법한 경우 본체인 행정행위에 부종(附從)하는 부관의 특성상 본체인 행정행위도 부관과 같이 쟁송 내지 법원의 취소의 대상이 되는지, 혹은 부관에 대해서만 독립적인 쟁송이나 취소가 가능한 것인지 복잡한 문제를 제기한다.

Ⅱ. 부관의 종류

행정기본법 제17조 제1항에는 부관의 예로 조건, 기한, 부담, 철회권의 유보가 규정되어 있다. 한편 유흥주점 영업허가를 신청하였는데 일반음식점 영업허가를 하는 이른바 수정부담은 부관이 아니라 신청내용에 대한 변경된 행정행위이고 이는 그 법적 근거가 존재하고 신청인이 동의하여야 효력이 발생한다.

1. 기 한

기한은 주된 행정행위의 존속기간(기간)이나 시작(시기) 또는 끝나는 시점(종기)을 표시하기 위하여 붙여지는 부관이다. 기한은 장래에 그 시점의 도래가 확실하다는 점에서 사실의 도래가 불확실한 조건과 구별된다.

2. 조 건

조건은 기한과는 달리 장래 사실의 도래가 불확실한 부관으로서 조건의 성취와 더불어 본체인 행정행위의 효력이 발생하는 정지조건과 조건의 성취로 인하여 본체인 행정행위의 효력이 상실되는 해제조건으로 구분된다. 조건은 행정행위의 효력발생이나 상실을 불확실한 사실의 도래에 의존하기 때문에 법적 안정이 강조되는 행정법의 영역에서는 바람직하지 못한 측면이 있으므로 후술하는 바와 같이 조건과 부담의 구별이 불명한 경우에는 이를 부담으로 취급하는 것이 보다 합리적이다.

3. 철회권의 유보

철회권의 유보는 행정청이 수익적 행정행위를 하면서 사후에 철회사유가 존재하는 경우 주된 수익적 행정행위를 철회할 수 있는 권한을 유보하는 것을 말한다. 일반적으로 철회권을 유보하는 경우는 상대방이 행정행위에 부가된 부담을 이행하지 않거나 법령상 규정된 철회사유가 도래하는 경우이다. 특히 전자의 경우에는 부담과 철회권의 유보라는 부관이 이중적으로 부가되는 경우라고 할 수 있다. 다만, 행정청이 부관으로 부가된 철회권을 실제로 행사함에 있어서는 철회로 인하여 달성되는 공익과 이로 인하여 제한 또는 침해되는 사인의 법적 안정을 형량하여 신뢰보호원칙에 대한 위반이 없도록 유의하여야 한다.

판례는 행정청이 종교단체에 대하여 기본재산전환인가를 함에 있어 인가조건을 부가하고 그 불이행시 인가를 취소할 수 있도록 한 경우, 인가조건의 의미는 철회권을 유보한 것이라고 보았다(대판 2003.5.30. 2003다6422). 이 사건은 앞서 살펴본 바와 같이 철회권의 유보와 함께 기본재산전환인가의 인가조건이라는 일종의 부담이 이중으로 부관으로서 부가되고 후자의 의무불이행에 따라서 철회권의 유보가 이루어진 경우이다.

4. 부 담

부담이란 본체인 행정행위에 작위, 부작위, 수인, 급부의 의무를 부관으로 부가하는 것을 말한다. 예를 들어 건축허가에 부가된 주차시설의 마련, 영업허가에 부가된 영업시간의 제한, 행정청의 조사 시에 일정한 사항에 응할 의무, 하천수사용허가에 부가된 사용료 등이 이에 해당한다.

부담은 주된 행정행위의 내용 및 효력을 보충 또는 제한하기 위한 종된 규율이라는 점에서 부관으로서의 성격을 가지고 있다. 따라서 본체인 행정행위가 무효 또는 불성립인 경우에 부담 역시 독자적으로는 어떠한 의미도 갖지 못한다. 그러나 부관은 다른 부관과는 달리 법적으로 독립적인 처분으로서의 성격도 아울러 가지고 있다. 다시 말하자면 부담은 부관으로서 본체인 행정행위에 부종하는 성격과 더불어 독립적인 처분으로서 그 자체로 하자가 있는 경우 독립적인 쟁송이나 취소의 대상이 될 수 있다. 이 문제는 부관에 대한 권리구제에서 다시 언급하기로 한다.

한편 후술하는 바와 같이 법적 근거가 없더라도 부담의 불이행은 행정행위의 철회사유에 해당한다는 것이 판례의 입장이나(대판 1989.10.24. 89누2431), 부담의 불이행에 대하여 철회권이 유보되어 있거나 법령에 근거가 있지 않다면 부담의 불이행을 이유로 한 철회는 불가능하다고 보는 것이 법률유보원칙에 부합한다.

5. 행정행위 사후변경권의 유보

행정행위 사후변경권의 유보는 본체인 행정행위를 발령하면서 부관으로 사후에 일정한 사유가 존재하는 경우 그 내용을 변경하겠다는 권한을 유보하는 것을 말한다. 여기서 행정행위의 내용을 변경한다는 것은 그 발령 후 부관을 부가하거나 이미 부가되어 있는 부관의 내용을 변경하는 것을 말한다. 행정행위 사후변경권의 유보는 부담유보, 사후부담의 유보라는 용어로 사용되기도 한다. 그 예로는 행정청이 수입업자에게 특정 국가로부터 농산물수입을 허가하면서 향후에 수입다변화정책에 따라서 다른 나라로 수입선을 변경할 수 있다는 권한을 유보하는 것을 말한다.

행정행위 사후변경권의 유보는 철회권의 유보와 유사한 측면이 있지만(예: A국에 대한 수입허가를 철회하고 B국으로부터의 수입을 신규로 허가), 후자의 경우에는 행정행위 자체를 철회하는 것임에 비하여 전자는 행정행위의 내용을 변경하는 것을 중심으로 한다는 점에서 양자는 구별된다.

6. 법률효과의 일부배제

법률효과의 일부배제는 본체인 행정행위가 가지고 있는 법적 효과의 일부를 제한 또는 배제하는 것을 내용으로 하는 부관이다. 예를 들어 개인택시면허의 부제(部制) 또는 격일제, 영업허가에 부가된 일정 시간 영업시간의 제한 등이 이에 해당한다. 법률효과의 일부배제는 부담과 유사한 성격을 가지고 있기 때문에(위의 예들을 부작위 부담으로 볼 여지도 있다) 이를 독립한 부관으로 인정하기 어렵다는 견해도 있다. 그러나 판례는 법률효과의 일부배제를 부관의 하나로 보고, 부담과는 달리 독립적인 쟁송의 대상이 될 수 없는 것으로 보고 있다(대판 1993.10.8. 93누2032).

Ⅲ. 부관의 가능성과 법적 한계

1. 부관의 가능성

행정기본법은 제17조 제1항에서 "행정청은 처분에 재량이 있는 경우에는 부관(조건, 기한, 부담, 철회권의 유보 등을 말한다. 이하 이 조에서 같다)을 붙일 수 있다"라고, 제2항에서 "행정청은 처분에 재량이 없는 경우에는 법률에 근거가 있는 경우에 부관을 붙일 수 있다"라고 하여 재량행위에 부관을 붙일 수 있고, 기속행위에도 법률에 근거가 있으면 가능한 것으로 명문화하였다. 아래에서는 그 입법의 배경이 된 종래의 논의를 본다.

1) 준법률행위적 행정행위와 부관

전통적으로 부관은 본체인 행정행위의 내용이나 효력을 보완 내지 제한하기 위하여 붙여진 종된 의사표시라고 정의하는 견해는 부관이 의사표시를 구성요소로 하는 이른바 법률행위적 행정행위에만 가능하기 때문에 준법률행위적 행정행위에는 부관을 붙일 수 없는 것으로 이해하였다.

그러나 부관이 일반적으로 침해적 효과를 가지는 행정작용이라는 점을 고려한다면 그에 대한 법적 근거가 있는 경우 준법률행위적 행정행위에도 부관을 붙일 수 있다. 예를 들어 여권법 시행령 제6조 제2항 제5호에 따라서 외교부장관은 국외에 체류하는 국가보안법 제2조에 따른 반국가단체의 구성원으로서 대한민국의 안전보장, 질서유지 및 통일 · 외교정책에 중대한 침해를 야기할 우려가 있는 사람을 대상으로 1년부터 5년까지의 범위에서 침해 우려의 정도에 따라 외교부장관이 정하는 기준에 따른 기간을 정할 수 있다. 물론 이 조항에 따르는 기간은 행정청의 행위와는 관계 없이 법규에 의하여 직접 특정한 행정행위의 내용을 제한하거나 권리의 존속기간 등을 규정하는 법정부관으로 볼 여지도 있지만, 외교부장관이 일정한 요건에 해당하는 경우 준법률행위적 행정행위로서 공증행위인 여권발급에 유효기간을 부관으로 정할 수 있는 것이다. 법정부관의 예로는 특허권의 존속기간을 특허권 설정등록일부터 특허출원일 후 20년이 되는 날까지로 정한 특허법 제88조 제1항이 있다.

2) 기속행위와 부관

전통적으로 부관은 본체인 행정행위의 효력을 보충하는 종된 의사표시로서 행정청이 일정한 활동의 여지를 가지고 있는 재량행위에만 붙일 수 있지만 행정청이 법규의 내용을 기계적으로 집행하는 기속행위에는 부관을 부가할 수 없는 것으로 이해하였다.

그러나 이 문제 역시 행정의 법률적합성원칙에 따라서 부관을 붙일 수 있는 법적 근거가 있다면 기속행위에도 부관이 가능한 것으로 보아야 한다. 이와 관련하여 판례는 "이 사건 허가조건 제20항은 부관을 붙일 수 없는 기속행위 내지 기속적 재량행위인 건축허가에 붙인 부담이거나 또는 법령상 아무런 근거가 없는 부관이어서 무효"라고 판시하였다(대판 1995.6.13. 94다56883). 즉 대법원은 기속행위에 부관을 부가할 수 없다는 입장이기는 하지만, "법령상 아무런 근거가 없는 부관"이라서 무효라고 한 부분을 보면 반대로 법령상 근거가 있는 경우에는 부관이 가능하다는 것이기 때문에 결국 이 문제는 행정의 법률적합성원칙에 따라서 결정된다. 예를 들어 식품위생법에 따른 영업허가는 앞서 언급한 바와 같이 기속행위임이 원칙이지만, 같은 법 제37조 제2항은 "식품의약품안전처장 또는 특별자치시장 · 특별자치도지사 · 시장 · 군수 · 구청장은 제1항에 따른 영업허가를 하는 때에는 필요한 조건을 붙일 수 있다"라고 하여 기속행위에 대한 부관의 법적 근거를 마련하고 있다.

한편 영업허가신청에 대하여 법규에서 정한 요건상 경미한 흠결이 있는 경우 그 충족을 조건으로 하여 기속적인 영업허가처분을 하거나, 요건을 충족하여 이루어진 영업허가처분에 추후 요건을 충족하지 못하게 되면 영업허가를 철회할 수 있다는 부관을 붙이는 이른바 법률요건충족적 부관은 기속행위에도 가능하다는 견해가 있다. 그러나 법률요건충족적 부관도 법적 근거가 있어야 가능하다고 보아야 한다.

3) 재량행위와 부관

기속행위와는 대조적으로 판례는 재량행위의 경우 법적 근거가 결여되더라도 부관을 붙일 수 있는 것으로 본다(대판 2007.7.12. 2007두6663).

그런데 재량행위에 붙여지는 부관 역시 그 자체로는 상대방의 권리를 제한하고 의무를 부과하는 침해적 행정작용임이 일반적이다. 따라서 이 문제 역시 행정의 법률적합성원칙에 따라야 하기 때문에 재량행위라고 하더라도 법적 근거 없이 부관을 붙이는 경우에는 법률유보원칙에 반하는 것으로서 위법하다. 부관이 침해적 행정작용으로서 상대방의 기본권을 제한하는 효과를 가지므로 헌법 제37조 제2항에 따라 법률적 근거가 필요한 것도 바로 이 때문이다.

예를 들어 전기통신사업법 제6조 제2항에는 "과학기술정보통신부장관은 제1항에 따라 기간통신사업의 등록을 받는 경우에는 공정경쟁 촉진, 이용자 보호, 서비스 품질 개선, 정보통신자원의 효율적 활용 등에 필요한 조건을 붙일 수 있다. 이 경우 그 조건을 관보와 인터넷 홈페이지에 공고하여야 한다"라고 규정되어 있는데, 이는 고도의 정책적 재량이 인정되는 기간통신사업 허가(특허)의 경우에 필요한 조건(부관)을 법적 근거에 따라서 붙일 수 있게 한 것이다.

또한 후술하는 바와 같이 수익적 재량행위와 법적 근거를 거래의 대상으로 하는 경우 행정청과 사업자 간에 밀월관계가 성립한다. 따라서 기속행위인가 재량행위인가에 따라서 부관의 법적 근거를 논하는 것은 크게 잘못된 것이며 이는 행정의 법률적합성과 행정법의 일반원칙에 따른 법적 한계의 문제로 접근하여야 한다.

2. 부관의 법적 한계

1) 다른 모든 행정작용과 마찬가지로 부관 역시 행정의 법률적합성원칙과 행정법의 일반원칙을 준수하여야 하며, 이러한 원칙에 위반하는 경우 위법한 것으로서 권익침해를 당한 상대방은 행정쟁송을 통하여 권리구제를 받을 수 있다. 우선 행정의 법률적합성원칙에 의하여 부관이 헌법상 기본권을 제한하는 침해적 효과를 수반하는 경우 법률유보원칙이 적용되며, 부관은 법령상 내용을 위반하지 않아야 한다(법률우위원칙). 또한 부관은 부당결부금지의 원칙, 비례의 원칙, 평등의 원칙, 신뢰보호의 원칙 등을 위반하는 경우 역시 위법한 부관으로서 무효 또는 취소의 대상이 될 수 있다.

행정기본법은 제17조 제4항에 "부관은 다음 각 호의 요건에 적합하여야 한다. 1. 해당 처분의 목적에 위배되지 아니할 것 2. 해당 처분과 실질적인 관련이 있을 것 3. 해당 처분의 목적을 달성하기 위하여 필요한 최소한의 범위일 것"이라고 규정하여 부관의 한계로 부당결부금지원칙(제2호)과 비례원칙(제3호)이 적용됨을 확인하고 있다. 부관이 본체인 행정행위의 목적에 위배되는 경우(제1호)의 예로는 부속선을 갖추는 것이 허가요건인 기선망어업의 허가를 하면서 부속선을 사용할 수 없다는 부관을 부가한 판례 사안(대판 1990.4.27. 89누6808)이 있다.

2) 행정행위의 부관은 원칙적으로 주된 행정행위와 동시에 이에 부가되는 것인데 일단 주된 행정행위를 발령한 후 사후에 부관을 붙일 수 있는지 문제되었고, 통설과 판례는 제한적 긍정설의 입장이었다. 즉 판례는 "행정처분에 이미 부담이 부가되어 있는 상태에서 그 의무의 범위 또는 내용 등을 변경하는 부관의 사후변경은, 법률에 명문의 규정이 있거나 그 변경이 미리 유보되어 있는 경우 또는 상대방의 동의가 있는 경우에 한하여 허용되는 것이 원칙이지만, 사정변경으로 인하여 당초에 부담을 부가한 목적을 달성할 수 없게 된 경우에도 그 목적달성에 필요한 범위 내에서 예외적으로 허용된다"라고 하였다(대판 2007.9.21. 2006두7973).

행정기본법은 제17조 제3항에서 "행정청은 부관을 붙일 수 있는 처분이 다음 각 호의 어느 하나에 해당하는 경우에는 그 처분을 한 후에도 부관을 새로 붙이거나 종전의 부관을 변경할 수 있다. 1. 법률에 근거가 있는 경우 2. 당사자의 동의가 있는 경우 3. 사정이 변경되어 부관을 새로 붙이거나 종전의 부관을 변경하지 아니하면 해당 처분의 목적을 달성할 수 없다고 인정되는 경우"라고 규정하여 이를 명문화하였다. 또한 행정행위 사후변경권이 유보되어 있는 경우에도 가능한데, 이는 제2호 사유에 포함될 수 있다고 보는 견해가 있다.

사후부관의 허용성 문제는 사후에 이루어진 법령의 개정 또는 제정에 의하여 부관이 붙여지는 경우에 더욱 두드러질 수 있는데, 이는 평등원칙이나 비례원칙에 비추어 문제가 없다면 역시 신뢰보호원칙과 법률적합성원칙과의 비교교량하에 결정될 문제이다. 그러나 대부분은 부진정소급효로서 적법한 부관으로 보아야 할 것이다.

3. 판 례

행정기본법이 제정되기 전부터 판례는 재량행위의 경우 법적 근거가 없는 경우에도 부관을 붙일 수 있다는 입장을 견지하였다. 대법원이 토지형질변경처분에 부가된 기부채납의 적법성과 관련하여 판시한 내용은 다음 세 가지로 축약할 수 있다(대판 1999.2.23. 98두17845). 첫째, 토지형질변경허가는 재량행위이다. 둘째, 기부채납의 근거가 되는 서울특별시토지의형질변경등행위허가사무취급요령은 법규가 아니지만, 토지형질변경허가는 재량행위이므로 법적 근거가 결여된 것을 이유로 위법이라고 할 수 없다. 셋째, 재량행위에 붙여진 기부채납에 법률유보원칙이 적용되지 않는다고 하더라도 부관이 비례, 평등의 원칙 등 행정법의 일반원칙을 위반하는 경우에는 위법하다. 대법원의 이러한 입장은 주택건설사업계획승인에 부가된 기부채납의 경우에도 역시 동일하게 나타났다.

이와 같이 판례는 재량행위의 경우 법적 근거와는 무관하게 행정법의 일반원칙만을 부관의 법적 한계로 설정하고 있다(대판 1997.3.14. 96누16698). 그러나 일반적으로는 부관이 그 성질상 침해적 효과를 수반하는 행정작용이라는 점을 고려한다면 그 구체적인 내용이나 범위에 대하여 법적 근거를 마련하는 것이 법률유보원칙에 합당한 것이다. 특히 재량행위의 경우 법적 근거가 불명한 상태에서 행정청은 수익적 행정행위를 미끼로 하여 부관의 형식으로 일정한 대가를 요구하는 사례가 많기 때문에 결과적으로 행정작용의 투명성을 저해하고 행정청과 민원인 사이에 부패의 고리를 형성할 가능성이 있다. 따라서 판례가 부관의 법적 한계로서 법률유보원칙을 포함하는 행정의 법률적합성원칙을 부관의 위법성 심사기준으로 적용하지 않는 것은 비판의 여지가 있다. 행정기본법 제17조 제1항은 재량행위에 부관을 붙일 수 있는 법적 근거가 된다는 측면에서 나름대로 진일보한 것이지만 오히려 판례와 동일한 내용을 담고 있는 이러한 일반조항은 비판의 도피처가 될 우려가 있다. 부관이 침해적 효과를 갖는다면 그 근거와 한계를 구체적으로 개별법에 규정하는 것이 법률유보원칙에 부합되는 것이다.

Ⅳ. 위법한 부관에 대한 권리구제 - 행정쟁송과 무효확인, 취소

1. 문제점

부관에 중대하고 명백한 위법사유가 있다면 당연무효에 해당한다. 그렇다면 당연무효인 부관이 붙어 있는 주된 행정행위의 운명은 어떻게 되는가? 통설 및 판례는 부관이 없었다면 주된 행정행위를 하지 않았을 정도로 양자의 관계가 밀접한 경우에는 부관의 무효로 인해 주된 행정행위도 무효로 된다는 입장이다. 즉 판례는 "도로점용허가의 점용기간은 행정행위의 본질적인 요소에 해당한다고 볼 것이어서 부관인 점용기간을 정함에 있어서 위법사유가 있다면 이로써 도로점용허가 처분 전부가 위법하게 된다"라고 하였다(대판 1985.7.9. 84누604).

이처럼 위법한 부관에 대하여는 행정쟁송이 가능하다. 그런데 부관은 주된 행정행위에 대하여 부종성을 갖고 양자가 합일하여 전체적인 행정행위의 효력과 내용을 결정하는 것이므로 위법한 부관만을 별도로 행정쟁송의 대상으로 할 수 있는지, 또한 법원은 이를 독립적으로 취소할 수 있는지 문제된다.

2. 통설과 판례

1) 독립적 쟁송가능성

수익적 행정행위에 부가된 부관이 위법하여 상대방의 법률상 이익을 침해하는 경우 상대방은 이에 대한 행정쟁송을 제기하여 침해된 권익을 구제받을 수 있다. 다만 우리나라의 통설과 판례는 위법한 부관과 그에 따르는 권리구제에서 위법한 부관을 부담과 다른 부관으로 이원화하고 있다. 다시 말하자면, 부관 중 부담의 경우에는 그 자체로서 독립한 처분으로서의 성격을 가지기 때문에 부담이 법적 한계를 위반하여 위법한 경우 본체인 행정행위와는 별도로 취소나 무효확인을 구하는 행정쟁송을 제기할 수 있다. 이 경우 법원은 부담이 독립적 쟁송의 대상이 되는 것으로서 소제기의 적법성을 인정하고 본안에 대하여 심리하고 판결한다. 판례 역시 "행정행위의 부관은 부담인 경우를 제외하고는 독립하여 행정소송의 대상이 될 수 없[다]"라고 하여 부담의 경우에만 독립적 쟁송의 대상이 될 수 있다는 입장이다. 반면 기간이나 이른바 법률효과의 일부배제는 독립한 쟁송의 대상이 될 수 없다고 본다(대판 2001.6.15. 99두509; 대판 1992.1.21. 91누1264; 대판 1993.10.8. 93누2032).

결국 부관에 대한 독립적 쟁송과 관련하여 통설과 판례는 부담을 제외한 여타의 부관은 항상 본체인 행정행위와 같이 전체가 쟁송의 대상이 되어야 하며, 그렇지 않고 여타의 부관에 대한 독립적 쟁송은 처분성이 결여되어 부적법한 것으로 각하되는 것으로 본다. 이는 부관의 독립쟁송가능성 역시 소송의 편의를 중시하는 철저한 처분론에 의하여 결정되는 결과라고 할 수 있다.

2) 독립적 취소가능성

(1) 진정 일부취소와 부진정 일부취소

가) 위법한 부관에 대하여 독립적인 쟁송이 가능한가의 문제는 법원이 부관의 위법성을 인정하고 그에 대한 무효확인이나 취소판결을 하는 본안판단과 밀접하게 연관되어 있다. 다시 말하자면, 부담이 일정한 법적 한계를 일탈하여 원고가 부담에 대한 독립적인 취소소송을 제기한 경우 법원이 그 위법을 이유로 독립적인 취소가 가능한가 하는 문제가 제기될 수 있다.

나) 우리나라의 경우 통설과 판례는 독립적 쟁송가능성의 문제와 같이 부담의 경우에는 법원이 그 위법을 이유로 부담만 독립적으로 취소할 수 있다는 입장이다(이른바 진정 일부취소). 다만 독일의 경우 부담이 위법하다고 하더라도 법원이 실제로 부담만 취소하는 것에 상당한 부담을 느끼는 것으로 보고 있다. 그 이유는 통상 재량행위의 경우 행정청이 부담을 붙이지 않는다면 본체인 수익적 행정행위 자체를 하지 않았으리라는 강한 추정이 가능한데 부담이 위법하다고 하여 부담만 취소하면 수익적인 재량행위만 남게 되기 때문이다. 다시 말해 법원이 행정청에게 부담이 없는 재량권 행사를 강요하는 측면이 있기 때문에 통상적으로 재량행위의 경우에는 부담이 비록 위법하여도 법원이 독립적인 취소를 자제하는 측면이 있다.

다) 그러나 부담이 아닌 여타의 부관의 경우 원고가 소의 적법성을 유지하기 위하여 청구취지로는 본체인 행정행위와 더불어 부관을 포함한 전체에 대하여 취소를 구하는 소송을 제기하면서 청구원인을 통하여 부관만 독립적으로 취소할 것을 구하는 경우(이른바 부진정 일부취소)에 법원은 두 가지 선택지를 갖게 된다.

하나는 행정청의 입장에서 부관을 붙이지 않았다면 본체인 행정행위 자체를 하지 않았을 것이라는 강한 개연성이 인정될 정도로 부관이 본체인 행정행위와 밀접하게 연관되어 있다면 부관이 위법한 경우 본체인 행정행위와 부관 모두를 취소한다. 판례 역시 "이 사건 허가에서 그 허가기간은 행정행위의 본질적 요소에 해당한다고 볼 것이어서, 부관인 허가기간에 위법사유가 있다면 이로써 이 사건 허가 전부가 위법하게 될 것이다"라고 하여 부관부 행정행위 전체가 위법하므로 전부취소를 하여야 한다는 입장이다(대판 2001.6.15. 99두509).

그렇다면 다른 하나의 대안은 무엇인가? 부담이 아닌 여타의 부관이 위법하다는 것을 이유로 하여 그에 대한 일부취소를 구하는 적법한 소가 제기되어 법원이 그 부관은 본체인 행정행위의 본질적 구성요소가 아닐 정도로 양자간의 연관성이 희박하다고 판단하는 경우에는 부관의 위법성에도 불구하고 원고의 청구를 기각한다.

물론 이는 법원이 부진정 일부취소 이론을 수용하지 않기 때문이며, 원고의 입장에서는 수익적 행정행위까지 취소당하거나 아니면 부관의 위법성에도 불구하고 청구가 기각되는 두 가지 대안 모두 매우 불합리하고 불만족스러운 결과라고 생각할 것이다.

(2) 판례의 해결방식 – 부관 없는 수익적 행정행위의 신청과 그 거부에 대한 취소

이른바 부진정 일부취소가 판례상 인정되지 않기 때문에 원고는 다른 대안으로서 부관이 없는 수익적 행정행위를 신청한 후 행정청이 이를 거부하는 경우 그 거부처분에 대한 취소소송을 제기하는 방식을 취하게 된다. 어떻게 보면 일종의 편법이다. 왜냐하면 행정청의 입장에서는 부관이 없는 본체인 수익적 행정행위를 할 가능성은 거의 0에 가깝기 때문에 이를 예상하고 부관이 없는 수익적 행정행위를 신청한 후 행정청의 거부처분을 기다려 이를 다투는 방식이기 때문이다. 이유야 어떠하든 판례는 "이 부관을 삭제하여 등선과 운반선을 사용할 수 있도록 하여 달라는 내용의 원고의 이 사건 어업허가사항변경신청을 불허가한 피고의 처분 역시 위법하다"라고 하여 이러한 권리구제방식을 인정하고 있다(대판 1990.4.27. 89누6808).

(3) 소 결

부진정 일부취소가 인정되지 않기 때문에 위 방식에 따라 우회적인 권리구제를 언제든지 수월하게 받을 수 있다면 편법이라도 정공법보다 후한 평가를 받을 만하다. 그러나 실제로는 그렇지 못한 것이 현실이다. 우선 거부처분을 다투려면 소송요건으로 원고가 법령 또는 조리상 수익적 행정행위를 신청할 수 있는 권리가 있어야 한다. 또한 법원이 부관이 본체인 행정행위의 본질적 구성요소가 아니라는 점을 적극적으로 인정하는 것이 필요하다. 그러나 앞서 언급한 바와 같이 대부분의 경우 부관은 재량행위에 붙여지기 때문에 법원이 부관의 위법성을 인정한다고 하더라도 이를 취소하는데 소극적이다. 따라서 대부분의 경우에는 부관이 없는 수익적 행정행위를 거부하는 경우 거부처분의 적법성을 인정하는 것이 보다 일반적이다.

그래서 문헌에서는 이 문제를 해결하기 위하여 법원이 이른바 부관의 처분성에 중심을 두지 말고 본체인 행정행위와의 사실상의 분리가능성, 재량행위와 기속행위와의 구별론 등 다양한 견해를 제시하고 있다. 그러나 보나 현실적인 대안은 법원이 처분성 개념을 확대하여 기한에 대해서는 어렵지만 법률효과의 일부배제, 철회권의 유보, 행정행위 사후변경권의 유보 등에 대해서는 처분에 준하는 취급을 하여 독립적 쟁송과 취소를 인정하는 것이 바람직하다.

V. 하자 있는 부관의 이행과 사법행위의 효력

1. 문제의 제기

예를 들어 주택건설사업승인에 도로를 개설하여 행정청에 증여하라는 내용의 기부채납의 부관이 붙여진 경우 일단 증여는 하였으나 그 이후에 기부채납에 불복하여 주택건설사업자인 상대방이 그에 대한 무효확인 내지 취소를 구하는 항고소송을 제기하는 경우를 상정해 보자. 그런데 법원이 기부채납 부관에 하자가 있어서 그에 대한 무효확인 또는 취소를 구하는 원고의 청구를 인용하여 기부채납의 효력이 상실되는 경우 원고가 이전에 사법상 피고와 체결한 증여계약의 효력이 문제된다. 이에 대하여 일부 견해는 사법상 증여계약은 기부채납에 따르는 이행행위에 불과하므로 기부채납이 효력을 상실하는 경우에는 자동적으로 그에 의거한 사법상의 행위도 효력을 상실하는 것으로 보고 있다[이른바 연동설(聯動說)]. 반면에 기부채납은 행정작용이므로 그에 따르는 증여계약 등 사법행위의 효력은 그와는 별도로 사법의 원리에 따라서 그 효력이 결정된다는 견해도 있다[독립설(獨立說)].

2. 판례의 입장

판례는 대체로 독립설의 입장에서 기부채납의 무효와는 관계없이 독립적으로 증여계약 등 사법행위의 효력을 인정하고 있다. 대법원은 건축허가에 붙여진 기부채납이 비록 무효라고 하더라도 그에 따르는 증여계약은 단순한 동기의 착오에 불과하다며 그 효력을 인정하고 있다(대판 1995.6.13. 94다56883). 또한 "그 부담의 이행으로서 하게 된 사법상 매매 등의 법률행위는 그 부담을 붙인 행정처분과는 어디까지나 별개의 법률행위이므로 그 부담의 불가쟁력의 문제와는 별도로 그 법률행위가 사회질서 위반이나 강행규정에 위반되는지 여부 등을 따져보아 그 법률행위의 유효 여부를 판단하여야 한다"라고 하여 사법행위의 효력에 대한 부인은 사법상의 원칙에 따라 이루어지는 것이지 부관의 무효와는 관계없다는 점을 강조하고 있다(대판 2009.6.25. 2006다18174).

3. 소 결

이처럼 판례는 행정행위에 붙은 부관의 효력과 사법상 법률행위의 효력은 각자 독립적으로 판단되어야 하고 사법상 행위는 사법의 독자적인 원칙에 따라 평가되어야 한다는 견해를 제시하고 있다.

대법원은 위 2006다18174 판결에서 행정행위의 부관이 불가쟁력을 발생하는 경우에도 사법상의 행위에는 영향을 미치지 않는 것으로 보고 있다. 그런데 이와 같은 판례의 태도는 지나치게 형식논리적이며, 기부채납의 경우 어떻게 보면 행정청이 기부채납을 수익적 행정행위의 조건으로 내세우며 사실상 이를 강요하는 우월적 지위에 있음을 간과하는 것이다.

대법원은 위 94다56883 판결에서 "건축허가를 받은 토지의 일부를 반드시 허가관청에 기부채납하여야 한다는 법령상의 근거규정이 없음에도 불구하고 위 허가조건의 내용에 따라 위 토지를 기부채납하여야만 허가신청인들이 시공한 건축물의 준공검사가 나오는 것으로 믿고"라는 내용의 판시를 하고 있는데, 이는 건축허가를 신청한 자가 믿는 수준이 아니라 "기부채납이 이루어지지 않으면 건축허가는 불가하다"는 행정청의 통고이기 때문에 반드시 수용해야 하는 조건인 것이다. 따라서 형식적으로 보면 증여계약의 당사자인 건축허가 신청자가 하자가 없거나 경미한 동기의 착오에 불과한 상태에서 한 의사표시라고 볼 수 있지만, 실제로는 필요한 허가를 받아내기 위하여 어쩔 수 없이 행정청이 제시하는 불합리하고 부당한 조건을 수용할 수밖에 없다는 점을 간과한 것이다. 또한 원고가 기부채납의 위법성을 다투는 것은 궁극적으로 이미 증여한 재산의 회복을 구하는 것이므로 기부채납의 위법성과 사법행위의 효력은 연동된 것으로 보아야 한다.

제 4 절 행정행위의 성립 및 효력요건

Ⅰ. 개 관

행정행위는 그 근거법규가 요구하는 주체, 내용, 절차, 형식상의 요건을 완전하게 갖추어야 적법하게 성립하며 효력을 발생한다. 여기서 법적으로 요구되는 주체 · 내용 · 절차 · 형식상 요건이 적법요건이다. 이러한 성립 및 효력요건을 갖추지 못한 행정행위는 흠이 있는 것이며 그 고유한 효력이 발생하지 못함이 원칙이다. 그런데 이러한 흠은 그 정도에 따라 중대하고 명백한 흠과 그에 미치지는 못하는 단순한 위법사유로 분류된다. 그리고 전자는 무효인 흠으로, 후자는 취소할 수 있는 흠으로 취급한다. 이른바 행정행위의 하자론은 행정의 법률적합성원칙에 부합하지 못하는 행정행위에 대하여 무효와 취소로 그 효력을 부인하는 법리이다.

Ⅱ. 성립요건과 효력요건

행정행위는 일반적으로 법규상의 요건을 충족함과 동시에 적법하게 성립하고 효력을 발생시킴이 원칙이다. 다시 말해 행정행위의 성립과 효력은 개념상 구별이 가능하지만 거의 동시에 이루어진다.

먼저 행정행위의 내부적 성립요건을 본다. 첫째, 주체에 관하여는 법규상 정당한 권한을 가진 행정청이 자신의 권한 범위 내에서 정상적인 의사에 의하여 행정행위를 발령하여야 한다. 둘째, 행정행위의 내용은 법률상 · 사실상 실행가능한 것이어야 하며 그 내용이 명확하고 법규의 명문규정 또는 행정법의 일반원칙에 부합하여야 한다. 셋째, 법규상 요구되는 절차적 요건을 충족하여야 한다. 그 예로는 행정행위를 발령하기 이전에 필요한 다른 기관의 승인이나 동의, 상대방 또는 이해관계인의 의견제출, 청문, 공청회 등이 있다. 넷째, 일반적으로 행정행위는 문서로 하며 결재권자가 그 문서에 서명의 방식으로 결재하여야 한다(행정절차법 제24조, 행정업무규정 제6조 제1항). 이는 형식상의 요건이다. 이렇게 내부적으로 성립한 행정행위가 외부적으로 성립하려면 외부에 표시되어야 하고 이에 따라 완전하게 성립하여 효력이 발생한다.

판례도 "일반적으로 행정처분이 주체 · 내용 · 절차와 형식이라는 내부적 성립요건과 외부에 대한 표시라는 외부적 성립요건을 모두 갖춘 경우에는 행정처분이 존재한다고 할 수 있다 … 행정처분의 외부적 성립은 행정의사가 외부에 표시되어 행정청이 자유롭게 취소 · 철회할 수 없는 구속을 받게 되는 시점을 확정하는 의미를 가지므로, 어떠한 처분의 외부적 성립 여부는 행정청에 의해 행정의사가 공식적인 방법으로 외부에 표시되었는지를 기준으로 판단하여야 한다"라고 하여 내부적 성립요건과 외부적 성립요건을 구별한다(대판 2017.7.11. 2016두35120; 대판 2019.7.11. 2017두38874). 원칙적으로 이러한 성립요건이 모두 구비된 시점에 따라 행정행위의 적법요건 충족 여부를 판단하고, 가급적 행정청이 외부로 표시한 의사표시를 항고소송의 대상으로 삼게 된다(대판 2019.6.27. 2018두49130).

Ⅲ. 상대방 있는 행정행위의 고지

행정행위가 그 성립요건과 효력요건을 갖추면 적법하게 성립하고 동시에 효력이 발생한다. 다만 상대방이 있는 행정행위의 경우에는 외부에 표시된 것만으로는 아직 부족하고 상대방에게 고지되어 그가 행정행위의 내용을 알 수 있도록 도달하는 단계에 이르러야 상대방에게 행정행위에 고유한 여러 가지 효력이 발생하게 된다(대판 1976.6.8. 75누63). 즉 실효성(Wirksamkeit)을 갖게 된다. 또한 상대방에게 고지되지 않았다면 상대방이 다른 경로를 통해 행정행위의 내용을 알게 되었다고 하더라도 그 효력이 발생하는 것은 아니다(대판 2019.8.9. 2019두38656). 한편 판례는 유족이 서훈취소 처분의 상대방은 아니므로 유족에 대한 통지에 의해서만 성립하여 효력이 발생한다고 볼 수 없고, 그 결정이 처분권자의 의사에 따라 상당한 방법으로 대외적으로 표시됨으로써 행정행위가 성립하고 그 효력이 발생한다고 하였다(대판 2014.9.26. 2013두2518).

행정행위의 통지는 송달이나 고시 · 공고로 한다. 송달은 우편, 교부, 정보통신망 이용 등의 방법으로 하며 도달되어야 그 효력이 발생함이 원칙이다(행정절차법 제14조 제1항 내지 제3항, 제15조 제1항). 또한 정보통신망을 이용하여 전자문서로 송달하는 경우에는 송달받을 자가 지정한 컴퓨터 등에 입력된 때에 도달된 것으로 본다(제14조 제3항, 제15조 제2항). 송달받을 자의 주소등을 통상적인 방법으로 확인할 수 없거나 송달이 불가능한 경우에 하는 공고는 그 공고일로부터 14일이 지난 때 그 효력이 발생함이 원칙이다(제14조 제4항, 제15조 제3항). 반면 행정기관이 일정한 사항을 일반에게 알리기 위하여 하는 고시 · 공고는 그 문서에서 효력발생 시기를 구체적으로 밝히지 않으면 그 고시 · 공고일부터 5일이 경과한 때에 효력이 발생한다(행정업무규정 제6조 제3항).

제5절 행정행위의 효력

Ⅰ. 의 의

행정행위는 법령상 요구되는 요건을 갖추는 경우에는 행정입법이나 다른 행정작용의 형식에서는 찾아볼 수 없는 독특한 효력이 발생한다. 행정행위의 효력론은 Otto Mayer의 행정법 이론의 중추적인 체계를 형성한다고 하여도 과언이 아니다. 즉 Mayer는 독일의 법학방법론에 토대를 두고 행정행위라는 도구개념을 제시하고 여기에 행정행위 효력론을 접목시켜 그의 행정법 이론체계를 완성하였다. 그리고 행정행위의 적법, 위법 여부에 따르는 하자론을 제시하고 위법한 처분에 대한 행정쟁송을 제기하여 권리구제를 실현하는 오늘날 행정법과 쟁송법의 근간을 구축한 것이다. 따라서 행정행위의 효력론은 전적으로 Mayer의 창작물이며, 오늘날 독일은 물론, 일본과 우리나라의 행정법이론의 중심적인 개념으로 존속하고 있다. Mayer는 행정행위가 법령상 요건을 충족하면 구속력, 집행력, 존속력, 공정력과 같은 행정행위에 고유한 효력이 발생하는 것으로 보았다. 다만, 예외적으로 공정력의 경우에는 행정행위에 흠이 있다고 하더라도 취소인 흠의 경우에는 여전히 상대방과 제3자를 구속하는 효력으로 보았다.

Mayer는 이와 같은 행정행위의 효력이 국민에 대한 행정청의 우월적 지위를 전제로 하여 행정행위의 실효성을 담보하고 이를 토대로 행정청이 공적과제와 공익을 실현하기 위하여 행정행위에 내재하는 것으로 보았다.

Ⅱ. 구속력

행정행위는 그 내용에 따라서 상대방과 이해관계인, 처분행정청, 다른 국가기관뿐만 아니라 선행행정행위로서 후행행정행위 등을 구속하는 효력을 가지고 있는데, 이를 구속력이라고 부른다.

행정행위가 실효성을 가지기 위해서는 당연히 그 내용에 따르는 의무를 상대방이 이행할 것이 요구된다. 이러한 점에서 구속력은 행정행위에 인정되는 최소한의 실체적 효력이라고 할 수 있다. 예를 들어 과세처분이라는 재정하명이 내려지는 경우 납세자인 상대방은 그에 따르는 조세채무를 이행하여야 하는 의무를 지게 됨으로써 행정의 실효성이 담보된다. 또한 행정행위의 구속력은 상대방과 이해관계인뿐만 아니라 이를 행한 행정청도 스스로 구속된다는 점에서 양면적인 성격을 가지고 있다.

Ⅲ. 강제집행력

행정행위의 구속력에 따라서 상대방이 그에 따르는 의무를 이행하여야 하지만, 이를 행하지 않는 경우 행정행위는 구속력이라는 실체적 효력에 더하여 이러한 의무를 강제적으로 실현하는 절차적 효력을 가지고 있다.

민사관계에서 채무불이행이 있는 경우 법원의 확정판결에 따라 강제집행이 이루어지는 반면에 행정청은 행정행위에 내재하는 효력인 강제집행력에 의하여 스스로 상대방의 의무를 강제적으로 실현할 수 있다는 점에서 집행력은 민사관계에 비하여 행정청에 일종의 특권을 부여한 것으로 볼 수 있다. 예를 들어 위의 사례에서 조세부과처분이 이루어진 경우 납세자는 일차적으로 이를 이행하여야 하는 의무를 지게 되고, 이를 이행하지 않으면 이차적으로 집행력에 따라 행정청이 이를 강제로 징수하게 된다.

Mayer는 집행력이 행정행위에 내재하는 고유한 효력으로 보았기 때문에 예를 들어 소득세 과세처분을 위한 소득세법이 있으면 이에 근거하여 당연히 강제력도 인정되는 것으로 보았다. 그러나 오늘날에는 과세처분의 근거가 되는 실체법과는 달리 절차적으로 이를 강제로 집행하는 법률이 분리되어 있기 때문에 오늘날 행정법상 강제집행력은 국세징수법과 같은 별도의 법률에 의하여 인정된다. 이렇게 함으로써 강제집행에 관한 법적 안정성과 예측가능성을 보장하여 행정의 법률적합성원칙에 부합하게 된다.

Ⅳ. 존속력

행정행위의 존속력은 문자 그대로 행정행위가 지속되는 효력을 말한다. 행정행위는 공익의 실현을 위하여 쉽게 폐지되거나 소멸하지 않고 상당한 기간 동안 현실적으로 존재해야 한다는 의미에서 존속력은 행정행위에 인정되는 다른 효력의 전제가 되는 효력이라고 할 수 있다. 다만 흔히 존속력이라고 하면 형식적 의미로서 불가쟁력과 실질적 의미로서 불가변력을 말한다.

1. 불가쟁력

불가쟁력은 행정행위에 취소할 수 있는 흠이 있는 경우에도 제소기간 내에 이를 다투지 않으면 당해 행정행위는 위법하지만 더 이상 다툴 수 없는 효력이 발생하여 계속하여 존속한다는 의미에서 형식적 존속력이라고 부른다. 판례는 불가쟁력이 발생한 행정처분에 대하여는 그 처분의 변경을 구할 신청권이 인정되지 않음이 원칙이므로 이러한 변경신청에 대한 거부는 항고소송의 대상이 되는 행정처분이 아니라고 본다(대판 2007.4.26. 2005두11104). 다만 판례는 불가쟁력이 발생한 공사중지명령이라도 이후에 그 원인사유가 해소되면 그 해제를 구할 조리상 신청권이 인정될 수 있으므로 이러한 경우에는 거부처분이 성립한다고 보았다(대판 1997.12.26. 96누17745).

그런데 불가쟁력은 행정행위에 흠이 있다고 하더라도 행정법관계의 안정이라는 공익상 필요에 의하여 인정하는 효력이기 때문에 절대적인 것은 아니며, 행정법관계의 안정보다 더 큰 이익이 존재하는 경우에는 이에 대한 예외를 설정할 수 있다. 불가쟁력에 대한 예외로서 흠의 승계와 처분의 재심사에 대해서는 후술한다.

2. 불가변력

불가변력이란 행정행위의 양면적 구속력으로부터 발생하는 것으로서 행정행위가 일단 성립요건을 충족하고 상대방에게 통지되는 경우 행정청도 당해 행정행위를 함부로 폐지하거나 그 내용을 변경할 수 없는 효력을 말한다. 따라서 행정행위와 그에 따르는 내용이 존속한다는 의미에서 실질적 존속력이라고 부른다. 행정행위의 불가변력은 모든 행정행위에 인정되는 효력이지만 행정심판의 재결과 같은 준사법적 행정행위는 법령상 정해진 절차에 의해서만 부인할 수 있기 때문에 더욱 강한 불가변력을 가진다. 판례도 불가변력에 관하여 “행정청이 일단 행정처분을 한 경우에는 행정처분을 한 행정청이라도 법령에 규정이 있는 때, 행정처분에 하자가 있는 때, 행정처분의 존속이 공익에 위반되는 때, 또는 상대방의 동의가 있는 때 등의 특별한 사유가 있는 경우를 제외하고는 행정처분을 자의로 취소(철회의 의미를 포함한다. 아래에서도 같다)할 수 없다"라고 판시한 바 있다(대판 2000.2.25. 99두10520).

V. 공정력

1. 의 의

행정행위의 공정력이란 행정행위에 취소할 수 있는 단순 위법사유가 있는 경우에도 그 위법을 이유로 하여 행정행위를 취소할 수 있는 국가기관이 이를 취소하지 않는 한 누구도 행정행위의 존재와 구속력을 부인할 수 없는 효력을 말한다. 프랑스행정법의 이른바 예선적 특권에서 시작하여 이를 받아들인 Mayer는 행정행위가 무효가 아니고 취소할 수 있을 정도의 단순한 흠을 가지는 경우에 상대방이나 이해관계인, 더 나아가 취소권을 행사할 수 없는 다른 국가기관이 행정행위의 존재와 내용적 구속력을 부인하는 경우에는 행정청이 공적 과제를 실현하지 못하고 그로 인하여 공익의 달성이 어려운 것으로 보았다. 따라서 예선적 특권 내지 공정력의 개념은 철저하게 행정청의 우월성을 강조하고 행정이 갖는 공익의 대변자로서의 위상을 인정하기 위하여 창안된 개념이라고 할 수 있다. 공정력의 근거로서 초기에는 국가권위설, 행정의 자기확인설 등 국가와 행정의 무결성(無缺性), 완전성을 강조하는 이론이 제시되었다는 것은 이러한 공정력 개념의 관수적(官粹的)인 측면을 반영하는 것이다.

2. 현대적 의미

오늘날 독일의 행정법교과서에는 공정력이라는 개념이 더 이상 존재하지 않는다. 공정력을 대신하여 행정행위가 일단 존재한다는 점에서 존속력(Bestandskraft)과 존속력과 표리의 관계에 있는 구속력(Verbindlichkeit)으로 설명한다.

즉 행정행위가 일단 형식적으로 존재하고 그 내용에 따라서 상대방과 이해관계인 등을 구속하는 것이 행정행위의 효력의 요체이다. 그리고 취소할 수 있는 행정행위는 취소권을 가지고 있는 행정청, 불복절차 심사기관, 법원이 취소하기 전까지는 일단 통용된다. 이와 같이 취소할 수 있는 행정행위는 취소권한을 가진 법원이나 행정청이 취소하기 전까지 존속함으로서 상대방과 이해관계인 등을 구속한다.

특히 행정행위가 취소권한 있는 국가기관 이외에 다른 모든 국가기관을 구속한다는 의미에서 이를 특히 구성요건적 효력(Tatbestandswirkung)이라고 부른다. 구성요건적 효력이란 일단 행정행위가 발령되면 다른 국가기관은 이를 이미 기성화된 사실로서 존중하여야 하며 이에 구속된다는 것을 말한다. 이는 국가기관 상호간의 권한 및 관할권 존중을 근거로 한다.

그런데 위에서 언급한 바와 같이 독일에서는 이와 같은 효력을 별도의 공정력과 같은 개념으로 설명하지 않는다. 반면 우리나라와 일본의 경우에는 학설과 판례가 여전히 공정력 개념을 인정하지만(대판 2008.6.26. 2007두580), 과거와는 달리 공정력의 근거로서 국가권위나 자기확인 등을 제시하기 보다는 행정법관계의 안정성과 같은 정책적 관점을 제시하고 있다.

행정기본법 제15조는 처분의 효력에 관하여 "처분은 권한이 있는 기관이 취소 또는 철회하거나 기간의 경과 등으로 소멸되기 전까지는 유효한 것으로 통용된다. 다만, 무효인 처분은 처음부터 그 효력이 발생하지 아니한다"라고 규정하여 이른바 공정력으로 논의된 행정행위의 효력과 한계를 명문화하였다. 즉 무효인 행정행위에는 공정력뿐만 아니라 집행력, 존속력, 공정력 외의 구속력 등 효력이 인정되지 않는다는 것을 분명히 하였다. 또한 유효한 것으로 통용되는 것이지 적법성까지 추정되는 것은 아니므로 공정력과 입증책임은 무관하다. 판례도 처분의 적법성에 대한 입증책임은 피고 행정청에게 있다고 본다(대판 2013.1.10. 2011두7854). 나아가 행정행위의 효력은 공법상 계약, 행정지도, 사실행위 등에는 인정되지 않지만 행정입법, 행정계획 등 외관상으로는 행정행위와 그 법적 형식을 달리하나 행정기본법상 처분에 해당하는 경우에는 공정력을 비롯한 행정행위의 효력이 인정될 수 있다.

3. 공정력(구성요건적 효력)과 선결문제

1) 문제의 제기

공정력 개념은 행정행위론에서 매우 이론적인 부분임에도 불구하고 오늘날 실무상으로 중요한 문제를 야기한다. 취소권한을 가지는 행정소송법상 항고소송의 수소법원이 행정행위를 취소하기 전까지는 다른 국가기관이 이에 기속됨으로써 발생하는 문제가 있는 것이다.

보다 정확하게 말한다면 이는 구성요건적 효력의 문제이다. 행정행위의 효력 유무 또는 위법 여부가 민사소송이나 형사소송에서 선결문제가 되어 그 수소법원이 이를 스스로 판단하여야만 자신이 심리하는 사건에 대하여 판결할 수 있는 경우라고 하더라도 그 행정행위가 항고소송의 수소법원에 의해 취소되기 전이라면 공정력 내지 구성요건적 효력으로 인하여 민사법원이나 형사법원의 재판이 정지될 수 있다. 다시 말해 민사법원이나 형사법원의 입장에서는 행정처분의 효력 또는 위법성이 선결적인 판단의 대상이 되지만 이것이 공정력 때문에 용이하지 못한 것이다. 이는 행정소송법

상 당사자소송의 수소법원도 마찬가지다

결국 우리 법원이 여전히 공정력 개념을 인정함으로 인하여 다른 국가기관인 민사법원 등에서 신속한 재판이 이루어지기 어렵고 이로 인하여 상대방에 대한 권리구제가 지연되는 문제가 발생하는 것이다.

2) 민사사건

예를 들어 조세과오납소송의 경우 납세자가 위법한 과세처분을 다투는 항고소송을 행정법원에 제기하는 한편 공정력 내지 구속력에 따라서 이미 납부한 세액의 반환을 요구하는 부당이득반환청구를 민사법원에 제기하였다고 가정하자. 이 경우 판례에 따르면 과세처분이 위법하더라도 당연무효에 해당하지 않는 한 민사법원은 일종의 선결문제로서 과세처분의 위법성을 스스로 판단하여 그에 따르는 부당이득반환청구를 인용할 수 없다. 그 이유는 행정행위의 흠을 이유로 하여 이를 취소할 수 있는 권한을 가진 행정법원이 취소하기 전까지는 공정력 내지 구성요건적 효력에 따라서 민사법원이 그에 기속되기 때문이다. 따라서 당연무효인 경우에는 부당이득반환청구가 인용될 수 있다.

반면 국가배상청구소송 사건의 경우에는 처분의 효력이 아닌 단순한 위법성만이 문제될 뿐이라서 민사법원의 선결적 판단을 인정함이 판례이다.

(1) 행정행위의 효력 유무가 선결적 판단의 쟁점인 경우

행정소송법 제11조 제1항은 "처분 등의 효력 유무 또는 존재 여부가 민사소송의 선결문제로 되어 당해 민사소송의 수소법원이 이를 심리 · 판단하는 경우에는 제17조, 제25조, 제26조 및 제33조의 규정을 준용한다"라고 규정하고 있다. 그런데 여기에서 말하는 "처분 등의 효력 유무 또는 존재 여부"라는 의미는 행정처분의 하자가 중대하고도 명백하여 무효인 경우와 행정행위로서의 외관조차 갖추지 못한 부존재를 가리킨다.

행정행위가 무효라는 것은 공정력을 포함하여 행정행위가 가지는 모든 효력이 없다는 것이기 때문에 당연히 민사법원은 행정행위의 무효를 선결적으로 판단할 수 있다(대판 2010.4.8. 2009다90092; 대판 2007.9.6. 2005다43883). 부존재도 마찬가지다. 반면 행정행위에 취소사유가 있는 경우에는 이른바 공정력 내지 구성요건적 효력으로 인하여 수소법원이 이를 취소하기 이전에는 민사법원이 처분의 위법성을 선결적으로 심사하여 부당이득반환청구를 인용하는 판결을 하면 행정처분의 효력을 부인하게 되는 결과에 이르기 때문에 이러한 선결적 판단은 금지된다(대판 2007.3.16. 2006다83802).

(2) 행정행위의 위법 여부가 선결적 판단의 쟁점인 경우

행정행위의 효력 유무가 아니라 단순하게 위법 여부가 민사법원의 선결적 판단의 쟁점이 되는 경우에는 민사법원이 취소사유 있는 위법한 행정행위의 효력을 부인하는 데에는 이르지 않는 것이기 때문에 선결적 판단이 가능하다(대판 1972.4.28. 72다337; 대판 1974.3.12. 73누228). 예를 들어 위법한 계고처분을 취소하는 항고소송을 관할 행정법원에 제기하고 건축의 지연으로 인한 손해배상을 민사법원에 청구한 경우 민사법원은 계고처분의 위법성을 선결적으로 판단하여 손해배상청구에 대한 인용판결을 할 수 있다는 것이다.

3) 형사사건

(1) 행정행위의 효력 부인 여부가 선결적 판단의 쟁점인 경우

민사사건과 마찬가지로 형사사건의 경우에도 일반법원은 행정처분의 위법성을 심리·판결하는 수소법원의 취소판결이 있기 전까지는 행정행위의 공정력 내지 구성요건적 효력으로 인하여 이에 기속된다. 바꾸어 말하면 이러한 기속에도 불구하고 행정행위의 위법성을 선결적으로 판단하여 그 효력을 부인하게 되면 이는 공정력에 반하는 것이 된다. 따라서 관세법상 수입면허가 당연무효에 해당하지 않고 단순 위법한 경우라면 무면허 수입죄가 성립될 수 없고(대판 1989.3.28. 89도149), 도로교통법상 운전면허가 당연무효가 아닌 이상 무면허운전에 해당하지 않는다(대판 1982.6.8. 80도2646).

(2) 행정행위의 효력 유무 또는 위법 여부가 선결적 판단의 쟁점인 경우

그러나 행정행위에 무효사유가 있는 경우에는 공정력이라는 효력 자체가 인정되지 않음으로 인하여 형사법원이 선결적으로 이를 판단할 수 있음은 물론 심지어는 취소사유가 있는 경우에도 그 위법 여부를 선결적으로 판단하여 유죄 또는 무죄판결을 할 수 있다. 따라서 구 「소방시설 설치유지 및 안전관리에 관한 법률」상 당연무효인 시정보완명령에 대하여는 의무위반이 생기지 않으므로 행정형벌을 부과할 수 없고(대판 2011.11.10. 2011도11109), 구 도시계획법상 조치명령이 위법한 경우 그에 대하여도 위반죄가 성립할 수 없다(대판 2004.5.14. 2001도2841).

4) 소 결

판례는 조세과오납금에 대한 부당이득반환청구소송의 경우 인용판결을 하려면 과세처분의 효력을 부인하는 것과 같은 결과에 이르게 됨을 부담스럽게 생각한 것으로 보인다. 그러나 이때에도 민사법원이 부당이득반환청구를 인용하더라도 과세처분을 취소하여 그 효력을 부인하는 것이 아니며 처분의 위법성은 민사소송에서의 소송물도 아니다. 따라서 판례와는 달리 민사법원은 조세과오납에 따른 부당이득반환청구소송에서 과세처분의 위법성을 선결적으로 판단할 수 있다고 보아야 한다. 그 근거로서는 우선, 민사법원이 항고소송의 수소법원은 아니지만 권력분립원칙에 따라서 여전히 관련청구소송을 심리하면서 행정처분의 위법성을 우회적·부수적으로 통제할 수 있다는 점을 들 수 있다(권력분립원칙). 다음으로, 민사사건이 보다 신속하게 원고의 권리구제에 도움을 줄 수 있다면 헌법 제27조의 신속한 재판을 받을 권리라는 기본권 실현의 기제가 된다(신속한 재판).

그런데 이러한 문제가 제기되는 원인 중 하나는 항고소송과 민사소송이 서로 관할을 달리하는 데 있다. 그러므로 이러한 경우에 행정소송법상 당사자소송으로 인정되는 범위를 넓혀 이를 적극적으로 활용하거나(당사자소송의 활성화), 민사법원에 계속되어 있는 관련청구소송을 항고소송에 의무적으로 병합하도록 제도화할 필요가 있다(관련청구소송의 병합 의무화).

판례는 위법한 조세부과처분을 원인으로 하는 공법상 부당이득반환청구소송을 대부분 민사소송으로 보는데[반면 부가가치세 환급세액 지급청구는 당사자소송의 대상이라고 한다(대판(전합) 2013.3.21. 2011다95564)], 이를 당사자소송의 대상으로 하여 공법상 당사자소송이 활성화된다면 위법한 과세처분에 대한 취소소송과 조세과오납금에 대한 부당이득반환청구소송은 행정법원이 일괄적으로 심리 · 판결할 수 있다. 또한 지금처럼 조세과오납금에 대한 부당이득반환청구소송이 민사소송으로 다루어지더라도 관련청구소송의 병합을 통해 일괄적으로 해결할 수 있다. 이때 병합된 부당이득반환청구가 인용되기 위해서는 그 소송절차에서 판결로 조세부과처분이 취소되면 충분하고 그 취소가 확정되어야 하는 것은 아니라 함이 판례이다(대판 2009.4.9. 2008두23153).

제 6 절 행정행위의 흠

I. 행정행위의 흠과 법률적합성원칙에 의한 효과

행정행위는 법령이 요구하는 주체, 내용, 형식, 절차, 표시의 제반 요건을 갖추지 못하는 경우에는 흠 있는 행정행위가 된다. 행정행위에 흠이 있다면 이는 행정의 법률적합성원칙에 위반하는 것이고 위법의 효과를 발생한다. 행정행위가 흠이 있어서 위법성을 가지는 경우 이는 무효가 되는 것이 원칙이다. 그러나 앞서 언급한 바와 같이 공정력과 같은 효력은 단순위법사유, 즉 취소할 수 있는 하자를 가지는 경우에도 공익의 실현이라는 목적 때문에 일단 잠정적으로 그 효력을 부인하지 않는다는 것이기 때문에 행정법학에서 하자론은 특별한 취급을 받는다.

한편 오기(誤記) · 오산(誤算) 또는 그 밖에 이에 준하는 명백한 잘못은 하자에 해당하지 않는다. 이때에는 해당 행정행위를 직권으로 또는 신청에 따라 지체없이 정정하고 그 사실을 당사자에게 통지하여야 한다(행정절차법 제25조). 행정행위가 부당한 경우도 흠이 있는 것으로 보는 견해도 있으나, 행정행위의 적법요건이 결여되었음을 전제로 하는 행정행위의 하자론과는 궤를 달리한다.

Ⅱ. 흠의 유형 - 무효와 취소

행정입법론에서는 입법의 하자가 바로 무효라는 효과로 이어지는 것과는 달리 행정행위론에서는 하자의 유형이 단순하고 경미한 하자로서 공정력이 인정되는 취소사유와 행정행위의 흠이 중대하고 또한 명백할 정도로 커다란 경우로서 처음부터 행정행위에 인정되는 공정력을 포함한 어떠한 효력도 가지지 못하는 무효사유로 구별한다.

다만 무효와 취소 이외에 행정행위 흠의 유형으로서 부존재를 드는 경우가 있는데, 무효와는 달리 부존재는 행정행위라고 볼만한 외관조차 갖추지 못한 경우를 말한다. 예를 들어 행정청이 단순히 내부적인 의사결정만을 하고 이를 외부에 표시하지 않는 경우가 이에 해당한다. 그러나 무효와 부존재를 구별한 실익은 적어 보인다. 그 이유는 행정소송법 제4조 제2호는 항고소송의 유형으로서 무효등확인소송의 대상을 "처분등의 효력 유무 또는 존재 여부"로 규정하여 적어도 소송법적으로는 행정처분의 부존재확인을 무효등확인소송에 포함시키고 있기 때문이다.

Ⅲ. 무효와 취소의 구별실익

행정행위의 흠의 유형을 무효와 취소로 구별하는 이유는 다음과 같다. 첫째, 소송의 제기방식이다. 부존재를 포함하여 무효인 흠은 무효등확인소송의 형태로, 취소사유가 있는 경우 취소소송을 제기하며, 취소소송의 경우에는 제소기간이 존재한다는 커다란 차이가 있다. 즉 취소소송은 처분등이 있음을 안 날부터 90일 이내에 제기하여야 하며(행정소송법 제20조 제1항), 정당한 사유가 없는 한 처분등이 있은 날부터 1년을 경과하면 이를 제기하지 못한다(제3항). 둘째, 행정심판법과 행정소송법상 인정되는 사정재결 내지 사정판결은 행정행위에 단순한 위법사유가 있는 경우에만 가능하다. 행정심판법은 행정행위에 중대하고 명백한 흠이 있는 경우에는 행정심판위원회가 사정재결을 할 수 없다고 명문으로 규정하고 있다(제44조 제3항). 행정소송법에 이러한 명문규정은 없으나 취소소송에서의 사정판결규정은 취소소송 외의 항고소송에 준용되고 있지 않으며(제38조) 판례상 법원은 행정행위에 경미한 흠이 있는 경우에 한하여 사정판결을 한다. 셋째, 무효인 행정행위는 일정한 요건이 있는 경우에 다른 적법한 행정행위로 전환될 수 있으며, 취소할 수 있는 행정행위의 경우 역시 일정한 요건이 충족되면 흠을 사후에 보정하여 흠을 치유할 수 있다.

Ⅳ. 무효와 취소의 구별기준

1. 무효와 취소 구별의 유동성

행정행위에 중대하고 명백한 흠이 있는 경우 무효이며, 그에 이르지 않는 단순하고 경미한 흠은 취소사유에 해당한다(중대명백설). 그러나 이와 같은 매우 추상적이고 원론적인 기준은 현실의 세계에서 어떠한 흠이 무효이고 또한 취소에 해당하는지 판단하는 데 제한적인 유용성만을 제공할 뿐이다. 그런데 후술하는 판례에서 극적으로 표출되는 문제이지만, 무효와 취소의 구별기준이 유동적이고 모호함으로 인하여 행정행위의 상대방인 국민에게 어려운 선택을 강요한다. 행정행위에 무효인 흠이 있다고 국민이 확신하더라도 법원이 이를 취소사유로 인정하는 경우 취소소송의 제소기간이 경과하여 불가쟁력이 발생하는 경우가 실제로 많이 있기 때문이다. 다시 말하자면 무효와 취소의 구별이 유동적이고 상대적이라는 부담을 국민들이 고스란히 떠안게 되는 결과가 된다. 소송의 실제에서 무효등확인소송을 주위적으로 제기하더라도 제소기간을 준수하여 예비적으로 취소소송을 제기하는 것이 일반화되어 있다. 무효등확인소송의 무용론이 충분히 나올 수 있는 대목이다.

2. 이른바 중대명백설

무효사유인 중대하고 명백한 흠과 취소사유인 흠에 대한 구별은 전적으로 학설과 판례에 일임되고 있다. 대법원은 "하자 있는 행정처분이 당연무효가 되기 위해서는 그 하자가 법규의 중요한 부분을 위반한 중대한 것으로서 객관적으로 명백한 것이어야 하고, 하자가 중대하고 명백한 것인지 여부를 판별함에 있어서는 그 법규의 목적, 의미, 기능 등을 목적론적으로 고찰함과 동시에 구체적 사안 자체의 특수성에 관하여도 합리적으로 고찰함을 요한다"라고 하여 무효와 취소의 구별에 관한 중대명백설에 따르는 확립된 판례를 가지고 있다(대판 2006.2.24. 2005두5741). 그런데 문제는 이러한 판례가 제시한 기준을 보아도 여전히 무효와 취소를 구별하는 데에는 어려움이 있다는 것이고 국민들의 입장에서는 여전히 취소소송의 제소기간 경과로 인한 불이익을 받을 가능성이 상존한다는 것이다.

3. 입법론

독일의 경우 연방행정절차법 제44조는 제1항에서 행정행위의 흠이 중대하며 모든 객관적인 상황을 고려하여 그것이 명백한 경우에는 무효라고 규정하고, 제2항에서는 다음과 같은 무효사유를 열거하고 있다. 1. 서면에 의한 행위이나 발령행정청이 불명확한 경우 2. 법령에 의하여 서면의 형식이 요구되나 이를 이행하지 않은 행정행위 3.

부동산 또는 특정 지역에 한정된 권리 기타 법률관계에 대한 무권한의 행위 4. 사실상 불능인 행위 5. 범죄나 기타 벌금의 구성요건에 해당하는 위법한 행위를 요구하는 행정행위 6. 선량한 풍속에 위반하는 행정행위.

그리고 제3항은 무효와 취소의 경계영역이지만 그럼에도 불구하고 무효로 인정되지 않는 사유를 열거하고 있다. 1. 제2조 제3호에 해당하지 않는 지역적 관할권 규정 위반행위 2. 행정절차에 참여할 수 없는 참가인에 소속한 자, 법률상 혹은 대리계약상 참가인을 대리할 수 없는 자의 참여 등 경미한 제척사유가 있는 자의 행정절차 참가로 내려진 행정처분 3. 법령에 의하여 행정행위에 협력이 요구되는 위원회가 요구되는 결정을 하지 않거나 할 수 없는 경우에 내려진 행정행위 4. 법령에 의하여 타 행정청의 협력이 결여된 행정행위.

따라서 독일의 경우에는 위 규정에 따르는 무효사유 이외에는 모두 취소사유에 해당하기 때문에 제소기간 이내에 취소소송을 제기하여야 한다는 예측가능성이 보장되는 것이다. 우리나라의 경우 입법자가 무효와 취소사유의 상대성으로 인한 행정법관계의 불안정성을 제거하고 이를 통하여 국민에게 불측의 피해를 방지하기 위하여 독일처럼 친절한 배려를 할 수 없는가? 우리나라에서는 이 문제에 대한 입법적 공백이 계속되는 상태에서 판례 역시 일관된 구별기준을 제시하지 못하고 있다.

4. 판 례

1) 대법원 전원합의체 판결의 반대의견에 나타난 명백성 요건 보충설

앞서 언급한 바와 같이 대법원은 행정행위의 흠이 중대하고 명백한 경우에 한하여 무효로 인정하는 이른바 중대명백설을 유지하고 있다. 그러므로 흠은 중대하고 또한 명백해야만 무효이기 때문에 흠의 중대성과 명백성은 'and' 개념이다. 결과적으로 판례에 따르면 무효사유의 여지가 매우 협소하기 때문에 무효등확인소송을 제기할 수 있는 경우 역시 매우 제한적이다.

대법원 전원합의체 판결의 다수의견은 국가가 지방자치단체의 장에게 위임한 기관위임사무를 해당 지방자치단체장의 규칙이 아닌 조례로 재위임하여 이루어진 행정처분에 대하여 중대명백설에 따라 무효는 아닌 것으로 보았다[대판(전합) 1995.7.11. 94누4615].

그러나 반대의견은 "행정행위의 무효사유를 판단하는 기준으로서의 명백성은 행정처분의 법적 안정성 확보를 통하여 행정의 원활한 수행을 도모하는 한편 그 행정처분을 유효한 것으로 믿은 제3자나 공공의 신뢰를 보호하여야 할 필요가 있는 경우에 보충적으로 요구되는 것으로서, 그와 같은 필요가 없거나 하자가 워낙 중대하여 그와 같은 필요에 비하여 처분 상대방의 권익을 구제하고 위법한 결과를 시정할 필요가 훨씬 더 큰 경우라면 그 하자가 명백하지 않더라도 그와 같이 중대한 하자를 가진 행정처분은 당연무효라고 보아야 한다"고 하여 행정행위의 흠이 일단 중대한 경우 이를 무효로 볼 여지가 크며 흠의 명백성 요건은 보충적으로 적용되는 이른바 명백성 보충요건설(혹은 명백성 요건 보충설)을 제시하였다. 명백성 보충요건설에 의할 경우 무효사유가 그에 상응하여 넓어지며 국민들은 제소기간에 구애받지 않고 무효등확인소송을 제기할 수 있는 길이 열리게 되는 것이다. 이는 무효등확인소송의 활용성을 높이고 무효사유가 법제화되지 않은 우리나라에서 국민의 권익구제의 실효성을 제고할 수 있는 견해로서 경청의 가치가 큰 것으로 볼 수 있다.

2) 헌법재판소가 위헌무효로 결정한 법령에 근거한 행정처분의 효력

(1) 문제의 제기

국회가 제정한 법률에 따라서 과세처분 등 일정한 행정행위가 발령된 이후 당해 법률의 위헌 여부가 헌법재판소의 판단대상이 되어 위헌무효로 결정된 경우 납세자는 당연히 무효인 법률에 의하여 이루어진 과세처분이 중대하고 명백한 흠을 가지고 있는 것으로 보아 이미 납부한 세액을 반환받기 위한 부당이득반환청구를 생각하게 된다. 그런데 위 과세처분에 대하여 제소기간 내에 취소소송을 제기한 사람이나 당해 조항에 대해 헌법재판소에 위헌제청된 사건, 헌법재판소에 위헌제청 되지는 않았지만 당해 조항의 해석과 관련하여 법원에 계속중인 사건, 헌법재판소의 위헌결정 이후에 아직 제소기간이 도과되지 않아서 법원에 취소소송을 제기한 사람 등은 헌법재판소의 위헌결정에 따라서 부당이득반환청구를 할 수 있다.

그러나 문제가 되는 것은 이러한 법적 권리구제수단을 강구하지 못하고 순진하게 세금을 납부한 사람들은 헌법재판소가 위헌결정을 한 것을 알고 권리구제를 기대했지만 과세처분이 취소사유에 불과한 경우 이미 제소기간이 경과하여 그 처분에는 불가쟁력이 발생하기 때문에 취소소송을 제기하여도 부적법한 것으로 각하된다. 결국 이 문제 역시 무효사유와 취소사유가 법제화되지 않은 상태에서 "법률이 무효이니 그에 근거한 행정처분도 무효"라는 상식이 통하지 않게 되어 그 부담이 고스란히 국민에게 전가되는 대표적인 사례라고 할 수 있다.

(2) 대법원의 중대명백설

대법원은 헌법재판소가 위헌결정한 법률에 근거한 처분을 중대한 하자이나 명백한 하자는 아니어서 이를 취소사유로 보고 있다. 즉 "일반적으로 법률이 헌법에 위반된다는 사정이 헌법재판소의 위헌결정이 있기 전에는 객관적으로 명백한 것이라고 할 수는 없으므로 헌법재판소의 위헌결정 전에 행정처분의 근거되는 당해 법률이 헌법에 위반된다는 사유는 특별한 사정이 없는 한 그 행정처분의 취소소송의 전제가 될 수 있을 뿐 당연무효사유는 아니라고 봄이 상당하다"라는 것이다(대판 1994.10.28. 92누9463).

(3) 헌법재판소의 제한적 중대명백설

가) 헌법재판소도 "국회에서 헌법과 법률이 정한 절차에 의하여 제정·공포된 법률이 헌법에 위반된다는 사정은 헌법재판소의 위헌결정이 있기 전에는 객관적으로 명백한 것이라고 할 수는 없으므로 특별한 사정이 없는 한 이러한 하자는 이 사건 사업시행자지정고시처분의 취소사유에 해당할 뿐 당연무효 사유는 아니라 할 것이므로 … 선행처분의 취소사유인 하자가 후행처분에 승계되지 않는 한 이 사건 법률조항의 위헌 여부가 당해 재판에 영향을 미칠 여지는 없다"라고 하여 기본적으로는 대법원의 중대명백설을 수용하고 있다(헌재결 2010.12.28. 2009헌바429).

그런데 헌법재판소가 이 문제를 보는 시각은 대법원과 다르다. 다시 말해 헌법재판소는 처분의 근거 법률에 대해 위헌결정을 내린다면 재판의 전제성이 인정될 수 있는지에 초점을 맞추고 있다. 이러한 경우에 중대명백설에 따른다면 제소기간 도과로 행정처분에 확정력(불가쟁력)이 발생하여 취소소송을 제기할 수는 없고, 무효등확인소송을 제기하더라도 취소사유에 그쳐 위헌결정이 당해 소송에 영향을 미칠 수 없기 때문에 재판의 전제성이 인정될 수 없음이 원칙이다. 다만 예외적으로는 근거 법률의 위헌 여부에 대한 본안판단이 이루어질 필요가 있다는 관점에서 무효사유를 넓게 인정하여 재판의 전제성을 충족한 것으로 보기도 한다.

즉 헌법재판소는 "행정처분 자체의 효력이 쟁송기간 경과 후에도 존속 중인 경우, 특히 그 처분이 위헌법률에 근거하여 내려진 것이고 그 행정처분의 목적달성을 위하여서는 후행(後行) 행정처분이 필요한데 후행행정처분은 아직 이루어지지 않은 경우, 그 행정처분을 무효로 하더라도 법적 안정성을 크게 해치지 않는 반면에 그 하자가 중대하여 그 구제가 필요한 경우에 대하여서는 그 예외를 인정하여 이를 당연무효사유로 보아서 쟁송기간 경과 후에라도 무효확인을 구할 수 있는 것이라고 봐야 할 것"이라고 하여 가능한 한 무효등확인소송의 적법성을 인정하고 위헌소송의 본안판단을 해보자는 제한적 중대명백설을 제시한 바 있다(헌재결 1994.6.30. 92헌바23).

나) 앞서 언급한 바와 같이 헌법재판소가 행정처분의 무효 또는 취소사유를 구별할 때 중심이 되는 이슈는 재판의 전제성 인정 여부이기 때문에 대법원에 비해서는 무효사유를 보다 넓게 인정할 여지가 있다. 최근 헌법재판소에서는 "행정처분에 대한 무효확인소송이나 그 효력 유무를 선결문제로 하는 민사소송에서 행정처분의 근거 법률이 위헌이 될 경우, 그 행정처분이 무효가 될 가능성이 상존하므로, 그 처분에 대한 취소소송의 제소기간이 지났는지 여부와는 상관없이 당해 사건 재판의 주문이 달라지거나 그 내용과 효력에 관한 법률적 의미가 달라질 여지가 없음이 명백하다고 볼 수

는 없어 행정처분의 근거 법률의 위헌 여부는 재판의 전제가 된다고 보아야 한다"라고 하여 무효등확인소송의 적법성과 재판의 전제성을 넓게 인정하자는 반대의견을 제시하는 재판관의 숫자가 4인에 이른 적도 있어서(헌재결 2014.1.28. 2010헌바251) 대법원과 헌법재판소가 현재까지 금과옥조로 여기는 중대명백설의 운명이 앞으로 어떻게 될 것인지 귀추가 주목된다.

(4) 헌법재판소의 위헌결정 기속력에 따르는 후속조치

납세의무자가 조세채무를 이행하지 않아서 체납절차가 진행 중에 조세부과 근거법률에 대한 위헌결정이 내려진 경우라면 헌법재판소법 제47조 제1항, 제75조 제1항에 따라 법원, 국가기관, 자치단체를 기속하는 기속력이 발생하므로 체납절차는 더 이상 진행될 수 없고 특별한 사정이 없는 한 기존의 압류등기나 교부청구만으로는 다른 사람에 의하여 개시된 경매절차에서 배당을 받을 수도 없다(대판 2002.8.23. 2001두2959). 따라서 체납절차는 당연히 중지되고 재산에 대한 압류는 해제된다. 나아가 이러한 위헌결정의 기속력에 반하여 이루어진 체납처분은 당연무효다[대판(전합) 2012.2.16. 2010두10907].

5. 학설과 판례에 나타난 무효 및 취소사유

학설과 판례상 무효의 사유로 제시되는 것은 주체, 내용, 형식, 절차 등 행정행위의 성립 및 효력요건에 따라 개별적으로 나누어 설명할 수 있다.

1) 주체에 대한 무효사유

행정행위는 정당한 권한을 가진 행정청이 법령에 의하여 부여된 권한의 범위 내에서 정상적인 의사에 따라 행해져야 한다. 그렇지 못한 경우에는 주체에 대한 흠이 발생한다.

(1) 정당한 권한이 없는 행정청의 행위

가) 공무원이 아닌 자의 행위

공무원으로 적법하게 선임되지 않았거나 적법하게 선임되었다 하더라도 행위 당시에는 선임행위의 취소 또는 임기만료 등으로 공무원이 아닌 자가 한 행위는 원칙적으로 무효이다. 그러나 이러한 경우에도 공무원의 외관을 신뢰한 상대방 보호를 위하여 사실상의 공무원(de facto officer)이 한 행위로서 적법한 행정행위로 인정하는 경우도 있다(대판 1995.9.29. 95누7529).

나) 대리권한이 없는 자의 행위

법규상 대리권한이 없는 자에 의하여 이루어진 행정행위는 권한없는 자의 행위로서 무효이다. 그러나 일반국민은 행정청 내부에서의 대리권존재 여부를 쉽게 알 수 없으므로 민법상 표현대리의 이론에 따라 상대방의 신뢰를 보호하여야 할 필요가 있다.

다) 적법하게 구성되지 않은 합의제 행정관청의 행위

행정위원회 등의 처분과 관련하여 의사 및 의결정족수가 미달하는 상태에서 이루어진 행위는 원칙적으로 무효이다. 그러나 그러한 처분이 발령되고 이를 신뢰한 개인을 보호해야 하는 경우에는 적법 · 유효한 것으로 인정하여야 할 것이다. 판례도 "폐촉법 시행령에 의한 구성방법에 따라 입지선정위원회를 구성하지 않은 채 임의의 입지선정위원회를 구성하면서 군수와 주민대표가 선정, 추천한 각 2인의 전문가를 포함시키지 않은 하자는 중대한 것이고 객관적으로도 명백[하므로]" 무효사유에 해당한다고 하였다(대판 2007.4.12. 2006두20150).

(2) 행정청의 월권행위

행정청이 법령에 의하여 사항적 · 인적 · 지역적으로 제한된 권한을 가지고 있는 경우 이러한 한계를 넘어서는 행정행위는 무권한의 행위로서 무효가 된다. 그러나 행정행위의 상대방인 국민의 입장에서는 행정청의 권한행사의 범위를 정확하게 인식하기 어려우므로 경우에 따라 상대방의 신뢰를 보호하기 위하여 그 효력을 인정하여야 할 것이다. 권한초과의 경우에는 초과부분만 무효 또는 취소의 대상이 된다. 판례도 "행정기관의 권한에는 사무의 성질 및 내용에 따르는 제약이 있고, 지역적 · 대인적으로 한계가 있으므로 이러한 권한의 범위를 넘어서는 권한유월의 행위는 무권한 행위로서 원칙적으로 무효"라고 하였다(대판 1996.6.28. 96누4374).

다만 행정청의 공무원에 대한 의원면직처분은 소극적 행정행위이고 확인적 행정행위의 성격이 강하며 재량의 여지가 거의 없으므로 일반적인 행정행위와는 달리 권한유월 행위가 반드시 무효로 되는 것은 아니라는 것이 판례이다(대판 2007.7.26. 2005두15748).

(3) 행정청의 정상적인 의사에 의하지 않은 행위

공무원이 심신상실의 상태에서 한 행정행위는 무효다. 다만 이러한 경우에도 상대방 보호의 차원에서 그 효력을 인정하여야 하는 경우가 있다.

공무원의 행정행위가 착오나 강박 또는 증수뢰 등에 의하여 이루어지는 경우에는 역시 무효로 보아야 하는가? 판례는 착오로 인한 행정행위를 무효로 본 경우도 있고(대판 1983.8.23. 83누179) 취소사유로 인정하기도 한다(대판 2012.2.23. 2011두22723). 경우에 따라서는 착오만으로는 행정처분을 취소할 수 없다고 한 판례도 있다(대판 1979.6.26. 79누43). 한편 금품수수에 따라 위법 · 부당하게 이루어진 신체등위판정에 기초한 병역처분은 직권취소할 수 있다고 하였다(대판 2002.5.28. 2001두9653). 이 모든 문제가 무효와 취소의 기준이 불명확한 데서 기인한 것이며 그로 인한 법직 불명확성은 모두 국민의 부담으로 돌아간다.

2) 내용에 대한 무효사유

행정행위의 내용이 불명확하거나 법적 · 사실적으로 실현불가능한 행위라면 무효이다. 또한 행정행위의 내용이 범죄행위를 요구하거나 선량한 풍속 등에 위반되는 경우에도 무효다.

반면 앞서 설명한 바와 같이 대법원은 일반적으로 위헌인 법률에 근거한 행정처분은 당연무효에 해당하지 않는다고 하며, 이는 위헌 · 위법한 법규명령에 근거한 처분의 경우에도 마찬가지다. 즉 "일반적으로 시행령이 헌법이나 법률에 위반된다는 사정은 그 시행령의 규정을 위헌 또는 위법하여 무효라고 선언한 대법원의 판결이 선고되지 아니한 상태에서는 그 시행령 규정의 위헌 내지 위법 여부가 해석상 다툼의 여지가 없을 정도로 명백하였다고 인정되지 아니하는 이상 객관적으로 명백한 것이라 할 수 없으므로, 이러한 시행령에 근거한 행정처분의 하자는 취소사유에 해당할 뿐 무효사유가 된다고 볼 수는 없다"라고 한다(대판 2018.10.25. 2015두38856).

3) 절차에 대한 무효사유

가) 법령에 따라 행정청이 당해 행정처분을 하기 위해서는 상대방의 신청 또는 동의를 요하는 경우가 있다. 법령이 요구하는 신청 또는 동의가 없다는 것은 중대하고 명백한 하자라 할 것이므로 무효사유라 할 것이다. 판례도 "신청에 대하여 일단 거부처분이 행해지면 그 거부처분이 적법한 절차에 의하여 취소되지 않는 한, 사유를 추가하여 거부처분을 반복하는 것은 존재하지도 않는 신청에 대한 거부처분으로서 당연무효"라고 한다(대판 1999.12.28. 98두1895). 또한 도시 · 군계획시설사업의 사업시행자 지정 요건으로서 토지 소유자 총수의 2분의 1 이상에 해당하는 자의 동의 요건 미충족은 사업시행자 지정처분의 무효사유라고 한다(대판 2017.7.11. 2016두35120).

나) 법령에 의하여 행정행위의 발령에 다른 행정청의 동의나 승인을 필요적 요건으로 하는 경우가 많다. 이러한 필요적 동의나 승인은 단순한 자문이나 협력과는 달리 행정행위의 효력발생요건이 경우가 대부분이므로 이를 결하면 원칙적으로 무효가 된다. 다만 판례는 "국방 · 군사시설 사업에 관한 법률 및 구 산림법(1999. 12. 31. 법률 6187호로 개정되기 전의 것)에서 보전임지를 다른 용도로 이용하기 위한 사업에 대하여 승인 등 처분을 하기 전에 미리 산림청장과 협의를 하라고 규정한 의미는 그의 자문을 구하라는 것이지 그 의견을 따라 처분을 하라는 의미는 아니라 할 것이므로, 이러한 협의를 거치지 아니하였다고 하더라도 이는 당해 승인처분을 취소할 수 있는 원인이 되는 하자 정도에 불과하고 그 승인처분이 당연무효가 되는 하자에 해당하는 것은 아니"라고 하였다(대판 2006.6.30. 2005두14363).

다) 불이익처분을 하기 이전에 상대방의 의견을 청취하는 절차를 거쳐야 함이 법령에 규정되는 경우도 많다. 행정절차에 관한 일반법인 행정절차법에 따라 불이익처분에 대한 사전통지와 의견청취, 그리고 처분의 이유제시 등이 요구되기도 한다. 이러한 행정절차를 위반한 경우 해당 행정행위의 효력이 문제되는데, 통설과 판례는 원칙적으로 취소사유로 본다. 이에 대한 상세한 논의는 행정절차편으로 미룬다.

4) 형식에 대한 무효사유

원칙적으로 행정행위에 특별한 형식이 요구되는 것은 아니지만, 행정절차법 제24조는 처분은 원칙적으로 문서로 하여야 한다고 규정하고 있다. 또한 행정심판법 제46조도 재결은 서면의 방식으로 하도록 규정되어 있다.

이러한 서면형식과 그 기재사항 및 기명날인 등이 흠결된 행정행위는 무효임이 원칙이나 경미한 기재사항 등이 누락된 경우에는 취소사유로 봄이 통설이다. 그러나 이 역시 명확한 기준을 제시하는 것은 아니다. 형식상의 흠으로 인하여 행정행위의 내용을 명확히 파악할 수 없는 경우에는 그 내용이 불명확한 행정행위로서 무효가 되지만 그 정도에 이르지 않는다면 취소사유에 해당하는 것으로 볼 수 있다. 판례는 행정절차법 제24조의 문서주의에 위반한 처분은 원칙적으로 무효라고 한다(대판 2011.11.10. 2011도11109).

V. 행정행위 흠의 치유와 전환

1. 흠의 치유

1) 의의 및 사유

(1) 행정행위가 취소할 수 있는 경미한 흠을 가지고 있는 경우에도 행정의 법률적합성원칙에 따라서 그 효력을 부인하는 것이 원칙이다. 그럼에도 불구하고 특히 문제되는 행정행위가 상대방에게 이익을 부여하거나 일정한 혜택을 주는 수익적 행위인 경우 절차적 흠과 같은 경미한 사유를 이유로 하여 이를 취소한다면 오히려 상대방의 법적 안정을 침해하고 동일한 행위를 무용하게 반복하여야 하는 문제가 발생할 수 있다. 이는 민법상 취소할 수 있는 법률행위에 대한 사후 추인과 같은 맥락이라고 할 수 있다. 따라서 행정행위에 취소사유가 있는 경우에 제3자의 권익을 부당하게 해하는 것이 아닌 한 그 흠을 보정하여 이를 치유하는 것을 예외적으로 허용하는 것도 고려할 수 있다. 또한 경미한 하자를 치유하는 것이므로 무효인 행정행위에는 치유가 인정되지 않는다.

판례 역시 “하자 있는 행정행위에 있어서 하자의 치유는 행정행위의 성질이나 법치주의의 관점에서 원칙적으로 허용될 수 없고, 행정행위의 무용한 반복을 피하고 당사자의 법적 안정성을 보호하기 위하여 국민의 권익을 침해하지 아니하는 범위 내에서 예외적으로만 허용된다"(대판 2001.6.26. 99두11592)라고 하면서 "무효인 행정처분은 그 하자가 중대하고도 명백한 것으로 처음부터 어떠한 효력도 발생하지 아니하는 것이므로, 무효인 행정처분의 하자의 치유는 인정되지 아니한다"(대판 2012.8.23. 2010두13463)라고 하여 예외적으로 취소사유에 한하여 흠의 치유를 인정하고 있다.

(2) 하자의 치유사유로 법령에 규정된 것은 없으나 주로 형식과 절차상의 흠이 제거되어 치유된다. 특히 행정행위가 절차적 하자를 가지고 있는 경우 사후에 이를 보정하는 청문이나 처분에 대한 이유제시 등을 통하여 그 흠이 치유되는 경우가 일반적이다.

반면 판례는 "이 사건 처분에 관한 하자가 행정처분의 내용에 관한 것이고 새로운 노선면허가 이 사건 소 제기 이후에 이루어진 사정 등에 비추어 하자의 치유를 인정치 않은 원심의 판단은 정당[하다]"라고 하여 내용상의 하자는 치유의 대상이 되지 못한다고 본다(대판 1991.5.28. 90누1359). 또한 하자의 치유는 의식적인 하자의 보정행위에 의하여 이루어지는 것이므로 사정판결이나 상대방의 신뢰보호에 따라 행정행위가 취소되지 못하고 존속하는 경우와는 구별된다.

2) 한 계

흠의 치유는 법치행정의 측면에서 보면 예외적으로 인정되는 것이기 때문에 일정한 한계를 가지고 있다. 이러한 한계로는 내용적 한계와 시적 한계를 들 수 있다.

우선 흠의 치유로 상대방의 권익과 법적 안정은 보장되지만 만약 이를 허용함으로써 제3자의 권익을 부당하게 해하는 경우에는 흠의 치유를 인정할 수 없다는 내용적 한계가 있다.

보다 중요한 것은 흠의 승계를 아무런 시간적 제한 없이 허용하는 경우에는 행정법관계의 안정성을 크게 해할 우려가 있다는 점이다. 따라서 흠의 치유를 인정하는 경우에도 행정심판이나 행정소송이 제기되기 이전에만 가능한 것으로 보아야 한다. 판례도 "위 하자의 치유를 허용하려면 늦어도 과세처분에 대한 불복여부의 결정 및 불복신청에 편의를 줄 수 있는 상당한 기간내에 하여야 한다고 할 것이므로 위 과세처분에 대한 전심절차가 모두 끝나고 이 사건 소송이 계류중인 1982.11.13 세액산출근거의 통지가 있었다고 하여 이로써 위 과세처분의 하자가 치유되었다고는 볼 수 없다"라고 하여 같은 입장이다(대판 1984.4.10. 83누393).

2. 흠의 전환

행정행위가 중대하고 명백한 흠을 가지고 있어서 무효인 경우에도 다른 행정행위로서의 성립 및 효력요건을 갖추고 있는 경우에는 예외적으로 다른 행정행위로 전환이 허용되는 경우가 있다. 사망한 사람에 대한 과세처분을 상속인에게 대한 과세처분으로 전환하는 것을 그 예로 들 수 있다.

그러나 취소사유 있는 행정행위의 치유와 마찬가지로 무효인 행정행위를 다른 행정행위로 전환하는 것은 행정의 법률적합성원칙에서 보면 매우 예외적인 것이기 때문에 엄격한 요건이 충족되어야 한다.

우리나라의 경우 흠의 치유와 더불어 전환의 경우에도 실정법규가 그 요건을 규정하고 있지 않기 때문에 전적으로 학설과 판례에 의존하고 있는 상태이다. 이와 관련하여 독일연방행정절차법은 제47조에서 무효인 행정행위 전환의 요건을 다음과 같이 규정하고 있는데, 이는 우리의 경우에도 참고할 수 있을 것이다. 1. 두 행정행위가 동일한 목적을 지향할 것 2. 처분청이 무효인 행정행위를 전환하려는 행정행위와 동일한 방법과 절차를 통하여 적법하게 발령하였을 것이라는 가정이 있을 것 3. 무효인 행정행위가 전환의 대상이 되는 행정행위로서의 요건을 충족할 것 4. 흠의 전환이 처분청의 의도와 배치되지 않을 것 5. 이해관계인에 대하여 불리한 법적 효과가 발생하지 않을 것 6. 흠 있는 행정행위를 취소할 수 있을 것 등의 적극적, 소극적 요건이 충족되어야 한다. 또한 기속행위는 재량행위로 전환될 수 없다.

Ⅵ. 흠의 승계

1. 의 의

행정행위가 한 번으로 종료되지 않고 2단계 이상으로 연속되는 경우 선행 행정행위에 발생한 흠이 후행 행정행위로 넘어가는 것을 흔히 흠의 승계라고 부른다. 행정행위가 둘 이상 연속되는 경우 선행 행정행위에 취소사유인 흠이 있다면 쟁송기간 내에 이를 다투어야 하고, 쟁송기간이 경과하면 이른바 불가쟁력이 발생한다. 그런데 선행 행정행위에 불가쟁력이 발생하였음에도 불구하고 후행 행정행위 단계에서 다시 한번 선행 행정행위의 위법사유를 승계하여 이를 다툴 수 있도록 하는 것이 흠의 승계제도인 것이다.

그렇다면 자연스럽게 다음과 같은 의문이 제기된다. 어떠한 경우에 흠의 승계가 이루어지고 그 요건은 또한 무엇인가? 일단 흠의 승계는 불가쟁력에 대한 예외라는 점을 깊이 인식할 필요가 있다. 선행 행정행위에 취소사유가 있었고 이를 쟁송기간 내에 다투지 못하여 불가쟁력이 발생하였음에도 불구하고 다시 한번 후행 행정행위 단계에서 쟁송의 기회를 부여한다는 것은 행정행위의 불가쟁력을 통하여 달성하려는 행정법관계의 안정성보다 큰 다른 이익, 예를 들어 행정행위 상대방의 중대한 권익을 보장하기 위함이다. 다만, 과연 여기서 문제되는 중대한 권익이 구체적으로 어떠한 사유인지, 흠의 승계의 요건은 무엇인지 등의 문제에 대해 실정법규는 침묵을 지키고 있기 때문에 이 문제 역시 전적으로 학설과 판례의 입장에 좌우되고 있다.

하자의 승계는 불가쟁력에 대한 예외이므로 그 논의의 실익이 있는 경우라고 하려면 첫째 선행행위와 후행행위가 모두 행정행위이어야 하고, 둘째 선행행위에 취소사유의 하자가 존재하여야 하며, 셋째 선행행위에 대한 제소기간이 도과하여 불가쟁력이 발생하여야 하고, 넷째 후행행위에 독자적인 하자가 존재하지 않아야 한다.

2. 흠의 승계, 선행 행정행위의 후행 행정행위에 대한 구속력에 대한 학설

흠의 승계에 대한 전통적인 학설과 판례는 일단 흠의 사유를 무효와 취소로 구분하여 그 허용 여부를 검토하고 있다. 일단 선행 행정행위에 중대하고 명백한 흠이 있어서 무효인 경우 무효인 흠은 후행 행정행위에 제한 없이 승계된다. 이는 너무나도 당연한 결과이다. 그 이유는 행정행위가 무효라는 의미는 행정행위에 인정되는 모든 효력이 다 없다는 것으로서 불가쟁력 역시 부정되기 때문이다. 따라서 선행 행정행위에 불가쟁력이 없기 때문에 무효인 흠은 제소기간에 구애되지 않고 후행 행정행위 단계에서 얼마든지 무효등확인소송을 통하여 다툴 수 있다.

이에 비하여 취소할 수 있는 흠의 경우에 통설과 판례는 이를 두 가지 유형으로 구분한다. 먼저, 연속하는 행정행위가 상호 독립적인 목적과 효과의 발생을 추구하는 경우에는 선행 행정행위에 불가쟁력이 발생하면 이를 후행 행정행위 단계에서 다툴 수 없다. 반면, 연속하는 행정행위가 전체적으로 동일한 목적과 법적 효과를 실현하는 경우에는 선행 행정행위의 취소인 흠에 불가쟁력이 발생하였다고 하더라도 후행 행정행위 단계에서 이를 다툴 수 있다.

독일의 경우 흠의 승계라는 용어를 대신하여 선행 행정행위와 후행 행정행위가 동일한 사안을 대상으로 동일한 목적을 가지고(물적 동일성), 동일인을 대상으로 하며(인적 동일성), 선행 행정행위에서 종결된 법적 · 사실적 상태가 시간적으로 후행 행정행위에 계속하여 유지되는 경우(시간적 동일성)에는 선행 행정행위에서 발생한 법적 효과가 종국적으로 확정된 것으로 본다. 따라서 이 경우 선행 행정행위에서 종결된 법적 상태는 후행 행정행위를 구속하는 효력을 발생한다.

우리식으로 말한다면 이 경우 선행 행정행위에 불가쟁력이 발생한 취소사유는 후행 행정행위에 승계되지 않는다. 이에 더하여 우리나라에서는 개인의 수인한도와 예측가능성이 침해되는 경우 선행 행정행위의 구속력을 부인한다. 그런데 흠의 승계와 구속력은 용어상의 차이일 뿐 결과적으로 근본적인 시각의 차이가 존재하는 것은 아니다. 구속력의 부인 또는 흠의 승계는 불가쟁력을 통해 종결된 법상태라는 행정법관계의 안정을 유지하기보다는 헌법상 중대한 개인의 기본권을 보호하여야 할 때 예외적으로 인정될 수 있는 것이다.

3. 판 례

앞서 언급한 바와 같이 흠의 승계 내지 선행 행정행위의 후행 행정행위에 대한 구속력에 관하여 대법원은 무효와 취소, 연속하는 행정행위가 동일한 법적 효과를 발생하는가의 여부에 따라서 수많은 판결을 내려왔다. 그럼에도 불구하고 어떠한 흠이 무효 또는 취소인지, 연속하는 행정행위가 동일한 목적과 효과를 가지고 있는가의 여부에 대하여 분명한 기준을 제시하지 못함으로써 국민의 법적인 불안정 상태가 지속되고 있다.

1) 대법원은 선행 행정행위에 무효사유에 해당하는 하자가 있다면 후행 행정행위에서 이를 다툴 수 있다고 본다(대판 2016.2.18. 2014두6135). 예를 들어 조세부과처분이 무효라면 그 집행을 위한 체납처분도 무효라고 다툴 수 있다(대판 1988.6.28. 87누1009; 대판 2012.1.26. 2009두14439).

2) 대법원은 "직위해제처분과 … 면직처분은 후자가 전자의 처분을 전제로 한 것이기는 하나 각각 단계적으로 별개의 법률효과를 발생하는 행정처분이어서 선행직위해제처분의 위법 사유가 면직처분에는 승계되지 아니한다 할 것이므로 선행된 직위해제처분의 위법사유를 들어 면직처분의 효력을 다툴 수는 없다"라고 하여 선행 직위해제처분과 후행 직권면직처분 간의 흠의 승계를 부정하였다(대판 1984.9.11. 84누191).

이 판결은 대법원이 기존에 흠의 승계에 대하여 내린 전형적인 방식과 같다. 그런데 공무원이 직위해제처분을 받은 경우 법령에 규정된 기간 내에 소청을 제기하기보다는 자중하는 것이 통례임에 비추어 보면 선행처분에 대한 쟁송기간이 도과하였다는 이유로 취소인 흠의 승계를 부인하는 것은 법률관계의 실질을 간과하였다는 비판을 면하기 어렵다. 즉 직위해제처분이 위법하지만 이것이 무효인지 취소사유에 불과한 것인지 구별에 관한 문제를 상대방에게 알아서 판단하라는 것은 국민에게 과도한 부담을 주는 것이다. 더 나아가, 직위해제처분과 면직처분은 얼마든지 연속될 가능성이 있음에도 불구하고 이를 별개의 법률효과를 발생하는 것으로 간주하는 것도 역시 국민의 입장에서는 납득하기 어렵다. 이러한 판례는 국민의 기대가능성과 예측가능성을 넘어서는 것이다.

3) 또한 대법원은 "피고가 원고에게 액화석유가스판매사업허가를 하면서 붙인 사업소 소재지 반경 25미터 이내 가옥주의 동의를 받아 사업개시 전에 그 동의서를 피고에게 제출하도록 한 조건이 법령의 규정에 위배되어 액화석유가스판매사업 허가처

분에 하자가 있다고 하더라도 위 하자는 그 처분 자체를 무효라고 볼 정도로 중대하고 명백한 하자라고 볼 수 없다 할 것이므로 그와 같은 하자가 취소사유가 되는 위법한 것이라도 그 처분이 취소될 때까지는 누구도 그 효력을 부인할 수 없을 뿐 아니라 이는 선행처분인 액화석유가스판매사업허가단계에서 다투었어야 할 것이고 그 쟁송기간이 이미 경과된 후인 사업개시신고단계에 있어서는 그 효력을 다툴 수 없다"라고 하여 액화석유가스판매사업허가처분의 위법성이 후행하는 사업개시신고반려처분에 승계되지 않는다는 견해를 제시하였다(대판 1991.4.23. 90누8756).

이 판결 역시 기존에 대법원이 흠의 승계에 대하여 제시한 틀을 충실하게 따른 것으로 볼 수 있다. 그러나 이 역시 무효와 취소의 구별에 대하여 국민들이 쉽게 납득할 수 있는 구체적인 기준이 없는 상태에서 취소사유에 따르는 제소기간 내의 소제기를 국민에게 무리하게 요구하는 측면이 있다. 또한 상식적으로 보았을 때 사업허가를 받은 이후에는 사업개시신고를 하여야 한다는 것이 일반적이라고 할 수 있기 때문에 사업허가와 사업개시신고가 상호 상이한 법적 효과를 발생시킨다는 대법원의 견해를 일반국민의 입장에서는 쉽게 수긍하기 어렵다.

4) 이와 같이 다소 교조적이기까지 한 대법원의 입장은 1994년 개별공시지가 결정과 과세처분간에 흠의 승계를 인정한 이후로 전향적으로 변화되었다. 즉 "두 개 이상의 행정처분이 연속적으로 행하여지는 경우 선행처분과 후행처분이 서로 결합하여 1개의 법률효과를 완성하는 때에는 선행처분에 하자가 있으면 그 하자는 후행처분에 승계되는 것이므로 선행처분에 불가쟁력이 생겨 그 효력을 다툴 수 없게 된 경우에도 선행처분의 하자를 이유로 후행처분의 효력을 다툴 수 있는 것이며, 반면 선행처분과 후행처분이 서로 독립하여 별개의 법률효과를 목적으로 하는 때에는 선행처분에 불가쟁력이 생겨 그 효력을 다툴 수 없게 된 경우에는 선행처분의 하자가 중대하고 명백하여 당연 무효인 경우를 제외하고는 선행처분의 하자를 이유로 후행처분의 효력을 다툴 수 없는 것이 원칙이다"라고 하면서 "그러나 선행처분과 후행처분이 서로 독립하여 별개의 효과를 목적으로 하는 경우에도 선행처분의 불가쟁력이나 구속력이 그로 인하여 불이익을 입게 되는 자에게 수인한도(受忍限度)를 넘는 가혹함을 가져오며, 그 결과가 당사자에게 예측가능한 것이 아닌 경우에는 국민의 재판받을 권리를 보장하고 있는 헌법의 이념에 비추어 선행처분의 후행처분에 대한 구속력은 인정될 수 없다고 봄이 타당할 것이다"라고 하였다(대판 1994.1.25. 93누8542).

이 판결이 가지는 의의는 대법원이 과거의 경직된 논리에서 벗어나서 취소할 수 있는 흠을 가지는 선행처분에 대하여 불가쟁력이 발생하였고 선행처분과 후행처분이 서로 상이한 목적과 효과를 가지는 경우에도 상대방의 예측가능성과 기대가능성을 넘어서는 경우에는 흠의 승계를 인정하겠다는 전향적인 변화를 보여주었다는 점이다. 그리고 대법원은 이 판결에서 처음으로 흠의 승계가 아니라 선행처분의 후행처분에 대한 구속력이라는 용어를 처음으로 사용하고 있다. 그런데 중요한 부분은 상대방에 대한 실질적 배려가 이루어진 근거를 주목할 필요가 있다는 것이다.

불가쟁력을 인정하는 이유는 상대방의 권리구제보다는 흠 있는 행정행위로 인하여 발생할 수 있는 불안정한 행정법관계를 조속히 안정화시킴으로서 필요한 공익을 실현할 수 있기 때문이다. 그러나 행정법관계의 안정성이라는 공익보다 더 중요한 이익이 존재하는 경우 불가쟁력에 대한 예외를 인정하는 것이 바로 흠의 승계제도라는 점을 인식할 필요가 있다. 대법원도 지적하는 바와 같이 선행처분의 후행처분에 대한 흠의 승계를 부정하고 구속력을 인정하는 것보다 더욱 중요한 법익이 존재할 수 있는데, 예를 들어 헌법상 보장된 개인의 중요한 기본권을 보장하는 것이 바로 그것이다. 특히 대법원은 위 사례에서 선행처분의 후행처분에 대한 구속력을 인정하는 경우에는 국민의 재산권과 재판받을 권리를 보장한 헌법의 이념에 반한다는 점을 강조하고 있음을 주목하여야 한다.

반면 개별공시지가의 결정에 대하여 재조사 청구를 하여 그에 따른 조정결정을 통지받은 후 이를 더 이상 다투지 아니한 경우에는 선행처분인 개별공시지가결정의 불가쟁력이나 구속력이 수인한도를 넘거나 예측불가능하지 않기 때문에 하자의 승계를 인정하지 않았다(대판 1998.3.13. 96누6059).

5) 이후의 판례 역시 흠의 승계와 구속력의 인정 여부에 대하여 헌법상 기본권 침해 문제를 거론하고 있는 것은 상당한 의미를 갖는 것으로 평가할 수 있다. 예를 들어 대법원은 개별공시지가 결정에 관한 위 사건과는 달리 표준지공시지가 결정과 과세처분 간에는 흠의 승계를 부인하고 구속력을 인정한다(대판 2022.5.13. 2018두50147). 왜냐하면 표준지공시지가 결정에 대하여는 이의신청이나 행정쟁송을 통해 다툴 수 있기 때문이다. 이러한 사건에서 대법원이 흠의 승계와 구속력의 인정 여부의 기준으로 들고 있는 것은 평등권과 재판청구권과 같은 기본권 실현과 관련된 것이다(대판 1997.9.26. 96누7649). 한편 표준지공시지가는 인근 토지의 개별공시지가를 결정하는 기준이 되는 것으로 알 수 있듯이(부동산공시법 제10조 제4항) 표준지공시지가의 변동은 개별공시지가보다 행정법관계의 안정에 더 큰 영향을 미친다. 또한 대법원은 같은 이유로 표준지공시지가의 흠이 개별공시지가에 승계되지 않는다고 하였다(대판 1996.12.6. 96누1832).

반면 대법원은 선행처분인 표준지공시지가 결정와 후행처분인 수용재결 사이에는 흠의 승계를 인정하였다(대판 2008.8.21. 2007두13845). 표준지의 인근 토지 소유자는 보상금 산정의 기준이 되는 표준지가 어느 토지인지를 알 수 없어 표준지공시지가 결정이 확정되기 전에 다투는 것이 불가능하므로 선행처분의 구속력을 인정하는 것은 수

인한도를 넘는 불이익을 강요하는 것이라서 국민의 재산권과 재판받을 권리를 보장한 헌법의 이념에 부합하지 않기 때문이다.

6) 이후에도 대법원은 특정인을 친일반민족행위자로 결정한 친일반민족행위진상규명위원회의 최종발표(선행처분)에 따라 지방보훈지청장이 「독립유공자 예우에 관한 법률」 적용대상자로서 보상과 예우를 받던 특정인의 유가족 등에 대하여 한 적용배제자 결정(후행처분)에 대한 선행처분의 구속력을 부인하고 흠의 승계를 인정하였다(대판 2013.3.14. 2012두6964). 이때에도 선행처분에 대하여 이의신청이나 행정쟁송을 제기할 것을 기대하기는 어려우므로 흠의 승계를 인정하지 않는다면 헌법상 국민의 재판받을 권리가 충분히 보장되지 못하게 된다는 것이 구속력 부인의 근거가 되었다고 할 수 있다.

7) 대법원은 근로복지공단이 선행처분인 사업종류 변경결정을 할 때 실질적으로 행정절차법상 처분절차를 준수하였다면 이는 이른바 '실체법적 처분'에 해당하므로 후행처분인 산재보험료 부과처분과의 사이에서 흠의 승계가 인정되지 않은 반면, 조기의 권리구제를 가능하기 위해 행정소송법상 처분으로 인정되는 '쟁송법적 처분'의 경우에는 이러한 처분절차를 준수하지 아니하였다면 흠이 승계된다고 하였다(대판 2020.4.9. 2019두61137). 이는 '쟁송법적 처분'의 인정에 따른 불가쟁력 인정 범위 확대로 인하여 초래될 수 있는 부당한 결과를 방지하기 위한 것으로 볼 수 있다. 그런데 처분절차를 준수하면 '실체법적 처분'에 해당한다는 것은 의문이다.

8) 선행처분과 후행처분이 동일한 행정목적을 달성하기 위하여 단계적인 일련의 절차로 연속하여 행하여지는 행정처분으로서 서로 결합하여 하나의 법률효과를 발생시키는 것이라는 이유로 흠의 승계가 인정된 예로는 계고처분과 대집행비용납부명령(대판 1993.11.9. 93누14271), 안경사국가시험합격무효처분과 안경사면허취소처분(대판 1993.2.9. 92누4567)이 있다.

반면 흠의 승계를 부인한 예로는 도시계획결정과 수용재결(대판 1990.1.23. 87누947), 사업인정처분과 수용재결(대판 1992.3.13. 91누4324), 사업계획승인처분과 도시계획시설변경 및 지적승인고시처분(대판 2000.9.5. 99두9889), 병역법상 보충역편입처분과 공익근무요원소집처분(대판 2002.12.10. 2001두5422), A항공사에 대한 운수권배분 실효처분 및 노선면허거부처분과 B항공사에 대한 운수권배분 및 이를 기초로 한 노선면허처분(대판 2004.11.26. 2003두3123), 공인중개사법상 업무정지처분과 그에 따른 업무정지기간 중에 중개업무를 하였다는 별개의 처분사유를 근거로 한 중개사무소의 개설등록 취소처분(대판 2019.1.31. 2017두40372), 사적(史蹟) 지정처분과 사업인정고시(대판 2019.2.28. 2017두71031), 개발제한구역에서의 개발행위허가와 개발제한구역 보전부담금의 부과(대판 2021.4.29. 2020두52917)가 있다.

Ⅶ. 처분의 재심사

1. 의 의

행정기본법 제37조로 도입된 처분의 재심사는 불가쟁력이 발생한 행정행위에 대하여 당사자의 신청에 따라 그 처분청이 취소·철회 또는 변경 여부를 심사하여 다시 결정하는 것이다. 이는 흠의 승계와 함께 행정행위의 불가쟁력에 대한 예외에 해당한다. 행정행위는 일반적으로 법원의 재판절차에 비하여 절차적 규제가 미약하므로 민사소송법상의 재심사유에 준하는 사유 등이 존재하는 경우 불가쟁력이 발생한 행정행위에 대하여도 다시 한 번 처분청에 그 취소·철회·변경을 신청할 수 있게 하는 것이다.

2. 요 건

1) 대상 및 당사자

재심사의 대상은 행정심판, 행정소송 및 그 밖의 쟁송으로 다툴 수 없게 된 처분인데, 처분에서 제재처분과 행정상 강제는 제외되며 법원의 확정판결이 있어 다툴 수 없게 된 경우도 제외된다(제37조 제1항). 제재처분은 법령등에 따른 의무를 위반하거나 이행하지 아니하였음을 이유로 당사자에게 의무를 부과하거나 권익을 제한하는 처분이고(제2조 제5호), 행정상 강제는 행정대집행, 이행강제금, 직접강제, 강제징수, 즉시강제를 말한다(제30조 제1항).

재심사를 신청할 수 있는 사람은 당사자, 즉 처분의 상대방이다(제37조 제1항, 제2조 제3호). 재심사의 신청은 해당 처분을 한 행정청, 즉 처분청에게 하여야 한다(제37조 제1항).

2) 사 유

재심사의 사유는 처분의 근거가 된 사실관계 또는 법률관계가 추후에 당사자에게 유리하게 바뀐 경우(행정기본법 제37조 제1항 제1호), 당사자에게 유리한 결정을 가져다 주었을 새로운 증거가 있는 경우(제2호), 민사소송법 제451조에 따른 재심사유에 준하는 사유가 발생한 경우 등 대통령령으로 정하는 경우이다(제3호). 위 제3호 사유에 관하여 행정기본법 시행령 제12조는 처분 업무를 직접 또는 간접적으로 처리한 공무원이 그 처분에 관한 직무상 죄를 범한 경우(제1호), 처분의 근거가 된 문서나 그 밖의 자료가 위조되거나 변조된 것인 경우(제2호), 제3자의 거짓 진술이 처분의 근거가 된 경우(제3호), 처분에 영향을 미칠 중요한 사항에 관하여 판단이 누락된 경우(제4호) 중 어느 하나에 해당하는 경우로 구체화하였다.

3) 신청의 보충성 및 신청기한

재심사 신청은 해당 처분의 절차, 행정심판, 행정소송 및 그 밖의 쟁송에서 당사자가 중대한 과실 없이 재심사 사유를 주장하지 못한 경우에만 할 수 있다(제37조 제2항).

재심사 신청은 당사자가 재심사 사유를 안 날부터 60일 이내에 하여야 하는데, 처분이 있은 날부터 5년이 지나면 신청할 수 없다(제37조 제3항).

3. 처분청의 처리의무

재심사 신청을 받은 행정청은 특별한 사정이 없으면 신청을 받은 날부터 90일(합의제 행정기관은 180일) 이내에 처분의 재심사 결과(재심사 여부와 처분의 유지 · 취소 · 철회 · 변경 등에 대한 결정 포함)를 신청인에게 통지하여야 한다(제37조 제4항 본문). 다만 부득이한 사유로 90일(합의제 행정기관은 180일) 이내에 통지할 수 없는 경우에는 그 기간을 만료일 다음 날부터 기산하여 90일(합의제 행정기관은 180일)의 범위에서 한 차례 연장할 수 있으며 연장 사유를 신청인에게 통지하여야 한다(단서).

4. 재심사 결과

재심사 요건을 갖추지 못한 경우에는 재심사를 거부하는 결정을 한다. 재심사 요건 중 재심사 사유의 경우 신청인의 주장이 그에 해당하는 것이라면 재심사 사유 유무를 판단하게 되지만, 신청인의 주장 자체가 재심사 사유에 해당하지 않는다면 재심사를 거부하는 결정을 한다.

재심사 요건을 갖춘 경우에는 재심사 사유가 인정되는지, 인정된다면 처분의 유지 · 취소 · 철회 · 변경 등 어떠한 결정을 할 것인지 정한다.

5. 재심사 결과에 대한 불복 및 직권취소 · 철회와의 관계

재심사 결과 중 처분을 유지하는 결과에 대하여는 행정심판, 행정소송 및 그 밖의 쟁송수단을 통하여 불복할 수 없다(제37조 제5항). 반대로 재심사 거부결정, 처분의 취소 · 철회 · 변경 등에 대하여는 불복이 가능하다.

한편 행정청의 직권취소 및 철회는 처분의 재심사에 의하여 영향을 받지 않는다(제37조 제6항). 따라서 재심사 결과 처분을 유지하는 결과가 나왔다고 하더라도, 이후 행정청은 직권으로 취소 또는 철회를 할 수 있다.

6. 적용배제

행정기본법 제37조 제8항에 따라 처분의 재심사는 공무원 인사 관계 법령에 따른 징계 등 처분에 관한 사항(제1호), 노동위원회법 제2조의2에 따라 노동위원회의 의결을 거쳐 행하는 사항(제2호), 형사, 행형 및 보안처분 관계 법령에 따라 행하는 사항(제3호), 외국인의 출입국 · 난민인정 · 귀화 · 국적회복에 관한 사항(제4호), 과태료 부과 및 징수에 관한 사항(제5호), 개별 법률에서 그 적용을 배제하고 있는 경우(제6호)에 적용되지 않는다.

Ⅷ. 행정행위의 취소

1. 의 의

행정행위가 적법요건을 갖추지 못하여 단순 위법사유가 있는 경우 그 효력을 소급적으로 부인하는 것을 취소라고 부른다. 행정행위의 취소는 흔히 처분청 등이 직권으로 취소하는 경우와 법원이나 행정심판위원회가 행정쟁송 절차에 따라서 그 위법을 이유로 취소하는 쟁송취소로 구분한다. 직권취소는 행정행위로서 공익을 실현하는 행정작용인 반면, 쟁송취소는 개인의 침해된 권익을 구제하는 사법적 또는 준사법적 국가작용이다. 쟁송취소는 행정쟁송절차에 의하여 이루어지는 것으로서 행정소송법과 행정심판법이 정하는 바에 따르는 것이므로 이하에서는 주로 행정청에 의한 행정행위로서 행하는 직권취소를 중심으로 살펴보기로 한다.

행정기본법은 제18조에서 위법한 처분뿐만 아니라 부당한 처분의 직권취소에 관하여 규정하고 있다. 그런데 이러한 부당성을 행정행위의 취소사유로 규정하고 나아가 이를 일반규정로 둔 것은 행정청의 결정에 따라 개인의 법적 지위에 변동이 일어날 수 있는 여지를 매우 넓히는 것이라서 개인의 예측가능성이나 법적 안정성을 저해할 위험이 크다고 할 수 있다. 따라서 직권취소사유로서 부당성은 제한적으로 인정하여야 한다. 판례도 수임 · 수탁기관이 수임 · 수탁사무를 처리하면서 한 처분이 부당하다는 이유로 위임 · 위탁기관이 행정위임위탁규정 제6조에 따라 이를 취소할 때에는 광범위한 재량이 허용되지만, 그 사무처리로 인하여 이해관계 있는 제3자나 이미 형성된 법률관계가 존재하는 경우에는 일반적인 지휘 · 감독을 하는 경우와 비교하여 상대적으로 엄격한 재량통제의 필요성이 인정될 수 있다고 하였다(대판 2017.9.21. 2016두55629). 한편 행정행위의 하자론은 그 적법요건에 흠결이 있어 위법한 경우를 전제로 하는 것이므로 아래에서는 주로 위법한 행정행위의 취소에 대하여 본다.

2. 취소권자

행정청이 직권으로 취소하는 직권취소의 경우 그 주체가 문제될 수 있다. 행정기본법도 '행정청은 취소할 수 있다'라고 규정하고 있을 뿐이다(제18조 제1항). 직권취소의 경우 당해 행정행위를 행한 행정청이 취소할 수 있다는 것에 대해서는 의문의 여지가 없으나, 당해 행정청을 감독하는 상급 행정청이 당해 행정청을 대위하여 취소할 수 있는가에 대해서는 의견이 대립된다.

긍정설은 행정조직이 위계적인 형태로 되어 있으므로 하급 행정관청을 감독하는 권한에는 하급 행정관청의 위법한 행정행위를 취소할 수 있는 권한이 포함되어 있다고 본다. 이에 비하여 부정설의 경우 행정권한은 법령에 따라서 부여된 것이므로 상급 행정청이라고 하여도 하급 행정청의 위법한 행위를 직접 취소할 수는 없으며 취소에 대한 명령권만을 갖는 것으로 본다.

실제로 행정쟁송에서 피고적격이나 피신청인적격은 처분청만이 갖게 되므로 피고의 지정이라는 소송상의 편의로 보아도 감독청은 법령상 취소의 권한이 부여된 경우에 한하여 취소권을 대위하여 행사할 수 있는 것으로 보아야 한다. 예를 들어 정부조직법 제11조 제2항과 제18조 제2항에 의하여 대통령은 국무총리와 중앙행정기관의 장의 명령이나 처분이 위법 또는 부당하다고 인정하면 이를 중지 또는 취소할 수 있으며, 국무총리는 중앙행정기관의 장의 명령이나 처분이 위법 또는 부당하다고 인정될 경우에는 대통령의 승인을 받아 이를 중지 또는 취소할 수 있다. 이는 상급 행정청의 취소권은 법령상 근거를 가지는 경우에 한한다는 것을 방증하는 것으로 볼 수 있다.

판례는 행정행위를 발령한 처분청은 별도의 법적 근거가 없더라도 하자 있는 행정행위를 취소할 수 있다고 하였고(대판 2008.11.13. 2008두8628), 권한없는 행정청이 한 당연무효인 행정처분을 취소할 수 있는 권한은 그 처분청에게 있는 것이지 해당 행정행위를 할 수 있는 적법한 권한을 가지는 행정청에게 취소권이 있는 것은 아니라고 하였다(대판 1984.10.10. 84누463).

3. 법적 근거

행정기본법 제18조 제1항은 "행정청은 위법 또는 부당한 처분의 전부나 일부를 소급하여 취소할 수 있다"라고 규정하여 위법 또는 부당한 행정행위의 직권취소에 관한 일반적인 법적 근거를 두고 있다.

행정기본법 제정 전에는 행정청이 위법한 행정행위를 취소하려면 행정행위를 발령할 수 있는 법적 근거 이외에 별도로 취소에 대한 근거가 필요한 것인지 여부가 논의되었고, 취소를 위한 별도의 법적 근거가 필요하지 않다는 부정설이 일반적인 견해이었는데 그 이유를 알아 두는 것은 행정기본법을 이해하는 데에도 필요하다. 즉 위법한 행정행위를 취소하여 그 효력을 부인하는 것은 행정의 법률적합성원칙에 따르는 것이며 수익적 행정행위의 경우에는 신뢰보호원칙을 통해 취소권이 제한될 수 있다는 것이다. 판례도 "행정처분을 한 처분청은 그 처분의 성립에 하자가 있는 경우 이를 취소할 별도의 법적 근거가 없다고 하더라도 직권으로 이를 취소할 수 있[다]"라고 하여 부정설이었다(대판 2002.5.28. 2001두9653).

한편 개별법에 취소의 법적 근거가 규정되어 있으면 그에 따른다. 예를 들어 하천법 제69조 제1항 제2호에는 '거짓이나 그 밖의 부정한 방법으로 하천법에 따른 허가를 받거나 승인을 얻은 경우에 해당하면 하천법에 따른 허가 또는 승인의 취소 · 변경 등을 할 수 있다'라고 직권취소의 법적 근거와 사유를 규정하고 있다.

4. 취소의 사유 및 절차

취소사유는 중대하고 명백한 흠이 아닌 단순 위법사유다. 쟁송취소의 경우에는 쟁송기간이 도과하면 불가쟁력이 발생하기 때문에 무효사유와 취소사유의 구별이 중요하다. 그러나 직권취소의 경우에는 무효인 행정행위에 대하여도 취소의 형식을 통해 그 효력을 부인할 수 있기 때문에 양자를 구별하는 의미가 비교적 크지 않다.

흠 있는 행정행위를 직권으로 취소할 때 특별한 형식과 절차가 요구되는 것은 아님이 원칙이다. 그러나 수익적 행정행위를 취소하거나 상대방에게 침해적 처분을 하는 경우에는 사전통지, 의견청취 등 행정절차법상 요구되는 절차를 거쳐야 한다. 이에 대하여는 행정절차편에서 상세히 논한다.

한편 개별법에 직권취소의 근거를 둔 경우에는 취소사유도 함께 규정하기 마련이고 절차규정도 두는 경우가 있다. 예를 들어 하천법 제91조는 제69조에 따라 하천법상 허가 또는 승인을 취소하는 경우에는 청문을 실시하도록 규정하고 있다.

5. 취소의 효과

1) 쟁송취소

쟁송에 의한 취소의 경우에는 행정청의 위법 또는 부당한 처분으로 인하여 법률상 이익을 침해당한 상대방 또는 제3자가 권리구제를 위하여 제기한 행정쟁송절차에 따라서 이루어지는 것이므로 법원 또는 행정심판위원회는 당해 처분이 위법 내지 부당하다고 판단하면 이를 소급적으로 취소한다. 다시 말하자면, 쟁송취소의 경우에는 상대방의 권익 침해와 그에 대한 구제라는 권리구제절차이기 때문에 처분이 취소되는 경우 제3자 등이 입게 되는 불이익을 고려하여 소급효를 제한하지는 않는다. 법원이 인근 주민인 제3자의 소제기에 의하여 위법한 건축허가를 취소하는 경우 그 소급효에 있어 건축주를 고려하지는 않는다. 이 경우 법원은 오직 원고인 제3자의 권리 침해 여부만을 판단하기 때문이다. 이는 준사법적 행정작용인 행정심판의 경우에도 동일하다. 행정소송이나 행정심판 모두 사법작용 내지 준사법적 행정작용으로서 권익구제 절차이기 때문이다. 따라서 쟁송에 의한 취소의 경우에 취소의 효과는 항상 소급한다.

판례도 "행정처분이 행정쟁송절차에 의하여 취소된 경우 행정처분은 그 처분 시에 소급하여 효력을 잃으므로, 위 행정소송이 확정됨으로써 피고 2에 대한 허가처분은 그 처분 시에 소급하여 효력을 잃었다. 따라서 피고 2는 애당초 위탁업체 선정절차에 참가할 자격이 없었고, 피고 문경시는 수의계약대상자의 자격이 없는 피고 2와 용역계약을 체결한 결과가 되었다. 그러므로 앞서 본 법리에 따라 수의계약대상자의 자격이 없는 자와 체결한 위 용역계약은 무효이다"라고 한다(대판 2015.4.23. 2014다236625).

2) 직권취소

이에 비하여 직권취소의 경우에는 일종의 행정작용이기 때문에 상대방 및 제3자에 대한 고려가 적극적으로 이루어질 수 있다. 다시 말하자면, 수익적 행정행위를 직권으로 취소하는 경우에도 취소의 효과는 반드시 발령 시로 소급할 필요는 없다. 예를 들어 사회보장행정의 일환으로 일정한 급여처분을 하였는데 그에 원시적인 흠이 있다고 하여도 행정청이 사후에 이를 직권으로 취소하면서 반드시 처분시로 소급하여 취소하고 그에 따르는 부당이득을 청구하여야 하는 것은 아니다. 상대방이 여전히 사회적인 약자이고 보호의 필요성이 인정되는 경우에는 장래효로 취소할 수 있으며, 또 경우에 따라서는 일정한 시점까지만 소급하여 취소의 효과를 정할 수 있다. 왜냐하면 직권취소는 행정작용이므로 공익과 더불어 상대방의 입장을 고려하여 취소의 효과를 정할 수 있기 때문이다. 이와 같은 상대방에 대한 배려는 직권취소의 경우 신뢰보호원칙을 적용하는 문제와 일맥상통한다.

판례도 "행정행위의 '취소'는 일단 유효하게 성립한 행정행위를 그 행위에 위법한 하자가 있음을 이유로 소급하여 그 효력을 소멸시키는 별도의 행정처분을 의미함이 원칙이다"라고 하여 같은 입장인데(대판 2018.6.28. 2015두58195), 소급효가 원칙이라는 문구가 없는 판시(대판 2003.5.30. 2003다6422)로 인해 소급효만 인정되는 것으로 오해될 수 있었다.

이에 행정기본법은 제18조 제1항 본문에서 "소급하여 취소할 수 있다"라고, 단서에서는 "다만, 당사자의 신뢰를 보호할 가치가 있는 등 정당한 사유가 있는 경우에는 장래를 향하여 취소할 수 있다"라고 규정하여 취소의 효과는 소급효가 원칙이며 예외적으로 장래효가 인정됨을 명문화하였다.

3) 수익적 행정행위의 직권취소와 별도의 법적 근거에 따른 환수처분

직권취소의 직접효과는 아니지만 수익적 행정행위에 대한 직권취소가 있으면 그 취소 전에 개인이 얻은 이익을 법령에 따라 환수하는 경우가 있다. 판례는 "연금지급결정을 취소하는 처분과 그 처분에 기초하여 잘못 지급된 급여액에 해당하는 금액을 환수하는 처분이 적법한지를 판단함에 있어 비교 · 교량할 각 사정이 동일하다고는 할 수 없으므로, 연금지급결정을 취소하는 처분이 적법하다고 하여 환수처분도 반드시 적법하다고 판단하여야 하는 것은 아니다"라고 하였다(대판 2017.3.30. 2015두43971). 즉 직권취소의 범위보다 환수의 범위가 더 좁을 수 있다. 이는 앞서 본 수익적 행정행위의 직권취소가 반드시 소급효를 가져야 하는 것은 아니라는 문제의식을 직권취소와 환수처분으로 나누어 적용한 것이라고 할 수 있다.

한편 공공재정환수법은 거짓이나 그 밖의 부정한 방법으로 공공재정지급금을 청구하는 등으로 공공재정에 손해를 입히거나 이익을 얻은 경우에 그에 따른 부정이익을 환수하는 내용을 담고 있다. 즉 제8조 제1항에는 "행정청은 부정청구등이 있는 경우에는 부정이익과 대통령령으로 정하는 이자(이하 "부정이익등"이라 한다)를 환수하여야 한다"라고, 제2항에는 "행정청은 부정이익등을 환수하는 경우에는 공공재정지급금 지급 결정의 전부 또는 일부를 취소하여야 한다"라고 규정되어 있다.

6. 취소의 취소

1) 당초의 직권취소가 당연무효라면 그 취소의 대상인 행정행위의 효력에는 아무런 영향을 미치지 못한다. 따라서 당연무효인 직권취소에 대한 직권취소는 그 외관을 제거한다는 사실적 의미만 가질 수 있다.

판례도 "행정행위를 일단 취소한 후에 그 취소처분 자체의 위법을 이유로 다시 그 취소처분을 취소함으로써 시초의 행정행위의 효력을 회복시킬 수 있는 것인가의 문제는 두가지 경우로 나누어 생각해 볼 수 있다. 하나는 취소처분의 위법이 중대하고 명백하므로 인하여 그 취소처분이 절대로 무효일 경우인데 이 경우에 있어서는 그 취소처분에 대한 무효선언으로서의 취소가 가능할 것이다. 다른 하나는 그 취소처분이 절대로 무효가 되는 경우가 아닌 단순위법인 경우인데 이 경우에도 취소처분에 대하여 법률이 명문으로 소원 또는 행정소송의 제기를 허용하고 있는 때에는 그 절차에 따라 해결하면 될 것이고 법률에 그와 같은 취소처분의 취소에 관한 명문의 규정이 없는 때에는, 취소처분은 비록 위법할지라도 일단 유효하게 성립하고, 따라서 행정행위의 효력을 확정적으로 상실시키는 것이므로, 취소처분의 취소에 의하여 이미 효력을 상실한 행정행위를 소생시킬 수는 없으며, 소생시키기 위하여는 원 행정행위와 동일한 내용의 새로운 행정행위를 행할 수밖에 없는 것으로 풀이하는 것이 타당할 것이다"라고 한다(대판 1979.5.8. 77누61).

2) 행정청이 행정행위를 직권으로 취소하고 그 이후에 취소행위의 위법을 이유로 이를 재차 직권취소하여 원래의 행정행위가 복원될 수 있는가? 이를 긍정하는 견해, 수익적 행정행위의 경우에만 이를 긍정하는 견해도 있다. 특히 수익적 행정행위에 대한 취소의 취소를 통하여 최초의 수익적 처분을 복원시킬 수 있다는 것이다.

그러나 행정행위를 직권으로 취소하면 당해 행정행위의 효력이 소멸하는데 이를 다시 취소하는 경우 소멸한 행정행위의 효력이 자동적으로 되살아난다고 본다면 법적 안정이 저해된다. 특히 당초의 취소에 기초하여 새로운 이해관계가 형성된 경우의 문제(예를 들어 특허에서의 취소를 통한 탈권행위 후 제3자에게 설권행위가 이루어진 경우), 직권취소된 침익적 행정행위의 효력이 되살아나는 시점을 정하는 문제(예를 들어 1년의 입찰참가자격제한처분이 제재기간 중에 직권취소되었다가 다시 직권취소로 효력이 되살아나는 경우에 새로운 제재기간의 구체적인 확정), 직권취소된 수익적 행정행위의 효력이 복원되는 시점을 정하는 문제(예를 들어 일정 기간 금전을 급부하는 내용의 행정행위가 직권취소되었다가 다시 직권취소로 그 효력이 복원되는 경우에 공적재정의 지속가능성을 고려하여 당초 취소기간의 급부액을 조정하여야 하는 예외적인 상황)가 있을 수 있다. 행정법관계의 안정을 위해서는 일률적으로 소급효를 인정하여 원래의 행정행위를 복원하는 단순한 취소의 취소를 인정할 수 없다. 다시 말하자면 일단 취소를 한 이상에는 행정청이 새로운 처분을 하여 그 내용을 분명히 하여야 한다. 왜냐하면 이렇게 하는 것이 행정법관계 당사자와 이해관계자의 예측가능성과 법적 안정성을 보장하여 행정의 법률적합성원칙에 부합하기 때문이다.

판례는 침해적 행정행위에 대하여는 취소의 취소를 통해 침해적 행정행위의 효력이 되살아나지 않는다고 보나(대판 2002.5.28. 2001두9653), 수익적 행정행위의 경우에는 인정하는데(대판 1997.1.12. 96누3401) 새로운 이해관계인의 권리를 보호하여야 하는 경우에는 부정한다(대판 1967.10.23. 67누126).

7. 취소권 제한

앞서 언급한 바와 같이 흠 있는 행정행위가 행정쟁송절차를 통하여 취소되는 경우에는 상대방을 포함한 이해관계인에 대한 고려는 이루어지지 않는다. 이는 사법절차 내지 준사법절차에서 침해된 권익의 구제에 초점이 맞추어지기 때문이다. 그렇다면 제3자효를 갖는 수익적 행정행위가 제3자의 쟁송제기에 의하여 취소되는 경우 상대방에게는 전혀 아무런 권리구제의 수단이 존재하지 않는가? 이 경우 상대방은 공무원의 고의 또는 과실에 의하여 위법한 수익적 처분이 행해지고 이것이 제3자의 쟁송에 의하여 취소됨으로써 발생한 손해에 대하여 국가 등을 상대로 손해의 배상을 청구할 수 있을 것이다.

반면에 행정청이 행정행위를 직권으로 취소하는 경우 특히, 그것이 상대방에 대하여 수익적 효과를 발생시키는 경우에는 이를 직권으로 취소함에 있어서 신뢰보호원칙에 의한 제한을 받는다. 이는 직권취소가 공익과 관계자의 이익을 고려하는 행정작용이라는 성격에서 유래하는 것이다. 이는 이미 신뢰보호원칙을 설명하는 과정에서 언급하였다. 판례 역시 행정행위의 직권취소에는 행정의 법률적합성원칙을 통하여 실현되는 공익과 취소로 인하여 침해되는 개인의 신뢰보호이익을 형량하여 결정하여야 한다는 입장이다(대판 1991.5.14. 90누9780).

행정기본법은 제18조 제2항에서 "행정청은 제1항에 따라 당사자에게 권리나 이익을 부여하는 처분을 취소하려는 경우에는 취소로 인하여 당사자가 입게 될 불이익을 취소로 달성되는 공익과 비교 · 형량(衡量)하여야 한다. 다만, 다음 각 호의 어느 하나에 해당하는 경우에는 그러하지 아니하다. 1. 거짓이나 그 밖의 부정한 방법으로 처분을 받은 경우 2. 당사자가 처분의 위법성을 알고 있었거나 중대한 과실로 알지 못한 경우"라고 하여 이를 명문화하였다. 여기서 단서 부분은 신뢰보호원칙의 성립요건에서 개인의 신뢰가 법적 보호가치가 없는 경우에 해당하고, 본문 부분이 신뢰보호원칙의 한계로서 이익형량에 해당한다.

Ⅸ. 행정행위의 철회

1. 의 의

행정행위의 철회는 행정청이 적법하게 성립한 행정행위를 사후에 발생한 일정한 사유를 들어서 장래효로 그 효력을 소멸시키는 행정행위를 말한다. 행정행위의 철회는 원시적으로 흠이 없는 적법한 행정행위의 효력을 일정한 공익상의 이유로 부인하는 것이기 때문에 원시적으로 흠이 있는 행정행위를 취소하는 것과 근본적으로 구별된다. 다시 말하자면 행정행위의 철회는 무효 · 취소와는 달리 행정행위의 하자론에서는 다루어질 수 없는 문제인 것이다. 행정행위의 철회는 항상 행정청이 직권으로 행하는 행정작용이므로 쟁송에 의한 철회란 개념적으로 성립할 수 없다. 그 이유는 철회의 대상이 되는 행정행위에는 원시적 흠이 있는 것이 아니어서 위법한 처분으로 인하여 권익침해를 당하는 원고나 심판청구인이 행정쟁송을 통하여 다툴 수 없기 때문이다.

다만 앞서 언급한 바와 같이 행정행위를 직권으로 취소하는 것은 행정작용으로서 그 효과 역시 반드시 소급하는 것이 아니라 행정청이 재량에 따라서 공익과 관계자의 사익을 형량하여 소급시기를 결정할 수 있고, 특히 수익적 행정행위는 신뢰보호원칙에 따라서 취소권이 제한되는 등 철회와 유사한 측면이 있음을 부인할 수 없다.

2. 철회권의 근거

행정행위의 취소가 흠이 있는 행정행위를 대상으로 행정의 법률적합성원칙을 실현하기 위하여 이루어진다는 점을 고려한다면 적법한 행정행위는 함부로 그 효력을 부인할 수 없다. 특히 행정행위에는 이른바 불가변력이 인정되므로 행정청이 사후에 발생한 사유로 인하여 이를 철회 또는 변경할 수 없는 것이 원칙이다.

행정기본법 제정 전에는 특히 수익적 행정행위의 철회에 대한 법적 근거가 필요한지 문제되었는데, 이 경우에는 철회를 정당화할 수 있는 공익적 사유가 있는 경우에는 자유롭게 철회를 허용하되 신뢰보호원칙을 적용하여 철회권을 제한하면 된다는 견해도 제시되었다. 판례 역시 철회자유설을 따랐는데(대판 2004.11.26. 2003두10251 등), 다만 철회는 장래효를 가지는 것이므로 소급효를 부여하려면 법적 근거가 있어야 한다고 보았다(대판 2018.6.28. 2015두58195). 그러나 철회자유설에 따르면 철회를 정당화하는 사유가 불분명할 뿐만 아니라 이를 행정청의 전적인 재량사항으로 허용하는 경우 행정법관계와 상대방의 법적 지위는 불안정해진다. 따라서 행정행위의 철회는 부관으로 유보된 철회권의 철회사유가 존재하거나 법령상 철회할 수 있는 근거가 있는 경우에 한한다고 보는 것이 타당하다.

행정기본법 제19조 제1항은 "행정청은 적법한 처분이 다음 각 호의 어느 하나에 해당하는 경우에는 그 처분의 전부 또는 일부를 장래를 향하여 철회할 수 있다."라고 규정하여 행정행위의 철회에 관한 일반적인 법적 근거를 마련하였다. 한편 개별법에 철회의 법적 근거가 규정되어 있으면 그에 따른다. 예를 들면 '교통단속 임무를 수행하는 경찰공무원을 폭행한 경우에는 운전면허를 취소하여야 한다'라고 철회의 법적 근거와 사유를 규정한 도로교통법 제93조 제1항 단서 제14호가 있다.

3. 철회사유

1) 이미 언급한 바와 같이 행정행위의 철회는 부관으로 유보되거나 법령상 규정된 철회사유가 있는 경우에 할 수 있다. 또한 철회사유는 구체적으로 법정화하는 것이 바람직하다.

행정기본법 제정 전에 학설과 판례(대판 1984.11.13. 84누269; 대판 1995.6.9. 95누1194)상 철회의 사유로 제시된 것은 개별법령에 규정된 철회사유, 상대방의 의무 위반 또는 부담의 불이행과 같은 상대방의 책임 있는 사유, 부관으로 부가된 철회권의 유보, 사정변경을 비롯한 철회를 정당화할 중대한 공익상의 필요가 있는 경우이다.

특히 판례는 "부담부 행정처분에 있어서 처분의 상대방이 부담(의무)을 이행하지 아니한 경우에 처분행정청으로서는 이를 들어 당해 처분을 취소(철회)할 수 있는 것"이라고 하여 부담의 불이행을 철회사유로 인정한다(대판 1989.10.24. 89누2431). 그러나 이를 인정하는 명문규정이 없다. 법률유보의 최소한인 침해유보설의 입장에서 보더라도 명문의 규정이 없는 한 부담의 불이행은 철회사유가 되지 않는다고 보는 것이 타당하다.

2) 행정기본법 제19조 제1항은 철회사유로 법률에서 정한 철회 사유에 해당하게 된 경우(제1호), 법령등의 변경이나 사정변경으로 처분을 더 이상 존속시킬 필요가 없게 된 경우(제2호), 중대한 공익을 위하여 필요한 경우(제3호)를 규정하고 있다. 그런데 행정행위의 철회사유가 행정기본법상 철회사유로 국한되는 것은 아니다. 철회권 유보의 부관이 붙어 있는 주된 행정행위가 그에 따라 철회될 수 있음은 부관의 법리에 따라 인정된다. 또한 상대방의 의무 위반이나 부담의 불이행은 종래의 판례에 따르면 여전히 철회사유로 인정될 수 있다. 철회권의 유보나 부담의 불이행을 행정기본법 제19조 제1항 제2호의 사정변경으로 보는 견해도 있다.

(1) 법률에서 정한 철회사유

개별법에 철회사유를 규정하는 경우는 많다. 또한 그 철회사유의 내용에는 상대방의 법령상 의무 위반, 부담의 불이행, 사정변경 그 밖에 철회를 정당화할 중대한 공익상의 필요가 있는 경우가 포함될 수 있다.

예를 들어 하천법 제70조 제1항은 "공익을 위한 처분"이라는 표제 하에 "하천관리청은 다음 각 호의 어느 하나에 해당하는 경우에는 이 법에 따른 허가를 받거나 승인을 얻은 자에 대하여 제69조제1항에 따른 처분을 하거나 조치를 명할 수 있다. 1. 하천수량의 부족 또는 하천상황의 변경으로 부득이한 경우 2. 하천의 보전 및 재해 예방 등 공익에 대한 피해를 없애거나 줄이기 위하여 필요한 경우 3. 하천공사를 하기 위하여 필요한 경우 4. 「공익사업을 위한 토지 등의 취득 및 보상에 관한 법률」 제4조에 따른 공익사업을 위하여 필요한 경우"라고 규정하고 있다. 여기에서 말하는 공익을 위한 처분은 적법하게 성립한 허가나 승인을 사후에 발생한 위 사유에 의하여 그 효력을 소멸시키는 것으로서 철회에 해당한다. 이러한 법령상 철회사유는 사정변경 그 밖에 철회를 정당화할 중대한 공익상의 필요가 있는 경우라고 할 수 있다.

또한 "법령위반자 등에 대한 처분 등"이라는 조문명을 가지고 있는 하천법 제69조 제1항 제1호는 "하천관리청(제46조제6호에 따른 금지행위 위반에 관한 처분 등의 경우에는 시·도지사를 말한다. 이하 제95조제10호에서 같다)은 다음 각 호의 어느 하나에 해당하는 경우에는 이 법에 따른 허가 또는 승인의 취소 · 변경, 그 효력의 정지, 공사 및 그 밖의 행위의 중지, 공작물 또는 물건의 개축 · 변경 · 이전 · 제거의 조치를 명하거나 그 밖에 필요한 처분을 할 수 있다. 1. 제6조 · 제14조 · 제30조 · 제33조 · 제38조 · 제43조 · 제46조부터 제48조까지 · 제50조 · 제52조 · 제53조 또는 같은 조에 따른 명령이나 이에 따른 처분을 위반한 경우"라고 규정하여 상대방의 법령상 의무 위반을 철회사유로 하고 있다.

(2) 사정변경 등으로 처분을 더 이상 존속시킬 필요가 없게 되거나 중대한 공익을 위하여 필요한 경우

"사정변경"은 행정행위를 할 당시에는 예측할 수 없었던 사유가 발생하여 더 이상 행정행위를 존속시킬 수 없어 철회하여야 하는 경우를 말한다. 법령등의 변경은 사정변경 중 하나라고 할 수 있다. "중대한 공익을 위하여 필요한 경우"는 철회에 대한 일종의 개괄조항의 의미를 갖는다. 그러나 설령 이러한 철회사유가 있다고 하더라도 실제로 행정행위를 철회할 때에는 상대방에 대한 신뢰의 보호나 비례의 원칙에 따라 상당한 제약을 받는다. 또한 행정행위의 철회사유에 "중대한 공익을 위하여 필요한 경우"라는 일반조항이 불가피하게 포함될 수는 있겠지만 가능한 한 구체적으로 법령에 규정하는 것이 바람직하다.

4. 철회권의 제한

행정행위 중 특히 수익적 행정행위에 대해서는 그 존속에 대한 상대방의 강한 신뢰가 존재하기 때문에 비록 위에서 언급한 철회사유가 존재하는 경우에도 철회를 통하여 달성되는 공익과 이로 인하여 침해되는 사익을 비교·형량하여 철회 여부를 결정하여야 한다. 행정행위의 직권취소와는 달리 철회의 경우에는 적법한 행정행위를 그 대상으로 하는 것이므로 행정행위의 존속에 대한 상대방의 보다 강고한 신뢰보호의 요청을 고려하여야 한다.

반면 침해적 행정행위를 철회할 때에는 수익적 행정행위와는 달리 철회권을 행사할 때 어떠한 제한을 받지 않는 것이 원칙이다. 그러나 조세부과처분과 같이 이를 통하여 납세자간의 조세의 평등을 실현하는 경우에는 사정이 다르다. 즉 철회가 제3자효를 갖는 경우이다. 따라서 공익의 실현이라는 명분하에 이루어지는 조세감면행위(실질적인 조세부과처분의 철회)는 납세자간의 공평부담을 해치고 시장에서의 경쟁질서에 영향을 미칠 수 있으므로 철회권 행사에도 일정한 법적 한계가 존재한다. 따라서 이러한 경우에는 법령에 규정된 내용과 절차에 따라 납세자간의 조세평등을 해치지 않는 범위 내에서만 허용될 수 있다.

행정기본법 제19조 제2항은 "행정청은 제1항에 따라 처분을 철회하려는 경우에는 철회로 인하여 당사자가 입게 될 불이익을 철회로 달성되는 공익과 비교·형량하여야 한다"라고 이를 명문화하였다. 다만 이는 수익적 행정행위에 대한 신뢰보호로서 존속보호의 형태만 규정하고 있다. 다시 말해 행정의 법률적합성원칙과 신뢰보호원칙을 형량하였을 때 전자의 이익이 우세하여 행정행위를 철회하는 경우에도 상대방이 행정행위의 존속을 신뢰한 경우 이에 대한 손실보상 등을 인정하는 보상보호의 형태는 규정하고 있지 않다. 개별법에는 철회에 대한 손실보상의 규정을 둔 경우도 있다. 예를 들면 하천법상 하천의 보전, 공해의 제거 또는 예방을 위하여 필요하다고 인정하여 하천법상의 승인이나 허가를 철회하는 경우 이에 대한 손실보상이 규정되어 있다(제77조 제1항, 제71조 제1항 제2호).

5. 복수 행정행위의 철회

한 번의 철회로 인하여 복수의 행정행위를 모두 철회할 수 있는가? 이는 흔히 복수의 운전면허를 가진 사람의 운전면허를 철회할 때 문제된다.

판례는 여러 종류의 자동차운전면허는 취득 · 취소 · 철회에서 서로 별개로 취급함이 원칙이지만, 취소 · 철회의 사유가 복수의 운전면허에 공통되거나 운전면허를 받은 사람에 관한 것일 때에는 복수의 운전면허를 전부 취소할 수 있다고 한다. 철회사유가 공통된다고 보는 복수의 운전면허로는 철회사유에 해당하는 위반행위 당시 운전한 차량을 운전할 수 있는 복수의 운전면허[대판 1996.6.28. 96누4992(긍정례); 대판 2012.5.24. 2012두1891(부정례)], 위반행위로 철회하여야 하는 운전면허와 그에 따라 운전할 수 있는 차량 중 일부에 대한 다른 운전면허(대판 2005.3.11. 2004두12452)가 있다. 전자의 긍정례는 '택시의 운전은 제1종 보통면허 및 특수면허 모두로 운전한 것이 되므로 택시의 음주운전을 이유로 위 두 가지 운전면허 모두를 취소할 수 있다'는 것이고, 후자의 예는 '제1종 대형면허 소지자는 제1종 보통면허 소지자가 운전할 수 있는 차량을 모두 운전할 수 있으므로 제1종 대형면허로 운전할 수 있는 차량을 운전면허정지기간 중에 운전한 경우에는 이와 관련된 제1종 보통면허까지 취소할 수 있다'는 것이다.

6. 철회의 절차, 효과, 하자

행정행위를 철회할 때 일정한 절차와 형식이 요구되는 것은 아님이 원칙이다. 그러나 개별법에 그에 관한 명문규정이 있다면 그에 따른다. 개별법상 명문의 규정이 없다면 철회 자체도 독립된 행정행위이므로 행정절차법이 적용된다. 특히 수익적 행정행위를 철회할 경우에는 이로 인하여 불이익을 받게 되는 상대방 등에 대하여 사전통지, 의견청취, 이유제시의 절차를 거쳐야 한다. 이 역시 행정절차편에서 상세히 논한다.

행정행위 철회의 효과는 장래효이다. 그러나 직권취소의 효과에 대하여 취소관청이 상당한 재량을 갖고 있는 것과 마찬가지로, 철회의 경우에도 단순한 장래효뿐만 아니라 상대방의 구체적인 사정을 고려하여 "언제부터 효력을 상실한다"는 내용으로 장래의 효력 상실 시점을 특정하여 철회하는 것도 가능하다. 앞서 본 바와 같이 판례는 철회에 소급효를 부여하려면 별도의 법적 근거가 있어야 한다고 본다(대판 2018.6.28. 2015두58195). 철회의 직접효과는 아니지만 법령에 의하여 철회로 인한 원상회복이나 시설개수명령 등이 행하여지는 경우도 있다.

행정행위의 철회에 흠이 있는 경우에는 취소의 경우와 동일한 문제가 발생한다. 이미 취소 부분에서 설명하였듯이 철회에 취소원인이 있으면 이를 이유로 취소는 가능하지만 이로써 원처분을 회복시킬 수는 없다. 철회를 통하여 행정행위의 효력은 소멸되고 하자 있는 철회행위의 취소는 이러한 철회만을 대상으로 하는 것이지 원처분의 회복과는 관계가 없기 때문이다. 따라서 필요한 처분은 새로이 내려야 한다.

X. 다단계 행정행위

1. 의 의

행정행위가 단 한 번으로 그 목적을 달성하는 경우도 있으나 상당수의 행정행위는 행정행위가 일정부분 상호 연계하여 단계적으로 이루어지기도 한다. 예를 들어 특정한 행정행위를 하거나 하지 않기로 약속하여 그에 따르는 후속행위를 하거나(확약), 특정 사안을 종국적으로 결정하기 위한 단계적 조치로서 잠정적인 결정을 내리는 경우(잠정적 행정행위), 특정 사안의 요건이 존재하는가를 사전적으로 결정한 후 그 결정에 따라 종국적인 행정행위를 발령하는 경우(사전결정, 예비결정), 행정행위의 대상이 되는 시설 등의 일부에 대하여 가동 등을 허가하고 나머지 시설에 대한 종국적인 결정을 내리는 경우(부분허가) 등을 들 수 있다. 이와 같이 다단계로 이루어지는 행정행위는 행위의 대상이 되는 사업에 대한 리스크를 줄이고 행정청으로 하여금 보다 신중한 결정을 내릴 수 있게 하는 등 다양한 동기가 작용하는 것으로 볼 수 있다.

2. 확 약

1) 의 의

확약이란 행정청이 상대방에 대하여 장래에 특정한 행정행위를 하거나 하지 않겠다고 약속하는 행위이다. 예를 들어 과세관청이 납세자에 대하여 특정한 조세를 부과하지 않겠다는 의사를 명시적 또는 묵시적으로 밝히는 경우, 대학에 대하여 재정지원을 하겠다는 의사를 전달하는 것 등이 이에 해당한다.

행정절차법은 제40조의2로 확약을 명문화하였는데 여기서는 '신청을 전제로 하는 처분'에 대한 확약을 규정하고 있다. 즉 행정절차법상 확약은 "법령등에서 당사자가 신청할 수 있는 처분을 규정하고 있는 경우 행정청은 당사자의 신청에 따라 장래에 어떤 처분을 하거나 하지 아니할 것을 내용으로 하는 의사표시"이다(제40조의2 제1항). 아울러 확약은 문서로 하여야 하고(제2항), 처분을 하려면 다른 행정청과의 협의 등의 절차를 거쳐야 하는 경우라면 확약을 하기 전에도 해당 절차를 거쳐야 한다(제3항).

2) 법적 성질

확약은 단순히 장래에 일정한 행위 내지 부작위를 약속한다는 점에서 이를 단순 사실행위 내지 비공식적 행정작용으로 볼 여지도 있다. 우리나라의 다수설은 확약을 행정행위로 보고 있으나, 판례는 "어업권면허에 선행하는 우선순위결정은 행정청이 우선권자로 결정된 자의 신청이 있으면 어업권면허처분을 하겠다는 것을 약속하는 행위로서 강학상 확약에 불과하고 행정처분은 아니므로, 우선순위결정에 공정력이나 불가쟁력과 같은 효력은 인정되지 아니하며, 따라서 우선순위결정이 잘못되었다는 이유로 종전의 어업권면허처분이 취소되면 행정청은 종전의 우선순위결정을 무시하고 다시 우선순위를 결정한 다음 새로운 우선순위결정에 기하여 새로운 어업권면허를 할 수 있다"라고 하여 확약의 행정처분적 성격을 부인하고 있다(대판 1995.1.20. 94누6529).

3) 법적 구속력

확약의 법적 구속력 여부는 확약의 처분성 여부와 밀접하게 연관되어 있다. 앞서 든 대법원 판례 역시 확약 자체의 법적 구속력을 부인하고 있다. 다만 확약이 단순 사실행위 내지 비공식적 행정작용이라고 하여도 상대방에 대하여 일종의 공적 견해표명 또는 선행조치로 평가되어 이에 대한 신뢰가 성립하는 경우 확약의 내용에 반하는 종국처분이 내려짐으로써 상대방의 심대한 신뢰이익을 침해하는 경우에는 신뢰보호원칙에 대한 위반 문제가 발생할 수 있다. 이 경우 상대방은 종국처분에 대한 취소 또는 무효확인을 구하는 항고소송이나 신뢰이익의 침해를 이유로 하는 국가배상청구를 할 수 있다.

행정절차법은 확약을 한 후에 확약의 내용을 이행할 수 없을 정도로 법령등이나 사정이 변경된 경우 또는 확약이 위법한 경우에 행정청은 확약에 기속되지 않고, 이에 따라 확약을 이행할 수 없는 경우에는 지체없이 당사자에게 그 사실을 통지하여야 한다고 규정하고 있다(제40조의2 제4항, 제5항). 여기에서의 기속은 신뢰보호원칙에 따른 것이다.

3. 가행정행위

가행정행위 내지 잠정적 행정행위는 대상이 되는 행정상 법률관계에서 상대방의 권리와 의무를 잠정적으로 결정하는 행위를 말한다. 예를 들어 국가공무원법상 특정인에 대한 직위를 잠정적으로 해제하는 직위해제(제73조의3 제1항)와 대기명령(제73조의3 제3항)을 가행정행위로 볼 수 있다. 직위해제 이후에 대기명령을 받은 자가 그 기간에 능력 또는 근무성적의 향상을 기대하기 어렵다고 인정된 때에는 면직처분이라는 종국적인 처분이 뒤따르게 된다(제70조 제1항 제5호). 이 경우 직위해제와 대기명령은 면직처분이라는 종국적인 행정행위에 흡수된다. 다만 중요한 것은 가행정행위로서 직위해제와 대기명령은 공무원의 의사에 반하는 불리한 처분으로서 국가공무원법상의 소청심사와 항고소송의 대상이 된다는 것이다. 이는 가행정행위로서 직위해제와 대기명령이 행정처분으로서의 성격을 가진다는 것을 의미한다.

판례도 ① "국가공무원법상 직위해제는 일반적으로 공무원이 직무수행능력이 부족하거나 근무성적이 극히 불량한 경우, 공무원에 대한 징계절차가 진행중인 경우, 공무원이 형사사건으로 기소된 경우 등에 있어서 당해 공무원이 장래에 있어서 계속 직무를 담당하게 될 경우 예상되는 업무상의 장애 등을 예방하기 위하여 일시적으로 당해 공무원에게 직위를 부여하지 아니함으로써 직무에 종사하지 못하도록 하는 잠정적인 조치로서의 보직의 해제를 의미"(대판 2003.10.10. 2003두5945)하며, "직위해제처분을 한 후, 그 직위해제사유와 동일한 사유를 이유로 파면처분을 하였다면 뒤에 하여진 파면처분에 의하여 그 전에 하였던 직위해제처분은 그 효력을 상실한다"(대판 1985.3.26. 84누677)라고 하였다. ② 또한 공정거래법상 잠정적 행정행위로서 과징금 부과처분을 한 후 자진신고자 감면을 적용한 최종적인 과징금 부과처분을 한 경우에도 "선행처분은 이러한 종국적 처분을 예정하고 있는 일종의 잠정적 처분으로서 후행처분이 있을 경우 선행처분은 후행처분에 흡수되어 소멸한다고 봄이 타당하다. 따라서 위와 같은 경우에 선행처분의 취소를 구하는 소는 이미 효력을 잃은 처분의 취소를 구하는 것으로 부적법하다"라고 하여 마찬가지다(대판 2015.2.12. 2013두987).

4. 사전결정(예비결정)

사전결정 또는 예비결정이란 행정청이 종국적인 처분을 내리기 이전에 당해 종국처분의 개별적 요건에 대하여 미리 검토하여 그 요건에 대한 사전적으로 가부를 결정하는 것을 말한다. 이러한 사전결정 내지 예비결정은 가행정행위와는 달리 그 자체로서 완결성과 법적 구속력을 가지는 행정행위이다. 예를 들어 건축법은 제10조 제1항에서 "제11조에 따른 건축허가 대상 건축물을 건축하려는 자는 건축허가를 신청하기 전에 허가권자에게 그 건축물의 건축에 관한 다음 각 호의 사항에 대한 사전결정을 신청할 수 있다. 1. 해당 대지에 건축하는 것이 이 법이나 관계 법령에서 허용되는지 여부 2. 이 법 또는 관계 법령에 따른 건축기준 및 건축제한, 그 완화에 관한 사항 등을 고려하여 해당 대지에 건축 가능한 건축물의 규모 3. 건축허가를 받기 위하여 신청자가 고려하여야 할 사항"이라고, 제4항에서 "허가권자는 제1항과 제2항에 따른 신청을 받으면 입지, 건축물의 규모, 용도 등을 사전결정한 후 사전결정 신청자에게 알려야 한다"고 규정하고 있다. 이러한 사전결정제도는 종국적인 처분을 내리기 이전에 그 중요 요건에 대한 사전심사와 결정을 통하여 사업자인 상대방에게 종국처분이 거부되는 경우 발생할 수 있는 리스크를 줄이려는 취지를 가지고 있다(대판 1996.3.12. 95누658). 다시 말하자면, 사전결정이 거부되는 경우 상대방은 더 이상 건축허가를 받기 위한 시간과 노력을 들이지 않아도 된다.

판례 역시 폐기물처리업 허가에 관하여 "폐기물처리업의 허가에 앞서 사업계획서에 대한 적정 · 부적정 통보 제도를 두고 있는 것은 폐기물처리업을 하고자 하는 자가 스스로 시설 등을 설치하여 허가신청을 하였다가 허가단계에서 그 사업계획이 부적정하다고 판명되어 불허가되면 허가신청인이 막대한 경제적 · 시간적 손실을 입게 되므로, 이를 방지하는 동시에 허가관청으로 하여금 미리 사업계획서를 심사하여 그 적정 · 부적정 통보 처분을 하도록 하고, 나중에 허가단계에서는 나머지 허가요건만을 심사하여 신속하게 허가업무를 처리하는데 그 취지가 있다"라고 하였다(대판 1998.4.28. 97누21086).

5. 부분허가

원자력발전소, 방폐장 등 고도로 복잡하고 환경적으로 광범위한 위해를 발생시킬 수 있는 시설 등에 대한 허가는 시설 전체를 대상으로 하기보다는 기술적으로 검증가능한 부분에 대하여 집중적인 심사와 그에 따르는 결정이 필요하다. 이와 같이 원자력발전소의 중요시설에 대한 부분허가가 순차적으로 이루어진 이후에 종국적으로 그에 대한 건축을 허가함으로서 전체시설에 대한 허가를 하게 된다. 부분허가는 시설의 일부에 대한 허가이기는 하지만 그 범위 안에서는 종국적인 결정으로서 행정처분이며, 상대방의 허가신청이 거부되는 경우에는 당해 거부처분에 대한 항고소송을 제기할 수 있다.

판례는 구 원자력법 제11조 제3항(현행 원자력안전법 제10조 제3항)에 따른 발전용 원자로 및 관계시설의 부지사전승인처분은 "원자로 등의 건설허가 전에 그 원자로등 건설예정지로 계획중인 부지가 원자력법의 관계 규정에 비추어 적법성을 구비한 것인지 여부를 심사하여 행하는 사전적 부분 건설허가처분의 성격을 가지고 있는 것"이므로 "원자로 및 관계 시설의 부지사전승인처분은 그 자체로서 건설부지를 확정하고 사전공사를 허용하는 법률효과를 지닌 독립한 행정처분이기는 하지만, 건설허가 전에 신청자의 편의를 위하여 미리 그 건설허가의 일부 요건을 심사하여 행하는 사전적 부분 건설허가처분의 성격을 갖고 있는 것이어서 나중에 건설허가처분이 있게 되면 그 건설허가처분에 흡수되어 독립된 존재가치를 상실함으로써 그 건설허가처분만이 쟁송의 대상이 되는 것이므로, 부지사전승인처분의 취소를 구하는 소는 소의 이익을 잃게 된다고 할 것이다(따라서 부지사전승인처분의 위법성은 나중에 내려진 건설허가처분의 취소를 구하는 소송에서 이를 다투면 될 것이다)"라고 판시하였다(대판 1998.9.4. 97누19588).

■■■
제 2 장
행정입법

제 1 절 행정입법의 의의

Ⅰ. 행정작용의 추상적 법형식으로서의 행정입법

행정작용의 전통적인 법적 형식으로서는 행정행위와 더불어 행정입법을 들 수 있다. 행정행위가 구체적 · 개별적 사안에서 공권력을 행사하여 행정법상 권리의무관계를 성립시킨다면, 행정입법은 일반적 · 추상적인 법규범을 정립하여 행정법관계를 규율하는 법형식이다. 따라서 양자는 모두 행정기관의 행위라는 점에서는 공통점이 있으나, 전자는 구체적 사안의 개별적 규율이며 후자는 이를 수행하기 위한 추상적 규범의 정립행위라는 점에서 그 성격을 달리한다. 행정입법의 종류로는 국민과의 관계에서 대외적인 구속력을 발생하는 법규명령과 행정청 내부에서 업무처리의 지침으로 정립되어 내부적인 효력만을 갖는 행정규칙(또는 행정명령)으로 구분된다.

Ⅱ. 현대 행정에서 행정입법의 의의

1. 현대 행정의 전문성과 복잡성

현대 행정의 특징은 한마디로 전문성이며 다기능적이고 또한 복잡하다는 것이다. 조세행정의 예를 들어보자. 행정의 법률적합성 원칙에 따라 이를 규율하는 조세법체계도 복잡하기 이를 데 없다. 우리나라에는 국세와 지방세를 합쳐서 30여 가지의 세금이 부과 · 징수되고 있으며, 개별조세의 과세의 요건을 이루는 납세자, 세율, 과세표준, 부과 및 징수의 절차 등 전문가의 입장에서도 이해하기 어려운 복잡한 체계로 구성되고 있다. 여기에 외국과의 이중과세방지협약, 조세의 감면 등 조세관련법규까지 포함하면 조세법구조를 체계적으로 이해한다는 것은 여기에 대한 상당한 지식과 훈련이 있어야만 가능한 일이다.

서점에 가면 쉽게 알 수 있는 일이지만 세법전은 대법전과 분리되어 또 하나의 소법전을 이루며 그 부피만큼 가격도 만만치 않다. 또한 조세법은 자주 그 내용이 개정되기로도 유명하다. 따라서 작년에 적지 않은 출혈을 통하여 구입한 세법전이 올해에는 무용지물이 되는 경우도 허다하다. 이 모든 것은 세법의 내용이 복잡하며 전문적이고 동시에 현실에 맞도록 매년 개정의 필요성이 크다는 것을 시사하는 것이다.

2. 입법권의 한계와 행정의 전문성

그러나 실제로 세법을 제정 또는 개정하는 국회의 구성원인 국회의원들 중에는 조세문제에 대한 전문가도 있으나 대부분은 이 문제에 대한 아마추어적 지식 밖에는 없는 경우가 일반적이다. 그러므로 국회가 법률의 제정과 개정을 통하여 모든 조세문제를 해결할 수 없다는 현실적인 입법의 한계상황이 불가피하게 위임입법의 제도를 출현시키게 된 것이다. 따라서 우리 헌법도 제40조에 의한 국회의 입법권을 원칙으로 하면서도 제75조와 제95조 등을 통하여 행정부에 위임입법권을 부여하고 있다.

하지만 날로 비대하고 복잡화하는 현대 행정을 위임입법의 형식으로도 규율하기 어려워지면서 전통적으로 행정 내부적인 규정으로 여겨지던 행정규칙이 법규명령의 기능을 보완하거나 대위하는 현상이 나타나고 있다. 다시 말하면 행정규칙이 행정 내부적인 규정에 머무르지 않고 대외적 구속력을 갖는 법규로서의 성격이 나타난다는 것이다.

세법전을 실제로 펼쳐보는 사람은 법률의 규정에 비하여 복잡한 시행령과 시행규칙의 내용을 목격하며 여기에 비하여 더 구체적이며 내용이 풍부한 국세청장의 기본통칙(훈령적 성격의 행정규칙)이 제정되어 있음을 알게 된다. 바로 이러한 행정규칙이 조세법분야에서 조세법률주의원칙에도 불구하고 법률을 몰아내고 주인행세를 하고 있는 것이다. 오늘날 행정법학이 당면한 중요한 과제 중의 하나는 이러한 "행정규칙의 침략"을 기정사실화하여 그의 존재를 인정할 것인지 아니면 "법치주의의 원칙으로서 그의 모반을 단죄"할 것인지를 결정하는 일이다.

3. 행정입법과 법치주의

1) 위임입법의 한계와 사법적 통제

그렇다면 이렇게 그 기능과 규율의 범위가 확장되는 행정입법은 법치주의의 운명에는 어떠한 영향을 미치는 것일까? 행정의 전문성과 입법의 한계상황이라는 현실적 요구에 의하여 헌법적으로 인정되는 법규명령도 이에 대한 일정한 법적 한계가 설정되지 않는다면 행정부에 의하여 국회의 입법권이 잠식되고 헌법상 권력분립의 원칙은 유지되기 어렵다.

그러므로 우리 헌법은 제75조에서 정부에 의한 위임입법권을 인정하면서도 "구체적으로 범위를 정하여 위임받은 사항"에 대하여 위임입법권을 행사할 수 있도록 하여 이른바 백지위임이나 포괄적인 위임을 금지하고 있다. 이러한 헌법의 규정은 이미 법률유보이론에서 언급한 바와 같이 본질사항유보설의 종적인 측면을 의미하는 것이기도 하다. 만약 이러한 법적 한계를 일탈하여 위임입법권이 행사된 경우에는 어떻게 되는가? 여기에 대하여는 우리 헌법 제107조 제2항이 명령 등이 헌법이나 법률에 위반되는 여부가 재판의 전제가 되는 경우 대법원에 이에 대한 최종적인 사법적 통제권을 부여하고 있다.

2) 행정규칙의 기능과 "규칙에 의한 행정"

사실상 행정규칙이 법률과 명령의 기능을 대행하고 이를 보완 · 구체화한다면 행정규칙의 법규성을 인정하자는 견해가 대두되는 것은 매우 자연스러운 일이다. 또한 실질적으로 법규의 기능을 수행하는 행정규칙 또는 이에 의거한 행정작용이 개인의 권익을 침해하는 경우에 "이는 법규가 아니므로 사법적 구제의 대상이 아니다"라고 말하는 것은 일반 국민의 입장에서 납득하기 어려운 일이다.

그러나 행정규칙의 실제적 기능 또는 권리구제의 시각을 중요시한 나머지 행정규칙의 법규성을 너무 쉽게 인정한다면 행정청은 법률에 의한 행정이라는 "법치주의의 귀찮은 굴레"를 벗어던지고 상위법령의 수권과는 관계없이 자신이 스스로 만든 행정규칙에 의하여 국민과의 대외적 법률관계를 규율하려 할 것이다.

다시 말하면 행정청은 법률에 의한 행정의 원칙을 고수할 아무런 인센티브를 갖지 못할 것이며 더 쉽고 간편한 "행정규칙에 의한 행정"의 유혹을 뿌리칠 수 없을 것이다. 이러한 규칙에 의한 행정이 일반화되면 법치주의와 행정의 법률적합성 원칙은 커다란 위기에 처할 것이 분명하다. 행정규칙의 법규성 인정 여부는 후술한다.

제 2 절 법규명령

Ⅰ. 법규명령의 의의

법규명령이란 상위법률의 위임에 의하여 국민의 권리와 의무와 관계되는 일반적인 사항을 규정하는 법규의 형식을 말한다. 따라서 모든 법규명령은 헌법 제76조의 규정에 의한 긴급재정 · 경제명령의 경우를 제외하고는 원칙적으로 상위법률의 수권이 있어야 한다.

이미 언급한 바와 같이 법규명령은 행정법관계에서 그 기능이나 효력면에 있어서 법률을 상회하는 비중을 차지하고 있다. 따라서 법률과 마찬가지로 법규명령은 법규로서 대외적으로 국민과의 법률관계를 규율하며 이에 위반된 행정작용의 효력은 위법하다. 또한 법규명령은 행정법관계에서 직접적으로 해석 · 적용되는 법원이며, 법규명령의 위반 여부나 존재 여부는 재판에서 법원의 직권조사사항이다.

이렇게 본다면 법규명령은 법규성 · 대외적 구속력 · 법원성 · 재판규범성을 갖는 법규로서 법률과 그 기능 및 효력이 유사하지만, 법규명령은 본질적으로 행정작용으로서의 성격을 갖는다. 따라서 행정작용으로서의 법규명령은 행정의 법률적합성원칙에 의하여 법적 근거가 필요하며 법률의 내용에 위반될 수 없다. 비록 기능과 효력이 법률과 유사하다 하더라도 양자는 위계관계(位階關係)에 있으며, 법률에 근거가 없거나 위반되는 법규명령은 헌법 제107조 제2항에 의하여 대법원이 최종적으로 그 효력을 부인한다.

Ⅱ. 법규명령의 종류

1. 법률과의 효력상 우열에 따르는 분류

1) 비상명령

비상명령이란 국가가 비상상태에 대처하여 이를 해결하기 위하여 발령하는 법률보다 상위의 헌법적 효력을 갖는 독립적 명령이다. 우리나라에서도 과거 유신헌법 당시 긴급조치를 통하여 대통령이 비상명령권을 행사하였다. 비교법적으로도 바이마르헌법 제48조에 의하여 비상명령권이 인정되었고, 프랑스 제5공화국헌법 제16조에 의한 비상조치 등이 이에 해당한다. 그러나 국내외를 불문하고 비상명령의 남용으로 인한 법치국가적 질서의 파괴행위는 많은 나라에서 헌법상 비상명령제를 부인하는 결과를 가져왔으며, 우리나라의 현행 헌법에도 이 제도는 존재하지 않는다.

2) 법률대위명령

법률대위명령은 법률보다 상위에 서는 비상명령과는 달리 법률과 동위의 효력을 갖는 법규명령을 말한다. 우리 헌법 제76조에 규정된 긴급명령권이 이에 해당한다. 헌법 제76조 제1항은 "대통령령은 내우 · 외환 · 천재 · 지변 또는 중대한 재정 · 경제상의 위기에 있어서 국가의 안전보장 또는 공공의 안녕질서를 유지하기 위하여 긴급한 조치가 필요하고 국회의 집회를 기다릴 여유가 없을 때에 한하여 최소한으로 필요한 재정 · 경제상의 처분을 하거나 이에 관하여 법률의 효력을 가지는 명령을 발할 수 있다"고 규정하고 있다. 같은 조 제2항에도 "대통령은 국가의 안위에 관계되는 중대한 교전상태에 있어서 국가를 보위하기 위하여 긴급한 조치가 필요하고 국회의 집회가 불가능한 때에 한하여 법률의 효력을 가지는 명령을 발할 수 있다"고 규정되어 있다. 실제로 헌법 제76조의 규정에 의하여 1993년 8월 12일에는 「금융실명거래 및 비밀보장에 관한 긴급재정경제명령」(대통령긴급재정경제명령 제16호)이 발령되었다.

3) 법률종속명령

법률종속명령은 통상의 법규명령에 해당하는 것으로서 법률의 위임에 의거하여 제정 · 공포된 위임명령을 말한다. 통설에 따르면 법률종속명령은 위임명령과 집행명령으로 구분된다. 위임명령은 상위법률에서 위임받은 사항으로서 국민의 권리와 의무에 관한 사항을 규정하는 것이고, 집행명령은 법률을 시행하기 위한 법규명령으로서 국민의 권리와 의무에 관계되는 사항을 정하지 못한다고 한다. 이에 따르면 헌법 제95조에 의하여 "직권으로 발하는 총리령이나 부령"이 집행명령에 해당하는 것이고, 이는 상위법률의 위임이 없어도 무방한 것으로 설명된다.

그러나 위임명령과 집행명령의 규정내용상 차이는 상대적인 것이고 모든 법규명령은 모법의 위임에 따르는 행정작용으로서 위임명령인 동시에 집행적 성격이 있음을 부인할 수 없다. 그러므로 헌법 제95조에서 말하는 직권에 의한 명령이 비록 집행명령이라고 하더라도 이는 근본적으로 위임명령으로서 당연히 법률의 위임이 필요하다.

2. 발령권자에 따른 분류

현행법상 법규명령은 발령권자에 따라 대통령령, 총리령, 부령, 국회규칙, 중앙선거관리위원회규칙, 감사원규칙, 대법원규칙, 헌법재판소규칙으로 분류된다. 따라서 헌법 제107조 제2항이 규정하는 "명령 · 규칙"에서의 규칙은 명칭상으로는 규칙이나 상위법률의 위임에 따라 제정된 법규명령을 말한다. 반면 헌법 제76조에 의한 긴급명령은 법률의 위임과는 관계없이 대통령이 발하는 것으로 법률적 효력을 갖는 예외적인 명령이다.

Ⅲ. 현행법상 법규명령과 관련된 문제

1. 국무총리직속기관의 법규명령

법제처장과 식품의약품안전처장과 같은 국무총리직속기관의 장이 부령을 발할 수 있는가에 대하여 의문이 제기될 수 있다. 헌법 제95조에 따라 부령을 발령할 수 있는 권한은 행정각부의 장에게 있는데 법제처장과 식품의약품안전처장은 행정각부의 장에 해당하지 아니하므로 부령을 발할 수 없고 총리령에 의하게 된다.

2. 총리령과 부령의 우열관계

헌법 제95조는 "국무총리 또는 행정각부의 장은 소관사무에 관하여 법률이나 대통령령의 위임 또는 직권으로 총리령 또는 부령을 발할 수 있다"고만 규정하여 총리령과 부령이 대통령령에는 하위에 있으나 양자간의 우열관계는 명시하고 있지 않다. 이에 총리령과 부령은 헌법과 정부조직법 등에 따라서 분배된 관할권 내에서 발령되는 것이므로 형식적으로 동위의 효력을 갖는다는 견해도 있다.

그러나 헌법 제86조 제2항에 따라 "국무총리는 대통령을 보좌하며, 행정에 관하여 대통령의 명을 받아 행정각부를 통할"하는 행정부 제2인자의 위치에 있다. 그러므로 총리령과 부령은 물론 사물관할이 다르고 소관업무의 성격에 따라 그 내용을 달리하는 것이기는 하지만 형식적 효력은 총리령이 우월하다고 보아야 한다.

3. 감사원규칙의 법적 성격

우리 헌법은 제4장 제2절 제4관에서 감사원에 대한 일련의 규정을 두고 있으나 감사원이 자신의 업무에 관하여 법령의 범위 내에서 규칙 등을 제정할 수 있다는 헌법적 근거는 찾아볼 수 없다. 이는 국회규칙(제64조 제1항), 선거관리위원회규칙(제114조 제6항), 대법원규칙(제108조), 헌법재판소규칙(제113조 제2항)이 모두 헌법의 명시적 수권에 의하여 제정되는 것과 대조를 이룬다.

감사원의 규칙제정권은 감사원법 제52조에 의하여 비로소 그 법적 근거를 발견할 수 있다. 즉 "감사원은 감사에 관한 절차, 감사원의 내부 규율과 감사사무 처리에 관한 규칙을 제정할 수 있다"고 규정하고 있다. 다수설은 감사원규칙의 법규명령적 성격을 인정하고 있으나, 감사원규칙은 헌법상 근거가 없을 뿐 아니라 감사원법 제52조도 감사원규칙이 감사원법의 수권을 받아 감사원법의 특정조항을 구체화한다는 내용을 규정한 것이라고 볼 수 없다. 따라서 감사원규칙은 감사와 관련된 내부적인 사무처리를 위한 행정규칙으로서의 성격을 갖는다고 보아야 할 것이다. 그럼에도 행정기본법은 감사원규칙을 "법령"으로 규정(제2조 제1항 가목 2)하여 법규명령으로 보고 있다.

Ⅳ. 법규명령의 근거

법규명령은 상위법률의 위임에 의하여 이루어지는 것이므로 반드시 법률의 수권이 필요하다. 이는 권력분립의 원칙상 형식적 의미의 법률제정권을 헌법상 국회가 독점하고 있으므로 여기에 대한 예외를 설정하는 법규명령권의 제정에는 반드시 국회의 동의가 있어야 하기 때문이다.

또한 집행명령의 경우에도 그 성격이 위임명령에 비하여 보다 집행적 성격을 가진 법규명령일 뿐 기본적으로 법률에 의한 위임이 필요한 위임입법이므로 집행명령은 법률의 위임과 관계없이 발할 수 있다는 견해는 받아들일 수 없다. 다만 헌법 제76조에 의한 긴급명령은 법률의 효력을 갖는 예외적인 행정입법권의 행사이므로 헌법의 수권조항으로 족하다.

V. 법규명령의 한계

1. 법률유보의 원칙 – 백지위임 내지 포괄적 위임의 금지, 본질사항유보

국회입법의 현실적 한계로 인한 입법부담의 경감과 행정부의 전문성을 입법에 적극적으로 활용하기 위하여 활용되는 법규명령제도는 일정한 법적 한계 내에서만 그 적법성이 인정될 수 있다. 법규명령에 적절한 법적 한계가 설정되지 않고 행정부의 입법권이 견제받지 않는 권력으로서 남용된다면 이는 권력분립이라는 법치주의의 권력통제장치를 무력화시키는 것이며 결국 그 피해는 국민에게 돌아가게 될 것이다. 그러므로 헌법 제75조도 명문으로 법규명령권의 행사는 "구체적으로 범위를 정하여 위임받은 사항과 법률을 집행하기 위하여 필요한 사항"에 대하여 행사될 수 있음을 분명히 하고 있다.

여기서 구체성의 기준에 대하여 대법원은 "헌법 제75조의 규정상 대통령령으로 정할 사항에 관한 법률의 위임은 구체적으로 범위를 정하여 이루어져야 하고, 이 때 구체적으로 범위를 정한다고 함은 위임의 목적 · 내용 · 범위와 그 위임에 따른 행정입법에서 준수하여야 할 목표 · 기준 등의 요소가 미리 규정되어 있는 것을 가리킨다. 그리고 이러한 위임이 있는지 여부를 판단함에 있어서는 직접적인 위임 규정의 형식과 내용 외에 당해 법률의 전반적인 체계와 취지 · 목적 등도 아울러 고려하여야 하고, 규율 대상의 종류와 성격에 따라서는 요구되는 구체성의 정도 또한 달라질 수 있으나, 국민의 기본권을 제한하거나 침해할 소지가 있는 사항에 관한 위임에 있어서는 위와 같은 구체성 내지 명확성이 보다 엄격하게 요구된다"라고 판시하였다[대판(전합) 2000.10.19. 98두6265].

그런데 이러한 헌법상 포괄적 위임의 금지는 법률유보이론 중 본질사항유보설(중요사항유보설)의 수직(종)적인 측면(의회유보)과 표리의 관계에 있음을 주목할 필요가 있다. 다시 말해 일정한 범위의 행정작용에 법적인 근거가 요구된다고 할 때 그 규율밀도(Regelungsdichte)를 결정하는 것이 본질사항유보설이기 때문이다.

따라서 일정한 범위의 행정작용에 법적 근거가 있다 하더라도 그 행정작용을 시행함에 있어서 개인의 기본권 실현에 중요하고 본질적인 사항은 반드시 법률로 직접 규정하여야 하며, 나머지 기술적인 사항만이 위임입법의 대상이 된다. 이에 대한 논의는 법률유보 부분에서 상술하였으므로 더 이상 언급하지 않는다.

2. 법률우위의 원칙

법률유보원칙과 더불어 법규명령은 헌법, 법률 등 상위법령에 위반되는 경우에는 법률우위원칙에 반하는 것으로서 역시 그 효력을 인정할 수 없다. 대법원은 대통령령이 헌법상 평등원칙에 위반되어 무효라고 한 사건에서 "헌법 제11조 제1항에 근거를 둔 평등원칙은 본질적으로 같은 것을 자의적으로 다르게 취급함을 금지하는 것으로서, 법령을 적용할 때뿐만 아니라 입법을 할 때에도 불합리한 차별취급을 하여서는 안 된다는 것을 뜻하는바, 앞서 본 사정을 종합하여 보면, 위 시행령 제35조 제1항 제3호에서 집단에너지공급시설에 대한 훼손부담금의 부과율을 전기공급시설 등에 대한 훼손부담금의 부과율인 100분의 20의 다섯 배에 이르는 100분의 100으로 정한 것은, 피고들이 상고이유에서 주장하는 것처럼 집단에너지공급시설과 전기공급시설 등의 사이에 그 공급받는 수요자가 다소 다를 수 있음을 감안한다 하더라도, 부과율에 과도한 차등을 둔 것으로서 합리적 근거 없는 차별에 해당한다"라고 하면서 "위 시행령 제35조 제1항 제3호 중 집단에너지공급시설에 관한 부분은 헌법상 평등원칙에 위배되어 무효이고, 그러한 이상 원고에게 위 규정에 따라 산정된 훼손부담금을 부과한 피고의 이 사건 처분도 위법하다 할 것이다"라고 판시하였다[대판(전합) 2007.10.29. 2005두14417].

3. 헌법이 명시적으로 수권한 법률사항

헌법은 일정한 사항을 반드시 법률의 형식으로 규정할 것을 요구하는 경우가 있다. 예를 들면 국적취득의 요건(제2조 제1항), 공용침해의 요건과 손실의 보상(제23조 제3항), 국가배상의 요건과 절차(제29조 제1항), 죄형법정주의(제12조 제1항 후문, 제13조 제1항 전단), 조세법률주의(제59조) 등이 이에 해당한다.

4. 처벌규정의 위임

1) 법규명령에 의한 처벌규정

헌법 제12조 제1항 후문 및 제13조 제1항 전단의 죄형법정주의원칙에 따라 범죄의 구성요건과 처벌의 종류와 범위 등은 반드시 법률로 정해져야 하는 입법사항임은 이미 서술하였다. 따라서 형벌권 발동을 위한 처벌법규에서도 본질사항유보설에 따라서 범죄의 구성요건 및 처벌의 최고한도 등은 반드시 법률로 규정하여야 한다.

대법원도 "일반적으로 법률의 시행령은 모법인 법률에 의하여 위임받은 사항이나, 법률이 규정한 범위 내에서 법률을 현실적으로 집행하는 데 필요한 세부적인 사항만을 규정할 수 있을 뿐, 법률의 위임 없이 법률이 규정한 개인의 권리 · 의무에 관한 내용을 변경 · 보충하거나 법률에서 규정하지 아니한 새로운 내용을 규정할 수 없는 것이고, 특히 법률의 시행령이 형사처벌에 관한 사항을 규정하면서 법률의 명시적인 위임 범위를 벗어나 그 처벌의 대상을 확장하는 것은 헌법 제12조 제1항과 제13조 제1항에서 천명하고 있는 죄형법정주의의 원칙에도 어긋나는 것으로 결코 허용될 수 없다"라고 한다[대판(전합) 1999.2.11. 98도2816].

또한 헌법재판소는 처벌법규의 위임은 더 엄격하여야 함을 분명히 하면서 "위임입법에 관한 헌법 제75조는 처벌법규에도 적용되는 것이지만 법률에 의한 처벌법규의 위임은, 헌법이 특히 인권을 최대한으로 보장하기 위하여 죄형법정주의와 적법절차를 규정하고, 법률(형식적 의미의)에 의한 처벌을 특별히 강조하고 있는 기본권보장 우위사상에 비추어 바람직스럽지 못한 일이므로, 그 요건과 범위가 보다 엄격하게 제한적으로 적용되어야 한다. 따라서 처벌법규의 위임은 특히 긴급한 필요가 있거나 미리 법률로써 자세히 정할 수 없는 부득이한 사정이 있는 경우에 한정되어야 하고 이러한 경우일지라도 법률에서 범죄의 구성요건은 처벌대상인 행위가 어떠한 것일 것이라고 이를 예측할 수 있을 정도로 구체적으로 정하고 형벌의 종류 및 그 상한과 폭을 명백히 규정하여야 한다"(헌재결 1991.7.8. 91헌가4)라고 하면서, "위임입법의 위와 같은 예측가능성의 유무를 판단함에 있어서는 당해 특정 조항 하나만을 가지고 판단할 것이 아니고 관련 법조항 전체를 유기적 · 체계적으로 종합하여 판단하여야 한다 … 이와 같이 범죄와 형벌에 관한 사항에 대한 위임입법의 한계와 관련된 요구는 죄형법정주의에서 파생되는 명확성의 원칙의 요구와 경합된다고 할 것이다 … 따라서 처벌법규의 위임에 있어서 모법상의 범죄구성요건과 형벌의 범위는 더욱 예측가능하여야 할 것이지만, 각 법률의 목적, 내용에 따라 위임입법이 허용될 수밖에 없는 합리적인 이유가 있고, 하위법령에서 규정될 범죄의 구성요건이 당해 위임법률조문 하나만으로는 다소 어렵더라도 다른 법률조항과 법률의 입법취지를 종합적으로 고찰할 때 합리적으로 그 대강이 예측될 수 있는 것이라면 위임의 한계를 일탈하지 아니한 것이고, 결국 죄형법정주의에서 파생되는 명확성의 원칙에도 위배되지 아니하는 것으로 판단되어야 할 것이다"(헌재결 2006.7.27. 2005헌바66)라고 판시하였다.

2) 조례에 의한 처벌규정

법규명령에 의한 처벌규정의 문제와 더불어 조례에 의한 처벌규정의 위헌성이 법률과 조례의 관계라는 일반적인 테마와 함께 법적 쟁점이 된 바 있었다. 구 지방자치법(1994. 3. 16. 법률 제4741호로 개정되기 전의 것) 제20조는 "시 · 도는 당해지방자치단체의 조례로써 3월이하의 징역 또는 금고, 10만원이하의 벌금, 구류, 과료 또는 50만원 이하의 과태료의 벌칙을 정할 수 있다"라고 규정하여 이에 대한 위헌론과 합헌론이 대립하였는데 이는 현재 입법적으로 해결되었다.

즉 지방자치법 제28조 제1항은 "지방자치단체는 법령의 범위에서 그 사무에 관하여 조례를 제정할 수 있다. 다만, 주민의 권리 제한 또는 의무 부과에 관한 사항이나 벌칙을 정할 때에는 법률의 위임이 있어야 한다"라고 규정하여 조례로 처벌규정을 정하려면 법률의 위임이 있어야 함을 분명히 하고 있다. 한편 과태료는 형벌이 아니라 행정질서벌에 해당하는데, 이에 관하여 지방자치법 제34조 제1항은 "지방자치단체는 조례를 위반한 행위에 대하여 조례로써 1천만원 이하의 과태료를 정할 수 있다"라고 규정하고 있다.

3) 위임입법권의 재위임

위임된 입법권을 다시 위임할 수 있는가? 헌법 제95조는 국무총리나 행정각부의 장이 소관사무에 관하여 "대통령령의 위임" 또는 직권으로 총리령 또는 부령을 발할 수 있도록 규정하여 문언상 재위임의 가능성을 시사하고 있다. 그러나 재위임은 법령상 위임된 권한과 이에 따르는 책임을 다시 위임하여 법률이 예상하지 못한 자에 의하여 위임입법권이 행사되는 것이므로 입법자의 의사에 반하는 결과가 된다. 그러므로 위임된 입법권에 의하여 법률의 내용에 따르는 골격이 정해져야 하며 나머지 세부적인 사항만이 재위임의 대상이 되어야 한다.

헌법재판소도 "그런데 헌법 제95조는 "……행정각부의 장은 소관사무에 관하여……대통령령의 위임……으로……부령을 발할 수 있다"라고 규정하여 재위임의 근거를 마련하고 있지만, 대통령령의 경우와는 달리 "구체적으로 범위를 정하여"라는 제한을 규정하고 있지 아니하므로 대통령령으로 위임받은 사항을 그대로 재위임할 수 있는가에 관하여 의문이 있다. 살피건대 법률에서 위임받은 사항을 전혀 규정하지 않고 재위임하는 것은 "위임받은 권한을 그대로 다시 위임할 수 없다"는 복위임금지의 법리에 반할 뿐 아니라 수권법의 내용변경을 초래하는 것이 되고, 부령의 제정·개정절차가 대통령령에 비하여 보다 용이한 점을 고려할 때 재위임에 의한 부령의 경우에도 위임에 의한 대통령령에 가해지는 헌법상의 제한이 당연히 적용되어야 할 것이다"라고 하면서 "법률에서 위임받은 사항을 전혀 규정하지 아니하고 그대로 재위임하는 것은 허용되지 않으며 위임받은 사항에 관하여 대강을 정하고 그 중의 특정사항을 범위를 정하여 하위법령에 다시 위임하는 경우에만 재위임이 허용된다"고 판시하여 위의 입장을 확인하고 있다(헌재결 1996.2.29. 94헌마213).

대법원도 "법률에서 위임받은 사항을 전혀 규정하지 않고 재위임하는 것은 복위임금지 원칙에 반할 뿐 아니라 위임명령의 제정 형식에 관한 수권법의 내용을 변경하는 것이 되므로 허용되지 아니한다 할 것이나 위임받은 사항에 관하여 대강을 정하고 그 중의 특정사항을 범위를 정하여 하위법령에 다시 위임하는 경우에는 재위임이 허용된다 할 것이다"라고 하여 마찬가지다(대판 2015.1.15. 2013두14238).

Ⅵ. 법규명령의 성립 및 효력요건

법규명령은 헌법과 법률이 요구하는 성립 및 효력요건을 갖추어야 한다. 이는 크게 보아 주체, 내용, 형식, 절차, 공포 등의 요건으로 나누어진다. 행정기본법 제38조 제1항은 "국가나 지방자치단체가 법령등을 제정 · 개정 · 폐지하고자 하거나 그와 관련된 활동(법률안의 국회 제출과 조례안의 지방의회 제출을 포함하며, 이하 이 장에서 "행정의 입법활동"이라 한다)을 할 때에는 헌법과 상위 법령을 위반해서는 아니 되며, 헌법과 법령등에서 정한 절차를 준수하여야 한다"라고 규정하고 있다.

1. 주 체

제정권자에 따라 대통령령, 총리령, 부령, 헌법재판소규칙, 중앙선거관리위원회규칙, 대법원규칙 등 법규명령은 적법한 권한을 가진 자에 의하여 제정되어야 한다.

2. 내 용

법규명령은 상위법령의 내용에 저촉될 수 없으며 그 내용이 명확하고 실현가능한 것이어야 한다.

3. 형 식

법규명령은 법률과 마찬가지로 문서의 형식을 갖추어야 한다(행정업무규정 제4조 제1호). 또한 대통령령 공포문의 전문에는 국무회의의 심의를 거친 사실을 적고 대통령이 서명한 후 대통령인을 찍고 그 공포일과 번호를 명기하여 국무총리와 관계 국무위원이 부서한다(법령공포법 제7조, 제10조). 총리령과 부령은 그 공포일자와 번호를 명기하고 서명 · 날인한다(제9조, 제10조).

4. 절 차

법규명령은 법령에서 규정한 외부적 · 내부적인 절차를 거쳐야 한다. 우선 외부적인 절차로서 행정절차법은 행정상 입법예고절차를 규정하고 있다. 행정절차법은 제41조 제1항 본문에서 법령등(즉 법령 또는 자치법규)를 제정 · 개정 또는 폐지(즉 입법)하고

자 할 때에는 당해 입법안을 마련한 행정청은 이를 예고하여야 한다는 원칙을 규정하고 있다.

행정청은 법령의 경우에는 관보 및 법제처장이 구축 · 제공하는 정보시스템을 통하여, 자치법규의 경우에는 공보를 통하여 각 입법안의 취지, 주요 내용 또는 전문(全文)을 공고하여야 하고, 추가로 인터넷, 신문 또는 방송 등을 통하여 공고할 수 있다(제42조 제1항). 입법예고기간은 특별한 사정이 없으면 40일(자치법규는 20일) 이상으로 한다(제43조). 또한 누구든지 예고된 입법안에 대하여 의견을 제출할 수 있고(제44조 제1항), 행정청은 입법안에 관하여 공청회를 개최할 수 있다(제45조 제1항).

법규명령은 이러한 외부적 절차 외에도 내부적으로 대통령령의 경우에는 법제처의 심사(정부조직법 제23조 제1항)와 국무회의의 심의(헌법 제89조 제3호)를 거쳐 제정되며, 총리령과 부령은 법제처의 심사(정부조직법 제23조 제1항) 등 내부적인 절차를 거친다.

5. 공포와 효력의 발생

법규명령은 그 효력상 법률과 큰 차이가 없을 정도로 국민과의 법률관계에 영향을 미치므로 외부적으로 반드시 공포되어야 한다. 공포는 관보에 게재하는 것이 원칙이며(법령공포법 제11조 제1항), 공포일은 관보의 발행일이다(제12조). 이렇게 하여 공포된 법규명령의 시행일은 당해 명령의 부칙으로 정하는 것이지만 특별한 규정이 없으면 공포한 날부터 20일이 경과함으로써 효력이 발생한다(제13조).

Ⅶ. 법규명령의 흠

법규명령이 헌법과 법률이 요구하는 성립 및 효력요건을 갖추지 못하는 경우 또는 위임의 근거를 흠결한 때 그 효력은 어떠한가? 이러한 흠은 행정행위의 경우와 같이 중대하고 명백한 무효인 흠과 단순위법사유로서 취소인 흠으로 구별하여 각기 다른 효력을 인정할 것인가? 법규명령의 흠은 무효와 취소로 구별되는 행정행위와는 달리 일률적으로 무효로 보며 여기에 상응하여 후술하는 사법적 통제가 가해진다.

Ⅷ. 법규명령의 소멸

법규명령은 이를 명시적으로 폐지하는 경우와 기간의 도래나 근거법령의 소멸로 인하여 최종적으로 그 효력을 잃고 소멸한다. 다만 상위법령의 개정이 이루어진 경우에 집행명령의 효력이 일률적으로 소멸되는 것은 아니다.

판례도 집행명령이 상위법령의 시행에 필요한 사항을 규정하고 있는 이상, 그 집행명령은 상위법령의 개정에도 불구하고 당연히 실효되지 아니하고 개정법령의 시행을 위한 (새로운) 집행명령이 제정 · 발효될 때까지는 여전히 그 효력을 유지한다고 본다. 즉 "상위법령의 시행에 필요한 세부적 사항을 정하기 위하여 행정관청이 일반적 직권에 의하여 제정하는 이른바 집행명령은 근거법령인 상위법령이 폐지되면 특별한 규정이 없는 이상 실효된다 할 것이나, 상위법령이 개정됨에 그친 경우에는 개정법령과 성질상 모순, 저촉되지 아니하고 개정된 상위법령의 시행에 필요한 사항을 규정하고 있는 이상 그 집행명령은 상위법령의 개정에도 불구하고 당연히 실효되지 아니하고 개정법령의 시행을 위한 집행명령이 제정, 발효될 때까지는 여전히 그 효력을 유지[한다]"라고 판시하였다(대판 1989.9.12. 88누6962).

Ⅸ. 법규명령에 대한 통제

1. 법규명령에 대한 법치국가적 통제의 의의

법규명령과 위임입법제도는 현대 국가가 다양하고 복잡한 업무를 수행하기 위하여 행정부도 어느 정도의 입법권을 행사하여야 한다는 현실적 요구에 의하여 생성 · 발전한 제도이다. 이러한 측면에서 본다면 법규명령제도는 행정재량을 인정하는 제도적 취지와 일맥상통하는 점이 있다. 그러므로 행정재량을 논함에 있어서도 그의 법적 한계가 중요한 테마로 등장한 것과 마찬가지로 법규명령의 경우에 그 법적 한계를 설정하고 이러한 한계를 벗어난 위법한 법규명령을 통제하는 것이 무엇보다 중요하다.

법규명령에 대한 법치국가적 통제장치가 순기능을 수행하지 못하는 경우 법치국가의 비극이 시작될 수 있다는 사실은 이미 Nazi시대에 수권법조항이 남용된 사례에서도 찾을 수 있다. 법규명령에 대한 법치국가적 통제장치는 법규명령의 위임자인 의회나 법규명령의 발령권자인 행정부 스스로의 통제로서 어느 정도 그 목적을 달성할 수 있는 것도 사실이다. 그러나 법규명령의 적법성 통제장치의 기본이 되는 것은 사법부에 의한 통제이며 헌법 제107조 제2항에 의하여 대법원이 최종적인 심판권을 갖는다.

2. 법규명령에 대한 법치국가적 통제

1) 사법부에 의한 통제

(1) 대법원에 의한 통제

우리 헌법 제107조 제2항은 "명령 · 규칙 또는 처분이 헌법이나 법률에 위반되는 여부가 재판의 전제가 되는 경우에는 대법원은 이를 최종적으로 심사할 권한을 가진다"라고 규정하고 있다. 여기에서의 명령은 법규명령을 말하며, 규칙은 대법원규칙, 중앙선거관리위원회규칙 등 명칭은 규칙이나 그 성질상 법규명령으로 취급되는 것을 말한다. 또한 구체적 규범통제에서 문제되는 '재판의 전제성'에 관하여 판례는 "법원이 법률 하위의 법규명령, 규칙, 조례, 행정규칙 등(이하 '규정'이라 한다)이 위헌 · 위법인지를 심사하려면 그것이 '재판의 전제'가 되어야 한다. 여기에서 '재판의 전제'란 구체적 사건이 법원에 계속 중이어야 하고, 위헌 · 위법인지가 문제 된 경우에는 규정의 특정 조항이 해당 소송사건의 재판에 적용되는 것이어야 하며, 그 조항이 위헌 · 위법인지에 따라 그 사건을 담당하는 법원이 다른 판단을 하게 되는 경우를 말한다 … 따라서 법원이 구체적 규범통제를 통해 위헌 · 위법으로 선언할 심판대상은, 해당 규정의 전부가 불가분적으로 결합되어 있어 그 일부를 무효로 하는 경우 나머지 부분이 유지될 수 없는 결과를 가져오는 특별한 사정이 없는 한, 원칙적으로 해당 규정 중 재판의 전제성이 인정되는 조항에 한정된다"라고 판시하였다(대판 2019.6.13. 2017두33985).

따라서 모범의 위임이 없는 법규명령이나 헌법 제75조에 위반되는 포괄적 위임에 의하여 제정된 법규명령 등은 대법원을 비롯한 각급법원에 의하여 그 위헌 · 위법을 이유로 무효로 선언된다. 다만 대법원은 법규명령을 모법에 대한 위반으로 무효로 결정함에 있어서는 다음과 같은 사항이 신중하게 고려되어야 함을 강조하고 있다. 즉 "어느 시행령이나 조례의 규정이 모법에 저촉되는지의 여부가 명백하지 아니하는 경우에는 모법과 시행령 또는 조례의 다른 규정들과 그 입법 취지, 연혁 등을 종합적으로 살펴 모법에 합치된다는 해석도 가능한 경우라면 그 규정을 모법위반으로 무효라고 선언하여서는 안 된다. 이러한 법리는, 국가의 법체계는 그 자체 통일체를 이루고 있는 것이므로 상 · 하규범 사이의 충돌은 최대한 배제되어야 한다는 원칙과 더불어, 민주법치국가에서의 규범은 일반적으로 상위규범에 합치할 것이라는 추정원칙에 근거하고 있을 뿐만 아니라, 실제적으로도 하위규범이 상위규범에 저촉되어 무효라고 선언되는 경우에는 그로 인한 법적 혼란과 법적 불안정은 물론, 그에 대체되는 새로운 규범이 제정될 때까지의 법적 공백과 법적 방황은 상당히 심각할 것이므로 이러한 폐해를 회피하기 위해서도 필요하다"는 것이다(대판 2014.1.16. 2011두6264).

물론 헌법 제107조 제2항에 의하여 대법원을 비롯한 각급법원이 행사하는 명령통제권은 이른바 구체적 규범통제로서 명령의 위헌 · 위법성이 재판의 전제가 되는 경우에 한한다. 그러므로 위헌 · 위법으로 선언된 법규명령은 당해 사건에서 그 적용이 배제될 뿐이므로 발령청이 이를 폐지하지 않는 한 계속하여 그 효력을 유지한다. 그러나 위헌 · 위법으로 무효화된 명령을 다른 사건에서 적용한다는 것은 법질서의 통일을 위하여 결코 바람직하지 못하다. 따라서 행정소송에서 대법원판결에 의하여 특정한 명령 · 규칙이 위헌 · 위법하다는 것이 확정된 경우에는 대법원은 지체없이 그 사유를 행정안전부장관에게 통보하고 행정안전부장관은 지체없이 이를 관보에 게재하여야 한다(행정소송법 제6조). 또한 대법원 외의 법원이 재판의 전제가 된 명령 · 규칙이 위헌 · 위법하다는 재판을 하였을 때에는 해당 재판서 정본을 지체 없이 대법원에 송부하여야 하고, 대법원은 재판의 전제가 된 명령 · 규칙이 위헌 · 위법하다는 것이 법원의 판결로 확정된 경우에는 그 취지를 해당 명령 · 규칙의 소관 행정청에게 통보하여야 한다(행정소송규칙 제2조 제1항).

최근 대법원은 명령에 대한 위헌 심사 결과를 당사자, 관계 행정청, 일반 국민에게 효과적으로 알리기 위해 주문과 이유 사이에 "명령에 대한 위헌 심사 결과"라는 항목을 만들어 이를 명시하였다(대판 2024.5.23. 2021두35834). 종래에는 이유 부분에 설시하던 것이다.

(2) 헌법재판소에 의한 통제

대법원뿐 아니라 헌법재판소도 명령의 위헌 여부를 헌법소원의 형태로 심사할 수 있는가? 이러한 경우에 헌법이 대법원에 부여한 최종적인 명령심사권을 침해하는 것은 아닌가? 헌법 제107조 제2항을 문리해석한다면 헌법재판소의 명령심사권은 위헌의 소지가 있는 것으로 보인다. 이와 관련하여 이미 법무사법시행규칙(대법원규칙)에 대한 헌법소원사건을 통하여 이에 대한 찬반양론이 날카롭게 대립하였다.

부정설은 헌법은 명문으로 명령의 최종심사권을 대법원에 부여하고 있으며 법무사법시행규칙이 별도의 집행행위를 기다리지 아니하고 기본권을 침해하는 이른바 처분적 법규명령이라면 당연히 행정소송으로 먼저 다투었어야 하므로 행정소송으로 먼저 다투지 아니한 이 사건 헌법소원심판의 청구는 헌법재판소법 제68조 제1항에 의한 보충성의 요건을 결하고 있으므로 당연히 각하되어야 한다는 것이다. 대법원은 부정설의 입장이다.

긍정설은 헌법 제107조에 의하여 대법원이 행사하는 명령심사권은 구체적 규범통제로서 법률의 위헌 여부와는 달리 헌법재판소에 위헌심판제청할 필요 없이 대법원이 최종심사한다는 의미이므로 명령 · 규칙 자체가 별도의 집행행위를 기다리지 아니하고 직접 기본권이 침해되었음을 이유로 하는 헌법소원심판을 청구하는 것은 위의 규정과는 관계가 없는 것이고, 이 사건 헌법소원심판청구의 대상은 법무사시험의 불실시라는 공권력의 불행사가 아니라 시험의 실시를 법원행정처장의 재량사항으로 규정한 법무사법시행규칙 그 자체이며, 이른바 처분적 법규명령에 대한 행정소송에 대하여 법원이 보여 온 소극적 태도로 인하여 헌법소원만이 유일한 권리구제수단이므로 보충성원칙에 대한 예외가 설정될 수 있다는 것이다.

헌법재판소는 "헌법 제107조 제2항은 "명령 · 규칙 또는 처분이 헌법이나 법률에 위반되는 여부가 재판의 전제가 된 경우에는 대법원은 이를 최종적으로 심사할 권한을 가진다."라고 규정하고 있고, 법원행정처장이나 법무부장관은 이 규정을 들어 명령 · 규칙의 위헌여부는 대법원에 최종적으로 심사권이 있으므로 법무사법시행규칙의 위헌성 여부를 묻는 헌법소원은 위 헌법규정에 반하여 부적법하다고 주장한다. 그러나, 헌법 제107조 제2항이 규정한 명령 · 규칙에 대한 대법원의 최종심사권이란 구체적인 소송사건에서 명령 · 규칙의 위헌여부가 재판의 전제가 되었을 경우 법률의 경우와는 달리 헌법재판소에 제청할 것 없이 대법원의 최종적으로 심사할 수 있다는 의미이며, 헌법 제111조 제1항 제1호에서 법률의 위헌여부심사권을 헌법재판소에 부여한 이상 통일적인 헌법해석과 규범통제를 위하여 공권력에 의한 기본권침해를 이유로 하는 헌법소원심판청구사건에 있어서 법률의 하위법규인 명령 · 규칙의 위헌여부심사권이 헌법재판소의 관할에 속함은 당연한 것으로서 헌법 제107조 제2항의 규정이 이를 배제한 것이라고는 볼 수 없다. 그러므로 법률의 경우와 마찬가지로 명령 · 규칙 그 자체에 의하여 직접 기본권이 침해되었음을 이유로 하여 헌법소원심판을 청구하는 것은 위 헌법 규정과는 아무런 상관이 없는 문제이다"라고 하면서 "법원행정처장과 법무부장관은, 헌법소원심판은 다른 법률에 구제절차가 있는 경우에는 그 절차를 모두 거친 후가 아니면 청구할 수 없도록 되어 있고, 청구인 주장과 같이 법무사법 제4조 제2항에 의하여 직접 대법원에 법무사시험 실시의무가 부과된 것이라면 청구인은 먼저 행정심판법과 행정소송법에 따라 법원행정처장의 작위의무 위배에 대한 행정쟁송구제절차를 밟아야지 그러한 절차를 거치지 아니하고 막바로 헌법소원심판을 청구할 것이 아니라고 주장한다. 그러나 … 헌법재판소법 제68조 제1항 후단 소정의 다른 법률에 의한 구제절차란, 소원의 목적물인 공권력의 행사 또는 불행사를 직접 대상으로 하여 그 효력을 다룰 수 있는 절차를 의미하는 것이지 최종 목적을 달성키 위하여 취할 수 있는 모든 우회적인 구제절차를 의미하는 것이 아니며, 이 사건에서 청구인으로서는 법원행정처장에게 법무사시험 실시를 요구하고 그 결과(거부처분이나 부작위)에 대하여 불복청구하는 행정심판이나 행정소송을 제기할 수 있을는지도 모르나 가사 그러한 구제절차가 인정된다고 하더라도 그러한 것은 우회적인 절차여서 신속한 권리구제를 받기란 기대하기 어려운 것이므로 이는 헌법재판소법 제68조 제1항 후단 소정의 구제절차에 해당되지 아니하고, 법령자체에 의한 직접적인 기본권침해여부가 문제되었을 경우 그 법령의 효력을 직접 다투는 것을 소송물로 하여 일반 법원에 구제를 구할 수 있는 절차는 존재하지 아니하므로(일반법원에 명령·규칙을 직접 대상으로 하여 행정소송을 제기한 경우에 이것이 허용되어 구제된 예를 발견할 수 없다) 이 경우에는 다른 구제절차를 거칠 것 없이 바로 헌법소원심판을 청구할 수 있는 것이다"라고 하여 긍정설을 취한다(헌재결 1990.10.15. 89헌마178).

헌법재판소에 의한 명령심사권의 핵심적인 쟁점은 당해 명령이 처분적 성격을 가지고 있어 집행행위를 매개로 하지 않고 개인의 기본권을 침해함으로써 헌법 제107조 제2항이 아닌 제111조 제1항 제5호 및 헌법재판소법 제68조 제1항에 따른 헌법소원을 통하여 심리 · 판단될 수 있는가에 있다. 이것은 또다시 처분적 법규명령을 항고소송의 대상인 처분등의 개념에 포함시켜 쟁송의 대상으로 할 수 있는가 하는 문제에 관련되는 것이다.

과거 대법원은 "원래 대통령령은 법령의 효력을 가진 것으로서 행정소송법상 행정처분이라 볼 수 없다고 해석함이 타당할 것임으로 그 내용의 적법여부를 논할 것 없이 행정소송의 목적물이 될 수 없을 것이다. 물론 법령의 효력을 가진 명령이라도 그 효력이 다른 행정행위를 기다릴 것 없이 직접적으로 또 현실히 그 자체로서 국민의 권리훼손 기타 이익침해의 효과를 발생케 하는 성질의 것이라면 행정소송법상 처분이라 보아야 할 것이오 따라서 그에 관한 이해관계자는 그 구체적 관계사실과 이유를 주장하여 그 명령의 취소를 법원에 구할 수 있을 것"이라고 하면서(대판 1954.8.19. 4286행상37) 이 문제에 대해 소극적인 태도를 취하여 보충성원칙의 충족 여부를 헌법소원심판청구의 적법요건으로 주장할 입지를 스스로 좁히는 결과를 초래하였다. 따라서 대법원이 처분적 성격의 법규명령을 항고소송의 대상으로 인정하지 않는다면 헌법소원을 통한 헌법재판소의 명령통제는 합헌적일 뿐만 아니라 필요한 제도로 받아들여질 가능성이 크다.

그러나 이후 대법원은 "어떠한 고시가 일반적 · 추상적 성격을 가질 때에는 법규명령 또는 행정규칙에 해당할 것이지만, 다른 집행행위의 매개 없이 그 자체로서 직접 국민의 구체적인 권리의무나 법률관계를 규율하는 성격을 가질 때에는 행정처분에 해당한다"고 판시하여(대결 2003.10.9. 2003무23) 그 형식은 비록 고시이나 법규명령적 성격을 가지고 처분성이 인정되는 때에는 항고소송의 대상이 된다는 점을 강조하고 있다. 이는 처분성이 인정되는 법규명령에 대하여는 과거의 소극적 입장에서 벗어나서 과감하게 이를 항고소송의 대상으로 삼겠다는 의지를 보여주는 예라고 할 수 있다. 또한 처분적 법규명령에 대한 구체적 규범통제가 가지는 한계(위법한 명령에 대한 당해 사건에서의 적용배제와 후속하는 절차의 복잡성)라는 불편을 감수하기 보다는 이를 항고소송의 대상으로 함으로써 취소확정판결의 대세효를 통해 유사한 사건을 보다 효율적으로 해결할 수 있게 된다.

판례는 이른바 약가고시의 처분성을 인정하는데(대판 2006.9.22. 2005두2506), 이는 보건복지부가 건강보험재정의 건전성을 유지하기 위하여 일정한 약제에 대해 그 가격의 상한을 통제하는 내용을 가지고 있다. 물론 대법원은 위 판결에서 구체적 규범통제절차에 비하여 항고소송이 가지는 장점을 언급하지는 않았지만 자사의 약제비 상한에 대해 불복하려는 제약회사가 다수인 경우 취소확정판결의 대세효를 통해 그러한 분쟁을 일거에 해결할 수 있다는 소송법상의 효율성을 전제로 하는 것으로 이해할 수 있다.

한편 기획재정부장관의 시행규칙인 '덤핑방지관세부과에 관한 규칙'이 항고소송의 대상이 되는 행정처분에 해당하는지 여부에 관하여 이를 긍정한 종래 하급심(서울행정법원 2005.9.1. 2004구합5911)과는 달리 최근 대법원은 이를 부정하였다(대판 2022.12.1. 2019두48905).

2) 입법부에 의한 통제

행정입법 또는 위임입법에 대한 입법부의 통제는 사법부에 의한 적법성 통제와는 달리 주로 정치적 통제 또는 예방적 통제의 성격을 갖는다. 이러한 통제방법도 주로 행정부에 대한 견제의 일환으로 간접적인 통제가 대부분이다. 예를 들어 국회의 의사에 반하는 법규명령을 제정한 국무총리나 행정각부의 장에 대한 해임건의, 명백히 위헌·위법한 명령을 제정하여 국민의 권리를 침해한 공무원에 대한 탄핵소추결의 등이다.

법규명령에 대한 의회의 보다 직접적인 통제장치로는 행정입법의 효력발생을 의회의 사후동의에 의하게 하는 방법도 있는데, 우리나라에서는 헌법 제76조에 따른 긴급명령권의 경우를 제외하고는 이러한 제도가 인정되지 않는다.

다만 국회법 제98조의2는 중앙행정기관의 장이 법률에서 위임한 사항이나 법률을 집행하기 위하여 필요한 사항을 규정한 대통령령·총리령·부령·훈령·예규·고시 등을 국회에 제출하도록 하고, 국회는 그 법률 위반 여부 등을 검토하여 법률의 취지 또는 내용에 합치되지 아니하는 경우에는 소관 중앙행정기관의 장에게 그 내용을 통보하거나(부령) 검토의 경과 처리 의견 등을 기재한 검토결과보고서를 정부에 송부한다고(대통령령 또는 총리령) 규정하여, 행정입법에 대한 국회의 통제장치가 어느 정도 마련되었다.

3) 행정부에 의한 통제

행정부 내에서 이루어지는 법규명령에 대한 통제는 주로 상급관청의 감독권 행사를 통하여 이루어진다. 또한 정부조직법은 법규명령의 통일성과 적법성을 보장하기 위하여 제23조 제1항에서 국무회의에 상정될 법령안과 총리령안 및 부령안의 심사를 법제처의 업무로 규정하고 있다.

4) 국민에 의한 통제

행정입법에 대한 국민의 감시와 통제를 가능하게 하기 위하여 행정절차법에 행정상 입법예고절차가 규정되었다. 이에 따라 누구든지 예고된 입법안에 대하여 의견을 제출할 수 있다(제44조 제1항). 이때 행정청은 특별한 사유가 없으면 제출된 의견을 존중하여 처리하여야 하고(제3항) 의견을 제출한 자에게 그 제출된 의견의 처리결과를 통지하여야 한다(제4항).

제 3 절 행정규칙

Ⅰ. 행정규칙의 의의

행정규칙(Verwaltungsvorschrift) 또는 행정명령(Verwaltungsverordnung)이란 행정청이 자신의 내부적인 사무를 처리하기 위하여 상위법령의 위임을 받지 아니하고 정립한 자율적 규정이다. 그러므로 행정규칙은 법규명령과는 달리 대외적으로 국민과의 행정법관계를 규율함으로써 국민의 자유와 권리에 영향을 미치는 법규로 볼 수 없다는 것이 행정규칙에 대한 전통적인 이해이다. 행정규칙은 행정의 위계적 조직체계에서 유래하는 자연적인 결과로서 특히 상급행정관청이 하급행정관청에게 업무처리와 직무의 감독상 다양한 형태와 내용의 행정규칙을 발하게 된다.

Ⅱ. 행정규칙의 실질적 기능과 법적 성격에 대한 논란

1. 내부법으로서의 행정규칙

이와 같이 행정규칙은 전통적으로 행정 내부적인 법(Innenrecht)으로서 행정청 내부에서만 효력을 가지며, 대외적으로 국민과의 행정법관계를 규율하는 법규로서의 성격이 부인되었다. 행정규칙이 법규로서의 성격이 부인된다는 것은 행정규칙이 대외적 구속력이 없다는 의미이며, 행정법관계에 직접적으로 해석 · 적용되는 법원으로서의 성격이 또한 부인된다는 것을 말한다. 따라서 행정규칙에 위반된 행정작용은 위법이 아니며, 법원은 재판에서 그 위반 여부를 조사하거나 행정규칙의 위헌 · 위법 여부를 심사할 필요도 없다. 이와 같이 전통적으로 행정규칙에서는 '비법규=대외적 구속력 부인=비법원성=비재판규범성'이라는 등식이 성립할 수 있었다.

2. 행정규칙의 실질적 기능과 사실상의 법규성

이러한 행정규칙에 대한 전통적인 이해에도 불구하고 오늘날 행정규칙은 행정법관계를 통하여 그 기능면에서 법령에 못지 않은 중요한 비중을 차지하고 있다. 예를 들어 조세법률관계를 보도록 하자. 세무공무원이 조세의 부과 · 징수, 조세의 감면 또는 이를 위한 사전적인 조사활동을 위하여 근거법령을 숙지하고 이에 따르는 행정활동을 하여야 함은 행정의 법률적합성 원칙에 비추어 보아 당연한 것이다.

그러나 근거법령은 경우에 따라 추상적인 용어를 사용하여 행정활동의 요건을 규정하거나 구체적인 공권력 발동을 함에 있어서도 그 여부를 당해 공무원의 재량사항으로 규정하기도 한다. 이러한 상황에서 당해 세무공무원은 추상적 규범의 내용을 더욱 구체화한 상급관청의 지시나 업무처리지침을 따르게 되며, 법령에 규정이 없거나 불충분한 경우에는 그 의존도를 더하게 된다.

세법전을 펼쳐보면 느끼는 일이지만 법률의 규정에 비하여 법규명령은 그 내용이 더 상세하며 국세청장의 훈령인 기본통칙은 행정규칙으로서 구체적인 문제에 대하여 매우 세밀한 규정을 두고 있음을 발견하게 된다. 그러므로 실제로 과세처분, 강제징수, 조세감면, 질문검사(세무조사) 등은 이러한 행정규칙에 의하여 행하여진다고 하여도 과언은 아니다.

행정규칙이 실제로 수행하는 기능과 역할이 이 정도에 이른다면 행정규칙의 법규성과 대외적 구속력을 부인하는 전통적인 견해는 확실히 재고의 여지가 있다. 특히 상위법령이 침묵을 지키거나 지극히 단순한 근거규정만을 두는 경우에 행정규칙을 통한 법령보충작업은 불가피하다. 그러므로 이러한 행정규칙이 법령을 구체화하여 법규로서의 효력을 갖는다는 사실을 쉽게 부인할 수 없으며, 자연스럽게 행정규칙의 법규성과 대외적 구속력의 문제가 제기된다.

이에 행정기본법은 종래의 다수설과 판례에 따라 제2조 제1호 가목의 3)에서 "1) 또는 2)의 위임을 받아 중앙행정기관(「정부조직법」 및 그 밖의 법률에 따라 설치된 중앙행정기관을 말한다. 이하 같다)의 장이 정한 훈령 · 예규 및 고시 등 행정규칙"을 법령으로 정의하여 이른바 법령보충적 행정규칙을 법규명령으로 보고 있다.

Ⅲ. 행정규칙의 종류

1. 발령형식에 따른 분류

행정규칙은 발령형식에 따라 고시(행정업무규정 제4조 제3호), 훈령, 예규, 지시, 일일명령(제2호) 등으로 세분된다.

1) 고 시

고시는 특정한 사실을 불특정다수인에게 알리기 위한 행정규칙이다. 물론 고시는 행정규칙으로서 행정청의 사무처리기준을 정하고 이에 따르는 행정청의 일상적인 업무가 이루어진다. 그러나 고시는 결과적으로 불특정다수의 일반인에게 행정청의 업무처리기준이나 행정처분의 근거를 알리는 것이므로 경우에 따라서는 대국민관계에서의 대외적 구속력도 문제될 수 있다.

이른바 생수판매제한고시라는 과거 보건사회부장관의 고시에 대하여 대법원이 법규적 성격을 인정하고 그 위헌 · 위법성을 심사한 것은 고시가 경우에 따라서 단순한 행정규칙에 그치지 않는다는 사실을 잘 보여주고 있다(대판 1994.3.8. 92누1728). 이외에도 대법원과 헌법재판소는 이른바 법령보충적 고시의 존재를 인정하고 그 법규성을 꾸준하게 인정하고 있다(대판 2003.9.26. 2003두2274; 대판 2002.9.27. 2000두7933; 헌재결 2004.10.28. 99헌바91; 헌재결 2004.1.29. 2001헌마894). 그 헌법적 문제점에 대하여는 후술한다.

2) 훈 령

훈령은 넓은 의미로는 지시, 예규, 일일명령을 포함하지만, 좁은 의미로는 상급 행정관청이 하급 행정관청을 지휘 · 감독하기 위하여 발령한 행정규칙이다. 훈령은 하급 행정관청 전체의 업무를 대상으로 한다는 점에서 개별 공무원을 지휘 · 감독하기 위하여 발령한 직무명령과 구별된다. 그러므로 훈령은 공무원 개인의 교체와는 관계없이 명시적인 폐지행위가 있을 때까지 하급 행정청을 구속한다.

3) 예 규

예규는 행정청이 자신의 업무처리를 위하여 그 기준을 설정하는 행정규칙이다. 예규가 상급 행정관청에 의하여 만들어져서 하급 행정관청에 시달되고 그 준수를 요구하는 경우에는 훈령과의 구별이 어려워진다.

4) 지 시

훈령과 예규가 장기간에 걸쳐서 일반적으로 적용되는 행정규칙인 반면에, 지시는 상급관청이 하급관청에 대하여 구체적 · 개별적 사안에 대하여 시달하는 업무처리지침이다. 따라서 전자의 경우는 조문화된 규칙이지만, 후자는 개별적인 행정명령인 경우가 대부분이다.

2. 내용에 따른 분류

행정규칙은 그 내용에 따라 전통적으로 조직규칙, 근무규칙, 영조물규칙의 3분법이 지배하였으나, 근래에는 규범해석규칙, 재량준칙, 규범구체화적 행정규칙이라는 새로운 내용의 행정규칙이 등장하였다.

1) 조직규칙과 근무규칙

조직규칙과 근무규칙은 행정청 내부에서 세부적 조직과 업무의 분장, 처리기준 등을 정하는 행정규칙이다. 우리 헌법은 제96조에서 행정조직법에 관한 본질사항유보로서 행정조직법정주의를 선언하고 있으므로 중요한 기관의 설치나 직무범위는 법률로써 규정되어야 한다. 그러나 행정청 내부의 상세한 업무분장이나 처리기준은 법률로 규정하는 데 한계가 있으므로 이러한 행정규칙의 필요성이 존재한다.

2) 영조물규칙

공공의 영조물이란 강학상의 공물을 말한다. 영조물규칙은 이러한 공물의 이용관계를 규율하는 행정규칙을 말한다. 전통적으로 영조물규칙은 특별권력관계의 이론에 따라 법률이 침투하지 못하는 내부적인 법률관계를 규율하는 형식으로 이해되었다. 예를 들면 국공립학교의 학칙, 재소자복무규율, 국공립도서관 · 박물관 등의 이용규칙이 이에 해당한다. 그러나 영조물규칙은 특별권력관계이론의 해체에 따라서 매우 제한된 범위 내에서만 존재한다.

3) 규범해석규칙

규범해석규칙은 법령의 내용이 불확정하여 다양한 해석의 소지가 있는 경우에 상급관청이 하급관청에 시달하는 규범해석의 기준을 정하는 행정규칙이다. 규범해석규칙을 통하여 해석의 어려움과 시간의 낭비를 제거하고 법령해석의 통일을 기할 수 있는 장점이 있다. 그러나 규범해석규칙을 통하여 요건상의 일률적인 해석의 기준을 마련함으로써 행정청의 판단여지를 제한하고 탄력적인 법집행을 요구하는 입법자의 의사에 반하는 문제점도 발생할 수 있다.

4) 재량준칙

재량준칙은 행정청이 법규에 의하여 부여받은 재량권을 행사할 때의 기준과 지침을 정하는 행정규칙이다. 행정재량편에서도 살펴본 바와 같이 재량권행사의 법적 한계에도 불구하고 재량권이 남용되거나 일탈됨으로써 국민의 권익을 해하는 경우가 적지 않다. 그러므로 재량준칙을 마련하여 재량권 행사의 적법성과 통일성을 기하는 장점이 있다. 그러나 재량준칙 역시 재량권 행사의 기준을 고착시킴으로써 재량을 부여한 입법권자의 의사에 반할 수도 있다는 문제점이 지적될 수 있다.

5) 규범구체화적 행정규칙(법령대체적 행정규칙)

특정한 사항에 대하여 상위법령이 규정을 두지 않거나 극히 부분적인 근거규정만을 마련한 경우 행정청은 부득이 행정규칙을 통하여 상위법령을 구체화하거나 보충하는 것이 필요하다. 이미 언급한 바와 같이 규범구체화적 행정규칙 또는 법령대체적 행정규칙의 법규성을 둘러싸고 논쟁이 계속되고 있다.

Ⅳ. 행정규칙의 법적 성격과 효력에 대한 학설의 대립 및 판례

1. 법규성과 대외적 구속력을 인정하는 견해

행정규칙의 법규성과 대외적 구속력을 인정하는 견해는 주로 평등원칙, 신뢰보호원칙, 행정의 독자적 규범정립권 등을 그 이론적 근거로 제시한다. 이와 더불어 행정규칙의 법규성은 행정규칙이 실제로 수행하는 기능, 국민의 권익구제의 용이성이라는 보다 실제적인 근거에 의하여도 뒷받침되고 있다.

1) 평등원칙

행정청은 행정규칙에 의거하여 오랜 시간에 걸쳐서 일정한 행정적 관행을 집적한다. 행정청은 정당한 사유가 없는 한 이후의 유사한 사례에서 이렇게 집적된 행정적 관행으로부터 벗어날 수 없다. 이를 흔히 행정의 자기구속의 법리라고 부른다. 그러므로 행정청이 행정의 자기구속의 법리로부터 합리적인 근거 없이 이탈하는 경우에는 행정법의 일반원칙을 위반한 것이 된다. 따라서 행정규칙은 평등원칙에 따라 간접적으로 법규성과 대외적 구속력을 부여받는다. 한편 행정규칙이 평등의 원칙을 매개로 하여 준법규로서 대외적 구속력을 갖는다고 설명하는 견해도 있다.

만약 행정규칙은 있으나 집적된 관례없이 최초의 행정작용이 이루어지는 경우에는 어떻게 하는가? 이러한 경우에도 행정작용이 "예상되는 행정적 관례"에 견주어 평등원칙 위반 여부를 가려야 한다는 것이 일반적인 견해이다. 그러나 행정적 관례에 어긋난 행정작용이 위법으로 평가되는 것은 행정규칙을 위반해서가 아니라 행정적 관례와 행정의 자기구속의 법리에 위반하여 위법이 되는 것임을 분명히 할 필요가 있다.

2) 신뢰보호원칙

독일의 경우에는 평등원칙과 더불어 신뢰보호원칙을 근거로 행정규칙의 법규성을 인정하자는 견해가 제시된다. 이에 의하면 행정의 상대방은 행정청이 적법한 행정규칙의 내용에 따라 일정한 행정작용을 하거나 하지 않을 것으로 신뢰하기 때문에 이에 위반되는 부작위나 처분은 위법하다는 것이다. 따라서 행정규칙에 위반하면 신뢰보호원칙에 대한 위반으로서 위법한 것이 되므로 법규성과 대외적 구속력을 인정할 수 있다는 것이다.

그러나 Maurer 교수도 적절히 지적하고 있는 바와 같이 신뢰보호원칙의 성립요건으로서 행정규칙 자체를 행정청의 선행조치로 보기는 어렵다. 적어도 행정규칙에 의거한 구체적인 언동(작위 또는 부작위)으로서의 확약 등이 없는 상태에서 행정규칙의 존재 자체가 신뢰보호의 성립요건을 충족하였다고 볼 수 없기 때문이다.

3) 행정부의 독자적 규범정립권

독일에서는 1960년대 말 Ossenbühl 교수의 교수자격논문인 "행정규칙과 기본권"(Verwaltungsvorschriften und Grundgesetz)의 출간 이래 행정규칙의 법규성과 대외적 구속력은 평등원칙과 신뢰보호원칙을 매개로 하지 않고 행정의 독자성에 의하여 직접적으로 인전된다는 견해가 대두되었다. 즉 행정부도 입법부의 위임과는 관계없이 시원적(始原的)인 행정입법권을 가지며, 시원적 행정입법권의 행사를 통하여 대외적 구속력을 갖는 행정규칙을 제정할 수 있다는 것이다.

이러한 Ossenbühl 교수의 견해는 이후 독일연방행정재판소의 이른바 빌원자력발전소판결(BVerwGE 72, 300; Whyl Urteil)을 통하여 공식적으로 확인되었다. 이 판결에서 연방행정법원은 원자력발전으로 인한 대기와 지표수의 오염을 방지하기 위하여 연방내무성에 의하여 제정된 행정규칙을 규범구체화 행정규칙(normkonkreitisierende Verwaltungsvorschrift)으로 인정하고 이것이 일정한 한계 내에서 행정법원을 기속한다고 판결하였다.

그러나 이러한 학설과 판례에도 불구하고 행정의 독자적인 규범정립권과 그로 인한 규범구체화 행정규칙의 법규성을 인정하는 논리에는 찬성하기 어렵다. 물론 행정부에도 규범정립권이 인정되어야 하는 현실적인 필요성은 누구나 인정하는 것이다. 그러나 행정부의 법규명령제정권은 헌법이 인정하는 예외를 제외하고는 원칙적으로 위임입법권의 행사를 통하여 이루어진다. 따라서 행정부가 시원적으로 대외적 구속력을 갖는 행정입법권을 갖는다는 것은 반법치주의적 발상이며 헌법상의 권력분립주의, 법률유보원칙 등에도 위배된다.

특별권력관계의 부활을 가져올 것으로 그 위험성이 지적된 특별명령도 이를 주장하는 학자에 의하여 법률의 위임 없이 특별권력관계를 규율하는 법규명령으로서의 성격이 인정되었다. 그러나 특별명령이 법률의 위임 없이 제정될 수 있다는 논리는 법치주의원칙에 합치하지 못하는 주장이다. 따라서 특별명령의 타당성이 부인된 만큼 법규명령도 아닌 행정규칙의 대외적 구속력을 주장하는 논리는 성립될 수 없다.

4) 행정규칙의 기능

행정규칙의 법규성과 대외적 구속력을 인정하자는 견해는 위에서 논의한 이론적인 근거와 더불어 현실적으로 행정규칙이 법령의 기능을 행하고 있다는 사실 그 자체에 주목하고 있다. 특히 규범구체화 행정규칙의 경우에는 행정법관계에 적용될 법령이 존재하지 않거나 불충분하기 때문에 행정규칙에 의한 법령의 보충기능이 불가피하다는 것이다.

그러나 법령으로 규정되어야 할 사항이 제대로 규정되지 못한 채 행정규칙으로 정해진다고 행정규칙에 법령의 효력의 인정하는 것이 과연 방법론적으로 옳은 일인가? 오히려 이러한 경우에는 행정규칙으로 규정된 사항을 법령으로 환원하는 것이 더 옳은 방법이라고 할 수 있다.

5) 권리구제의 용이성

행정규칙에 일정한 사항이 규정되었을 때 행정규칙의 법규성을 인정한다면 그러한 행정규칙에 위반하는 행위는 쉽게 위법으로 판단할 수 있다. 또한 행정규칙의 법규성과 재판규범성이 인정된다면 행정규칙이 헌법이나 법률에 위반함이 재판의 전제가 되는 경우에 대법원을 비롯한 각급법원은 헌법 제107조 제2항의 규정에 따라 이를 심사할 수 있다. 따라서 행정규칙 자체에 대한 위헌 · 위법심사가 가능하고 그만큼 개인의 권리구제는 용이해진다.

만약 행정규칙의 법규성이 부인된다면 위헌 · 위법성이 명백한 행정규칙임을 알면서도 평등원칙 위반 등을 따져 우회적으로 특정한 행정작용의 위법성을 판단할 수밖에 없다. 그러나 권리구제의 용이성이라는 미시적인 관점에서 성급히 행정규칙의 법규성을 인정해 버린다면 거시적인 차원에서 행정의 법률적합성이라는 보다 중요한 원칙의 붕괴를 가져올 위험성은 없는지 사려깊은 판단이 필요하다.

2. 법규성과 대외적 구속력을 부인하는 견해

행정규칙이 전통적으로 법규에 해당하지 아니하므로 법규성을 부인하는 것이 고전적인 견해이다. 본서에서는 법치국가원리에 입각한 행정의 법률적합성원칙을 유지한다는 입장에서 행정규칙의 법규성을 부인하는 여러 가지 근거를 제시한다.

1) 행정의 법률적합성원칙

행정규칙은 상위법령의 위임과는 관계없는 행정청의 자율적인 규범정립행위이므로 여기에 섣불리 대외적 구속력을 인정한다면 법률에 의한 행정의 원칙, 즉 이를 근간으로 하는 법치주의는 그 존재근거가 위태로워진다. 법치주의의 핵심은 행정의 의사보다 국민의 대표기관인 의회의 의사를 우월시하는 통치체제이다.

그러므로 행정규칙이 법률과 그 위임에 의한 법규명령과 동일한 법규로서 인정되면 행정은 더 이상 법령을 의식하며 행정작용을 행할 아무런 제약이나 인센티브를 갖지 못한다. 행정은 자신의 밀실에서 생산한 행정규칙이라는 무기로 얼마든지 편리하게 국민의 자유와 권리를 제한할 수 있다. 따라서 행정규칙의 기능론에 입각한 법규성 인정의 논리는 그만큼 행정의 법률적합성원칙과 법치주의의 기초를 위협하는 것이다.

2) 법규범간의 위계질서유지

행정규칙의 실질적인 기능에 포커스를 맞추고 법령을 보충한다는 기능을 중시하여 행정규칙으로 제정된 것을 법규로서 대외적 구속력을 인정하는 것은 최근의 대법원 판례에서도 흔히 찾아볼 수 있다. 거꾸로 대법원의 또 다른 판례에서는 형식은 법규명령이나 그 내용과 기능이 내부적인 사무처리규정에 불과하다면 행정규칙으로 보아야 한다는 견해도 제시되고 있다. 일단 이러한 판례들은 법규의 외형적 형식보다 실질적 내용과 기능을 중시하겠다는 점에서는 긍적적 측면이 없는 것은 아니다. 그러나 동시에 이러한 견해들은 우리의 실정법체계의 근간을 이루는 법규범간의 위계질서(즉 헌법, 법률, 명령, 자치법규로 이루어진 상하질서)를 해하는 결과가 된다.

그런데 법규범간의 위계질서는 왜 반드시 지켜져야 하는가? 이러한 상하질서는 그것 자체를 지키는 것이 의미 있는 것이라기보다는 국민들이 법질서를 형성하는 각 규범의 형식에는 각기 다른 내용이 규정된다는 법적 기대를 하고 있기 때문이다. 다시 말하면 헌법, 법률, 명령, 자치법규, 행정규칙은 각기 규율사항을 달리한다는 전제하에 상하계층구조를 형성하고 있기 때문이다.

예를 들어 대통령의 임기는 헌법에 규정되어야 하고, 세법상 조세법률주의에 의하여 납세의무자와 세율, 과세표준은 반드시 법률로 규정되어야 한다는 국민의 법적 기대가 이러한 상하관계존립에 정당성을 부여하는 것이다. 그렇다면 행정규칙으로 규정한 것이지만 법규명령으로 보아야 하고 법규명령의 형식으로 제정되었으나 실제로는 행정규칙에 불과하다는 견해는 부분적으로는 타당할지는 모르나 이러한 법규범간의 위계질서를 뒤흔드는 위험한 발상이다.

3) 우회적 권리구제수단

행정규칙의 법규성과 재판규범성을 인정하는 근거 중의 하나가 권리구제의 용이성 때문이라는 것은 설명하였다. 그렇다면 행정규칙의 법규성과 재판규범성을 부인한다면 개인의 권리구제는 불가능한가? 결론부터 말하자면 그렇지는 않다. 다만 행정규칙의 법규성을 부인하는 입장에 서면 행정작용의 위법성은 평등원칙이나 비례원칙, 신뢰보호원칙 등에 위반됨을 이유로 비교적 우회적인 과정을 통하여 주장할 수밖에 없다.

예를 들어 행정청 내부에 남녀간의 차별적인 승진규정이 있다고 가정할 때(과장승진의 비율이 남 7, 여 3), 이러한 규정의 법규성이 인정된다면 구체적 규범통제의 절차로 그 위헌 · 위법성을 인정하고 당해 사건에서 그 효력을 부인할 수 있다. 그러나 이러한 규정의 법규성과 재판규범성을 부인한다면 구체적인 행정작용의 위법성(승진규정에 의거한 특정 여성의 과장승진의 탈락이라는 거부처분 또는 부작위)은 평등원칙 위반을 주장하며 따질 수밖에 없다.

물론 이러한 우회적 권리구제절차가 번거로운 것은 사실이지만 법률에 의한 행정의 원칙을 포기하는 것과 비교할 수는 없을 것이다. 결국 행정규칙의 법규성 인정 여부는 보다 기능적이고 편리한 가치를 선호하는 것인지 법치주의의 고수라는 원칙론에 충실하는 것인지 하는 입장간의 선택과 형량의 문제로 귀착하는 것이다.

3. 판례 – 행정규칙과 법규명령간의 내용과 형식의 불일치

1) 행정규칙의 법규성 인정 여부

(1) 원칙적으로 법규성 부인

대법원 판례의 대부분은 행정규칙의 법규성을 인정하지 않는다(대판 2000.12.8. 98다12041). 즉 "훈령이란 행정조직 내부에 있어서 그 권한의 행사를 지휘감독하기 위하여 발하는 행정명령으로서 훈련, 예규, 통첩, 지시, 고시, 각서등 그 사용명칭 여하에 불구하고 공법상의 법률관계 내부에서 준거할 준칙 등을 정하는데 그치고 대외적으로는 아무런 구속력도 가지는 것이 아니[다]"라고 한다(대판 1983.6.14. 83누54). 이는 행정규칙에 대한 전통적인 이해에 바탕을 둔 것이다.

(2) 예외적으로 법규성 인정 – 이른바 법령보충적 행정규칙, 행정규칙 형식의 법규명령

판례는 대체로 그 형식상 상위법령의 위임을 받아 그 위임범위 내에서 제정된 것인지, 상위법령이 법률 또는 법률에 근거한 대통령령이나 부령인지 아니면 고시인지, 그 내용상 내부적인 사무처리기준처럼 행정규칙의 내용에 해당하는 것인지 등을 고려하여 법규성 인정 여부를 판단하는 것으로 보인다.

대법원은 행정규칙이라고 하더라도 상위법령의 위임을 받아 그 위임의 범위 내에서 제정된 것이라면 상위법령과 결합하여 대외적인 구속력을 갖는 법규명령으로서의 효력을 가진다고 한다(대판 2019.10.17. 2014두3020 등). 헌법재판소는 이러한 경우 그 행정규칙 자체가 대외적 구속력을 갖게 되는 것은 아니지만 상위법령의 일부로서 대외적 구속력을 갖게 되어 법규명령으로 기능하게 된다고 한다(헌재결 2004.10.28. 99헌바91).

그러나 대법원은 공정거래법령의 위임을 받아 과징금 산정에 관한 재량권 행사의 기준을 정한 공정거래위원회의 고시는 행정청 내부의 사무처리준칙으로서 재량준칙이라고 하였다(대판 2020.11.12. 2017두36212). 또한 보건복지부장관의 고시에 따라 건강보험심사평가원장이 정한 요양급여비용의 심사기준 또는 심사지침에 대하여 대법원은 내부적 업무처리 기준으로 행정규칙에 불과하다고 하였고(대판 2012.11.29. 2008두21669), 헌법재판소 역시 내부의 심사업무 처리기준을 정한 심사지침으로 확인적 의미를 가질 뿐이지 의사에게 어떠한 새로운 의무를 부과하는 것은 아니라서 공권력의 행사에 해당하지 않는다고 하였다(헌재결 2013.9.26. 2010헌마204 등).

또한 헌법재판소는 재량준칙이 행정의 자기구속의 법리에 따라 대외적 구속력을 가지게 되면 헌법소원의 대상이 될 수 있다고 본다(헌재결 2002.7.18. 2001헌마605). 반면 대법원은 재량준칙과 관련하여 행정의 자기구속의 법리에 위반되는 경우에는 평등원칙이나 신뢰보호원칙 위반으로 위법하게 된다고 본다(대판 2009.12.24. 2009두7967).

2) 법규명령 형식의 행정규칙

앞서 본 법령보충적 행정규칙처럼 행정규칙과 법규명령간의 내용과 형식의 불일치 문제가 정반대의 경우에도 발생한다. 즉 법규명령의 형식이지만 단순한 내부적 사무처리기준의 내용을 담고 있으므로 법규성이 부인되고 행정규칙에 불과한 것으로 보는 대법원 판례도 있다. 이 역시 그 형식보다는 내용과 실질적 기능에 따라 법적 성질을 판단하겠다는 입장이라고 할 수 있다.

(1) 재재처분기준의 경우

대법원은 제재처분의 기준이 부령(시행규칙)으로 규정되면 행정규칙이라고 한다(대판 1993.6.29. 93누5635). 반면 대통령령(시행령)으로 규정되면 법규명령으로 보면서도 재량을 남겨두기 위해 그 처분기준을 최고한도로 본다(대판 2006.2.9. 2005두11982).

(2) 처분절차, 인가기준 등의 경우

대법원은 "법 시행규칙 제31조 제2항 제1호, 제2호, 제6호(이하 '이 사건 각 규정'이라 한다)는 법 제11조 제4항의 위임에 따라 시외버스운송사업의 사업계획변경에 관한 절차, 인가기준 등을 구체적으로 규정한 것으로서, 대외적인 구속력이 있는 법규명령이라고 할 것이고 … 그것을 행정청 내부의 사무처리준칙을 규정한 행정규칙에 불과하다고 할 수는 없는 것이다. 따라서 원심이 인정하는 바와 같이 피고가 이 사건 시외버스운송사업계획변경인가처분(이하 '이 사건 처분'이라 한다)을 함에 있어서 이 사건 각 규정에서 정한 절차나 인가기준 등을 위배하였다면, 이 사건 처분은 위법함을 면하지 못한다고 할 것이다(원심이 들고 있는 대판(전합) 1995.10.17. 94누14148은 제재적 행정처분의 기준에 관한 것으로서 이 사건과는 사안을 달리하여 원용하기에 적절하지 아니함을 지적해 둔다)"라고 하여 제재처분기준이 아니라 처분절차, 인가기준 등을 정하는 부령은 그 법규성을 인정한다(대판 2006.6.27. 2003두4355).

V. 행정규칙의 근거

행정규칙은 법규명령과는 달리 상위법령의 수권이 있어야 하는 것은 아니다. 따라서 대법원 판례에서 나타나는 "법령보충적인 행정규칙, 규정은 당해 법령의 위임한계를 벗어나지 아니하는 범위 내에서만 그것들과 결합하여 법규적 효력을 가지게 되는 것"(대판 1996.4.12. 95누7727)이라는 표현은 행정규칙이 일반적으로 상위법령의 수권을 필요로 하는 것을 의미하는 것이 아님을 주의할 필요가 있다.

Ⅵ. 행정규칙의 법적 한계

행정규칙은 행정입법의 하나로서 행정작용이므로 이에 대한 일반적인 법적 한계를 준수하여야 한다. 다시 말해서 행정규칙은 행정의 법률적합성원칙과 행정법의 일반원칙에 위반되는 경우에는 위법하다는 판단을 받게 된다.

우선 행정규칙은 상위법령의 위임과는 관계없이 성립하는 것이므로 법률유보원칙의 위반 문제는 발생하지 않는다. 문제가 되는 것은 상위법령에 위반되는 행정규칙이다. 또한 이론적으로는 비례원칙, 평등원칙, 신뢰보호원칙에 위반되는 행정규칙도 생각할 수 있다. 상위법령에 위반되거나 행정법의 일반원칙에 어긋나는 행정규칙은 그 법적 한계를 넘은 것으로서 이론상으로는 위법하다고 하지만 그것을 이유로 그 효력을 부인하는 것은 사실상 어렵다. 왜냐하면 행정규칙의 법규성을 부인하는 한 위법한 행정규칙에 대한 사법적 심사의 메커니즘이 적절히 마련되어 있지 않기 때문이다. 그렇기 때문에 권리구제의 용이성이라는 측면에서 행정규칙의 법규성이 주장되고 상당한 반향을 불러일으켰음은 앞서 본 바와 같다.

Ⅶ. 행정규칙과 사법심사 - 위헌 · 위법한 행정규칙에 대한 사법심사

행정규칙이 위에서 언급한 법적 한계를 넘어 위헌 · 위법한 경우에 그 자체에 대한 사법심사가 인정될 수 있는가? 우선 이 문제는 행정규칙의 법규성을 부인하는 입장에 서면 그 답도 부정적이다. 따라서 이에 대한 권리구제는 위헌 · 위법한 행정규칙을 통하여 발령된 행정처분이나 그 밖의 행정작용을 대상으로 항고쟁송이나 국가배상 등 적절한 구제수단을 찾을 수 있을 뿐이다.

또한 위헌 · 위법한 행정규칙이 이른바 처분적 성격을 갖는 경우에 이에 대한 항고쟁송은 가능한가? 판례는 처분적 성격의 행정규칙에 대한 항고소송의 가능성에 대하여 매우 소극적이다. 또한 처분적 행정규칙에 대하여 행정쟁송을 거치지 않고 제기된 헌법소원심판청구는 원칙적으로 부적법한 것으로 각하를 면치 못하지만 헌법소원만이 사실상 유일한 권리구제수단인 경우 보충성원칙에 대한 예외가 인정될 수 있다. 따라서 행정규칙의 법규성을 인정하여 헌법 제107조 제2항에 의한 규범통제의 대상으로 하여야 한다는 주장에 일면의 타당성이 있음을 부인할 수 없다. 대법원도 상위법령의 위임을 받아 보건사회부장관이 제정한 '1994년도 노인복지사업지침'을 법령보충적 행정규칙으로 보면서 상위법령의 위임한계를 벗어나 그 효력이 없다고 판시하였다(대판 1996.4.12. 95누7727).

Ⅷ. 행정규칙에 위반한 행정작용의 효력

행정규칙의 내용에 위반하여 일정한 처분이 행해지거나 행정규칙의 내용에 따르는 행정작용이 발하여져야 함에도 불구하고 부작위로 머무는 경우 그러한 행위는 위법한가? 이 역시 행정규칙의 법규성 여부에 의하여 가려질 수 있다. 부정설에 의하면 행정규칙 위반행위는 위법과 관계가 없으며 상위법령의 위반 여부나 평등원칙 등 행정법의 일반원칙에 대한 위반 여부만이 문제될 것이다. 반면 긍정설의 입장에서는 행정규칙에 대한 위반행위는 당연히 위법하며 이에는 처분의 취소, 무효확인, 손해배상의 문제가 따른다.

판례는 "처분이 적법한지는 행정규칙에 적합한지 여부가 아니라 상위법령의 규정과 입법 목적 등에 적합한지 여부에 따라 판단해야 한다 … 처분이 행정규칙을 위반하였다고 하여 그러한 사정만으로 곧바로 위법하게 되는 것은 아니고 … 처분이 행정규칙을 따른 것이라고 하여 적법성이 보장되는 것도 아니다"(대판 2020.12.24. 2018두45633)라고 하면서도, "구 식품위생법 시행규칙 [별표 23]의 행정처분기준은 행정기관 내부의 사무처리준칙을 규정한 것에 불과하기는 하지만, 특별한 사유가 없는 한 행정청은 당해 위반사항에 대하여 위 처분기준에 따라 행정처분을 함이 보통이라고 할 것이므로, 만일 행정청이 이러한 처분기준을 따르지 아니하고 특정한 개인에 대하여만 위 처분기준을 과도하게 초과하는 처분을 한 경우에는 재량권의 한계를 일탈하였다고 볼 만한 여지가 충분하다"(대판 2014.6.12. 2014두2157)거나 "참여제한기간 및 출연금 환수범위의 산정 등에 관한 재량권 행사의 기준으로 마련된 행정청 내부의 사무처리준칙, 즉 재량준칙이고, 이러한 참여제한기간 및 출연금 환수범위의 산정 등에 관한 기준을 정하는 것은 행정청의 재량에 속하므로 그 기준이 헌법 또는 법률에 합치되지 않거나 객관적으로 합리적이라고 볼 수 없어 재량권을 남용한 것이라고 인정되지 않는 이상 행정청의 의사는 가능한 한 존중되어야 한다"(대판 2022.7.28. 2022두31822)라고 본다.

■■■

제 3 장 행정계획

제 1 절 행정계획의 법적 제문제

현재까지 논의한 행정행위와 행정입법은 행정작용의 고전적인 법적 형식으로서 법이론과 판례를 통하여 그 법적 성격과 효력이 일반적으로 서술될 수 있었다. 반면에 행정계획이라는 행정작용의 법적 형식은 이미 실무상으로는 매우 빈번하게 사용되는 것이면서도 여기에 대한 법이론적인 연구가 충분하게 이루어지지 못한 것이 사실이다.

또한 대법원은 판례를 통하여 행정계획의 개념, 계획재량과 그 한계 등에 대하여 판시하고 있다. 즉 "행정계획이라 함은 행정에 관한 전문적 · 기술적 판단을 기초로 하여 도시의 건설 · 정비 · 개량 등과 같은 특정한 행정목표를 달성하기 위하여 서로 관련되는 행정수단을 종합 · 조정함으로써 장래의 일정한 시점에 있어서 일정한 질서를 실현하기 위한 활동기준으로 설정된 것으로서, 도시계획법 등 관계 법령에는 추상적인 행정목표와 절차만이 규정되어 있을 뿐 행정계획의 내용에 관하여는 별다른 규정을 두고 있지 아니하므로 행정주체는 구체적인 행정계획을 입안 · 결정함에 있어서 비교적 광범위한 형성의 자유를 가지는 것이지만, 행정주체가 가지는 이와 같은 형성의 자유는 무제한적인 것이 아니라 그 행정계획에 관련되는 자들의 이익을 공익과 사익 사이에서는 물론이고 공익 상호간과 사익 상호간에도 정당하게 비교교량하여야 한다는 제한이 있으므로, 행정주체가 행정계획을 입안 · 결정함에 있어서 이익형량을 전혀 행하지 아니하거나 이익형량의 고려 대상에 마땅히 포함시켜야 할 사항을 누락한 경우 또는 이익형량을 하였으나 정당성과 객관성이 결여된 경우에는 그 행정계획결정은 형량에 하자가 있어 위법하게 된다"라는 것이다(대판 2007.4.12. 2005두1893).

1987년 입법예고된 행정절차법안에는 행정계획의 확정절차를 규정하여 행정계획에 대한 최소한의 법적 규율의 토대를 마련하였으나 행정절차법으로 이어지지는 못하다가, 최근 행정절차법 제40조의4에서 "행정청은 행정청이 수립하는 계획 중 국민의 권리 · 의무에 직접 영향을 미치는 계획을 수립하거나 변경 · 폐지할 때에는 관련된 여러 이익을 정당하게 형량하여야 한다"라고 규정하여 형량명령을 명문화하였다. 하지만 여전히 행정계획에 대한 법적 논의는 대부분 학설과 판례에 맡겨지는 상태에 머물러 있다.

행정계획을 둘러싸고 제기되는 법적 문제들은 행정계획의 법적 성질, 행정계획의 수립절차와 계획재량의 통제, 위법한 행정계획에 대한 사법적 통제와 권리구제, 행정계획의 폐지 · 변경에 따르는 신뢰보호의 문제, 계획제한과 손실보상에 대한 문제 등으로 압축될 수 있다.

Ⅰ. 행정계획의 의의와 성립배경

행정계획의 개념에 대한 실정법상 정의는 존재하지 아니하나 대법원 판례는 "행정계획이라 함은 행정에 관한 전문적 · 기술적 판단을 기초로 하여 도시의 건설 · 정비 · 개량 등과 같은 특정한 행정목표를 달성하기 위하여 서로 관련되는 행정수단을 종합 · 조정함으로써 장래의 일정한 시점에 일정한 질서를 실현하기 위한 활동기준으로 설정된 것"이라고 정의를 내리고 있다(대판 2023.11.16. 2022두61816). 따라서 행정계획의 개념요소로는 "전문적 · 기술적 판단을 기초로 하는 특정한 행정목표의 설정", "서로 관련되는 행정수단의 종합 · 조정", 이를 위한 "활동기준의 설정" 등으로 세분될 수 있다.

그렇다면 이와 같이 행정계획이라는 행정작용의 법적 형식이 오늘날 보편화된 이유는 어디에 있을까? 여기에는 오늘날 사회국가원리로 표현되는 국가기능의 확대 및 부족한 자원의 효율적 이용, 행정계획을 가능하게 하는 기술적 조건의 성취가 성립배경을 이루고 있다.

행정작용의 전형적인 법적 형식으로서 행정행위는 그 개념적 요소에서 살펴본 바와 같이 구체적 사실에 대한 법집행을 위하여 공권력을 행사하는 것이다. 바꾸어 말한다면 행정행위는 "발등에 떨어진 불을 끄는 식"으로 행정주체가 현재 직면한 과제를 해결하는 법적 형식이다. 그러나 오늘날의 국가는 현재 벌어지고 있는 범죄나 화재를 진압하기 위하여 경찰관과 소방관을 출동시켜야 하기도 하지만 도시의 발전에 따르는 치안과 소방수요를 미리 예측하고 여기에 소요되는 재원이나 시설을 미리 마련하기 위한 준비를 해야 하는 과제도 동시에 안게 되었다. 따라서 미래의 행정수요를 예측하고 이에 따르는 목표의 설정과 목표달성을 위한 수단을 확보하기 위하여 일정한 활동의 기준을 설정한다는 것은 오늘날 국가의 불가피한 과제가 되었다. 그러므로 변화된 국가적 과제의 수행을 위하여 행정계획과 같은 미래지향적인 법적 형식이 요구된다.

이러한 측면에서 혹자는 현대국가의 특징을 표현하기 위하여 계획국가(Planungsstaat)라는 용어를 쓰기도 한다. 이러한 계획국가는 장래에 국민의 생존을 사전적으로 배려하는 헌법상 사회국가원리에 그 토대를 두고 있다.

늘어나는 행정적 과제와 더불어 국민경제의 규모가 팽창하면서 공공부문과 민간부문의 재화와 용역에 대한 수요도 급증하고 있다. 따라서 국민경제의 운영을 위하여 소요되는 부족한 자원과 용역을 효율적으로 배분하는 기준을 설정하는 계획적 요소는 현대 행정작용의 중요한 특징을 이룬다.

인구의 노령화추세에 따라서 향후 10년이나 20년이 지난 후에 실버계층을 위한 시설은 어느 정도 필요한가? 앞으로 10년 뒤에 수도권의 교통수요는 어느 정도이며 대중교통수단의 수송분담률은 어느 정도에 이를 것인가? 과거에는 이러한 미래예측이 불가능하거나 아니면 매우 제한된 자료와 정보에 의하여 부정확하게 이루어질 수밖에 없는 상태에 있었다. 그러나 오늘날에는 과학과 정보매체의 발달로 인하여 비교적 정확하게 미래의 행정수요를 예측할 수 있게 되었고, 이러한 기술적인 요인들이 행정계획의 형식을 촉진시키는 계기가 되고 있다.

Ⅱ. 행정계획의 종류

행정계획은 여러 가지 기준에 따라 다양한 분류가 가능하지만, 성격, 대상 및 범위, 구속성 여부에 따라 분류될 수 있다.

1. 헌법적 계획과 행정계획

헌법적 계획이란 헌법이 정부로 하여금 일정한 헌법적 질서의 형성을 위하여 그 수립을 요구하는 계획을 말한다. 예를 들어 우리 헌법 제120조 제2항은 국가가 국토와 자연의 균형 있는 개발과 이용을 위하여 필요한 계획을 수립하도록 규정하였다. 또한 헌법 제123조 제1항도 국가는 농업 및 어업을 보호 · 육성하기 위하여 농 · 어촌종합개발과 그 지원 등 필요한 계획을 수립 · 시행하여야 한다고 규정하고 있다.

이러한 헌법적 계획은 대개 정부에 정책적 차원에서 일정한 과제를 위탁하는 성격을 갖고 있는 것으로서 국민 개개인에게 일정한 권리와 의무를 규율하는 행정적 계획과 구별된다. 헌법적 계획은 사회국가원리에 따라 정부에 일정한 사회형성적 과제를 부여하는 데 그 목적이 있고, 구체적인 기준이나 지침은 정부의 정책적 판단에 따라 설정되므로 흔히 정치적 계획이라고 불린다. 다만 이러한 헌법적 계획을 토대로 하여 도시계획 등 행정계획이 수립되는 경우도 있다.

2. 장기계획, 중기계획, 연도별 계획

이는 행정계획의 존속기간 또는 수립기간에 따른 것이다. 장기계획의 예로는 환경정책기본법 제14조 제1항의 국가환경종합계획을 들 수 있다. 즉 환경부장관은 관계 중앙행정기관의 장과 협의하여 국가 차원의 환경보전을 위한 종합계획을 20년마다 수립하여야 한다. 중기계획의 예로는 「분산에너지 활성화 특별법」 제5조 제1항에 따른 10년 이상을 계획기간으로 하는 5년 단위의 분산에너지 활성화 기본계획이 있다. 연도별 계획의 예로는 매년 정부가 편성하여 국회가 심의·의결하는 예산안을 들 수 있다.

3. 종합계획과 전문계획

종합계획은 특정 사안의 종합적이며 전체적인 목표를 설정하는 행정계획이다. 반면 전문계획은 종합계획을 바탕으로 구체적인 사안을 실행하는 행정계획이다. 앞서 언급한 바와 같이 환경보전이라는 국가 차원의 과제와 관련하여 수립되는 국가환경종합계획은 종합계획의 대표적인 예이나. 이러한 종합계획은 환경보전을 목적으로 하는 모든 요소가 종합적으로 검토되어 수립된다(환경정책기본법 제15조). 또한 보건복지부장관은 국민건강보험의 건전한 운영을 위하여 건강보험정책심의위원회의 심의를 거쳐 5년마다 국민건강보험 종합계획을 수립하도록 되어 있다(국민건강보험법 제3조의2 제1항).

전문계획은 종합계획에 비하여 특정 사안의 구체적인 실행을 위하여 수립되는 계획이다. 예를 들면 폐기물시설촉진법의 폐기물처리시설 입지선정계획이 있다(제9조).

4. 비구속적 계획과 구속적 계획

이는 행정계획이 갖는 법적 효과에 따른 구별이다. 비구속적 계획은 행정청이 의도하는 목표를 문서화 하는 것 외에 행정청 내부적으로나 국민에 대하여 어떠한 법적 구속력을 갖지 못하는 행정계획을 말한다. 그러나 행정청이나 특히 국민을 구속하는 구속적 행정계획은 그 법적 근거와 요건, 수립절차, 권리구제 등과 관련하여 중요한 법적 고찰의 대상이 된다. 따라서 행정계획이 구속적인가 아니면 단순한 비전의 제시로 그치는가 하는 것은 행정법학에서 중요한 의미를 갖는다.

1) 비구속적 계획

오늘날 행정계획이 어떠한 법적 구속력도 없이 단순한 목표의 제시로 그치는 경우는 찾아보기 힘들다. 따라서 비구속적 계획이라고 함은 일반적으로 국민과의 관계에서 법적 구속력을 갖지 않는 행정계획으로 이해하는 것이 옳다. 넓은 의미에서 구속적 계획은 행정청만을 구속하고 국민에 대한 법적 효력을 미치지 않는 행정계획도 포함한다. 예를 들자면 환경정책기본법의 국가환경종합계획이다. 또한 예산안도 직접 국민을 구속하는 효력은 갖지 않으며 행정내부적인 구속력만을 갖는다. 예산의 이러한 성격은 우리나라와 같이 예산이 예산안의 형태로 심의 · 의결되는 나라와 예산법률주의에 따라 법률의 형태로 제정되는 나라와 차이가 없다.

2) 구속적 계획

그러나 좁은 의미에서의 구속적 계획은 직접적으로 국민의 권리와 의무관계를 규율하는 행정계획을 가리키며 행정계획으로서 중요한 의미를 갖는다. 구속적 계획의 예로 들 수 있는 것은 많지만 국토계획법의 도시 · 군관리계획(제2조 제4호)과 폐기물시설촉진법의 폐기물처리시설 입지선정계획(제9조)을 들 수 있다.

즉 개발제한구역법 제3조 제1항에 따라 특정 지역이 도시의 무질서한 확산을 방지하고 도시 주변의 자연환경을 보전하여 도시민의 건전한 생활환경을 확보하기 위하여 도시의 개발을 제한할 필요가 있다고 인정되는 경우 등에는 개발제한구역의 지정을 도시 · 군관리계획으로 할 수 있다. 이러한 경우에는 제12조 제1항에 따라 직접적으로 개인에게 법적 의무가 부과될 수 있다. 개발제한구역에서는 건축물의 건축 및 용도변경, 공작물의 설치, 토지의 형질변경, 죽목(竹木)의 벌채, 토지의 분할, 물건을 쌓아놓는 행위, 국토계획법상 도시 · 군계획사업의 시행을 할 수 없다.

또한 폐기물시설촉진법 제10조에 따라 입지가 고시된 폐기물설치시설 설치지역이 국토계획법의 도시지역 밖에 있는 경우에 그 지역은 계획관리지역으로 지정된 것으로 본다. 계획관리지역은 도시지역으로의 편입이 예상되는 지역이나 자연환경을 고려하여 제한적인 이용 · 개발을 하려는 지역으로서 계획적 · 체계적인 관리가 필요한 지역이다(제36조 제2호 다목). 계획관리지역의 경우 건폐율(대지면적에 대한 건축면적의 비율)은 40% 이하(제77조 제1항 제2호 다목), 용적률(대지면적에 대한 연면적의 비율)은 100% 이하(제78조 제1항 제2호 다목)로 제한된다.

Ⅲ. 계획재량의 개념과 법적 한계

1. 개 념

오늘날 재량행위의 관심사항은 행정재량뿐 아니라 행정계획의 수립주체가 행정계획의 결정과정에서 행사하는 광범위한 계획재량(Planungsermessen)과 그 법적 한계 및 계획재량에 대한 사법적 통제의 문제에 집중되고 있다.

그렇다면 행정계획의 수립주체가 계획의 결정과정에서 행사하는 재량은 어떠한 성질의 것인가? 지하철건설계획을 예로 들어보자. 현재 서울과 수도권을 비롯한 여러 도시에는 이미 지하철이 건설되어 운행중에 있으며 상당한 연장의 지하철에 대한 건설계획이 수립되거나 수립중에 있다. 그런데 지하철건설계획이라는 행정계획을 수립하는 주체는 지하철건설을 통한 운송분담률의 결정이라는 목표설정에 대하여 상당한 재량권을 가지고 있다. 가령 2030년에 지하철의 운송분담률을 45% 혹은 50% 또는 그 이상으로 목표를 설정할 수 있다. 분명 지하철은 편리하고 환경침해도 비교적 적은 교통수단으로서 대도시 교통문제를 해결할 때 그 확충이 시급한 것이라는 점에는 어느 누구도 이의를 제기할 수 없다. 그러나 지하철의 운송분담률을 높이기 위하여 대규모의 건설계획을 수립할 때 역시 가장 큰 걸림돌은 여기에 소요되는 재원마련이라는 수단을 어떻게 적절히 조합하는가 하는 문제일 것이다.

지하철건설에 소요되는 재원을 마련하기 위한 수단은 여러 가지가 있을 수 있다. 조세수입을 통한 일반회계, 목적세의 신설, 도시철도채권의 발행, 민간자본의 유치, 상업차관의 도입 등이 고려될 수 있다. 이 중에서 계획주체가 어떠한 수단을 선택하고 조합하는가 하는 문제는 계획주체에게 주어진 계획재량에 속하는 것이다. 그러므로 행정행위편에서 본 행정재량이 요건과 효과상의 재량이라는 특징을 갖는다면 계획재량은 목적과 수단상의 재량이라는 구조를 취한다.

2. 계획재량의 법적 한계

이처럼 계획재량이 일반적인 행정재량과 그 구조를 달리한다면 계획재량의 법적 한계도 행정재량의 법적 한계로서 논의되는 재량권의 내부적 · 외부적 한계나 재량권의 불행사 등과는 다른 각도에서 검토되어야 한다. 행정계획은 일반적으로 오랜 시간을 거쳐서 다수의 사람들에게 지대한 이해관계를 미치게 된다. 그러므로 계획주체는 목표를 설정하고 수단을 선택할 때 이러한 다수인의 이해관계를 적절히 조절하여 최종적인 결정을 내림으로써 행정계획의 민주적 정당성을 확보한다. 이렇게 볼 때 계획재량은 행정계획의 결정과정에서 발생하는 다양한 이해관계, 즉 공익과 공익, 공익과 사익, 사익과 사익 상호 간에 벌어지는 이해의 대립을 적절히 조절하여야 한다는 한계 내에서만 행사될 수 있는 것이다. 이것이 계획재량 혹은 계획주체의 형성의 자유(planerische Gestaltungsfreiheit)와 그에 대한 통제이론으로서의 형량명령(Abwgungsgebot) 이론이다. 그리고 행정절차법 제40조의4는 형량명령을 성문화하였다.

지하철건설계획의 예로 돌아가 보자. 지하철건설계획이 수립되면 우선 정부 부처 간부터 이해관계의 대립이 예상된다. 국토교통부나 서울시 등은 지하철건설의 확충을 주장하는 반면, 기획재정부 등은 국가의 막대한 재정적 부담과 경제적 여건을 고려하여 실현가능한 정도로 건설계획을 축소해 줄 것을 요청할 수도 있다. 공익과 공익이 상충되는 부분이다. 또한 지하철건설계획의 재원이 만약 목적세로 충당된다면 납세자의 상당한 조세저항이 우려되는데, 이는 대표적인 공익과 사익 간의 갈등양상이라고 할 수 있다. 마지막으로 지하철의 혜택을 받는 국민(주민)과 그렇지 못한 국민(주민) 간에도 지하철의 건설을 둘러싼 갈등이 생길 수 있다. 이는 집단적 형태의 사익 상호 간의 대립관계로 볼 수 있다.

그러므로 계획주체의 계획재량권의 행사가 이러한 모든 이익들 사이의 엄격하고 충분한 형량하에 이루어져서 최종적인 계획결정에 이르는 경우에는 그 법적 한계가 준수된 것으로 평가할 수 있다. 반면 계획주체가 행정계획의 결정과정에서 이러한 의무를 다하지 않고 계획주체의 편견과 독선에 의거하여 행정계획을 결정한 경우에는 계획재량의 법적 한계를 넘어선 위법한 행정계획의 결정이며 법원의 심사대상이 된다.

3. 판 례

대법원은 1996년부터 계속하여 일련의 판례들을 통해 행정계획의 개념, 행정계획의 주체가 가지는 계획재량의 본질과 그 한계로서의 형량명령이론, 계획재량의 하자에 대한 견해를 제시하고 있다(대판 1996.11.29. 96누8567; 대판 1997.9.26. 96누10096; 대판 2014.7.10. 2012두2467; 대판 2023.11.16. 2022두61816 등). 이는 그동안 학설을 통해 제기되었던 것을 판시에 담은 것으로서 상당한 의의를 갖는다.

특히 판례는 계획재량이 일탈 · 남용되어 하자가 발생하는 유형으로서 첫째, 행정주체가 행정계획을 입안 · 결정하면서 이익형량을 전혀 행하지 않거나(형량의 결여), 둘째, 이익형량의 고려 대상에 마땅히 포함시켜야 할 사항을 누락한 경우(형량의 결핍), 셋째, 이익형량을 하였으나 그 정당성과 객관성이 결여된 경우(오형량)를 들고 있다.

한편 과거의 판례는 "행정주체가 행정계획을 입안 · 결정함에 있어서 이익형량을 전혀 행하지 아니하거나 이익형량의 고려 대상에 마땅히 포함시켜야 할 사항을 누락한 경우 또는 이익형량을 하였으나 정당성 · 객관성이 결여된 경우에는 그 행정계획결정은 재량권을 일탈 · 남용한 것으로서 위법하게 된다"라고 하여 재량권의 일탈 · 남용으로 설시하였으나(대판 2000.3.23. 98두2768), 이제는 "행정주체가 행정계획을 입안 · 결정하면서 이익형량을 전혀 행하지 아니하거나 이익형량의 고려 대상에 마땅히 포함시켜야 할 사항을 누락한 경우 또는 이익형량을 하였으나 정당성과 객관성이 결여된 경우에는 그 행정계획결정은 형량에 하자가 있어 위법하다"(대판 2006.9.8. 2003두5426 등 참조)라고 하여 재량의 한계와 계획재량의 한계를 구별하고 있다(대판 2023.11.16. 2022두61816).

Ⅳ. 행정계획의 법적 근거와 행정계획의 수립절차

1. 행정계획의 법적 근거

행정계획을 수립하려면 특별한 법적 근거를 필요로 하는가? 이는 법률유보에 관한 일반이론에 의하여 해결하여야 할 것이다. 다시 말해서 행정계획의 법적 성질이 국민에게 의무를 부과하고 권리를 제한하는 침해적 성격이 있다면 법률유보의 최소한인 침해유보설의 입장에서도 당연히 법적 근거가 요구된다. 더 나아가 행정계획으로 인하여 특정인이나 특정 집단에게 국가적 급부의 혜택이 부여되는 경우에도 경쟁관계에 있는 제3자 등의 관계를 고려하여 법적 근거가 요구된다. 다만 비구속적 행정계획이나 종합계획의 경우에도 법적 근거가 존재하는 경우가 있겠으나, 이는 행정계획의 존재를 알리고 이를 명확하게 하는 주의적 규정이며 이러한 행정계획의 수립에 반드시 법적 근거가 요구되는 것은 아니다.

2. 행정계획의 수립절차

1) 계획수립절차의 의의 및 일반법의 부재

특정 시설의 설치를 위한 전문계획이 수립되는 경우 관련 행정청과 더불어 지역주민 등 다수의 권리주체가 이해관계를 달리하게 되는 것이 일반적이다. 이러한 경우에 행정계획의 수립주체가 갖는 계획재량의 법적 한계는 앞서 설명하였는데, 계획수립절차는 계획재량을 행사할 때 여러 이해관계를 적절히 조절하여 최종적인 결정을 내리도록 통제하는 수단이 된다. 다시 말해 현대 행정에서 집단적 이해관계의 갈등을 행정절차 등을 통하여 사전에 조정하는 제도적 장치로서 행정계획 수립절차의 의의와 기능은 새삼 언급할 필요가 없을 정도이다.

행정절차법에는 행정계획에 관하여 형량명령만을 규정하고 있을 뿐 그 수립절차에 관한 규정을 두고 있지 않다. 따라서 행정계획을 수립하기 위한 통일적인 절차를 체계적으로 설명하기는 어렵다. 결국 그 절차는 개별법의 규정에 따르게 된다. 예를 들어 국토계획법은 광역도시계획(제2조 제1호), 도시 · 군기본계획(제2호), 도시 · 군관리계획(제3호)의 수립절차를 규정하고 있다. 아래에서는 그중 가장 중요한 의미를 가지는 도시 · 군관리계획의 수립절차를 개략적으로 살펴본다.

2) 도시 · 군관리계획의 수립절차

도시 · 군관리계획은 특별시 · 광역시 · 특별자치시 · 특별자치도 · 시 또는 군의 개발 · 정비 및 보전을 위하여 수립하는 토지 이용, 교통, 환경, 경관, 안전, 산업, 정보통신, 보건, 복지, 안보, 문화 등에 관한 계획으로, 이에 해당하는 것에는 용도지역 · 용도지구의 지정 또는 변경에 관한 계획(가목), 개발제한구역, 도시자연공원구역, 시가화 조정구역(市街化調整區域), 수산자원보호구역의 지정 또는 변경에 관한 계획(나목), 기반시설의 설치 · 정비 또는 개량에 관한 계획(다목), 도시개발사업이나 정비사업에 관한 계획(라목), 지구단위계획구역의 지정 또는 변경에 관한 계획과 지구단위계획(마목), 입지규제최소구역의 지정 또는 변경에 관한 계획과 입지규제최소구역계획(바목)이 있다(제2조 제4호).

(1) 입안 및 입안의 제안

도시 · 군관리계획의 입안권자는 원칙적으로 특별시장 · 광역시장 · 특별자치시장 · 특별자치도지사 · 시장 또는 군수이다(제24조 제1항). 특별시장 · 광역시장 · 특별자치시장 · 도지사 · 특별자치도지사(이하 '시 · 도지사'), 시장 또는 군수는 도시 · 군관리계획을 입안할 때에는 대통령령으로 정하는 바에 따라 도시 · 군관리계획도서(계획도와 계획조서)와 이를 보조하는 계획설명서(기초조사결과 · 재원조달방안 및 경관계획 등)를 작성하여야 한다(제25조 제2항). 도시 · 군관리계획은 계획의 상세 정도, 도시 · 군관리계획으로 결정하여야 하는 기반시설의 종류 등에 대하여 도시 및 농 · 산 · 어촌 지역의 인구밀도, 토지 이용의 특성 및 주변 환경 등을 종합적으로 고려하여 차등을 두어 입안하여야 한다(제3항).

주민(이해관계자 포함)은 기반시설의 설치 · 정비 또는 개량에 관한 사항 등에 대하여 도시 · 군관리계획의 입안권자에게 도시 · 군관리계획의 입안을 제안할 수 있는데, 이때 제안서에는 도시 · 군관리계획도서와 계획설명서를 첨부하여야 한다(제26조 제1항). 이러한 제안을 받은 입안권자는 그 처리 결과를 제안자에게 알려야 한다(제2항).

(2) 입안을 위한 기초조사

도시 · 군관리계획을 입안할 경우 그 기초가 되는 환경, 인구의 분포나 토양의 성질 등 자연적 · 사회적 상황에 대한 조사가 선행되어야 한다. 그러므로 도시 · 군관리계획을 입안할 때에는 미리 인구, 경제, 사회, 문화, 토지 이용, 환경, 교통, 주택, 그 밖에 대통령령으로 정하는 사항 중 그 도시 · 군관리계획의 수립에 필요한 사항을 대통령령으로 정하는 바에 따라 조사하거나 측량하는 기초조사를 하여야 함이 원칙이다(제27조 제1항, 제13조 제1항). 따라서 도시 · 군관리계획이 이러한 사실관계에 대한 조사가 이루어지지 않거나 부실한 상태에서 최종적으로 결정된다면 계획결정의 절차상 흠이 있어 위법성이 문제될 수 있다.

(3) 주민과 지방의회의 의견청취

도시 · 군관리계획의 수립과정에서 가장 핵심적인 절차는 도시 · 군관리계획에 대하여 직접적인 이해관계를 가지는 지역주민과 지방의회의 의견을 충실하게 반영하여 이해관계를 조절하고 최종적인 계획결정의 민주적 정당성을 확보하는 것이다. 이는 계획주체가 가지는 재량을 절차적으로 통제하는 형량명령을 시행하는 것이다. 따라서 시 · 도지사, 시장 또는 군수는 도시 · 군관리계획을 입안할 때에는 주민의 의견을 들어야 하고 그 의견이 타당하다고 인정되면 도시 · 군관리계획안에 반영하여야 한다(제28조 제1항 본문). 다만 국방상 또는 국가안전보장상 기밀을 지켜야 할 필요가 있는 사항(관계 중앙행정기관의 장이 요청하는 것만 해당)이거나 대통령령으로 정하는 경미한 사항인 경우에는 그렇지 않다(단서).

(4) 도시 · 군관리계획의 결정

도시 · 군관리계획은 시 · 도지사가 직접 또는 시장 · 군수의 신청에 따라 결정함이 원칙이다(제29조 제1항). 시 · 도지사는 도시 · 군관리계획을 결정하려면 관계 행정기관의 장과 미리 협의하여야 한다(제30조 제1항). 다만 국방상 또는 국가안전보장상 기밀을 지켜야 할 필요가 있다고 인정되면(관계 중앙행정기관의 장이 요청할 때만 해당) 그 도시 · 군관리계획의 전부 또는 일부에 대하여 이러한 절차를 생략할 수 있다(제4항).

V. 행정계획의 법적 성격

1. 일반론

행정계획은 행정행위나 행정입법에 비하여 비교적 최근에 등장한 법형식이므로 그 법적 성격을 어떻게 이해할 것인가에 대하여 입법행위설, 행정행위설, 독자성설 또는 복수성질설로 의견이 대립된다. 그 이유는 행정계획이 새로운 법적 형식임에도 불구하고 대외적으로 표시되는 형식은 법률, 법규명령, 행정규칙, 행정처분, 사실행위 등 기존의 전통적인 형식을 빌려 쓰기 때문이다. 다시 말해 행정계획의 개념은 새로운 것이지만 외부적으로 표시되는 형식은 결코 새로운 것이 아니며 구체적인 발현형식에 따라 그 법적 성격이 결정된다고 할 수 있다. 따라서 행정계획의 법적 성격은 하나로 환원되는 것이 사실상 불가능하며 구체적 · 개별적으로 고찰되어야 한다. 또한 행정계획이 구체적으로 발현되는 형태와 이에 따르는 법적 성격이 파악되면 여기에 맞는 적절한 권리구제수단이 선택될 수 있다. 그러므로 행정계획의 법적 성격을 파악하는 것은 결과적으로 그에 대한 권리구제수단을 선택함에 있어 중요한 의미를 갖는다.

2. 개별적 검토

1) 입법행위설에 따르면 행정계획은 향후 일정한 행정질서의 형성이라는 목표를 설정하고 이를 달성하기 위한 수난을 동원하는 활동기준을 설정하는 것으로서 일종의

일반적 · 추상적 성격을 갖는 규범의 설정행위와 유사하다. 따라서 행정계획은 법률, 법규명령, 행정규칙의 형식으로 결정되는 경우가 많게 된다. 실제로 우리나라의 경우 「신항만건설 촉진법」과 같은 이른바 행정계획절차를 간소화하기 위한 개별법률을 통해 직접 특정 행정계획을 규율하는 경우가 많다.

2) 행정행위설은 행정계획 중에서도 특정 공공시설의 건설을 위한 전문계획 또는 국민을 구속하는 구속적 계획이 결정되면 직접적으로 국민의 권리와 의무에 변동을 초래하는 결과를 가지고 오므로 이러한 행정계획의 결정은 행정행위이고 처분성이 인정된다는 견해이다.

판례는 구속적 행정계획에 해당하는 국토계획법상 도시 · 군관리계획결정(대판 2014.7.10. 2012두2467)과 그 전신인 구 도시계획법상 도시계획결정(대판 1982.3.9. 80누105)의 처분성을 인정한다. 또한 일종의 기준설정행위로서 일반처분에 해당하는 개별공시지가결정(대판 1993.1.15. 92누12407)과 표준지공시지가결정(대판 1994.3.8. 93누10828)의 처분성도 인정한다. 반면 구 「국가균형발전 특별법」에 따른 '혁신도시 입지선정지침'과 혁신도시 입지선정행위는 처분에 해당하지 않는다고 본다(대판 2007.11.15. 2007두10198).

3) 독자성설 또는 복수성질설에 따르면 행정계획은 입법행위도 행정처분도 아닌 독자적 성격을 갖고 있다거나 여러 가지 성격이 혼합되어 있다고 본다.

Ⅵ. 행정계획과 권리구제

1. 행정계획의 법적 한계와 위법한 행정계획에 대한 구제

1) 행정계획도 행정작용의 한 형태이므로 그 법적 한계를 준수하여야 한다. 행정계획의 법적 한계는 다른 행정작용과 마찬가지로 행정의 법률적합성원칙과 행정법의 일반원칙에 따라 결정된다. 따라서 구속적 행정계획임에도 불구하고 법적 근거가 결여되거나 근거법규범의 내용에 위반하여 수립 · 결정되는 행정계획은 위법하다. 또한 행정계획의 결정이 신뢰보호원칙, 평등원칙, 비례원칙에 위반하는 경우에도 역시 위법하다. 특히 계획재량이 형량명령을 준수하지 않고 위법한 계획결정에 이르는 경우에는 역시 사법적 통제의 대상이 된다.

2) 이러한 위법한 행정계획에 대하여는 행정계획의 구체적인 법적 성격에 따른 권리구제가 가능하다. 이를 개별적으로 검토해보자.

법률, 법규명령, 행정규칙의 성격을 갖는 행정계획이 위헌 · 위법하여 개인의 권익을 침해하는 경우에는 이에 상응하는 권리구제의 수단이 동원된다. 법률 형식의 행정계획에 위헌의 소지가 있다면 구체적 규범통제로서 위헌법률심판(헌법 제107조 제1항, 헌법재판소법 제41조)이나 규범통제형 헌법소원(제68조 제2항)이 가능하다. 법규명령 형식의 행정계획이라면 헌법 제107조 제2항의 구체적 규범통제로 그 위법성에 대한 판단이 이루어진다. 다만 법률이나 법규명령의 형식을 갖는 행정계획은 대부분 처분적 성격을 가지고 있어 집행행위를 매개로 하지 않고 직접적으로 개인의 권익을 침해할 가능성이 크므로 구체적 규범통제로는 권리구제의 실효성을 기대하기 우려운 경우도 발생할 수 있다. 따라서 이에 대한 권리구제형 헌법소원(헌법 제111조 제1항 제4호, 헌법재판소법 제68조 제1항)이 중요한 권리구제수단으로 등장할 가능성이 크다. 반면 행정규칙 형식의 행정계획은 법규성 인정되는 경우에는 직접적인 심사가 가능하나, 법규성이 부인되는 경우에는 행정계획에 따른 행정작용을 대상으로 다시 적절한 사법적 구제수단을 강구해야 한다.

행정계획이 행정처분적 성격을 갖는 경우에 이에 대한 항고쟁송이 가능함은 물론이다. 행정처분적 성격을 갖는 행정계획의 위법성을 심사할 때에는 앞서 언급한 법적 한계의 준수 여부와 함께 계획재량의 법적 한계도 고려되어야 한다. 따라서 필요한 형량이 행해졌는지, 혹은 행해졌다고 하더라도 적절한 형량기준에 따라 계획결정이 이루어졌는지 여부가 심사의 대상이 된다.

만약 행정계획이 행정지도적 성격이나 단순한 사실행위로 평가되어 행정쟁송의 대상이 되지 않는다면 이에 대한 공법상 당사자소송을 통하여 그 제거 또는 수정을 요구할 수 있어야 한다.

위법한 행정계획에 대한 규범통제나 행정쟁송을 통하여 행정계획의 무효, 취소 또는 제거 및 수정을 요구하는 것 외에도 이로 인하여 신체적 · 재산적 · 정신적 손해가 발생한 경우에는 국가를 상대로 손해의 배상을 구할 수 있다.

2. 적법한 행정계획과 손실보상

결정 · 고시된 행정계획이 법적 한계를 준수하여 적법하더라도 이로 인하여 특정인에게 재산상 특별한 손실을 야기하는 경우가 있다.

예를 들어 개발제한구역법 제3조 제1항에 따라 도시 · 군관리계획으로 개발제한구역이 지정되어 특정인의 재산권 행사가 제한되는 경우 도시 · 군관리계획은 적법하다고 하더라도 특정인에게는 재산권 행사의 제한으로 인한 손실이 발생한다. 헌법은 제23조 제3항에서 "공공필요에 의한 재산권의 수용 · 사용 또는 제한 및 그에 대한 보상은 법률로써 하되, 정당한 보상을 지급하여야 한다"라고 규정하여 수용 등 이른바 공용침해행위에 대하여는 법률에 의한 보상을 헌법적으로 명하고 있다. 그런데 구 도시계획법은 불가분조항(Junktimklausel)으로 불리는 헌법상의 보상명령에도 불구하고 개발제한구역 지정으로 인한 손실보상에 대하여 침묵을 지키고 있었다. 이에 헌법재판소는 헌법불합치결정을 하였고(헌재결 1998.12.24. 89헌마214 등), 이후 개발제한구역법으로 주민지원사업(제16조), 토지매수청구(제17조) 등 변형된 보상의 형태를 인정하고 있다.

적법한 행정계획으로 인하여 재산권 주체에게 발생한 특별한 희생과 손실보상의 문제는 이론적으로나 실제적으로 해결이 용이한 것은 아니다. 이에 대하여는 손실보상편에서 상세히 다룬다.

3. 행정계획의 폐지 · 변경에 따르는 신뢰보호의 문제 – 계획보장청구권

1) 행정계획과 신뢰보호의 필요성

행정계획은 행정처분과는 달리 미래지향적 행정작용이므로 일단 행정계획이 확정되더라도 집행에 들어가기 이전이나 집행에 착수한 이후에도 계획의 확정 당시에는 예상하지 못한 사유로 인하여 계획의 계속적인 집행이 어려운 경우가 생길 수 있다.

한편으로 보면 행정계획을 신뢰하고 계획의 계속적 집행을 예상한 개인을 보호함과 동시에 국가계획의 지속성을 보장한다는 것은 행정계획이 가져야 할 속성 중의 하나이다. 그러나 행정계획을 계속하여 집행하지 못할 객관적인 이유가 있거나 행정계획의 계속적인 집행으로 인하여 중대한 공익을 해치는 경우에는 부득이 이를 폐지 · 변경하여 행정의 탄력성을 회복할 필요성이 있는 것 또한 사실이다. 그러므로 행정계획은 그 속성상 지속성과 탄력성이라는 상호 이율배반적인 명제 속에서 그 운명이 결정된다.

여기서 행정계획의 폐지 · 변경으로 인한 개인의 신뢰를 보호하기 위하여 제기되는 것이 행정계획의 집행에 대하여 개인의 권리가 인정되는가 하는 이른바 계획보장청구권(Anspruch auf Plangewährleistung)의 문제이다.

2) 계획보장청구권의 내용

계획보장청구권은 계획존속청구권, 계획준수청구권, 경과규정 및 조절보상청구권, 손해배상 및 손실보상청구권을 그 내용으로 한다. 한편 이와는 반대되는 상황이지만 행정계획의 변경을 요구하는 이른바 계획변경청구권도 계획보장청구권과 함께 논의된다.

(1) 계획존속청구권

계획존속청구권(Anspruch auf Planfortbestand)은 문자 그대로 행정계획의 폐지 · 변경을 불허하고 계획의 계속적인 존속을 요구하는 권리이다.

그러나 계획존속청구권을 인정하게 되면 계획의 변경가능성과 탄력성은 경색된다. 또한 계획집행에 대한 사익을 일방적으로 우월시하는 결과가 된다. 그렇기 때문에 이러한 청구권은 원칙적으로 인정되지 않는다.

(2) 계획준수청구권

계획준수청구권(Anspruch auf Planbefolgung)은 행정계획의 내용 그대로 계획의 집행이 이루어지도록 청구하는 권리이다. 따라서 계획의 내용에 반하는 집행은 허용되지 않는다. 일반적으로 전문계획은 구속적 계획이므로 국민은 물론 행정관청도 구속하기 때문에 행정계획의 주무관청은 행정계획의 내용에 기속되며 이를 그 내용대로 집행해야 하므로 국민은 계획준수청구권을 갖는다는 것이다.

그러나 행정계획이 시기적으로 언제 집행되어야 하는지 또는 구체적으로 어느 정도의 규모로 집행되는지 하는 문제는 행정청의 재량사항이므로 계획집행의 구체적인 시기와 규모를 요구하는 청구권도 원칙적으로 인정되지 않는다.

(3) 경과규정 및 조절보상청구권

경과규정 및 조절보상청구권(Anspruch auf Übergangsregelungen und Anpassungshilfen)은 계획의 폐지·변경시에 경과규정을 두거나 그로 인한 손실을 완화할 수 있는 다양한 조절수단으로 보상을 하도록 청구할 수 있는 권리이다. 만약 이러한 내용의 청구권을 행사할 수 있다면 계획주체는 행정계획의 변경가능성과 탄력성을 부여받을 수 있고, 행정계획을 신뢰한 개인도 어느 정도 보호가 가능하다는 장점을 갖는다고 할 수 있다.

그러나 이러한 청구권 역시 법적으로 그 행사의 요건이 명백히 규정되지 않는 한 일반적으로 인정되는 것은 아니다.

(4) 손해배상 및 손실보상청구권

손해배상 및 손실보상청구권(Anspruch auf Entschädigung)은 행정계획의 폐지·변경으로 인하여 개인이 부담하게 되는 손해나 손실을 전보해주는 것이다. 행정계획의 폐지·변경이 위법한 경우에는 국가배상법에 따른 손해배상청구권 성립 여부를 따져볼 수 있다.

가장 일반적인 의미에서 계획보장청구권으로 흔히 언급된 것은 행정계획의 폐지·변경에 따라 이를 신뢰한 개인에게 발생한 손실에 대하여 금전적인 보상을 행하는 것을 내용으로 하는 손실보상청구권이다. 그러나 손실보상청구권이 인정되려면 손실보상의 요건과 절차를 규정한 법률적 근거가 있어야 하므로 계획이 폐지·변경되는 경우 손실보상청구권이 당연히 인정되는 것은 아니다.

(5) 계획변경청구권

계획변경청구권은 행정계획의 변경을 청구할 수 있는 권리이다. 이와 함께 계획의 수립이나 폐지를 요구하는 내용의 계획수립·폐지청구권도 논의된다. 이러한 청구권들도 계획재량을 고려하였을 때 원칙적으로는 인정되지 않는다. 다만 개별법에 이를 인정하는 명문규정이 있거나 법해석을 통해 예외적으로 인정되는 경우가 있다.

국토계획법상 도시 · 군관리계획의 수립은 입안과 결정으로 구분되는데, 주민(이해관계자 포함)에게는 도시 · 군관리계획에 대한 입안제안권이 부여되어 있다(제26조). 판례는 이러한 규정과 헌법상 재산권에 근거하여 도시계획구역 내 토지 등 소유자와 같이 해당 도시계획과 이해관계가 있는 주민에게는 그 계획의 입안 또는 변경을 구할 법규상 또는 조리상 신청권이 인정된다고 하였다(대판 2015.3.26. 2014두42742). 즉 계획수립 · 변경청구권이 인정된 것이다. 이러한 법리에 기초하여 산업입지 및 개발에 관한 법률에 따라 입안 관련 권한이 인정되고 변경에 관한 절차적 권리가 인정되는 산업단지 안의 토지소유자에게도 산업단지개발계획의 변경을 구할 법규상 또는 조리상 신청권이 인정된다고 보았다(대판 2017.8.29. 2016두44186).

또한 판례는 폐기물처리업허가를 받기 위하여 폐기물처리사업계획의 적정통보를 받은 사람에게 국토이용계획변경신청을 거부하는 것은 실질적으로 폐기물처리업허가신청을 불허가하는 것과 같으므로 국토이용계획변경을 신청할 법규상 또는 조리상 권리가 있다고 하여 계획변경청구권을 인정하였다(대판 2003.9.23. 2001두10936). 문화재보호구역 내에 있는 토지소유자 등에게 문화재보호구역 지정해제를 요구할 수 있는 법규상 또는 조리상의 신청권이 있다고 하여 계획폐지청구권을 인정한 바도 있다(대판 2004.4.27. 2003두8821).

이러한 계획변경청구권은 행정소송법상 항고소송으로 의무이행소송이 인정되지 않고 있기 때문에 거부처분으로서 취소소송의 대상이 될 수 있는지의 문제로 현실화된다. 이에 관하여는 행정소송편에서 다룬다.

제 2 절 행정계획결정의 촉진과 절차간소화

Ⅰ. 계획간소화법제

1. 독일 행정계획 확정절차에서의 집중효와 우리나라 인허가에서의 인허가의제

우리나라와 독일을 비롯한 여러 선진국에서는 개방화 · 국제화시대에 대응하여 국가경쟁력을 제고하기 위해 절차법제의 정비가 가속화되었다. 특히 국가가 필요로 하는 사회기반시설의 확충이나 국책사업의 조속한 추진을 위하여 특별법 제정을 통한 절차의 간소화가 이루어졌다.

예를 들어 신항만건설법의 제정이유를 보면 "신항만건설사업을 촉진하기 위하여 신항만건설사업에 따른 각종 인 · 허가절차를 간소화하고, 사업의 효율적 추진 및 공사의 품질확보를 위한 특례등을 정하려는 것"이라고 되어 있다. 그리고 인허가의제에 관한 신항만건설법 제9조 제1항에는 "해양수산부장관이 실시계획을 수립하거나 승인한 때에는 다음 각 호의 승인 · 허가 · 인가 · 신고 · 지정 또는 결정 · 면허 · 협의 · 동의 · 해제 · 심의 · 등록 등(이하 "인 · 허가등"이라 한다)에 관하여 인 · 허가등의 관계 행정기관의 장과 미리 협의한 사항에 대해서는 해당 인 · 허가등이 있은 것으로 보며, 실시계획의 승인 · 고시가 있은 때에는 다음 각 호의 법률에 따른 인 · 허가등의 고시 또는 공고가 있은 것으로 본다"라고 규정되어 있다.

이는 해양수산부장관이 사업시행자의 신항만건설사업실시계획을 승인하는 경우에는 이른바 사업의 집중효가 인정되는 것으로 의제하는 것이다. 집중효(Konzentrationswirkung)란 행정계획의 확정절차를 거쳐 최종적으로 행정계획이 결정되면 이와 관련된 모든 다른 행정처분의 효력이 상실되고 계획결정에 포섭되는 효력을 말한다. 인허가의제는 원칙적으로 계획확정절차를 거친 최종적인 계획결정에 인정되는 특별한 효력인 집중효를 일반적인 인허가절차에도 확대하는 것으로서 계획확정절차를 인허가절차로 대체하려는 의도를 갖는 것이다. 나아가 인허가의제는 건축허가의 경우와 같이 국민이 하나의 목적을 달성하기 위해 요구되는 여러 인허가를 개별적으로 받는 데 불필요한 시간과 비용을 들이는 것을 없애고 국민의 편의를 위해 활용되는 경우가 많다. 따라서 집중효와 인허가의제는 절차간소화라는 동일한 목적을 가지며 유사성도 있지만 다른 제도라고 할 수 있다.

2. 계획간소화법제의 문제점

다수의 이해관계가 대립되는 시설물을 설치할 때 이러한 이해관계를 조정하고 합리적인 결과를 이끌어 내는 것은 원칙적으로 행정부의 권한에 속하는 문제이다. 따라서 절차를 간소화하는 특별법은 행정계획의 수립과 집행 또는 인허가에 대한 행정부의 고유권한을 원천적으로 박탈하는 것이라서 권력분립의 원칙상 합리적인 근거를 가질 수 있는지 의문이다.

또한 그동안 행정절차상의 각종 권리를 통하여 국가적 결정에 참여하여 왔던 국민의 입장에서는 "참여와 행정통제를 위한 기본권의 실현"의 가능성이 사라지거나 대폭 축소되는 것을 의미하게 된다. 과연 이러한 보호법익은 국가경쟁력의 제고라는 공익에 일방적으로 양보해야만 하는 것인지 의문이 제기되지 않을 수 없다. 더 나아가 절차적 권리의 침해를 이유로 계획확정결정이나 계획허가 등의 위법성을 다툴 수 없고 이러한 처분적 법률에 대한 헌법소원만이 가능하다면 이는 국민의 재판청구권에 대한 부당한 침해라고 볼 수 있다.

마지막으로 절차간소화를 위한 각종의 특별법이나 처분적 법률은 계획허가 등에 집중효를 부여함으로써 해당 시설물의 설치와 관련되는 지방자치단체의 각종 인허가권을 사실상 박탈하는 결과가 될 수 있다. 그렇다면 이는 헌법상 보장된 지방자치단체의 자치권을 위헌적으로 침해하는 것은 아닌가 하는 의문도 제기될 수 있다.

결국 절차간소화법에 대하여는 시간과 비용을 절약하는 효과성의 측면도 실제로 그러한지 다시 한 번 확인해 볼 필요가 있고 위와 같이 제기되는 법적 문제점을 어떻게 극복할 수 있겠는가 하는 문제도 사려깊게 검토하여야 할 것이다. 이러한 문제의식은 국민의 권익 보호나 편의를 위한 인허가의제에서도 유지할 필요가 있다.

Ⅱ. 인허가의제

1. 의 의

인허가의제는 주된 인허가를 받으면 법률로 정하는 바에 따라 그와 관련된 여러 인허가(이하 '관련 인허가')를 받은 것으로 보는 것이다(행정기본법 제24조 제1항). 종래 개별법에 인허가의제가 산재하였는데 행정기본법에 그 기준이 되는 규정을 두었다.

인허가의제는 이른바 일괄 사전협의가 반드시 요구되는지에 따라 두 종류로 구분될 수 있다. 첫째, 주된 인허가를 하려면 미리 관련 인허가에 대한 협의를 모두 거쳐야 하는 경우가 있다. 예를 들어 건축법상 건축허가를 받으면 국토계획법상 개발행위허가를 받은 것으로 보며(제11조 제5항 제3호) 건축허가를 받으려는 자는 허가신청서에 인허가의제를 받기 위하여 관계 법령에서 제출하도록 의무화하고 있는 신청서 및 구비서류를 첨부하여야 한다(제3항). 둘째, 인허가의제를 받으려는 사항에 대하여만 협의를 거치면 되는 경우가 있다. 예를 들어 신항만건설법상 실시계획 승인을 하기 전에 국유재산법에 따른 국유재산 사용허가에 관하여 관련 인허가 행정청과 협의를 하였다면 실시계획의 승인이 있은 때 국유재산 사용허가가 있은 것으로 본다(제9조 제1항 제23호).

한편 개별법에 인허가의제에 관하여 행정기본법과 달리 규정되어 있다면 그에 따른다(행정기본법 제5조 제1항).

2. 절 차

1) 신 청

인허가의제를 받으려면 주된 인허가를 신청할 때 관련 인허가에 필요한 서류를 함께 제출하여야 한다(행정기본법 제24조 제2항 본문). 다만 불가피한 사유로 함께 제출할 수 없는 경우에는 주된 인허가 행정청이 별도로 정하는 기간까지 제출할 수 있다(단서).

행정기본법은 기본적으로 인허가의제를 받을지 여부를 선택할 수 있는 경우, 다시 말해 일괄 사전협의가 선택사항인 경우를 전제로 하고 있다. 그렇기 때문에 제24조 제2항에서는 "인허가의제를 받으려면 … 관련 인허가에 필요한 서류를 함께 제출하여야 한다"라고, 제25조 제1항에서는 "협의가 된 사항에 대해서는 … 인허가를 받은 것으로 본다"라고 규정하고 있는 것이다. 앞서 든 예를 보자. 신항만건설법에 따라 민간투자자인 사업시행자가 신항만건설사업을 하려면 실시계획 승인을 받아야 하는데 그 사업에 필요한 국유재산에 대한 사용허가도 받아야 하는 경우라면, 실시계획 승인신청을 할 때 국유재산 사용허가에 필요한 서류를 함께 제출하여 실시계획 승인에 따른 인허가의제를 받을 수도 있고, 아니면 실시계획 승인신청과 국유재산 사용허가신청을 별개로 할 수도 있다(대판 2018.7.12. 2017두48734; 대판 2021.3.11. 2020두42569). 왜냐하면 신항만건설법에는 미리 협의를 한 사항에 대해서만 인허가의제가 이루어지는 것으로 규정되어 있기 때문이다.

반면 건축물을 건축하려면 건축법상 건축허가와 국토계획법상 개발행위허가를 받아야 하는데 건축법은 건축허가를 받으면 개발행위허가를 받은 것으로 보며 건축허가를 신청할 때 개발행위허가 신청서와 그에 필요한 서류를 함께 제출하도록 규정하고 있다. 이때에는 건축허가신청과 개발행위허가신청을 따로 할 수 없다(대판 2020.7.23. 2019두31839).

2) 관련 인허가 행정청과의 협의

주된 인허가 행정청은 주된 인허가를 하기 전에 관련 인허가에 관하여 미리 관련 인허가 행정청과 협의하여야 한다(제24조 제3항). 관련 인허가 행정청은 위 협의를 요청받으면 그 요청을 받은 날부터 20일 이내에 의견을 제출하여야 하고, 그 제출기한 내에 협의 여부에 관하여 의견을 제출하지 아니하면 협의가 된 것으로 본다(제4항). 다만 관련 인허가에 필요한 심의, 의견 청취 등 절차를 거쳐야 하는 경우 그 절차에 걸리는 기간은 위 제출기한에서 제외한다(제4항 전단). 또한 위 제출기한은 민원 처리 관련 법령에 따라 연장될 수 있다(후단).

3) 관련 인허가 행정청의 의견제출

(1) 관련 인허가의 실체적 요건을 심사하여야 하는지 여부

종래 인허가의제를 받으려면 관련 인허가의 실체적 요건도 갖추어야 하는지 문제되었다. 판례는 이를 긍정하여 이른바 실체집중부정설의 입장이었다[대판(전합) 2011.1.20.

2010두14954]. 이러한 입장에 따라 행정기본법은 제24조 제5항 본문에서 "제3항에 따라 협의를 요청받은 관련 인허가 행정청은 해당 법령을 위반하여 협의에 응해서는 아니 된다"라고 규정하였다. 따라서 관련 인허가 행정청은 협의를 할 때 관련 인허가의 실체적 요건 충족 여부를 심사하고 그에 따라 주된 인허가 행정청에 의견을 제출하여야 한다.

(2) 관련 인허가에 필요한 절차를 거쳐야 하는지 여부

종래 관련 인허가의 근거가 되는 법률에 관련 인허가에 필요한 절차가 규정되어 있는 경우에 인허가의제를 받으려면 관련 인허가에 요구되는 절차도 거쳐야 하는지 문제되었다. 판례는 관련 인허가에 요구되는 절차를 거칠 필요가 없다고 하여 이른바 절차집중설의 입장이었다(대판 2018.11.29. 2016두38792). 행정기본법은 제24조 제5항 단서에서 "다만, 관련 인허가에 필요한 심의, 의견 청취 등 절차에 관하여는 법률에 인허가의제 시에도 해당 절차를 거친다는 명시적인 규정이 있는 경우에만 이를 거친다"라고 규정하여 이를 분명히 하였다. 즉 관련 인허가 행정청은 관련 인허가에 요구되는 절차를 거치지 않아도 됨이 원칙이고, 이를 요구하는 명시적인 규정이 법률에 있는 경우에만 거치도록 한 것이다.

4) 주된 인허가의 결정

주된 인허가 행정청은 관련 인허가 행정청과 협의한 후 주된 인허가 여부를 결정한다. 이때 주된 인허가 행정청은 주된 인허가뿐만 아니라 관련 인허가의 실체적 요건 충족 여부도 심사하여 이를 충족하는 경우 그에 대한 인허가의제 효과를 갖는 주된 인허가를 할 수 있다. 다만 이는 관련 인허가 행정청의 협의 의견이 제출된 후 결정하는 것이다. 여기서 협의가 무엇을 의미하는지 문제되는데, 판례의 입장(대판 2002.10.11. 2001두151)에 대한 평가는 분명하지는 않지만 동의로 본다는 것이다. 설사 협의가 동의를 의미하는 것은 아니라는 견해를 취하더라도, 주된 인허가 행정청이 관련 인허가 행정청의 의견과 다른 결론을 내리려면 이를 수긍할 수 있는 합리적인 이유가 있어야 할 것이다. 이는 동의로 보는 경우도 마찬가지다.

따라서 관련 인허가 행정청이 인허가의제에 동의하는 의견을 제출한 경우에 주된 인허가 행정청은 인허가의제 효과를 갖는 주된 인허가 발령 여부를 결정할 수 있다. 또한 관련 인허가 행정청이 부동의 의견을 제출한 경우 주된 인허가 행정청은 이를 이유로 하여 주된 인허가를 하지 않을 수 있고(대판 2002.10.11. 2001두151), 아니면 부동의 사항에 관한 인허가의제 효과를 갖지 않는다는 내용의 주된 인허가를 할 수도 있다(대판 2018.7.12. 2017두48734). 이른바 부분인허가의제가 가능하다(대판 2012.2.9. 2009두16305).

그러나 사전 일괄협의가 요구되는 경우에는 관련 인허가 행정청이 부동의 의견이거나 관련 인허가의 실체적 요건을 충족하지 못하는 경우라면 주된 인허가를 할 수 없다(대판 2015.7.9. 2015두39590). 이때에는 주된 인허가를 하면서 부동의 또는 실체적 요건 흠결 사항에 관하여 인허가의제 효과를 갖지 않는 것으로 처리할 수는 없고 주된 인허가를 거부하여야 한다(대판 2020.7.23. 2019두31839).

3. 효 과

1) 관련 인허가 행정청과 협의가 된 사항에 대하여는 주된 인허가를 받았을 때 관련 인허가를 받은 것으로 본다(제25조 제1항). 따라서 협의가 되지 않은 사항은 인허가의제가 되지 않는다(대판 2018.10.25. 2018두43095).

또한 인허가의제의 효과는 주된 인허가의 해당 법률에 규정된 관련 인허가에 한정된다(제25조 제2항). 관련 인허가를 받은 것으로 본다고 하여 관련 인허가의 근거 법률에 규정된 효과까지 받게 되는 것은 아니다(대판 2016.11.24. 2014두47686). 따라서 이른바 의제의 의제도 인정되지 않는다.

2) 인허가의제의 경우 관련 인허가 행정청은 관련 인허가를 직접 한 것으로 보아 관계 법령에 따른 관리·감독 등 필요한 조치를 하여야 한다(제26조 제1항).

4. 권리구제

1) 주된 인허가에 대한 거부처분이 있는 경우 그 이유가 관련 인허가의 실체적 요건을 충족하지 못하였다는 것이라고 하더라도 주된 인허가에 대한 거부처분을 다투어야 한다. 이러한 경우에 관련 인허가에 대한 거부처분이 별도로 존재하는 것이 아니다. 사전 일괄협의를 요하는 경우이든(대판 2001.1.16. 99두10988) 그렇지 않든(대판 2002.10.11. 2001두151) 마찬가지다.

2) 주된 인허가에 따라 인허가의제 효과가 있는 경우에 의제된 관련 인허가에만 위법사유가 있다면 주된 인허가를 다투어야 하는가 아니면 의제된 관련 인허가를 다투어야 하는가? 이는 직권취소 또는 철회의 경우에도 문제된다.

우선 사전 일괄협의가 요구되는 경우에는 의제된 관련 인허가가 위법하면 주된 인허가도 발령될 수 없는 것이므로 주된 인허가를 다투어야 한다. 왜냐하면 이러한 경우의 주된 인허가 발령은 위법하고, 주된 인허가를 그대로 둔 채 의제된 관련 인허가만 취소하는 것은 허용되지 않기 때문이다(대판 2020.7.23. 2019두31839).

반면 사전 일괄협의가 요구되는 경우가 아니라면 위법사유가 존재하는 의제된 관련 인허가만 다툼의 대상으로 삼아야 한다(대판 2018.11.29. 2016두38792). 그리고 의제된 관련 인허가의 위법사유가 주된 인허가의 위법사유가 되는 것은 아니다(대판 2017.9.12.

2017두45131). 또한 의제된 관련 인허가만 직권취소 또는 철회할 수 있다(대판 2018.7.12. 2017두48734). 나아가 만약 의제된 관련 인허가가 쟁송 또는 직권으로 취소되거나 철회되었는데 취소 또는 철회된 관련 인허가에 대하여 다시 인허가가 발령될 수 없고 주된 인허가만으로는 그 목적을 달성할 수 없어 의미가 없는 경우라면, 주된 인허가를 다투거나 직권취소 또는 철회할 수 있다(대판 2018.7.12. 2017두48734).

3) 주된 인허가에 단순한 위법사유가 존재하여 쟁송취소나 직권취소 또는 철회로 효력을 잃게 되면 의제된 관련 인허가도 효력을 상실하는가? 만약 주된 인허가가 당연무효라면 처음부터 인허가의제의 효과가 발생하지 않기 때문에 이러한 문제가 제기되지 않는다. 사전 일괄협의를 요하는 경우에는 관련 인허가도 효력을 잃게 된다(대판 2018.7.26. 2017두33978). 반면 그렇지 아니한 경우에는 주된 인허가의 효력 상실로 인해 바로 관련 인허가의 효력이 상실되지는 않는다.

제4장
공법상 계약

Ⅰ. 등장배경

전통적으로 행정법관계를 형성하는 법적 형식으로 행정행위가 가장 빈번하게 사용되었다. 행정객체는 하명과 같은 침해적 행정행위를 통하여 법적 의무를 부담하기도 하고, 건축허가나 영업허가 등 수익적 행정행위를 통해 일정한 권리를 행사하였다. 그러나 수익적 행정행위라 하더라도 행정행위는 그 개념적 요소로 알 수 있듯이 행정주체의 일방적인 공권력 행사를 통해 이루어진다. 행정객체가 권리를 행사하는 경우에도 언제나 그 최종적인 결정은 행정청의 일방적인 의사에 따라 이루어지는 것이다.

물론 오늘날에도 행정법관계의 기본적 골격은 이러한 19세기적인 행정행위론이 여전히 지배하고 있는 것이 사실이다. 그러나 다른 한편에서는 헌법상 주권자와 기본권의 향유주체로 그 지위가 격상된 개인의 의사가 행정상 법률관계에도 반영되어야 한다는 요구가 어느 때보다도 강력하다. 바로 이러한 변화된 법적 구도에서 대등한 양 당사자의 의사표시의 합치에 의하여 권리의무관계를 성립시키는 사법상 계약의 형식이 공법관계에도 적용될 가능성이 커지는 것이다.

Ⅱ. 개　념

1. 개　념

공법상 계약은 학문상 용어이며 실정법적으로 그 개념이 정의된 것은 아니다. 그렇기 때문에 우리나라에서는 실무상 다양한 계약이라는 형식이 사용되고 있음에도 불구하고 무엇이 공법상 계약에 해당하는지는 불분명하다. 우선 이러한 혼란은 행정계약과 공법상 계약이 개념상 명확하게 구별되지 못한 데에서 연유한다. 또한 공법상 계약에 대한 비교법적인 운영실태가 나라마다 상이하다는 사실이 우리의 법적 현실에도 그 영향을 미치는 것이라고 볼 수 있다.

공법상 계약은 공법적 효과의 발생을 목적으로 하는 당사자들 사이의 의사표시 합치에 따른 공법행위라고 정의할 수 있다. 이러한 공법상 계약의 개념 정의는 대체로 독일연방행정절차법 제54조에 규정된 공법상 계약의 개념과 일치하는 것이다. 행정기본법은 공법상 계약을 행정목적을 달성하기 위하여 필요한 경우에 체결하는 공법상 법률관계에 관한 계약으로 정의하고 있다(제27조 제1항). 판례는 "공법상 계약이란 공법적 효과의 발생을 목적으로 하여 대등한 당사자 사이의 의사표시 합치로 성립하는 공법행위를 말한다"고 하였다(대판 2023.6.29. 2021다250025).

2. 구별 개념

1) 행정계약

우리나라에는 행정주체가 계약의 당사자가 되는 공법적 성격의 계약과 사법적 성격의 계약을 총칭하는 상위개념으로서 행정계약을 사용하는 견해도 있다. 그러나 공법상 계약과 행정계약 중 사법적 성격의 계약은 적용법리, 관할법원 등을 달리하므로 본서에서는 행정계약이라는 포괄적 개념을 사용하지 않는다.

2) 사법상 계약

공법상 계약과 사법상 계약을 실제로 구별하는 것은 그리 쉽지 않다. 행정주체가 당사자가 되는 경우에는 더욱 구별이 어렵다. 그러나 공법상 계약은 "공법적 효과의 발생을 목적으로" 하는 계약이므로 행정주체가 계약의 당사자가 된다는 사실 그 자체가 공법상 계약 해당 여부를 결정하는 기준은 아니다. 따라서 공법상 계약은 주체가 아니라 그 성질과 내용에 따라 사법적 효과 발생을 의도하는 사법상 계약(행정계약 중 사법적 효과가 발생하는 계약을 포함하여)과 구별된다.

예를 들어 국가 또는 지방자치단체가 예산을 수반하는 매매, 임대차, 도급 등의 계약을 체결하는 경우에는 사법적 효과의 발생을 목적으로 하는 것이므로 이는 사법상 계약에 불과하다. 다만 이때에는 국가나 지방자치단체가 계약의 당사자가 되므로 국가예산에 의한 구속을 받는다는 점에서 국가계약법이나 지방계약법 등이 적용된다. 그럼에도 불구하고 계약 자체의 법적 성질은 사법상 계약이며, 계약의 체결과 이행을 둘러싼 법적 분쟁의 해결은 민사소송절차에 따른다.

3) 행정행위

(1) 수익적 행정행위, 부관부 행정행위

공법상 계약은 당사자들 사이의 의사 대등성을 전제로 성립하는 데 반해, 행정행위는 행정주체가 갖는 의사의 우월성을 그 개념 요소로 한다는 데에서 근본적인 성격상 차이를 보인다.

상대방의 신청에 따라 이루어지는 수익적 행정행위는 표면적으로 계약과 유사한 측면이 있다. 그러나 이러한 경우에도 신청은 행정행위 발령의 계기를 마련할 뿐 신청에 따르는 행정행위는 행정주체의 일방적인 의사표시에 의한다.

또한 공법상 계약은 행정행위의 부관과도 구별된다. 수익적 행정행위에 붙여지는 부관을 보면 행정주체와 개인 사이에 수익적 행정행위를 통하여 권리가 부여되고 부관이 부가되어 의무가 성립하는 것이 마치 계약을 통한 권리의무의 발생과 유사한 측면이 있다. 그러나 이러한 경우에도 본체인 행정행위와 여기에 부가되는 부관은 역시 행정청의 일방적인 공권력 발동에 따른 것이다.

(2) 행정행위와 공법상 계약의 호환가능성

이와 같이 상이한 법적 구조를 취하는 행정행위와 공법상 계약은 서로 호환될 수 있을까? 이에 대하여 독일의 연방행정절차법은 제54조 제2문에서 행정청은 행정행위에 갈음하여 행정행위의 상대방이 될 자와 공법상 계약을 체결할 수 있다고 규정하여 양자간의 호환가능성을 법적으로 인정하고 있다. 바꾸어 말한다면 행정행위를 할 수 있는 법적 근거가 마련되어 있다면 근거법규에서 공법상 계약의 가능성을 명시적으로 수권하지 않았다고 하더라도 행정행위에 갈음하여 계약을 체결할 수 있다는 논리이다.

그러나 이 규정이 전면적으로 행정행위와 공법상 계약 사이의 호환가능성을 인정한 것으로 볼 수는 없다. 여기에는 일정한 한계가 따른다. 이에 대한 문제는 공법상 계약과 행정의 법률적합성원칙의 관계에서 설명한다.

Ⅲ. 법적 근거와 한계

1. 공법상 계약의 가능성

지난 100년이 넘는 행정법의 역사에서 행정행위라는 법적 형식에 비하여 공법상 계약은 극히 제한적인 범위 내에서 허용되고 사용되어 왔음을 부인할 수 없다. 이미 19세기 후반부터 공법상 계약은 공무원의 임용행위 등 독일의 문헌에 의하여 행정작용의 법적 형식으로 인정되었다. 그러나 그 근거는 행정객체의 권리실현이나 행정작용의 다양성에서 찾기보다는 주로 행정주체가 행정작용을 수행할 때 수단선택의 자유권이 보장된 결과 하나의 법적 수단으로 존재할 뿐이었다. 또한 이러한 제한된 허용가능성마저도 Otto Mayer는 부정하였다. 그는 행정주체의 우위성과 종속적 법률관계를 바탕으로 하는 행정법관계에서 계약의 성립가능성을 인성하지 않았다.

하지만 이러한 논리는 오늘날 더 이상 통용되지 않는다. 우리가 현실적인 법률생활에서 경험하듯 공법상 계약은 "가능한 제도"를 넘어서 "필요한 형식"으로 발전하였다. 또한 행정기본법은 제27조 제1항 제1문에서 "행정청은 법령등을 위반하지 아니하는 범위에서 행정목적을 달성하기 위하여 필요한 경우에는 공법상 법률관계에 관한 계약(이하 "공법상 계약"이라 한다)을 체결할 수 있다"라고 규정하여 공법상 계약의 가능성을 명문화하였다. 따라서 공법상 계약의 가능성에 대한 논의는 이제 역사적 의의만 갖는 것이다.

2. 공법상 계약의 자유성과 행정의 법률적합성원칙

공법상 계약이 허용된다면 어느 정도까지 자유롭게 성립할 수 있는가? 이는 공법상 계약과 법률유보원칙의 관계 문제로서 공법상 계약을 둘러싼 법적 제문제 중에서도 가장 근본적인 것이다. 다시 말하자면 공법상 계약은 법적인 근거가 없어도 자유로이 적법하게 체결 · 성립할 수 있는가? 종래 학설상 몇 가지 견해가 대립되었다.

부정설은 공법상 계약은 근거법규에 의하여 그 체결과 성립이 명시적으로 수권된 경우에 한하여 인정될 수 있다는 견해이다. 긍정설은 공법상 계약은 진정한 계약으로서 당사자의 자유로운 의사표시의 합치에 의한 것이므로 법적 근거가 없다 하더라도 자유롭게 체결 · 성립할 수 있다는 견해로서 다수설이다. 절충설에는 공법상 계약의 법적 근거는 일률적으로 논할 수 없고 계약의 성격에 따라 개별적으로 고찰하여야 한다는 견해, 공법상 계약은 비권력행정분야에서는 자유롭게 성립할 수 있고 권력행정분야에서도 법률우위원칙에 반하지 않는 한 제한적으로 인정될 수 있다는 견해가 있다.

그런데 부정설은 계약의 성립을 사실상 불가능하게 하는 것이므로 받아들이기 어렵다. 왜냐하면 현행법상 개별법에서 공법상 계약의 성립을 명시적으로 수권한 조항은 거의 찾아보기 어렵기 때문이다. 긍정설은 공법상 계약의 법적 한계를 전혀 예정하고 있지 않아서 역시 수용하기 어렵다. 다시 말해 여기서 말하는 자유로운 계약의 체결이 전혀 아무런 법적 근거가 필요하지 않다는 것으로 이해되어서는 곤란하다. 왜냐하면 행정법상 권리의무관계(특히 개인에 대한 의무의 성립이라면)를 규율하는 행정작용이 행해질 때 전혀 아무런 법적 근거도 필요하지 않다는 것은 법률유보의 원칙에 정면으로 반하기 때문이다. 따라서 여기에서 말하는 "자유성"이란 행정행위를 발령할 수 있는 근거규범이 있다면 동시에 이것이 공법상 계약성립의 법적 근거로 되어 자유롭게 계약을 체결할 수 있다는 의미로 이해하여야 한다. 절충설의 입장은 설득력이 있는 측면이 있지만 그 구체적인 내용이 무엇인지 불분명하다. 따라서 원칙적으로는 절충설의 입장이 합리적이지만 여기에는 다소 이론상의 수정과 보완이 필요하다.

다만 행정기본법 제27조 제1항으로 공법상 계약의 법적 근거가 마련되었다고 할 수 있다. 그렇다면 이제 얼마든지 자유롭게 공법상 계약을 체결할 수 있는가? 아니다. 이 역시 일반적인 근거에 불과하기 때문에 행정작용의 법적 성격에 따르는 차별적인 고찰이 필요하다.

1) 계약에 친숙하지 못한 침해적 행정행위

예를 들어 특정인에 대하여 조세를 부과할 수 있는 세법이 존재하는 경우에 조세의 부과라는 행정행위에 갈음하여 조세의 부과 여부, 과세표준과 세율, 조세의 감면 등을 공법상 계약의 대상으로 할 수 있는가? 흔히 조세계약(Steuervertrag) 또는 조세합의(Steurabkommen)라고 불리는 행위형식은 이른바 절세론자들이 주문하는 단골메뉴 중의 하나이다. 이런 논리를 확대한다면 병역의무의 부과하는 행정행위에 갈음하여 군복무 여부, 복무기간, 복무지 등을 합의의 대상으로 할 수 있지 않을까?

그러나 이러한 공법상 계약이 허용되지 않음은 명백하다. 세법은 조세를 부과할 수 있는 근거규범인 동시에 과세요건이 충족되면 반드시 과세를 하여야 하는 의무적 성격의 강행규범이다(물론 지방세특례제한법 제4조와 같이 공익목적에 따른 비과세의 재량규정이 있기도 하다). 이는 과세요건이 충족되는 한 예외없는 과세를 통하여 조세법의 대원칙인 조세평등을 실현하기 위함이다. 이것이 합의의 대상이 된다면 세정(稅政)은 문란해지고 음성적인 뒷거래를 통한 부정이 판을 칠 것이다. 병역의무의 경우에도 신체의 등급판정에 의한 군복무의 평등이 절대적으로 요구된다. 따라서 공평부담의 원칙이 실현되어야 하는 침해적 행정작용의 영역에서 공법상 계약은 친숙한 법형식이 아니며 반드시 행정행위에 의하여야 한다.

2) 수익적 행정작용의 영역에서 공법상 계약의 활용가능성

침해적 행정작용과는 달리 수익적 행정작용의 영역에서는 행정기본법 제27조가 공법상 계약체결의 법적 근거로 등장할 수 있다. 예를 들어 보조금의 교부결정을 행정행위로 하고 여기에 다양한 부관을 덧붙인다고 가정하자. 또한 영업허가, 건축허가와 함께 역시 다양한 내용의 부관이 부가되는 경우에 행정작용을 반드시 행정행위와 부관을 통해서만 수행할 수 있는 것인지 의문이 제기되지 않을 수 없다. 다시 말해서 수익적 행정행위의 경우에는 국민과의 협상과 합의를 통하여 권리를 부여하고 계약의 조건을 삽입하여 의무를 부과하는 것도 얼마든지 가능하다. 그러므로 법령에 위반되지 않는 한 이러한 합의의 적법성을 인정할 필요가 있고 이를 통하여 공법상 계약의 활용가능성이 증대된다.

판례는 "중소기업 정보화지원사업에 따른 지원금 출연을 위하여 중소기업청장이 체결하는 협약은 공법상 대등한 당사자 사이의 의사표시의 합치로 성립하는 공법상 계약에 해당한다"라고 하였다(대판 2015.8.27. 2015두41449).

3. 공법상 계약의 한계

공법상 계약은 다른 행정작용과 마찬가지로 행정의 법률적합성원칙에서 본 한계와 행정법의 일반원칙에서 설정되는 법적 한계를 준수하여야 한다. 앞서 살펴본 바와 같이 행정행위를 할 수 있는 법적 근거조차 마련되어 있지 않은 상태에서 체결된 계약이나 성문법규정에 위반되는 계약은 위법하며 무효이다. 또한 계약의 내용이 비례의 원칙, 평등의 원칙, 신뢰보호의 원칙에 반하는 경우에도 위법하며 그 효력은 발생하지 않는다. 더 나아가 계약의 내용이 불명하거나 법률상 · 사실상 불능한 행위를 요구하는 경우, 선량한 풍속에 위배되는 경우에도 역시 무효이다.

행정기본법은 제27조에서 공법상 계약은 "법령등을 위반하지 아니하는 범위에서" 체결할 수 있다고 하여 법률우위원칙이 적용됨을 분명히 하였다(제1항 제1문). 또한 "계약의 목적 및 내용을 명확하게 적은 계약서를 작성하여야 한다"라고 하여(제2문) 형식적 요건으로 문서를 요구하고 있다. 그리고 "행정청은 공법상 계약의 상대방을 선정하고 계약 내용을 정할 때 공법상 계약의 공공성과 제3자의 이해관계를 고려하여야 한다"라고 하여(제2항) 내용상 요건을 규정하였다.

Ⅳ. 종 류

1. 주체에 따른 분류

1) 행정주체 간의 계약

행정주체 간에 공법적 효과의 발생을 목적으로 체결되는 계약은 하천이나 도로와 같은 공물의 관리나 경비의 부담을 대상으로 하는 지방자치단체 간의 협의를 그 예로 들 수 있다(도로법 제24조, 제85조, 하천법 제9조).

2) 사인 상호 간의 계약

사인 상호 간에 체결되는 공법상 계약의 예는 그리 많지 않지만, 토지보상법상 협의를 들 수 있다. 협의는 수용 전 단계로서 가능하면 임의적 합의에 따른 토지취득을 가능하게 하는 사업시행자와 토지소유자 등 사이의 합의이며 사법적 계약의 성격이 강하다. 그러나 이러한 협의의 성립이 관할 토지수용위원회의 확인을 받으면 이 법에 따른 재결로 보며 사업시행자, 토지소유자 및 관계인은 그 확인된 협의의 성립이나 내용을 다툴 수 없는 공법적 효력이 발생한다(제29조 제4항; 대판 2018.12.13. 2016두51719). 이에 따라 사업시행자는 토지의 소유권을 원시취득하며(제45조 제1항) 토지소유자에게는 일정한 요건 하에 환매권이 발생한다(제91조).

3) 행정주체와 사인 간의 계약

(1) 정부계약, 재산관리계약, 영조물의 이용관계를 위한 계약

공법상 계약에서 가장 중요하고 빈번한 형태는 역시 행정주체와 사인 간의 공법상 계약이다. 그런데 대부분 국내의 문헌에 소개되는 행정주체와 사인 간의 공법상 계약에는 사법상 계약이 대부분이다. 그 이유는 행정주체가 당사자가 되는 사법적 성격의 계약을 행정계약 또는 공법상 계약의 범주에서 설명하기 때문이다.

국가나 지방자치단체가 주체가 되는 물품조달계약이나 건설도급계약 등은 국가계약법, 지방계약법, 국유재산법, 공유재산법, 국가재정법, 지방재정법 등에 의하여 공법적인 규제와 통제의 대상이 된다 하더라도 사법적 계약의 성격을 잃지 않는다. 그러나 영조물의 이용관계 중에서도 이용관계가 강제되고 이용의 대가를 사용료의 형태로 부과하여 체납시에는 국세징수법의 예에 따라 강제징수하는 경우에는 공법상의 계약관계로 보아야 한다. 또한 문헌에서 제시되는 지원에 의한 군입대, 신청에 의한 별정우체국의 지정 등은 신청에 의한 행정행위로 봄이 타당하다.

(2) 현행법상 행정주체와 사인 간의 공법상 계약

현행법상 인정되는 행정주체와 사인 간의 공법상 계약은 비교적 그 수가 적다. 대표적인 것으로는 국세징수법 제20조 제2항에 따른 납세보증계약(대판 2005.8.25. 2004다58277), 국유재산법 제2조 제2호 또는 공유재산법 제2조 제3호에 따른 공법상 증여계약으로서의 기부채납[다만 판례는 사법상 증여계약으로 본다(대판 1998.12.22. 98다51305)], 민간투자법 제2조 제7호의 실시협약[대판(전합) 2021.5.6. 2017다273441]을 들 수 있다. 폐기물관리법 제16조에 따라 지방자치단체 차원에서 이루어지는 지방자치단체와 사인 간의 환경관리협약도 공법상 계약의 종류에 포함된다. 또한 행정기본법 제27조로 법적 근거를 갖춤에 따라 이러한 제한된 범위를 넘어서서 전반적으로 수익적 행정작용의 영역에서 공법상 계약의 활용이 적극적으로 검토될 수 있다.

2. 성질에 따른 분류

1) 대등계약

대등계약은 행정주체 상호 간의 협의나 합의와 같이 원칙적으로 동등한 지위에 있는 자 사이의 공법상 계약이다. 따라서 대등계약은 행정행위와의 호환가능성이 없다.

2) 종속계약

공법상 계약은 원칙적으로 대등한 당사자들 사이의 합의이지만, 원래 행정행위를 통하여 규율될 수도 있었던 법률관계를 계약을 통하여 성립시키는 경우에는 행정주체의 의사 우월성이 예상될 수 있다. 즉 행정행위에 갈음하여 체결되는 공법상 계약을 흔히 종속계약으로 부르는데, 여기에서의 종속성은 계약상 법률관계의 종속성을 의미하는 것이라기보다는 행정행위로 규율되었을 때의 행정주체의 의사 우월성을 의미하는 것이다.

V. 특 색

1. 실체법상 특색

1) 법률적합성원칙

당사자들의 의사가 절대적인 비중을 갖는 사법상 계약과는 달리 공법상 계약은 당사자의 의사표시에 의한 법률관계의 형성을 허용하면서도 행정작용의 하나로서 법률적합성원칙에 충실하여야 한다. 다만 공법상 계약에 따른 법률관계를 규율하는 규정에 흠결이 있는 경우에는 민법 등 사법규정이 유추적용된다.

2) 형식 · 절차 · 이행상 특색

공법상 계약은 원칙적으로 문서의 형식을 갖추어야 한다(행정기본법 제27조 제1항 제2문). 이는 행정법관계의 명확성과 상대방의 신뢰보호를 위하여 요청된다.

또한 공법상 계약이 제3자나 다른 행정청의 권리의무에 영향을 미치는 경우에는 제3자나 다른 행정청의 동의가 있어야 한다. 다만 행정기본법 제27조 제2항은 “행정청은 공법상 계약의 상대방을 선정하고 계약 내용을 정할 때 공법상 계약의 공공성과 제3자의 이해관계를 고려하여야 한다”라고, 같은 법 시행령 제6조는 “행정청은 법 제27조에 따라 공법상 법률관계에 관한 계약을 체결할 때 법령등에 따른 관계 행정청의 동의, 승인 또는 협의 등이 필요한 경우에는 이를 모두 거쳐야 한다”라고 규정하고 있다.

공법상 계약의 해제 또는 해지에 관하여는 여전히 일반적인 규정이 없으므로 민법상 계약에 관한 규정이 유추적용되어야 한다. 다만 공익상 계약의 해제나 해지를 제한하는 법령의 규정이 있는 경우에는 이에 따른다. 이는 공법상 계약의 법률적합성원칙상 당연한 것이다.

3) 내용상 특색

공법상 계약이 행정주체가 개인 간 의사의 대등성을 전제로 성립하기는 하지만 종속계약의 경우에 사실상 행정주체의 의사 우월성이 강하게 나타날 수 있다. 그러므로 행정주체는 계약을 통하여 개인에게 일정한 권리를 부여하면서도 사실상의 우월적인 지위를 이용하여 개인에게 무거운 의무를 지울 수도 있다. 또한 일정한 약관을 미리 준비하여 이에 따를 것을 전제로 계약의 체결을 사실상 강제하는 경우도 생각할 수 있다.

사실상 행정절차 등을 통하여 상대방의 견해가 충분히 수렴되고 최종적인 행정적 결정에 반영된다면 오히려 행정행위를 통하여 개인의 권익이 더 효과적으로 실현될 수도 있다. 이러한 측면에서 보면 행정법관계에서 공법상 계약의 유용성에 회의적 시각이 존재한다는 것은 충분히 이해할 수 있다. 따라서 공법상 계약이 활성화되려면 계약의 형태를 인정하는 것 외에도 계약 내용의 적법 · 타당성을 부단히 감시하는 제도적 장치의 마련과 함께 개인에게 적절하고도 효과적으로 접근이 가능한 권리구제수단을 동시에 강구하여야 한다.

2. 쟁송법상 특색

공법상 계약으로 인한 권리의무관계에 다툼이 있는 경우 공법상의 법률관계에 관한 소송으로서 행정소송인 당사자소송으로 다루어져야 한다. 판례도 마찬가지다(대판 1993.9.14. 92누4611; 대판 1995.5.31. 95누10617; 대판 1995.12.22. 95누4636; 대판 2001.12.11. 2001두7794). 그런데 소송실무상 당사자소송은 거의 활용되지 못하고 대부분 문제되는 사안이 민사소송을 통하여 해결되고 있어 양자의 구별실익이 없다는 지적도 있다.

■■■

제 5 장 행정법상의 사실행위

Ⅰ. 문제점

행정행위, 행정입법을 비롯한 기존의 행정작용의 법적 형식은 이를 통하여 행정법관계에서 권리의무관계가 성립하는 법적 효과를 발생시키는 것이 일반적이다. 그러나 행정법의 영역에서는 법적 행위형식으로서 특정한 법적 효과를 발생시키는 것 이외에 사실상의 결과발생만을 의도로 하며 행정상 권리의무관계가 발생하는 않는 사실행위(Realakt)도 빈번히 사용되고 있다.

그런데 사실행위는 그 형태와 내용이 매우 다양하여 법이론적으로 간명하고 체계적으로 서술하기 곤란한 측면도 있다. 이러한 사실행위의 복잡성과 이론체계의 불완전성은 결국 사실행위로 인하여 권익이 침해된 개인에게 효과적인 권리구제를 어렵게 하는 점도 있음을 간과할 수 없다. 이른바 "권력적 사실행위"의 처분성 인정 여부나 행정지도로 인한 권리구제가 실제로 곤란하다는 것도 바로 이러한 문제영역에 속하는 것이다.

Ⅱ. 의 의

행정법상의 사실행위는 특정한 법적 효과의 발생을 목적으로 하는 행정행위 등 이른바 법적 행위와는 달리 사실상의 결과발생을 의도로 하는 행위이다. 예를 들어 경직법상 경찰관이 행하는 대부분의 행위가 사실행위라고 할 수 있다(예: 불심검문, 임의동행, 보호조치, 가택에의 출입, 총기의 사용 등). 또한 폐기물처리시설의 설치(행정계획의 확정절차에 따른 계획결정은 제외), 압수와 수색, 폐기처분, 대집행의 실행, 도로의 설치와 관리 등 사실행위의 종류와 내용은 실로 다양하다.

물론 사실행위의 결과 개인의 권익이 침해되는 경우에는(예: 총기의 위법한 사용으로 인한 신체의 상해) 손해배상채권의 발생이라는 일정한 법률관계가 성립하는 경우가 있다. 그러나 이는 사실행위로 인한 부수적인 결과일 뿐 사실행위 자체가 가지고 있는 법적 효과는 아니라는 점에서 법적 행위와 구별된다.

Ⅲ. 종 류

사실행위의 종류는 여러 가지 기준에 의하여 분류할 수 있다. 사실행위에 행정청의 의사적 요소가 있는가에 따라 물리적 사실행위(예: 도로의 설치)와 정신적 사실행위(예: 행정지도)로, 행정작용의 집행적 행위(예: 대집행의 실행)인지 아니면 독자적으로 행해지는 사실행위(예: 불심검문)인지에 따라 집행적 사실행위와 독립적 사실행위로 구별된다. 또한 사실행위가 외부에 표시되는지 여부에 따라 외부적 사실행위와 내부적 사실행위로 구분된다. 더 나아가 사실행위가 지향하는 대상에 따라 공법적 사실행위와 사법적 사실행위로 구별되기도 한다.

그러나 역시 사실행위의 구별 중에서 법적으로 가장 의미있는 것은 사실행위를 공권력행사적 요소를 가지고 있는가에 따라 권력적 사실행위와 비권력적 사실행위로 분류하는 것이다. 여기에서는 주로 권력적 사실행위를 중심으로 사실행위를 논하고, 행정지도편에서는 비권력적 사실행위에 대하여 언급한다.

한편 사실행위에서 경고, 권고, 정보제공, 협상 등을 비공식적 행정작용으로 분류하여 이에 대해 별도로 자세히 논하기도 한다.

Ⅳ. 법적 근거

사실행위는 사실상의 결과발생을 목적으로 하는 행정청의 행위이므로 거의 모든 행정청과 소속 공무원의 일상사가 사실행위에 속한다고 하여도 과언이 아니다(예: 세무공무원이 과세를 위하여 관련 자료를 찾는 작업부터 상사의 지시를 받는 일, 걸려 온 민원인의 전화에 대하여 상담하는 일 등등). 이러한 대부분의 사실행위는 정부조직법 등 조직법상의 근거만으로 충분히 행해질 수 있다.

그러나 사실행위 중에서도 개인의 권익을 침해하거나 제3자효를 갖는 경우에는 법률유보의 최소한인 침해유보설의 입장에서 보아도 당연히 법적 근거가 필요하다.

Ⅴ. 법적 한계

사실행위도 행정작용의 하나로서 모든 행정작용에 설정되는 법률적합성원칙과 행정법의 일반원칙에 의한 한계를 준수하여야 한다. 우선 사실행위가 침해적 성격 또는 제3자효를 갖는 경우에는 법적 근거가 요구되며, 사실행위는 성문법령의 내용에 저촉될 수 없다. 따라서 경찰관의 임의동행이 영장 없이 6시간을 넘어서는 경우에 이러한 사실행위가 위법함은 명백하다(경직법 제3조 제6항). 또한 사실행위는 비례의 원칙(특히 권력적 사실행위의 경우), 평등의 원칙, 신뢰보호의 원칙에 위반되는 경우에도 위법하며 이에 따르는 권리구제의 문제를 발생시킨다.

VI. 권리구제

1. 위법한 사실행위

1) 행정쟁송

(1) 사실행위가 앞서 언급한 법적 한계를 일탈하여 위법하게 행해짐으로써 개인의 권익을 침해하였을 때 이에 대한 무효의 확인이나 취소를 구하는 항고쟁송이 가능한가? 일반적으로 비권력적이거나 행정 내부적인 사실행위가 직접적으로 개인의 권익을 해한다는 것은 드물기 때문에 부정적인 견해가 지배적이다. 판례도 "항고소송의 대상이 되는 행정처분이라고 함은 행정청의 공법상의 행위로서 특정사항에 대하여 법규에 의한 권리의 설정 또는 의무의 부담을 명하거나 기타 법률상 효과를 발생하게 하는 등 국민의 구체적인 권리의무에 직접적 변동을 초래하는 행위를 말하는 것이고, 행정권 내부에서의 행위나 알선, 권유, 사실상의 통지 등과 같이 상대방 또는 기타 관계자들의 법률상 지위에 직접적인 법률적 변동을 일으키지 아니하는 행위 등은 항고소송의 대상이 될 수 없다"라고 하여 같은 입장이다(대판 2014.12.11. 2012두28704).

(2) 그렇다면 권력적 사실행위의 경우에는 어떠한가? 이 문제는 역시 권력적 사실행위의 처분성 인정 여부와 행정행위 개념에 대한 견해의 대립과 밀접한 관련이 있다. 오늘날 학설상으로는 권력적 사실행위의 처분성이 인정되고 있는 추세이며, 판례도 처분성을 인정한 바 있다(대판 2014.2.13. 2013두20899). 이에 관하여는 행정소송편에서 상술한다.

2) 행정상 손해배상과 결과제거청구권

사실행위가 위법하여 개인의 권익을 침해한 경우 행정쟁송의 가능성이 희박하다면 가장 실효성 있는 권리구제수단은 국가 등을 상대로 하여 손해의 배상을 청구하는 것이다. 특히 권력적 사실행위가 법령에 위반하거나 행정법의 일반원칙에 어긋나는 경우에 국가배상법 제2조의 공무원의 직무상 위법행위를 이유로 손해배상청구가 가능하다. 또한 도로의 건설 및 관리 중에 발생한 시설상의 흠결로 인하여 손해가 발생한 경우에는 국가배상법 제5조에 따른 영조물의 하자를 이유로 하는 무과실배상책임을 국가 등에 물을 수 있다.

그러나 행정상 손해배상이 의미가 없거나 상대방이 원하는 구제방식이 아닌 경우에는 행정상 결과제거청구권의 법리를 적용하여 위법한 결과의 제거나 위법하게 수거된 물건의 반환을 청구할 수도 있다. 다만 이 경우에는 위법한 사실행위로 인한 위법상태가 지속됨을 요한다. 따라서 결과제거청구권의 요건이 충족되면 권리의 존속보호의 우위성이라는 관점에서 손해배상보다 우선적으로 결과제거청구권을 통한 권리구제가 이루어져야 할 것이다. 물론 결과제거청구권을 통하여 원상회복이 불가능한 부분에 대하여는 다시 손해배상청구가 가능하다.

2. 적법한 사실행위로 인한 손실의 보상

사실행위는 적법하게 이루어졌으나 그 결과로 뜻하지 않게 제3자의 생명 · 신체 또는 재산상의 특별한 희생이 발생한 경우에 이에 대한 손해전보는 가능한가? 예를 들어 경찰관이 범인을 추적하던 중 최후의 수단으로 경직법 제10조의4의 모든 요건을 준수하여 총기를 사용하였으나 엉뚱하게도 행인이 부상을 입었다고 가정해 보자. 이러한 경우에는 경찰공무원에게 과실을 묻기도 곤란하므로 손해의 배상청구는 어렵다.

그렇다면 신체상의 특별한 희생을 이유로 하는 손실보상의 청구는 가능한가? 그러나 손실보상의 청구도 사실상 곤란한 것이 대다수의 법적 현실이다. 그 이유는 행정상 손실보상청구권의 성립요건 중 “공공의 필요”나 “특별한 희생”은 문제가 없지만, “재산권 침해”, “고권적 공용침해”, “보상법규” 등에서 요건상의 흠결이 존재하기 때문이다. 이러한 법적 문제에 대하여 이른바 희생보상청구권의 법리가 주장되고 있으나 궁극적으로는 손실보상을 위한 입법정책적인 고려가 요망된다. 실제로 앞서 든 사례에 대하여는 경직법에 손실보상에 관한 규정(제11조의2)이 도입되어 입법적으로 해결되었다.

■■■

제6장 행정지도

Ⅰ. 의 의

행정지도란 행정청이 바람직한 행정적 질서의 조성을 위한 목적으로 국민의 자발적 동의나 협력을 바탕으로 국민을 유도하는 비권력적 사실행위이다. 행정절차법도 제2조 제3호에서 행정지도를 "행정기관이 그 소관 사무의 범위에서 일정한 행정목적을 실현하기 위하여 특정인에게 일정한 행위를 하거나 하지 아니하도록 지도, 권고, 조언 등을 하는 행정작용"이라고 정의하고 있다.

행정지도는 원래 일본에서 생성 · 발전된 제도이나, 비공식적이며 편의적인 장점으로 인하여 내용과 정도의 차이는 있으나 많은 나라에서 행정의 행위형식으로 사용되고 있다. 우리나라에서도 이미 오래 전부터 실무상 행정지도라는 용어가 사용되었으며, 대부분의 문헌에서 행정지도를 행정작용의 중요한 형식으로 취급하고 있다.

Ⅱ. 등장배경과 비권력적 수단의 장점

행정지도가 행정작용의 행위형식으로 널리 사용된 것에는 우선 행정지도가 갖는 비권력적 성격이 국가나 개인에게 부담없이 받아들여질 수 있었다는 데 그 이유가 있다. 사실상 국가가 필요한 정보를 제공하거나 중요한 정책의 실현을 위하여 국민의 협조와 동의가 반드시 필요한 경우가 있다. 그런데 이러한 행정적 과제를 일방적인 공권력행사인 행정행위를 통하여 실현하기는 어렵다. 따라서 자연스럽게 국민의 참여와 협조를 구하는 행위형식이 필요해지는 것이다.

Ⅲ. 법적 문제점

행정지도가 비권력적 수단으로서 가지고 있는 장점과 유용성에도 불구하고 몇 가지 측면에서 간과할 수 없는 문제를 안고 있는 것으로 지적되고 있다. 우선 앞서 언급한 바와 같이 행정지도에서는 상대방의 협력이나 동의가 전제가 된다. 그러나 사실상 행정주체가 우월적 지위를 남용하여 그러한 동의나 협력을 강요하는 경우가 있다. 이러한 행정지도의 사실상의 강제력은 직접적으로 나타나기도 하며, 이에 불응시에 다른 측면에서의 불이익이 가해지는 간접적인 형태로 나타나기도 한다(예: 보조금의 지급중단, 채권의 조기회수 등).

둘째, 대부분의 행정지도는 조직규범 외에 특별한 법적 근거를 요하지 아니하므로 그 방식이나 내용의 명확성을 확보하기 어려운 것이 사실이다. 그러므로 행정지도가 방만하게 행해짐으로써 행정청의 책임의식이 희박해지고 내용이 불명확한 정보가 개인에게 전달되어 오히려 혼란이 야기되는 경우도 발생한다.

셋째, 행정지도는 일종의 비공식적인 행정작용이므로 행정청과 상대방 사이에 일종의 뒷거래를 조장할 가능성도 배제할 수 없으며, 특히 제3자의 업무상 비밀 등이 음성적으로 누설되어 제3자의 권익을 부당하게 해할 가능성도 있다.

마지막으로 행정지도의 결정적인 문제점은 행정지도가 잘못 행해짐으로써 개인의 권익이 침해되었을 때 적절한 권리구제수단이 존재하지 않는다는 것이다.

Ⅳ. 종 류

1. 성격에 따른 분류

1) 규제적 행정지도

행정지도의 성격과 효과가 대체로 개인의 일정한 행위를 규제하는 것을 내용으로 하는 경우이다. 예를 들어 행정청이 유흥업소에 대하여 청소년들의 출입을 금지하는 지도를 하거나 명절을 전후하여 이루어지는 개인서비스업소의 요금인상 억제를 위한 행정지도가 이에 해당한다.

2) 조정적 행정지도

다수의 개인 간 분쟁의 여지가 있는 경우에 이러한 분쟁을 사전에 조정하여 바람직한 경쟁질서 등의 실현을 위하여 행하여지는 행정지도이다. 경쟁업체 간에 과다한 경쟁으로 인하여 국민경제에 좋지 않은 영향을 미치는 경우에 행정청은 관련 경쟁업체와의 의견교환을 통하여 그들을 설득하고 당사자들이 동의하는 대안을 제시할 수 있다.

3) 조성 · 촉진적 행정지도

신기술의 보급과 활용, 경영에 필요한 정보나 지식의 제공 등 국가경제에 도움이 되는 공공적 서비스를 제공하기 위한 행정지도이다.

2. 법적 근거에 따른 분류

1) 법령의 근거에 따른 행정지도

행정지도의 내용과 대상 등을 명확히 하기 위하여 개별 법령으로 행정지도가 규율되는 경우가 있다. 이러한 경우에는 법령에서 규정한 요건과 절차, 내용에 따라 행정지도가 행해져야 함은 물론이다. 그 예로는 농촌진흥법에 따른 각종의 농촌지도사업(제2조 제3호), 중소기업기본법에 따른 중소기업에 대한 경영합리화지도(제6조 제1항) 등이 있다.

2) 법령에 근거가 없는 행정지도

대부분의 행정지도는 위의 경우와는 달리 조직규범만을 근거로 행해진다. 그러나 이러한 행정지도라 하더라도 행정지도에 대한 일반법적 규정이라고 할 수 있는 행정절차법에 따라 행정지도의 원칙, 방식 등을 준수하여야 한다.

V. 방식과 절차

행정지도의 방식과 절차를 개별법규가 정하고 있는 경우에는 이에 따라야 한다. 그러나 조직규범만을 근거로 행해지는 행정지도의 경우에는 행정절차법이 적용된다. 행정절차법 제49조 제1항은 “행정지도를 하는 자는 그 상대방에게 그 행정지도의 취지 및 내용과 신분을 밝혀야 한다”라고, 제2항은 “행정지도가 말로 이루어지는 경우에 상대방이 제1항의 사항을 적은 서면의 교부를 요구하면 그 행정지도를 하는 자는 직무 수행에 특별한 지장이 없으면 이를 교부하여야 한다”라고 규정하고 있다. 또한 제50조는 “행정지도의 상대방은 해당 행정지도의 방식 · 내용 등에 관하여 행정기관에 의견제출을 할 수 있다”라고 규정한다.

다수인을 대상으로 하는 행정지도에 관하여 제51조는 “행정기관이 같은 행정목적을 실현하기 위하여 많은 상대방에게 행정지도를 하려는 경우에는 특별한 사정이 없으면 행정지도에 공통적인 내용이 되는 사항을 공표하여야 한다”라고 규정하고 있다.

Ⅵ. 법적 근거와 한계

1. 법적 근거

행정지도는 조직규범을 근거로 하여 특별한 법적 근거 없이 행해짐은 앞서 설명한 바와 같다. 따라서 대부분의 행정지도는 조직규범을 근거로 당해 행정청의 행정지도지침을 규정한 행정규칙 등을 통하여 이루어진다. 물론 개별 법령에 행정지도의 법적 근거가 마련된 경우도 있다.

그렇다면 어떠한 경우에 행정지도의 법적 근거가 반드시 요구되는가? 사실상 행정지도가 그의 개념적 요소에 따라 상대방에 대한 권고와 조언 등을 행하는 비권력적 사실행위에 불과하다면 일반적 조직규범 외에 특별한 법적 근거는 필요하지 않다. 그러나 행정지도가 상대방에 대하여 사실상의 구속력이나 강제력을 수반한다면 이러한 행정지도는 그 순수성을 상실하고 하명적 성격의 행정행위로 변화된다고 볼 수 있다. 따라서 이러한 "침해적 · 명령적 성격의 행정지도"에는 법적 근거가 요구된다고 보아야 한다. 판례도 "아무런 법률적 근거없이 그 대주주들인 원고들에게 그 소유주식을 정부당국이 일방적으로 지정한 피고 은행에게 매도하도록 방침을 정하고, 그 실행을 금융기관을 관장하는 재무부 이재국장에게 지시하여 위 이재국장이 원고 김덕영에 대한 출국금지의 해제여부를 이 사건 주식매매에 관한 정부방침의 순응 여하에 연계시켜 조치할 것으로 말하고, 조사할 정당한 사정이 없는데도 은행감독원으로 하여금 위 회사의 경영상태외에 조사대상이 될 수도 없는 설립자금의 출처까지 검사하게 하는 한편, 국제그룹의 해체와 같은 정부의 막강한 위력을 거론하면서 원고들이 불응하는 경우 위 회사와 원고들에 대한 사회적, 경제적 활동에 심대한 제약이 가하여질 것을 암시하는 방법으로 1년여에 걸쳐 원고들의 주식매매를 강요하고, 매매가격결정에 까지 관여하여 온 사실을 자세하게 설시하고 이와 같은 행위는 행정지도의 범주를 벗어난 공권력의 위법한 집행행위에 해당하며, 이와 같은 이재국장의 원고들에 대한 언행은 원고들을 외포시켜 소유주식을 정부방침에 따라 피고 은행에게 매도할 수밖에 없도록 한 강박행위에 해당한다고 판시한 조치는 정당한 것으로 수긍할 수 있[다]"라고 하여 마찬가지다(대판 1994.12.13. 93다49482).

2. 한 계

행정지도 역시 행정작용의 하나이므로 행정의 법률적합성원칙에 따른 한계와 행정법의 일반원칙을 준수하여야 하는 법적 한계를 갖는다. 우선 침해적 · 명령적 성격의 행정지도에 법적 근거가 결여되면 법률유보원칙에 대한 위반으로 위법하며, 행정지도가 법령의 내용에 위반하는 경우 법률우위원칙에 대한 위반으로 위법하다. 또한 행정지도가 비례원칙, 평등원칙, 신뢰호보원칙에 위배되어도 위법함은 자명하다.

행정절차법은 제48조에서 행정지도의 원칙으로 "행정지도는 그 목적 달성에 필요한 최소한도에 그쳐야 하며, 행정지도의 상대방의 의사에 반하여 부당하게 강요하여서는 아니 된다"(제1항)라고, "행정기관은 행정지도의 상대방이 행정지도에 따르지 아니하였다는 것을 이유로 불이익한 조치를 하여서는 아니 된다"(제2항)라고 규정하고 있다.

Ⅶ. 행정지도와 권리구제

행정지도가 법적 한계를 일탈하여 위법하게 행해짐으로써 개인의 권익을 침해하거나 적법하게는 시행되었으나 의도하지 않은 결과로 개인에게 재산상 특별한 희생이 발생하는 경우에 그에 대한 구제가 문제된다.

1. 위법한 행정지도와 권리구제

1) 행정쟁송

(1) 위법한 행정지도로 인하여 행정법상 권리를 침해받은 개인은 그러한 행정지도를 대상으로 취소, 무효확인을 구하거나 행정소송법 제23조의 집행정지를 신청할 수 있는가? 행정지도는 그 개념상 권고나 알선 또는 정보의 제공과 같은 비권력적인 사실행위에 불과하여 처분성이 결여되므로 이러한 항고소송이 제기되거나 집행정지가 신청되는 경우에는 쟁송의 목적물이 없음을 이유로 소가 각하된다. 판례도 같다(대판 2014.12.11. 2012두28704; 대판 1995.11.21. 95누9099).

(2) 그런데 이른바 명령적 행정지도의 경우에도 처분성이 부정되어야 하는가? 물론 단순한 권고나 조정 자체는 행정지도로서 비권력적 사실행위의 성격을 가지는 것으로 인정할 수 있다. 그러나 이에 결합된 시정명령이나 위반시의 벌칙은 전체적으로 이러한 행정지도가 하명으로서의 행정행위적 성격을 가짐을 시사하는 것이다. 따라서 이러한 명령적 행정지도의 위법성에 대한 행정쟁송은 인정되어야 한다. 헌법재판소는 "행정지도라 하더라도 그에 따르지 않을 경우 일정한 불이익조치를 예정하고 있는 경우에는 사실상 상대방에게 그에 따를 의무를 부과하는 것과 다를 바 없는 것인데, 이 사건 학칙시정요구의 경우 대학총장들이 그에 따르지 않을 경우 행 · 재정상 불이익이 따를 것이라고 경고하고 있어, 학교의 장으로서는 피청구인의 학칙시정요구에 따를 수밖에 없는 사실상의 강제를 받게 되므로, 이러한 시정요구는 임의적 협력을 기대하여 행하는 비권력적 · 유도적인 권고 · 조언 등의 단순한 행정지도로서의 한계를 넘어 규제적 · 구속적 성격을 상당히 강하게 갖는 것으로서 헌법소원의 대상이 되는 공권력의

행사라고 봄이 상당하다"라고 하여 교육인적자원부장관의 대학총장들에 대한 학칙시정요구를 규제적 · 구속적 성격을 갖는 행정지도로서 공권력의 행사에 해당한다며 헌법소원의 대상성을 인정한 바 있다(헌재결 2003.6.26. 2002헌마337 등).

2) 행정상 손해배상

행정지도가 법률적합성원칙과 행정법의 일반원칙에 위반되어 타인에게 손해를 발생시킨 경우에 국가 등을 상대로 한 손해배상청구는 원칙적으로 문제가 없어 보인다. 그러나 행정지도는 상대방의 동의나 협력을 전제로 이루어지는 것으로 본다면 "동의는 불법행위의 성립을 조각한다"는 법리에 따라 배상청구가 사실상 어려운 경우가 대부분이다. 즉 상대방의 동의로 인하여 행위의 위법성, 행위자의 고의 · 과실 또는 이로 인한 손해의 발생 간에 인과관계를 인정하기 어렵기 때문이다. 판례도 "피고가 1995. 1.3. 이전에 원고에 대하여 행한 행정지도는 원고의 임의적 협력을 얻어 행정목적을 달성하려고 하는 비권력적 작용으로서 강제성을 띤 것이 아니지만, 1995.1.3. 행한 행정지도는 그에 따를 의사가 없는 원고에게 이를 부당하게 강요하는 것으로서 행정지도의 한계를 일탈한 위법한 행정지도에 해당하여 불법행위를 구성[한다]"고 본 원심이 정당하다고 하여 마찬가지다(대판 2008.9.25. 2006다18228).

2. 적법한 행정지도와 손실보상

행정지도 자체는 상대방의 동의하에 적법하게 이루어지기는 하였으나 예상하지 못한 결과의 발생으로 상대방에게 특별한 희생이 발생한 경우에 이에 대한 손실의 보상청구가 가능한가? 예를 들어 농촌진흥법의 연구개발 성과의 보급을 위한 농촌지도사업으로 행정지도가 이루어져서 개량된 품종을 식재한 결과 의외의 손실이 발생하는 경우이다. 이러한 의문은 위법한 행정지도에 대한 행정쟁송과 손해배상의 청구가 사실상 어렵기 때문에 더욱 절실하게 제기되는 문제이다.

그러나 비권력적 사실행위 일반에 적용되는 문제이기도 하지만 행정상 손실보상의 요건인 "재산권에 대한 고권적이며 의도적인 공용침해"와 "보상규정"의 결여가 이러한 청구권의 성립을 방해한다. 이에 대하여 수용적 침해이론을 적용할 수 있다는 견해도 있으나 아직 판례는 이러한 이론을 받아들이고 있지 않다.

3. 권리구제를 위한 입법정책적 과제

행정지도가 위법하게 행해지거나 적법한 행정지도의 의도하지 않은 결과로 개인에게 손해를 발생시킨 경우 현재로서는 사실상 권리구제의 길이 봉쇄되어 있다. 행정지도라는 행위형식이 빈번하고 유용한 수단으로 쓰이면서 여기에 대한 적절하고 효과적인 권리구제수단이 흠결된다는 것은 제도 자체가 균형을 잃은 것으로 평가할 수 있다. 특히 현실적으로 발생한 손실에 중점을 두어 수용적 침해이론을 적용하자는 견해도 설득력을 가지고는 있으나 근본적인 해결방안으로는 미흡하다.

그러므로 어느 누구도 책임질 수 없으나 당해 개인에게는 특별한 희생을 의미하는 손실의 경우에는 입법자의 입법적 결단에 의하여 보상의 근거가 마련되어야 한다. 따라서 손실보상을 위한 이론의 제시도 필요하지만 전체적으로 행정지도와 손실보상의 문제는 입법정책적인 측면이 강하게 부각된다.

■■■

제 7 장
행정자동화

Ⅰ. 행정전산화 · 자동화의 의의

과학기술과 컴퓨터 관련 산업의 발전은 당연히 국가의사 결정과정에도 자동화와 전산화라는 결과를 가져오게 하였다. 이러한 기술적 발전으로 인하여 행정청은 사실관계의 조사나 통계 등을 통하여 수많은 정보를 지배하게 되었고, 단기간 내에 대량적으로 일정한 의사결정을 할 수 있게 되었다. 따라서 행정법관계에서의 집단 · 대량적인 법률관계는 행정의 자동화로 인하여 상호간에 상승작용을 일으키는 계기가 마련되고 있다.

Ⅱ. 행정자동결정의 법적 성격

행정자동화와 전산화를 통하여는 행정청의 최종적 의사결정에 필요한 자료나 상대방에 대한 정보의 제공 등 준비절차를 위한 행위가 이루어지는 것이 대부분이다. 그러므로 이러한 준비행위에 어떠한 법적 성격을 인정하는 것은 큰 의미를 가지지 못한다. 또한 이러한 최종결정의 기준이 되는 전산프로그램은 행정규칙의 성격을 가지는 것으로 이해된다.

반면 이를 통하여 이루어지는 행정자동적 결정은 일반적으로 행정처분적 성격이 인정된다. 컴퓨터를 통하여 이루어지는 자동적 결정이라 하더라도 행정행위의 개념적 요소를 구비하는 경우에는 행정행위로서의 성격을 인정하는 데 원칙적인 어려움이 없다. 어떠한 경우에도 행정청은 이러한 의사결정과정에서 공권력을 행사하는 주체이며 여전히 행정상 권리의무관계에서의 당사자이기 때문이다.

Ⅲ. 행정자동결정의 법적 특수성

1. 자동결정에서의 인적 · 물적 요소의 분리가능성

행정자동적 결정의 특수성을 감안하여 독일의 일부학설은 자동결정을 내리는 인적 요소과 그 결과인 자동결정을 분리하여 법적으로 상이한 효과를 인정하자는 견해도 제시하였다. 다시 말해서 행정자동결정은 공무원 등이 사전 프로그래밍과 준비를 거치는 것이므로 이를 독립한 한 부분으로 인정할 수 있다는 것이다. 이와는 별도로 자동화과정을 거쳐 이루어지는 자동결정은 인간의 의사와는 무관한 "기계에 의한 행정행위"(Verwaltungsakt aus der Maschine)의 성격을 갖는다. 따라서 양자는 행위의 흠이나 책임 문제를 논할 때 별도의 취급을 받아야 하는 특수한 "행정의 제조물"(Verwaltungsfabrikat)로서 특별법에 의한 규율이 필요하다는 것이다.

그러나 이러한 견해는 오늘날 수용되고 있지 못한다. 행정자동결정은 일종의 행정행위로서 독일의 경우에도 후술하는 바와 같이 다소의 예외는 인정되나 행정행위에 대한 연방행정절차법의 규정이 적용된다.

2. 독일과 우리나라 행정절차법상 행정자동결정에 대한 특칙

1) 독일연방행정절차법상의 특칙

독일연방행정절차법은 행정자동결정에 대하여 일반적인 행정행위에 비해 네 가지의 특칙을 인정하고 있다. 첫째, 행정행위를 발령한 행정청의 장, 대리인 또는 수임자의 성명이나 서명이 없어도 무방하다(제37조 제4항 제1문). 둘째, 자동결정의 상대방 또는 관계인이 당해 행정행위의 내용을 인식할 수 있는 경우에는 부호의 사용이 가능하다(제37조 제4항 제2문). 셋째, 행정행위에 부가되는 이유부기가 생략될 수 있다(제39조 제2항 제3호). 넷째, 불이익한 처분이 발령되는 경우에도 사전적인 청문이 생략될 수 있다(제28조 제2항 제4호).

그러나 행정자동결정에 대한 이러한 특칙의 적용에 대해서는 비판적인 견해가 없는 것이 아니다. 왜냐하면 행정자동결정의 특수성을 감안한다 하더라도 처분청의 장이 행하는 서명 · 날인은 기술적으로 가능하며, 처분의 명확성과 사후의 권리구제절차를 위하여 필요하기 때문이다. 또한 이유부기나 청문은 행정절차의 핵심적인 내용으로서 중대한 공익상의 요구가 없는 한 생략될 수 없는 성질의 것이다. 결론적으로 행정자동화는 그 특수성으로 인하여 어느 정도 법적으로 별도의 취급을 받는 것은 가능하지만 탈법치주의를 정당화하거나 행정의 책임을 완화하는 방향으로 이해되어서는 곤란하다.

2) 우리나라 행정절차법상 행정자동결정에 관한 특칙

우리나라의 행정절차법에도 행정절차를 운영함에 있어 정보화시대에 따르는 특칙들이 있다. 그 주요 내용으로는 먼저 전자문서와 정보통신망에 대한 개념을 정의하여 국민들이 행정절차에 참여할 때 기존의 종이문서 및 현장에 직접 참여하는 번거로움을 덜어주었다(제2조 제8호, 제9호). 이와 더불어 전자문서를 통한 송달(제14조 제3항, 제15조 제2항), 전자적 신청(제17조 제2항), 상대방의 동의를 전제로 한 전자문서로 하는 처분(제24조 제1항 단서), 정보통신망을 통한 의견제출(제27조 제1항) 등이 있다. 이는 행정자동결정이 허용된다면 이를 가능하게 하는 기반이 된다.

Ⅳ. 행정자동결정의 법적 근거와 한계 및 권리구제

행정기본법은 제20조에서 자동적 처분에 관하여 "행정청은 법률로 정하는 바에 따라 완전히 자동화된 시스템(인공지능 기술을 적용한 시스템을 포함한다)으로 처분을 할 수 있다. 다만, 처분에 재량이 있는 경우는 그러하지 아니하다"라고 규정하였다. 즉 행정자동결정은 이를 허용하는 법률규정이 있어야 가능하다.

행정자동결정도 행정작용의 하나이므로 행정의 법률적합성과 행정법의 일반원칙에 의한 법적 한계를 준수하여야 한다. 따라서 행정자동결정이 침해적 성격의 행정작용이거나 제3자효를 갖는 경우에는 법적 근거가 요구되며 행정자동결정은 성문법규범의 내용에 위배될 수 없다. 또한 행정자동결정은 비례원칙, 평등원칙, 신뢰보호원칙에 위반하면 위법하다.

특히 자동결정을 통하여 이루어지는 재량권 행사와 비례원칙과 관련하여 다소 어려운 문제가 있다. 그 이유는 재량권의 행사에는 구체적 · 개별적 사안에 대한 그 행사 여부나 수준이 결정되기 때문이다. 그러나 재량행위 중에서도 표준화되거나 유형화된 사안에 대해서는 대량적인 처분이 행정자동결정을 통하여 이루어지는 것도 가능하다. 이 경우 사전 프로그래밍을 통하여 일종의 재량준칙으로 재량권행사의 기준이 설정될 수 있다.

법적 한계를 넘어서서 행정자동결정이 이루어지고 이로 인하여 개인의 권익이 침해되는 경우에는 권리구제의 일반적인 방식에 따라 처분적 성격의 행정자동결정에 대한 무효확인 또는 취소를 구하는 행정쟁송의 제기가 가능하다. 또는 공무원 등이 자동결정의 근거가 되는 자료를 고의 또는 과실로 잘못 입력하거나 처리함으로써 손해를 야기시킨 경우에는 국가 등을 상대로 한 손해의 배상청구가 가능하다. 다만 단순한 자료처리상의 오류는 수시로 정정될 수 있다.

제 8 장
행정상 사법관계-행정사법, 공공부문과 민간부문 간의 협력법제

과거 행정법상 법률관계는 행정행위를 통하여 행정주체와 개인 간에 성립하는 공법관계가 주류를 이루어 왔다. 따라서 전통적으로 국고관계라고 불리는 행정상의 사법관계는 조달행정을 중심으로 행정주체가 공법적 관계에서 수행하는 업무의 보조기능에 불과한 것이었다.

그러나 이제는 행정작용 중에서 급부행정이나 유도행정과 같이 비권력적 행정작용의 분야에서는 사법관계가 단순히 공법관계의 보조적 역할에 그치지 않고 공법관계를 대체하는 현상을 목격할 수 있다. 다시 말하자면 비권력적 행정분야를 수행하는 법적 형식이 바로 사법의 형식으로 이루어진다는 것이다.

이러한 법적 현상은 국가적 과제에 대한 축소조정과 더불어 대폭적인 민간에 대한 이양현상과 국가경영에 대한 민간의 적극적인 참여라는 21세기적 시대상황과 밀접한 관련을 맺고 있다. 여기에는 여러 가지 경제적 · 사회적 요인이 작용하고 있지만 국가재정상의 한계, 민간 부문의 효율성과 창의성 활용이라는 측면이 강하게 부각된다.

제 1 절 행정사법관계

Ⅰ. 행정사법의 의의

독일의 Wolff와 Sieberts에 의하여 1950년대에 처음 제기된 행정사법(Verwaltungsprivatrecht) 이론은 주로 급부행정작용과 유도행정작용과 같은 공법관계로서의 비권력적 행정작용을 사법의 형식을 통하여 수행하는 경우를 말한다.

행정사법의 이론적 전제는 행정주체가 이러한 비권력적 행정작용을 수행할 때 조직과 운영의 측면에서 행위형식의 선택권(Wahlfreiheit der Handlungsformen)을 갖는다는 것이다. 다시 말해서 이러한 행정작용의 근거가 되는 법규범이 그 조직이나 운영을 위한 법적 형식으로 반드시 공법적 영조물을 설립하고 그 이용관계에 대하여도 사용료 등을 통한 공법상 부담금을 징수하여야 한다고 법적으로 명시하지 않는 한 행정주체는 이러한 비권력적 행정작용을 사법의 형식으로 수행할 수 있는 선택권을 부여받는다. 거꾸로 말한다면 이러한 경우에 사법의 형식이 선택되어 이에 의하여 이루어지는 급부 및 유도행정작용을 행정사법이라고 부르는 것이다.

급부행정작용과 유도행정작용은 비권력적 행정작용이기는 하지만 "공법에 의한 전래적 관할권"이 인정되어 왔다. 그러나 비권력적 행정작용의 영역에서는 사법과의 호환가능성이 존재하므로 근거법규상의 제한규정이 존재하지 않는 한 오히려 사법으로 전환됨으로써 공공적 성격의 서비스의 공급을 양적 · 질적 측면에서 개선할 수도 있다.

Ⅱ. 행정사법의 이론적 근거와 적용영역

그렇다면 행정부는 어떠한 이유에 의하여 비권력적 행정작용을 공법의 형식으로 수행하지 않고 사법의 형식으로 전환하는 것인가? 그 이유와 근거는 법적인 문제라기보다는 정책적인 측면에서 발견된다. 즉 정부주도의 비권력적 행정작용은 오늘날의 사회국가 또는 복지국가에서 보편적인 현상이 되었음에도 불구하고 그로 인한 비효율성과 국가적 재정능력의 한계가 심각한 수준에 이르고 있다. 이에 특히 1980년대에 들어와 거의 모든 국가에서 추진하였던 민영화 또는 사영화(Privatisierung)가 법적인 측면에서의 행정사법에 대한 인식을 강화한 계기가 된 것이다. 또한 민영화를 통한 민간주도의 경제운영은 이후 세계화에 따르는 공공부문의 개혁과 규제완화에 대한 요구와 더불어 국가경쟁력의 제고의 차원에서 중요한 정책과제로 부상하였다.

이러한 행정사법은 비권력적 행정작용, 즉 급부행정 및 유도행정작용의 영역에서 그 적용영역을 광범위하게 찾고 있다. 예를 들어 지하철을 포함하는 도시철도의 건설과 운영에 관하여 규정한 도시철도법은 제3조에서 그 적용범위를 다음과 같이 세 가지의 도시철도, 즉 "1. 국가가 이 법에 따라 건설 또는 운영하는 도시철도 2. 제7조제1항에 따라 도시철도사업계획의 승인을 받은 지방자치단체, 도시철도사업을 위하여 「지방공기업법」에 따라 설립된 지방공사(이하 "도시철도공사"라 한다) 또는 다른 법인이 이 법에 따라 건설 또는 운영하는 도시철도 3. 제24조 또는 제42조에 따라 국가나 지방자치단체로부터 도시철도건설사업 또는 도시철도운송사업을 위탁받은 법인이 건설 또는 운영하는 도시철도"로 규정하고 있다.

이렇게 보면 도시철도법은 도시철도의 건설과 운영이라는 공공시설을 통한 생존배려행정을 수행하면서 세 가지 법적 형태를 인정한 것이다. 우선 국가 또는 지방자치단체가 직접 건설 · 운영하는 전형적인 비권력적 행정으로서의 공법관계(물론 이 경우에도 그 이용관계는 사법관계로 할 수 있다)의 형태가 가능하다. 둘째, 일종의 공사법 혼합형태로서의 도시철도공사가 예정되어 있다. 마지막으로 주목할 것은 국가 또는 지방자치단체로부터 도시철도건설사업 또는 도시철도운영사업을 위탁받은 법인이다. 이러한 법인은 상법상 주식회사의 형태를 띠는 경우가 대부분일 것이므로 도시철도법은 도시철도의 건설과 운영에 관하여 명문으로 행정사법관계를 인정하고 있다고 할 수 있다.

Ⅲ. 행정사법과 공법적 기속

1. 공법적 기속의 내용

행정사법의 내용이 급부행정이나 유도행정작용으로서 비권력관계이기는 하나 공법관계를 통하여 이루어져 왔다는 사실은 국가의 행위에 대하여 국민의 기본권이 효력을 미치며 공법원리에 의한 기속을 받는다는 것을 의미한다. 그러므로 이러한 비권력적 행정작용이 사법의 형식으로 전환되어 행정사법의 영역으로 편입된다 하더라도 통상의 사법관계와는 달리 전면적인 사적자치의 원칙이나 계약자유의 원칙이 지배할 수는 없다. 만약 행정사법의 업무영역을 전면적인 사법원리에 방임한다면 실질적으로 국가적 과제인 비권력적 행정작용은 Fleiner가 말한대로 "사법으로 도피"(Flucht in das Privatrecht)하는 현상을 허용하는 결과가 될 것이기 때문이다.

사실 국가가 수행하여 온 각종의 공공적 서비스가 사인의 손에 넘어가는 민영화 과정을 거치면서 많은 나라에서 그 부작용의 하나로 서비스의 공공성이 담보되지 못하는 현상이 일어났다. 시장원리에 입각하여 이윤추구의 대상이 되어버린 공공적 서비스는 모든 국민 대중에게 평등한 접근이 가능한 것이 아니라 매우 제한된 있는 자들의 전유물로 전락할 가능성이 있는 것이다. 그러므로 행정사법으로 수행되는 행정작용은 원천적으로 국가의 비권력적 행정작용이므로 비록 사법관계이기는 하지만 국민의 기본권 및 다수의 공법적 원칙이 직접적으로 적용된다. 이것이 행정사법에 대한 기본권의 전면적 기속이론이다. 여기에서 가장 핵심이 되는 기본권은 평등권이며 그 밖의 공법적 원리로는 비례원칙, 신뢰보호원칙 등이 거론된다.

예를 들어 앞서 언급한 도시철도의 건설과 운영이 특정 종교재단이 설립한 사법인에 의하여 이루어진다고 가정하자. 이제 이 법인은 도시철도의 조직 및 이용관계가 사법관계라는 점을 내세우며, 특정 종교를 신봉하는 학생 신도들에게는 사회적 약자라는 것을 이유로 이용요금의 할인혜택을 부여할 수 있을 것이다. 그러나 반면에 동일한 요금인하를 요구하는 다른 일반학생들에게는 이를 거부하였을 때 이러한 요금인하 거부행위는 법적으로 어떻게 평가될 수 있을까? 물론 행정사법관계는 사법관계임이 분명하다. 그러나 행정사법에 대한 공법원리의 직접적 기속을 인정한다면 이러한 요금인하 거부행위는 마치 국가의 행위로 평가되어 합리적 이유 없이 일반학생을 차별한 것으로서 평등권을 침해하여 위헌무효가 된다.

그렇다면 행정사법관계에서의 기본권의 효력은 일반적인 사법관계로서의 행정상 법률관계와는 어떠한 차이가 있는가? 조달행정과 행정의 영리활동에서 국가는 사인과 동등한 입장이기는 하지만 국가가 당사자가 된다는 점에서 직접적으로 또는 간접적이라 하더라도 일반적으로 기본권의 제3자적 효력의 적용대상이다. 국가가 당사자가 되는 경우를 포함하여 사법관계에서의 기본권의 직접적 적용을 주장하는 견해도 있지만, 통설은 이른바 간접적 효력설이 우세하다. 이에 반하여 행정사법관계에서의 기본권의 효력은 직접적이며 위반시에는 곧바로 위헌무효의 효과가 발생한다는 데 그 차이가 있다.

2. 기본권효력의 제도적 보장

그런데 여기서 주목할 점은 사법관계에서의 기본권의 효력과 그 침해 여부는 민사소송에서 이를 심리 · 판결하는 담당재판부의 입장에 의하여 판단된다는 것이다(대판 2011.1.27. 2009다19864). 궁극적으로 사법관계에서의 기본권의 직접적 또는 간접적 효력이 제도적으로 담보되려면 법원의 판결에 대한 헌법소원이 허용되는 방법 외에는 달리 구제의 길이 없다. 이것은 헌법재판소와 대법원의 위상에 관계되는 매우 민감한 문제로서 헌법재판소법 제68조 제1항의 개정론까지 이어지는 것이다.

제 2 절　민관협력법제와 민간투자론

Ⅰ. 민관협력, 민간투자의 개념 - 기능적 민영화와의 구별

민관협력(Public–Private Partnership, PPP) 또는 민간투자(Private–Finance–Initiatives)의 개념은 용어 자체가 의미하듯이 영미의 제도로부터 성립하여 발전한 것이다. 민관협력제도는 제2차 세계대전 말 미국에서 도시개발사업의 일환으로 시작되어 1970년대 대처수상 시절 영국에서 활성화되었다. 두 나라에서 민관협력 또는 민간투자제도가 활발하게 시행된 이유는 공적 과제의 수행을 위한 국가의 재원이 부족하다는 점과 민간부문의 창의력과 경영기법 등 노하우를 공공부문의 업무처리에 도입 · 활용하여 공공부문의 개혁과 효율성을 제고하자는 취지가 강하게 작용한 때문이다.

그러나 영미권은 물론 민관협력을 시행하는 어느 나라를 막론하고 현실의 세계에서 벌어지는 민관협력의 형태와 방식이 지극히 다양하기 때문에 그 개념을 법적 또는 적어도 학문적으로 규정하는 것은 매우 어려운 일이다. 민관협력의 개념을 정의하는 것은 마치 "푸딩에 못질을 하여 벽에 거는 일"에 비교하여 불가능에 가깝다고 회의적인 시각을 제시하거나, 혹은 "누구나 알고 있는 제도이기는 하지만 동시에 어느 누구도 정확히 알지 못하는 제도"라고 하여 그 실체를 파악하기 어렵다고 말하는 학자도 있다.

우리나라의 경우 민관협력과 민간투자의 기본법이라고 할 수 있는 민간투자법은 제2조에서 '사회기반시설'이라는 용어의 정의를 통하여 대상시설을 나열하고는 있지만 정작 민간투자가 무엇인지에 대해서는 침묵하고 있다. 민간투자법 제2조 제5호는 민간투자사업의 형식적 개념을 정의하고 있으나 민간투자의 실체적 개념은 언급하지 않고 있다. 또한 제4조는 민간투자사업의 추진방식을 규정하고 있을 뿐이라서 이를 통해 민간투자의 구체적인 형태는 이해할 수 있지만 그에 대한 정확한 법적 개념을 추론하기는 어렵다. 이와 같이 민관협력은 행정행위나 행정입법 등 고전적인 방식과 비교하여 공적 과제를 수행하기 위한 새로운 행위형식이기 때문에 흔히 문헌에서는 이를 민영화, 특히 이른바 기능적 민영화와 비교하는 경향이 있다.

그러나 민관협력과 기능적 민영화는 그 목적이나 취지가 다른 제도라고 할 수 있다. 우선 기능적 민영화는 공적 과제를 수행하는 권한과 의무는 여전히 국가 등 공공부문이 보유하면서도 이러한 과제를 수행하는 과정에서 전문적인 지식을 보유한 사인의 도움을 받는 경우를 말한다. 예를 들어 지방자치법 제117조 제3항에 따라 지방자치단체의 장이 개인이나 사법인 등 민간부문에 일정한 권한을 위탁하는 경우가 이에 해당한다. 이때 민간부문은 업무의 처리에 있어서 공공부문에 대하여 일정한 자율성을 유지하지만 지방자치단체의 장은 여전히 업무에 대한 권한과 의무를 가지고 있으며 기술적 필요에 의하여 민간부문의 도움을 받는 데 그친다. 이와 같은 의미에서 권한의 위탁을 받은 민간부문은 행정의 보조자(Verwaltungshelfer, Verwaltungshilfe)의 역할을 수행한다.

민영화의 다양한 개념 중에는 이러한 기능적 민영화 외에도 실질적 민영화와 형식적 민영화를 들 수 있다. 실질적 민영화는 과거 공공부문이 생산하여 공급하여 온 재화나 용역이 사인의 손으로 넘어가는 것을 말하며, 공적 과제 자체를 민영화시킨다는 의미에서 과제의 민영화(Aufgabenprivatisierung)라고 부른다. 다시 말하자면 실질적 민영화의 경우에는 기존에 공공부문이 수행하던 공적 과제로부터 손을 떼고 이를 시장에 맡기는 것으로서 공적 과제의 탈국가화가 이루어지는 것이다. 이에 비하여 형식적 민영화는 행정작용의 수행형식이나 조직이 사법의 형태로 전환되는 것을 말한다. 이를 흔히 조직의 민영화(Organisationsprivatisierung)라고 표현하기도 한다. 이때에는 재화와 용역의 공급주체가 사법의 형식으로 변화를 가져오기는 하지만, 실질적인 사업의 주체는 여전히 국가나 지방자치단체와 같은 공공부문이다.

일반적으로 기능적 민영화를 포함하여 모든 민영화의 형태에서 공통적으로 나타나는 것은 기존에 공공부문이 수행하던 과제를 사인에게 다양한 형태와 방법을 통하여 이양한다는 점이다. 그러므로 민영화 과정에서는 공공부문과 민간부문 간의 역할분담이 핵심적인 과제로서 등장한다. 즉 "민간부문은 업무를 처리하고, 공공부문은 그러한 업무처리를 감독한다"는 역할과 기능의 분담이 이루어진다. 이러한 역할분담을 통하여 분명해지는 사실은 민영화의 궁극적인 목적이 기존의 공적 과제로부터 공공부문을 면탈시킨다는 점에 두어진다는 것이다. 그러므로 민영화의 문제를 다루는 문헌에서는 민영화 이후, 공공부문이 민간부문의 과제수행에 대하여 충분한 공공성 통제장치를 보유하고 있는지의 문제가 제기된다. 이에 관한 것이 이른바 보장책임론이다.

이러한 민영화의 목적과 취지를 고려하여 볼 때 민관협력과 근본적인 차이로서 민관협력에 개념 본질적으로 내재하는 시너지 효과를 민영화의 경우에는 찾아볼 수 없다는 점을 지적할 수 있다. 민관협력의 경우에는 양자에 공통되는 목표가 설정되고 이를 달성하는 수단의 선택, 구체적인 실현방법이 끊임없는 의사교환과 협력의 과정을 통하여 모색된다. 민관협력의 개념적 요소로는 다음과 같은 것을 들 수 있다. 첫째, 공공부문과 민간부문의 대등한 권리와 자격이다. 민관협력에 참여하는 모든 당사자는 협상과 의사교환의 과정에서 동등한 권리를 갖는다. 그러므로 어느 한 당사자가 제기한 견해와 반론은 협상의 전체 과정에서 동일한 영향력을 미친다. 둘째, 공통의 이익 창출을 위한 목표의 설정이다. 셋째, 파트너적 협력관계에서 나타나는 시너지 효과이다. 넷째, 참여 당사자의 독자성 보장과 책임회피의 금지이다. 다섯 째, 실시협약이나 협력계약 등을 통한 협력관계의 제도화 등이다. 이러한 민관협력 또는 민간투자에서 본질적인 개념요소는 공통의 목표를 실현하기 위하여 상시적으로 협력하고 이를 통하여 시너지 효과를 창출하는 것이다.

II. 민관협력형태의 하나로서 우리나라 민간투자사업의 현황과 법적 근거 - 민간투자법

앞서 언급한 여러 가지 이유에 의하여 오늘날 공공경제분야에서 민간부문과의 다양한 협력관계가 이루어지고 있다. 그러나 이러한 민관협력분야 중에서도 각국이 지대한 관심을 보이는 것은 사회간접자본 또는 사회기반시설의 확충과 운영에 민간부문의 자본과 기술을 활용하는 방안이다. 특히 우리나라에서는 지난 1960년대 이후 급격한 산업화와 경제성장에 따르는 경제규모의 비약적 신장에도 불구하고 사회간접자본에 대한 투자가 미미한 수준에 머물렀다. 이는 결과적으로 국가경제운영의 애로요인으로 작용함과 동시에 국제경쟁력을 약화시키는 중요한 원인으로 지적되었다.

이러한 상황에서 우리나라에서도 사회간접자본시설의 확충을 위한 민간투자사업의 필요성이 오래 전부터 제기되어 왔다. 그러나 이는 주로 도로, 전용부두, 민자역사, 주차장 등 일부 시설에 대하여 매우 제한된 범위에서 이루어졌다. 도로 부문에서의 민간투자는 민간기업이 완공된 도로 관련 시설을 국가에 기부채납하고 일정 기간 동안 도로시설 통행료 징수를 통해 투자비를 회수하는 일종의 BOT(build-operate-transfer) 방식으로 추진되어 왔다. 도로 관련 민간투자사업의 법적 근거로는 유료도로법(제6호)과 도로법(제36조) 등이 있었으나, 민간투자사업의 대상으로 하기보다는 국가의 기반사업으로 보아 제3공화국시절에는 주로 외국의 차관을 도입하고 정부의 재원으로 건설하는 형태를 취하였다.

1980년대 후반에 이르러 자동차의 폭발적 증가에 따라 주차난이 극심해지자 전국적으로 주차장 시설의 확충계획이 현실화되었다. 주차장은 그 설립과 운영주체에 따라 공영주차장, 민영주차장, 민자주차장으로 나눌 수 있다. 민자주차장은 지방자치단체와 사인인 주차장건설업자 간 토지와 자본의 결합에 의해 주차장시설을 건설하여 건설업자는 일정 기간 동안 법상 다양한 지원책에 의한 혜택을 누리는 동시에 그 시설을 무상으로 사용·수익한 후 지방자치단체에 기부채납하는 방식을 따르고 있다. 민자주차장의 법적 근거는 주차장법, 지방재정법, 국토계획법 등이다. 또한 항만과 공항의 경우에도 민자유치를 통해 이루어졌다.

그러나 사회간접자본에 대하여 기존에 이루어진 민자유치사업은 큰 성과를 거두지 못하였다. 정부는 종래 민자유치사업이 활발하게 이루어질 수 없었던 것은 참여기업의 투자 분위기가 성숙하지 못하였고 이들을 지원할 수 있는 제도적 장치가 미흡했던 것으로 분석하여 1994년 민간투자법을 제정하고 수차례의 개정을 거쳐 오늘까지 이어진 것이다.

Ⅲ. 민간투자를 통한 민관협력의 올바른 자리매김

사회기반시설의 부족을 해소하고 국가경쟁력의 확보를 위해서 범국가적 차원에서 추진되는 민간투자사업은 공공부문과 민간부문 모두에게 각자가 보유한 능력, 자본, 기술의 적절한 조합과 효율성의 극대화를 통하여 민관협력의 새로운 제도를 창출하는 가능성을 열고 있다. 우선 공공부문은 만성적인 재원부족과 비효율성의 극복을 위해 민관협력의 새로운 형태로서 민간투자제도를 도입한 이상 기존의 경직화되고 관료적인 행정스타일을 변화시키려는 자기혁신의 노력이 필요하다. 따라서 공공부문은 민간부문을 국가경영의 진정한 파트너로서 인식하고 민간부문과의 협상을 통한 문제의 발견과 해결을 모색하는 길을 찾아야 한다. 이러한 과정을 통하여 자연히 기존의 행정질서에 온존하여 온 불필요한 규제와 간섭도 시정되어 민 · 관 관계의 새로운 관행도 정착될 수 있을 것이다.

그러나 민간투자를 통한 새로운 민관협력관계를 정립해 나감에 있어서 요구되는 행정의 자기혁신은 결코 공공부문 고유의 역할과 기능의 포기를 의미하는 것은 아니다. 그러므로 국가와 지방자치단체가 민간투자사업을 할 때 공공부문의 재원은 거의 유보하고 민간부문의 자본유치에만 열을 올리는 것은 바람직하지 않다. 특히 지방자치단체들은 지방화시대를 맞이하여 그들의 개발욕구충족을 위해 민간투자사업을 마치 "요술방망이"로 인식하는 듯인 인상을 준다. 이미 사업시행자가 민간투자법상으로도 상당한 특혜를 누리고 있는 상황에서 공공부문의 정당하고도 필요한 역할이 방기된다면 민간투자제도는 본래의 궤도를 이탈하여 재벌들의 끊임없는 각축장으로 변할 위험성도 상존한다.

그러므로 공공부문은 민간투자사업에서 자본적으로도 필요한 지분을 유지해야만 한다. 민간투자의 제도적 함의는 단순히 민간의 자본만을 대상으로 하기보다는 오히려 그들의 경영기법과 노하우의 활용에 더 큰 비중을 두는 데 있다고 보아야 한다. 왜냐하면 공공부문이 필요한 투자는 하지 않고 민간투자사업의 과실만을 향유하려 한다면 민간부문의 참여는 기대하기 어렵고, 반면에 민간투자 그 자체에만 목적을 두고 사업의 시행과정에서 사업시행자의 의사만 반영된다면 공공성 보장은 기대하기 어렵기 때문이다. 따라서 공공성 보장의 목적은 민간투자사업의 객관적 한계상황으로 기능해야 한다. 사실상 공공성과 효율성의 두 마리 토끼를 동시에 좇는 민간투자제도는 제도 자체가 가지고 있는 모순으로 인하여 운영과정에서 상당한 어려움과 법적 문제가 발생할 수 있다. 이러한 우려 속에서도 민간투자제도가 성공적으로 정착되어 새로운 민관간의 협력관계가 정착되기를 바라는 사람들이 많다. 그 이유는 민간투자제도가 사회기반시설 확충을 통한 국가발전과 국민의 복리증진을 위해 유일한 방안은 아니라 하더라도 적어도 상당 기간 동안은 현실성 있는 대안이라고 보기 때문이다.

제 9 장
정보공개와 개인정보의 보호

제 1 절　정보공개제도

Ⅰ. 정보공개제도의 의의

정보공개제도는 행정청을 비롯한 공공기관이 보유·관리하는 각종의 정보를 일정한 요건하에 공개하는 것을 말하며 이를 실현하기 위한 법제를 정보공개법이라고 한다. 정보공개, 특히 행정청이 보유한 행정정보의 공개제도는 정보화사회에서 개인에게 적절한 정보에의 접근과 활용을 가능하게 하여 행정에 대한 효과적인 감시와 참여를 가능하게 하는 제도이다. 정보화사회에서 필요한 정보의 모집과 적절한 활용은 개인의 인격신장과 생존에 필수적인 조건이 되어버린 지 이미 오래다. 따라서 정보공개제도는 개인의 알권리 실현이라는 차원을 넘어서서 정부에 의한 정보독점을 방지하고 개인에게 정보의 공유를 가능하게 하여 정보의 평등화를 지향한다.

또한 공공부문의 정보공개제도는 궁극적으로 민간부문의 정보공개와 정보평등화 사회 실현을 위한 확산효과를 가진다. 따라서 앞으로는 거대한 세력을 형성하고 정부 못지 않은 규모의 정보를 보유한 사인과 사기업에게도 이들과 거래하거나 이들의 상품을 소비하는 상대적으로 힘없는 소비자 등을 위하여 필요한 정보의 공개의무를 부과하는 법제의 마련도 고려해야 할 것이다.

Ⅱ. 정보공개의 법적 근거

1. 헌법상 표현의 자유와 알권리

국가에 대한 개인의 정보공개청구권은 헌법 제21조의 표현의 자유의 내용인 알권리에서 도출된다고 보는 것이 일반적이다. 이러한 헌법상의 알권리는 개인이 적법·타당한 절차를 거쳐 정보를 수집할 때 국가의 부당한 간섭을 배제하는 소극적 측면과 더불어 국가 등에 필요한 정보를 요구하는 적극적 성격을 모두 포함하고 있다.

그렇다면 행정법상 공권의 하나인 정보공개청구권은 그 요건과 절차 및 내용을 규정한 법률적 근거가 없다 하더라도 성립할 수 있는 권리인가? 다시 말하자면 정보공개청구권은 헌법으로부터 직접 도출되는 헌법상의 권리인가? 정보공개청구권의 법적 근거에 대한 이러한 논쟁은 이미 1996년 정보공개법 제정 이전부터 제기되어 대체로 정보공개청구권의 헌법적 · 직접적 성격이 인정되었다(헌재결 1989.9.4. 88헌마22; 헌재결 1991.5.13. 90헌마133). 다만 대법원은 당시의 정부공문서규정에 근거하여 정보공개청구권을 인정하였다(대판 1989.10.24. 88누9312). 헌법재판소와 대법원이 모두 정보공개청구권은 법률의 제정과 무관하게 성립하는 것으로 보았다는 것은 환영할 만한 일이다. 그러나 헌법재판소도 지적하고 있는 바와 같이 정보공개의 요건, 절차 및 내용이 법률에 의하여 규율되는 것이 바람직하고 또한 필요한 것이기도 하다. 왜냐하면 법률에 의한 행정이라는 법치행정의 기본구도하에서 개인적 공권의 성립은 우선적으로 법률적 근거에 의하여 성립하는 것이 원칙이기 때문이다. 그것이 여의치 못할 때 법률의 목적론적 해석과 최후의 단계로서 비로소 헌법규정에 의한 공권성립이 검토될 수 있다.

2. 행정정보공개조례

행정정보공개를 위한 청주시의회의 행정정보공개조례와 대법원의 판시내용에 대하여는 행정법의 법원편에서 다루었으므로 이에 대한 논의는 여기에서는 약한다. 다만 지방자치단체가 이후에 제정한 행정정보공개조례는 정보공개법이 시행되기 이전에 지방자치단체 차원에서 정보공개청구권의 법적 근거로서 중요한 기능을 수행하였음을 간과할 수 없다. 정보공개법은 제4조 제2항에서 "지방자치단체는 그 소관 사무에 관하여 법령의 범위에서 정보공개에 관한 조례를 정할 수 있다"라고 규정하여 지방자치단체의 정보공개조례의 법적 근거를 명문화하였다.

1996년 11월에 제정된 정보공개법에 의하여 정보공개청구권의 요건과 청구절차, 비공개대상정보의 범위, 권리구제절차 등이 상세하게 규정되었다. 매우 아이러니한 일이지만 정보공개법과 같이 민생 관련 법률의 제정에 대하여 국회의 입법활동이 부진하면 지방자치단체의 조례가 우선 제정되고 이것이 거꾸로 국회입법에 대한 정치적 압력으로 작용한다는 사실이 확인된 셈이다. 물론 헌법 제40조에 의하여 형식적 의미의 입법권은 대한민국 국회가 가지지만 지방자치단체가 또 다른 "법률의 공급자"로 등장함으로써 "법률시장에서의 경쟁체계"가 이루어진 것은 아닐까? 그 혜택은 당연히 민생 관련 법률의 수요자인 국민이 누림은 분명하다.

Ⅲ. 정보공개법의 주요 내용

1. 목적과 용어의 정의

정보공개법(이하 생략)은 공공기관이 보유 · 관리하는 정보에 대한 국민의 공개 청구 및 공공기관의 공개 의무에 관하여 필요한 사항을 정함으로써 국민의 알권리를 보장하고 국정에 대한 국민의 참여와 국정 운영의 투명성을 확보함을 목적으로 한다(제1조).

여기서 "정보"는 공공기관이 직무상 작성 또는 취득하여 관리하고 있는 문서(전자문서 포함) 및 전자매체를 비롯한 모든 형태의 매체 등에 기록된 사항을 말하고(제2조 제1호), "공개"는 공공기관이 정보공개법에 따라 정보를 열람하게 하거나 그 사본 · 복제물을 제공하는 것 또는 전자정부법 제2조 제10호에 따른 정보통신망(이하 '정보통신망')을 통하여 정보를 제공하는 것 등을 말한다(제2호).

2. 정보공개의 주체와 정보공개의 원칙

정보공개의 주체인 공공기관에는 국가기관, 지방자치단체, 공공기관운영법상 공공기관, 지방공기업법의 지방공사 및 지방공단, 그 밖에 대통령령으로 정하는 기관이 포함된다(제2조 제3호). 시행령 제2조에는 유아교육법, 초 · 중등교육법, 고등교육법에 따른 각급 학교 또는 그 밖의 다른 법률에 따라 설치된 학교(제1호), 「지방자치단체 출자 · 출연 기관의 운영에 관한 법률」 제2조 제1항에 따른 출자기관 및 출연기관(제3호), 특별법에 따라 설립된 특수법인(제4호), 사회복지사업법 제42조 제1항에 따라 국가나 지방자치단체로부터 보조금을 받는 사회복지법인과 사회복지사업을 하는 비영리법인(제5호), 제5호 외에 보조금법 제9조 또는 지방재정법 제17조 제1항 각호 외의 부분 단서에 따라 국가나 지방자치단체로부터 연간 5천만원 이상의 보조금을 받는 기관 또는 단체(다만 정보공개 대상 정보는 해당 연도에 보조를 받은 사업으로 한정)(제6호)가 대통령령으로 정하는 기관으로 규정되어 있다. 그러므로 정보공개의 주체는 행정부에 한정되지 않고 국회와 법원, 헌법재판소 등 사법부, 중앙선거관리위원회, 공공기관운영법상 공공기관 등 다수의 공기업뿐만 아니라 사립학교나 사회복지법인 등도 이에 해당한다.

이러한 공공기관이 보유 · 관리하는 정보는 국민의 알권리 보장 등을 위하여 이 법이 정하는 바에 따라 적극적으로 공개하여야 한다(제3조). 판례는 "정보공개 청구권자가 공개를 청구하는 정보와 어떤 관련성을 가질 것을 요구하거나 정보공개청구의 목적에 특별한 제한을 두고 있지 아니하므로 정보공개 청구권자의 권리구제 가능성 등은 정보의 공개 여부 결정에 아무런 영향을 미치지 못한다"고 한다(대판 2017.9.7. 2017두44558).

3. 적용범위

정보공개에 관하여는 다른 법률에 특별한 규정이 있는 경우를 제외하고는 이 법이 적용된다(제4조 제1항). 이에 따른 적용배제에 해당하려면 정보공개의 대상 및 범위, 절차, 비공개대상정보 등에 관하여 이 법과 달리 규정하고 있는 법률이 있어야 한다는 것이 판례이다(대판 2016.12.15. 2013두20882).

다만 국가안전보장에 관련되는 정보 및 보안 업무를 관장하는 기관에서 국가안전보장과 관련된 정보의 분석을 목적으로 수집하거나 작성한 정보에 대해서는 이 법을 적용하지 않지만, 정보목록의 작성 · 비치 및 공개에 대해서는 그렇지 않다(제4조 제3항). 그러나 정보의 질과 내용에 대한 구별 없이 국가의 안전보장과 관련된다고 하여 절대적인 적용배제를 규정한 것이 과연 올바른 입법태도인가는 상당한 비판의 여지가 있다.

4. 정보공개청구권자 및 공개대상

1) 정보공개청구권자

정보공개를 청구할 수 있는 자는 모든 국민이다(제5조 제1항). 외국인도 이에 포함되나 그 구체적인 내용은 대통령령으로 정해진다(제2항). 정보공개를 청구할 수 있는 외국인에 관하여, 시행령 제3조에는 국내에 일정한 주소를 두고 거주하거나 학술 · 연구를 위하여 일시적으로 체류하는 사람(제1호), 국내에 사무소를 두고 있는 법인 또는 단체(제2호) 중 어느 하나에 해당하는 자로 규정되어 있다.

그런데 오로지 공공기관의 담당공무원을 괴롭힐 목적으로 정보공개청구를 하는 경우처럼 권리남용에 해당하면 정보공개청구권의 행사가 허용되지 않는다(대판 2014.12.24. 2014두9349).

2) 공개대상정보

공개대상정보는 공공기관이 보유 · 관리하는 정보이다(제9조 제1항 본문). 따라서 공공기관이 보유 · 관리하고 있지 아니한 정보는 공개대상정보에 해당하지 아니하므로 이를 이유로 한 정보공개거부처분은 특별한 사정이 없는 한 그 취소를 구할 소의 이익이 없다는 것이 판례이다(대판 2014.6.12. 2013두4309). 이른바 정보부존재의 경우이다. 또한 정보공개제도는 공공기관이 보유 · 관리하는 정보를 그 상태대로 공개하는 제도이므로 새로운 정보를 생산 또는 가공하여 공개하여야 할 의무는 없지만, 전자적 형태로 보유 · 관리되는 정보는 청구인이 구하는 대로 편집하는 작업이 당해 기관의 컴퓨터 시스템 운용에 별다른 지장을 초래하지 않는다면 공공기관이 공개청구대상정보를 보유 · 관리하고 있는 것으로 볼 수 있다는 것이 판례이다(대판 2010.2.11. 2009두6001).

5. 비공개대상정보

국민의 알권리 실현을 위한 정보공개법에서 가장 핵심적인 내용은 역시 비공개대상정보의 범위에 관한 것이다. 제9조에는 비공개대상정보로 8가지가 규정되어 있고, 공공기관은 비공개대상정보에 해당하는 정보를 공개하지 아니할 수 있다(제9조 제1항). 공공기관은 비공개대상정보에 해당하는 정보가 기간의 경과 등으로 인하여 비공개의 필요성이 없어진 경우에는 그 정보를 공개대상으로 하여야 한다(제2항).

그런데 이러한 비공개대상정보들은 나름대로 비공개로 하는 것에 대한 근거가 없는 것은 아니므로 수긍할 만한 것이다. 다만 비공개의 요건이 지나치게 추상적인 불확정개념을 사용하여 행정청에 의한 남용의 여지가 크다는 점이 문제로 지적될 수 있다. 예를 들어 "국가의 중대한 이익을 현저히 해칠 우려가 있다고", "업무의 공정한 수행에 현저한 지장을 초래한다고 인정할 만한 상당한 이유가 있는", "법인등의 정당한 이익을 현저히 해칠 우려가 있다고 인정되는" 등의 표현은 공공기관에 의하여 공개요건이 자의적으로 해석 · 운영될 경우 자칫 정보공개법을 "정보기밀보호법"으로 전락시킬 위험성도 가지고 있다.

아래에서는 어떠한 정보가 비공개대상정보에 해당하게 되는지 판례를 통해 본다.

1) 다른 법률 또는 법률에서 위임한 명령(국회규칙 · 대법원규칙 · 헌법재판소규칙 · 중앙선거관리위원회규칙 · 대통령령 및 조례로 한정)에 따라 비밀이나 비공개 사항으로 규정된 정보(제1호)

법률 또는 법률의 구체적인 위임에 따라 제정된 법규명령으로 비밀이나 비공개사항으로 규정된 정보이어야 한다. 판례는 군사기밀보호법에 따라 군사2급비밀로 지정된 헬기도입사업에 대한 감사결과보고서는 이에 해당한다고 보았다(대판 2006.11.10. 2006두9351). 반면 교육공무원법 제13조, 제14조 위임에 따라 제정된 교육공무원승진규정은 정보공개에 관한 사항에 대하여는 구체적인 위임을 받아 제정된 것이 아니므로 교육공무원승진규정 제26조에서 근무성적평정의 결과를 비공개하는 것으로 규정하고 있다고 하더라도 이는 '법률에서 위임한 명령'에 해당하지 않기 때문에 위 비공개대상정보에 해당하지 않는다고 보았다(대판 2006.10.26. 2006두11910).

2) 국가안전보장 · 국방 · 통일 · 외교관계 등에 관한 사항으로서 공개될 경우 국가의 중대한 이익을 현저히 해칠 우려가 있다고 인정되는 정보(제2호)

판례는 보안관찰법에 따른 보안관찰처분은 국가안위에 중대한 위해를 초래할 수 있는 간첩죄 등으로 처벌받은 자에 대하여 재범의 위험성을 예방하고 건전한 사회복귀를 촉진하기 위하여 일정한 신고의무를 부과하는 등으로 그 동향파악을 하여 국가의 안전과 사회의 안녕을 유지하려는 목적을 가지는 제도이고 남북관계의 특수성을 고려하였을 때, 보안관찰 관련 통계자료는 제2호 또는 제3호의 비공개대상정보에 해당한다고 하였다[대판(전합) 2004.3.18. 2001두8254].

3) 공개될 경우 국민의 생명 · 신체 및 재산의 보호에 현저한 지장을 초래할 우려가 있다고 인정되는 정보(제3호)

4) 진행 중인 재판에 관련된 정보와 범죄의 예방, 수사, 공소의 제기 및 유지, 형의 집행, 교정, 보안처분에 관한 사항으로서 공개될 경우 그 직무수행을 현저히 곤란하게 하거나 형사피고인의 공정한 재판을 받을 권리를 침해한다고 인정할 만한 상당한 이유가 있는 정보(제4호)

재판에 관련된 정보, 수사에 관한 사항 등은 다소 넓게 인정될 수 있으나 그 비공개결정의 적법 여부는그 공개로 인해 직무수행이 현저하게 곤란하게 될 위험이 있는지를 구체적으로 따져보아야 한다[대판 2011.11.24. 2009두19021(재판); 대판 2012.7.12. 2010두7048(수사)].

5) 감사 · 감독 · 검사 · 시험 · 규제 · 입찰계약 · 기술개발 · 인사관리에 관한 사항이나 의사결정 과정 또는 내부검토 과정에 있는 사항 등으로서 공개될 경우 업무의 공정한 수행이나 연구 · 개발에 현저한 지장을 초래한다고 인정할 만한 상당한 이유가 있는 정보(제5호 본문)

다만 의사결정과정 또는 내부검토과정을 이유로 비공개할 경우에는 이를 통지할 때 의사결정과정 또는 내부검토과정의 단계 및 종료 예정일을 함께 안내하여야 하고, 의사결정과정 및 내부검토과정이 종료되면 청구인에게 이를 통지하여야 한다(제5호 단서).

판례는 치과의사 국가시험은 문제은행 출제방식임을 고려하여 그 시험의 문제지와 정답지를 공개하는 것은 시험업무의 공정한 수행이나 연구 · 개발에 현저한 지장을 초래한다고 인정할 만한 상당한 이유가 있는 경우로서 제5호의 비공개대상정보에 해당한다고 보았다(대판 2007.6.15. 2006두15936).

한편 판례는 의사결정과정에 제공된 회의관련자료나 그 회의록 등은 의사가 결정되거나 집행된 후에는 의사결정과정에 있는 사항 그 자체는 아니지만 그에 준하는 사항으로서 비공개대상정보에는 포함될 수 있으므로 그 공개가 업무의 공정한 수행 등에 현저한 지장을 초래한다고 인정할 만한 상당한 이유가 있는지를 따져서 정보공개 여부를 결정하여야 한다고 본다(대판 2003.8.22. 2002두12946; 대판 2015.2.26. 2014두43356). 판례는 학교환경위생구역 내 금지행위 해제결정이 있은 후 그에 관한 학교환경위생정화위원회의 심의회의록은 의사결정과정에 있는 사항에 준하는 사항에 해당할 수 있으나 '회의록에 기재된 발언내용에 대한 해당 발언자의 인적 사항' 부분을 제외한 나머지 부분은 제5호의 비공개대상정보에 해당하지 않는다고 하였다(대판 2003.8.22. 2002두12946). 반면 국가보훈처 안장대상심의위원회의 국립묘지 안장대상 제외 의결이 있은 후 그에 대한 회의록의 경우에는 이 역시 의사결정과정에 있는 사항에 준하는 사항에 해당할 수 있지만 이는 한 사람의 일생의 행적에 대한 평가 과정이라는 민감한 사항에 대하여 위원 간에 의사를 교환하게 되므로 발언자 이름 및 발언자의 신원을 유추할 수 있는 참석대상자 · 참석자 · 불참자의 수 및 그 이름, 소속, 직위에 대한 부분도 제5호의 비공개대상정보에 해당한다고 보았다(대판 2015.2.26. 2014두43356).

6) 해당 정보에 포함되어 있는 성명 · 주민등록번호 등 개인정보보호법 제2조 제1호에 따른 개인정보로서 공개될 경우 사생활의 비밀 또는 자유를 침해할 우려가 있다고 인정되는 정보(제6호 본문)

다만 법령에서 정하는 바에 따라 열람할 수 있는 정보(가목), 공공기관이 공표를 목적으로 작성하거나 취득한 정보로서 사생활의 비밀 또는 자유를 부당하게 침해하지 아니하는 정보(나목), 공공기관이 작성하거나 취득한 정보로서 공개하는 것이 공익이나 개인의 권리 구제를 위하여 필요하다고 인정되는 정보(다목), 직무를 수행한 공무원의 성명 · 직위(라목), 공개하는 것이 공익을 위하여 필요한 경우로서 법령에 따라 국가 또는 지방자치단체가 업무의 일부를 위탁 또는 위촉한 개인의 성명 · 직업(마목)은 제외한다(제6호 단서).

판례에 따르면 제6호 본문의 비공개대상정보에는 성명 · 주민등록번호 등 '개인식별정보'뿐만 아니라 그 외에 정보의 내용에 따라 '개인에 관한 사항의 공개로 인하여 개인의 내밀한 내용의 비밀 등이 알려지게 되고, 그 결과 인격적 · 정신적 내면생활에 지장을 초래하거나 자유로운 사생활을 영위할 수 없게 될 위험성이 있는 정보'도 포함되며, 제6호 단서 다목의 '공개하는 것이 개인의 권리구제를 위하여 필요하다고 인정되는 정보'에 해당하는지 여부는 비공개에 의하여 보호되는 개인의 사생활의 비밀 등의 이익과 공개에 의하여 보호되는 개인의 권리구제 등의 이익을 비교 · 교량하여 구체적 사안에 따라 신중히 판단하여야 한다(대판 2017.9.7. 2017두44558). 이에 따라 수사기관의 내사기록 중 '사건관계인들의 주민등록번호, 직업, 주거 및 직장주소, 본적(등록기준지), 전화번호 등의 연락처, 학력, 경력, 가족관계, 월수입 및 재산상태, 정당 · 사회단체 가입 여부, 건강상태'에 관한 정보는 제6호의 비공개대상정보에 해당한다고 보았다(위 2017두44558 판결).

또한 판례는 제6호 단서 다목에서 '공개하는 것이 공익을 위하여 필요하다고 인정되는 정보'에 해당하는지 여부는 비공개에 의하여 보호되는 개인의 사생활 보호 등의 이익과 공개에 의하여 보호되는 국정운영의 투명성 확보 등의 공익을 비교 · 교량하여 구체적 사안에 따라 신중히 판단하여야 한다고 하면서, '사면대상자들의 사면실시건의서와 그와 관련된 국무회의 안건자료'의 경우에는 정보의 공개로 얻는 이익이 이로 인하여 침해되는 당사자들의 사생활의 비밀에 관한 이익보다 더욱 크기 때문에 제6호의 비공개대상정보에 해당하지 않는다고 하였다(대판 2006.12.7. 2005두241). 반면 지방자치단체의 업무추진비 세부항목별 집행내역 및 그에 관한 증빙서류에 포함된 개인에 관한 정보는 '공개하는 것이 공익을 위하여 필요하다고 인정되는 정보'에 해당하지 아니하므로 제6호의 비공개대상정보에 해당한다고 보았다(대판 2003.3.11. 2001두6425). 또한 공무원이 직무와 관련없이 개인적인 자격으로 지방자치단체장이 주최한 간담회 · 연찬회 등 행사에 참석하고 금품을 수령한 정보 역시 '공개하는 것이 공익을 위하여 필요하다고 인정되는 정보'에 해당하지 아니하므로 제6호의 비공개대상정보에 해당한다고 하였다(대판 2003.12.12. 2003두8050).

7) 법인 · 단체 또는 개인(이하 '법인등')의 경영상 · 영업상 비밀에 관한 사항으로서 공개될 경우 법인등의 정당한 이익을 현저히 해칠 우려가 있다고 인정되는 정보 (제7호 본문)

다만 사업활동에 의하여 발생하는 위해로부터 사람의 생명 · 신체 또는 건강을 보호하기 위하여 공개할 필요가 있는 정보(가목), 위법 · 부당한 사업활동으로부터 국민의 재산 또는 생활을 보호하기 위하여 공개할 필요가 있는 정보(나목)는 제외한다(제7호 단서).

판례는 부정경쟁방지법상 영업비밀과 정보공개법상 법인등의 경영상 · 영업상 비밀은 다르다고 하였다. 즉 양자의 입법목적과 규율대상 등 여러 사정을 고려하여 보면, 정보공개법상 '법인등의 경영 · 영업상 비밀'은 부정경쟁방지법의 '영업비밀'에 한하지 않고, '타인에게 알려지지 아니함이 유리한 사업활동에 관한 일체의 정보' 또는 '사업활동에 관한 일체의 비밀사항'으로 해석함이 상당하다고 하면서, 다만 '법인등의 경영 · 영업상의 비밀에 관한 사항'이라도 공개를 거부할 만한 정당한 이익이 있는지의 여부에 따라 그 공개 여부가 결정되어야 하고 그 정당한 이익이 있는지의 여부는 정보공개법의 입법 취지에 비추어 이를 엄격하게 해석하여야 할 뿐만 아니라 국민에 의한 감시의 필요성이 크고 이를 감수하여야 하는 면이 강한 공익법인에 대하여는 다른 법인 등에 대하여 보다 소극적으로 해석할 수밖에 없다고 하였다(대판 2008.10.23. 2007두1798). 이에 따라 한국방송공사의 '수시집행 접대성 경비의 건별 집행서류 일체'는 위 공사의 경영 · 영업상 비밀에 관한 사항에 해당한다고 볼 여지가 있으나 그 정보가 공개될 경우 위 공사의 정당한 이익을 현저히 해할 우려가 있다고 인정하기는 어려우므로 제7호의 비공개대상정보에 해당하지 않는다고 보았다(위 2007두1798 판결).

8) 공개될 경우 부동산 투기, 매점매석 등으로 특정인에게 이익 또는 불이익을 줄 우려가 있다고 인정되는 정보(제8호)

6. 정보의 사전적 공개 등

공공기관이 정보공개청구에 대하여 소극적으로 공개하던 것을 한 단계 넘어서서 국민생활에 중요한 정보는 정보공개청구가 없다고 하더라도 적극적으로 사전에 공개하는 제도가 도입되어 있다. 즉 공공기관은 국민생활에 매우 큰 영향을 미치는 정책에 관한 정보(제1호), 국가의 시책으로 시행하는 공사 등 대규모 예산이 투입되는 사업에 관한 정보(제2호), 예산집행의 내용과 사업평가 결과 등 행정감시를 위하여 필요한 정보(제3호), 그 밖에 공공기관의 장이 정하는 정보(제4호) 중 어느 하나에 해당하는 정보에 대해서는 공개의 구체적 범위, 주기, 시기 및 방법 등을 미리 정하여 정보통신망 등을 통하여 알리고, 이에 따라 정기적으로 공개하여야 한다(제7조 제1항 본문). 다만 비공개대상정보에 대해서는 그렇지 않다(단서).

또한 공공기관은 위 사전공개의무의 대상이 되는 사항이 아니라고 하더라도 국민이 알아야 할 필요가 있는 정보를 국민에게 공개하도록 적극적으로 노력하여야 한다(제7조 제2항).

7. 정보목록의 작성 · 비치 등, 공개대상 정보의 원문공개

정보공개제도가 실효성을 가지기 위하여는 청구인이 원하는 문서가 정리되어 체계화될 것이 요구된다. 따라서 제8조 제1항 본문은 "공공기관은 그 기관이 보유 · 관리하는 정보에 대하여 국민이 쉽게 알 수 있도록 정보목록을 작성하여 갖추어 두고, 그 목록을 정보통신망을 활용한 정보공개시스템 등을 통하여 공개하여야 한다"라고 규정하고 있다. 다만 정보목록에 제9조 제1항 각호의 비공개대상정보가 포함되어 있는 경우에는 정보목록에 해당 부분을 갖추어 두지 않거나 공개하지 않을 수 있다(제8조 제1항 단서). 이러한 정보목록에는 문서제목 · 생산연도 · 업무담당자 · 보존기간 등이 포함되어야 한다(시행령 제5조 제1항 제1문).

또한 공공기관은 정보의 공개에 관한 사무를 신속하고 원활하게 수행하기 위하여 정보공개 장소를 확보하고 공개에 필요한 시설을 갖추어야 한다(제8조 제2항).

나아가 공공기관 중 중앙행정기관 및 대통령령으로 정하는 기관은 전자적 형태로 보유 · 관리하는 정보 중 공개대상으로 분류된 정보를 국민의 정보공개 청구가 없더라도 정보통신망을 활용한 정보공개시스템 등을 통하여 공개하여야 한다(제8조의2).

8. 정보공개의 절차

1) 정보공개청구의 방법

정보의 공개를 청구하는 자(이하 '청구인')는 해당 정보를 보유하거나 관리하고 있는 공공기관에 청구인의 성명 · 생년월일 · 주소 및 연락처(전화번호 · 전자우편주소 등)(제1호), 청구인의 주민등록번호(본인임을 확인하고 공개 여부를 결정할 필요가 있는 정보를 청구하는 경우로 한정)(제2호), 공개를 청구하는 정보의 내용 및 공개방법(제3호)을 적은 정보공개 청구서를 제출하거나 말로써 정보의 공개를 청구할 수 있다(제10조 제1항). 청구인이 말로써 정보의 공개를 청구할 때에는 담당 공무원 또는 담당 임직원(이하 '담당공무원등')의 앞에서 진술하여야 하고, 담당공무원등은 정보공개 청구조서를 작성하여 이에 청구인과 함께 기명날인하거나 서명하여야 한다(제2항).

청구인이 정보의 공개를 청구할 때 청구대상정보를 특정하여야 하는 정도에 관하여, 판례는 "정보공개법 제10조 제1항 제2호는 정보의 공개를 청구하는 자는 정보공개 청구서에 '공개를 청구하는 정보의 내용' 등을 기재할 것을 규정하고 있는바, 청구대상정보를 기재함에 있어서는 사회일반인의 관점에서 청구대상정보의 내용과 범위를 확정할 수 있을 정도로 특정함을 요한다"고 하였다(대판 2007.6.1. 2007두2555). 또한 청구인에게는 정보공개청구를 할 때 공개방법을 특정할 수 있는 법령상 신청권이 인정되고(대판 2016.11.10. 2016두44674), 이러한 정보공개청구를 받은 공공기관에게는 공개방법을 선택할 재량권이 인정되지 않는다(대판 2004.8.20. 2003두8302).

2) 정보공개청구를 받은 공공기관의 처리의무 및 처리기한 등

(1) 처리의무 및 처리기한

공공기관은 정보공개청구를 받으면 그 청구를 받은 날부터 10일 이내에 공개 여부를 결정하여야 한다(제11조 제1항). 공공기관은 부득이한 사유로 위 기간 이내에 공개 여부를 결정할 수 없을 때에는 그 기간이 끝나는 날의 다음 날부터 기산하여 10일의 범위에서 공개 여부 결정기간을 연장할 수 있는데, 이 경우 공공기관은 연장된 사실과 연장 사유를 청구인에게 지체없이 문서로 통지하여야 한다(제2항).

공공기관은 다른 공공기관이 보유 · 관리하는 정보의 공개 청구를 받았을 때에는 지체없이 이를 소관 기관으로 이송하여야 하며, 이송한 후에는 지체없이 소관 기관 및 이송 사유 등을 분명히 밝혀 청구인에게 문서로 통지하여야 한다(제11조 제4항).

(2) 민원으로 처리하거나 종결 처리할 수 있는 경우

공공기관은 정보공개청구가 공공기관이 보유 · 관리하지 아니하는 정보에 대한 것인 경우(제1호), 공개 청구의 내용이 진정 · 질의 등으로 이 법에 따른 정보공개 청구로 보기 어려운 경우(제2호) 중 어느 하나로서 민원처리법에 따른 민원으로 처리할 수 있는 경우에는 민원으로 처리할 수 있다(제11조 제5항).

또한 공공기관은 정보공개를 청구하여 정보공개 여부에 대한 결정의 통지를 받은 자가 정당한 사유 없이 해당 정보의 공개를 다시 청구하는 경우(제1호), 정보공개청구가 제11조 제5항에 따라 민원으로 처리되었으나 다시 같은 청구를 하는 경우(제2호) 중 어느 하나에 해당하는 반복청구의 경우에는 정보공개 청구 대상 정보의 성격, 종전 청구와의 내용적 유사성 · 관련성, 종전 청구와 동일한 답변을 할 수밖에 없는 사정 등을 종합적으로 고려하여 해당 청구를 종결 처리할 수 있는데, 이때에는 종결 처리 사항을 청구인에게 알려야 한다(제11조의2 제1항).

공공기관은 제7조 제1항에 따라 사전적으로 공개된 정보와 같이 공개를 목적으로 작성되어 이미 정보통신망 등을 통하여 공개된 정보를 청구하는 경우에는 해당 정보의 소재를 안내하고 해당 청구를 종결 처리할 수 있다(제11조의2 제2항 제1호). 그리고 다른 법령이나 사회통념상 청구인의 여건 등에 비추어 수령할 수 없는 방법으로 정보공개청구를 하는 경우에는 수령이 가능한 방법으로 청구하도록 안내하고 해당 청구를 종결할 수 있다(제2호).

(3) 즉시 처리가 가능한 정보의 공개

공공기관은 법령 등에 따라 공개를 목적으로 작성된 정보(제1호), 일반국민에게 알리기 위하여 작성된 각종 홍보자료(제2호), 공개하기로 결정된 정보로서 공개에 오랜 시간이 걸리지 아니하는 정보(제3호), 그 밖에 공공기관의 장이 정하는 정보(제4호) 중 어느 하나에 해당하는 정보로서 즉시 또는 말로 처리가 가능한 정보에 대해서는 제11조에 따른 절차를 거치지 아니하고 공개하여야 한다(제16조).

3) 제3자의 권리보호

공공기관의 보유 · 관리하는 정보 중에는 제3자와 관련된 것도 많다. 따라서 제3자와 관련된 정보가 공개됨으로써 그의 권익을 부당하게 해칠 수도 있기 때문에 이에 대한 입법적 고려가 필요하다. 이에 따라 공공기관은 공개 청구된 공개대상정보의 전부 또는 일부가 제3자와 관련이 있다고 인정할 때에는 그 사실을 제3자에게 지체없이 통지하여야 하며, 필요한 경우에는 그의 의견을 들을 수 있다(제11조 제3항).

위와 같이 공개 청구된 사실을 통지받은 제3자는 그 통지를 받은 날부터 3일 이내에 해당 공공기관에 대하여 자신과 관련된 정보를 공개하지 아니할 것을 요청할 수 있다(제21조 제1항). 이러한 요청에도 불구하고 공공기관이 정보공개결정을 할 때에는 공개 결정 이유와 공개 실시일을 분명히 밝혀 지체없이 문서로 통지하여야 하며, 제3

자는 해당 공공기관에 문서로 이의신청을 하거나 행정심판 또는 행정소송을 제기할 수 있는데, 이 경우 이의신청은 통지를 받은 날부터 7일 이내에 하여야 한다(제2항).

한편 공공기관은 제3자의 비공개 요청에도 불구하고 정보공개결정을 하는 경우에는 정보공개결정일과 공개 실시일 사이에 최소한 30일의 간격을 두어야 한다(제21조 제3항). 제3자가 정보공개결정에 불복하는 경우 그 권리구제의 실효성을 확보할 수 있게 하기 위함이다.

4) 정보공개 여부 결정의 통지

(1) 정보공개결정

가) 일반적인 경우

공공기관은 정보공개결정을 한 경우에는 공개의 일시 및 장소 등을 분명히 밝혀 청구인에게 통지하여야 한다(제13조 제1항). 청구인이 사본 또는 복제물의 교부를 원하는 경우에는 이를 교부하여야 한다(제2항). 그런데 공개대상정보의 양이 너무 많아 정상적인 업무수행에 현저한 지장을 초래할 우려가 있는 경우에는 해당 정보를 일정 기간별로 나누어 제공하거나 사본·복제물의 교부 또는 열람과 병행하여 제공할 수 있다(제3항). 또한 정보를 공개하기로 결정하였는데 공개할 경우 그 정보의 원본이 더럽혀지거나 파손될 우려가 있거나 그 밖에 상당한 이유가 있다고 인정할 때에는 그 정보의 사본·복제물을 공개할 수 있다(제4항).

나) 정보의 전자적 공개

공공기관은 전자적 형태로 보유·관리하는 정보에 대하여 청구인이 전자적 형태로 공개하여 줄 것을 요청하는 경우에는 그 정보의 성질상 현저히 곤란한 경우를 제외하고는 청구인의 요청에 따라야 한다(제15조 제1항). 나아가 공공기관은 전자적 형태로 보유·관리하지 아니하는 정보라 하더라도 그에 대하여 청구인이 전자적 형태로 공개하여 줄 것을 요청한 경우에는 정상적인 업무수행에 현저한 지장을 초래하거나 그 정보의 성질이 훼손될 우려가 없으면 그 정보를 전자적 형태로 변환하여 공개할 수 있다(제2항).

다) 비용부담

정보의 공개 및 우송 등에 드는 비용은 실비의 범위에서 청구인이 부담한다(제17조 제1항). 다만 공개를 청구하는 정보의 사용 목적이 공공복리의 유지·증진을 위하여 필요하다고 인정되는 경우에는 위 비용을 감면할 수 있다(제2항).

(2) 정보비공개결정

반면 공공기관이 정보비공개결정을 한 경우에는 그 사실을 청구인에게 지체없이 문서로 통지하여야 하며, 이때에는 제9조 제1항 각호의 비공개대상정보 중 어느 것에 해당하는지를 포함한 비공개 이유와 불복의 방법 및 절차를 구체적으로 밝혀야 한다(제13조 제5항). 따라서 어떠한 비공개대상정보에 해당하는지를 구체적으로 밝히지 않고 개괄적인 사유만을 들어 정보비공개결정을 할 수는 없다(대판 2003.12.11. 2001두8827).

(3) 부분공개결정

공개 청구한 정보가 제9조 제1항 각호의 비공개대상정보에 해당하는 부분과 공개 가능한 부분이 혼합되어 있는 경우로서 공개 청구의 취지에 어긋나지 아니하는 범위에서 두 부분을 분리할 수 있는 경우에는 비공개대상정보에 해당하는 부분을 제외하고 공개하여야 한다(제14조). 여기서 "공개청구의 취지에 어긋나지 아니하는 범위 안에서 비공개대상 정보에 해당하는 부분과 공개가 가능한 부분을 분리할 수 있다고 함은, 이 두 부분이 물리적으로 분리가능한 경우를 의미하는 것이 아니고 당해 정보의 공개방법 및 절차에 비추어 당해 정보에서 비공개대상 정보에 관련된 기술 등을 제외 내지 삭제하고 그 나머지 정보만을 공개하는 것이 가능하고 나머지 부분의 정보만으로도 공개의 가치가 있는 경우를 의미한다"라는 것이 판례이다(대판 2004.12.9. 2003두12707).

공공기관은 부분공개결정을 하는 경우에는 공개하지 아니하는 부분에 대하여 비공개 이유와 불복의 방법 및 절차를 구체적으로 밝혀야 한다(시행령 제13조).

이러한 부분공개제도는 청구인의 알권리와 제3자의 사생활의 비밀과 자유가 충돌하는 경우 일종의 실제적 조화의 원칙을 실현하기 위하여 마련된 것이다. 따라서 제9조 각호의 비공개대상정보도 "절대적 공개불가"는 아니며, 공개가 가능한 부분은 정보공개의 원칙에 따라서 부분적으로나마 공개되어야 하는 것이다.

9. 정보공개심의회, 정보공개위원회, 행정안전부장관의 제도총괄

1) 정보공개심의회

정보공개심의회는 국가기관, 지방자치단체, 공공기관운영법상 공기업 및 준정부기관, 지방공기업법의 지방공사 및 지방공단(이하 '국가기관등')이 정보공개 여부 등을 심의하기 위하여 설치 · 운영하는 행정위원회다(제12조 제1항). 정보공개심의회의 운영과 기능 등에 관하여 필요한 사항은 국회규칙 · 대법원규칙 · 헌법재판소규칙 · 중앙선거관리위원회규칙 및 대통령령으로 정한다(제6항).

2) 정보공개위원회

정보공개위원회는 정보공개제도의 전반적인 개선과 정책 과제를 수행하기 위하여 설치된 기구이다. 정보공개위원회는 정보공개에 관한 정책 수립 및 제도 개선에 관한 사항(제1호), 정보공개에 관한 기준 수립에 관한 사항(제2호), 정보공개심의회 심의결과의 조사 · 분석 및 심의기준 개선 관련 의견제시에 관한 사항(제3호), 제24조 제2항 및 제3항에 따른 공공기관의 정보공개 운영실태 평가 및 그 결과 처리에 관한 사항(제4호), 정보공개와 관련된 불합리한 제도 · 법령 및 그 운영에 대한 조사 및 개선권고에 관한 사항(제5호), 그 밖에 정보공개에 관하여 대통령령으로 정하는 사항(제6호)을 심의 · 조정하기 위하여 행정안전부장관 소속으로 둔다(제22조).

3) 행정안전부장관의 제도총괄

정보공개제도의 활성화와 운영의 정착을 위하여 행정안전부장관에게 총괄적인 제도관리권한이 부여되어 있다. 행정안전부장관은 이 법에 따른 정보공개제도의 정책 수립 및 제도 개선 사항 등에 관한 기획 · 총괄 업무를 관장한다(제24조 제1항). 행정안전부장관은 정보공개위원회가 정보공개제도의 효율적 운영을 위하여 필요하다고 요청하면 공공기관(국회 · 법원 · 헌법재판소 및 중앙선거관리위원회는 제외)의 정보공개제도 운영실태를 평가할 수 있다(제2항). 행정안전부장관은 위 평가를 실시한 경우에는 그 결과를 정보공개위원회를 거쳐 국무회의에 보고한 후 공개하여야 하며, 정보공개위원회가 개선이 필요하다고 권고한 사항에 대해서는 해당 공공기관에 시정 요구 등의 조치를 하여야 한다(제24조 제3항). 또한 행정안전부장관은 전년도의 정보공개 운영에 관한 보고서를 매년 정기국회 개회 전까지 국회에 제출하여야 한다(제26조 제1항).

10. 권리구제절차(이의신청, 행정심판, 행정소송)

정보공개의 청구에 대하여 비공개결정이나 부분공개결정이 있는 경우에는 이에 대한 불복절차를 두는 것이 청구인의 권익구제를 위한 필수적인 사항이다. 청구인은 이의신청, 행정심판, 행정소송 중에서 불복 구제 절차를 선택할 수 있다. 제3자의 비공개 요청에도 불구하고 정보공개결정을 하는 경우 제3자의 권리보호를 위한 불복 구제 절차는 앞서 설명하였다.

1) 이의신청

청구인이 정보공개와 관련한 공공기관의 비공개결정 또는 부분공개결정에 대하여 불복이 있거나 정보공개 청구 후 20일이 경과하도록 정보공개 결정이 없는 때에는 공공기관으로부터 정보공개 여부의 결정 통지를 받은 날 또는 정보공개 청구 후 20일이 경과한 날부터 30일 이내에 해당 공공기관에 문서로 이의신청을 할 수 있다(제18조 제1항).

이의신청을 받은 국가기관등은 정보공개심의회를 개최하여야 한다(제18조 제2항 본문). 다만 정보공개심의회의 심의를 이미 거친 사항(제1호), 단순 · 반복적인 청구(제2호), 법령에 따라 비밀로 규정된 정보에 대한 청구(제3호) 중 어느 하나에 해당하는 경우에는 정보공개심의회를 개최하지 아니할 수 있으며 개최하지 아니하는 사유를 청구인에게 문서로 통지하여야 한다(제18조 제2항 단서).

공공기관은 이의신청을 받은 날부터 7일 이내에 그 이의신청에 대하여 결정하고 그 결과를 청구인에게 지체없이 문서로 통지하여야 하는데, 부득이한 사유로 정하여진 기간 이내에 결정할 수 없을 때에는 그 기간이 끝나는 날의 다음 날부터 기산하여 7일의 범위에서 연장할 수 있으며, 연장 사유를 청구인에게 통지하여야 한다(제18조 제3항).

공공기관은 이의신청을 각하 또는 기각하는 결정을 한 경우에는 청구인에게 행정심판 또는 행정소송을 제기할 수 있다는 사실을 위 결과 통지와 함께 알려야 한다(제18조 제4항).

판례는 "청구인이 공공기관의 비공개결정 등에 대한 이의신청을 하여 공공기관으로부터 이의신청에 대한 결과를 통지 받은 후 취소소송을 제기하는 경우 그 제소기간은 이의신청에 대한 결과를 통지 받은 날부터 기산한다"고 본다(대판 2023.7.27. 2002두52980).

2) 행정심판

청구인이 정보공개와 관련한 공공기관의 결정에 대하여 불복이 있거나 정보공개 청구 후 20일이 경과하도록 정보공개 결정이 없는 때에는 행정심판을 청구할 수 있다(제19조 제1항 제1문). 이 경우 국가기관 및 지방자치단체 외의 공공기관의 결정에 대한 감독행정기관은 관계 중앙행정기관의 장 또는 지방자치단체의 장으로 한다(제2문).

청구인은 이의신청 절차를 거치지 않고 행정심판을 청구할 수 있다(제19조 제2항). 그런데 행정소송법은 행정심판을 임의적 절차로 하고 있으므로 청구인은 이의신청과 행정심판을 거치지 않고 바로 행정소송을 제기할 수 있다.

3) 행정소송

청구인이 정보공개와 관련한 공공기관의 결정에 대하여 불복이 있거나 정보공개 청구 후 20일이 경과하도록 정보공개 결정이 없는 때에는 행정소송을 제기할 수 있다(제20조 제1항).

(1) 원고적격

제5조 제1항에 따라 모든 국민은 정보공개청구권을 가지므로 정보공개청구를 위한 행정쟁송에서는 청구인적격이나 원고적격이 중요한 의미를 가지지 못한다. 다시 말하자면 정보공개청구쟁송은 일종의 민중쟁송으로 볼 수 있는 것이다. 판례도 정보공개청구소송에서 원고적격이 인정되는 범위를 거의 무제한으로 확장하였으며(대판 2003.3.11. 2001두6425), 정보공개청구권자로서의 "국민에는 자연인은 물론 법인, 권리능력 없는 사단 · 재단도 포함되고, 법인, 권리능력 없는 사단 · 재단 등의 경우에는 설립

목적을 불문하며, 한편 정보공개청구권은 법률상 보호되는 구체적인 권리이므로 청구인이 공공기관에 대하여 정보공개를 청구하였다가 거부처분을 받은 것 자체가 법률상 이익의 침해에 해당한다"라고 판시하여 시민단체의 행정감시목적의 공익적 정보공개 쟁송이 가능하다고 보았다(대판 2003.12.12. 2003두8050). 나아가 원고적격이 인정되려면 정보공개청구에 대하여 거부처분을 받은 것 이외에 추가로 어떠한 법률상 이익이 있어야 하는 것도 아니라고 하였다(대판 2004.9.23. 2003두1370).

(2) 소의 이익

앞서 본 바와 같이 판례에 따르면 이른바 정보부존재를 이유로 한 정보공개거부처분은 그 취소를 구할 소의 이익이 없음이 원칙이다(대판 2014.6.12. 2013두4309). 또한 정보공개거부처분 취소소송에서 공공기관이 청구대상정보를 증거 등으로 법원에 제출하여 법원을 통해 그 사본이 청구인에게 공개하는 셈이 되었다고 하더라도 이는 법이 예정한 방법이 아니라서 법에 의한 공개라고 볼 수 없으므로 그 취소를 구할 소의 이익이 소멸하지 않는다(대판 2004.3.26. 2002두6583). 나아가 청구대상정보가 이미 다른 사람에게 공개되어 널리 알려져 있다거나 인터넷 등을 통하여 쉽게 알 수 있다는 사정만으로는 소의 이익이 없다거나 비공개결정이 정당화될 수 없다(대판 2010.12.23. 2008두13392).

(3) 청구대상정보에 대한 비공개 열람 · 심사 등에 의한 심리

정보공개청구를 위한 행정소송의 특수성을 감안하여 재판장은 필요하다고 인정하면 당사자를 참여시키지 아니하고 제출된 공개 청구 정보를 비공개로 열람 · 심사할 수 있다(제20조 제2항). 또한 재판장은 행정소송의 대상이 제9조 제1항 제2호의 비공개대상정보 중 국가안전보장 · 국방 또는 외교관계에 관한 정보의 비공개 또는 부분 공개 결정처분인 경우에 공공기관이 그 정보에 대한 비밀 지정의 절차, 비밀의 등급 · 종류 및 성질과 이를 비밀로 취급하게 된 실질적인 이유 및 공개를 하지 아니하는 사유 등을 입증하면 해당 정보를 제출하지 아니하게 할 수 있다(제3항).

(4) 입증책임

정보공개청구의 대상이 되는 정보를 공공기관이 보유 · 관리하고 있을 상당한 개연성에 대한 입증책임은 청구인에게 있으나, 공공기관이 한 때 보유 · 관리하였으나 더 이상 보유 · 관리하고 있지 않다는 것에 대한 입증책임은 공공기관에게 있다(대판 2004.12.9. 2003두12707). 또한 정보비공개결정을 하는 경우에 제9조 제1항 각호의 비공개사유 중 어느 것에 해당하는지에 대한 주장 · 입증책임은 공공기관에게 있다(대판 2003.12.11. 2001두8827).

(5) 일부취소판결

부분공개가 가능한 경우에 대하여 정보비공개결정이 이루어졌다면 정보비공개결정 중 비공개대상정보를 제외한 나머지 부분을 취소하는 일부취소판결을 하여야 한다(대판 2003.3.11. 2001두6425).

제 2 절 개인정보보호제도

I. 개인정보보호의 의의와 법적 근거

1. 의 의

정보화사회에서의 개인은 정보모집과 이용의 주체인 동시에 자신의 개인적인 정보나 프라이버시에 속하는 자료들이 자신의 동의 없이 타인에 의하여 수집 · 이용되는 상황을 경험하고 있다. 특히 행정자동화와 전산화로 인하여 수많은 국민들이 자신도 모르는 사이에 수집 · 저장 · 유출 · 공개되어 헌법상 보장된 사생활의 비밀과 자유가 침해되는 사례가 빈발하고 있다. 더욱이 IT기술이 비약적으로 발전하면서 이러한 위험성은 더욱 커지게 되었다. 따라서 개인정보보호제도는 헌법상 보장된 개인의 사생활의 비밀과 자유라는 기본권 실현을 위하여 일정한 요건하에 필요한 개인의 인적 사항 등을 보호하는 법제라고 말할 수 있다.

개인정보보호법은 정보공개법과 더불어 헌법상 상충관계에 있는 표현의 자유와 사생활의 자유를 입법적으로 조화시킨다는 의미도 동시에 갖고 있다(대결 2011.5.24. 2011마319). 따라서 양 법제가 서로 조화를 이루어 개인에게 필요한 정보를 제공하는 동시에 이로 인한 타인의 부당한 권리침해를 방지하기 위하여 정보공개법은 "공개의 원칙과 예외적 비공개"를, 개인정보보호법은 "비공개의 원칙과 예외적 공개"를 특징으로 한다. 정보공개법 제9조 제1항 제6호는 개인정보보호법 제6조 제1항의 '개인정보의 처리 및 보호에 관하여 다른 법률에 특별한 규정이 있는 경우'에 해당하므로 공공기관이 보유 · 관리하고 있는 개인정보의 공개에 관하여는 정보공개법 제9조 제1항 제6호가 개인정보보호법에 우선하여 적용된다(대판 2021.11.11. 2015두53770).

2. 정보에 대한 자기결정권

개인정보보호에 대한 헌법적 근거는 개인정보자기결정권에서 찾을 수 있다(헌재결 2005.5.26. 99헌마513 등). 개인정보자기결정권에 대하여 헌법재판소는 "인간의 존엄과 가치, 행복추구권을 규정한 헌법 제10조 제1문에서 도출되는 일반적 인격권 및 헌법

제17조의 사생활의 비밀과 자유에 의하여 보장되는 개인정보자기결정권은 자신에 관한 정보가 언제 누구에게 어느 범위까지 알려지고 또 이용되도록 할 것인지를 그 정보주체가 스스로 결정할 수 있는 권리이다. 즉 정보주체가 개인정보의 공개와 이용에 관하여 스스로 결정할 권리를 말한다"고 하면서 "개인정보자기결정권의 보호대상이 되는 개인정보는 개인의 신체, 신념, 사회적 지위, 신분 등과 같이 개인의 인격주체성을 특징짓는 사항으로서 그 개인의 동일성을 식별할 수 있게 하는 일체의 정보라고 할 수 있고, 반드시 개인의 내밀한 영역이나 사사(私事)의 영역에 속하는 정보에 국한되지 않고 공적 생활에서 형성되었거나 이미 공개된 개인정보까지 포함한다"고 하였다(헌재결 2005.7.21. 2003헌마282 등).

Ⅱ. 개인정보보호법의 주요 내용

구 「공공기관의 개인정보보호에 관한 법률」은 공공기관에 의한 개인정보처리에 대해서만 그 보호를 규율하고 있었는데 공공기관에 의한 개인정보보호에 미흡하다는 비판과 지적이 제기되었다. 국회는 이를 보완하기 위하여 2011년에 공공부문과 민간부문을 망라하는 개인정보보호법을 제정하였다. 2020년에는 정보통신망법에 있는 개인정보보호에 관한 사항을 개인정보보호법으로 이관하였다. 이러한 개인정보보호법은 개인정보보호에 관한 일반법에 해당한다(제6조 제1항). 이하에서는 개인정보보호법(이하 생략)의 주요 내용을 본다.

1. 개인정보와 정보주체

개인정보란 살아 있는 개인에 관한 정보로서 성명, 주민등록번호 및 영상 등을 통하여 개인을 알아볼 수 있는 정보(가목), 해당 정보만으로는 특정 개인을 알아볼 수 없더라도 다른 정보와 쉽게 결합하여 알아볼 수 있는 정보(나목), 이러한 정보를 가명처리함으로써 원래의 상태로 복원하기 위한 추가 정보의 사용 · 결합 없이는 특정 개인을 알아볼 수 없는 정보(이하 '가명정보')(다목) 중 어느 하나에 해당하는 정보인데, 나목의 경우 쉽게 결합할 수 있는지 여부는 다른 정보의 입수 가능성 등 개인을 알아보는 데 소요되는 시간, 비용, 기술 등을 합리적으로 고려하여야 한다(제2조 제1호). 정보주체는 처리되는 정보에 의하여 알아볼 수 있는 사람으로서 그 정보의 주체가 되는 사람이다(제2조 제3호).

민감정보는 사상 · 신념, 노동조합 · 정당의 가입 · 탈퇴, 정치적 견해, 건강, 성생활 등에 관한 정보, 그 밖에 정보주체의 사생활을 현저히 침해할 우려가 있는 개인정보로서 대통령령으로 정하는 정보이다(제23조 제1항). 여기서 대통령령으로 정하는 정보는 유전자검사 등의 결과로 얻어진 유전정보, 「형의 실효 등에 관한 법률」 제2조 제5호에 따른 범죄경력자료에 해당하는 정보, 개인의 신체적, 생리적, 행동적 특징에 관한 정보로서 특정 개인을 알아볼 목적으로 일정한 기술적 수단을 통해 생성한 정보, 인종이나 민족에 관한 정보인데, 이를 공공기관이 개인정보보호법 제18조 제2항 제5호부터 제9호까지의 규정에 따라 처리하는 경우의 해당 정보는 제외된다(시행령 제18조).

고유식별정보는 법령에 따라 개인을 고유하게 구별하기 위하여 부여된 식별정보로서 대통령령으로 정하는 정보이다(제24조 제1항). 여기서 대통령령으로 정하는 정보는 주민등록번호, 여권번호, 운전면허번호, 외국인등록번호인데, 이를 공공기관이 개인정보보호법 제18조 제2항 제5호부터 제9호까지의 규정에 따라 처리하는 경우의 해당 정보는 제외된다(시행령 제19조).

2. 처리와 개인정보처리자

처리는 개인정보의 수집, 생성, 연계, 연동, 기록, 저장, 보유, 가공, 편집, 검색, 출력, 정정, 복구, 이용, 제공, 공개 파기, 그 밖에 이와 유사한 행위를 말한다(제2조 제2호). 가명처리는 개인정보의 일부를 삭제하거나 일부 또는 전부를 대체하는 등의 방법으로 추가 정보 없이는 특정 개인을 알아볼 수 없도록 처리하는 것이다(제1호의2).

개인정보처리자는 업무를 목적으로 개인정보파일을 운용하기 위하여 스스로 또는 다른 사람을 통하여 개인정보를 처리하는 공공기관, 법인, 단체 및 개인 등을 말한다(제2조 제5호). 개인정보파일은 개인정보를 쉽게 검색할 수 있도록 규칙에 따라 체계적으로 배열하거나 구성한 개인정보의 집합물이다(제4호).

공공기관은 국회, 법원, 헌법재판소, 중앙선거관리위원회의 행정사무를 처리하는 기관, 중앙행정기관(대통령 소속 기관과 국무총리 소속 기관 포함) 및 그 소속 기관, 지방자치단체(가목), 그 밖의 국가기관 및 공공단체 중 대통령령으로 정하는 기관(나목)을 말한다(제2조 제6호).

3. 정보주체의 권리와 개인정보보호의 원칙

정보주체는 자신의 개인정보처리와 관련하여 개인정보의 처리에 관한 정보를 제공받을 권리(제1호), 개인정보의 처리에 관한 동의 여부, 동의 범위 등을 선택하고 결정할 권리(제2호), 개인정보의 처리 여부를 확인하고 개인정보에 대한 열람(사본의 발급 포함) 및 전송을 요구할 권리(제3호), 개인정보의 처리 정지, 정정 · 삭제 및 파기를 요구할 권리(제4호), 개인정보의 처리로 인하여 발생한 피해를 신속하고 공정한 절차에 따라 구제받을 권리(제5호), 완전히 자동화된 개인정보 처리에 따른 결정을 거부하거나 그에 대한 설명 등을 요구할 권리(제6호)를 가진다.

개인정보처리자가 준수하여야 하는 개인정보보호의 원칙으로 8가지가 규정되어 있다. 첫째 개인정보처리자는 개인정보의 처리 목적을 명확하게 하여야 하고 그 목적에 필요한 범위에서 최소한의 개인정보만을 적법하고 정당하게 수집하여야 한다(제3조 제1항). 둘째, 개인정보처리자는 개인정보의 처리 목적에 필요한 범위에서 적합하게 개인정보를 처리하여야 하며, 그 목적 외의 용도로 활용하여서는 아니 된다(제2항). 셋째, 개인정보처리자는 개인정보의 처리 목적에 필요한 범위에서 개인정보의 정확성, 완전성 및 최신성이 보장되도록 하여야 한다(제3항). 넷째, 개인정보처리자는 개인정보의 처리 방법 및 종류 등에 따라 정보주체의 권리가 침해받을 가능성과 그 위험 정도를 고려하여 개인정보를 안전하게 관리하여야 한다(제4항). 다섯째, 개인정보처리자는 제30조에 따른 개인정보 처리방침 등 개인정보의 처리에 관한 사항을 공개하여야 하며, 열람청구권 등 정보주체의 권리를 보장하여야 한다(제5항). 여섯째, 개인정보처리자는 정보주체의 사생활 침해를 최소화하는 방법으로 개인정보를 처리하여야 한다(제6항). 일곱째, 개인정보처리자는 개인정보를 익명 또는 가명으로 처리하여도 개인정보 수집 목적을 달성할 수 있는 경우 익명처리가 가능한 경우에는 익명에 의하여, 익명처리로 목적을 달성할 수 없는 경우에는 가명에 의하여 처리될 수 있도록 하여야 한다(제7항). 여덟째, 개인정보처리자는 이 법 및 관계 법령에서 규정하고 있는 책임과 의무를 준수하고 실천함으로써 정보주체의 신뢰를 얻기 위하여 노력하여야 한다(제8항).

4. 개인정보 보호위원회의 설치와 기능

1) 개인정보 보호에 관한 사무를 독립적으로 수행하기 위하여 국무총리 소속으로 개인정보 보호위원회(이하 '보호위원회')를 둔다(제7조 제1항). 보호위원회는 정부조직법상 중앙행정기관으로 본다(제2항 본문). 다만 보호위원회의 소관 사무 중 정보주체의 권리 침해에 대한 조사 및 이에 대한 처분에 관한 사항(제7조의8 제3호), 개인정보의 처리와 관련한 고충처리 · 권리구제 및 개인정보에 관한 분쟁의 조정 사무(제4호), 보호위원회의 심의 · 의결 사항 중 개인정보 침해요인 평가에 관한 사항(제7조의9 제1항 제1호)에 대하여는 국무총리의 행정감독권이 미치지 않는다(제7조 제2항 단서).

보호위원회는 상임위원 2명(위원장 1명, 부위원장 1명)을 포함한 9명의 위원으로 구성하는데(제7조의2 제1항), 상임위원은 정무직 공무원으로 임명한다(제3항). 위원장, 부위원장, 사무처장은 정부위원이 된다(제4항). 보호위원회의 위원은 개인정보 보호에 관한 경력과 전문지식이 풍부한 다음 각호의 사람 중에서 위원장과 부위원장은 국무총리의 제청으로, 그 외 위원 중 2명은 위원장의 제청으로, 2명은 대통령이 소속되거나 소속되었던 정당의 교섭단체 추천으로, 3명은 그 외 교섭단체 추천으로 대통령이 임명 또는 위촉한다(제2항). 개인정보 보호 업무를 담당하는 3급 이상 공무원(고위공무원단에 속하는 공무원 포함)의 직에 있거나 있었던 사람(제1호), 판사 · 검사 · 변호사의 직에 10년 이상 있거나 있었던 사람(제2호), 공공기관 또는 단체(개인정보처리자로 구성된 단체 포함)에 3년 이상 임원으로 재직하였거나 이들 기관 또는 단체로부터 추천받은 사람으로서 개인정보 보호 업무를 3년 이상 담당하였던 사람(제3호), 개인정보 관련 분야에 전문지식이 있고 고등교육법 제2조 제1호에 따른 학교에서 부교수 이상으로 5년 이상 재직하고 있거나 재직하였던 사람(제4호).

2) 보호위원회가 수행하는 소관 사무는 개인정보의 보호와 관련된 법령의 개선에 관한 사항(제1호), 개인정보 보호와 관련된 정책 · 제도 · 계획 수립 · 집행에 관한 사항(제2호), 정보주체의 권리침해에 대한 조사 및 이에 따른 처분에 관한 사항(제3호), 개인정보의 처리와 관련한 고충처리 · 권리구제 및 개인정보에 관한 분쟁의 조정(제4호), 개인정보 보호를 위한 국제기구 및 외국의 개인정보 보호기구와의 교류 · 협력(제5호), 개인정보 보호에 관한 법령 · 정책 · 제도 · 실태 등의 조사 · 연구, 교육 및 홍보에 관한 사항(제6호), 개인정보 보호에 관한 기술개발의 지원 · 보급, 기술의 표준화 및 전문인력의 양성에 관한 사항(제7호), 이 법 및 다른 법령에 따라 보호위원회의 사무로 규정된 사항(제8호)이다. 보호위원회의 사무를 처리하기 위하여 보호위원회에 사무처를 둔다(제7조의13).

3) 보호위원회의 심의 · 의결 사항은 제8조의2에 따른 개인정보 침해요인 평가에 관한 사항(제1호), 제9조에 따른 기본계획 및 제10조에 따른 시행계획에 관한 사항(제2호), 개인정보 보호와 관련된 정책, 제도 및 법령의 개선에 관한 사항(제3호), 개인정보의 처리에 관한 공공기관 간의 의견조정에 관한 사항(제4호), 개인정보 보호에 관한 법령의 해석 · 운용에 관한 사항(제5호), 제18조 제2항 제5호에 따른 개인정보의 이용 · 제공에 관한 사항(제6호), 제28조의9에 따른 개인정보의 국외 이전 중지 명령에 관한 사항(제6호의2), 제33조 제4항에 따른 영향평가 결과에 관한 사항(제7호), 제64조의2에 따른 과징금 부과에 관한 사항(제8호), 제61조에 따른 의견제시 및 개선권고에 관한 사항(제9호), 제63조의2 제2항에 따른 시정권고에 관한 사항(제9호의2), 제64조에 따른 시정조치 등에 관한 사항(제10호), 제65조에 따른 고발 및 징계권고에 관한 사항(제11호), 제66조에 따른 처리 결과의 공표 및 공표명령에 관한 사항(제12호), 제75조에 따른 과태료 부과에 관한 사항(제13호), 소관 법령 및 보호위원회 규칙의 제정 · 개정 및 폐지에 관한 사항(제14호), 개인정보 보호와 관련하여 보호위원회의 위원장 또는 위원 2명 이상이 회의에 부치는 사항(제15호), 그 밖에 이 법 또는 다른 법령에 따라 보호위원회가 심의 · 의결하는 사항(제16호)이다.

보호위원회는 위 각호의 사항을 심의 · 의결하기 위하여 필요한 경우에는 관계 공무원, 개인정보 보호에 관한 전문 지식이 있는 사람이나 시민사회단체 및 관련 사업자로부터의 의견 청취(제1호), 관계 기관 등에 대한 자료제출이나 사실조회 요구(제2호)의 조치를 할 수 있다(제7조의9 제2항). 위 요구를 받은 관계 기관 등은 특별한 사정이 없으면 이에 따라야 한다(제3항).

보호위원회는 개인정보 보호와 관련된 정책, 제도 및 법령의 개선에 관한 사항(제3호의 심의 · 의결사항)을 심의 · 의결한 경우에는 관계 기관에 그 개선을 권고할 수 있다(제7조의9 제4항). 보호위원회는 위 권고 내용의 이행 여부를 점검할 수 있다(제5항).

5. 개인정보의 처리

1) 개인정보의 수집 · 이용

개인정보처리자는 다음 각호의 어느 하나에 해당하는 경우에 개인정보를 수집할 수 있으며 그 수집 목적의 범위에서 이용할 수 있다(제15조 제1항). 정보주체의 동의를 받은 경우(제1호), 법률에 특별한 규정이 있거나 법령상 의무를 준수하기 위하여 불가피한 경우(제2호), 공공기관이 법령 등에서 정하는 소관 업무의 수행을 위하여 불가피한 경우(제3호), 정보주체와 체결한 계약을 이행하거나 계약을 체결하는 과정에서 정보주체의 요청에 따른 조치를 이행하기 위하여 필요한 경우(제4호), 명백히 정보주체 또는 제3자의 급박한 생명, 신체, 재산의 이익을 위하여 필요하다고 인정되는 경우(제5호), 개인정보처리자의 정당한 이익을 달성하기 위하여 필요한 경우로서 명백하게 정보주체의 권리보다 우선하는 경우(제6호), 공중위생 등 공공의 안전과 안녕을 위하여 긴급히 필요한 경우(제7호). 다만 위 제6호의 경우는 개인정보처리자의 정당한 이익과 상당한 관련이 있고 합리적인 범위를 초과하지 아니하는 경우에 한한다.

개인정보처리자는 위 제1항 제1호에 따른 동의를 받을 때에는 다음 각호의 사항을 정보주체에게 알려야 하고, 그중 어느 하나의 사항을 변경하는 경우에도 이를 알리고 동의를 받아야 한다(제15조 제2항). 개인정보의 수집 · 이용 목적(제1호), 수집하려는 개인정보의 항목(제2호), 개인정보의 보유 및 이용 기간(제3호), 동의를 거부할 권리가 있다는 사실 및 동의 거부에 따른 불이익이 있는 경우에는 그 불이익의 내용(제4호).

개인정보처리자는 당초 수집 목적과 합리적으로 관련된 범위에서 정보주체에게 불이익이 발생하는지 여부, 암호화 등 안전성 확보에 필요한 조치를 하였는지 여부 등을 고려하여 대통령령으로 정하는 바에 따라 정보주체의 동의 없이 개인정보를 이용할 수 있다(제15조 제3항).

2) 개인정보의 제공

개인정보처리자는 정보주체의 동의를 받은 경우(제1호), 제15조 제1항 제2호, 제3호 및 제5호부터 제7호까지에 따라 개인정보를 수집한 목적 범위에서 개인정보를 제공하는 경우 중 어느 하나에 해당되는 경우에는 정보주체의 개인정보를 제3자에게 제공(공유 포함)할 수 있다(제17조 제1항). 다시 말해 제15조 제1항 제4호의 경우에만 제공할 수 없다.

개인정보처리자는 개인정보의 제공에 대하여 정보주체의 동의를 받을 때에는 다음 각호의 사항을 정보주체에게 알려야 하고, 그중 어느 하나의 사항을 변경하는 경우에도 이를 알리고 동의를 받아야 한다(제17조 제2항). 개인정보를 제공받는 자(제1호), 개인정보를 제공받는 자의 개인정보 이용 목적(제2호), 제공하는 개인정보의 항목(제3호), 개인정보를 제공받는 자의 개인정보 보유 및 이용 기간(제4호), 동의를 거부할 권리가 있다는 사실 및 동의 거부에 따른 불이익이 있는 경우에는 그 불이익의 내용(제5호).

개인정보처리자는 당초 수집 목적과 합리적으로 관련된 범위에서 정보주체에게 불이익이 발생하는지 여부, 암호화 등 안전성 확보에 필요한 조치를 하였는지 여부 등을 고려하여 대통령령으로 정하는 바에 따라 정보주체의 동의없이 개인정보를 제공할 수 있다(제17조 제4항).

3) 개인정보의 수집 및 목적 외 이용 · 제공 제한

(1) 개인정보처리자는 제15조 제1항 각호의 어느 하나에 해당하여 개인정보를 수집하는 경우에는 그 목적에 필요한 최소한의 개인정보를 수집하여야 하고, 이때 최소한의 개인정보 수집이라는 입증책임은 개인정보처리자가 부담한다(제16조 제1항). 개인정보처리자는 정보주체의 동의를 받아 개인정보를 수집하는 경우 필요한 최소한의 정보 외의 개인정보 수집에는 동의하지 아니할 수 있다는 사실을 구체적으로 알리고 개인정보를 수집하여야 한다(제2항). 개인정보처리자는 정보주체가 필요한 최소한의 정보 외의 개인정보 수집에 동의하지 아니한다는 이유로 정보주체에게 재화 또는 서비스의 제공을 거부하여서는 아니 된다(제3항).

(2) 개인정보처리자는 개인정보를 제15조 제1항에 따른 범위를 초과하여 이용하거나 제17조 제1항 및 제28조의8 제1항에 따른 범위를 초과하여 제3자에게 제공하여서는 아니 된다(제18조 제1항). 그럼에도 불구하고 개인정보처리자는 다음 각호의 어느 하나에 해당하는 경우에는 정보주체 또는 제3자의 이익을 부당하게 침해할 우려가 있을 때를 제외하고는 개인정보를 목적 외의 용도로 이용하거나 이를 제3자에게 제공할 수 있는데, 제5호부터 제9호까지에 따른 경우는 공공기관의 경우로 한정한다(제2항). 정보주체로부터 별도의 동의를 받은 경우(제1호), 다른 법률에 특별한 규정이 있는 경우(제2호), 명백히 정보주체 또는 제3자의 급박한 생명, 신체, 재산의 이익을 위하여 필요하다고 인정되는 경우(제3호), 개인정보를 목적 외의 용도로 이용하거나 이를 제3자

에게 제공하지 아니하면 다른 법률에서 정하는 소관 업무를 수행할 수 없는 경우로서 보호위원회의 심의 · 의결을 거친 경우(제5호), 조약, 그 밖의 국제협정의 이행을 위하여 외국정부 또는 국제기구에 제공하기 위하여 필요한 경우(제6호), 범죄의 수사와 공소의 제기 및 유지를 위하여 필요한 경우(제7호), 법원의 재판업무 수행을 위하여 필요한 경우(제8호), 형 및 감호, 보호처분의 집행을 위하여 필요한 경우(제9호), 공중위생 등 공공의 안전과 안녕을 위하여 긴급히 필요한 경우(제10호).

공공기관은 제18조 제2항 제2호부터 제6호까지, 제8호부터 제10호까지에 따라 개인정보를 목적 외의 용도로 이용하거나 이를 제3자에게 제공하는 경우에는 그 이용 또는 제공의 법적 근거, 목적 및 범위 등에 관하여 필요한 사항을 보호위원회가 고시로 정하는 바에 따라 관보 또는 인터넷 홈페이지 등에 게재하여야 한다(제18조 제4항). 다시 말해 범죄의 수사와 공소의 제기 및 유지를 위하여 필요하여 개인정보를 목적 외의 용도로 이용하거나 이를 제3자에게 제공하는 경우에는 이러한 의무가 없다.

개인정보처리자는 제18조 제2항 각호의 어느 하나의 경우에 해당하여 개인정보를 목적 외의 용도로 제3자에게 제공하는 경우에는 개인정보를 제공받는 자에게 이용 목적, 이용 방법, 그 밖에 필요한 사항에 대하여 제한을 하거나, 개인정보의 안전성 확보를 위하여 필요한 조치를 마련하도록 요청하여야 하는데, 이때 요청을 받은 자는 개인정보의 안전성 확보를 위하여 필요한 조치를 하여야 한다(제18조 제5항).

4) 개인정보처리자로부터 개인정보를 제공받거나 개인정보처리자가 정보주체 이외로부터 수집한 정보를 처리하는 경우의 개인정보보호

(1) 개인정보를 제공받은 자의 이용 · 제공 제한

개인정보처리자로부터 개인정보를 제공받은 자는 정보주체로부터 별도의 동의를 받은 경우(제1호), 다른 법률에 특별한 규정이 있는 경우(제2호) 중 어느 하나에 해당하는 경우를 제외하고는 개인정보를 제공받은 목적 외의 용도로 이용하거나 이를 제3자에게 제공하면 안 된다(제19조).

(2) 정보주체 이외로부터 수집한 개인정보의 수집 출처 등 통지

개인정보처리자가 정보주체 이외로부터 수집한 개인정보를 처리하는 때에는 정보주체의 요구가 있으면 즉시 개인정보의 수집 출처(제1호), 개인정보의 처리 목적(제2호), 제37조에 따른 개인정보 처리의 정지를 요구하거나 동의를 철회할 권리가 있다는 사실(제3호)에 관한 모든 사항을 정보주체에게 알려야 한다(제20조 제1항). 그러나 위 제1항에도 불구하고 처리하는 개인정보의 종류 · 규모, 종업원 수 및 매출액 규모 등을 고려하여 대통령령으로 정하는 기준에 해당하는 개인정보처리자가 정보주체의 제3자 제공 동의에 따라 정보 주체 이외로부터 개인정보를 수집하여 처리하는 때에는 제1항 각호의 모든 사항을 정보주체에게 알려야 한다(제2항 본문). 이는 정보주체의 요구가 없더라도 통지하게 하여 개인정보자기결정권을 두텁게 보호하려는 것이다. 다만 개인정보처리자가 수집한 정보에 연락처 등 정보주체에게 알릴 수 있는 개인정보가 포함되지 아니한 경우에는 그렇지 않다(단서).

그런데 통지를 요구하는 대상이 되는 개인정보가 개인정보파일 등록의무 적용제외사항에 포함되어 있는 경우(제1호), 통지로 인하여 다른 사람의 생명 · 신체를 해할 우려가 있거나 다른 사람의 재산과 그 밖의 이익을 부당하게 침해할 우려가 있는 경우(제2호) 중 어느 하나에 해당하는 경우에는 제1항과 제2항 본문에 따른 정보주체에 대한 통지의무가 없다(제20조 제4항 본문). 다만 이에 따라 통지의무가 면제되는 것은 이 법에 따른 정보주체의 권리보다 명백히 우선하는 경우에 한한다(단서).

5) 개인정보 이용 · 제공 내역의 통지

대통령령으로 정하는 기준에 해당하는 개인정보처리자는 이 법에 따라 수집한 개인정보의 이용 · 제공 내역이나 이용 · 제공 내역을 확인할 수 있는 정보시스템에 접속하는 방법을 주기적으로 정보주체에게 통지하여야 하는데, 연락처 등 정보주체에게 통지할 수 있는 개인정보를 수집 · 보유하지 아니한 경우에는 통지하지 않을 수 있다(제20조의2 제1항). 이러한 통지의 대상이 되는 정보주체의 범위, 통지 대상 정보, 통지 주기 및 방법 등에 필요한 사항은 대통령령으로 정한다(제2항).

6) 개인정보의 파기

개인정보처리자는 보유기간의 경과, 개인정보의 처리 목적 달성, 가명정보의 처리 기간 경과 등 그 개인정보가 불필요하게 되었을 때에는 지체없이 그 개인정보를 파기하여야 하는데, 다른 법령에 따라 보존하여야 하는 경우에는 그렇지 않다(제21조 제1항). 이에 따라 개인정보를 파기할 때에는 복구 또는 재생되지 않도록 조치를 하여야 하고(제2항), 개인정보를 파기하지 않고 보존하여야 하는 경우에는 해당 개인정보 또는 개인정보파일을 다른 개인정보와 분리하여 저장 · 관리하여야 한다(제3항).

7) 개인정보처리자가 정보주체로부터 동의를 받는 방법

개인정보처리자는 이 법에 따른 개인정보의 처리에 대하여 정보주체(제22조의2 제1항에 따른 법정대리인 포함)의 동의를 받을 때에는 각각의 동의사항을 구분하여 정보주체가 이를 명확하게 인지할 수 있도록 알리고 동의를 받아야 한다(제22조 제1항 제1문). 이때 다음 각호의 경우에는 동의사항을 구분하여 각각 동의를 받아야 한다(제2문). 개인정보 수집 · 이용에 대한 동의를 받는 경우(제1호), 개인정보의 제3자 제공에 대한 동의를 받는 경우(제2호), 개인정보의 목적 외 이용 · 제공에 대한 동의를 받는 경우(제3

호), 개인정보처리자로부터 개인정보를 제공받은 자가 제공받은 목적 외의 용도로 이용하거나 이를 제3자에게 제공하는 것에 대한 동의를 받는 경우(제4호), 민간정보 처리에 대한 동의를 받는 경우(제5호), 고유식별정보 처리에 대한 동의를 받는 경우(제6호), 재화나 서비스를 홍보하거나 판매를 권유하기 위하여 개인정보의 처리에 대한 동의를 받으려는 경우(제7호), 그 밖에 정보주체를 보호하기 위하여 동의사항을 구분하여 동의를 받아야 할 필요가 있는 경우로서 대통령령으로 정하는 경우(제8호).

개인정보처리자는 위 동의를 서면(전자문서법상 전자문서 포함)으로 받을 때에는 개인정보의 수집 · 이용 목적, 수집 · 이용하려는 개인정보의 항목 등 대통령령으로 정하는 중요한 내용을 보호위원회가 고시로 정하는 방법에 따라 명확히 표시하여 알아보기 쉽게 하여야 한다(제22조 제2항).

개인정보처리자는 정보주체의 동의없이 처리할 수 있는 개인정보에 대해서는 그 항목과 처리의 법적 근거를 정보주체의 동의를 받아 처리하는 개인정보와 구분하여 제30조 제2항에 따라 공개하거나 전자우편 등 대통령령으로 정하는 방법에 따라 정보주체에게 알려야 하는데, 이때 동의없이 처리할 수 있는 개인정보라는 입증책임은 개인정보처리자가 부담한다(제22조 제3항).

개인정보처리자는 정보주체가 선택적으로 동의할 수 있는 사항을 동의하지 않거나 제1항 제3호, 제7호에 따른 동의를 하지 않는다는 이유로 정보주체에게 재화 또는 서비스의 제공을 거부하여서는 안 된다(제22조 제5항).

8) 아동의 개인정보보호

개인정보처리자는 만 14세 미만 아동의 개인정보를 처리하기 위하여 이 법에 따른 동의를 받아야 할 때에는 그 법정대리인의 동의를 받아야 하고, 법정대리인이 동의하였는지를 확인하여야 한다(제22조의2 제1항). 그러나 법정대리인의 동의를 받기 위하여 필요한 최소한의 정보로서 대통령령으로 정하는 정보는 법정대리인의 동의없이 해당 아동으로부터 직접 수집할 수 있다(제2항). 여기서 대통령령으로 정하는 정보는 법정대리인의 성명 및 연락처에 관한 정보이다(시행령 제17조의2 제2항). 개인정보처리자는 만 14세 미만의 아동에게 개인정보처리와 관련한 사항의 고지 등을 할 때에는 이해하기 쉬운 양식과 명확하고 알기 쉬운 언어를 사용하여야 한다(제22조의2 제3항).

6. 개인정보의 처리 제한

1) 민감정보의 처리 제한

개인정보처리자는 민감정보를 처리하여서는 안 된다(제23조 제1항 본문). 다만 정보주체에게 개인정보의 수집 · 이용이나 제공에 대한 동의를 받을 때 알려야 하는 사항을 알리고 다른 개인정보의 처리에 대한 동의와 별도로 민감정보의 처리에 대한 동의를 받은 경우(제1호), 법령에서 민감정보의 처리를 요구하거나 허용하는 경우(제2호)에는 그렇지 않다(단서).

개인정보처리자가 제1항 단서에 따라 민감정보를 처리하는 경우에는 그 민감정보가 분실 · 도난 · 유출 · 위조 · 변조 또는 훼손되지 않도록 제29조에 따른 안전성 확보에 필요한 조치를 하여야 한다(제2항). 개인정보처리자는 재화 또는 서비스를 제공하는 과정에서 공개되는 정보에 정보주체의 민감정보가 포함됨으로써 사생활 침해의 위험성이 있다고 판단하는 때에는 재화 또는 서비스의 제공 전에 민감정보의 공개 가능성 및 비공개를 선택하는 방법을 정보주체가 알아보기 쉽게 알려야 한다(제3항).

2) 고유식별정보의 처리 제한

개인정보처리자는 정보주체에게 개인정보의 수집 · 이용이나 제공에 대한 동의를 받을 때 알려야 하는 사항을 알리고 다른 개인정보의 처리에 대한 동의와 별도로 고유식별정보의 처리에 대한 동의를 받은 경우(제1호), 법령에서 구체적으로 고유식별정보의 처리를 요구하거나 허용하는 경우(제2호)를 제외하고는 고유식별정보를 처리할 수 없다(제24조 제1항).

개인정보처리자가 제1항에 따라 고유식별정보를 처리하는 경우에는 그 고유식별정보가 분실 · 도난 · 유출 · 위조 · 변조 또는 훼손되지 않도록 대통령령으로 정하는 바에 따라 암호화 등 안전성 확보에 필요한 조치를 하여야 한다(제24조 제3항).

3) 주민등록번호의 처리 제한

고유식별정보 중 주민등록번호의 처리는 더 엄격하게 허용된다. 즉 개인정보처리자는 법률 · 대통령령 · 국회규칙 · 대법원규칙 · 헌법재판소규칙 · 중앙선거관리위원회규칙 및 감사원규칙에서 구체적으로 주민등록번호의 처리를 요구하거나 허용한 경우(제1호), 정보주체 또는 제3자의 급박한 생명, 신체, 재산의 이익을 위하여 명백히 필요하다고 인정되는 경우(제2호), 제1호 및 제2호에 준하여 주민등록번호 처리가 불가피한 경우로서 보호위원회가 고시로 정하는 경우(제3호) 중 어느 하나에 해당하는 경우를 제외하고는 주민등록번호를 처리할 수 없다(제24조의2 제1항).

개인정보처리자는 주민등록번호가 분실 · 도난 · 유출 · 위조 · 변조 또는 훼손되지 않도록 암호화 조치를 통하여 안전하게 보관하여야 하고, 이때 암호화 적용 대상 및 대상별 적용 시기 등에 관하여 필요한 사항은 개인정보의 처리 규모와 유출 시 영향 등을 고려하여 대통령령으로 정한다(제24조의2 제2항).

개인정보처리자는 제1항 각호에 따라 주민등록번호를 처리하는 경우에도 정보주체가 인터넷 홈페이지를 통하여 회원으로 가입하는 단계에서는 주민등록번호를 사용하지 않고도 회원으로 가입할 수 있는 방법을 제공하여야 한다(제24조의2 제3항).

4) 영상정보처리기기의 제한

CCTV 등에 의한 초상권이나 개인정보의 침해를 방지하기 위하여 고정형 영상정보처리기기의 설치 · 운영과 이동형 영상정보처리기기의 운영이 제한된다.

(1) 고정형 영상정보처리기기의 설치 · 운영 제한

누구든지 다음 각호의 경우를 제외하고는 공개된 장소에 고정형 영상정보처리기기를 설치 · 운영하여서는 안 된다(제25조 제1항). 법령에서 구체적으로 허용하고 있는 경우(제1호), 범죄의 예방 및 수사를 위하여 필요한 경우(제2호), 시설의 안전 및 관리, 화재 예방을 위하여 정당한 권한을 가진 자가 설치 · 운영하는 경우(제3호), 교통단속을 위하여 정당한 권한을 가진 자가 설치 · 운영하는 경우(제4호), 교통정보의 수집 · 분석 및 제공을 위하여 정당한 권한을 가진 자가 설치 · 운영하는 경우(제5호), 촬영된 영상정보를 저장하지 아니하는 경우로서 대통령령으로 정하는 경우(제6호).

누구든지 불특정 다수가 이용하는 목욕실, 화장실, 발한실, 탈의실 등 개인의 사생활을 현저히 침해할 우려가 있는 장소의 내부를 볼 수 있도록 고정형 영상정보처리기기를 설치 · 운영하여서는 안 된다(제25조 제2항 본문). 다만 교도소, 정신보건 시설 등 법령에 근거하여 사람을 구금하거나 보호하는 시설로서 대통령령으로 정하는 시설에 대하여는 그렇지 않다(단서).

제1항 각호에 따라 고정형 영상정보처리기기를 설치 · 운영하려는 공공기관의 장과 제2항 단서에 따라 고정형 영상정보처리기기를 설치 · 운영하려는 자는 공청회 · 설명회의 개최 등 대통령령으로 정하는 절차를 거쳐 관계 전문가 및 이해관계인의 의견을 수렴하여야 한다(제25조 제3항).

제1항 각호에 따라 고정형 영상정보처리기기를 설치 · 운영하는 자(이하 '고정형영상정보처리기기운영자')는 정보주체가 쉽게 인식할 수 있도록 설치 목적 및 시간(제1호), 촬영 범위 및 시간(제2호), 관리책임자의 연락처(제3호), 그 밖에 대통령령으로 정하는 사항(제4호)이 포함된 안내판을 설치하는 등 필요한 조치를 하여야 한다(제25조 제4항 본문). 다만 「군사기지 및 군사시설 보호법」의 군사시설, 통합방위법의 국가중요시설, 그 밖에 대통령령으로 정하는 시설의 경우에는 그렇지 않다(단서).

고정형영상정보처리기기운영자는 고정형 영상정보처리기기의 설치 목적과 다른 목적으로 고정형 영상정보처리기기를 임의로 조작하거나 다른 곳을 비춰서는 안 되고, 녹음기능은 사용할 수 없다(제25조 제5항). 또한 개인정보가 분실 · 도난 · 유출 · 위조 · 변조 또는 훼손되지 않도록 제29조에 따라 안전성 확보에 필요한 조치를 하여야 한다(제6항). 고정형영상정보처리기기운영자는 대통령령으로 정하는 바에 따라 고정형 영상

정보처리기기 운영 · 관리 방침을 마련하여야 하는데, 제30조에 따른 개인정보 처리방침을 정할 때 고정형 영상정보처리기기 운영 · 관리에 관한 사항을 포함시킨 경우에는 고정형 영상정보처리기기 운영 · 관리 방침을 마련하지 않을 수 있다(제7항).

(2) 이동형 영상정보처리기기의 운영 제한

업무를 목적으로 이동형 영상정보처리기기를 운영하려는 자는 다음 각호의 경우를 제외하고는 공개된 장소에서 이동형 영상정보처리기기로 사람 또는 그 사람과 관련된 사물의 영상(개인정보에 해당하는 경우로 한정)을 촬영하여서는 안 된다(제25조의2 제1항). 제15조 제1항 각호에 따라 개인정보를 수집 · 이용할 수 있는 경우에 해당하는 경우(제1호), 촬영 사실을 명확히 표시하여 정보주체가 촬영 사실을 알 수 있도록 하였음에도 불구하고 촬영 거부 의사를 밝히지 아니한 경우(이 경우 정보주체의 권리를 부당하게 침해할 우려가 없고 합리적인 범위를 초과하지 아니하는 경우로 한정)(제2호), 그 밖에 제1호 및 제2호에 준하는 경우로서 대통령령으로 정하는 경우(제3호).

누구든지 불특정 다수가 이용하는 목욕실, 화장실, 발한실, 탈의실 등 개인의 사생활을 현저히 침해할 우려가 있는 장소의 내부를 볼 수 있는 곳에서 이동형 영상정보처리기기로 사람 또는 그 사람과 관련된 사물의 영상을 촬영하여서는 안 된다(제25조의2 제2항 본문). 다만 인명의 구조 · 구급 등을 위하여 필요한 경우로서 대통령령으로 정하는 경우에는 그렇지 않다(단서).

제1항 각호에 해당하여 이동형 영상정보처리기기로 사람 또는 그 사람과 관련된 사물의 영상을 촬영하는 경우에는 불빛, 소리, 안내판 등 대통령령으로 정하는 바에 따라 촬영 사실을 표시하고 알려야 한다(제25조의2 제3항). 안전성 확보에 필요한 조치를 취할 의무, 운영 · 관리 방침을 마련할 의무에 관하여는 고정형영상정보처리기기에 관한 규정을 준용한다(제4항).

(3) 그 밖의 제한

업무위탁에 따른 개인정보의 처리 제한(제26조), 영업양도 등에 따른 개인정보의 이전 제한(제27조), 개인정보취급자에 대한 감독(제28조)이 규정되어 있다.

7. 가명정보의 처리에 관한 특례 등

가명정보의 처리에 관한 특례(제3절), 개인정보의 국외 이전(제4절), 개인정보의 안전한 관리(제4장)에 관하여도 규정하고 있다.

8. 정보주체의 권리 보장

정보주체는 개인정보처리자가 처리하는 자신의 개인정보에 대한 열람을 해당 개인정보처리자에게 요구할 수 있다(제35조 제1항). 이에 따라 자신의 개인정보를 열람한

정보주체는 개인정보처리자에게 그 개인정보의 정정 또는 삭제를 요구할 수 있는데, 다른 법령에서 그 개인정보가 수집 대상으로 명시되어 있는 경우에는 그 삭제를 요구할 수 없다(제36조 제1항). 정보주체는 개인정보처리자에 대하여 자신의 개인정보 처리의 정지를 요구하거나 개인정보 처리에 대한 동의를 철회할 수 있고, 이때 공공기관에 대해서는 제32조에 따라 등록 대상이 되는 개인정보파일 중 자신의 개인정보에 대한 처리의 정지를 요구하거나 개인정보 처리에 대한 동의를 철회할 수 있다(제37조 제1항).

9. 개인정보 분쟁조정위원회의 설치와 운영

1) 개인정보에 관한 분쟁의 조정을 위하여 개인정보 분쟁조정위원회(이하 '분쟁조정위원회')를 둔다(제40조 제1항). 분쟁조정위원회는 위원장 1명을 포함한 30명 이내의 위원으로 구성하며, 위원은 당연직위원과 위촉위원으로 구성한다(제2항).

위촉위원은 다음 각 호의 어느 하나에 해당하는 사람 중에서 보호위원회 위원장이 위촉하고, 대통령령으로 정하는 국가기관 소속 공무원은 당연직위원이 된다(제3항). 개인정보 보호업무를 관장하는 중앙행정기관의 고위공무원단에 속하는 공무원으로 재직하였던 사람 또는 이에 상당하는 공공부문 및 관련 단체의 직에 재직하고 있거나 재직하였던 사람으로서 개인정보 보호업무의 경험이 있는 사람(제1호), 대학이나 공인된 연구기관에서 부교수 이상 또는 이에 상당하는 직에 재직하고 있거나 재직하였던 사람(제2호), 판사 · 검사 또는 변호사로 재직하고 있거나 재직하였던 사람(제3호), 개인정보 보호와 관련된 시민사회단체 또는 소비자단체로부터 추천을 받은 사람(제4호), 개인정보처리자로 구성된 사업자단체의 임원으로 재직하고 있거나 재직하였던 사람(제5호).

2) 개인정보와 관련한 분쟁의 조정을 원하는 자는 분쟁조정위원회에 분쟁조정을 신청할 수 있다(제43조 제1항). 분쟁조정위원회는 분쟁조정 신청을 받았을 때에는 해당 분쟁의 조정을 위하여 필요한 자료를 분쟁당사자에게 요청할 수 있고, 이때 분쟁당사자는 정당한 사유가 없으면 요청에 따라야 한다(제45조 제1항). 분쟁조정위원회는 분쟁조정 신청을 받았을 때에는 당사자에게 그 내용을 제시하고 조정 전 합의를 권고할 수 있다(제46조). 분쟁조정위원회는 다음 각호의 어느 하나의 사항을 포함하여 조정안을 작성할 수 있다(제47조 제1항). 조사 대상 침해행위의 중지(제1호), 원상회복, 손해배상, 그 밖에 필요한 구제조치(제2호), 같거나 비슷한 침해의 재발을 방지하기 위하여 필요한 조치(제3호). 이러한 조정의 내용은 재판상 화해와 동일한 효력을 갖는다(제5항).

3) 국가 및 지방자치단체, 개인정보 보호단체 및 기관, 정보주체, 개인정보처리자는 정보주체의 피해 또는 권리침해가 다수의 정보주체에게 같거나 비슷한 유형으로

발생하는 경우로서 대통령령으로 정하는 사건에 대하여는 분쟁조정위원회에 일괄적인 분쟁조정(이하 '집단분쟁조정')을 의뢰 또는 신청할 수 있다(제49조 제1항).

10. 개인정보 단체소송

개인정보보호법에 도입된 제도 중 주목할 만한 것 중의 하나는 객관적 소송의 하나로서 도입된 단체소송이다. 일반적으로 단체소송이란 법률상 일정한 요건을 갖춘 단체가 자신의 직접적인 이해관계나 법률상 이익의 침해와는 관계없이 행정청 또는 제3자의 위법행위의 취소 또는 제거, 중지 등을 구하는 소송이다. 개인정보 단체소송은 일정한 법률상 자격을 가진 단체가 개인정보처리자를 대상으로 그가 집단분쟁 조정을 거부하거나 조정결과를 거부하는 경우에 권리침해행위의 금지 또는 중지를 구하는 소송이다.

제51조에 규정된 단체는 개인정보처리자가 집단분쟁조정을 거부하거나 집단분쟁조정의 결과를 수락하지 아니한 경우에는 법원에 권리침해 행위의 금지 · 중지를 구하는 소송(이하 '단체소송')을 제기할 수 있다(제51조 제1항).

단체소송과 같은 일종의 공익소송에서는 법원의 조정적 역할이 중요하므로 단체소송을 제기하는 단체는 소장과 함께 다음 각호의 사항을 기재한 소송허가신청서를 법원에 제출하여야 한다(제54조 제1항). 원고 및 그 소송대리인(제1호), 피고(제2호), 정보주체의 침해된 권리의 내용(제3호).

제 3 편

행정의 실효성확보를 위한 법제 (행정집행)

서 장

행정청은 행정행위 등 다양한 행위형식을 통하여 행정작용의 목적을 달성한다. 그러나 이러한 목적달성이 언제나 순조롭게 이루어지는 것은 아니며 상대방인 국민의 필요한 의무의 이행이 지체되거나 이루어지지 않는 경우에는 행정목적의 달성을 위한 구체적 집행수단을 강구하여야 한다. 다시 말해서 행정상 법률관계에서 개인의 의무불이행을 방치한다면 행정목적의 달성은 어렵기 때문에 행정의 실효성확보를 위한 다양한 수단이 검토되는 것이다. 그런데 이러한 행정목적의 실효성확보수단은 개인 간의 법률관계에서와는 달리 행정주체의 의사 우월성을 전제로 하고 있다. 즉 행정행위, 특히 하명을 통하여 부과된 행정법상 의무는 행정행위의 집행력을 통하여 법원의 판결 없이 행정청이 자력으로 집행할 수 있다. 물론 이러한 집행력의 근거는 법규로부터 나오는 것이기는 하지만 신속하고 효율적인 행정목적의 달성을 위하여 불가피한 것이다.

이러한 행정법상 실효성확보의 수단으로는 행정상 강제가 가장 대표적인 것이다. 그러나 행정상 강제수단 외에 의무불이행에 대한 제재를 가하는 행정벌도 행정강제와 더불어 중요한 행정상 실효성확보수단으로 자리잡아 왔다. 행정벌은 근본적으로 형법상의 벌을 위주로 하지만 질서위반에 대한 과태료의 부과도 행정상 제재의 수단으로 널리 사용된다. 따라서 행정강제와 행정벌은 행정의 실효성확보를 위한 전통적인 두 축을 이루는 수단으로 개인의 재산이나 신체에 직접적인 물리력을 행사함을 그 특징으로 한다.

그러나 최근에 이르러 행정작용의 내용이 다양화됨에 따라서 행정목적의 달성도 개인에 대한 일방적인 명령을 통하기보다는 그들에게 부정적 의미의 인센티브를 제공함으로써 보다 효과적으로 실현되는 경우도 있다. 예를 들어 각종의 유도적 공과금, 의무불이행자 명단공개, 생업과 관련된 불이익한 조치 등이 있다. 이러한 이른바 새로운 수단들은 전통적인 행정강제나 행정벌에 비하여 간접적인 실효성확보수단이라고 할 수 있다. 그러나 이를 단순히 새로운 수단으로 분류하여 다루는 견해는 비판의 여지가 있다. 그 이유는 공과금 중에는 그 부과를 통하여 장래의 의무이행을 확보하는 행정강제적 성격을 가진 것도 있고, 의무위반에 대한 제재적 의미의 공과금도 있어서 전통적인 행정강제나 행정벌의 체계로 편입이 가능하기 때문이다. 또한 공급거부, 공표, 인허가의 제한도 간접적 · 우회적 실효성확보수단이기는 하지만 향후의 의무이행을 유도한다는 점에서 넓은 의미의 행정강제에 속하는 것이다.

행정기본법은 행정상 강제, 과징금, 제재처분에 관한 규정을 마련하였다.

제 1 장
행정강제

제 1 절 의 의

행정강제는 행정벌과 함께 전통적인 의무이행의 확보수단으로 행정법상 개인의 의무불이행이 있는 경우 금전을 비롯한 각종의 우회적 수단을 통하여 심리적 압박을 가하거나, 직접 의무불이행자의 재산이나 신체에 물리력을 가하여 장래의 의무이행을 실현하는 강제수단이다.

Ⅰ. 종 류

행정강제는 일반적으로 법령에 따라 성립하는 의무를 전제로 하는가 아니면 이러한 선행의무와는 관련없이 목전의 급박한 위해로부터 일정한 행정목적을 실현하는 수단인가에 따라서 행정상의 강제집행과 행정상 즉시강제로 구별된다. 나아가 행정상 강제집행은 그 구체적인 수단으로 대집행, 집행벌, 직접강제, 행정상 강제징수로 구별된다. 또한 행정상 즉시강제로부터 행정조사라는 일종의 권력적 사실행위로서의 조사작용이 강학상 분리되어 다루어지고 있다. 따라서 행정강제의 종류는 크게 보아 행정상 강제집행, 행정상 즉시강제, 행정조사의 세 가지로 분류되며, 행정상 강제집행의 내용에는 대집행, 집행벌, 직접강제, 강제징수가 포함된다.

이러한 행정강제수단은 의무자의 의무불이행에 대하여 직접적인 공권력을 행사하여 의무이행을 확보하는 직접적 수단이다. 반면 넓은 의미의 행정강제수단에는 비교적 새로운 수단으로서 재정적 공과금, 공급거부, 공표, 인허가의 제한과 같은 수단이 등장하였다. 이러한 수단은 직접적인 수단인 행정강제에 비하여 의무자에게 심리적 압박을 가하여 우회적으로 의무이행을 확보하는 간접적 강제수단이라는 점에서 직접적인 강제수단과 구별된다. 본서에서는 이에 따라 행정강제를 직접적인 강제와 간접적인 강제로 구별한다.

행정기본법은 행정상 강제의 종류로 행정대집행, 이행강제금의 부과, 직접강제, 강제징수, 즉시강제를 규정하고 있다(제30조 제1항). 다만 이는 예시적 규정이다. 또한 행정기본법은 제5절에서 행정상 강제에 관하여 규정하고 있는데, 이는 형사, 행형 및 보안처분 관계 법령에 따라 행하는 사항이나 외국인의 출입국 · 난민인정 · 귀화 · 국적회복에 관한 사항에 관하여 적용되지 않는다(제30조 제3항).

Ⅱ. 행정벌과의 구별

행정강제는 개인의 의무불이행에 대하여 그의 신체나 재산에 물리력을 행사하여 그 이행을 확보하는 것이므로 의무의 불이행이라는 사실에 대하여 제재로서 가하는 행정벌과는 구별된다. 다시 말해서 행정강제의 경우에는 의무이행의 실현이라는 보다 미래지향적인 관점이 강조되나, 행정벌은 과거의 의무 위반에 대한 징벌적 의미가 강하다. 물론 행정벌의 경우에도 의무 위반에 대하여 가해지는 제재가 향후의 의무이행을 강제한다는 의미를 강조한다면(이른바 형벌의 일반예방적 효과를 생각한다면) 행정강제와의 구별은 상대적이다. 그럼에도 불구하고 행정벌 또는 형사벌의 속성은 원칙적으로 의무 위반에 대한 징벌이라는 점을 간과할 수 없다.

Ⅲ. 행정강제의 법적 근거와 한계

행정법상 개인의 의무불이행이 있을 경우 이를 강제적으로 실현하는 강제수단에는 법적 근거가 필요한 것인가? 이러한 물음은 이미 행정행위의 효력 중 이른바 자력집행력을 논하면서 언급한 것이다. 행정주체가 민사관계와는 달리 행정법관계에서 자신의 권리를 스스로 실현하는 일종의 특권에 대하여 초기의 행정행위론에서는 이를 행정행위에 내재하는 효력으로 보았다. 이러한 이른바 직무집행설의 입장에서는 행정행위를 할 수 있는 법적 근거만 있다면 이를 강제적으로 실현하는 법규는 별도로 필요하지 않다.

그러나 아무리 개인의 의무 위반이라는 사실이 있다 하더라도 어떠한 강제수단이 어떠한 절차를 거쳐서 어떠한 내용으로 실현되는지 개인에게 예측가능하여야 한다. 법치주의의 본질적 구성요소인 국가작용의 예측가능성과 가시성은 이러한 견해를 더 이상 허용할 수 없으며, 법률유보의 최소한이라고 할 수 있는 침해유보설의 입장에서도 행정강제에는 당연히 그리고도 엄격한 법적 근거가 요구된다.

행정기본법은 제30조 제1항에서 "행정청은 … 법률로 정하는 바에 따라 … 다음 각 호의 어느 하나에 해당하는 조치를 할 수 있다”라고 규정하여 행정상 강제에는 법적 근거가 필요함을 명문화하였다. 또한 제2항에서는 “행정상 강제 조치에 관하여 이 법에서 정한 사항 외에 필요한 사항은 따로 법률로 정한다”라고 규정하여 행정상 강제의 구체적인 내용은 개별법으로 정하도록 하였다. 이는 모두 법률유보원칙에 따른 것이다. 유의할 부분은 행정기본법에 근거하여 행정상 강제를 할 수는 없고, 행정대집행법, 국세징수법, 경직법처럼 개별법에 법적 근거를 가져야 한다는 것이다.

또한 행정기본법은 제30조 제1항에서 “행정청은 행정목적을 달성하기 위하여 필요한 경우에는 … 필요한 최소한의 범위에서”라고 규정하여 비례원칙(제10조)이라는 한계를 준수할 것을 명시하고 있다.

제 2 절 직접적 행정강제수단
- 대집행, 집행벌, 직접강제, 강제징수, 즉시강제, 행정조사

Ⅰ. 행정상 대집행

1. 의 의

대집행(Ersatzvornahme)이란 행정법상 대체적 작위의무의 위반에 대하여 행정청 또는 제3자가 그 의무를 대신 이행하고 그 이행에 소요된 비용을 그 의무자로부터 징수하는 행정강제수단이다.

행정기본법은 행정대집행에 대하여 의무자가 행정상 의무(법령등에서 직접 부과하거나 행정청이 법령등에 따라 부과한 의무)로서 타인이 대신하여 행할 수 있는 의무를 이행하지 아니하는 경우 법률로 정하는 다른 수단으로는 그 이행을 확보하기 곤란하고 그 불이행을 방치하면 공익을 크게 해칠 것으로 인정될 때에 행정청이 의무자가 하여야 할 행위를 스스로 하거나 제3자에게 하게 하고 그 비용을 의무자로부터 징수하는 것이라고 정의하고 있다(제30조 제1항 제1호).

2. 법적 근거

행정법상 대체적 작위의무의 강제적 실현을 위한 일반법으로 행정대집행법이 있다. 그 외에도 흔히 개별법에서 대집행에 대한 준용규정(예: 토지보상법 제89조)이나 특례(예: 건축법 제85조) 등을 규정하는 경우도 있다. 아래에서는 행정대집행법을 중심으로 살펴본다.

3. 주 체

1) 행정청 또는 제3자

행정대집행법 제2조는 "당해 행정청은 스스로 의무자가 하여야 할 행위를 하거나 또는 제삼자로 하여금 이를 하게 하여"라고 규정하여 행정청 또는 행정청의 위탁을 받은 자를 모두 행정대집행의 주체로 인정하고 있다. 그런데 행정청이 스스로 대집행의 주체가 되는 경우에는 개념상 직접강제와 구별하기 어렵다.

그런데 대집행의 주체가 개념적으로 반드시 제3자에게 국한되어야 하는 것은 아니다. "누구나" 할 수 있는 대체적 작위의무라면 "누구나"에는 행정청도 포함될 수 있는 것이다. 또한 누가 비용을 부담하는가 하는 것은 입법정책적인 문제이므로, "대집행의 경우는 의무자, 직접강제의 경우는 행정청"이라는 비용등식은 성립하지 않는다.

2) 행정청, 제3자, 의무자 간의 법률관계

대집행의 주체가 행정청이면 행정청과 의무자 간에는 하명에 따른 행정법상 권리의무관계가 성립하며 이는 행정대집행법의 절차를 따른다. 그런데 만약 사인인 제3자가 대집행의 주체로 등장하면 제3자와 행정청, 제3자와 의무자, 의무자와 행정청 간의 다소 복잡한 법률관계가 성립한다.

우선 대집행의 주체인 제3자가 사인인 경우에는 행정청과 제3자 사이에는 원칙적으로 계약을 강제하는 규정이 없는 한 대집행을 대상으로(대부분 대집행의 실행을 대상으로 하게 될 것이다)하는 사법상의 계약관계가 성립한다. 따라서 양자 사이에 계약으로 인한 채무불이행이 있으면 민사소송절차에 따라 해결한다. 물론 대집행의 실행에 대하여 의무자는 일종의 수인의무를 지는 것이지만, 이는 공무를 위탁한 행정청에 대한 것이며 제3자에 대한 것은 아니다. 그러나 만약 대집행의 실행과정에서 고의 또는 과실로 제3자가 의무자의 권리를 침해하는 경우에는 손해배상의 문제는 어떻게 되는가? 이 경우 제3자는 공무를 위탁받은 사인 등 국가 또는 지방자치단체의 공무를 위탁받아 이에 종사하는 자이므로 국가배상법상 공무원에 해당하며(최광의의 공무원) 이로 인한 손해의 배상은 국가배상절차에 따른다.

마지막으로 행정청은 대집행을 제3자에게 위탁하기는 하였으나 여전히 외부적으로는 의무자와 행정법관계의 당사자이다. 따라서 대집행의 실행을 제외한 각종의 통지행위와 비용징수 등에서는 행정법관계에 따라 공권력을 행사하며 이로 인한 법적 분쟁은 행정소송절차를 따른다.

4. 대 상

1) 대집행의 대상이 되는 행정법상 의무는 대체적 작위의무이다. 그러므로 부작

위나 일신전속적인 의무는 대집행의 대상이 될 수 없다. 행정대집행법도 대집행의 대상인 의무를 "법률(법률의 위임에 의한 명령, 지방자치단체의 조례를 포함한다. 이하 같다)에 의하여 직접명령되었거나 또는 법률에 의거한 행정청의 명령에 의한 행위로서 타인이 대신하여 행할 수 있는 행위"라고 규정하고 있다(제2조).

대체적 작위의무는 고도의 기술적 훈련이나 기능을 보유하지 않더라도 누구나 일반적으로 이행이 가능한 의무라고 할 수 있다. 예를 들어 불법으로 매립된 폐기물을 수거하거나 불법으로 설치한 도로의 공작물을 철거하는 의무 등이 이에 속한다. 물론 이러한 의무는 원래 법령에서 부작위의무로 규정한 것이나 이에 위반하여 일정한 작위행위를 한 것이 대집행의 대상이 되는 것이다. 따라서 법령상 원래는 대집행의 대상이 될 수 없는 부작위의무라 하더라도 이를 위반하여 일정한 작위행위가 존재하고 이러한 작위가 대집행의 대상인 대체적 작위의무인 경우에는 대집행이 가능하다.

대체적 작위의무는 그의 효율적인 이행을 위하여 다소 타인의 협력이 필요한 경우에도(예: 불법건축물 철거에 중장비를 가진 자의 도움) 자신의 책임하에 행할 수 있는 행위라면 대체적 작위의무로서의 성격을 잃지 않는다.

2) 판례는 적법한 건물에 대한 처분상대방의 점유를 배제하고 그 점유이전을 받는 경우의 퇴거의무는 대체적 작위의무에 해당하지 않기 때문에 직접강제가 아닌 행정대집행의 대상이 되지는 않는다고 하였다(대판 1998.10.23. 97누157). 반면 불법건물을 철거할 때의 철거의무는 대체적 작위의무에 해당하고 이를 행정대집행을 통해 실현하는 과정에서 부수적으로 처분상대방과 그 가족들에 대한 퇴거조치를 실현할 수 있으므로 퇴거의무에 관하여 민사소송의 방법으로 그 의무의 이행을 구할 수 없고 또한 별도의 집행권원이 필요한 것은 아니며, 그 점유자들이 적법한 행정대집행을 위력을 행사하여 방해하면 형법상 공무집행방해죄가 성립하므로 필요한 경우에는 경직법에 따른 위험발생 방지조치나 형법상 공무집행방해죄의 범행방지 또는 현행범체포의 차원에서 경찰의 도움을 받을 수 있다고 한다(대판 2017.4.28. 2016다213916).

한편 판례는 구 토지수용법(현 토지보상법)에 따라 피수용자 등이 사업시행자인 기업자에 대하여 부담하는 수용목적물에 대한 인도 · 이전의무로서 수용대상토지의 인도 또는 그 지장물의 명도의무는 대체적 작위의무가 아니므로 행정대집행의 대상이 되지 아니하므로 비록 공법상 법률관계에 관한 것이라 하더라도 민사집행법상 명도단행가처분을 신청할 수 있다고 보았다(대판 2005.8.19. 2004다2809). 그러나 토지보상법 제89조, 제43조는 수용목적물 인도 · 이전의무가 대집행의 대상이 되는 것으로 규정하고 있으므로 이러한 예외를 인정하는 명문규정에 따라 대집행이 가능하다고 보아야 한다. 더구나 여기서 대집행의 주체는 행정청이므로 직접강제와 구별하기 어려운데, 직접강제는 대체적 작위의무에 대하여도 인정되며 실력을 행사하는 것임을 고려하여야 한다.

5. 요 건

행정대집행법은 제2조에서 "행위를 의무자가 이행하지 아니하는 경우 다른 수단으로써 그 이행을 확보하기 곤란하고 또한 그 불이행을 방치함이 심히 공익을 해할 것으로 인정될 때에는"이라고 규정하여 불확정개념을 사용하고 있다. 그러므로 대집행은 상대방의 의무불이행이라는 요건 외에도 다른 수단과의 비교검토, 공익상의 위해라는 추가적 요건이 충족되어야만 실행이 가능하다.

1) 대체적 작위의무의 불이행

대체적 작위의무의 불이행은 이미 대집행을 실행하기 이전에 충족되어 있어야 한다.

2) 다른 수단으로는 의무이행의 확보가 곤란할 것

대집행 이외에 다른 수단이 존재한다면 대집행을 유보하고 그 수단에 의하여 동일한 행정목적을 달성하여야 한다. 다시 말해서 대집행이라는 의무자의 재산에 대한 물리력의 행사는 행정목적의 달성을 위한 일종의 최후수단이 되는 것이다. 따라서 대집행에 비하여 보다 개인의 권익침해가 작은 수단이 존재함에도 불구하고(예: 권고와 설득에 의하여 충분히 행정목적달성이 가능함에도 불구하고) 직접 대집행에 의하는 경우에는 행정법의 일반원칙인 비례의 원칙(필요성의 원칙)에 어긋남과 동시에 행정대집행법 제2조의 요건에 위반하는 것이다. 따라서 이러한 행정작용에 대해서는 적절한 권리구제가 이루어져야 한다.

3) 의무불이행을 방치함이 심히 공익을 해할 것

(1) 대체적 작위의무의 위반, 대집행의 최후수단성의 요건이 충족된다 하더라도 최후로 대집행의 실행으로 인한 공익과 공권력행사의 자제를 통한 사익과의 비교교량이 이루어져야 한다. 다시 말해서 비록 대집행대상인 의무의 위반이 있다 하더라도 그 의무불이행의 정도가 경미한 경우에는 공권력발동을 허용하지 않는 것이다. 따라서 대집행의 세 번째 요건에 위반하는 경우에는 동시에 비례의 원칙 중 마지막 내용인 좁은 의미의 비례원칙에 위반하여 이러한 대집행은 위법하다.

(2) 판례도 "위와 같은 공사결과 건물모양이 산뜻하게 되었고, 건물의 안정감이 더하여진 반면 위 증평부분 등을 철거함에는 많은 비용이 소요되고 이를 철거한다 해도 위 건물의 외곽만을 손상시키고 쓰임새가 줄어들 뿐이라는 취지의 사실을 인정하고, 원고가 위 대수선 및 구조변경허가 내용과 다르게 위 건물을 고쳐서 그 위반결과가 현존하고 있고, 원고가 철거의무를 불이행하고 있다 할지라도 그 불이행을 방치함이 심히 공익을 해한다고는 인정되지 아니[한다]"(대판 1987.3.10. 86누860)라고 하였다(같은 취지로 대판 1989.7.11. 88누11193; 대판 1996.10.11. 96누8086).

반면 구체적 사정을 이와 달리하는 사안에는 "이 사건 교회건물의 철거의무의 불이행을 방치함이 심히 공익을 해하는 것으로 인정되지 아니한다는 이유로 이 사건 처분이 행정대집행법 제2조 소정의 요건을 충족시키지 못한 것으로서 위법하다고 판단하여 원고의 이 사건 청구를 인용한 원심의 조치에는 행정대집행법 제2조에 정한 대집행의 요건에 관한 법리 등을 오해하여 판결에 영향을 미친 위법이 있다"라고 하였다(대판 2000.6.23. 98두3112). 또한 "불법 시설물을 방치하는 것이 시설물을 단속하는 행정관청의 권능을 무력화하여 행정의 원활한 수행을 위태롭게 하고 관련 법규가 정하는 제한 규정의 회피를 사전에 예방할 수 없도록 하는 경우에는 그 불이행을 방치하는 것이 심히 공익을 해치는 경우라고 볼 수 있다"라고 하였다(대판 2022.6.30. 2022두35008).

6. 절 차

행정대집행법에 규정된 대집행의 절차는 계고, 대집행영장의 통지, 실행, 비용징수로 이루어진다.

1) 대집행의 계고

대집행을 하려면 상당한 이행기간을 정하여 그 기한까지 이행되지 아니할 때에는 대집행을 한다는 뜻을 미리 문서로써 계고하여야 하고, 이때 행정청은 상당한 이행기간을 정함에 있어 의무의 성질 · 내용 등을 고려하여 사회통념상 해당 의무를 이행하는 데 필요한 기간이 확보되도록 하여야 한다(행정대집행법 제3조 제1항). 대집행 계고의 성격은 준법률행위적 행정행위의 하나인 의사의 통지에 해당한다. 그러나 이러한 계고처분은 비상시 또는 위험이 절박한 경우에 있어서 당해 행위의 급속한 실시를 요하여 계고의 절차를 거칠 여유가 없는 경우에는 계고없이 직접 대집행을 할 수 있다(제3항).

대집행의 계고처분은 사전에 이미 대집행의 모든 요건이 충족되어야 하므로 의무를 명하는 행위와 계고처분은 결합될 수 없음이 원칙이다. 그러나 비상시 또는 위험이 절박한 경우로 당해 행위의 급속한 실시를 요하여 계고처분이 생략될 수 있거나(행정대집행법 제3조 제3항) 재해가 발생할 위험이 절박한 경우 등 계고처분을 거치면 그 목적을 달성하기 곤란하여 이를 거치지 않을 수 있다면(건축법 제85조 제1항) 이러한 예외적 상황에서는 의무를 명하는 행위와 계고처분은 동시에 성립할 수 있다고 보아야 한다. 다만 판례는 이러한 예외적 상황이 아니라고 하더라도 대집행계고서를 통해 철거명령과 계고처분을 함께 할 수 있다고 본다(대판 1978.12.26. 78누114).

대집행할 행위의 내용 및 범위의 특정에 관하여, 판례는 "행정청이 건축법 제42조 제1항과 행정대집행법 제2조 및 제3조 제1항에 따라 건축법위반 건축물의 철거를 명하고 그 의무불이행시 행할 대집행의 계고를 함에 있어서는, 의무자가 이행하여야 할 행위와 그 의무불이행시 대집행할 행위의 내용 및 범위가 구체적으로 특정되어야 할 것이지만, 반드시 철거명령서나 대집행계고서에 의하여서만 특정되어야 하는 것은 아니고, 그 처분 전후에 송달된 문서나 기타 사정을 종합하여 이를 특정할 수 있으면 족하다"고 한다(대판 1990.1.25. 89누4543).

2) 대집행영장의 통지

계고처분으로 지정된 기한까지 의무가 이행되지 않은 경우에는 당해 행정청은 대집행영장으로써 대집행을 할 시기, 대집행을 시키기 위하여 파견하는 집행책임자의 성명과 대집행에 요하는 비용의 개산에 의한 견적액을 의무자에게 통지하여야 한다(행정대집행법 제3조 제2항). 이러한 통지도 준법률행위적 행정행위로서 의사의 통지행위다. 또한 대집행영장에 의한 통지도 비상시 또는 위험이 절박한 경우에 있어서 당해 행위의 급속한 실시를 요하는 경우에는 예외적으로 생략될 수 있다(제3항).

3) 대집행의 실시

대집행영장에 의하여 지정된 기한까지 의무의 이행이 이루어지지 않으면 대집행이 실행된다. 대집행의 실행은 일종의 권력적 사실행위로서 대집행의 다른 절차와 그 법적 성격을 달리한다. 대집행의 실행단계에서는 흔히 의무자와의 마찰이 있을 수 있으므로 대집행을 하기 위하여 현장에 파견되는 집행책임자는 그가 집행책임자라는 것을 표시한 증표를 휴대하여 대집행시에 이해관계인에게 제시하여야 한다(행정대집행법 제4조 제3항).

대집행은 해가 뜨기 전이나 해가 진 후에는 허용되지 않고, 예외적으로 의무자가 동의한 경우(제1호), 해가 지기 전에 대집행을 착수한 경우(제2호), 해가 뜬 후부터 해가 지기 전까지 대집행을 하는 경우에는 대집행의 목적 달성이 불가능한 경우(제3호), 그 밖에 비상시 또는 위험이 절박한 경우(제4호) 중 어느 하나에 해당할 때에만 허용된다(제4조 제1항). 대집행을 할 때에는 대집행 과정에서의 안전 확보를 위하여 필요하다고 인정하는 경우 현장에 긴급 의료장비나 시설을 갖추는 등 필요한 조치를 하여야 한다(제2항).

대집행의 실행시에 의무자가 이를 실력으로 저지하거나 방해하는 경우에는 대집행의 실행주체는 이를 물리적으로 제지하고 필요한 대집행을 할 수 있는가? 여기에 대하여 우리나라의 행정대집행법에는 규정이 없으나, 독일의 행정집행법 제15조 제2항은 대집행주체의 물리력 사용을 명문으로 규정하고 있다. 따라서 이러한 명문규정이 없는 우리나라에서는 의무자에 대한 물리력의 행사는 위법일 가능성이 크다. 이러한 경우에는 의무자를 형법상 공무집행방해죄로 고발하거나 경직법 제6조에 따른 범죄행위의 예방과 제지규정에 의하여 경찰관의 협조하게 대집행을 실행하여야 한다. 판례도 앞서 본 바와 같이 경직법에 따른 위험발생 방지조치(제5조)나 범행방지(제6조) 또는 현행범체포의 차원에서 경찰의 도움을 받을 수 있다고 한다(대판 2017.4.28. 2016다213916).

4) 비용징수

대집행이 종료되면 대집행에 요한 비용은 의무자가 부담한다. 대집행에 요한 비용을 징수할 때에는 실제에 요한 비용과 그 납기일을 정하여 의무자에게 문서로써 그 납부를 명하여야 한다(행정대집행법 제5조). 일정한 기간 내에 비용의 납부가 이루어지지 않는 경우에는 국세징수법의 예에 따라 징수할 수 있다(제6조 제1항). 대집행에 요한 비용에 대해서 행정청은 사무비의 소속에 따라 국세에 다음가는 순위의 선취득권을 가지며(제2항), 그 징수금은 사무비의 소속에 따라 국고 또는 지방자치단체의 수입이 된다(제3항).

7. 권리구제

1) 행정행위에 대한 행정쟁송

대집행이 법령에 위반하거나 행정법의 일반원칙에 어긋나는 경우에는 위법하며, 여기에 대하여는 당연히 법적인 권리구제수단이 마련되어야 한다. 위법한 대집행을 원칙적으로 대집행절차의 각 과정의 법적 성격에 따라 그 구체적인 구제수단이 강구되어야 한다. 예를 들어 계고처분이나 대집행영장에 의한 통지, 비용납부명령과 같은 강제징수의 일련의 단계는 통지행위 성격의 행정행위로서 항고소송의 대상이 됨이 원칙이다. 판례도 대집행의 계고의 처분성을 인정한다(대판 1966.10.31. 66누25).

대집행에 대하여도 행정심판을 제기할 수 있으며 이는 임의적 절차이다(행정대집행법 제7조).

2) 대집행실행의 처분성

대집행의 일련의 다른 절차와는 달리 실행 자체는 단순한 권력적 사실행위임은 이미 설명하였다. 따라서 사실행위로서 대집행의 실행이 위법한 경우에는 그를 이유로 한 국가배상청구는 가능하지만 처분성이 부인되면 이를 대상으로 하는 행정쟁송은 부적법하게 된다. 그러나 최근 판례도 이른바 쟁송법적 처분 개념과 함께 그 처분성을 인정하는 추세임은 행정소송편에서 설명하는 바와 같다.

다만 사실상 대집행의 실행은 단시간 내에 이루어지는 것이므로 실행이 종료된 시점에서 이를 대상으로 항고쟁송을 제기한다는 것은 무의미한 경우가 대부분이다. 판례도 "대집행계고처분 취소소송의 변론이 종결되기 전에 대집행영장에 의한 통지절차를 거쳐 사실행위로서 대집행의 실행이 완료된 경우에는, 그 행위가 위법한 것이라는 이유로 손해의 배상이나 원상의 회복 등을 청구하는 것은 별론으로 하고, 그 처분의 취소를 구할 법률상의 이익은 없어졌다고 보아야 할 것"이라고 하였다(대판 1993.6.8. 93누6164). 하지만 위법한 대집행의 실행이 장기간에 걸쳐서 개인의 권익을 침해하는 경우에는 행정쟁송법상 집행정지를 신청하면서 항고쟁송을 제기할 실익이 있다.

Ⅱ. 집행벌(강제금)

1. 의 의

집행벌은 종래 행정법상 부작위의무 또는 비대체적 작위의무 위반에 대한 이행을 강제하기 위하여 부과하는 금전부담으로 보았다. 그런데 오늘날에는 대체적 작위의무도 그 대상으로 하며 명칭도 강제금 또는 이행강제금이라고 부르기도 한다. 집행벌의 종류에는 이행강제금과 가산금이 있다. 예를 들면 대기환경보전법상 배출부과금을 납부기한까지 내지 않는 경우 납부의무를 이행하도록 하기 위한 가산금(제35조 제5항), 「부담금관리 기본법」상 부담금 납부의무자가 납부기한을 지키지 아니하는 경우 개별법의 근거를 통해 부과 · 징수할 수 있는 가산금(제5조의3 제1항), 후술하듯이 부동산을 실명으로 등기하게 하기 위한 「부동산 실권리자명의 등기에 관한 법률」의 이행강제금이 있다.

앞서 언급한 대집행은 직접 물리력을 행사하여 행정상 필요한 상태를 실현시킴에 반하여, 이행강제금은 의무불이행자에 대한 금전적 부담을 통하여 심리적인 압박을 가하는 것이다. 다만 이행강제금은 후술하는 재정적 공과금에 비하여 심리적 압박을 통해 의도하는 행정목적이 보다 직접적이며 구체적이라는 점에서 간접적 강제수단인 재정적 공과금과 구별된다. 또한 이행강제금이 행정벌과는 달리 행정강제의 수단으로 분류되는 이유는 이러한 압박을 통하여 장래의 필요한 의무를 이행시켜 행정목적을 달성하려는 데 있다.

행정기본법은 이행강제금의 부과를 의무자가 행정상 의무를 이행하지 아니하는 경우 행정청이 적절한 이행기간을 부여하고, 그 기한까지 행정상 의무를 이행하지 아니하면 금전급부의무를 부과하는 것이라고 정의한다(제30조 제1항 제2호). 이는 집행벌, 오늘날 말하는 이행강제금과 같은 의미이다.

2. 법적 근거

1) 집행벌에는 법률유보원칙에 따라 법적 근거가 요구된다. 행정기본법에는 이행

강제금에 관한 규정이 있으나, 이행강제금을 부과하려면 개별법에 근거를 두어야 하고 행정기본법만으로는 부족하다(제30조 제2항, 제31조 제1항). 개별법의 예로는 건축법상 이행강제금(제80조), 「부동산 실권리자명의 등기에 관한 법률」의 이행강제금(제6조)이 있다. 건축법상 이행강제금은 위반 건축물의 건축주등에게 시정명령을 하였는데 이를 이행하지 아니한 경우 그 시정명령에 따른 의무를 이행하게 하기 위하여 금전적 부담을 통한 심리적 압박을 하는 것이다. 「부동산 실권리자명의 등기에 관한 법률」의 이행강제금도 과징금에 더하여 부과되는 것으로서 부동산을 실명으로 등기하게 하기 위한 심리적 · 재정적 압박을 가하는 일종의 집행벌이다.

이러한 이행강제금은 직접적인 심리적 강제수단으로서 후술하는 재정적 공과금을 통한 보다 간접적인 강제와 차이를 보인다. 그러나 이행강제금은 그 자체만으로도 강력한 행정강제수단이므로 법적인 규율의 신중성을 요한다. 더욱이 앞서 언급한 이행강제금은 다른 행정수단(예: 시정명령, 과징금)과 결합 또는 병행되는 경우가 대부분이어서 목적달성을 위한 수단으로서의 비례관계를 유지하지 못하는 경우에는 위헌 · 위법의 시비를 불러일으킬 가능성도 크다.

2) 행정기본법은 제31조 제1항에서 이행강제금 부과의 근거가 되는 법률에 명확하게 규정하여야 하는 사항을 정하였다. 즉 부과 · 징수 주체(제1호), 부과 요건(제2호), 부과 금액(제3호), 부과 금액 산정기준(제4호), 연간 부과 횟수나 횟수의 상한(제5호)이 그것이다. 다만 제4호 또는 제5호를 규정할 경우 입법목적이나 입법취지를 훼손할 우려가 크다고 인정되는 경우로서 대통령령으로 정하는 경우는 제외한다(단서). 여기서 대통령령으로 정하는 경우는 이행강제금 부과 금액이 합의제행정기관의 의결을 거쳐 결정되는 경우(제1호), 1일당 이행강제금 부과 금액의 상한 등 행정기본법 제31조 제1항 제5호에 준하는 이행강제금 부과 상한을 이행강제금 부과의 근거가 되는 법률에서 정하는 경우(제2호)이다(시행령 제8조 제1항).

3) 헌법재판소는 구 건축법상 시정명령 및 이행강제금 부과의 근거 법률조항이 포괄위임금지의 원칙 위반으로 위헌이라고 판단하면서 "1991.5.31. 건축법 개정을 통하여 처음으로 도입된 이행강제금은 위법건축물에 대하여 시정명령 이행시까지 지속적으로 이행강제금을 부과함으로써 건축물의 안전과 기능, 미관을 향상시켜 공공복리의 증진을 도모하는 시정명령 이행확보 수단으로서, 국민의 자유와 권리를 제한한다는 의미에서 행정상 간접강제의 일종인 이른바 침익적 행정행위에 속하므로 그 부과요건, 부과대상, 부과금액, 부과회수 등이 법률로써 엄격하게 정하여져야 하고 위 이행강제금 부과의 전제가 되는 시정명령도 그 요건이 법률로써 엄격하게 정해져야 한다"라고 하였다(헌재결 2000.3.30. 98헌가8).

또한 헌법재판소는 행정청은 대집행과 이행강제금을 선택적으로 활용할 수 있고 합리적 재량에 따라 선택하여 활용하는 이상 중첩적인 제재에 해당하지 않으며, 형사처벌과 이행강제금은 그 보호법익과 목적에 차이가 있어 헌법 제13조 제1항이 금지하는 이중처벌에 해당하지 않는다고 하였다(헌재결 2004.2.26. 2001헌바80 등).

3. 행정기본법상 부과 기준, 절차, 반복부과, 강제징수

이행강제금의 부과 기준, 절차 등에 관하여 개별법에 특별한 규정이 있으면 그에 의하고 그렇지 않으면 행정기본법에 따른다(제5조 제1항). 아래에서는 행정기본법의 내용을 본다.

1) 행정청은 의무 불이행의 동기, 목적 및 결과(제1호), 의무 불이행의 정도 및 상습성(제2호), 그 밖에 행정목적을 달성하는 데 필요하다고 인정되는 사유(제3호)를 고려하여 이행강제금의 부과 금액을 가중하거나 감경할 수 있다(행정기본법 제31조 제2항).

2) 행정청은 이행강제금을 부과하기 전에 미리 의무자에게 적절한 이행기간을 정하여 그 기한까지 행정상 의무를 이행하지 아니하면 이행강제금을 부과한다는 뜻을 문서로 계고하여야 한다(제31조 제3항). 행정청은 의무자가 위 계고에서 정한 기한까지 행정상 의무를 이행하지 않는 경우 이행강제금의 부과 금액 · 사유 · 시기를 문서로 명확하게 적어 의무자에게 통지하여야 한다(제4항).

3) 행정청은 의무자가 행정상 의무를 이행할 때까지 이행강제금을 반복하여 부과할 수 있다(제31조 제5항 본문). 이행강제금을 반복하여 부과하기 전에 시정명령까지 반복하여 할 필요는 없다(대판 2013.12.12. 2012두19137). 다만 의무자가 의무를 이행하면 새로운 이행강제금의 부과를 즉시 중지하되, 이미 부과한 이행강제금은 징수하여야 한다(단서).

판례는 건축법상 시정명령의 의무자가 이행강제금이 부과되기 전에 의무를 이행한 경우에는 비록 의무이행기한이 지나서 이행한 경우라고 하더라도 이행강제금을 부과할 수 없다고 한다(대판 2018.1.25. 2015두35116). 그러나 이는 이행강제금의 법적 성격에 따라 달리 판단될 수 있다. 판례는 공정거래법상 기업결합 제한 위반행위자에 대한 시정조치의 의무자가 이행강제금 부과 전에 의무를 이행한 경우에는 과거의 시정조치 불이행기간에 대하여 이행강제금을 부과할 수 있다고 보았다(대판 2019.12.12. 2018두63563). 왜냐하면 위 이행강제금은 “기업결합과 관련하여 종래의 과징금 제도를 폐지하고 과거의 의무위반행위에 대한 제재와 장래 의무 이행의 간접강제를 통합하여 시정조치 불이행기간에 비례하여 제재금을 부과하도록 하는 제도”이기 때문이라고 한다(위 2018두63563 판결).

4) 행정청은 이행강제금을 부과받은 자가 납부기한까지 이행강제금을 내지 않으면 국세강제징수의 예 또는 지방행정제재부과금법에 따라 징수한다(제31조 제6항).

4. 권리구제

위법한 이행강제금에 대하여는 해당 이행강제금을 규율하는 개별법에 별도의 불복절차가 마련되어 있다면 그에 따른다. 그렇지 않다면 행정기본법상 이의신청이나 행정쟁송으로 다툴 수 있다. 예를 들어, 건축법 또는 「부동산 실권리자명의 등기에 관한 법률」에 따른 이행강제금에 대하여 그 취소를 구하는 행정심판이나 행정소송을 제기할 수 있다.

반면 농지법상 농지처분명령이나 무허가농지전용에 대한 원상회복명령에 따른 의무를 이행하게 하기 위한 이행강제금(제63조)에 대한 불복은 비송사건절차법의 재판절차에 따르게 되므로 행정소송법상 항고소송의 대상이 되는 처분에 해당하지 않는다. 판례도 마찬가지다(대판 2019.4.11. 2018두42955).

Ⅲ. 직접강제

1. 의 의

행정상 직접강제는 행정법상 의무불이행에 대하여 행정청이 직접 의무자의 재산이나 신체에 실력을 가하여 행정법상 의무를 실현시키는 강제수단이다. 직접강제는 대체적 작위의무도 그 대상으로 하는데 이러한 경우에는 대집행과 구별이 어렵게 됨은 앞서 설명한 바와 같다. 다만 직접강제는 주로 행정법상 부작위의무에 대한 실효성확보수단으로서 집행벌이나 행정벌 등으로 목적을 달성할 수 없는 경우에 행정청이 최후의 수단으로 사용한다. 또한 직접강제는 선행의무의 위반이라는 요건이 존재하므로 목전의 긴급한 위해를 제거하기 위하여 사용되는 즉시강제와 구별된다.

행정기본법 제30조 제1항 제3호는 직접강제를 의무자가 행정상 의무를 이행하지 아니하는 경우 행정청이 의무자의 신체나 재산에 실력을 행사하여 그 행정상 의무의 이행이 있었던 것과 같은 상태를 실현하는 것이라고 정의한다.

2. 법적 근거 및 한계

1) 직접강제는 일반적으로 사용되는 행정강제수단이 아니므로 이를 위한 일반법은 존재하지 않고 개별법에 따라 인정될 뿐이다. 행정기본법 제32조 역시 직접강제를 할 수 있는 일반적인 법적 근거가 되지 않는다. 개별법의 예로는 식품위생법 제79조 제1항에 따라 영업소를 폐쇄하기 위하여 관계 공무원이 하는 조치로서 해당 영업소의 간판 등 영업 표지물의 제거나 삭제(제1호), 해당 영업소가 적법한 영업소가 아님을 알리는 게시문 등의 부착(제2호), 해당 영업소의 시설물과 영업에 사용하는 기구 등을 사

용할 수 없게 하는 봉인(제3호)이 있다(제79조 제1항).

2) 직접강제는 목전의 위해가 있지 않은 상태에서 개인의 신체나 재산에 대하여 가해지는 심대한 물리력의 행사이므로 절차상 개인에게 이를 예상할 수 있는 상태에서 행하여져야 하며, 비례의 원칙 등에 적합해야 하는 것은 물론이다.

행정기본법은 제32조 제1항에서 "직접강제는 행정대집행이나 이행강제금 부과의 방법으로는 행정상 의무 이행을 확보할 수 없거나 그 실현이 불가능한 경우에 실시하여야 한다"고 규정하여 비례원칙에 따른 이른바 직접강제의 보충성을 명문화하였다. 또한 직접강제를 실시하기 위하여 현장에 파견되는 집행책임자는 그가 집행책임자임을 표시하는 증표를 보여 주어야 한다(제32조 제2항). 직접강제에도 계고와 통지가 요구되는데 이는 이행강제금의 계고 및 통지에 관한 규정을 준용한다(제3항).

개별법의 경우 앞서 든 식품위생법의 예를 보면, 직접강제로서 영업소 폐쇄를 위한 조치는 그 영업을 할 수 없게 하는 데에 필요한 최소한의 범위에 그쳐야 한다(제79조 제4항). 따라서 급박한 사유가 없는 한 위 조치를 하려면 해당 영업을 하는 자 또는 그 대리인에게 문서로 미리 알려야 한다(제3항). 또한 위 조치를 하는 경우에 관계 공무원은 그 권한을 표시하는 증표 및 조사기간, 조사범위, 조사담당자, 관계 법령 등 대통령령으로 정하는 사항이 기재된 서류를 지니고 이를 관계인에게 내보여야 한다(제5항).

3. 권리구제

폐쇄조치, 강제퇴거, 폐기처분 등의 직접강제수단은 일반적으로 권력적 사실행위에 해당하는 것이 대부분이다. 그렇다면 위법한 직접강제에도 대집행의 실행에서 언급한 내용이 그대로 타당하다. 따라서 위법한 폐쇄조치 등을 이유로 한 국가배상의 청구는 가능하다. 행정쟁송, 특히 장기간에 걸치는 직접강제의 경우에는 집행정지 신청과 함께 항고쟁송을 제기할 실익이 있다.

Ⅳ. 행정상 강제징수

1. 의 의

행정상의 강제징수는 행정법상 금전납부의 의무가 이행되지 않는 경우에 의무자의 재산에 대하여 직접 실력을 행사함으로써 의무의 이행을 확보하는 행정강제수단이다. 행정법상 하명처분에 따라 개인이 부담하게 되는 의무는 작위 · 부작위 · 수인의 형태를 띠기도 하지만 급부하명으로서 행정실무상 조세를 포함한 각종의 금전납부의 형태로도 부과된다. 이러한 금전납부의 하명처분(재정하명)은 그 건수나 규모로 보아 다른 하명처분을 압도하고 있다. 여기에서 행정상 강제징수제도의 중요성이 부각된다.

행정기본법은 강제징수를 의무자가 행정상 의무 중 금전급부의무를 이행하지 아니하는 경우 행정청이 의무자의 재산에 실력을 행사하여 그 행정상 의무가 실현된 것과 같은 상태를 실현하는 것으로 정의한다(제30조 제1항 제4호).

2. 법적 근거

과거의 행정법이론은 급부하명처분 외에 이를 강제적으로 실현하는 법규를 알지 못했다. 이는 이미 설명한 바와 같이 강제징수의 근거를 행정행위에 내재하는 효력으로 본 때문이다. 그러나 오늘날 대부분의 법치국가는 행정상 강제징수의 근거법을 가지고 있다.

우리나라에서는 국세에 대하여는 국세징수법, 지방세에 대하여는 지방세징수법, 지방행정제재 · 부과금에 대하여는 지방행정제재부과금법이 일반법이 된다. 그리고 국세징수법은 국세의 체납시에만 이를 강제적으로 징수하는 근거법에 그치지 않는다. 우리나라에서 부과 · 징수되는 공과금을 규정한 법규의 대부분은 이를 강제징수할 때 국세징수법을 준용하고 있으므로 이러한 경우에 국세징수법은 금전납부의무의 강제적 실현을 위한 일반법적 성격을 가진다.

3. 절 차

국세징수법에 따라 행정상 강제징수는 독촉, 체납처분(압류, 매각, 청산)의 절차로 진행된다.

1) 독 촉

행정상 강제징수가 이루어지기 전에 다시 한 번 조세채무자로 하여금 채무의 이행을 촉구하고 조세채무의 이행이 지체되는 경우에는 국가가 체납처분의 절차를 진행시키겠다는 일종의 준법률행위적 행정행위로서 의사의 통지행위이다.

관할 세무서장은 납세자가 국세를 지정납부기한까지 완납하지 아니한 경우 지정납부기한이 지난 후 10일 이내에 체납된 국세에 대한 독촉장을 발급하여야 하는데, 납부기한 전 징수에 따라 국세를 납부기한 전에 징수하거나 체납된 국세가 일정한 금액 미만인 경우 등 대통령령으로 정하는 경우에는 독촉장을 발급하지 아니할 수 있다(국세징수법 제10조 제1항). 그리고 독촉장을 발급하는 경우에는 독촉을 하는 날부터 20일 이내의 범위에서 기한을 정하여 발급한다(제2항).

독촉은 체납처분의 필요적 선행절차이며 조세채권의 소멸시효를 중단시키는 효과가 있다(국세기본법 제28조 제1항 제2호).

2) 체납처분

체납처분은 재산의 압류, 매각, 청산의 절차로 진행된다.

(1) 압 류

압류는 조세채권의 확보를 위하여 조세채무자로 하여금 자신의 일반재산에 대한 처분을 금하는 일종의 금지하명으로서 행정행위적 성격을 갖는다.

가) 요 건

관할 세무서장은 납세자가 독촉을 받고 독촉장에서 정한 기한까지 국세를 완납하지 아니한 경우(제1호), 납세자가 납부기한 전 징수에서의 납부고지를 받고 단축된 기한까지 국세를 완납하지 아니한 경우(제2호) 중 어느 하나에 해당하는 경우 납세자의 재산을 압류한다(국세징수법 제31조 제1항). 관할 세무서장은 납세자에게 납부기한 전 징수사유가 있어 국세가 확정된 후 그 국세를 징수할 수 없다고 인정할 때에는 국세로 확정되리라고 추정되는 금액의 한도에서 납세자의 재산을 압류할 수 있다(제2항). 여기에서 "국세로 확정되는 조세채무"란 과세요건이 충족되어 추상적으로 성립한 조세채무가 국가의 부과행위 또는 조세채무자의 신고에 따라 그 금액이 확정되는 것을 말한다.

나) 압류금지 · 제한재산

압류의 대상은 원칙적으로 조세채무자의 일반재산이 되는 것이지만 필요한 최소한의 생존을 위하여 일정한 재산은 압류가 금지 또는 제한된다. 예를 들어, 체납자와 그와 생계를 같이 하는 가족(사실상 혼인관계에 있는 사람 포함, 이하 '동거가족')의 생활에 없어서는 아니 될 의복, 침구, 가구, 주방기구, 그 밖의 생활필수품은 압류가 금지된다(국세징수법 제41조 제1호). 급료, 연금, 임금, 봉급, 상여금, 세비, 퇴직연금, 그 밖에 이와 비슷한 성질을 가진 급여채권에 대해서는 그 총액의 2분의 1에 해당하는 금액은 압류가 금지된다(제42조 제1항).

다) 압류의 효력

압류는 조세채무자의 일반재산에 대한 처분을 금하며 압류의 효력은 압류재산의 과실에도 미친다(국세징수법 제43조, 제44조). 또한 조세채권의 확보를 위한 국가의 우월적인 지위를 보장한다. 예를 들어 세무공무원이 질권이 설정된 동산 또는 유가증권을 압류하고자 하는 경우에는 그 질권자는 질권의 설정시기에 관계없이 질물을 세무공무원에게 인도하여야 한다(제48조). 또한 재판상의 가압류 또는 가처분 재산에 대하여도 강제징수를 한다(제26조). 강제징수는 상속이나 회사의 합병의 경우에도 속행된다(제27조). 그런데 이처럼 조세채권의 집행상 국가에게 특권을 주는 것이 제3자와의 관계에서 합리적인 근거가 있는 것인지에 대하여는 의문이 제기되지 않을 수 없다.

라) 압류해제의 의무

재산의 압류행위는 조세채무자의 재산권에 대한 처분권을 제한하는 심대한 침해 행위이므로 합리적인 사유가 있다면 전면적 또는 부분적인 해제가 이루어져야 하며 이는 기속행위다. 관할 세무서장은 다음 각호의 어느 하나에 해당하는 경우 압류를 즉시 해제하여야 한다(국세징수법 제57조 제1항). 압류와 관계되는 체납액의 전부가 납부 또는 충당(국세환급금, 그 밖에 관할 세무서장이 세법상 납세자에게 지급할 의무가 있는 금전을 체납액과 대등액에서 소멸시키는 것)(제1호), 국세 부과의 전부를 취소한 경우(제2호), 여러 재산을 한꺼번에 공매하는 경우로서 일부 재산의 공매대금으로 체납액 전부를 징수한 경우(제3호), 총 재산의 추산가액이 강제징수비(압류에 관계되는 국세에 우선하는 국세기본법 제35조 제1항 제3호에 따른 채권 금액이 있는 경우 이를 포함)를 징수하면 남을 여지가 없어 강제징수를 종료할 필요가 있는 경우(다만, 제59조에 따른 교부청구 또는 제61조에 따른 참가압류가 있는 경우로서 교부청구 또는 참가압류와 관계된 체납액을 기준으로 할 경우 남을 여지가 있는 경우는 제외)(제4호), 제41조에 따른 압류금지재산을 압류한 경우(제5호), 제3자의 재산을 압류한 경우(제6호), 그 밖에 제1호부터 제4호까지의 규정에 준하는 사유로 압류할 필요가 없게 된 경우(제7호). 여기서 납부, 충당, 국세 부과의 전부 취소, 일부 재산의 공매대금으로 체납액 전부를 징수하는 경우는 모두 조세채무의 소멸사유에 해당하는 것이므로 당연히 압류의 사유도 동시에 소멸한다.

마) 압류가 재량에 의하여 해제되는 경우

압류해제의 기속적 규정과 더불어 제57조 제2항은 관할 세무서장은 다음 각호의 어느 하나에 해당하는 경우 재량으로 압류재산의 전부 또는 일부에 대하여 압류를 해제할 수 있도록 규정하고 있다. 압류 후 재산가격이 변동하여 체납액 전액을 현저히 초과한 경우(제1호), 압류와 관계되는 체납액의 일부가 납부 또는 충당된 경우(제2호), 국세 부과의 일부를 취소한 경우(제3호), 체납자가 압류할 수 있는 다른 재산을 제공하여 그 재산을 압류한 경우(제4호).

그런데 위의 사유가 존재하는 경우에는 압류를 계속하여야 할 합리적인 이유가 없는 한 개인의 심대한 재산권 침해라는 상황에서 행정청의 압류 여부에 대한 재량은 축소하고, 이 경우 체납자는 압류의 해제를 요구하는 무하자재량행사청구권을 행사할 수 있다고 보아야 한다.

(2) 매 각

조세채무자의 일반재산은 관할 세무서장이 원칙적으로 공매의 방법에 의하여 매각한다. 매각 방법에는 공매와 수의계약이 있으나(제65조) 수의계약을 통한 매각은 수의계약으로 매각하지 아니하면 매각대금이 강제징수비 금액 이하가 될 것으로 예상되는 경우(제1호), 부패 · 변질 또는 감량되기 쉬운 재산으로서 속히 매각하지 아니하면 그 재산가액이 줄어들 우려가 있는 경우(제2호), 압류한 재산의 추산가격이 1천만원 미만인 경우(제3호), 법령으로 소지 또는 매매가 금지 및 제한된 재산인 경우(제4호), 제1회 공매 후 1년간 5회 이상 공매하여도 매각되지 아니한 경우(제5호), 공매가 공익을 위하여 적절하지 아니한 경우(제6호) 중 어느 하나에 해당하는 경우에 할 수 있다(제67조).

매각의 주체는 관할 세무서장이지만 그 법적 효과는 조세채무자에게 귀속한다는 점에서 매각은 일종의 법률행위적 행정행위인 대리행위이다. 다만 압류재산의 매각에 전문지식이 필요하거나 그 밖에 직접 공매, 수의계약, 매각재산의 권리이전, 금전의 배분(이하 '매각등')을 하기에 적당하지 않다고 인정되는 경우에는 한국자산관리공사에 공매등을 대행하게 할 수 있다(제103조 제1항 제1문). 이 경우의 공매는 세무서장이 한 것으로 본다(제2문).

관할 세무서장은 공매를 하려는 경우 공매공고를 하여야 하고(제72조), 공고한 후에는 즉시 그 내용을 체납자, 납세담보물 소유자 등에게 공매통지를 하여야 한다(제75조). 이러한 공매의 법적 성격을 두고 사법상 계약으로 보는 견해도 있으나, 판례는 공매를 행정소송의 대상이 되는 공법상의 행정처분으로 본다[대판 1984.9.25. 84누201; 대판(전합) 2008.11.20. 2007두18154]. 반면 내부적 의사결정인 공매결정(대판 2007.7.27. 2006두8464), 공매처분의 절차적 요건인 공매통지 자체(대판 2011.3.24. 2010두25527)는 처분이 아니라고 봄이 판례이다.

(3) 청 산

관할 세무서장은 공매로 발생한 매각대금 등으로 압류재산과 관계되는 체납액(제1호), 교부청구를 받은 체납액 · 지방세 또는 공과금(제2호), 압류재산과 관계되는 전세권 · 질권 · 저당권 또는 가등기담보권에 의하여 담보된 채권(제3호), 주택임대차보호법 또는 「상가건물 임대차보호법」에 따라 우선변제권이 있는 임차보증금 반환채권(제4호), 근로기준법 또는 「근로자퇴직급여 보장법」에 따라 우선변제권이 있는 임금, 퇴직금, 재해보상금 및 그 밖에 근로관계로 인한 채권(제5호), 압류재산과 관계되는 가압류채권(제6호), 집행문이 있는 판결정본에 의한 채권(제7호)에 배분한다(국세징수법 제96조 제1항). 관할 세무서장은 금전을 배분하고 남은 금액이 있는 경우에는 체납자에게 지급하고(제3항), 부족한 경우에는 민법이나 그 밖의 법령에 따라 배분할 순위와 금액을 정하여 배분하여야 한다(제4항). 청산 역시 매각과 마찬가지로 공법상의 대리행위로 행정처분적 성격을 갖는다.

(4) 압류 · 매각의 유예

관할 세무서장은 체납자가 다음 각호의 어느 하나에 해당하는 경우 체납자의 신청 또는 직권으로 그 체납액에 대하여 강제징수에 따른 재산의 압류 또는 압류재산의 매각을 대통령령으로 정하는 바에 따라 유예할 수 있다(국세징수법 제105조 제1항). 국세청장이 성실납세자로 인정하는 기준에 해당하는 경우(제1호), 재산의 압류나 압류재산의 매각을 유예함으로써 체납자가 사업을 정상적으로 운영할 수 있게 되어 체납액의 징수가 가능하게 될 것이라고 관할 세무서장이 인정하는 경우(제2호).

4. 권리구제

강제징수가 단계별로 처분성이 인정되는 경우에는 그 위법임을 이유로 행정쟁송을 제기할 수 있다. 특히 체납처분에 대한 일련의 절차는 종래의 판례에 의하여 취소할 수 있는 흠이 불가쟁력이 발생한 경우에도 후행행위에 승계되어 다시 한번 행정쟁송의 기회가 부여된다.

조세법상의 행정심판은 일반행정심판과는 달리 국세기본법 제55조 이하에서 특별한 절차를 규정하고 있다. 따라서 국세기본법 또는 세법에 따른 처분으로서 위법 또는 부당한 처분을 받거나 필요한 처분을 받지 못함으로 인하여 권리나 이익을 침해당한 자는 이의신청(임의적 절차), 심사청구 또는 심판청구를 통하여 불복할 수 있고, 이러한 불복절차를 거친 후에 최종적으로 행정소송을 제기한다. 행정쟁송과 더불어 과세공무원의 고의 또는 과실로 손해를 입은 경우에 국가 등을 상대로 손해의 배상을 청구할 수 있음은 물론이다.

V. 행정상 즉시강제

1. 의 의

행정상 즉시강제는 행정상 목전의 위해를 방지하기 위하여 선행의무를 명할 시간적 여유가 없거나 미리 의무를 명해서는 행정목적을 달성할 수 없는 경우에 직접 상대방의 신체나 재산에 물리력을 행사하여 행정상 필요한 상태를 확보하는 강제수단이다.

행정기본법은 즉시강제를 현재의 급박한 행정상의 장해를 제거하기 위한 경우로서 다음 각목의 어느 하나에 해당하는 경우에 행정청이 곧바로 국민의 신체 또는 재산에 실력을 행사하여 행정목적을 달성하는 것이라고 정의한다(제30조 제1항 제5호). 행정청이 미리 행정상 의무 이행을 명할 시간적 여유가 없는 경우(가목), 그 성질상 행정상 의무의 이행을 명하는 것만으로는 행정목적 달성이 곤란한 경우(나목).

2. 구별 개념

즉시강제는 행정강제의 일종이기는 하지만 반드시 선행의무를 전제로 하는 것은 아니라는 점에서 선행의무의 불이행을 전제로 하는 행정상 강제집행(대집행, 집행벌, 직접강제, 강제징수)과 구별된다. 물론 즉시강제의 경우에도 가상적 · 잠재적 의무자가 존재하기 때문에 선행의무의 존재 여부에 의하여 양자를 구별하는 것은 문제가 있다는 지적도 제기된다. 이러한 견해에 의하면 즉시강제의 경우에도 선행의무가 존재하나 의무를 명하는 행위와 이를 실현하는 행위가 시차를 두지 않고 동시에 결합하여 이루어질 뿐이라고 한다.

또한 즉시강제는 행정목적달성을 위하여 직접 개인의 신체나 재산에 가하는 행정강제이므로 필요한 자료나 증거를 확보하기 위한 사전적 조사활동으로서의 행정조사와 개념적으로 구별된다. 직접강제와 즉시강제의 구별도 실제적으로는 그렇게 용이한 것은 아니지만, 전자의 경우에는 행정청의 하명과 이에 따른 개인의 의무불이행이 전제로 된다는 점에서 즉시강제와 역시 개념적으로 구분된다

3. 법적 근거

행정상 즉시강제는 행정상 목전의 위해를 방지하기 위한 일종의 긴급권 행사이므로 초기의 행정법이론에서는 마치 형법상의 긴급피난이나 정당방위와 같이 법적 근거가 없다 하더라도 자연법적으로 발동될 수 있는 것으로 보았다. 그러나 즉시강제는 행정강제의 다른 수단들과 비교하여 보아도 개인의 권익침해가 심대하므로 법률유보의 최소한인 침해유보설의 입장에서도 당연히 법적 근거가 요구된다.

따라서 국가공권력 발동의 강도와 범위에 비례하여 그 요건과 절차 그리고 물리력 행사의 내용이 법률의 규정에 따라 결정된다. 즉시강제는 어느 나라나 경찰권 발동과 밀접한 관련이 있다. 우리나라의 경우에는 경직법이 즉시강제의 일반법적 성격을 갖는다. 이외에도 즉시강제를 인정한 단행법으로 「마약류 관리에 관한 법률」, 출입국관리법, 소방기본법, 「감염병의 예방 및 관리에 관한 법률」, 식품위생법 등을 그 예로 들 수 있다.

4. 대 상

1) 경직법의 경우

(1) 대인적 강제

경직법상 대인적 수단으로는 보호조치(제4조), 위험발생의 방지를 위한 피난 또는 억류조치(제5조), 범죄의 예방과 제지(제6조), 경찰장비의 사용(제10조), 최루탄의 사용

(제10조의3), 무기의 사용(제10조의4) 등이 있다.

(2) 대물적 강제

대표적인 것으로 보호조치에 의하여 피보호자가 휴대하고 있는 무기 · 흉기 등 위험을 일으킬 수 있는 것으로 인정되는 물건을 경찰관서에 영치하는 것이다(제4조 제3항).

(3) 대가택적 강제

경찰관은 위험한 사태가 발생하여 인명 · 신체 또는 재산에 위해가 절박한 때에 그 위해를 방지하거나 피해자를 구조하기 위하여 부득이하다고 인정할 때에는 합리적으로 판단하여 필요한 한도 내에서 다른 사람의 토지 · 건물 · 배 또는 차에 출입할 수 있다(제7조 제1항).

2) 그 밖의 개별법의 경우

예를 들어 「감염병의 예방 및 관리에 관한 법률」에 따른 강제건강진단과 예방접종(제46조), 강제격리(제47조)는 사람을 대상으로, 식품위생법상 불법식품의 폐기처분(제72조)은 물건을 대상으로, 「조세범 처벌절차법」에 따른 수색(제8조)은 가택과 주거를 대상으로 각각 즉시강제가 행하여진다.

5. 한 계

1) 즉시강제는 대부분 권력적 사실행위로서 다른 모든 행정작용과 마찬가지로 행정의 법률적합성원칙과 행정법의 일반원칙에 의한 법적 한계를 준수하여야 한다. 따라서 즉시강제는 개인의 신체와 재산에 대한 심대한 침해를 의미하므로 법적 근거가 요구되며 성문의 법규범에 위배될 수 없다. 또한 주로 경찰권 발동의 법적 한계로 등장하는 비례의 원칙(경찰비례의 원칙)상 한계와 신뢰보호의 원칙, 평등의 원칙도 즉시강제의 적법성의 판단기준으로 작용한다.

2) 행정기본법은 비례의 원칙과 그에 따른 이른바 보충성을 명문화하였다. 제33조 제1항 전단은 "즉시강제는 다른 수단으로는 행정목적을 달성할 수 없는 경우에만 허용되며"라고 하여 보충성을, 후단은 "이 경우에도 최소한으로만 실시하여야 한다"라고 하여 비례원칙 중 최소침해성을 규정하고 있다.

또한 즉시강제의 절차도 마련하였다. 즉시강제를 실시하기 위하여 현장에 파견되는 집행책임자는 그가 집행책임자임을 표시하는 증표를 보여 주어야 하고, 즉시강제의 이유와 내용을 고지하여야 한다(행정기본법 제33조 제2항). 그러나 즉시강제를 하려는 재산의 소유자 또는 점유자를 알 수 없거나 현장에서 그 소재를 즉시 확인하기 어려운 경우에는 즉시강제를 실시한 후 집행책임자의 이름 및 그 이유와 내용을 고지할 수 있는데, 다음 각호에 해당하는 경우에는 게시판이나 인터넷 홈페이지에 게시하는 등 적절한 방법에 의한 공고로써 고지를 갈음할 수 있다(제3항). 즉시강제를 실시한 후에도 재산의 소유자 또는 점유자를 알 수 없는 경우(제1호), 재산의 소유자 또는 점유자가 국외에 거주하거나 행방을 알 수 없는 경우(제2호), 그 밖에 대통령령으로 정하는 불가피한 사유로 고지할 수 없는 경우(제3호).

6. 행정상 즉시강제와 영장주의

행정상 즉시강제가 사람이나 그의 주거를 대상으로 행사되는 경우에 개인에 대한 신체의 자유와 주거의 자유를 침해할 가능성이 크다. 예를 들어 경찰관이 특정인을 보호조치의 대상으로 하는 경우 이는 그 효과면에서 인신의 구속과 다를 바가 없다. 또한 범죄의 예방과 위험의 방지를 위하여 타인의 주거에 출입하는 것도 주거에 대한 침입과 큰 차이를 보이지 않는다. 그렇다면 헌법 제12조 제3항과 제16조에서 규정하는 영장주의는 행정상 즉시강제에도 적용되는지 의문이 제기될 수 있다. 이에 대하여는 다음과 같은 견해들이 제시된다.

① 영장불요설은 헌법상 영장주의는 원래 국가 형사사법권의 남용으로부터 개인의 인신을 보호하기 위하여 마련된 제도이므로 행정상 목전의 위해를 방지하기 위하여 인정되는 즉시강제에는 원칙적으로 영장주의가 적용되지 않는다는 견해이다. ② 영장필요설은 영장주의의 목적은 국가 형사사법권의 남용을 막고 개인의 신체적 자유를 보장하기 위한 제도로 발전된 것이지만 그 법적 효과면에서 신체나 주거의 자유에 대한 침해를 의미하는 즉시강제에도 확대적용되어야 한다는 견해이다. ③ 절충설은 원칙적으로 행정상 즉시강제에도 적용되어야 하나, 행정목적 달성을 위하여 불가피한 경우에는 예외적으로 영장주의의 적용이 배제된다는 견해로 통설이다.

그런데 절충설에서 말하는 영장주의가 적용되는 원칙적인 경우와 그 적용이 배제되는 예외적인 경우란 구체적으로 어떤 사안을 의미하는가? 생각건대 행정상 즉시강제는 목전의 위해를 방지하여 행정목적을 달성하는 제도이므로 그 성질상 영장주의가 적용될 가능성은 거의 없다. 예를 들어 경찰관이 범죄를 예방하기 위하여 불가피하게 타인의 주거를 침해한다고 할 때 미리 영장을 발부받을 수 있는가? 따라서 이러한 경우에 피해자의 요구가 있다면 경찰관의 신분을 증명하는 증표의 제시로 족한 것이다(경직법 제7조 제4항). 이외에도 즉시강제의 특수성을 감안하여 증표의 제시로 영장에 갈음하는 개별법의 규정을 찾아볼 수 있다(예: 식품위생법 제72조 제4항). 따라서 원칙적으로는 즉시강제에 영장은 불필요하다.

그렇다면 즉시강제에도 예외적으로 영장이 필요한 경우가 있는가? 만약 즉시강제가 장기간에 걸쳐 계속되어 법령에서 규정한 기한을 초과하는 경우에는 사후영장이 필요하다. 따라서 임의동행이 6시간을 초과하거나 보호조치가 24시간을 경과하거나 물건의 영치가 10일을 넘어서서 계속되는 경우에 사후영장이 요구되며 이를 결한 경우에는 위법의 문제가 발생한다.

대법원은 절충설의 입장이다(대판 1997.6.13. 96다56115). 반면 헌법재판소는 행정상 즉시강제에는 원칙적으로 영장주의가 적용되지 않는다고 하였다(헌재결 2002.10.31. 2000헌가12).

7. 권리구제

1) 위법한 즉시강제에 대한 구제

(1) 행정쟁송

즉시강제가 법적 근거를 결여하거나 성문법규의 내용에 저촉되는 경우 또는 비례의 원칙 등 행정법의 일반원칙에 어긋나 위법한 경우에 이에 대한 항고쟁송을 제기할 수 있는가? 이 문제는 즉시강제의 법적 성격에 따라 결정되어야 할 것이다. 행정상 즉시강제의 대부분의 수단은 권력적 사실행위에 해당하고 처분성이 인정될 수 있으나, 즉시강제는 그 성질상 즉시집행을 요하는 것이므로 그 실행 이후에 이를 대상으로 무효의 확인을 구하거나 취소를 구하는 것이 이론적으로 가능하더라도(예를 들어, 행정소송법 제12조 후문의 경우 처분등의 효과가 기간의 경과 처분등의 집행, 그 밖의 사유로 인하여 소멸된 뒤에도 그 처분등의 취소로 인하여 회복되는 법률상 이익이 있는 경우도 있으므로) 실제적으로는 소의 이익이 없는 것이 대부분이다. 다만 비교적 장기간에 걸치는 위법한 즉시강제라면 달리 볼 수 있을 것이다.

(2) 손해배상과 결과제거청구권

즉시강제에 대한 행정쟁송의 가능성이 사실상 부인된다면 위법한 즉시강제에 대한 유일한 구제수단은 위법행위를 한 공무원의 고의 또는 과실을 입증하여 국가 등을 상대로 손해의 배상을 청구하는 것이다. 원상회복을 위하여 공법상의 결과제거청구권을 공법상 당사자소송을 통해 실현할 수 있다.

손해배상청구와 관련하여 판례는 경직법 제6조에 따른 범죄의 예방을 위한 경찰 행정상 즉시강제에는 비례의 원칙이 엄격하게 적용되어야 하나 그 위반 여부는 일련의 구체적인 상황을 고려하여 평가해야 하고, 고의 또는 과실 여부를 판단할 때에도 사후적인 순수한 객관적 기준이 아니라 각각의 구체적 상황을 기초로 판단하여야 한다고 본다(대판 2021.10.28. 2017다219218; 대판 2021.11.11. 2018다288631).

2) 적법한 즉시강제와 손실보상

행정상 즉시강제는 모든 법적 한계를 준수하며 행하여졌지만 의도하지 않은 부수적인 결과로 타인에게 생명 · 신체 또는 재산상의 손실을 야기하는 경우에 이에 대한 적절한 권리구제수단이 문제된다. 예를 들어 경찰관의 총기사용이 적법하였으나 지나가던 행인이 상해를 입거나 타인의 재물이 손상되는 경우 등이다. 이러한 경우에는 행정쟁송과 더불어 손해배상의 청구도 어려우므로 유일한 수단은 특별한 희생에 대한 손실을 보상해 주는 것이다. 그러나 손실보상의 요건 중 "재산권에 대한 적법한 고권적 침해"와 손실보상을 위한 "법적 근거"의 결여로 손실보상도 어려운 것이 사실이다. 이러한 권리구제의 흠결을 메우기 위한 희생보상청구권과 수용적 침해이론에 대해서는 손실보상편에서 상세히 논한다. 다만 경직법은 제11조의2에서 경찰관의 적법한 직무집행으로 인한 손실에 대하여 정당한 보상을 하도록 규정하고 있다.

Ⅵ. 행정조사

1. 개 관

행정조사는 일정한 행정작용을 행하거나 행정목적을 달성하기 위하여 필요한 자료나 증거를 수집하는 행정활동이다. 행정청은 정확한 자료와 정보를 바탕으로 하여 적법한 행정적 결정에 이를 수 있으므로 행정청의 사전적 조사활동은 행정작용의 보조적 수단으로서 오늘날 중요한 의미를 갖는다. 그러나 과거 세무조사의 예 등에서 보듯이, 행정조사가 정확한 과세를 위한 기초자료의 수집이라는 본래의 목적에서 이탈하여 납세자의 비리를 캐거나 정치적 보복 또는 "길들이기의 수단"으로 남용되어 온 사례가 적지 않은 것이 사실이다. 또한 행정조사를 통하여 수집된 개인의 사생활에 대한 정보에 대한 법적 보호도 미흡한 부분으로 지적되어 왔다. 따라서 행정조사를 법치국가적 테두리 안으로 끌어들이고 본래의 목적으로부터 벗어나지 않도록 적절한 법적 통제를 가하는 법적 장치가 요구된다고 할 것이다.

이러한 점을 고려하여 2007년 행정조사기본법(이하 생략)이 제정되어 시행되고 있다. 행정조사기본법은 제1조에서 "이 법은 행정조사에 관한 기본원칙 · 행정조사의 방법 및 절차 등에 관한 공통적인 사항을 규정함으로써 행정의 공정성 · 투명성 및 효율성을 높이고, 국민의 권익을 보호함을 목적으로 한다"고 그 목적을 밝히고 있다.

2. 의 의

행정조사란 행정청이 행정작용에 필요한 자료나 증거를 확보하기 위하여 피조사자의 신체나 재산에 대하여 행하는 권력적 조사작용이라고 설명하는 것이 일반적이다. 그러나 행정조사는 반드시 권력적인 성격만을 띠는 것은 아니다. 상당수의 행정조사는 원칙적으로 피조사자의 자발적 협력을 바탕으로 이루어지는 비권력적인 조사작용이다. 또한 행정조사는 급박한 위해의 제거를 통하여 행정목적을 달성하는 즉시강제와는 달리 사전적인 조사작용이라는 점에서 이와 구별된다.

행정조사기본법은 행정조사를 행정기관이 정책을 결정하거나 직무를 수행하는 데 필요한 정보나 자료를 수집하기 위하여 현장조사 · 문서열람 · 시료채취 등을 하거나 조사대상자에게 보고요구 · 자료제출요구 및 출석 · 진술요구를 행하는 활동으로 정의한다(제2조 제1호).

3. 종 류

행정조사는 권력적 요소의 존재 여부에 따라서 권력적 조사와 비권력적 조사로, 대상에 따라 대인적 · 대물적 · 대가택적 조사로 구분된다. 예를 들어 식품위생법 제22조 제1항에 따른 출입 및 검사는 대가택적 조사와 대물적 조사가 주된 내용을 이룬다.

4. 법적 근거

행정조사는 대부분 피조사자의 주거나 신체 또는 재산에 대하여 이루어지는 권력적 조사작용이므로 역시 법률유보원칙의 최소한인 침해유보설의 입장에서도 법적 근거가 요구된다. 행정조사에 관한 일반법으로는 행정조사기본법이 있는데, 행정조사기본법은 조사대상자의 자발적인 협조를 얻어 실시하는 행정조사를 제외하고는 개별법에서 행정조사를 규정하고 있는 경우에 한하여 이를 실시할 수 있는 것으로 정하였다(제5조). 개별법상 근거로는 국세기본법상 세무조사(제81조의4 이하), 경직법상 불심검문(제3조), 공정거래법상 위반행위의 조사(제81조), 식품위생법(제22조)과 공중위생관리법(제9조)상 출입 · 검사, 국민건강보험법상 보고 · 검사(제97조) 등이 있다.

5. 방 법

행정조사기본법 제3장(제9조 내지 제15조)에 따르면 당사자의 출석 · 진술 요구, 자료제출요구 등 대인적 조사를 하는 경우와 현장조사, 시료의 채취 등 대물적인 행정조사가 이루어지는 경우가 있다.

1) 출석 · 진술 요구

행정기관의 장이 조사대상자의 출석 · 진술을 요구하는 때에는 다음 각호의 사항이 기재된 출석요구서를 발송하여야 한다(제9조 제1항). 일시와 장소(제1호), 출석요구의 취지(제2호), 출석하여 진술하여야 하는 내용(제3호), 제출자료(제4호), 출석거부에 대한 제재(근거 법령 및 조항 포함)(제5호), 그 밖에 당해 행정조사와 관련하여 필요한 사항(제6호).

조사대상자는 지정된 출석일시에 출석하는 경우 업무 또는 생활에 지장이 있는 때에는 행정기관의 장에게 출석일시를 변경하여 줄 것을 신청할 수 있으며, 변경신청을 받은 행정기관의 장은 행정조사의 목적을 달성할 수 있는 범위 안에서 출석일시를 변경할 수 있다(제9조 제2항).

출석한 조사대상자가 제1항에 따른 출석요구서에 기재된 내용을 이행하지 아니하여 행정조사의 목적을 달성할 수 없는 경우를 제외하고는 조사원은 조사대상자의 1회 출석으로 당해 조사를 종결하여야 한다(제9조 제3항).

2) 보고요구와 자료제출의 요구

행정기관의 장은 조사대상자에게 조사사항에 대하여 보고를 요구하는 때에는 다음 각호의 사항이 포함된 보고요구서를 발송하여야 한다(제10조 제1항). 일시와 장소(제1호), 조사의 목적과 범위(제2호), 보고하여야 하는 내용(제3호), 보고거부에 대한 제재(근거법령 및 조항 포함)(제4호), 그 밖에 당해 행정조사와 관련하여 필요한 사항(제5호).

행정기관의 장은 조사대상자에게 장부 · 서류나 그 밖의 자료를 제출하도록 요구하는 때에는 다음 각호의 사항이 기재된 자료제출요구서를 발송하여야 한다(제10조 제2항). 제출기간(제1호), 제출요청사유(제2호), 제출서류(제3호), 제출서류의 반환 여부(제4호), 제출거부에 대한 제재(근거 법령 및 조항 포함)(제5호), 그 밖에 당해 행정조사와 관련하여 필요한 사항(제6호).

3) 현장조사

조사원이 가택 · 사무실 또는 사업장 등에 출입하여 현장조사를 실시하는 경우에는 행정기관의 장은 다음 각호의 사항이 기재된 현장출입조사서 또는 법령등에서 현장조사시 제시하도록 규정하고 있는 문서를 조사대상자에게 발송하여야 한다(제11조 제1항). 조사목적(제1호), 조사기간과 장소(제2호), 조사원의 성명과 직위(제3호), 조사범위와 내용(제4호), 제출자료(제5호), 조사거부에 대한 제재(근거 법령 및 조항 포함)(제6호), 그 밖에 당해 행정조사와 관련하여 필요한 사항(제7호).

위 현장조사는 해가 뜨기 전이나 해가 진 뒤에는 할 수 없는데, 다음 각호의 어느 하나에 해당하는 경우에는 그러하지 아니하다(제11조 제2항). 조사대상자(대리인 및 관리책임이 있는 자를 포함)가 동의한 경우(제1호), 사무실 또는 사업장 등의 업무시간에 행정조사를 실시하는 경우(제2호), 해가 뜬 후부터 해가 지기 전까지 행정조사를 실시하는 경우에는 조사목적의 달성이 불가능하거나 증거인멸로 인하여 조사대상자의 법령등의 위반 여부를 확인할 수 없는 경우(제3호).

제1항 및 제2항에 따라 현장조사를 하는 조사원은 그 권한을 나타내는 증표를 지니고 이를 조사대상자에게 내보여야 한다(제11조 제3항).

4) 시료채취

조사원이 조사목적의 달성을 위하여 시료채취를 하는 경우에는 그 시료의 소유자 및 관리자의 정상적인 경제활동을 방해하지 아니하는 범위 안에서 최소한도로 하여야 한다(제12조 제1항). 행정기관의 장은 제1항에 따른 시료채취로 조사대상자에게 손실을 입힌 때에는 대통령령으로 정하는 절차와 방법에 따라 그 손실을 보상하여야 한다(제2항).

5) 자료등의 영치

조사원이 현장조사 중에 자료 · 서류 · 물건 등(이하 '자료등')을 영치하는 때에는 조사대상자 또는 그 대리인을 입회시켜야 한다(제13조 제1항). 조사원이 제1항에 따라 자료등을 영치하는 경우에 조사대상자의 생활이나 영업이 사실상 불가능하게 될 우려가 있는 때에는 조사원은 자료등을 사진으로 촬영하거나 사본을 작성하는 등의 방법으로 영치에 갈음할 수 있는데, 증거인멸의 우려가 있는 자료등을 영치하는 경우에는 그러하지 아니하다(제2항). 조사원이 영치를 완료한 때에는 영치조서 2부를 작성하여 입회인과 함께 서명날인하고 그중 1부를 입회인에게 교부하여야 한다(제3항).

행정기관의 장은 영치한 자료등이 다음 각호의 어느 하나에 해당하는 경우에는 이를 즉시 반환하여야 한다(제13조 제4항). 영치한 자료등을 검토한 결과 당해 행정조사와 관련이 없다고 인정되는 경우(제1호), 당해 행정조사의 목적의 달성 등으로 자료등에 대한 영치의 필요성이 없게 된 경우(제2호).

6) 공동조사

행정기관의 장은 다음 각호의 어느 하나에 해당하는 행정조사를 하는 경우에는 공동조사를 하여야 한다(제14조 제1항). 당해 행정기관 내의 2 이상의 부서가 동일하거나 유사한 업무분야에 대하여 동일한 조사대상자에게 행정조사를 실시하는 경우(제1호), 서로 다른 행정기관이 대통령령으로 정하는 분야에 대하여 동일한 조사대상자에게 행정조사를 실시하는 경우(제2호).

위 공동조사사항에 대하여 행정조사의 사전통지를 받은 조사대상자는 관계 행정기관의 장에게 공동조사를 실시하여 줄 것을 신청할 수 있는데, 이 경우 조사대상자는 신청인의 성명 · 조사일시 · 신청이유 등이 기재된 공동조사신청서를 관계 행정기관의 장에게 제출하여야 한다(제2항). 이에 따라 공동조사를 요청받은 행정기관의 장은 이에 응하여야 한다(제3항).

국무조정실장은 행정기관의 장이 제6조에 따라 제출한 행정조사운영계획의 내용을 검토한 후 관계 부처의 장에게 공동조사의 실시를 요청할 수 있다(제14조 제4항).

7) 중복조사의 제한

행정기본법 제7조에 따라 정기조사 또는 수시조사를 실시한 행정기관의 장은 동일한 사안에 대하여 동일한 조사대상자를 재조사 하여서는 아니 되는데, 당해 행정기관이 이미 조사를 받은 조사대상자에 대하여 위법행위가 의심되는 새로운 증거를 확보한 경우에는 그러하지 아니하다(제15조 제1항).

행정조사를 실시할 행정기관의 장은 행정조사를 실시하기 전에 다른 행정기관에서 동일한 조사대상자에게 동일하거나 유사한 사안에 대하여 행정조사를 실시하였는지 여부를 확인할 수 있다(제15조 제2항). 행정조사를 실시할 행정기관의 장이 제2항에 따른 사실을 확인하기 위하여 행정조사의 결과에 대한 자료를 요청하는 경우 요청받은 행정기관의 장은 특별한 사유가 없는 한 관련 자료를 제공하여야 한다(제3항).

8) 자율신고

행정기관의 장은 법령등에서 규정하고 있는 조사사항을 조사대상자로 하여금 스스로 신고하도록 하는 제도를 운영할 수 있다(제25조 제1항). 행정기관의 장은 조사대상자가 제1항에 따라 신고한 내용이 거짓의 신고라고 인정할 만한 근거가 있거나 신고내용을 신뢰할 수 없는 경우를 제외하고는 그 신고내용을 행정조사에 갈음할 수 있다(제2항).

행정기관의 장은 조사대상자가 자율적으로 행정조사사항을 신고 · 관리하고, 스스로 법령준수사항을 통제하도록 하는 체제(이하 '자율관리체제')의 기준을 마련하여 고시할 수 있다(제26조 제1항). 조사대상자(제1호), 조사대상자가 법령등에 따라 설립하거나 자율적으로 설립한 단체 또는 협회(제2호) 중 어느 하나에 해당하는 자는 제1항에 따른 기준에 따라 자율관리체제를 구축하여 대통령령으로 정하는 절차와 방법에 따라 행정기관의 장에게 신고할 수 있다(제2항). 국가와 지방자치단체는 행정사무의 효율적인 집행과 법령등의 준수를 위하여 조사대상자의 자율관리체제 구축을 지원하여야 한다(제3항).

행정기관의 장은 제25조에 따라 자율신고를 하는 자와 제26조에 따라 자율관리체제를 구축하고 자율관리체제의 기준을 준수한 자에 대하여는 법령등으로 규정한 바에 따라 행정조사의 감면 또는 행정 · 세제상의 지원을 하는 등 필요한 혜택을 부여할 수 있다(제27조).

6. 법적 한계

행정조사도 다른 행정작용과 마찬가지로 행정의 법률적합성원칙과 행정법의 일반원칙에 의한 법적 한계를 준수하여야 한다. 따라서 행정조사가 권력적 성격을 띠거나 비권력적 · 임의적 행정조사라 하더라도 이에 불응시에 일정한 불이익이나 제재가 가해지는 경우에는 반드시 법적 근거가 필요하다. 동시에 행정조사가 근거법규의 내용에 저촉되는 경우에는 법률우위원칙에 위반한 것으로 위법임을 면치 못한다. 행정조사가 평등원칙, 신뢰보호원칙에 위반하거나 목적달성에 필요한 한도를 초과하여 과도하게 이루어지는 경우에는 역시 비례원칙 위반으로 위법하게 된다.

이와 관련하여 행정조사기본법은 제4조에서 행정조사의 기본원칙을 다음과 같이 규정하고 있다. 행정조사는 조사목적을 달성하는데 필요한 최소한의 범위 안에서 실시하여야 하며, 다른 목적 등을 위하여 조사권을 남용하여서는 아니 된다(제1항). 행정기관은 조사목적에 적합하도록 조사대상자를 선정하여 행정조사를 실시하여야 한다(제2항). 행정기관은 유사하거나 동일한 사안에 대하여는 공동조사 등을 실시함으로써 행정조사가 중복되지 아니하도록 하여야 한다(제3항). 행정조사는 법령등의 위반에 대한 처벌보다는 법령등을 준수하도록 유도하는 데 중점을 두어야 한다(제4항). 다른 법률에 따르지 아니하고는 행정조사의 대상자 또는 행정조사의 내용을 공표하거나 직무상 알게 된 비밀을 누설하여서는 아니된다(제5항). 행정기관은 행정조사를 통하여 알게 된 정보를 다른 법률에 따라 내부에서 이용하거나 다른 기관에 제공하는 경우를 제외하고는 원래의 조사목적 이외의 용도로 이용하거나 타인에게 제공하여서는 아니 된다(제6항). 따라서 행정기관이 행정조사를 시행하면서 위의 내용에 위반한 경우에는 당해 행정조사는 위법하다고 평가할 수 있으며 조사의 법적 성격에 따라 그에 대한 권리구제수단이 부여된다.

7. 행정조사와 영장주의

1) 문제점

행정조사는 대인적 · 대물적 · 대가택적 조사를 막론하고 개인의 신체나 재산 또는 주거의 자유에 대한 침해(예를 들어 압수 · 수색)를 의미하는 것이므로 즉시강제에서와 같이 행정조사활동에도 헌법상 영장주의가 적용되는지 의문이 제기된다. 특히 행정조사는 즉시강제와는 달리 일정한 시간을 요하는 조사활동이므로 즉시강제에 비하여 그 성격상 영장주의를 배제할 합리적 근거가 희박한 것으로 보인다.

2) 학설 및 판례

이에 대하여 다수설은 압수 · 수색에는 원칙적으로 영장주의가 적용되어야 하나, 행정목적 달성을 위하여 불가피한 경우에는 예외적으로 영장주의의 적용이 배제된다고 본다.

판례는 수사기관의 강제처분이 아닌 행정조사의 성격을 갖는 우편물의 개봉, 시료채취, 성분분석 등의 검사에는 영장주의가 적용되지 않지만(대판 2013.9.26. 2013도7718), 범죄수사인 압수 · 수색에는 영장주의가 적용된다고 본다(대판 2017.7.18. 2014도8719; 대판 1976.11.9. 76도2703).

3) 검 토

아래와 같이 범죄행위의 소추를 위한 경우에는 통상적인 범죄수사로서 영장주의가 당연히 적용되겠으나, 통상적인 행정조사에는 영장주의가 적용되지 않는다고 보아야 한다.

(1) 범죄행위의 소추를 위한 경우

원칙적으로 행정조사가 단순히 행정작용의 준비행위가 아닌 범죄행위의 소추를 위하여 이루어지는 경우에는 당연히 영장주의가 적용된다. 예를 들어 「조세범 처벌절차법」에 따르면 세무공무원이 조세범칙조사를 하기 위하여 필요한 경우에는 조세범칙행위 혐의자 또는 참고인을 심문하거나 압수 또는 수색할 수 있는데(제8조), 압수 또는 수색을 할 때에는 압수 · 수색영장이 있어야 한다(제9조). 그런데 이러한 경우에 이루어지는 압수 · 수색 등의 조사활동은 개념적으로 행정조사로 보기는 어려우며 이미 국가형사사법작용의 일환으로 이루어지는 통상적인 범죄수사라고 보아야 할 것이다.

(2) 통상적인 행정조사의 경우

위의 경우와는 달리 통상적으로 이루어지는 행정조사는 형사소추를 위한 조사작용은 아니므로 범죄인의 소추를 위하여 실시되는 압수 및 수색활동과는 그 성격과 목적을 달리한다. 따라서 통상적인 행정조사에는 영장주의가 적용되지 않는다. 또한 조사중에 발견된 결정적인 자료나 증거를 신속하게 확보하기 위해서는 영장주의를 적용할 시간적 여유가 없는 경우도 있다. 이러한 경우에는 행정조사가 즉시강제적 성격을 띠게 되는 것이므로(즉시압수 및 수거) 관계 공무원은 그 권한을 표시하는 증표의 제시로 족하다고 보아야 한다(예: 식품위생법 제22조 제3항).

8. 절 차

행정기관이 행정조사권을 남용하거나 위법하게 사용하지 않도록 제4조에서 행정조사의 기본원칙을 규정하는 것도 중요한 것이지만 행정조사를 상대방에게 사전에 통지하고 그에 대한 의견을 제출하게 하는 등 절차적 보호를 마련할 필요가 있다. 이는 행정조사에서 적법절차원리를 실현하는 것이 실체법적 보호 이상의 의미를 갖는다는 것으로 이해할 수 있다.

1) 연도별 행정조사운영계획의 수립 및 제출, 조사의 주기

행정기관의 장은 매년 12월말까지 다음 연도의 행정조사운영계획을 수립하여 국무조정실장에게 제출하여야 하는데, 행정조사운영계획을 제출해야 하는 행정기관의 구체적인 범위는 대통령령으로 정한다(제6조 제1항). 행정기관의 장이 행정조사운영계획을 수립하는 때에는 행정조사의 기본원칙에 따라야 한다(제2항). 행정조사운영계획에는 조사의 종류 · 조사방법 · 공동조사 실시계획 · 중복조사 방지계획, 그 밖에 대통령령으로 정하는 사항이 포함되어야 한다(제3항). 국무조정실장은 행정기관의 장이 제출한 행정조사운영계획을 검토한 후 그에 대한 보완을 요청할 수 있고, 이때 행정기관의 장은 특별한 사정이 없는 한 이에 응하여야 한다(제4항).

행정조사는 법령등 또는 행정조사운영계획으로 정하는 바에 따라 정기적으로 실시함을 원칙으로 한다(제7조 본문). 다만, 다음 각호 중 어느 하나에 해당하는 경우에는 수시조사를 할 수 있다(단서). 법률에서 수시조사를 규정하고 있는 경우(제1호), 법령등의 위반에 대하여 혐의가 있는 경우(제2호), 다른 행정기관으로부터 법령등의 위반에 관한 혐의를 통보 또는 이첩받은 경우(제3호), 법령등의 위반에 대한 신고를 받거나 민원이 접수된 경우(제4호), 그 밖에 행정조사의 필요성이 인정되는 사항으로서 대통령령으로 정하는 경우(제5호).

2) 조사대상의 선정

행정기관의 장은 행정조사의 목적, 법령준수의 실적, 자율적인 준수를 위한 노력, 규모와 업종 등을 고려하여 명백하고 객관적인 기준에 따라 행정조사의 대상을 선정하여야 한다(제8조 제1항). 조사대상자는 조사대상 선정기준에 대한 열람을 행정기관의 장에게 신청할 수 있다(제2항). 행정기관의 장이 위 열람신청을 받은 때에는 다음 각호의 어느 하나에 해당하는 경우를 제외하고 신청인이 조사대상 선정기준을 열람할 수 있도록 하여야 한다(제3항). 행정기관이 당해 행정조사업무를 수행할 수 없을 정도로 조사활동에 지장을 초래하는 경우(제1호), 내부고발자 등 제3자에 대한 보호가 필요한 경우(제2호).

3) 개별조사계획의 수립

행정조사를 실시하고자 하는 행정기관의 장은 행정조사의 사전통지를 하기 전에 개별조사계획을 수립하여야 하는데, 행정조사의 시급성으로 행정조사계획을 수립할 수 없는 경우에는 행정조사에 대한 결과보고서로 개별조사계획을 갈음할 수 있다(제16조 제1항). 개별조사계획에는 조사의 목적 · 종류 · 대상 · 방법 및 기간, 그 밖에 대통령령으로 정하는 사항이 포함되어야 한다(제2항).

4) 조사의 사전통지

행정조사를 실시하고자 하는 행정기관의 장은 제9조에 따른 출석요구서, 제10조에 따른 보고요구서 · 자료제출요구서 및 제11조에 따른 현장출입조사서(이하 '출석요구서등')를 조사개시 7일 전까지 조사대상자에게 서면으로 통지하여야 한다(제17조 제1항 본문). 다만, 다음 각호의 어느 하나에 해당하는 경우에는 행정조사의 개시와 동시에 출석요구서등을 조사대상자에게 제시하거나 행정조사의 목적 등을 조사대상자에게 구두로 통지할 수 있다(단서). 행정조사를 실시하기 전에 관련 사항을 미리 통지하는 때에는 증거인멸 등으로 행정조사의 목적을 달성할 수 없다고 판단되는 경우(제1호), 통계법 제3조 제2호에 따른 지정통계의 작성을 위하여 조사하는 경우(제2호), 조사대상자의 자발적인 협조를 얻어 실시하는 행정조사의 경우(제3호). 행정기관의 장이 출석요구서등을 조사대상자에게 발송하는 경우 출석요구서등의 내용이 외부에 공개되지 아니하도록 필요한 조치를 하여야 한다(제17조 제2항).

5) 조사의 연기신청

출석요구서등을 통지받은 자가 천재지변이나 그 밖에 대통령령으로 정하는 사유로 인하여 행정조사를 받을 수 없는 때에는 당해 행정조사를 연기하여 줄 것을 행정기관의 장에게 요청할 수 있다(제18조 제1항). 연기요청을 하고자 하는 자는 연기하고자 하는 기간과 사유가 포함된 연기신청서를 행정기관의 장에게 제출하여야 한다(제2항). 행정기관의 장은 행정조사의 연기요청을 받은 때에는 연기요청을 받은 날부터 7일 이내에 조사의 연기 여부를 결정하여 조사대상자에게 통지하여야 한다(제3항).

6) 제3자에 대한 보충조사

행정기관의 장은 조사대상자에 대한 조사만으로는 당해 행정조사의 목적을 달성할 수 없거나 조사대상이 되는 행위에 대한 사실 여부 등을 입증하는 데 과도한 비용 등이 소요되는 경우로서 다음 각호의 어느 하나에 해당하는 경우에는 제3자에 대하여 보충조사를 할 수 있다(제19조 제1항). 다른 법률에서 제3자에 대한 조사를 허용하고 있는 경우(제1호), 제3자의 동의가 있는 경우(제2호). 행정기관의 장은 제3자에 대한 보충조사를 실시하는 경우에는 조사개시 7일 전까지 보충조사의 일시 · 장소 및 보충조사의 취지 등을 제3자에게 서면으로 통지하여야 한다(제2항).

행정기관의 장은 제3자에 대한 보충조사를 하기 전에 그 사실을 원래의 조사대상자에게 통지하여야 하는데, 제3자에 대한 보충조사를 사전에 통지하여서는 조사목적을 달성할 수 없거나 조사목적의 달성이 현저히 곤란한 경우에는 제3자에 대한 조사결과를 확정하기 전에 그 사실을 통지하여야 한다(제19조 제3항). 원래의 조사대상자는 위 통지에 대하여 의견을 제출할 수 있다(제4항).

7) 의견제출

조사대상자는 행정조사 사전통지의 내용에 대하여 행정기관의 장에게 의견을 제출할 수 있다(제21조 제1항). 행정기관의 장은 조사대상자가 제출한 의견이 상당한 이유가 있다고 인정하는 경우에는 이를 행정조사에 반영하여야 한다(제2항).

8) 조사원 교체신청

조사대상자는 조사원에게 공정한 행정조사를 기대하기 어려운 사정이 있다고 판단되는 경우에는 행정기관의 장에게 당해 조사원의 교체를 신청할 수 있다(제22조 제1항). 위 교체신청은 그 이유를 명시한 서면으로 행정기관의 장에게 하여야 한다(제2항).

교체신청을 받은 행정기관의 장은 즉시 이를 심사하여야 한다(제22조 제3항). 행정기관의 장은 교체신청이 타당하다고 인정되는 경우에는 다른 조사원으로 하여금 행정조사를 하게 하여야 한다(제4항). 행정기관의 장은 교체신청이 조사를 지연할 목적으로 한 것이거나 그 밖에 교체신청에 타당한 이유가 없다고 인정되는 때에는 그 신청을 기각하고 그 취지를 신청인에게 통지하여야 한다(제5항).

9) 조사권 행사의 제한

조사원은 제9조(출석 · 진술 요구)부터 제11조(현장조사)까지에 따라 사전에 발송된 사항에 한하여 조사대상자를 조사하되, 사전통지한 사항과 관련된 추가적인 행정조사가 필요할 경우에는 조사대상자에게 추가조사의 필요성과 조사내용 등에 관한 사항을 서면이나 구두로 통보한 후 추가조사를 실시할 수 있다(제23조 제1항).

조사대상자는 법률 · 회계 등에 대하여 전문지식이 있는 관계 전문가로 하여금 행정조사를 받는 과정에 입회하게 하거나 의견을 진술하게 할 수 있다(제23조 제2항).

조사대상자와 조사원은 조사과정을 방해하지 아니하는 범위 안에서 행정조사의 과정을 녹음하거나 녹화할 수 있는데, 이 경우 녹음 · 녹화의 범위 등은 상호 협의하여 정하여야 한다(제22조 제3항). 조사대상자와 조사원이 제3항에 따라 녹음이나 녹화를 하는 경우에는 사전에 이를 당해 행정기관의 장에게 통지하여야 한다(제4항).

10) 조사결과의 통지

행정기관의 장은 법령등에 특별한 규정이 있는 경우를 제외하고는 행정조사의 결과를 확정한 날부터 7일 이내에 그 결과를 조사대상자에게 통지하여야 한다(제24조).

11) 자발적인 협조에 따라 실시하는 행정조사의 경우

행정기관의 장이 조사대상자의 자발적인 협조를 얻어 행정조사를 실시하고자 하는 경우 조사대상자는 문서 · 전화 · 구두 등의 방법으로 당해 행정조사를 거부할 수 있다(제20조 제1항). 위 행정조사에 대하여 조사대상자가 조사에 응할 것인지에 대한 응답을 하지 아니하는 경우에는 법령등에 특별한 규정이 없는 한 그 조사를 거부한 것으로 본다(제2항). 행정기관의 장은 제1항 및 제2항에 따른 조사거부자의 인적 사항 등에 관한 기초자료는 특정 개인을 식별할 수 없는 형태로 통계를 작성하는 경우에 한하여 이를 이용할 수 있다(제3항).

9. 위법한 행정조사에 기초한 행정행위의 효력

행정조사가 위법하게 이루어졌다면 그에 기초하여 이루어진 행정행위도 당연히 위법하게 되는가? 행정조사는 행정행위에 기초가 되는 자료를 수집하는 활동에 불과하므로 그 위법성으로 인해 행정행위가 바로 위법하게 되는 것은 아니라고 봐야 하는 것은 아닌지 의문이 제기될 수 있다.

학설은 ① 적법절차보장의 관점에서 행정조사의 하자는 그에 기초한 행정행위의 위법사유가 된다고 보는 견해, ② 법령에 행정조사가 행정행위의 전제요건으로 규정되어 있는 경우에 한하여 이를 긍정하는 견해가 있다.

판례는 "이 사건 세무조사는 위법하므로 그에 근거하여 수집된 과세자료를 기초로 이루어진 이 사건 처분 역시 위법하다"(대판 2016.12.15. 2016두47659)라고 하여 위법한 행정조사에 기초한 행정행위는 위법하다고 본다.

10. 권리구제

1) 행정쟁송

행정조사가 법적 한계를 일탈하여 위법한 경우에 이에 대한 행정쟁송은 가능한가? 특히 행정조사가 오랜 기간을 요하는 경우에는 가구제수단으로서 집행정지를 구할 수 있는가? 이러한 문제에 대한 답은 행정조사의 처분성 여부에 의하여 결정될 것이다. 그런데 대부분의 행정조사는 사실행위적 성격을 가진 조사활동이라서 처분성을 인정하기 어렵다. 더구나 상대방의 자발적 협력과 동의에 따라 이루어지는 행정지도적 성격의 비권력적 행정조사작용은 처음부터 처분성이 배제된다.

이러한 사정은 세무조사의 경우에 두드러지며 과거에 수많은 세무조사가 이루어졌으나 세무조사를 대상으로 한 판례를 찾기 어려운 것도 위와 같은 사정에 연유하는 것이다. 따라서 앞으로는 과세자료를 확보하기 위한 조사작용 자체의 처분성은 인정하기 어렵다 하더라도 세무조사의 사전통지행위나 서류 및 자료의 제출명령을 하나의 의사의 통지행위나 하명적 성격의 행정행위로 보아 이에 대한 행정쟁송을 가능케 하는 법리적 구성이 요구된다.

판례는 세무관서가 세무조사를 하기로 결정한 행위 자체를 처분으로 보아 항고소송의 대상이 된다고 하였다(대판 2011.3.10. 2009두23617 등).

2) 행정상 손해배상

위법한 행정조사로 인하여 손해를 받은 국민은 공무원의 고의 · 과실과 조사작용의 위법성을 이유로 국가 등을 상대로 한 손해의 배상을 청구할 수 있다.

3) 정당방위

위법한 행정조사에 대하여는 실력으로 저지하는 것이 가능하며 이는 형법상의 공무집행방해죄를 구성하지 않는다. 또한 그 과정에서 다소의 물리력 행사가 있었다고 하더라도 위법성이 경미한 경우에는 형법상의 상해나 폭행죄에 해당한다고 볼 수 없다.

11. 행정조사와 개인정보보호, 정보공개

행정조사로 인하여 수집된 개인의 정보는 당해 조사의 목적을 위해서만 보관 · 처리되어야 한다. 따라서 정보주체의 동의없이 개인의 사생활과 관련된 정보가 다른 목적으로 사용되거나 공개되지 않도록 개인의 정보를 보호할 필요가 있다. 또한 경우에 따라서는 개인의 사생활과 관련되는 정보라 할지라도 그 공개가 공익상 요구되고 다른 국민의 알권리를 실현하기 위하여 필요한 때에는 일정한 요건하에 그 공개가 필요한 경우가 있다. 이에 관한 내용은 행정조사기본법의 기본원칙에도 반영되어 있으나(제4조 제5항, 제6항), 기본적으로 이 문제는 개인정보의 보호와 정보공개의 일반론과 관련되는 것이므로 여기에서는 상론하지 않는다.

제 3 절 간접적 행정강제수단 - 재정적 공과금, 공급거부, 공표, 인 · 허가의 제한

Ⅰ. 재정적 공과금

1. 의의와 기능

재정적 공과금은 후술하는 과징금 같은 제재적 공과금과는 달리 주된 목적이 행정법상 의무 위반자에 대한 금전적 제재를 가하는 것에 있는 것이 아니라 국가나 지방자치단체의 재정수요의 충족을 위하여 부과되는 공법상의 부담금(öffentlich-rechtliche Abgaben)이다.

그러므로 재정적 공과금의 제1차적 목적은 원칙적으로 국가의 일반적인 재정수단의 마련을 위하여 부과되는 것이다. 그러나 재정적 공과금은 많은 경우에 개인의 의무이행을 일정한 방향으로 간접적으로 유도하는 사회형성적 · 경제정책적 기능을 수행한다. 경우에 따라서는 이러한 공과금의 제1차적인 재정적 목적은 뒷전으로 물러나고 정책적 기능이 전면에 나서기도 한다. 흔히 이러한 공과금이 행정목적실현의 확보수단으로 광범위하게 사용되며 학문적으로는 유도적 · 조정적 공과금(Lenkungsabgaben)이라 불린다. 이러한 재정적 공과금은 직접적 행정강제에 비하여 간접적 · 우회적 의무이행의 수단이라는 특징을 갖는다.

2. 재정적 공과금의 종류와 형태

현재 우리나라에서 부과되는 재정적 부담금은 크게 다섯 가지 종류로 구별된다. 그 내용은 조세, 사용료(예: 지방자치법 제153조) 및 수수료(예: 지방자치법 제154조)를 포함하는 수익자부담금, 분담금(예: 지방자치법 제155조), 사회보험료(예: 국민건강보험법 제69조), 특별부담금이다. 이 중에서 재정목적과 더불어 유도적 기능을 통하여 개인의 의무이행을 확보하는 수단으로는 주로 조세, 특별부담금, 수익자부담금 등이 있다.

1) 조 세

조세가 재정목적 이외에 국민의 의무이행을 확보하는 수단으로 광범위하게 사용되는 것은 결코 새로운 현상은 아니다. 예를 들어 환경보전과 에너지소비절약을 유도하기 위하여 휘발유에 대하여 부과되는 교통세 · 에너지 · 환경세(교통 · 에너지 · 환경세법 제2조 제1항 제1호)나 개별소비세(개별소비세법 제1조 제2항 제4호 가목)를 인상하거나, 이러한 목적에 더하여 교통수요의 억제(나홀로 승용차의 이용 억제)를 위하여 휘발유에 대해 부과되는 자동차 주행에 대한 자동차세(지방세법 제135조) 등을 지적할 수 있다.

또한 과거 토지공개념법제를 실현하기 위하여 도입된 개발이익환수법의 개발부담금, 구 토지초과이득세법의 토지초과이득세, 택지소유상한에관한법률의 초과소유부담금의 경우에도 세수확보보다는 토지의 효율적인 이용을 유도하는 정책적 기능이 전면에 나타난다. 한편 헌법재판소는 토지초과이득세에 대하여는 헌법불합치 결정을 하였고(헌재결 1994.7.29. 92헌바49 등), 초과소유부담금의 경우에는 위헌이라고 하였는데 그 법적 성격은 조세가 아니라 유도적 · 조정적 공과금이라는 새로운 유형의 공과금이라고 하였다(헌재결 1999.4.29. 94헌바37 등). 반면 개발부담금에 대하여는 아직까지 합헌이라는 입장인데 그 법적 성격은 실질적인 조세라고 본다(헌재결 2020.5.27. 2018헌바465).

그런데 아이러니컬하게도 초과소유부담금이나 토지초과이득세와 같은 조세는 조세 부과 이전에 납세의무자가 유휴토지나 법정면적 이상의 택지를 처분함으로써 부과대상 자체가 소멸하여 조세수입이 전무할 때 법의 목적이 최고도로 달성되는 것이다. 그렇다면 이러한 조세도 과연 조세라고 볼 수 있는가? 아니면 토지의 처분을 명하는 행정행위를 가장한 위장수단인가? 이러한 의문에도 불구하고 유도적 기능이 강조되는 조세 자체는 합헌이라는 것이 학설과 판례(헌재결 2017.8.31. 2015헌바339)의 입장이다.

2) 특별부담금

특별부담금(Sonderabgabe)은 조세와 비교하여 볼 때, 조세가 국민의 일반적인 재정책임을 근거로 부과되는 것이라면 국가에 특별한 재정적 수요를 유발하는 이에 대한 특별한 재정책임을 지는 자에게 부과되는 공법상의 금전부담이다. 예를 들어 물환경보전법의 배출부과금(제41조), 대기환경보전법의 배출부과금(제35조), 「환경개선비용부담법」의 환경개선부담금(제9조), 수도권정비계획법의 과밀부담금(제12조)이 있다. 특별부담금은 특정한 재정수요의 충족 및 상대방의 의무이행을 우회적으로 실현하는 수단이라는 점에서 조세와 기능상 유사하나 부과의 근거에서는 근본적인 차이를 보인다(헌재결 2022.6.30. 2019헌바440).

물환경보전법의 배출부과금을 보자. 환경부장관은 수질오염물질로 인한 수질오염 및 수생태계 훼손을 방지하거나 감소시키기 위하여 수질오염물질을 배출하는 사업자 등에게 배출부과금을 부과 · 징수한다(제41조 제1항). 그런데 여기에서 주목해야 하는 점은 배출부과금은 과징금과 달리 오염물질의 배출이라는 과거의 의무위반행위에 대하여 가해지는 제재적 금전부담이 아니라는 것이다. 왜냐하면 배출부과금은 방류수 수질기준 이하로 배출하는 사업자에 대하여는 부과되지 않기 때문이다(제3항 제1문 전단). 이는 근본적으로 배출부과금이 사업자로 하여금 가능한 한 법이 정하는 배출허용기준을 준수하여 부과금의 대상이 되지 않도록 유도하는 기능을 갖는 전형적인 간접적 · 우회적 의무이행수단이라는 의미도 가지고 있다.

특별부담금의 납부의무를 이행하지 않는 경우에는 국세징수법, 지방행정제재부과금법 등의 예에 따라 강제징수한다(예: 물환경보전법 제41조 제8항). 위법한 특별부담금의 부과로 인하여 권익을 침해받은 개인은 행정심판법과 행정소송법이 규정한 바에 따라서 일반적인 행정쟁송을 통해 권리를 구제받는다.

3) 사용료 또는 수수료와 같은 수익자부담금

조세, 특별부담금과 더불어 수익자부담금도 간접적인 의미에서 행정목적의 실효성확보수단의 하나이다. 예를 들어, 전력요금의 산정기준을 사용량에 따라 비례하여 부과하지 않고 누진적인 요금부과체계를 형성하는 경우이다. 이를 통하여 사용자로 하여금 에너지의 사용을 절제하는 행정목적을 달성한다.

또한 쓰레기종량제에서 한 걸음 더 나아가 폐기물처리비용을 발생량에 따라 누진적으로 산정함으로써 폐기물의 발생과 투기를 억제하는 의무이행을 유도할 수 있다. 이와 같이 수익자부담금의 경우에도 그 산정의 기준으로 엄격한 응익성원칙(Äquivalenzprinzip) 외에 이러한 유도적 기능의 위헌성에 대한 논쟁이 있었으나 오늘날 합헌이라고 보는 것이 일반적이다.

3. 재정적 공과금을 통한 의무이행확보의 법적 문제점

1) 공과금과 재정입법권, 조세법률주의의 문제점

공과금은 제재적 공과금과 재정적 공과금을 막론하고 오늘날 널리 사용되는 행정목적의 실효성확보수단이 되었다. 공과금을 통한 의무이행의 용이성은 특히 간접적·우회적 수단인 재정적 공과금의 경우에 두드러진다. 그 이유로는 첫째, 이러한 공과금은 간접적인 의무이행확보수단이라는 점에서 행정강제나 행정벌에 비하여 의무자에게 주는 심리적 부담이 적다. 둘째, 헌법상 조세법률주의(제59조)와 국회의 재정입법권(제40조)에 따라 이러한 공과금의 법적 근거가 마련된다면 비교적 용이하게 그 부과가 가능하다. 이러한 측면은 거꾸로 본다면 조세법률주의를 통하여 과세권을 제한하기보다는 법적 근거만 있으면 조세 등 공과금의 부과를 더 용이하게 하는 원리로 변질될 수 있다는 것을 의미한다. 이렇게 볼 때 조세법률주의를 통하여 국가과세권과 재정입법권을 견제함으로써 국민의 재산권을 보호하고자 했던 제도적 취지는 그만큼 상대화되었다.

2) 국가과세권의 기본권적 기속

우리의 현실을 보면 정부가 원하는 공과금은 국회의 형식적인 법률제정행위에 의하여 합법화되는 것이 일반적이다. 행정편의주의에 의하여 국민이 알지도 못하고 납득하기도 어려운 공과금이 양산되고 있다. 그렇다면 조세법률주의의 대국민보호기능의 한계를 극복하기 위해서는 조세입법권 자체에 대한 국민의 기본권적 기속의 의미가 강조되어야 한다. 특히 평등권, 재산권 보장, 직업의 자유 등을 통하여 과세와 관련된 입법권 등 모든 국가권력을 기속시키고 그 법적 한계를 찾아내는 노력이 요구된다.

우선 공과금의 부과율이 의무자 상호 간에 경제적 능력의 차이를 무시하고 단일부과율로 형성되어 실질적 불평등을 야기하는 경우에는 평등권 침해 문제가 제기될 수 있다. 또한 공과금의 부과가 당해 재산권의 주체로 하여금 사용·수익·처분권의 본질적 내용을 침해하거나 사실상 재산권을 박탈하는 이른바 "몰수적 공과금"(konfiskatorische Abgabe)의 경우에는 재산권 보장의 시각에서 이러한 공과금의 위헌 여부가 검토되어야 한다. 더 나아가 과중한 공과금은 개인의 영업활동을 불가능하게 할 수도 있으며, 그 결과 헌법상 직업의 자유가 보장하는 보호법익에 대한 위헌적인 침해가 이루어질 수도 있다. 따라서 공과금의 합헌·적법 여부는 이러한 기본권과의 관련성 속에서 엄밀하게 검토된 후 입법을 통하여 실현되어야 한다.

Ⅱ. 공급거부

1. 의 의

공급거부는 행정법상 의무 위반자에 대하여 생존에 필수적인 전기 · 가스 · 상수도 · 전화 등의 공급을 중단함으로써 의무자에게 심리적 압박을 가하여 필요한 의무이행을 확보하는 수단이다. 오늘날 급부행정의 중요한 내용인 공급행정은 국민의 생존을 배려하는 행정작용이므로 법규는 많은 경우에 행정주체에게 공급의무를 규정하는 경우도 있다(예: 수도법 제2조). 따라서 이러한 재화나 용역의 공급을 거부하는 것은 의무이행을 위한 유도적 · 우회적 수단이기는 하지만 개인에게 미치는 사실상의 영향력은 행정강제나 행정벌에 비하여 결코 경미하지 않다.

2. 법적 근거

국민의 생존에 필수적인 재화나 용역의 공급을 거부함으로써 이에 의존하는 국민들에게 끼치는 일상생활의 불편은 다른 행정목적의 실현수단에 비교할 수 없을 정도이다. 물론 공급행정 자체는 비권력적 행정작용임에 분명하지만 그의 거부는 사실상 권력적 요소가 있음을 부인할 수 없다. 따라서 공급거부에는 법률유보원칙에 따라 일정한 법적 근거를 필요로 한다.

3. 법적 한계와 권리구제

공급거부도 행정작용이므로 행정의 법률적합성원칙과 행정법의 일반원칙에 의한 한계가 설정된다. 이러한 법적 한계를 일탈한 공급거부에 대하여는 국가 등을 상대로 하여 손해의 배상을 청구할 수 있다.

문제가 되는 것은 손해의 배상과 더불어 공급거부에 대한 행정쟁송이 가능한가 하는 것이다. 특히 문제되는 것은 공급거부행위는 부작위(권력적 사실행위)에 해당하므로 그 위법을 다투는 항고쟁송을 제기할 수 있는가 하는 것이다. 이 역시 공급거부의 처분성 인정 여부에 달려 있다고 볼 수 있다. 판례는 구 건축법 제42조 제3항에 따른 지방자치단체장의 위반 건축물에 대한 단수조치는 항고소송의 대상이 되는 처분이라고 보았다(대판 1985.12.24. 84누598; 대판 1979.12.28. 79누218). 다만 지방자치단체장이 전기 · 전화의 공급자에게 그 위반 건축물에 대한 전기 · 전화공급을 하지 말아 줄 것을 요청한 행위는 권고적 성격의 행위에 불과하여 행정처분이 아니라고 보았다(대판 1996.3.22. 96누433; 대판 1995.11.21. 95누9099). 이는 행정청의 내부적 요청행위로서 처분성이 부정된 것이다.

4. 공급거부의 문제점

공급거부는 행정주체로 하여금 의무자에게 심리적인 압박을 가하여 의무이행을 간접적으로 강제하는 편리한 수단이다. 그러나 개인의 입장에서 보면 공급거부는 헌법상 국민의 생존을 배려하는 국가의 의무룰 전제로 하는 사회국가원리에 위배된다.

또한 건축법 등의 규정에 산재하는 공급거부에 관한 규정은 행정목적과 이를 실현하는 수단 사이에 객관적 관련성을 요구하는 비례의 원칙(적합성의 원칙) 또는 부당결부금지의 원칙에 위반된다. 왜냐하면 건축법상 의무 위반에 대하여는 행정강제(특히 대집행)와 행정벌 외에 재화의 공급을 중단할 객관적 관련성이 존재하지 않기 때문이다. 구 건축법의 공급거부에 관한 규정은 2005년 법개정을 통하여 삭제되었다.

Ⅲ. 공 표

1. 의 의

공표란 행정법상 의무 위반자의 명단이나 위반사실의 내용을 널리 공중에게 공개하여 의무자에게 심리적 압박을 가함으로써 필요한 의무이행을 유도하는 수단이다. 예를 들어 상습적인 고액체납자의 명단을 공개함으로써 영업활동상의 신용상태에 불이익을 가하여 체납된 조세채무의 이행을 간접적으로 강제하는 것이다.

이러한 공표수단은 의무자의 수치심을 자극하여 비교적 단기간 내에 저렴한 비용으로 행정목적을 달성할 수 있다는 장점이 있다. 반면에 이는 개인의 사생활을 침해하는 것이며 사업자의 신용상태가 금융기관에 알려져 필요한 자금이 적기에 공급되지 않는다면(예컨대 대출중지 및 대출금회수) 이는 강제징수보다 훨씬 그 정도가 강력한 제재수단이다.

행정절차법은 "위반사실 등의 공표"라는 조문명으로 제40조의3 제1항에서 "행정청은 법령에 따른 의무를 위반한 자의 성명 · 법인명, 위반사실, 의무 위반을 이유로 한 처분사실 등(이하 "위반사실등"이라 한다)을 법률로 정하는 바에 따라 일반에게 공표할 수 있다"라고 규정하고 있다.

2. 법적 근거

1) 공표는 의무자에게 상당한 정도의 심리적 압박을 통하여 비교적 용이하게 의무이행을 확보할 수 있지만 개인의 헌법상 중요한 기본권인 사생활의 비밀과 자유를 침해하는 것이므로 엄격한 법적 근거를 요한다. 따라서 법률이 아닌 행정규칙에 근거하여 이루어지는 공표행위는 법률유보원칙에 위반한 것으로 위법이며 위헌의 소지를 안고 있다. 또한 법률에 의한 공표도 단순히 법적 근거를 갖는다는 것만으로는 불충분

하다. 다시 말해서 공표를 통하여 침해되는 개인의 자유는 단순한 재산상의 법익이나 경제적인 이익이 아니며 개인의 정신적 · 인격적 자유에 가장 밀접한 영역에 해당한다. 그러므로 기본권제한의 이중기준의 법리에 따라 공표행위에는 더욱 엄격한 제한요건 및 사유와 까다로운 적법절차규정이 요구되며, 이것이 위 법규의 내용에 구체적으로 반영되는 것이 필요하다.

헌법재판소는 구 공정거래법상 법위반사실의 공표를 명할 수 있도록 한 부분은 과잉금지원칙을 위반하여 당해 행위자의 일반적 행동의 자유 및 명예권을 침해한다고 보았다(헌재결 2002.1.31. 2001헌바43). 현행법은 시정명령을 받은 사실의 공표로 바뀌었다(제52조 제1항). 또한 헌법재판소는 청소년 성매수자에 대한 신상공개를 규정한 청소년의성보호에관한법률이 헌법에 위반되지 않는다고 보았으나(헌재결 2003.6.26. 2002헌가14), 이 결정에서 합헌의견(4인)보다는 위헌의견(5인)이 우세하였고 위헌의견에는 과잉금지원칙 위반으로 인격권을 침해하고 포괄위임금지원칙에 위반된다는 내용이 포함되어 있다. 청소년 성매수자에 대한 신상공개라는 사안의 중요성을 감안하더라도 공표는 인격권에 대한 중대한 제한이므로 엄격한 요건하에서만 허용되어야 함을 보여준다.

2) 행정절차법 제40조의3은 공표에 대한 일반법에 해당한다. 다만 행정절차법 제40조의3 제1항은 "법률로 정하는 바에 따라 일반에게 공표할 수 있다"라고 하여 법률유보원칙이 적용됨을 분명히 하고 있으므로 공표를 할 수 있는 별도의 법적 근거는 개별법에 있어야 한다. 개별법의 예로는 공직자윤리법상 허위등록사실의 공표(제8조의2 제2항 제3호), 국세징수법상 고액 · 상습체납자의 명단 공개(제114조), 국민건강보험법상 위반사실의 공표(제100조) 등이 있다.

3. 절 차

행정절차법에는 공표의 절차가 규정되어 있으므로 다른 법률에 특별한 규정이 있거나 행정절차법이 적용배제되는 경우가 아닌 한 이에 따른다. 아래에서는 행정절차법의 내용을 본다.

행정청은 위반사실등의 공표를 하기 전에 사실과 다른 공표로 인하여 당사자의 명예 · 신용 등이 훼손되지 아니하도록 객관적이고 타당한 증거와 근거가 있는지를 확인하여야 한다(제40조의3 제2항).

행정청은 위반사실등의 공표를 할 때에는 미리 당사자에게 그 사실을 통지하고 의견제출의 기회를 주어야 하는데, 다음 각호의 어느 하나에 해당하는 경우에는 그러하지 아니하다(제40조의3 제3항). 공공의 안전 또는 복리를 위하여 긴급히 공표를 할 필요가 있는 경우(제1호), 해당 공표의 성질상 의견청취가 현저히 곤란하거나 명백히 불필요하다고 인정될 만한 타당한 이유가 있는 경우(제2호), 당사자가 의견진술의 기회를 포기한다는 뜻을 명백히 밝힌 경우(제3호).

의견제출의 기회를 받은 당사자는 공표 전에 관할 행정청에 서면이나 말 또는 정보통신망을 이용하여 의견을 제출할 수 있다(제40조의3 제4항). 의견제출의 방법과 제출 의견의 반영 등에 관하여는 처분절차에서의 의견제출에 관한 제27조 및 제27조의2를 준용한다(제5항).

위반사실등의 공표는 관보, 공보 또는 인터넷 홈페이지 등을 통하여 한다(제40조의3 제6항). 행정청은 위반사실등의 공표를 하기 전에 당사자가 공표와 관련된 의무의 이행, 원상회복, 손해배상 등의 조치를 마친 경우에는 위반사실등의 공표를 하지 아니할 수 있다(제7항).

행정청은 공표된 내용이 사실과 다른 것으로 밝혀지거나 공표에 포함된 처분이 취소된 경우에는 그 내용을 정정하여, 정정한 내용을 지체 없이 해당 공표와 같은 방법으로 공표된 기간 이상 공표하여야 하는데, 당사자가 원하지 아니하면 공표하지 아니할 수 있다(제40조의3 제8항).

4. 법적 한계와 권리구제

공표 역시 행정의 법률적합성원칙과 행정법의 일반원칙의 법적 한계를 준수하여야 한다. 이러한 법적 한계를 넘어서는 위법한 공표로 인하여 권익을 침해받은 자는 국가 등을 상대로 손해의 배상을 청구할 수 있다. 한편 민법 제764조에 규정된 명예회복을 위한 적당한 처분에는 사죄광고가 포함되지 않는다(헌재결 1991.4.1. 89헌마160). 문제가 되는 것은 행정쟁송의 가능성이다. 그런데 공표는 사실행위에 불과하므로 일반적으로는 이에 대한 처분성을 인정하기 어렵다. 이러한 경우 위법한 공표에 대하여는 결과제거청구권의 법리에 따라 그 제거를 위하여 공법상 당사자소송을 제기할 수 있다.

판례는 병역법 제81조의2에 따른 병역의무 기피자의 인적사항 등 공개에 관한 사안에서, 공표를 세 단계로 나누어 공표를 결정하여 대외적으로 표시하는 행위를 처분으로, 공표의 대상을 확정하는 내부적인 의사결정은 일종의 중간단계의 행위로서 처분성을 부인하고, 공표행위 자체 역시 처분성이 없는 사실행위로 보았다(대판 2019.6.27. 2018두49130).

Ⅳ. 인·허가의 제한(관허사업의 제한)

1. 의 의

인·허가의 제한이란 넓은 의미에서는 행정법상 의무불이행에 대하여 영업의 인 · 허가에 대한 취소 · 철회 · 정지를 포함하는 제재적 행정처분과 의무이행을 간접적으로 강제하기 위하여 법령상의 의무 위반과 직접 관련이 없는 인 · 허가를 제한하는 것을 포함한다. 좁은 의미의 인 · 허가제한은 위의 두 가지 형태 중 후자만을 의미한다. 전자의 제재적 행정처분은 각종 개별법규상의 의무 위반에 대하여 가하는 것으로서 과거의 의무 위반에 대한 제재라는 점에서 그 성격상 행정벌에 가까운 것이다. 반면에 후자의 좁은 의미의 인 · 허가의 제한은 예컨대 건축법상 의무 위반이 있으면 해당 건축물에 대하여는 다른 영업활동과 관련되는 인 · 허가에 대한 불이익을 가함으로써 건축법상 의무이행을 확보하는 수단이다(제79조 제2항, 제3항). 이렇게 본다면 여기서 논하는 좁은 의미의 인 · 허가의 제한은 재정적 공과금, 공급거부, 공표와 함께 향후의 의무이행을 우회적으로 강제한다는 점에서 행정강제의 성격을 가지는 실효성확보수단이다.

좁은 의미의 인 · 허가의 제한은 관허사업의 제한이라고도 부른다. 관허사업의 제한은 의무위반대상물에 대한 것(예: 건축법 제79조 제2항, 제3항)과 의무위반자에 대한 것(예: 병역법 제79조 제2항)으로 구분하기도 한다. 전자의 예를 관련 관허사업의 제한, 후자의 예를 일반적 관허사업의 제한이라고도 구분하기도 한다.

2. 법적 근거

인 · 허가의 제한은 공표나 공급거부와 마찬가지로 간접적으로 의무자의 의무이행을 강제하는 것이지만 직접적인 강제수단인 강제징수에 비하여 권리침해의 정도가 결코 작다고 할 수 없다. 따라서 법률유보원칙에 따라 법적 근거가 요구된다. 그런데 인 · 허가제한에 대한 일반법은 없으므로 개별법에 그 근거가 있어야 한다. 또한 인 · 허가의 제한과 행정목적 사이의 객관적 관련성이 의문시되므로 비례원칙(적합성의 원칙) 또는 부당결부금지원칙에 위반될 가능성이 크다. 또한 영업의 자유에 대한 제한의 정도를 넘어 직업선택의 자유 자체를 침해하는 것으로서 위헌의 문제가 제기될 수 있다. 따라서 헌법상 직업의 자유를 제한할 때 단계별로 요구되는 공익상의 필요에 부합하는가에 대한 면밀한 검토가 요구된다.

종래 문제되었던 국세징수법의 인 · 허가제한 규정은 개정되어 '체납된 조세와 관련된 사업에 대한 허가 · 인가 · 면허 · 등록 등'을 제한하는 것으로 되었으나(제112조), 조세채무가 이행되지 않았다고 하여 그 징수를 위해 그와 관련된 사업을 하지 못하게 하는 것이 과연 적합한 수단인지 헌법상 직업의 자유에 대한 과잉제한은 아닌지 의문이 들 수 있다.

제 2 장
행정벌–행정벌, 제재적 행정처분, 제재적 공과금

제 1 절 행정벌

Ⅰ. 의 의

행정벌은 행정주체가 개인의 행정법상 의무 위반행위에 대하여 일반통치권에 기하여 가하는 제재이다. 행정벌은 전통적으로 행정강제와 더불어 행정목적의 실효성확보수단으로 양대 축을 이루어 왔다. 행정강제는 의무 위반에 대한 직접적인 물리력의 행사 또는 간접적 · 심리적인 압박을 통하여 장래의 의무 이행을 실현하는 수단임에 비하여 행정벌은 과거의 의무 위반에 대한 제재라는 점에서 양자가 구별된다.

물론 행정벌의 경우에도 제재를 통한 장래의 의무이행을 간접적으로 강제하는 측면이 있으므로 양자의 구별은 상대적이라고 할 수 있다. 다만 "행정벌의 장래효"는 적어도 당해 사건에는 적용되지 않는다는 점이 행정강제와는 다르다.

Ⅱ. 성 질

1. 행정벌과 징계벌

징계벌은 행정 내부적인 관계에서 의무 위반자에 대하여 가하는 것이므로 개인의 의무 위반에 대하여 일반통치권에 따라 가하는 행정벌과 구별된다. 다시 말해서 전통적으로 징계벌은 특별권력관계, 행정벌은 일반권력관계에서의 처벌로 이해하여 왔다. 그러나 특별권력관계이론이 점차 극복되어 가면서 징계벌도 단순히 행정규칙에 의하지 않고 법적 근거에 의하여 부과되는 것이 일반적이다. 따라서 양자 간의 개념적 구별은 가능하나 법적 근거에 의한 구별은 의미를 상실하였다.

2. 행정벌과 집행벌

집행벌은 행정법상 의무 위반에 대하여 금전적인 제재를 통하여 향후에 의무이행을 강제하는 것으로서 행정강제의 성격을 가진다. 따라서 개념상 과거의 의무 위반에 대한 제재로서의 행정벌과 구별된다.

3. 행정벌과 형사벌

행정벌은 크게 행정질서벌과 행정형벌로 구별된다. 전자는 단순한 질서위반행위에 대하여 과태료를 부과하는 것이지만, 후자의 경우는 행정법상 의무 위반에 대하여 형법상의 벌을 가하는 것이므로 형사벌과의 구별이 문제된다.

이에 대하여 행정형벌은 행정법상의 의무 위반에 대한 처벌이기는 하지만 형법상의 범죄행위에 해당하는 처벌이 이루어지는 것이므로 양자는 구별되지 않는다는 견해도 있다. 그러나 대부분의 행정법 문헌에서는 양자의 구별을 인정하는 것이 일반적이다. 양자를 구별하는 견해 중에는 형사벌은 법익침해, 행정벌은 공공복리 위반에 대하여 가해진다는 점에서 이른바 침해되는 이익을 기준으로 하기도 한다. 그러나 행정벌의 경우에도 행정법상 일정한 법익침해를 이유로 부과되므로 과거와는 달리 오늘날 이러한 견해를 지지하는 문헌은 찾아보기 힘들다.

행정벌과 형사벌을 구별하는 견해는 대부분 위법행위로 인하여 침해되는 규범의 성격을 기준으로 한다. 여기에 따르면 형사벌의 대상인 위반행위는 절도나 폭행과 같이 형법상 범죄의 구성요건에 해당하는 것과는 관계없이 그 자체로서 반도덕적 · 비윤리적 · 반사회적인 행위로서 일종의 자연범적인 성격이 있다는 것이다. 이에 반하여 대부분 행정벌이 가해지는 위반행위는 그 자체로서 비윤리적 · 반사회적 행위라기보다는 이를 법령이 처벌의 대상으로 규정하기 때문이며 이러한 점에서 일종의 법정범적 성격을 띤다. 그러므로 전자는 "그 자체로서 악"인 반면에 후자의 경우는 "금지함으로써 악"이라는 성격상의 차이를 갖는다는 것이다.

물론 행정벌과 형사벌의 차이는 성격적으로 구분되기는 하지만 그 구별은 상대적인 것임을 부인할 수 없다. 예를 들어 환경오염행위만을 놓고 본다 하더라도 그러한 측면이 쉽게 드러난다. 산업화의 초기에는 생산활동으로 인한 환경의 파괴는 생산활동에 부수하는 필연적인 결과로 보았고, 여기에 대해서는 사회적으로 어떠한 제재도 가해지지 않았다. 그러나 이후에 계속되는 환경파괴행위에 대하여 사회적 제재의 필요성이 제기되면서 등장한 것이 환경침해에 대한 손해의 배상이나 원상회복 등 민사적인 제재수단이다. 그러나 이것만 가지고는 소기의 목적을 달성하기 어렵다는 판단에 의하여 행정적 제재로서 인 · 허가제한, 조업의 정지, 행정벌 등 행정적 제재수단이 등장하였다. 이제 환경에 대한 침해행위는 법정범의 성격을 넘어서서 그 자체가 반사회적 행위로서 이른바 환경형법(Umweltstrafrecht)의 제재대상이 되고 있다. 이렇게 보면 「무제재 → 민사적 제재 → 행정적 제재 → 형사적 제재」의 수단은 환경침해라는 범칙행위의 성격이 이것을 바라보는 사회적 인식의 변화에 따라 상응하여 변화할 수 있는 것임을 알 수 있다.

Ⅲ. 법적 근거

행정벌을 가할 때에는 질서벌이나 행정형벌을 가리지 않고 법적 근거가 요구된다. 이는 우리 헌법의 죄형법정주의상 당연한 것이다. 물론 헌법재판소는 "과태료는 행정질서벌에 해당할 뿐 형벌이 아니므로 죄형법정주의의 규율대상에 해당하지 아니한다"고 본다(헌재결 2016.7.28. 2015헌마236 등). 그러나 굳이 죄형법정주의를 거론하지 않는다 하더라도 처벌과 같은 침해적 국가작용에는 법률유보의 최소한인 침해유보설에 의하여도 법적 근거가 필요하다.

현재 우리나라에는 행정벌을 가하기 위한 단행법전은 존재하지 않으며 대부분 개별법의 뒷부분에서 벌칙을 규정하는 형식을 취하고 있다. 다만 행정질서벌에 대하여는 질서위반행위규제법이 일반법이 된다.

문제가 되는 것은 처벌에 대한 법률의 유보가 있다고 하더라도 어느 정도의 규율의 밀도가 요구되는가 하는 것이다. 여기에도 본질사항유보의 종적인 측면, 즉 의회유보원칙이 적용된다. 그러므로 처벌의 종류, 구성요건, 최고한도가 법률로 규정되면 처벌과 관련되는 기술적 사항 등은 법규명령이나 자치법규에 대한 위임이 가능하다.

Ⅳ. 종 류

행정벌은 크게 행정형벌과 행정질서벌로 구별되는 것이 통설적인 견해이다. 그러나 현행법상 공과금 중에서도 이른바 제재적 공과금인 과징금도 행정법상 의무 위반에 대한 제재로서 부과되는 넓은 의미의 행정벌적인 성격을 가지고 있다. 또한 앞서 설명한 바와 같이 제재적 행정처분도 행정벌에 가까운 성격을 가지고 있다. 따라서 본서에서는 광의의 행정벌에 좁은 의미의 행정벌인 행정형벌, 행정질서벌과 함께 제재적 행정처분과 제재적 공과금을 포함시켜 다루기로 한다.

1. 행정형벌

행정형벌은 행정법상의 의무 위반에 대하여 형법상의 벌(예: 사형, 징역, 금고, 자격

상실, 벌금 등)을 가하는 처벌을 말한다. 행정형벌은 개념적으로 형사벌과는 구별되나 형법상의 처벌이 가해지는 것이므로 원칙적으로 형법총칙이 적용되며 그 과벌절차도 형사소송절차에 의함이 원칙이다. 다만 행정형벌의 과벌절차로 일종의 간이절차인 즉결심판이나 통고처분이 행해지나 이로써 행정형벌의 성격을 잃는 것은 아니다(예: 도로교통법 제162조 이하의 범칙금에 대한 통고처분과 즉결심판).

2. 행정질서벌

행정질서벌이란 행정법상의 신고나 등록, 기록의 비치의무 등 행정질서를 유지하기 위하여 요구되는 의무에 위반하는 자에 대하여 가해지는 과태료의 처벌을 말한다. 과태료의 부과절차는 형사소송절차에 의하지 않고 과태료에 처할 자의 주소지를 관할하는 지방법원 또는 그 지원의 비송사건절차에 의한다(질서위반행위규제법 제25조, 제28조).

3. 제재적 행정처분

제재적 행정처분은 행정법상 의무 위반에 대하여 영업허가의 취소 · 철회 · 정지, 제재적 공과금 등으로 제재를 가하는 것이다. 행정기본법은 제재처분을 법령등에 따른 의무를 위반하거나 이행하지 아니하였음을 이유로 당사자에게 의무를 부과하거나 권익을 제한하는 처분인데 여기에서는 행정상 강제가 제외된다고 정의한다(제2조 제5호). 이러한 제재처분은 넓은 의미의 행정벌로서 제재적 행정처분과 같은 것이라고 할 수 있다.

4. 제재적 공과금

제재적 공과금에는 행정법상 의무 위반에 대한 제재로 부과되는 과징금과 세법상의 신고나 납부의무를 게을리 한 자에 대하여 부과되는 가산세가 있다. 이는 제재적 행정처분 중 하나이다. 행정기본법은 과징금을 법령등에 따른 의무를 위반한 자에 대하여 그 위반행위에 대한 제재로서 부과하는 것으로 규정하고 있다(제28조 제1항). 이는 제재적 공과금으로서의 과징금이라고 할 수 있다.

V. 행정형벌과 행정질서벌의 대상 및 병과가능성

1. 어떠한 위반행위에 행정형벌이 가해지고 또한 행정질서벌이 부과되는가? 개념적으로는 위의 수단들을 구별할 수 있으나, 실제로 각각의 기준과 대상을 선별하는 것은 용이하지 않고 각국의 "준법실태"에 따라 입법정책적인 고려가 작용한다.

헌법재판소도 "어떤 행정법규 위반행위에 대하여 이를 단지 간접적으로 행정상의 질서에 장애를 줄 위험성이 있음에 불과한 경우로 보아 행정질서벌인 과태료를 과할 것인지 아니면 직접적으로 행정목적과 공익을 침해한 행위로 보아 행정형벌을 과할 것인지는 기본적으로 입법권자가 제반사정을 고려하여 결정할 문제라 할 것이다"라고 하였다(헌재결 2012.8.23. 2011헌가22).

2. 행정형벌과 행정질서벌을 병과할 수 있는지에 대하여 다수설은 양자는 과벌절차는 다르지만 모두 행정벌이므로 동일한 위반행위에 대하여 일사부재리의 원칙 또는 이중처벌금지의 원칙에 따라 양자를 병과할 수 없다고 본다. 판례는 양자는 그 성질이나 목적을 달리하는 것이므로 일사부재리의 원칙이나 이중처벌금지원칙에 위반되지 않는다고 한다(헌재결 2003.7.24. 2001헌가25; 대판 1996.4.12. 96도158). 다만 헌법재판소에서는 이에 관하여 법정의견인 합헌의견과 반대의견인 위헌의견 사이에 치열한 논박이 이루어졌음을 주목할 필요가 있다(위 2001헌가25 결정). 결과적으로는 행정형벌과 행정질서벌의 차이에 근거하여 병과가능성을 긍정하는 판례가 타당하다. 이중처벌금지에 관한 헌법 제13조 제1항 후단은 "동일한 범죄"에 대하여 거듭 처벌하지 않는다고 규정하고 있기도 하다. 그렇지만 헌법재판소가 지적하였듯이 유의할 부분은 행정법상 의무위반과 그에 대한 행정벌의 총합이 비례원칙을 준수하는지 여부라고 할 수 있다.

VI. 행정벌의 특수성

1. 행정형벌과 형법총칙의 적용 여부

행정질서벌과 형벌은 그 성격과 목적에서 구별이 가능하고 각기 다른 원리에 의하여 부과된다는 것은 자명하다. 그러나 행정형벌과 형사벌은 상호간에 개념적으로 구별이 가능하면서도 형법상의 처벌이 가해지는 것이므로 행정형벌이 형사벌에 비하여 어느 정도 특칙의 적용이 가능한지 의문이 제기된다.

형법 제8조는 "본법 총칙은 타법령에 정한 죄에 적용한다. 단, 그 법령에 특별한 규정이 있는 때에는 예외로 한다"라고 규정하여 원칙적으로 행정형벌에도 형법총칙의 조항들이 적용된다는 원칙을 선언하고 있다. 그러나 동시에 행정형벌의 근거법규에서 형법총칙의 적용을 배제하거나 이에 저촉되는 특칙을 둘 수 있는 가능성을 인정하고 있다. 따라서 형법총칙의 행정형벌에 대한 적용문제는 법리적인 문제라기보다는 입법권자에 의한 입법정책적인 고려가 상당부분 작용할 수 있는 분야라고 할 수 있다.

2. 고의의 성립과 위법성의 인식

형법 제16조는 "법률의 착오"라는 조문명으로 "자기의 행위가 법령에 의하여 죄가 되지 아니하는 것으로 오인한 행위는 그 오인에 정당한 이유가 있는 때에 한하여 벌하지 아니한다"라고 규정하고 있다. 이에 대하여 형법학에서는 범죄가 성립하기 위해서는 위법성의 인식이 필요함을 전제로 하고 있는 것이며, 그렇다면 정당한 이유가 있어 위법성의 인식이 없는 경우에 고의가 성립하지 않는 것인지 아니면 책임이 없는 것인지 문제되고, 통설과는 달리 판례는 고의설의 입장이다(대판 1974.11.12. 74도2676). 또한 판례는 법률의 부지는 법률의 착오가 아니라고 한다(대판 2011.10.13. 2010도15260).

그러나 행정벌이 가해지는 행정법상 위반행위는 형사벌과는 달리 많은 경우에 법정범적 성격이 있음은 설명한 바와 같다. 그렇기 때문에 형사범과는 달리 행정범의 경우 범죄가 성립하려면 사실의 인식과 더불어 위법성의 인식이 필요한 것인지 의문이 제기된다. 왜냐하면 법정범적 성격을 갖는 행정범의 경우에는 법률의 부지에 해당하는 경우가 많을 수 있음은 물론 자신의 행위가 반사회적이라고 인식하기 어려울 수 있기 때문이다.

위법성의 인식이 필요한가 하는 여부에 대하여는 크게 위법성인식불요성, 위법성인식필요성, 위법성인식가능성설이 제기된다. 행정법상 의무 위반행위에 대하여 형벌을 가할 때에도 자신의 행위에 대한 사실의 인식과 더불어 위법성의 인식이 있어야 함이 원칙이다. 다시 말해 행정범의 경우에도 반드시 위법성의 인식이 있어야만 처벌이 가능한 것은 아니지만 적어도 자신의 행위가 사회상규에 비추어 어긋날 수도 있다는 위법성의 인식가능성 정도는 필요하다고 보아야 한다. 따라서 이러한 측면에서 행정범은 형사범에 대한 다소의 특성이 인정된다. 담배사업법의 경우에는 명문으로 형법 제16조의 적용을 배제한다(제31조).

3. 과실범과 특별한 규정

경찰관서에서 수배중인 범인의 체포를 위하여 각종의 공중접객업소에 신고 등의 협조를 요청하는 경우가 있다. 그런데 특정 업주의 과실로 적시에 필요한 신고가 되지 않고 계속되는 범인의 범행으로 인하여 치안유지에 어려움이 예상된다고 가정하자. 이러한 경우에 행정법규에 과실범의 처벌을 위한 규정이 있는 경우에는 그에 따르는 처벌이 가능한 것은 의문의 여지가 없다(예: 도로교통법 제151조). 형법 제14조도 "정상적으로 기울여야 할 주의(注意)를 게을리하여 죄의 성립요소인 사실을 인식하지 못한 행위는 법률에 특별한 규정이 있는 경우에만 처벌한다"라고 규정하여 과실범을 처벌함에는 특별한 규정을 요구하고 있다. 그런데 과실범에 대한 처벌규정이 없는 경우에도 범죄자신고에 대한 사회적 분위기를 환기시키고 업주들의 협조정신을 고양한다는 측면에서 고의범에 유추하여 처벌할 수 있을까? 다시 말해 형법 제14조의 "특별한 규정"은 명문의 규정에 한하지 않고 "행정목적의 달성을 위하여 과실범의 처벌이 필요한 경우"까지 확대해석하는 것이 가능할까?

판례는 "행정상의 단속을 주안으로 하는 법규라 하더라도 명문규정이 있거나 해석상 과실범도 벌할 뜻이 명확한 경우를 제외하고는 형법의 원칙에 따라 고의가 있어야 벌할 수 있다"(대판 2010.2.11. 2009도9807)라고 하여 과실범의 처벌을 위한 명문규정이 있는 경우뿐만 아니라 해석을 통해 과실범을 처벌함이 명확히 도출될 수 있는 경우에도 과실범 처벌이 가능하다는 입장이다(해석을 통해 도출된 경우로 대판 1993.9.10. 92도1136).

그러나 형사범의 경우에도 과실범은 이를 처벌할 수 있는 명문규정이 있어야 한다(형법 제14조). 특히 개인적 권리의 침해가 심대한 국가 형벌권의 발동을 위한 법해석은 엄격히어야 하며, 죄형법정주의원칙이 유추해석을 금지하는 것도 바로 이러한 이유 때문이다(대판 2007.6.29. 2006도4582). 따라서 법정범적 성격이 강한 행정범의 경우에 과실범의 처벌은 더욱 엄격한 법적 근거가 요구되므로 "특별한 규정"의 해석을 공익이나 행정목적의 달성에까지 확대할 수 없다.

최근에 이르러 환경범죄는 법정범의 성격을 넘어서서 "그 자체로서 반사회적 행위"이며 사회적 폐해의 범위나 법익의 침해 정도가 통상의 형사범에 비하여 크므로 가벌성의 요건도 이에 상응하여 완화되어야 한다는 지적이 강하게 제기되기도 한다. 대법원의 판례도 이러한 경향을 의식한 것으로 보인다. 물론 환경범의 특수성이 고려될 수 있는 것은 사실이지만 그렇다고 하여 환경범의 특수성이 형법상 과실범 처벌의 예외를 설정할 수 있을 정도의 특수성은 아니라고 봄이 타당하다. 따라서 환경범죄단속법 제5조와 같이 과실범 처벌을 위한 명문의 규정을 두지 않는 한 유추해석에 의한 처벌은 불가능하다고 보아야 한다.

4. 법인의 책임

형법상 법인은 자연인이 아니므로 범죄능력이 없고 따라서 형벌권 발동의 객체가 될 수 없다고 보는 것이 일반적이다. 그러나 행정법규는 법인에 속한 자연인들의 행정법규 위반행위를 억제하고 행정법규의 실효성을 제고하기 위하여 법인을 처벌(주로 재산형)하는 규정을 두고 있다. 이러한 양벌규정은 많은 행정법규에서 찾아볼 수 있다. 예를 들어 대기환경보전법 제95조는 "법인의 대표자나 법인 또는 개인의 대리인, 사용인, 그 밖의 종업원이 그 법인 또는 개인의 업무에 관하여 제89조, 제90조, 제90조의2, 제91조부터 제93조까지의 어느 하나에 해당하는 위반행위를 하면 그 행위자를 벌하는 외에 그 법인 또는 개인에게도 해당 조문의 벌금형을 과(科)한다. 다만, 법인 또는 개인이 그 위반행위를 방지하기 위하여 해당 업무에 관하여 상당한 주의와 감독을 게을리하지 아니한 경우에는 그러하지 아니하다"라고 규정하고 있다. 여기에서 법인의 대표자의 위반행위에 대하여 법인이 처벌받는 것은 일종의 자기책임이나 그 밖의 사용인 등에 대한 법인의 책임은 일종의 감독책임의 소홀로 인한 과실에 대한 책임이다. 헌법재판소도 마찬가지로 본다(헌재결 2019.4.11. 2015헌바443). 과거에는 이러한 "책임없는 자에게 형벌을 부과할 수 없다"는 형벌에 관한 책임주의에 위반되는 양벌규정이 다수 위헌으로 결정되었다(헌재결 2009.7.30. 2008헌가10; 헌재결 2009.7.30. 2008헌가17 등).

판례는 지방자치단체도 자치사무를 처리하는 경우에는 양벌규정에 의한 처벌대상이 되는 법인에 해당한다고 본다(대판 2009.6.11. 2008도6530).

5. 타인의 행위에 대한 책임

행정법규는 위반자와 법인을 동시에 처벌하는 양벌규정과 함께 위반자와 일정한 신분관계에 의하여 보호 · 감독적 위치에 있는 자를 같이 처벌하는 양벌규정도 두는 경우가 있다. 앞서 대기환경보전법의 예에서 보듯이 개인의 대리인, 사용인, 그 밖의 종업원의 위반행위에 대하여 이들과 함께 그 본인인 개인도 처벌하는 것이다. 이는 이들 사용인 등의 위반행위를 제대로 감독하지 못한 일종의 과실책임이다. 이러한 책임주의에 반하여 헌법에 위반되는 것으로 결정된 사례도 있다(헌재결 2011.12.29. 2011헌가41).

6. 책임능력

형사범의 경우에는 심신장애인, 청각 및 언어 장애인, 형사미성년자에 대하여는 벌하지 않거나 형을 감경하기도 한다(형법 제9조 내지 제11조). 그런데 행정법규는 책임능력이 없는 자를 처벌하기도 한다. 예를 들어 담배사업법 제31조는 형법 제9조, 제10조 제2항, 제11조의 적용을 배제하는 특칙을 두고 있다.

7. 공범과 정상참작감경

행정범의 경우에는 역시 개별법규의 특칙을 통하여 형법 제32조 제2항의 공범 규정의 적용을 배제하는 경우가 있다. 형법 제53조의 정상참작감경의 경우도 마찬가지다. 예를 들면 담배사업법 제31조다.

Ⅶ. 행정벌의 과벌절차

1. 행정형벌의 과벌절차

1) 일반적인 과벌절차

행정형벌의 과벌절차는 원칙적으로 형사소송법의 형사소송절차에 따라 부과됨이 원칙이다.

2) 간이한 과벌절차

(1) 통고처분

가) 의 의

통고처분은 조세범, 관세범, 교통사범 등에 대하여 행정형벌을 과함에 있어 정식재판에 갈음하여 신속 간편하게 범칙금의 납부를 명하는 준사법적 행정행위이다. 그 절차를 「조세범 처벌절차법」(이하 생략)의 규정을 중심으로 보면 다음과 같다.

나) 절 차

지방국세청장 또는 세무서장은 조세범칙행위의 확증을 얻었을 때에는 대통령령으로 정하는 바에 따라 그 대상이 되는 자에게 그 이유를 구체적으로 밝히고 다음 각호에 해당하는 금액이나 물품을 납부할 것을 통고하여야 하는데, 몰수 또는 몰취에 해당하는 물품에 대해서는 그 물품을 납부하겠다는 의사표시(이하 '납부신청')를 하도록 통고할 수 있다(제15조 제1항). 벌금에 해당하는 금액(이하 '벌금상당액')(제1호), 몰수 또는 몰취에 해당하는 물품(제2호), 추징금에 해당하는 금액(제3호).

위 통고처분을 받은 자가 통고대로 이행하였을 때에는 동일한 사건에 대하여 다시 조세범칙조사를 받거나 처벌받지 아니한다(제15조 제3항). 그러나 지방국세청장 또는 세무서장은 위 통고처분을 받은 자가 통고서를 송달받은 날부터 15일 이내에 통고대로 이행하지 아니한 경우에는 고발하여야 하는데, 15일이 지났더라도 고발되기 전에 통고대로 이행하였을 때에는 그렇지 않다(제17조 제2항).

(2) 즉결심판

행정법상 경미한 위반행위에 대하여 행정형벌을 가하는 절차로서 즉결심판법에 따른 즉결심판제도가 있다. 지방법원, 지원 또는 시 · 군법원의 판사(이하 '판사')는 즉결심판절차에 의하여 피고인에게 20만원 이하의 벌금, 구류 또는 과료에 처할 수 있다(즉결심판법 제2조). 즉결심판은 관할경찰서장 또는 관할해양경찰서장(이하 '경찰서장')이 관할법원에 이를 청구하고(제3조 제1항), 형의 집행은 경찰서장이 한다(제18조 제1항). 즉결심판에 불복하여 정식재판을 청구하고자 하는 피고인은 즉결심판의 선고 · 고지를 받은 날부터 7일 이내에 정식재판청구서를 경찰서장에게 제출하여야 하고, 정식재판청구서를 받은 경찰서장은 지체없이 판사에게 이를 송부하여야 한다(제14조 제1항). 이로써 형사소송절차가 개시된다.

(3) 통고처분과 즉결심판

도로교통법상 범칙행위에 대하여는 우선 통고처분이 행해지며 납부기간에 범칙금을 납부하지 않으면 즉결심판에 회부되는데, 즉결심판이 청구되기 전까지 통고받은 범칙금액에 100분의 50을 더한 금액을 납부한 사람에 대해서는 그렇지 않다(제163조 제1항, 제165조 제2호).

2. 행정질서벌의 과벌절차

질서위반행위의 성립요건과 과태료의 부과·징수 및 재판 등에 관한 사항은 이제 질서위반행위규제법에 따르게 된다(제1호, 제5조). 다만 질서위반행위규제법에 근거하여 과태료를 부과할 수는 없다. 다시 말해 과태료 부과에 관한 근거규정은 개별법에 있어야 한다. 아래에서는 질서위반행위규제법의 주요 내용을 본다.

1) 고의·과실을 질서위반행위의 성립요건으로 규정하고(제7조), 위법성 착오에 정당한 이유가 있는 때(제8조)와 14세 미만자(제9조) 또는 심신장애인(제10조)의 질서위반행위에 대하여는 과태료를 부과하지 하지 않는다. 2인 이상이 질서위반행위에 가담한 때에는 각자가 질서위반행위를 한 것으로 본다(제12조 제1항). 하나의 행위가 2 이상의 질서위반행위에 해당하면 각 질서위반행위에 대하여 정한 과태료 중 가장 중한 과태료를 부과하고, 그러한 경우가 아니라 2 이상의 질서위반행위가 경합하면 각 질서위반행위에 대하여 정한 과태료를 각각 부과함이 원칙이다(제13조). 확정된 과태료의 소멸시효는 5년이다(제15조).

2) 행정청이 과태료를 부과하고자 하는 때에는 10일 이상의 기간을 정하여 당사자에게 의견을 제출할 수 있는 기회를 주어야 한다(제16조 제1항 제1문). 과태료 부과의 제척기간은 질서위반행위가 종료된 날(다수인이 질서위반행위에 가담한 경우에는 최종행위가 종료된 날)부터 5년이다(제19조 제1항). 과태료 부과에 대하여 당사자가 이의를 제기하면 이를 법원에 통보하여 재판을 받도록 하는 방식으로 과태료 부과·징수절차를 정하고 있다(제20조, 제21조).

3) 과태료 재판절차에 관한 상세한 규정을 마련함으로써 과태료 재판절차의 미비점을 보완하고(제4장), 행정청이 법원의 허가를 받아 재판에 참여할 수 있도록 하며(제32조 제2항), 검사는 과태료 재판의 집행을 행정청에 위탁할 수 있도록 하고(제43조 제1항), 지방자치단체의 장이 위탁을 받는 경우에는 그 집행한 금원은 당해 지방자치단체

의 수입이 되도록 한다(제2항).

4) 당사자가 과태료를 자진납부하는 경우 감경할 수 있고(제18조 제1항), 질서위반행위의 발생 여부 및 과태료 부과 · 징수를 위하여 행정청에 질서위반행위에 대한 조사권한(제22조)과 관계 행정기관, 지방자치단체, 그 밖에 대통령령으로 정하는 공공기관에 대한 자료제공요청권(제23조)을 부여하며, 과태료를 체납하는 경우에는 가산금을 징수하고(제24조), 관허사업을 제한하며(제52조), 고액 · 상습체납자에 대하여는 신용정보기관에 관련 정보를 제공하고(제53조) 법원의 재판을 통하여 30일의 범위 이내에서 감치할 수 있다(제54조 제1항).

제 2 절 제재적 행정처분

1. 의 의

제재적 행정처분은 행정법상 의무 위반에 대하여 영업허가의 취소 · 철회 · 정지, 제재적 공과금 등으로 제재를 가하는 것이다. 행정기본법은 제2조 제5호에서 제재처분이란 법령등에 따른 의무를 위반하거나 이행하지 아니하였음을 이유로 당사자에게 의무를 부과하거나 권익을 제한하는 처분을 말하는데, 행정상 강제는 제외한다고 규정한다.

판례는 "행정법규 위반에 대한 제재조치는 행정목적의 달성을 위하여 행정법규 위반이라는 객관적 사실에 착안하여 가하는 제재이므로, 반드시 현실적인 행위자가 아니라도 법령상 책임자로 규정된 자에게 부과되고, 특별한 사정이 없는 한 위반자에게 고의나 과실이 없더라도 부과할 수 있다 … 이러한 법리는 대부업법 제13조 제1항이 정하는 대부업자등의 불법추심행위를 이유로 한 영업정지 처분에도 마찬가지로 적용된다고 보아야 한다"라고 한다(대판 2017.5.11. 2014두8773). 다만 "[위반자]가 [의무 위반]을 예견하거나 결과 발생을 회피하기 어렵다고 인정할 만한 특별한 사정이 있어 [위반자]의 의무 위반을 탓할 수 없는 정당한 사유가 있는 경우에는 시장 · 군수 · 구청장은 [위반자]에 대하여 제재처분을 할 수 없다고 보아야 한다 … 여기에서 '의무위반을 탓할 수 없는 정당한 사유'가 있는지를 판단할 때에는 [위반자] 본인이나 그 대표자의 주관적인 인식을 기준으로 하는 것이 아니라, 그의 가족, 대리인, 피용인 등과 같이 본인에게 책임을 객관적으로 귀속시킬 수 있는 관계자 모두를 기준으로 판단하여야 한다"라고 본다(대판 2020.7.9. 2020두36472).

2. 법적 근거

제재적 행정처분은 법률유보원칙에 따라 법적 근거가 요구된다. 행정기본법 제22조 제1항은 "제재처분의 근거가 되는 법률에는"이라고 규정하여 이를 분명히 하고 있다. 개별법의 예로는 식품위생법 제75조의 허가취소, 영업정지, 영업소폐쇄, 국민건강보험법 제98조의 업무정지 등이 있다.

3. 제재처분의 기준

행정기본법 제22조 제1항은 "제재처분의 근거가 되는 법률에는 제재처분의 주체, 사유, 유형 및 상한을 명확하게 규정하여야 한다. 이 경우 제재처분의 유형 및 상한을 정할 때에는 해당 위반행위의 특수성 및 유사한 위반행위와의 형평성 등을 종합적으로 고려하여야 한다"라고 하여 제재처분의 기준에 관한 입법지침을 규정하고 있다.

4. 제재처분에서의 고려사항

행정기본법 제22조 제2항은 "행정청은 재량이 있는 제재처분을 할 때에는 다음 각 호의 사항을 고려하여야 한다. 1. 위반행위의 동기, 목적 및 방법 2. 위반행위의 결과 3. 위반행위의 횟수 4. 그 밖에 제1호부터 제3호까지에 준하는 사항으로서 대통령령으로 정하는 사항"이라고 규정하고 있다. 따라서 행정청이 제재처분에 관한 재량을 행사할 때에는 위 사항을 고려하여야 한다.

5. 제재처분의 제척기간

행정기본법에 따르면 행정청은 법령등의 위반행위가 종료된 날부터 5년이 지나면 해당 위반행위에 대하여 제재처분(인허가의 정지 · 취소 · 철회, 등록 말소, 영업소 폐쇄와 정지를 갈음하는 과징금 부과를 말함)을 할 수 없다(제23조 제1항). 다만 거짓이나 그 밖의 부정한 방법으로 인허가를 받거나 신고를 한 경우(제1호), 당사자가 인허가나 신고의 위법성을 알고 있었거나 중대한 과실로 알지 못한 경우(제2호), 정당한 사유 없이 행정청의 조사 · 출입 · 검사를 기피 · 방해 · 거부하여 제척기간이 지난 경우(제3호), 제재처분을 하지 아니하면 국민의 안전 · 생명 또는 환경을 심각하게 해치거나 해칠 우려가 있는 경우(제4호) 중 어느 하나에 해당하는 경우에는 그렇지 않다(제2항). 한편 행정기본법상 인허가는 인가, 허가, 지정, 승인, 영업등록, 신고 수리 등이다(제16조 제1항).

행정청은 제1항에도 불구하고 행정심판의 재결이나 법원의 판결에 따라 제재처분이 취소 · 철회된 경우에는 재결이나 판결이 확정된 날부터 1년(합의제 행정기관은 2년)이 지나기 전까지는 그 취지에 따른 새로운 제재처분을 할 수 있다(제23조 제3항).

다른 법률에서 제1항 및 제3항의 기간보다 짧거나 긴 기간을 규정하고 있으면 그 법률에서 정하는 바에 따른다(제23조 제4항).

제 3 절 제재적 공과금

1. 의 의

현재 우리나라에서 부과되는 공법상 부담금은 크게 국가나 지방자치단체 등의 업무수행을 위하여 그들의 재정수요를 충족시키기 위한 재정적 공과금(Finanzierungsabgaben)과 행정법상 의무불이행에 대한 제재적 공과금(Sanktionsabgaben)으로 구분된다. 현행법상 과징금과 같은 제재적 공과금은 과거의 의무 위반에 대하여 가하는 금전적 제재이며, 넓은 의미에서 보면 행정벌적 성격의 실효성 확보수단으로서 행정형벌과 행정질서벌 이외에 제3의 변형된 행정벌이라고 말할 수 있다. 또한 앞서 본 바와 같이 과징금과 벌칙의 병과는 이중처벌금지원칙에 위반되지 않는다는 것이 판례이다.

2. 제재적 공과금의 종류

현행법상 부과 · 징수되는 제재적 공과금으로는 과징금과 가산세를 들 수 있다.

1) 과징금

(1) 의 의

과징금이란 행정법상 의무불이행으로 인하여 발생한 경제적 이익을 상쇄하거나 의무불이행에 대하여 행정처분에 갈음하여 부과하는 제재적 금전부담이다. 따라서 과징금의 형태는 크게 두 가지이다. 하나는 의무불이행으로 인하여 얻은 경제적 이익을 박탈하는 과징금이다(예: 공정거래법 제8조, 제38조, 제43조 등의 과징금; 대판 1999.5.28. 99두1517; 대판 2004.10.27. 2002두6842). 이를 원래의 과징금이라고도 부른다. 다른 하나는 제재적 행정처분에 갈음하여 제재수단으로 쓰이는 과징금이다(예: 물환경보전법 제43조의 과징금, 대기환경보전법 제37조의 과징금, 석유사업법 제14조의 과징금, 여객자동차법 제88조의 과징금, 화물자동차법 제21조의 과징금, 국민건강보험법 제99조의 과징금). 이를 변형된 과징금이라고도 한다. 그러나 이에 더하여 제재적 성격만을 갖는 과징금도 논할 수 있다. 또한 앞서 본 바와 같이 헌법재판소는 법령에서 과징금이라는 용어는 사용하지 않는 것이라고 하더라도 그 제도적 취지 · 성격 등에 비추어 과징금과 유사한 제도로 평가하기도 한다(예: 물환경보전법 제41조의 배출부과금, 대기환경보전법 제35조의 배출부과금; 헌재결 2001.5.31. 99헌가18 등).

변형된 과징금의 경우는 사업자의 위반행위에 대하여 영업활동이나 조업의 정지 등의 행정처분이 사업자에게 주는 불이익에 비하여 공공의 이익이나 민생활동에 야기하는 불이익이 더 크다고 판단되는 경우에 행정처분에 갈음하여 부과된다. 따라서 법령상 위반행위도 불구하고 영업정지 등의 제재적 행정처분을 유보한 채 이러한 과징금 부과처분으로 인하여 위법한 배출행위에 대한 면죄부를 줄 수 있는 위험성도 간과할 수 없다.

행정기본법 제28조 제1항은 "행정청은 법령등에 따른 의무를 위반한 자에 대하여 법률로 정하는 바에 따라 그 위반행위에 대한 제재로서 과징금을 부과할 수 있다"라고 하여 과징금의 형태에 관해 포괄적으로 규정하고 있다.

(2) 법적 근거

과징금은 법률유보원칙에 따라 그 부과에 대한 법적 근거가 있어야 한다. 행정기본법 제28조 제1항은 "법률로 정하는 바에 따라"라고 하여 이를 명문화하였다. 또한 제28조 제2항은 과징금의 근거가 되는 법률에는 과징금에 관한 다음 각호의 사항을 명확하게 규정하여야 한다고 입법지침을 정하였다. 부과 · 징수 주체(제1호), 부과 사유(제2호), 상한액(제3호), 가산금을 징수하려는 경우 그 사항(제4호), 과징금 또는 가산금 체납 시 강제징수를 하려는 경우 그 사항(제5호).

(3) 과징금의 납부기한 연기 및 분할 납부

행정기본법은 과징금의 일시납부가 부담스러운 경우에 그 납부기한의 연기 및 분할 납부가 가능하도록 규정을 두었다. 개별법에 이에 관한 규정이 없다고 하더라도 행정기본법에 따라 납부기한의 연기 및 분할 납부가 가능한 것이다. 즉 과징금은 한꺼번에 납부하는 것을 원칙으로 하되, 과징금을 부과받은 자가 다음 각호의 어느 하나에 해당하는 사유로 과징금 전액을 한꺼번에 내기 어렵다고 인정될 때에는 그 납부기한을 연기하거나 분할 납부하게 할 수 있으며, 이 경우 필요하다고 인정하면 담보를 제공하게 할 수 있다(제29조). 재해 등으로 재산에 현저한 손실을 입은 경우(제1호), 사업 여건의 악화로 사업이 중대한 위기에 처한 경우(제2호), 과징금을 한꺼번에 내면 자금 사정에 현저한 어려움이 예상되는 경우(제3호), 그 밖에 제1호부터 제3호까지에 준하는 경우로서 대통령령으로 정하는 사유가 있는 경우(제4호).

2) 세법상의 가산세

(1) 의 의

가산세는 국세기본법 및 세법에서 규정하는 의무의 성실한 이행을 확보하기 위하여 세법에 따라 산출한 세액에 가산하여 징수하는 금액이다(국세기본법 제2조 제4호). 다시 말해 세법에서 규정하는 (특히 신고 또는 납부)의무의 성실한 이행을 확보하기 위하여 불성실한 신고 등에 대하여 그 세법에 따라 산출한 세액에 가산하여 징수하는 금액을 말한다. 따라서 가산세는 과거의 신고의무의 불이행 또는 불성실한 신고에 대한 제재적 금전부담이며 과징금과 같이 일종의 행정벌적인 성격이 강하다(헌재결 2008.7.31. 2007헌바13). 다만 가산세의 경우에는 이러한 제재적 측면과 함께 납세자의 성실한 신고의무를 간접적으로 유도하는 기능도 갖고 있음을 부인할 수 없다. 가산세는 국세행정에서 납세자의 역할과 협력의 필요성이 증대됨에 따라 특히 조세채무자의 신고에 의하여 조세채무가 확정되는 소득세 등에서 중요한 기능을 발휘한다.

(2) 법적 근거

가산세는 본세액에 가산하여 징수하는 독립된 조세이므로(대판 2018.11.29. 2015두56120) 이에 대하여 법적 근거가 요구됨은 조세법률주의원칙상 당연하다. 그렇지 않다고 하더라도 법률유보원칙의 최소한인 침해유보설에 따르더라도 법적 근거가 있어야 한다.

제 4 편

행정절차와 민원처리제도

서 장

Ⅰ. 행정구제의 의의

위법 또는 부당한 국가행정작용으로 인하여 침해된 국민의 권익을 신속하고 효과적으로 구제하는 권리구제의 메커니즘을 마련하는 것은 법치주의원리의 본질적 구성요소라고 할 수 있다. 이처럼 개인의 권익을 구제하는 제도적 장치를 흔히 행정구제라고 말한다. 한편 "행정구제"라는 용어에도 불구하고 권리구제의 중심에는 행정부가 아니라 사법부가 있다.

Ⅱ. 행정구제법의 체계

위법 또는 부당한 행정작용에 대한 권리구제제도를 법제화한 것이 행정구제법이며, 행정구제법의 체계는 사전적 권리보장법제와 사후적 권리구제법제로 분류할 수 있다.

사전적 권리보장법제는 권리침해가 있기 전의 예방적 권리보장장치를 통칭한다. 행정절차, 청원, 민원처리제도가 이에 속한다. 주로 행정부 내에 설치되어 운영되는 제도들이다. 그러나 일반적으로 행정구제법제는 사후적 권리구제제도를 중심으로 한다. 이는 크게 행정상 손해전보제도와 행정쟁송제도로 구성된다. 행정상 손해전보제도는 위법한 국가작용으로 인하여 입은 손해의 배상을 청구하는 행정상 손해배상제도와 적법한 공권력의 행사로 인하여 입은 개인의 특별한 희생을 전보하는 행정상 손실보상제도로 구분된다. 행정쟁송제도는 위법 또는 부당한 행정작용으로 인하여 권익을 침해당한 사람이 그 취소 또는 무효확인을 구하는 것이다. 이는 행정심판기관에 의한 행정심판과 법원에 의한 행정소송으로 나뉜다.

그런데 행정쟁송제도는 위법 또는 부당한 행정작용의 효력을 부인하여 권리의 원상회복에 중점을 두는 반면, 손해전보제도는 권리침해에 대한 금전적 배상 또는 보상을 내용으로 한다. 따라서 전자는 권리의 존속보호수단이며, 후자는 권리의 보상보호수단이라고 할 수 있다.

제 1 장
행정절차

제 1 절 행정절차의 의의

Ⅰ. 서 설

행정절차는 행정청이 의사결정을 할 때 거치는 일련의 절차이다. 넓은 의미의 행정절차는 입법절차와 사법절차에 대응하는 개념으로서 행정청이 행하는 모든 절차를 말한다. 행정처분절차, 입법예고절차, 행정계획의 확정절차, 공법상 계약의 체결절차가 여기에 포함된다. 더 넓은 의미의 행정절차에는 이러한 사전적인 절차 외에도 행정집행절차, 행정심판절차 등 행정결정 이후에 진행되는 절차가 포함된다.

일반적으로 행정절차는 좁은 의미로 이해된다. 이는 행정청이 행하는 절차 중에서도 제1차적으로 구속력 있는 행정적 결정을 내리기 이전에 대외적으로 거치는 일련의 절차를 말한다. 그러므로 행정집행절차 등 사후적 절차는 제외된다. 또한 행정청 내부에서 이루어지는 승인이나 협의와 같은 내부적 절차와 구별된다.

Ⅱ. 행정절차와 행정절차법의 기능

1. 민주주의원리의 실현

행정청이 어떠한 결정을 내리기에 앞서 대외적으로 일정한 절차를 진행한다고 할 때 그 대외적 절차의 핵심적인 내용은 행정적 결정에 대하여 이해관계를 갖는 국민의 의사를 반영하는 것이다. 따라서 행정절차는 행정부에 의한 의사결정과정의 편견과 독선을 막고 국민의 광범위한 의사를 반영하는 민주주의원리 실천의 제도적 장치이다. 특히 현대 통치작용의 구조에서 국가와 개인 간의 관계가 협조적 모델에 바탕을 둔 법치주의를 지향한다면 행정절차는 국민의 참여를 통하여 행정적 결정의 민주적 정당성을 실현하는 법적 구조인 것이다.

2. 법치주의의 실현

행정절차를 통하여 국가의 의사결정과정이 제도화되고 국민의 참여를 보장한다면 국가의 행정작용은 국민의 입장에서 볼 때 투명하고 객관적으로 이루어지게 된다. 다시 말하자면 국가적 의사의 최종결정이 적법 · 타당하게 이루어지는 것이 법치주의 통치구조가 지향하는 목표라고 할 수 있다. 또한 행정절차는 법치주의가 궁극적으로 지향하는 국민의 기본권을 보장할 때 그 실체적 내용에 국한하지 않고 적정한 절차의 형성과 참여를 통하여 이를 실현하는 구조이다. 따라서 오늘날 행정절차는 "절차형성을 통한 기본권의 실현"을 위하여 필수적인 법제도가 되었다.

3. 행정의 공정성과 투명성을 실현하는 행정개혁법제

과거 권위주의적인 행정문화와 통치구조하에서 일반화되었던 밀실행정과 금권정치(金權政治)는 정경유착에 의한 왜곡된 국가의사결정구조를 형성하였다. 공정한 경쟁보다는 로비와 특혜에 의한 국가의사결정구조가 가능할 수 있었던 것은 행정과정이 공개되지 않고 불투명하며 국민의 참여와 감시가 제도화되지 못하였기 때문이다. 그러므로 정보공개법과 더불어 행정절차법은 이러한 고질적인 병폐를 극복하는 행정개혁법제로서 중요한 기능과 의미를 갖는다.

4. 법적 분쟁의 사전조정을 통한 권리보장

행정청의 결정이 일방적으로 내려지고 그러한 결정이 위법한 경우에는 행정쟁송이 제기되어 사후적인 사법적 권리구제가 이루어진다. 그러나 그러한 행정결정이 내려지기 이전에 상대방의 참여와 의견진술의 기회가 부여된다면 행정청 스스로 위법한 결정을 피할 수 있는 가능성도 커진다. 따라서 행정절차는 이렇게 행정청이 일방적으로 의사결정을 내림으로 인하여 발생하는 사후적인 법적 분쟁을 사전적으로 조정한다는 의미도 가지고 있다. 이는 결국 사법부에 의한 재판작용의 부담을 경감한다는 의미도 아울러 가진다.

현행 행정절차법에는 편입되지 않았지만 행정계획의 확정절차는 수많은 이해관계인들의 집단적 · 대량적인 사회적 갈등을 해소하는 중요한 법적 메커니즘이다. 행정절차의 분쟁조정기능은 행정심판제도가 임의적 절차로 됨에 따라 더욱 중요한 의미를 갖게 되었다.

제 2 절 행정절차의 일반적 내용

주요 각국의 행정절차법제가 가지고 있는 공통분모로서의 내용은 대체로 사전통지, 청문, 결정이유의 명시로 축약된다.

Ⅰ. 사전통지

사전통지는 행정주체가 특히 불이익한 행정작용을 함에 앞서서 그 상대방에게 해당 내용을 사전적으로 알리는 것을 말한다. 누구든지 자신에게 불리한 행정작용이 행해지기 이전에 그 내용을 파악하고 이를 대비할 수 있는 기회를 갖는 것은 행정결정의 공정성과 적정성을 확보하기 위한 필수적 절차이다. 물론 행정작용의 상대방과 이해관계인이 다수인 경우에는 개별적 통지에 갈음하여 공고 등으로 대신하는 것이 일반적 추세이다.

Ⅱ. 청 문

행정절차의 핵심적인 내용은 역시 당사자와 관계인에게 변명의 기회를 부여하는 것이다. 이른바 청문권이라는 절차법상 공권은 각국의 행정절차법에 다양한 내용으로 규정되어 있다. 크게 나누었을 때, 진술형 청문(argument type hearing)은 단순히 자신의 의견을 제출하는 데 그치는 것이고, 사실심형 청문(trial type hearing)은 사법절차에 준하는 구술변론의 기회가 부여되는 것이다. 더 나아가 다수의 당사자가 관계되는 경우에는 공청회를 통하여 광범위한 의견수렴이 이루어지기도 한다.

청문절차의 실효성은 이를 통하여 제시된 의견이 어느 정도 최종적 행정결정에 반영되는 것인가 하는 것인데, 단순히 의사결정의 참고자료로 활용하는 수준에서부터 청문 과정에서 제출된 이견과 합의를 이루지 못한 부분에 대한 행정청의 평가를 요구하는 것까지 다양하다.

Ⅲ. 결정이유의 명시

사전통지와 청문을 통하여 행정청이 최종적 결정을 내림에 있어서는 그 결정의 사실적 · 법적 근거가 이유로 제시되어야 한다. 이러한 이유부기 또는 이유제시는 다음과 같은 기능을 수행한다. 첫째, 이유의 제시에 의하여 행정의 상대방을 설득하고 그 결정의 정당성이 확보된다. 둘째, 제시된 이유가 불분명하거나 위법 또는 부당한 결정이라고 판단되는 경우 행정의 상대방은 행정쟁송 등을 통해 보다 용이하게 권리를 구제받을 수 있다. 셋째, 이유제시의 강제를 통하여 행정청의 자의적인 결정을 방지하고 신중한 의사결정을 유도할 수 있다. 넷째, 결정의 이유가 공개됨에 따라 행정과정의 투명성과 예측가능성이 제고될 수 있다.

제 3 절 행정절차의 법적 근거

Ⅰ. 헌법상 적법절차원리

우리 헌법은 미국수정헌법 제5조나 제14조와 같은 일반적인 적법절차조항(due process clause)을 두고 있지는 않다. 그러나 우리 헌법은 제12조 제1항과 제3항에서 신체의 자유에 관하여 적법절차의 원칙을 규정하고 있다. 헌법재판소는 헌법 제12조 제1항과 제3항은 헌법상 기본원리로서 적법절차원리의 일반조항에 해당하며, 적법절차원칙은 형사소송절차에 국한되지 않고 입법작용과 행정작용 등 모든 국가작용에 적용된다는 입장이다(헌재결 1992.12.24. 92헌가8; 헌재결 1998.5.28. 96헌바4). 대법원도 헌법 제12조 제1항에 규정된 적법절차원칙은 모든 국가작용 전반에 적용된다고 한다(대판 2014.6.26. 2012두911; 대판 2016.4.15. 2015두52326). 한편 헌법재판소는 헌법 제12조의 적법절차원칙에서 도출되는 중요한 절차적 요청에는 당사자에 대한 적절한 고지와 의견 및 자료 제출의 기회 부여 등이 있다고 한다(헌재결 2003.7.24. 2001헌가25; 헌재결 2018.6.28. 2012헌마191 등).

헌법상 적법절차원리는 실질적 법치국가에 당연히 포함되는 것으로 법치국가원리로부터 도출되며 헌법상 국민주권의 이념을 실현하는 수단이다. 그리고 행정절차는 적법절차원리에 그 헌법적 근거를 두고 있다.

Ⅱ. 행정절차법과 개별법

행정절차법은 행정절차에 관한 일반법인데 그 적용범위가 제한되어 있다(제1조, 제3조). 행정계획의 확정절차, 공법상 계약의 체결절차에 관한 규정은 행정절차법에 존재하지 않는다. 행정절차법의 행정계획에 관한 규정(제40조의4)은 계획재량의 법적 한계로서의 형량명령을 명시한 것이지 행정계획의 확정절차에 관한 것이 아니다.

개별법에 행정절차에 관한 규정을 둔 경우도 많다. 그중에는 행정절차법에 대하여 특별법의 관계에 있는 것도 있다. 예를 들면, 민원처리법의 민원처리절차에 관한 규정, 자동차 운전면허의 취소 · 정지 처분에 관한 사전통지, 의견청취, 이유제시에 대한 도로교통법 규정(제93조 제4항), 위반사실 공표에서의 진술기회부여에 관한 국민건강보험법의 규정(제100조 제3항)이 있다. 반면 광역도시계획 수립을 위한 공청회(국토계획법 제14조)와 같은 행정계획 확정절차에 관한 규정에 대하여 행정절차법이 일반법의 관계에 있지는 않다.

제 4 절 행정절차법의 내용

Ⅰ. 행정절차법의 구성

행정절차법(이하 생략)은 총칙부터 보칙까지 8장으로 구성되어 있는데, 처분절차에 많은 조항을 할애하고 있다.

Ⅱ. 총칙 - 목적, 용어의 정의, 적용범위, 신뢰보호의 원칙

1. 목적과 용어의 정의

행정절차에 관한 공통적인 사항을 규정하여 국민의 행정 참여를 도모함으로써 행정의 공정성 · 투명성 및 신뢰성을 확보하고 국민의 권익을 보호하는 것을 그 목적으로 한다(제1조). '처분'(제2조 제2호)과 '행정청'(제2조 제1호)의 정의는 행정소송법, 행정심판법, 행정기본법과 같다.

2. 적용범위

1) 총칙에서 핵심적인 내용을 이루는 부분으로, 행정절차에 관한 일반법으로서의 성격을 명확히 하고 있다(제3조 제1항). 여기서 행정절차는 처분, 신고, 확약, 위반사실 등의 공표, 행정계획, 행정상 입법예고, 행정예고 및 행정지도의 절차이다. 이에 관하여 다른 법률에 특별한 규정이 있는 경우를 제외하고는 행정절차법이 정하는 바에 따른다.

판례가 ① 행정절차법 제3조 제1항의 "다른 법률에 특별한 규정이 있는 경우"에 해당한다고 본 사안으로는 임원 취임의 승인취소처분(사립학교법 제20조의 제2항; 대판 2002.2.5. 2001두7138), 전자문서로 한 정보의 비공개결정이 있다(정보공개법 제13조 제5항, 제2조 제1호; 대판 2014.4.10. 2012두17384). ② 반면 이에 해당하지 않는다고 본 사안으로는 보건복지부장관이 작성한 「보육사업안내」에 규정된 평가인증취소의 절차가 있다(대판 2016.11.9. 2014두1260).

2) 또한 적용배제사항이 규정되어 있다(제3조 제2항 제1호 내지 제9호). 유의할 부분은 제3조 제2항 제9호 및 시행령 제2조 각호에 규정된 사항이라 하더라도 "해당 행정작용의 성질상 행정절차를 거치기 곤란하거나 거칠 필요가 없다고 인정되는 사항"이거나 "행정절차에 준하는 절차를 거친 사항"에 대하여만 행정절차법의 적용이 제외된다는 것이다. 그런데 적용배제사항에 신체의 자유 보장과 직결되는 "행형(行刑) 및 보안처분 관계 법령에 따라 행하는 사항"(제3조 제2항 제6호)이 일률적으로 포함된 것은 문제가 있다. 또한 적용배제의 범위를 대통령령에 위임한 것(제9호)은 위임입법의 한계를 넘은 것으로 위헌의 소지가 있다.

판례가 ① 행정절차법 제3조 제2항의 적용배제사항에 해당한다고 본 것으로는 공정거래위원회의 시정조치 및 과징금납부명령(대판 2018.12.27. 2015두44028), 과세처분[대판(전합) 2012.10.18. 2010두12347], 직위해제처분(대판 2014.5.16. 2012두26180), 보직해임처분(대판 2014.10.15. 2012두5756), 법무사자격불인정처분(대판 2015.1.29. 2014두41343)이 있다. ② 반면 산업기능요원 편입취소처분(대판 2002.9.6. 2002두554), 진급예정자명단에 포함된 자에 대한 진급선발취소처분(대판 2007.9.21. 2006두20631), 정규임용취소처분(대판 2009.1.30. 2008두16155), 별정직 공무원에 대한 직권면직처분(대판 2013.1.16. 2011두30687), 육군3사관학교 생도에 대한 퇴학처분(대판 2018.3.13. 2016두33339), 외국인의 사증발급 신청에 대한 거부처분(대판 2019.7.11. 2017두38874), 국가를 상대로 하는 행정행위(대판 2023.9.21. 2023두39724)는 이에 해당하지 않고 행정절차법이 적용된다고 보았다.

3. 신의성실 및 신뢰보호, 행정의 투명성 보장, 행정업무의 혁신

행정절차법은 절차법적 조항 외에 신의성실(제4조 제1항), 신뢰보호(제2항), 행정의 투명성(제5조), 행정업무의 혁신(제5조의2)에 관한 규정을 두고 있다. 행정기본법에는 신의성실에 관한 성실의무원칙(제11조 제1항)과 신뢰보호원칙(제12조)이 더 일반적으로 규정되어 있다.

행정절차법에서 행정의 투명성에 관한 규정은 행정작용의 명확성 원칙(제5조 제1항), 행정작용의 근거 법령등에 대한 해석요청권(제2항), 처분청의 행정작용 관련 정보제공의무(제3항)로 구성되어 있다. 한편 행정기본법상 개인의 법령등에 대한 해석요청권(제40조 제1항)은 누구든지 해당 법령을 소관하는 중앙행정기관의 장이나 자치법규를 소관하는 지방자치단체의 장에게 행사할 수 있는 것으로서 행정작용의 존재 여부를 불문한다.

4. 행정청의 관할 및 협조

행정절차가 진행될 행정청을 잘못 지정하여 신청이 이루어지거나 관할이 불분명한 경우 이를 처리하는 것에 관하여 관할 행정청으로의 이송과 상급 행정청의 관할 결정 등 관할에 관한 규정(제6조)이 있다. 행정의 원활한 수행을 위한 행정청 간의 협조 등(제7조)과 행정응원(제8조)에 관한 규정도 있다. 행정협업의 촉진 등에 필요한 사항은 대통령령으로 정하도록 하였으며(제7조 제4항) 이에 관한 규정이 업무운영규정 제3장 제1절에 있다.

5. 당사자와 대표자 · 대리인

행정청의 처분에 대하여 직접 그 상대가 되는 '당사자'와 행정청이 직권으로 또는 신청에 따라 행정절차에 참여하게 한 '이해관계인'은 행정절차에서의 '당사자등'이 된다(제2조 제4호). 자연인, 법인, 법인이 아닌 사단 또는 재단, 그 밖에 다른 법령등에 따라 권리 · 의무의 주체가 될 수 있는 자가 행정절차에서 당사자등이 될 수 있다(제9조). 판례는 국가도 당사자등에 해당한다고 본다(대판 2023.9.21. 2023두39724). 사망, 법령등에 따른 권리 또는 이익의 승계, 법인등의 합병에 따른 지위의 승계에 관한 규정도 있다(제10조).

다수의 당사자등이 행정절차에 참여하는 경우를 예상하여 다수의 당사자등이 대표자를 선정할 수 있고, 경우에 따라서는 행정청이 대표자를 선정할 것을 요청하거나 직접 대표자를 선정할 수 있는 규정(제11조), 당사자등이 변호사 등을 대리인으로 선임할 수 있는 규정도 있다(제12조). 판례는 징계심의대상자가 선임한 변호사의 징계위원회 출석이 거부된 사안에서 징계심의대상자가 선임한 변호사가 징계위원회에 출석하여 그를 위하여 필요한 의견을 진술하는 것은 방어권 행사의 본질적 내용에 해당한다고 하면서도, 대리인이 관련 행정절차 등에서 이미 실질적인 증거조사를 하고 의견을 진술하는 절차를 거쳐 방어권 행사에 실질적으로 지장이 초래되었다고 볼 수 없는 특별한 사정이 있으면 출석 및 의견진술기회의 부여가 없었다고 하더라도 징계위원회 심의의 절차적 정당성이 상실된 것은 아니라고 한다(대판 2018.3.13. 2016두33339).

한편 당사자등이 대표자 또는 대리인을 선정하거나 선임한 경우에는 당사자등이, 청문 주재자가 대리인의 선임을 허가한 경우에는 청문 주재자가 그 사실을 행정청에 통지하여야 한다(제13조).

6. 송달의 방법과 효력발생

송달은 행정절차에서 하나의 기술적인 과정이지만 당사자는 행정청의 의사결정과정에 대한 통지를 통하여 절차의 진행을 알 수 있는 것이므로 중요한 의미를 갖는다. 송달의 방법과 관련하여 법은 우편, 교부, 정보통신망 이용 등의 방법과 공고에 의한 방법을 규정하고 있다(제14조). 송달의 효력발생시기는 원칙적으로 송달받을 자에게 도달된 때, 공고의 경우에는 공고일로부터 14일이 지난 때이다(제15조). 한편 천재지변으로 기간을 지킬 수 없는 경우 등에 관한 기간 및 기한의 특례도 규정하고 있다(제16조).

Ⅲ. 처분절차

핵심적 내용이 되는 것은 역시 처분절차이다. 처분절차는 크게 '신청에 따른 수익적 처분절차'와 '불이익 처분절차'로 구별되고, 공통사항과 각각의 성질에 따른 별도의 규정이 마련되어 있다.

1. 공통사항

수익적 처분과 불이익 처분에 공통적인 사항으로는 처분기준의 설정 · 공표(제19조), 처분의 이유제시(제23조), 처분의 방식(제24조), 처분의 정정(제25조), 고지(제26조) 등이 있다.

1) 처분기준의 설정 · 공표

(1) 행정청이 처분을 하기 이전에 그 근거가 되는 기준을 미리 설정함으로써 처분에 대한 국민의 예측가능성과 행정의 투명성을 보장하는 것은 법치행정이 지향하는 행정법관계의 안정성이라는 관점에서 바람직한 제도이다. 특히, 신청에 따른 수익적 처분의 경우에 처분기준이 마련되면 개인은 자신의 신청에 대하여 행정청이 어떠한 기준에 따라 구체적으로 어떠한 처분을 할 것인지 예측할 수 있다. 따라서 불필요한 시간과 노력의 낭비를 줄일 수 있으며 성사 가능성이 없는 신청의 남발을 방지하여 행정청의 부담도 줄일 수 있는 현실적인 이점도 있다. 더욱이 고질적인 사회적 현안으로 부상한 공직자 부패와 관련해서도 처분기준이 확립되어 있다는 것은 공직자와 신청인 사이의 부정과 부패의 고리를 차단한다는 정책적인 의미를 갖게 된다.

(2) 행정청은 필요한 처분기준을 해당 처분의 성질에 비추어 되도록 구체적으로 정하여 공표하여야 하고, 처분기준을 변경하는 경우에도 마찬가지이다(제19조 제1항). 다만 처분기준의 공표가 해당 처분의 성질상 현저히 곤란하거나 공공의 안전 또는 복리를 현저히 해치는 것으로 인정될 만한 상당한 이유가 있는 경우에는 처분기준을 공표하지 아니할 수 있다(제3항). 공표는 편람의 비치나 공고로 한다(시행령 제12조). 판례는 "처분의 성질상 처분기준을 미리 공표하는 경우 행정목적을 달성할 수 없게 되거

나 행정청에 일정한 범위 내에서 재량권을 부여함으로써 구체적인 사안에서 개별적인 사정을 고려하여 탄력적으로 처분이 이루어지도록 하는 것이 오히려 공공의 안전 또는 복리에 더 적합한 경우[에는 …] 처분기준을 따로 공표하지 않거나 개략적으로만 공표할 수도 있다"라고 한다(대판 2019.12.13. 2018두41907).

(3) 처분기준 설정 · 공표 의무 위반의 효과에 관하여, 판례는 "미리 공표하지 아니한 기준을 적용하여 처분을 하였다고 하더라도, 그러한 사정만으로 곧바로 해당 처분에 취소사유에 이를 정도의 흠이 존재한다고 볼 수는 없다. 다만 해당 처분에 적용한 기준이 상위법령의 규정이나 신뢰보호의 원칙 등과 같은 법의 일반원칙을 위반하였거나 객관적으로 합리성이 없다고 볼 수 있는 구체적인 사정이 있다면 해당 처분은 위법하다고 평가할 수 있다"라고 한다(대판 2020.12.24. 2018두45633).

(4) 행정기본법상 인허가의제(제24조)의 경우 관련 인허가 행정청은 그 처분기준을 주된 인허가 행정청에 제출하여야 하고, 주된 인허가 행정청은 인허가의 처분기준을 통합하여 공표하여야 하며, 처분기준을 변경하는 경우에도 같다(행정절차법 제20조 제2항). 당사자등은 공표된 처분기준이 불명확한 경우 해당 행정청에 그 해석 또는 설명을 요청할 수 있고, 해당 행정청은 특별한 사정이 없으면 그 요청에 따라야 한다(제4항).

2) 처분의 이유제시

(1) 처분의 이유제시는 법치행정의 기본이념을 실현하는 처분절차의 핵심적인 내용에 해당한다. 행정청은 처분을 할 때 당사자에게 그 근거와 이유를 제시하여야 함이 원칙이나, ① 신청 내용을 그대로 인정하는 처분인 경우, ② 단순 · 반복적인 처분 또는 경미한 처분으로서 당사자가 그 이유를 명백히 알 수 있는 경우, ③ 긴급히 처분을 할 필요가 있는 경우 중 어느 하나에 해당하는 경우에는 이유제시의무가 없다(제23조 제1항). 다만, 위 ② 또는 ③의 경우로서 처분 후 당사자가 요청하는 때에는 그 근거와 이유를 제시하여야 한다(제2항).

(2) 이유제시의 정도에 관하여, 행정청은 처분의 원인이 되는 사실과 근거가 되는 법령 또는 자치법규의 내용을 구체적으로 명시하여야 한다(시행령 제14조의2). 처분청은 처분에 이르게 된 중요하고 본질적인 법적 · 사실적 근거를 제시하면 되는 것이지, 처분의 세세한 부분까지 설명하여야 하는 것은 아니다. 다만, 재량에 의한 결정을 함에 있어서 그에 고려된 법적 · 사실적 근거의 제시만으로는 부족하고, 재량행사의 기준에 대한 구체적인 설명이 필요하다.

(3) 판례는 처분의 이유제시는 "행정청의 자의적 결정을 배제하고 당사자로 하여금 행정구제절차에서 적절히 대처할 수 있도록 하는 데 그 취지"가 있으므로, "처분서에 기재된 내용과 관계 법령 및 당해 처분에 이르기까지의 전체적인 과정 등을 종합

적으로 고려하여, 처분 당시 당사자가 어떠한 근거와 이유로 처분이 이루어진 것인지를 충분히 알 수 있어서 그에 불복하여 행정구제절차로 나아가는 데에 별다른 지장이 없었던 것으로 인정되는 경우에는 처분서에 처분의 근거와 이유가 구체적으로 명시되어 있지 않았다 하더라도 그로 말미암아 그 처분이 위법한 것으로 된다고 할 수는 없다"라고 한다(대판 2022.3.31. 2021두49888).

구체적으로 보면, 판례는 "면허의 취소처분에는 그 근거가 되는 법령이나 취소권 유보의 부관 등을 명시하여야 함은 물론 처분을 받은 자가 어떠한 위반사실에 대하여 당해 처분이 있었는지를 알 수 있을 정도로 사실을 적시할 것을 요[한다]"라고 하여 처분의 근거가 되는 법령과 사실을 제시할 것을 요구한다(대판 1990.9.11. 90누1786). 또한 신청에 대한 거부처분의 경우에 "일반적으로 당사자가 근거규정 등을 명시하여 신청하는 인·허가 등을 거부하는 처분을 함에 있어 당사자가 그 근거를 알 수 있을 정도로 상당한 이유를 제시한 경우에는 당해 처분의 근거 및 이유를 구체적 조항 및 내용까지 명시하지 않았더라도 그로 말미암아 그 처분이 위법한 것이 된다고 할 수 없다"라고 판시하였다(대판 2002.5.17. 2000두8912). 한편 판례는 정보공개법상 정보공개청구에 대한 거부처분을 할 경우에는 정보공개청구의 "대상이 된 정보의 내용을 구체적으로 확인·검토하여 어느 부분이 어떠한 법익 또는 기본권과 충돌되어 [정보공개법 제9조 제1항] 몇 호에서 정하고 있는 비공개사유에 해당하는지를 주장·입증하여야만 할 것이며, 그에 이르지 아니한 채 개괄적인 사유만을 들어 공개를 거부하는 것은 허용되지 아니[한다]"라고 판시하였다(대판 2003.12.11. 2001두8827).

판례가 ① 이유제시의무 위반으로 본 것으로는 산업단지개발계획변경신청거부처분 사례(대판 2017.8.29. 2016두44186), 가격조정명령 중 제조원가 관련 처분사유에 대한 사례가 있다(대판 2019.1.31. 2016두64975). ② 반면 이유제시의무 위반에 해당하지 않는다고 본 것으로는 과징금부과처분 사례(대판 2014.9.4. 2012두12570), 해임처분 사례(대판 2016.11.9. 2016두45578), 토지형질변경불허처분 사례(대판 2002.5.17. 2000두8912), 임용제청제외처분 사례(대판 2018.6.15. 2016두57564), 가격조정명령 중 발행부수 관련 처분사유에 대한 사례(대판 2019.1.31. 2016두64975), 인가공증인인가신청반려처분 사례(대판 2019.12.13. 2018두41907), 학부모환불조치·부당수령금회수조치·교육청지원금반환조치 사례가 있다(대판 2022.3.31. 2021두49888).

3) 처분의 방식

처분은 다른 법령등에 특별한 규정이 있는 경우를 제외하고는 문서로 하여야 하고, ① 당사자등의 동의가 있거나 ② 당사자가 전자문서로 처분을 신청한 경우에는 전자문서로 할 수 있다(제24조 제1항). 다만, 공공의 안전 또는 복리를 위하여 긴급히 처분을 할 필요가 있거나 사안이 경미한 경우에는 말 등 문서가 아닌 방법으로 처분할 수 있는데, 이때에도 당사자의 요청이 있으면 문서를 주어야 한다(제2항). 법이 서면 형식의 처분을 원칙으로 하는 것은 처분의 내용적 명확성과 책임성을 제고하기 위한 것이다. 특히, 후자를 위하여, 법은 처분을 하는 문서에는 그 처분 행정청과 담당자의 소속 · 성명 및 전화번호 등 연락처를 적어야 한다고 규정하고 있다(제3항). 판례는 행정절차법 제24조 제1항에 관하여 "이 규정은 처분내용의 명확성을 확보하고 처분의 존부에 관한 다툼을 방지하여 처분상대방의 권익을 보호하기 위한 것이므로, 이를 위반한 처분은 하자가 중대 · 명백하여 무효이다"라고 판시하였다(대판 2019.7.11. 2017두38874).

4) 처분의 정정

행정청은 처분에 오기(誤記), 오산(誤算) 또는 그 밖에 이에 준하는 명백한 잘못이 있을 때에는 직권으로 또는 신청에 따라 지체 없이 정정하고 그 사실을 당사자에게 통지하여야 한다(제25조). 단순한 오류의 정정에 그치는 것이 아니라 처분의 내용을 실질적으로 변경하는 것은 처분의 취소를 수반하는 것이지 처분의 정정에 해당하지 않는다.

5) 고 지

행정청이 처분을 할 때에는 당사자에게 그 처분에 관하여 행정심판 및 행정소송을 제기할 수 있는지 여부, 그 밖에 불복을 할 수 있는지 여부, 청구절차 및 청구기간, 그 밖에 필요한 사항을 알려야 한다(제26조). 이는 개인의 효과적인 권리구제를 위하여 중요한 의미를 갖는다.

2. 신청에 따른 수익적 처분

1) 신청의 방식 등

(1) 행정청의 수익적 처분절차는 상대방의 신청으로 개시된다. 신청은 문서로 함이 원칙인데, ① 다른 법령등에 특별한 규정이 있는 경우, ② 행정청이 미리 다른 방법을 정하여 공시한 경우에는 그렇지 않다(제17조 제1항). 전자문서로 하는 신청은 행정청의 컴퓨터 등에 입력된 때에 신청한 것으로 본다(제2항). 행정청은 신청에 필요한 구비서류 등을 게시(인터넷 등을 통한 게시 포함)하거나 이에 대한 편람을 갖추어 두고 누구나 열람할 수 있도록 하여야 한다(제3항).

신청의 의사표시가 확정된 정도와 행정청에게 어떠한 처분을 구하는 사인의 문서상 의사표시가 신청행위에 해당하는지 여부를 판단하는 방법에 대하여, 판례는 "행정청에 대한 신청의 의사표시는 명시적이고 확정적인 것이어야 하고 … 사인(私人)이 행정청에 대하여 어떠한 처분을 구하는 문서상의 의사표시가 이러한 신청행위에 해당하는지 여부는 그 문서의 내용과 작성 및 제출의 경위와 시점, 취지 등 여러 사정을 종합하여 판단해야 [한다]"라고 본다(대판 2008.10.23. 2007두6212).

(2) 행정청은 신청을 받았을 때에는 다른 법령등에 특별한 규정이 있는 경우를 제외하고는 그 접수를 보류 또는 거부하거나 부당하게 되돌려 보내서는 아니 되며, 신청을 접수한 경우에는 신청인에게 접수증을 주어야 하는데, 대통령령으로 정하는 경우에는 접수증을 주지 않을 수 있다(제17조 제4항).

행정청은 신청에 구비서류의 미비 등 흠이 있는 경우에는 보완에 필요한 상당한 기간을 정하여 지체없이 신청인에게 보완을 요구하여야 한다(제17조 제5항). 신청인이 위 기간 내에 보완을 하지 않으면 행정청은 그 이유를 구체적으로 밝혀 접수된 신청을 되돌려 보낼 수 있다(제6항).

(3) 신청인은 처분이 있기 전에는 그 신청의 내용을 보완 · 변경하거나 취하할 수 있는데, 다른 법령등에 특별한 규정이 있거나 그 신청의 성질상 보완 · 변경하거나 취하할 수 없는 경우에는 그렇지 않다(제17조 제8항).

2) 신속한 처리와 신청인의 편의를 위한 처리기간의 설정 · 공표 등

신청에 따른 처분은 신청인이 원하는 기간 내에 신속히 이루어질 것이 요망된다. 따라서 행정청은 신청인의 편의를 위하여 처분의 처리기간을 종류별로 미리 정하여 공포하여야 하고, 처리기간 내에 처리가 되지 않는 경우에는 신청인이 해당 행정청 또는 그 감독 행정청에 신속한 처리를 요청할 수 있다(제19조 제1항, 제4항). 행정청은 부득이한 사유로 처리기간 내에 처분을 처리하기 곤란한 경우에는 해당 처분의 처리기간 범위에서 한 번만 그 기간을 연장할 수 있고, 이때에는 그 연장 사유와 처리 예정 기한을 신청인에게 통지하여야 한다(제2항, 제3항). 처리기간에 관한 규정의 법적 성질에 대하여, 판례는 훈시규정에 불과하므로 처리기간 위반은 절차상 하자에 해당하지 않는다고 한다(대판 2019.12.13. 2018두41907).

한편 행정청은 신청인의 편의를 위하여 다른 행정청에 신청을 접수하게 할 수 있는데, 이 경우 행정청은 다른 행정청에 접수할 수 있는 신청의 종류를 미리 정하여 공시하여야 한다(제17조 제7항). 또한 신청에 대하여 다수의 행정청이 관여하는 경우에는 신청을 접수한 행정청은 관계 행정청과의 신속한 협조를 통하여 그 처분이 지연되지 않도록 하여야 한다(제18조).

3. 불이익 처분

"행정청이 당사자에게 의무를 부과하거나 권익을 제한하는 처분"(제21조 제1항, 제

22조 제3항)을 불이익 처분 또는 침해적 처분이라고 한다. 불이익 처분절차에서는 처분절차에 공통되는 핵심적 내용인 '이유제시'에 더하여 '사전통지'와 '의견청취'가 그 고유의 핵심적인 내용을 구성한다. 의견청취는 청문, 공청회, 의견제출의 세 가지 방법으로 이루어진다. 이유제시는 앞에서 설명하였으므로, 아래에서는 사전통지와 의견청취를 본다.

1) 처분의 사전통지

(1) 행정청은 불이익 처분을 하는 경우에는 ① 처분의 제목, ② 당사자의 성명 또는 명칭과 주소, ③ 처분하려는 원인이 되는 사실과 처분의 내용 및 법적 근거, ④ 위 ③의 사항에 대하여 의견을 제출할 수 있다는 뜻과 의견을 제출하지 아니하는 경우의 처리방법, ⑤ 의견제출기관의 명칭과 주소, ⑥ 의견제출기한, ⑦ 그 밖에 필요한 사항을 당사자등에게 통지하여야 한다(제21조 제1항). 위 ⑥의 기한은 의견제출에 필요한 기간을 10일 이상으로 고려하여 정해야 한다(제3항).

(2) 다만 ① 공공의 안전 또는 복리를 위하여 긴급히 처분을 할 필요가 있는 경우, ② 법령등에서 요구된 자격이 없거나 없어지게 되면 반드시 일정한 처분을 하여야 하는 경우에 그 자격이 없어지게 된 사실이 법원의 재판 등에 의하여 객관적으로 증명된 경우, ③ 해당 처분의 성질상 의견청취가 현저히 곤란하거나 명백히 불필요하다고 인정할 만한 상당한 이유가 있는 경우는 사전통지의 예외사유에 해당하여 이를 하지 아니할 수 있다(제21조 제4항).

위 예외사유②에 따라 사전통지를 하지 아니할 수 있는 구체적인 사항은 대통령령에 5가지로 규정되어 있다(제21조 제5항, 시행령 제13조). 그중 "법원의 재판 또는 준사법적 절차를 거치는 행정기관의 결정 등에 따라 처분의 전제가 되는 사실이 객관적으로 증명되어 처분에 따른 의견청취가 불필요하다고 인정되는 경우"(시행령 제13조 제2호)의 의미에 대하여, 판례는 "법원의 재판 등에 따라 처분의 전제가 되는 사실이 객관적으로 증명되면 행정청이 반드시 일정한 처분을 해야 하는 경우 등 의견청취가 행정청의 처분 여부나 그 수위 결정에 영향을 미치지 못하는 경우를 의미한다고 보아야 한다. 처분의 전제가 되는 '일부' 사실만 증명된 경우이거나 의견청취에 따라 행정청의 처분 여부나 처분 수위가 달라질 수 있는 경우라면 위 예외사유에 해당하지 않는다" 라고 하며, '재량행위'는 그에 대한 의견청취가 행정청의 처분 여부나 처분 수위가 달라질 수 있는 경우에 해당한다고 본다(대판 2020.7.23. 2017두66602).

위 예외사유③ 해당 여부 판단기준에 대하여, 판례는 "해당 행정처분의 성질에 비추어 판단하여야 하며, 처분상대방이 이미 행정청에 위반사실을 시인하였다거나 처분의 사전통지 이전에 의견을 진술할 기회가 있었다는 사정을 고려하여 판단할 것은 아니"므로, 그 이전에 별도의 수사 · 징계 · 처분절차에서 의견진술기회가 있었다는 것은 예외사유에 해당하지 않는다고 한다(대판 2019.5.30. 2014두40258; 대판 2007.9.21. 2006두20631; 대판 2016.11.9. 2014두1260). "행정지도 방식의 사전고지"도 예외사유에 해당하지 않는다(대판 2000.11.14. 99두5870).

사전통지 예외사유(제21조 제4항)에 따라 사전통지를 하지 아니하는 경우 행정청은 처분을 할 때 당사자등에게 통지를 하지 아니한 사유를 알려야 하지만, 신속한 처분이 필요한 경우에는 처분 후 그 사유를 알릴 수 있다(제6항). 알리는 방식은 문서에 의함이 원칙이다(제7항).

(3) '신청에 대한 거부처분'이 불이익 처분에 해당하는지 문제된다. 판례는 "신청에 대한 거부처분은 당사자에게 의무를 부과하거나 적극적으로 권익을 제한하는 처분이 아니므로" 사전통지의 대상이 아니라고 한다(대판 2019.7.11. 2017두38874). 특히 "신청에 따른 처분이 이루어지지 아니한 경우에는 아직 당사자에게 권익이 부과되지 아니하였으므로 특별한 사정이 없는 한 신청에 대한 거부처분이라고 하더라도 직접 당사자의 권익을 제한하는 것은 아니어서 신청에 대한 거부처분을 여기에서 말하는 '당사자의 권익을 제한하는 처분'에 해당한다고 할 수 없는 것이어서 처분의 사전통지대상이 된다고 할 수 없다"라고 한다(대판 2003.11.28. 2003두674).

(4) '지위승계신고수리처분에서의 피승계인에 해당하는 종전 지위자'는 권익을 제한하는 처분에 대하여 직접 그 상대가 되는 당사자에 해당하므로 그에 대하여 사전통지를 해야 한다는 것이 판례이다(대판 2012.12.13. 2011두29144; 대판 2003.2.14. 2001두7015).

(5) 만약 행정청이 청문을 하려면 청문이 시작되는 날부터 10일 전까지 ① 처분의 제목, ② 당사자의 성명 또는 명칭과 주소, ③ 처분하려는 원인이 되는 사실과 처분의 내용 및 법적 근거, ④ 청문 주재자의 소속 · 직위 및 성명, ⑤ 청문의 일시 및 장소, ⑥ 청문에 응하지 아니하는 경우의 처리방법 등 청문에 필요한 사항, ⑦ 그 밖에 필요한 사항을 당사자등에게 통지하여야 한다(제21조 제2항).

판례는 육군3사관학교의 사관생도에 대한 징계위원회 출석통지서와 관련하여, "「사관생도 행정예규」 제95조 제2호 (가)목에 의하면 징계위원회는 개최 3일 전까지 징계심의대상자에게 출석이유를 기재한 출석통지서를 교부하고 징계위원회에 출석시켜 심의하여야 한다고 규정하고 있는데, 이러한 규정의 취지는 징계심의대상자로 하여금 어떠한 사유로 징계에 회부되었는가를 사전에 알게 함으로써 징계의결 전에 그에 관하여 소명하는 등 방어권을 행사할 수 있도록 보장하려는 데에 있으므로 출석이유는 징계혐의대상자가 방어권을 행사하는 데 지장이 없을 정도로 특정되면 충분하[다]"라고 판시하였다(대판 2018.3.13. 2016두33339).

2) 의견청취

(1) 의견제출

가) 의견제출은 행정청이 어떠한 행정작용을 하기 전에 당사자등이 의견을 제시하는 절차로서 청문이나 공청회에 해당하지 아니하는 절차이다(제2조 제7호). 불이익 처분의 경우에는 청문이나 공청회가 이루어지지 않는다면 적어도 당사자등에게 의견제출의 기회를 주어야 한다(제22조 제3항). 다시 말해, 청문이나 공청회와는 달리 의견제출은 불이익 처분절차에서 최소한의 의견청취제도이다. 이는 진술형 청문에 해당한다.

나) 당사자등은 처분 전에 그 처분의 관할 행정청에 서면이나 말로 또는 정보통신망을 이용하여 의견제출을 할 수 있고, 이때 그 주장을 입증하기 위한 증거자료 등을 첨부할 수 있다(제27조 제1항, 제2항). 행정청은 당사자등이 말로 의견제출을 하였을 때에는 서면으로 그 진술의 요지와 진술자를 기록하여야 한다(제3항). 반면 당사자등이 정당한 이유 없이 의견제출기한까지 의견제출을 하지 아니한 경우에는 의견이 없는 것으로 본다(제4항).

행정청은 처분을 할 때에 당사자등이 제출한 의견이 상당한 이유가 있다고 인정하는 경우에는 이를 반영하여야 한다(제27조의2 제1항). 만약 당사자등이 제출한 의견을 반영하지 아니하고 처분을 한 경우에는 당사자등이 처분이 있음을 안 날부터 90일 이내에 그 이유의 설명을 요청하면 서면으로 그 이유를 알려야 하는데, 당사자등이 동의하면 말, 정보통신망 또는 그 밖의 방법으로 알릴 수 있다(제2항).

다) 다만 의견제출 · 청문 · 공청회에 공통되는 것으로서 행정청은 ① 사전통지의 예외사유 중 어느 하나에 해당하는 경우, ② 당사자가 의견진술의 기회를 포기한다는 뜻을 명백히 표시한 경우에는 의견청취를 하지 아니할 수 있다(제22조 제4항). 행정절차법의 강행규범성과 의견청취절차의 취지를 고려하였을 때, 여기서 "의견진술의 기회를 포기한다"는 의미는 당해 사안에서 청문 등을 하지 않겠다는 의사표시이지 사전에 협약 등을 통하여 일반적으로 자신의 의견진술의 기회를 미리 포기하는 것으로 해석할 수는 없다.

청문불실시사유와 관련하여, 판례는 "여기에서 말하는 '의견청취가 현저히 곤란하거나 명백히 불필요하다고 인정될 만한 상당한 이유가 있는지 여부'는 당해 행정처분의 성질에 비추어 판단하여야 하는 것이[므로] 행정처분의 상대방에 대한 청문통지서가 반송되었다거나, 행정처분의 상대방이 청문일시에 불출석하였다는 이유로 청문을 실시하지 아니하고 한 침해적 행정처분은 위법하다"라고 판시하였다(대판 2001.4.13. 2000두3337).

또한 판례는 '의견청취가 곤란하거나 명백히 불필요하다고 인정될 만한 상당한 이유가 있는 경우'와 '의견진술의 기회를 포기한다는 뜻을 명백히 표시한 경우'에 해당하는지 여부와 관련하여, "행정청이 당사자와 사이에 도시계획사업의 시행과 관련한 협약을 체결하면서 관계 법령 및 행정절차법에 규정된 청문의 실시 등 의견청취절차를 배제하는 조항을 두었다고 하더라도 … 위와 같은 협약의 체결로 청문의 실시에 관한 규정의 적용을 배제할 수 있다고 볼 만한 법령상의 규정이 없는 한, 이러한 협약이 체결되었다고 하여 청문의 실시에 관한 규정의 적용이 배제된다거나 청문을 실시하지 않아도 되는 예외적인 경우에 해당한다고 할 수 없다"라고 판시하였다(대판 2004. 7.8. 2002두8350).

라) 행정청은 의견청취를 하였을 때에는 신속히 처분하여 해당 처분이 지연되지 않도록 하여야 하고, 처분 후 1년 이내에 당사자등이 요청하는 경우에는 의견청취를 위하여 제출받은 서류나 그 밖의 물건을 반환하여야 한다(제22조 제5항, 제6항).

(2) 청 문

가) 의 의

청문은 행정청이 어떠한 처분을 하기 전에 당사자등의 의견을 직접 듣고 증거를 조사하는 절차이다(제2조 제5호). 이는 사실심형 청문에 해당한다.

나) 요 건

행정청은 처분을 할 때 ① 다른 법령등에서 청문을 하도록 규정하고 있는 경우, ② 행정청이 필요하다고 인정하는 경우, ③ 인허가 등의 취소, 신분·자격의 박탈, 법인이나 조합 등의 설립허가의 취소를 하는 경우에 해당하면 청문을 실시한다(제22조 제1항). 따라서 청문은 불이익 처분의 경우에 반드시 실시되어야 하는 필요적 행정절차는 아니다. 위 청문사유에 해당하지 아니하면 단순한 의견제출로 의견청취가 이루어진다.

다) 청문의 개시

행정청이 청문을 하려면 청문이 시작되는 날부터 10일 전까지 처분의 내용 등을 당사자등에게 통지하여야 한다(제21조 제2항). 다만 청문의 예외사유에 해당하는 경우에는 청문을 하지 아니할 수 있다(제22조 제4항).

행정청은 직권으로 또는 당사자의 신청에 따라 여러 개의 사안을 병합하거나 분리하여 청문을 할 수 있다(제32조).

라) 청문주재자

청문이 공정하게 진행되는 것은 공정한 진행자의 존재 여부에 따라 결정된다. 따라서 행정청은 소속 직원 또는 대통령령이 정하는 자격을 가진 사람 중에서 청문 주재자를 공정하게 선정하여야 한다(제28조 제1항). 청문 주재자는 독립하여 공정하게 직무를 수행하며 그 직무 수행을 이유로 본인의 의사에 반하여 신분상 어떠한 불이익도 받지 않는다(제4항). 청문 주재자는 형법이나 그 밖의 다른 법률에 따른 벌칙을 적용할 때에는 공무원으로 본다(제5항). 청문 주재자의 제척 · 기피 · 회피에 관한 규정도 있다(제29조).

행정청은 청문이 시작되는 날부터 7일 전까지 청문 주재자에게 청문과 관련한 필요한 자료를 미리 통지하여야 한다(제28조 제3항). 또한 행정청은 ① 다수 국민의 이해가 상충되는 처분, ② 다수 국민에게 불편이나 부담을 주는 처분, ③ 그 밖에 전문적이고 공정한 청문을 위하여 행정청이 청문 주재자를 2명 이상으로 선정할 필요가 있다고 인정하는 처분 중 어느 하나에 해당하는 처분을 하려는 경우에는 청문 주재자를 2명 이상으로 선정할 수 있고, 이때 선정된 청문 주재자 중 1명이 청문 주재자를 대표한다(제2항).

마) 청문의 공개

특히 사실심형 청문의 경우에는 준사법적 절차에 해당하는 것이므로 재판에 준하여 그 진행이 공개되는 것이 원칙이다. 따라서 당사자가 공개를 신청하거나 청문 주재자가 필요하다고 인정하는 경우에는 청문을 공개할 수 있음이 원칙이나, 공익 또는 제3자의 정당한 이익을 현저히 해할 우려가 있는 경우에는 공개하여서는 안 된다(제30조).

바) 청문의 절차

(가) 청문의 진행 및 증거조사

청문은 그 대상 사안에 대한 충분한 의견 개진과 상대방에 대한 반론권을 부여하기 위한 질문, 증거의 제출 등으로 진행된다. 먼저 청문 주재자는 청문을 시작할 때 예정된 처분의 내용, 그 원인이 되는 사실 및 법적 근거 등을 설명하여야 한다(제31조 제1항). 당사자등은 의견을 진술하고 증거를 제출할 수 있으며, 참고인이나 감정인 등에게 질문할 수 있다(제2항). 한편 당사자등이 의견서를 제출한 경우에는 그 내용을 출석하여 진술한 것으로 본다(제3항).

청문 주재자는 직권으로 또는 당사자의 신청에 따라 필요한 조사를 할 수 있으며, 당사자등이 주장하지 아니한 사실에 대하여도 조사할 수 있다(제33조 제1항). 조사의 대상과 방법은 문서 · 장부 · 물건 등 증거자료의 수집, 참고인 · 감정인 등에 대한 질문, 검증 또는 감정 · 평가, 그 밖에 필요한 조사이다(제2항). 또한 청문 주재자는 필요하다고 인정할 때에는 관계 행정청에 필요한 문서의 제출 또는 의견의 진술을 요구할 수 있고, 이때 관계 행정청은 직무 수행에 특별한 지장이 없으면 그 요구에 따라야 한다(제3항).

청문 주재자는 청문의 신속한 진행과 질서유지를 위하여 필요한 조치를 할 수 있다(제31조 제4항). 행정청은 청문을 계속할 경우 당사자등에게 다음 청문의 일시 및 장소를 서면으로 통지하여야 하고, 당사자등이 동의하는 경우에는 전자문서로 통지할 수 있는데, 청문에 출석한 당사자등에게는 그 청문일에 청문 주재자가 말로 통지할 수 있다(제5항).

(나) 청문조서 및 청문 주재자의 의견서 작성

청문의 진행 과정에서 언급된 당사자의 주장과 증거조사의 결과 등을 기록한 청문조서는 최종적인 처분의 기초자료로 활용된다. 청문 주재자는 ① 제목, ② 청문 주재자의 소속, 성명 등 인적사항, ③ 당사자등의 주소, 성명 또는 명칭 및 출석 여부, ④ 청문의 일시 및 장소, ⑤ 당사자등의 진술의 요지 및 제출된 증거, ⑥ 청문의 공개 여부 및 공개하거나 공개하지 아니한 이유, ⑦ 증거조사를 한 경우에는 그 요지 및 첨부된 증거, ⑧ 그 밖에 필요한 사항이 적힌 청문조서를 작성하여야 한다(제34조 제1항). 당사자등은 청문조서의 내용을 열람 · 확인할 수 있으며, 이의가 있을 때에는 그 정정을 요구할 수 있다(제2항).

또한 청문 주재자는 청문조서와는 별도로 ① 청문의 제목, ② 처분의 내용, 주요 사실 또는 증거, ③ 종합의견, ④ 그 밖에 필요한 사항이 적힌 청문 주재자의 의견서를 작성하여야 한다(제34조의2).

(다) 청문의 종결 및 재개

청문 주재자는 해당 사안에 대하여 당사자등의 의견진술, 증거조사가 충분히 이루어졌다고 인정하는 경우에는 청문을 마칠 수 있다(제35조 제1항). 청문 주재자는 당사자등의 전부 또는 일부가 정당한 사유 없이 청문기일에 출석하지 아니하거나 의견서를 제출하지 아니한 경우에는 이들에게 다시 의견진술 및 증거제출의 기회를 주지 아니하고 청문을 마칠 수 있으나, 정당한 사유가 있는 경우에는 10일 이상의 기간을 정하여 이들에게 의견진술 및 증거제출을 요구하여야 하며, 해당 기간이 지났을 때에 청문을 마칠 수 있다(제2항, 제3항).

청문 주재자는 청문을 마쳤을 때에는 청문조서, 청문 주재자의 의견서, 그 밖의 관계 서류 등을 행정청에 지체없이 제출하여야 한다(제35조 제4항). 행정청은 처분을 할 때에 청문 주재자가 제출한 청문조서, 청문 주재자의 의견서, 그 밖의 관계 서류 등을 충분히 검토하고 상당한 이유가 있다고 인정하는 경우에는 청문결과를 반영하여야 한다(제35조의2). 행정청은 청문을 마친 후 처분을 할 때까지 새로운 사정이 발견되어 청문을 재개할 필요가 있다고 인정할 때에는 청문 주재자로부터 제출받은 청문조서 등을 되돌려 보내고 청문의 재개를 명할 수 있으며, 이 경우 청문 계속의 통지에 관한 규정을 준용한다(제36조, 제31조 제5항).

(라) 문서의 열람 및 비밀유지

당사자가 청문의 진행 과정에서 적절한 공격과 방어를 하기 위해서는 당사자의 진술내용이나 증거조사의 대상과 결과에 대하여 상당한 정보가 필요하다. 이는 의견제출에서도 마찬가지이다. 그러므로 당사자등은 의견제출의 경우에는 처분의 사전통지가 있는 날부터 의견제출기한까지, 청문의 경우에는 청문의 통지가 있는 날부터 청문이 끝날 때까지 행정청에 해당 사안의 조사결과에 관한 문서와 그 밖에 해당 처분과 관련되는 문서의 열람 또는 복사를 요청할 수 있으며, 이때 행정청은 다른 법령에 따라 공개가 제한되는 경우를 제외하고는 그 요청을 거부할 수 없다(제37조 제1항).

반면 의견제출 또는 청문 과정에서 나타난 개인의 사생활이나 경영상 또는 거래상의 비밀을 보장하기 위하여, 누구든지 의견제출 또는 청문을 통하여 알게 된 사생활이나 경영상 또는 거래상의 비밀을 정당한 이유 없이 누설하거나 다른 목적으로 사용하여서는 아니 된다(제37조 제6항).

(3) 공청회

가) 의의 및 요건

공청회는 행정청이 공개적인 토론을 통하여 어떠한 행정작용에 대하여 당사자등, 전문지식과 경험을 가진 사람, 그 밖의 일반인으로부터 의견을 널리 수렴하는 절차이다(제2조 제6호).

공청회는 ① 다른 법령등에서 공청회를 개최하도록 규정하고 있는 경우, ② 해당 처분의 영향이 광범위하여 널리 의견을 수렴할 필요가 있다고 행정청이 인정하는 경우, ③ 국민생활에 큰 영향을 미치는 처분으로서 대통령령으로 정하는 처분에 대하여 대통령령으로 정하는 수 이상의 당사자등이 공청회 개최를 요청하는 경우 중 어느 하나에 해당하는 경우에 개최한다(제22조 제3항). 따라서 다수의 이해관계인이 존재하는 처분적 성격의 행정계획의 결정 등에는 단순 청문보다는 공청회의 형식이 더 적절하다.

나) 공청회의 개최

행정청은 공청회를 개최하려는 경우에는 공청회 개최 14일 전까지 ① 제목, ② 일시 및 장소, ③ 주요 내용, ④ 발표자에 관한 사항, ⑤ 발표신청 방법 및 신청기한, ⑥ 정보통신망을 통한 의견제출, ⑦ 그 밖에 공청회 개최에 필요한 사항을 당사자등에게 통지하고 관보, 공보, 인터넷 홈페이지 또는 일간신문 등에 공고하는 등의 방법으로 널리 알려야 하는데, 공청회 개최를 알린 후 예정대로 개최하지 못하여 새로 일시 및 장소 등을 정한 경우에는 공청회 개최 7일 전까지 알려야 한다(제38조).

행정청은 위 오프라인으로 하는 공청회와 병행하여서만 정보통신망을 이용한 공청회인 '온라인공청회'를 실시할 수 있다(제38조의2 제1항). 다만, ① 국민의 생명 · 신체 · 재산의 보호 등 국민의 안전 또는 권익보호 등의 이유로 오프라인 공청회를 개최하기 어려운 경우, ② 오프라인 공청회가 행정청이 책임질 수 없는 사유로 개최되지 못하거나 개최는 되었으나 정상적으로 진행되지 못하고 무산된 횟수가 3회 이상인 경우, ③ 행정청이 널리 의견을 수렴하기 위하여 온라인공청회를 단독으로 개최할 필요가 있다고 인정하는 경우(단, 오프라인 공청회를 그 개최사유① 또는 ③에 따라 실시하는 경우는 제외) 중 어느 하나에 해당하는 경우에는 온라인공청회를 단독으로 개최할 수 있다(제2항).

다) 공청회의 주재자 및 발표자의 선정

행정청은 공청회의 주재자 및 발표자를 지명 또는 위촉하거나 선정할 때 공정성이 확보될 수 있도록 하여야 한다(제38조의3 제3항). 행정청은 해당 공청회의 사안과 관련된 분야에 전문적 지식이 있거나 그 분야에 종사한 경험이 있는 사람으로서 대통령령으로 정하는 자격을 가진 사람 중에서 공청회의 주재자를 선정한다(제1항).

공청회의 발표자는 발표를 신청한 사람 중에서 행정청이 선정하는데, 발표를 신청한 사람이 없거나 공청회의 공정성을 확보하기 위하여 필요하다고 인정하는 경우에는 ① 해당 공청회의 사안과 관련된 당사자등, ② 해당 공청회의 사안과 관련된 분야에 전문적 지식이 있는 사람, ③ 해당 공청회의 사안과 관련된 분야에 종사한 경험이 있는 사람 중에서 지명하거나 위촉할 수 있다(제38조의3 제2항). 온라인공청회를 실시하는 경우에는 누구든지 정보통신망을 이용하여 의견을 제출하거나 제출된 의견 등에 대한 토론에 참여할 수 있다(제4항).

라) 공청회의 진행 및 재개최

공청회의 주재자는 공청회를 공정하게 진행하여야 하며, 공청회의 원활한 진행을 위하여 발표 내용을 제한할 수 있고, 질서유지를 위하여 발언 중지 및 퇴장 명령 등 행정안전부장관이 정하는 필요한 조치를 할 수 있다(제39조 제1항). 발표자는 공청회의 내용과 직접 관련된 사항에 대하여만 발표하여야 한다(제2항). 공청회의 주재자는 발표자의 발표가 끝난 후에는 발표자 상호 간에 질의 및 답변을 할 수 있도록 하여야 하며, 방청인에게도 의견을 제시할 기회를 주어야 한다(제3항). 행정청은 처분을 할 때에 공청회, 온라인공청회 및 정보통신망 등을 통하여 제시된 사실 및 의견이 상당한 이유가 있다고 인정하는 경우에는 이를 반영하여야 한다(제39조의2).

행정청은 공청회를 마친 후 처분을 할 때까지 새로운 사정이 발견되어 공청회를 다시 할 필요가 있다고 인정할 때에는 공청회를 다시 개최할 수 있다(제39조의3).

Ⅳ. 신고절차

규제개혁위원회의 활동 결과로 불필요한 행정규제를 완화하고 국민의 불편을 줄여준다는 차원에서 법령상 인·허가 사항이 상당 부분 신고제로 전환되었다. 이에 따라 법령등에서 행정청에 일정한 사항을 통지함으로써 의무가 끝나는 신고, 즉 자기완결적 신고에 관한 규정이 마련되어 있다.

자기완결적 신고를 관장하는 행정청은 신고에 필요한 구비서류, 접수기관, 그 밖에 법령등에 따른 신고에 필요한 사항을 게시(인터넷 등을 통한 게시 포함)하거나 이에 대한 편람을 갖추어 두고 누구나 열람할 수 있도록 하여야 한다(제40조 제1항). 이는 신고절차를 용이하게 하고 신고로 인한 행정적 처리의 지연을 막는 제도적 장치로서 신고제의 실효성을 위한 것이다.

또한 신고가 신고서의 기재사항에 흠이 없고, 필요한 구비서류가 첨부되어 있으며, 그 밖에 법령등에 규정된 형식상의 요건에 적합한 경우에는 신고서가 접수기관에 도달된 때에 신고 의무가 이행된 것으로 본다(제40조 제2항). 행정청은 이러한 요건을 갖추지 못한 신고서가 제출된 경우에는 지체 없이 상당한 기간을 정하여 신고인에게 보완을 요구하여야 하고, 보완기간 내에 보완이 이루어지지 아니한 경우에는 그 이유를 구체적으로 밝혀 해당 신고서를 되돌려 보내야 한다(제40조 제3항, 제4항).

V. 확약절차

법령등에서 당사자가 신청할 수 있는 처분을 규정하고 있는 경우에 행정청은 당사자의 신청에 따라 장래에 어떤 처분을 하거나 하지 아니할 것을 내용으로 하는 의사표시, 즉 확약을 할 수 있다(제40조의2 제1항).

확약은 문서로 하여야 하고, 다른 행정청과의 협의 등의 절차를 거쳐야 하는 처분에 대하여 확약을 하려는 경우에는 확약을 하기 전에 그 절차를 거쳐야 한다(제40조의2 제2항, 제3항).

행정청은 ① 확약을 한 후에 확약의 내용을 이행할 수 없을 정도로 법령등이나 사정이 변경된 경우, ② 확약이 위법한 경우 중 어느 하나에 해당하는 경우에는 확약에 기속되지 않는다(제40조의2 제4항). 행정청은 위 ① 또는 ②에 해당하여 확약을 이행할 수 없는 경우에는 지체없이 당사자에게 그 사실을 통지하여야 한다(제5항).

VI. 위반사실 등의 공표절차

행정청은 법령에 따른 의무를 위반한 자의 성명 · 법인명, 위반사실, 의무 위반을 이유로 한 처분사실 등(이하, '위반사실등')을 법률로 정하는 바에 따라 일반에게 공표할 수 있다(제40조의3 제1항). 행정청은 위반사실등의 공표를 하기 전에 사실과 다른 공표로 인하여 당사자의 명예 · 신용 등이 훼손되지 않도록 객관적이고 타당한 증거와 근거가 있는지를 확인하여야 한다(제2항).

행정청은 위반사실등의 공표를 할 때에는 미리 당사자에게 그 사실을 통지하고 의견제출의 기회를 주어야 하는데, ① 공공의 안전 또는 복리를 위하여 긴급히 공표를 할 필요가 있는 경우, ② 해당 공표의 성질상 의견청취가 현저히 곤란하거나 명백히 불필요하다고 인정될 만한 타당한 이유가 있는 경우 중 어느 하나에 해당하는 경우에는 그러하지 아니하다(제40조의3 제3항). 의견제출의 기회를 받은 당사자는 공표 전에 관할 행정청에 서면이나 말 또는 정보통신망을 이용하여 의견을 제출할 수 있고, 이때 의견제출의 방법과 제출 의견의 반영 등에 관하여는 처분절차에 관한 규정을 준용한다(제4항, 제5항).

위반사실등의 공표는 관보, 공보 또는 인터넷 홈페이지 등을 통하여 한다(제40조의3 제6항). 행정청은 위반사실등의 공표를 하기 전에 당사자가 공표와 관련된 의무의 이행, 원상회복, 손해배상 등의 조치를 마친 경우에는 위반사실등의 공표를 하지 아니할 수 있다(제7항).

행정청은 공표된 내용이 사실과 다른 것으로 밝혀지거나 공표에 포함된 처분이 취소된 경우에는 그 내용을 정정하여, 정정한 내용을 지체없이 해당 공표와 같은 방법으로 공표된 기간 이상 공표하여야 하는데, 당사자가 원하지 아니하면 공표하지 아니할 수 있다(제40조의3 제8항).

Ⅶ. 행정상 입법예고절차

1. 입법예고의 의의와 대상

입법예고는 국민의 권리와 의무 또는 일상생활과 밀접한 관련이 있는 민생관련법규를 제정하거나 개정하는 경우 이를 예고하여 국민의 의견을 널리 구하고 이를 입법에 반영하기 위한 제도이다. 행정청은 법령등을 제정·개정 또는 폐지(이하 '입법')하려는 경우에 이를 예고하여야 한다(제41조 제1항 본문). 다만 ① 신속한 국민의 권리 보호 또는 예측 곤란한 특별한 사정의 발생 등으로 입법이 긴급을 요하는 경우, ② 상위 법령등의 단순한 집행을 위한 경우, ③ 입법내용이 국민의 권리·의무 또는 일상생활과 관련이 없는 경우, ④ 단순한 표현·자구를 변경하는 경우 등 입법내용의 성질상 예고의 필요가 없거나 곤란하다고 판단되는 경우, ⑤ 예고함이 공공의 안전 또는 복리를 현저히 해할 우려가 있는 경우 중 어느 하나에 해당하는 경우에는 예고를 하지 아니할 수 있다(단서). 그러나 법제처장은 입법예고를 하지 아니한 법령안의 심사 요청을 받은 경우에 입법예고를 하는 것이 적당하다고 판단할 때에는 해당 행정청에 입법예고를 권고하거나 직접 예고할 수 있다(제3항). 여기서 '법령등'은 법령 또는 자치법규이고(제2조 제1호 나목), 법령은 법률 · 대통령령 · 총리령 및 부령을 말한다(제41조 제5항, 시행령 제23조, 법제업무규정 제2조).

입법안을 마련한 행정청은 입법예고 후 예고내용에 국민생활과 직접 관련된 내용이 추가되는 등 대통령령으로 정하는 중요한 변경이 발생하는 경우에는 해당 부분에 대한 입법예고를 다시 하여야 하는데, 입법예고 예외사유에 해당하는 경우에는 예고를 하지 아니할 수 있다(제41조 제4항).

2. 입법예고의 방법

행정청은 입법안의 취지, 주요 내용 또는 전문을 ① 법령안의 경우에는 관보 및 법제처장이 구축 · 제공하는 정보시스템을 통하여, ② 자치법규안의 경우에는 공보를 통하여 공고하여야 하고, 추가로 인터넷, 신문 또는 방송 등을 통하여 공고할 수 있다(제42조 제1항). 행정청은 예고된 입법안에 대하여 온라인공청회 등을 통하여 널리 의견을 수렴할 수 있고, 이때에는 온라인공청회에 관한 규정을 준용한다(제4항).

행정청은 대통령령을 입법예고하는 경우에는 국회 소관 상임위원회에 이를 제출하여야 한다(제42조 제2항). 또한 행정청은 입법예고를 할 때에 입법안과 관련이 있다고 인정되는 중앙행정기관, 지방자치단체, 그 밖의 단체 등이 예고사항을 알 수 있도록 예고사항을 통지하거나 그 밖의 방법으로 알려야 한다(제41조 제3항).

그런데 예고된 입법안에 대하여 국민과 시민단체가 정확하고 건설적인 의견을 제시하기 위해서는 입법안의 취지만을 예고하는 것으로는 부족한 경우가 많다. 따라서 행정청은 예고된 입법안의 전문에 대한 열람 또는 복사를 요청받았을 때에는 특별한 사유가 없으면 그 요청에 따라야 한다(제42조 제5항). 한편 위 복사에 드는 비용은 복사를 요청한 자에게 부담시킬 수 있다(제41조 제6항).

3. 예고기간과 의견제출 등

입법예고기간은 예고할 때 정하되, 특별한 사정이 없으면 40일(자치법규는 20일) 이상으로 한다(제43조). 입법예고절차에서 가장 핵심적인 내용은 역시 입법안에 대한 국민의 의견제출절차이다. 예고된 입법안에 대하여는 누구든지 의견을 제출할 수 있고, 행정청은 의견접수기간, 의견제출기간, 그 밖에 필요한 사항을 해당 입법안을 예고할 때 함께 공고하여야 한다(제44조 제1항, 제2항).

의견제출의 실효성을 제고하기 위하여, 행정청은 해당 입법안에 대한 의견이 제출된 경우 특별한 사유가 없으면 이를 존중하여 처리하여야 하고, 의견을 제출한 사람에게 그 제출된 의견의 처리결과를 통지하여야 한다(제44조 제3항, 제4항).

행정청은 입법안에 관하여 공청회를 개최할 수 있고, 이때에는 처분절차상 공청회에 관한 규정을 준용한다(제45조).

Ⅷ. 행정예고절차

행정청은 정책, 제도 및 계획(이하 '정책등')을 수립 · 시행하거나 변경하려는 경우에는 이를 예고하여야 하는데, ① 신속하게 국민의 권리를 보호하여야 하거나 예측이 어려운 특별한 사정이 발생하는 등 긴급한 사유로 예고가 현저히 곤란한 경우, ② 법령등의 단순한 집행을 위한 경우, ③ 정책등의 내용이 국민의 권리 · 의무 또는 일상생활과 관련이 없는 경우, ④ 정책등의 예고가 공공의 안전 또는 복리를 현저히 해칠 우려가 상당한 경우 중 어느 하나에 해당하는 경우에는 예고를 하지 아니할 수 있다(제46조 제1항). 그러나 법령등의 입법을 포함하는 행정예고는 입법예고로 갈음할 수 있다(제2항).

한편 중앙행정기관의 장(대통령 및 국무총리 소속 기관의 장을 포함하는데, 감사원장과 국가정보원장은 제외)은 훈령 · 예규 · 고시(그 명칭에 관계 없이 법령의 시행 또는 행정사무처리 등과 관련하여 발령하는 규정 · 규칙 · 지시 · 지침 · 통첩 등 포함)를 입안하는 경우 행정예고를 실시하여야 하나, 단순한 사실을 대외적으로 알리는 고시 · 공고와 일일명령 또는 계속적 · 반복적으로 적용될 것이 예정되지 아니한 일회성 지시는 그렇지 않다(훈령등 발령규정 제6조 제1항, 제2조 제1항, 제3조).

행정예고기간은 예고 내용의 성격 등을 고려하여 정하되, 20일 이상으로 한다(제46조 제3항). 다만 행정목적을 달성하기 위하여 긴급한 필요가 있는 경우에는 행정예고기간을 단축할 수 있는데, 이때 단축된 행정예고기간은 10일 이상으로 한다(제4항).

행정청은 정책등안의 취지, 주요 내용 등을 관보 · 공보나 인터넷 · 신문 · 방송 등을 통하여 공고하여야 한다(제47조 제1항). 행정예고의 방법, 의견제출 및 처리, 공청회 및 온라인공청회에 관하여는 입법예고절차와 처분절차에 관한 규정을 준용한다(제2항).

Ⅸ. 행정지도절차

1. 행정지도의 원칙

행정지도는 그 상대방의 자발적 협력과 동의를 바탕으로 하는 비권력적 행정작용이므로 강제성이 없는 것이 원칙이다. 그러나 행정지도를 행하는 행정주체의 우위성으로 인하여 행정지도가 사실상의 강제성을 띠고 개인의 권익을 부당하게 해하는 경우가 많다. 그러므로 법은 행정지도가 그 목적 달성에 필요한 최소한도에 그쳐야 하며, 행정지도 상대방의 의사에 반하여 부당하게 강요하여서는 아니 되고, 행정기관은 행정지도의 상대방이 행정지도에 따르지 아니하였다는 것을 이유로 불이익한 조치를 하여서는 아니 된다는 원칙을 선언하였다(제48조 제1항, 제2항).

2. 행정지도의 방식

행정지도의 폐해 중 하나인 책임소재의 불명확성을 극복하기 위하여 행정지도를 하는 자는 그 상대방에게 그 행정지도의 취지 및 내용과 신분을 밝혀야 한다(제49조 제1항). 또한 행정지도가 말로 이루어지는 경우에 상대방이 위 사항을 적은 서면의 교부를 요구하면 그 행정지도를 하는 자는 직무 수행에 특별한 지장이 없으면 이를 교부하여야 한다(제2항). 다수인을 대상으로 하는 행정지도가 이루어지는 경우에 행정기관은 행정지도에 공통적인 내용이 되는 사항을 공표하여 행정지도의 일관성과 명확성을 유지하여야 한다(제51조).

3. 의견제출

행정지도의 상대방은 해당 행정지도의 방식과 내용 등에 관하여 행정기관에 의견을 제출할 수 있다(제50조).

X. 국민참여의 확대

행정청은 행정과정에서 국민의 의견을 적극적으로 청취하고 이를 반영하도록 노력하여야 한다(제52조 제1항). 행정청은 국민에게 다양한 참여방법과 협력의 기회를 제공하도록 노력하여야 하며, 구체적인 참여방법을 공표하여야 한다(제2항).

행정청(국회사무총장 · 법원행정처장 · 헌법재판소사무처장 및 중앙선거관리위원회사무총장은 제외)은 정부시책이나 행정제도 및 그 운영의 개선에 관한 국민의 창의적인 의견이나 고안(이하 '국민제안')을 접수 · 처리하여야 한다(제52조의2).

행정청은 주요 정책 등에 관한 국민과 전문가의 의견을 듣거나 국민이 참여할 수 있는 온라인 또는 오프라인 창구를 설치 · 운영할 수 있다(제52조의3).

행정청은 국민에게 영향을 미치는 주요 정책 등에 대하여 국민의 다양하고 창의적인 의견을 널리 수렴하기 위하여 정보통신망을 이용한 정책토론, 즉 온라인 정책토론을 실시할 수 있다(제53조).

제 5 절 행정절차 위반과 행정행위의 효력

Ⅰ. 절차 위반의 의의

행정행위는 근거법규가 정한 주체, 내용, 형식 및 절차상 요건을 모두 충족하여 상대방에게 통지됨으로써 적법하게 성립되고 그 효력을 발생한다. 다른 요건과 마찬가지로 절차상 요건에 흠결이 생기면 행정행위 흠의 일반론에 따라서 무효 또는 취소할 수 있는 것이 원칙이다. 주로 문제되는 경우는 행정절차법상 사전통지, 의견청취, 이유제시의 절차에 관한 법규 위반이다.

절차상 하자로 인한 행정행위의 효력이 논의되는 이유는, 설사 절차를 준수하였다고 하더라도 어차피 동일한 결과가 있을 수밖에 없었다면, 절차 위반만을 이유로 하여 행정행위를 무효로 하거나 취소하는 것은 행정의 능률을 해치고 불필요하게 법원의 부담만을 가중시키는 결과가 될 수 있기 때문이다. 이는 절차적 하자가 독자적 위법사유가 되는지의 문제라고도 할 수 있다.

Ⅱ. 절차 위반에 대한 학설의 검토

1. 부정설

행정절차 위반만을 이유로 행정행위를 무효로 하거나 취소할 수 없다는 견해이다. 그 논거는 다음과 같다. 첫째, 절차규정은 실체적 결정의 적법성을 도출하는 보조적 수단에 불과하므로 그 독자적 의의를 인정하기 곤란하다는 것이다. 특히 실체적 결정의 번복가능성이 없는 상태에서는 더욱 그렇다. 둘째, 독자적 의미가 없는 절차 위반을 이유로 행정처분을 취소한다면 불필요한 행정쟁송을 야기할 수 있고, 어차피 동일한 행정처분이 다시 내려진다면 법원과 행정부 모두에게 불필요한 부담을 준다는 것이다.

2. 긍정설

절차상 하자는 독자적 위법사유가 된다는 견해이다. 그 근거는 다음과 같다. 첫째, 적법 · 타당한 처분은 절차의 적정성으로 담보되는 것이 일반적이다. 둘째, 법령상의 절차를 거치는 경우 실체적 결론이 달라질 가능성이 충분히 있다. 셋째, 법령에 규정된 절차를 거치지 않아도 행정처분이 적법한 것으로 인정된다면 행정법의 대원칙인 법률적합성원칙에 정면으로 위반된다. 넷째, 행정소송법 제30조 제3항에 "제2항의 규정은 신청에 따른 처분이 절차의 위법을 이유로 취소되는 경우에 준용한다"라고 규정되어 있는 것은 절차 위반이 독자적 취소사유가 됨을 전제로 한다는 것이다.

3. 검 토

사실상 동일한 결론이 내려질 것으로 예상되었으나 의견청취에서의 당사자 및 이해관계인의 진술과 증거조사의 결과에 따라 실체적 결정이 번복될 가능성은 얼마든지 존재한다. 바로 이러한 이유 때문에 청문 등 의견청취를 행하는 것이다. 또한 법령에 규정된 절차규정을 위반한 행위를 위법한 행위로 평가하지 않는다면, 법치주의의 기본 구조는 유지되기 어려울 것이다. 따라서 긍정설이 타당하다.

Ⅲ. 판례의 입장

판례는 사전통지, 청문(의견청취) 또는 이유의 부기(이유제시)가 적어도 법령에 규정된 이상 이를 거치지 않은 행정처분을 대부분 위법한 것으로 인정하고 있다.

1. 의견청취의 경우

1) 의견청취가 법령에 규정된 경우

대법원은 거의 일관되게 행정절차법을 비롯한 법령에 규정된 의견청취 절차를 준수하지 않은 행정처분의 위법성을 인정하고 취소할 수 있음을 밝히고 있다. 대표적인 것으로서 불이익처분을 하기 전에 사전통지 또는 의견제출기회 부여를 하지 않은 불이익 처분에 관하여, 판례는 "행정청이 침해적 행정처분을 하면서 당사자에게 사전통지를 하거나 의견제출의 기회를 주지 아니하였다면, 사전통지나 의견제출의 예외적인 경우에 해당하지 아니하는 한, 처분은 위법하여 취소를 면할 수 없다"라고 판시하였다(대판 2016.10.27. 2016두41811).

또한 청문의 흠결로 인한 행정처분의 위법성에 대하여 판례는 "행정청이 특히 침해적 행정처분을 할 때 그 처분의 근거 법령 등에서 청문을 실시하도록 규정하고 있다면, 행정절차법 등 관련 법령상 청문을 실시하지 않아도 되는 예외적인 경우에 해당하지 않는 한 반드시 청문을 실시하여야 하며, 그러한 절차를 결여한 처분은 위법한 처분으로서 취소사유에 해당한다"라고 판시하였다(대판 2007.11.16. 2005두15700).

다만 법규명령의 형식에도 불구하고 이에 규정된 의견청취를 거치지 않은 경우 내부적 사무처리기준에 불과한 것이므로 위법하지 않다는 판례(대판 1987.2.10. 84누350)는 논리상 문제가 있다.

2) 의견청취의 근거가 법령에 없거나 행정규칙에만 규정된 경우

대법원 판례는 역시 일관하여 법령상의 근거가 없거나 행정규칙에 근거한 의견청취를 하지 않은 경우에는 위법의 문제가 생기지 않는다고 보고 있다. 예를 들어, 판례는 "청문절차 없이 어떤 행정처분을 한 경우에도 관계 법령에서 청문절차를 시행하도록 규정하지 않고 있는 경우에는 그 행정처분이 위법하게 되는 것이 아니[다]"라고 판시하였다(대판 1994.3.22. 93누18969).

물론 판례 중에는 건축사사무소 등록취소처분이 훈령에 규정된 청문절차를 거치지 않았다면 위법하다고 판시한 것도 있으나(대판 1984.9.11. 82누166), 이러한 취지의 판결이 이후에는 계속되지 아니하므로 큰 의미를 갖지는 못한다.

2. 이유제시의 경우

1) 이유제시가 법령에 규정된 경우

행정절차법은 행정처분이 신청에 의한 것이든 불이익처분이든 가리지 않고 이유제시를 요구하고 있으므로 이유제시를 결한 행정처분은 위법하다. 대법원은 이유제시가 법령에 규정된 경우 반드시 이유제시의 절차가 준수되어야 하며 그렇지 않은 경우 행정처분의 위법성을 인정하고 있다. 즉 "납세고지서에 과세연도, 세목, 세액 및 그 산출근거, 납부기한과 납부장소 등의 명시를 요구한 국세징수법 제9조 … 등의 규정이 단순한 세무행정상의 편의를 위한 훈시규정이 아니라, 헌법과 국세기본법에 규정된 조세법률주의의 원칙에 따라 과세관청의 자의를 배제하고 신중하고도 합리적인 과세처분을 하게 함으로써 조세행정의 공정을 기함과 아울러 납세의무자에게 부과처분의 내용을 자세히 알려주어 이에 대한 불복여부의 결정과 불복신청의 편의를 주려는데 그 근본취지가 있으므로, 이 규정들은 강행규정으로 보아야 하고, 따라서 납세고지서에 세액산출근거 등의 기재사항이 누락되었거나 과세표준과 세액의 계산명세서가 첨부되지 않았다면 적법한 납세의 고지라고 볼 수 없[다]"라고 판시하였다(대판 2002.11.13. 2001두1543).

2) 이유제시가 법령에 근거가 없거나 행정규칙에 의한 경우

이유제시가 행정규칙에 규정되었음에도 불구하고 이를 결하는 경우의 위법성 여부에 대한 판례는 없으나, 불이익처분의 경우에는 법령의 규정과는 관계없이 조리상 요구되는 것이므로 이를 결한 경우에 대법원 판례는 그 처분을 위법한 것으로 인정하였다(대판 1984.7.10. 82누551). 그러나 이 문제도 행정절차법에서 모든 행정처분에 이유제시를 요구함으로써 입법적으로 해결된 셈이다.

3. 절차상 하자 있는 행정행위의 효력 등

1) 일반론

행정절차에 위반한 행정행위의 효력에 대해서는 취소사유라는 것이 대법원 판례의 원칙적 입장이나, 환경영향평가절차나 폐기물처리시설 입지선정절차 등과 관련하여 절차상 하자의 효과를 중대하고 명백한 행정처분의 흠결로 인정하여 당해 처분의 무효를 인정하는 판결을 하였다.

(1) 판례는 "행정절차에 관한 일반법인 행정절차법 제21조 내지 제23조에서 사전통지, 의견청취, 이유 제시에 관하여 정하고 있다 … 따라서 행정청이 침해적 행정처분을 하면서 위와 같은 절차를 거치지 아니하였다면 원칙적으로 그 처분은 위법하여 취소를 면할 수 없다"라고 한다(대판 2023.9.21. 2023두39724).

(2) 판례는 환경영향평가절차를 거치지 않은 사업승인처분을 중대하고 명백한 하자가 있는 행정처분으로 보아 이를 무효로 보고 있다. 즉 "환경영향평가를 거쳐야 할 대상사업에 대하여 환경영향평가를 거치지 아니하였음에도 불구하고 승인 등 처분이 이루어진다면, 사전에 환경영향평가를 함에 있어 평가대상지역 주민들의 의견을 수렴하고 그 결과를 토대로 하여 환경부장관과의 협의내용을 사업계획에 미리 반영시키는 것 자체가 원천적으로 봉쇄되는바, 이렇게 되면 환경파괴를 미연에 방지하고 쾌적한 환경을 유지 · 조성하기 위하여 환경영향평가제도를 둔 입법 취지를 달성할 수 없게 되는 결과를 초래할 뿐만 아니라 환경영향평가대상지역 안의 주민들의 직접적이고 개별적인 이익을 근본적으로 침해하게 되므로, 이러한 행정처분의 하자는 법규의 중요한 부분을 위반한 중대한 것이고 객관적으로도 명백한 것이라고 하지 않을 수 없어, 이와 같은 행정처분은 당연무효이다"라고 판시하였다(대판 2006.6.30. 2005두14363).

판례는 폐기물처리시설 입지선정절차와 관련해서도 "입지선정위원회는 폐기물처리시설의 입지를 선정하는 의결기관이라고 할 것이고, 입지선정위원회의 구성방법에 관하여 일정 수 이상의 주민대표 등을 참여시키도록 한 것은 폐기물처리시설 입지선정 절차에 있어 주민의 참여를 보장함으로써 주민들의 이익과 의사를 대변하도록 하여 주민의 권리에 대한 부당한 침해를 방지하고 행정의 민주화와 신뢰를 확보하는 데 그 취지가 있는 것이므로, 주민대표나 주민대표 추천에 의한 전문가의 참여 없이 이루어지는 등 입지선정위원회의 구성방법이나 절차가 위법한 경우에는 그 하자 있는 입지선정위원회의 의결에 터잡아 이루어진 폐기물처리시설 입지결정처분도 위법하게 된다 할 것이[고,] 폐촉법 시행령에 의한 구성방법에 따라 입지선정위원회를 구성하지 않은 채 임의의 입지선정위원회를 구성하면서 군수와 주민대표가 선정, 추천한 각 2인의 전문가를 포함시키지 않은 하자는 중대한 것이고 객관적으로도 명백하다고 보아야 하고, 따라서 이 사건 처분의 하자는 무효사유에 해당한다"라고 판시하였다(대판 2007.4.12. 2006두20150).

또한 판례는 "국토계획법이 사인[私人]을 도시 · 군계획시설사업의 시행자로 지정하기 위한 요건으로 소유 요건과 동의 요건을 둔 취지는 사인이 시행하는 도시 · 군계획시설사업의 공공성을 보완하고 사인에 의한 일방적인 수용을 제어하기 위한 것이다. 그러므로 만일 국토계획법령이 정한 도시계획시설사업의 대상 토지의 소유와 동의 요건을 갖추지 못하였는데도 사업시행자로 지정하였다면, 이는 국토계획법령이 정한 법규의 중요한 부분을 위반한 것으로서 특별한 사정이 없는 한 그 하자가 중대하다고 보아야 한다 … [또한] 이 사건에서 참가인의 신청 내용 자체에 의하더라도 참가인이 소유 요건을 갖추지 못하였음이 분명하다. 이 사건 사업시행자 지정 처분에서 소유 요건을 충족하지 못한 하자는 중대할 뿐만 아니라 객관적으로 명백하다 … [그러므로] 원심이 같은 취지에서 이 사건 사업시행자 지정 처분의 하자가 중대 · 명백하여 무효라고 판단한 것은 정당하다"라고 판시하였다(대판 2017.7.11. 2016두35120).

물론 환경영향평가절차 등에 관한 사건은 행정절차법의 사전통지, 의견청취, 이유제시 등에 위반한 것이 아니기 때문에 일반화하기에는 다소 한계가 있는 것이 사실이다. 특히 환경영향평가 등 일종의 특별법상의 행정절차가 환경보호 등의 공익실현을 위하여 갖는 특별한 의미를 강조한 것으로 볼 수도 있다. 그러나 이러한 점을 고려한다고 하더라도 법령에서 규정한 행정절차에 위반한 경우 그 절차의 흠결이 실체적 처분에 결정적인 영향을 주었다고 판단되는 경우 이를 중대하고 명백한 행정처분의 흠으로 볼 수 있다는 점에서 행정당국에 적법절차의 의미에 대해 일대 경종을 울린 것으로 보아야 할 것이다.

(3) 그런데 대법원은 부실한 환경영향평가는 위법 여부를 판단하는 요소 중 하나일 뿐이라고 본다. 즉 "구 환경영향평가법(1997.3.7. 법률 제5302호로 개정되기 전의 것, 이하 '법'이라 한다) 제4조에서 환경영향평가를 실시하여야 할 사업(이하 '대상사업'이라 한다)을 정하고, 그 제16조 내지 제19조에서 대상사업에 대하여 반드시 환경영향평가를 거치도록 한 취지 등에 비추어 보면, 법에서 정한 환경영향평가를 거쳐야 할 대상사업에 대하여 그러한 환경영향평가를 거치지 아니하였음에도 승인 등 처분을 하였다면 그 처분은 위법하다 할 것이나, 그러한 절차를 거쳤다면, 비록 그 환경영향평가의 내용이 다소 부실하다 하더라도, 그 부실의 정도가 환경영향평가제도를 둔 입법 취지를 달성할 수 없을 정도이어서 환경영향평가를 하지 아니한 것과 다를 바 없는 정도의 것이 아닌 이상 그 부실은 당해 승인 등 처분에 재량권 일탈 · 남용의 위법이 있는지 여부를 판단하는 하나의 요소로 됨에 그칠 뿐, 그 부실로 인하여 당연히 당해 승인 등 처분이 위법하게 되는 것이 아니다"라고 판시하였다(대판 2001.6.29. 99두9902).

물론 사실관계로 보면 이러한 '부실한 환경영향평가'가 독립한 위법사유를 구성하지 않는다는 대법원의 견해에도 일응 타당성이 있다. 특히 대법원은 "위 평가에서 사업입지 관련 대안 검토를 하지 않았다거나 침수피해 방지를 위한 구체적인 계획이 없다는 점은 법에서 규정하는 환경영향평가제도의 취지에 비추어 어느 정도 한계가 있을 수밖에 없는 점을 고려할 때"라고 하여 완벽한 환경영향평가는 있을 수 없고 "그 정도의 환경영향평가서라면 문제삼지 않겠다"는 취지로 이해할 수 있다.

그러나 이러한 대법원의 입장은 환경영향평가의 규범적인 측면에서는 비판의 여지가 있다. 환경영향평가는 일종의 특별한 행정절차로서 행정처분 등 구속력 있는 행정처분을 내리기 이전에 반드시 이를 거쳐야 한다. 이 경우에도 당시 환경영향평가법 제16조 내지 제19조에서 대상사업에 대하여 반드시 환경영향평가를 거치도록 규정하고 있었다면 이를 제대로 이행하지 않은 채 이루어진 사업계획에 대한 승인처분 등은 위법을 면할 수 없다고 보아야 한다.

2) 국가재정법상 예비타당성조사의 미실시

대법원은 국가재정법상 예비타당성조사를 실시하지 아니한 하자는 원칙적으로 예산 자체의 하자일 뿐 그로써 곧바로 하천공사시행계획 등의 절차상 하자가 되지는 않는다고 판시하였다(대판 2015.12.10. 2011두32515).

3) 절차적 하자로 인한 정신적 고통에 대한 손해배상책임

판례는 절차적 권리 침해로 인한 정신적 고통에 대한 손해배상은 원칙적으로 인정되지 않는다고 본다. 그런데 그 근거로서 행정절차 자체가 독립적으로 의미를 가지는 것은 아니라고 한 판시 부분은 의문이다. 즉 "법령에서 주민들의 행정절차 참여에 관하여 정하는 것은 어디까지나 주민들에게 자신의 의사와 이익을 반영할 기회를 보장하고 행정의 공정성, 투명성과 신뢰성을 확보하며 국민의 권익을 보호하기 위한 것일 뿐, 행정절차에 참여할 권리 그 자체가 사적 권리로서의 성질을 가지는 것은 아니다. 이와 같이 행정절차는 그 자체가 독립적으로 의미를 가지는 것이라기보다는 행정의 공정성과 적정성을 보장하는 공법적 수단으로서의 의미가 크므로, 관련 행정처분의 성립이나 무효·취소 여부 등을 따지지 않은 채 주민들이 일시적으로 행정절차에 참여할 권리를 침해받았다는 사정만으로 곧바로 국가나 지방자치단체가 주민들에게 정신적 손해에 대한 배상의무를 부담한다고 단정할 수 없[으므로,] 국가나 지방자치단체가 행정절차를 진행하는 과정에서 주민들의 의견제출 등 절차적 권리를 보장하지 않은 위법이 있다고 하더라도 그 후 이를 시정하여 절차를 다시 진행한 경우, 종국적으로 행정처분 단계까지 이르지 않거나 처분을 직권으로 취소하거나 철회한 경우, 행정소송을 통하여 처분이 취소되거나 처분의 무효를 확인하는 판결이 확정된 경우 등에는 주민들이 절차적 권리의 행사를 통하여 환경권이나 재산권 등 사적 이익을 보호하려던 목적이 실질적으로 달성된 것이므로 특별한 사정이 없는 한 절차적 권리 침해로 인한 정신적 고통에 대한 배상은 인정되지 않는다. 다만 이러한 조치로도 주민들의 절차적 권리 침해로 인한 정신적 고통이 여전히 남아 있다고 볼 특별한 사정이 있는 경우에 국가나 지방자치단체는 그 정신적 고통으로 인한 손해를 배상할 책임이 있다. 이때 특별한 사정이 있다는 사실에 대한 주장·증명책임은 이를 청구하는 주민들에게 있고, 특별한 사정이 있는지는 주민들에게 행정절차 참여권을 보장하는 취지, 행정절차 참여권이 침해된 경위와 정도, 해당 행정절차 대상사업의 시행경과 등을 종합적으로 고려해서 판단해야 한다"라고(대판 2021.7.29. 2015다221668), 또한 "공법인이 국가나 지방자치단체의 행정작용을 대신하여 공익사업을 시행하면서 행정절차를 진행하는 과정에서 주민들의 절차적 권리를 보장하지 않은 위법이 있더라도 곧바로 정신적 손해를 배상할 책임이 인정되는 것은 아니지만, 절차상 위법의 시정으로도 주민들에게 정신적 고통이 남아 있다고 볼 특별한 사정이 있는 경우에는 정신적 손해의 배상을 구하는 것이 가능하다"라고 판시하였다(대판 2021.8.12. 2015다208320).

Ⅳ. 절차상 하자의 치유

1. 행정절차상의 하자가 독립한 위법원인을 구성하고 일반적으로 그 흠이 취소사유에 해당한다고 할 때, 그러한 하자를 사후의 보정행위에 의하여 치유할 수 있을지 문제가 된다. 예컨대 신청이 결여된 수익적 처분에 대하여 사후에 신청행위가 이루어지거나 결여된 사전통지, 의견청취, 이유제시가 사후에 이루어지는 경우이다.

원칙적으로 하자의 치유는 행정처분의 상대방과 행정청에 불필요한 절차의 반복을 피하고자 인정되는 제도이므로 하자의 치유가 행정법관계의 당사자 어느 일방에게 수인한도를 넘는 법적 부담을 주는 경우에는 허용될 수 없다. 예를 들어, 필요한 이유제시가 결여된 과세처분의 위법성을 이유로 행정쟁송이 제기된 후에 상당 기간이 지나 이유제시가 행하여진다고 하더라도 그러한 과세처분의 흠이 치유된다고 보기 어렵다. 따라서 이러한 이유제시를 통한 하자의 치유는 일반적으로 허용될 수 있는 것은 아니라고 보아야 한다. 만약 그것이 허용된다고 하더라도 하자의 치유는 상대방이 사후에 이루어진 이유제시에 의하여 쟁송을 포기할 정도의 설득력과 적절한 시간 내에(즉, 행정쟁송 제기 이전) 이루어져야 한다.

2. 대법원은 "하자 있는 행정행위에 있어서 하자의 치유는 행정행위의 성질이나 법치주의의 관점에서 원칙적으로 허용될 수 없고, 행정행위의 무용한 반복을 피하고

당사자의 법적 안정성을 보호하기 위하여 국민의 권익을 침해하지 아니하는 범위 내에서 예외적으로만 허용된다"라고 하여(대판 2001.6.26. 99두11592) 하자의 치유에 대하여 신중한 입장을 보이고 있다. 이에 따라 판례는 ① "면허의 취소처분에는 그 근거가 되는 법령이나 취소권 유보의 부관 등을 명시하여야 함은 물론 처분을 받은 자가 어떠한 위반사실에 대하여 당해 처분이 있었는지를 알 수 있을 정도로 사실을 적시할 것을 요하며, 이와 같은 취소처분의 근거와 위반사실의 적시를 빠뜨린 하자는 피처분자가 처분 당시 그 취지를 알고 있었다거나 그 후 알게 되었다 하여도 치유될 수 없다"라고 판시하였다(대판 1990.9.11. 90누1786). ② 또한 청문절차에서 청문서 도달기간을 위반한 경우에는 "청문제도의 취지는 처분으로 말미암아 불이익을 받게 될 영업자에게 미리 변명과 유리한 자료를 제출할 기회를 부여함으로써 부당한 권리침해를 예방하려는 데에 있는 것임을 고려하여 볼 때, 가령 행정청이 청문서 도달기간을 다소 어겼다 하더라도 영업자가 이에 대하여 이의하지 아니한 채 스스로 청문일에 출석하여 그 의견을 진술하고 변명하는 등 방어의 기회를 충분히 가졌다면 청문서 도달기간을 준수하지 아니한 하자는 치유되었다고 봄이 상당하다"라고 하였다(대판 1992.10.23. 92누2844).

판례는 하자의 치유가 가능한 시점에 대하여 쟁송제기 이전이라는 입장이다. 즉 특별행정심판 제기 후 행정소송이 계속 중인 때의 하자 치유가 문제된 사안에서 "원심이 확정한 바에 따르면 피고는 … 세 차례에 걸쳐 원고에 대하여 이 사건 과세처분을 하면서 그 납세고지서에 과세표준, 세율, 세액의 산출근거 등을 기재하지 않고 이를 발부하였다가 원고가 심사청구 심판청구등 불복절차를 거쳐 원심법원에 이 과세처분의 취소를 구하는 이 사건 행정소송을 제기하여 소송계속중인 1982.5.22.에 이르러 이 사건 과세처분의 각 과세표준, 세율, 세액의 산출근거를 기재한 납세고지서를 다시 원고에게 송달하였다"라고 하면서 "과세처분에 과세표준과 세액의 계산명세서 등을 첨부하여 고지하도록 한 것은 납세의무자에게 부과처분의 내용을 상세히 알려서 불복여부의 결정 및 그 불복신청에 편의를 주려는 데에도 그 취지가 있으므로 이 치유를 허용하려면 늦어도 과세처분에 대한 불복여부의 결정 및 불복신청에 편의를 줄 수 있는 상당한 기간 내에 하여야 한다고 할 것인바 원심이 이와 같은 취지에서 피고의 원심 확정사실과 같은 뒤늦은 납세고지서의 송달로서는 이 과세처분의 하자가 치유되었다고 보기 어렵다"라고 판시하였다(대판 1983.7.26. 82누420). 따라서 절차진행 중에는 절차상 하자의 치유가 가능하다. 판례도 "징계처분에 대한 재심절차는 원래의 징계절차와 함께 전부가 하나의 징계처분절차를 이루는 것으로서 그 절차의 정당성도 징계과정 전부에 관하여 판단되어야 할 것이므로, 원래의 징계과정에 절차위반의 하자가 있더라도 재심 과정에서 보완되었다면 그 절차위반의 하자는 치유된다"라고 하였다(대판 2005.11.25. 2003두8210).

■■■

제 2 장 민원처리제도

제 1 절 호민관으로서의 옴부즈만제도

옴부즈만이란 일반적으로 의회에 의하여 임명되어 국민의 일상생활과 관련되는 민원을 처리하고 권리를 보호하는 일종의 호민관이나. 옴부즈만제도는 원래 스웨덴에서 시작되어 오랜 시간을 두고 발전하였으며, 이 모델은 핀란드, 덴마크 등 주로 북구 유럽국가에서 성행하였다.

그 후 이 제도는 영국과 프랑스, 독일 등으로 보급되면서 사법기관에 의하지 않는 일종의 사전적인 권리보장제도로서 자리잡았다. 각국의 옴부즈만의 형태, 명칭, 권한은 나라마다의 정치적 사정에 따라 다양하므로 일률적으로 논하기 어려우나 그 직무의 독립성과 조사결과의 기속력 여부가 제도의 성패를 좌우하는 요소가 되고 있다.

우리나라에는 의회에 소속하여 활동하는 서구식의 옴부즈만에 해당하는 제도나 명칭은 없다. 다만 행정부에 소속한 민원처리제도로 민원처리법에 규정된 민원처리와 부패방지권익위법에 규정된 국민권익위원회에 의한 고충민원처리가 이에 비교될 수 있는 제도들이다.

제 2 절 민원처리법에 따른 민원처리

Ⅰ. 민원처리법의 민원

민원처리법에서 '민원'은 민원인이 행정기관에 대하여 처분 등 특정한 행위를 요구하는 것을 말하며, 그 종류에는 일반민원(법정민원, 질의민원, 건의민원, 기타민원)과 부패방지권익위법에 따른 고충민원이 있다(제2조 제1호). 여기서 법정민원은 법령 · 훈령 · 예규 · 고시 · 자치법규 등(이하 '관계법령등')에서 정한 일정 요건에 따라 인가 · 허가 · 승인 · 특허 · 면허 등을 신청하거나 장부 · 대장 등에 등록 · 등재를 신청 또는 신고하거나 특정한 사실 또는 법률관계에 관한 확인 또는 증명을 신청하는 민원이다[제2조 제1호 가목 1)].

Ⅱ. 민원처리의 원칙과 민원인의 권리

민원인의 민원처리를 신속하게 하기 위하여 민원처리의 원칙이 규정되어 있다. 행정기관의 장은 관계법령등에서 정한 처리기간이 남아 있다거나 그 민원과 관련 없는 공과금 등을 미납하였다는 이유로 민원처리를 지연시켜서는 아니 됨이 원칙이다(민원처리법 제6조 제1항 본문). 다만 다른 법령에 특별한 규정이 있는 경우에는 그에 따른다(단서). 행정기관의 장은 법령의 규정 또는 위임이 있는 경우를 제외하고는 민원처리절차 등을 강화하여서는 아니 된다(제6조 제2항).

민원인은 행정기관에 민원을 신청하고 신속 · 공정 · 친절 · 적법한 응답을 받을 권리가 있다(제5조 제1항).

Ⅲ. 민원의 신청 및 접수

민원의 신청은 문서(전자정부법의 전자문서 포함)로 하여야 하는데, 기타민원은 구술 또는 전화로 할 수 있다(민원처리법 제8조). 행정기관의 장은 민원의 신청을 받았을 때에는 다른 법령에 특별한 규정이 있는 경우를 제외하고는 그 접수를 보류하거나 거부할 수 없으며, 접수된 민원문서를 부당하게 되돌려 보내서는 아니 된다(제9조 제1항). 또한 행정기관의 장은 민원을 접수 · 처리할 때에 민원인에게 관계법령등에서 정한 구비서류 외의 서류를 추가로 요구하여서는 아니 된다(제10조 제1항).

행정기관의 장은 민원을 신속히 처리하고 민원인에 대한 안내와 상담의 편의를 제공하기 위하여 민원실을 설치할 수 있으며(제12조), 행정기관의 장은 민원실(민원실이 설치되지 아니한 기관의 경우에는 문서의 접수 · 발송을 주관하는 부서)에 민원 관련 법령 · 편람과 민원의 처리 기준과 절차 등 민원의 신청에 필요한 사항을 게시하고 이를 인터넷 홈페이지를 통하여 제공하는 등 민원인에게 민원 신청의 편의를 제공하여야 한다(제13조). 또한 행정기관의 장은 민원처리상황의 확인 · 점검 등을 위하여 소속 직원 중에서 민원심사관을 지정하여야 한다(제25조 제1항).

Ⅳ. 법정민원의 처리기간 설정 · 공표 및 민원처리기준표의 고시

1. 행정기관의 장은 법정민원을 신속히 처리하기 위하여 행정기관에 법정민원의 신청이 접수된 때부터 처리가 완료될 때까지 소요되는 처리기간을 법정민원의 종류별로 미리 정하여 공표하여야 한다(민원처리법 제17조 제1항). 한편 질의민원 · 건의민원 · 기타민원 및 고충민원의 처리기간은 대통령령으로 규정되어 있다(제18조).

다만 판례는 "민원의 처리기간을 정하는 것은 신청에 따른 사무를 가능한 한 조속히 처리하도록 하기 위한 것이다. 처리기간에 관한 규정은 훈시규정에 불과할 뿐 강행규정이라고 볼 수 없다. 행정청이 처리기간이 지나 처분을 하였더라도 이를 처분을 취소할 절차상 하자로 볼 수 없다"라고 하였다(대판 2019.12.13. 2018두41907).

2. 행정안전부장관은 민원인의 편의를 위하여 관계법령등에 규정되어 있는 민원의 처리기관, 처리기간, 구비서류, 처리절차, 신청방법 등에 관한 사항을 종합한 민원처리기준표를 작성하여 관보에 고시하고 통합전자민원창구에 게시하여야 한다(민원처리법 제36조 제1항). 또한 행정기관의 장은 관계법령등의 제정 · 개정 또는 폐지 등으로 종전에 고시된 민원처리기준표를 변경할 필요가 있으면 즉시 그 내용을 행정안전부장관에게 통보하여야 하며, 행정안전부장관은 그 내용을 관보에 고시하고 통합전자민원창구에 게시한 후 종전에 고시된 민원처리기준표에 반영하여야 한다(제36조 제2항).

Ⅴ. 민원처리결과의 통지의무 및 거부처분에 대한 이의신청

1. 행정기관의 장은 접수된 민원에 대한 처리를 완료한 때에는 그 결과를 민원인에게 문서로 통지하여야 하는데, 다만 기타민원의 경우와 통지에 신속을 요하거나 민원인이 요청하는 등 대통령령으로 정하는 경우에는 구술, 전화, 문자메시지, 팩시밀리 또는 전자우편 등으로 통지할 수 있다(민원처리법 제27조 제1항). 특히 행정기관의 장은 민원의 처리결과를 통지할 때에 민원의 내용을 거부하는 경우에는 거부 이유와 구제절차를 함께 통지하여야 한다(제3항).

2. 법정민원에 대한 행정기관의 장의 거부처분에 불복하는 민원인은 그 거부처분을 받은 날부터 60일 이내에 그 행정기관의 장에게 문서로 이의신청을 할 수 있다(민원처리법 제35조 제1항). 행정기관의 장은 이의신청을 받은 날부터 10일 이내에 그 이의신청에 대하여 인용 여부를 결정하고 그 결과를 민원인에게 지체없이 문서로 통지하여야 함이 원칙이다(제2항 본문). 민원인은 위 이의신청 여부와 관계없이 행정심판법에 따른 행정심판 또는 행정소송법에 따른 행정소송을 제기할 수 있다(제3항).

한편 판례는 민원처리법상 거부처분에 대한 "이의신청을 받아들이지 않는 취지의 기각 결정 내지는 그 취지의 통지"는 행정심판법상 행정심판이나 특별행정심판에 대한 재결에 해당하지 않고, 행정소송법상 항고소송의 대상이 되는 처분에도 해당하지 않는다는 입장이다(대판 2012.11.15. 2010두8676). 이로 인해 제소기간 기산에 관하여 부당한 결과에 이르는 경우도 있었으나, 행정기본법의 적용으로 이를 해소할 수 있게 되었다. 즉 민원처리법상 거부처분에 대한 이의신청에 대한 결과를 통지받은 후 행정심판 또는 행정소송을 제기하려는 자는 그 결과를 통지받은 날(민원처리법상 이의신청 인용여부 결과의 통지기간 내에 결과를 통지받지 못한 경우에는 그 통지기간이 만료되는 날의 다음 날)부터 90일 이내에 행정심판 또는 행정소송을 제기할 수 있다(행정기본법 제36조 제5항, 제4항).

제 3 절 국민권익위원회에 의한 고충민원처리

고충민원의 처리와 이에 관련된 불합리한 행정제도를 개선하고, 부패의 발생을 예방하며 부패행위를 효율적으로 규제함으로써 국민의 기본적 권익을 보호하고 행정의 적정성을 확보하며 청렴한 공직 및 사회풍토의 확립에 이바지하기 위하여 국민권익위원회가 설치되었다(부패방지권익위법 제1조).

고충민원은 행정기관등의 위법 · 부당하거나 소극적인 처분(사실행위 및 부작위 포함) 및 불합리한 행정제도로 인하여 국민의 권리를 침해하거나 국민에게 불편 또는 부담을 주는 사항에 관한 민원(현역장병 및 군 관련 의무복무자의 고충민원 포함)을 말한다(제2조 제5호). 여기서 '행정기관등'은 중앙행정기관, 지방자치단체, 공공기관운영법 제4조에 따른 기관 및 법령에 따라 행정기관의 권한을 가지고 있거나 그 권한을 위임 · 위탁받은 법인 · 단체 또는 그 기관이나 개인을 말한다(제2호).

Ⅰ. 국민권익위원회의 설치와 구성

고충민원의 처리와 이에 관련된 불합리한 행정제도를 개선하고, 부패의 발생을 예방하여 부패행위를 효율적으로 규제하도록 하기 위하여 국무총리 소속으로 국민권익위원회(이하 '위원회')를 둔다(부패방지권익위법 제11조 제1항). 위원회는 정부조직법 제2조에 따른 중앙행정기관으로서 그 권한에 속하는 사무를 독립적으로 수행한다(제11조 제2항).

위원회는 위원장 1명을 포함한 15명의 위원(부위원장 3명과 상임위원 3명 포함)으로 구성한다(제13조 제1항 제1문). 이 경우 부위원장은 각각 고충민원, 부패방지 업무 및 중앙행정심판위원회의 운영업무로 분장하여 위원장을 보좌한다(제2문). 다만 중앙행정심판위원회의 구성에 관한 사항은 행정심판법에서 정하는 바에 따른다(제3문).

위원장, 부위원장과 위원은 고충민원과 부패방지에 관한 업무를 공정하고 독립적으로 수행할 수 있다고 인정되는 자로서 다음의 어느 하나에 해당하는 자 중에서 임명 또는 위촉한다(제13조 제2항). ① 대학이나 공인된 연구기관에서 부교수 이상 또는 이에 상당하는 직에 8년 이상 있거나 있었던 자, ② 판사 · 검사 또는 변호사의 직에 10년 이상 있거나 있었던 자, ③ 3급 이상 공무원 또는 고위공무원단에 속하는 공무원의 직에 있거나 있었던 자, ④ 건축사 · 세무사 · 공인회계사 · 기술사 · 변리사의 자격을 소지하고 해당 직종에서 10년 이상 있거나 있었던 자, ⑤ 제33조 제1항에 따라 시민고충처리위원회 위원으로 위촉되어 그 직에 4년 이상 있었던 자, ⑥ 그 밖에 사회적 신망이 높고 행정에 관한 식견과 경험이 있는 자로서 시민사회단체로부터 추천을 받은 자.

Ⅱ. 국민권익위원회의 관장사항

위원회는 다음의 업무를 수행한다(부패방지권익위법 제12조). ① 국민의 권리보호 · 권익구제 및 부패방지를 위한 정책의 수립 및 시행, ② 고충민원의 조사와 처리 및 이와 관련된 시정권고 또는 의견표명, ③ 고충민원을 유발하는 관련 행정제도 및 그 제도의 운영에 개선이 필요하다고 판단되는 경우 이에 대한 권고 또는 의견표명, ④ 위원회가 처리한 고충민원의 결과 및 행정제도의 개선에 관한 실태조사와 평가, ⑤ 공공기관의 부패방지를 위한 시책 및 제도개선 사항의 수립 · 권고와 이를 위한 공공기관에 대한 실태조사, ⑥ 공공기관의 부패방지시책 추진상황에 대한 실태조사 · 평가, ⑦ 부패방지 및 권익구제 교육 · 홍보 계획의 수립 · 시행, ⑧ 비영리 민간단체의 부패방지활동 지원 등 위원회의 활동과 관련된 개인 · 법인 또는 단체와의 협력 및 지원, ⑨ 위원회의 활동과 관련된 국제협력, ⑩ 부패행위 신고 안내 · 상담 및 접수 등, ⑪ 신고자의 보호 및 보상, ⑫ 법령 등에 대한 부패유발요인 검토, ⑬ 부패방지 및 권익구제와 관련된 자료의 수집 · 관리 및 분석, ⑭ 공직자 행동강령의 시행 · 운영 및 그 위반행위에 대한 신고의 접수 · 처리 및 신고자의 보호, ⑮ 민원사항에 관한 안내 · 상담 및 민원사항 처리실태 확인 · 지도, ⑯ 온라인 국민참여포털의 통합 운영과 정부민원안내콜센터의 설치 · 운영, ⑰ 시민고충처리위원회의 활동과 관련한 협력 · 지원 및 교육, ⑱ 다수인 관련 갈등 사항에 대한 중재 · 조정 및 기업애로 해소를 위한 기업고충민원의 조사 · 처리, ⑲ 행정심판법에 따른 중앙행정심판위원회의 운영에 관한 사항,

⑳ 다른 법령에 따라 위원회의 소관으로 규정된 사항, ㉑ 그 밖에 국민권익 향상을 위하여 국무총리가 위원회에 부의하는 사항.

Ⅲ. 시민고충처리위원회

지방자치단체 및 그 소속 기관에 관한 고충민원의 처리와 행정제도의 개선 등을 위하여 각 지방자치단체에 시민고충처리위원회를 둘 수 있다(부패방지권익위법 제32조 제1항). 이 법에 규정된 사항 외에 시민고충처리위원회의 조직 및 운영에 관하여 필요한 사항은 해당 지방자치단체의 조례로 정한다(제38조).

시민고충처리위원회가 수행하는 업무는 다음과 같다(제38조 제2항). ① 지방자치단체 및 그 소속 기관에 관한 고충민원의 조사와 처리, ② 고충민원과 관련된 시정권고 또는 의견표명, ③ 고충민원의 처리과정에서 관련 행정제도 및 그 제도의 운영에 개선이 필요하다고 판단되는 경우 이에 대한 권고 또는 의견표명, ④ 시민고충처리위원회가 처리한 고충민원의 결과 및 행정제도의 개선에 관한 실태조사와 평가, ⑤ 민원사항에 관한 안내, 상담 및 민원처리 지원, ⑥ 시민고충처리위원회의 활동과 관련한 교육 및 홍보, ⑦ 시민고충처리위원회의 활동과 관련된 국제기구 또는 외국의 권익구제기관 등과의 교류 및 협력, ⑧ 시민고충처리위원회의 활동과 관련된 개인 · 법인 또는 단체와의 협력 및 지원, ⑨ 그 밖에 다른 법령에 따라 시민고충처리위원회에 위탁된 사항.

Ⅳ. 고충민원의 처리

1. 고충민원의 신청 및 접수

1) 누구든지(국내에 거주하는 외국인 포함) 위원회 또는 시민고충처리위원회(이하 통칭하여 '권익위원회')에 고충민원을 신청할 수 있다(부패방지권익위법 제39조 제1항 제1문). 이 경우 하나의 권익위원회에 대하여 고충민원을 제기한 신청인은 다른 권익위원회에 대하여도 고충민원을 신청할 수 있다(제2문).

권익위원회에 고충민원을 신청하고자 하는 자는 다음의 사항을 기재하여 문서(전자문서 포함)로 이를 신청하여야 하는데, 다만 문서에 의할 수 없는 특별한 사정이 있는 경우에는 구술로 신청할 수 있다(제39조 제2항). ① 신청인의 이름과 주소(법인 또는 단체의 경우에는 그 명칭 및 주된 사무소의 소재지와 대표자의 이름), ② 신청의 취지 · 이유와 고충민원신청의 원인이 된 사실내용, ③ 그 밖에 관계 행정기관의 명칭 등 대통령령으로 정하는 사항.

신청인은 법정대리인 외에 다음의 어느 하나에 해당하는 자를 대리인으로 선임할 수 있는데, 이때 대리인의 자격은 서면으로 소명하여야 한다(제39조 제3항). ① 신청인의 배우자, 직계 존·비속 또는 형제자매, ② 신청인인 법인의 임원 또는 직원, ③ 변호사, ④ 다른 법률의 규정에 따라 고충민원신청의 대리를 할 수 있는 자, ⑤ 제1호부터 제4호까지의 규정 외의 자로서 권익위원회의 허가를 받은 자.

2) 권익위원회는 고충민원의 신청이 있는 경우에는 다른 법령에 특별한 규정이 있는 경우를 제외하고는 그 접수를 보류하거나 거부할 수 없으며, 접수된 고충민원서류를 부당하게 되돌려 보내서는 아니 되는데, 다만 권익위원회가 고충민원서류를 보류·거부 또는 반려하는 경우에는 지체 없이 그 사유를 신청인에게 통보하여야 한다(제39조 제4항).

2. 고충민원의 조사와 방법

1) 권익위원회는 고충민원을 접수한 경우에는 지체없이 그 내용에 관하여 필요한 조사를 하여야 한다(제41조 제1항 본문). 다만 다음의 어느 하나에 해당하는 경우에는 조사를 하지 아니할 수 있다(단서). ① 고충민원 이송사유인 제43조 제1항 각호의 어느 하나에 해당하는 사항, ② 고충민원의 내용이 거짓이거나 정당한 사유가 없다고 인정되는 사항, ③ 그 밖에 고충민원에 해당하지 아니하는 경우 등 권익위원회가 조사하는 것이 적절하지 아니하다고 인정하는 사항.

권익위원회는 조사를 개시한 후에도 제41조 제1항의 조사를 하지 아니할 수 있는 사유 등 조사를 계속할 필요가 없다고 인정하는 경우에는 이를 중지 또는 중단할 수 있다(제41조 제2항). 권익위원회는 접수된 민원에 관하여 조사를 하지 아니하거나 조사를 중지 또는 중단한 경우에는 지체없이 그 사유를 신청인에게 통보하여야 한다(제3항).

2) 권익위원회는 고충민원 조사를 함에 있어서 필요하다고 인정하는 경우에는 다음의 조치를 할 수 있다(제42조 제1항). ① 관계 행정기관등에 대한 설명요구 또는 관련 자료·서류 등의 제출요구, ② 관계 행정기관등의 직원·신청인·이해관계인이나 참고인의 출석 및 의견진술 등의 요구, ③ 조사사항과 관계있다고 인정되는 장소·시설 등에 대한 실지조사, ④ 감정의 의뢰.

권익위원회의 직원이 제42조 제1항에 따라 실지조사를 하거나 진술을 듣는 경우에는 그 권한을 표시하는 증표를 지니고 이를 관계인에게 내보여야 한다(제42조 제2항). 관계 행정기관등의 장은 제42조 제1항에 따른 권익위원회의 요구나 조사에 성실하게 응하고 이에 협조하여야 한다(제3항).

3. 고충민원의 이송 및 각하

권익위원회는 접수된 고충민원이 다음의 어느 하나에 해당하는 경우에는 그 고충민원을 관계 행정기관등에 이송할 수 있다(제43조 제1항 본문). ① 고도의 정치적 판단을 요하거나 국가기밀 또는 공무상 비밀에 관한 사항, ② 국회 · 법원 · 헌법재판소 · 선거관리위원회 · 감사원 · 지방의회에 관한 사항, ③ 수사 및 형집행에 관한 사항으로서 그 관장기관에서 처리하는 것이 적당하다고 판단되는 사항 또는 감사원의 감사가 착수된 사항, ④ 행정심판, 행정소송, 헌법재판소의 심판이나 감사원의 심사청구 그 밖에 다른 법률에 따른 불복구제절차가 진행 중인 사항, ⑤ 법령에 따라 화해 · 알선 · 조정 · 중재 등 당사자간의 이해조정을 목적으로 행하는 절차가 진행 중인 사항, ⑥ 판결 · 결정 · 재결 · 화해 · 조정 · 중재 등에 따라 확정된 권리관계에 관한 사항 또는 감사원이 처분을 요구한 사항, ⑦ 사인간의 권리관계 또는 개인의 사생활에 관한 사항, ⑧ 행정기관등의 직원에 관한 인사행정상의 행위에 관한 사항, ⑨ 그 밖에 관계 행정기관등에서 직접 처리하는 것이 타당하다고 판단되는 사항. 다만, 관계 행정기관등에 이송하는 것이 적절하지 않다고 인정하는 경우에는 그 고충민원을 각하할 수 있다(단서).

권익위원회는 고충민원을 이송 또는 각하한 경우에는 지체없이 그 사유를 명시하여 신청인에게 통보하여야 한다(제43조 제2항 제1문). 이 경우 필요하다고 인정하는 때에는 신청인에게 권리의 구제에 필요한 절차와 조치에 관하여 안내할 수 있다(제2문).

4. 합의의 권고 및 조정

권익위원회는 조사 중이거나 조사가 끝난 고충민원에 대한 공정한 해결을 위하여 필요한 조치를 당사자에게 제시하고 합의를 권고할 수 있다(제44조).

또한 권익위원회는 다수인이 관련되거나 사회적 파급효과가 크다고 인정되는 고충민원의 신속하고 공정한 해결을 위하여 필요하다고 인정하는 경우에는 당사자의 신청 또는 직권에 의하여 조정을 할 수 있다(제45조 제1항). 조정은 당사자가 합의한 사항을 조정서에 기재한 후 당사자가 기명날인하거나 서명하고 권익위원회가 이를 확인함으로써 성립한다(제2항). 위 조정은 민법상의 화해와 같은 효력이 있다(제3항).

5. 시정의 권고 및 의견의 표명, 제도개선의 권고 및 의견의 표명

권익위원회는 고충민원에 대한 조사결과 처분 등이 위법 · 부당하다고 인정할 만한 상당한 이유가 있는 경우에는 관계 행정기관등의 장에게 적절한 시정을 권고할 수 있다(제46조 제1항). 권익위원회는 고충민원에 대한 조사결과 신청인의 주장이 상당한 이유가 있다고 인정되는 사안에 대하여는 관계 행정기관등의 장에게 의견을 표명할 수 있다(제2항).

권익위원회는 고충민원을 조사 · 처리하는 과정에서 법령 그 밖의 제도나 정책 등의 개선이 필요하다고 인정되는 경우에는 관계 행정기관등의 장에게 이에 대한 합리적인 개선을 권고하거나 의견을 표명할 수 있다(제47조).

권익위원회는 제46조 또는 제47조에 따라 관계 행정기관등의 장에게 권고 또는 의견표명을 하기 전에 그 행정기관등과 신청인 또는 이해관계인에게 미리 의견을 제출할 기회를 주어야 한다(제48조 제1항). 관계 행정기관등의 직원 · 신청인 또는 이해관계인은 권익위원회가 개최하는 회의에 출석하여 의견을 진술하거나 필요한 자료를 제출할 수 있다(제2항).

6. 결정의 통지 및 처리결과의 통보 등

1) 권익위원회는 고충민원의 결정내용을 지체 없이 신청인 및 관계 행정기관등의 장에게 통지하여야 한다(제49조).

제46조 또는 제47조에 따른 권고 또는 의견을 받은 관계 행정기관등의 장은 이를 존중하여야 하며, 그 권고 또는 의견을 받은 날부터 30일 이내에 그 처리결과를 권익위원회에 통보하여야 한다(제50조 제1항). 위 권고를 받은 관계 행정기관등의 장이 그 권고내용을 이행하지 아니하는 경우에는 그 이유를 권익위원회에 문서로 통보하여야 한다(제2항). 권익위원회는 제1항 또는 제2항에 따른 통보를 받은 경우에는 신청인에게 그 내용을 지체없이 통보하여야 한다(제3항).

2) 권익위원회 또는 각 시민고충처리위원회는 상호 독립하여 업무를 수행하고, 상호 협의 또는 지원을 요청받은 경우 정당한 사유가 없는 한 이에 협조하여야 한다(제54조 제1항).

제 5 편

행정상 손해전보제도

서 장

Ⅰ. 법치주의 실현형식으로서의 국가배상제도

국가의 위법한 행정작용으로 인하여 손해를 입은 국민이 국가를 상대로 손해의 배상을 청구하여 자신의 침해된 권익을 금전적으로 전보받는 제도를 흔히 국가배상제도라고 한다. 국가배상제도는 국가행정작용을 구체적으로 수행하는 기관인 공무원의 고의 또는 과실을 통하여 발생한 불법행위에 대한 손해의 배상을 위한 것이므로 연혁적으로 사법(私法)상의 불법행위책임을 토대로 발전하였다.

사실상 많은 나라의 국가배상제도의 초기발전단계를 보면 공무원의 직무상 불법행위책임을 공무원 개인의 배상책임으로 한정하였다. 또한 여전히 우리나라에서도 국가배상책임의 사법적 성격을 인정하는 견해가 우세하다.

그러나 헌법규정에 의하여 명문화된 국가배상제도는 단순한 민법상 불법행위책임과는 달리 국가의 대국민 헌법적 보호의무의 차원에서 이해되어야 한다. 그러므로 국가의 기관인 공무원의 위법한 직무행위에 국가가 배상책임을 진다는 것은 단순한 손해의 배상이라는 차원을 넘어서서 침해된 국민의 생명 · 신체 또는 재산권을 구제하는 기본권 보장의 이념을 실현한다. 동시에 국가의 위법행위는 결코 용인될 수 없으며 배상을 통하여 행정의 법률적합성원칙을 회복하는 법치주의의 실현제도인 것이다.

Ⅱ. 사회국가와 법치국가의 가교로서의 손실보상제도

국가행정작용의 위법성을 전제로 하는 국가배상제도와는 달리 행정상 손실보상제도는 특정인의 재산권에 대하여 적법하게 행하여진 공용침해행위가 그에게 특별한 희생을 의미하는 경우에 공평부담의 견지에서 조절적인 보상을 행하는 제도이다. 국가배상제도는 국가의 위법행위에 대한 배상을 통하여 침해된 개인적 권리를 구제하는 전형적인 개인주의적 법치주의의 실현형식이다.

이에 비하여 손실보상제도는 공동체의 복리를 실현하기 위하여 특정 개인의 재산권을 침해하는 국가의 공용침해행위와 그에 대한 보상이 그 핵심이다. 사회국가원리를 실현하는 국가의 과제는 필연적으로 특정 개인의 재산권과 갈등을 일으키게 되며, 바로 이러한 공익과 사익의 충돌시에 사회국가원리는 국가적 행위에 우선순위를 부여하는 헌법적 수권규정이다.

그러나 공공의 필요에 의하여 공용침해행위가 헌법적으로 승인된다 하더라도, 침해된 개인의 재산권을 방치한다면 이는 재산권의 박탈을 의미할 뿐이다. 따라서 국가의 공용침해행위에 대하여는 개인의 재산권 보호의 차원에서 전체 국민의 일반적 재정부담인 조세 수입을 바탕으로 적절한 보상이 행해진다. 이렇게 본다면 행정상 손실보상제도는 사회국가원리에 의하여 침해된 개인의 권리를 법치국가원리로 구제하는 것이며, 두 가지 국가의 통치원리 사이에서 가교로서의 역할을 하는 것이다.

Ⅲ. 행정상 손해배상과 손실보상제도의 접근과 간격

이렇듯 위법한 국가작용으로 인한 손해의 배상을 위한 국가배상제도와 적법한 공용침해로 인한 손실을 보상하는 손실보상제도는 여러 나라에서 개념적 · 제도적으로 구분되어 별도의 제도로 성립 · 발전하였다.

그러나 양 제도는 이미 오래 전부터 몇 가지 원인에 의하여 상호 접근하는 경향을 보이고 있다. 우선 첫 번째 이유는 국가배상에 있어서의 무과실책임 또는 위험책임을 인정하는 책임유형이 학설과 실정법을 통하여 등장하였다는 점이다. 우리나라 국가배상법 제5조에 규정된 영조물의 하자로 인한 국가 등의 배상책임은 전형적인 무과실배상책임의 예로서 공무원의 개인적 유책요소와는 관계없이 발생한 손해를 배상하는 것이다. 따라서 손해발생의 원인 또는 그 과정보다는 발생된 손해의 결과에 대한 부담을 어떻게 배분적 정의에 따라 공평하게 부담할 것인가가 주된 이슈로 등장하는 것이다.

양 제도가 접근하는 두 번째 이유로는 위법 · 유책의 국가배상제도와 적법 · 무책의 손실보상제도의 간격을 메우기 위한 법이론이 발전하여 그 구별을 상대화시켰다는 점이다. 다시 말하자면 객관적으로는 위법하지만 누구도 책임지기 어려운 위법 · 무책의 손해전보의 필요성은 독일의 연방최고법원에 의하여 판례이론으로 발전한 수용유사적 침해와 수용적 침해이론에 의하여 제기되었다. 이러한 판례이론들은 국가행위의 위법 또는 적법성의 기준보다는 개인에게 주어진 특별한 희생의 전보라는 데 그 초점을 맞추고 있어서 양 제도의 엄격한 구분을 어렵게 만들었다. 또한 1981년 제정된 독일의 국가책임법은 실제로 국가배상제도 내에서 이러한 손실보상적 제도를 흡수하여 양 제도를 통합하려는 입법적 시도로 평가되었다. 다만 위 국가책임법에 대하여는 연방헌법재판소에 의하여 연방의회의 입법관할권 흠결을 이유로 위헌 결정이 내려졌다.

물론 손해배상과 손실보상제도가 상호 접근하여 양 제도의 통합이 어느 정도 가능한 것은 사실이다. 그러나 이러한 통합의 가능성이 존재한다고 하더라도, 통합이 바람직한가는 별도의 문제이다. 그 이유는 국가배상법이 단행법규로 존재할 수 있는 것과는 달리 손실보상의 대상과 내용은 지극히 다양하여 단행법전에 흡수될 수 있는지 의문이 제기되기 때문이다. 더욱이 손실보상의 문제는 상당 부분 입법정책적인 고려가 지배하는 영역이어서 일관된 법리에 따라 손실보상청구권을 인정하는 단행법률을 제정하는 것은 결코 용이하지 않다. 따라서 양 제도 사이에는 완전한 접근과 통합을 사실상 어렵게 하는 간격이 있음을 부인할 수 없다.

제 1 장
행정상 손해배상

제 1 절 행정상 손해배상제도의 의의

국가와 지방자치단체의 공무원이 공무수행 중 고의 또는 과실로 위법행위를 하거나 국가 등이 관리하는 공공시설의 안전상 흠결로 인하여 국민에게 피해가 발생하는 경우에는 원칙적으로 공무원의 개인적인 배상책임과 시설소유자 등의 민사적인 책임이 문제될 수 있다. 나라마다 차이는 있어도 공무원의 불법행위와 공공시설의 하자로 인한 손해배상의 문제를 국가의 책임으로 인정하고 그에 따르는 국가배상제도를 마련한 것은 그리 오래된 일은 아니다. 공사법체계의 구별이 이루어지지 않아서 공무원의 직무상 불법행위를 일반적인 민사책임과 구별하지 않았던 영미법계의 국가는 물론 공사법의 이원론적 법체계를 가지는 독일과 같은 대륙법계 국가에 있어서도 공무원의 직무상 불법행위로 인한 국가의 배상책임은 20세기에 이르러서야 확립된 것이다.

그러나 점차 피해자인 국민을 더 두텁게 보호한다거나 공무원의 소신 있는 직무집행을 보장한다는 실제적 · 정책적 이유들에 의하여 국가의 배상책임을 인정하는 경향이 일반화되었다. 이와 더불어 국가배상제도를 단순히 국가의 불법행위로 인한 손해의 배상이라는 "국가의 고양된 민사책임"의 차원을 넘어서서 국가의 불법행위를 시정하여 헌법상 법치주의와 기본권 보장의 이념을 실현하는 제도로 인식하기에 이르렀다. 따라서 공무원 개인의 책임을 국가가 대신하여 부담하는 것이 아니라 공무원의 직무상 불법행위를 직접 국가 자신의 불법행위로 인정하는 이른바 자기책임의 원리가 지배하게 된 것이다.

제 2 절 국가배상청구권의 법적 근거

Ⅰ. 국가배상법의 헌법적 근거

우리 헌법 제29조 제1항은 "공무원의 직무상 불법행위로 손해를 받은 국민은 법률이 정하는 바에 의하여 국가 또는 공공단체에 정당한 배상을 청구할 수 있다. 이 경우 공무원 자신의 책임은 면제되지 아니한다"라고 규정하여 공무원의 불법행위로 인한 국가배상책임을 헌법적으로 명시하고 있다. 국가배상제도는 제헌헌법 제27조에서 시작하여 현재에 이르기까지 법치주의 실현을 위한 우리 헌법질서의 중요한 내용을 이루고 있다.

Ⅱ. 국가배상법

1. 배상책임의 유형

헌법 제29조에서 국가배상청구의 근거로 언급된 법률은 국가배상법이다. 그런데 헌법상 국가배상책임을 구체화하는 국가배상법의 내용은 대체로 헌법과 일치하나 미묘하지만 커다란 차이를 보이고 있다. 즉 헌법은 배상책임의 유형으로서 공무원의 직무상 과실책임만을 규정하고 있으나, 국가배상법은 제2조의 공무원의 과실책임과 함께 제5조에서 공공시설의 설치 · 관리상의 하자로 인한 무과실배상책임에 관한 규정을 두고 있다. 이는 배상책임의 확대라는 점에서 적어도 국민의 입장에서는 법적으로 크게 문제가 없어 보인다.

2. 배상책임의 주체

1) 배상의 유형보다 문제가 되는 점은 배상주체의 차이에 관련되는 것이다. 즉 헌법은 국가배상의 주체로서 "국가 또는 공공단체"라고 규정하고 있으나, 국가배상법 제2조는 배상책임의 주체를 "국가나 지방자치단체"로 그 범위를 제한하고 있다.

이러한 미묘한 차이는 구체적으로 어떠한 문제를 야기하는가? 일반적으로 공공단체에는 지방자치법상 법인체(제3조 제1항)인 지방자치단체를 포함하여 공법상 조합, 공법상 공기업 등이 포함된다. 특히 공법상 법인에는 공공기관운영법과 지방공기업법에 따른 대부분의 공기업과 지방공사 등이 여기에 해당한다. 그렇다면 이러한 공법상 법인의 임직원이 직무상 불법행위로 인하여 타인에게 손해를 가한 경우에는 국가배상법상 국가배상책임이 성립하지 아니하며 민법상 불법행위로 인한 손해배상청구권만이 문제될 뿐이다. 따라서 이러한 경우에는 가해자인 직원 개인이나 이를 사용한 단체의 사용자책임만이 문제된다. 그러므로 국가배상법이 헌법과 달리 배상책임의 주체를 한정한 것은 위헌의 소지가 있다는 지적도 제기된다.

물론 이러한 지적도 가능한 것이지만 국가배상의 문제는 법적인 문제인 동시에 국가재정의 현실과 관련되는 문제이기도 하다. 이러한 점을 고려한다면 공법상 공기업 임직원의 모든 직무상 불법행위에 대하여 국가배상책임을 인정하는 것이 바람직한 것인지는 신중한 검토의 대상이 되어야 한다. 다시 말하면 국가배상책임의 주체를 결정하는 것은 입법정책적인 문제로서 적어도 공기업의 활동이 공권력을 행사하는 권력적 성격인 경우에는 국가배상법상 배상주체에 포함시키는 것도 고려할 수 있는 것이다.

2) 판례도 지방자치단체를 제외한 공공단체는 공무를 위탁받은 경우에도 행정주체의 지위에 있는 것이지 국가배상법 제2조의 공무원에 해당하지 아니하므로 민법상 불법행위책임이 문제되는 반면, 위 위탁받은 공무를 집행하는 임직원이나 피용인은 국가배상법 제2조에 따른 공무원으로서 경과실 면책이 적용된다고 하였다. 즉 "공법인이 국가로부터 위탁받은 공행정사무를 집행하는 과정에서 공법인의 임직원이나 피용인이 고의 또는 과실로 법령을 위반하여 타인에게 손해를 입힌 경우에는, 공법인은 위탁받은 공행정사무에 관한 행정주체의 지위에서 배상책임을 부담하여야 하지만, 공법인의 임직원이나 피용인은 실질적인 의미에서 공무를 수행한 사람으로서 국가배상법 제2조에서 정한 공무원에 해당하므로 고의 또는 중과실이 있는 경우에만 배상책임을 부담하고 경과실이 있는 경우에는 배상책임을 면한다"라고 하였다(대판 2021.1.28. 2019다260197).

제 3 절 국가배상법, 국가배상청구권의 법적 성격

Ⅰ. 발생사적으로 본 국가배상제도의 사법적 성격

국가배상제도는 기본적으로 사법상 불법행위제도를 근간으로 발전되었다. 그러므로 손해배상의 요건과 손해배상액의 산정, 청구절차는 원칙적으로 민법에 의하였으며 각국의 입법태도 역시 초기에는 공무원의 개인적인 배상책임만이 문제될 뿐이었다. 이러한 역사적 발전과정을 반영하여 우리나라의 국가배상법도 제8조에서 "국가나 지방자치단체의 손해배상 책임에 관하여는 이 법에 규정된 사항 외에는 「민법」에 따른다. 다만, 「민법」 외의 법률에 다른 규정이 있을 때에는 그 규정에 따른다"라고 규정하여 국가배상법이 민법의 특별법이며 동시에 국가배상 문제에 있어서 다른 특별법이 없으면 민법이 적용되는 일반법의 성격을 갖고 있음을 분명히 하고 있다. 우리나라의 학자들중에도 국가배상법을 원칙적으로 사법체계로 분류하는 견해가 있으며, 특히 판례는 국가배상법이 사법이며 민법의 특별법이라는 입장을 고수하고 있다(대판 1971.4.6. 70다2955).

또한 소송실무면에 있어서도 법원은 국가배상법의 시행 이래로 계속하여 국가배상청구소송사건을 민사소송으로 다루고 있다. 또한 행정소송법 제10조 제1항 제1호는 당해 처분등과 관련되는 손해배상 · 부당이득반환 · 원상회복등 청구소송을 행정소송에 병합할 수 있도록 규정하고 있는데, 이는 위법한 행정작용으로 인한 손해배상의 청구는 원칙적으로 일반 민사소송절차에 의하는 것임을 전제로 하여 그와 같은 민사상의 청구를 이질적인 행정소송에 병합할 수 있도록 한 데 그 의의가 있다고 본다.

Ⅱ. 법치주의 실현과 국가배상법의 공법적 성격

1. 국가배상법의 성격에 대한 대법원의 논쟁

국가배상제도가 민법상의 불법행위책임을 바탕으로 사법상의 제도로 출발한 것은 사실이지만 오랫동안의 역사적 발전과정을 거치면서 국가의 불법행위를 시정하여 행정의 법률적합성원칙을 실현하는 법치국가적 제도로 인식되기 시작하였다. 다시 말해서 공무원의 개인적인 배상책임(이른바 Beamtenhaftung)의 문제에 불과하였던 초기와는 달리 시간이 지나면서 공무원의 불법행위는 여러 가지 정책적인 이유에 의하여 국가가 대신하여 부담한다는 법원리가 정착되었다(이른바 Amtshaftung). 그러다가 최근에 이르러서는 공무원의 불법행위는 직접적으로 국가 등의 불법행위로 간주되며 대외적인 배상책임도 오로지 국가가 부담한다는 이른바 국가책임(Staatshaftung)원칙이 지배하게 된 것이다. 국가책임 개념의 특징은 직무책임(Amtshaftung)에 있어서와는 달리 국가의 책임은 간접적이거나 우회적인 책임이 아니고 직접적이며 시원적 책임이라는 데 있다.

우리나라의 학설 역시 실정법이 공사법의 이분체계에 입각하고 있으므로 국가의 불법행위라는 공법적 원인에 의거하여 발생하는 국가의 배상책임은 공법적 성격을 갖는다고 보는 것이 일반적인 경향이다. 그리고 국가배상법 자체가 민법상 사용자의 면책조항을 배제하고 있으며, 나아가 국가배상법 제5조 배상책임의 경우에는 공작물 점유자의 경우에도 민법과는 달리 면책을 인정하지 않음으로써 완전한 무과실책임을 국가 등에게 지우고 있다.

그렇다면 국가배상법의 법적 성격에 대한 논쟁은 어떠한 의미를 갖는 것일까? 일부의 견해와 같이 이러한 논의는 실익이 별로 없는 이론적 유희에 불과할까? 하나의 예만 들어본다 하더라도 그 답은 분명히 그렇지 않다는 것이다.

지난 1996년 2월 15일의 대법원 전원합의체 판결(95다38677)을 보면 공무원 개인의 손해배상책임을 인정할 것인지, 인정한다면 그 범위는 어떠한지에 대하여 대법관들 사이에 난상토론이 벌어지고 있다. 그런데 각자의 주장을 면밀하게 관찰하는 과정에서 분명해지는 것이지만 공무원에게 경과실이 있는 경우에도 피해자에게 개인적으로 배상할 책임이 있다고 주장하는 별개의견은 국가배상법을 사법체계로 파악하는 대표적인 경우라고 할 수 있다. 이에 반하여 이 판결에서 공무원이 직무상 불법행위를 한 경우 공무원 개인에게 고의 또는 심지어 중과실이 있어도 공무원의 배상책임은 인정될 수 없다는 반대의견 및 반대보충의견은 국가배상법의 공법적 성격을 근간으로 하고 있다. 왜냐하면 국가배상제도에 있어서의 법률관계의 당사자는 기본적으로 국가와 피해자인 국민이며 피해자의 기본권 침해와 구제라는 시각에서 보면 직접적인 가해자인 공무원의 등장은 불필요한 것이기 때문이다. 따라서 공무원의 불법행위에 대해서 국가는 처음부터 당사자로서 직접적인 책임을 부담하며 경우에 따라서 가해공무원에게 구상권을 행사할 수 있을지 모르나, 피해자는 국가 등을 상대로 하여 배상을 청구할 수 있을 뿐이다.

이처럼 국가배상법을 공법 또는 사법의 체계로 구별하려는 이론적 시도는 이 문제에 관하여 각기 상이한 결론에 이르게 된다. 물론 선택적 청구의 인정 여부에는 다른 논거들이 등장하기도 하지만 그것은 모두 지엽적인 문제에 불과할 뿐, 기본적으로는 국가배상법의 성격을 상이하게 파악하는 데에서 연유하는 것이다.

2. 5 · 18보상법에 대한 보상청구와 당사자소송

소송실무면에서 국가배상법의 법적 성격을 논하는 실익과 의의가 크지 않다는 견해는 국가배상소송이 관례적으로 민사소송으로 다루어져 왔다는 데 하나의 근거를 두고 있다. 그러나 국가배상사건과 같이 공법상 원인에 의하여 발생한 배상청구는 원칙적으로 공법상 당사자소송으로 다루어져야 한다는 단서가 구 5 · 18보상법에 대한 대법원의 판결에서 발견된다. 구 5 · 18보상법은 광주민주화운동과 관련하여 생명 또는 신체에 관하여 피해를 입은 자 등에 대한 보상원칙을 선언하고, 그 보상의 대상과 범위를 정한 다음 보상금의 지급을 위한 절차로서 보상심의위원회를 설치하여 위 위원회가 관련자 등의 신청을 받아 보상 여부 및 지급금액을 심의결정한 후 이를 지급하도록 규정하였으며, 위 보상금의 지급에 관한 소송은 위 결정을 받은 후에 제기하도록 규정하였다. 그리고 판례는 구 5 · 18보상법에 따라 관련자 및 유족들이 갖게 되는 보상 등에 관한 권리에 대한 소송은 당사자소송에 의하여야 한다고 보았다(대판 1992.12.24. 92누3335).

물론 대법원은 구 5 · 18보상법에 의거하여 관련자 및 그 유족들이 갖게 되는 보상 등에 관한 권리는 헌법 제23조 제3항에 따른 재산권 침해에 대한 손실보상청구나 국가배상법에 따른 손해배상청구와는 그 성질을 달리하는 것으로 보고 있으나, 그러한 청구권이 공법적 성격을 갖고 있음을 분명히 하고 소송형식도 당사자소송의 형태가 되어야 함을 명시한 것이다. 따라서 공법상 당사자소송은 처분을 대상으로 하는 협소한 항고소송과는 달리 공법적 원인에 의하여 발생한 행정주체과 그 상대방 사이의 법률적 분쟁을 해결하는 포괄적 성격의 소송형식으로 이해할 수 있다는 중요한 시사를 대법원의 판결에서 얻을 수 있는 것이다. 또한 구 5 · 18보상법 제15조 제1항이 규정한 결정전치주의는 구 국가배상법 제9조에 의하여 과거에 인정되었던 결정전치주의와 유사한 구조를 갖고 있음을 부인할 수 없다. 그러므로 구 5 · 18보상법에 의한 소송은 당사자소송으로 다루면서 국가배상소송은 "전래적인 민사사건"으로 다루어야 할 합리적인 이유는 발견되지 않는다. 다시 말해서 국가배상사건이 전래적 민사사건으로 다루어져 온 사실이 국가배상청구권의 사법적 성격을 규정지을 수는 없는 것이다.

앞으로 공법적 원인에 의하여 발생된 국가배상사건을 당사자소송의 형태로 정착시키려는 법원의 판례가 축적된다면 국가배상법의 공법적 성격에 대하여 문제를 제기하는 것은 더 이상 설득력을 갖기 어려울 것이다.

제 4 절 공무원의 직무상 불법행위로 인한 손해의 배상 - 국가배상법 제2조

Ⅰ. 개 설

국가배상법 제2조 제1항 본문은 헌법 제29조 제1항 전문의 규정을 받아 "국가나 지방자치단체는 공무원 또는 공무를 위탁받은 사인(이하 "공무원"이라 한다)이 직무를 집행하면서 고의 또는 과실로 법령을 위반하여 타인에게 손해를 입히거나, 「자동차손해배상 보장법」에 따라 손해배상의 책임이 있을 때에는 이 법에 따라 그 손해를 배상하여야 한다"라고 규정하고, 국가배상법 제2조 제2항에서는 역시 헌법 제29조 제1항 후문의 취지대로 "다만, 제1항 본문의 경우에 공무원에게 고의 또는 중대한 과실이 있으면 국가나 지방자치단체는 그 공무원에게 구상(求償)할 수 있다"라고 하여 공무원의 구상책임을 인정하고 있다.

Ⅱ. 배상책임의 요건

국가배상법 제2조에 따른 배상책임의 요건은 ① 공무원, ② 직무행위, ③ 직무를 집행하면서, ④ 위법성, ⑤ 고의 또는 과실, ⑥ 손해의 발생, ⑦ 인과관계이다.

1. 공무원

국가배상법 제2조에서 말하는 공무원이란 널리 '공무원' 또는 '공무를 위탁받은 사인'으로서 국가공무원법과 지방공무원법상 공무원에 한하지 않는 광의의 공무원이다. 다시 말해 국가배상법상 공무원은 법적인 의미라기보다는 국가와 지방자치단체의 실질적인 업무를 수행하는 기능적 측면에서의 종사자로 봄이 타당하다. 따라서 원칙적으로 국가의 입법, 행정, 사법부의 모든 공무원을 포함한다.

판례는 집행관(대판 1966.7.26. 66다854), 동원기간의 향토예비군(대판 1970.5.26. 70다471), 검사(대판 2002.2.22. 2001다23447), 법관(대판 2003.7.11. 99다24218) 등을 국가배상법 제2조의 공무원으로 보고 있다. 다만 소방서장의 소방업무를 보조하기 위하여 설치된 의용소방대에 속한 의용소방대원은 공무원이 아니라는 판례도 있다(대판 1978.7.11. 78다584). 나아가 판례는 이른바 교통할아버지 사건에서 구 국가배상법상 공무원(이때에는 법문언상 공무원에 '공무를 위탁받은 사인'이 포함되어 있지는 아니함)의 개념을 기능론적으로 이해하였다. 즉 "국가배상법 제2조의 '공무원'이라 함은 국가공무원법이나 지방공무원법에 의하여 공무원으로서의 신분을 가진 자에 국한하지 않고, 널리 공무를 위탁받아 실질적으로 공무에 종사하고 있는 일체의 자를 가리키는 것"이라고 하면서, "원심이 이 사건 사실관계에 터잡아, 피고가 '교통할아버지 봉사활동' 계획을 수립한 다음 관할 동장으로 하여금 '교통할아버지' 봉사원을 선정하게 하여 그들에게 활동시간과 장소까지 지정해 주면서 그 활동시간에 비례한 수당을 지급하고 그 활동에 필요한 모자, 완장 등 물품을 공급함으로써, 피고의 복지행정업무에 해당하는 어린이 보호, 교통안내, 거리질서 확립 등의 공무를 위탁하여 이를 집행하게 하였다고 보아, 소외인은 '교통할아버지' 활동을 하는 범위 내에서는 국가배상법 제2조에 규정된 지방자치단체의 '공무원'이라고 봄이 상당하다고 판단한 것은 수긍되고 거기에 법리오해 등 상고이유로 주장된 바와 같은 위법은 없다"라고 판시하였다(대판 2001.1.5. 98다39060).

2. 직무행위

1) 직무행위의 대상

국가배상법 제2조에서 말하는 직무행위의 대상 또는 범위에 대하여는 권력적 행정작용만을 의미한다는 협의설, 권력적 행정작용과 비권력적 행정작용을 포함한다는 광의설, 마지막으로 공법상의 행정작용뿐 아니라 사경제작용으로 인한 공무원의 행위도 직무행위로 본다는 최광의설이 있다. 판례는 "국가배상법이 정한 손해배상청구의 요건인 '공무원의 직무'에는 국가나 지방자치단체의 권력적 작용뿐만 아니라 비권력적 작용도 포함되지만 단순한 사경제의 주체로서 하는 작용은 포함되지 않는다"라고 하여 광의설의 입장이다(대판 2004.4.9. 2002다10691).

그러나 국가배상법상 공무원의 직무행위를 권력행정 · 비권력행정 · 사경제작용이라는 기준에 의하여 국가의 책임 여부를 논하는 것은 너무 도식적인 것은 아닐까? 그 이유는 직무행위의 범위나 대상보다는 직무행위의 실질적 기능이 국가나 지방자치단체에게 귀속되는지 여부가 더 중요한 준거점이 되어야 하기 때문이다. 예를 들어 담당 공무원이 물품조달을 위하여 관용차를 이용하여 계약을 체결하려 하였으나 관용차의 고장으로 개인승용차를 운전하다가 과실로 타인에게 손해를 입혔다고 가정하자. 공무원의 운전행위는 형식적으로는 사법상 하나의 사실행위에 불과하지만 실질적으로는 공무원의 직무행위로서의 기능을 갖는 것이다. 그렇다면 이러한 행위를 국가배상법의 직무행위에서 제외하는 것이 타당한가? 이와 반대의 경우를 또한 생각해 보자. 예를 들어 공무원이 대집행의 실행 중에 이를 야유하는 대집행의무자를 참지 못하여 폭행으로 신체에 상해를 입혔다고 가정하자. 대집행의 실행은 권력적 사실행위로서 그 자체로는 국가배상법상 직무행위임이 분명하다. 그러나 이 사건에서 공무원의 가해행위는 단순한 "사원(私怨)의 해결"일 뿐 그 기능상 행정작용으로서 국가 등에 귀속될 수 없다. 이러한 경우는 공무원 개인의 민법상 불법행위책임만이 문제될 것이다. 따라서 직무행위의 범위 또는 대상에 따라 국가의 책임 여부를 결정하기보다는 실질적 기능 또는 직무와의 실질적 관련성에 의하여 국가배상법의 직무행위를 판단하는 것이 더 합리적인 결론에 도달할 수 있을 것이다.

2) 직무행위의 내용

국가배상법에서 말하는 직무행위는 일반적으로 행정부에 소속된 공무원의 직무행위를 말한다. 더 나아가 입법부와 사법부의 공무원이라 하더라도 국회사무처공무원과 법원공무원의 업무와 같이 실제로는 행정적인 업무를 처리하는 공무원의 행위가 국가배상법의 직무행위에 포함되는 것은 의문의 여지가 없다. 그러나 국회의원의 법률제정행위와 법원에 속한 판사의 재판행위는 신분상 공무원에 의한 직무행위이고 이를 통하여 이론적으로 국가배상법상 타인에게 손해를 가할 수 있지만, 이에 대하여는 국가의 배상책임 인정 여부에 논란이 있을 수 있다.

(1) 입법행위

가) 입법행위에 대한 국가책임의 가능성

국회의 법률제정행위 또는 법률의 수권을 받은 법규명령이나 자치법규 제정행위 등도 공무원의 직무행위임은 분명하다. 또한 이러한 입법행위가 헌법과 법률 등에서 규정한 내용이나 절차 등에 위반하여 타인에게 손해를 가하는 것도 이론적으로 얼마든지 가능하다. 특히 이러한 법령 등이 사후에 헌법재판소나 대법원에 의하여 위헌 또는 위법을 이유로 무효로 선언되는 경우에 이를 제정한 자의 배상책임이 문제될 수 있다.

나) 입법행위에 대한 다른 권리구제수단의 우월성

물론 이론상으로 입법행위의 위법성과 손해발생 사이의 인과관계를 입증하여 국가의 배상책임을 추궁하는 것이 전혀 불가능한 것은 아니다. 그러나 실제로 입법행위의 불법을 근거로 배상책임을 인정하는 것은 어렵다. 판례도 "우리 헌법이 채택하고 있는 의회민주주의하에서 국회는 다원적 의견이나 각가지 이익을 반영시킨 토론과정을 거쳐 다수결의 원리에 따라 통일적인 국가의사를 형성하는 역할을 담당하는 국가기관으로서 그 과정에 참여한 국회의원은 입법에 관하여 원칙적으로 국민 전체에 대한 관계에서 정치적 책임을 질 뿐 국민 개개인의 권리에 대응하여 법적 의무를 지는 것은 아니므로 국회의원의 입법행위는 그 입법 내용이 헌법의 문언에 명백히 위반됨에도 불구하고 국회가 굳이 당해 입법을 한 것과 같은 특수한 경우가 아닌 한 국가배상법 제2조 제1항 소정의 위법행위에 해당된다고 볼 수 없고 … 같은 맥락에서 국가가 일정한 사항에 관하여 헌법에 의하여 부과되는 구체적인 입법의무를 부담하고 있음에도 불구하고 그 입법에 필요한 상당한 기간이 경과하도록 고의 또는 과실로 이러한 입법의무를 이행하지 아니하는 등 극히 예외적인 사정이 인정되는 사안에 한정하여 국가배상법 소정의 배상책임이 인정될 수 있으며, 위와 같은 구체적인 입법의무 자체가 인정되지 않는 경우에는 애당초 부작위로 인한 불법행위가 성립될 여지가 없다"라고 판시하였다(대판 2008.5.29. 2004다33469).

헌법은 위헌적인 법률에 대한 권리구제수단으로 위헌법률심사와 법률에 대한 헌법소원제도를 인정하고 있으므로 우선 이러한 수단을 통하여 문제해결이 이루어져야 한다. 명령과 자치법규의 경우에는 법률에 비하여 국가의 배상책임을 추궁하기에 더 용이한 측면도 있는 것이 사실이다. 그러나 이 경우에도 우선적으로 위헌 · 위법한 법규명령을 재판절차를 통하여 무효화시키는 규범통제의 방법이 고려되어야 한다. 이는 권리구제에 있어서도 금전적인 배상이나 보상보다는 원상회복을 구하는 존속보호의 원칙에도 부합한다. 따라서 규범통제와 처분적 법규명령 등에 대한 행정쟁송을 우선시켜야 하며, 이를 집행한 행정공무원의 고의 또는 과실을 이유로 하는 국가배상의 청구는 이차적인 권리구제수단이다.

(2) 재판행위

가) 재판행위에 참가한 판사가 고의 또는 과실로 위법한 직무행위를 함으로써 재판에 참가한 당사자에게 손해를 가한다면 역시 이론적으로 국가의 배상책임이 성립한다. 그러나 이러한 경우에 판사가 형사상 책임이나 징계책임 또는 피해자 개인에 대한 민사적인 배상책임을 부담하는 것 외에 다시 국가가 배상책임을 진다는 것은 적절하지 못하다. 잘못된 재판으로 인하여 권익을 침해받은 자는 원칙적으로 상소제도나 판결에 대한 헌법소원 등을 통하여 자신의 권리를 구제받는 것이 원칙이다. 재판제도는 확정력을 통하여 법적 분쟁에 대한 안정성을 도모하고 불필요한 소송을 방지하는 기능을 수행한다. 그러므로 상소나 재심을 통한 권리구제가 아닌 국가배상제도는 재판에 대한 권리구제수단으로서 적절하지 못한 수단이다.

대법원은 "법관의 재판에 법령의 규정을 따르지 아니한 잘못이 있다 하더라도 이로써 바로 그 재판상 직무행위가 국가배상법 제2조 제1항에서 말하는 위법한 행위로 되어 국가의 손해배상책임이 발생하는 것은 아니고, 그 국가배상책임이 인정되려면 당해 법관이 위법 또는 부당한 목적을 가지고 재판을 하였다거나 법이 법관의 직무수행상 준수할 것을 요구하고 있는 기준을 현저하게 위반하는 등 법관이 그에게 부여된 권한의 취지에 명백히 어긋나게 이를 행사하였다고 인정할 만한 특별한 사정이 있어야 한다"라고 판시하여(대판 2003.7.11. 99다24218) 법관의 재판행위로 인한 국가배상책임을 원칙적으로 부인하고 있다.

나) 2022년 8월 30일의 대법원 전원합의체 판결은 다수의견으로 "위와 같은 특별한 사정이 인정되어 법관의 재판상 직무행위가 독립적인 불법행위를 구성하는지 여부와 관계없이 재판상 직무행위를 포함한 긴급조치의 발령 및 적용 · 집행이라는 일련의 국가작용이 전체적으로 객관적 정당성을 상실한 때에는 국가배상책임이 성립할 수 있다"고 판시하였다[대판(전합) 2022.8.30. 2018다212610].

그런데 위 다수의견에 대하여는 "긴급조치 제9호에 따라 수사와 재판, 그리고 그 집행으로 발생한 손해도 상당한 인과관계가 있는 손해로서 손해배상의 범위에 포함된다고 볼 수 있다. 한편 이 사건에서 법관의 재판작용으로 인한 국가배상책임을 독자적으로 인정할 필요는 없고, 위와 같이 재판으로 인해 발생한 손해를 배상하도록 하는 것이 법관의 재판작용으로 인한 국가배상책임을 엄격히 제한하는 판례와 모순되지 않는다"는 대법관 김재형의 별개의견, 국가배상책임을 대위책임이 아니라 자기책임으로 이해하여 "국가배상책임의 성립 요건인 공무원의 고의 · 과실에는 공무원 개인의 고의 · 과실뿐만 아니라 공무원의 공적 직무수행상 과실, 즉 국가의 직무상 과실이 포함된다"는 대법관 안철상의 별개의견, "긴급조치 제9호에 대한 위헌성의 심사 없이 이를 적용하여 유죄판결을 선고한 법관의 재판상 직무행위는 대통령의 위법한 직무행위와 구별되는 독립적인 불법행위로서 국가배상책임을 구성하고, 이를 대통령의 국가긴급권 행사와 그 집행에 포섭된 일련의 국가작용으로 평가할 수는 없다"는 대법관 김선수, 대법관 오경미의 별개의견이 있다.

다) 대법원은 헌법재판소 재판관이 헌법소원심판청구가 청구기간 내에 제기되었는지 여부를 오인하여 청구기간 도과로 각하하는 결정을 한 경우에는 이에 대한 불복절차나 시정절차가 없음을 고려하여, 이는 "법이 헌법재판소 재판관의 직무수행상 준수할 것을 요구하고 있는 기준을 현저하게 위반한 경우에 해당하여 국가배상책임을 인정하는 것이 상당하다"라고 판시하였다(대판 2003.7.11. 99다24218).

반면 대법원은 "특히 재판에 대하여 불복절차 또는 시정절차가 마련되어 있는 경우, 법관이나 다른 공무원의 귀책사유로 불복에 의한 시정을 구할 수 없었다거나 그와 같은 시정을 구할 수 없었던 부득이한 사정이 없는 한, 그와 같은 시정을 구하지 않은 사람은 원칙적으로 국가배상에 의한 권리구제를 받을 수 없다"고 하면서, 제소명령에 따른 제소기간의 만료일 내에 제소되었는지 여부를 오인하여 가압류취소결정을 한 경우에는 이에 대한 즉시항고와 효력정지신청의 불복절차 또는 시정절차가 마련되어 있으므로 국가배상책임을 인정할 수 없다고 판시하였다(대판 2022.3.17. 2019다226975).

(3) 부작위

가) 국가배상법 제2조의 직무행위에는 작위뿐 아니라 작위의무가 존재함에도 불구하고 고의 또는 과실로 직무행위를 하지 않은 부작위가 포함된다. 특히 행정개입청구권이 성립하는데 이러한 개입의무를 이행하지 않아 개인에게 손해가 발생한 경우에 사후적으로 국가 등을 상대로 한 손해의 배상청구가 가능하다.

판례는 "교도소의 의무관은 교도소 수용자에 대한 진찰 · 치료 등의 의료행위를 하는 경우 수용자의 생명 · 신체 · 건강을 관리하는 업무의 성질에 비추어 환자의 구체적인 증상이나 상황에 따라 위험을 방지하기 위하여 요구되는 최선의 조치를 행하여야 할 주의의무가 있다"며 당뇨병 환자인 교도소 수용자가 당뇨병의 합병증인 "당뇨병 망막병증으로 시력이 저하되어 가고 있었고, 당시의 치료 경과에 비추어 보면 내과 영역의 치료만으로는 시력저하에 대한 적절한 조치가 되지 못하고 안과 영역의 치료가 행해져야 함을 알 수 있었으므로, 적절한 치료를 함으로써 위 질병의 진행속도를 늦추고 유용한 시력이 가능한 한 오래 보존될 수 있도록 하여야 할 주의의무가 있음에도 그 의무를 다하지 아니하였고, 이로 인하여 위 원고가 양안 실명상태에 이르게 되었다고 볼 여지가 많다"라고 판시하였다(대판 2005.3.10. 2004다65121).

반면 판례는 에이즈 검사결과 양성으로 판정된 후 자의로 보건당국의 관리를 벗어난 특수업태부에 대하여 그 후 국가 산하 검사기관이 실시한 일련의 정기검진 결과 중에서 일부가 음성으로 판정된 적이 있음에도 불구하고 위 검사기관이 이를 본인에게 통보하지 않고 그에 따른 후속조치도 없었던 사안에서, 국가의 위자료지급의무를 부인하였다. 즉 "원고로서는 1987. 항체검사 결과 양성 판정을 받았다가 그 후 음성 판정이 나온 것을 알게 됨으로 인하여 원심이 판시한 바와 같은 당국에 대한 불신감, 의구심, 지나온 세월에 대한 회한 등에 빠지는 정신적 고통을 받을 수 있을 것으로 짐작되지만, 위에서 본 바와 같이 원고가 보건 당국의 관리 범위를 자의로 벗어나 법이 취업을 금지한 업종에 종사하며 법 제8조 제1항에 의한 정기검진을 받다가 종전의 양성 판정과 모순된 음성 판정을 접하는 경우에 받게 될 정신적인 손해를 방지하기 위하여 국가가 모든 항체검사 대상자에 대하여 종전의 검사 결과를 색출 대조할 작위의무까지 있다고 보기는 어렵다"는 것이다(대판 1998.10.13. 98다18520).

나) 최근에 들어 행정청의 직무행위로서 위법한 부작위가 문제되는 것은 국가 등의 감독책임태만으로 발생하는 손해의 배상문제이다. 예를 들어, 연안여객선의 안전을 수시로 점검하는 지방자치단체의 책임이 소홀히 됨으로써 해난사고가 발생하거나 시중에 유통하는 수입혈액의 안전성 여부의 검사를 소홀히 하여 집단적으로 혈액감염에 의한 사고가 발생하는 경우이다. 이러한 경우에 피해자는 감독권을 행사하는 공무원의 고의 또는 과실로 인한 부작위의 위법성을 이유로 하여 국가 등에 대한 배상의 청구가 가능한가? 이 문제는 결국 국가 등의 감독의무를 규정한 법규가 제3자 보호를 목적으로 하고 있는지 여부에 의하여 결정된다. 다시 말하자면 국가배상청구권도 행정법상 하나의 공권이므로 제3자에게 국가배상청구권이 성립하기 위하여는 법규의 보호목적, 즉 사익보호성이 관건이 되는 것이다.

예를 들어, 선박안전법은 선박의 안전을 담보하기 위하여 해양수산부장관이 정기검사(제8조), 중간검사(제9조), 임시검사(제10조), 임시항해검사(제11조), 특별검사(제71조) 등을 시행하도록 규정하고 있다. 그런데 이러한 선박의 안전성 검사는 단순히 선박의 안전 및 선박의 소유자에 대한 행정처분을 통하여 공공복리의 달성이라는 목적에 그치지 않고 선박에 승선하는 승객이나 선원의 안전을 보호하는 목적을 가진 것으로 볼 수 있다. 따라서 개인의 생명 · 신체 · 보건 · 환경상의 중요한 법익이 문제되는 경우 선박안전법상 국가의 검사의무규정을 목적론적으로 해석하여 제3자의 보호의무와 배상청구권을 도출할 수 있다. 경우에 따라서는 헌법상의 기본권조항으로부터 직접 국가배상청구권을 인정하는 것도 검토할 수 있으나 행정쟁송에서의 원고적격 인정과는 달리 신중한 접근이 요망된다.

대법원도 다음과 같이 공무원의 부작위로 인한 국가배상책임을 신중하게 판단하고 있다. "공무원의 부작위를 이유로 국가배상책임을 인정하기 위해서는 공무원의 작위로 국가배상책임을 인정하는 경우와 마찬가지로 '공무원이 직무를 집행하면서 고의 또는 과실로 법령을 위반하여 타인에게 손해를 입힌 때'라는 국가배상법 제2조 제1항의 요건이 충족되어야 한다. 여기서 '법령 위반'이란 엄격하게 형식적 의미의 법령에 명시적으로 공무원의 작위의무가 규정되어 있는데도 이를 위반하는 경우만을 의미하는 것은 아니고, 인권존중 · 권력남용금지 · 신의성실과 같이 공무원으로서 마땅히 지켜야 할 준칙이나 규범을 지키지 않고 위반한 경우를 포함하여 널리 객관적인 정당성이 없는 행위를 한 경우를 포함한다. 따라서 국민의 생명 · 신체 · 재산 등에 관하여 절박하고 중대한 위험상태가 발생하였거나 발생할 우려가 있어서 국민의 생명 · 신체 · 재산 등을 보호하는 것을 본래적 사명으로 하는 국가가 초법규적, 일차적으로 그 위험 배제에 나서지 않으면 국민의 생명 · 신체 · 재산 등을 보호할 수 없는 경우에는 형식적 의미의 법령에 근거가 없더라도 국가나 관련 공무원에 대하여 그러한 위험을 배제할 작위의무를 인정할 수 있다. 공무원의 부작위를 이유로 국가배상책임을 인정할 것인지 여부가 문제 되는 경우에 관련 공무원에 대하여 작위의무를 명하는 법령 규정이 없다면 공무원의 부작위로 침해된 국민의 법익 또는 국민에게 발생한 손해가 어느 정도 심각하고 절박한 것인지, 관련 공무원이 그와 같은 결과를 예견하여 결과를 회피하기 위한 조치를 취할 가능성이 있는지 등을 종합적으로 고려하여 판단하여야 한다"는 것이다(대판 2022.7.14. 2017다290538). 그리고 판례는 "그와 같이 절박하고 중대한 위험상태가 발생하였거나 발생할 우려가 없는 경우에는 원칙적으로 공무원이 관련 법령을 준수하여 직무를 수행하였다면 공무원의 부작위를 가지고 '고의 또는 과실로 법령을 위반'하였다고 할 수는 없다"라고 한다(대판 2020.5.28. 2017다211559).

또한 판례는 행정청의 작위의무를 전적으로 개별법령의 구체적 · 개별적 사익보호성에서 구하고 있는데, 이러한 사익보호성을 대개 상당인과관계의 문제로 본다. ① 즉 "일반적으로 국가 또는 지방자치단체가 권한을 행사할 때에는 국민에 대한 손해를 방지하여야 하고, 국민의 안전을 배려하여야 하며, 소속 공무원이 전적으로 또는 부수적으로라도 국민 개개인의 안전과 이익을 보호하기 위하여 법령에서 정한 직무상의 의무에 위반하여 국민에게 손해를 가하면 상당인과관계가 인정되는 범위 안에서 국가 또는 지방자치단체가 배상책임을 부담하는 것이지만, 공무원이 직무를 수행하면서 그 근거되는 법령의 규정에 따라 구체적으로 의무를 부여받았어도 그것이 국민의 이익과는 관계없이 순전히 행정기관 내부의 질서를 유지하기 위한 것이거나, 또는 국민의 이익과 관련된 것이라도 직접 국민 개개인의 이익을 위한 것이 아니라 전체적으로 공공일반의 이익을 도모하기 위한 것이라면 그 의무에 위반하여 국민에게 손해를 가하여도 국가 또는 지방자치단체는 배상책임을 부담하지 아니한다"라고 하면서 "상수원수의 수질을 환경기준에 따라 유지하도록 규정하고 있는 관련 법령의 취지 · 목적 · 내용과 그 법령에 따라 국가 등이 부담하는 의무의 성질 등을 고려할 때, 피고들에게 일정한 기준에 따라 상수원수의 수질을 유지하여야 할 의무를 부과하고 있는 법령의 규정은 국민들에게 양질의 수돗물이 공급되게 함으로써 국민 일반의 건강을 보호하여 공공 일반의 전체적인 이익을 도모하기 위한 것이지, 국민 개개인의 안전과 이익을 직접적으로 보호하기 위한 규정이 아니다"라고 판시하였다(대판 2001.10.23. 99다36280). ② 또한 판례는 "공무원에게 부과된 직무상 의무의 내용이 단순히 공공 일반의 이익을 위한 것이거나 행정기관 내부의 질서를 규율하기 위한 것이 아니고, 전적으로 또는 부수적으로 사회구성원 개인의 안전과 이익을 보호하기 위하여 설정된 것이라면, 공무원이 그와 같은 직무상 의무를 위반함으로 인하여 피해자가 입은 손해에 대하여는 상당인과관계가 인정되는 범위 내에서 국가가 배상책임을 지는 것이고, 이때 상당인과관계의 유무를 판단함에 있어서는 일반적인 결과발생의 개연성은 물론 직무상의무를 부과하는 법령 기타 행동규범의 목적이나 가해행위의 태양 및 피해의 정도 등을 종합적으로 고려하여야 [한다]"면서 "선박안전법이나 유선및도선업법의 각 규정은 공공의 안전 외에 일반인의 인명과 재화의 안전보장도 그 목적으로 하는 것이라고 할 것이므로, 피고 대한민국의 선박검사관이나 피고 충무시 소속 공무원들이 위와 같은 직무상 의무를 위반하여 시설이 불량한 이 사건 ○○호에 대하여 선박중간검사에 합격하였다 하여 선박검사증서를 발급하고, 해당법규에 규정된 조치를 취함이 없이 계속 운항하게 함으로써 이 사건 화재사고가 발생한 것이라고 볼 수 있는 것이라면, 위 ○○호 화재사고와 피고들 소속 공무원들의 직무상 의무위반행위와의 사이에는 상당인과관계가 있고, 따라서 피고들은 그로 인한 손해배상책임을 부담하여야 한다"라고 판시하였다(대판 1993.2.12. 91다43466).

3. 직무를 집행하면서

1) 직무행위와의 객관적 관련성

국가배상청구권의 성립요건으로서 "직무를 집행하면서"는 직무행위 자체는 물론 직무행위와 직 · 간접적인 관련이 있는 행위를 포함하는 것으로 본다. 또한 이는 직무를 수행하는 공무원의 주관적 의사와는 관계없이 직무행위의 외형에 따라 결정된다(객관설). 즉 직무행위 또는 직무행위와 관련이 있는 공무원의 행위는 직무를 수행하는 공무원의 주관적 의사에 의하여 판단되는 것이 아니라 이를 대하는 일반인의 기준에 의하여 객관적으로 결정되는 것이다.

판례도 "국가배상법 제2조 제1항의 ['직무를 집행하면서']라 함은 직접 공무원의 직무집행행위이거나 그와 밀접한 관련이 있는 행위를 포함하고, 이를 판단함에 있어서는 행위 자체의 외관을 객관적으로 관찰하여 공무원의 직무행위로 보여질 때에는 비록 그것이 실질적으로 직무행위가 아니거나 또는 행위자로서는 주관적으로 공무집행의 의사가 없었다고 하더라도 그 행위는 공무원이 ['직무를 집행하면서'] 한 것으로 보아야 한다"라고 판시하였다(대판 2005.1.14. 2004다26805). 여기서 직무집행행위 또는 그와 밀접한 관련이 있는 행위는 "직무의 범위 내에 속한 행위이거나 직무수행의 수단으로써 또는 직무행위에 부수하여 행하여지는 행위로서 직무와 밀접한 관련이 있는 것"이다(대판 1994.5.27. 94다6741).

이에 따라 판례는 ① "인사업무를 담당하면서 울산세관 공무원들의 공무원증 및 재직증명서 발급업무를 하는 공무원인 소외인이 울산세관의 다른 공무원의 공무원증 등을 위조하는 행위는 비록 그것이 실질적으로는 직무행위에 속하지 아니한다 할지라도 적어도 외관상으로는 공무원증과 재직증명서를 발급하는 행위로서 직무집행으로 보여지므로 결국 소외인의 공무원증 등 위조행위는 국가배상법 제2조 제1항 소정의 공무원이 직무를 집행함에 당하여 한 행위로 인정"하였다(대판 2005.1.14. 2004다26805). ② 또한 "[육군중사가] 자신의 개인소유 오토바이 뒷좌석에 위 소외 2를 태우고 다음날부터 실시예정인 전 제대 동시 야간 훈련 및 독수리 훈련에 대비하여 사전정찰차 훈련지역 일대를 살피고 귀대하던 중 이 사건 사고가 일어났다면, 위 소외 1이 비록 개인소유의 오토바이를 운전하였다 하더라도 실질적, 객관적으로 위 소외 1의 운전행위는 그에게 부여된 훈련지역의 사전정찰임무를 수행하기 위한 직무와 밀접한 관련이 있다고 보아야 할 것"이라고 판시하였다(대판 1994.5.27. 94다6741).

한편 위 ②의 판례는 자동차손해배상보장법 적용 여부에 관하여 "피고가 위 [육군중사]의 오토바이 운행에 관하여 어떤 지시나 관리를 하는 등 그 운행을 지배하였다거나 그로 인한 운행이익을 향유하였다는 점을 인정할 만한 아무런 증거가 없으므로 피고가 자동차손해배상보장법 소정의 운행자의 지위에 있다 할 수 없다"라고 하였다.

2) 직무행위와의 실질적 관련성 여부 – 객관설에 대한 수정

판례는 "[공무원의 직무]행위가 실질적으로 공무집행행위가 아니라는 사정을 피해자가 알았다 하더라도" 위 요건을 충족한다고 본다(대판 1966.6.28. 66다781).

그러나 이러한 "순수한 의미의 객관설"은 그대로 받아들일 수 없다. 객관설을 취한다 하더라도 직무행위와의 실질적 · 객관적 관련성이 없다면 "직무를 집행하면서"의 요건충족은 불가능한 것으로 보아야 한다. 그러므로 공무원이 수행하는 직무와의 실질적 · 객관적 관련성이 결여되어 있거나 상대방이 그러한 사실을 알고 있는 경우에는 국가의 배상책임은 부인되는 것으로 보아야 한다.

4. 고의 또는 과실

1) 주관적 책임요소로서의 고의와 과실

(1) 국가배상법은 연혁적으로 사법상 불법행위책임을 바탕으로 한 것이므로 가해자의 고의와 과실에 의한 주관적 책임요소가 국가배상책임의 성립요건 중 하나이다. 일반적으로 '고의'라 함은 결과발생을 의도하는 주관적 심리상태를 말하며, '과실'이란 필요한 주의를 다하지 못하여 결과발생에 이르는 상태를 말한다. 여기에서의 주의의무는 객관적인 기준에 의하여 결정되는 것이므로 공무원의 과실이란 공무원이 자신의 업무를 수행하기 위하여 통상적으로 요구되는 지식과 능력이 결핍되는 경우를 포함한다.

판례는 "법령에 의하여 국가가 그 시행 및 관리를 담당하는 시험에 있어 시험문항의 출제 및 정답결정에 오류가 있어 이로 인하여 합격자 결정이 위법하게 되었다는 것을 이유로 공무원 내지 시험출제에 관여한 시험위원의 고의 · 과실로 인한 국가배상책임이 인정되기 위하여는 … 제반 사정을 종합적으로 고려하여 시험관련 공무원 혹은 시험위원이 객관적 주의의무를 결하여 그 시험의 출제와 정답 및 합격자 결정 등의 행정처분이 객관적 정당성을 상실하고, 이로 인하여 손해의 전보책임을 국가에게 부담시켜야 할 실질적인 이유가 있다고 판단되어야 할 것이다"라고 하였다(대판 2003.12.11. 2001다65236).

(2) 또한 판례는 경과실과 중과실의 구별기준과 관련하여 '중과실'의 개념을 다음과 같이 정의하고 있다. "여기서 공무원의 중과실이란 공무원에게 통상 요구되는 정도의 상당한 주의를 하지 않더라도 약간의 주의를 한다면 손쉽게 위법 · 유해한 결과를 예견할 수 있는 경우임에도 만연히 이를 간과함과 같은 거의 고의에 가까운 현저한 주의를 결여한 상태를 의미한다"는 것이다(대판 2011.9.8. 2011다34521).

한편 위 2011다 34521 판결 사안은 한 정당이 공천한 후보자의 경력조회와 관련하여 "잘못된 범죄경력조회 회보서로 인해 정당지지율 추락 등의 손해를 입었다"며 국가와 담당공무원을 상대로 낸 손해배상청구소송으로 국가배상책임과 더불어 중과실에 따른 공무원 개인의 배상책임까지 인정되었는데, 대법원은 관련 조항이 공익뿐만 아니라 사익보호성도 가지고 있어서 원고 정당이 손해배상청구권을 행사할 수 있다는 판결을 내린 것이다. 즉 "「공직선거법」이 위와 같이 후보자가 되고자 하는 자와 그 소속 정당에게 전과기록을 조회할 권리를 부여하고 수사기관에 회보의무를 부과한 것은 단순히 유권자의 알권리 보호 등 공공 일반의 이익만을 위한 것이 아니라, 그와 함께 후보자가 되고자 하는 자가 자신의 피선거권 유무를 정확하게 확인할 수 있게 하고, 정당이 후보자가 되고자 하는 자의 범죄경력을 파악함으로써 부적격자를 공천함으로 인하여 생길 수 있는 정당의 신뢰도 하락을 방지할 수 있게 하는 등의 개별적인 이익도 보호하기 위한 것이라고 할 수 있다"는 것이다.

2) 법령의 해석에 필요한 지식의 결핍도 과실에 속하는가?

당해 직무를 집행하는 공무원은 직무수행에 필요한 통상적인 수준의 법적 지식을 갖추고 있어야 한다. 따라서 유관법령의 내용과 이에 관련되는 학설과 판례의 흐름도 숙지하고 있을 것이 요구된다. 따라서 이러한 법령해석과 관련되는 지식의 결핍으로 수행된 직무행위에는 과실이 인정되는 것이 일반적이다.

판례도 "법령에 대한 해석이 복잡, 미묘하여 워낙 어렵고 이에 대한 학설, 판례조차 귀일되어 있지 않다는 등의 특별한 사정이 없는 한 일반적으로 공무원이 관계법규를 알지 못하였다거나 필요한 지식을 갖추지 못하여 법규의 해석을 그르쳐 어떤 행정처분을 하였다면 그가 법률전문가가 아닌 행정직 공무원이라고 하여 이에 관한 과실이 없다고는 할 수 없[다]"며, "이 사건 영업허가 취소처분의 근거로 된 숙박업법 제5조 제2호에 의하면 영업자는 "숙박을 하고자 하는 자가 도박 또는 풍기를 문란하게 하는 행위를 하거나 기타 위법행위를 할 우려가 있다고 인정될 때"에는 숙박을 거부할 수 있다고 되어 있을 뿐으로서 이 규정이 미성년자의 혼숙행위를 금지하는 규정이 아님은 명백하고, 또한 위 중구청장이 위 취소처분의 가장 직접적인 근거로 삼은 것으로 보이는 보건사회부 훈령 제211호에 의하면 숙박업자가 미성년자 혼숙행위를 방조, 묵인 또는 조장하였을 때에는 영업허가를 취소하는 것을 행정처분의 기준으로 정하고 있기는 하나 이는 위에서 본 바와 같이 숙박업법에 그 근거가 없는 점은 차치하더라도 이 사건 혼숙행위가 있은 후인 1976.2.6.자의 훈령임에도 불구하고 위 중구청장이 이를 소급 적용하였음이 분명한바, 위와 같은 사정을 종합하여 보면 피고 시의 중구청장이 위 규정들을 근거로 하여 한 이 사건 영업허가 취소처분은 같은 사람의 법령의 해석, 적용상의 과실에 기인한 것이라 아니할 수 없[다]"라고 하였다(대판 1981.8.25. 80다1598).

그러나 판례는 평균적인 공무원이 가질 수 있는 통상의 법률적 소양을 바탕으로 직무행위를 한 경우에는 당해 공무원의 과실을 부인하고 있다. 즉 "어떠한 행정처분이 뒤에 항고소송에서 취소되었다고 할지라도 그 자체만으로 그 행정처분이 곧바로 공무원의 고의 또는 과실로 인한 불법행위를 구성한다고 단정할 수는 없다. 왜냐하면 행정청이 관계 법령의 해석이 확립되기 전에 어느 한 설을 취하여 업무를 처리한 것이 결과적으로 위법하게 되어 그 법령의 부당집행이라는 결과를 빚었다고 하더라도 처분 당시 그와 같은 처리방법 이상의 것을 성실한 평균적 공무원에게 기대하기 어려웠던 경우라면 특별한 사정이 없는 한 이를 두고 공무원의 과실로 인한 것이라고는 볼 수 없기 때문이다"라고 판시하였다(대판 2001.3.13. 2000다20731). 또한 판례는 "행정입법에 관여한 공무원이 입법 당시의 상황에서 다양한 요소를 고려하여 나름대로 합리적인 근거를 찾아 어느 하나의 견해에 따라 경과규정을 두는 등의 조치 없이 새 법령을 그대로 시행하거나 적용하였다면, 그와 같은 공무원의 판단이 나중에 대법원이 내린 판단과 같지 아니하여 결과적으로 시행령 등이 신뢰보호의 원칙 등에 위배되는 결과가 되었다고 하더라도, 이러한 경우에까지 국가배상법 제2조 제1항 소정의 국가배상책임의 성립요건인 공무원의 과실이 있다고 할 수는 없다"라고 판시하였다(대판 2013.4.26. 2011다14428).

다만 판례는 "대법원의 판단으로 관계 법령의 해석이 확립되고 이어 상급 행정기관 내지 유관 행정부서로부터 시달된 업무지침이나 업무연락 등을 통하여 이를 충분히 인식할 수 있게 된 상태에서, 확립된 법령의 해석에 어긋나는 견해를 고집하여 계속하여 위법한 행정처분을 하거나 이에 준하는 행위로 평가될 수 있는 불이익을 처분 상대방에게 주게 된다면, 이는 그 공무원의 고의 또는 과실로 인한 것이 되어 그 손해를 배상할 책임이 있다"라고 판시하였다(대판 2007.5.10. 2005다31828).

3) 과실의 객관화 경향

고의나 과실과 같은 행위자의 주관적 책임요소를 피해자가 입증하여 국가배상을 청구한다는 것은 실제로 용이한 일이 아니다. 특히 개인의 행위도 아니고 공무원의 전문적인 직무행위와 관련되어 필요한 주의의무 위반 여부를 공무원의 주관적 심리상태에 의존한다는 것은 피해자 구제에 어려움을 가중시키는 것이다. 따라서 근래에 이르러 공무원의 과실은 행위자의 심리적 상태가 아니라 객관적 주의의무의 위반, 더 나아가서는 행정청 내부에서 이루어지는 의사결정의 객관적인 흠결로 이해하는 경향이 있다. 이른바 조직과실(Organisationsverschulden)이라고 불리는 과실의 객관화 형식은 직무행위를 수행한 공무원 개인의 과실이나 주의의무 위반을 문제삼지 아니하고 행정작용의 결과상 흠결을 행정기관장의 과실로 의제하는 것이다. 예를 들어, 신청인의 신청에 대한 부작위로 신청인 등의 권익침해가 있는 경우에 행정청은 부작위의 위법성에 대하여 과실이 있는 것으로 보며 담당공무원이 없다는 이유로 면책되지 않는다.

대법원 전원합의체 판결이 긴급조치 제9호의 발령 및 적용 · 집행행위로 인한 국가배상책임의 성립에 관하여 한 판시는 과실의 객관화 경향에 부분적으로 부합한다고 할 수 있다. 즉 다수의견은 "보통 일반의 공무원을 표준으로 공무원이 직무를 집행하면서 객관적 주의의무를 소홀히 하고 그로 말미암아 그 직무행위가 객관적 정당성을 잃었다고 볼 수 있는 때에 국가배상법 제2조가 정한 국가배상책임이 성립할 수 있다. 공무원의 직무행위가 객관적 정당성을 잃었는지는 행위의 양태와 목적, 피해자의 관여

여부와 정도, 침해된 이익의 종류와 손해의 정도 등 여러 사정을 종합하여 판단하되, 손해의 전보책임을 국가가 부담할 만한 실질적 이유가 있는지도 살펴보아야 한다"면서 "긴급조치 제9호는 위헌·무효임이 명백하고 긴급조치 제9호 발령으로 인한 국민의 기본권 침해는 그에 따른 강제수사와 공소제기, 유죄판결의 선고를 통하여 현실화되었다. 이러한 경우 긴급조치 제9호의 발령부터 적용·집행에 이르는 일련의 국가작용은, 전체적으로 보아 공무원이 직무를 집행하면서 객관적 주의의무를 소홀히 하여 그 직무행위가 객관적 정당성을 상실한 것으로서 위법하다고 평가되고, 긴급조치 제9호의 적용·집행으로 강제수사를 받거나 유죄판결을 선고받고 복역함으로써 개별 국민이 입은 손해에 대해서는 국가배상책임이 인정될 수 있다"라고 하면서, 그 이유 중 하나로 "이처럼 광범위한 다수 공무원이 관여한 일련의 국가작용에 의한 기본권 침해에 대해서 국가배상책임의 성립이 문제 되는 경우에는 전체적으로 보아 객관적 주의의무 위반이 인정되면 충분하다. 만약 이러한 국가배상책임의 성립에 개별 공무원의 구체적인 직무집행행위를 특정하고 그에 대한 고의 또는 과실을 개별적·구체적으로 엄격히 요구한다면 일련의 국가작용이 국민의 기본권을 침해한 경우에 오히려 국가배상책임이 인정되기 어려워지는 불합리한 결론에 이르게 된다"라고 판시하였다[대판(전합) 2022.8.30. 2018다212610].

이에 대해 대법관 안철상은 별개의견으로 "다수의견이 이 사건에서 국가배상책임의 요건으로 공무원 개인의 고의·과실을 엄격히 새기지 않은 것은 자기책임적인 국가배상책임으로 진일보한 의미가 있지만, 기존의 대위책임적인 입장을 극복하지 않은 채 그와 같은 이유로 국가배상책임의 성립을 인정하는 것은 논리적으로 철저하지 못하다"라고 하면서, "다수의견은, 이 사건과 같이 광범위한 다수 공무원이 관여한 일련의 국가작용에 의하여 기본권이 침해된 사안에서는 전체적으로 보아 객관적 주의의무 위반이 인정되면 국가배상책임의 성립에 문제가 없다는 취지이다. 다수의견이 이 사건에서 공무원 개인의 주관적 고의·과실을 엄격히 요구하지 않은 것은 타당하지만, 국가배상을 자기책임으로 파악하지 않으면서 그와 같이 공무원 개인의 주관적 책임요소를 완화하여 해석하는 것은 논리적으로 철저하지 못하다. 국가배상책임의 성질이나 성립 요건에 대한 판례 변경 없이 주관적 책임요소를 완화하여 해석할 근거가 없다. 그러한 해석은 국가배상을 공법적 자기책임으로 파악하여 국가의 직무상 과실을 인정할 때 비로소 가능하다. 또한 이는 광범위한 다수 공무원이 관여한 일련의 국가작용이 문제 되는 특수한 사안에 한정하여 볼 것도 아니다"라고 하여 다수의견의 한계를 지적하였다.

4) 고의 또는 과실에 대한 입증책임의 분배와 전환

민법의 일반적인 원칙에 따라 고의 또는 과실의 입증책임은 원칙적으로 피해자인 원고가 부담하는 것이 일반적이다. 그러나 공무원의 직무행위는 전문적인 영역에 속하는 경우가 많고, 공무원 개인의 주관적 심리상태에 따르는 주관적 주의의무 위반을 피해자가 입증하는 것은 용이한 일이 아니다. 따라서 과실의 객관화, 인과관계의 추정, 입증책임의 적절한 분배와 피고에의 전환을 통하여 그 부담을 경감시키는 것이 요구된다.

대법원 전원합의체 판결의 다수의견은 '진실 · 화해를 위한 과거사정리위원회'(이하 '정리위원회')에 의해 희생자로 결정된 이들의 유족들이 제기한 국가배상사건에서, 정리위원회가 진실규명결정을 내렸더라도 바로 국가가 유족에게 손해배상을 할 책임을 지는 것은 아니며, 이는 법원이 참고할 수 있는 유력한 증거의 하나일 뿐이므로 진실규명결정에 대한 신빙성에 의심이 간다면 재판부가 이를 추가로 심리하는 것이 필요하다는 의견을 제시하였다. 즉 "정리위원회의 조사보고서는 국가를 상대로 손해배상을 청구하는 민사소송에서도 특별한 사정이 없는 한 유력한 증거자료가 될 것임은 틀림이 없을 것이다 … 그럼에도 불구하고 정리위원회의 희생자 확인결정 또는 추정결정이 있었다는 사실만으로 그 인정 근거의 연관성이나 신빙성 등에 대한 심사를 할 것도 없이 그 대상자는 모두 군이나 경찰 등 국가에 의한 희생자라는 사실이 다툼의 여지가 없이 확정된 것이고, 그로 인한 국가의 불법행위책임은 반드시 인정되어야 하는 것이라고는 할 수 없다. 결국 정리위원회의 조사보고서에서 대상 사건 및 시대상황의 전체적인 흐름과 사건의 개괄적 내용을 정리한 부분은 상당한 신빙성이 있다 할 것이지만, 국가를 상대로 민사적인 손해배상을 청구하는 사건에서는 그러한 전체 구도 속에서 개별 당사자가 해당 사건의 희생자가 맞는지에 대하여 조사보고서 중 해당 부분을 개별적으로 검토하는 등 증거에 의하여 확정하는 절차를 거쳐야 한다. 따라서 그 절차에서까지 정리위원회의 조사보고서나 처분 내용이 법률상 '사실의 추정'과 같은 효력을 가지거나 반증을 허용하지 않는 증명력을 가진다고 할 수는 없다"라고 판시하였다[대판(전합) 2013.5.16. 2012다202819].

반면 반대의견은 "피해자가 진실규명결정을 증거로 제출하면서 국가를 상대로 국가 소속 공무원의 불법행위를 원인으로 한 손해배상을 청구하는 경우, 진실규명결정은 그 내용에 중대하고 명백한 오류가 있는 등으로 인하여 그 자체로 증명력이 부족함이 분명한 경우가 아닌 한 매우 유력한 증거로서의 가치를 가진다고 할 것이어서 피해자는 그것으로써 국가 소속 공무원에 의한 불법행위책임 발생 원인사실의 존재를 증명하였다고 봄이 상당하다. 이 경우 진실규명결정의 내용을 부인하며 가해행위를 한 바가 없다고 다투는 국가가 그에 관한 반증을 제출할 책임을 부담한다고 보아야 한다"는 견해를 제시하였다.

5. 법령 위반 – 위법성

1) 법령 위반의 의미

공무원의 직무상 불법행위는 법령에 위반하여 위법성이 있어야 한다. 여기에서의 법령 위반으로 인한 위법성의 의미는 일반적으로 공무원의 직무행위가 행정의 법률적 합성과 행정법의 일반원칙에 위배됨을 의미한다. 즉 공무원의 직무행위가 필요한 법적 근거를 결여하거나 법령에서 규정한 내용에 저촉되는 것뿐 아니라 행정법의 일반원칙으로서의 평등의 원칙, 신뢰보호의 원칙, 비례의 원칙 등을 위반하는 경우를 말한다.

2) 항고소송에서 처분의 위법성과의 관계

(1) 위에서 언급한 법령 위반의 의미는 일반적으로 행정처분의 위법성과 동일한 의미이므로 항고소송과는 달리 손해의 배상을 구하는 국가배상에서의 직무행위 위법성 개념으로는 지나치게 좁은 의미를 갖는다는 비판이 제기되었다. 다시 말해 국가배상에서 위법성의 개념을 민법의 불법행위에서와 같이 공서양속이나 사회질서 위반 등 더 넓은 의미에서 전체법질서 차원에서 판단하자는 것이다.

판례는 국가배상법 제2조의 위법성 개념을 법령 위반에 한정하지 않고 보다 넓은 의미로 이해하고 있다. 즉 "국가배상책임에서 공무원의 가해행위는 법령을 위반한 것이어야 하는데, 여기서 법령을 위반하였다 함은 엄격한 의미의 법령 위반뿐 아니라 인권존중, 권력남용금지, 신의성실과 같이 공무원으로서 마땅히 지켜야 할 준칙이나 규범을 지키지 않고 위반한 경우를 포함하여 널리 그 행위가 객관적인 정당성을 결여하고 있음을 뜻한다"라고 하면서 "교정시설 수용행위로 인하여 수용자의 인간으로서의 존엄과 가치가 침해되었다면 그 수용행위는 공무원의 법령을 위반한 가해행위가 될 수 있다"고 보았다(대판 2022.7.14. 2017다266771). 또한 "수사기관이 범죄수사를 하면서 지켜야 할 법규상 또는 조리상의 한계를 위반하였다면 이는 법령을 위반한 경우에 해당한다"라고 하면서 "수사기관은 수사 등 직무를 수행할 때에 헌법과 법률에 따라 국민의 인권을 존중하고 공정하게 하여야 하며 실체적 진실을 발견하기 위하여 노력하여야 할 법규상 또는 조리상의 의무가 있고, 특히 피의자가 소년 등 사회적 약자인 경우에는 수사과정에서 방어권 행사에 불이익이 발생하지 않도록 더욱 세심하게 배려할 직무상 의무가 있다"라고 판시하였다(대판 2020.4.29. 2015다224797).

(2) 그러나 현실적으로 직무를 집행하는 공무원에게 법령과 행정법의 일반원칙의 준수 이외에 그 내용조차 불명확한 사회상규의 내용에 대한 기속을 요구하는 것은 지나치게 가혹하다. 이러한 취지에 따른 것으로 볼 수 있는 판례를 보면, "국가배상책임은 공무원의 직무집행이 법령에 위반한 것임을 요건으로 하는 것으로서, 공무원의 직무집행이 법령이 정한 요건과 절차에 따라 이루어진 것이라면 특별한 사정이 없는 한

이는 법령에 적합한 것이고 그 과정에서 개인의 권리가 침해되는 일이 생긴다고 하여 그 법령적합성이 곧바로 부정되는 것은 아니"라고 하면서 "경찰관은 수상한 거동 기타 주위의 사정을 합리적으로 판단하여 어떠한 죄를 범하였거나 범하려 하고 있다고 의심할 만한 상당한 이유가 있는 자 또는 이미 행하여진 범죄나 행하여지려고 하는 범죄행위에 관하여 그 사실을 안다고 인정되는 자를 정지시켜 질문할 수 있고(경찰관직무집행법 제3조 제1항), 또 범죄를 실행중이거나 실행 직후인 자는 현행범인으로, 누구임을 물음에 대하여 도망하려 하는 자는 준현행범인으로 각 체포할 수 있으며(형사소송법 제211조 제1항, 제2항 제4호, 제212조), 이와 같은 정지 조치나 질문 또는 체포 직무의 수행을 위하여 필요한 경우에는 대상자를 추적할 수도 있으므로, 경찰관이 교통법규 등을 위반하고 도주하는 차량을 순찰차로 추적하는 직무를 집행하는 중에 그 도주차량의 주행에 의하여 제3자가 손해를 입었다고 하더라도 그 추적이 당해 직무 목적을 수행하는 데에 불필요하다거나 또는 도주차량의 도주의 태양 및 도로교통상황 등으로부터 예측되는 피해발생의 구체적 위험성의 유무 및 내용에 비추어 추적의 개시 · 계속 혹은 추적의 방법이 상당하지 않다는 등의 특별한 사정이 없는 한 그 추적행위를 위법하다고 할 수는 없다"라고 판시하였다(대판 2000.11.10. 2000다26807 등). 이른바 행위위법설에 따라 국가의 배상책임을 부정한 것이다.

(3) 국가배상제도 기능의 확장에 따르는 위법성 개념의 확장을 제시하는 이른바 결과불법설과 상대적 위법성설도 제기된다. 결과불법설은 직무를 집행하는 공무원의 직무행위가 법령에 위반되는가의 여부에 중점을 두는 것이 아니라 현실적으로 국민에게 발생한 손해 또는 피해를 중심으로 위법성을 판단하는 견해이다. 이럴 경우 위법성의 개념은 상당한 정도로 확장될 가능성이 크다. 이에 비하여 상대적 위법성설은 공무원의 직무집행행위가 법령에 위반한 것인가의 여부와 관련한 여러 가지 정황적 요소를 고려하여 위법성을 판단하자는 견해이다.

그러나 이러한 위법성 개념의 확장은 국가배상제도의 정책론에 관한 것으로서 법적인 의미의 위법성과는 구별되어야 한다. 판례는 행위위법설을 원칙으로 하면서 다소 상대적 위법성설에 의한 수정의 가능성을 언급하고 있을 뿐이다. 즉 "공무원의 부작위로 인한 국가배상책임을 인정하기 위하여는 공무원의 작위로 인한 국가배상책임을 인정하는 경우와 마찬가지로 '공무원이 그 직무를 집행함에 당하여 고의 또는 과실로 법령에 위반하여 타인에게 손해를 가한 때'라고 하는 국가배상법 제2조 제1항의 요건이 충족되어야 할 것인바, 여기서 '법령에 위반하여'라고 하는 것이 엄격하게 형식적 의미의 법령에 명시적으로 공무원의 작위의무가 규정되어 있는데도 이를 위반하는 경우만을 의미하는 것은 아니고, 국민의 생명, 신체, 재산 등에 대하여 절박하고 중대한 위험상태가 발생하였거나 발생할 우려가 있어서 국민의 생명, 신체, 재산 등을 보호하는 것을 본래적 사명으로 하는 국가가 초법규적, 일차적으로 그 위험배제에 나서지 아니하면 국민의 생명, 신체, 재산 등을 보호할 수 없는 경우에는 형식적 의미의 법령에 근거가 없더라도 국가나 관련 공무원에 대하여 그러한 위험을 배제할 작위의무를 인정할 수 있을 것이지만, 그와 같은 절박하고 중대한 위험상태가 발생하였거나 발생할 우려가 있는 경우가 아니라면 원칙적으로 공무원이 관련 법령을 준수하여 직무를 수행하였다면 그와 같은 공무원의 부작위를 가지고 '고의 또는 과실로 법령에 위반'하였다고 할 수는 없을 것이므로, 공무원의 부작위로 인한 국가배상책임을 인정할 것인지 여부가 문제되는 경우에 관련 공무원에 대하여 작위의무를 명하는 법령의 규정이 없다면 공무원의 부작위로 인하여 침해된 국민의 법익 또는 국민에게 발생한 손해가 어느 정도 심각하고 절박한 것인지, 관련 공무원이 그와 같은 결과를 예견하여 그 결과를 회피하기 위한 조치를 취할 수 있는 가능성이 있는지 등을 종합적으로 고려하여 판단하여야 할 것이다"라고 판시하였다(대판 2008.10.9. 2007다40031).

(4) 따라서 국가배상법의 위법성은 항고소송에서 처분의 위법성과 동일한 것이며, 취소소송의 기판력은 국가배상책임의 성립에 영향을 미친다고 보아야 한다.

그러나 판례는 취소소송의 기판력이 이후의 국가배상사건에 미치지 않는 것으로 보고 있다. 즉 "어떠한 행정처분이 후에 항고소송에서 취소되었다고 할지라도 그 기판력에 의하여 당해 행정처분이 곧바로 공무원의 고의 또는 과실로 인한 것으로서 불법행위를 구성한다고 단정할 수는 없는 것"이라고 하면서, "그 행정처분의 담당공무원이 보통 일반의 공무원을 표준으로 하여 볼 때 객관적 주의의무를 결하여 그 행정처분이 객관적 정당성을 상실하였다고 인정될 정도에 이른 경우에 국가배상법 제2조 소정의 국가배상책임의 요건을 충족하였다고 봄이 상당할 것이며, 이때에 객관적 정당성을 상실하였는지 여부는 피침해이익의 종류 및 성질, 침해행위가 되는 행정처분의 태양 및 그 원인, 행정처분의 발동에 대한 피해자측의 관여의 유무, 정도 및 손해의 정도 등 제반 사정을 종합하여 손해의 전보책임을 국가 또는 지방자치단체에게 부담시켜야 할 실질적인 이유가 있는지 여부에 의하여 판단하여야 할 것이다"라고 판시하였다(대판 2000.5.12. 99다70600).

물론 위 99다70600 판결에서 대법원이 항고소송에서 인용판결을 하는 경우 처분의 위법성에 대한 기판력이 후소인 국가배상청구소송에 대하여 적용되기는 하지만 결국 처분을 집행한 공무원의 고의 또는 과실이 결여되어 국가가 배상책임을 부담하지 않는 것으로 해석할 여지도 있다. 다시 말하자면, 항고소송에서 처분의 위법성에 대한 기판력은 원칙적으로 국가배상청구소송의 위법성에 미치는 것으로 보는 것이다.

그러나 위 99다70600 판결의 판결이유를 보다 상세하게 관찰하면 공무원의 고의 또는 과실의 경우에는 물론 위법성 판단에 있어서도 행정처분이 객관적으로 정당성을 상실하였는지 여부를 검토하고, 더 나아가 행정처분의 태양과 그 원인, 손해의 정도 등 여러 사정을 고려하고 있다. 결국 대법원은 국가에게 실질적으로 손해배상책임을 귀속시키는 것이 합리적인가의 문제를 검토하고 있기 때문에, 기판력 인정 여부를 판단할 때에는 공무원의 고의 또는 과실은 물론 처분이 객관적으로 법질서에 부합하는지도 고려사항에 포함되는 것으로 본다면, 위 99다70600 판결에서 대법원은 항고소송에서 처분의 위법성에 대한 기판력이 국가배상소송의 위법성에 영향을 미치는 것으로 판결한 것은 아니라고 할 것이다.

3) 재량처분과 행정규칙 위반

(1) 행정청이 법규상 재량권을 부여받은 경우에 재량권행사가 비례의 원칙, 평등의 원칙, 신뢰보호의 원칙 등 행정법의 일반원칙에 위반된 경우 재량권의 남용이 있는 것으로서 위법하다. 다만 재량권행사가 위법에는 이르지 않지만 더 합목적적인 대안이 있었음에도 불구하고 부당한 처분이 내려진 경우에는 국가배상법의 위법성 개념에 포함되는가? 여기에 대한 해답은 위법성과 부당성 개념의 구별에 대한 문제로 귀착되며, 국가배상법의 위법성을 좁은 의미의 법령 위반으로 이해하는 경우에는 부당한 처분은 위법성의 개념에 포함되지 않는다.

(2) 더 나아가 공무원의 직무행위가 행정규칙에 위반하는 경우에 위법성을 인정할 수 있을까? 이 문제는 궁극적으로 행정규칙의 법규성의 인정 여부에 의하여 결정된다. 만약 행정규칙의 법규성을 긍정하는 경우에는 행정규칙 위반행위도 법령 위반으로 평가될 수 있다.

반면에 행정규칙의 법규성과 대외적 구속력을 부인하는 경우에는 국가배상법의 위법성 판단의 참고자료를 제공할 뿐이며 이것이 본서에서 취한 행정규칙에 대한 이해이다. 이러한 의미에서도 국가배상법의 위법성은 좁은 의미로 이해될 필요가 있다. 그렇지 않을 경우 행정규칙 위반행위도 전체법질서의 차원에서 보면 당연히 공서양속이나 사회질서에 위반되는 것으로서 위법으로 평가되어야 하기 때문이다.

판례는 공무원의 부작위로 인한 국가배상책임이 문제된 사건에서 '대외적 구속력이 인정되지 않는 행정규칙'과 '위법성'의 관계에 대하여, "상급행정기관이 소속 공무원이나 하급행정기관에 대하여 업무처리지침이나 법령의 해석 · 적용 기준을 정해 주는 '행정규칙'은 일반적으로 행정조직 내부에서만 효력을 가질 뿐 대외적으로 국민이나 법원을 구속하는 효력이 없다. 공무원의 조치가 행정규칙을 위반하였다고 해서 그러한 사정만으로 곧바로 위법하게 되는 것은 아니고, 공무원의 조치가 행정규칙을 따른 것이라고 해서 적법성이 보장되는 것도 아니다. 공무원의 조치가 적법한지는 행정규칙에 적합한지 여부가 아니라 상위법령의 규정과 입법 목적 등에 적합한지 여부에 따라 판단해야 한다"라고 판시하였다(대판 2020.5.28. 2017다211559).

4) 취소소송과 위법성의 선결적 판단

행정처분의 위법성이 문제되어 이에 대한 취소를 구하는 항고소송이 제기되고 이와는 별도로 위법한 처분으로 인한 손해의 배상을 구하는 소송이 각각 다른 법원에 계속되는 경우가 있다. 이때 국가배상을 심리 · 판단하는 민사법원은 처분의 위법성을 선결적으로 판단하고 이에 따르는 인용판결을 할 수 있는가? 이 문제는 이른바 행정행위의 공정력 또는 구성요건적 효력에 관련되는 것으로서 이미 행정행위의 효력편에서 다룬 바 있다.

행정행위의 구성요건적 효력에 따르면 취소원인을 갖는 행정처분은 취소권한이 있는 항고소송의 수소법원이 그 위법을 이유로 취소하지 않는 한 다른 국가기관을 구속한다. 그러나 이미 언급한 바와 같이 권력분립원칙에 따라 행정작용의 적법성을 판단하는 것은 사법부 고유의 권한행사이며 신속한 재판을 위하여 선결적 판단이 가능한 것으로 보아야 한다. 따라서 행정행위의 구성요건적 효력은 행정처분의 위법성이 전제로 된 민 · 형사사건을 심리 · 판단하는 법원을 기속하지 못한다. 판례도 처분의 위법성을 선결적으로 판단하여 국가배상청구에 대한 인용판결을 할 수 있다고 본다(대판 1972.4.28. 72다337).

6. 타인에 대한 손해의 발생

여기에서의 타인이란 가해행위를 한 공무원과 이에 가세한 자 이외의 모든 자를 포함하며, 가해행위를 한 공무원과 함께 직무를 수행하다 피해를 입은 다른 공무원도 포함된다. 다만 헌법과 국가배상법은 타인의 범위에 관하여 군인, 군무원 또는 경찰공무원 등의 경우에는 일정한 요건하에 국가배상청구권의 성립을 부정하고 있다. 이에 대하여는 후술한다. 또한 여기에서의 손해는 가해행위와 상당인과관계가 있는 생명 · 신체 · 재산 · 정신적인 손해를 모두 포함한다. 판례도 정신적 손해에 대한 배상을 인정하였다(대판 2004.9.23. 2003다49009).

7. 상당인과관계

국가배상청구권이 성립하려면 가해행위와 손해의 발생 사이에 상당인과관계가 있어야 한다. 여기에서 상당인과관계의 존재 여부는 일반 민법상 불법행위책임의 성립 여부에 관한 상당인과관계의 개념에 따른다. 그리고 판례는 상당인과관계 존부를 판단할 때 근거법규의 사익보호성을 고려한다. 즉 "공무원이 고의 또는 과실로 그에게 부과된 직무상 의무를 위반하였을 경우라고 하더라도 국가는 그러한 직무상의 의무 위반과 피해자가 입은 손해 사이에 상당인과관계가 인정되는 범위 내에서만 배상책임을 지는 것이고, 이 경우 상당인과관계가 인정되기 위하여는 공무원에게 부과된 직무상 의무의 내용이 단순히 공공 일반의 이익을 위한 것이거나 행정기관 내부의 질서를 규율하기 위한 것이 아니고 전적으로 또는 부수적으로 사회구성원 개인의 안전과 이익을 보호하기 위하여 설정된 것이어야 한다"라고 하며(대판 2010.9.9. 2008다77795), "상당인과관계의 유무를 판단함에 있어서는 일반적인 결과 발생의 개연성은 물론이고, 더 나아가 직무상 의무를 부과하는 법령 기타 행동규범의 목적이나 가해행위의 태양 및 피해의 정도 등 구체적인 사정을 종합적으로 고려하여야 한다"라고 본다(대판 2006.4.14. 2003다41746).

Ⅲ. 국가배상책임의 주체

1. 국가 또는 지방자치단체

국가배상법에 의하여 공무원의 직무상 불법행위로 인하여 개인에게 손해를 입힌 경우에는 국가 또는 지방자치단체가 배상책임을 진다. 이미 언급한 바와 같이 국가배상법은 헌법과는 달리 배상책임의 주체에서 공공단체 중 지방자치단체만을 인정할 뿐 다른 공공단체 임직원의 직무상 불법행위에 대하여는 일반 민법에 의거하고 있다.

국가 등이 손해배상책임을 지는 경우에 공무원의 선임 · 감독을 맡은 자와 봉급 · 비용을 부담하는 자가 동일하지 않은 경우에 피해자는 어느 쪽에 대하여도 손해배상청구권을 행사할 수 있으며(국가배상법 제6조 제1항), 이 경우에 손해를 배상한 자는 내부관계에서 손해를 배상할 책임이 있는 자에 대하여 구상권을 행사할 수 있다(제2항).

2. 기관위임사무

국가가 지방자치단체의 장에게 위임하거나 광역지방자치단체의 장이 기초지방자치단체의 장에게 위임하여 행하는 기관위임사무의 경우에는 원칙적으로 위임자의 비용과 책임에 의하여 업무가 수행된다. 따라서 기관위임사무를 집행하는 과정에서 공무원이 타인에게 손해를 가하는 경우에는 위임자인 국가나 지방자치단체가 배상책임을 진다. 다만 이 경우에도 수임자가 속한 광역지방자치단체나 기초지방자치단체가 담당공무원의 봉급 등 비용을 부담하는 경우에 피해자는 국가뿐 아니라 이들에 대하여도 선택적인 배상청구가 가능하다. 이는 피해자보호의 입장에서 직접 업무를 수행하는 자가 속한 지방자치단체를 대상으로 배상청구를 할 수 있게 하는 것이다.

판례도 "기관위임사무[의] 경우 피고 군의 군수는 그 사무의 귀속 주체인 국가 산하 행정기관의 지위에서 그 사무를 처리하는 것에 불과하므로, 피고 군의 군수 또는 군수를 보조하는 피고 소속 공무원이 위임사무처리에 있어 고의 또는 과실로 타인에게 손해를 가하였다 하더라도 원칙적으로 피고에게는 국가배상책임이 없고 그 사무의 귀속 주체인 국가가 손해배상책임을 지는 것"이라고 하면서, "다만 국가배상법 제6조에 의하여 피고가 비용을 부담한다고 볼 수 있는 경우에 한하여 피고도 국가와 함께 손해배상책임을 부담하게 되는 것"이라고 판시하였다(대판 2000.5.12. 99다70600). 이때 기관위임사무의 수임자가 속한 기초지방자치단체가 손해를 배상하게 되면, 위임자인 광역지방자치단체는 내부관계에 의하여 기초지방자치단체에게 구상책임을 진다.

Ⅳ. 손해배상의 범위

1. 원 칙

국가 등이 부담하는 손해배상액의 범위는 원칙적으로 공무원의 가해행위와 상당인과관계가 인정되는 모든 생명 · 신체 · 재산 · 정신적인 손해이다. 국가배상법 제3조는 각종의 손해에 대하여 일정한 배상기준을 규정하고 있다. 또한 제3조의2에 따르면 피해자가 손해를 입은 동시에 이익을 얻는 경우에는 그 이익에 상당하는 금액을 빼야 하며(제1항), 유족배상, 장해배상 및 장래에 필요한 요양비 등을 한꺼번에 신청하는 경우에는 중간이자를 공제한다(제2항). 이 경우 중간이자 공제방식은 대통령령으로 정한다(제3항).

2. 배상기준의 성격

국가배상법 제3조에서 규정한 손해배상의 산정에 대한 기준의 성격에 대하여는 이 기준이 법원과 배상심의회를 구속한다는 강행규범설(한정액설)과 하나의 산정기준에 불과하다는 임의규범설(기준액설)이 대립하고 있다. 후자가 다수설이다. 판례도 구 국가배상법에 관하여 "[국가배상법] 제3조 제1항과 제3항의 손해배상 기준은 배상심의회의 배상금 지급기준을 정함에 있어서의 하나의 기준을 정한 것에 지나지 아니하는 것이고 이로써 배상액의 상한을 제한한 것으로 볼 수는 없다 할 것이며 따라서 법원이 국가배상법에 의한 손해배상액을 산정함에 있어서는 같은 법 제3조 소정의 기준에 구애되는 것이 아니라 할 것이니 이 규정은 국가 또는 공공단체에 대한 손해배상청구권을 규정한 헌법 제26조에 위배된다고는 볼 수 없[다]"라고 하여 임의규범설을 따르고 있다[대판(전합) 1970.1.29. 69다1203].

3. 국가배상청구권의 양도 등 금지, 소멸시효

1) 국가배상법 제4조는 피해자가 입은 다른 손해와는 달리 생명 · 신체의 침해로 인한 국가배상청구권은 이를 양도하거나 압류하는 것을 금지하고 있다. 이는 생명 · 신체의 침해를 이유로 하는 국가배상청구권의 사회보장적 성격을 고려한 것이다.

2) 국가배상법은 배상청구권의 소멸시효에 대하여 특칙을 두고 있지 아니하므로 민법의 규정에 의한다(제8조). 그러므로 국가배상청구권의 소멸시효는 민법 제766조에 따라 피해자나 법정대리인이 손해 및 그 가해자를 안 날로부터 3년(제1항), 불법행위를 한 날로부터 10년이 지나면 시효로 소멸한다(제2항). 물론 시효의 진행중에 발생하는 중단사유와 정지사유 등에 관하여도 민법의 규정이 적용된다. 다만 국가배상법 제8조에 의하여 민법 이외의 다른 법률이 있는 경우에는 다른 법률이 적용되는데, 국가에 대한 채권의 소멸시효를 규정한 국가재정법 제96조 제2항이 그것이다. 이에 따르면 국가에 대하여는 불법행위를 한 날로부터 5년의 소멸시효가 적용된다. 결과적으로 국가배상청구권의 소멸시효는 불법행위를 한 날로부터 5년, 피해자나 법정대리인이 그 손해와 가해자를 안 날로부터 3년이 경과하면 완성된다(대판 2020.4.29. 2018다239455).

한편 헌법재판소는 소멸시효를 배제하는 등의 별도의 규정을 두지 아니함으로써 국가배상청구권에 대하여 민법 또는 그 외의 법률상의 소멸시효 규정이 적용되도록 한 국가배상법 제8조가 헌법에 위반되지 않는다고 본다(헌재결 2011.9.29. 2010헌바116).

3) 대법원은 민법의 소멸시효 조항 중 '민간인 집단 희생사건'과 '중대한 인권침해사건 · 조작의혹사건'에 적용되는 부분이 헌법에 위반된다는 헌법재판소의 위헌결정의 효력에 따라 "과거사정리법 제2조 제1항 제3호의 '민간인 집단 희생사건'이나 같은 항 제4호의 '중대한 인권침해사건 · 조작의혹사건'에서 공무원의 위법한 직무집행으로 입은 손해에 대한 … 손해배상청구권에 대해서는 민법 제166조 제1항, 제766조 제2항에 따른 '객관적 기산점을 기준으로 하는 소멸시효'(이하 '장기소멸시효'라 한다)는 적용되지 않고, 국가에 대한 금전 급부를 목적으로 하는 권리의 소멸시효기간을 5년으로 규정한 국가재정법 제96조 제2항(구 예산회계법 제96조 제2항) 역시 이러한 객관적 기산점을 전제로 하는 경우에는 적용되지 않는다"(대판 2019.11.14. 2018다233686)라고 하였으며, 과거사정리위원회가 진실규명결정을 한 경우 피해자나 그 법정대리인이 '손해 및 가해자를 안 날'은 진실규명결정일이 아니라 진실규명결정통지서를 송달받은 날이라고 판시하였다(대판 2020.3.26. 2019다220526). 따라서 이러한 주관적 기산점을 기준으로 하는 소멸시효만 적용된다는 것이다.

4) 판례는 국가배상청구 사건에서 국가의 소멸시효 완성 주장이 권리남용에 해당하는 경우의 소멸시효기간에 대하여 "피고는 한국전쟁 전후 희생사건 등에 대하여 위

와 같이 5년의 소멸시효기간이 경과된 때로부터 약 50년이 지난 2005.5.31. 법률 제7542호로 과거사정리법을 제정하고, 그에 따라 산하에 정리위원회를 구성한 후 피해자들의 신청을 받거나 직권으로 진실규명 활동을 해 왔고, 과거사정리법을 통하여 피고 스스로 진실규명사건 피해자의 피해 및 명예의 회복을 위하여 노력할 것이고, 국민화해와 통합을 위하여 필요한 조치를 할 것이며, 규명된 진실에 따라 희생자, 피해자 및 유가족의 피해 및 명예를 회복시키기 위한 적절한 조치를 취할 것임을 천명하였다. … 과거사정리법의 적용대상이 되는데도 불구하고 그에 근거한 진실규명신청조차 없었던 경우에는 국가가 소멸시효를 주장하더라도 이는 특별한 사정이 없는 한 권리남용에 해당하지 않는다 할 것이다. 그런데 … 이 사건에서 망인들에 대하여는 과거사정리법에 의한 진실규명신청이 있었고, 피고 산하 정리위원회도 망인들을 희생자로 확인 또는 추정하는 진실규명결정을 한 사실을 알 수 있다. 그러므로 위 망인들의 유족인 원고들로서는 그 결정에 기초하여 상당한 기간 내에 권리를 행사할 경우 피고가 적어도 소멸시효의 완성을 들어 권리소멸을 주장하지는 않을 것이라는 데 대한 신뢰를 가질 만한 특별한 사정이 있다고 봄이 상당하다. 그럼에도 불구하고 피고가 원고들에 대하여 소멸시효의 완성을 주장하는 것은 신의성실 원칙에 반하는 권리남용에 해당한다 할 것이어서 이는 허용될 수 없다"라고 하면서, "채무자가 소멸시효의 이익을 원용하지 않을 것 같은 신뢰를 부여한 경우에도 채권자는 그러한 사정이 있은 때로부터 상당한 기간 내에 권리를 행사하여야만 채무자의 소멸시효의 항변을 저지할 수 있다 할 것인데 … 위 권리행사의 '상당한 기간'은 특별한 사정이 없는 한 민법상 시효정지의 경우에 준하여 단기간으로 제한되어야 한다. 그러므로 개별 사건에서 매우 특수한 사정이 있어 그 기간을 연장하여 인정하는 것이 부득이한 경우에도 불법행위로 인한 손해배상청구의 경우 그 기간은 아무리 길어도 민법 제766조 제1항이 규정한 단기소멸시효기간인 3년을 넘을 수는 없다고 보아야 한다"라고 판시하였다[대판(전합) 2013.5.16. 2012다202819].

V. 공무원의 구상책임

1. 공무원 개인책임의 내용

헌법은 공무원의 직무상 불법행위에 대하여 국가 등이 배상책임을 지는 경우 공무원 자신의 책임이 면제되지 않는다고 규정하였다. 이러한 공무원의 책임에는 징계상 · 형사상 · 민법상 책임 등이 포함될 수 있겠지만 국가배상법은 공무원의 책임으로 국가 등의 구상권행사에 응할 책임만을 규정하고 있다. 공무원이 고의 또는 중대한 과실로 직무상 불법행위를 한 경우에 국가 또는 지방자치단체는 그 공무원에게 구상할 수 있다는 국가배상법 제2조 제2항이 그것이다. 그런데 구상권에 대한 국가배상법의 내용 중 주목해야 하는 것은 "구상할 수 있다"는 구상권의 재량행위적 성격이다.

2. 구상권행사의 기능

직무상 불법행위를 행한 공무원을 대신하여 손해배상책임을 부담한 국가 등이 구상권을 행사하는 것은 국가배상제도가 갖는 몇 가지 기능과 관련된다. 우선 국가배상제도는 고의 또는 중과실의 경우에만 구상권을 행사할 수 있도록 하였는데, 이는 경한 과실이 있는 공무원을 면책하여 소신 있는 직무행위를 담보하기 위한 것이다. 둘째, 불법행위를 행한 공무원에 대하여 구상권을 행사한다는 것은 법적으로 뿐 아니라 불법행위를 방지하기 위한 일종의 심리적 수단으로 작용한다. 셋째, 국가 등이 부담하는 배상청구권의 재원은 당연히 국민의 조세를 바탕으로 한 일반회계로부터 염출되는 것이므로 구상권의 행사는 국가재정의 부담을 완화하는 기능을 갖는다. 따라서 국가 등이 구상권행사를 함에 있어서는 상당부분 정책적인 고려가 작용하며 이는 구상권행사의 재량행위적 성격과 일정한 맥락을 유지한다.

3. 구상권행사의 탄력적 운용

이와 같이 국가 등에 의한 구상권행사에는 다양한 정책적 고려가 작용하는 것이므로 고의 또는 중과실의 경우에도 예외없는 구상권행사가 반드시 바람직한 것은 아니며 사안의 경중에 따르는 차별적 조치가 요청된다. 특히 중대한 과실과 경한 과실의 구별은 실제적으로 어려운 일이므로 비록 중대한 과실이 있었다 하더라도 공무원의 직무행위가 건전한 동기에 의하여 이루어진 경우 면책을 허용해야 할 필요도 있기 때문이다. 판례도 "국가나 지방자치단체는 해당 공무원의 직무내용, 불법행위의 상황과 손해발생에 대한 해당 공무원의 기여 정도, 평소 근무태도, 불법행위의 예방이나 손실분산에 관한 국가 또는 지방자치단체의 배려의 정도 등 제반 사정을 참작하여 손해의 공평한 분담이라는 견지에서 신의칙상 상당하다고 인정되는 한도 내에서 구상권을 행사할 수 있다"라고 판시하여(대판 2016.6.9. 2015다200258) 구상권행사의 정책적 측면을 강조하고 있다.

이에 대하여는 판례가 구상권행사가 제대로 이루어지지 못함으로써 국가재정에 부담을 주고 위법행위를 방조하는 현실을 더욱 어렵게 만드는 것이라는 비판도 있다. 그러나 근본적으로 국가배상책임을 자기책임화하고, 국가배상법상 법률관계의 축이 위법행위를 한 공무원과 사용자인 국가, 그리고 피해자 사이의 삼각관계에서 가해자인 국가와 피해자인 개인과의 쌍무관계로 이동하는 점은 구상권의 성격을 이해함에 있어서도 반영되어야 한다. 다시 말하면 국가의 배상책임은 피해자인 국민에 대한 절대적 · 외부적인 책임에 해당하는 반면에, 공무원의 국가에 대한 구상책임은 부수적 · 상대적 의미를 가지며, 그 행사 여부도 국가의 정책적 판단에 의하여 결정된다는 것을 의미한다.

VI. 국가 등의 배상책임의 성질 - 대위책임설과 자기책임설(공무원 개인의 배상책임과 선택적 청구의 문제)

1. 대위책임과 자기책임

공무원이 직무와 관련하여 불법행위로서 국민에게 손해를 발생시켰을 때 국가 등이 부담하는 배상책임의 성격을 어떻게 이해해야 할 것인가? 다시 말해서 국가 등의 배상책임은 원래 공무원 개인의 배상책임에 불과하지만 여러 가지 정책적 이유에 의하여 국가가 대신하여 부담하는 것인가? 아니면 공무원의 행위는 국가기관의 행위로서 그의 행위의 효과는 적법한 경우는 물론 위법한 경우에도 국가 등에게 직접적으로 귀속되는 것인가? 국가배상제도의 법적 성격을 둘러싸고 현재까지 계속되는 대위책임설과 자기책임설 사이의 논쟁은 우리나라의 학설과 판례 형성에 광범위하게 투영되고 있다.

대위책임설은 과거 독일의 입법례를 바탕으로 국가의 기관이 공무원은 국가의 대리인이며, 따라서 수권에 위반하여 행한 대리인의 행위가 수권자의 행위로 될 수 없는 것과 마찬가지로 공무원의 위법행위는 국가 등의 행위가 될 수 없으므로 국가가 직접 책임을 질 수 없다는 데 근거를 두고 있다. 그러므로 공무원의 불법행위가 있는 경우 피해자의 권리구제를 두텁게 하고 불법행위로 인한 공무원의 책임추궁의 부담을 경감하여 직무집행의 효율성을 기한다는 정책적 이유에 의하여 국가 등이 공무원에 갈음하여 지는 것이 국가배상책임의 본질이라는 것이다. 환언하면 전통적인 대위책임은 국가의 배상책임을 사법적 관점에서 이해하려는 시각을 버리지 않음으로써 공무원의 개인적인 배상책임도 가능한 한 배제하지 않으려는 결과를 낳고 있는 것이다.

불법행위를 한 공무원 개인의 배상책임을 어떠한 경우에도 배제하지 않는 절대적 배상책임을 묻거나 공무원의 주관적 책임요소를 구별하여 고의 또는 중과실의 경우와 경과실로 차등화하여 그에 따르는 배상책임의 유무를 결정하는 방식도 결과적으로는 이와 유사한 것이다. 그러므로 소위 절충설 내지 중간설(고의 · 중과실에 의한 공무원의 행위는 국가 등의 기관행위로 볼 수 없으므로 대위책임이지만, 경과실에 의한 행위는 기관행위로 볼 수 있으므로 자기책임으로 보는 견해)도 기본적으로는 대위책임설의 토대 위에 있는 것으로 평가할 수 있다.

그러나 독일에서 1981년 제정된 국가책임법이 국가의 배상책임을 직접적 · 원초적 · 배타적 자기책임으로 인정하게 됨에 따라서 우리나라에서도 이를 지지하는 입장이 나타나게 되었다. 국가배상책임이 대위책임에서 자기책임으로 인식의 변화가 이루어지게 되었다는 사실은 국가배상제도 내지 국가배상법을 민법적인 사고의 틀에서 벗어나 헌법적인 제도로 이해하게 되었다는 사고의 전환을 의미하는 것이다. 국가배상책임을 자기책임으로 이해하는 경우에는 사실상 직접적인 가해행위자인 공무원은 일단 국가배상의 법률관계에서 큰 의미를 갖지 못한다. 다시 말해서 국가배상청구에 있어서 법률관계의 당사자는 피해자인 국민과 배상의무자인 국가 등의 쌍무적 관계가 중심이 되어 피해자 국민의 기본권 침해에 대한 구제라는 문제가 전면에 등장하는 것이다. 그러므로 국가와 가해자인 공무원 사이의 구상 문제는 순수히 내부적인 문제에 불과하며 그러한 구상권의 행사 여부도 법적인 것이라기보다는 전적으로 정책적인 문제로 보는 것이다.

이렇게 본다면 국가배상책임의 성질에 대한 대위책임설과 자기책임설 사이의 논쟁은 국가배상제도의 역사적 발전과정과 연혁적 측면에 중점을 둘 것인가, 아니면 현대 국가에서 국가의 위법작용에 대한 시정과 개인의 권리구제라는 점에 비중을 둘 것인가 하는 기본적인 시각차에서 출발하고 있는 것으로 보아야 한다. 따라서 위의 두 학설은 모두 나름대로의 타당성의 근거를 갖고 있는 것으로 한 나라의 국가배상제도에 대한 법적 인식의 차이에 따라 그 수용가능성이 결정되는 것이라고 할 수 있을 것이다.

그러나 국가기관인 공무원의 불법행위는 원래 개인적인 배상책임에 불과하지만 여러 가지 정책적인 이유로 이를 국가가 부담한다는 대위책임설의 법적 구조는 오늘날 국가와 국민 사이에 이루어지는 다양한 법률관계를 고려하여 볼 때 너무 기교적이며 의제적인 측면이 있음을 간과할 수 없다. 행정관청에 출입하여 각종의 민원을 신청하는 것부터 시작하여 경찰하명을 받거나 조세부과처분을 통지받았을 때 그것을 국가의 기관행위가 아니라 공무원 개인의 행위라고 볼 국민이 과연 오늘날 얼마나 있을까? 따라서 국민은 위의 문제들을 국가와 지방자치단체 또는 행정관청과의 법률관계로 인식하며 공무원의 불법행위가 있으면 이는 당연히 국가 등이 법적 배상책임을 지는 것으로 인식하는 것이 일반적이다.

2. 공무원 개인의 배상책임과 선택적 청구의 문제

1) 공무원이 직무상 불법행위를 한 경우 피해자는 국가 외에 가해공무원에게도 선택적으로 배상청구를 할 수 있는가? 이 문제에 대하여 종래 우리나라에서는 국가배

상청구권의 법적 성질에 따라 선택적 청구의 가능성 여부를 가리는 것이 일반적이었다. 즉 대위책임설의 입장에서는 국가가 가해공무원을 대신하여 배상책임을 지는 것이므로 피해자는 국가 등에 대하여만 배상청구를 할 수 있다는 것이다. 반면에 자기책임설의 입장에서는 국가가 처음부터 직접적으로 배상책임을 부담하는 것이므로 공무원의 개인적인 불법행위책임이 별도로 존재한다. 그러므로 양책임은 상호 간에 무관하게 성립하는 것이라고 본다면 피해자인 국민은 국가와 가해자인 공무원 어느 쪽에나 배상청구를 할 수 있다는 것이다.

그러나 이제는 공무원 개인책임의 인정 및 선택적 청구의 가능성 여부는 대위책임 · 자기책임간의 논쟁과 논리필연적인 관계가 없다는 견해가 우세하다. 사실상 대위책임의 경우에는 선택적 청구가 부인되고 자기책임의 경우에는 선택적 청구가 인정된다는 논리는 국가배상제도의 발전과정을 본다 하더라도 이해하기 어려운 측면이 있다. 왜냐하면 대위책임의 입장에서는 가능한 한 공무원의 개인적인 배상책임을 면제하려 하지 않기 때문에 공무원은 피해자에게 외부적으로도 배상책임을 부담하는 것이 더 논리적이기 때문이다. 반면에 자기책임설의 경우에 국가의 배상책임은 배타적 · 직접적 · 원초적 책임이므로 가해공무원의 개인적인 배상책임은 문제되지 아니하며, 공무원의 책임은 국가와 공무원 사이의 내부적인 문제에 불과하기 때문이다.

따라서 국가배상책임의 법적 본질을 대위책임으로 볼 것인가 아니면 자기책임으로 볼 것인가 하는 문제는 법이론적 논쟁의 대상이 되는 것이며, 선택적 청구를 인정할 것인가의 여부는 현실적 필요에 의한 입법정책적인 문제로 파악하는 것이 더 합리적인 접근 방법이다. 그러므로 국가배상책임의 본질과 선택적 청구의 문제를 논리적으로 결부시키려는 논쟁은 그만큼 설득력을 상실한 것으로 보아야 한다.

2) 1996년 2월 15일의 대법원 전원합의체 판결(95다38677)은 선택적 청구 인정 여부에 관한 초기 판례의 혼선된 입장(공무원 개인의 손해배상책임을 인정한 대판 1972.10.10. 69다701과 그렇지 아니한 대판 1994.4.12. 93다11807)을 정리하였다.

즉 ① 다수의견은 헌법 제29조 제1항 본문과 단서 및 국가배상법 제2조의 해석상 공무원이 직무수행 중 불법행위로 타인에게 손해를 입힌 경우에 국가 등이 국가배상책임을 부담하는 외에 공무원 개인도 고의 또는 중과실이 있는 경우에는 그로 인한 손해배상책임을 부담하고, 다만 공무원에게 경과실만이 인정되는 경우에는 공무원 개인의 손해배상책임을 부담하지 않는다고 판시하고 있다. 이러한 다수의견은 학설상 국가배상책임을 이른바 절충설 내지 중간설의 입장에서 파악하고, 공무원 개인의 책임범위를 정하는 문제는 피해자의 구제뿐만 아니라 공무원의 위법행위에 대한 억제, 안정된 공무수행의 보장, 국고의 안정 등 서로 상충되는 가치들을 조정하기 위하여 국가배상법상 어떠한 법적 장치를 마련할 것인가 하는 입법정책적인 문제로 이해하고 있다.

국가배상제도의 이와 같은 다양한 목적과 기능을 고려하여 볼 때 공무원이 고의 또는 중과실로 타인에게 손해를 입힌 경우에까지도 아무런 배상책임을 묻지 않는다면 공무원의 직무를 빙자한 위법행위를 억제할 수 없다는 것이다. 반면에 공무원에게 경과실만 있는 경우에도 피해자에게 배상책임을 지도록 한다면 공무원의 소신 있는 직무집행과 직무의 안정성을 보장할 수 없게 된다는 것이다. ② 별개의견은 국가배상제도는 손해의 공평타당한 부담과 분배에만 그 목적이 한정되는 것이 아니고 위법행위의 방지, 즉 방어적 기능도 결코 경시되어서는 안 된다는 점을 강조하고 있다. 그러므로 법치주의의 관점에서 보면 공무집행의 안정성만을 강조할 것이 아니라 공무집행의 적법성을 확보하는 것도 중요하다면서 다수의견을 반박하고 있다. 따라서 공무원의 직무상 경과실로 인한 불법행위의 경우에도 공무원 개인의 피해자에 대한 손해배상책임은 면제되지 아니한다고 해석하는 것이 우리 헌법의 관계 규정의 연혁에 비추어 그 명문에 충실한 것일 뿐만 아니라 헌법의 기본권보장정신과 법치주의의 이념에도 부응하는 해석이라는 것이다. ③ 반대의견 및 반대보충의견은 법원이 지난 1994년 4월 12일에 내린 판결의 입장을 고수할 필요가 있음을 강조하고 있다. 반대의견 등은 헌법과 국가배상법에 규정된 국가의 배상책임은 오로지 변제자력이 충분한 국가 또는 공공단체로 하여금 배상하게 함으로써 피해자구제에 만전을 기한다는 것에 그치는 것이 아니라, 더 나아가 국민 전체에 대한 봉사자인 공무원들로 하여금 더 적극적이고 능동적으로 공무를 수행하게 하기 위하여 공무원 개인의 배상책임을 면제한다는 것에 초점이 있는 것으로 보고 있다. 그러므로 헌법 제29조 제2항 단서의 규정은 직무상 불법행위를 한 공무원 개인의 손해배상책임이 면제되지 아니한다는 것을 규정한 것으로 볼 수 없고 이는 다만 직무상 불법행위를 한 공무원의 국가 또는 공공단체에 대한 내부적 책임 등이 면제되지 아니한다는 취지를 규정한 것으로 보고 있다.

대법원은 위 판결에서 다수의견, 별개의견, 반대의견 등을 통하여 국가배상제도 전반에 관하여 진지한 법이론적 토론을 벌이고 자신의 입장을 정리하였다는 점에서 원칙적으로 긍정적인 평가를 받아야 마땅할 것이다. 그러나 다수의견은 공무원의 배상책임에 있어서 공무원 개인의 주관적 책임요소의 경중에 따라 문제의 해결을 시도하고 있다는 점에서 법이론적으로 철저하지 못하다는 비판을 면하기 어렵다. 동시에 별개의견의 경우에도 공무원의 개인적인 배상책임을 절대적으로 인정함으로써 국가배상제도를 민법상 불법행위제도의 틀 안에서 이해하려는 고전적인 태도를 답습하고 있다.

다시 한 번 강조하지만 국가배상제도는 비록 그것이 사법상 불법행위제도를 바탕으로 하여 발전되어 온 것이기는 하더라도 우리나라에서는 제헌헌법부터 정착된 헌법상 제도로 이해하는 것이 옳다. 이러한 점에서 볼 때 위 판결에서는 반대의견과 반대보충의견을 제시한 대법관들의 견해가 보다 설득력이 있으며 “공무원 자신의 책임은 면제되지 아니한다"는 헌법 제29조 제1항 단서의 규정은 대외적인 손해배상책임이 아닌 내부적인 구상권이나 징계책임의 면제불가로 보아야 할 것이다.

3) 한편 긴급조치 제9호에 관한 국가배상사건에서 대법원 전원합의체 판결의 대법관 안철상의 별개의견은 자기책임설의 입장에서 다음과 같은 견해를 피력하였다. "첫째, 헌법 제29조의 국가배상청구권은 헌법상 보장된 기본권으로서 국가와 개인의 관계를 규율하는 공권이고, 국가가 공무원 개인의 불법행위에 대한 대위책임이 아니라 국가 자신의 불법행위에 대하여 직접 책임을 부담하는 자기책임으로 국가배상책임을 이해하는 것이 법치국가 원칙에 부합한다. 둘째, 국가배상을 자기책임으로 이해하는 이상 국가배상책임의 성립 요건인 공무원의 고의·과실에는 공무원 개인의 고의·과실뿐만 아니라 공무원의 공적 직무수행상 과실, 즉 국가의 직무상 과실이 포함된다고 보는 것이 국가배상법을 헌법합치적으로 해석하는 방법이다. 셋째, 다수의견이 이 사건에서 국가배상책임의 요건으로 공무원 개인의 고의·과실을 엄격히 새기지 않은 것은 자기책임적인 국가배상책임으로 진일보한 의미가 있지만, 기존의 대위책임적인 입장을 극복하지 않은 채 그와 같은 이유로 국가배상책임의 성립을 인정하는 것은 논리적으로 철저하지 못하다"는 것이다(대판 2022.8.30. 2018다212610).

Ⅶ. 이른바 이중배상금지의 원칙

1. 국가배상법의 이중배상금지와 대법원의 1971년 6월 22일 위헌판결

1) 국가배상제도를 규정하고 있는 헌법 제29조는 제2항에서 "군인·군무원·경찰공무원 기타 법률이 정하는 자가 전투·훈련등 직무집행과 관련하여 받은 손해에 대하여는 법률이 정하는 보상 외에 국가 또는 공공단체에 공무원의 직무상 불법행위로 인한 배상은 청구할 수 없다"는 이른바 이중배상금지의 원칙을 규정하고 있다. 헌법의 이 규정을 받아 국가배상법도 제2조 제1항 단서에서 "다만, 군인·군무원·경찰공무원 또는 예비군대원이 전투·훈련 등 직무 집행과 관련하여 전사(戰死)·순직(殉職)하거나 공상(公傷)을 입은 경우에 본인이나 그 유족이 다른 법령에 따라 재해보상금·유족연금·상이연금 등의 보상을 지급받을 수 있을 때에는 이 법 및 「민법」에 따른 손해배상을 청구할 수 없다"는 유사한 규정을 두고 있다. 한편 "이중배상금지"라는 용어는 원래 복수의 배상청구권의 경합을 인정하지 않는다는 의미이다. 따라서 재해보상이나 연금 등의 사회보장적 보상이 인정되는 경우 군인 등의 배상청구권이 부인된다는 것("보상이 있는 경우 배상은 금지된다")을 의미한다면 "이중배상"은 적절한 용어는 아니다.

그런데 판례는 헌법 제29조와 국가배상법 제2조 제1항 단서에서 규정하는 이중배상금지원칙은 아니지만 손실보상과 손해배상이 각기 청구권 경합관계에 있는 별개의 채권으로서 실질적으로 같은 내용의 손해에 관하여 양자의 청구권을 동시에 행사할 수 있다고 본다면 이중배상의 문제가 제기될 수 있는 것으로 보고 있다. 즉 "토지보상법 제79조 제2항(그 밖의 토지에 관한 비용보상 등)에 따른 손실보상과 환경정책기본법 제44조 제1항(환경오염의 피해에 대한 무과실책임)에 따른 손해배상은 그 근거 규정과 요건·효과를 달리하는 것으로서, 각 요건이 충족되면 성립하는 별개의 청구권이다. 다만 손실보상청구권에는 이미 '손해 전보'라는 요소가 포함되어 있어 실질적으로 같은 내용의 손해에 관하여 양자의 청구권을 동시에 행사할 수 있다고 본다면 이중배상의 문제가 발생하므로, 실질적으로 같은 내용의 손해에 관하여 양자의 청구권이 동시에 성립하더라도 영업자는 어느 하나만을 선택적으로 행사할 수 있을 뿐이고, 양자의 청구권을 동시에 행사할 수는 없다고 봄이 타당하다"는 것이다(대판 2019.11.28. 2018두227).

2) 국가배상법상 이중배상금지의 원칙은 1967년 국가배상법에 규정된 이래 1971년 6월 22일의 대법원 전원합의체 판결의 위헌결정(70다1010)과 유신헌법을 통하여 헌법에의 편입이 이루어지는 우여곡절을 거쳐서 오늘에 이르고 있다. 헌법상 평등권 및 재산권 침해, 기본권의 과잉적 제한이라는 위헌적 요소에도 불구하고 1967년 국가배상법의 개정을 통하여 특정인에게 이중배상청구를 금지한 근본적인 이유로 정부가 제시한 것은 국가의 재정적 능력의 한계와 군인 등이 전사한 경우에 후방에서 안전사고로 사망한 자에 비하여 불리한 취급을 받게 되는 것이 불합리하다는 것이었다. 이렇듯 국가배상법의 이중배상금지규정을 둘러싼 논란은 입법 당시부터 현재까지도 계속되고 있다.

특히 지난 1971년 당시 국가배상법 제2조 제1항 단서에 대한 대법원의 위헌결정은 위헌의견에 가담한 판사들이 박정희 대통령에 의하여 전격 해임되는 이른바 사법파동 또는 "사법존엄성수호운동"으로 이어진 바 있다. 위 전원합의체 판결은 이중배상금지의 위헌성을 다음과 같이 지적하였다. "국가배상법 제2조 제1항 단행의 입법이유의 하나는 군인군속이 공무수행 중에 신체 또는 생명에 피해를 입은 경우에는 군사원호보상법, 군사원호보상급여금법, 군인연금법, 군인재해보상규정, 군인사망급여금규정 등에 의하여 재해보상금, 유족일시금, 또는 유족연금 등을 지급받게 되어 있음으로 불법행위로 인한 손해배상도 받게 하면 이중이 된다는 것이나, 위 법들의 규정에 의한 재해보상금 등은 군인군속 등의 복무중의 봉사 및 희생에 대하여 이를 보상하고 퇴직후의 생활 또는 유족의 생활을 부조함에 그 사회보장적 목적이 있고 손해배상제도는 불법행위로 인한 손해를 전보하는데 그 목적이 있으므로 양자는 그 제도의 목적이 다르며, … 국가배상법 제2조 제1항 단행은 헌법 제26조에서 보장된 국민의 기본권인 손해배상청구권을 헌법 제32조 제2항의 질서유지 또는 공공복리를 위하여 제한할 필요성이 없이 제한한 것이고 또 헌법 제9조의 평등의 원칙에 반하여 군인 또는 군속인 피해자에 대하여서만 그 권리를 부인함으로써 그 권리자체의 본질적 내용을 침해하였으며 기본권제한의 범주를 넘어 권리 자체를 박탈하는 규정이므로 이는 헌법 제26조, 같은 법 제8조, 같은 법 제9조 및 같은법 제32조 제2항에 위반한다"는 것이다[대판(전합) 1971.6.22. 70다1010].

2. 대법원의 위헌판결 이후 이중배상금지조항에 대한 판례의 변천

1) 국가배상법 제2조 제1항 단서의 해석

(1) 이중배상금지조항에 대한 대법원의 위헌결정 이후 당시 박정권과 집권여당은 법률 차원의 위헌시비를 원천적으로 봉쇄하기 위하여 유신헌법 제26조 제2항에 이중배상금지조항을 신설하는 헌법적 폭거를 자행하였다. 그 후 대법원의 판례는 헌법의 이러한 위헌적인 규정 때문에 발생하는 현실적 불합리를 다소나마 완화해 보기 위하여 일종의 궁여지책으로 국가배상법의 해석을 통한 문제해결에 눈을 돌리게 된다.

(2) 그 대표적인 사례가 경찰공무원이 취침중 숙직실에서 새어나온 연탄가스에 중독 · 사망한 사건에서 숙직실이 국가배상법 제2조 제1항 단서에서 말하는 '전투훈련에 관련된 시설'이 아니라는 이유로 원고의 국가배상청구권을 인정한 것이다[대판(전합) 1979.1.30. 77다2389]. 이러한 다수의견에 대하여 보충의견은 경찰서 숙직실은 설혹 전투 · 훈련과 관련된 시설이 아니라 하더라도 치안유지의 목적상 사용되는 시설이므로 다수의견이 제시한 이유는 타당하지 않다고 반박하였다. 희생자의 유족에게 국가배상청구권이 인정되어야 하는 이유는 더 근본적인 것으로서, 공무원연금법상의 유족급여는 사회보장제도에 의하여 지급되는 것이고, 이는 손해를 배상하는 제도와는 그 취지나 목적을 달리하는 것이므로 서로 아무런 관련이 없다는 것이다. 그럼에도 국가에 대한 배상청구를 금지하는 것은 국가배상법의 법리를 오해한 것이며, 따라서 원고에게 국가배상청구권이 인정되어야 한다고 판시하였다.

(3) 이후에도 대법원은 현역병으로 입대하여 교도소 경비교도대로 배치되어 복무중 구타로 인해 사망한 자의 유족이 국가를 상대로 제기한 국가배상청구소송에서 "현역병으로 입영하여 소정의 군사교육을 마치고 전임되어 법무부장관에 의하여 경비교도로 임용된 자는 군인으로서의 신분을 상실하고 새로이 경비교도로서의 신분을 취득하게 되었다 할 것이며, 구 교정시설경비교도대설치법 제9조, 제10조, 동 시행령 제38조, 교정시설경비교도대운영규칙(법무부훈령 제143호) 제104호 등의 규정에 의하여 경비교도가 전사상 급여금을 지급 받는다든지 원호와 가료의 대상이 된다든지, 만기전역이 되는 등 그 처우에 있어서 군인에 준하는 취급을 받는다 하여 여전히 군인의 신분을

유지하는 것이라고는 할 수 없다. 또한 경비교도로 근무중 공무수행과 관련하여 사망한 자에 대하여 국가기관이 그를 국가유공자예우등에관한법률 제4조 제1항 제5호 소정의 순직군경(군인 또는 경찰공무원으로서 교육훈련 또는 직무수행 중 사망한 자)에 해당한다 하여 국가유공자로 결정하고 사망급여금 등이 지급되었다 하더라도 그러한 사실 때문에 그 신분이 군인 또는 경찰공무원으로 되는 것은 아니라 할 것이다"라고 하면서 국가유공자예우를 받고 있어서 손해배상을 청구하는 것이 이중배상에 해당한다는 국가의 상고를 기각하였다(대판 1993.4.9. 92다43395). 즉 군인 또는 경찰공무원에 해당하지 않는다는 것이다.

판례는 공익근무요원 역시 국가배상법 제2조 제1항 단서의 군인 등에 해당하지 않는다고 판시하였다. 즉 "공익근무요원은 병역법 제2조 제1항 제9호, 제5조 제1항의 규정에 의하면 국가기관 또는 지방자치단체의 공익목적수행에 필요한 경비 · 감시 · 보호 또는 행정업무 등의 지원과 국제협력 또는 예술 · 체육의 육성을 위하여 소집되어 공익분야에 종사하는 사람으로서 보충역에 편입되어 있는 자이기 때문에, 소집되어 군에 복무하지 않는 한 군인이라고 말할 수 없다(군인사법 제2조 참조). 따라서 병역법 제75조 제2항이 공익근무요원으로 복무 중 순직한 사람의 유족에 대하여 국가유공자등예우및지원에관한법률에 따른 보상을 하도록 규정하고 있다고 하여도, 공익근무요원이 국가배상법 제2조 제1항 단서의 규정에 의하여 국가배상법상 손해배상청구가 제한되는 군인 · 군무원 · 경찰공무원 또는 향토예비군대원에 해당한다고 할 수 없다"는 것이다(대판 1997.3.28. 97다4036).

(4) 그러나 그 이후에 판례는 전투경찰로 복무 중 사망한 자의 유족이 국가를 상대로 제기한 손해배상청구소송 상고심에서는 국가배상법 제2조 제1항 단서의 "경찰공무원"은 경찰공무원법상 경찰공무원에 한정되지 않으며 전투경찰은 경찰청 산하의 전투경찰대에 속하여 대간첩작전 등의 수행과 치안업무를 보조하는 등 위험한 일을 하는 만큼 국가배상법 제2조 제1항 단서에 규정한 경찰공무원에 해당한다고 판시하였다(대판 1995.3.24. 94다25414). 이러한 점에서 이 판결은 과거 대법원이 취한 국가배상법 제2조 제1항 단서에 대한 엄격한 해석방법으로부터 탈피하여 이중적 배상을 금지한 "헌법정신에 충실한 해석"으로 되돌아간 듯한 입장을 보여주고 있다.

2) 공동불법행위자인 사인이 피해자에게 배상한 때 국가에 대한 구상권 행사 가부

군인 등이 전투 · 훈련 중에 당한 공상과 국가배상청구권이 양립할 수 없다는 헌법과 국가배상법 규정은 피해자뿐 아니라 국가와 공동불법행위를 한 사인이 피해자인 군인 등에게 배상책임을 이행한 경우 국가에 대한 구상권 행사가 불가능하다는 판례까지 확대되었다.

(1) 그 대표적인 사건의 개요는 다음과 같다. '사인이 운행하는 차량'과 '군인이 동승하고 군인이 운행중인 오토바이'가 충돌하여 군용차량에 동승한 군인이 상해를 입는 피해가 발생하였다. 이에 공동불법행위자인 사인이 가입한 보험자가 피해자에게 피해 전부에 대한 배상을 하였다. 이후 공동불법행위자인 군인의 행위로 인하여 발생한 피해에 대하여 국가에게 손해배상책임이 있으므로 손해의 전부를 지급한 보험자는 국가에 대하여 구상권을 행사하였다. 즉 보험자는 국가를 상대로 구상금청구소송을 제기하였으나 기각되었다.

반면 항소심에서는 일부인용판결이 있었다. 국가배상법 제2조 제1항 단서규정에 의하여 피해자가 국가에게 국가배상청구를 할 수 없지만, 이러한 배상금지는 국가와 피해자 사이에서만 상대적 효력이 있을 뿐이라는 것이다. 따라서 피해자에게 손해의 전부를 배상한 공동불법행위자인 제3자(보험자)는 국가배상법 제2조 제1항 단서규정과 관계없이 국가에 대하여 구상권을 행사할 수 있다고 본 것이다.

그러나 다시 상고심에서는 구상권 행사가 허용되지 않는다고 판시하면서 파기환송판결을 하였다. 즉 "국가배상법 제2조 제1항 단서는 헌법 제29조 제2항에 근거를 둔 규정으로서, 군인, 군무원 등 위 법률 규정에 열거된 자가 전투 훈련 기타 직무집행과 관련하는 등으로 공상을 입은 데 대하여 재해보상금, 유족연금, 상이연금 등 별도의 보상제도가 마련되어 있는 경우에는 이중배상의 금지를 위하여 이들의 국가에 대한 국가배상법 또는 민법상의 손해배상청구권 자체를 절대적으로 배제하고 있는 규정이므로 이들이 직접 국가에 대하여 손해배상청구권을 행사할 수 없음은 물론 국가와 공동불법행위의 책임이 있는 자가 그 배상채무를 이행하였음을 이유로 국가에 대하여 구상권을 행사하는 것도 허용되지 않는 취지라고 풀이되며, 그와 같이 해석하는 것이 국가에 의한 이중배상의 금지를 규정한 위 조문의 입법취지에 부합한다"는 것이다(대판 1992.2.11. 91다12738). 또한 판례는 "국가배상법 제2조 제1항 본문은 국가 또는 지방자치단체가 자동차손해배상보장법의 규정에 의하여 손해배상의 책임이 있는 때에는 이 법에 의하여 그 손해를 배상하여야 한다고 규정하고 있으므로 위 국가배상법 제2조 제1항 단서의 규정은 국가나 지방자치단체가 그 소유의 자동차사고로 인하여 책임을 지게 되는 경우에도 [적용된다]"고 판시하였다(대판 1993.10.8. 93다14691).

위 91다12738 판결의 사건이 대법원에 의하여 고등법원으로 파기환송되어 계속되던 중 보험자는 국가배상법 제2조 제1항 단서가 일반국민이 국가에 대하여 구상권을 갖지 않는다고 해석되는 한 헌법에 위반된다는 위헌심판제청신청을 하였다. 고등법원이 이를 기각하자 보험자는 헌법재판소법 제68조 제2항에 의한 헌법소원심판을 청구하였다. 그런데 헌법재판소의 결정이 있기 전에 대법원은 파기환송판결과 같은 내용의 판결을 하여 일반국민의 국가에 대한 구상권 행사가 허용되지 않는다고 보았다(대판 1994.5.27. 94다6741).

이에 대하여 헌법재판소는 국가배상법 제2조 제1항 단서 중 군인에 관한 이중배상금지 부분은 "일반국민이 직무집행 중인 군인과의 공동불법행위로 직무집행 중인 다른 군인에게 공상을 입혀 그 피해자에게 공동의 불법행위로 인한 손해를 배상한 다음 공동불법행위자인 군인의 부담부분에 관하여 국가에 대하여 구상권을 행사하는 것을 허용하지 아니한다고 해석하는 한, 헌법에 위반된다"라고 판시하였다(헌재결 1994.12.29. 93헌바21). 즉 "헌법 제29조 제2항을 피해군인 등에게 발생한 국가에 대한 손해배상청구권을 그 군인 등과 국가 사이에서만 상대적으로 소멸시키는 규정으로 해석한다면, 일반국민은 공동불법행위자인 군인의 부담부분에 관하여 국가에 대하여 구상권을 행사할 수 있게 된다. 이리하여 일반국민은 다른 공동불법행위로 인한 손해배상사건에서와 마찬가지로 자신의 부담부분에 한하여만 손해를 배상하고 국가도 공동불법행위자인 군인의 사용자로서의 책임을 부담하는 결과가 되어 형평의 원칙에 부합하게 된다. 이와 반대로 헌법 제29조 제2항을 국가의 불법행위책임 자체를 절대적으로 배제하는 규정으로 해석한다면, 이 사건과 같은 사안에서 일반국민은 공동불법행위자인 군인의 부담부분에 관하여 국가에 대하여 구상권을 행사할 수 없게 되고, 설사 공동불법행위자인 군인 개인에 대하여 구상권을 행사할 수 있다고 하더라도 그 군인 자신에게 변제할 자력이 없을 경우에는 일반국민은 현실적으로 구상을 받을 수 없게 된다. 그 결과 국가는 공동불법행위자인 군인의 사용자로서 그 군인의 불법행위로 인한 손해배상책임을 전혀 지지 아니하고 그 부담부분을 일반국민에게 전가시키거나 전가시키는 결과가 되어 형평의 원칙에 위배되고 아울러 법률에 근거 없이 일반국민에게 재산상의 의무를 부과하는 것으로 국민의 재산권을 침해하게 된다. … 이상과 같은 이유로 이 사건 심판대상 부분에 의하여 이 사건의 쟁점이 되고 있는 사안에서 일반국민이 공동불법행위자인 군인의 부담부분에 관하여 국가에 대하여 구상권을 행사할 수 없다고 해석한다면, 이는 이 사건 심판대상 부분의 헌법상 근거규정인 헌법 제29조가 구상권의 행사를 배제하지 아니하는데도 이를 배제하는 것으로 해석하는 것으로서 합리적인 이유 없이 일반국민을 국가에 대하여 지나치게 차별하는 경우에 해당하므로 헌법 제11조, 제29조에 위반된다. 또한 국가에 대한 구상권은 헌법 제23조 제1항에 의하여 보장되는 재산권이고 위와 같은 해석은 그러한 재산권의 제한에 해당하며 재산권의 제한은 헌법 제37조 제2항에 의한 기본권 제한의 한계 내에서만 가능한데, 위와 같은 해석은 헌법 제37조 제2항에 의하여 기본권을 제한할 때 요구되는 비례의 원칙에 위배하여 일반국민의 재산권을 과잉 제한하는 경우에 해당하여 헌법 제23조 제1항 및 제37조 제2항에도 위반된다"는 것이다.

이 결정을 통하여 헌법재판소는 가해자인 공무원과 공동불법행위를 한 사인이 피해자에게 손해배상책임의 전부를 부담한 경우에 국가에 대한 구상권 행사를 가능하게 하는 길을 열어놓은 것이다. 이 결정은 헌법과 국가배상법의 이중배상금지원칙은 전투·훈련 중 공상을 입은 피해자 군인 등에 대하여 적용되는 것이지 공동불법행위자인 사인으로 하여금 국가의 불법행위 부분까지 절대적인 책임을 지게 하는 것은 아니라는 사실을 분명히 함으로써 기존의 대법원 판례에 수정을 가했다는 의의를 찾아볼 수 있다.

(2) 그러나 이후 대법원은 헌법재판소의 위 한정위헌결정의 취지에 반하는 판결을 하였다. 즉 2001년 2월 15일의 대법원 전원합의체 판결(96다42420)에서 다수의견은 "국가배상법 제2조 제1항 단서가 적용되는 공무원의 직무상 불법행위로 인하여 직무집행과 관련하여 피해를 입은 군인 등에 대하여 위 불법행위에 관련된 일반국민(법인을 포함한다. 이하 '민간인'이라 한다.)이 공동불법행위책임, 사용자책임, 자동차운행자책임 등에 의하여 그 손해를 자신의 귀책부분을 넘어서 배상한 경우[에는] … 공동불법행위자 등이 부진정연대채무자로서 각자 피해자의 손해 전부를 배상할 의무를 부담하는 공동불법행위의 일반적인 경우와 달리 예외적으로 민간인은 피해 군인 등에 대하여 그 손해 중 국가 등이 민간인에 대한 구상의무를 부담한다면 그 내부적인 관계에서 부담하여야 할 부분을 제외한 나머지 자신의 부담부분에 한하여 손해배상의무를 부담하고, 한편 국가 등에 대하여는 그 귀책부분의 구상을 청구할 수 없다고 해석함이 상당하다 할 것이고, 이러한 해석이 손해의 공평·타당한 부담을 그 지도원리로 하는 손해배상제도의 이상에도 맞는다 할 것이다"라고 하면서 "이에 이와 달리 국가배상법 제2조 제1항 단서에 해당하는 사건의 공동불법행위자로 된 민간인도 피해 군인 등에 대한 부진정연대채무자로서 그 손해 전부를 배상할 의무가 있다고 한 취지의 종전의 당원 판결은 이 판결의 견해에 배치되는 범위 내에서 이를 변경하기로 한다"라고 판시하였다[대판(전합) 2001.2.15. 96다42420].

반면 반대의견은 "가해 공무원의 사용자로서의 지위에서 피해 군인 등의 손해발생에 책임이 있는 국가 등의 손해배상의무가 위 헌법 및 국가배상법의 규정에 의하여 배제 또는 면제되었다고 하더라도, 피해자를 보호하기 위해서는 그 손해발생의 다른 책임주체인 민간인의 손해배상의무까지 감축된다고 할 수 없고 그 민간인은 여전히 피해 군인 등의 손해 전부를 배상할 의무가 있는 것이다. 한편, 손해의 공평·타당한 부담·배분을 위해서는 군인 등의 손해를 배상한 민간인이 국가 등에 대하여 구상권을 행사할 수 있다고 해석하여야 한다"라고 하였다.

(3) 한편 일반적으로 "공동불법행위자 중 1인에 대하여 구상의무를 부담하는 다른 공동불법행위자가 수인인 경우에는 특별한 사정이 없는 이상 그들의 구상권자에 대한 채무는 이를 부진정연대채무로 보아야 할 근거는 없으며, 오히려 다수 당사자 사

이의 분할채무의 원칙이 적용되어 각자의 부담 부분에 따른 분할채무로 봄이 상당하다"는 것이 판례이다(대판 2002.9.27. 2002다15917).

3) 소 결

(1) 한국사법사에서 지울 수 없는 얼룩으로 남아있는 헌법과 국가배상법의 이른바 이중배상금지의 원칙. 이러한 위헌적인 규정으로 인하여 발생할 수 있는 법적 모순과 현실적 권리구제흠결제거의 필요성은 대법원과 헌법재판소의 헌법합치적 해석론을 통하여 어느 정도 극복되어 온 것이 사실이다.

그러나 앞서 언급한 숙직실의 연탄가스중독사건에서도 나타난 바와 같이 경찰서 숙직실은 전투 · 훈련에 관련되는 시설이 아니라는 다수의견은 피해자구제를 위한 고육책인 것은 누구나 인정하지만 해석상 무리가 따른다는 것은 부인하기 어렵다. 보충의견에 따라서 배상과 보상제도는 상호 간 그 의의와 기능이 다르므로 양립할 수 있다는 견해에는 충분히 설득력 있는 근거가 제시되고 있지만, 그럼에도 불구하고 헌법 자체가 보상시 배상을 명시적으로 배제하는 한 헌법의 명문규성을 무시하기는 어렵다.

사인인 공동불법행위자의 국가에 대한 구상권을 인정하는 헌법재판소의 결정도 국가배상법 제2조 제1항 단서에 대한 헌법합치적 해석을 통하여 이중배상금지조항의 절대적 성격을 상당한 정도로 상대화했다는 점에서 일단 긍정적 평가를 받아야 할 것이다.

(2) 그러나 이후 대법원은 96다42420 사건에서 위 헌법재판소의 한정위헌결정의 취지에 반하는 판결을 하고 있어서 이 문제에 대한 국민들의 혼란을 가중시키고 있다. 이 사건에서 대법원의 다수의견은 공동불법행위자인 민간인의 과도한 권리침해를 방지하기 위해 통상적인 부진정연대채무와는 달리 이 경우에는 자신의 부담부분에 한하여 손해배상책임의 의무가 있다는 견해를 제시하고 있다.

그런데 실상은 이러한 대법원의 다수의견이 공동불법행위자인 민간인의 권리를 보호하기 위해 배려한 것이라고는 보기 어렵다. 사실 다수의견은 "민간인이 자기 부담부분을 넘어서서 피해자에게 국가의 부담부분까지 배상책임을 다하고 국가에게 구상하여 국가를 귀찮게 하지 말고 자신의 몫이나 제대로 지급하라"는 취지이다. 그래서 보충의견 역시 "민간인은 그 손해배상의무의 제한으로 인하여 부당한 이득을 얻는 것이 아니라, 그 반대의 경우에 발생할 수 있는 부당한 손해를 입을 위험이 없게 될 뿐이므로 피해자보다 민간인을 부당하게 더 두텁게 보호하려는 것으로 볼 수 없다"라고 하여 다수의견의 '생색내기'를 꼬집고 있다.

오히려 이 사건에서는 헌법재판소의 입장과 내용을 같이하는 반대의견이 훨씬 더 설득력이 있다.

(3) 헌법에 명시된 이중배상금지조항을 법원과 헌법재판소의 해석론을 통하여 상

대화하고 그 위헌성을 극복하려는 노력은 일정한 한계를 드러낼 수밖에 없다. 이러한 관점에서 헌법재판소 역시 93헌바21 결정에서 국가배상법 제2조 제1항 단서의 위헌성을 직접적으로 지적하지 않고 "이리하여 군인 등의 이중배상금지를 규정한 구 국가배상법 제2조 제1항 단서의 위헌문제를 헌법적으로 해결하기 위하여 제7차 개헌에서 위와 같이 헌법 제26조 제2항이 신설된 것이다"라고 판시하여 오히려 이중배상금지원칙을 합헌적인 것으로 인정하는 인상을 주고 있다.

현재까지도 헌법재판소는 여기에 대한 위헌성 문제 제기에는 소극적인 태도를 보이고 있다. 예를 들어, 헌법재판소는 헌법 제29조 제2항과 국가배상법 제2조 제1항 단서에 대한 헌법소원사건에서도 이중배상금지를 규정한 위 조항들의 합헌성을 다음과 같은 이유에서 계속 유지하고 있다(헌재결 1996.6.13. 94헌바20). "헌법 제111조 제1항 제1호, 제5호 및 헌법재판소법 제41조 제1항, 제68조 제2항은 위헌심사의 대상이 되는 규범을 '법률'로 명시하고 있으며, 여기서 "법률"이라 함은 국회의 의결을 거쳐 제정된 이른바 형식적 의미의 법률을 의미한다. 따라서 위와 같은 형식적 의미의 법률과 동일한 효력을 갖는 조약 등이 위헌심사의 대상에 포함되는 것은 별론으로 하고 헌법의 개별규정 자체가 위헌심사의 대상이 될 수 없음은 위 각 규정의 문언에 의하여 명백하다. … 헌법은 전문과 단순한 개별조항의 상호관련성이 없는 집합에 지나지 않는 것이 아니고 하나의 통일된 가치체계를 이루고 있으며 헌법의 제규정 가운데는 헌법의 근본가치를 보다 추상적으로 선언한 것도 있고 이를 보다 구체적으로 표현한 것도 있으므로, 이념적 · 논리적으로는 헌법규범상호간의 가치의 우열을 인정할 수 있을 것이다. 그러나 이때 인정되는 헌법규범상호간의 우열은 추상적 가치규범의 구체화에 따른 것으로서 헌법의 통일적 해석을 위하여 유용한 정도를 넘어 헌법의 어느 특정규정이 다른 규정의 효력을 전면 부인할 수 있는 정도의 효력상의 차등을 의미하는 것이라고는 볼 수 없다"라는 것이다.

한편 헌재결 2001.2.22. 2000헌바38에서 재판관 하경철의 반대의견은 "헌법에는 보다 상위의 근본규정에 해당하는 헌법규정이 있는가 하면 그러한 근본규정에는 해당하지 않는 보다 하위의 헌법규정이 있을 수 있다. 이때 하위의 헌법규정이 상위의 헌법규정과 합치하지 않는다고 해서 모든 경우에 다 그 효력을 부인할 수 있는 것은 아니나, 더 이상 감내할 수 없을 정도로 일반인의 정의감정에 합치되지 아니하는 경우에는 헌법의 개별조항도 헌법 제111조 제1항 제1호 및 제5호, 헌법재판소법 제41조 제1항 및 헌법재판소법 제68조 제2항 소정의 법률의 개념에 포함되는 것으로 해석하여 헌법재판소가 그 위헌성을 확인할 수 있어야 할 것이다"라고 하면서 "군인등 신분이라는 이유만으로 국가배상청구권을 박탈한 이 사건 헌법조항은 여전히 그보다 상위규정이며 민주주의 헌법의 기본이념이고 근본규정이라고 할 수 있는 헌법 제11조 제1항의 평등원칙에 위배되고 인간의 존엄과 가치를 보장한 헌법 제10조에도 위배되는 내용을 담고 있는 것이다"라고 하였다.

헌법해석론보다는 우리의 일그러진 헌정사를 바로잡는다는 헌법사적 관점에서 이중배상금지조항의 위헌성을 지적하고 이를 헌법에서 삭제하는 헌법개정만이 최종적인 해결임은 두말할 나위가 없다. 군인 등의 국가에 대한 손해배상청구권을 제한하는 논리는 필요하다면 법률적 차원에서 배상청구권의 요건, 배상액의 산정 등에 반영될 수 있는 것이며 국민의 기본권을 헌법적인 원천봉쇄를 통하여 정당화할 수 없는 것이다. 이 조항을 헌법에서 삭제함으로써만 헌법은 스스로의 권위와 정통성을 유지할 수 있으며 국민의 헌법에 대한 신뢰도 회복할 수 있을 것이다.

제 6 절 공공시설의 설치 · 관리상의 하자로 인한 손해배상책임 - 국가배상법 제5조

Ⅰ. 영조물배상책임의 의의

국가배상법은 제2조에서 공무원의 직무상 과실로 인한 손해배상책임 이외에 제5조 제1항 제1문에서 국가나 지방자치단체가 설치 · 운영하는 공공의 영조물의 하자로 인하여 발생하는 손해의 배상에 대하여 다음과 같이 규정하고 있다. "도로 · 하천, 그 밖의 공공의 영조물(營造物)의 설치나 관리에 하자(瑕疵)가 있기 때문에 타인에게 손해를 발생하게 하였을 때에는 국가나 지방자치단체는 그 손해를 배상하여야 한다."

이러한 국가의 배상책임은 공무원의 과실책임과는 달리 국가의 무과실배상책임이며 공작물소유자 등의 배상책임을 규정한 민법 제758조와 비교될 수 있는 것이다. 그러나 민법 제758조의 배상책임의 경우에는 점유자에게 면책규정을 두고 있는 것과는 달리 국가배상법 제5조는 이러한 면책을 인정하지 않음으로써 절대적인 무과실책임을 국가와 지방자치단체에게 부담시키고 있다. 영조물의 하자로 인한 국가의 무과실배상책임은 국가배상법이 최초로 제정된 1951년부터 도입되어 오늘날 위험한 공공시설에 노출되어 살아가는 국민의 권리보호를 위하여 중요한 기능을 수행하고 있다.

Ⅱ. 배상책임의 요건

국가배상법 제5조에 의하여 국가 등의 배상책임이 성립하려면 ① 공공의 영조물, ② 설치 또는 관리상의 하자, ③ 손해의 발생이라는 요건이 충족되어야 한다.

1. 공공의 영조물

1) 공공의 영조물이란 국가배상법 제5조에 예시된 도로나 하천과 같이 공공의 목적에 제공된 유체물을 말하는 것으로서, 강학상 공물에 해당하는 공적 시설을 말한다. 판례는 공공의 영조물에 대하여 “국가 또는 지방자치단체에 의하여 특정 공공의 목적에 공여된 유체물 내지 물적설비를 지칭하며 … 특정공공의 목적에 공여된 물이라 함은 일반공중의 자유로운 사용에 직접적으로 제공되는 공공용물에 한하지 아니하고, 행정주체 자신의 사용에 제공되는 공용물도 포함하며 국 또는 지방자치단체가 소유권, 임차권 그 밖의 권한에 기하여 관리하고 있는 경우뿐만 아니라 사실상의 관리를 하고 있는 경우도 포함한다”라고 하여(대판 1995.1.24. 94다45302), 공공용물, 공용물 등을 포함하는 공물 개념에 근접하는 것으로 이해하고 있다. 그러므로 이러한 공물에는 인공공물(도로, 상하수도, 관공서의 청사, 발전설비, 철도), 자연공물(하천, 호수), 동물(경찰견, 군견)과 동산(항공기, 선박) 등이 포함된다.

판례는 ① “국유 하천부지는 자연의 상태 그대로 공공용에 제공될 수 있는 실체를 갖추고 있는 이른바 자연공물로서 별도의 공용개시행위가 없더라도 행정재산이 되고 그 후 본래의 용도에 공여되지 않는 상태에 놓여 있더라도 국유재산법령에 의한 용도폐지를 하지 않은 이상 당연히 잡종재산으로 된다고는 할 수 없으며, 농로나 구거와 같은 이른바 인공적 공공용 재산은 법령에 의하여 지정되거나 행정처분으로 공공용으로 사용하기로 결정한 경우, 또는 행정재산으로 실제 사용하는 경우의 어느 하나에 해당하면 행정재산이 된다”라고 하였다(대판 2007.6.1. 2005도7523). ② 반면 판례는 “이 사건 사고 당시 설치하고 있던 옹벽은 소외 회사가 그 공사를 도급받아 공사 중에 있었을 뿐만 아니라 아직 완성도 되지 아니하여 일반 공중의 이용에 제공되지 않고 있었던 이상 원심 판시와 같이 국가배상법 제5조 제1항 소정의 영조물에 해당한다고 할 수 없고, … 원심 판시와 같이 피고 시가 붕괴위험이 있는 위와 같은 자연상태의 언덕을 사실상 관리하여 왔다고 하더라도 이를 국가배상법 제5조 제1항 소정의 영조물로 볼 수도 없다”라고 판시하였다(대판 1998.10.23. 98다17381).

2) 또한 국가배상법상 공물 또는 공공의 영조물은 국유재산법의 행정재산에 해당하는 개념이다. 행정재산에는 위에서 언급한 공용재산, 공공용재산 외에 정부기업이 직접 사무용·사업용 또는 그 기업에 종사하는 직원의 주거용(직무 수행을 위하여 필요한 경우로서 대통령령으로 정하는 경우로 한정)으로 사용하거나 대통령령으로 정하는 기한까지 사용하기로 결정한 기업용재산과 법령이나 그 밖의 필요에 따라 국가가 보존하는 재산인 보존용재산이 포함된다(국유재산법 제6조 제2항). 따라서 행정재산과 문화재와 같은 보존용재산의 설치 또는 관리상의 하자로 발생한 손해에 대하여 국가와 지방자

치단체의 배상책임이 성립한다.

반면 국유재산 중 일반재산은 행정재산을 제외한 모든 국유재산을 말하는데(국유재산법 제6조 제3항), 이러한 일반재산은 공공의 영조물의 범위에서 제외된다. 따라서 일반재산의 설치·관리상의 하자로 발생한 손해에 대해서는 민법 제758조에 의한 공작물소유자 또는 점유자의 배상책임 규정에 의한다.

판례 역시 "국가 또는 지방자치단체라 할지라도 공권력의 행사가 아니고 단순한 사경제의 주체로 활동하였을 경우에는 그 손해배상책임에 국가배상법이 적용될 수 없고 민법상의 사용자책임 등이 인정되는 것이고 국가의 철도운행사업은 국가가 공권력의 행사로서 하는 것이 아니고 사경제적 작용이라 할 것이므로, 이로 인한 사고에 공무원이 간여하였다고 하더라도 국가배상법을 적용할 것이 아니고 일반 민법의 규정에 따라야 하[나,] … 공공의 영조물인 철도시설물의 설치 또는 관리의 하자로 인한 불법행위를 원인으로 하여 국가에 대하여 손해배상청구를 하는 경우에는 국가배상법이 적용[된다]"라고 판시하였다(대판 1999.6.22. 99다7008).

2. 설치 또는 관리상의 하자

영조물의 설치 또는 관리상의 하자란 공공시설을 건설하고 유지할 뿐 아니라 수선·증개축 등 일체의 관리작용을 행할 때 발생한 흠결을 말한다. 다시 말한다면 설치·관리상 하자란 공공의 영조물이 일반적으로 갖추고 있어야 하는 객관적인 안전성이 흠결된 것을 말한다. 그런데 여기에서 문제가 되는 것은 공물이 갖추어야 하는 안전성의 흠결이 공물관리자의 주의의무 위반으로 발생하는 데 중점을 둘 것인가 아니면 관리자의 주의의무 위반과는 관계없이 객관적으로 발생하는 하자를 의미하는 것인가 하는 것이다. 이에 대하여는 다음과 같은 견해들이 제시되고 있다.

1) 주관설

공공의 영조물에 대한 설치·관리상의 하자로 인하여 국가의 배상책임이 인정되는 것은 공물이 일반적으로 갖추어야 하는 안전성의 흠결이 공물관리자의 안전성 확보의 주의의무 위반이라는 귀책사유로 인하여 발생하는 경우에 한한다는 견해이다. 이러한 의미에서 주관설은 의무위반설로 불리고 있다. 이러한 주관설에 따르면 공공시설에 하자가 발생하여 타인에게 손해를 가한 경우에도 관리자의 주의의무 위반이나 귀책사유를 물을 수 없다면 국가의 배상책임은 성립하지 않는다. 따라서 주관설은 영조물의 하자로 인한 국가배상책임을 일종의 과실책임으로 이해하는 것이다.

2) 객관설

객관설은 영조물의 하자가 관리자의 주의의무 위반이라는 주관적 요소와는 관계없이 발생한 경우에도 국가 등의 배상책임을 인정하는 견해이다. 따라서 통상적으로 공물이 갖추고 있어야 하는 안전성에 객관적인 흠결이 발생한 경우에는 관리자의 통상적인 안전관리행위와 관계없이 공물이 가지고 있는 구조적인 결함에 기인한다면 국가는 배상책임을 면할 수 없다. 따라서 객관설은 주관설과는 달리 국가배상법 제5조의 배상책임을 순수한 무과실책임으로 이해한다.

3) 절충설 – 병합설

공물이 갖추고 있어야 하는 객관적인 안전성의 흠결은 없었다 하더라도 공물관리자의 안전관리의무의 소홀로 인하여 공공시설에서 발생한 손해에 대하여도 국가 등의 배상책임을 인정하는 견해이다. 예를 들어 국가나 지방자치단체가 관리하는 도로에서 안개로 인하여 안전운행이 요구되는 경우를 생각해 보자. 이때 물리적으로는 공물의 객관적인 안전성 흠결은 없더라도 공물의 관리자는 안개로 인하여 도로의 통행이 안전하게 이루어지는 것에 대한 주의의무를 지고 있다는 것이다. 따라서 이러한 경우에 공물의 관리자가 서행을 위한 경고조치 등을 태만히 함으로써 발생하는 손해에 대하여 국가 등의 배상책임이 성립한다.

다시 말하면 절충설은 공물의 객관적인 하자와 더불어 공물관리자의 안전관리의무 위반이라는 주관적 요소까지 포함하여 "설치 또는 관리상의 하자"를 확대하자는 것으로 이해할 수 있다. 이러한 의미에서 절충설은 엄격하게 보면 주관적 요소와 객관적 요소를 서로 가감하는 절충이 아니며 이를 모두 합쳐서 국가 등의 무거운 배상책임을 인정하는 것이므로 용어상 병합설로 불리는 것이 더 정확하다.

4) 소 결

(1) 국가배상법 제5조에 규정된 배상책임의 요건으로서 "설치나 관리에 하자"는 문언상 공물을 설치하고 관리하는 주체를 전제로 하고 있다고 볼 수도 있으므로 주관설의 입장을 전적으로 배제하기 어렵다. 일반적인 학설과 판례는 객관설을 지지하고 있으나 공공시설이 가지는 객관적인 안전성의 흠결을 판단할 때에는 공공시설이 입지한 제반여건과 공물주체의 관리상태를 감안하지 않을 수 없는 것이 현실이기도 하다. 그러므로 이러한 학설의 외형상 입장의 차이에도 불구하고 실질적으로는 양학설이 영조물하자를 판단함에 있어서 본질적인 차이를 갖지 않는다는 지적도 제기되고 있다.

그럼에도 불구하고 국가배상법의 체계와 목적상 제2조의 과실책임과 제5조의 무과실책임을 근본적으로 구별하고자 한 것이 입법자의 명백한 의도였으며, 판례도 이러한 입장을 고수해 왔음을 간과할 수 없다. 따라서 공물관리자의 주의의무나 공물을 둘러싼 제반여건은 공물의 하자를 판단하는 기준으로서보다는 공물의 하자와 손해발생 사이의 인과관계 문제로 파악함이 타당하다. 바꾸어 말하면 공물의 객관적인 하자는 발생하였으나 그것이 공물관리자의 통상적인 관리행위를 넘어서는 천재에 해당하거나, 물리적으로 단시간 내에 복구가 불가능한 상태에서 손해가 발생하는 경우에는 공물의 하자와 손해의 발생 사이에 인과관계가 없다. 또한 공물관리자의 통상적인 관리비용지출을 통하여 감당할 수 없는 상태에서 발생한 손해인 경우에도 공물의 하자와 손해발생 사이의 인과관계를 인정하기 어렵다.

그러므로 공물의 하자는 관리자의 주의의무와 관계없이 그 발생 여부를 객관적으로 판단하여 무과실배상책임을 인정하는 객관설이 더 타당하다. 병합설(절충설)은 하자판단의 주관적 요소를 가미한다는 점과 국가 등의 배상책임을 지나치게 확대한다는 점에서 받아들이기 어렵다. 그런데 이러한 비판은 절충설에 대한 오해에서 기인하는 것으로 보는 견해도 있다. 이에 따르면 절충설에서 고려되는 주관적인 사정은 오히려 불가항력적인 사유 등 배상책임을 제한 · 배제하기 위한 논리이며, 따라서 공물의 관리자에게 기대불가능한 안전관리의무 위반으로 인한 손해에는 배상책임을 물을 수 없다는 것이다.

(2) 대법원은 이른바 매향리 사격장 사건에서 소음피해라는 환경법상 특수성을 감안하여 공물의 하자 여부를 판단할 때 공물의 안전성에 대한 객관적인 흠결뿐만 아니라 이에 더하여 소음피해가 원고인 주민의 수인한도를 넘은 것인지 여부도 고려되어야 한다고 판시하였다. 즉 "국가배상법 제5조 제1항에 정하여진 '영조물의 설치 또는 관리의 하자'라 함은 공공의 목적에 공여된 영조물이 그 용도에 따라 갖추어야 할 안전성을 갖추지 못한 상태에 있음을 말하고 … 여기서 안전성을 갖추지 못한 상태, 즉 타인에게 위해를 끼칠 위험성이 있는 상태라 함은 당해 영조물을 구성하는 물적 시설 그 자체에 있는 물리적 · 외형적 흠결이나 불비로 인하여 그 이용자에게 위해를 끼칠 위험성이 있는 경우뿐만 아니라 그 영조물이 공공의 목적에 이용됨에 있어 그 이용상태 및 정도가 일정한 한도를 초과하여 제3자에게 사회통념상 참을 수 없는 피해를 입히는 경우까지 포함된다고 보아야 할 것이고, 사회통념상 참을 수 있는 피해인지의 여부는 그 영조물의 공공성, 피해의 내용과 정도, 이를 방지하기 위하여 노력한 정도 등을 종합적으로 고려하여 판단하여야 할 것이다"라고 판시하였다(대판 2004. 3.12. 2002다14242). 다만 이 판결이 이른바 병합설을 취한 것으로 볼 수는 없고, 기본적으로는 객관설을 바탕으로 하여 환경침해로 인한 손해배상에서 수인한도론을 고려한 것으로 평가하여야 한다. 이러한 경우를 '영조물의 설치 또는 관리의 하자' 중 '이용상 하자'로 논하기도 한다.

5) 판 례

공공의 영조물의 하자와 배상책임에 대하여, 대법원은 국가배상법 제5조에 규정된 영조물의 하자를 판단할 때 대체로 객관설의 입장을 유지하고 있으나 때로는 주관적 관리의무 위반으로 인한 하자로 이해하는 견해를 보이기도 한다.

(1) 우선 판례는 도로의 결빙으로 인한 국가의 배상책임에 대한 사건에서, “국가배상법 제5조 소정의 영조물의 설치, 관리상의 하자라 함은 영조물의 설치 및 관리에 불완전한 점이 있어 이 때문에 영조물 자체가 통상 갖추어야 할 안전성을 갖추지 못한 상태에 있는 것을 말하는 것이고 … 원심이 인정한 바와 같이 도로지하에 매설되어 있는 상수도관에 균열이 생겨 그 틈으로 새어 나온 물이 도로위까지 유출되어 노면이 결빙되었다면 도로로서의 안전성에 결함이 있는 상태로서 설치, 관리상의 하자가 있다고 할 것이다. … 또 국가배상법 제5조 소정의 영조물의 설치, 관리상의 하자로 인한 책임은 무과실책임이고, 나아가 민법 제758조 소정의 공작물의 점유자의 책임과는 달리 면책사유도 규정되어 있지 않으므로 국가 또는 지방자치단체는 영조물의 설치, 관리상의 하자로 인하여 타인에게 손해를 가한 경우에 그 손해의 방지에 필요한 주의를 해태하지 아니하였다 하여 면책을 주장할 수도 없다”라고 하여(대판 1994.11.22. 94다32924) 객관설의 입장임을 알 수 있다.

또한 판례는 여의도 광장에서 “광란의 질주”를 통하여 연쇄적인 인사사고를 발생시켜 사회를 경악케 한 사건에서도, “이 사건 사고 당시에는 차도와의 경계선 일부에만 이동식 쇠기둥이 설치되어 있고 나머지 부분에는 별다른 차단시설물이 없었으며 경비원도 없었던 것은, 평소 시민의 휴식공간으로 이용되는 여의도광장이 통상 요구되는 안전성을 결여하고 있었다 할 것이고, 이 사건 사고 당시 위에서 본 바와 같이 이 사건 사고 후에 설치된 차단시설물이 이미 설치되어 있었고 경비원이 배치되어 있었더라면 소외인이 승용차를 운전하여 광장내로 진입하는 것을 막을 수 있었거나, 설사 차량진입을 완전히 막지는 못하더라도 최소한 진입시에 차단시설물을 충격하면서 발생하는 소리나 경비원의 경고를 듣고 많은 사람들이 대피할 수 있었다고 보이므로 (원고들은 3번째, 8번째, 9번째, 12번째, 18번째 피해자이다), 차량진입으로 인한 이 사건 사고와 여의도광장의 관리상의 하자 사이에는 상당인과관계가 있다”라고 한 원심의 판단에 법리오해 등 위법이 없다고 판시하여(대판 1995.2.24. 94다57671) 여의도 광장이라는 영조물의 객관적 하자에 대하여 국가배상법 제6조의 비용부담자로서 영등포구의 배상책임을 인정하였다.

(2) 그런데 판례는 국가배상청구사건은 아니었으나(한국도로공사라는 독립한 공법인이 배상주체이었으므로) 고속도로에 타이어가 떨어져 달리던 트럭이 이에 걸려 넘어져서 중앙분리대를 넘어 손해가 발생한 사건에서 한국도로공사의 배상책임을 부인하면서, 도로의 하자를 판단하는 기준으로 관리자의 주의의무 위반 여부와 도로의 제반사정을 다음과 같이 고려하고 있다. 즉 “공작물인 도로의 설치보존상의 하자는 도로의 위치

등 장소적인 조건, 도로의 구조, 교통량, 사고시에 있어서의 교통사정 등 도로의 이용상황과 그 본래의 이용목적 등 제반사정과 물적결함의 위치, 형상 등을 종합적으로 고려하여 사회통념에 따라 구체적으로 판단하여야 할 것인 바, 도로의 설치 후 제3자의 행위에 의하여 그 본래의 목적인 통행상의 안전에 결함이 발생된 경우에는 도로에 그와 같은 결함이 있다는 것만으로 성급하게 도로의 보존상 하자를 인정하여서는 안 되고, 당해 도로의 구조, 장소적 환경과 이용상황 등 제반의 사정을 종합하여 그와 같은 결함을 제거하여 원상으로 복구할 수 있는데도 이를 방치한 것인지 여부를 개별적, 구체적으로 심리하여 하자의 유무를 판단하여야 할 것"이라고 하면서 "이 사건에 있어서 피고에게 도로의 보존상 하자로 인한 손해배상책임을 인정하기 위하여는 도로에 타이어가 떨어져 있어 고속으로 주행하는 차량의 통행에 안전상의 결함이 있다는 것만으로 족하지 아니하고, 관리자인 피고가 사고 발생 전 다른 차량 등 제3자의 행위에 의하여 야기된 도로의 안전상의 결함을 미리 발견하고 이를 제거하여 차량의 안전한 통행상태로 회복하도록 하는 방호조치를 취할 수 있음에도 이를 취하지 아니하고 방치한 경우에 한하여 책임이 인정된다고 할 것이다. 다시 말하자면 도로의 안전상의 결함이 객관적으로 보아 시간적, 장소적으로 피고의 관리행위가 미칠 수 없는 상황 아래에 있는 경우에는 관리상의 하자를 인정할 수 없는 것"임을 전제로 하여, "원심으로서는 피고의 고속도로 안전성에 대한 순찰 등 감시체제, 타이어의 낙하시점, 피고가 타이어의 낙하사실을 신고 받거나 직접 이를 발견하여 그로 인한 고속도로상의 안전성 결함을 알았음에도 사고방지 조치를 취하지 아니하고 방치하였는지 여부, 혹은 이를 발견할 수 있었음에도 발견하지 못하였는지 여부 등 제반 사정을 심리하여 이 사건고속도로의 하자 유무를 판단하였어야 할 것이다"라고 하여(대판 1992.9.14. 92다3243) 주관설을 지지하는 견해를 보였다.

(3) 이러한 경향에 따라서, 판례는 도로 등 영조물의 하자가 객관적으로 발생한 것만으로 국가 등의 배상책임을 인정할 수 없고 공물관리자가 그러한 하자의 발생을 예견할 수 있었는지 또는 하자가 발생하여 그것을 제거할 시간적인 여유가 존재하였는가 하는 제반여건을 고려하여 공물의 하자 여부를 판단하여야 한다는 견해를 계속하여 제시하고 있다. 이러한 경향을 일관되게 유지하고 있는 사건들을 소개하면 다음과 같다.

가) 대표적으로 판례는 99다12796 판결에서(물론 이 사건도 한국도로공사가 피고라서 국가배상사건은 아니었으나 이 법리를 따르고 있음), "도로의 설치 후 제3자의 행위에 의하여 그 본래의 목적인 통행상의 안전에 결함이 발생한 경우에는 도로에 그와 같은 결함이 있다는 것만 가지고 도로의 보존상의 하자를 인정할 수는 없고, 당해 도로의 구조, 장소적 환경과 이용상황 등 제반 사정을 종합하여 그와 같은 결함을 제거하여 원

상으로 복구할 수 있는데도 이를 방치한 것인지의 여부를 개별적, 구체적으로 살펴서 하자의 유무를 판단하여야 할 것이고, 객관적으로 보아 도로의 안전상의 결함이 시간적, 장소적으로 그 점유 · 관리자의 관리행위가 미칠 수 없는 상황 아래에 있는 경우에는 관리상의 하자를 인정할 수 없다"라고 판시하였다(대판 1999.7.9. 99다12796). 이는 공물의 하자를 판단할 때 공물의 객관적인 하자 이외에도 공물관리자의 주관적 사정을 고려하여야 한다는 일종의 절충적 입장이라고 평가할 수 있다.

그러나 일단 도로에 어떠한 이유로든 하자가 발생하여 차량의 안전한 통행에 장애가 발생하였다면 이는 도로라는 공공시설에 야기된 객관적인 안전성의 흠결이라고 보아야 한다. 따라서 일단 "설치 또는 관리상의 하자"라는 배상요건은 충족되는 것이다. 그러므로 공물의 하자를 발견 또는 신고받고 그것의 제거를 관리자에게 기대할 수 있는지의 여부(따라서 공물의 설치 · 관리상의 객관적 안전성의 회복이 가능하였는지)는 일단 발생한 공물의 하자와 이로 인한 손해발생과의 진행과정에서 문제되는 것이다. 만약 위와 같은 사건에서 국가 등의 배상책임이 부정된다면 이는 공물의 하자가 존재하지 않아서가 아니라 관리자의 불가항력적인 사유로 인한 손해의 발생 간에 인과관계가 존재하지 않기 때문이다.

다시 말하자면 공물관리자의 하자 발생에 대한 예견가능성이나 발생한 하자의 제거가능성과 같은 주관적 사정은 공물의 하자와 손해의 발생 사이의 인과관계를 판단하는 요소인 것이다. 따라서 영조물관리자의 주관적 요소는 영조물의 하자가 어떻게 하여 발생하였는가를 판단하는 요소가 아니라 일단 발생한 하자가 어떻게 하여 손해에까지 이르게 되었는지(또는 하자의 제거는 가능하였는지)를 판단하는 기준으로 보아야 하는 것이다.

나) 이른바 '600년 또는 1,000년만의 기록적인 폭우' 때문에 피해를 입은 주민들이 손해배상청구를 한 사건의 경우에 객관적으로 보면 이러한 폭우로 인하여 제방이 범람하는 등 공공의 영조물의 한 종류인 하천의 설치 또는 관리상의 하자가 발생했다고 볼 수 있다. 그렇지만 판례는 이러한 자연재해는 하천의 관리자의 입장에서 볼 때 일반적으로 예측가능하지 않고 비록 추상적으로 예측가능하다고 하더라도 그 결과를 회피할 수 있는 가능성이 없기 때문에 국가배상법 제5조의 '공공시설의 설치 또는 관리상의 하자'라는 배상책임의 요건이 충족되지 않는 것으로 보고 원고들의 청구를 기각하였다. 다시 말해 판례는 하천관리청이 관계규정에 따라 설정한 계획홍수위를 변경시켜야 할 특별한 사정이 없는 한 이미 존재하는 하천의 제방이 계획홍수위를 넘고 있다면 하천의 안전성의 흠결은 없는데, 이 사건에서는 100년 발생빈도를 기준으로 계획홍수위가 책정되었고 이 사건 사고 이전에는 하천이 범람한 적이 없었던 것이다. 즉 "자연영조물로서의 하천은 원래 이를 설치할 것인지 여부에 대한 선택의 여지가

없고, 위험을 내포한 상태에서 자연적으로 존재하고 있으며, 간단한 방법으로 위험상태를 제거할 수 없는 경우가 많고, 유수라고 하는 자연현상을 대상으로 하면서도 그 유수의 원천인 강우의 규모, 범위, 발생시기 등의 예측이나 홍수의 발생 작용 등의 예측이 곤란하고, 실제로 홍수가 어떤 작용을 하는지는 실험에 의한 파악이 거의 불가능하고 실제 홍수에 의하여 파악할 수밖에 없어 결국 과거의 홍수경험을 토대로 하천관리를 할 수밖에 없는 특질이 있다. 또 국가나 하천관리청이 목표로 하는 하천의 개수작업을 완성함에 있어서는 막대한 예산을 필요로 하고, 대규모 공사가 되어 이를 완공하는 데 장기간이 소요되며, 치수의 수단은 강우의 특성과 하천 유역의 특성에 의하여 정해지는 것이므로 그 특성에 맞는 방법을 찾아내는 것은 오랜 경험이 필요하고 또 기상의 변화에 따라 최신의 과학기술에 의한 방법이 효용이 없을 수도 있는 등 그 관리상의 특수성도 있다. 그러므로 이와 같은 관리상의 특질과 특수성을 감안한다면, 하천의 관리청이 관계 규정에 따라 설정한 계획홍수위를 변경시켜야 할 사정이 생기는 등 특별한 사정이 없는 한, 이미 존재하는 하천의 제방이 계획홍수위를 넘고 있다면 그 하천은 용도에 따라 통상 갖추어야 할 안전성을 갖추고 있다고 보아야 하고, 그와 같은 하천이 그 후 새로운 하천시설을 설치할 때 기준으로 삼기 위하여 제정한 '하천시설기준'이 정한 여유고를 확보하지 못하고 있다는 사정만으로 바로 안전성이 결여된 하자가 있다고 볼 수는 없다"라고 판시하였다(대판 2003.10.23. 2001다48057).

그런데 하천 또는 제방의 계획홍수위와 관련하여 간과할 수 없는 사실관계를 주목할 필요가 있다. 여기에서 핵심이 되는 개념은 이른바 '여유고'라는 것이다. 통상 여유고라는 것은 계획홍수량을 안전하게 소통시키기 위해서 하천에서 발생할 수 있는 여러 가지 불확실한 요소 등에 대한 안전값으로 주어지는 여분의 제방높이를 말하는데, 이러한 여유고의 값을 정하는 기준은 구 건설교통부가 지난 1980년에 마련해서 당시까지 시행한 하천시설기준이다.

이와 관련하여 대법원과는 달리 원심은 여유고와 하천시설기준 등 사실관계의 판단에서 전혀 다른 견해를 보이고 있다. 즉 "동부간선도로의 건설로 인하여 중랑천의 폭이 좁아지고 단면적이 감소됨으로써 수해의 위험성이 증가되었을 것이라는 점은 경험칙상 명백하다고 본 후, 이 사건 사고지점과 같이 그 지형에 있어서 병의 목 부분처럼 되어 있음에도 불구하고 다른 구간에 비하여 상대적으로 제방의 높이가 낮고, 중랑천의 만곡부에 해당하며, 그 바로 하류부에 건설된 한천교의 교량 상류부에 해당하여 홍수시 이 사건 사고지점의 수위가 급격히 증가될 수 있다는 점이나, 동부간선도로의 건설로 중랑천의 단면적이 감소되어 수해의 위험성이 증가되었다는 점 등에 비추어 보면, 이 사건 사고지점에 대한 기존의 계획홍수위 산정이 도로 개설 후에도 여전히 적정한 것인지 면밀히 검토하지 않은 잘못이 있고, 또 비록 이 사건 사고지점의 제방이 자연적으로 형성된 제방이어서 건설교통부의 하천시설기준이 곧바로 적용될 것이 아니라 하더라도 위 하천시설기준에 따른 여유고의 확보는 필수적이라 할 것인데 이 사건 사고지점은 이를 확보하지 못함으로써 제방으로서의 용도에 따른 통상적인 안전성을 갖추지 못하였다고 판단하여, 중랑천의 관리청으로서 동부간선도로의 건설을 승인해 준 피고 대한민국과 위 도로의 건설자임과 동시에 중랑천 제방의 보수와 유지를 담당하는 피고 서울시는 이 사건 사고지점 제방에 대한 관리상의 하자로 인하여 제방으로서의 용도에 따라 통상 갖추어야 할 안전성을 결여함으로써 원고들에게 가한 손해를 배상할 책임이 있다"고 보았다(위 2001다48057 판결 중 원심판시 부분).

결국 원심은 공공의 영조물인 하천이 공물로서 갖추고 있어야 하는 객관적인 안전성의 흠결을 가지고 있었으므로 국가배상법 제5조에서 규정한 '영조물의 설치 또는 관리상의 하자'의 요건이 충족된 것으로 본 것이다. 물론 대법원은 수백년에 한 번 올 수 있는 기록적인 폭우라는 점과 국가와 서울특별시의 재정상황을 비롯한 인적 · 물적 여건을 감안할 때 이러한 사정은 천재지변으로서 일종의 불가항력적 사유이기 때문에 공물관리자의 책임있는 사유가 아니라는 점을 강조하고 있다.

그러나 역시 이 경우에도 사실관계를 객관적으로 고려하여 본다면 원심의 판단이 훨씬 설득력이 있는 것으로 보인다. 그러므로 여유고의 부족으로 인한 하천의 범람은 하천이라는 공물이 통상적으로 가지고 있어야 할 안전성의 흠결이 객관적으로 발생한 것으로 보아야 한다. 그럼에도 불구하고 만약 국가와 서울특별시가 배상책임을 면할 수 있다면 그것은 하천관리상 하자가 발생하지 않았다기보다는 천재지변으로 인하여 손해발생을 예측하거나 이를 회피할 수 없는 등 불가항력적 사유가 있었던 것이고 이것이 하자의 발생과 손해의 발생 사이에 인과관계를 단절하였기 때문이다.

3. 인과관계

공공시설의 하자로 인하여 손해가 발생함에 있어서는 하자발생과 손해 사이에 상당인과관계가 있어야 한다. 따라서 영조물의 하자로 인하여 객관적 · 일반적으로 발생가능한 손해에 대하여만 국가의 배상책임이 성립한다. 여기에서 인과관계의 요건과 관련하여 문제가 되는 것은 천재지변, 공물관리자의 위해방지의 객관적 가능성 등 불가항력적인 사유와 국가의 재정적 여건 등이 인과관계의 단절을 가져와 국가 등에 대한 배상책임의 성립을 조각하는지 여부이다. 이를 하자의 존부나 면책사유로 논하기도 한다.

1) 불가항력적인 사유

천재지변으로 인하여 발생한 공물의 하자와 손해 사이에는 인과관계가 존재하지 않는다. 천재지변은 아니지만 구체적인 상황에서 관리자의 안전관리의무를 기대할 수 없는 경우에도(위의 고속도로 타이어 사건과 같이 손해발생의 방지에 필요한 시간적인 여유 등) 역시 불가항력적인 사유로서 하자와 손해 사이의 인과관계를 인정할 수 없다.

다만 다소의 자연력이 가세하거나 제3자의 귀책사유가 개재된다 하더라도 인과관계가 부정되지 않는다. 대법원도 ① "영조물의 설치 또는 관리상의 하자로 인한 사고라 함은 영조물의 설치 또는 관리상의 하자만이 손해발생의 원인이 되는 경우만을 말하는 것이 아니고, 다른 자연적 사실이나 제3자의 행위 또는 피해자의 행위와 경합하여 손해가 발생하더라도 영조물의 설치 또는 관리상의 하자가 공동원인의 하나가 되는 이상 그 손해는 영조물의 설치 또는 관리상의 하자에 의하여 발생한 것이라고 해석함이 상당하다"라고 판시하였다(대판 1994.11.22. 94다32924). ② 또한 판례는 집중호우로 제방도로가 유실되면서 그곳을 걸어가던 보행자가 강물에 휩쓸려 익사한 경우에 제기된 손해배상청구 사건에서 "사고 당일 50년 빈도의 최대강우량에 해당하는 집중호우가 내렸다는 사실만으로는 앞에서 인정한 바와 같이 이전에도 이 사건 사고 당시와 같은 정도로 이 사건 하천이 범람하고, 제방도로가 유실된 바가 있었던 점과 우리나라의 경우 여름철 집중호우가 예상하기 어려운 정도의 기상이변에 해당한다고 보기는 어려운 점에 비추어 이 사건 사고가 예상할 수 없는 불가항력에 기인한 것이라고 할 수는 없[다]"는 이유로 제방도로의 설치 · 관리상의 하자를 인정하였다(대판 2000.5.26. 99다53247).

2) 국가의 열악한 재정여건

국가의 열악한 재정여건에 의하여 공공의 영조물이 통상 갖추고 있어야 하는 안전성의 흠결이 적시에 보완되지 못하고 이로 인하여 손해가 발생한 경우에도 인과관계가 부정되는가? 국가배상법 제5조의 국가배상책임이 순수한 무과실책임이라는 점을 감안한다면 국가의 재정 사정으로 인하여 발생한 하자와 손해 사이의 인과관계를 부정할 근거는 찾기 어렵다. 오늘날 사회국가는 국민생활에 필수적인 사회간접자본이나 공공시설 중에 특히 안전성의 확보가 중요시되는 발전설비, 하천, 제방 등의 안전성 확보에 특별한 책임을 지고 있다. 이를 통하여 국민은 헌법에 열거되지 않은 일종의 '안전에 대한 기본권'(Grundrecht auf Sicherheit)을 보유한다. 그러므로 이러한 시설들에 대하여 재정적 여건이 허락하지 못한다는 이유로 안전성의 흠결이 발생하고 이로 인해 손해가 발생하는 경우 국가는 배상책임을 면할 수 없다.

3) 공물의 하자와 손해발생 사이의 인과관계에 대한 입증책임

공물에 대한 하자의 발생 여부와 이로 인한 손해 사이의 인과관계에 대한 입증책임은 국가 등을 상대로 손해의 배상을 청구하는 원고가 부담하는 것이 원칙이나. 물론 이러한 입증이 어려움 없이 이루어지는 경우에는 문제가 없다. 그러나 공공시설 중에는 고도의 과학기술을 바탕으로 하여 설치 · 운영되는 것들도 많기 때문에 영조물의 기술적 하자와 이로 인한 손해의 발생에 대하여 원고가 입증책임을 지는 것은 피해자에게 가혹한 결과가 될 수 있다. 따라서 이러한 경우에는 피고인 국가 등에게 입증책임을 전환시키거나 인과관계에 대한 추정을 인정할 필요가 있다.

Ⅲ. 배상책임

1. 배상책임자

1) 국가배상법 제6조 제1항은 국가 또는 지방자치단체가 손해를 배상할 책임이 있는 경우에 "공무원의 선임 · 감독 또는 영조물의 설치 · 관리를 맡은 자"(공물관리자)와 "공무원의 봉급 · 급여, 그 밖의 비용 또는 영조물의 설치 · 관리 비용을 부담하는 자"(비용부담자)가 동일하지 아니하면 그 비용을 부담하는 자도 손해를 배상할 책임이 있다고 규정하고 있다. 그러므로 피해자는 어느 쪽에 대하여도 배상청구가 가능하다.

위에서 언급한 여의도광장의 연쇄교통사고 사건에서 판례는 도로관리의 비용을 부담하는 영등포구의 배상책임을 인정하였다. 즉 "여의도광장의 관리는 광장의 관리에 관한 별도의 법령이나 규정이 없으므로 서울특별시는 여의도광장을 도로법 제2조 제2항 소정의 "도로와 일체가 되어 그 효용을 다하게 하는 시설"로 보고 도로법의 규정을 적용하여 관리하고 있으며, 그 관리사무 중 일부를 영등포구청장에게 권한위임하고 있는 사실을 인정한 다음, 여의도광장의 관리청이 본래 서울특별시(정확히는 서울특별시장이다)라 하더라도 그 관리사무의 일부가 서울특별시장으로부터 피고의 기관인 영등포구청장에게 위임되었다면, 그 위임된 관리사무에 관한 한 여의도광장의 관리청은 영등포구청장이 된다고 할 것이고, 도로법 제56조에 의하면 도로에 관한 비용은 건설부장관이 관리하는 도로 이외의 도로에 관한 것은 관리청이 속하는 지방자치단체의 부담으로 하도록 되어 있어 여의도광장의 관리비용부담자는 그 위임된 관리사무에 관한 한 관리를 위임받은 영등포구청장이 속한 피고가 된다고 할 것이므로, 피고는 이 사건 사고에 관하여 국가배상법 제6조 소정의 비용부담자로서의 손해배상책임이 있다"는 원심의 판단에 법리오해 등의 위법이 없다는 것이다(대판 1995.2.24. 94다57671).

2) 국가배상법 제6조 제1항에 규정된 '비용부담자의 배상책임'에 대하여는 비용을 부담하는 자는 누구이며 그 배상책임의 범위는 어떻게 결정되는지 문제된다. 국가배상법은 이에 대하여 상세한 규정을 두고 있지 아니한 관계로 자연히 이 문제는 판례에

그 해결을 맡길 수밖에 없다. 대법원은 비용부담자의 배상책임에 관한 판례를 잇따라 내놓음으로써 이 문제에 대한 나름대로의 법리를 제시하고 있다.

(1) 우선 첫 번째로 볼 사건에서는 지방자치단체의 장이 설치하여 관할지방경찰청장에게 관리권한이 위임된 교통신호기의 고장으로 인하여 교통사고가 발생한 경우, 지방자치단체뿐만 아니라 경찰공무원의 봉급을 부담하는 국가도 국가배상법 제6조 제1항의 비용부담자로 배상책임을 지는지 문제되었다.

이에 대하여 판례는 "도로교통법 제3조 제1항은 특별시장 · 광역시장 또는 시장 · 군수(광역시의 군수를 제외)는 도로에서의 위험을 방지하고 교통의 안전과 원활한 소통을 확보하기 위하여 필요하다고 인정하는 때에는 신호기 및 안전표지를 설치하고 이를 관리하여야 하도록 규정하고, 도로교통법시행령 제71조의2 제1항 제1호는 특별시장 · 광역시장이 위 법률규정에 의한 신호기 및 안전표지의 설치 · 관리에 관한 권한을 지방경찰청장에게 위임하는 것으로 규정하고 있는바, 이와 같이 행정권한이 기관위임된 경우 권한을 위임받은 기관은 권한을 위임한 기관이 속하는 지방자치단체의 산하 행정기관의 지위에서 그 사무를 처리하는 것이므로 사무귀속의 주체가 달라진다고 할 수 없고, 따라서 권한을 위임받은 기관 소속의 공무원이 위임사무처리에 있어 고의 또는 과실로 타인에게 손해를 가하였거나 위임사무로 설치 · 관리하는 영조물의 하자로 타인에게 손해를 발생하게 한 경우에는 권한을 위임한 관청이 소속된 지방자치단체가 국가배상법 제2조 또는 제5조에 의한 배상책임을 부담하고, 권한을 위임받은 관청이 속하는 지방자치단체 또는 국가가 국가배상법 제2조 또는 제5조에 의한 배상책임을 부담하는 것이 아니므로, 지방자치단체장이 교통신호기를 설치하여 그 관리권한이 도로교통법 제71조의2 제1항의 규정에 의하여 관할 지방경찰청장에게 위임되어 지방자치단체 소속 공무원과 지방경찰청 소속 공무원이 합동근무하는 교통종합관제센터에서 그 관리업무를 담당하던 중 위 신호기가 고장난 채 방치되어 교통사고가 발생한 경우, 국가배상법 제2조 또는 제5조에 의한 배상책임을 부담하는 것은 지방경찰청장이 소속된 국가가 아니라, 그 권한을 위임한 지방자치단체장이 소속된 지방자치단체라고 할 것이나, 한편 국가배상법 제6조 제1항은 같은 법 제2조, 제3조 및 제5조의 규정에 의하여 국가 또는 지방자치단체가 손해를 배상할 책임이 있는 경우에 공무원의 선임 · 감독 또는 영조물의 설치 · 관리를 맡은 자와 공무원의 봉급 · 급여 기타의 비용 또는 영조물의 설치 · 관리의 비용을 부담하는 자가 동일하지 아니한 경우에는 그 비용을 부담하는 자도 손해를 배상하여야 한다고 규정하고 있으므로 교통신호기를 관리하는 지방경찰청장 산하 경찰관들에 대한 봉급을 부담하는 국가도 국가배상법 제6조 제1항에 의한 배상책임을 부담한다"라고 판시하였다(대판 1999.6.25. 99다11120).

(2) 두 번째로 볼 사건에서는 광주광역시를 통과하는 국도의 관리상 하자로 인한 손해에 있어 국가의 비용부담자로서의 배상책임과 국가배상법 제6조 제2항에 따른 최종적 배상책임자가 문제되었다. 최종적 배상책임자가 누가되느냐에 관하여는 공물관리자라는 견해, 실질적 비용부담자라는 견해, 손해발생에 대한 기여도에 따른다는 견해가 있다.

판례는 "도로법상 일반국도의 관리청은 원칙적으로 건설교통부장관으로 되어 있으나(제22조 제1항), 이 사건 도로와 같이 광역시 관할구역 안에 있는 일반국도의 경우에는 그 관리청이 광역시장으로 되어 있으며(제22조 제2항), 도로의 신설, 개축 및 수선에 관한 공사와 그 유지는 법률에 특별한 규정이 없는 한 당해 도로의 관리청이 이를 행하도록 되어 있고(제24조), 도로에 관한 비용도 법률에 특별한 규정이 없는 한 관리청이 속하는 지방자치단체가 부담하는 것으로 되어 있다(제56조). 다만 상급관청은 특히 필요하다고 인정할 때에 대통령령이 정하는 바에 의하여 관계행정청이 관리하는 도로공사를 대행할 수 있는데(제27조 제1항), 위 공사의 대행에 의하여 도로관리청이 변경되는 것이 아니고 상급관청이 관리청의 권한 중의 일부를 대행하는 것에 불과하다(도로법 제37조, 도로법시행령 제22조). 또한 원래 광역시가 점유·관리하던 일반국도 중 일부 구간의 포장공사를 건설교통부 국토관리청이 시행하고 이를 준공한 후 광역시에 이관하려 하였으나 서류의 미비 기타의 사유로 이관이 이루어지지 않고 있던 중 도로의 관리상의 하자로 인한 교통사고가 발생하였다면 광역시와 국가가 함께 그 도로의 점유자 및 관리자로서 손해배상책임을 부담한다"고 하면서 "피고가 포장공사를 대행하여 원고에게 이 사건 도로의 관리를 이관하기 전에 교통사고가 발생한 이 사건에 있어서는, 원고는 이 사건 도로의 점유자 및 관리자, 도로법 제56조, 제55조, 도로법시행령 제30조에 의한 도로관리비용 등의 부담자로서의 책임이 있고, 피고는 이 사건 도로의 점유자 및 관리자, 관리사무귀속자, 포장공사비용 부담자로서의 책임이 있다고 할 것이며, 이와 같이 원고와 피고 모두가 도로의 점유자 및 관리자, 비용부담자로서의 책임을 중첩적으로 지는 경우에는, 원고와 피고 모두가 국가배상법 제6조 제2항 소정의 궁극적으로 손해를 배상할 책임이 있는 자라고 할 것이고, 결국 원고와 피고의 내부적인 부담 부분은, 이 사건 도로의 인계·인수 경위, 이 사건 사고의 발생경위, 원·피고의 이 사건 도로에 관한 분담비용 등 제반 사정을 종합하여 결정함이 상당하다"라고 판시하였다(대판 1998.7.10. 96다42819).

결국 이 사건에서 판례는 국가와 광주광역시는 모두 공물관리자와 비용부담자로서 배상책임이 있고 최종적 배상책임자에 해당하므로 광주광역시가 대외적으로 배상책임을 이행하였다면 합리적인 기준에 따라 국가에 대하여 구상권을 행사할 수 있다고 보고 있다.

(3) 마지막으로 국가하천의 관리상 하자로 인한 손해가 문제된 사건에서, 판례는 "국가하천의 유지 · 보수 사무가 지방자치단체의 장에게 위임된 경우, 지방자치단체의 장은 국가기관의 지위에서 그 사무를 처리하는 것이므로, 국가는 국가배상법 제5조 제1항에 따라 영조물의 설치 · 관리 사무의 귀속주체로서 국가하천의 관리상 하자로 인한 손해를 배상하여야 한다. 국가가 국가하천의 유지 · 보수비용의 일부를 해당 시 · 도에 보조금으로 지급하였다면, 국가와 해당 시 · 도는 각각 국가배상법 제6조 제1항에 규정된 영조물의 설치 · 관리 비용을 부담하는 자로서 손해를 배상할 책임이 있다. 이와 같이 국가가 사무의 귀속주체 및 보조금 지급을 통한 실질적 비용부담자로서, 해당 시 · 도가 구 하천법 제59조 단서에 따른 법령상 비용부담자로서 각각 책임을 중첩적으로 지는 경우에는 국가와 해당 시 · 도 모두가 국가배상법 제6조 제2항 소정의 궁극적으로 손해를 배상할 책임이 있는 자에 해당한다"라고 하면서 "원심은, 2008.5.12. 전북 순창읍 유등면에 있는 섬진강의 지류 하천(이하 '이 사건 하천'이라고 한다)에서 발생한 망 소외인의 사망사고와 관련하여 이 사건 하천은 국가하천으로서 전라북도지사에게 그 하천의 유지 · 보수 등 관리업무가 위임된 사실, 원고는 2007년부터 2008년까지 피고 전라북도에게 국가하천의 유지 · 보수를 위하여 연평균 약 6억 원의 보조금을 지급하였고, 피고 전라북도는 2008년 국가하천에서 약 5억 2,200만 원의 수입금을 얻어 이를 국가하천의 유지 · 보수에 사용한 사실을 인정한 다음, 원고는 이 사건 하천의 관리주체 및 비용부담자로서, 피고 전라북도는 이 사건 하천의 관리에 대한 비용부담자로서 이 사건 하천의 관리상 하자로 인한 손해배상책임을 부담하고, 나아가 내부적 구상관계에서 원고와 피고 전라북도는 모두 궁극적 배상책임이 있다고 판단하였다. 원심판결 이유를 앞서 본 법리와 기록에 비추어 살펴보면, 원심의 위와 같은 판단은 정당하고, 거기에 하천 관리사무의 귀속주체 및 비용부담자에 관한 법리 또는 국가배상법 제6조 제2항의 내부적 배상책임자에 관한 법리를 오해하거나 필요한 심리를 다하지 아니하는 등의 잘못이 없다. 그리고 피고 전라북도가 상고이유에서 들고 있는 대법원판결들은 피고 전라북도의 주장처럼 사무의 귀속주체에 해당하여야만 내부관계에서 국가배상법 제6조 제2항에 규정된 종국적인 배상책임자가 된다는 취지가 아니다"라고 판시하였다(대판 2015.4.23. 2013다211834).

또한 위 2013다211834 판결은 "불법행위에 경합된 당사자들의 과실 정도에 관한 사실인정이나 그 비율을 정하는 것은 그것이 형평의 원칙에 비추어 현저하게 불합리하다고 인정되지 않는 한 사실심의 전권사항에 속한다 … 기록에 나타난 여러 사정들을 고려하여 볼 때, 원심이 원고와 피고 전라북도의 책임비율을 각 25%로 정한 조치가 형평의 원칙에 비추어 현저하게 불합리하다고 인정되지 않으므로 이 점을 다투는 상고이유 주장들은 받아들이지 아니한다"라고 판시하였다.

이 사건에서 판례는 국가는 공물관리자이자 비용부담자로서, 전라북도는 비용부담자로서 배상책임이 있고 모두 종국적 배상책임자에 해당하며, 국가가 대외적으로 배상책임을 이행하였다면 책임비율에 따라 전라북도에 대하여 구상권을 행사할 수 있다고 보고 있다.

(4) 앞서 본 사건들을 통하여 분명해지는 사실은 공물의 관리자뿐만 아니라 이에 대한 보수비용을 부담하는 자와 공물관리자에게 봉급을 부담하는 자도 비용부담자로서의 배상책임이 있다는 것이다. 다만 판례는 비용부담자도 배상책임이 있다는 원칙을 확인한 것일 뿐 최종적 배상책임에 관한 구체적인 기준을 제시하고 있지는 못하다. 따라서 판례가 두 번째 사건에서 나름대로 언급한 "이 사건 도로의 인계 · 인수 경위, 이 사건 사고의 발생 경위, 원 · 피고의 이 사건 도로에 관한 분담비용 등 제반 사정" 등을 바탕으로 비용부담자가 부담하는 최종적 배상책임의 구체적인 기준을 마련하는 노력이 있어야 할 것이다. 이와 관련하여 중요한 것은 첫째, 비용부담자의 배상책임은 어디까지나 부수적인 배상책임이므로 공물의 관리자보다 그 액수나 범위에 있어서 더 많은 배상책임을 질 수 없다는 원칙이 도출될 수 있다. 둘째, 또 하나의 기준으로는 전체배상액에서 도로의 포장비용 또는 공무원의 봉급이 차지하는 비율만큼 비용부담자의 부담 부분을 산출할 수 있을 것이다.

2. 배상책임의 범위와 액수

영조물의 하자로 인한 손해배상은 하자와 상당인과관계가 인정되는 모든 손해이다. 그러므로 이러한 손해에는 공무원의 불법행위로 인한 손해와 같이 생명 · 신체 · 재산 · 정신적인 손해가 포함된다. 손해배상의 구체적인 액수와 산정기준에 대하여 국가배상법 제5조 제1항은 제3조와 제3조의2를 준용하고 있으므로 이는 공무원의 직무상 불법행위의 경우에 준한다.

3. 구상권

영조물의 하자로 인하여 배상을 한 주체는 두 가지 경로를 통하여 구상권을 행사할 수 있다. 우선 공물관리자와 비용부담자가 서로 다른 경우에 손해를 배상한 자는 내부관계에서 그 손해를 배상할 책임이 있는 자에게 구상할 수 있다(국가배상법 제6조 제2항). 이와는 별도로 공공의 영조물상 하자로 인하여 손해를 발생시킨 데 대한 원인을 제공한 자가 있는 경우에는 국가 등이 배상을 한 후 그 원인에 대하여 따로 책임질 자에 대하여 구상할 수 있다(제5조 제2항).

Ⅳ. 국가배상청구의 절차 - 결정전치주의의 폐지

1. 결정전치주의의 의의

국가배상법은 1967년부터 국가배상청구소송에서 이른바 결정전치주의를 채택하고 있었다. 그러나 개정된 국가배상법 제9조는 "이 법에 따른 손해배상의 소송은 배상심의회(이하 "심의회"라 한다)에 배상신청을 하지 아니하고도 제기할 수 있다"라고 규정하여 결정전치주의를 폐지하고 이를 임의적인 절차로 변경하였다.

다른 모든 준사법적 전치주의가 그러하듯이 결정전치주의도 국가배상소송사건을 법원이 심리판결하기 이전에 시간과 비용을 절약하여 신속하고 효과적인 피해구제의 목적으로 도입된 것이다. 그러나 이 제도가 법이 의도한 목적을 달성하기 위해서는 몇 가지 전제조건이 충족되어야 하는데, 그것은 배상심의회 심의절차의 준사법화, 심의회 구성과 운영의 적정성 내지 공정성 보장 등이다. 그러나 국가배상법의 결정전치주의는 결과적으로 이러한 전제조건을 제대로 충족시키지 못하여 본래의 기능을 수행하지 못하였고 소송 전 필요적 전심절차로서 부당히 소송만을 지연시키는 역기능이 지적되어 온 것이 사실이다.

더욱이 구 국가배상법은 제16조에서 "심의회의 배상결정은 신청인이 동의하거나 지방자치단체가 배상금을 지급한 때에는 민사소송법의 규정에 의한 재판상의 화해가 성립된 것으로 본다"라고 규정하여 배상결정에 확정판결과 동일한 효력을 인정함으로써 피해자의 재판청구권 행사를 부당히 제약한다는 비판이 꾸준히 제기되었다. 급기야 헌법재판소는 1995년 5월 25일 구 국가배상법 제16조에 대하여 위헌결정을 내림으로써 국가배상법의 결정전치주의 전반에 대하여 강한 위헌성을 이미 지적하였다(헌재결 1995.5.25. 91헌가7).

2. 배상심의회 및 그 권한

국가배상법은 국가배상청구사건의 전심절차를 담당할 기관으로 배상심의회를 설치하였다. 즉 국가 또는 지방자치단체에 대한 배상신청사건을 심의하기 위하여 법무부에 본부심의회를 두며, 군인이나 군무원이 타인에게 입힌 손해에 대한 배상신청사건을 심의하기 위하여 국방부에 특별심의회를 둔다(제10조 제1항).

또한 본부심의회와 특별심의회는 대통령령으로 정하는 바에 따라 지구심의회를 둔다(제10조 제2항). 본부심의회와 특별심의회의 권한으로는 지구심의회로부터 송부받은 사건, 재심신청사건, 그 밖에 법령에 따라 그 소관에 속하는 사항을 심의 · 처리하며(제11조 제1항), 지구심의회는 그 관할에 속하는 국가나 지방자치단체에 대한 배상신청사건을 심의 · 처리한다(제2항).

3. 배상신청 및 결정절차

1) 배상신청

배상금 지급절차는 배상금을 지급받으려는 자가 지구심의회에 배상신청을 하여 개시된다(제12조 제1항). 다만 지구심의회는 배상금의 개산액이 대통령령으로 정하는 금액 이상인 사건이거나 그 밖에 대통령령으로 본부심의회나 특별심의회에서 심의·결정하도록 한 사건은 본부심의회나 특별심의회에 사건을 송부하여야 한다(제13조 제6항).

2) 심의·결정 및 결정서의 송달

지구심의회가 배상금의 지급신청을 받은 경우에는 지체없이 증인신문·감정·검증 등 증거조사를 한 후 그 심의를 거쳐 4주일 이내에 배상결정(배상금 지급결정, 기각결정, 각하결정)을 하여야 한다(제13조 제1항). 또한 심의회가 배상결정을 한 때에는 그 결정을 한 날부터 1주일 이내에 그 결정정본을 신청인에게 송달하여야 한다(제14조 제1항).

3) 배상금 지급

이렇게 하여 배상금의 지급결정서를 송달받은 신청인은 그 결정에 대한 동의서를 첨부하여 국가나 지방자치단체에 배상금 지급을 청구하여야 한다(제15조 제1항). 만약 배상금 지급결정을 받은 신청인이 배상금 지급을 청구하지 않거나 지방자치단체가 대통령령으로 정하는 기간 내에 배상금을 지급하지 아니하면 그 결정에 동의하지 아니한 것으로 본다(제3항).

제 2 장
행정상 손실보상제도

제 1 절 행정상 손실보상의 제도적 의의

I. 손실보상의 개념

행정상 손실보상제도는 국가배상제도와는 달리 공공의 필요에 의하여 적법하게 침해된 개인의 재산권이 재산권 주체에게 특별한 희생을 의미하는 경우 공평부담의 견지에서 조절적인 보상을 실시하는 제도이다. 이러한 의미에서 손실보상제도는 위법한 공권력작용으로 인한 손해를 배상하는 국가배상제도와는 구별된다. 그러나 양제도는 침해된 개인의 권리를 금전적인 배상 · 보상을 통하여 구제하는 손해전보제도의 근간을 형성한다.

II. 사회국가와 법치국가의 가교로서의 행정상 손실보상제도

1. 사회국가원리 실현을 위한 공용침해행위의 불가피성

오늘날 국가는 전체 국민의 복지수준과 국가경쟁력 제고를 위하여 각종의 다양한 사회기반시설을 설치하고 운영하기 위해서 토지의 취득이 불가피하다. 이를 위하여 국가는 토지소유자 등과의 협의를 통한 취득이 원만하게 이루어지지 않는 경우에 당해 토지를 수용하게 되는데, 이는 개인의 재산권에 대하여 이루어지는 보다 직접적인 공용침해행위이다. 그러나 최근에 이루어지는 개인의 토지재산권에 대한 국가 등의 공용침해행위는 수용행위에 그치지 아니하고 공익시설의 설치를 위해서 타인의 토지에 출입하거나 일시적 · 계속적 사용, 지하사용 등의 공용사용의 형태를 띠기도 한다.

공용수용행위 및 공용사용행위와 더불어 최근에는 환경보호나 수자원보호, 군사적 필요가 인정되는 경우에는 토지소유자 등의 재산권 사용행위를 제한하는 경우도 있다. 이렇듯 현대 국가는 공공의 복리를 달성하고 사회 전체의 이익을 실현하기 위하여 개인의 재산권에 대한 다양한 공용침해행위를 하게 되는데, 이는 헌법상 사회국가원리 및 이에 따르는 국가적 과제실천의 의미에서 불가피한 것이다.

2. 법치국가원리에 의한 국가의 보상의무

그러나 헌법상 사회국가원리는 공용침해행위를 위하여 국가에 법적 제한이 전혀 따르지 않는 전권을 인정하는 것은 아니며, 개인의 재산권 등 기본권보장원리를 비롯한 법치주의원리에 의한 제약을 받는다. 다시 말해서 공공의 복리를 실현하기 위하여 개인의 재산권에 대한 침해가 불가피하다면 그로 인한 개인의 재산적 희생을 법치국가원리에 의하여 정당하게 보상하여야 하는 것이다.

이러한 의미에서 우리 헌법도 제23조 제3항을 통하여 "공공필요에 의한 재산권의 수용·사용 또는 제한 및 그에 대한 보상은 법률로써 하되, 정당한 보상을 지급하여야 한다"라고 규정하여, 국가는 재산권에 대한 공용침해로 손실을 입은 개인에게 법률이 정하는 바에 의하여 정당한 보상을 시행하여야 함을 명시하고 있다. 이렇게 볼 때 헌법 제23조 제3항에 의한 손실보상제도는 헌법상 사회국가원리에 의한 적극적 국가활동과 그로 인한 개인의 권리침해를 법치국가원리로 조절하는 가교로서의 역할을 한다고 볼 수 있다.

Ⅲ. 손실보상제도와 관련된 최근의 문제제기

1. 공용침해행위의 다양성

그런데 공용침해와 손실보상의 법제도는 근래에 이르러 이론적·실제적으로 상당한 변화를 경험하고 있다. 구체적인 예를 들자면, 공용침해의 모든 요건을 갖추고 있고 객관적으로 보아도 개인에게 특별한 재산적 손실이 발생하였음에도 불구하고 공용침해를 허용하는 법률이 손실보상에 대한 규정을 외면하는 경우가 있다. 또한 전통적인 의미에서 재산권에 대한 의도적이며 고권적인 침해행위는 아니지만 공공의 필요에 의하여 공공시설을 운영하는 과정에서 의도하지 않은 부수적 결과로서 재산권의 침해행위가 이루어지는 경우도 있다.

전자의 예로는 우리나라에서 일반화된 국토계획법과 개발제한구역법에 따른 개발제한구역의 설정행위를 들 수 있으며, 후자의 경우는 폐기물처리시설과 같이 공공시설을 적법하게 운영하는 과정에서 부수적으로 발생하는 환경피해가 주변지역 주민들의 재산권침해로 이어지는 때이다. 따라서 공용침해와 그로 인한 손실보상제도는 보상규정을 결한 위헌 · 위법한 침해행위까지 손실보상을 인정할 필요성이 증대되고 있다. 이와 동시에 전통적인 공용침해의 개념을 의도되지 않은 부수적 재산권 침해에까지 확대하여 이에 대한 해결책을 제시하여야 하는 과제를 안게 되었다.

2. 손실보상을 위한 판례이론과 입법정책적 과제

위와 같은 문제를 해결하기 위하여 독일에서 오래 전부터 판례이론으로 정착된 수용유사적 침해(enteignungsgleicher Eingriff)와 수용적 침해(enteignender Eingriff) 이론은 우리에게도 시사하는 바가 크다. 이러한 독일의 판례이론이 우리나라의 경우에도 적용가능성이 있는지 여부를 둘러싸고 학자들간에 다양한 견해가 제시되고 있다.

위의 이론들이 독일적인 토양에서 생성되어 발전해 온 것은 주지의 사실이다. 그러나 위의 이론에 대한 학문적인 논의는 공용침해 및 손실보상에 관한 유사한 법적 구조를 취하는 우리나라에서도 현실적으로 벌어질 수 있는 법적 문제의 해결을 위한 관심사를 반영하는 것이기도 하다. 그러나 이러한 판례이론을 받아들인다 하더라도 이는 하나의 “판례이론”에 불과한 것이므로 사안에 따라서 그 적용의 결과가 달라질 수 있는 가능성은 얼마든지 존재한다.

행정상 손실보상에 있어서 국가의 공용침해행위와 그 결과에 따라 개인에게 특별한 희생이 발생하는가 하는 가치판단의 문제는 입법자가 결정하는 것이 원칙이다. 그러므로 현실적으로 반복하여 발생하는 보상문제에 입법적 흠결이 있다면 이는 최종적으로 필요한 입법적 보완을 통하여 해결하는 것이 더 근본적인 방법이다.

이미 언급한 대로 헌법상 사회국가원리의 규범적 수신인(Normadressat)으로서의 입법자는 국가의 활동증대에 따라 불가피하게 발생하는 개인의 희생을 조절적으로 보상하여 사회국가원리와 법치국가원리를 적절히 조화하는 지위에 있다. 그러므로 전반적으로 손실보상의 문제는 입법정책적인 측면이 강하게 부각되는 분야라고 할 수 있다.

예를 들어, 예방접종으로 발생한 피해에 대하여 손실보상을 인정하는 감염병예방법의 규정을 들 수 있다. 감염병예방법 제71조 제1항은 예방접종으로 인하여 질병에 걸리거나 장애인이 되거나 사망하는 경우에는 대통령령으로 정하는 바에 의하여 진료비, 일시보상금, 장제비 등의 손실보상을 지급할 것을 규정하고 있다. 또 같은 조 제2항에서는 예방접종으로 인한 생명, 신체상의 권리침해에는 예방접종행위자의 과실 유무를 묻지 아니하고 예방접종으로 인한 권리침해만을 보상의 요건으로 규정하고 있다.

제2절 공용침해와 손실보상의 법적 근거에 대한 이론적 분석

Ⅰ. 헌법 제23조 제3항에 의한 법률적 보상의 의미

우리 헌법은 제23조 제3항에서 "공공필요에 의한 재산권의 수용 · 사용 또는 제한 및 그에 대한 보상은 법률로써 하되, 정당한 보상을 지급하여야 한다"고 하여 공공필요에 의한 국민의 재산권 침해행위에는 법률적 근거를 요구하고 있다. 이 규정은 공익의 실현을 위한 개인의 재산권 침해행위는 국회가 제정한 법률을 통하거나 이를 근거로 이루어진다는 법치국가의 일반적인 법률유보의 원칙을 선언한 것이다.

따라서 공용침해를 규정하는 법률은 공용침해를 통하여 수행하는 당해 공익사업과 그 목적, 공용침해의 요건, 절차 등을 법률에 명시하여야 한다. 개인의 재산권에 대한 공용침해행위에 요구되는 법적 근거는 법률유보의 최소한인 침해유보설의 입장에서도 당연한 결과이기 때문에 단순히 법적 근거를 요한다는 법률유보의 형식적 차원을 넘어서서 입법자는 개인의 실질적 기본권을 보호하기 위하여 법적 규율의 밀도(Regelungsdichte)도 신중히 고려하여야 한다. 그러므로 공용침해를 통한 개인의 재산권 침해의 정도가 클수록, 침해행위의 정도가 심할수록 그에 상응하여 법률상 공용침해의 요건이 엄격하게 규정되고 본질사항유보의 입장이 철저히 관철되어야 한다.

Ⅱ. 헌법 제23조 제3항과 제37조 제2항의 관계

이상에서 본 바와 같이 헌법 제23조 제3항이 공용침해를 통한 개인의 재산권 제한에는 법치국가원리상 법률유보의 원칙이 적용된다는 기본권 제한의 법리를 선언했다면, 헌법 제37조 제2항과는 어떠한 관계에 있는지 의문이 제기된다. 우리 헌법은 제37조 제2항에서 재산권뿐 아니라 모든 국민의 자유와 권리를 법률에 의한 제한의 대상으로 하고 있으므로 이 역시 기본권 제한에 대한 일반적인 법률유보의 원칙을 선언한 것이다. 그러므로 재산권에 국한하여 공용침해를 허용하는 헌법 제23조 제3항은 제37조 제2항 이상의 의미를 갖는 것으로서 공용침해를 통한 기본권의 제한에 우선적으로 적용되는 특별규정이라고 할 것이다.

다시 말하면 헌법 제23조 제3항에 따른 공용침해 허용의 요건인 "공공의 필요"는 헌법 제37조 제2항에 의한 기본권 제한입법의 요건인 "국가안전보장 · 질서유지 또는 공공복리"보다 협의의 개념이다. 따라서 공용침해를 통한 재산권의 제한은 "국가안전보장 · 질서유지 또는 공공복리"라는 일반 · 추상적인 기본권 제한의 요건만으로는 가능하지 않으며 "공공의 필요"라는 공용침해의 특유한 정당화 근거에 의하여만 허용될 수 있는 것이다.

Ⅲ. 손실보상의 법적 근거

1. 침해와 보상에 관한 법률유보의 원칙

우리 헌법은 공용침해와 더불어 손실보상에 관한 문제도 법치국가원리에 의하여 법적 근거를 요구하고 있다. 바꾸어 말하자면 공용침해는 오직 보상을 전제로 하여 허용되는 것이므로 보상의무는 공용침해의 헌법적 요건이라고 말할 수 있다. 그러나 보상의무가 공용침해의 헌법상 요건이라 하더라도 우리 헌법은 손실보상의 요건과 내용 그리고 지급절차에 관련된 제반문제를 입법자의 구체적인 입법작용에 유보하고 있다. 그러므로 손실보상에 관한 본질적인 문제를 구체화하는 임무는 입법자인 국회의 과제이며, 행정부와 사법부는 손실보상에 관한 입법부의 결정에 따라 이를 집행하며 법을 해석할 뿐이다.

결론적으로 공용침해를 허용하는 법률은 동시에 이에 상응하는 손실을 보상하는 법적 근거를 마련하되, 손실보상에 대한 구체적인 문제는 사회적 형평성이 유지되는 범위 안에서 입법자에 의하여 결정된다.

2. 이른바 절대적 불가분조항

이렇게 본다면 독일과 우리나라에서 논란의 대상이 되고 있는 손실보상의 요건으로서 특별한 희생과 재산권의 사회적 기속성의 구별기준에 관련되는 문제는 근본적으로 재검토되어야 한다. 바꾸어 말하자면 국가가 공공필요에 의하여 특정한 개인의 재산권에 가하는 의식적인 공용침해행위는 원칙적으로 당해인에게 특별한 희생을 발생시키는 것이다.

공공복리달성을 위하여 개인의 재산권에 가해지는 의도적인 공용침해행위에는 반드시 손실보상의 법적 근거가 필요하며(이른바 절대적 불가분조항), 다만 손실보상의 내용에 관한 구체화 단계에서 평등원칙에 기속된 입법권자의 제한된 형성의 자유가 존재할 뿐이다.

3. 손실보상의 법적 근거에 대한 학설의 입장

1) 개 관

그렇다면 공용침해와 손실보상간의 절대적 불가분관계에도 불구하고 공용침해를 수반하는 법규가 보상규정을 결여하고 있다면 이 문제는 어떻게 해결하여야 하는가?

이 문제의 해결을 위하여 우리나라에서는 위헌무효설, 직접적 효력설, 유추적용설 등이, 독일에서는 연방최고법원(Bundesgericgtshof)의 이른바 수용유사적 침해이론이 제시되고 있다.

2) 위헌무효설

위헌무효설 또는 입법자에 대한 직접적 효력설로 불리는 이론은 공용침해를 수반하는 법률이 보상규정을 결여하고 있다면 이는 위헌무효이지만 보상규정이 결여되므로 이에 대한 손실보상을 청구할 수 없다. 그러므로 피해자 개인은 위헌무효인 법률로 인하여 위법한 공용침해행위가 행해진 것이므로 국가 등을 상대로 손해의 배상을 청구할 수 있다는 것이다.

그러나 위헌무효설은 법률이 보상규정을 두지 않은 것 자체를 위헌적 입법부작위로 보아 국가배상을 청구할 수 있다는 것인지, 아니면 그 위헌적 법률에 의하여 이루어진 집행행위를 대상으로 하는 것인지 분명하지 않다는 비판이 가해진다. 다시 말해서 전자의 경우 입법자의 고의 또는 과실을 입증하는 문제와 후자의 경우 위헌결정이 내려지기 이전에 이를 집행한 공무원에게 과실이 있는가를 밝히는 것은 결코 용이하지 않기 때문이다.

3) 직접적 효력설

(국민에 대한) 직접적 효력설은 공용침해를 허용하는 법률이 이에 따르는 손실보상규정을 결여하는 경우에는 헌법 제23조 제3항 자체가 손실보상의 법적 근거가 될 수 있다는 것이다. 이 견해에 의하면 헌법이 사유재산제도를 보장하는 취지에서 손실보상청구권은 직접 헌법에 의하여 발생하고 있는 것으로 보며, 다만 "보상은 법률로써 하되, 정당한 보상을 지급하여야 한다"는 규정은 손실보상의 구체적 요건과 내용, 절차 등이 법률로써 정해지는 것으로 본다.

그러나 직접효력설의 경우에도 법률에 보상규정이 없는 경우 이러한 헌법규정을 근거로 법원에 보상청구를 하였을 때 법원이 이를 어떻게 판단할 것인가 하는 문제가 여전히 남는다. 다시 말해서 헌법이 손실보상의 구체적인 요건과 내용을 전적으로 법률에 명시적으로 유보하였기 때문에 법원이 손실보상청구에 대한 인용판결을 할 수 있는 여지는 현실적으로 매우 좁다.

4) 유추적용설(간접적용설)

유추적용설 혹은 간접적 효력설은 공용침해를 수반하는 법률이 손실보상에 관한 규정을 두지 않고 있는 경우에는 헌법 제23조 제1항의 재산권보장규범, 헌법 제11조의 평등권, 헌법 제23조 제3항 및 당해 법규의 손실보상규정 등 관련법규의 손실보상

규정을 유추적용하여 손실보상을 인정할 수 있다고 보는 견해이다.

유추적용설에 대해서는 보상의 구체적인 기준과 방법에 대한 법규가 없는데도 불구하고 현실적으로 어떠한 기준과 방법에 의한 보상을 청구할 수 있는지 구체적인 해답이 없다. 가령 법원이 유추적용에 의한 보상청구를 인정하려 하여도 앞서 언급한 직접적 적용설에서 언급된 현실적인 문제점들이 남아 있다.

우리 대법원은 한때 국유화된 제외지의 소유자에 대하여 손실보상규정이 없다고 하더라도 하천법 제47조의 법리를 유추적용하여 손실보상을 인정하여야 한다는 판례를 남겨 유추적용설의 단서를 열어주기도 하였다. 즉 판례는 "하천법(1971.1.19 법률 제2292호로 개정된 것) 제2조 제1항 제2호, 제3조에 의하면 제외지는 하천구역에 속하는 토지로서 법률의 규정에 의하여 당연히 그 소유권이 국가에 귀속된다고 할 것인바 한편 동법에서는 위 법의 시행으로 인하여 국유화가 된 제외지의 소유자에 대하여 그 손실을 보상한다는 직접적인 보상규정을 둔 바가 없으나 동법 제74조의 손실보상요건에 관한 규정은 보상사유를 제한적으로 열거한 것이라기 보다는 예시적로 열거하고 있으므로 국유로 된 제외지의 소유자에 대하여는 위 법조를 유추적용하여 관리청은 그 손실을 보상하여야 한다"라고 판시하였다(대판 1987.7.21. 84누126).

최근 대법원은 공공사업의 대상이 된 토지 밖에서 발생한 간접손실에 대하여 그 보상에 관한 명문이 법령에 없는 경우에 있어 관계법령의 유추적용을 긍정하고 있다. 대표적인 것으로서는 다음의 판례가 있다. "간접손실에 관하여 그 피해자와 사업시행자 사이에 협의가 이루어지지 아니하고, 그 보상에 관한 명문의 근거 법령이 없는 경우라고 하더라도, 헌법 제23조 제3항은 "공공필요에 의한 재산권의 수용 · 사용 또는 제한 및 그에 대한 보상은 법률로써 하되, 정당한 보상을 지급하여야 한다."고 규정하고 있고, 이에 따라 국민의 재산권을 침해하는 행위 그 자체는 반드시 형식적 법률에 근거하여야 하며, 토지수용법 등의 개별 법률에서 공익사업에 필요한 재산권 침해의 근거와 아울러 그로 인한 손실보상 규정을 두고 있는 점, 공특법 제3조 제1항은 "공공사업을 위한 토지 등의 취득 또는 사용으로 인하여 토지 등의 소유자가 입은 손실은 사업시행자가 이를 보상하여야 한다."고 규정하고, 그 시행규칙 제23조의2 내지 7에서 공공사업시행지구 밖에 위치한 영업과 공작물 등에 대한 간접손실에 대하여도 일정한 조건하에서 이를 보상하도록 규정하고 있는 점에 비추어, 공공사업의 시행으로 인하여 그러한 손실이 발생하리라는 것을 쉽게 예견할 수 있고, 그 손실의 범위도 구체적으로 이를 특정할 수 있는 경우라면, 그 손실의 보상에 관하여 공특법시행규칙의 관련 규정 등을 유추적용할 수 있다고 해석함이 상당하다"라고 하면서 "이러한 간접손실은 사법상의 권리인 영업권 등에 대한 손실을 본질적 내용으로 하고 있는 것으로서 그 보상청구권은 공법상의 권리가 아니라 사법상의 권리이고, 그 보상금의 결정 방법, 불복절차 등에 관하여 아무런 규정도 마련되어 있지 아니하므로, 그 보상을 청구하려는 자는 사업시행자가 보상청구를 거부하거나 보상금액을 결정한 경우라도 이에 대하여 행정소송을 제기할 것이 아니라, 사업시행자를 상대로 민사소송으로 직접 손실보상금 지급청구를 하여야 할 것이다"라고 판시하였다(대판 1999.6.11. 97다56150).

이와 유사한 판례로는 "비관리청인 행정기관 등이 하천법 제30조의 규정에 의한 하천공사허가를 받아 시행한 하천공사로 인하여 손실을 받은 자는 같은 법 제74조 제2항을 유추적용하여 손실보상을 청구할 권리가 있다고 할 것이다"라고 판시한 것이 있다(대판 2006.4.28. 2004두12278).

5) 수용유사적 침해이론

독일에서 오랫동안 판례법이론으로 발전해 온 수용유사적 침해이론은 공용침해의 모든 요건이 충족되었음에도 불구하고 보상규정이 결여되는 경우 그 법률은 위헌무효이며, 적법한 공용침해에 손실보상을 인정한다면 위헌 · 위법한 공용침해행위에 대해서는 당연히 손실보상이 이루어져야 한다는 것이다. 수용유사적 침해이론은 상당한 기간 변화를 겪으면서 위법 · 무책의 국가작용뿐 아니라 국가배상의 대상이 되는 위법 · 유책의 행위에까지 그 적용범위를 넓혀 나갔다.

그러나 1981년 독일연방헌법재판소의 이른바 자갈채취사건 이후 수용유사적 침해이론은 내용상의 수정을 거치면서 손실보상의 법적 근거를 헌법의 재산권보장규범에서 분리하여 하나의 관습법상 제도로 정착시키고 있다. 연방헌법재판소의 자갈채취사건(Naßauskiesungsbeschluß)의 의의는 그간 연방최고법원에 의하여 확대일로를 걷고 있던 공용침해의 개념을 고전적 의미로 되돌려 놓음과 동시에 공용침해와 재산권의 내용과 한계의 구별, 권리구제에 있어서 행정쟁송을 통한 존속보호의 우월성, 행정쟁송과 손실보상간의 선택적 청구의 부인을 통하여 수용적 침해이론에 제동을 걸었다는 점이다. 이에 대하여는 수용유사적 침해이론에서 상세히 언급한다.

6) 유추적용설에 따르는 대법원 판례에 대한 평가

(1) 손실보상금에 관한 사건에서, 판례는 "도시계획법 제21조의 규정에 의하여 개발제한구역 안에 있는 토지의 소유자는 재산상의 권리행사에 많은 제한을 받게 되고 그 한도 내에서 일반 토지소유자에 비하여 불이익을 받게 됨은 명백하지만, '도시의 무질서한 확산을 방지하고 도시주변의 자연환경을 보전하여 도시민의 건전한 생활환경을 확보하기 위하여 또는 국방부장관의 요청이 있어 보안상 도시의 개발을 제한할 필요가 있다고 인정되는 때'(도시계획법 제21조 제1항)에 한하여 가하여지는 위와 같은 제한으로 인한 토지소유자의 불이익은 공공의 복리를 위하여 감수하지 아니하면 안 될 정도의 것이라고 인정되므로, 이에 대하여 손실보상의 규정을 두지 아니하였다

하여 도시계획법 제21조의 규정을 헌법 제23조 제3항, 제11조 제1항 및 제37조 제2항에 위배되는 것으로 볼 수 없다"라고 판시하였다(대판 1996.6.28. 94다54511).

그런데 이와 같은 대법원 판결은 개인의 재산권에 대한 공용침해행위가 있는 경우에 이것이 일정한 한도에 이르기까지는 이른바 헌법 제23조 제1항 제2문에 규정된 재산권의 내용과 한계 또는 제2항의 재산권의 공공복리적합성이라는 한도 내에 있는 것이므로 재산권 주체에게 아직은 특별한 희생을 의미하는 것은 아니기 때문에 헌법 제23조 제3항의 문제로 전환되지 않는 상태로 머물며, 따라서 손실보상이 행하여지지 않는다고 하여도 이것이 재산권 주체의 평등권을 침해하는 것도 아니라는 것이다. 결국 위 판결은 대법원이 개발제한구역의 지정행위가 아직은 헌법 제23조 제1항 제2문의 재산권의 내용과 한계규정 및 제2항의 공공복리적합성의 문제에 불과하다는 인식을 가지고 있다는 평가가 가능하다.

따라서 만약 예외적으로 행정청의 허가를 받는 경우에는 일정한 범위의 개발행위가 허용되는 현행법상의 개발제한구역의 설정행위를 넘어서서 예외없이 일체의 개발행위를 금지하는 '개발금지구역'이라는 제도가 새로 도입되고 여기에 손실보상이 인정되지 않는다고 가정하자. 이 경우에는 아마도 가칭 '개발금지구역'의 설정행위가 헌법 제23조 제1항 제2문이나 제2항을 훨씬 넘어서는 것이 되기 때문에 대법원은 이러한 공용침해행위가 헌법 제23조 제3항의 문제로 전환된다는 견해를 갖게 될 것이고, 자연스럽게 위에서 제시된 유추적용설이나 수용유사적 침해이론 등 손실보상을 위한 이론의 모색에 나설 것이 분명해 보인다.

다시 말하자면 공용침해행위가 처음에는 재산권의 내용과 한계, 공공복리적합성을 구체화하는 것으로 보였으나 결과적으로 재산권 주체의 이러한 수인한도를 넘어서서 특별한 재산적 희생을 의미하는 단계로 접어들면 이제 제23조 제3항의 문제로 전환된다는 것이다. 연속성설이 오늘날 경계이론으로 불리기도 하는 이유가 바로 여기에 있다. 종래 행정법 문헌에서 이러한 재산권의 내용과 한계, 공공복리적합성과 특별한 희생을 구별하는 기준으로서 제시된 기대가능성설, 목적위배설, 상황구속성설 등의 이론들도 결국 헌법 제23조 제1항 제2문, 제2항, 제3항의 상호관계를 이러한 연속성설 또는 경계이론에 바탕을 둔 것이라고 할 수 있다.

그러나 이러한 연속성설 또는 경계이론이 가지고 있는 나름대로의 문제의식에도 불구하고 결정적인 오류를 가지고 있음을 간과할 수 없다. 위의 견해들은 공공의 필요에 의하여 특정인의 재산권에 의도적인 공용침해를 가하면서도 어느 정도의 침해행위까지는 이를 재산권 주체가 수인하여야 하는 재산권의 내용과 한계, 공공복리적합성의 문제로 보고 있다. 다시 말해서 위의 견해들은 공용침해가 가해지는 상황을 연속선상에서 보아 그중 어느 지점을 임의로 지정하여 그 이하는 재산권의 내용과 한계 내지 공공복리적합성의 문제이며 이를 초과하는 경우에만 손실보상이 주어지는 특별한 희생으로 본다는 것이다. 결국 이러한 경계의 설정이 매우 자의적이며 때로는 합리적 정당성이 결여되기도 한다. 사실상 이 사건에서 대법원은 손실보상이 필요한 시점에 대한 명확한 기준이나 근거를 제시하지 않고 '개발제한구역의 설정행위로 인하여 토지소유자가 입는 불이익은 공공의 복리달성을 위하여 감수하지 않으면 안 되는 정도의 것'에 불과하다는 견해만 되풀이하고 있다.

따라서 위에서 언급한 헌법 제23조 제1항 제2문, 제2항, 제3항의 관계 또는 그에 따르는 헌법해석론조차 제시하고 있지 못하다. "개발제한구역의 지정행위 정도는 공공복리를 위하여 재산권 주체가 참고 견뎌야 한다"는 논리는 법이론보다는 설법이나 교리에 가깝다는 느낌을 지울 수 없다.

(2) 손해배상 등 사건에서, 판례는 "행정주체의 행정행위를 신뢰하여 그에 따라 재산출연이나 비용지출 등의 행위를 한 자가 그 후에 공공필요에 의하여 수립된 적법한 행정계획으로 인하여 재산권행사가 제한되고 이로 인한 공공사업의 시행 결과 공공사업시행지구 밖에서 발생한 간접손실에 관하여 그 피해자와 사업시행자 사이에 협의가 이루어지지 아니하고, 그 보상에 관한 명문의 근거 법령이 없는 경우라고 하더라도, 헌법 제23조 제3항 및 토지수용법 등의 개별 법률의 규정, 공특법 제3조 제1항 및 공특법시행규칙 제23조의2 내지 7 등의 규정 취지에 비추어 보면, 공공사업의 시행으로 인하여 그러한 손실이 발생하리라는 것을 쉽게 예견할 수 있고, 그 손실의 범위도 구체적으로 이를 특정할 수 있는 경우에는 그 손실의 보상에 관하여 공특법시행규칙의 관련 규정 등을 유추적용할 수 있다"라고 판시하였다(대판 2004.9.23. 2004다25581).

이 사건에서 대법원은 피고가 가시설물 등에 대한 공용침해가 이루어진 경우 앞서 본 손실보상금 사건과는 달리 헌법 제23조 제3항의 문제로 이미 전환된 것이기 때문에 보상에 대한 법령의 근거가 없음에도 불구하고 보상을 위한 법리의 전개가 불가피함을 강조하고 있다. 결국 대법원은 그 해결의 방안으로 이른바 유추적용설을 언급하고 있다.

그러나 이미 지적한 바와 같이 유추적용설은 그것이 가지고 있는 장점에도 불구하고 이론적으로는 철저하지 못하다는 결정적인 약점을 가지고 있다. 이 규정을 필요에 따라서 유추적용하는 것은 좋지만 도대체 어느 정도 범위의 근거법규와 관련법규가 그 대상이 되는지, 또는 그 대상이 확정되어도 구체적으로 어떤 규정이 유추의 대상이 되는지 지극히 불명확하다. 유추적용설은 '두루뭉술설'에 불과하며 그 실체가 모호하다는 비판에서 자유롭기 어렵다.

7) 소 결

결론적으로 손실보상의 문제는 전적으로 법치국가적 법률유보에 의하여 입법자가 결정하는 것이지만, 입법자의 헌법적 의무가 해태되는 경우에는 수용유사적 침해이론과 같은 판례이론을 통하여 그 문제해결의 책무가 사법부에 넘어갈 수밖에 없다. 그렇게 함으로써 입법적 흠결이 있는 경우 사법부의 판결에 의한 손실보상청구의 인용이 권력분립의 원칙에 어긋나지 않는다는 설득력 있는 근거가 제시될 것이기 때문이다.

결국 절대적 의미의 불가분조항원칙과 이에 따르는 사법부의 독자적 법리구성에 의한 손실보상원칙이 확립되는 것이 무엇보다 중요하다. 이는 거꾸로 입법자가 공용침해를 허용하는 입법을 하면서 보상규정을 두지 않음으로써 발생하는 위헌시비에 대비하여 사전적으로 필요한 주의를 기울이게 하며, 사후에도 보상을 위한 보완입법을 서두르는 계기를 제공하게 될 것이다. 따라서 독일의 수용유사적 침해이론이 독일의 역사적 상황과 제도에 의하여 발전된 이론이어서 우리의 토양에 접목될 가능성이 희박하다는 성급한 결론을 지양하면서 그 논리적 전개과정을 깊이 관찰하여 필요한 이론적 보완을 해 나가는 것이 요구된다. 수용유사적 침해이론의 내용과 한국법에의 적용가능성에 대하여는 상세히 후술한다.

제 3 절 행정상 손실보상의 요건으로서 공공의 필요, 공용침해, 특별한 희생의 개념

Ⅰ. 공용침해허용요건으로서의 공공의 필요

1. "공공의 필요"라는 불확정개념의 법적 한계

특정인에 대하여 손실보상청구권을 발생시키는 공용침해행위는 공공의 필요에 의한 것이어야 한다. 공공의 필요에 의한 행정주체의 의식적인 개인재산권의 침해행위는 적법한 행위로서 국가배상제도와 이론적 구별을 가능하게 하는 기준이기도 하다. 그러나 손실보상과 공용침해의 허용요건으로서 공공의 필요란 지극히 추상적인 헌법의 불확정개념으로서 명확한 개념의 정의는 사실상 불가능하며 한 시대의 정치적 · 경제적 · 사회적 제여건과 국가목적에 의하여 그 내용이 결정될 수밖에 없다.

공공의 필요라는 불확정개념을 구체화하고 공용침해를 통하여 수행될 당해 공익사업의 대상과 목적을 규율하는 것은 입법자의 임무이다. 이미 지적한 바와 같이 입법자는 헌법 제37조 제2항의 일반적인 기본권제한법리에 의하여 공용침해를 허용할 수 없으며 공익사업의 시행을 위하여 불가피한 공익목적에 의한 제한을 받는다.

다시 말해서 공용침해의 허용요건으로서 공공의 필요는 단순공익 또는 국가의 이익 이상의 중대한 공익이며, 반드시 특정한 공익사업과 연관되어 특정인의 재산권침해가 불가피한 고양된 공익개념(qualifiziertes öffentliches Interesse)이다. 예를 들어, 공용침해와 이로 인한 손실보상제도는 행정주체의 자산증식이나 세수증대 등 국가의 재정적 목적 수행을 위한 제도가 아니다. 그러므로 이러한 국가의 재정목적이 공용침해제도를 통하여 이루어진다면 이는 공공의 필요에 합치하지 못하며 위헌을 면하기 어렵다.

더 나아가 공용침해제도는 국가나 지방자치단체의 특정한 공익시설을 설치하기 위한 목적과는 관계없이 단순히 미래의 개발욕구를 충족시키는 용지확보를 위한 제도로 활용될 수 없다. 예를 들어, 토지보상법은 제4조에서 토지를 수용 또는 사용할 수 있는 공익사업을 규정하고 있는데, 그 대부분은 국가 또는 지방자치단체가 구체적으로 시행하는 공공성이 큰 특정시설물의 설치사업이다. 따라서 공용침해의 허용요건으로서 공공의 필요라는 헌법의 불확정개념은 공용침해의 주체에게 자의적인 해석을 허용하는 것은 결코 아니며 공용침해를 인정하는 특유한 헌법과 법률의 정당화요건으로 이해되어야 한다.

2. 사인을 위한 공용침해와 공공의 필요 – 민간투자법상 사인의 공용침해

1) 공공의 필요의 개념과 관련하여 최근에 특히 문제가 되는 것은 공용침해가 국가나 지방자치단체의 특정한 공익시설의 설치뿐 아니라 공공성이 큰 사인의 시설을 설치하기 위해서도 허용될 수 있는지, 즉 사인(私人)을 위한 공용침해(Enteignung zugunsten Privater)도 헌법상 공공의 필요에 합치하는가 하는 것이다.

우리나라에서 시급한 사회간접자본의 확충을 위한 민간자본의 유치촉진을 목적으로 1994년에 제정되어 지속적인 개정을 거친 민간투자법은 제20조에서 사업시행자에게 토지 · 물건 또는 권리의 수용 및 사용권을 부여하고 있다. 한편 민간투자법 외에도 부분적으로 사인을 위한 공용침해를 허용하는 법률로서 「지역 개발 및 지원에 관한 법률」(제27조 제1항)이 있다.

2) 헌법재판소는 민간부문이나 사인이 법률상 수용의 주체가 되는 경우는 물론 사인인 사업시행자가 토지소유자를 상대로 하여 행사하는 매도청구권을 헌법 제23조 제1항, 제2항의 재산권의 제한으로 볼 것인지, 아니면 헌법 제23조 제3항의 공용수용으로 볼 것인지 문제되나, 매도청구권의 행사로 토지소유자인 재건축불참자는 그 의사에 반하여 재산권이 박탈당하는 결과에 이르게 된다는 점에서 실질적으로 헌법 제23조 제3항의 공용수용과 같은 것으로 보고 있다(헌재결 2006.7.27. 2003헌바18). 또한 헌법재판소는 민간부문의 주택건설사업자가 토지소유자를 상대로 행사하는 매도청구권은 그 상대방이 대지의 매도를 강요당하여 재산권을 잃게 된다는 측면에서 수용과 유사

하다고 보고 있어서 넓은 의미에서 이러한 매도청구권도 사인을 위한 공용수용에 해당한다(헌재결 2010.7.29. 2009헌바240 등).

3) 사인을 위한 공용침해에 관한 헌법재판소 판례에 대한 평가

(1) 최근 우리나라에서는 민간투자법 이외에 국토계획법, 「산업입지 및 개발에 관한 법률」, 「기업도시개발 특별법」 등에서 사인에게 공익사업을 위한 사업시행자로서의 지위를 부여하는 경우가 늘어나고 있다. 그런데 이러한 법률들에서 규정하는 공익사업이 도로, 항만, 철도, 공항 등 전형적인 사회기반시설을 그 대상으로 하는 경우뿐만 아니라 산업단지, 체육 및 문화시설 등 공익성이 현저히 감소된 시설을 대상으로 사업시행자에게 토지에 대한 수용권까지 부여하고 있다. 그러므로 이와 같이 공익성이 희박한 공익사업에 대하여 사업시행자에게 토지수용권을 부여하는 경우에는 헌법 제23조 제3항의 '공공필요'의 해석과 관련하여 헌법적으로 문제를 제기하게 된다.

(2) 첫 번째 사건에서 헌법재판소는 산업단지 조성을 위하여 민간부문의 사업자에게 수용권을 부여하는 것이 헌법 제23조 제3항의 공공필요라는 불확정개념에 합치하는가의 여부에 대하여 "헌법 제23조 제3항은 정당한 보상을 전제로 하여 재산권의 수용 등에 관한 가능성을 규정하고 있지만, 재산권 수용의 주체를 한정하지 않고 있다. 이는 재산의 수용과 관련하여 그 수용의 주체가 국가 등에 한정되어야 하는지, 아니면 민간기업에게도 허용될 수 있는지 여부에 대하여 헌법이라는 규범적 층위에서는 구체적으로 결정된 내용이 없다는 점을 의미하는 것이다. 따라서 위 수용 등의 주체를 국가 등의 공적 기관에 한정하여 해석할 이유가 없다"라고 하면서 "이 사건과 같이 민간기업이 수용의 주체가 되는 경우라 하더라도, 그 민간기업에게 수용권을 부여하는 것은 산업단지 지정처분 등을 행하는 국가 내지 지방자치단체 등이라 할 수 있는바, 이는 궁극적으로 수용에 요구되는 공공의 필요성 등에 대한 최종적인 판단권한이 국가와 같은 공적 기관에게 유보되어 있음을 의미하는 것이다. 국가 등의 공적 기관이 직접 수용의 주체가 되는 것이든 그러한 공적 기관의 최종적인 허부판단과 승인결정 하에 민간기업이 수용의 주체가 되는 것이든, 양자 사이에 공공필요에 대한 판단과 수용의 범위에 있어서 본질적인 차이를 가져올 것으로 보이지 않는다. 해당 사업의 공공필요성을 판단하고 수용의 가부를 검토하는 전반적인 절차 속에서 국가 등의 공적 기관이 주도적인 역할과 최종적인 결정권한을 보유하는 한, 비록 민간기업이 수용의 주체가 된다 할지라도 이는 위와 같은 국가 등의 결정에 대한 구체적인 실행에 불과한 까닭이다. 다만, 수용의 이익이 공적 기관이 아닌 영리추구가 목적인 민간기업에게 우선적으로 귀속되는 경우라면, 비록 그것이 공공필요성을 가진다 할지라도 애초의 공익적 목표가 민간기업의 과도한 사리추구에 의해 해태되지 않도록 제도적으로 규율함이

상당[하다]"라고 하였다(헌재결 2009.9.24. 2007헌바114).

공공성이 다소 희박한 사업을 위하여 사인의 토지를 강제적으로 수용하는 것이 국민들의 법적 의식이나 헌법의 재산권 존속보장원칙에 비추어 쉽게 받아들여질 수 있는 문제는 아니다. 그러나 우리나라의 현실을 돌이켜 보건대 지난 수년간 기업들의 수익성이 좋아지고 상당한 수익을 창출하였음에도 불구하고 마땅하게 생산적인 투자처를 찾지 못하고 있는 상황에서 산업단지의 개발과 같은 공적과제에 민간부문의 건전한 투자를 유도한다는 것은 과거 한국사회가 일반적으로 가지고 있는 공공성이나 공공필요의 개념에 대한 새로운 해석과 연계되어 있음을 간과할 수 없다. 다시 말하자면 '고용 없는 성장'이 일반화된 상황에서는 일자리의 창출이 무엇보다 중요한 공익이며 이를 위하여 필요하다면 민간사업자에게 토지의 수용도 허용하는 것이 국가와 사회가 요구하는 공공필요에 부합하는 면이 있음을 부인할 수 없다. 따라서 반드시 헌법상 개인 재산권의 존속만을 보장하고 민간부문이 사업시행에 사인의 토지가 긴절하게 필요함에도 불구하고 토지수용의 가능성 자체를 부인하는 것이 과연 헌법상 공공필요를 실현하는 것인지 의심스럽다. 그보다는 오히려 정당한 보상, 재산권 박탈에 앞서서 재산권 주체는 물론 전문가와 지역주민이 참여하고 토론할 수 있는 적법절차의 보장, 수용된 토지를 바탕으로 공익사업이 지속적으로 수행되고 소기의 목적이 달성되고 있는가에 대한 지속적인 통제와 감시, 일정한 요건 하에 환매권의 보장, 지역주민의 우선고용, 지역발전에 대한 영향평가 등 일정한 조건이나 부관의 부가를 통하여 지속적으로 사업의 공공성이 보장될 수 있도록 제도적 장치를 마련하여 이러한 민간투자사업이 헌법상 공공필요의 개념에 합치될 수 있도록 하는 것이 더욱 중요한 일이다. 다시 말하자면 헌법 제23조 제3항에 규정된 공공필요는 일회성 개념이 아니라 지속가능성을 기준으로 판단하여야 한다는 것이다.

(3) 두 번째 사건에서는 국토계획법에 따라 민간부문의 도시계획시설사업자가 체육시설의 하나인 골프장의 설치를 위하여 관련법규에 따라 사인의 토지를 수용하였다. 헌법재판소는 체육시설이 도시기반시설이고 그중 하나인 골프장의 설치를 위하여 사인에게 수용권을 부여한 것이 공공필요에 부합한다는 종전의 견해를 유지하면서도, 체육시설의 구체적인 내용을 아무런 제한없이 대통령령에 위임하고 있으므로 이것이 포괄위임금지원칙에 반한다는 이유로 헌법불합치결정을 내렸다(헌재결 2011.6.30. 2008헌바166 등). 그러나 이러한 헌법재판소의 다수의견에 대하여 재판관 김종대의 반대의견은 "나는 종래 헌법재판소 2009.9.24. 2007헌바114 사건 등에서 반대의견을 통하여 사경제 주체에게 공용수용권을 부여하는 것이 헌법에 부합하기 위한 요건을 밝히면서 그러한 요건을 갖추지 못한 사경제 주체의 수용권 행사는 우리 헌법상 재산권을 침해한다고 한 바 있다. 나는 이 사건에서도 그와 같은 견해를 유지하여, … 그런데 사경제

주체의 경제활동은 어디까지나 자신의 영리 추구를 1차적 목표로 하고 그 경제활동에서 파생되는 공익적 성과는 부수적인 것에 불과하므로, 사인이 수용의 주체가 되는 경우에는 국가가 수용의 주체가 되는 경우에 비하여 수용의 이익이 공동체 전체의 이익으로 귀속될 것이라는 보장이 어렵다. 따라서 국가 · 지방자치단체의 공공사업과 동일시할 수 있을 정도의 고도의 공익성을 인정할 수 있는 경우에 한하여 예외적으로 사인이 주체가 된 수용을 허용해야 한다. 즉, 해당 사업의 수용으로 인한 이익에 대하여 공적 환수 조치를 보장한다거나 그 사인의 수용으로 인한 영업상 수익에 대하여 공적 사용의 방도를 마련하는 등과 같이, 당해 수용의 공공필요성을 지속적으로 보장하고 수용을 통한 이익을 공공적으로 귀속시킬 수 있는 심화된 제도적 규율 장치를 갖춘 경우에만 사인에 의한 수용이 헌법적으로 정당화될 수 있는 것이다. … 이 사건 수용조항은 손쉽게 사인에게 토지 등에 대한 수용권을 부여하면서도 앞서 본 필요한 보완규정을 두지 아니함으로써 평등의 원칙에 위반되고 청구인들의 재산권을 침해하여 헌법에 위반된다"라는 견해를 제시하였다.

(4) 세 번째 사건에서도 헌법재판소는 민간개발자에게 관광단지 조성계획상의 조성 대상 토지면적 중 사유지의 3분의 2 이상을 취득한 경우에 토지 등을 수용할 수 있도록 한 관광진흥법의 심판대상조항이 헌법 제23조 제3항과 헌법 제37조 제2항의 과잉금지원칙에 위반되지 않는다고 판단하였다(헌재결 2013.2.28. 2011헌바250).

(5) 네 번째 사건에 이르러 헌법재판소는 행정기관이 개발촉진지구 지역개발사업으로 실시계획을 승인하고 이를 고시하기만 하면 고급골프장 사업과 같이 공익성이 낮은 사업에 대해서까지도 시행자인 민간개발자에게 수용권한을 부여하는 구 「지역균형개발 및 지방중소기업 육성에 관한 법률」의 심판대상조항이 헌법 제23조 제3항에 위반된다고 판단하였다(헌재결 2014.10.30. 2011헌바129 등). 즉 "헌법재판소는 헌법 제23조 제3항에서 규정하고 있는 '공공필요'의 의미를 "국민의 재산권을 그 의사에 반하여 강제적으로라도 취득해야 할 공익적 필요성"으로 해석하여 왔다 … 즉 '공공필요'의 개념은 '공익성'과 '필요성'이라는 요소로 구성되어 있다"라고 하면서 "공익성"에 대하여는 "공용수용이 허용될 수 있는 공익성을 가진 사업, 즉 공익사업의 범위는 사업시행자와 토지소유자 등의 이해가 상반되는 중요한 사항으로서, 공용수용에 대한 법률유보의 원칙에 따라 법률에서 명확히 규정되어야 한다. 공공의 이익에 도움이 되는 사업이라도 '공익사업'으로 실정법에 열거되어 있지 않은 사업은 공용수용이 허용될 수 없다"라고 하였으며, "필요성"에 대하여는 "특히 사업시행자가 사인인 경우에는 위와 같은 공익의 우월성이 인정되는 것 외에도 사인은 경제활동의 근본적인 목적이 이윤을 추구하는 일에 있으므로, 그 사업 시행으로 획득할 수 있는 공익이 현저히 해태되지 않도록 보장하는 제도적 규율도 갖추어져 있어야 한다"라는 전제하에 "결국 이 사건

법률조항은 공익적 필요성이 인정되기 어려운 민간개발자의 지구개발사업을 위해서까지 공용수용이 허용될 수 있는 가능성을 열어두고 있어 헌법 제23조 제3항에 위반된다 할 것이다"라고 판시하였다.

3. 공익시설과 부대시설을 위한 공용침해의 허용성 여부

토지보상법은 제4조 제8호에서 공익사업의 대상을 "그 밖에 별표에 규정된 법률에 따라 토지등을 수용하거나 사용할 수 있는 사업"으로 규정하고 있고 위 별표에는 민간투자법상 민간투자사업이 포함되기 때문에, 민간투자법에 의한 사인의 공용침해는 적어도 법률상으로는 아무런 문제가 없는 것으로 보인다.

그런데 민간투자법은 과거의 민자유치법과는 달리 사회기반시설의 대상을 구분하지 않고 투자비 보전이라는 명목하에 모든 시설에 대하여 택지개발 등 부대사업을 허용하고 있다. 사회기반시설(민간투자법 제2조 제1호) 중 도로, 항만, 수도, 댐, 공항, 폐기물처리시설 등과 같이 공공성이 큰 시설에는 부대사업을 허용한다 하더라도 법적으로 별다른 문제가 생기지 않는다. 그러나 화물터미널사업이나 관광단지와 같은 비교적 공공성이 떨어지는 시설의 건설에 소요되는 투자비를 보전하여 주기 위하여 택지개발이나 대규모점포의 설치를 위한 부대사업(제9호)을 시행한다면 본말이 전도될 가능성도 있다. 또한 이러한 공공적 성격이 희박한 부대시설의 설치를 위하여 토지수용 등이 허용된다면 과연 헌법 제23조 제3항의 요건에 합치하는 합헌적인 행위인지 헌법적인 평가가 요구된다.

4. 사인의 공용침해에 대한 독일의 학설과 판례

1) 생존배려형 사기업과 경제적 사기업의 구별

여기에 대해서는 아직 우리나라에서 확립된 판례나 축적된 학설이 없으므로 이미 오래 전부터 비슷한 경험을 갖고 있는 독일의 예를 중심으로 살펴보는 것이 문제해결에 도움을 줄 수 있을 것이다. 다만 우리나라의 경우에도 2004년 「기업도시개발 특별법」이 제정되어 민간기업에게 지역개발과 국토의 균형발전을 위한 중심적인 역할을 부여하게 되었다. 사인을 위한 공용침해와 관련하여 문제가 될 수 있는 내용은 이 법 제14조 제1항에 따라 토지 · 물건 또는 권리의 수용 및 사용권을 부여하였기 때문에 이를 대상으로 하는 헌법적 문제가 현실화될 가능성이 매우 커졌다고 볼 수 있다.

독일에서는 개인이나 사기업이라 하더라도 이윤의 추구와 함께 공익사업을 수행한다는 사실이 객관적으로 담보될 수 있는 한 사인을 위한 공용침해는 가능하다는 견해가 일반화되고 있다. 공익사업을 수행하는 사기업들은 주로 전기, 가스, 상하수도, 철도, 도로, 공항이나 항만 등과 같은 국민의 생존을 배려하는 급부행정작용에 준하는 활동을 담당한다. 이러한 사기업들은 사적 이윤의 추구도 그 목적으로 하지만 동시에 공공성이 큰 공익사업을 수행하는 것이므로 흔히 생존배려형 사기업(Daseinsvorsor-geunternehmen)이라고 부르며, 이들을 위한 공용침해는 원칙적으로 허용된다.

사인을 위한 공용침해와 관련하여 특히 논란이 되는 문제는 사기업들 중에서 공공성이 현저히 떨어지고 이윤추구의 목적이 기업경영의 전면에 나서는 경우이다. 즉 이러한 경우에 지역발전이나 고용증대 등 기업활동의 부수적인 효과를 이유로 이들을 위한 공용침해가 허용될 수 있는가 하는 것이 문제이다. 이러한 사기업들은 위에서 언급한 생존배려형 사기업과 달리 경제적 사기업(private Wirtschaftsunternehmen)이라고 부른다. 경제적 사기업이란 처음부터 전적으로 영리추구를 목적으로 하는 기업을 말한다.

생존배려형 사기업과는 달리 경제적 사기업은 공공사업이나 공익성 추구에 대한 제약을 전혀 받지 않음으로써 구체적으로 공적 과제 수행이라는 목표와는 거리가 멀다. 즉 그들의 목표설정이 헌법상 공용침해의 요건인 공공필요의 개념에서 출발하고 있지 못하기 때문에 이들을 위한 공용침해권의 발동은 예외적으로 엄격한 요건하에서만 허용될 수 있다.

2) 독일의 판례이론

(1) Böhmer 판사의 견해

위와 같이 공공성이 강한 기업과 영리추구를 위한 기업의 기준에 따라 공용침해의 허용성을 결정하려는 견해는 독일연방헌법재판소의 이른바 바드뒤르크하임시 케이블카사건(Bad-Dürkheimer Gondelbahnurtei)에서 소수의견을 제시한 Böhmer 판사에 의하여 잘 집약되고 있다.

이 사건의 개요는 다음과 같다. 바드뒤르크하임시(市)와 사인이 합작하여 설립한 바드뒤르크하임시 케이블카유한회사(Dürkheimer Gondelbahn GmbH)가 케이블카를 설치하기 위하여 사인의 토지에 대한 공용수용이 이루어졌다. 이에 대하여 토지소유자는 위의 공용수용이 기본법 제14조 제3항에 의한 공용침해의 요건을 흠결한 위헌적인 것이라며 연방헌법재판소에 헌법소원을 제기하였다. 연방헌법재판소는 위와 같은 사인을 위한 공용수용은 헌법상 공용침해의 요건을 위반하여 심판청구인의 헌법상 재산권을 침해한 것으로서 위헌으로 결정하였다(BVerfGE 56, 249).

Böhmer 판사는 이 판결에서 공공복리의 실현을 위한 사업의 요건을 매우 엄격하게 제시하면서 단순히 영리추구를 목적으로 하는 사기업을 위한 공용침해는 허용될 수 없다고 밝히고 있다. 그러므로 사인을 위한 공용침해는 명백히 법률의 규정에 의하여 국가적 과제에 준하는 업무가 부여된 사기업, 예를 들어 상하수도시설이나 운송사

업 등을 수행하는 경우에 한하여 허용될 뿐이라는 것이다. 왜냐하면 이와 같은 생존배려형 사기업은 비록 국가의 행정조직은 아니지만 국민의 일상생활에 직결되는 업무를 수행하는 공공성이 강한 기업이므로 공용침해의 요건인 공공필요의 개념요소에 합치하고 있다는 것이다.

Böhmer 판사의 이와 같은 견해는 공공의 복리실현을 위한 토지재산권에 대한 국가의 수용권발동은 국민의 생활에 필수적인 업무를 대상으로 하여 국가의 행정활동이 직 · 간접적으로 관여하거나 공무수탁사인을 통하여 이와 같은 업무가 위임된 경우에 한하여 이루어질 수 있다는 원칙을 확인하고 있다. 바꾸어 말한다면 위의 업무는 국가 또는 지방자치단체가 수행하는 생존배려활동에 국한되고 있다[Sondervotum Böhmer, BVerfGE 56, 249(284ff.)].

(2) 공용침해의 허용요건으로서 공공의 필요에 대한 완화된 해석의 가능성

그러나 Böhmer 판사의 견해는 여러 가지 측면에서 비판의 여지가 없지 않은데, 우선 공공의 복리실현이라는 과제는 반드시 국가가 독점해야 하는 당위성은 존재하지 않는다는 점을 지적할 수 있다. 다시 말해서 헌법에 의하여 국가에 부여된 공공적 과제의 내용은 그것이 본래적으로 국가의 영역에 속하는 것은 아니며 국가가 그때그때의 사회 · 경제적 여건에 따라서 법률 또는 특정한 제도를 통하여 구체적으로 결정하는 것이기 때문이다.

또한 Böhmer 판사의 견해는 현재 각국에서 실제로 시행되고 있는 공용침해의 실태에 비추어 보아도 설득력이 희박한데, 오늘날 현실적으로 경제구조의 개선이나 고용의 증진, 지역발전 등의 효과를 가져오는 경제적 사기업을 위한 공용침해가 일반화되고 있기 때문이다. 물론 이러한 경우에는 직접적인 공공복리의 실현이 이루어지는 생존배려형 사기업과는 달리 경제적 사기업의 활동에 따르는 간접적 · 부수적 결과로서 공공의 복리가 증진된다고 볼 수 있다.

예컨대 실업률이 매우 높고 경제구조가 취약한 지역에 있어서 고용창출의 효과가 크고 생산성이 높은 특정사기업을 유치하기 위하여 지역에 거주하는 주민들의 재산권에 대한 침해가 불가피한 경우 공용침해를 허용하는 경우를 들 수 있다. 따라서 당해 기업의 원활한 활동의 결과로 그 지역의 고용수준이 현저히 높아지고, 지역별 · 분야별 경제구도의 개선이라는 경제 · 사회적 공익의 증진이 이루어진다면, 이는 헌법상 공용침해의 요건인 공공필요의 개념에 해당하는 것으로 보는 것이다.

독일 다이믈러 벤쯔사가 Boxberg 지역에 자동차주행시험용 시설의 설치를 위한 공용수용이 연방건축법상 가능한가의 여부를 둘러싸고 벌어진 독일연방행정법원과 연방헌법재판소간의 법리논쟁은 우리에게도 시사하는 바가 크다. 이 사건에서 연방행정법원은 1987년에 개정된 연방건축법전의 전신인 연방건축법(Bundesbaugesetz) 제87조

제1항의 규정을 근거로 지역에서의 고용창출과 지역경제의 활성화를 위하여 사기업인 벤쯔사를 위한 수용이 가능하다고 본 반면(BVerwGE 71, 108), 연방헌법재판소는 연방건축법 제87조 제1항의 "공공의 복리"는 기본법 제14조 제3항 제1문의 공공의 복리와 동일한 개념으로서 "지역경제의 활성화"라는 목적은 연방건축법에 이를 명시하여 공용침해를 허용하는 규정이 없는 한 공공의 복리의 개념에 합치하는 것으로 확대해석할 수 없는 것으로 보고 있다(BVerfGE 74, 264).

(3) 공공성 보장을 위한 수단과 사인을 위한 공용침해의 실제적 조화

공공필요에 의하여 공익사업을 위한 토지 등의 수용이 이루어지고 재산권에 대한 침해가 이루어지면 그로 인한 공익사업은 항구적으로 또는 적어도 상당한 기간 동안 반드시 수행될 것이 요구된다. 왜냐하면 공익사업의 수행이 담보되지 않는 공용침해행위는 그의 허용요건인 공공필요가 결여된 것으로서 위헌임을 면키 어려울 것이기 때문이다.

따라서 공익사업의 수행과 이를 통한 공공복리의 실현은 국가나 지방자치단체가 직접 행하는 공용침해의 경우에는 문제가 되지 않는다. 왜냐하면 여기에서는 침해된 재산권을 통한 공익사업의 항구적 수행이 처음부터 보장되어 있기 때문이다.

반면에 사기업을 위한 공용침해의 경우는 공익사업의 계속적 수행과 이를 통한 공공복리의 실현이라는 목적이 쉽게 담보되지 않는다. 따라서 사인을 위한 공용침해의 경우에는 계속적인 공익사업의 수행을 보장하는 법적 장치가 반드시 요구된다. 결국 이러한 공공성 보장을 위한 수단을 통하여 사인을 위한 공용침해와 헌법적인 조화가 이루어진다.

(4) 공공성 보장을 위한 수단과 비례의 원칙

이러한 법적인 보장책의 강도는 당해 사기업의 성격에 따라 달라질 수 있는데, 생존배려형 사기업의 경우에는 그 사업 자체가 바로 공익사업에 속하기 때문에 국가의 공적 과제에 속하는 당해 기업의 사업활동 자체가 원만히 수행될 수 있도록 하는 대비책이 있다면 그것으로 충분할 것이다. 예를 들어, 이와 같은 대비책들은 생존배려형 사기업에 대한 국가와 지방자치단체의 통상적이고 포괄적인 지휘 · 감독권이다.

그러나 특정한 공익사업이 당해 기업의 직접적인 활동이 아니고 기업의 영업활동의 부수적 결과로서 실현되는 경제적 사기업을 위한 공용침해의 경우에는 사정이 다르다. 첫째, 이러한 경우에는 당해 기업이 순조롭게 영업활동을 계속한다고 하는 사실 자체만으로는 공익사업의 계속적 추구를 위한 징표가 될 수 없으며, 둘째, 본래의 기업목적인 사적 영리추구가 더 이상 공용침해의 목적과 조화될 수 없을 때 그 공익사업의 수행이 소홀히 되거나 포기되어서 공적 서비스의 안정적 공급이 저해될 가능성

은 항상 존재한다.

따라서 경제적 사기업의 경우에는 공익사업의 계속적 실현을 보장하기 위해서 당해 사기업을 특별한 법적 · 제도적 보장책을 통해 기속할 필요성이 더욱 커진다.

결국 이러한 보장책의 요구는 헌법상의 공용침해제도 자체로부터 도출되는 것인데, 만약 공용침해의 수익자로서 사기업이 아무런 법적 통제도 받지 않는다면 이는 공공필요의 개념에 부합하지 못하며 위헌의 문제를 발생시킬 것이다. 결국 경제적 사기업을 위한 공용침해의 경우 이러한 법적 안전장치 없이는 헌법상의 공용침해규정은 그 존재의의를 상실하게 될 것이며, 공용침해제도는 사인으로부터 다른 사인에게로 재산권 이전을 용이하게 하는 부당한 헌법제도로 전락하게 될 것이다.

그러므로 영리추구를 제1차적인 목적으로 하는 사기업도 부수적이나마 공익사업을 수행한다면 이들을 위한 공용침해는 경우에 따라서 허용될 수 있겠으나 당해 사업의 공공성보장을 위한 강도 높은 수단도 동시에 반드시 법적으로 규율될 것이 요구된다. 따라서 이 경우에는 국가나 지방자치단체의 포괄적인 감독권 행사를 규율하는 법적 장치로는 부족하다. 그러므로 각종의 행정행위의 부관, 사업자의 구체적인 행위에 대한 신고 및 인 · 허가권의 유보를 통하여 세심하고 개별적인 공공성 통제장치가 법적으로 요구된다. 「기업도시개발 특별법」의 경우 국토교통부장관이나 시장, 군수 등 관할 행정청은 사업의 공공성을 담보하고 이를 법적으로 통제하기 위하여 필요한 보고나 자료의 제출명령(제46조), 법률위반자에 대한 행정처분(제47조), 시행자지정의 취소 및 대체지정 등의 조치(제48조)를 취할 수 있다.

한편 이러한 공공성보장수단의 엄격성과 강도는 공용침해의 수익자인 사기업이 당해 공익사업의 수행을 해태하거나 포기할 가능성의 정도에 비례해야 할 것이며, 이는 법치국가원리의 구성요소인 비례의 원칙에도 부합하는 것이다. 또한 이러한 법적 · 제도적 수단은 공용침해를 통한 사업의 착수 이전에 이미 그 법적 근거가 마련되어 있어야 한다는 의미에서 공공성 보장을 위한 안전장치의 존재 여부는 공용침해를 위한 허용조건으로 이해할 수 있다.

Ⅱ. 공용침해

1. 침해행위의 직접성

공용침해는 공공필요에 의하여 헌법 제23조 제1항 제1문에 보장된 개인의 재산권 전부 또는 일부에 대한 고권적이며 의도된 침해행위를 말한다.

우리 헌법 제23조 제3항은 "재산권의 수용 · 사용 또는 제한"이라는 표현을 사용하고 있는데, 여기에서 수용이란 재산권의 박탈행위를, 사용이란 재산권의 박탈에는 이르지 아니하는 일시적 사용을, 그리고 제한이란 소유자 기타 권리자에 의한 재산권의 사용 및 수익을 제한하는 것을 의미하며, 이러한 수용, 사용, 제한을 모두 포괄하여 공용침해라고 부른다.

국가배상제도에 있어서의 위법한 국가행위와는 달리 손실보상에서의 공용침해는 공공의 필요에 의한 적법한 침해행위이며 특정한 재산적 가치를 지닌 대상에 대한 '의도적인 침해행위'(gezielter Eingriff)를 말한다. 전술한 바와 같이 공용침해의 개념은 독일 최고법원의 판례에 의하여 침해의 의도성의 요소가 다소 완화되는 경향을 보이게 된다. 그러나 원칙적으로 개인에게 특별한 희생을 발생시키는 직접적인 고권행위(unmittelbarer hoheitlicher Eingriff)만이 손실보상의 대상이 되는 공용침해임을 분명히 함으로써 침해의 직접성을 통하여 국가배상의 침해요건과 구별하는 입장을 보이고 있다.

2. 재산권침해

침해의 대상이 되는 개인의 재산권은 원칙적으로 현재 법적으로 보호받는 개인의 재산적 가치 있는 권리를 말한다. 그러나 헌법 제23조의 재산권은 민법상의 그것보다는 광의의 개념으로서 물건에 대한 지배권뿐만 아니라 모든 종류의 청구권, 부동산임차권, 개인의 주식, 저작권과 같은 그밖의 권리도 포함된다.

재산적 가치를 지니는 공법상 청구권도 헌법상 재산권의 내용에 포함되는가에 대하여 종래 논쟁이 되어 왔으나, 오늘날 사회보장적 급부, 예를 들어 사회보험에 의한 보험급여청구권도 재산권의 내용으로 보는 것이 일반적이다. 헌법재판소 판례는 "우리 헌법이 보장하고 있는 재산권은 경제적 가치가 있는 모든 공법상 · 사법상의 권리를 뜻[한다]"고 하며(헌재결 2019.4.2. 2019헌마297), "공법상의 권리가 헌법상 재산권보장의 보호를 받기 위해서는 … 첫째, 공법상의 권리가 권리주체에게 귀속되어 개인의 이익을 위하여 이용가능해야 하며(사적 유용성), 둘째, 국가의 일방적인 급부에 의한 것이 아니라 권리주체의 노동이나 투자, 특별한 희생에 의하여 획득되어 자신이 행한 급부의 등가물에 해당하는 것이어야 하며(수급자의 상당한 자기기여), 셋째, 수급자의 생존의 확보에 기여해야 한다"라고 판시하였다(헌재결 2000.6.29. 99헌마289).

3. 특별한 희생

공공의 필요에 의하여 특정개인의 재산권에 대한 공용침해가 이루어진다 하더라도 모든 공용침해행위가 손실보상으로 이어지는 것은 아니다. 다시 말해서 재산권에 대한 공용침해가 개인에게 감수하기 어려운 이른바 특별한 희생을 발생시킨 경우에만 공평부담의 견지에서 조절적 보상이 주어지는 것이다. 그러므로 재산권의 침해행위가 개인에게 특별한 희생을 발생시키지 않는 정도의 헌법이 예정한 당해 재산권의 내용과 한계를 규정하는 데 그치거나 재산권이 사회적 기속성의 범주에 머무르는 경우에는 손실보상의 대상인 공용침해행위로 평가될 수 없다는 것이다.

그렇다면 자연스럽게 공용침해로 인한 특별한 희생과 재산권의 내용과 한계 내지 사회적 기속성과의 구별기준을 어떻게 설정할 것인가 하는 문제가 제기된다. 결론부터 말한다면 그것은 불가능에 가깝다. 여기에 대해서는 특히 독일의 학설과 판례, 우리나라의 문헌에서 다양한 견해를 제시하고 있지만 문제의 해결보다는 오히려 이를 더욱 복잡하게 할 뿐이다. 독일의 연방헌법재판소도 고백하고 있는 바와 같이 행정주체가 단순히 재산권의 헌법적 · 법률적 한계라고 보는 공용침해행위도 재산권 주체에게는 특별한 희생으로 받아들여지는 것이 현실이기 때문이다.

그러므로 행정주체가 공공의 필요에 의하여 의식적으로 특정인의 재산권을 침해하면서 "이것은 헌법과 법률이 예정한 재산권의 내재적 한계이며 공동체구성원으로서 수인해야만 하는 재산권 주체의 헌법적 의무이다"라고 주장한다면 과연 재산권 주체를 설득할 수 있겠는가? 따라서 이 문제의 해결을 위해서는 기존의 학설과 판례의 입장을 고찰하는 것도 중요하겠지만 보다 근본적인 발상의 전환이 요구된다.

1) 개별행위설과 특별희생설

손실보상의 요건으로서 특별한 희생과 재산권의 내용과 한계로서의 공용침해를 구별하려는 최초의 시도는 Anschütz와 그의 견해를 수용한 독일제국법원(Reichsgericht; BVerfGE 83, 201, 213)의 개별행위설에 의하여 이루어졌다. 개별행위설에 의하면 공용침해행위가 특정인 혹은 범위가 확정가능한 특정다수인의 재산권을 대상으로 하는 경우에는 특별한 희생으로 평가하여 손실보상을 인정하여야 한다는 것이다. 물론 이 견해는 공용침해가 불특정다수인 혹은 국민 전체를 대상으로 하는 일반적 희생과 구별된다는 점에서 나름대로의 타당성을 인정할 수도 있다.

그러나 공용침해행위는 행정처분 등과 같은 개별적 행위가 특정인을 대상으로 이루어지기도 하지만 법률이나 법규명령 등 일반 · 추상적인 법규의 형식을 띠는 경우도 있으므로 설득력이 부족하다. 또한 공익상 특정인의 재산권에 대하여 일시적으로 이루어지는 제한행위(예를 들어, 방역작업을 위한 일시적인 출입제한)는 특별한 희생으로 보는 반면, 광범위한 국민층을 대상으로 하는 공용제한행위(예컨대 개발제한구역의 설정행위) 등은 처음부터 특별한 희생을 야기하는 공용침해행위에서 제외시키는 모순에 빠지게 되는 것이다.

그러므로 개별행위설을 주장하는 사람들은 나름대로의 실질적 기준을 찾게 되었는데, 그것이 독일제국법원이 개별행위설을 수정하여 발전시킨 특별희생설이다. 특별희생설에 의하면 손실보상의 원인이 되는 공용침해행위는 특정인 또는 특정한 집단만을 그 대상으로 하기 때문에 국민 모두를 대상으로 하는 일반적 희생(Allgemeinopfer)과는 구별되어야 한다. 모든 국민을 대상으로 하여 재산권의 내용과 한계를 정하는 공용침해행위와는 달리 특별희생의 경우 손실보상이 주어지지 않는다면 이는 헌법상 평등권을 침해하는 위헌적인 국가행위로 평가할 수밖에 없다는 것이다[BGHZ 6, 270(279ff.)].

그러나 헌법상 평등권조항을 바탕으로 하는 특별희생설은 공용침해의 대상자가 많으면 많을수록 그 기준이 모호해짐을 부인할 수 없다. 예를 들어 우리나라에서 흔히 문제가 되는 국토계획법 및 개발제한구역법의 적용을 받는 전국민을 대상으로 하여 재산권의 내용과 한계를 정하는 일반적 희생인지 혹은 이 법의 적용을 받지 않는 다른 국민과 비교하여 특별한 희생을 의미하는 것인지 구별하기 어렵다.

따라서 특별희생설은 재산권에 대한 공용침해의 정도가 재산권 주체에게 수인할 수 없는 정도를 넘어서는 경우에도 비교적 다수의 국민을 대상으로 하는 경우에는 이를 재산권의 내용과 한계, 혹은 재산권 주체가 수인해야 하는 단순한 사회적 기속으로 인정하게 된다. 그러므로 특별희생설이 제시하는 기준은 설득력이 약하다는 비판이 가해졌으며, 공용침해행위의 강도(Eigriffsschwere)와 심도(Eingriffstiefe)를 바탕으로 하는 더 실질적인 기준으로 사회적 기속과 특별한 희생을 구별하려는 시도가 이루어지게 되었다.

2) 기대가능성설(수인한도설)과 강도설(중요설)

기대가능성이론은 공용침해행위의 강도 및 심도, 본질성 그리고 중요성 등을 바탕으로 그것이 재산권 주체에게 기대가능한(수인가능한) 것인지 혹은 이를 넘어서는 것인지에 따라서 사회적 기속과 특별한 희생을 구별하려는 견해이다. 그러나 이 견해도 재산권 주체의 주관적 요소로서의 기대가능성이라는 개념에 초점을 맞추고 있어서 그 내용이 모호하고 추상적이라는 비난을 면하기 어렵다.

Södter가 주장한 기대가능성설은 독일연방행정법원(BVerwGE 5, 143; 7, 297; 11, 68; 32, 173)과 최고법원(BGHZ 8, 273; 30, 241; 50, 93)의 강도설로 수정되어 일정한 침해의 강도를 넘어서는 재산권 침해는 더 이상 재산권 주체가 수인할 수 없는 특별한 희생으로 손실보상의 대상이 된다는 것이다. 그러나 이 견해도 기대가능성설과 마찬가지로 재산권 침해의 강도 내지 중요성이 어느 정도에 이르러야 손실보상의 대상인 공용침해로 평가하는가에 대하여 정확한 기준을 제시하지 못한다.

3) 보호가치설과 실체감소설

Walter Jellinek가 주장한 보호가치설은 개별행위설에 비하여 재산권의 보호가치라는 실체적 관점을 도입하여 재산적 보호가치 있는 권리에 대한 공용침해는 특별한 희생의 요건을 충족하는 반면, 보호가치가 인정되지 않는 재산권 침해는 단순한 재산권의 내용과 한계를 정하는 국가행위로 보는 것이다. 보호가치 있는 재산권은 주로 사적(史的)인 고찰과 재산권에 대한 일반적인 법의식, 언어적 관행, 법적 의미를 통해서 결정되어야 한다. 그러나 이 견해 역시 보호가치와 비보호가치의 기준을 어떻게 정할 것인지에 대하여 객관적인 기준을 제공한다고 볼 수 없으므로 일부 판례(BGHZ 40, 355; 48, 193; 54, 293; 60, 126)가 이를 수용한 것을 제외하고는 비판의 대상이 되었다.

기본적으로 보호가치설과 맥을 같이 하는 실체감소설은 법규나 행정행위 등을 통하여 특정인의 재산권의 실체적 내용이 제한되는 경우에는 특별한 희생을 발생시키는 공용침해행위로 본다. 실체감소설은 특정인의 재산권 침해라는 형식적 기준과 더불어 재산권의 실체적 내용이라는 실질적 기준을 조합하여 문제의 해결을 시도하고 있으나, 이 역시 구체적으로 어떠한 공용침해가 재산권의 실체적 감소를 가져오는지 분명하게 밝히지 못하는 약점이 있다.

4) 사적효용설과 목적위배설

또 다른 실체적 기준으로 사회적 기속과 특별한 희생의 구별문제를 해결하려고 시도하는 것이 사적효용설이다. 이 견해는 기본적으로 자본주의적인 헌법 · 경제 · 사회질서가 개인의 창의성과 사적 이익의 추구를 바탕으로 하고 있으므로 고권적인 재산권 침해가 재산권의 사적효용을 박탈하는 경우에는 특별한 희생을 동반하는 공용침해로 본다. 반면에 개인의 재산권에 대한 침해에도 불구하고 재산권의 기능에 합당한 사적효용이 유지되는 경우에는 단순한 재산권의 사회적 기속에 불과하다는 것이다.

이러한 측면에서 보면 사적효용설은 이전에 주장된 목적위배설(Zweckentfremdungstheorie)과 궤를 같이 하는 것이다. 목적위배설이란 공용침해행위로 인하여 당해 재산권이 본래 갖고 있던 목적과 기능으로부터 유리되어 새롭고 상이한 과제가 주어지는 경우에는 특별한 희생이 발생한 것으로 본다. 반면에 재산권에 대한 침해행위가 있었다 하더라도 본래의 목적과 기능이 유지된 채 단순히 재산권 행사권능이 제한당하는 경우에는 재산권의 사회적 기속의 범주에 머무는 것이다.

사적효용설은 공용침해행위로 인하여 재산권 본래의 기능과 효용이 유지되는가 하는 여부에 따라서 특별한 희생과 사회적 기속의 기준을 둔다는 점에서 탁견임에는 분명하다. 그러나 이 역시 객관적으로 확립된 기준은 아니며 당해 재산권의 종류에 따르는 가치판단을 요구한다는 점에서 어려움이 수반된다.

5) 상황구속설

독일 최고법원은 특별희생설과 강도설을 바탕으로 상황구속이론을 발전시켰는데,

이에 의하면 특히 부동산 재산권의 경우 그의 지정학적 상황에 의하여 강한 사회적 의무가 수반된다는 것이다. 당해 재산권이 처한 지정학적 상황을 경제적 관찰방법에 의해 고찰하여 조리상 인정되는 당해 재산권의 효용이 거부되거나 본질적으로 제약당하는 경우에는 공용침해로 인한 특별한 희생이 인정된다. 반면에 당해 재산권이 처한 특수한 상황에 비추어 재산권 주체가 이미 예상할 수 있는 단순한 행사상의 제한이 가해지는 경우라면 이는 이미 주어진 재산권 주체의 의무로서 사회적 기속에 불과한 것이다.

그러나 상황구속설은 토지 등의 재산권이 처한 객관적 상황에 의하여 사용상의 제한을 정당화하는 원리적인 측면만을 강조할 뿐 손실보상을 위한 원리로서는 이론적인 약점을 극복하지 못하고 있다.

6) 사회적 비용설 – 문제의 해결을 위한 새로운 시도

이미 살펴본 바와 같이 특별희생과 재산권의 내용과 한계, 사회적 기속성을 구별하려는 여러 학설들은 역사적으로 진개되어 온 것으로서 나름대로 이 문제의 해결을 위하여 타당성 있는 단서를 제공하는 것이 사실이다. 그러나 공용침해행위의 유형과 더불어 재산권의 내용이 복잡해질수록 어느 하나의 이론을 가지고 이 문제를 해결할 수 없다는 것은 어쩌면 자명한 일이다. 사실 이 문제를 좀 더 심화시켜 보면, 공용침해를 통하여 달성하려는 공익과 개인의 재산권 보호라는 사익을 적절히 조절하는 기준을 찾아내는 것으로 귀착되는 것인데, 이는 법이론적으로 불가능에 가까운 것이다.

그런데 위에서 언급한 학설들이 나름대로 갖고 있는 문제의식에도 불구하고 이를 해결하는 데 있어서 결정적인 오류를 범하고 있는 것을 간과할 수 없다. 위의 견해들은 공공의 필요에 의하여 특정인의 재산권에 의도적인 공용침해행위를 가하면서도 어느 정도의 침해행위까지는 이를 재산권 주체가 수인하여야 하는 재산권의 내용과 한계, 사회적 기속성의 문제로 보고 있다는 것이다. 다시 말해서 위의 학설들은 공용침해가 가해지는 상황을 연속선상에서 보아 그중 어느 지점을 임의로 지정하여 그 이하는 사회적 기속성의 문제이며 이를 초과하는 경우에만 손실보상이 주어지는 특별한 희생으로 본다는 것이다. 예를 들어 공용침해의 정도를 1부터 10까지로 상정하여 5 미만의 경우는 재산권의 사회적 기속성에 해당하여 손실보상이 인정되지 않지만, 5 이상의 공용침해는 개인에게 특별한 희생이 발생한다. 이렇게 위의 학설들은 공용침해의 연속선상에서 매우 자의적인 기준에 의하여 특정한 지점을 결정한다. 다시 말해서 종래의 견해들은 공용침해행위가 진행되는 과정에서 하나의 인위적인 지점을 설정하여 이 문제를 해결하려고 한다. 이러한 의미에서 위의 이론들은 헌법상 재산권규정의 성격을 이른바 경계이론에 의하여 파악하고 있는 것이다.

그러나 재산권의 내용과 한계, 사회적 기속성의 문제(헌법 제23조 제1항, 제2항)는 재산권 주체가 사회공동체의 구성원으로서 감수해야 하는 재산권의 내재적 한계의 표현임에 비하여, 공공필요에 의한 공용침해(헌법 제23조 제3항)는 의도적인 재산권 침해행위로서 원칙적으로 재산권 주체에게 특별한 희생을 가하는 것이다. 예를 들어, 건축행위를 법률상 허가의 대상으로 하여 재산권 행사를 제한하는 것은 토지소유자가 공공의 복리달성을 위하여 감수하여야 하는 재산권의 내재적 한계로서 사회적 기속을 받는다는 것을 의미한다.

반면에 도시의 미관유지와 녹지 등의 보전을 위하여 특정인의 토지에 가해지는 개발제한구역의 설정과 같은 공용제한행위는 이미 재산권의 내재적 한계를 넘어서서 국가 등의 의도적 행위로 인하여 특정인에게 특별한 희생을 발생시키는 것이다. 그러므로 후자의 경우에는 공용침해가 행해지는 시점부터 그 강도에 관계없이 이미 당해인에게는 특별한 희생이 시작되는 것이다.

이렇게 볼 때 공용제한을 통해 달성되는 공공의 복리＝당해인의 특별한 희생이라는 등식이 성립한다. 예를 들어 특정인의 토지에 개발제한구역을 지정하여 공중이 누리는 편익은 개인의 특별한 희생과 일치한다. 다만 공용침해행위로 발생한 특별한 희생에도 불구하고 당해인에게 손실보상을 실시함에 있어서는 현실적인 제약조건이 존재한다.

그것은 공용침해를 통한 개인의 특별한 희생(뒤집어 표현한다면 이를 통해 달성되는 공공의 복리)에 대하여 손실보상을 실시하기 위해서는 이를 위한 사회적 비용이 소요된다는 점이다. 다시 말해서 손실보상을 실시하기 위해서는 특별한 희생의 범위와 액수를 조사하는 비용, 담당공무원의 보수, 기타 제도운영비용 등 상당한 사회적 비용이 소요된다. 그러므로 이러한 사회적 비용이 개인의 특별한 희생을 상회한다면 쉽사리 당해인에게 손실보상을 실시할 수 없는 현실적 한계로 등장한다.

따라서 손실보상의 시점은 앞에서 살펴본 여러 학설과는 달리 '개인의 특별한 희생≧손실보상의 사회적 비용'이 되는 것이다. 물론 손실보상을 위한 사회적 비용이 개인의 특별한 희생을 상회하는 경우에도 손실보상이 이루어질 수 있겠지만, 이는 손실보상보다는 제도운영 자체에 중점을 두는 것으로서 사회적 비효율과 낭비의 결과로 이어질 것이다. 결론적으로 말한다면 손실보상실시를 위한 사회적 비용이 저렴하면 저렴할수록, 공용침해의 대상인 개인들의 숫자와 그들의 총계적인 특별희생이 많으면 많을수록 손실보상의 시점은 앞당겨질 수 있는 것이다.

이렇게 볼 때 현재 우리나라에서 개발제한구역법의 계획제한행위에 대하여 "공공복리를 위하여 감수하여야 하는 재산권 제한"이라는 논증 외에는 별다른 논리적 근거도 없이 손실보상을 부정하는 다음과 같은 대법원 판례들은 이미 "법치국가적 수인의 한도"를 넘는 것이다. "도시계획법 제21조의 규정에 의하여 개발제한구역 안에 있는 토지의 소유자는 재산상의 권리 행사에 많은 제한을 받게 되고 그 한도 내에서 일반 토지소유자에 비하여 불이익을 받게 됨은 명백하지만, '도시의 무질서한 확산을 방지하고 도시주변의 자연환경을 보전하여 도시민의 건전한 생활환경을 확보하기 위하여 또는 국방부장관의 요청이 있어 보안상 도시의 개발을 제한할 필요가 있다고 인정되는 때'(도시계획법 제21조 제1항)에 한하여 가하여지는 그와 같은 제한으로 인한 토지소유자의 불이익은 공공의 복리를 위하여 감수하지 아니하면 안 될 정도의 것이라고 인정되므로, 그에 대하여 손실보상의 규정을 두지 아니하였다 하여 도시계획법 제21조의 규정을 헌법 제23조 제3항, 제11조 제1항 및 제37조 제2항에 위배되는 것으로 볼 수 없다."(대판 1996.6.28. 94다54511)

제4절 손실보상의 기준

Ⅰ. 정당보상의 원칙

헌법은 제23조 제3항에서 재산권에 대한 수용·사용·제한 등 공용침해행위에 대하여는 법률이 정하는 바에 의하여 정당한 보상을 지급하도록 규정하고 있다. 여기에서의 "정당한 보상"이라는 헌법상 불확정개념은 보상의무를 입법적으로 실현하는 입법자에게 보상의 기준에 대한 지침을 부여한 것이다. 그런데 헌법상 정당보상의 원칙은 크게 보아 완전보상을 의미한다는 견해와 상당한 보상을 의미한다는 견해가 대립되고 있다.

Ⅱ. 완전보상설

완전보상설은 헌법상 정당보상의 원칙이 공용침해의 대상이 되는 재산권의 시장가격에 의한 완전한 시가보상을 의미한다는 견해이다. 이는 대법원과 헌법재판소의 입장이기도 하다. 즉 대법원 판례는 "건물의 일부가 수용되면 토지의 일부가 수용되는 경우와 마찬가지로 또는 그 이상으로 건물의 효용을 일부 잃게 되는 것이 일반적이고, 수용에 따른 손실보상액 산정의 경우 헌법 제23조 제3항에 따른 정당한 보상이란 원칙적으로 피수용재산의 객관적인 재산가치를 완전하게 보상하여야 한다는 완전보상을 뜻하는 것"이라고 판시하였다(대판 2001.9.25. 2000두2426). 헌법재판소 판례는 "헌법 제23조 제3항에 규정된 "정당한 보상"이란 원칙적으로 피수용재산의 객관적인 재산가치를 완전하게 보상하는 것이어야 한다는 완전보상을 뜻하는데, 토지의 경우에는 그 특성상 인근유사토지의 거래가격을 기준으로 하여 토지의 가격형성에 미치는 제 요소를 종합적으로 고려한 합리적 조정을 거쳐서 객관적인 가치를 평가할 수밖에 없다"고 판시하였다(헌재결 1998.3.26. 93헌바12).

그러나 완전보상설을 지지하는 견해 중에는 피침해재산권의 완전한 객관적 가치를 보상하는 것 이외에 공용침해로 인한 부대적 손실(예를 들어, 영업상 손실의 보상, 이전료 보상 등)의 완전한 보상까지를 포함한다는 견해도 제시되고 있다.

헌법상 정당보상의 원칙을 완전보상으로 이해하는 경우에는 그 액수에 있어서의 완전한 가치보상 외에도 보상의 방법, 절차, 시기 등에 있어서 부당한 제약이 없는 완전한 보상원칙을 의미하기도 한다. 헌법재판소 판례는 "헌법이 규정한 '정당한 보상'이란 … 그 손실 보상은 원칙적으로 피수용재산의 객관적인 재산가치를 완전하게 보상하는 것이어야 한다는 완전보상을 뜻하는 것으로서 보상금액 뿐만 아니라 보상의 시기나 방법 등에 있어서도 어떠한 제한을 두어서는 아니된다는 것을 의미한다"라고 판시하였다(헌재결 2011.12.29. 2010헌바205).

Ⅲ. 상당보상설

상당보상설은 헌법의 정당보상원칙이 반드시 피침해재산권의 완전한 객관적 가치보상을 의미한다기보다는 사회적 · 경제적 여건에 따라서 가변적이라는 점을 강조한다. 따라서 손실보상의 기준은 피침해재산권자의 평등권, 재산권 등 기본권의 본질적 내용을 침해하지 않는 범위 내에서 국가의 재정여건, 사회 · 경제적인 요인을 감안하여 결정된다. 그러므로 개별법규의 보상기준이 헌법적으로 객관 · 타당한 것이라면 비록 재산권의 시장가치를 하회한다 하더라도 위헌은 아니라는 견해이다.

Ⅳ. 절충설

손실보상의 기준은 원칙적으로 피침해재산권의 객관적 시장가격을 기준으로 하는 완전보상이지만 합리적인 사유가 있다면 상당한 보상으로 족한 경우도 있다. 또한 부대적 손실의 보상이나 생활보상이 행하여지는 경우에는 오히려 완전보상을 상회하기도 한다. 그러므로 보상기준은 일률적으로 정해지기보다는 피침해재산권의 성격이나 사회 · 경제적 여건에 따라 가변적으로 보아야 한다는 견해이다.

V. 결 론

행정상 손실보상은 공공의 필요에 의하여 특정인의 재산권을 침해하여 야기된 특별한 희생을 조절하는 제도이므로 피침해재산권의 객관적인 시장가치를 기준으로 하는 것이 원칙이다. 그러나 이미 언급한 바와 같이 개인의 재산권은 절대적으로 보장되는 것은 아니며 헌법상 일정한 사회적 기속하에 인정되는 것이므로 이러한 측면은 보상의 기준에도 고려되어야 한다.

다시 말해서 손실보상은 재산권 보장을 포함하는 법치주의원칙에 의하여 제도화된 것이지만, 보상제도의 구체적 내용과 기준을 정하는 것은 사회국가적 과제를 부여받은 입법권자의 재량사항이다. 그러므로 재산권의 본질적 내용을 침해하지 않는 한 입법자가 정한 보상기준이 시가를 하회한다 하더라도 사회적 합리성이 인정되는 "상당한 기준"인 경우에는 합헌으로 보아야 한다.

따라서 이러한 상당한 기준하에서만 다양한 부대적 손실의 보상이 고려될 수 있으며 완전보상을 넘어서는 부대적 손실의 보상은 손실보상제도의 취지에 반하는 것이다. 또한 생활보상이 행하여져서 결과적으로 손실보상의 액수가 완전보상을 상회하는 경우도 있을 수 있지만 이것을 손실보상의 기준으로 설명하는 것은 옳지 못하다. 그 이유는 생활보상의 내용을 이루는 생활재건조치 등은 "손실에 대한 가치보상"이라는 손실보상제도의 측면과는 다소 거리가 있음을 부인할 수 없다. 이는 오히려 공용침해로 상실된 생활관계의 회복을 위하여 이루어지는 "재산권의 존속보장 또는 필요한 국가적 과제의 실현"이라는 차원에서 이해되어야 하기 때문이다. 이에 대한 상세한 내용은 생활보상제도에서 논한다.

VI. 현행법의 구체적인 보상기준

1. 토지에 대한 보상 – 공시지가

토지보상법은 제70조 제1항에서 토지의 수용에 대한 보상은 부동산공시법에 따른 공시지가를 기준으로 할 것을 규정하고 있다. 다만 공시지가를 기준으로 하되, 그 공시기준일부터 가격시점까지의 관계 법령에 따른 그 토지의 이용계획, 해당 공익사업으로 인한 지가의 영향을 받지 아니하는 지역의 대통령령으로 정하는 지가변동률, 생산자물가상승률과 그 밖에 그 토지의 위치 · 형상 · 환경 · 이용상황 등을 고려하여 평가한 적정가격으로 보상액을 정한다. 여기서 공시지가는 부동산공시법의 표준지공시지가를 말한다(부동산공시법 제8조 제2호 가목, 제9조).

공시지가는 국토교통부장관이 토지이용상황이나 주변환경, 그 밖의 자연적 · 사회적 조건이 일반적으로 유사하다고 인정되는 일단의 토지 중에서 선정한 표준지에 대하여 매년 공시기준일 현재의 단위면적당 적정가격을 조사·평가하고 중앙부동산가격공시위원회의 심의를 거쳐 공시하는 가격이다(부동산공시법 제3조 제1항). 표준지공시지가는 토지시장에 지가정보를 제공하고 일반적인 토지거래의 지표가 되며, 국가·지방자치단체 등이 그 업무와 관련하여 지가를 산정하거나 감정평가법인 등이 개별적으로 토지를 감정평가하는 경우에 기준이 된다(제10조). 물론 구체적인 보상기준은 위에서 언급한 여러 가지 제반요소가 참작되는 것이지만 공시지가는 개발이익을 공제한 토지의 가격이므로 토지의 실제적인 보상기준은 시장가격을 하회하는 "상당한 기준"에 의하여 이루어지는 셈이다.

2. 공시지가에 의한 보상은 헌법상 정당보상원칙에 반하는가?

그렇다면 개발이익을 공제한 시가 이하의 공시지가를 기준으로 하는 보상은 헌법상 정당보상의 원칙에 반하는가? 위에서 언급한 바와 같이 공시지가에 의한 보상이 재산권의 본질적인 내용을 침해하지 않는 한 위헌으로 볼 수 없다는 것이 학설과 판례의 입장이다.

헌법재판소는 "개발이익은 공공사업의 시행에 의하여 비로소 발생하는 것이므로 그것이 피수용토지가 수용당시 갖는 객관적 가치에 포함된다고 볼 수도 없다. … 따라서, 법 제46조 제2항이 보상액을 산정함에 있어 공익사업의 시행으로 발생할 것으로 예상되는 개발이익을 배제하고, 기준지가의 고시일 이후 시점보정을 인근토지의 가격변동율과 도매물가상승률 등에 의하여 행하도록 규정한 것은 헌법상 정당보상의 원리에 위배되는 것은 아니다"라고 판시하였다(헌재결 1990.6.25. 89헌마107).

현실적으로 특정한 공익사업이 시행된다는 정보가 시중에 유통되어 지가가 상승하였음에도 불구하고 상승한 시장가격을 보상의 기준으로 하는 것은 오히려 정당보상의 원칙에 합치하지 않는다. 따라서 이러한 경우에는 당연히 공시지가에 의하여 불로(不勞)의 개발이익을 상쇄하는 보상기준이 마련되어야 한다.

이러한 의미에서 대법원도 "당해 수용사업의 시행으로 인한 개발이익은 수용대상토지의 수용당시의 객관적 가치에 포함되지 아니하는 것이므로 위 규정에 의하여 손실보상액 산정의 기준이 되는 지가공시및토지등의평가에관한법률에 의한 공시지가에 당해 수용사업의 시행으로 인한 개발이익이 포함되어 있을 경우에는 그 공시지가에서 그러한 개발이익을 배제한 다음 이를 기준으로 하여 손실보상액을 평가하고, 반대로 그 공시지가가 당해 수용사업의 시행으로 지가가 동결된 관계로 개발이익을 배제한 자연적인 지가상승분도 반영하지 못한 경우에는 그 자연적인 지가상승율을 산출하여 이를 기타사항으로 참작하여 손실보상액을 평가하는 것이 정당보상의 원리에 합당하다"고 하여(대판 1993.7.27. 92누11084), 개발이익의 공제를 통한 보상을 합헌적인 것으로 보고 있다.

또한 공시지가는 토지가격을 산정함에 있어서 반드시 그 기준이 되어야 하는 일종의 강행규범이기 때문에, 인근지역 보상 선례를 기준으로 당해 토지를 감정평가한 경우에는 표준지의 공시지가를 기준으로 당해 토지를 감정평가하도록 정한 관련법령에 위반된다.

3. 건물 등 그 밖의 물건에 대한 보상기준

토지를 제외한 건축물 · 입목 · 공작물과 그 밖에 토지에 정착한 물건에 대하여는 이전에 필요한 비용으로 보상하여야 한다. 다만 다음의 경우에는 해당 물건의 가격으로 보상하여야 한다. ① 건축물등을 이전하기 어렵거나 그 이전으로 인하여 건축물등을 종래의 목적대로 사용할 수 없게 된 경우, ② 건축물등의 이전비가 그 물건의 가격을 넘는 경우, ③ 사업시행자가 공익사업에 직접 사용할 목적으로 취득하는 경우(토지보상법 제75조).

4. 부대적 손실보상의 내용과 기준

토지보상법과 지방자치단체의 조례 등에는 토지나 물건 등에 대한 보상 외에도 실로 다양한 내용의 부대적 손실을 보상하는 규정을 두고 있다. 이러한 부대적 손실의 보상대상은 크게 보아 농업과 권리에 대한 보상, 실비변상적 보상, 일실손실의 보상, 간접보상으로 구분된다.

농업에 대한 보상은 공용침해행위로 인하여 상실되는 농작물 등에 대한 보상이며, 권리보상은 지상권 · 광업권 · 어업권 · 물사용권 등을 대상으로 한다. 실비변상적 보상은 공용침해로 인하여 이전 또는 이식되는 데 소요되는 이전비 · 운반비 · 이식비 등을 보상하는 것이다. 마지막으로 일실손실이란 공용침해로 인하여 폐지되는 영업의 폐지나 이전에 소요되는 비용을 말한다.

토지보상법 시행규칙 제5장 제5절 제45조 이하에 규정되고 있는 간접보상제도는 부대적 손실의 보상으로서 매우 중요한 의미를 갖는다. 간접보상이란 공용침해를 통하여 이루어지는 공공사업과는 직접적인 관련은 없으나 이러한 사업으로 인하여 불가피하게 고립되어 효용이 상실된 토지 · 농경지 · 건물 · 공작물 · 영업활동 등에 대하여도 이를 공공사업의 시행지구에 포함되는 것으로 의제하여 손실을 보상하는 제도이다.

간접보상의 구체적인 내용으로는 영업과 농업 등에 대한 간접보상(토지보상법 시행규칙 제5장 제5절 제45조 이하), 이주정착비나 이농비 등에 대한 간접보상(제6절), 소수 잔존자보상 등 공익사업시행지구 밖의 토지 등에 대한 간접보상 등(제7절)이 포함된다.

이러한 부대적 손실의 보상기준은 역시 대부분 상당한 보상을 기준으로 법령 등이 정하는 바에 의한다.

다만 판례는 "적법한 어업허가를 받고 허가어업에 종사하던 중 공유수면매립사업의 시행으로 피해를 입게 되는 어민들이 있는 경우 그 공유수면매립사업의 시행자로서는 위 구 공공용지의취득및손실보상에관한특례법시행규칙(1991.10.28. 건설부령 제493호로 개정되기 전의 것) 제25조의2의 규정을 유추적용하여 위와 같은 어민들에게 손실보상을 하여 줄 의무가 있다"라고 하여(대판 1999.11.23. 98다11529) 관련규정의 유추적용에 의한 손실보상을 인정하고 있다.

제5절 생활보상

Ⅰ. 생활보상의 의의

종래의 손실보상은 공익상 이루어진 공용침해행위로 인하여 특정인의 재산권에 특별한 희생이 발생하였을 때 이에 대한 금전적인 전보를 행하는 제도로 인식되었다. 그러나 대규모시설물의 설치(예컨대 다목적댐, 공항, 차량기지 등)를 위한 공용침해가 이루어지는 경우에는 개인이 생존하던 기반이 상실되어 금전적인 보상을 내용으로 하는 손실보상제도는 개인의 권리구제제도로서의 의미를 찾기 어렵다.

그러므로 이러한 경우에는 손실보상제도보다는 공용침해 이전의 생활관계의 회복을 내용으로 하는 권리구제제도가 강구되어야 하며, 이를 흔히 생활보상이라고 부른다. 따라서 생활보상은 손실보상과는 이념과 목적을 달리하는 제도이므로 전반적으로 손실보상의 법리는 생활보상에 적용되지 않는다.

Ⅱ. 생활보상의 개념

공용침해 이전의 생활관계의 회복을 내용으로 하는 생활보상은 실정법의 개념은 아니므로 학자들 간에는 상당한 견해의 편차가 존재한다. 대체로 보아 생활보상은 광협의 두 가지 개념으로 사용된다. 좁은 의미의 생활보상은 객관적으로 가치를 평가하기 어려운 재산권침해 이외의 부대적 손실의 보상을 의미하는 것으로 본다. 따라서 위에서 언급한 일실손실 및 실비변상적 보상과 같은 것이 이에 속한다.

이에 비하여 넓은 의미의 생활보상은 공용침해 이전의 생활관계의 회복을 구하는 보상 개념이므로 생활재건조치, 이주대책, 소수잔존자보상 등 공용침해로 인한 피침해자의 전반적인 주관적 가치의 보상이 모두 포함된다. 생활보상이 손실보상과 다른 이념과 목적을 추구하는 보상제도로 본다면 금전으로 평가되는 일실손실과 실비변상적 보상 등을 생활보상으로 국한시키는 협의의 개념은 받아들이기 어렵다.

Ⅲ. 생활보상의 기능

1. 권리의 존속보호

손실보상이 공용침해로 인한 권리구제에 있어서 일종의 보상보호수단이라면, 생활보상은 공용침해 이전의 생활관계의 원상을 회복하는 것을 내용으로 하는 권리의 존속보호수단이다. 일반적으로 재산권의 침해에 대하여 보상보다는 원칙적으로 침해를 제거하여 완전한 재산권 행사의 회복을 가능하게 하는 존속보호의 수단이 우선해야 함을 고려할 때 생활보상은 재산권 보장의 이념에 보다 합치하는 제도이다.

2. 생존권의 보장

생활보상은 재산권 보장규범에 토대를 두고 있는 것 외에도 과거 개인의 구체적인 인간 및 생활관계의 회복을 목적으로 하는 것이므로 개인의 생존권을 보장하는 수단이다. 그러므로 이미 언급한 바와 같이 생활보상에 있어서는 완전한 보상 또는 상당한 보상의 기준 등은 문제되지 아니하며 사회국가원리에 근거한 국가적 과제의 실현이라는 측면이 강조된다.

대법원도 생활보상의 수단으로서 "[토지보상법]에 의한 이주대책제도는, 공익사업 시행으로 생활근거를 상실하게 되는 자에게 종전의 생활상태를 원상으로 회복시키면서 동시에 인간다운 생활을 보장하여 주기 위한 이른바 생활보상의 일환으로 국가의 적극적이고 정책적인 배려에 의하여 마련된 제도"라고 보고 있다(대판 2011.6.10. 2010두26216).

Ⅳ. 생활보상의 법적 근거

1. 헌법적 근거

생활보상은 재산권 보장의 존속보호형식이므로 공용침해로 인한 생활보상의 헌법적 근거는 헌법 제23조이다. 다만 헌법 제23조 제3항은 일반적인 손실보상의 헌법적 근거이므로 원칙적으로 생활보상은 더 엄격한 의미에서 헌법 제23조 제1항에 가까운 제도라고 할 수 있다. 또한 생활보상의 생존권적 성격 또는 피침해자의 요구에 더 근접한 보상수단이라는 점을 감안한다면 "모든 국민은 인간다운 생활을 할 권리를 가진다"라는 헌법 제34조 제1항과 제10조도 생활보상의 중요한 헌법적 근거를 형성한다.

2. 법률적 근거

생활보상의 수단과 구체적인 내용은 토지보상법의 규정에 산재한다. 예를 들면 잔여지의 손실과 공사비 보상(제73조), 광업권 · 어업권 · 양식업권 및 물(용수시설 포함) 등의 사용에 관한 권리의 보상(제76조), 영업의 손실 등에 대한 보상(제77조), 그 밖의 토지에 관한 비용보상(제79조) 등이 있다. 그러나 생활보상의 핵심적인 내용은 제78조에서 규정되고 있는 이주대책, 생활재건조치, 소수잔존자보상 등이다.

V. 생활보상의 내용

생활보상의 내용에는 금전으로 평가가 가능한 부대적 손실의 보상 외에 토지보상법 및 같은 법 시행령, 시행규칙 등에 규정된 다음과 같은 내용이 포함된다.

1. 이주대책

토지보상법 제78조 제1항은 사업시행자가 공익사업의 시행으로 인하여 주거용 건축물을 제공함에 따라 생활의 근거를 상실하게 되는 자를 위하여 대통령령으로 정하는 바에 따라 이주대책을 수립 · 실시하거나 이주정착금을 지급하여야 한다고 규정하고 있다. 이는 대규모 공익사업의 시행으로 인하여 상실되는 생활관계를 회복하기 위하여 금전적인 손실의 보상에 우선하는 것이다.

판례는 "공익사업을 위한 토지 등의 취득 및 보상에 관한 법률(이하 '법'이라 함) 제78조 제5항 및 같은 법 시행규칙(이하 '규칙'이라 함) 제54조 제2항, 제55조 제2항의 각 규정에 의하여 공익사업의 시행에 따라 이주하는 주거용 건축물의 세입자에게 지급하는 주거이전비와 이사비는, 당해 공익사업 시행지구 안에 거주하는 세입자들의 조기이주를 장려하여 사업추진을 원활하게 하려는 정책적인 목적과 주거이전으로 인하여 특별한 어려움을 겪게 될 세입자들을 대상으로 하는 사회보장적인 차원에서 지급하는 금원의 성격을 갖는다"라고 판시하였다(대판 2006.4.27. 2006두2435). 또한 판례는 "이주대책은 공익사업의 시행에 필요한 토지 등을 제공함으로 인하여 생활의 근거를 상실하게 되는 이주대책대상자들에게 종전의 생활상태를 원상으로 회복시키면서 동시에 인간다운 생활을 보장하여 주기 위하여 마련된 제도"라고 판시하였다[대판(전합) 2011.6.23. 2007다63089 등].

2. 생활재건조치

이주대책만으로는 완전한 생활관계의 회복을 기대하기란 불가능하다. 따라서 주택 · 학교 · 상하수도 · 근린생활시설 등 생활의 재건에 필요한 일련의 사회기반시설을 설치하는 것도 생활보상의 중요한 내용을 이룬다. 따라서 토지보상법 제78조 제3항은 국가 또는 지방자치단체가 이주대책의 실시에 따른 주택지의 조성 및 주택의 건설에 대하여 주택도시기금법에 따른 주택도시기금을 우선적으로 지원하여야 한다고 규정하고 있다. 더 나아가 같은 조 제4항에 의하여 위와 같은 이주대책에는 도로, 급수시설, 배수시설, 그 밖의 공공시설 등 통상적인 수준의 생활기본시설이 포함될 것이 요구되고 있다.

3. 소수잔존자보상

토지보상법 시행규칙 제61조는 일종의 간접보상의 한 형태로서 소수잔존자보상을 인정하고 있다. 즉 공익사업의 시행으로 인하여 1개 마을의 주거용 건축물이 대부분 공익사업시행지구에 편입되고 잔여 주거용 건축물의 생활환경이 현저히 불편하게 되어 이주가 부득이한 경우에는 그 소유자의 청구에 의하여 이를 공익사업시행지구에 편입되는 것으로 보아 보상하여야 한다고 규정하고 있다.

제6절 손실보상의 방법과 수단

Ⅰ. 금전보상의 원칙

손실보상은 금전 특히 현금에 의한 보상을 원칙으로 한다. 토지보상법 제63조 제1항 본문은 "손실보상은 다른 법률에 특별한 규정이 있는 경우를 제외하고는 현금으로 지급하여야 한다"라고 하여 현금보상의 원칙을 규정하고 있다. 여기에서 다른 법률에 의한 특별한 규정이란 현금보상이 아닌 매수보상이나 현물보상의 방법에 의한 손실보상을 말한다.

Ⅱ. 매수보상

1. 매수보상의 의의

매수보상은 금전보상원칙에 대한 예외라기보다는 변형된 형태라고 보아야 한다.

매수보상은 공용침해행위로 인하여 잔여지의 효용이 급감하는 경우에 토지소유자 등의 권익을 보호하기 위하여 인정되는 제도이다.

토지보상법에 의하여 동일한 토지소유자에게 속하는 일단의 토지 일부가 협의매수되거나 수용됨으로 인하여 잔여지를 종래의 목적에 사용하는 것이 현저히 곤란할 때에는 해당 토지소유자는 사업시행자에게 잔여지를 매수하여 줄 것을 청구할 수 있으며, 사업인정 이후에는 관할 토지수용위원회에 수용을 청구할 수 있다(토지보상법 제74조 제1항 제1문).

2. 매수보상제의 문제점 – 헌법상 정당보상원칙과의 관계

매수보상제도의 문제점은 지난 1989년 12월 22일 헌법재판소가 구 국토이용관리법상 토지거래허가제도에 대한 결정(헌재결 1989.12.22. 88헌가13)을 내리면서 논란의 대상이 된 바 있다. 다시 말해서, 법정의견은 아니지만, 구 국토이용관리법 제21조의15에 규정된 매수청구권은 형성권이 아니며 단순한 매수알선청구권에 불과하며 예산의 범위 안에서 매수하도록 하는 것은 헌법상 정당보상원칙에 반한다는 위헌의견이 제기된 것이다. 그 이후에 당해 조항은 "예산의 범위에서"로부터 "공시지가를 기준으로"라는 내용으로 개정되었으나(「부동산 거래신고 등에 관한 법률」 제16조 제2항) 여전히 매수의 알선청구에 불과하다.

토지보상법 제74조 제1항에 규정된 매수청구권도 이러한 의미에서 위헌의 문제가 제기될 수 있다. 더 나아가 다른 법규에 규정된 매수청구권(개발제한구역법 제17조 제1항)의 경우에도 매수의 여부를 행정청이 결정하도록 하고 있다. 따라서 토지보상법과 개별법에 규정된 매수청구권을 형성권화하여 헌법상 정당보상원칙에 근접시키는 입법적 노력이 요구된다.

다만 대법원 판례는 "구 공익사업을 위한 토지 등의 취득 및 보상에 관한 법률(2007.10.17. 법률 제8665호로 개정되기 전의 것. 이하 '공익사업법'이라고 한다) 제74조 제1항에 규정되어 있는 잔여지 수용청구권은 손실보상의 일환으로 토지소유자에게 부여되는 권리로서 그 요건을 구비한 때에는 잔여지를 수용하는 토지수용위원회의 재결이 없더라도 그 청구에 의하여 수용의 효과가 발생하는 형성권적 성질을 가[진다]"라고 판시하여(대판 2010.8.19. 2008두822) 법해석적 해결을 꾀하였다.

Ⅲ. 현물보상

현물보상은 손실보상의 방법으로 환지를 지급하거나 주택분양 또는 입주 등의 권리를 제공하는 것을 말한다. 예를 들어 「도시 및 주거환경정비법」 제65조 제4항에 의한 대지 또는 건축물에 대한 현물보상 등이 이에 해당한다.

Ⅳ. 채권보상

1. 채권보상의 의의

채권보상이란 손실보상의 방법으로 현금에 대신하여 일정한 상환기간과 이율을 예정한 채권으로 보상하는 방법을 말한다. 최근에 공익사업이 시행되는 지역의 토지가격이 급등하고 국가 등의 재정여건이 열악해짐에 따라서 토지보상법에 채권보상제가 도입되었다(제63조 제7항 내지 제9항).

2. 채권보상의 요건

토지보상법에 의한 채권보상의 요건은 다음과 같다. 먼저 임의적 채권보상의 경우에는, ① 사업시행자가 국가, 지방자치단체, 그 밖에 대통령령으로 정하는 공공기관 및 공공단체이어야 하고, ② '토지소유자나 관계인이 원하는 경우' 또는 '사업인정을 받은 사업의 경우에는 대통령령으로 정하는 부재부동산 소유자의 토지에 대한 보상금이 대통령령으로 정하는 일정 금액을 초과하는 경우로서 그 초과하는 금액에 대하여 보상하는 경우' 중 어느 하나에 해당되는 경우이어야 한다(제63조 제7항).

다음으로 의무적 채권보상의 경우에는, 토지투기가 우려되는 지역으로서 대통령령으로 정하는 지역에서 '택지개발사업, 산업단지개발사업, 그 밖에 대규모 개발사업으로서 대통령령으로 정하는 사업' 중 어느 하나에 해당하는 공익사업을 시행하는 자 중 대통령령으로 정하는 공공기관 및 공공단체는 사업인정을 받은 사업의 경우로서 대통령령으로 정하는 부재부동산 소유자의 토지에 대한 보상금이 대통령령으로 정하는 일정 금액을 초과하여 그 초과하는 금액에 대하여 보상하는 때의 보상금 중 대통령령으로 정하는 1억원 이상의 일정 금액을 초과하는 부분이 있어야 한다(제63조 제8항).

3. 채권보상에 대한 위헌론

채권보상제도가 헌법상 정당보상의 원칙에 위반됨을 이유로 하는 위헌론이 제기되고 있다. 정당보상의 원칙을 완전보상의 원칙으로 이해하는 경우에는 그 액수를 산정함에 있어서도 완전한 시가보상을 요구하는 것 외에 지급방법이나 절차에 있어서도 부당한 제한이 가해질 수 없는 것이 원칙이다.

이러한 측면에서 채권보상은 완전보상제도를 원칙으로 하는 정당보상의 원칙에 어긋난다는 주장이다. 더 나아가 채권보상제도는 당사자가 원하는 경우에는 별 문제가 없으나 부재지주나 비업무용부동산을 소유한 주체에게는 일종의 강제공채(Zwangsanleihe)로서 차별적 조치를 의미하므로 헌법상 평등원칙에 반한다는 지적도 가능하다. 또한 채권보상제는 국가의 열악한 재정여건을 완화한다는 목적에 비하여 지나치게 과도한 수단이므로 비례의 원칙에 어긋난다는 비판이 가해질 수 있다.

4. 위헌론에 대한 반박

그러나 채권보상제도의 위헌론에 대하여는 다음과 같은 반박도 가능하다. 우선 헌법의 정당보상원칙을 완전보상으로 이해할 수도 있으나 현실적인 보상의 기준으로 상당보상의 원칙이 수용될 수 있다면, 그 지급방법과 절차에 있어서 다소의 제한이 따른다 하더라도 "사회적 · 경제적 상당성"이 인정되는 한 위헌의 문제는 발생하지 않는다. 부재지주나 비업무용부동산은 투기적 소유의 징후가 있으므로 이에 대하여는 현금보상의 원칙을 적용하지 않고 채권으로 보상한다 하더라도 사회적 · 경제적 정당성을 유지할 수 있기 때문이다.

이러한 의미에서 부재지주나 비업무용부동산에 대한 차별적 조치는 "합리적 근거"가 있는 것으로서 자의적 조치는 아니며 헌법상 평등의 원칙에 반하지 않는다. 마지막으로 비례의 원칙과 관련하여 채권보상제도에 관한 근거조항(토지보상법 제63조 제9항)은 상환기간과 이율을 명확하게 규정하고 있으므로 그 적절성과 필요성 그리고 법익의 균형성에 반한다고 성급하게 결론지을 수 없다.

V. 손실보상의 지급방법

손실보상의 지급방법으로는 ① 선불과 후불, ② 개별불과 일괄불, ③ 일시불과 분할불의 방법을 예정할 수 있으나, 원칙적으로 선불, 개별불, 일시불의 원칙에 의한다.

토지보상법도 사전보상(제62조), 개인별 보상(제64조), 일시급(제62조)을 원칙으로 한다. 즉 사업시행자는 해당 공익사업을 위한 공사에 착수하기 이전에 토지소유자와 관계인에게 보상액 전액(全額)을 지급하여야 하고(제62조 본문), 손실보상은 토지소유자나 관계인에게 개인별로 하여야 한다(제64조 본문).

다만 토지보상법 제38조에 따른 천재지변 시의 토지 사용과 제39조에 따른 시급한 토지 사용의 경우 또는 토지소유자 및 관계인의 승낙이 있는 경우에는 사후보상이나 분할급이 가능하다(제62조 단서). 또한 개인별로 보상액을 산정할 수 없을 때에는 개인별 보상 원칙의 예외가 인정된다(제64조 단서).

한편 판례는 "토지수용법 제45조 제2항은 수용 또는 사용함으로 인한 보상은 피보상자의 개인별로 산정할 수 없을 때를 제외하고는 피보상자에게 개인별로 하여야 한다고 규정하고 있으므로, 보상은 수용 또는 사용의 대상이 되는 물건별로 하는 것이 아니라 피보상자 개인별로 행하여지는 것이라고 할 것이어서 피보상자는 수용 대상물건 중 전부 또는 일부에 관하여 불복이 있는 경우 그 불복의 사유를 주장하여 행정소송을 제기할 수 있다"라고 판시하였다(대판 2000.1.28. 97누11720).

제 7 절 손실보상의 결정방법과 불복절차

손실보상의 구체적인 액수가 결정되는 것은 관련법규의 규정에 의하나, 토지보상법은 다음과 같은 두 가지 방법을 예정하고 있다.

Ⅰ. 당사자의 협의에 의하는 경우

토지보상법은 가능한 한 토지의 수용과 같은 공용침해행위는 일종의 최후수단(ultima ratio)으로서 그 행사를 일단 유보하고 당사자간의 협의를 통한 임의취득에 의하여 손실보상의 액수가 결정되도록 우선적으로 고려하고 있다. 따라서 사업시행자는 사업인정의 고시가 있은 후 토지에 관하여 권리를 취득하거나 소멸시키기 위하여 토지소유자 및 관계인과 협의하여야 한다(제26조 제1항). 이러한 당사자간 협의의 성립에 대하여 관할 토지수용위원회의 확인을 받으면 재결과 같은 확정력이 부여된다(제4항).

Ⅱ. 토지수용위원회의 재결에 의하는 경우

당사자간의 협의가 성립되지 아니하거나 협의를 할 수 없을 때(제26조 제2항 단서에 따른 협의 요구가 없을 때 포함)에는 사업시행자는 사업인정고시가 된 날부터 1년 이내에 관할 토지수용위원회에 재결을 신청할 수 있다(제28조 제1항). 물론 토지수용위원회는 손실보상의 액수와 함께 ① 수용하거나 사용할 토지의 구역 및 사용방법, ② 수용 또는 사용의 개시일과 기간, ③ 그 밖에 이 법 및 다른 법률에서 규정한 사항에 대하여 재결한다(제50조 제1항).

Ⅲ. 재결에 대한 불복절차

토지수용위원회의 재결이 위법 · 부당한 경우에는 이에 대한 행정쟁송을 통한 권리구제의 길이 마련되어야 한다. 토지보상법은 이에 대하여 이의신청을 인정하고(제83

조), 중앙토지수용위원회는 수용재결이 위법 또는 부당하다고 인정할 때에는 그 원재결의 전부 또는 일부를 취소하거나 보상액을 변경하는 이의재결을 할 수 있다(제84조 제1항).

구 토지수용법은 제75조의 제2항을 통하여 이러한 번거로움을 해소하여 바로 보상액의 증감을 청구하는 경우에는 재결청 이외에도 반드시 기업자나 토지소유자 등이 공동피고가 되는 이른바 필수적 공동소송제도를 취하고 있었다. 그러나 신설된 토지보상법은 제85조 제2항에서 수용재결 또는 이의재결에 불복하는 행정소송을 제기하는 경우 이것이 오직 보상금의 증감만을 그 대상으로 하는 때에는 그 소송을 제기하는 자가 토지소유자 또는 관계인일 때에는 사업시행자를, 사업시행자일 때에는 토지소유자 또는 관계인을 각각 피고로 한다고 규정하고 있다. 따라서 구법과는 달리 현행법에서는 위 소송이 제기되는 경우 재결청은 공동피고에서 제외되기 때문에 현행법은 보상금 증감에 관한 소송에 대하여 일본식의 순수한 형식적 당사자소송을 채택한 것으로 볼 수 있다.

제 8 절 수용유사적 침해와 수용적 침해이론

Ⅰ. 수용유사적 침해이론과 수용적 침해이론의 등장과 발전

수용유사적 침해(enteignungsglicher Eingriff)와 수용적 침해(enteignender Eingriff)이론은 독일연방최고법원(Bundesgerichtshof)의 판례이론을 통하여 성립 · 발전하였다.

독일의 경우에도 행정상 손해전보제도는 위법 · 유책의 국가행위에 대하여는 국가배상을 인정하고, 적법 · 무책의 특별한 희생을 발생시키는 국가행위에 대하여는 손실보상제도로써 권리를 구제하는 이원구조로 이루어져 왔다.

그러나 이 두 제도 사이에서 발생하는 권리구제의 공백, 다시 말해서 객관적으로는 위법한 국가행위임에도 불구하고 그 책임을 묻기 어려운 무책의 손해에 대하여는 적절한 판례이론의 성립이 불가피했던 것이다. 이러한 상황하에서 연방최고법원은 공용침해행위 개념의 확대를 통하여 위의 판례이론을 성립시켰다. 그러나 1981년 연방헌법재판소의 이른바 자갈채취사건을 통하여 수용유사적 침해이론은 중대한 수정을 받게 되었다. 따라서 독일에서는 그 이후에 위의 판례이론의 존속을 두고 학설상 상당한 진통이 계속되었으나 현재 수용유사적 침해이론은 다소간의 수정을 거쳐서 여전히 건재하다. 이는 독일의 손해전보제도의 근간이 변화되지 않는한 계속될 것으로 보인다.

우리나라의 법상황에서도 수용유사적 침해와 수용적 침해이론은 단순한 이론적

흥미에 머물지 않고 공용침해와 관련되는 불가분조항의 문제(특히 개발제한구역의 설정행위와 손실보상)와 관련하여 오랫동안 관심의 대상이 되었다. 다만 판례와 더불어 학설상으로도 위의 독일판례이론을 수용할 것인가에 대하여는 여전히 논란이 계속되고 있다.

Ⅱ. 수용유사적 침해이론

1. 개 념

수용유사적 침해란 헌법상 공용침해행위로 인하여 개인에게 특별한 재산적 희생이 발생하였음에도 불구하고 보상규정이 결여되는 경우에 이를 수용행위에 유사한 공용침해로 보아 손실의 보상을 인정하는 판례이론이다.

헌법상 공용침해의 특별한 희생을 연결지우는 보상규정이 있는 경우에 그 적법성을 인정한다면, 공용침해의 모든 요건을 갖추고 있음에도 불구하고 손실보상규정이 없다면 이러한 공용침해행위는 위헌 · 위법하다고 할 수 있다. 따라서 적법한 공용침해에 대하여 손실보상을 인정한다면 위법으로 평가되는 공용침해행위에 대하여는 더욱더 당연히 손실보상이 인정되어야 한다(ErstrechtSchluss)는 것이 수용유사적 침해이론의 요체이다.

초기에 독일의 연방최고법원은 수용유사적 침해로 인한 손실보상의 법적 근거로서 과거 제국법원(Reichsgericht)이 제시한 프로이센일반란트법 제75조의 일반적 희생보상청구권의 법리와 더불어 기본법 제14조 제3항의 재산권조항을 거론하였다(BGHZ 6, 270).

2. 국가배상과의 관계

수용유사적 침해이론은 위법 · 무책의 국가행위에 의하여 야기되는 손실을 보상하는 제도이므로, 위법 · 유책의 행위로 인한 손해를 배상하는 국가배상과는 개념적으로 구별된다. 따라서 연방최고법원은 초기에 보상규정을 결여한 침해행위의 위법성을 당연히 전제하면서 공용침해행위로 인하여 재산권에 가해진 특별한 희생에 중점을 두었을 뿐 "침해행위의 위법성"이라는 요건에는 별다른 비중을 부여하지 않았다.

그러나 점차 보상규정을 결여한 "위법한 공용침해 그 자체가 특별한 희생"으로 평가될 수 있다는 점이 강조되었다. 따라서 연방최고법원은 "공용침해의 위법성"은 손실보상을 위한 보상청구권의 본질적인 구성요건을 이룬다는 점에 착안하면서 수용유사적 침해이론을 "위법 · 유책의 손해를 배상"하는 배상청구권에까지 확대적용하였다

(BGHZ 32, 208).

3. 요 건

수용유사적 침해로 인한 손실보상청구권은 일반적인 손실보상청구권의 경우와 같이 공공의 필요, 공용침해, 특별한 희생의 요건이 충족되어야 하며, 불가분조항에 의한 보상의 법적 근거는 문제되지 않는다.

1) 공공의 필요

수용유사적 침해는 개인의 재산권에 대하여 이루어지는 공용침해행위로서 공공의 필요에 의하여 행하여짐은 일반적인 공용침해의 경우와 같다. 예를 들어 늘 문제가 되는 개발제한구역법 제3조에 따른 개발제한구역의 지정행위도 도시의 무질서한 확산을 방지하고 도시 주변의 자연환경을 보전하여 도시민의 건전한 생활환경을 확보하는 등 공공의 필요에 의하여 이루어지는 공용침해행위이다.

2) 공용침해

공용침해는 공공의 필요에 의하여 개인의 재산권에 가해지는 직접적 · 고권적 침해이다. 다만 수용유사적 침해이론에서 공용침해행위는 원래 적법한 침해이기는 하지만 보상규정을 결여하고 있다는 점에서 위법한 것으로 평가된다. 따라서 공용침해의 요건은 재산권 침해, 고권적 침해 · 직접적 침해로 세분화하여 살펴볼 수 있다.

(1) 재산권 침해

수용유사적 침해에 있어서의 공용침해는 공공의 필요에 의하여 가해지는 개인의 재산권에 대한 침해이다. 여기에서 개인의 재산권은 재산적 가치를 갖는 개인의 법적 지위를 총칭하는 개념이다. 침해의 대상이 되는 개인의 재산권은 원칙적으로 현재 법적으로 보호받는 개인의 재산적 가치 있는 권리를 말하기 때문에 단순한 영업상 기대이익은 이에 포함되지 않는다. 헌법재판소 판례는 "단순한 기대이익 · 반사적 이익 또는 경제적인 기회 등은 재산권에 속하지 않는다"라고 판시하였다(헌재결 1998.7.16. 96헌마246).

(2) 고권적 침해 · 직접적 침해

국가배상제도에 있어서의 위법한 국가행위와는 달리 손실보상에서의 공용침해는 공공의 필요에 의한 적법한 침해행위이며 특정한 재산적 가치를 지닌 대상에 대한 의도적인 침해행위(gezielter Eingriff)를 말한다. 이러한 의미에서 수용유사적 침해에서의 공용침해는 수용적 침해의 의도되지 않은 비정형적인 공용침해와 구별된다.

공용침해행위의 개념에 대하여 오랜 역사를 갖고 있는 독일에서는 초기에 공용침해의 개념에서 의도적이며 고권적 요소가 강조되었다. 초기의 연방최고재판소의 판결도 이러한 경향을 보이고 있었으나, 후일에는 이 개념을 포기하고 대신 직접적이며 고권적 침해(unmittelbarer und hoheitlicher Eingriff)의 용어를 사용하고 있다(BGHZ 37, 44). 그러므로 재산권에 대한 단순히 부수적이며 원격적 효과(Neben- und Fernwirkungen)만을 야기하는 국가행위는 공용침해의 개념에서 제외되었다. 따라서 원칙적으로 행정청의 단순부작위는 공용침해행위로 평가되지 못하였으며 예외적으로 건축허가에 대한 부작위와 같이 재산권 주체의 적법한 재산권 행사를 거부하는 경우에는 이른바 "침해에 준하는 부작위"(qualifiziertes Unterlassen)로서 공용침해의 범주에 포함되었다(BGHZ 19, 1; 65, 182, 188 ff).

그러나 연방최고법원은 수용유사적 침해이론에서 종래와는 달리 침해의 의도성과 목적지향성을 의미하는 종국성 개념(Finalität)을 포기하고 직접성(Unmittelbarkeit)이라는 개념으로 대치하였다. 따라서 수용유사적 침해에서 공용침해는 처음부터 의도적인 것은 아니더라도 결과적으로 개인의 재산권에 직접적으로 피해를 주는 것으로 족하다. 다시 말하면 "공용침해"(Eingriff)보다는 "직접적인 피해"(unmittelbare Beeinträchtigung)라고 표현하는 것이 더 정확할 것이다[BGHZ 37, 44(47)].

이러한 이론에 따른다면 개발제한구역의 지정행위가 처음부터 특정인의 재산권을 침해하려는 의도를 갖고 있지 않다 하더라도 결과적으로 특정인의 재산권에 직접적인 피해를 야기하는 효과를 갖는다면 이는 수용유사적 침해로 인한 손실보상청구권을 인정하기에 충분한 것이다.

3) 특별한 희생

특별한 희생은 손실보상의 일반적인 의미에서의 특별한 희생과 다르지 아니하므로 여기에서 자세한 논의는 생략한다.

4. 연방헌법재판소의 이른바 자갈채취사건

1) 자갈채취사건의 개요와 연방헌법재판소의 판시내용

원고는 자신의 토지에서 영업적으로 골재를 채취하는 자였는데, 골재채취를 계속하기 위한 허가를 신청하였으나 당해 지역이 수자원보호구역 안에 위치하여 수질을 오염시킬 위험성이 있다는 이유로 허가가 거부되었다. 이에 대한 불복청구(행정심판)가 기각되자 원고는 행정소송을 제기하지 않고 연방최고법원에 종래의 유사한 사건에서의 보상판결을 상기하면서 보상을 위한 소송을 제기하였다.

이에 대하여 연방최고법원은 보상없이 수자원의 이용을 배제하는 것은 1976년에 개정된 수자원관리법(Wasserhauschalrsgesetz)의 규정을 통하여 헌법상 보상된 개인의 새산권을 침해하는 위헌적인 것이라며 헌법재판소에 위헌제청을 하였다.

이에 대하여 연방헌법재판소는 다음과 같이 판시하였다(BVerGE 58, 300). “기본법 제14조 제3항에 의한 수용처분은 그에 대한 보상의 규모와 방법을 규정한 법적 근거가 있는 경우에 한하여 허용될 수 있다. 만약 보상의 근거가 결여된다면 수용처분을 규율하는 법률은 위헌이며 이에 근거한 수용처분은 위법하다. 다만 이경우에 관계인은 보상규정이 없으므로 손실의 보상을 구하는 소송을 제기할 수 없으며 수용처분의 취소를 구하는 소송을 관할행정법원에 제기할 수 있을 뿐이다. 만약 관계인이 수용처분을 다투지 않아 불가쟁력이 발생한 경우에는 보상을 위한 소송의 제기는 부적법하다. 그러므로 민사법원은 기본법 제14조 제3항 제4문에 따라서 법적 근거에 의한 보상이 실시되었는가의 여부에 대하여만 재판할 수 있을 뿐이다. 따라서 민사법원은 보상을 위한 법적 근거가 있는 경우에 한하여 손실보상의 인용에 관한 판결의 권한이 있다.”

2) 연방헌법재판소의 결정에 대한 평가

(1) 공용침해 개념의 축소

연방헌법재판소는 이전까지 연방최고법원이 확장해 온 공용침해의 개념을 고전적인 것으로 되돌렸다. 연방최고법원은 수용유사적 침해에서의 공용침해의 종국성 개념을 완화하여 재산권에 대하여 결과적으로 야기되는 직접적인 피해로 이해하여 왔다는 것은 기술하였다. 이에 반하여 연방헌법재판소는 공용침해의 개념을 엄격히 해석하여 재산적 가치를 갖는 법적 지위의 의도적 · 직접적 박탈이라고 못박고 있다.

그러므로 공용침해는 기본법 제14조 제1항 제1문에 의하여 보호되는 개인의 재산적 가치 있는 지위를 공공필요에 의하여 의도적이며 고권적인 법적 행위로 침해하는 것을 의미한다. 따라서 공용침해의 성질과 사실상의 영향력을 중시하는 연방최고법원과는 달리 연방헌법재판소는 보다 고전적인 의미에서 공용침해의 형태와 목적에 초점을 맞추었다.

(2) 재산권의 내용 및 한계와 공용침해와의 준별

연방헌법재판소가 자갈채취사건에서 강조한 또 하나의 테제(These)는 공용침해로 평가되는 처분에도 불구하고 보상규정이 결여되는 경우를 수용유사적 침해로 보고 보상청구를 인정해 온 연방최고법원의 도그마를 수정하는 것이다. 다시 말해서 연방헌법재판소는 이러한 형태의 공용침해는 기본법 제14조 제3항에 의한 손실보상의 법리에 의하여 지배되는 것이 아니라 기본법 제14조 제1항 제2문의 재산권의 내용 및 한계를 규정하는 법률의 의미에서 그 합헌성 여부를 가려야 한다는 것이다.

다시 말하면 개인적 재산권을 제한하는 고권적 처분(예컨대 도시계획결정과 같은 계획제한행위)을 규정하는 법률은 원래 재산권의 내용과 한계를 정하는 규범으로 의도되었으나, 이를 규정한 결과로 개인 기본권의 본질적 내용을 침해하여(계획제한으로 인한 사용·수익권의 본질적 침해 또는 과잉금지원칙의 위반 등) 헌법적 한계를 넘어선 위헌적인 법률로 평가된다는 것이다.

이러한 이유에서 위의 공용침해를 허용하는 법률은 그 원래적 의도가 단순히 재산권의 내용과 한계를 규정하려고 한 것에 불과하다(물론 결과적으로는 그 한계를 일탈하여 위헌적인 것이 되었지만!). 그러므로 처음부터 손실보상을 예정하고 공공의 필요에 의하여 타인의 재산권을 침해하는 공용침해 혹은 수용유사적 침해를 허용하는 법률과는 구별되어야 한다. 따라서 위헌적인 법률을 근거로 발령된 처분은 위법하며 행정쟁송을 통하여 그 효력이 부인될 수 있을 뿐 손실보상을 인정하는 기본법 제14조 제3항의 본래적 공용침해행위는 아니다.

연방헌법재판소는 이러한 법리를 통하여 사회적 기속을 넘어서는 고권적 국가작용에 대하여 수용유사적 성격을 부여하여 손실보상을 인정하던 연방최고법원의 입장을 전면 부인한 것이다. 따라서 연방최고법원이 기본법 제14조의 구조를 재산권의 내용 및 한계와 이를 넘어서는 공용수용을 상대적인 것으로 보는 연속성모델(이른바 경계이론)이 연방헌법재판소에 의하여 불연속성모델 또는 단절된 모형(이른바 분리이론)으로 변화하였음을 의미한다고 평가하기도 한다.

결과적으로 연방헌법재판소는 원래적 의미의 정상적인 공용침해와 손실보상규범(기본법 제14조 제3항), 합헌적인 재산권의 내용과 한계를 정하는 규범(제14조 제1항 제2문)과 더불어 제3의 범주로서 법률로 재산권의 내용과 한계를 규정함에 있어서 헌법적 한계를 일탈한 국가작용의 유형을 제시하여 마지막 형태의 공용침해를 수용과 유사한 것으로 이해하는 연방최고법원의 견해를 반박하였다.

(3) 일차적 권리보호의 우월성

연방헌법재판소는 또한 자갈채취사건에서 위법한 고권적 처분에 대한 행정쟁송과 손실보상간의 선택적 청구권을 부인하였다. 따라서 이 경우에 관계인이 행사할 수 있는 유일한 권리구제의 수단은 위법한 처분에 대한 취소를 구하는 항고소송을 제기하는 것이다.

이로써 연방헌법재판소는 손실의 보상을 통한 권리구제수단에 비하여 위법한 국가작용을 제거함으로써 완전한 재산권 행사를 회복하는 일차적 권리구제(Primärrechtschutz) 수단의 우월성을 강조하였다.

이는 재산권 보호를 비롯한 기본권 침해에 대한 구제로서 원칙적으로 존속보호의 수단이 보상보호의 수단에 우월하다는 것을 의미한다. 따라서 연방헌법재판소에 의하면 권리구제의 단계로서 「행정쟁송－결과제거청구권－손해전보」라는 일종의 권리구제의 단계구조가 존재한다.

5. 자갈채취사건 이후의 수정된 수용유사적 침해이론

1) 수용유사적 침해의 법적 근거

자갈채취사건 이후 독일의 문헌에서 수용유사적 침해이론은 그 이론적 기반이 붕괴되어 무용지물이 되었다는 비판적 평가도 제기되었다. 그러나 수용유사적 침해이론이 가지는 실천적 이성의 측면은 결코 간과할 수 없는 것이어서 현재 연방헌법재판소의 비판을 수용한 수정된 수용유사적 침해이론은 여전히 건재하며 연방헌법재판소도 그 존재를 시인하고 있다.

사실상 연방헌법재판소가 지적한 엄격한 공용침해의 개념, 재산권의 내용 및 한계와 수용의 구별, 일차적 권리보호의 우월성에 대한 법리는 쉽게 반박할 수 없는 논리를 담고 있는 것이 사실이다. 따라서 연방최고법원도 원칙적으로 연방헌법재판소의 견해를 받아들여 수용유사적 침해로 인한 손실보상청구권의 법적 근거를 과거와 같이 기본법 제14조 제3항에 두지 않고 있다. 연방최고법원은 수용유사적 침해가 프로이센 일반란트법총칙 제74조와 제75조의 규정에 근거한 일반적 희생보상청구권이라는 일종의 관습법에 토대를 둔 것으로 이해하고 있다(BGHZ 90, 17; 91, 20).

2) 일차적 권리보호의 우월성에 대한 평가

연방헌법재판소가 지적한 일차적 권리보호의 우월성과 권리보호의 단계이론도 연방최고법원에 의하여 수용되었다. 그렇다면 일차적 권리보호수단의 우월성원칙에도 불구하고 그 다음 단계로서의 권리보호수단인 손실보상의 청구는 어떠한 경우에 가능한가? 이것은 원칙적으로 관계인에게 일차적 권리보호의 수단을 강구하는 것이 불가능하거나 또는 기대하기 어려운 경우에 한한다.

예를 들어, 항고소송의 대상인 처분에 해당하지 않는 사실행위로서 재산권이 침해되거나 이미 집행이 종료하여 더 이상 항고소송을 통한 권리보호의 이익이 존재하지 않는 경우가 이에 해당할 것이다. 이와 같이 행정쟁송이 처음부터 불가능한 경우와 더불어 행정쟁송이 이론적으로 가능하다 하더라도 객관적으로 기대하기 어려운 경우가 있을 수 있다. 소송제기의 기대가능성을 판단하는 기준으로는 소송에 관련된 비용, 시간, 항고소송의 효과성 등과 같은 객관적인 기준과 더불어 소송을 제기하지 않은 것에 대한 관계인의 주관적인 사정도 고려되어야 한다.

6. 수용유사적 침해이론에 대한 한국법에서의 논의와 적용가능성

이상과 같이 수용유사적 침해이론을 손실보상청구의 인정을 위한 해결책으로 받아들일 것인가 하는 문제는 적어도 독일에서는 학설과 판례를 통하여 상당한 비중을 가진 것으로 평가할 수 있다. 그러나 이미 언급한 바와 같이 아직 우리나라에서는 이 이론이 학설과 판례를 통하여 확고하게 정착된 것이라고 보기 어렵다. 특히 독일의 연방헌법재판소가 자갈채취사건에서 제기한 비판은 헌법이론과 행정법도그마 형성을 위하여 우리에게도 여전히 상당한 토론의 여지를 제공하고 있다.

우리에게 중요한 것은 수용유사적 침해이론이 우리와 토양을 달리하는 독일법에서 성립하여 발전한 것이지만, 유사한 손해전보제도를 유지하는 한국의 법적 상황과 문제를 해결함에 있어서도 충분히 고려될 수 있는 실천적인 측면을 가지고 있다는 점이다. 특히 항고소송과 결과제거청구권과 같은 1차적 권리구제수단의 우월성을 인정하면서도 수용유사적 침해를 통한 2차적인 손실보상의 여운을 남겨 놓은 것은 앞으로 그 구체적인 요건과 내용을 보다 심도 있게 연구하라는 것이며 적어도 독일의 경우에는 수용유사적 침해이론의 포기를 의미하는 것은 아니다.

7. 수용유사적 침해이론에 관한 대법원과 헌법재판소의 판례

수용유사적 침해이론은 우리나라에서 이미 학설상 보편화되기는 하였으나 한국법에의 적용가능성 여부에 대하여는 여전히 논쟁의 여지가 있음을 지적한 바 있다. 판례 역시 이 이론의 수용 여부에 대하여는 아직 일관된 입장을 보이고 있지 않다. 가장 대표적인 예로 지난 1980년 신군부에 의한 이른바 언론통폐합조치를 통하여 행하여진 문화방송주식의 강제적 국가귀속조치에 대한 서울고등법원과 대법원간의 견해차를 들 수 있다.

1) 서울고등법원 1992.12.24. 92나20073

이 사건에서 서울고등법원은 "헌법은 국가가 개인의 재산권을 수용할 때에는 법률에 의하되 무상이나 헐값으로 수용할 수 없고 반드시 보상을 하여야 할 의무가 있음을 밝히고 있는바, 이것은 설사 법률에 의한 적법한 수용의 경우라 하여도 반드시 보상을 하여야 한다는 뜻이므로 법률에 의하지 아니한 위법한 수용 즉 수용유사적 침해의 경우에는 더욱더 보상의무를 면할 수 없다는 것을 당연한 것으로 전제하고 있음이 명백하다"고 판시하였다.

2) 대판 1993.10.26. 93다6409

이에 반하여 대법원은 같은 사건에서 "원심이 들고 있는 위와 같은 수용유사적 침해의 이론은 국가 기타 공권력의 주체가 위법하게 공권력을 행사하여 국민의 재산권을 침해하였고 그 효과가 실제에 있어서 수용과 다름없을 때에는 적법한 수용이 있는 것과 마찬가지로 국민이 그로 인한 손실의 보상을 청구할 수 있다는 내용으로 이해되는데, 과연 우리 법제하에서 그와 같은 이론을 채택할 수 있는 것인가는 별론[이다]"라고 하여 "수용유사적 침해이론의 수용"에 대하여 명시적인 태도를 유보하고 있다.

이러한 대법원의 견해는 우리나라의 현실을 감안하여 유추적용설에 기반을 둔 종전의 판례에서 급격한 이론적 선회를 원하지 않는 소극적인 태도로 보여진다. 그러나 다른 한편으로는 수용유사적 침해이론 자체의 타당성은 인정하는 의미로도 해석할 수 있어서 앞으로의 판례발전의 귀추가 주목된다.

다만 앞서도 지적한 바와 같이 독일의 연방헌법재판소가 지적한 공용침해의 문제와 재산권의 내용과 한계의 구별론에서 나타나는 난해하면서도 정교한 법이론을 우리의 경우에는 어떻게 받아들일 것인가 하는 문제는 학설이 적극적으로 해결해야 하는 숙제이다. 더 나아가 위법한 고권적 처분에 대한 항고쟁송의 우월성을 인정하면서도 구체적으로 어떠한 요건하에 제2차적인 권리구제수단으로서 수용유사적인 침해로 인한 손실보상을 인정할 것인가에 대한 이론의 발굴이 요구된다.

3) 헌재결 1991.7.22. 89헌마174

이러한 측면에서 지난 1991년 구 도시계획법 제21조에 대한 헌법소원사건에서 헌법재판소가 취한 견해는 실망스러운 점이 없지 아니하다. 이 사건에서 청구인의 토지는 이미 지난 1971년 12월 29일 구 도시계획법에 의하여 개발제한구역으로 지정되었다. 이에 대하여 헌법소원심판의 청구인은 개발제한구역의 지정은 헌법 제23조 제3항에서 규정하고 있는 정당한 보상이 있어야 할 것이라고 하면서 이러한 보상규정을 두지 아니한 채 개발제한구역의 지정 및 행위제한 등에 관하여 정하고 있는 구 도시계획법 제21조 및 같은 법 시행령 제20조는 청구인의 헌법상 보장된 재산권과 평등권을 침해한 것이라고 주장하여 1989년 8월 7일 위 법령에 대한 헌법소원을 청구하였다.

그러나 헌법재판소는 구 도시계획법 제21조와 같은 법 시행령 제20조의 경우는 개발제한구역의 설정행위라는 집행행위에 의하여 비로소 재산권이 침해되는 것이므로 위 법령에 대한 헌법소원심판청구는 직접성을 갖지 못하여 부적법하다고 보았다. 헌법재판소는 개발제한구역의 지정과 고시가 헌법소원의 대상인 공권력의 행사에 해당함은 인정하였으나, 헌법소원의 보충성원칙에 의하여 행정쟁송을 거치지 않은 헌법소원의 심판청구는 역시 부적법하다고 이를 각하하였다.

물론 헌법재판소가 헌법소원에 보충성원칙을 강조하고 당해 법령 자체는 침해의 직접성이 없으므로 보충성원칙에 예외를 설정하기 어렵다는 견해를 밝힌 것은 표면적으로 매우 논리적이다. 그러나 헌법재판소가 간과한 사실은 심판청구인에게 행정쟁송의 기대가능성이 존재하는가 하는 점이다. 이미 개발구역의 지정은 70년대 초반에 이루어진 것이고 당시의 권위적인 정부와 그 시대상황에서 이에 대하여 법적으로 대항

한다는 것이 과연 기대가능한 일이었는지 의문이 제기되지 않을 수 없다. 더욱이 행정쟁송의 제기기간은 이미 오래 전에 도과해버려 불가쟁력이 발생한 상태이므로 행정쟁송의 제기가능성은 애초부터 존재하지 않는다.

그렇다면 행정쟁송을 기간 내에 제기하지 않은 책임을 모두 심판청구인에게 묻고 심판청구를 각하하는 것이 과연 정당한 일일까? 이러한 사정을 살펴본다면 헌법재판소가 다른 사건에서 보충성원칙에 예외를 설정하기 위하여 제시하는 "헌법소원만이 유일한 권리구제수단"이라는 논리형식은 왜 고려되지 않았을까? 더 나아가 독일의 연방헌법재판소가 지적한 대로 행정쟁송의 기대가능성을 기대하기 어렵다면 이에 대하여 수용유사적 침해에 의한 손실보상을 인정하는 논리의 전개는 전혀 불가능했을까? 이런 모든 점을 고려한다면 본안에 대한 판단은 유보한 채 심판청구의 부적법성만을 심리하여 심판청구를 각하한 것은 헌법재판소가 갖는 헌법수호의 임무에 커다란 빚을 진 것은 아닐까? 물론 해결이 쉽지 않은 사안이기는 하지만 향후에 유사한 사건에서 헌법재판소의 더 성의 있는 채무변제가 기대되었던 것이 사실이다.

4) 헌재결 1998.12.24. 89헌마214 등

이러한 헌법재판소의 성의 있는 채무변제는 드디어 1998년 12월 24일 구 도시계획법 제21조에 대한 위헌소원사건에서 이루어지게 되었다. 이 사건은 구 도시계획법 제21조에 규정된 이른바 개발제한구역에 관한 것으로서 헌법재판소가 그 결정의 파급효과를 고려하여 선고를 오랫동안 미루어 온 것이다. 헌법재판소의 결정요지는 다음과 같다.

"[1.] 이 사건 법률조항은 입법자가 토지재산권에 관한 권리와 의무를 일반 · 추상적으로 확정하는 규정으로서 법질서 안에서 보호받을 수 있는 권리로서의 재산권의 내용과 한계를 정하는 재산권을 형성하는 규정인 동시에 공익적 요청에 따른 재산권의 사회적 제약을 구체화하는 규정이기도 하다(헌법 제23조 제1항 및 제2항). … [2.] 토지의 개발이나 건축은 합헌적 법률로 정한 재산권의 내용과 한계 내에서만 가능한 것일 뿐만 아니라 토지재산권의 강한 사회성 내지는 공공성으로 말미암아 이에 대하여는 다른 재산권에 비하여 보다 강한 제한과 의무가 부과될 수 있다. 그러나 그렇다고 하더라도 토지재산권에 대한 제한입법 역시 다른 기본권을 제한하는 입법과 마찬가지로 과잉금지의 원칙(비례의 원칙)을 준수해야 하고, 재산권의 본질적 내용인 사용 · 수익권과 처분권을 부인해서는 아니 된다. … [3.] 이 사건 법률조항에 의한 재산권의 제한은 개발제한구역으로 지정된 토지를 원칙적으로 지정 당시의 지목과 토지현황에 의한 이용방법에 따라 사용할 수 있는 한, 재산권에 내재하는 사회적 제약을 비례의 원칙에 합치하게 합헌적으로 구체화한 것이라고 할 것이나, 종래의 지목과 토지현황에 의한 이용방법에 따른 토지의 사용도 할 수 없거나 실질적으로 사용 · 수익을 전혀 할 수 없는 예외적인 경우에도 아무런 보상없이 이를 감수하도록 하고 있는 한, 비례의 원칙에 위반되어 당해 토지소유자의 재산권을 과도하게 침해하는 것으로서 헌법에 위반된다 … [4.] 입법자가 이 사건 법률조항을 통하여 국민의 재산권을 비례의 원칙에 부합하게 합헌적으로 제한하기 위해서는, 수인의 한계를 넘어 가혹한 부담이 발생하는 예외적인 경우에는 이를 완화하는 보상규정을 두어야 한다. 이러한 보상규정은 입법자가 헌법 제23조 제1항 및 제2항에 의하여 재산권의 내용을 구체적으로 형성하고 공공의 이익을 위하여 재산권을 제한하는 과정에서 이를 합헌적으로 규율하기 위하여 두어야 하는 규정이다. 재산권의 침해와 공익간의 비례성을 다시 회복하기 위한 방법은 헌법상 반드시 금전보상만을 해야 하는 것은 아니다. 입법자는 지정의 해제 또는 토지매수청구권제도와 같이 금전보상에 갈음하거나 기타 손실을 완화할 수 있는 제도를 보완하는 등 여러 가지 다른 방법을 사용할 수 있다. 즉, 입법자에게는 헌법적으로 가혹한 부담의 조정이란 '목적'을 달성하기 위하여 이를 완화 · 조정할 수 있는 '방법'의 선택에 있어서는 광범위한 형성의 자유가 부여된다."

헌법재판소는 이러한 취지에 따라서 보상의 구체적인 기준과 방법은 헌법재판소가 결정할 성질의 것이 아니라 광범위한 입법형성권을 가진 입법자가 입법정책적으로 정할 사항임을 고려하여 헌법불합치결정을 내렸다.

5) 헌재결 1999.10.21. 97헌바26

이 사건은 구 도시계획법 제6조(실제로는 제4조)에 의하여 도시계획시설의 결정과 손실보상에 관한 위헌소원에 관련되는 것이다. 헌법재판소는 이 사건에서도 도시계획시설의 결정을 규정한 조항이 입법자가 토지재산권에 관한 권리와 의무를 일반적 · 추상적으로 확정하는 재산권의 내용과 한계에 관한 규정이자 재산권의 사회적 제약을 구체화하는 규정으로 보고 있다(헌법 제23조 제1항 및 제2항).

그러나 입법자는 도시계획사업도 가능하게 하면서 국민의 재산권 또한 존중하는 방향으로 재산권의 사회적 제약이 보상을 요하는 수용적 효과로 전환되는 시점, 즉 보상의무가 발생하는 시점을 확정하여 보상규정을 두어야 한다. 토지재산권의 강화된 사회적 의무와 도시계획의 필요성이란 공익에 비추어 일정한 기간까지는 토지소유자가 도시계획시설결정의 집행지연으로 인한 재산권의 제한을 수인해야 하지만, 일정기간이 지난 뒤에는 입법자가 보상규정의 제정을 통하여 과도한 부담에 대한 보상을 하도록 함으로써 도시계획시설결정에 관한 집행계획은 비로소 헌법상의 보장과 조화될 수 있다.

도시계획시설로 지정된 토지가 나대지인 경우, 토지소유자는 더 이상 그 토지를 종래 허용된 용도(건축)대로 사용할 수 없게 됨으로써 토지의 매도가 사실상 불가능하고 경제적으로 의미 있는 이용가능성이 배제된다. 이러한 경우, 사업시행자에 의한 토지매수가 장기간 지체되어 토지소유자에게 토지를 계속 보유하도록 하는 것이 경제적인 관점에서 보아 더 이상 요구될 수 없다면, 입법자는 매수청구권이나 수용신청권의 부여, 지정의 해제, 금전적 보상 등 다양한 보상가능성을 통하여 재산권에 대한 침해를 적절히 보상하여야 한다.

앞서 본 사건과 이 사건에서 헌법재판소는 개발제한구역의 지정을 규정한 구 도시계획법 제21조와 도시계획시설의 결정에 관한 같은 법 제6조는 기본적으로 헌법 제23조 제1항과 제2항의 재산권의 내용과 한계를 정하는 규정으로 보았다. 과거에 이 문제를 바라보는 학설의 입장이 구 도시계획법의 관련규정을 헌법 제23조 제3항에 의한 공용제한과 손실보상의 문제로 보는 것과는 상당한 차이를 가지는 것이다. 따라서 헌법재판소는 이른바 개발제한구역의 지정행위는 국가가 공익을 실현하기 위하여 특정한 자의 재산권에 공용제한을 하고 여기에서 발생하는 특별한 재산적 손실을 보상하는 제도가 아니라는 것이다.

다시 말하자면, 개발제한구역의 지정행위는 단순히 토지소유자의 재산권의 내용과 한계 또는 그 사회적 기속을 입법적으로 형성하는 행위에 불과하다는 것이다. 다만 이러한 재산권형성을 위한 입법적 행위도 비례의 원칙을 준수해야 하는바, 일부 토지의 경우에는 그러한 입법행위의 헌법적 한계가 일탈되었다는 것이다.

그렇다면 이러한 헌법재판소의 견해에 대하여는 다음과 같은 평가가 가능하다. 우선 헌법재판소는 우리 헌법 제23조 제1항과 제2항의 재산권형성의 문제와 제23조 제3항의 손실보상의 문제를 엄격히 구분하고 있다는 평가가 가능하다. 이는 이미 언급한 독일의 연방헌법재판소가 이른바 자갈채취사건에서 보여준 견해와 상당한 유사성이 있는 것으로 보인다. 따라서 재산권의 내용과 한계, 사회적 기속성을 구체화하는 입법형성행위는 공용침해와 이로 인한 손실보상과 엄격히 구분되는 것이므로 "처음에는 재산권형성행위로 출발하였으나 결과적으로 개인에게 특별한 희생이 발생하였으니 보상하자"는 논리(헌법 제23조 제1항, 제2항, 제3항의 연속성모델, 이른바 경계이론)는 배격되는 것이다. 따라서 헌법재판소의 견해를 그대로 따른다면 이른바 수용유사적 침해이론이나 유추적용설은 그 존립기반을 찾기 어렵다고 보아야 한다.

그러나 이 사건에서는 어느 정도 연속성모델을 시사하는 듯한 표현이 발견된다. 바로 "재산권의 사회적 제약이 보상을 요하는 수용적 효과로 전환되는 시점, 즉 보상의무가 발생하는 시점"이라는 표현이 바로 그것이다. 그러나 이것은 재산권형성행위가 비례의 원칙을 일탈하여 위헌적인 상태로 나아가는 것을 방지하기 위하여 보상의 필요성을 강조한 것일 뿐 본래적인 헌법 제23조 제3항에 의하여 금전적 손실보상을 의미하는 것은 아니다. 실제로 헌법재판소는 앞선 사건에서 뿐만 아니라 이 사건에서도 헌법 제23조 제3항을 단 한 번도 언급하지 않았다. 이것은 이 문제에 관한 헌법재판소의 견해가 재산권형성행위와 손실보상문제을 엄격히 구분하는 헌법 제23조 제1항, 제2항과 제3항의 불연속성모델에 입각하고 있기 때문이다(이른바 분리이론).

그렇다면 헌법재판소가 언급한 보상의무가 헌법 제23조 제3항에 의한 손실보상을 의미하지 않는다면 이는 도대체 어떠한 보상을 의미하는 것으로 이해하여야 옳은 것인가? 이 문제는 헌법재판소의 결정내용을 고찰하여 보면 자명해진다. 헌법재판소는 비록 입법자가 재산권형성을 위한 입법권의 행사에 있어 상당한 입법재량을 가지고 있지만 이러한 입법재량은 비례의 원칙을 준수해야 한다고 강조하고 있다. 실제로 두 사건의 일부 토지에 대하여는 이러한 입법적 한계가 비례의 원칙에 위반되어 일탈됨으로써 위헌의 문제를 발생시키고 있다고 헌법재판소는 보고 있다. 따라서 이러한 입법행위가 합헌적인 한계 내에서 행사되기 위하여는 이러한 일부 토지에 대하여 보상이 이루어져야 한다는 것이다. 또한 이러한 보상은 헌법 제23조 제3항에 따르는 손실보상이 아니라 단순히 입법자의 재량권행사가 합헌적으로 이루어져야 하기 때문에 부여되는 "균형적 · 조절적 보상"에 불과하다. 따라서 여기에서의 보상은 재산권형성행위의 합헌성을 보장하는 하나의 균형추인 셈이다.

그러므로 헌법 제23조 제3항에 의한 손실보상은 금전보상을 원칙으로 하는 반면 두 사건에서 헌법재판소가 말하는 보상은 위헌성 제거의 차원에서 주어지는 보상이므로 매수청구권, 수용신청권의 부여, 지정의 해제, 금전적 보상, 기타의 수단 중에서 입법자가 구체적인 방법과 절차를 정할 수 있는 것이다.

6) 헌재결 2004.10.28. 2002헌바41

이 사건에서는 학교환경위생정화구역 안에서 여관시설과 영업을 금지한 학교보건법 규정이 헌법 제23조 제1항과 제2항에서 말하는 재산권의 내용과 한계 및 재산권의 사회적 기속성의 표현에 해당하는 것인지 아니면 제3항에 의한 재산권에 대한 공용침해행위로서 그에 대한 손실의 보상이 필요한 것인지 논란의 대상이 되었다.

이에 대하여 다수의견은 "이 사건 금지조항은 초등학교 교육의 능률화를 기하기 위하여 정화구역 안에 여관시설과 영업을 금지함으로써 재산권의 사회적 제약을 구체화하는 입법이라고 할 수 있으므로, 이는 공익목적을 위하여 개별적 · 구체적으로 이미 형성된 구체적 재산권을 박탈하거나 제한하는 것으로서 보상을 요하는 헌법 제23조 제3항 소정의 수용 · 사용 또는 제한과는 구별된다"는 의견을 제시하고 있다.

다시 말하자면 "건물의 소유주로서는 건물을 "여관" 이외의 다른 용도로는 사용할 수 있으므로 건물의 기능에 합당한 사적인 효용성은 그대로 유지된다고 할 것이고,

기존시설에 대하여 5년간 여관업을 계속할 수 있도록 경과규정을 두고 있는 점에 비추어 여관영업권에 대하여 별도의 보상적 조치를 두지 않았다고 하더라도 이를 재산권에 내재하는 사회적 제약의 범주를 넘었다고 할 수는 없으므로, 이 사건 금지조항은 재산권을 침해하지 않는다"는 것이다.

이에 반하여 반대의견은 영업권도 헌법상 보장되는 재산권에 속한다는 점을 지적하면서 "다년간에 걸쳐 확고하게 형성되거나 획득된 영업상의 고객관계, 입지조건, 영업상의 비결, 신용, 영업능력, 사업연락망 등을 포함하는 영업재산이나 영업조직은 경제적으로 유용하면서 처분에 의한 환가가 가능하므로 재산적 가치가 있다는 것이 사회 일반에 의하여 승인되고 있고 여러 법률에서 이를 구체적으로 인정하고 있으며, 대법원도 영업권을 무형의 재산적 가치로 판단하고 있다는 점 등을 종합적으로 고려해 본다면 영업권을 헌법상의 재산권에 속하는 하나의 구체적 권리로 인정할 수 있[기 때문에]" 보상 없이 영업을 금지하는 것은 위헌이라는 것이다.

즉 "다수의견은 재산권 침해여부에 대한 판단을 헌법 제23조 제1항과 제2항에 근거하여 입론하고 있으나, 이 사건 금지조항은 초등학교 교육의 능률화라는 공공의 필요에 따라 이미 형성된 재산권(여관영업권)을 박탈하여 여관업자라는 특정한 범위의 재산권자의 희생을 야기하는 것이므로 이는 헌법 제23조 제3항의 문제로 보아야 한다"는 것이다.

따라서 "이 사건 금지조항은 기한을 정하지 않은 채 여관업을 금지하고 있는바, 이는 여관영업권의 완전한 박탈로서 사회적으로 수인해야 할 제약의 한계를 벗어나는 특별한 희생이라고 보아야 한다. 또한 청구인들로서는 여관업을 영위하기 위하여 적지 않은 비용으로 시설투자를 하였을 것이고 소유 건물을 여관 이외의 용도로 사용하는 것이 가능하다거나 경과규정을 통해 일정기간 여관업을 계속할 수 있게 된다고 하더라도 그것만으로는 다대한 투자비용을 회수하지 못할 수도 있다. 그럼에도 불구하고 이 사건 금지규정은 여관영업자들에 대하여 아무런 보상조치도 규정하고 있지 않으므로, 청구인들의 영업권이라는 재산권을 수용하면서 아무런 손실보상의 규정을 두지 않은 이 사건 규정은 헌법 제23조 제3항을 정면으로 위반하여 위헌"이라는 것이다.

결국 다수의견과 반대의견은 여관에 대한 영업권이 헌법상 보장된 재산권의 보호범위에 해당한다고 보면서도 다수의견은 여관업을 일정 기간 금지하더라도 다른 업종까지 모두 금지하는 것은 아니기 때문에 재산권에 대한 합헌적인 제한으로 보는 반면에 반대의견은 이러한 금지행위가 처음부터 의도적으로 피금지자의 재산권을 박탈 내지 침해하는 행위로 이해하는 것이다.

그런데 신규로 여관업에 대한 허가 등을 받는 경우에 이를 금지의 대상으로 하는 경우에는 다수의견의 견해가 설득력을 가질지 모르지만 이미 상당 기간 당해 부동산에서 여관업을 영위하는 사업자의 입장에서는 고객, 영업상의 노하우, 지역적 여건에 따른 업종의 흥망 등 제반 여건에 상당한 영향을 받기 때문에 헌법재판소의 다수의견이 지적하는 것과는 달리 신속하게 다른 업종으로 전환하기 어렵다. 이런 점을 고려한다면 이 사건에서는 반대의견의 논리가 보다 설득력 있는 것으로 보인다.

다만, 반대의견의 경우에도 손실보상의 논리구성은 여전히 이전에 헌법재판소가 제시한 분리이론에 따르고 있다는 점이 주목할 만하다. 다시 말하자면 여관업을 금지당하는 사업자에게 손실의 보상이 필요한 것은 이러한 금지행위가 처음부터 헌법 제23조 제3항에 의한 의도적인 재산권의 박탈 내지 침해이기 때문이다. 그러므로 처음에는 이러한 금지행위가 단순한 재산권에 대한 내용과 한계 또는 재산권의 사회적 기속성을 구체화하기 위하여 시작되었으나 어느 순간에는 이러한 문턱과 경계선을 넘어서서 헌법 제23조 제3항에 의한 특별한 희생으로 전환되어 비로소 보상의 문제가 발생하는 것은 아니기 때문이다. 이 점에 있어서는 이 사건에서 다수의견과 반대의견의 어떠한 논리상의 이견도 찾아볼 수 없다.

7) 헌재결 2019.12.27. 2015헌바45

헌법재판소는 구 「수도권 대기환경개선에 관한 특별법」상 수도권 대기환경개선을 위한 특정경유자동차 배출가스저감사업의 일환으로 국가와 지방자치단체의 경비 지원을 받아 부착된 배출가스저감장치의 사후관리를 위하여, 그 배출가스저감장치를 부착한 소유자가 폐차 등을 위하여 자동차 등록을 말소하는 경우에 그 장치를 서울특별시장 등에게 반납하도록 하는 조항이 규율목적의 면에서 부착비용의 대부분을 국가 및 지방자치단체에서 지원한 배출가스저감장치에 대하여 그 사용종료시의 처리 및 귀속관계를 정하는 것으로서, 장래에 있어서 추상적이고 일반적인 형식으로 재산권의 내용을 형성하고 확정하는 규정이기 때문에 전체적인 수범자에 대한 제한의 효과를 종합적이고 유기적으로 파악할 때 재산권의 내용과 한계를 정한 것으로 보고 있다.

즉 "이러한 입법수단의 선택이 헌법상 재산권 제한 제도 내에서 어떠한 법적 성격을 가지는지를 판단함에 있어서는 개개의 수범자에 대한 제한의 효과를 개별적으로 분석할 것이 아니라 전체적인 수범자에 대한 제한의 효과를 종합적이고 유기적으로 파악하여 그 제한의 성격을 이해하여야 한다"고 하면서 "이러한 소유자에 대하여 법령이 정하는 바에 따라 지원받은 배출가스저감장치 사용종료시의 처리 및 귀속관계를 정하는 것은, 장래에 있어서 추상적이고 일반적인 형식으로 재산권의 내용을 형성하고 확정하는 규정이라고 보아야 한다"라고 판시하였다.

Ⅲ. 수용적 침해이론

1. 수용적 침해의 개념

수용적 침해(enteignender Eingriff)란 공공의 필요에 의하여 이루어진 적법한 공권력행사가 예상하지 못한 부수적이며 비정형적인 결과를 야기하여 개인의 재산권에 직접적인 피해를 주는 경우 이것을 특별한 희생으로 보아 손실보상을 인정하는 이론이다. 예를 들어, 폐기물처리시설을 설치 · 운영하는 과정에서 인근주민에게 예상치 못한 재산상의 피해가 발생하거나 도로의 건설로 인한 고객의 통행상 불편이 가중되어 인근상가에 매출감소가 야기되는 경우 등이다.

원칙적으로 이러한 재산상의 피해는 헌법상 재산권의 사회적 기속에 의하여 감수될 수 있는 것이다. 그러나 예외적으로 그러한 피해의 정도, 종류, 규모, 지속성 등이 심대하여 관계인에게 수인한도를 넘어서는 경우에는 일종의 특별한 희생이 발생하는 것이고 이에 대하여는 손실보상이 인정되어야 한다. 수용적 침해이론은 수용유사적 침해이론과 함께 독일의 연방최고법원이 판례를 통하여 성립 · 발전하였다(BGHZ 57, 359; 64, 220).

2. 수용적 침해의 요건

수용적 침해로 인한 손실보상의 청구는 공공의 필요, 적법한 공권력행사, 비정형적 결과로 인한 재산권피해, 특별한 희생의 요건이 충족되어야 한다.

1) 공공의 필요

수용적 침해에 있어서의 공권력의 행사는 공공의 필요, 즉 공익달성을 위하여 행하여진 것이다. 위에서 든 예에서 보듯이 폐기물처리를 위한 시설의 가동, 도로건설을 위한 작업 등은 모두 공공의 필요에 의하여 이루어지는 것들이다.

2) 적법한 공권력행사

수용적 침해에서의 공권력행사는 그 자체로는 적법한 것이다. 그러므로 위의 경우처럼 폐기물시설의 운영 자체가 관련환경법규의 환경기준을 준수하지 않아서 위법한 것이거나 도로의 건설에 종사하는 (넓은 의미의) 공무원이 고의 또는 과실로 타인에게 불법행위를 하는 경우와는 구별된다.

그런데 여기에서의 공권력행사는 수용유사적 침해에서의 공권력과 다소 그 법적 성격을 달리함을 주목하여야 한다. 즉 수용유사적 침해는 대부분 법적 행위, 특히 행정처분을 통하여 이루어짐에 반하여 수용적 침해의 경우에는 대부분의 공권력행사가 사실행위라는 점이다. 따라서 수용적 침해의 경우에는 행정쟁송을 통한 일차적 권리구제수단이 우선적으로 고려되기 어렵다. 이렇게 볼 때 수용적 침해에는 손실보상이 보다 직접적인 권리구제수단으로 등장한다.

3) 비정형적 결과로 인한 재산권피해

공권력행사 자체는 적법하지만 이로 인하여 의도하지 않은 비정형적인 결과가 발생하고 이것이 직접적인 재산권의 침해로 이어지는 것이다. 그러므로 공권력행사는 적법하지만 그로 인한 결과가 재산권의 내용과 한계를 정하는 헌법적 한계를 일탈하여 재산권을 침해함으로써 위법하다는 평가를 받는 것이다. 바로 위에 든 예가 여기에 해당한다. 따라서 폐기물시설의 운영주체나 도로건설의 주체는 공권력행사로 인하여 발생한 예상치 못한 결과가 개인에게 직접적인 재산권침해를 야기하는 경우에 보상책임을 진다.

4) 특별한 희생

특별한 희생은 개인에게는 수인한도를 넘어서는, 그리고 동시에 재산권의 내용과 한계를 넘어서는 재산권에 대한 직접적인 피해를 말한다.

3. 수용적 침해와 "보상과 조절을 요하는 재산권 내용규정"과의 관계 – 수용적 침해이론의 무용론과 존속가능성

독일에서 수용적 침해이론에 대하여 연방헌법재판소가 이른바 "보상과 조절을 요하는 재산권의 내용과 한계에 대한 규정"(ausgleichspflichtige Inhalts－und Schrankenbestimmung)이라는 또 다른 판례이론을 내놓게 됨에 따라서 그 존립 자체에 대한 회의적 시각이 지배적이다. 보상을 요하는 재산권의 내용규정이란 재산권에 대한 공용침해행위가 기본법 제14조 제1항 제2문에 해당하는 재산권의 내용과 한계를 규정하는 범주에 머무는 경우에 국가의 보상의무는 없지만, 그것이 예외적으로 재산권 주체의 수인한도를 넘는 경우에는 법률에 의한 보상의무가 요구된다는 것이다(BVerfGE 58, 137; 79, 174).

다시 말하면 원래 국가 공권력의 의도는 처음부터 특정인의 재산권에 대한 특별한 희생을 발생시킬 의도는 없었다는 점에서 전형적인 공용침해와 이에 대한 손실보상제도와 구별된다. 다만 공권력행사의 과정과 그 결과에서 재산권 주체의 수인한도와 재산권의 내용과 한계를 규정하는 정도를 넘어서는 것이 예상되는 경우에는 법률에 의한 국가의 보상의무를 발생시킨다. 예를 들자면, 앞에서 언급한 폐기물처리시설이나 도로공사로 인한 피해는 사전에 충분히 예상이 가능한 것이므로 법률에 의하여 손실을 보상하여야 한다는 것이다(이른바 구제적 보상규정).

이렇게 본다면 "보상을 요하는 재산권의 내용규정"은 그 논리구조에서 수용적 침해와 상당한 유사성이 발견되므로 후자를 전자의 아류로 이해할 수 있다는 견해도 제시되고 있다. 다만 양자 간에는 다음과 같은 차이점이 있는 것도 간과할 수 없다. 즉 수용적 침해는 공권력행사의 결과가 예상치 못한 비정형적 형태로 나타나지만 일종의 특별한 희생이므로 보상규정의 존재 여부와는 관계없이 보상을 요하는데 반하여, 보상을 요하는 재산권의 내용규정은 재산권 침해와 이로 인한 특별한 희생이 충분히 예상되어 보상규정을 마련한 상태에서 손실보상이 이루어지는 것이다. 따라서 수용적 침해는 위의 판례이론에 의하여 그 존립기반이 협소해지기는 하였으나 객관적으로도 사전에 예상이 불가능한 피해에 대하여는 여전히 적용될 가능성은 남아 있다고 평가할 수 있다.

4. 한국법에의 수용가능성

수용적 침해이론이 예상하고 있는 재산권에 대한 비정형적인 피해는 우리의 경우에도 충분히 발생할 가능성이 있는 것이므로 우리나라에서도 적용가능한 이론임에는 의문의 여지가 없다. 다만 우리의 경우에는 수용적 침해가 전제하는 공용침해행위 중에는 상당한 부분이 이미 위법한 것으로 평가되는 것이 많을 것이다. 예를 들어, 폐기물시설의 설치 · 관리상의 하자나 도로공사로 인하여 발생한 손해에 대하여는 많은 경우에 영조물의 하자나 공무원 등의 고의 또는 과실을 이유로 하는 국가배상의 문제로 처리될 가능성이 있기 때문이다.

그럼에도 불구하고 손해배상으로도 처리하기 어려운 적법한 공권력행사와 예상치 못한 부수적인 결과로 인한 피해에 대하여 적절한 보상입법이 행하여지지 않는 우리의 현실을 감안한다면 수용적 침해이론의 적용대상은 여전히 존재한다고 볼 수 있다. 다만 이 같은 보상이론도 판례에서 비롯된 것에 불과하다면 판례의 변동에 의한 법적 불안정은 상존하는 것이다. 그러므로 비정형적인 침해행위로 인한 재산권의 침해도 비교적 예상이 가능한 것이라면 원칙적으로 보상법규를 마련하여 입법적인 해결을 시도하는 것이 바람직하다 할 것이다. 이러한 측면에서 수용유사적 침해, 수용적 침해를 비롯하여 전반적인 손실보상의 영역에서는 입법정책적인 요청이 강하게 지배한다.

제 9 절 희생보상청구권

Ⅰ. 희생보상청구권의 의의

희생보상청구권(Aufopferungsanspruch)이란 공공의 이익을 실현하는 과정에서 발생한 개인의 특별한 희생에 대하여는 보상하여야 한다는 원칙이다. 따라서 희생보상청구권은 공익과 사익을 조절하는 장치로서 법 이전에 하나의 상식에 토대를 둔 것이다. 이렇게 매우 단순한 내용과 구조를 갖는 희생보상청구권은 이미 오랜 역사를 갖고 있다. 또한 희생보상청구권의 법리는 공용침해로 인한 손실보상청구권은 물론 수용유사적 침해, 수용적 침해와 기타 다른 청구권의 이념적 토대를 형성하고 있다.

그런데 최근에 이르러서 희생보상청구권은 위와 같은 광의의 일반적 희생보상청구권(allgemeiner Aufopferungsanspruch)으로서의 의미는 퇴색하였다. 그보다 독일의 연방최고법원의 판례는 공권력작용으로 개인에게 특별한 희생으로 발생한 비재산적 가치에 대한 조절적인 보상이라는 협의의 특별한 희생보상청구권(besonderer Aufopferungsanspruch)의 의미로 사용하고 있다. 이하에서도 희생보상청구권은 협의의 의미로 사용하기로 한다.

Ⅱ. 희생보상청구권의 법적 근거

희생보상청구권은 실정법상 최초로 1794년 프로이센일반란트법(Das Allgemeine Ländrecht für die Preßischen Staaten) 총칙 제74조와 제75조에 규정되었다. 그러나 희생보상청구권은 이미 18세기 이전부터 독일에서는 하나의 관습법상의 제도로 정착해 왔으며 헌법적 지위를 갖는 것으로 이해되고 있다. 그러므로 희생보상청구권은 헌법상 평등원칙과 법치국가원리에 의하여 이미 확고하게 자리잡고 있다. 따라서 개별 실정법 규범의 다양한 규정형식과 내용에도 불구하고 입법권자는 법률을 통하여 희생보상청구권의 법리를 부인할 수 없는 것으로 보고 있다.

Ⅲ. 희생보상청구권의 요건

희생보상청구권은 공공의 필요, 적법한 공권력행사, 비정형적 결과로 인한 비재산권에 대한 피해, 특별한 희생이라는 요건이 충족하면 성립한다.

1) 공공의 필요

희생보상청구권은 행정청이 공익달성을 위하여 공권력을 행사하는 과정에서 발생한 개인의 비재산적 가치에 대한 특별한 희생을 전보하는 것이다.

그 예로는 경찰관이 범인을 체포하기 위하여 경직법 제11조에 규정된 모든 요건을 준수한 상태에서 총기를 사용하였으나 예상치 못하게 지나던 행인에게 신체상의 상해를 발생시키는 경우를 들 수 있다. 한편 판례는 “경찰관이 교통법규 등을 위반하고 도주하는 차량을 순찰차로 추적하는 직무를 집행하는 중에 그 도주차량의 주행에 의하여 제3자가 손해를 입었다고 하더라도 그 추적이 당해 직무 목적을 수행하는 데에 불필요하다거나 또는 도주차량의 도주의 태양 및 도로교통상황 등으로부터 예측되는 피해발생의 구체적 위험성의 유무 및 내용에 비추어 추적의 개시 · 계속 혹은 추적의 방법이 상당하지 않다는 등의 특별한 사정이 없는 한 그 추적행위를 위법하다고 할 수는 없다”(대판 2000.11.10. 2000다26807 등)고 판시하여 국가배상책임을 인정하지 않았다.

또한 보건소에서 법정전염병의 예방을 위하여 접종을 실시한 결과 특정인에게 쇼크를 야기하여 생명을 잃거나 신체상의 장애를 야기하는 경우도 있다. 앞에서 든 예 중에서 폐기물설치시설의 설치 · 운영으로 인하여 인근주민에게 발생하는 재산상의 피해가 아닌 생명이나 신체상의 피해도 희생보상청구권의 대상이 될 수 있다.

따라서 범죄행위의 제지, 전염병의 예방, 폐기물의 처리라는 공익목적달성의 요건이 충족되어야 하며, 개인적 동기에 의하여 발생한 희생은 여기에서 제외된다. 이러한 경우에 국가의 고의 또는 과실도 존재하지 않고 직무행위의 위법성도 부정되나 제3자에게는 특별한 희생이 발생한 것이므로 희생보상청구권의 적용사례가 될 수 있다.

2) 적법한 공권력행사

희생보상청구권을 성립시키는 공권력행사는 그 자체로서는 적법한 것이다. 만약 공권력행사 자체가 위법하다면 이는 국가배상의 문제로 해결될 것이기 때문이다. 다만 독일의 연방최고법원은 시간이 지남에 따라서 이 법리를 유책 · 위법한 국가작용에도 확대하려는 경향을 보이고 있다(BGHZ 60, 302). 이는 원래 공권력행사의 의도는 적법하였으나 결과적으로 개인에게 발생한 특별한 희생을 보상하지 않는다면 위헌 · 위법으로 평가된다는 이론에 토대를 두기 때문이다.

희생보상청구권에서 문제가 되는 공권력행사의 법적 성질은 위의 예에서 보듯이 주로 사실행위이다. 따라서 수용유사적 침해와는 달리 대부분 즉시집행으로 종료되는 것이므로 항고쟁송이나 결과제거청구권 등 일차적 권리구제수단의 우월성은 인정될 여지가 거의 없다. 이러한 사정은 역시 사실행위가 주류를 이루는 수용적 침해의 경우와 유사하다.

3) 비정형적 결과로 인한 비재산적 가치에 대한 피해

희생보상청구권은 공권력의 행사로 인하여 발생한 예상치 못한 생명 · 신체의 손실에 대한 보상제도이다. 그러므로 처음부터 공공의 필요에 의하여 생명 · 신체에 대한 의도적인 침해가 있었다면 이는 재산권침해와는 달리 공권력행사가 위법하다는 징표를 제공한다. 비재산적 가치는 주로 생명과 신체에 대한 침해로서 재산권침해에 대한 보상이론과 구별된다.

4) 특별한 희생

특별한 희생은 공익의 달성을 위하여 개인의 생명과 신체에 대하여 발생한 것으로서 관계인이 공동체의 구성원으로서 감수할 만한 일반적 범위를 넘어서 그 수인을 기대하기 어려운 희생을 말한다. 따라서 침해행위의 적법성으로 인하여 국가의 책임이 원칙적으로 성립하지 않음에도 불구하고 이를 그대로 방치한다면 공익달성의 과정에서 발생한 피해를 모두 피해자에게만 부담시키는 불공평한 결과가 된다는 것이 희생보상청구권의 핵심적 법리이다.

그러므로 보상규정의 존재는 불문하고 평등원칙에 입각하여 특별한 희생에 초점을 맞춘 보상이 문제되는 것이다. 특별한 희생을 판단하는 기준으로는 당해 침해행위와 더불어 침해행위로 인한 영향이나 피해 등도 종합적으로 고려되어야 한다.

Ⅳ. 한국법에의 수용가능성

희생보상청구권은 위의 여러 가지 예에서 보듯이 우리의 경우에도 흔히 발생할 수 있는 생명 · 신체상의 다양한 피해에 대하여 보상을 가능하게 하는 법리로 수용될 수 있다. 그러나 이러한 법리가 역시 계속하여 판례이론에 의존한다는 것은 문제가 있다. 비록 비정형적인 침해행위라 하더라도 어느 정도 예상이 가능한 피해에 대하여는 과감한 입법적 조치가 요망된다.

이러한 의미에서 현행 「감염병의 예방 및 관리에 관한 법률」 제71조, 같은 법 시행규칙 제29조는 손실보상법 분야에서 의미 있는 발전으로 평가된다. 이에 따르면 예방접종약품의 이상이나 예방접종행위자 및 예방 · 치료 의약품 투여자 등의 과실 유무와는 관계없이 접종으로 인한 사망, 장애, 질병 등에 대한 국가의 손실보상의무가 규정되고 있다.

제10절 결과제거청구권

Ⅰ. 결과제거청구권의 의의

결과제거청구권(Folgenbeseitigungsanspruch)은 행정청의 공권력작용으로 인하여 조성된 위법한 결과의 제거를 청구하는 일종의 원상회복청구권(Wiederherstellungsanspruch)이다. 예를 들어, 개인의 토지에 행정주체가 위법하게 설치한 건축물의 철거를 요구하거나 경찰하명에 의하여 영치된 물건에 대하여 하명의 취소 후에 그 물건의 반환을 요구하는 것 등이다.

따라서 결과제거청구권은 국가 공권력작용에 대한 권리구제로서 금전적인 손해의 전보를 구하는 국가배상이나 손실보상제도와 구별된다. 결과제거청구권이 의도하는 권리구제의 형태는 공권력행사 이전의 상태를 복구하여 침해가 없었던 것과 같은 원상을 회복하는 것이다.

결과제거청구권의 법리는 독일의 학설을 통하여 성립되고 판례를 통하여 발전되었다. 초기에 결과제거청구권은 집행이 종료된 위법한 행정행위에 대한 이른바 집행의 결과를 제거하는 청구권(Vollzugsgolgenbeseitigungsanspruch)이 주류를 이루었으나 시간이 지남에 따라 점차 단순한 위법성 있는 권력적 행정작용(특히 사실행위)에까지 확대되었다.

Ⅱ. 결과제거청구권은 한국법에 '수용할 필요성이 있는가'

1. 결과제거청구권에 대한 논의의 실익

결과제거청구권이 독일의 학설과 판례를 통하여 인정되고 발전되었음은 서술하였다. 따라서 결과제거청구권을 대하면서 제기되는 문제 중의 하나는 과연 토양을 달리하는 비교적 생소한 내용의 결과제거청구권을 한국법에 반드시 받아들여야 할 실익이 있는가 하는 지극히 상식적인 의문이다.

이러한 문제제기는 나름대로의 설득력 있는 근거를 가지고 있다. 그 이유는 굳이 결과제거청구권을 거론하지 않는다 하더라도 민법 제213조, 제124조의 소유권에 의한 반환 또는 방해배제청구라는 이른바 물권적 청구권의 행사를 통하여 공권력행사의 위법한 결과의 제거를 청구할 수 있기 때문이다.

따라서 민법상 물권적 청구권을 통하여 소유권에 대한 위법한 상태를 야기한 주체가 사인이건 국가이건 가리지 않고 원상회복의 의무가 발생하는 것이다. 또한 소송실무상 이러한 청구권의 실현은 당연히 민사소송절차에 의하는 것이므로 그 활용이 원활하지 못한 공법상 당사자소송에 의한 해결가능성은 줄어든다.

2. 일차적 권리구제수단의 우월성과 재산권의 존속보호

위에서 제기된 결과제거청구권에 대한 회의적인 견해에는 결과제거청구권의 인정과 논의에 실제적인 이익이 존재하는가 하는 측면에만 지나친 비중이 두어지고 있음을 간과할 수 없다. 다시 말하면 결과제거청구권에 대하여는 그 인정의 실익이라는 점보다는 권리구제의 방식에 대한 보다 원론적이고 이론적인 접근이 요구된다.

일반적으로 결과제거청구권이 문제되는 사안은 대부분 행정상 손해배상이나 손실보상의 문제로 해결이 가능한 것들이다. 그러나 손해의 배상이나 손실의 보상을 통한 권리구제는 권리의 존속보호와 원상회복을 구하는 수단이 여의치 못할 경우에 한하여 이차적으로 고려될 수 있는 것이 원칙이다.

이러한 측면에서 독일의 연방헌법재판소가 자갈채취사건에서 언급한 일차적 권리구제수단의 우월성원칙은 결과제거청구권을 논의함에 있어서 중요한 시사를 하고 있다. 우선 권리가 침해된 자는 행정쟁송을 통하여 그 위법을 시정하여 원상회복을 구하고 그것이 여의치 못한 경우 그 결과의 제거를 청구한다. 만약 이러한 방법도 권리보호의 이익이 없는 경우에는 최후로 손해의 전보를 구하게 되는 것이다.

이렇게 본다면 손해전보제도는 일종의 포괄적 청구권(Auffangsanspruch)으로서 성격을 갖는다. 그러므로 결과제거청구권의 행사를 통하여도 권리구제의 미진한 부분에 대하여는 손해의 전보가 가능하지만, 이는 다른 구제수단이 고갈(Ausschöpfung)되는 경우에 비로소 고려되는 것이 원칙이다.

따라서 위의 예에서 보는 것처럼 위법한 건축물과 위법하게 영치된 물건에 대한 원상회복은 미루어 둔 채 이에 대해 손해의 전보를 구하는 것은 올바르고 자연스러운 권리구제의 모습으로는 보이지 않는다. 그러므로 보다 이론적이고 원리적인 차원에서 이 문제를 바라본다면 민법상의 물권적 청구권과는 별도로(또는 경합하여) 공법상의 결과제거청구권을 인정할 근거는 충분하다.

3. 법적 근거

독일에서는 공법상 결과제거청구권에 대하여 다양한 법적 근거가 제시되고 있다. 대표적인 것으로는 민법 제1004조, 제12조, 제862조 등의 규정과 더불어 정의의 원칙, 법치국가원리, 행정의 법률적합성의 원칙, 자유권적 기본권, 포괄적 권리보호를 규정한 기본법 제19조 제4항 등이다.

우리나라에서는 결과제거청구권의 법적 근거로 법치행정의 원리, 기본권규정, 민법 제213조와 제214조, 헌법 제10조, 제23조 제1항 전단, 제29조 등 다양한 의견이 제시되고 있다. 그럼에도 불구하고 이러한 다양한 법적 근거는 상호 배척하는 것이 아니며 상호간의 보완을 통하여 결과제거청구권의 법적 근거를 형성한다. 결과제거청구권의 대상은 공권력의 행사를 통하여 개인의 재산권을 침해하여 발생한 위법한 결과이다. 그러므로 결과제거청구권이 그의 위법한 결과를 시정하여 행정의 적법성을 회복하는 것이라면 보다 직접적인 법적 근거로는 행정의 법률적합성의 원칙과 재산권규정이 제시될 수 있다.

한편 대법원 판례는 인접대지 위에 건축물이 건축됨에 따라 종전의 생활이익이 침해되고 그 침해가 사회통념상 일반적으로 수인할 정도를 넘어선다고 인정될 경우, 그 토지의 소유자가 하는 방해의 제거나 예방을 위한 청구를 인정하고 그러한 청구권의 기초로서 민법상의 소유권을 들고 있다. 즉 "환경권은 명문의 법률규정이나 관계 법령의 규정 취지 및 조리에 비추어 권리의 주체, 대상, 내용, 행사 방법 등이 구체적으로 정립될 수 있어야만 인정되는 것이므로 … 사법상의 권리로서의 환경권을 인정하는 명문이 규정이 없는데도 환경권에 기하여 직접 방해배제청구권을 인정할 수는 없다"고 하면서 "그러나, 어느 토지나 건물의 소유자가 종전부터 향유하고 있던 경관이나 조망, 조용하고 쾌적한 종교적 환경 등이 그에게 하나의 생활이익으로서의 가치를 가지고 있다고 객관적으로 인정된다면 법적인 보호의 대상이 될 수 있는 것이므로, 인접 대지 위에 건물의 건축 등으로 그와 같은 생활이익이 침해되고 그 침해가 사회통념상 일반적으로 수인할 정도를 넘어선다고 인정되는 경우에는 위 토지 등의 소유자는 그 소유권에 기하여 건물의 건축 금지 등 방해의 제거나 예방을 위하여 필요한 청구를 할 수 있다"고 판시하였다(대판 1999.7.27. 98다47528).

4. 결과제거청구권의 성립요건

결과제거청구권은 고권적 침해, 재산권 등 권리침해, 침해의 위법성, 위법한 침해의 계속이라는 요건이 충족되어야 성립한다.

1) 고권적 침해

여기에서의 고권적 침해란 행정처분을 통한 공권력행사와 같이 권력적 요소를 포함한 국가작용을 말한다. 행정처분과 더불어 고권적 침해의 전형적인 형태로서는 권력적 사실행위가 거론될 수 있다. 실제로 대부분 결과제거의 청구는 위법한 사실행위 그 자체 또는 고권적 국가작용의 결과로 남아 있는 사실행위를 그 대상으로 한다. 따라서 국가가 사법상 계약의 의무를 이행하지 않음으로 인하여 조성된 위법한 결과 때문에 개인의 권리를 침해하는 경우에는 민법상의 물권적 청구만이 가능하다.

2) 재산권 등 권리침해

재산권 등 개인의 권리 또는 법률상의 이익에 대한 침해가 있어야 한다. 결과제거청구권으로 인하여 회복하려는 개인의 권익은 주로 재산적 가치를 그 대상으로 하지만 경우에 따라서는 개인의 신용 · 명예 등 비재산적 가치도 포함된다.

3) 침해의 위법성

침해의 위법성이란 고권적 행정작용이 행정의 법률적합성원칙이나 행정법의 일반원칙 등 그 법적 한계를 일탈한 것을 말한다. 그런데 이러한 위법성의 요건은 고권적 침해행위가 행하여질 당시부터 충족되는 경우도 있다. 그러나 침해의 위법성은 이러한 경우뿐만 아니라 행위 당시에는 적법하였으나 사후에 발생한 사정으로 위법한 침해로 평가되는 것을 포함한다. 예를 들어, 당초의 도로건설행위는 적법하였으나 사후에 토지수용처분이 취소되거나 물건의 영치처분이 효력을 상실하여 건설기자재의 야적이나 영치행위의 위법성이 인정되는 경우이다.

4) 위법한 침해의 계속성

위법한 침해가 결과제거청구권의 행사시까지 계속되어야 한다. 따라서 이미 위법상태가 종료하여 침해 이전의 상태의 회복이 불가능하다면 손해의 배상이나 손실의 보상만이 가능할 뿐이다. 다만 위법상태가 현존하지 않는다 하더라도 위법상태로 인한 잔여의 결과가 존재하는 경우에는(특정인에 대한 서훈박탈처분이 위법을 이유로 취소되어 명예회복이 이루어졌다고 하더라도 서훈박탈의 기록이 문서에 남아 있는 경우) 그 부분에 대한 결과제거청구권의 행사가 가능하다고 보아야 할 것이다.

5. 결과제거청구권의 한계

결과제거청구권을 행사함에 있어서는 청구권의 구조상 다음과 같은 한계가 따른다. 첫째, 결과제거청구권은 침해 이전의 상태를 회복하는 것이므로 그러한 원상회복이 가능하며, 적법하고 또한 행정청에 기대가능하여야 한다. 만약 이론적으로 원상회복이 가능하다 하더라도 실제로 여기에 소요되는 비용이 지나치게 큰 경우에 원상회복을 위한 결과제거청구권의 행사는 기대가능성이 없다고 보아야 한다. 이러한 요건이 구비되지 아니하면 손해배상이나 손실보상만이 문제된다. 한편 판례는 "대지소유자가 그 소유권에 기하여 그 대지의 불법점유자인 시에 대하여 권원없이 그 대지의 지하에 매설한 상수도관의 철거를 구하는 경우에 공익사업으로서 공중의 편의를 위하여 매설한 상수도관을 철거할 수 없다거나 이를 이설할 만한 마땅한 다른 장소가 없다는 이유만으로써는 대지소유자의 위 철거청구가 오로지 타인을 해하기 위한 것으로서 권리남용에 해당한다고 할 수는 없다"라고 판시하였다(대판 1987.7.7. 85다카1383).

둘째, 위법한 결과의 제거를 청구하는 과정에서 위법상태가 제거되고 적법한 공권력작용이 남게 되는 경우에는 역시 결과제거청구권의 행사는 불가능하다. 예를 들어, 필요한 협의가 결여됨을 이유로 토지수용처분이 취소되어 위법한 결과의 제거를 청구하기 이전에 다시 사업시행자와 소유자간의 협의가 이루어지고, 이것이 관할 토지수용위원회의 확인을 받는 경우 등이다.

셋째, 결과제거청구권이 가능 · 적법 · 기대가능성의 한계를 넘어서 그 행사가 불가능한 경우에는 보충적으로 손해의 배상이나 손실의 보상을 청구할 수 있다고 보아야 한다. 따라서 결과제거청구권이 행사된다 하더라도 권리를 침해당한 자에게 정신적인 손해 등이 발생되어 완전한 손해의 배상이 문제되는 경우에는 이에 대한 손해의 배상을 구하는 청구를 별도로 제기할 수 있음은 물론이다.

6. 결과제거청구권의 행사를 위한 쟁송

행정작용으로 인한 위법한 결과의 제거를 구하는 소송은 공법상 당사자소송에 의하는 것이 원칙이다. 따라서 결과의 제거를 구하는 소송은 공법상 법률관계에 관한 소송으로서 법률관계의 한쪽 당사자인 국가나 지방자치단체를 피고로 하여 제기한다. 그러나 공법상 당사자소송에 대한 이해의 부족과 결과제거청구권과 물권적 청구권과의 혼동으로 인하여 실제로는 민사소송에 의하는 경우가 대부분이다.

판례도 대지소유자가 그 소유권에 기하여 대지의 불법점유자인 시(市)에 대하여 권원 없이 그 대지의 지하에 매설된 상수도관의 철거를 요구하는 소송을 민사소송으로 다루고 있다(대판 1987.7.7. 85다카1383). 또한 이에 대한 원심인 서울민사지방법원의 판결도 이러한 원상회복청구권을 역시 민법상의 물권적 청구권의 행사로 보아 이를 민사소송을 통하여 주장하는 것으로 이해하고 있다(서울민사지법 1985.6.5. 84나2640).

■ ■ ■

제 6 편

행정쟁송제도

제 1 장
개 관

제 1 절 법치주의와 행정쟁송제도의 의의

행정쟁송이란 위법 · 부당한 행정작용 또는 행정주체의 행정법상 법률관계의 위반으로 인하여 권익을 침해당한 개인 또는 행정청이 위법한 행정작용의 취소, 무효확인 또는 급부나 의무의 이행을 구하는 권리구제절차이다. 이러한 행정쟁송절차는 크게 보아 행정청 내부에서 행하여지는 행정심판과 법원이 행하는 행정소송으로 구분된다.

행정쟁송제도는 위법한 행정작용을 시정하여 행정의 법률적합성원칙을 회복하고 침해된 개인의 권익을 구제하는 법치주의의 실현 메커니즘이다. 그 밖에도 행정쟁송제도를 통하여 실체법의 내용이 상당 부분 구체화되며 이론적으로만 탐구되었던 행정법의 원리들에 대한 타당성의 검증이 이루어진다. 따라서 행정쟁송법과 행정쟁송제도는 행정법의 영역에서 존재하는 수많은 실체법 규정과 이론이 어우러지는 법치주의의 파노라마라고 할 수 있다.

이러한 법치주의의 실현구조로서 행정쟁송제도에 대하여 우리 헌법도 제27조에서 국민의 포괄적인 재판청구권을 보장하여 국가 공권력작용으로 인한 권익침해에 소송으로 대응할 길을 열어놓았다. 보다 직접적으로는 제107조 제2항을 통하여 "명령 · 규칙 또는 처분이 헌법이나 법률에 위반되는 여부가 재판의 전제가 된 경우에는 대법원은 이를 최종적으로 심사할 권한을 가진다"라고 하여 일반법원에 행정소송에 대한 재판관할권을 부여하였다. 또한 제3항에서는 "재판의 전심절차로서 행정심판을 할 수 있다. 행정심판의 절차는 법률로 정하되, 사법절차가 준용되어야 한다"라고 하여 행정심판의 헌법적 근거를 마련하였다.

제 2 절 행정쟁송제도의 기능

Ⅰ. 개인의 권익구제

행정쟁송은 위법 · 부당한 행정작용을 시정하여 침해된 개인의 권익을 구제하는 기능을 수행한다. 가령 위법한 조세부과처분이 행하여져서 특정한 납세자의 권익이 침해되었다고 가정하자. 이때 적어도 당해인의 입장에서 행정쟁송이 갖는 기능은 자명하다. 즉 이 경우의 행정쟁송은 위법한 조세부과처분의 취소나 무효확인을 통하여 침해된 권익의 회복을 구하는 것이다.

이처럼 행정쟁송의 일차적 기능은 공익의 실현과정에서 자칫 위법한 국가작용으로 인하여 발생할 수 있는 개인의 권익침해를 구제하는 것이다. 그런데 이미 행정상 손해배상과 손실보상제도를 논하는 과정에서 언급한 내용이지만, 행정쟁송제도는 위법한 공권력작용을 제거하여 권리의 원상회복을 구한다는 점에서 존속보호형식의 개인의 권리구제수단이다. 이러한 의미에서 행정쟁송제도는 보상보호의 형식인 행정상 손해전보에 비하여 더 우선적으로 고려되어야 하는 권리구제수단임도 언급하였다(일차적 권리구제의 우월성 원칙).

Ⅱ. 행정의 적법성 통제

위법 또는 부당한 행정작용으로 인하여 권익을 침해당한 자에 대하여 행정쟁송을 제기할 수 있도록 하여 그러한 행정작용의 효력을 부인할 수 있는 길을 제도적으로 보장한다는 것은 개인의 권익구제 이상의 의미를 갖는다. 다시 말해서 행정쟁송제도는 원고에 의하여 제기된 쟁송을 통하여 위법한 행정작용의 효력을 부인함으로써 (특히) 사법부에 의한 행정의 적법성 통제를 가능하게 한다.

물론 행정재판권을 행정부에 부여하는 이른바 행정형 국가가 없는 것은 아니지만 일반적으로 행정재판권을 사법부에 부여하는 것은 권력분립의 원칙과도 밀접한 관련이 있다. 결국 행정쟁송제도는 위법한 행정작용에 대한 효력부인의 권한을 사법부에게 부여함으로써 권력분립의 원칙과 사법부에 의한 행정통제의 기능을 수행한다.

Ⅲ. 권익구제에 대한 행정통제기능의 우위론?

행정쟁송제도는 미시적으로는 개인의 권익구제기능을 갖는 것이지만 사법부에 의한 행정통제를 통하여 법치주의를 실현하는 메커니즘이라는 거시적인 기능을 수행하는 것이다. 따라서 행정쟁송에는 이 두 가지 요소가 서로 융합되어 공존한다. 그러므로 권익구제와 행정통제의 어느 한쪽의 기능이 우위에 있다고 설명하는 것은 행정쟁송제도가 수행하는 유기적 기능을 간과한 단견으로서 현실성을 결여하는 것이다.

물론 권익구제와 행정통제의 기능은 행정쟁송의 종류와 형식에 의하여 그 중점이 결정된다. 즉 항고쟁송과 당사자쟁송은 개인의 권익구제의 기능이, 기관쟁송과 민중쟁송의 경우에는 행정통제의 기능이 전면에 나서지만 이 경우에도 나머지의 기능을 전적으로 배제하는 것은 아니다.

제 3 절 행정쟁송의 종류

행정쟁송의 종류는 여러 가지 기준에 의하여 다양한 분류가 가능하다.

Ⅰ. 주관적 쟁송과 객관적 쟁송

주관적 쟁송이란 위법 또는 부당한 행정작용으로 인하여 침해된 개인의 권익구제의 기능이 전면에 나서는 행정쟁송제도이다. 주관적 쟁송의 형태로는 항고쟁송과 당사자쟁송이 있다. 이에 반하여 객관적 쟁송은 행정의 적법성 통제가 주된 기능으로 나서는 행정쟁송이며, 여기에는 기관쟁송과 민중쟁송이 있다.

Ⅱ. 항고쟁송과 당사자쟁송

항고쟁송은 이미 행하여진 위법 또는 부당한 행정작용의 취소 또는 무효확인을 통하여 그 시정을 구하는 행정쟁송제도이다. 따라서 항고쟁송은 행정처분과 같이 한번 행하여져서 존재하는 행정작용을 대상으로 하여 다투는 것이므로 복심적(覆審的) 쟁송이라고 불리워진다. 반면에 당사자쟁송은 공법상 법률관계에 대하여 대등한 의사력을 갖는 당사자간에 발생하는 법률적 분쟁을 해결하는 쟁송제도이다. 그러므로 당사자쟁송은 그 목적물이 당사자간의 법률관계 그 자체이므로 시심적(始審的) 쟁송이라고 부른다.

Ⅲ. 민중쟁송과 기관쟁송

민중쟁송은 선거쟁송과 같이 국가기관의 행위가 위법하게 행하여진 경우에 그 시정을 구하는 것이므로 개인의 권익구제문제와 원고적격 등은 그다지 중요하지 않다. 기관쟁송 역시 객관적 쟁송의 하나로서 국가기관이나 지방자치단체의 기관 상호간에 벌어지는 권한의 충돌을 해결하는 쟁송제도이다. 따라서 기관쟁송에서 개인의 청구인 적격이나 원고적격은 전혀 문제되지 않는다.

제 2 장
행정심판

제 1 절 행정심판의 의의와 기능

Ⅰ. 행정심판의 의의

행정심판이란 행정쟁송과 더불어 행정쟁송제도의 근간을 형성하는 행정구제제도이다. 행정심판은 행정청의 위법 또는 부당한 처분 그밖에 공권력의 행사·불행사 등으로 인하여 권익을 침해받은 국민이 행정기관에 심판을 청구하는 제도이다. 따라서 행정심판은 행정소송과는 달리 행정부 내에 설치된 행정심판위원회에 의하여 진행되므로 형식적으로 보면 일종의 행정작용이다.

그러나 행정심판은 행정소송과 더불어 공권력작용으로 침해된 개인의 권익을 구제하는 제도이므로 재판에 준하는 엄격한 절차가 요구된다. 이러한 의미에서 헌법 제107조 제3항도 "재판의 전심절차로서 행정심판을 할 수 있다. 행정심판의 절차는 법률로 정하되, 사법절차가 준용되어야 한다"고 하여 행정심판에는 사법절차가 준용됨을 분명히 하였다. 따라서 행정심판은 행정청에 의한 행정작용이기는 하지만 일종의 준사법적 행정작용이며, 행정심판의 재결은 행정행위 중에서도 강한 존속력을 갖는다. 또한 행정심판과 이의신청 등 다른 제도를 구별할 때에도 심판기관을 비롯한 불복절차가 사법절차에 준하는지 여부에 따라야 한다.

헌법재판소도 "헌법 제107조 제3항은 … 행정심판절차의 구체적 형성을 입법자에게 맡기고 있지만, 행정심판은 어디까지나 재판의 전심절차로서만 기능하여야 한다는 점과 행정심판절차에 사법절차가 준용되어야 한다는 점은 헌법이 직접 요구하고 있으므로 여기에 입법적 형성의 한계가 있다. 따라서 입법자가 행정심판을 전심절차가 아니라 종심절차로 규정함으로써 정식재판의 기회를 배제하거나, 어떤 행정심판을 필요적 전심절차로 규정하면서도 그 절차에 사법절차가 준용되지 않는다면 이는 헌법 제107조 제3항, 나아가 재판청구권을 보장하고 있는 헌법 제27조에도 위반된다 할 것이다. 반면 어떤 행정심판절차에 사법절차가 준용되지 않는다 하더라도 임의적 전치제도로 규정함에 그치고 있다면 위 헌법조항에 위반된다 할 수 없다. … 한편, 헌법 제107조 제3항은 사법절차가 "준용"될 것만을 요구하고 있으나 판단기관의 독립성과 공정성, 대심적 심리구조, 당사자의 절차적 권리보장 등의 면에서 사법절차의 본질적 요소를 현저히 결여하고 있다면 "준용"의 요청에마저 위반된다고 하지 않을 수 없다"고 판시하였다(헌재결 2001.6.28. 2000헌바30).

Ⅱ. 협의의 행정심판과 광의의 행정심판

행정심판은 처분청의 직근상급행정관청 등에 소속된 행정심판위원회가 행정심판을 심리 · 의결하는 것이 일반적인 경로이다. 이러한 일반적인 행정심판제도를 규율하기 위하여 행정심판법이 제정되었으며, 행정심판법에 따르는 행정심판을 협의의 행정심판이라고 부른다.

반면에 비교적 특수한 성격의 행정심판제도를 규율하기 위하여 국가공무원법의 소청(제9조), 광업법의 이의신청(제92조), 국세기본법의 이의신청 · 심사청구 · 심판청구(제55조, 제66조의2, 제67조), 감사원법의 심사청구(제43조) 등에서는 행정심판 대신 소청 · 이의신청 · 심사청구 · 심판청구 등의 용어가 사용되고 있다. 이처럼 행정심판법 외에 개별법상 인정되는 행정심판을 모두 포함하여 광의의 행정심판이라고 부른다.

Ⅲ. 행정심판과 구별되는 제도

1. 청 원

헌법 제26조가 국민의 기본권으로 규정하고 있는 청원제도는 청원법이 정하는 바에 의하여 행사되는 일종의 임의적 권리구제제도이다. 물론 청원은 모든 국민이 할 수 있고 청원법에 의한 청원사항(제5조)은 피해의 구제 등으로 광범위하지만, 청원기관은 청원을 접수하여 이를 성실 · 공정 · 신속히 조사하고 그 결과를 청원인에게 통지하는 의무(제12조, 제18조, 제21조) 외에는 특별한 법적 의무를 지지 않고 청원의 처리에 관한 결정에는 법적 구속력이 인정되지 않는다.

그러나 행정심판은 심판청구인, 대상, 청구기간을 법으로 규정함과 동시에 행정심판위원회에 심리 · 재결에 관한 구체적인 의무를 부과하고 재결의 법적 구속력이 인정되며 재결을 대상으로 행정소송을 제기할 수도 있다는 면에서 청원과는 근본적으로 구별된다.

2. 이의신청

1) 일반적으로 이의신청이란 위법 또는 부당한 처분으로 인하여 권익을 침해당한 자가 처분청을 상대로 제기하는 불복절차를 의미하는 것으로서, 처분청 자신이 행한 처분을 재심사하는 절차이다. 대법원도 "이의신청과 행정심판은 그 절차 및 담당 기관에 차이가 있[다]"고 하였으며(대판 2010.1.28. 2008두19987), 구 민원처리법상 거부처분에 대한 이의신청에 대하여 "[이는] 처분청으로 하여금 다시 거부처분에 대하여 심사하도록 한 절차로서 행정심판법에서 정한 행정심판과는 그 성질을 달리하고 또한 사안의 전문성과 특수성을 살리기 위하여 특별한 필요에 따라 둔 행정심판에 대한 특별 또는 특례 절차라 할 수도 없[다. 또한] 민원 이의신청은 … 행정청의 위법 또는 부당한 처분이나 부작위로 침해된 국민의 권리 또는 이익을 구제함을 목적으로 하여 행정청과 별도의 행정심판기관에 대하여 불복할 수 있도록 한 절차인 행정심판과는 달리, 민원사무처리법에 의하여 민원사무처리를 거부한 처분청이 민원인의 신청 사항을 다시 심사하여 잘못이 있는 경우 스스로 시정하도록 한 절차이다"라고 판시하였다(대판 2012.11.15. 2010두8676).

이미 언급한 바와 같이 이의신청도 광의의 행정심판 중 하나로 규정되는 경우가 있으나, 대부분의 개별법상 이의신청은 행정심판위원회가 아닌 처분청에 제기하며 임의적 절차이다. 예를 들어, 국세기본법은 위법 · 부당한 조세부과처분에 대한 특수한 행정심판의 절차로서 심사청구와 심판청구를 규정하고 있는 외에 제55조와 제66조에서 이의신청제도를 두고 있다. 국세기본법상 과세처분에 불복하는 자는 구법과는 달리 심사청구와 심판청구를 모두 거쳐야 하는 것이 아니라 그중 어느 하나만을 거치고 행정소송을 제기할 수 있다(제56조 제2항). 그러나 이의신청은 국세청장이 조사 · 결정 또는 처리하거나 하였어야 하는 처분을 제외하고 심사청구 또는 심판청구 이전에 행하여지는 임의적인 절차로서 이의신청의 제기 여부는 전적으로 신청자의 의사에 의한다. 이러한 의미에서 이의신청은 비교적 약식의(informal) 불복절차라고 할 수 있다.

2) 행정기본법은 행정쟁송 제기 이전의 일반적인 불복절차로서 당해 처분청에 이의신청을 할 수 있는 조항을 두었다(제36조).

즉 행정청의 처분(행정심판법상 행정심판의 대상이 되는 처분)에 이의가 있는 당사자(처분의 상대방)는 처분을 받은 날부터 30일 이내에 해당 행정청에 이의신청을 할 수 있다(제36조 제1항). 행정청은 이의신청을 받으면 그 신청을 받은 날부터 14일 이내에 그 이의신청에 대한 결과를 신청인에게 통지하여야 함이 원칙이다(제2항 본문). 이의신청을 한 경우에도 그 이의신청과 관계없이 행정심판 또는 행정소송을 제기할 수 있다(제3항).

이의신청에 대한 결과를 통지받은 후 행정심판 또는 행정소송을 제기하려는 자는 그 결과를 통지받은 날(제35조 제2항의 통지기간 내에 통지받지 못한 경우에는 그 통지기간이 만료되는 날의 다음 날)부터 90일 이내에 행정심판 또는 행정소송을 제기할 수 있다(제36조 제4항).

다른 법률에서 이의신청과 이에 준하는 절차에 대하여 정하고 있는 경우에도 그 법률에서 규정하지 아니한 사항에 관하여는 제36조에서 정하는 바에 따른다(제36조 제5항). 다만 '① 공무원 인사 관계 법령에 따른 징계 등 처분에 관한 사항, ② 국가인권위원회법 제30조에 따른 진정에 대한 국가인권위원회의 결정, ③ 노동위원회법 제2조의2에 따라 노동위원회의 의결을 거쳐 행하는 사항, ④ 형사, 행형 및 보안처분 관계 법령에 따라 행하는 사항, ⑤ 외국인의 출입국 · 난민인정 · 귀화 · 국적회복에 관한 사항, ⑥ 과태료 부과 및 징수에 관한 사항' 중 어느 하나에 해당하는 사항에 관하여는 제36조를 적용하지 아니한다.

3. 부패방지권익위법에 따른 고충민원처리

부패방지권익위법에 의한 고충민원처리는 진정이나 청원과 같이 임의적 권리구제 제도로서의 성격을 가지고 있다. 이 법에 의하여 설치된 국민권익위원회 및 지방자치단체의 시민고충처리위원회의 관할사항은 원칙적으로 행정기관의 민원사항에 관한 안내 및 상담, 고충민원의 조사 및 처리 등 광범위하다(제11조, 제12조, 제32조).

그러나 국민권익위원회 등의 광범위한 관할사항에도 불구하고 조사결과 처분 등이 위법 · 부당하다고 인정할 만한 상당한 이유가 있는 때에는 관계 행정기관의 장에게 적절한 시정조치를 권고할 수 있을 뿐이다(제46조 제1항). 따라서 법적 구속력을 갖는 행정심판과 그 성격을 달리한다.

대법원도 "국민고충처리제도는 … 행정심판법에 의한 행정심판 내지 다른 특별법에 따른 이의신청, 심사청구, 재결의 신청 등의 불복구제절차와는 제도의 취지나 성격을 달리하고 있으므로 국민고충처리위원회에 대한 고충민원의 신청이 행정소송의 전치절차로서 요구되는 행정심판청구에 해당하는 것으로 볼 수는 없고, 다만 국민고충처리위원회에 접수된 신청서가 행정기관의 처분에 대하여 시정을 구하는 취지임에 내용상 분명한 것으로서 위 위원회가 이를 당해 처분청 또는 그 재결청에 송부한 경우에 한하여 행정심판법 제17조 제2항, 제7항의 규정에 의하여 그 신청서가 국민고충처리위원회에 접수된 때에 행정심판청구가 제기된 것으로 볼 수 있다"라고 하여(대판 1995.9.29. 95누5332) 행정심판전치주의 충족 여부와는 별도로 고충처리는 원칙적으로 행정심판과 다른 제도임을 분명히 하였다.

4. 감사원법에 의한 심사청구

감사원의 업무는 원칙적으로 회계검사와 공무원에 대한 직무감찰이므로 국민과는 직접적인 이해관계를 갖는다고 보기 어렵다. 그러나 비리와 부정에 연루된 공무원 등의 행위는 이해관계 있는 국민의 권익을 해하는 경우가 있으므로 감사원법은 제43조에서 감사대상자의 직무에 관한 처분이나 그 밖에 감사원규칙으로 정하는 행위에 관하여 이해관계가 있는 자는 감사원에 그 심사를 청구할 수 있도록 규정하고 있다. 또한 청구된 심사에 대하여 감사원은 각하 또는 기각결정과 더불어 심리 결과 심사청구의 이유가 있다고 인정하는 때에는 관계기관의 장에게 시정이나 그 밖에 필요한 조치를 요구하며(제46조), 관계기관의 장은 시정이나 그 밖에 필요한 조치를 요구하는 결정의 통지를 받으면 그 결정에 따른 조치를 하여야 한다(제47조).

그러나 감사원에서 이루어지는 심사청구는 그 법적 기속력이 행정심판에 비교할 수 없는 것이다. 판례도 다음과 같이 심사청구의 행정심판적 성격을 부인하였다. "감사원법 제43조 제1항의 규정에 의한 심사청구는 감사원의 감사를 받을 자의 행정행위에 이해관계가 있는 자로 하여금 감사원에 대하여 위 행정행위의 적법여부 또는 그 타당성 여부에 대한 심사를 하도록 하여 감사원의 직무수행에 도움을 주고 행정운영의 개선을 기하고자 하는 취지에 불과한 것으로서 위 심사청구에 관한 절차는 행정소송의 전심절차에 해당한다고 볼 수 없는 것이다"(대판 1994.5.27. 93누23633).

다만 감사원법은 제46조의2를 신설하여 청구인은 제43조 및 제46조에 따른 심사청구 및 결정을 거친 행정기관의 장의 처분에 대하여는 해당 처분청을 당사자로 하여 해당 결정의 통지를 받은 날부터 90일 이내에 행정소송을 제기할 수 있도록 하였다. 따라서 감사원의 심사청구도 행정통제 위주의 기능으로부터 개인의 권익구제기능을 동시에 갖는 준행정심판제도로 변모되었다고 할 수 있다.

5. 해난심판과 특허심판

1) 해난사고에 대한 심판과 특허 등 산업재산권에 대한 분쟁은 고도의 전문적 지식과 경험을 요구하는 것이므로 해양사고심판법과 특허법에는 각각 특별한 행정심판절차가 예정되어 있다. 즉 해양사고심판법은 제40조 이하에서 지방심판원과 중앙심판원에 의한 해양사고의 심판에 관한 절차를 규정하고 제74조에서는 중앙심판원의 재결에 대한 소송은 중앙심판원의 소재지를 관할하는 고등법원의 전속관할로 규정하고 있다.

2) 구 특허법은 제186조 제1항에서 특허쟁송의 특수성을 감안하여 특허청에 설치된 심판과 항고심판을 거쳐 바로 대법원에 하는 상고만을 인정하였다. 그러나 이러한 행정심판제도가 사실심리에 대한 심판권을 고등법원에 부여하지 않고 법률심인

대법원에 상고만을 허용하는 것이 되어 국민의 재판청구권을 침해하는 위헌적인 법률이라는 비판이 꾸준히 제기되었다. 이러한 비판을 의식하여 법원조직법 개정으로 고등법원급의 특허법원이 설치되고 이에 따라 특허법의 일부조항도 개정되었다(제132조의2 이하).

헌법재판소도 구 특허법상 쟁송절차에 관하여 "특허법 제186조 제1항은 특허청의 항고심판절차에 의한 항고심결 또는 보정각하결정에 대하여 불복이 있는 경우에도 법관에 의한 사실확정 및 법률적용의 기회를 주지 아니하고 단지 그 심결이나 결정이 법령에 위반된 것을 이유로 하는 경우에 한하여 곧바로 법률심인 대법원에 상고할 수 있도록 하고 있는바, 특허청의 심판절차에 의한 심결이나 보정각하결정은 특허청의 행정공무원에 의한 것으로서 이를 헌법과 법률이 정한 법관에 의한 재판이라고 볼 수 없다. … [또한] 특허청의 항고심판심결이나 결정은 그 판단주체로 보아 행정심판임이 분명하고 이러한 행정심판에 대하여는 법원에 의한 사실적 측면과 법률적 측면의 심사가 가능하여야만 비로소 특허사건에 대한 사법권 내지는 재판권이 법원에 속한다고 할 수 있을 것인바, 특허법 제186조 제1항이 이러한 행정심판에 대한 법원의 사실적 측면과 법률적 측면에 대한 심사를 배제하고 대법원으로 하여금 특허사건의 최종심 및 법률심으로서 단지 법률적 측면의 심사만을 할 수 있도록 하고 재판의 전심절차로서만 기능해야 할 특허청의 항고심판을 사실확정에 관한 한 사실상 최종심으로 기능하게 하고 있는 것은, 앞서 본 바와 같이 일체의 법률적 쟁송에 대한 재판기능을 대법원을 최고법원으로 하는 법원에 속하도록 규정하고 있는 헌법 제101조 제1항 및 제107조 제3항에 위반된다고 하지 아니할 수 없다"며 헌법불합치결정을 내린 바 있다(헌재결 1995.9.28. 92헌가11 등).

6. 처분의 재심사

행정행위의 불가쟁력에 대한 예외로서 행정처분의 재심사제도가 행정기본법 제37조에 신설되었다. 즉 당사자는 처분(제재처분 및 행정상 강제는 제외)이 행정심판 · 행정소송 · 그 밖의 쟁송을 통하여 다툴 수 없게 된 경우(법원의 확정판결이 있는 경우는 제외)라도 ① 처분의 근거가 된 사실관계 또는 법률관계가 추후에 당사자에게 유리하게 바뀐 경우, ② 당사자에게 유리한 결정을 가져다주었을 새로운 증거가 있는 경우, ③ 민사소송법 제451조에 따른 재심사유에 준하는 사유가 발생한 경우 등 대통령령으로 정하는 경우 중 어느 하나에 해당하는 경우에는 처분청에 처분을 취소 · 철회하거나 변경하여 줄 것을 신청할 수 있다(제37조 제1항). 이에 관하여는 행정행위의 불가쟁력 부분에서 설명하였다.

Ⅳ. 행정심판의 기능

행정심판에는 여러 가지 기능이 있으나 대체로 보아 소송경제의 확보, 행정의 자기통제, 행정청의 전문성을 활용한다는 것으로 요약될 수 있다. 행정심판의 존재 근거 중 가장 중요한 것은 소송에 소요되는 비용과 시간을 절약하여 관계인의 권익을 신속하게 구제하고 소송으로부터 법원의 부담을 덜어준다는 데 있다. 또한 행정심판을 통하여 축적된 경험과 지식은 적정하고 효율적인 행정통제를 가능하게 함으로써 행정심판에 대한 내부적인 전문성을 제고시킨다.

그런데 이러한 순기능을 갖는 행정심판이 과연 국민의 권익구제수단으로 실제 어떻게 운영되는가 하는 것은 또 다른 문제이다. 과거 우리의 행정심판제도는 위에서 언급한 제도적인 취지와 존재 근거에도 불구하고 국민의 권익구제를 위한 수단으로 선호되지 못하고 오히려 소송에 의한 권리구제를 지연시킨다는 비판이 제기되기도 하였다. 행정심판제도에 대한 이러한 지적은 행정심판법의 대폭적인 개정과 함께 행정심판전치주의가 폐지되어 이를 임의적 권리구제수단으로 운영하는 결과를 가져오게 하였다.

제 2 절 행정심판의 종류

현행 행정심판법에 규정된 행정심판은 취소심판, 무효등확인심판, 의무이행심판의 세 가지 종류로 구별된다.

Ⅰ. 취소심판

1. 의 의

취소심판이란 행정청의 위법 또는 부당한 처분을 취소 또는 변경하는 행정심판이다(행정심판법 제5조 제1호). 취소심판은 이미 행하여진 처분을 취소하거나 변경하는 것을 목적으로 하는 것이므로 대표적인 복심적 쟁송이며 동시에 항고쟁송이다. 여기에서의 "변경"의 의미는 행정소송법상 취소소송에서의 "변경"이 일부취소를 의미하는 것과는 달리 "적극적 변경"이 가능한 것으로 해석하는 것이 일반적이며 행정심판위원회의 실무이다. 이러한 해석이 가능한 이유는 행정소송과는 달리 행정심판에 있어서는 행정심판위원회에 의한 적극적 변경의 재결이 권력분립의 원칙에 반하지 않기 때문이다. 이러한 통설의 견해와 그 문제점은 재결편에서 다시 언급한다.

2. 성 질

취소심판은 위법 · 부당한 행정처분을 취소하거나 변경하여 그 효력을 소급적으로 부인하는 것이다. 취소심판의 성질에 대하여는 처분이 위법 또는 부당하다는 것을 확인하는 확인적 쟁송이라는 견해도 있으나, 그 효력 자체를 부인 · 소멸시킨다는 점에서는 형성적 쟁송이라는 견해가 지배적이다. 취소심판에 대하여는 일정한 청구기간의 제약이 있으며 그것이 경과하면 행정처분의 불가쟁력이 발생한다.

3. 재 결

취소심판의 청구가 부적법하거나 이유 없는 경우에는 각하재결과 기각재결이 행하여진다. 반면 심판청구의 이유가 있는 경우에는 그 청구를 인용하는 취소와 변경재결이 내려진다(제43조 제3항). 행정심판위원회는 취소심판의 청구가 이유가 있다고 인정할 때에는 처분을 직접 취소 또는 다른 처분으로 변경하거나(형성재결), 처분청에게 다른 처분으로 변경할 것을 명한다(이행재결). 그러나 행정심판위원회는 심판청구가 이유 있다고 인정하는 경우에도 이를 인용하는 것이 공공복리에 크게 위배된다고 인정하면 그 심판청구를 기각하는 이른바 사정재결을 할 수 있다(제44조).

Ⅱ. 무효등확인심판

1. 의 의

무효등확인심판은 행정청의 처분의 효력 유무 또는 존재 여부를 확인하는 행정심판이다(제5조 제2호). 따라서 무효등확인심판의 대상은 행정처분의 무효와 부존재가 모두 포함된다. 취소할 수 있는 행정행위가 공정력(구속력)을 갖고 관계인을 잠정적으로 구속하는 것과는 달리 무효인 행정행위는 문자 그대로 아무런 효력도 없으므로 원칙적으로 무효인 행정행위에 대하여 쟁송을 제기한다는 것은 논리적으로 모순이다.

그러나 행정행위의 무효와 취소사유가 법정화되지 않아 명확한 구별기준이 있는 것이 아니고 상대적 · 유동적인 것이 현재의 법상태이다. 그러므로 무효로 여겨지는 행정행위에 대하여도 그 무효성을 확인받을 실익이 존재한다. 다시 말해서 무효등확인심판의 청구에 대하여 유효확인재결 또는 단순위법을 확인하는 재결이 내려지면 청구인은 이에 대하여 즉각적인 법적 대비를 하여야 하기 때문이다.

2. 성 질

무효등확인심판에 대하여 이는 행정행위의 효력 유무나 존재 여부를 확인하는 데 그치는 것이므로 확인적 쟁송이라는 견해가 제시되고 있다. 이에 대하여 형성적 쟁송설을 주장하는 견해는 무효등확인심판은 물론 효력 유무에 대한 확인이 주된 것이지만 행정행위의 효력을 다투는 것이므로 형성적 성질을 갖는다고 한다. 통설인 준형성적 쟁송설은 무효등확인심판이 실질적으로는 처분의 효력 유무 등의 확인을 구하는 것이나 처분의 효력 유무를 직접 쟁송의 대상으로 한다는 점에서 형성적 성질도 동시에 갖는다고 한다. 검토하면 무효등확인심판은 형식적으로 무효인 행정행위의 확인을 구하는 것이기는 하지만 실질적으로 무효인 행정행위의 존재를 종국적으로 부인하는 것이라는 점에서 형성적 성격도 아울러 가지고 있음을 부인할 수 없다.

3. 재 결

무효등확인심판의 경우에도 심판청구가 그 요건을 결여하거나 이유 없는 경우에는 역시 각하와 기각의 재결이 행하여진다. 청구인의 심판청구를 인용하는 재결은 처분의 효력 유무와 존재 여부에 대한 확인의 재결이다. 따라서 구체적으로는 유효확인재결, 무효확인재결, 존재확인재결, 부존재확인재결이 내려진다. 한편 무효등확인심판에는 사정재결에 관한 규정이 적용되지 않는다(제44조 제3항).

Ⅲ. 의무이행심판

1. 의 의

의무이행심판이란 당사자의 신청에 대한 행정청의 위법 또는 부당한 거부처분이나 부작위에 대하여 일정한 처분을 하도록 하는 행정심판이다(제5조 제3호). 의무이행심판제도는 행정청의 부작위에 대한 중요한 권리구제수단으로서 행정소송법에 부작위위법확인소송 외에 의무이행소송제도가 규정되지 않은 것과 좋은 대조를 이룬다. 물론 그 이유는 권력분립의 원칙 때문이지만(그 부당성에 대해서는 행정소송편에서 상술한다), 행정심판과 행정소송제도가 유기적 관련을 갖는 점을 고려한다면 의무이행소송제도의 도입이 시급히 이루어져야 할 것이다.

그런데 의무이행심판은 행정청의 위법 또는 부당한 부작위뿐 아니라 거부처분도 그 대상으로 한다. 따라서 심판청구인은 거부처분에 대하여는 취소심판과 의무이행심판 중 택일적으로 심판청구가 가능하지만 대부분의 경우 의무이행심판에 의하게 될 것이다.

무효등확인심판과 부작위에 대한 의무이행심판의 경우 심판청구기간의 규정이 적용되지 않는다(제27조 제7항). 이는 부작위에 대한 의무이행심판의 경우 처분이 없으므로 당연한 것이다. 반면 거부처분에 대한 의무이행심판의 경우에는 심판청구기간이 적용된다. 판례도 “행정심판법 제18조 제7항에 부작위에 대한 의무이행심판청구에는 심판청구기간에 관한 같은 조 제1항 내지 제6항의 규정을 적용하지 아니한다고 규정되어 있음은 소론과 같지만, 위 법조항 소정의 부작위에 대한 의무이행심판청구에 소론과 같이 거부처분에 대한 의무이행심판청구도 포함된다고 볼 수는 없[다]"고 판시하였다(대판 1992.11.10. 92누1629). 또한 취소심판에서와 같이 의무이행심판에도 사정재결이 적용된다(제44조 제3항).

2. 성 질

의무이행심판은 신청인의 신청에 따르는 처분을 직접 하거나 처분을 할 것을 처분청에게 명하는 것이므로 이행적 쟁송 또는 형성적 쟁송이다. 또한 신청에 따르는 처분이 없어 개인의 권익을 침해하고 이를 구제하기 위하여 의무의 이행을 다투는 것이므로 복심적 쟁송이다. 그런데 의무이행심판은 현재 법률상 의무가 있는 행위가 이루어지고 있지 아니한 경우에 적용될 뿐 장래에 이행하여야 할 법률상 의무 있는 행위에는 적용되지 아니한다.

3. 재 결

의무이행심판청구가 청구요건을 결여하거나 이유 없는 때에는 각하와 기각의 재결을 한다. 만약 행정심판위원회가 청구인의 청구가 이유 있어 이를 인용하는 경우에는 지체없이 신청에 따르는 처분을 스스로 하거나(형성재결), 처분청에 이를 행할 것을 명한다(이행재결). 신청의 대상이 되는 행정처분이 기속행위인 경우에는 그에 따르는 처분을 하도록 하는 이행재결을 할 수 있는 것은 의문의 여지가 없다. 재량행위의 경우에도 일반적인 형식적 무하자재량행사청구권에 대한 응답의무와 재량의 축소시에 발생하는 특정처분의무에 따르는 의무이행재결이 가능하다. 이 문제에 대하여는 재결편에서 후술한다.

행정심판법은 제49조 제3항에서 행정심판위원회의 의무이행재결이 있는 경우에는 행정청은 지체없이 그 재결의 취지에 따라 다시 이전의 신청에 대한 처분을 하여야 한다고 규정하고 있다. 그러나 이러한 이행재결이 있었음에도 불구하고 당해 행정청이 계속 필요한 처분을 하지 않는 경우에는 어떻게 되는가? 행정심판법은 의무이행재결의 실효성 확보수단으로 제50조 제1항에서 당사자의 신청에 따라 행정심판위원회는 피청구인에게 기간을 정하여 서면으로 시정을 명하고, 그 기간에 이행하지 아니하는 경우에는 직접 처분을 할 수 있도록 하였다. 또한 제50조의2 제1항에서 청구인의 신청에 의하여 결정으로 상당한 기간을 정하고 피청구인이 그 기간 내에 이행하지 아니하는 경우에는 그 지연기간에 따라 일정한 배상을 하도록 명하거나 즉시 배상을 할 것을 명할 수 있도록 간접강제를 규정하였다.

제 3 절 행정심판의 대상

Ⅰ. 행정심판법의 개괄주의에 대한 논쟁

1. 행정심판법의 목적과 행정심판의 대상

행정심판법은 제1조에서 행정심판절차를 통하여 행정청의 위법 또는 부당한 처분이나 부작위로 침해된 국민의 권리 또는 이익을 구제하고, 아울러 행정의 적정한 운영을 꾀함을 목적으로 한다고 규정하고 있다. 행정심판법 제2조에서는 행정심판의 대상으로 처분과 부작위의 개념을 정의하고 있다. 나아가 행정심판법은 행정심판대상에 관하여 제3조 제1항에서 "행정청의 처분 또는 부작위에 대하여는 다른 법률에 특별한 규정이 있는 경우 외에는 이 법에 따라 행정심판을 청구할 수 있다"라고, 제2항은 "대통령의 처분 또는 부작위에 대하여는 다른 법률에서 행정심판을 청구할 수 있도록 정한 경우 외에는 행정심판을 청구할 수 없다"고 규정하고 있다. 이러한 행정심판법의 규정에 대하여 대체로 국내의 학자들은 우리의 행정심판법이 행정소송법과 마찬가지로 행정심판사항에 대한 개괄주의를 취한 것으로 평가하고 있다.

2. 행정소송법상 소송사항과의 차이

행정심판법이 개괄주의를 취한 것이라는 평가에도 불구하고 실제로 행정심판의 대상은 처분과 부작위에 제한되고 있다. 진정한 의미에서 행정심판법이 개괄주의를 선언하였다고 보기 위해서는 공법상의 모든 법률관계에 대한 다툼이 행정심판사항이 되어야 한다. 그러나 입법자는 심판사항에서 처분과 부작위 이외에 행정소송법 제1조에 규정된 "공법상의 권리관계 또는 법적용에 관한 다툼을 적정하게 해결함을 목적으로 한다"라는 문구와는 달리 이를 삭제하여 의식적으로 심판사항을 축소하였다.

이러한 점은 행정소송법과 행정심판법의 쟁송수단을 비교하여 보아도 분명해진다. 행정소송법은 항고소송 이외에 포괄적 성격을 갖는 소송형태로 당사자소송을 규정하고 있다. 반면에 행정심판법은 위에서 언급한 항고심판의 성격을 갖는 취소심판, 무효등확인심판, 의무이행심판 외에 당사자심판의 제도를 가지고 있지 못하다. 이처럼 처분등의 개념에 대하여 논란을 빚고 있는 행정소송법에 비하여도 행정심판사항은 구조적으로 협소함을 면하지 못하는 것이다. 따라서 입법정책적으로 행정심판사항에 대한 확대와 더불어 이를 행정소송사항과 연계함과 동시에 당사자심판제도의 도입을 검토하여야 할 것이다.

Ⅱ. 행정심판대상으로서의 처분과 부작위

1. 처 분

행정심판법은 제2조 제1호에서 처분의 개념을 "행정청이 행하는 구체적 사실에 관한 법집행으로서의 공권력의 행사 또는 그 거부, 그 밖에 이에 준하는 행정작용"으로 규정하였다. 여기에서의 처분 개념은 행정소송법의 처분 개념과 일치한다. 이때 다시 한 번 제기되는 문제는 행정심판법의 처분 개념이 강학상 행정행위의 개념을 포함한다는 것은 분명하지만 "공권력의 행사 또는 그 거부" 또는 "그 밖에 이에 준하는 행정작용"이 무엇을 의미하는가 하는 것이다. 이에 대한 해석을 둘러싸고 전통적 의미의 행정행위 개념(실체법적 행정행위 개념)과 새로운 행정행위 개념(쟁송법적 행정행위 개념)이 대립하고 있다. 이 문제는 행정소송편에서 상술할 것이므로 여기에서는 더 이상 언급하지 않는다. 다만 본서에서는 실체법적 행정행위의 개념을 고수하면서도 처분의 대상에 대한 입법적 확대와 공권력행사의 유형에 따르는 소송방식, 특히 당사자소송의 적극적 활용을 제시한다.

2. 부작위

1) 의 의

행정심판사항으로 처분과 더불어 부작위란 행정청이 당사자의 신청에 대하여 상당한 기간 내에 일정한 처분을 하여야 할 법률상 의무가 있는데도 처분을 하지 아니하는 것을 말한다(제2조 제2호). 따라서 행정심판법의 부작위는 행정소송법의 부작위 개념과 일치한다.

2) 요 건

(1) 당사자의 신청

당사자의 신청이란 대부분 수익적 행정행위에 대한 발급신청을 말한다. 그런데 당사자의 신청권이란 행정법상 공권의 일종이므로 개인의 신청권이 인정되기 위하여는 신청의 요건과 절차를 규정하는 법령이 존재하여야 한다. 경우에 따라서 개인의 중요한 법익 실현에 이바지하는 행정권 발동에 대한 신청권을 규율하는 법령이 없는 경우에는 헌법상 기본권의 직접 적용도 가능할 것이다.

판례는 "행정소송법 제4조 제3호에 규정된 부작위위법확인의 소는 행정청이 당사자의 법규상 또는 조리상의 권리에 기한 신청에 대하여 상당한 기간 내에 그 신청을 인용하는 적극적처분 또는 각하하거나 기각하는 등의 소극적처분을 하여야 할 법률상의 응답의무가 있음에도 불구하고 이를 하지 아니하는 경우에 그 부작위가 위법하다는 것을 확인함으로써 행정청의 응답을 신속하게 하여 부작위 또는 무응답이라고 하는 소극적인 위법상태를 제거하는 것을 목적으로 하는 제도"라고 판시하였다(대판 1992.6.9. 91누11278). 부작위와 개인의 신청권 성립 여부에 대하여는 행정소송편에서 상세히 언급한다.

(2) 상당한 기간

신청에 따르는 처리기간이 법령에 규정된 경우에는 당연히 이에 따른다. 그러나 이에 대한 규정이 없는 경우에는 사안의 성질, 행정적 관례, 행정행위의 법규에의 기속 정도에 따라 사회통념상 합리적인 응답이 있어야 할 기간을 상당한 기간으로 보아야 한다. 그러므로 신청을 처리하는 행정관청의 인적 사항(담당자의 휴가나 출장)이나 장비의 부족 등 주관적 사항은 원칙적으로 고려되지 않는다.

(3) 일정한 처분을 하여야 할 법률상 의무

처분의무는 원칙적으로 신청에 대하여 응답할 의무를 말한다. 기속행위의 경우에는 당사자의 신청내용에 따르는 처분의무가 존재하나 재량행위의 경우에는 응답의무로 그친다. 다만 무하자재량행사청구권의 경우에는 형식적인 차원에서도 하자 없는 재량권의 행사의무가 존재한다. 더 나아가 행정재량이 축소하여 무하자재량행사청구권이 실체화되는 단계에서는 기속행위의 경우와 같이 당사자의 신청내용에 따르는 특정처분의무가 발생한다.

(4) 아무런 처분도 하지 않았을 것

당사자의 신청권이 성립함에도 불구하고 아무런 응답이 없거나, 하자 없는 재량권의 행사가 이루어지지 않거나 필요한 처분이 행하여지지 않는 상태이다. 따라서 행정청의 일정한 작위의무가 존재함에도 불구하고 아무런 처분도 없는 상태가 부작위이므로 이는 신청에 대한 거부의 의사를 표시하는 거부처분과 구별된다.

제 4 절 행정심판기관

Ⅰ. 의 의

행정심판기관은 행정심판청구를 심리 · 재결하여 이를 대외적으로 표시하는 행정기관을 말한다. 구법에서는 심리 · 의결하는 권한을 가진 행정심판위원회와 행정심판위원회의 심리 · 의결에 따라 재결만을 행하는 재결청의 2원적 구조였으나, 현행법은 재결청의 제도를 폐지하고 행정심판위원회가 심리 · 의결하여 재결하는 1원적 구조를 취하고 있다.

Ⅱ. 유 형

1. 해당 행정청 소속 행정심판위원회

① 감사원, 국가정보원장, 그 밖에 대통령령으로 정하는 대통령 소속기관의 장, ② 국회사무총장 · 법원행정처장 · 헌법재판소사무처장 및 중앙선거관리위원회사무총장, ③ 국가인권위원회, 그 밖에 지위 · 성격의 독립성과 특수성 등이 인정되어 대통령령으로 정하는 행정청의 처분 또는 부작위에 대한 심판청구를 심리 · 재결하기 위하여 해당 행정청 소속으로 행정심판위원회를 둔다(제6조 제1항).

2. 중앙행정심판위원회

① 행정심판법 제6조 제1항에 따라 해당 행정청에 행정심판위원회를 두는 행정청 외의 국가행정기관의 장 또는 그 소속 행정청, ② 특별시장 · 광역시장 · 특별자치시장 · 도지사 · 특별자치도지사(특별시 · 광역시 · 특별자치시 · 도 또는 특별자치도의 교육감 포함. 이하 '시 · 도지사') 또는 특별시 · 광역시 · 특별자치시 · 도 · 특별자치도(이하 '시 · 도')의 의회(의장, 위원회의 위원장, 사무처장 등 의회 소속 모든 행정청 포함), ③ 시 · 도지사 소속 행정심판위원회에 의하는 행정청을 제외한 지방자치법에 따른 지방자치단체조합 등 관계 법률에 따라 국가 · 지방자치단체 · 공공법인 등이 공동으로 설립한 행정청의 처분 또는 부작위에 대한 심판청구를 심리 · 재결하기 위하여 국민권익위원회에 중앙행정심판위원회를 둔다(제6조 제2항).

3. 시 · 도지사 소속 행정심판위원회

① 시 · 도 소속 행정청, ② 시 · 도의 관할구역에 있는 시 · 군 · 자치구의 장, 소속 행정청 또는 시 · 군 · 자치구의 의회(의장, 위원회의 위원장, 사무국장, 사무과장 등 의회 소속 모든 행정청 포함), ③ 시 · 도의 관할구역에 있는 둘 이상의 지방자치단체(시 · 군 ·

자치구를 말함) · 공공법인 등이 공동으로 설립한 행정청의 처분 또는 부작위에 대한 심판청구를 심리 · 재결하기 위하여 시 · 도지사 소속으로 행정심판위원회를 둔다(행정심판법 제6조 제3항).

4. 직근상급행정기관 소속 행정심판위원회

대통령령으로 정하는 국가행정기관 소속 특별지방행정기관의 장의 처분 또는 부작위에 대한 심판청구를 심리 · 재결하기 위하여 직근상급행정기관에 행정심판위원회를 둔다(제6조 제4항).

Ⅲ. 설치 및 구성

1. 행정심판위원회

행정심판위원회(중앙행정심판위원회 제외)는 위원장 1명을 포함한 50명 이내의 위원으로 구성되고, 위원장은 해당 행정심판위원회가 소속된 행정청이 되며, 위원장이 없거나 부득이한 사유로 직무를 수행할 수 없거나 위원장이 필요하다고 인정하는 경우에는 위원장이 사전에 지명한 위원, 공무원인 위원(2명 이상인 경우에는 직급 또는 고위공무원단에 속하는 공무원의 직무등급이 높은 위원 순서로, 직급 또는 직무등급도 같은 경우에는 위원 재직기간이 긴 위원 순서로, 재직기간도 같은 경우에는 연장자 순서로) 순서에 따라 그 직무를 대행한다(제7조 제2항).

행정심판위원회의 위원은 해당 행정심판위원회가 소속된 행정청이 '① 변호사 자격을 취득한 후 5년 이상의 실무 경험이 있는 사람, ② 고등교육법 제2조 제1호부터 제6호까지의 규정에 따른 학교에서 조교수 이상으로 재직하거나 재직하였던 사람, ③ 행정기관의 4급 이상 공무원이었거나 고위공무원단에 속하는 공무원이었던 사람, ④ 박사학위를 취득한 후 해당 분야에서 5년 이상 근무한 경험이 있는 사람, ⑤ 그 밖에 행정심판과 관련된 분야의 지식과 경험이 풍부한 사람' 중에서 성별을 고려하여 위촉하거나 그 소속 공무원 중에서 지명한다(제7조 제4항).

공무원인 위원의 임기는 재직기간이다(제9조 제1항). 위촉위원의 임기는 2년으로 하되 2차에 한하여 연임할 수 있음이 원칙이다(제3항).

행정심판위원회의 회의는 위원장과 위원장이 회의마다 지정하는 8명의 위원으로 구성하는데, 이때 행정심판법 제7조 제4항에 따른 위촉위원은 6명 이상으로 하고 제3항에 따라 위원장이 공무원이 아닌 경우에는 5명 이상으로 함을 원칙으로 한다(제7조 제5항). 행정심판위원회는 구성원 과반수의 출석과 출석위원 과반수의 찬성으로 의결한다(제6항).

2. 중앙행정심판위원회

중앙행정심판위원회는 위원장 1명을 포함한 70명 이내의 위원으로 구성하되, 위원 중 상임위원은 4명 이내로 한다(제8조 제1항). 위원장은 국민권익위원회의 부위원장 중 1명이 되며, 위원장이 없거나 부득이한 사유로 직무를 수행할 수 없거나 위원장이 필요하다고 인정하는 경우에는 상임위원(상임으로 재직한 기간이 긴 위원 순서로, 재직기간이 같은 경우에는 연장자 순서로)이 위원장의 직무를 대행한다(제2항).

중앙행정심판위원회의 상임위원은 일반직공무원으로서 국가공무원법에 따른 임기제공무원으로 임명하되, 3급 이상 공무원 또는 고위공무원단에 속하는 일반직공무원으로 3년 이상 근무한 사람이나 그 밖에 행정심판에 관한 지식과 경험이 풍부한 사람 중에서 중앙행정심판위원회 위원장의 제청으로 국무총리를 거쳐 대통령이 임명한다(제8조 제3항). 중앙행정심판위원회 상임위원의 임기는 3년으로 하며, 1차에 한하여 연임할 수 있다(제9조 제2항). 비상임위원은 행정심판법 제7조 제4항 각호의 어느 하나에 해당하는 사람 중에서 중앙행정심판위원회 위원장의 제청으로 국무총리가 성별을 고려하여 위촉한다(제8조 제4항). 비상임위원의 임기는 2년으로 하되 2차에 한하여 연임할 수 있음이 원칙이다(제9조 제3항).

중앙행정심판위원회의 회의는 위원장, 상임위원과 위원장이 회의마다 지정하는 위원을 포함하여 총 9명으로 구성하고, 구성원 과반수의 출석과 출석위원 과반수의 찬성으로 의결한다(제8조 제5항, 제7항).

중앙행정심판위원회는 위원장이 지정하는 심판청구사건(이하 '사건')을 미리 검토하게 하기 위하여 필요한 경우에는 전문위원회를 둘 수 있다(제8조 제8항). 중앙행정심판위원회는 도로교통법에 따른 자동차운전면허 행정처분에 관한 사건을 심의 · 의결하기 위하여 소위원회를 둘 수 있음이 원칙이다(제6항).

Ⅳ. 조직 및 운영, 제척·기피·회피

행정심판위원회(중앙행정심판위원회 제외)의 조직 및 운영과 그 밖에 필요한 사항은 대통령령으로 정하는데, 다만 제6조 제1항 제2호에 규정된 기관 중 국회사무총장의 경우에는 국회규칙으로, 법원행정처장의 경우에는 대법원규칙으로, 헌법재판소사무처장의 경우에는 헌법재판소규칙으로, 중앙선거관리위원회의 경우에는 중앙선거관리위원회규칙으로 정한다(제7조 제7항). 중앙행정심판위원회의 조직 및 운영 등에 필요한 사항은 대통령령으로 정한다(제8조 제9항).

행정심판위원회 위원의 제척 · 기피 · 회피에 관하여는 제10조에 규정되어 있는데, 당사자에게 신청권이 인정되는 것은 제척과 기피이다(제1항, 제2항).

제 5 절 행정심판의 당사자와 관계인

행정심판은 헌법에 의하여 사법절차가 준용되는 준사법적 권리구제절차로서 당사자간의 공격과 방어를 통하여 실체적 진실을 규명하고 이에 따르는 재결이 이루어진다. 따라서 이러한 대심구조를 가능하게 하기 위하여는 당사자인 청구인과 피청구인, 관계인에 해당하는 참가인과 대리인의 자격과 요건을 법률로 규정하는 것이 필요하다.

Ⅰ. 청구인

1. 의 의

행정심판의 청구인이란 행정청의 위법 · 부당한 행정처분 또는 부작위에 대한 취소, 무효등확인, 의무이행을 구하여 행정심판을 청구하는 자이다. 행정심판의 청구인은 원칙적으로 자연인과 법인이지만, 법인 아닌 사단 또는 재단으로서 대표자나 관리인이 정하여져 있는 경우에는 그 사단이나 재단의 이름으로 심판을 청구할 수 있다(행정심판법 제14조). 청구인의 지위 승계에는 사망 · 합병에 따른 당연승계(제16조 제1항)와 심판청구의 대상과 관계되는 권리나 이익을 양수한 경우의 허가승계(제5항)가 있다.

2. 선정대표자

다수의 청구인이 공동으로 심판청구를 할 때에는 심판절차의 원활화를 위하여 청구인들이 3명 이하의 선정대표자를 선정하거나 행정심판위원회가 이를 권고할 수 있다(제15조 제1항, 제2항). 이는 민사소송법의 선정당사자제도(제53조)와 유사한 것이다. 선정대표자는 다른 청구인들을 위하여 그 사건에 관한 모든 행위를 할 수 있으며(다만 심판청구 취하에는 동의 필요), 다른 청구인들은 그 선정대표자를 통해서만 그 사건에 관한 행위를 할 수 있다(제15조 제3항, 제4항).

3. 청구인적격

1) 행정심판법 제13조의 규정

행정심판법은 제13조에서 행정심판의 청구인적격에 관하여 행정소송법의 원고적격과 같이 "법률상 이익이 있는 자"라는 용어를 사용하고 있다. 즉 취소심판은 처분의 취소 또는 변경을 구할 법률상 이익이 있는 자, 무효등확인심판은 처분의 효력 유무 또는 존재 여부의 확인을 구할 법률상 이익이 있는 자, 의무이행심판은 처분을 신청한 자로서 행정청의 거부처분 또는 부작위에 대하여 일정한 처분을 구할 법률상 이익이 있는 자가 청구할 수 있다.

또한 청구인적격을 포함하는 광의의 소의 이익과는 달리, 행정심판법 제13조 제1항 후문은 협의의 소의 이익에 관하여 "처분의 효과가 기간의 경과, 처분의 집행, 그 밖의 사유로 소멸된 뒤에도 그 처분의 취소로 회복되는 법률상 이익이 있는 자의 경우에도 또한 같다"고 규정하고 있다. 협의의 소의 이익에 관한 이 규정은 행정소송법 제12조 후문의 규정과 그 내용이 일치하므로 상세한 것은 행정소송편으로 미루고, 여기에서는 청구인적격에 대하여만 논한다.

2) 청구인적격에 대한 논란

(1) 문제의 제기

행정심판법 제13조에 규정된 "법률상 이익"이라는 용어는 행정소송법 제12조에 규정된 원고적격으로서의 "법률상 이익"이라는 표현과 동일하다. 그런데 일반적으로 행정소송의 원고적격에서 말하는 법률상 이익이라는 개념은 이미 공권론에서 살펴본 바와 같다. 즉 법률상 이익의 침해는 위법한 행정처분으로 인하여 상대방이나 이해관계 있는 제3자가 넓은 의미의 행정법상 공권을 침해당하는 경우이다. 그러므로 행정심판법의 청구인적격과 행정소송법의 원고적격이 동일한 개념이라면 행정심판법 제1조에 의하여 위법한 처분뿐 아니라 부당한 처분까지 다툴 수 있도록 한 행정심판의 제도적 취지에 어긋날 수 있다는 비판이 제기될 수 있다.

(2) 입법과오설

행정심판의 목적과 기능은 위법한 처분으로 인하여 권리를 침해당한 경우는 물론 부당한 처분으로 인한 이익의 침해도 구제하는 것이므로 행정소송과 구별된다. 그렇다면 행정심판법 제13조의 "법률상 이익"이라는 청구인적격 규정은 입법적으로 잘못된 것이라는 지적이다. 부당한 처분으로 인하여 법률상 이익이 침해되는 경우도 가능하겠지만 이는 실질적으로 위법한 처분에 대한 행정심판을 인정하는 것과 결과에서 크게 달라지지 않는다는 것이다.

따라서 행정심판에서 보다 중요한 것은 합리적인 대안이 존재함에도 불구하고 당해 처분이 내려지거나 행하여지지 않음으로써 법령상 하자는 없다 하더라도 합목적적인 판단을 그르치는 처분 또는 부작위를 행정심판으로 다투는 것이다. 다시 말하면 적법한 처분이지만 합목적적인 판단이 결여되는 부당한 처분으로 인하여 법률상 이익이 아닌 사실상 이익 또는 반사적인 이익의 침해를 구제하는 것이 행정심판의 중요한 목적이다. 그렇다면 부당한 처분으로 인하여 법률상 이익이 침해된다는 어색한 논리구조와 함께 거꾸로 부당한 처분으로 인한 사실상 또는 반사적 이익의 침해에 대한 행정심판의 제기를 봉쇄하는 행정심판법 제13조는 개정되어야 한다는 견해이다.

(3) 입법비과오설

행정심판법 제13조에 규정된 "법률상 이익"의 과오를 주장하는 견해는 법률상 이익침해와 권리침해를 동일한 것으로 보고 부당한 처분으로 인하여 권리침해가 불가능하다는 논리구조를 취하고 있다. 입법비과오설은 다음과 같은 이유로 입법과오설의 이러한 전제 자체가 잘못되었다고 지적한다. 첫째, 위법과 부당은 개념적으로 구별이 가능하지만 실제에 있어서는 상대적이고 유동적인 개념이다. 둘째, 이에 따라서 부당한 처분으로 인하여 권리가 침해되는 것도 가능하다. 셋째, 입법과오설은 행정심판의 청구요건으로서의 청구인적격과 본안에 대한 요건으로서의 권리침해를 혼동하는 과오를 범하고 있다. 따라서 청구인적격 자체는 권리침해에 비하여 당연히 넓은 개념으로 보아야 한다.

(4) 소 결

행정심판법의 청구인적격에 관한 논란은 과거 행정법학계에서 가장 격렬한 학설상의 논쟁거리를 제공해 왔다. 그런데 그러한 논쟁이 과연 학계의 흐름을 주도할 정도의 비중을 가지고 있는 것인지 지극히 회의적이다.

우선 행정심판의 기능과 목적을 고려해 보면, 현행법의 청구인적격은 적어도 행정소송의 원고적격에 비하여 확대하여야 한다는 것은 분명하다. 이러한 의미에서 입법과오설의 지적은 우선 타당한 것으로 보인다. 비교법적으로도 독일 행정법원법은 제42조 제2항에서 원고적격을 권리를 침해당한 자에게 부여하는 반면 행정심판(불복절차로서의 Widerspruch)의 경우에 청구인적격에 관한 규정은 두고 있지 않다. 이는 청구인적격에 대하여는 소송에 비하여 더 넓게 문호를 개방한 것으로 평가된다. 따라서 청구인적격을 소송에 비하여 더 넓게 열어주는 법률개정이 필요하다는 입법과오설의 입장에 근본적으로 과오가 있다고 보기는 어렵다.

그렇다면 이른바 입법비과오설에서는 행정심판의 청구인적격에 관하여 행정소송과 같이 권리침해로 한정하여 좁게 보자는 것인가? 그것은 절대로 그렇지 않다. 입법비과오설의 핵심도 행정심판의 청구인적격은 소송에 비하여 더 넓은 것이고, 이러한 점에서 법률상 이익의 개념을 넓게 해석할 필요가 있다는 점을 강조한다. 이러한 주장은 입법과오설이 행정심판의 청구인적격과 본안문제를 혼동하고 있다는 지적에서도 분명해진다.

결국 양 견해는 타협의 여지가 없이 평행선을 달리는 듯하면서도 결국 행정심판의 청구인적격은 행정소송의 원고적격보다는 넓어야 한다는 점에서는 서로 수렴하는 것이다. 다만 그 방법에서 과오설은 법률의 개정을 주장하는 것이고, 비과오설은 법률상 이익의 유연한 해석을 통하여 목적을 달성하자는 차이뿐이다. 그렇다면 이제 이러한 소모적인 논쟁은 그만두는 것이 좋지 않을까? 왜냐하면 학계가 당면하고 해결해야 할 문제에 대하여 agenda-setting을 함에 있어서 위의 논쟁은 우선순위가 없다고 보아야 하기 때문이다. 만약 행정심판법의 청구인적격에 대한 논쟁이 그리도 중요한 것이었다면 지난 행정심판법의 개정에서 가장 중요한 개정사항으로 격론이 벌어졌어야 할 것이지만, 사정은 그렇지 못하였고 주변적인 관심사로 머물렀다. 결과적으로 행정심판법 제13조는 건재하다. 물론 이러한 사실은 위의 논쟁에 대한 세인의 무관심을 반영하는 것일 뿐 입법비과오설을 주장하는 입장의 승리를 확인하는 것이 아님은 물론이다.

Ⅱ. 피청구인

1. 피청구인적격

행정심판의 청구는 위법 · 부당한 처분 또는 부작위로 인하여 청구인의 법률상 이익을 침해한 당해 행정청을 피청구인으로 하여야 하는데, 다만 그 처분이나 부작위와 관계되는 권한이 다른 행정청에 승계된 때에는 이를 승계한 행정청을 피청구인으로 하여야 한다(제17조 제1항). 행정심판의 청구서는 피청구인인 행정청 또는 행정심판위원회에 제출하여야 하지만(제23조 제1항), 피청구인 자체는 항상 당해 처분청이다.

2. 피청구인의 경정

행정심판의 피청구인이 잘못 지정된 경우 행정심판위원회는 당사자의 신청 또는 직권에 의하여 결정으로써 피청구인을 경정할 수 있다(제17조 제2항). 이는 청구인의 편의를 도모하기 위한 것이다. 이러한 결정이 있는 때에는 종전의 피청구인에 대한 심판청구는 취하되고 새로운 피청구인에 대한 행정심판이 종전의 심판청구가 있은 때 청구된 것으로 본다(제4항). 이는 심판청구기간과 관련하여 중요한 의미를 갖는다.

행정심판위원회가 피청구인을 경정하는 결정을 하면 결정서 정본을 당사자인 종전의 피청구인과 새로운 피청구인에게 송달하여야 한다(제17조 제3항). 행정심판이 청구된 후에 심판청구의 대상과 관계되는 권한이 다른 행정청에 승계되는 경우에는 당사자의 신청 또는 직권에 의하여 결정으로써 피청구인을 경정한다(제5항).

Ⅲ. 행정심판의 관계인

1. 참가인

행정심판의 청구대상이 되는 처분이나 부작위가 이른바 제3자효를 갖는 경우에는 행정심판의 재결이 청구인과 더불어 제3자의 권익에도 적지 않은 영향을 미치므로 이러한 자에게 참가의 기회가 부여된다. 즉 행정심판의 결과에 이해관계가 있는 제3자나 행정청은 참가에 대한 자발적인 의사가 있는 경우 참가신청서를 제출하고 행정심판위원회의 허가를 받아 참가할 수 있다(행정심판법 제20조 제1항, 제2항, 제5항). 또한 행정심판위원회가 필요하다고 인정하면 그 행정심판 결과에 이해관계가 있는 제3자나 행정청에 그 사건 심판에 참가할 것을 요구할 수 있다(제21조 제1항).

여기에서의 참가인은 재결의 결과에 의하여 직접 자신의 권익이 침해당한 자로 보는 견해가 다수설이지만, 행정심판의 청구인적격에 규정된 법률상 이익의 개념을 유연하게 해석할 필요성을 인정하면서 제3자효적 행정행위에서 권익을 침해받는 제3자의 참가범위에 엄격한 제한을 가하는 것은 균형이 맞지 않는다. 따라서 제3자나 다른 행정청의 이해관계는 행정심판임을 감안하여 권리침해에 한하지 않고 사실상 이익이나 반사적 이해관계로도 족하다고 보아야 한다.

2. 대리인

행정심판의 당사자인 청구인과 피청구인은 본인 외에 행정심판법에 의한 대리인을 선임하여 행정심판에 관한 행위를 하게 할 수 있다(제18조). 청구인은 법정대리인 외에, 피청구인은 소속 직원 외에 공통적으로 다음의 자들을 대리인으로 선임할 수 있다(다만 피청구인은 ③부터 ⑤에 해당하는 자들만 대리인으로 선임 가능). ① 청구인의 배우자, 청구인 또는 배우자의 사촌 이내의 혈족, ② 청구인이 법인이거나 제14조에 따른 청구인능력이 있는 법인이 아닌 사단 또는 재단인 경우 그 소속 임직원, ③ 변호사, ④ 다른 법률에 따라 심판청구를 대리할 수 있는 자, ⑤ 그 밖에 행정심판위원회의 허가를 받은 자.

청구인이 경제적 능력으로 인해 대리인을 선임할 수 없는 경우에는 행정심판위원회에 국선대리인의 선임을 신청할 수 있다(제18조의2 제1항).

제 6 절 행정심판의 청구

행정심판은 행정심판법에 의하여 청구인적격이 있는 자가 청구대상에 대하여 심판청구기간을 준수하여 피청구인을 상대로 행정심판기관에 청구한다. 따라서 행정심판청구의 요건을 개별적으로 검토하면 다음과 같다.

Ⅰ. 청구인

행정심판의 청구인은 제13조에 규정한 바와 같이 위법·부당한 처분 또는 부작위에 대한 취소·변경, 무효등확인, 의무이행에 관하여 법률상 이익을 가지는 자이다.

Ⅱ. 대상적격

행정심판의 청구대상은 위법·부당한 처분 또는 부작위이다.

Ⅲ. 심판청구기간

행정심판법은 위법 또는 부당한 처분에 의하여 당사자의 법률상 이익이 침해받았다 하더라도 일정한 기간 내에 행정심판을 제기하지 않으면 더 이상 처분을 다툴 수 없도록 하고 있다. 이러한 행정쟁송의 제기기간과 불가쟁력의 문제는 기술적인 측면을 넘어서서 행정법관계의 안정을 위하여 실체적으로 요구되는 제도이다.

심판청구기간은 취소심판과 거부처분에 대한 의무이행심판의 경우에만 적용되고 무효등확인심판과 부작위에 대한 의무이행심판에는 그 성질을 고려하여 적용하지 않는다(제27조 제7항). 또한 심판청구기간은 불변기간이다(제4항).

1. 심판청구기간의 원칙

1) 행정심판의 청구는 처분이 있음을 알게 된 날부터 90일, 처분이 있었던 날부터 180일을 지나면 제기하지 못한다(제27조 제1항, 제3항 본문). 처분이 있음을 알게 된 날과 처분이 있었던 날이라는 두 가지 행정심판의 청구기간 중 어느 하나의 기간이 도과하면 행정심판을 제기할 수 없다.

2) "처분이 있음을 알게 된 날"이라는 것은 당사자가 행정처분의 존재를 실제로 인식한 날을 말한다. 그러므로 서면으로 이루어지는 행정처분인 경우에는 서면이 당사자에게 도달한 날, 불특정 다수인에 대한 공고 또는 고시에 의한 경우에는 공고 또는

고시가 효력을 발생하는 날로 본다.

판례도 "행정심판법 제18조 제1항 소정의 '처분이 있음을 안 날'이라 함은 당사자가 통지 · 공고 기타의 방법에 의하여 당해 처분이 있었다는 사실을 현실적으로 안 날을 의미하고 … 추상적으로 알 수 있었던 날을 의미하는 것은 아니라 할 것이며, 다만 처분을 기재한 서류가 당사자의 주소에 송달되는 등으로 사회통념상 처분이 있음을 당사자가 알 수 있는 상태에 놓여진 때에는 반증이 없는 한 그 처분이 있음을 알았다고 추정할 수는 있다 할 것이다"라고(대판 2002.8.27. 2002두3850), "통상 고시 또는 공고에 의하여 행정처분을 하는 경우에는 그 처분의 상대방이 불특정 다수인이고, 그 처분의 효력이 불특정 다수인에게 일률적으로 적용되는 것이므로, 그 행정처분에 이해관계를 갖는 자는 고시 또는 공고가 있었다는 사실을 현실적으로 알았는지 여부에 관계없이 고시가 효력을 발생하는 날에 행정처분이 있음을 알았다고 보아야 하고, 따라서 그에 대한 취소소송은 그 날로부터 90일 이내에 제기하여야 한다"라고 판시하였다(대판 2006.4.14. 2004두3847).

다만 판례는 고시 또는 공고에 의한 행정처분이라고 하더라도 그 처분의 상대방이 불특정 다수인이 아닌 경우에는 그 처분의 상대방이 실제로 그 처분이 있음을 안 날로부터 기산하여야 한다고 본다(대판 1993.12.24. 92누17204).

3) "처분이 있었던 날"이란 처분이 고지에 의하여 표시되고 상대방에게 도달되어 실제적으로 효력이 발생한 날을 말한다. 판례도 "상대방 있는 행정처분은 특별한 규정이 없는 한 의사표시에 관한 일반법리에 따라 상대방에게 고지되어야 효력이 발생하고 … 상대방 있는 행정처분이 상대방에게 고지되지 아니한 경우에는 상대방이 다른 경로를 통해 행정처분의 내용을 알게 되었다 하더라도 행정처분의 효력이 발생한다고 볼 수 없다 … 취소소송의 제소기간 기산점으로 행정소송법 제20조 제1항이 정한 '처분 등이 있음을 안 날'은 유효한 행정처분이 있음을 안 날을, 같은 조 제2항이 정한 '처분 등이 있은 날'은 그 행정처분의 효력이 발생한 날을 각 의미한다. 이러한 법리는 행정심판의 청구기간에 관해서도 마찬가지로 적용된다"고 판시하였다(대판 2019.8.9. 2019두38656).

2. 예외적 심판청구기간

1) 90일에 대한 예외

처분이 있음을 알았다 하더라도 청구인이 천재지변, 전쟁, 사변, 그 밖의 불가항력으로 인하여 90일 이내에 심판청구를 할 수 없었을 때에는 그 사유가 소멸한 날부터 14일 이내에 행정심판을 청구할 수 있음이 원칙이다(제27조 제2항 본문). 다만 국외에서 행정심판을 청구하는 경우에는 그 기간을 30일로 한다(단서).

2) 180일에 대한 예외

행정처분이 있었던 날부터 180일이 지난다 하더라도 정당한 사유가 있는 경우에는 그 이후에도 행정심판을 제기할 수 있다(제27조 제3항 단서). 여기에서의 정당한 사유라는 불확정개념의 내용은 일률적으로 확정할 수는 없고 사회통념에 따라서 결정된다.

판례는 제3자효적 행정행위에 있어서 제3자가 당사자와는 달리 행정처분의 존재를 인식하기에 객관적으로 어려운 처지에 있음을 감안하여 이를 정당한 사유로 인정하고 있으나, 제3자가 행정처분이 있음을 알았거나 쉽게 알 수 있는 경우에는 그때로부터 90일 이내에 청구하여야 한다고 본다(대판 1996.9.6. 95누16233).

3) 심판청구기간의 오고지 또는 불고지

행정청이 고지제도에 의하여 행정심판을 청구할 수 있는지 여부, 청구하는 경우의 심판청구 절차 및 기간을 알려야 하나(행정심판법 제58조 제1항), 기간을 잘못 알리거나 알리지 않는 경우에는 심판청구기간에 대한 특례가 인정된다(제27조 제5항, 제6항). 즉 행정청이 심판청구기간을 90일보다 긴 기간으로 잘못 알린 경우에 그 잘못 알린 기간 내에 심판청구가 있으면 그 심판청구는 법정기간 내에 제기된 것으로 본다. 또한 행정청이 심판청구기간을 전혀 알리지 아니한 때에는 처분이 있었던 날부터 180일 이내에 심판청구를 할 수 있다. 다만, 행정청이 행정심판의 제기 여부 자체를 알리지 않은 경우에는 "정당한 사유"가 있는 때에 해당하므로 처분이 있었던 날부터 180일이 지난 후에도 행정심판을 제기할 수 있을 것이다.

Ⅳ. 심판청구의 방식

심판청구는 서면으로 하여야 한다(제28조 제1항). 이는 심판청구의 명확성과 권리구제절차로서의 공식성을 유지하기 위한 것이다. 처분에 대한 심판청구서에는 다음의 사항을 기재하여야 한다(제2항). ① 청구인의 이름과 주소 또는 사무소(주소 또는 사무소 외의 장소에서 송달받기를 원하면 송달장소를 추가로 적어야 함), ② 피청구인과 행정심판위원회, ③ 심판청구의 대상이 되는 처분의 내용, ④ 처분이 있음을 알게 된 날, ⑤ 심판청구의 취지와 이유, ⑥ 피청구인의 행정심판 고지 유무와 그 내용. 한편 부작위의 경우에는 위의 ①, ②, ⑤에 해당하는 사항과 부작위의 전제가 되는 신청의 내용과 날짜를 적어야 한다(제28조 제3항). 처분이나 부작위 모두 심판청구서에는 청구인 · 대표자 · 관리인 · 선정대표자 또는 대리인이 서명하거나 날인하여야 한다(제5항).

다만 행정심판청구서의 서면주의 형식에도 불구하고 그 명칭에 "행정심판의 청구"라는 표제가 붙지 아니하고 진정이나 감사원에 대한 심사청구라 하더라도 그 실제적 내용이 행정심판에 해당하는 경우에는 이를 적법한 행정심판의 청구로 보아야 한다. 판례도 행정심판청구의 서면형식을 유연하게 해석하고 있다(대판 2000.6.9. 98두2621).

V. 심판청구서의 제출

1. 심판청구의 선택주의

구 행정심판법 제17조 제1항에 의하면 행정심판은 반드시 처분청을 거쳐서 재결청에 제기하도록 규정하였다. 그 이유는 행정심판의 기능 중 하나인 행정청에 위법 또는 부당의 소지가 있는 처분에 대한 재고의 여지를 부여하고 당해인의 권익을 신속하게 구제하기 위함이었다. 그럼에도 불구하고 실제에 있어서는 처분청이 제기된 행정심판에 따라서 처분에 대한 재고를 하기보다는 동일한 결정을 내리는 경우가 많아 오히려 권리구제를 더디게 하는 측면이 없지 않았다. 이러한 점을 고려하여 개정법에서는 행정심판을 제기함에 있어서 청구인에게 행정심판위원회 또는 처분청 양자 중에 선택할 수 있는 권리를 보장하였다(제23조 제1항).

2. 처분청의 처리

1) 심판청구에 대한 인용

행정심판의 청구를 받은 처분청은 그 심판청구가 이유 있다고 인정할 때에는 심판청구의 취지에 따르는 처분이나 확인을 하고 이를 청구인과 행정심판위원회에 통지하여야 한다(제25조 제1항, 제2항). 이 규정은 처분청이 청구된 행정심판을 행정심판위원회에 송부함이 없이 직접 필요한 인용처분을 함으로써 실제로는 행정심판위원회에 의한 재결과 동일한 효과를 발생시키는 것이다. 따라서 처분청에 의한 인용처분이나 확인은 권리구제절차를 신속하게 종료시킬 수 있는 장점을 가지고 있다.

행정기본법에 따라 처분에 대한 이의신청이 일반적으로 인정(제36조)되기 전에는 행정심판법의 위 규정이 사실상 일반적인 이의신청제도가 인정되는 결과를 가져왔다고 평가되었으나, 이제는 부작위에 대하여만 그렇다고 할 수 있다.

2) 행정심판위원회에의 송부

처분청에 제기된 행정심판에 대하여 이전의 처분 또는 부작위가 적법 · 타당하여 이를 인용하는 처분이나 확인을 할 수 없음을 내부적으로 결정한 경우에는 심판청구서를 접수하거나 송부받은 때로부터 10일 이내에 답변서를 첨부하여 행정심판위원회에 보내야 한다(제24조 제1항 본문). 이때 심판청구서에 행정심판위원회가 표시되지 아니하였거나 잘못 표시된 경우에도 정당한 권한이 있는 행정심판위원회에 보내야 한다(제5항).

Ⅵ. 심판청구의 변경

행정심판이 청구된 이후에도 일정한 사유와 요건이 존재하는 경우에는 심판청구의 취지와 이유 등에 대한 변경이 가능하다. 이는 청구인의 편의를 도모하기 위한 것이다.

1. 청구취지와 이유의 변경

청구인은 청구의 기초에 변경이 없는 범위에서 청구의 취지나 이유를 변경할 수 있다(제29조 제1항). 청구의 기초에 대한 변경이란 원래의 심판청구와 동일성이 유지되지 못할 정도의 새로운 청구사실을 말한다. 이러한 동일성의 판단은 당해 처분, 피청구인 등을 종합적으로 고려하여 결정하여야 한다. 따라서 이러한 동일성이 유지되는 한 청구인은 청구취지(무효등확인심판을 취소심판으로)와 청구이유(부당한 처분을 위법한 처분으로)를 행정심판위원회의 재결이 있기 전까지 변경할 수 있다.

2. 처분의 변경으로 인한 청구변경

피청구인이 행정심판이 청구된 후에 새로운 처분을 하거나 그 대상이 되는 처분을 변경한 경우, 청구인은 새로운 처분이나 변경된 처분에 맞추어 청구의 취지 또는 이유를 변경할 수 있다(제29조 제2항). 이 규정은 행정청의 처분에 대하여 불복하는 청구인에게도 그 변경으로 인한 사정변경에 대응할 수 있는 기회를 부여하기 위한 것이다.

3. 청구변경신청의 형식과 허가결정

청구변경의 신청은 서면의 형식에 의하며(제29조 제3항), 그 신청서 부본을 피청구인과 참가인에게 송달하여야 한다(제4항). 청구변경의 허가 여부는 행정심판위원회가 결정한다. 즉 행정심판위원회는 청구변경 신청에 대하여 허가할 것인지 여부를 결정하고, 지체없이 신청인에게는 결정서 정본을, 당사자 및 참가인에게는 결정서 등본을 송달하여야 한다(제6항). 청구의 변경결정이 있으면 처음 행정심판이 청구되었을 때부터 변경된 청구의 취지나 이유로 행정심판이 청구된 것으로 본다(제8항).

제7절 행정심판청구의 효과

행정심판이 청구되는 경우에 그 효과는 주로 행정심판을 심리 · 재결하는 행정심판기관에 대한 효력과 행정처분 자체에 대한 효력으로 크게 나누어 살펴볼 수 있다.

Ⅰ. 행정심판기관에 대한 효과

행정심판이 청구되면 당해 처분을 한 행정청이 이에 대하여 필요한 인용처분 또는 확인을 하거나 이를 행정심판위원회에 송부할 의무를 발생시키는 효과를 갖는다. 행정심판위원회는 심판청구를 심리 · 재결할 의무를 진다.

Ⅱ. 처분에 대한 효과

1. 집행부정지의 원칙

행정심판은 위법 또는 부당한 처분이나 부작위로 인하여 권익을 침해당한 자가 그 시정을 구하는 것이므로 처분 등을 통하여 성립한 구체적인 행정상 법률관계에 대한 다툼을 전제로 한다. 따라서 행정법관계에서의 적법 · 타당성이 법적 분쟁의 대상이 되는 것이라면 원칙적으로 행정심판청구에 대한 재결이 있기까지는 문제되는 공권력 행사의 효력은 정지되어야 할 것이다. 이처럼 행정심판이나 행정소송이 제기되면 행정처분의 효력이 정지되는 입법주의를 집행정지의 원칙이라고 한다. 집행정지의 원칙을 택하고 있는 대표적인 나라는 독일로서 행정법원법 제80조 제1항에서 이 원칙을 규정하고 있다.

반면에 우리나라의 행정심판법과 행정소송법은 행정쟁송의 제기가 당해 처분의 집행을 정지하지 않는 집행부정지의 원칙을 택하고 있다. 이에 관하여 과거에는 행정행위의 이른바 공정력 또는 자력집행력이 행정쟁송의 경우에도 그 영향을 미치는 것으로서 행정쟁송의 제기에도 불구하고 신속한 공익의 달성을 위한 요청을 반영한 것이라는 견해가 우세하였다. 그러나 우리나라의 대부분의 학자는 행정처분의 집행정지 문제는 행정행위의 효력과는 무관한 일종의 입법정책적인 성격의 사안으로 이해하고 있다.

물론 집행정지의 여부는 행정쟁송제도를 보다 개인의 권익구제중심으로 운영할 것인가 혹은 행정쟁송의 제기에도 불구하고 신속한 행정과제의 실현이라는 공익적 관점에서 운영할 것인가 하는 선택의 결과이다. 따라서 어느 원칙이 절대적 우월성을 갖는 것이라고 쉽게 단정하기는 어렵다. 왜냐하면 독일의 경우에도 집행정지의 원칙을 취하되 행정법원법 제80조 제2항에서 조세를 비롯한 공과금 등에는 상당한 예외를 인정하고 있으므로 집행정지의 원칙이 철저하게 관철되는 것은 아니기 때문이다. 따라서 행정심판의 제기로 인한 처분의 속행 여부 그 자체가 중요한 것이라기보다는 오히려 집행부정지의 원칙에도 불구하고 집행정지의 요건을 어떻게 정하여, 그 운영의 묘를 어떻게 살릴 것인가 하는 것이 더 중요한 문제라고 할 수 있다. 이러한 관점에서 우리의 행정심판법이나 행정소송법의 집행정지제도는 그 요건이 까다로워서 관계인의 권익보호를 등한시한다는 비판이 제기된다.

2. 집행정지제도

1) 의 의

행정심판법 제30조 제1항은 행정심판의 청구는 처분의 효력이나 그 집행 또는 절차의 속행에 영향을 주지 아니한다고 하여 집행부정지의 원칙을 규정하고 있다. 다만 집행부정지의 원칙에도 불구하고 상대방의 권익이 중대한 침해를 받고 있어서 본안에 대한 결정이 있기 전까지 그 집행을 정지할 필요가 있는 경우 행정심판위원회는 일정한 요건하에 처분의 집행 등을 정지하는 결정을 할 수 있다. 다시 말해서 집행정지제도는 행정쟁송법에서 일종의 가구제수단(vorläufiger Rechtsschutz)으로 기능하는 것이다.

2) 요 건

집행정지의 요건은 크게 적극적 요건과 소극적 요건으로 구분된다. 적극적 요건으로는 ① 처분의 존재, ② 심판청구의 계속, ③ 중대한 손해의 예방, ④ 긴급한 필요가, 소극적 요건으로는 ⑤ 집행의 정지가 공공복리에 중대한 영향을 미칠 우려가 없을 것이 요구된다(제30조 제2항, 제3항).

(1) 처분의 존재

행정심판법에는 명문의 규정이 없으나 집행정지의 대상인 처분이 존재하여야 하는 것은 당연하다. 따라서 처분이 존재하지 않는 부작위나 집행의 정지로 인하여 회복할 대상이 존재하지 않는 거부처분에 대한 집행의 정지는 허용되지 않는다. 판례도 다음과 같이 거부처분에 대한 집행정지가 허용되지 않는다는 입장이다(대결 2005.1.17. 2004무48). 반면 무효인 행정행위는 효력은 없지만 행정처분의 외관은 존재하는 것이므로 집행정지의 대상이 된다.

(2) 심판청구의 계속

심판청구의 계속에 대한 요건에 관하여 법률에 명시적인 규정이 있는 것은 아니지만 행정소송의 경우와 마찬가지로 적법한 본안청구가 행정심판위원회에 계속될 것이 요구된다.

(3) 중대한 손해의 예방

행정심판법은 2010년 1월 25일의 개정으로 집행정지의 요건 중 '회복하기 어려운 손해'를 '중대한 손해'로 완화하여, 행정소송법상 집행정지의 요건과 차이가 있게 되었다. 종래 회복하기 어려운 손해에 해당되는지 여부를 판단할 때에는 금전보상의 가능성과 그 수인가능성을 기준으로 삼았으나, 이제는 손해의 회복가능성이 아니라 중대성에 따라 집행정지 요건 충족 여부를 판단하게 되었다. 예를 들어, 과징금 부과처분은 금전보상으로 손해의 회복이 가능하다고 볼 수도 있으나, 행정심판법상 집행정지에서는 손해의 회복가능성이 인정된다고 하더라도 그 손해가 중대하다면 집행정지의 요건이 충족될 수 있는 것이다.

(4) 긴급한 필요의 존재

집행정지제도는 일종의 가구제수단이므로 본안에 대한 재결을 기다릴 만한 시간적 여유가 없는 경우에 한하여 인정된다.

(5) 공공복리에 중대한 영향을 미칠 우려가 없을 것 - 소극적 요건

위의 적극적 요건과 함께 집행의 정지로 인하여 공공복리의 달성에 중대한 영향이 발생할 우려가 있는 경우에는 집행정지가 허용되지 아니한다. 여기에서 "공공복리에 중대한 영향을 미칠 우려"라는 불확정개념은 집행정지를 구하는 당사자의 이익과 공익을 비교형량하여 그 내용이 결정되어야 한다.

(6) 요건에 대한 평가

이상에서 본 바와 같이 행정심판법의 집행정지제도는 일종의 가구제수단으로서 집행부정지의 원칙을 취하는 우리의 행정쟁송제도하에서 개인의 권익구제를 위한 균형추로서의 기능과 역할이 부여되고 있다. 그러나 이미 살펴본 바와 같이 행정심판법의 집행정지제도는 그 대상과 요건이 여전히 엄격하여 가구제제도로서의 본래의 기능을 발휘하기에는 상당한 문제가 있다. 우선 집행정지는 처분의 존재를 전제로 하므로 행정청의 부작위나 거부처분으로 인하여 침해되는 개인의 긴급한 권익을 구제하기에 역부족이다. 또한 "긴급한 필요", "중대한 손해의 발생 우려", "공공복리의 달성에 대한 우려" 등의 요건은 그 개념 자체가 불확정하여 행정청으로 하여금 자의적인 해석을 가능하게 할 우려가 크다. 우리 행정소송법의 가구제 및 예방적 권리구제제도의 흠결과 그에 대한 개선방안에 관하여는 행정소송편에서 상술한다.

3) 대 상

집행정지의 대상은 처분의 효력, 그 집행 또는 절차속행의 전부 또는 일부의 성

지이다. 여기에서 효력의 정지는 행정처분의 효력 자체를 정지시키는 것으로서, 예를 들어 특정인에 대한 조세부과처분의 구속력을 정지시키는 것을 말한다. 따라서 조세채무자는 과세처분에 따른 의무이행이 유보된다. 집행의 정지는 강제징수를 행하기 위한 독촉이나 납부최고 등의 과세처분에 대한 후속처분을 정지하는 것을 말한다. 절차속행의 정지는 예를 들어 체납절차에 대한 집행을 정지시키는 것으로서 압류나 공매절차 등에 대한 집행이 정지되는 것이다.

다만 처분의 효력정지는 처분의 집행 또는 절차의 속행을 정지함으로써 그 목적을 달성할 수 있을 때에는 허용되지 아니한다(제30조 제2항 단서). 다시 말하면 행정처분의 효력 자체에 대한 집행의 정지에는 일종의 보충성원칙(Subsidiaritätsprinzip)이 적용되어 가능한 한 행정처분의 효력은 유지하는 것을 원칙으로 한다.

4) 절 차

집행정지는 당사자의 신청 또는 직권에 의한다(제30조 제2항 본문). 당사자가 집행정지를 신청하고자 하는 때에는 심판청구와 동시 또는 심판청구에 대한 의결이 있기 전까지 신청의 취지와 원인을 적은 서면을 행정심판위원회에 제출하여야 한다(제5항 본문). 다만 심판청구서를 처분청에 제출한 경우로서 심판청구와 동시에 집행정지 신청을 할 때에는 심판청구서 사본과 접수증명서를 함께 제출하여야 한다(단서).

행정심판위원회의 심리 · 결정을 기다려서는 중대한 손해가 생길 우려가 있다고 인정되면 위원장은 직권으로 행정심판위원회의 심리 · 결정에 갈음하는 결정을 할 수 있다(제30조 제6항 전문). 이 경우 위원장은 지체 없이 행정심판위원회에 그 사실을 보고하고 추인을 받아야 하며, 행정심판위원회의 추인을 받지 못하면 위원장은 집행정지에 관한 결정을 취소하여야 한다(단서).

행정심판위원회는 집행정지에 관하여 심리 · 결정하면 지체 없이 당사자에게 결정서 정본을 송달하여야 한다(제30조 제7항).

5) 집행정지의 취소

행정심판위원회는 집행정지의 결정을 한 후에 집행정지가 공공복리에 중대한 영향을 미치거나 그 정지사유가 없어진 때에는 당사자의 신청 또는 직권으로 집행정지의 결정을 취소할 있다(제30조 제4항). 취소결정에 있어서도 서면신청, 직권결정, 심리 · 결정내용의 통지 등은 집행정지의 절차와 동일하다.

3. 임시처분제도

행정심판법은 집행정지제도와 함께 가구제 수단의 하나로서 임시처분제도를 도입하였다. 행정심판법 제31조에 의하여 행정심판위원회는 처분 또는 부작위가 위법 · 부당하다고 상당히 의심되는 경우로서 처분 또는 부작위 때문에 당사자가 받을 우려가 있는 중대한 불이익이나 당사자에게 생길 급박한 위험을 막기 위하여 임시지위를 정하여야 할 필요가 있는 경우에는 직권으로 또는 당사자의 신청에 의하여 임시처분을 결정할 수 있다(제1항). 임시처분에 관하여는 집행정지에 관한 규정인 제30조 제3항부터 제7항까지를 준용한다(제31조 제2항 전문). 그런데 임시처분은 집행정지로 목적을 달성할 수 있는 경우에는 허용되지 않기 때문에(제3항), 집행정지에 대하여 일종의 보충적 수단으로만 적용될 수 있다.

제 8 절 행정심판의 심리

Ⅰ. 행정심판의 준사법적 심리절차

행정심판은 행정부 내에서 이루어지는 행정쟁송절차이지만, 헌법 제107조 제3항의 요청에 따라 재판에 준하는 심리절차가 요구된다. 따라서 행정심판법은 과거의 서면주의와 직권주의의 일방적인 심리방식에서 탈피하여 구술주의를 강화하고 당사자주의에 입각한 대심구조를 지향하고 있다.

Ⅱ. 심리의 단계

행정심판의 심리는 심판청구의 요건심리와 본안에 대한 심리의 단계로 이루어진다.

1. 요건심리

행정심판위원회는 행정심판이 청구되면 우선 그 요건이 적법한 것인가에 대한 여부를 심리한다. 여기에서의 청구요건은 청구인의 청구인적격, 행정심판의 대상인 처분과 부작위 여부, 심판청구기간의 준수 여부, 심판청구서 기재사항의 누락 여부, 심판청구서에 대표자 · 관리인 또는 대리인의 자격을 증명하는 서류의 첨부 등이다.

이러한 형식적 요건에 흠결이 있는 경우에는 심판청구를 부적법한 것으로 보아 이를 각하한다. 다만 심판청구가 부적법하지만 청구인의 권익을 위하여 그 보정이 가능한 경우에는 상당한 기간을 정하여 그 보정을 요구하여야 하는데, 보정할 사항이 경미한 경우에는 직권으로 보정할 수 있다(제32조 제1항).

2. 본안심리

행정심판청구의 형식적 요건이 갖추어진 경우에는 심판청구인의 청구취지와 내용에 대한 본안심리가 이루어진다. 본안심리의 결과 청구인의 청구가 이유 있는 경우에는 그 청구를 인용하는 재결이 이루어지며, 이유가 없는 경우에는 기각재결이 행하여진다.

3. 심리의 범위

행정심판의 심리는 법률문제와 더불어 처분의 근거가 되는 사실관계에 대한 타당성 여부에까지 미치는 것이 일반적이다. 이는 행정심판이 행정소송과는 달리 처분 등의 적법 여부뿐만 아니라 그 합목적성 여부까지도 심리 · 의결하여 재결하기 때문이다.

행정심판의 범위와 관련하여 문제되는 것은 행정심판위원회가 청구인이 주장한 이유나 취지에 구속되지 아니하고 심리의 결과 원처분에 비하여 불리한 재결도 할 수 있는가 하는 것이다. 만약 이러한 심리범위의 제한을 인정하지 않는다면 행정심판제도 자체의 위축을 가져올 우려도 있다. 따라서 행정심판법은 제47조에서 불고불리의 원칙과 불이익변경금지의 원칙을 명문으로 규정하고 있다.

4. 심리의 절차

1) 심리절차의 원칙

(1) 대심주의

행정심판은 당사자의 주장과 이에 대응하는 다른 당사자의 반박을 통하여 실체적 진실의 발견에 접근한다. 따라서 심리절차의 원칙도 가능한 한 당사자의 공격과 방어를 극대화하는 대심구조를 취한다. 이것은 사법절차의 준용을 의미하기도 하는데, 행정심판위원회는 필요하다고 인정할 때에는 당사자가 주장하지 아니한 사실에 대해서도 심리할 수 있고(제39조) 직권증거조사도 가능하다(제36조).

당사자는 심판청구서 · 보정서 · 답변서 · 참가신청서 등에서 주장한 사실을 보충하고 다른 당사자의 주장을 다시 반박하기 위하여 필요하면 행정심판위원회에 보충서면을 제출할 수 있다(제33조 제1항 전문). 또한 당사자는 심판청구서 · 보정서 · 답변서 · 참가신청서 · 보충서면 등에 덧붙여 그 주장을 뒷받침하는 증거서류나 증거물을 제출할 수 있다(제34조 제1항). 이때 행정심판위원회는 다른 당사자에게 반박의 기회를 보장하기 위하여 제출된 보충서면이나 증거서류의 부본을 지체 없이 다른 당사자에게 송달하여야 한다(제33조 제3항, 제34조 제3항).

(2) 직권심리주의

행정심판법의 이러한 대심구조와 당사자주의의 원칙에도 불구하고 행정심판위원회는 실체적 진실의 발견을 위해서 심리에 직권주의를 배제하지 않는다. 따라서 행정심판위원회는 필요하다고 인정할 때에는 당사자가 주장하지 않는 사실에 대하여도 심리할 수 있다(제39조).

행정심판에 당사자주의와 더불어 직권주의가 가미되는 것은 행정심판의 기능이 당사자의 권익구제 이외에 행정통제, 특히 행정작용의 적법 · 타당성에 대한 자기통제의 기능이 있기 때문이다. 물론 행정심판의 심리는 직권주의에 의하여 당사자의 주장에 구애될 필요는 없으나 불고불리의 원칙과 불이익변경금지의 원칙에 의하여 재결의 범위는 한정된다.

(3) 서면심리와 구술심리

행정심판이 대심구조를 취하고 당사자의 공격과 방어를 통하여 실체적 진실을 발견하기 위하여는 당연히 당사자가 면전에서 서로 구술로 진술하고 이를 반박할 수 있어야 하는 것이 원칙이다. 그럼에도 불구하고 과거의 행정심판의 심리에 있어서는 법적으로나 실제적으로도 서면심리주의가 지배해왔다. 이러한 법적 · 실제적 관행은 헌법이 행정심판에 요구하는 준사법적 절차에 부응하지 못하는 것으로서 오랫동안 비판의 대상이 되어왔다.

이러한 점을 고려하여 행정심판법은 행정심판의 심리방식에 대하여 구술심리와 서면심리의 가능성을 모두 인정하면서도 당사자가 구술심리를 신청한 때에는 서면심리만으로 결정할 수 있다고 인정하는 경우 외에는 구술심리를 하여야 한다고 규정하였다(제40조 제1항). 행정심판위원회가 구술심리를 하는 때에는 기일을 지정하여 당사자와 참가인을 소환하여야 한다(제40조 제2항, 제38조, 제22조 제2항).

(4) 심리의 공개

행정심판의 심리의 공개 여부에 대하여는 행정심판법이 규정하는 바가 없다. 과거 행정심판의 관행은 서면심리주의를 원칙으로 하여 비공개로 진행되었다. 그러나 헌법 제107조 제3항의 요청과 그에 따르는 행정심판법의 개정에 비추어 볼 때 심리의 공개에 관하여 재판과 근본적인 차이를 인정하는 근거를 찾기 어렵다. 따라서 행정심판에 다수의 이해관계인이 존재하고, 특히 공정한 심리가 요구되는 경우에는 행정심판위원회의 결정에 따르는 공개가 바람직하다.

2) 심리절차에서의 당사자의 권리

심리절차에서 당사자의 공격과 방어에 의한 대심구조를 강화하기 위하여 당사자에게 보충서면제출권(제33조)과 물적 증거제출권(제34조)이 인정됨은 기술하였다. 이외에도 행정심판법은 행정심판의 공정한 심리와 의결을 위하여 당사자에게 행정심판위원회의 위원에 대한 기피신청권을 인정하고 있다(제10조 제2항).

또한 당사자는 행정심판위원회에 다음의 방법에 의한 증거조사를 신청할 권리를 가진다(제36조 제1항). ① 당사자나 관계인(관계 행정기관 소속 공무원 포함)을 위원회의 회의에 출석하게 하여 신문하는 방법, ② 당사자나 관계인이 가지고 있는 문서 · 장부 · 물건 또는 그 밖의 증거자료의 제출을 요구하고 영치하는 방법, ③ 특별한 학식과 경험을 가진 제3자에게 감정을 요구하는 방법, ④ 당사자 또는 관계인의 주소 · 거소 · 사업장이나 그 밖의 필요한 장소에 출입하여 당사자 또는 관계인에게 질문하거나 서류 · 물건 등을 조사 · 검증하는 방법.

3) 관련심판청구의 병합 또는 분리

행정심판위원회는 청구된 다수의 행정심판 중에서 청구취지나 이유가 유사한 행정심판에 대해서는 이를 관련청구로 보아 필요하면 병합하여 심리할 수 있다(제37조). 다만 재결은 개별적으로 이루어져야 한다. 이와는 대조적으로 행정심판위원회는 심리를 위하여 필요하다고 판단하는 경우에는 이미 병합된 청구를 분리하여 심리할 수 있다(제37조). 관련청구의 병합 또는 분리에 대한 결정은 행정심판위원회의 의무에 합당한 재량에 따른다.

4) 조 정

행정소송법과는 달리 행정심판법에는 당사자의 동의를 받아 심판청구의 신속하고 공정한 해결을 도모하는 조정(제43조의2)이 도입되었다. 즉 행정심판위원회는 당사자의 권리 및 권한의 범위에서 당사자의 동의를 받아 심판청구의 신속하고 공정한 해결을 위하여 조정을 할 수 있는데, 그 조정이 공공복리에 적합하지 아니하거나 해당 처분의 성질에 반하는 경우에는 그렇지 않다(제1항). 조정에는 재결의 효력에 관한 제48조부터 제50조까지, 제50조의2, 제51조의 규정이 준용된다(제43조의2 제4항).

제 9 절 행정심판의 재결

Ⅰ. 재결의 의의

재결이란 행정심판의 청구에 대하여 행정심판위원회가 행하는 판단을 말한다(제2조 제3호). 즉 행정심판위원회가 행정심판의 청구에 대하여 심리한 후 그 청구에 대하여 각하 · 기각 · 인용 여부 등을 결정하는 것을 말한다.

Ⅱ. 재결기간

행정심판의 재결은 피청구인 또는 행정심판위원회가 심판청구서를 받은 날부터 60일 이내에 하여야 하는데, 다만 부득이한 사정으로 위의 기간 내에 재결할 수 없을 때에는 그 재결기간은 1차에 한하여 30일을 넘지 않는 범위 안에서 연장할 수 있다(제45조 제1항). 위와 같이 재결기간을 연장할 때에는 본래의 재결기간이 끝나기 7일 전까지 당사자에게 알려야 한다(제2항).

Ⅲ. 재결의 방식

재결은 서면으로 한다(제46조 제1항). 재결서에는 ① 사건번호와 사건명, ② 당사자 · 대표자 또는 대리인의 이름과 주소, ③ 주문, ④ 청구의 취지, ⑤ 이유, ⑥ 재결한 날짜가 포함되어야 한다(제2항). 재결서에 적는 이유에는 주문내용이 정당하다는 것을 인정할 수 있는 정도의 판단을 표시하여야 한다(제3항). 여기에서 정당함을 인정할 수 있을 정도란 재결 내용이 실제상 어떠한 법적 고려와 사실상의 고려 하에 이루어진 것인지를 확실히 인식할 수 있을 정도로 구체적인 것을 의미한다.

Ⅳ. 재결의 송달과 효력발생

행정심판위원회는 지체없이 당사자에게 재결서의 정본을 송달하여야 한다(제48조 제1항 전문). 재결의 효력은 청구인에게 재결서가 송달되었을 때에 발생한다(제2항). 행정심판위원회는 재결서의 등본을 참가인에게도 송달하여야 한다(제3항). 제3자가 심판청구를 한 경우 지체없이 재결서의 등본을 처분의 상대방에게 송달하여야 한다(제4항).

V. 재결의 종류

행정심판의 재결은 각하, 기각, 인용의 세 가지 형태로 구별되며, 인용재결의 경우 행정심판의 종류에 따라 취소심판, 무효등확인심판, 의무이행심판에 대한 인용이 각각 이루어진다.

1. 각하재결

행정심판의 청구가 형식적 요건을 결여하고 있는 경우에는 이를 부적법한 것으로 보아 각하하는 재결이 행하여진다(제43조 제1항).

2. 기각재결

행정심판청구에 대하여 본안심리가 행하여지고, 심판청구가 이유 없다고 인정하는 경우에는 청구를 기각하는 재결이 이루어진다(제43조 제2항).

3. 인용재결

청구인의 청구가 이유 있다고 받아들여져서 그의 청구를 인용하는 재결이다. 인용재결은 행정심판의 종류에 따라 다시 세 가지로 구분된다.

1) 취소 · 변경재결

행정심판위원회는 취소심판의 청구가 이유 있다고 인정할 때에는 처분을 취소 또는 변경하거나 처분청에게 변경할 것을 명한다(제43조 제3항). 이중에서 행정심판위원회가 스스로 취소 · 변경하는 재결은 형성적 재결이며, 처분청에게 이를 명하는 것은 이행적 재결의 성격을 갖는다.

그런데 여기에서 말하는 "변경"의 의미는 어떻게 이해하는 것이 옳은가? 다수의 견해와 행정심판의 관행은 행정소송법의 변경이 일부취소를 의미하는 것과는 달리 "적극적 변경"을 의미하는 것으로 보고 있다. 이를 뒷받침하는 또 다른 이유로는 구 소원법의 규정이 형성재결이나 이행재결을 인정하지 않고 있었던 관계로 "변경"을 적극적 변경으로 볼 수 없었으나 현행법에 의하여 이것이 가능하게 되었기 때문이라는 것이다.

그러나 이러한 견해는 논리적으로 다소 문제가 있다. 그 이유는 행정심판의 재결이 그 성질상 문제되는 법률관계의 존부나 정부(正否)에 대한 단순한 확인을 의미하는 확인행위로서 재량이 인정되지 않고 법에 엄격히 기속되는 기속행위라는 점이 고려되어야 하기 때문이다. 또한 행정심판위원회의 적극적 변경은 하급행정청의 권한(특히 당해 처분이 재량행위인 경우)을 부당히 침해할 수도 있다.

그러므로 적극적 변경의 여부는 형성재결과 이행재결에 따라 구분되어야 한다. 즉 형성재결의 경우에 행정심판위원회의 적극적 변경은 인정되지 않으며, 변경의 의미는 일부취소의 소극적 의미를 갖는 것으로 보아야 한다. 반면에 이행재결의 경우에 행정심판위원회는 상급행정관청으로서 감독권 행사의 차원에서 취소심판을 통하여 처분내용의 변경을 요구하는 것이므로 일부취소에 그치지 않고 적극적 변경을 요구할 수 있다고 보아야 할 것이다.

2) 무효등확인재결

행정심판위원회는 무효등확인심판의 청구가 이유가 있다고 인정하면 처분의 효력 유무 또는 처분의 존재 여부를 확인한다(제43조 제4항). 따라서 확인재결은 구체적으로 유효확인재결(그 내용으로는 무효확인에 대하여 단순위법만을 확인하는 재결도 있을 수 있을 것이다), 무효확인재결, 존재확인재결, 부존재확인재결로 나뉘어진다.

3) 의무이행재결

행정청은 의무이행심판의 청구가 이유 있다고 인정할 때에는 지체없이 신청에 따른 처분을 하거나(형성재결) 처분을 할 것을 명한다(이행재결)(제43조 제5항).

신청의 대상이 되는 행정처분이 기속행위인 경우에는 그에 따르는 처분을 하도록 하는 이행재결을 할 수 있는 것은 의문의 여지가 없다.

재량행위의 경우에는 다음과 같은 구별이 가능하다. 순수히 행정청이 재량권을 보유하는 경우에 의무이행심판이 제기된다 하더라도 특정한 처분을 요구하는 재결은 할 수 없다. 그러나 적어도 형식적 의미의 무하자재량행사청구권이 행사되어 인용재결이 이루어지는 대부분의 경우에 행정심판위원회는 재량권 행사의 기준에 따르는 하자 없는 재량권 행사를 명할 수 있다. 더 나아가 행정청의 재량이 축소하여 신청에 따르는 특정처분의 법적 의무가 존재하는 경우에는 의무이행심판의 재결을 통하여 특정처분을 명할 수 있다. 한편 이러한 특정처분의무가 존재함에도 불구하고 처분청이 필요한 처분을 하지 않는 경우에는 당사자의 신청에 따라 기간을 정하여 서면으로 시정을 명하고, 이 기간 내에 처분이 없는 경우에는 직접 행정심판위원회가 특정처분을 할 수 있다(제50조 제1항).

4) 사정재결

(1) 사정재결의 의의

사정재결이란 취소심판이나 의무이행심판의 청구에 대하여 심리한 결과 청구인의 청구가 이유 있다고 인정하는 경우에도 이를 인용하는 것이 공공복리에 크게 위배된다고 인정하는 때에는 행정심판위원회가 그 심판청구를 기각하는 재결이다(제44조 제1항).

사정재결은 행정소송법의 사정판결제도와 같이 행정쟁송의 인용으로 인하여 공익에 심대한 지장을 초래하는 것을 방지하기 위하여 행정청의 위법·부당한 처분의 존속을 유지시키는 제도이다. 그러므로 사정재결은 특히 집단적 이해관계가 첨예하게 대립되는 시설의 설치와 관계되는 처분에 있어서(폐기물, 핵폐기물, 도로나 공항의 건설과 관련되는 행정처분 등) 자칫 남용될 경우 행정심판제도 자체를 무용한 것으로 만들 위험성도 존재한다. 따라서 사법부에 의한 사정판결제도는 인정할 수 있다 하더라도 행정심판의 단계에서 인정되는 사정재결제도는 재결의 공정성과 국민의 권익구제라는 차원에서 그 폐지가 요망된다.

(2) 사정재결의 요건

가) 심판청구를 인용하는 것이 공공복리에 크게 위배된다고 인정될 것

사정재결은 심판청구를 인용하는 경우 공익의 실현에 중대한 지장이 초래되는 경우에 한하여 이루어질 수 있다. "공공복리에 크게 위배된다" 또는 "공공복리에 크게 적합하지 아니한다"는 불확정개념의 해석은 당해 사안의 성격, 관계인의 권익, 행정작용의 시급성 등 모든 제반사정을 비교형량하여 이루어져야 한다.

나) 무효등확인심판의 배제

사정재결과 사정판결은 원칙적으로 무효인 행정행위에는 인정될 수 없으므로 취소심판과 의무이행심판의 경우에 한정된다(제44조 제3항). 다만 행정행위의 무효와 취소원인은 심리의 종료단계에서 확정되는 경우가 대부분이므로 무효인 행정행위에도 사정재결이 인정되어야 한다는 견해도 있다.

다) 사정재결에 대한 처리

사정재결을 함에 있어서 행정심판위원회는 그 재결의 주문에서 그 처분 또는 부작위가 위법 또는 부당함을 구체적으로 밝혀야 한다(제44조 제1항 후문). 또한 사정재결로 인하여 청구가 기각되는 청구인을 보호하기 위하여 행정심판위원회는 스스로 청구인에 대하여 상당한 구제방법을 취하거나, 피청구인에게 상당한 구제방법을 취할 것을 명할 수 있다(제2항). 행정심판위원회의 사정재결에 불복하는 자는 당연히 행정소송을 제기할 수 있다.

VI. 재결의 효력

행정심판의 재결이 행하여지면 준사법적 행정행위로서 여타의 행정행위와 같은 구속력, 공정력, 존속력, 집행력 등이 인정되는 외에도 처분의 취소나 무효의 확인으로 인한 기속력, 형성력이 발생한다.

반면 재결은 판결이 아니므로 기판력이 인정되지 않는다. 판례도 마찬가지다(대판 2015.11.27. 2013다6759).

1. 기속력

인용재결은 피청구인과 그 밖의 관계행정청을 기속한다(제49조 제1항). 기속력의 내용으로는 반복금지의무, 재처분의무, 결과제거의무가 있다.

1) 반복금지효

행정청은 재결의 내용에 위반하는 동일한 재처분을 청구인에 대하여 할 수 없다. 그러나 재결은 피청구인과 관계행정청 이외에 상대방이나 제3자를 기속하는 효력이 없다. 그러므로 재결의 위법을 이유로 이에 대한 항고소송이 가능함과 동시에 재결의 취지에 따르는 처분의 위법성에 대한 항고소송도 제기할 수 있다. 판례도 같은 입장이다(대판 1993.9.28. 92누15093).

2) 재처분의무

재결에 의하여 취소되거나 무효 또는 부존재로 확인되는 처분이 당사자의 신청을 거부하는 것을 내용으로 하는 경우에는 그 처분을 한 행정청은 재결의 취지에 따라 다시 이전의 신청에 대한 처분을 하여야 한다(제49조 제2항). 이는 구법상 거부처분에 대한 취소재결(무효등확인재결)의 경우 재처분의무가 인정되는지에 관한 논란을 입법적으로 해결한 것이다.

당사자의 신청을 거부하거나 부작위로 방치한 처분의 이행을 명하는 재결이 있는 경우에는 행정청은 지체없이 그 재결의 취지에 따라 다시 이전의 신청에 대하여 그 재결의 취지에 따라 다시 이전의 신청에 대한 처분을 하여야 한다(제49조 제3항). 신청에 따른 처분이 절차의 위법 또는 부당을 이유로 재결로써 취소된 경우에도 마찬가지이다(제4항).

3) 결과제거의무

결과제거의무는 취소재결 또는 무효등확인재결의 경우 위법·부당한 처분으로 조성된 결과를 제거하여 원상회복해야 하는 의무이다.

4) 객관적 범위

판례는 기속력의 객관적 범위에 관하여 "재결의 기속력은 재결의 주문 및 그 전제가 된 요건사실의 인정과 판단, 즉 처분 등의 구체적 위법사유에 관한 판단에 대하여만 미치고, 종전 처분이 재결에 의하여 취소되었더라도 종전 처분 시와는 다른 사유를 들어 처분을 하는 것은 기속력에 저촉되지 아니한다. 여기서 동일한 사유인지 다른 사유인지는 종전 처분에 관하여 위법한 것으로 재결에서 판단된 사유와 기본적 사실관계에 있어 동일성이 인정되는 사유인지에 따라 판단하여야 한다 … 그리고 기본적 사실관계의 동일성 유무는 처분사유를 법률적으로 평가하기 이전의 구체적인 사실에 착안하여 그 기초인 사회적 사실관계가 기본적인 점에서 동일한지에 따라 결정되고, 추가 또는 변경된 사유가 종전 처분 당시에 그 사유를 명기하지 아니하였을 뿐 이미 존재하고 있었고 당사자도 그 사실을 알고 있었다고 하여 당초의 처분사유와 동일성이 있는 것이라고 할 수 없다"라고 판시하였다(대판 2015.11.27. 2013다6759).

2. 형성력

취소 · 변경재결이 있는 경우에는 기존의 처분 등에 대한 취소나 변경이 이루어지므로 처분을 바탕으로 성립한 법률관계에 형성적 효과를 가져온다. 특히 취소 · 변경재결 중에서도 형성재결의 경우에 강한 형성력이 인정된다. 판례도 형성재결의 형성력을 인정하고 있다(대판 1994.4.12. 93누1879). 그렇다면 이행재결의 경우에는 형성력이 배제되는 것인가? 이행재결은 재결청이 처분청에 처분의 변경을 명하는 것이므로 비로소 처분청의 변경행위에 의하여 형성력이 발생한다. 그러나 이미 이행재결을 통하여 처분의 취소 등을 통한 법률관계의 형성이 예정되는 것이므로 이행재결에 형성력을 부인할 근거는 없다. 다만 형성재결의 형성력은 더 직접적인 데 반하여, 이행재결의 형성력은 간접적이라는 차이가 있을 뿐이다.

3. 확정력 – 불가변력

재결의 법적 성격은 준사법적 행정행위이므로 행정행위에 인정되는 확정력, 특히 그중에서도 실질적으로 법률관계의 내용과 존재를 확정하는 실질적 확정력이 강하게 인정된다. 특히 행정심판은 행정상 법률관계에서의 분쟁을 전제로 하므로 행정소송에 의하지 않고서는 행정심판위원회도 그 내용을 함부로 변경할 수 없다.

4. 재결의 실효성 확보수단 – 직접처분과 간접강제

행정심판법은 재결의 기속력을 강화하고 그 실효성을 확보하기 위하여 직접처분과 간접강제를 규정하고 있다.

1) 직접처분

행정심판위원회는 거부처분이나 부작위에 대한 의무이행재결에 따른 재처분의무에도 불구하고 피청구인이 처분을 하지 아니하는 때에는 당사자의 신청에 따라 기간을 정하여 서면으로 시정을 명하고 그 기간에 이행하지 아니하면 직접처분을 할 수 있다(제50조 제1항 본문). 다만 그 처분의 성질이나 그 밖의 불가피한 사유로 위원회가 직접처분을 할 수 없는 경우에는 그러하지 아니하다(단서).

행정심판위원회는 제50조 제1항 본문의 규정에 의하여 직접처분을 한 때에는 그 사실을 해당 행정청에 통보하여야 하며, 그 통보를 받은 행정청은 행정심판위원회가 한 처분을 자기가 한 처분으로 보아 관계 법령에 따라 관리 · 감독 등 필요한 조치를 하여야 한다(제50조 제2항).

2) 간접강제

거부처분에 대한 취소재결이나 무효 · 부존재확인재결, 거부처분이나 부작위에 대한 의무이행재결, 신청에 따른 처분을 절차의 위법 또는 부당을 이유로 취소하는 재결에 따른 재처분의무를 이행하지 아니하는 경우, 청구인의 신청에 의하여 결정으로 상당한 기간을 정하여 그 이행을 하도록 하고 이에 따르지 아니한 때에는 그 지연기간에 따라 일정한 배상을 하도록 명하거나 즉시 배상을 할 것을 명할 수 있다(제50조의2 제1항). 행정심판위원회는 사정의 변경이 있는 경우 당사자의 신청에 의하여 제1항에 따른 결정의 내용을 변경할 수 있다(제2항).

제50조의2 제1항 또는 제2항에 따른 결정의 효력은 피청구인인 행정청이 소속된 국가 · 지방자치단체 또는 공공단체에 미치며, 결정서 정본은 제4항에 따른 소송제기와 관계없이 민사집행법에 따른 강제집행에 관하여는 집행권원과 같은 효력을 가진다.

청구인은 제50조의2 제1항 또는 제2항에 따른 결정에 불복하는 경우 그 결정에 대하여 행정소송을 제기할 수 있다(제4항).

Ⅶ. 재결에 대한 불복

행정심판의 재결에 대하여 불복이 있는 자는 원처분과는 별도로 재결의 위법을 이유로 행정소송을 제기할 수 있다. 다만 판례는 인용재결의 기속력이 미치는 행정청은 재결에 대하여 불복할 수 없다고 보며, 이는 지방행정기관의 경우도 마찬가지라고 한다(대판 1998.5.8. 97누15432; 헌재결 2014.6.26. 2013헌바122).

1. 재심청구의 금지

행정소송과는 달리 행정심판에 대한 재결이 있는 경우에는 그 재결 및 같은 처분 또는 부작위에 대하여 다시 행정심판을 제기할 수 없다(제51조). 따라서 이러한 경우에는 직접 항고소송을 제기할 수 있다.

2. 재결에 대한 행정소송

행정소송법은 원처분주의를 취하고 있으므로 재결의 대상이 된 처분에 대하여는 재결과는 관계없이 그 취소 또는 무효를 구하는 항고소송을 제기할 수 있다(제19조). 그러나 원처분과는 별도로 행정소송법은 항고소송의 대상인 "처분등"의 범위에 행정심판의 재결을 포함시키고 있으므로 재결 자체에 고유한 위법사유가 있는 경우에는 재결에 대한 무효나 취소를 구하는 행정소송을 제기할 수 있다(제4조, 제2조 제1항 제1호; 대판 1994.1.25. 93누16901). 여기서 재결 자체에 고유한 위법이 있다는 것은 재결 자체에 주체, 절차, 형식, 내용상 위법이 있음을 말한다(대판 2001.7.27. 99두2970).

제10절 행정심판의 고지제도

Ⅰ. 고지제도의 의의

행정심판위원회는 처분청의 직근상급관청이 되는 것이 원칙이나, 행정심판법 제6조에서 보듯이 처분청 또는 제3의 기관에 행정심판위원회를 두는 경우도 있다. 따라서 행정심판을 청구하는 청구인의 입장에서는 피청구인이 누구인지 불분명한 경우가 많다. 또한 행정심판과 진정, 이의신청 등의 구별이 제대로 되지 못하여 행정심판의 형식을 그르치기도 한다. 더 나아가 행정심판의 대상이 되는 처분이 있었는지 여부, 어느 기간까지 심판이 제기되어야 하는가에 대하여도 법적으로 비전문가인 심판청구인에게 실제로 예상되는 어려움이 많다.

따라서 행정처분 당시에 행정청이 직권 또는 당사자의 신청에 의하여 상대방에게 당해 처분에 관하여 행정심판을 제기할 수 있는지 여부, 제기하는 경우의 심판청구절차 및 심판청구기간을 알려주는 것을 고지제도라고 한다. 고지제도는 행정심판법 제58조와 더불어 행정절차법 제26조에도 같은 내용으로 규정되어 있다.

Ⅱ. 고지의 법적 성질과 위법한 고지에 대한 구제

1. 고 지

고지는 행정심판의 청구인으로 하여금 심판청구에 편의를 도모하기 위한 일종의 정보제공행위이므로 이로 인하여 행정상 법률관계가 형성되는 것은 아니다. 다시 말해서 고지에는 전형적인 공권력 행사의 성격은 없으며 단순한 비권력적 사실행위에 불과하다. 따라서 고지에는 처분성이 없으며, 비록 위법한 고지라 하더라도 행정쟁송의 대상이 되지 않는다. 결국 행정심판법은 고지의 결여와 오고지로 인한 당사자의 불이익을 입법적으로 제거하는 데 만족하고 있다.

다만 잘못된 고지 또는 법령상 규정된 고지를 하지 않음으로써 손해가 발생한 경우에는 국가 등을 상대로 손해의 배상을 청구할 수 있음은 물론이다. 그러나 판례는 절차적 권리 침해로 인한 정신적 고통에 대한 배상을 원칙적으로 인정하지 아니함은 앞서 설명한 바와 같다.

2. 고지를 결여한 행정처분

또한 고지제도가 행정절차법에 규정됨에 따라서 고지를 결여한 행정처분은 절차위반으로 인한 위법한 처분으로 행정쟁송의 대상이 될 수 있지만, 이 경우에도 고지 자체에 대한 쟁송이 허용되는 것은 아니다. 그러나 판례는 고지의무 위반이 처분의 위법사유에는 해당하지 않는다는 입장이다(대판 2018.2.8. 2017두66633).

Ⅲ. 고지의 종류

행정심판법은 고지의 종류로서 행정심판위원회의 직권에 의한 고지의무와 당사자의 신청에 의한 고지의무를 규정하고 있다. 행정청이 처분을 서면으로 함에 있어서는 그 상대방에게 처분에 관하여 행정심판을 제기할 수 있는지의 여부, 제기하는 경우의 심판청구절차 및 청구기간을 직권으로 알려주어야 한다(제58조 제1항). 사실 이는 직권에 의한 고지라기보다 “행정심판법에 의한 의무적 고지”라는 표현이 더 적합하다.

또한 행정청은 원래의 고지의무는 없으나 이해관계인으로부터 당해 처분이 행정심판의 대상이 되는 처분인지의 여부와 행정심판의 대상이 되는 경우에 행정심판위원회 및 청구기간에 관하여 알려줄 것을 요구받은 때에는 지체없이 이를 알려주어야 하고, 이때 서면으로 알려 줄 것을 요구받으면 서면으로 알려야 한다(제58조 제2항). 이는 “신청에 의한 의무적 고지”라고 볼 수 있다.

Ⅳ. 불고지 및 오고지의 효과와 관계인의 불이익제거

1. 불고지의 효과

행정청이 필요한 고지를 하지 아니하여 청구인이 심판청구서를 다른 행정기관에 제출한 때에는 당해 행정기관은 그 심판청구서를 지체없이 정당한 권한이 있는 행정청에 송부하여야 한다(제23조 제2항). 행정청이 심판청구기간을 알리지 아니한 때에는 처분이 있었던 날부터 180일 이내에 행정심판을 청구할 수 있다(제27조 제6항).

2. 오고지의 효과

행정청이 고지를 잘못하여 청구인이 다른 행정심판기관에 잘못 제출한 경우에도 역시 정당한 권한이 있는 행정청에 송부한다(제23조 제2항). 행정청이 심판청구기간을 주관적 심판청구기간인 90일보다 긴 것으로 잘못 알린 경우에는 그 잘못 알린 기간 내에 심판청구가 있으면 법정기간 내에 제기된 것으로 본다(제27조 제5항).

제 3 장
행정소송

제 1 절 개 관

Ⅰ. 행정소송의 의의

행정소송이란 위법한 행정작용 또는 공법상 법률관계에서의 법위반으로 인하여 권익을 침해받은 자의 소제기에 의하여 사법부가 위법한 행정작용을 시정하거나 법률관계에 대한 분쟁을 해결하는 국가작용이다. 행정소송제도는 행정심판과 더불어 행정쟁송제도의 축을 형성하는 것으로서, 행정심판이 행정부에 의하여 이루어지는 준사법적 행정작용임에 반하여 행정소송은 순수한 사법작용이다.

Ⅱ. 행정소송의 기능

행정소송도 행정심판과 더불어 개인의 권익구제기능과 행정의 적법성 통제라는 두 가지 중요한 기능을 수행한다. 행정소송은 구체적인 소송형태에 따라 이 두 가지 기능의 비중이 차이가 있는 것은 사실이다. 그러나 행정소송은 1차적으로 위법한 행정작용 또는 행정법관계에 관한 분쟁으로 인하여 침해된 개인의 권익을 소송을 통하여 사법부가 구제하는 기능을 갖는다.

이와 더불어 행정소송은 위법한 행정작용을 시정하거나 행정법관계에서의 분쟁에 대하여 무엇이 법인가를 선언함으로써 행정의 적법성 통제를 통한 법치주의 실현에 이바지한다. 특히 행정소송은 행정심판과는 달리 사법부에 의한 행정작용의 통제장치이므로 법치주의원칙의 구성요소인 권력분립의 원칙과도 밀접하게 관련된다.

제 2 절 우리나라의 행정소송제도

Ⅰ. 행정소송의 헌법적 근거

우리나라는 제헌헌법부터 계속하여 행정사건의 심판권을 일반법원이 관할하고 있다. 즉 제헌헌법 제81조는 “대법원은 법률의 정하는 바에 의하여 명령, 규칙과 처분이 헌법과 법률에 위반되는 여부를 최종적으로 심사할 권한이 있다”라고 규정하여 행정소송의 관할권을 대법원을 비롯한 일반법원에 부여하였다. 이러한 확립된 법적 전통에 의거하여 우리 헌법은 제101조 제1항을 통하여 행정소송의 재판관할권을 법관으로 구성된 법원, 즉 사법부에 부여하였다.

그러나 헌법 제101조 제1항은 행정소송의 관할권을 사법부에 부여한다는 원칙을 선언한 것이며, 구체적으로는 제107조 제2항을 통하여 위법한 행정작용에 대한 광범위한 사법적 통제권을 규정하고 있다. 즉 헌법 제107조 제2항은 “명령 · 규칙 또는 처분이 헌법이나 법률에 위반되는 여부가 재판의 전제가 된 경우에는 대법원은 이를 최종적으로 심사할 권한을 가진다”라고 하여 대법원을 비롯한 각급법원에 행정소송의 심리 · 판단권을 부여하고 있다. 그러므로 대법원을 비롯한 각급법원은 명령, 규칙, 처분 자체의 위법성과 더불어 이를 근거로 성립한 행정법상 법률관계에 대한 법적 분쟁을 심판한다.

Ⅱ. 우리나라 행정소송법의 특징과 문제점

1. 행정소송법의 특징

원칙적으로 행정소송법 제8조 제2항은 행정소송에 관하여 행정소송법에 특별한 규정이 없는 사항에 대하여는 민사소송법을 준용하고 있다. 그러나 현행 행정소송법은 공사법의 이원적 체계를 반영하여 민사소송과는 여러 가지 측면에서 다른 특징을 보이고 있다. 특히 이러한 특수성은 취소소송을 비롯한 항고소송에서 두드러진다. 이러한 특징으로는 행정심판제도, 피고의 특수성, 관련청구의 병합, 직권심리주의, 사정판결 등을 들 수 있다. 행정소송의 특수성은 관련되는 소송형태에 따라 개별적으로 논한다.

2. 행정소송법의 문제점

현행 행정소송법은 여러 가지 측면에서 문제점을 지닌 것으로 지적되고 있으나, 대표적인 것으로서 의무이행소송제도의 부재, 집행정지제도를 비롯한 가구제 및 예방적 권리구제수단의 미비, 항고소송에 대한 입법적 미비 등이 주로 지적되고 있다. 현행 행정소송제도의 개별적인 문제점에 대하여는 관련되는 부분에서 상세히 논한다.

1) 의무이행소송제도의 부재

현행 행정소송법상 항고소송의 종류로는 취소소송, 무효등확인소송, 부작위위법확인소송이 규정되어 있다. 그런데 행정청의 부작위와 거부처분에 대한 인용판결이 내려지면 재처분의무와 배상명령을 통하여 처분청을 간접적으로 강제할 수 있을 뿐이다. 따라서 의무이행소송제도가 없는 상태에서는 행정청이 필요한 처분을 끝내 하지 않더라도 법원은 필요한 처분을 명하는 판결을 할 수 없다.

의무이행판결의 부재를 정당화하는 논리로서는 흔히 권력분립의 원칙이 거론되고 있다. 그러나 필요한 처분이 결여되어 개인의 권익이 침해되는 것을 이유로 법원이 처분을 명하는 것이라면 사법부의 고유한 재판권 행사라고 할 수 있다. 따라서 권력분립원칙에 의하여 사법부의 행정부에 대한 견제와 두 기관 간의 균형을 강조한다면 권력분립으로 인한 의무이행소송의 불가론은 설득력이 없다.

2) 가구제 및 예방적 권리구제제도의 미비

위법한 행정작용으로 인하여 회복할 수 없는 손해가 발생하거나 특정사실이 기성화하여 사후적인 시정조치가 행정구제제도로서의 의미와 기능을 갖지 못하는 경우가 있다. 따라서 각국의 행정쟁송제도는 그 내용과 정도의 차이는 있어도 이에 대한 적절한 가구제와 예방적 권리구제수단을 마련하고 있다.

우리나라 행정소송법은 집행정지제도를 채택한 것 외에는 다른 가구제나 예방적 권리구제수단은 예정하고 있지 아니하다. 또한 집행정지의 요건이 불명확하고 엄격하여 가구제로서의 기능을 제대로 발휘하지 못한다는 비판이 제기되고 있다. 반면 행정심판법의 경우에는 가구제수단의 하나로서 임시처분제도가 도입되었다.

3) 항고소송의 대상에 대한 입법적 미비

행정소송법은 항고소송의 대상으로 "처분등"이라는 용어를 사용하고 있는데, 이 개념이 과연 강학상의 행정행위 이외에 어떠한 공권력작용을 포함하는지 논란이 되고 있다. 그러므로 행정소송법은 "처분등"의 개념에 대한 정의와는 별도로 항고소송의 대상을 입법적으로 명시하는 것이 요구된다. 예를 들어 입법적으로 항고소송의 대상으로 명시될 수 있는 것은 권력적 사실행위, 처분적 법규명령, 구속적 행정계획 등의 공권력작용이다. 따라서 입법자는 항고소송의 대상이 지나치게 협소하여 국민의 권리구제에 미흡하다는 비판을 인식하여 이를 입법적으로 해결할 과제를 안고 있다.

3. 대법원과 법무부의 행정소송법개정안

대법원과 법무부는 행정소송법의 개정을 위한 준비작업을 마치고 각각 2004년과 2007년에 공청회를 개최하여 각계의 여론을 수렴하였다. 대법원이 마련한 행정소송법 개정안의 핵심은 다음과 같은 몇 가지로 정리될 수 있다. 첫째, 항고소송의 대상에 사실행위 등을 포함시켜 이를 '행정행위 등'으로 새롭게 정의하여 항고소송의 대상을 확대하는 것이다. 둘째, 당사자소송의 활성화를 위하여 행정상 손실보상, 행정행위 등의 위법으로 인한 손해배상 · 부당이득의 반환을 그 대상으로 명시하였다. 셋째, 그동안 학계에서 꾸준하게 제기되었던 의무이행소송과 예방적 금지소송을 항고소송의 종류로 명시하였다. 넷째, 행정소송의 원고적격을 확대하기 위하여 기존의 '법률상 이익'이라는 표현을 대신하여 '법적으로 정당한 이익'으로 변경하였다. 그 밖에도 집행정지제도를 보완하고 가처분제도를 명시하는 등의 제도개선을 포함하고 있다. 물론 이러한 개정안은 국민의 권익보호를 확대하고 행정소송제도를 한 단계 업그레이드한다는 점에서 긍정적인 내용을 담고 있으나 행정소송제도의 주관적 권리구제기능의 약화, 헌법재판소와의 또 다른 권한갈등을 가져올 수 있다는 점에서 비판적인 견해도 제시된다.

이에 비하여 법무부 행정소송법개정안의 주요 내용으로는 의무이행소송과 예방적 금지소송제도의 도입, 행정상 가구제제도의 보완, 소의 변경과 관할의 지정, 당사자소송의 활성화, 취소소송의 인용시 행정청의 결과제거의무, 법원의 자료제출요구권, 제소기간의 연장 등이다. 그러나 법무부의 개정안은 대법원의 개정안과는 달리 원고적격의 확대, 협의의 소의 이익의 확대, 항고소송의 대상 확대 및 법규명령에 대한 항고소송의 특례 인정, 항고소송에서 화해권고결정의 신설, 기관소송 법정주의의 폐지 등에 대해서는 그 도입을 유보하였다.

제3절 사법작용으로서 행정소송의 한계

Ⅰ. 개 설

1. 행정소송사항에 대한 개괄주의

행정소송은 위법한 국가 공권력작용 그 자체나 그로 인하여 성립한 법률관계에서의 다툼을 해결하는 사법작용이다. 따라서 원칙적으로는 행정소송을 통한 사법부의 재판권은 행정청의 모든 위법한 행정작용을 그 대상으로 한다.

우리나라의 행정소송법도 제1조에서 "이 법은 행정소송절차를 통하여 행정청의 위법한 처분 그 밖에 공권력의 행사 · 불행사등으로 인한 국민의 권리 또는 이익의 침해를 구제하고, 공법상의 권리관계 또는 법적용에 관한 다툼을 적정하게 해결함을 목적으로 한다"라고 그 목적을 규정하고 있다. 따라서 행정소송의 목적은 단순히 위법한 처분에 대한 시정뿐 아니라 공법상 권리관계에 대한 다툼을 널리 해결하는 사법작용임을 분명히 하고 있다. 이러한 측면에서 행정소송은 단순히 위법 · 부당한 처분과 부작위에 대한 심판에 그치는 행정심판과는 구별된다. 또한 광범위한 공법상 법률관계를 그 대상으로 하는 행정소송제도는 소송의 종류에 있어서도 항고소송 외에 공법상의 포괄적 권리관계에 대한 분쟁을 해결하는 당사자소송을 인정하고 있다. 따라서 우리의 행정소송법이 행정소송사항에 대한 개괄주의를 "규정"하지는 않았다 하더라도 적어도 "의도"하고 있다는 평가는 충분히 가능하다.

2. 행정소송의 한계 극복

행정소송은 그 본질상 사법작용이므로 재판을 통하여 해결할 수 없거나 재판과 관련되지 않는 행정부의 고유한 권한을 침해할 수 없다. 따라서 행정소송으로 다룰 수 있는 행정사건의 범위는 어디까지인가라는 문제를 흔히 행정소송의 한계라는 측면에서 논의한다. 행정소송의 한계는 일반적으로 재판작용이라는 사법의 본질에서 유래하는 한계와 권력분립의 원칙에 비추어 본 한계로 나누어 살펴볼 수 있다.

그러나 행정소송의 한계를 논의하는 과정에서 분명해지는 사실이지만 과거에는 행정소송으로 다룰 수 없는 행정사건으로서 행정소송의 한계로 인식되던 사항들 중에서 상당수가 이제는 이미 행정소송의 대상으로 되었거나 점차 포함되고 있다. 이렇게 본다면 "행정소송의 한계"라는 테마의 접근방식은 이제 "한계의 극복"이라는 측면에서 이루어지는 것이 더 바람직하다.

Ⅱ. 재판작용이라는 사법의 본질상 한계

원칙적으로 행정소송의 재판관할권은 모든 위법한 행정작용을 그 대상으로 하는 것이지만 사법작용의 속성 중 하나인 소극성을 간과할 수 없다. 이로 인하여 행정사건에 대한 법원의 심판권은 구체적인 행정법상 법률관계에 대한 분쟁이 발생하고 이것이 원고에 의하여 법원에 그 해결을 구하는 경우에 한하여 행사될 수 있다는 한계를 가진다.

또한 이러한 구체적인 법률관계에 대한 분쟁이 법원에 제기되더라도 그 사건 자체가 실정법규의 해석과 적용을 통하여 해결이 가능한 "법률문제"인 경우에 한하여 법원의 심판이 가능하다. 따라서 행정소송이 재판작용이라는 본질에서 유래하는 한계도 위의 두 가지 측면에서 고찰이 가능하다.

1. 구체적인 권리의무관계에 대한 행정주체와 개인 간의 분쟁 – 구체적 사건성

행정소송은 행정처분 등으로 야기된 구체적인 행정상 법률관계에서 권리의무의 주체인 행정주체와 개인 간의 법적 분쟁을 해결하는 것이다. 그러므로 이러한 구체적 사건성이 결여된 행정사건에 대하여는 법원의 심판권이 미치지 않는다. 대법원도 "과거의 역사적 사실관계의 존부나 공법상의 구체적인 법률관계가 아닌 사실관계에 관한 것들을 확인의 대상으로 하는 [청구는] 항고소송의 대상이 되지 아니[한다]"라고 한 원심의 판단이 정당하다고 판시하여(대판 1990.11.23. 90누3553) 구체적 법적 사건만이 행정소송의 대상이 됨을 분명히 하고 있다.

1) 사실행위

이미 사실행위에 관한 부분에서 살펴본 바와 같이 사실행위는 법적 행위와는 달리 단순한 사실상의 결과 발생만을 의도하는 공권력작용이므로 그 결과로 구체적인 행정법상 권리의무관계가 성립하지는 않는다. 즉 사실행위는 이른바 처분성이 결여된다. 따라서 사실행위에 대한 항고소송은 불가하지만 위법한 사실행위로 발생한 권리의무관계(예컨대 위법한 경찰관의 총기사용으로 인한 손해배상청구권)는 당사자소송의 대상이 된다.

그런데 문제가 되는 것은 단순한 사실행위와는 달리 권력적인 성격의 사실행위(대집행, 행정조사 등)가 위법하게 행하여지는 경우이다. 특히 이러한 위법한 사실행위가 장기간에 걸쳐서 이루어지고 당사자의 권익을 해하는 경우 이를 항고소송의 대상인 "처분등"에 포함시켜야 한다는 견해가 유력하며, 판례도 처분성을 인정한 바 있다. 결국 한편으로는 "처분등"에 대한 해석을 통하여, 다른 한편으로는 항고소송의 대상에 대한 입법적 해결을 시도하는 방법론상 차이에도 불구하고 권력적 사실행위에 대한 행정소송의 가능성 및 필요성은 강하게 존재한다. 이에 대하여는 항고소송의 대상에서 상술한다.

2) 반사적 이익

법령에 의하여 일정한 요건이 충족되어 행정주체에게 특정한 행위의무를 명하는 경우에 개인이 향유하는 공권과는 달리 반사적 이익과 그로 인한 침해는 행정소송의 대상이 되지 아니한다. 그러나 과거에는 반사적 이익으로 보아 법률상 이익이 없다고 보았던 경찰허가로 인한 이익, 제3자효적 행정행위에서 제3자가 누리는 이익은 공권 또는 법률상 이익으로 인식되어 행정소송을 통하여 구제되는 이익이 되었음은 주지의 사실이다. 이는 행정소송의 원고적격에서 상술한다.

3) 명령의 효력과 해석

법규명령 또는 법규명령에 유사한 규칙이 헌법과 법률에 위반하는 내용을 담고 있어 그 위헌·위법의 여부가 문제되는 경우에는 헌법 제107조 제2항에 의한 구체적 규범통제의 대상이 되는 것이며, 이러한 위헌·위법한 명령 자체는 행정소송의 대상이 될 수 없다. 대법원도 "행정소송의 대상이 될 수 있는 것은 구체적인 권리의무에 관한 분쟁이어야 하고 일반적, 추상적인 법령 그 자체로서 국민의 구체적인 권리의무에 직접적인 변동을 초래하는 것이 아닌 것은 그 대상이 될 수 없으므로 구체적인 권리의무에 관한 분쟁을 떠나서 재무부령 자체의 무효확인을 구하는 원고의 청구는 행정소송의 대상이 아닌 사항에 대한 것으로서 부적법하다"고 한 원심의 판단이 정당하다고 판시하였다(대판 1987.3.24. 86누656).

다시 말해서 명령 등의 해석과 효력 그 자체는 구체적 사건성이 없는 것이며, 이러한 위헌·위법한 명령 등을 통하여 행하여진 처분등의 구체적 집행행위가 비로소 행정소송의 대상이 된다. 따라서 구체적 규범통제와 구체적 사건성의 개념은 구별된다. 구체적인 소송사건에서 명령·규칙의 위헌·위법 여부가 문제되어 이를 법원이 당해 사건에 적용하지 않는 것은 헌법이 인정한 고유한 "명령통제절차"이지 원래적 의미의 행정소송과는 구별되는 것이기 때문이다.

명령·규칙이 행정소송의 대상 여부로서 문제되는 것은 이러한 것들이 집행행위를 매개로 하지 않고 그 자체로서 개인의 권리를 침해하는 경우, 즉 처분적 성격을 갖는 경우이다. 처분적 성격의 행정입법이 항고소송의 대상이 되는 것은 이론적으로 가능하고 또한 필요한 일이다. 판례도 "조례가 집행행위의 개입 없이도 그 자체로서 직접 국민의 구체적인 권리의무나 법적 이익에 영향을 미치는 등의 법률상 효과를 발생하는 경우 그 조례는 항고소송의 대상이 되는 행정처분에 해당[한다]"라고 판시하였다(대판 1996.9.20. 95누8003). 이에 대한 논란은 항고소송의 대상편에서 다룬다.

4) 민중소송과 기관소송

민중소송과 기관소송, 단체소송 등 이른바 객관적 소송은 행정주체와 개인 간의 구체적 법률관계에 대한 쟁송을 다루는 것이 아니라 행정의 적법성 통제수단으로서의 성격이 강하다. 따라서 객관적 소송은 법률에 규정된 경우에 한하여 제기할 수 있다(행정소송법 제45조).

2. 법령의 해석과 적용을 통한 해결가능성 – 법적 해결성

행정법상 행정주체와 개인간에 분쟁이 발생하여 법원에 소송이 제기된다 하더라도 법원이 재판권을 행사하기 위해서는 이러한 분쟁이 실정법의 해석과 적용을 통하여 해결이 가능한 "법률문제"이어야 한다. 다시 말하면 행정주체와 개인 간의 분쟁이 종교적 · 문화적 이해관계의 대립에 해당하거나 정치적 · 정책적 사안을 대상으로 하는 경우에는 법원의 행정소송관할권이 이에 미치지 못한다.

1) 학문적 · 문화적 · 예술적 차원의 분쟁

(1) 행정주체와 개인간에 학술적 · 문화적 · 예술적 감각이나 기준의 차이에서 발생하는 분쟁은 행정소송절차를 통하여 해결될 수 없는 성격의 사안이다. 따라서 학술적 · 문화적 · 예술적인 사실관계의 존부나 정부(正否)의 확인을 구하거나 그 시정을 요구하는 청구는 행정소송의 대상이 될 수 없다.

(2) 이와 관련하여 판례는 국사교과서의 발행이나 독립기념관의 전시행위 등은 일종의 사실행위로서 항고소송의 대상이 되지 않는다고 하였다(대판 1990.11.23. 90누3553). 그 결론 자체는 수긍할 수 있으나, 이러한 판결이 학술적 · 문화적 · 예술적 문제를 대상으로 하는 소송의 가능성을 절대적으로 배제하는 것으로 일반화하는 견해에는 찬동할 수 없다. 왜냐하면 교과서의 발행이나 전시물의 전시행위 자체는 사실행위이지만 그것의 전제가 되는 역사적 사실에 대한 공적인 평가나 판단은 일종의 확인행위로서 행정처분적 성격을 전적으로 배제할 수 없기 때문이다.

그러므로 사안에 따라서는 이러한 확인행위를 대상으로 하는 행정소송의 제기는 적법한 것으로 보아야 한다. 예컨대 특정한 물건이나 유적지를 문화재로 지정하거나 이를 해제하는 처분을 함에 있어서 전문성 · 객관성이 현저히 결여되거나 이에 관련되는 법령상의 절차(예컨대 전문가로 구성된 위원회의 심의)를 거치지 않는 경우에도 행정소송이 전혀 불가능한 것인가? 여기에 대하여는 문화재의 지정 또는 해제라는 행정처분(확인행위)에 대하여 법률상 이익을 가지는 소유자나 유족 등 제3자가 행정소송을 제기할 수 있다고 보아야 한다[다만 판례는 구 문화재보호법상 도지정문화재 지정처분으로 인하여 침해될 수 있는 특정 개인의 명예 내지 명예감정은 그 취소를 구할 법률상 이익에 해당하지 않는다고 하였다(대판 2001.9.28. 99두8565)]. 따라서 법원은 일단 요건심리를 한 후에 처분의 위법성을 검토하여야 한다. 이때 본안에 대한 심리에 있어서 법원이 행정청의 판단여지를 인정하는 것은 별도의 문제이다. 또한 확인행위에 대한 항고소송 이외에 사실행위로서 전시행위 등의 위법이나 시정을 구하는 행정소송 역시 절대적으로 배제할 근거는 없다. 왜냐하면 이러한 행정청의 작위 또는 부작위에 대한 시정 또는 의무확인을 구하는 소송은 공법상 법률관계에 관한 소송으로서 당사자소송으로 해결이 가능할 수 있기 때문이다.

2) 통치행위

통치행위에 대하여는 이미 행정과 법치주의편에서 상세하게 다루었으므로 여기에서의 논의는 생략한다. 다만 우리나라에서 통치행위로 거론되는 목록들은 대부분 대통령의 헌법상 권한이므로 이를 통치행위라고 이해하는 것은 잘못이다. 그 이유는 대통령의 헌법상 권한행사가 법치주의원리에 의한 기속을 받는 것과는 달리 통치행위에 대한 법원의 사법심사는 처음부터 배제되기 때문이다. 반면 통치행위를 대통령의 헌법상 권한으로 이해한다면 그 행사는 헌법과 법률이 규정하는 절차와 내용에 저촉될 수 없으며 비례의 원칙 등에 의한 헌법상 · 법률적 한계가 설정된다. 따라서 이러한 헌법적 · 법률적 한계를 일탈한 대통령의 권한행사는 위헌 · 위법하며, 여기에 대하여는 헌법재판소와 대법원을 비롯한 법원의 사법심사가 가능하다.

3) 특별권력관계

과거 형식적 법치주의시대의 산물로서 통치행위와 같이 법으로부터 자유로운 행정영역으로 인성받았던 이른바 특별권력관계는 이제 더 이상 "국가적 권위의 안전지대"가 아니다. 따라서 특별권력관계에서의 위법한 행위는 이른바 외부관계(기본관계)와 내부관계(경영수행관계)를 가리지 아니하고 사법심사의 대상이 된다. 상세한 논의는 특별권력관계편에서 하였으므로 더 이상 언급하지 않는다.

4) 자유재량행위

과거의 자유재량행위론은 위의 통치행위나 특별권력관계론과 같이 법으로부터 자유로운 영역으로 이해되었다. 따라서 재량권 행사를 그르치더라도 부당의 문제에 그치고 위법은 아니기 때문에 행정소송의 대상에서 제외되었다. 그러나 오늘의 재량행위는 모두 법적인 한계 내에서 행사되는 법적인 의무에 합당한 재량이므로 이를 그르친 것은 사법적 심사의 대상이 된다. 이에 대하여도 역시 재량행위편에서 논하였다.

Ⅲ. 권력분립상의 한계

1. 사법의 본질과 행정소송의 한계로서 권력분립원칙

사법부는 행정소송을 통하여 행정부의 위법행위에 대하여 전반적인 심판권을 갖는 것이지만 재판과 관련되지 않는 행정부의 고유한 권한을 침해할 수 없다. 이는 헌법상 권력분립의 원칙을 준수하기 때문이다. 그런데 앞서 언급한 행정소송이 가지는 사법의 본질상 한계는 권력분립의 원칙과 표리의 관계를 이루고 있다. 다시 말하면 행정소송이 재판작용으로서의 한계를 가지는 것이므로 권력분립원칙상 사법부는 행정부의 고유한 권한을 침해할 수 없는 것이다. 이는 흔히 통치행위의 근거로 제시되는 사법자제설과 권력분립설이 서로 다른 내용이 아니라 원인과 결과의 관계에 있는 것과 같은 맥락이다. 따라서 사법의 본질로부터 유래하는 행정소송의 속성과 한계를 권력분립이라는 원리로 제도화한 것이므로 행정소송의 한계를 반드시 두 가지 측면에서 분리하여 논할 논리적 필연성은 없다.

2. 의무이행소송과 예방적 부작위소송의 인정 여부

1) 문제의 제기

권력분립원칙에서 연유하는 행정소송의 한계로서 제기되는 문제의 핵심은 우리 행정소송법상 의무이행소송과 예방적 부작위를 구하는 소송이 인정될 수 있는가에 집중된다. 만약 이러한 소송형태를 인정하게 된다면 사법부가 행정부에 대한 적극적 이행 또는 형성, 부작위를 요구하는 판결을 하게 됨으로써 행정부의 고유한 결정권을 해하고 결국 권력분립의 원칙에 반하게 될 수 있기 때문이다.

이와 관련하여 행정소송법은 제4조에서 항고소송의 종류를 규정하고 있는데, 이를 예시적인 규정으로 이해하여 법정(法定)항고소송 외에 이른바 "무명(無名)항고소송" 또는 "법정외(法定外)항고소송"을 인정할 수 있는지 견해가 대립되고 있다. 또한 이러한 대립되는 견해들은 취소소송의 "취소 또는 변경"에서 변경의 의미를 적극적 변경, 즉 형성 또는 의무이행으로 이해할 수 있는지에 대한 논쟁으로 이어진다.

2) 의무이행소송

(1) 소극설

현행법상 항고소송의 종류는 취소소송, 무효등확인소송, 부작위위법확인소송의 세 가지로서, 이외에 의무이행소송은 인정되지 않는다는 견해이다. 그 이유로는 역시 권력분립의 원칙이 제시된다. 이외에 소극설은 입법자가 이러한 점을 의식하여 부작위위법확인소송과 재처분의무에 이어서 손해배상명령 등 간접강제수단으로 의무이행소송과 같은 목적을 우회적으로 달성하려 한 것이라고 설명한다. 따라서 취소소송에서의 "변경"의 의미는 소극적 변경으로서 "일부취소"의 의미로 이해한다.

(2) 적극설

행정소송법 제4조에 규정된 항고소송의 종류는 일종의 예시적인 것으로서 판례나 관습법에 의하여 법정소송 외에 다른 항고소송의 형태를 배제하는 것은 아니라는 견해이다. 또한 의무이행소송은 사법부가 공연한 상태에서 행정부의 고유권한에 간여하는 수단이 아니다. 이는 필요한 처분이 행하여지지 않거나 거부됨으로써 권리가 침해된 원고가 권리구제의 차원에서 제기하는 소송이므로 사법부에 의한 행정부 견제라는 권력분립의 원칙에 오히려 부합하는 것이다. 따라서 적극설은 취소소송에서의 "변경"을 소극적인 것으로만 보지 않고 의무이행이나 적극적 변경으로 이해한다.

(3) 제한적 허용설

의무이행소송을 원칙적으로 부인하고 행정소송법상 "변경"의 의미를 일부취소로 보면서도, 예외적으로 일정한 요건하에 의무이행소송을 인정하는 견해이다. 이에 따르면 의무이행소송은 ① 행정청에게 제1차적인 판단권을 행사하게 할 것도 없을 정도로 처분요건이 일의적으로 정하여져 있고, ② 사전에 구제하지 않으면 회복할 수 없는 손해가 발생할 우려가 있으며, ③ 다른 구제방법이 없는 경우에만 인정된다고 본다.

(4) 판 례

대법원은 의무이행소송의 형태를 부인하는 소극설에 가담하고 있다. 즉 "우리 행정소송법이 행정청의 부작위에 대하여 부작위위법확인소송만 인정하고 있을 뿐 작위의무이행소송이나 작위의무확인소송은 인정하지 않고 있[다]"거나(대판 1992.11.10. 92누1629), "행정소송법상 행정청의 부작위에 대하여는 부작위위법확인소송만 인정되고 작위의무의 이행이나 확인을 구하는 행정소송은 허용될 수 없다"(대판 2004.2.13. 2001다15828 등)라고 하여 일관되게 그 존재를 부인하고 있다.

(5) 소 결

권력분립의 원칙에 의거하여 의무이행소송을 제도적으로 부인하는 것은 너무도 형식논리에 치우친 것이다. 권력분립의 의의는 단순히 성격이 다른 국가권력을 서로 나누어 다른 기관에 귀속시키자는 데 그치지 않기 때문이다. 권력분립의 진정한 의미는 입법 · 행정 · 사법이라는 국가권력이 상호 견제와 균형을 통하여 어느 한 권력의 독주를 막고 이를 통하여 국민의 권리를 보호하자는 자유주의적 국가사상에 그 토대를 두고 있다.

그렇다면 오늘날 행정부에 의한 행정작용의 법적인 견제는 누가 담당하는가? 물론 기본적인 견제는 입법부가 법률을 통하여 하는 것이지만 "일상적인 행정의 감시자"는 바로 사법부이며 그렇기 때문에 사법부에 행정소송의 심판권을 부여하는 것이다. 그렇다면 필요한 처분에 대한 부작위나 거부로 인하여 권익을 침해받은 자가 그 의무의 이행을 청구하는 소송은 너무도 자연스러운 것이다. 또한 이에 대하여 사법부가 재판권을 행사하는 것은 행정부를 견제하는 사법부 본래의 권한 행사에 해당하는 것이라고 볼 수 있다. 따라서 이른바 형식적 권력분립설은 "나태한 사법부"를 정당화하는 논리에 불과하다.

따라서 이론적으로 권력분립설은 의무이행소송을 오히려 정당화하는 근거를 제공한다. 다만 적어도 현행법상으로는 취소소송의 "변경"의 의미를 적극적 변경이나 형성의 의미로 해석하고, 무명항고소송을 역시 해석을 통하여 인정하는 것은 무리가 있다. 그러므로 입법자는 항고소송의 형태로 의무이행소송을 조속히 도입하고 그 이전에라도 판례의 전향적이며 과감한 변화를 기대한다.

또한 처분 이외의 의무이행에 대해서는 일반적인 이행소송으로서 포괄적 성격을 갖는 당사자소송이 활성화되어야 한다. 이와 관련하여 대법원은 "피고에게 압수물 환부를 이행하라는 청구에 관하여는 현행 행정소송법상 행정청의 부작위에 대하여 일정한 처분을 하도록 하는 의무이행소송은 허용되지 아니한다"고 한 원심의 판단이 정당하다고 판시하였는데(대판 1995.3.10. 94누14018) 이 사안에서 검사에게 압수물환부를 이행하라는 청구가 반드시 처분을 구하는 의무이행소송인지 의심스럽다. 따라서 그것이 일종의 결과제거를 청구하는 의미에서의 의무이행의 성격이라면 당연히 당사자소송으로 제기될 수 있는 것이다.

3) 예방적 부작위소송

(1) 의 의

예방적 부작위소송이란 행정청의 공권력행사가 행하여지면 사안 자체가 기성화(旣成化)하여 그 회복이 불가능하거나 공권력행사 후의 권리구제가 의미를 갖지 못하는 경우에 당해 행정작용에 대한 예방적 부작위를 구하는 소송이다. 예방적 부작위를 구하는 행정소송은 특히 행정청에 의한 환경침해와 같이 일단 행위 후에 회복불가능한 상태를 미리 방지한다는 의미에서 독일의 판례법을 통하여 성립 · 발전하였다.

(2) 학 설

예방적 부작위소송도 역시 권력분립의 원칙에 의하여 소극적으로 보는 견해도 있으며, 무명항고소송 또는 법정외소송으로 보아 해석론에 따라 인정하는 적극설도 있다. 또한 예방적 부작위청구소송의 존재는 인정하되 다음과 같이 엄격한 요건하에 허용된다는 견해도 있다. ① 위험이 구체적이며 개별적일 것, ② 침해가 심각하며 개연성이 있을 것, ③ 침해가 직접적이며 절박할 것, ④ 소송을 통해서 피하고자 하는 위험 내지 손해가 중대할 것.

(3) 판 례

판례는 "행정소송법상 행정청이 일정한 처분을 하지 못하도록 그 부작위를 구하는 청구는 허용되지 않는 부적법한 소송이[다]"라고 하여(대판 2006.5.25. 2003두11988) 의무이행소송에서와 같이 소극설을 견지하고 있다.

(4) 소 결

의무이행소송에서 제기한 권력분립설의 이론적 오류는 예방적 부작위소송에도 그대로 적용될 수 있다. 그러므로 현대 행정의 특성을 고려하여 환경법 등 제한된 분야에서 예방적 부작위소송의 형태가 인정되어야 할 것이다. 다만 예방적 부작위청구의 대상이 특정한 처분의 금지를 구하는 것이 아니라 사실행위의 금지 등에 해당하는 경우에는 역시 당사자소송에 의한 소제기의 가능성이 검토되어야 한다. 또한 더 넓게 보면 민법상 물권적 청구권으로서 소유권에 기하여 특정 방해행위의 예방을 구하는 민사소송도 같은 목적을 위하여 제기될 수 있다. 물론 예방적 부작위소송은 행정소송제도로서 예방적 권리구제수단을 입법적으로 정비한다는 차원에서 행정소송법의 개정을 통한 법률적인 해결이 더 바람직하다는 것은 의문의 여지가 없다.

한편 판례는 예방적 부작위 또는 금지청구가 인정되지 않는 논거에 대해서는 상세한 언급을 회피하고 있다. 그러나 현대국가에서의 행정작용은 그 형태가 매우 다양하고 그에 따르는 개인에 대한 권리침해의 양상도 여러 가지 모습을 보이고 있다. 따라서 기존의 행정소송이나 국가배상제도로는 만족할 만한 권리의 구제를 실현하기 어렵거나 국민의 입장에서 기존의 권리구제제도가 큰 의미를 가지지 못하는 경우도 있다. 예를 들어 환경에 대한 침해는 이미 그것이 기성화한 사실루 굳어지며 사후적인 행정쟁송제도로는 환경과 관련된 개인의 권리를 효과적으로 구제하기 어렵다. 그러므로 이러한 경우 사실상 유일한 수단으로는 환경침해를 이유로 국가나 지방자치단체를 포함하는 공공단체를 상대로 손해배상책임을 물을 수 있을 뿐이다.

그러나 이미 자연환경은 훼손되고 개인의 생명 · 신체 · 보건상의 권리가 원상회복이 불가능한 상태에 이르렀다면 금전적인 손해전보의 수단이 과연 어느 정도의 실효성을 거둘 수 있을지 의문이다. 따라서 환경법 분야를 지배하는 기본원리인 존속보호의 원칙도 환경침해의 특수성을 고려하여 환경보호를 위한 특별한 법적 수단과 환경침해방지를 목적으로 하는 쟁송수단을 요구하게 되는 것이다. 이처럼 환경에 대한 기성화된 침해를 방지하기 위하여 사용될 수 있는 소송의 형태는 크게 두 가지로 나누어질 수 있는데, 그중 하나는 가구제와 같은 잠정적 수단이며, 다른 하나는 행정청의 부작위를 구하는 예방적 수단이다. 잠정적 권리구제수단은 이미 행하여진 행정작용을 가능한 한 초기 단계에서 억제 또는 통제함으로써 잠정적으로 위법한 행정작용의 효력이나 그 집행을 법원의 확정판결이 있기 전까지 정지시키는 것이다. 반면에 예방적 권리보호수단은 행정작용이 행해지기 이전에 법원이 당사자의 청구에 의하여 청구인의 권리침해 여부에 대하여 심사하고, 그것이 이유 있다고 판단되는 경우 행정작용의 금지를 명하는 것이다. 따라서 개인이 사후적으로 통상적인 행정쟁송의 수단을 통하여 충분히 권리구제를 받을 수 있는 경우이거나 가구제로서 소기의 목적을 달성할 수 있는 때에는 예방적 권리보호를 정당화할 만한 특별한 권리보호의 필요성은 존재하지 않는 것으로 보는 것이 일반적이다. 이렇게 본다면 행정쟁송제도에 있어서는 「통상적인 사후적 권리구제수단－가구제수단－예방적 권리보호수단」이라는 일종의 단계

구조가 존재한다고 볼 수 있는 것이다.

대법원과 법무부의 행정소송법개정안에는 의무이행소송과 예방적 부작위소송의 도입이 예정되어 있었다. 즉 개정안은 항고소송의 종류로서 의무이행소송을 규정하고, 그 개념을 “당사자의 신청을 거부하는 것을 내용으로 하는 행정청의 행정처분(이하 거부행위) 또는 행정청의 부작위에 대하여 행정처분을 하도록 하는 소송”으로 정의하고 있다. 또한 개정안은 새로 도입되는 의무이행판결을 두 가지로 구별하여 규정하고 있다. 그 하나는 당사자의 신청에 따른 행정행위를 할 의무가 있음이 명백하고 그 의무를 이행하도록 하는 것이 상당하다고 인정하는 경우에는 행정청이 그 행정처분을 할 것을 명하는 판결을 선고하고, 그 밖의 경우에는 행정청이 당사자의 신청에 대하여 판결의 취지에 따라 행정처분을 할 것을 명하는 판결을 선고한다. 독일식의 행정행위의 발급을 명하는 판결(Vornahmeurteil)과 이른바 지시판결(Bescheidungsurteil)로 불리는 두 가지의 판결형식을 채택한 것이다. 그리고 행정소송법개정안은 예방적 금지소송의 개념을 “행정청이 장래에 일정한 행위를 할 것이 임박한 경우에 그 행정처분을 금지하는 소송”이라고 정의하고 있다. 또한 법원이 원고의 예방적 금지청구를 인용하여 금지판결을 하기 위해서는 행정청의 장래의 행위가 위법할 뿐만 아니라 “그 행정행위를 하지 않도록 하는 것이 상당하다고 인정하는 경우”라는 추가적 요건이 충족되어야 한다.

추후 의무이행소송과 예방적 금지소송이 도입된다면 만시지탄의 감이 없지는 않지만 무하자재량행사청구권의 실효성 보장, 부관부 행정행위에 대한 권리구제의 용이성, 정보공개소송 등의 영역에서 국민의 권익구제를 위하여 획기적인 역할을 할 수 있을 것으로 기대된다.

제 4 장
행정소송의 종류

행정소송은 여러 가지 기준에 의하여 그 종류를 분류할 수 있으나 행정소송법은 행정소송의 종류로서 크게 항고소송, 당사자소송, 민중소송, 기관소송의 네 가지를 규정하고 있다. 또한 항고소송은 취소소송, 무효등확인소송, 부작위위법확인소송으로 구분된다. 이 중에서 항고소송과 당사자소송은 주관적 소송으로서 개인의 권익구제기능이 전면에 나서며, 민중소송과 기관소송은 원칙적으로 행정의 적법성 통제를 목적으로 하는 객관적 소송이다. 물론 이 외에도 특별법에 의한 단체소송과 무명항고소송 등도 거론되고 있으나, 이하에서는 현행 행정소송법상 소송형태를 중심으로 그 구체적인 성격, 소제기의 요건, 효과, 판결의 효력 등에 대하여 고찰하기로 한다.

제 5 장
취소소송

제 1 절 개 관

Ⅰ. 취소소송의 의의

취소소송은 행정청의 위법한 처분등을 취소 또는 변경하는 소송이다(행정소송법 제4조 제1호). 취소소송은 항고소송의 가장 전형적인 형태로서 우리나라 행정소송제도의 중핵을 차지하는 소송제도이다. 취소소송은 통상적으로 행정청의 작위로서의 처분등의 위법을 다투는 것으로서 위법한 거부처분도 취소소송의 대상이 된다. 더 나아가 무효인 행정행위는 무효등확인소송으로 다투어야 하는 것이지만 무효임을 선언하는 의미에서 취소를 구하는 취소소송으로 제기되는 경우도 있다. 판례도 "행정처분의 당연무효를 선언하는 의미에서 그 취소를 구하는 행정소송을 제기한 경우에도 제소기간의 준수 등 취소소송의 제소요건을 갖추어야 [한다]"라고 판시하였다(대판 1993.3.12. 92누11039).

Ⅱ. 취소소송의 성질

취소소송은 이미 행하여진 행정처분 등의 위법을 다투는 것이므로 항고소송이며 복심적 소송의 성격을 가진다. 또한 취소소송은 판결이 갖는 효과에 따라 소송의 종류를 형성적 소송, 확인적 소송, 이행적 소송으로 구분할 때 형성적 소송으로 분류된다. 취소소송이 형성적 소송의 성격을 갖는 이유는 처분등에 대한 취소 또는 변경을 통하여 이미 성립한 법률관계의 종국적 소멸을 가져오기 때문이다. 행정소송법도 취소소송의 형성적 효력을 염두에 두고 제29조 제1항에서 "처분등을 취소하는 확정판결은 제3자에 대하여도 효력이 있다"라고 규정하여 이른바 취소소송의 대세적 효력을 인정하고 있다.

판례 역시 "위법한 행정처분의 취소를 구하는 소는 위법한 처분에 의하여 발생한 위법상태를 배제하여 원상으로 회복시키고, 그 처분으로 침해되거나 방해받은 권리와 이익을 보호 · 구제하고자 하는 소송"이라고 판시하여(대판 2006.7.28. 2004두13219) 같은 견해를 취하고 있다.

Ⅲ. 취소소송의 대상과 소송물

원칙적으로 소송물은 취소소송을 인용하는 판결의 효력 중의 하나인 기판력의 내용과 범위를 결정하는 중요한 기능을 수행한다. 일반적으로 우리나라에서는 취소소송의 소송물을 "처분의 위법성" 또는 "위법한 처분으로 인한 위법상태의 배제"라고 보아 취소소송의 대상과의 명확한 구별이 이루어지지 않고 있다. 판례도 "취소소송의 소송물은 '처분의 위법성 일반'이라는 것이 대법원의 확립된 견해이다 … 취소소송에서 법원은 해당 처분이 헌법, 법률, 그 하위의 법규명령, 법의 일반원칙 등 객관적 법질서를 구성하는 모든 법규범에 위반되는지 여부를 기준으로 처분의 위법성을 판단하여야 [한다]"라고 판시하였다(대판 2019.10.17. 2018두104). 또한 "과세처분에 대한 취소소송과 무효확인소송은 모두 소송물이 객관적인 조세채무의 존부확인으로 동일하다"라고 하였다(대판 2023.6.29. 2020두46073).

그러나 취소소송의 대상은 행정소송법에 규정된 바에 의하여 "위법한 처분등"이다. 반면 처분등의 취소를 통하여 원고가 권리침해의 회복을 구하는 청구의 내용으로서 취소소송의 소송물은 취소소송의 대상과 구별되어야 하는 개념이다. 다시 말해 취소소송에서 처분의 위법성은 처분의 근거가 되는 법령이나 행정법의 일반원칙 등에 비추어 객관적으로 결정된다. 이에 비하여 소송물은 원고가 위법한 처분으로 인하여 침해되었다고 주장하여 소송을 통하여 구제받고자 하는 소송상 청구의 주관적 내용이다.

제 2 절 취소소송의 관할

Ⅰ. 행정법원의 전속관할

행정법원은 행정소송법에서 정한 행정사건과 다른 법률에 따라 행정법원의 권한에 속하는 사건을 제1심으로 심판한다(법원조직법 제40조의4). 행정소송은 행정법원의 전속관할에 속한다[대판(전합) 2009.9.17. 2007다2428]. 현재는 행정법원으로 서울행정법원만 설치되어 있다(「각급 법원의 설치와 관할구역에 관한 법률」 별표1). 행정법원이 설치되지 않은 지역의 경우에 행정법원의 권한에 속하는 사건은 행정법원이 설치될 때까지 해당 지방법원 본원 및 춘천지방법원 강릉지원이 담당한다[법원조직법 부칙(1994. 7. 27.) 제2조].

Ⅱ. 토지관할

1. 보통재판적 및 특별재판적

1) 취소소송의 제1심 관할법원은 피고의 소재지를 관할하는 행정법원이다(행정소송법 제9조 제1항). 행정법원이 설치된 서울 이외의 지역에서는 해당 지방법원 본원 및 춘천지방법원 강릉지원이 제1심 관할법원이 된다. 다만 '① 중앙행정기관, 중앙행정기관의 부속기관과 합의제행정기관 또는 그 장, ② 국가의 사무를 위임 또는 위탁받은 공공단체 또는 그 장' 중 어느 하나에 해당하는 피고에 대하여 취소소송을 제기하는 경우에는 대법원 소재지를 관할하는 행정법원에 제기할 수 있다(제9조 제2항).

2) 토지의 수용 기타 부동산 또는 특정의 장소에 관계되는 처분등에 대한 취소소송은 그 부동산 또는 장소의 소재지를 관할하는 행정법원에 이를 제기할 수 있다(제9조 제3항).

2. 임의관할

토지관할은 임의관할이므로(대판 1994.1.25. 93누18655), 합의관할이나 변론관할이 적용될 수 있다(행정소송법 제8조 제2항, 민사소송법 제29조, 제30조).

Ⅲ. 관할법원에의 이송

취소소송이 관할을 위반하여 제기된 경우, 법원은 민사소송법 제34조 제1항을 준용하여 결정으로 이를 관할법원에 이송한다(행정소송법 제8조 제2항). 또한 원고의 고의 또는 중대한 과실 없이 행정소송이 심급을 달리하는 법원에 잘못 제기된 경우에는 민사소송법 제34조 제1항을 적용하여 결정으로 이를 관할법원에 이송한다(행정소송법 제7조).

판례 역시 행정소송으로 제기하여야 하는 사건을 민사소송으로 잘못 제기한 경우에 수소법원은 그 행정소송에 대한 관할을 가지고 있으면 행정소송으로 심리 · 판단하고 그렇지 않다면 행정소송으로서도 소송요건을 흠결하여 부적법함이 명백하지 아니한 이상 관할법원으로 이송하여야 한다고 본다(대판 2017.11.9. 2015다215526).

Ⅳ. 관련청구소송의 이송과 병합

1. 의 의

취소소송과 관련청구소송이 각각 다른 법원에 계속되고 있는 경우에 관련청구소송이 계속된 법원이 상당하다고 인정하는 때에는 당사자의 신청 또는 직권에 의하여 이를 취소소송이 계속된 법원으로 이송할 수 있다(제10조 제1항). 또한 취소소송에는 사실심의 변론종결시까지 관련청구소송을 병합하거나 피고 외의 자를 상대로 한 관련청구소송을 취소소송이 계속된 법원에 병합하여 제기할 수 있다(제2항).

예를 들어 위법한 조세부과처분으로 인하여 법률상 이익을 침해당한 자는 위법한 부과처분을 취소하는 항고소송으로서의 취소소송을 제기함과 동시에 이미 납부한 세액의 반환을 위한 부당이득반환청구소송을 민사소송으로 제기하게 된다. 이처럼 관련되는 두 개의 소송이 다른 법원에 각각 계속되는 경우에는 심리의 원활과 당사자의 신속한 권리구제를 위하여 이를 한 법원으로 이송하여 병합할 수 있는 제도가 필요하다. 이에 따라 행정소송법은 제10조에서 관련청구소송의 이송 및 병합을 규정한 것이다.

2. 관련청구소송의 내용과 범위

1) 당해 처분등과 관련되는 손해배상 · 부당이득반환 · 원상회복등 청구소송

여기에서 손해배상, 부당이득반환, 원상회복등 청구는 위법한 처분등과 관련되는 국가배상, 납부세액의 반환, 결과의 제거 등을 의미한다.

2) 당해 처분등과 관련되는 취소소송

이에 해당하는 예로는 흠의 승계시에 후행처분에 대한 취소를 구하는 소송에 선행처분 취소소송을 병합하거나, 하나의 행정처분이 다수인의 법률상 이익을 침해하여 수인이 동일한 처분에 대한 취소소송을 병합하거나, 행정심판의 재결에 고유한 위법사유가 있어 이에 대한 취소를 구하는 취소소송을 제기하면서 원처분에 대한 취소소송을 병합하는 경우 등이 있다.

3. 관련청구소송의 이송

행정소송법 제10조 제1항은 관련청구소송이 계속된 법원의 판단에 의하여 이를 취소소송이 제기된 법원으로의 이송가능성을 인정하고 있다. 이는 취소소송이 계속된 법원에서 취소소송과 관련청구소송의 일괄적인 심리의 편의를 위한 것이지만, 이송 여부는 관련청구소송이 계속된 법원의 재량에 속한다.

4. 관련청구소송의 병합

행정소송법 제10조 제2항에 따라 하나의 원고가 관련청구소송을 취소소송에 병합하는 객관적 병합과 함께 하나의 원고가 다수의 피고를 상대로 또는 다수의 원고가 다수의 피고를 상대로 관련청구소송을 병합하는 주관적 병합이 모두 인정된다. 또한 원시적 병합과 후발적 병합 모두 가능하다.

이때 관련청구소송이 병합되는 취소소송은 적법하여야 한다. 판례도 같은 입장이며(대판 1997.11.11. 97누1990), 나아가 관련청구소송이 본래의 항고소송으로 다투는 처분 등에 관한 당사자소송인데 본래의 항고소송이 부적법할 경우에는 관련청구소송인 당사자소송으로의 소변경 의사를 아울러 가지고 있다면 그 청구의 기초에 변경이 없는 한 당초의 청구가 부적법하다는 이유로 그 병합된 청구까지 각하할 것이 아니라 병합청구 당시 유효한 소변경청구가 있었던 것으로 받아들여 이를 허가함이 타당하고, 이러한 경우에는 처음부터 당사자소송을 제기한 것으로 보아야 하므로 당초의 항고소송이 적법한 기간 내에 제기되었다면 당사자소송도 제소기간을 준수한 것으로 보아야 한다고 보았다(대판 1992.12.24. 92누3335). 즉 당사자소송이 병합되는 취소소송이 부적법하여도 당사자가 당사자소송으로의 소변경을 의도한 것이라는 유연한 자세를 보인 것이다.

민사소송법에서는 객관적 병합의 경우 수 개의 청구가 동종의 소송절차에서 심리되는 경우에만 인정된다(제253조). 이에 반하여 행정소송법의 위의 규정에 의하여 취소소송에서는 동종의 소송절차에서의 복수의 청구뿐 아니라 취소소송과 손해배상청구소송, 취소소송과 당사자소송의 병합도 가능하다. 따라서 결과적으로 동일한 원고가 조세부과처분에 대한 취소를 구하는 소송에 추가하여 국가 또는 지방자치단체를 피고로 부당이득의 반환을 구하는 청구를 병합할 수 있다(주관적 · 추가적 병합), 또한 동일한 하나의 원고가 조세부과처분의 취소를 구하는 소송을 제기함과 동시에 이것이 기각될 경우에 국가 또는 지방자치단체를 상대로 하는 손해의 배상을 병합하는 것도 허용된다(주관적 · 예비적 병합).

제3절 취소소송의 당사자 등

Ⅰ. 당사자와 참가인 및 대리인

항고소송의 하나인 취소소송에 있어서도 다른 소송과 마찬가지로 원고와 피고 간의 공격과 방어에 의하여 법원의 심리가 이루어진다. 따라서 취소소송에 있어서의 원고와 피고는 소송의 당사자로서 소송이 진행되기 위한 최소한의 구성단위라고 할 수 있다.

그러나 취소소송은 처분등의 위법성을 다투는 것이고 판결은 이른바 대세효(對世效)를 갖는 것이므로 처분등의 취소에 대하여 법률상의 이익을 가지는 제3자의 소송참가가 이루어져야 한다. 경우에 따라서는 제3자 이외에도 당해 처분을 발령하는 데 협조한 다른 행정관청이나 감독관청과 같이 취소소송에 대하여 이해관계를 가지는 행정청의 소송참가를 허용할 필요가 있다. 또한 소송의 수행은 본인이 하는 경우도 있으나 변호사 등 대리인을 통하여 각종의 소송행위를 하기도 한다.

Ⅱ. 원고적격

취소소송에서 소송을 제기하는 원고는 행정소송법 제12조에 의하여 처분등의 취소를 구할 법률상의 이익이 있는 자이다. 처분등의 효과가 기간의 경과, 처분등의 집행 그 밖의 사유로 인하여 소멸된 뒤에도 그 처분등의 취소로 인하여 회복되는 법률상 이익이 있는 자의 경우에도 같다. 행정소송법 제12조에 규정된 원고적격으로서의 "법률상 이익"의 개념과 관련된 논란은 이미 공권론편에서 상세히 언급하였으나 행정소송에서의 소의 이익의 개념과 관련하여 별도로 논한다.

Ⅲ. 피고적격

1. 처분청 피고의 원칙

취소소송에서의 피고는 당해 위법한 처분을 한 처분청이 될 수도 있고 처분의 법적 효과가 귀속되는 권리의무의 주체로서의 국가나 지방자치단체가 될 수도 있다. 그러나 행정소송법은 취소소송을 제기하는 원고의 편의를 도모하기 위하여 법률에 특별한 규정이 없는 한 그 처분등을 행한 행정청을 피고로 한다고 규정하였다(제13조 제1항 본문).

따라서 처분의 취소를 구하는 소송에서 피고는 소송의 대상인 행정처분을 외부적으로 행한 행정청을 말한다. 실체법상 처분을 할 정당한 권한이 있는지 여부는 피고적격에서 문제되지 않고 본안에서 판단할 사항이다. 판례도 처분명의자인 행정청이 피고가 되어야 하고(대판 1995.12.22. 95누14688), 다만 대리기관이 대리관계를 표시하고 피대리 행정청을 대리하여 처분을 할 때에는 피대리 행정청이 피고로 되어야 한다고 본다(대결 2006.2.23. 2005부4). 그리고 “법률에 특별한 규정”이란 예를 들어 국가공무원법 제16조 제1항에 의하여 대통령이 공무원에 대하여 징계 등 불이익한 처분을 하는 경우에는 소속 장관(대통령령으로 정하는 기관의 장 포함)을 피고로 하거나, 법원조직법 제70조에 의하여 대법원장의 처분에 대한 피고는 법원행정처장이 되는 것을 말한다. 또한 재결 자체에 고유한 위법이 있음을 이유로 하여 재결의 취소를 구하는 소송에서는 행정심판위원회를 피고로 하여야 한다.

2. 권한의 승계 또는 처분청의 부존재

당해 처분등을 한 행정청의 권한이 처분등이 있은 뒤에 다른 행정청에 승계된 경우에는 이를 승계한 행정청이 피고가 된다(제13조 제1항 단서). 또한 처분등을 한 행정청이 존재하지 않게 되는 경우에는 그 처분등에 관한 사무가 귀속되는 국가 또는 공공단체를 피고로 하여 취소소송을 제기하여야 한다(제2항).

3. 피고경정

취소소송을 제기하는 자가 피고를 잘못하여 지정한 때에는 법원은 원고의 신청에 의하여, 위의 경우와 같이 처분청 권한의 승계 또는 처분청의 폐지로 피고의 변경이 불가피한 때에는 법원은 직권 또는 당사자의 신청에 의하여 결정으로써 피고를 경정한다(제14조 제1항, 제6항). 피고의 경정에 대한 결정이 있은 때에는 새로운 피고에 대한 소송은 처음에 소를 제기한 때에 제기된 것으로 보며, 종전의 피고에 대한 소송은 취하된 것으로 본다(제4항, 제5항).

Ⅳ. 공동소송

수인의 청구 또는 수인에 대한 청구가 처분등의 취소청구와 관련되는 청구인 경우에 한하여 그 수인은 공동소송인이 될 수 있다(제15조). 이 규정은 관련청구소송의 병합에서 언급한 소의 주관적 병합에 관한 규정을 확인하는 것이다. 따라서 동일한 처분에 대하여 수인의 원고가 취소를 구하는 소송의 병합과 더불어 소의 주관적 병합에 있어서는 추가적 병합이나 예비적 병합이 공동소송의 형태로 제기될 수 있다.

V. 소송참가

1. 소송참가의 의의

소송의 참가란 소송이 제기되어 심리의 계속중에 소송의 진행이나 판결에 대하여 이해관계를 갖는 자들을 참가시키는 제도를 말한다. 특히 행정처분 중 제3자효적 행정행위가 늘어나고 행정처분의 효력 발생에 다수의 행정관청이 관여하는 경우가 많다. 따라서 이들을 소송에 참가시켜 자신들의 입장과 이익을 수호하고 판결의 공정성을 도모하기 위하여 일정한 요건하에 제3자와 행정청의 소송참가가 인정되고 있다. 특히 행정소송의 판결은 제3자와 관계 행정청을 기속하는 대세효를 가지므로 이들의 소송참가의 필요성은 더욱 커진다.

2. 제3자의 소송참가

1) 취소소송이 계속된 법원은 소송의 결과에 따라 권리 또는 이익의 침해를 받을 제3자가 있는 경우에는 당사자 또는 제3자의 신청 또는 직권에 의하여 결정으로써 그 제3자를 소송에 참가시킬 수 있다(제16조 제1항). 한편 행정소송법은 제3자효적 행정행위의 증가에 따라 제3자의 권리보호를 위하여 소송참가 외에도 제3자에 의한 재심청구를 인정하고 있다(제31조). 이러한 제3자의 소송참가 등에서 문제되는 제3자의 이익이나 권리는 제3자효적 행정행위에 있어서의 제3자라는 면을 고려한다면 "법률상 이익"으로 이해할 수 있다. 예를 들어 건축허가의 신청에 대한 거부처분을 취소하는 소송을 원고가 제기한 경우 소송에 참가하는 제3자는 당해 처분이 법원에 의하여 취소되면 건축법상 법률상 이익 침해의 개연성이 예상되는 자이다. 이는 행정심판에 참가하는 제3자가 행정심판의 재결로 인하여 침해받는 이익에는 단순한 사실상의 이익이나 반사적 이익까지 포함되는 것과 구별된다(행정심판법의 참가제도 참조).

법원이 제3자에 대한 참가결정을 하고자 할 때에는 미리 당사자 및 제3자의 의견을 들어야 한다(제16조 제2항). 만약 법원이 제3자에 의하여 신청된 소송참가를 각하하는 결정을 내린다면 이에 대하여 제3자는 즉시항고할 수 있다(제3항).

소송에 참가하는 제3자에 대하여는 민사소송법 제67조의 규정이 준용되어 필수적 공동소송에서의 공동소송인에 준하는 지위를 갖는데(제16조 제4항) 별도로 독자적인 청구를 하는 것은 아니므로 공동소송적 보조참가인과 유사하게 된다.

2) 행정소송 사건에서도 제3자는 민사소송법에 따른 보조참가를 할 수 있다(행정소송법 제8조 제2항). 판례는 행정소송 사건에서는 판결의 효력이 참가인에게도 미치기 때문에 제3자가 민사소송법에 따라 한 보조참가는 공동소송적 보조참가라고 볼 수 있으므로 피참가인의 소송행위는 모두의 이익을 위하여만 효력을 가지고, 공동소송적 보

조참가인에게 불이익이 되는 것은 효력이 없으므로 참가인이 상소를 할 경우에 피참가인이 상소취하나 상소포기를 할 수 없다고 본다(대판 2017.10.12. 2015두36836). 이는 항고소송에서 인정되는 인용판결의 형성력이 참가인에게 미치기 때문이다. 이때 민사소송법상 보조참가의 요건을 갖추어야 함은 물론이다.

3. 행정청의 소송참가

취소소송이 계속되고 있는 법원은 다른 행정청을 소송에 참가시킬 필요가 있다고 인정할 때에는 당사자 또는 당해 행정청의 신청 또는 직권에 의하여 결정으로써 그 행정청을 소송에 참가시킬 수 있다(제17조 제1항). 법원은 행정청에 대한 참가결정을 하고자 할 때에는 당사자 및 당해 행정청의 의견을 들어야 한다(제2항). 소송에 참가한 행정청에 대하여는 민사소송법 제76조의 규정이 준용되어 보조참가인에 준하는 지위를 갖는다(제3항). 따라서 당해 행정청은 소송상 공격과 방어 등 일체의 소송행위를 할 수 있으나, 그의 소송행위가 피고인 처분청의 행위에 저촉되는 경우에는 효력이 없다.

Ⅵ. 대리인

행정소송에 있어서도 당연히 소송대리가 허용되나 이에 대한 명문의 규정이 없으므로 민사소송법의 규정이 준용된다(제8조 제2항). 다만 국가소송법에 의하여 법무부장관이나 행정청의 장은 국가소송이나 행정소송에서 행정청의 직원 등을 소송수행자로 지정하거나 변호사를 소송대리인으로 선임하여 소송을 수행하게 할 수 있다(제3조, 제5조).

제 4 절 취소소송의 소의 이익(원고적격)

Ⅰ. 원고적격과 권리보호의 필요성 - 좁은 의미와 넓은 의미의 소의 이익

국가가 운영하는 소송제도를 통하여 구제받을 가치가 있는 이익을 흔히 소의 이익이라고 부른다. 행정상 법률관계에서 분쟁이 발생한다 하더라도 사안 자체나 당사자가 주장하는 이익이 너무도 경미하여 소송제도를 통하여 보호할 가치가 없는 경우에는 소의 이익이 없다고 말할 수 있다. 또는 소송으로 제기된 분쟁에서 침해되었다고 주장하는 이익이 이를 주장하는 자와의 관련성이 희박한 경우에도 소의 이익은 인정될 수 없다.

따라서 국가의 소송제도를 통하여 구제받을 가치가 있는 소의 이익은 넓게 보아 다음과 같은 세 가지로 구성된다. 첫째, 당사자가 주장하는 국가의 위법행위가 소송으로 다루어질 대상이 되어야 한다(청구적격, 대상적격). 둘째, 소송의 대상에 대하여 소송을 제기하는 자가 소송상의 청구에 대하여 정당한 이익을 가지고 있어야 한다(당사자적격, 원고적격). 셋째, 당사자의 청구에 대하여 법원이 소송을 통한 권리보호의 필요성을 인정하여야 한다(협의의 권리보호의 필요성).

소의 이익 중에서 청구적격은 소송의 대상인 처분등에 관한 것이므로 이는 별도로 후술하며, 이하에서는 원고적격과 협의의 소의 이익에 대한 문제를 검토한다.

Ⅱ. 취소소송의 원고적격

행정소송법 제12조는 취소소송의 원고적격으로서 전단에서 "처분등의 취소를 구할 법률상 이익이 있는 자"로 규정하고, 후단에서는 "처분등의 효과가 기간의 경과, 처분등의 집행 그 밖의 사유로 인하여 소멸된 뒤에도 그 처분등의 취소로 인하여 회복되는 법률상 이익이 있는 자의 경우에는 또한 같다"고 규정하였다.

그런데 일반적으로 행정소송법 제12조의 전단규정은 원고적격에 관한 것이며, 후단규정이 협의의 권리보호의 필요성에 관한 내용으로 이해하고 있다. 따라서 처분등의 취소를 구할 법률상 이익이 있는 자만이 취소소송의 원고가 되므로 여기에서의 "법률상 이익"이 구체적으로 무엇을 의미하는지 견해가 대립되고 있다.

1. 권리(향수)회복설

전통적인 견해로서 취소소송은 권리를 침해당한 자만이 제기할 수 있다는 견해이다. 여기에서의 권리는 행정법상 공권을 의미한다. 따라서 취소소송이 권리를 침해당하지 않은 자에 의하여 제기되면 원고적격이 부인되고 소송을 통하여 구제받을 이익이 존재하지 않는다. 권리회복설은 주로 행정상 법률관계의 당사자로 행정청과 상대방의 이원적 관계가 중시되었던 초기의 공권이론을 소송법적으로 표현한 것이며, 제3자의 권리침해와 그에 대한 보호가 일반화하면서 이론적인 수정이 불가피하게 되었다.

2. 법률상 보호되는 이익설

법률상 이익이란 전통적인 공권론에서 말하는 행정법상 공권은 아니라 하더라도 관계법의 기능과 취지를 목적론적으로 해석하여 법에 의하여 보호되는 이익이라면 취소소송을 통하여 구제받을 가치가 있다는 것이다. 따라서 법률상 보호되는 이익의 개념은 공권의 확대화 경향을 통하여 특히 제3자의 법률상 이익을 강화하려는 견해이다.

3. 보호가치 있는 이익설

이는 법률상 보호되는 이익에서 좀 더 취소소송의 원고적격과 소의 이익을 확대하여 법률의 취지와 목적에 의하여 보호받지 않는 이익이라 하더라도 법원이 특별한 보호가치를 인정하는 한 구제의 필요성이 있다면 원고적격이 인정된다는 견해이다. 법률상 보호가치 있는 이익이 적어도 간접적으로 법률의 취지와 목적에 따라 인정되는 것과는 달리 보호가치 있는 이익은 규범적 관점보다는 구제에 대한 사회적 필요성이라는 사실관계의 판단이 전면에 나선다.

4. 적법성보장설

취소소송에서의 법률상 이익이란 위법한 행정작용에 대한 행정통제의 필요성이면 충분하다고 보는 견해이다. 그러나 이는 주관적 소송인 취소소송에서의 원고적격 문제를 희석화하고 민중소송과 같은 객관적 소송의 관점에서 소의 이익을 바라보는 것이므로 다른 견해들에 비하여 큰 비중을 부여할 수 없다.

5. 소 결

1) 상대방과 제3자를 포함하는 확대된 공권과 원고적격으로서 법률상 이익

(1) 행정소송법 제12조에 규정된 취소소송에서의 원고적격으로서 “법률상 이익”의 개념은 실체법적으로는 개인적 공권의 성립과 불가분의 관계에 있다. 더 원론적으로 말한다면 행정소송에 있어서의 원고는 행정법상 공권을 침해당한 자이므로 공권과 원고적격은 표리의 관계에 있는 것이다. 따라서 행정소송에서의 원고적격은 소송법적으로 독자적인 의미를 탐구하기보다는 실체법적인 공권과 그의 확대를 소송법적으로 어떻게 상응하여 실현하겠는가 하는 문제와 결부되어야 한다. 여기서 취소소송의 원고적격으로 논의되는 권리회복, 법률상 이익, 보호이익 등의 견해는 행정법상 권리의무관계의 중심축이 처분의 상대방으로부터 제3자에게로 이동되었다는 것을 반영하는 것이다. 다시 말해 위의 견해들이 제시되는 핵심적인 계기도 처분의 상대방뿐 아니라 제3자의 공권과 원고적격을 확대하는 공권론의 역사적 맥락에서 성립하였다는 사실을 간과할 수 없다.

본서가 공권론에서 내린 잠정적인 결론은 행정소송법의 법률상 이익이란 처분의 상대방뿐 아니라 제3자에게도 광범위한 원고적격을 열어주는 취지로 이해할 필요가 있다는 사실이었다. 그러므로 “법률상 이익”의 개념은 원칙적으로 상대방과 제3자의 확대된 의미에서의 권리회복의 필요성과 이를 위한 소송제도의 활용가능성을 의미한다. 특히 여기에서 문제되는 제3자 보호의 유형은 크게 인인(隣人)소송과 경업자(競業

者)소송이며, 이들의 공권 및 원고적격을 확대하는 방법론에 대하여는 「엄격한 보호규범론 – 법규의 목적론적 해석(제3자 고려명령) – 기본권의 직접적용」의 단계가 존재함도 서술하였다. 결국 법률상 이익의 개념이 상대방과 제3자의 확장된 공권과 원고적격을 의미하는 것이라면 취소소송의 원고적격이론으로 제시되는 권리회복, 법률상 이익, 보호이익 등의 견해에 대한 논의의 실익은 의외로 경미한 것이다. 그보다는 오히려 취소소송에서의 원고적격론의 중심은 제3자의 원고적격 중 인인소송과 경업자소송을 구별하고, 여기에 각각 위의 단계이론을 어떻게 적용하는가에 두어야 한다.

(2) 판례는 항고소송에서 원고적격은 해당 처분의 상대방인지 여부가 아니라 법률상 이익이 있는지 여부에 따라 결정되는 것인데(대판 2019.8.30. 2018두47189), 불이익처분의 상대방은 직접 개인적 이익의 침해를 받은 자로서 원고적격이 인정되며, 제3자의 경우에는 처분의 근거법규 또는 관련법규에 의하여 개별적 · 직접적 · 구체적으로 보호되는 이익이 있어야 원고적격이 인정된다고 한다(대판 2021.2.4. 2020두48772). 여기서 근거법규에는 근거법규가 다른 법규를 인용함으로 인하여 근거법규가 된 경우까지 포함되고(대판 2004.8.16. 2003두2175), 관련법규는 당해 처분의 행정목적을 달성하기 위한 일련의 단계적인 관련 처분들의 근거법규를 말한다고 본다(대판 2015.7.23. 2012두19496 등).

나아가 판례는 행정청의 불이익처분이 상대방은 물론 제3자에게도 침해적 효과가 미치는 경우 그 상대방과 제3자 모두에게 불이익처분을 다툴 법률상 이익을 인정하고 있다(대판 2020.4.9. 2015다34444). 이는 기존에 제3자의 원고적격은 대부분 상대방에 대한 수익적 처분으로 인하여 제3자에게 미치는 침해적 효과를 방어하는 수단으로 인정되어 왔던 것과는 달리, 이른바 "이중적 불이익처분"에 대하여 상대방과 제3자 모두에게 원고적격을 인정하였다는 점에서 의의가 있다.

2) 인인소송에서의 생명 · 신체 · 보건 · 환경상의 이익과 경업자소송에서의 경제적 이익 그리고 3단계이론

주민소송에서 문제되는 제3자인 인근주민이 보호받아야 하는 법익은 제3자의 생명 · 신체 · 보건 · 환경과 관련된 권리침해이므로, 우선 근거법규에서 제3자인 주민의 이익을 명시적으로 보호하고 있는지 여부가 검토되어야 한다(1단계). 그러나 대부분의 행정법규는 이러한 내용을 흠결하고 있으므로 제3자의 보호가 필요하다면 법규의 제3자보호목적을 고려하여 그에 상응하는 목적론적 해석이 이루어져야 한다(2단계). 그럼에도 불구하고 법규 자체에 제3자의 보호를 위한 목적론적 해석의 여지도 없을 때에는 최후적으로 기본권에 의한 직접적 공권성립과 원고적격의 인정 여부를 검토하여야 할 것이다(3단계). 따라서 여기에는 「개별실정법규(근거법규, 관련법규)의 명시적 규정 –

개별실정법규(근거법규, 관련법규)의 목적론적 해석 – 기본권의 직접적용」이라는 단계가 존재한다. 여기서 기본권이 직접적용되는 경우는 이를 통해 보호되는 법익들이 행정법의 대원칙인 행정의 법률적합성원칙에도 불구하고 헌법과의 직접적 관련성이 강조되어 개인의 중요한 보호가치 있는 이익으로 인정되는 경우이다.

다만 경제행정법상 경쟁업자 간의 소송에 있어서는 법의 내용 및 취지를 고려한 목적론적 해석을 통하여 기존업자의 경제적 이익을 보호하려는 대법원의 태도(대표적으로 대판 1992.7.10. 91누9107)는 재고의 여지가 있다고 본다. 왜냐하면 기존업자가 누리고 있는 경제적 이익의 보호를 확대한다면 이것은 결국 일정한 재화와 용역이 유통되는 시장질서에서 경제력의 집중을 야기할 가능성이 있기 때문이다. 그러므로 기존업자의 과잉보호는 헌법이 지향하는 독점의 금지, 시장의 지배와 경제력 남용의 방지 그리고 신규업자의 직업선택의 자유와 같은 다른 가치들과 충돌하게 된다. 따라서 기존업자의 경제적 이익을 보호하기 위해서는 이와 충돌하는 다른 헌법적인 가치들과의 형량하에 제정된 명문의 개별법규범이 존재하여야 하며(1단계), 이것이 흠결된 경우의 목적론적인 법해석이나 기본권의 직접적용은 허용될 수 없다(공권편 참조).

6. 판 례

1) 처분의 상대방

처분의 상대방이라고 하여 반드시 원고적격이 인정되는 것은 아니고 법률상 이익이 인정되는지를 따져 보아야 한다. 불특정 다수를 대상으로 하는 일반처분이나 처분적 법규명령의 경우도 마찬가지다.

(1) 앞서 행정소송의 한계편에서 본 바와 같이 판례는 일반처분이라고 할 수 있는 도지정문화재 지정처분에 대하여 특정 개인에게 그 명예나 명예감정을 보호하기 위해 해당 처분의 취소를 구할 원고적격은 인정되지 않는다고 하였다(대판 2001.9.28. 99두8565). 또한 도로에 대한 용도폐지처분의 경우에 일반 국민에게는 도로를 자유로이 이용할 수 있는 것에서 나아가 그 용도폐지처분의 취소를 구할 법률상 이익은 인정되지 않고, 이러한 공공용재산의 경우에는 그 성질상 특정개인의 생활에 개별성이 강한 직접적이고 구체적인 이익을 부여하고 있어서 그에게 그로 인한 이익을 가지게 하는 것이 법률적으로도 이유가 있다고 인정되는 특별한 사정이 있는 경우에야 예외적으로 원고적격이 인정될 수 있다고 함이 판례이다(대판 1992.9.22. 91누13212). 그리고 도로의 불법점유자에게는 제3자에 대한 도로점용허가의 취소를 구할 법률상 이익이 없다고 본다(대판 1991.11.26. 91누1219).

판례는 처분적 고시인 이른바 약가고시의 취소를 구할 법률상 이익이 해당 약제의 제약회사에게 인정된다고 본다(대판 2006.9.22. 2005두2506).

(2) 판례는 외국인에게는 사증발급 거부처분의 취소를 구할 법률상 이익이 인정되지 않는다고 하였다(대판 2018.5.15. 2014두42506). 다만 외국인이라고 하더라도 오랜 기간 대한민국 국적을 보유하면서 거주하여 이미 대한민국과 실질적 관련성을 가지고 있거나 대한민국에서 법적으로 보호가치 있는 이해관계를 형성하였으며, 재외동포의 대한민국 출입국과 대한민국 안에서의 법적 지위를 보장함을 목적으로 하는 재외동포법이 적용되는 재외동포에 해당하는 사안에서는 사증발급 거부처분의 취소를 구할 원고적격이 인정되었다(대판 2019.7.11. 2017두38874).

위 2014두42506 판결 사안은 원고적격 인정 여부에 대한 대법원과 원심의 판단이 달랐다. 원심은 처분의 상대방이라는 것과 거부처분의 성립요건으로서 법규상 신청권이 인정되는 사안에서의 신청인으로서 보호되는 개별적 · 직접적 · 구체적 이익이 인정되기 때문에 원고적격이 인정된다고 본 것이다. 대법원은 원고적격이 인정되지 않는다는 판단만 하고 대상적격에 대하여는 판단하지 않았다. 과연 법률상 이익이 인정되지 않는 것인지에 대하여도 의문이 들기는 하지만, 거부처분의 성립요건으로서 신청권을 요구하는 법리는 이제 상당한 균열을 일으키고 있다고 보아야 하지 않을까?

2) 인인소송

(1) 상수원보호구역변경 및 공설화장장설치에 대한 취소소송

부산시는 상수원보호구역으로 지정된 토지를 보호구역에서 해제하고 공설화장장을 설치하기 위하여 이 사건 토지에 대하여는 상수원보호구역변경처분을 하고 여기에 화장장을 설치하기로 하는 도시계획결정을 하였다. 이에 대하여 인근에 거주하는 다수의 주민들이 원고가 되어 양질의 급수를 받을 법률상 이익이 침해되었다고 주장하며 상수원보호구역변경처분과 도시계획결정의 취소를 구하는 행정소송을 제기하였다. 이는 환경침해를 유발하는 행정처분 및 환경침해시설의 설치에 따르는 주민들의 권리보호와 취소소송의 원고적격이 관련된 전형적인 사안이다.

이 사건에서 대법원은 상수원보호구역변경처분과 관련하여 지역주민들이 가지는 상수원의 오염을 막아 양질의 급수를 받을 이익은 상수원의 확보와 수질보호라는 공공의 이익이 달성됨에 따라 반사적으로 얻게 되는 이익에 불과하기 때문에 그 취소를 구할 법률상 이익이 인정되지 않는 반면, 도시계획결정의 근거법률에는 거리제한이나 국민보건상 위해를 끼칠 우려 등을 고려하도록 되어 있으므로 그 취소를 구할 법률상 이익이 인정될 수 있다고 판단하였다(대판 1995.9.26. 94누14544). 이러한 대법원의 견해는 인근주민인 제3자의 공권과 원고적격을 확대하여 인정하던 종전의 판례에 비하여 상당 부분 고전적인 공권론으로 회귀한 것이었다. 이전에는 제3자인 인근주민의 공권과 원고적격을 끌어내기 위하여 근거법령에 제3자를 보호하는 명시적인 규정이 없는 경우에도 규정의 취지 및 목적을 고려하는 해석방법을 취하기도 하였기 때문이다(대판 1997.5.13. 73누96 등; 대판 1983.7.12. 83누59). 그런데 이 사건에서 대법원은 주민의 원고적격은 근거법규에서 명문으로 그들의 이익을 보호하지 않는 한 취소소송을 제기할 수 없다는 고전적인 보호규범론에 충실한 견해를 제시한 것이다. 이러한 입장은 화장장설치에 관한 도시계획결정의 취소를 구하는 주민의 원고적격을 도시계획법, 매장 및 묘지 등에 관한 법률, 동법 시행령의 개별규정을 검토하여 인정하고 있는 것에서 분명해진다.

이러한 방법론은 제3자의 공권과 원고적격을 인정함에 있어 1단계로서 개별규범의 명시적 내용을 검토하는 것이므로 원칙에 충실한 것이다. 다만 문제가 될 수 있는 부분은 개별규정이 제3자의 보호에 대하여 침묵을 지킬 때 고전적인 보호규범론에 얽매여 주민의 중요한 환경상 법익에 대한 고려가 미흡했다는 점이다. 다시 말해서 상수원보호구역설정의 근거가 되는 수도법의 규정이 보호하고자 하는 것이 단순히 상수원의 확보와 수질의 보전뿐이라는 대법원의 견해에는 찬성하기 어렵다. 상수원의 확보와 수질의 보전은 궁극적으로 상수원의 수요자인 국민의 생명권과 보건에 대한 권리를 보호하고자 하는 것이며 당연히 수도법의 보호목적은 국민의 권리보호를 위하여 목적론적으로 해석되어야 한다. 만약 수도법의 보호목적이 이에 미치지 못한다면 헌법상 생명권, 환경권에 대한 침해를 이유로 하는 주민의 원고적격이 인정되어야 한다. 결국 위의 대법원 판결은 제3자인 주민의 공권과 원고적격에 관한 법적 발전의 시계를 거꾸로 돌려놓은 결과가 되고 말았다.

(2) 양수발전소건설사업승인처분에 대한 취소소송

그러나 이후 다행히도 대법원은 환경소송에 있어서 관련법규의 목적론적 해석을 통하여 원고적격을 넓히는 일련의 판결을 내리고 있다. 대표적으로 양수발전소건설사업승인처분취소 사건에서 대법원은 근거법률에 해당하는 구 환경정책기본법령 및 환경영향평가법령의 취지는 환경영향평가대상지역 안의 주민들이 전과 비교하여 수인한도를 넘는 환경침해를 받지 아니하고 쾌적한 환경에서 생활할 수 있는 개별적 이익까지도 이를 보호하려는 데에 있으므로 환경영향평가대상지역 안의 주민에게는 원고적격이 인정된다고 하였다(대판 1998.9.22. 97누19571). 이와 같은 취지의 판결은 공원사업시행허가처분취소(대판 1998.4.24. 97누3286), 원자로시설부지사전승인처분취소(대판 1998.9.4. 97누19588), 용화집단시설지구기본설계변경승인처분취소(대판 2001.7.27. 99두2970) 등에서도 동일하게 나타났다. 이러한 환경과 관련된 소송에서 주민의 원고적격 인정 여부에 대한 대법원의 입장은 이른바 새만금판결[대판(전합) 2006.3.16. 2006두330]을 거쳐, 환경영향평가지역 안에 거주하는 주민은 물론 그 밖에 거주하는 주민도 환경침해를 유발하는 행정처분으로 인하여 이전과 비교할 수 없을 정도로 수인한도를 넘는 환경

피해를 당하거나 그럴 우려가 있음을 원고가 입증하면 원고적격을 인정하는 것으로 정리되었다(대판 2007.6.1. 2005두11500).

다만 대법원은 헌법상 환경권에 근거하여 원고적격이 인정될 수는 없다고 본다(위 2006두330). 반면 헌법재판소는 헌법상 환경권이 아닌 경쟁의 자유에 관한 것이고 경쟁을 제한하는 것이 아니라 경쟁이 가능하게 하려는 것이기는 하지만 보충적 차원에서 헌법상 기본권에 근거하여 원고적격이 인정될 수 있다고 하였다(헌재결 1998.4.30. 97헌마141).

한편 자연인이 아닌 법인은 환경상 이익을 향수할 수 있는 주체가 아니므로 법률상 이익이 인정되지 않는다 함이 판례이다(대판 2012.6.28. 2010두2005).

(3) 공장설립승인처분에 대한 취소소송

흥미롭게도 대법원은 물금취수장 근처에 공장을 설립하는 것에 대한 승인처분이 다투어진 사건에서는 "비록 나머지 원고들의 거주지역이 물금취수장으로부터 다소 떨어진 부산광역시 또는 양산시이기는 하나, 수돗물은 수도관 등 급수시설에 의해 공급되는 것이어서 수돗물을 공급받는 주민들이 가지게 되는 수돗물의 수질악화 등으로 인한 환경상 이익의 침해나 침해 우려는 그 거주 지역에 불구하고 그 수돗물을 공급하는 취수시설이 입게 되는 수질오염 등의 피해나 피해 우려와 동일하게 평가될 수 있다고 할 것이다. 따라서 물금취수장에서 취수된 물을 수돗물로 공급받는 나머지 원고들로서는 이 사건 공장설립승인처분의 근거 법규 및 관련 법규에 의하여 개별적 · 구체적 · 직접적으로 보호되는 환경상 이익, 즉 법률상 보호되는 이익이 침해되거나 침해될 우려가 있는 주민으로서 원고적격이 인정될 수 있다"라고 하여 취수장에서 상당한 거리가 떨어진 주민들의 경우에도 수도관을 통하여 공급되는 물은 광역성을 가지므로 공장설립승인처분의 취소를 구할 법률상 이익을 가진다고 보고 원고적격을 긍정하였다(대판 2010.4.15. 2007두16127).

(4) 공유수면점용 · 사용허가처분에 대한 취소 또는 무효확인소송

대법원은 공유수면점용 · 사용허가처분의 근거법규를 보면 그 허가기준에 해당 허가로 피해가 예상되는 인접한 토지 · 인공구조물의 소유자 또는 점유자가 있으면 허가를 하여서는 안 되는 것으로 규정되어 있으므로 이에 해당하는 사람은 원고적격이 인정될 수 있는데, 이 사건에서의 원고는 이 사건 공유수면에 인접한 토지 · 인공구조물의 소유자 또는 점유자에는 해당하지만 무허가 건물로서 원상회복의 대상에 불과하다는 등의 이유로 피해를 받을 우려가 있지는 않기 때문에 원고적격이 없다고 한 원심의 판단이 정당하다고 하였다(대판 2014.9.4. 2014두2164).

2) 경업자소송

(1) 버스노선 관련 시외버스운송사업계획변경인가처분에 대한 기존 시내버스운송사업자의 취소소송

판례는 기존업자가 경쟁관계에 있는 신규업자에 대한 면허나 인 · 허가 등을 다투는 이른바 경업자소송의 경우에는 해당 처분의 근거법률이 해당 업자들 사이의 과당경쟁으로 인한 경영의 불합리를 방지하는 것도 그 목적으로 하고 있다면 기존업자에게 신규업자에 대한 수익적 처분의 취소를 구할 법률상 이익이 인정된다고 본다(대판 2002.10.25. 2001두4450). 즉 경업자소송에서는 기존업자의 원고적격을 근거법규의 목적론적 해석을 통하여 확대하고 있는 것이다.

이러한 입장은 위 환경관련소송에서 대법원이 유난히도 근거법규 및 관련법규에서 보호하는 구체적 · 개별적 · 직접적 이익을 강조하여 법규의 목적이나 취지를 고려하여 주민의 원고적격을 인정하려는 것에 인색한 것과 좋은 대조를 이룬다. 그러나 이미 공권론에서도 언급한 바와 같이 주민들의 원고적격과는 달리 경업자, 즉 기존업자에게도 아무런 구별 없이 개인적 공권과 원고적격의 확대라는 면에서 동일한 취급을 하는 것이 올바른 방법인지 의문이 제기될 수 있다. 그 이유는 제3자효적 행정행위에 의하여 주민들이 침해당하는 이익은 대부분 생명 · 신체 · 보건 · 환경상의 중대한 법익임에 반하여, 기존업자가 그 구제를 주장하는 것은 단순한 경제적 이익의 침해에 불과하기 때문이다. 기존업자의 경제적 이익을 광범위하게 인정하는 경우에는 자칫 공급독점을 통한 시장지배적 세력의 등장, 소비자의 피해와 더불어 실질적으로 특정 업종에의 진입장벽이 발생하여 신규업자의 직업의 자유를 침해할 가능성이 크므로 신중한 접근이 필요하다.

(2) 신규구내소매인지정처분에 대한 기존 일반소매인의 취소소송

판례는 구 담배사업법상 담배소매인 중 일반소매인과 일반소매인 사이에는 거리제한 규정이 있어 기존 일반소매인은 신규 일반소매인 지정처분의 취소를 구할 법률상 이익이 있으나, 일반소매인이 지정된 장소인 건축물 또는 시설물에 신규 구내소매인이 지정된다고 하더라도 일반소매인과 구내소매인 사이에는 거리제한도 없고 구내소매인은 담뱃진열장 및 담배소매점 표시판을 건물 또는 시설물의 외부에 설치하여서는 아니 된다고 규정되어 있는 등을 보면 일반소매인의 입장에서 구내소매인과의 과당경쟁으로 인한 경영의 불합리를 방지하는 것을 그 목적으로 한다고 보기 어렵기 때문에 일반소매인에게는 신규 구내소매인 지정처분의 취소를 구할 원고적격이 인정되지 않는다고 하였다(대판 2008.4.10. 2008두402).

3) 경원자소송

판례는 인 · 허가 등의 수익적 행정처분을 신청한 여러 사람이 서로 경쟁관계에 있어서 한 사람에 대한 허가 등 처분이 다른 사람에 대한 불허가 등으로 귀결될 수밖에 없으면 허가 등 처분을 받지 못한 사람은 경원관계에 있는 다른 사람에 대하여 이루어진 허가 등 처분의 취소를 구할 원고적격이 인정된다고 한다(대판 2009.12.10. 2009두8359). 또한 액화석유가스충전사업 신규허가가 1개소에 한하여 이루어질 수 있는 경우에 2개 업체가 허가신청을 하였다면 서로 경원관계에 있으므로 일방에 대한 허가처분을 타방이 취소를 구할 법률상 이익이 있다고 하였다(대판 1992.5.8. 91누13274).

반면 판례는 전라남도 담양군의 '2019년도 원예 · 특작 · 과수분야 지원사업'에서의 시공업체 선정을 위한 공고에 20개 업체가 응모하였는데 시공업체 선정은 절대평가제에 따라 평가점수가 70점 이상인지 여부에 따라 이루어진 경우라면 응모업체들은 경원관계에 있지 않으므로 선정제외결정을 받은 업체가 다른 업체들에 대한 선정결정이나 선정제외결정의 취소를 구할 원고적격이 인정되지 않는다고 하였다(대판 2021.2.4. 2020두48772).

4) 그 밖의 제3자로서 주주, 채권자, 단체나 그 구성원

판례에 따르면 처분의 상대방 또는 제3자에 대한 주주나 채권자는 간접적 · 사실적 · 경제적 이익을 가질 뿐이라서 항고소송의 원고적격이 인정되지 않는다(대판 2019.8.30. 2018두47189). 다만 주주의 경우에는 법인에 대한 처분으로 인하여 법인이 더 이상 영업 전부를 할 수 없게 되고, 그 처분 당시 향후 영업에 대한 인 · 허가의 취소 등을 거쳐 해산 · 청산되는 절차가 이미 예정되어 있으며, 이러한 후속절차가 취소되더라도 그 처분의 효력이 유지되는 동안에는 해당 법인이 종전에 하던 영업을 다시 할 수 없는 예외적인 경우에 해당한다면 주주에게도 원고적격이 인정될 수 있지만, 그 주주가 그 처분 이후의 주식 양수인이라면 그렇지 않다고 함이 판례이다(대판 2010.5.13. 2010두2043).

수익적 처분의 상대방과 경원관계에 있는 제3자인 비법인사단의 구성원도 원고적격이 없다는 것이 판례이다(대판 1996.6.28. 96누3630). 반대로 단체가 그 구성원에 대한 처분의 취소를 구할 원고적격도 인정되지 않는다(대판 2012.6.28. 2010두2005).

5) 행정주체와 행정기관의 원고적격

행정주체나 행정기관의 원고적격 인정 여부와 관련하여서는 이들에게 주관적 공권이 인정되는지, 권리의무의 주체가 아닌 행정기관에게 원고로서의 당사자능력이 인정되는지 문제된다. 대법원은 법적 분쟁의 해결 또는 권리구제의 필요성이라는 관점에서 국가나 지방자치단체와 같은 행정주체(대판 2014.2.27. 2012두22980; 대판 2014.3.13.

2013두15934)뿐 아니라 국가기관 등 행정기관의 원고적격을 예외적으로 인정하였다(대판 2013.7.25. 2011두1214; 대판 2018.8.1. 2014두35379).

Ⅲ. 협의의 소의 이익 - 권리보호의 필요성(행정소송법 제12조 후단의 의미)

1. 권리보호의 필요성

행정소송법에서 소의 이익은 청구적격, 원고적격, 권리보호의 필요성이라는 세 가지 내용으로 구성됨은 이미 살펴보았다. 특히 행정소송법 제12조의 규정내용 중에서 전단은 위에서 언급한 원고적격에 관한 규정이지만, 후단은 원고적격과는 달리 권리보호의 필요성에 관한 것으로서 협의의 소의 이익에 관한 규정이라는 것이 통설의 입장이다. 따라서 행정처분 등의 효과가 기간의 경과, 처분등의 집행 그 밖의 사유로 인하여 소멸된 뒤에도 그 처분등의 취소로 인하여 회복되는 법률상의 이익이 있는 경우에는 취소소송을 통한 권리보호의 이익이 인정되는 것이다. 이 규정은 이미 취소소송의 대상인 처분등의 효력이 소멸되어 소가 제기되더라도 청구적격이 없어 과거에 원고의 소를 각하하던 것과는 달리 본안에 대한 심리를 허용하는 것이다.

판례도 "행정소송법 제12조 후문은 '처분 등의 효과가 기간의 경과, 처분 등의 집행 그 밖의 사유로 인하여 소멸된 뒤에도 그 처분 등의 취소로 인하여 회복되는 법률상 이익이 있는 자의 경우에는' 취소소송을 제기할 수 있다고 규정하여, 이미 효과가 소멸된 행정처분일지라도 권리보호의 필요성이 인정되는 경우에는 그에 대한 취소소송을 허용하고 있다"거나[대판(전합) 2006.6.22. 2003두1684], "행정소송법 제12조 제2문에서 정한 법률상 이익, 즉 행정처분을 다툴 협의의 소의 이익은 개별·구체적 사정을 고려하여 판단하여야 한다"라고(대판 2020.12.24. 2020두30450) 판시한 바 있다.

2. 권리침해의 태양과 취소소송의 성질

1) 행정처분등의 효력이 기간의 경과, 처분등의 집행 등으로 인하여 소멸되면 아무런 효력이 없는 것이 원칙이다. 이에 판례도 "처분이 유효하게 존속하는 경우에는 특별한 사정이 없는 한 그 처분의 존재로 인하여 실제로 침해되고 있거나 침해될 수 있는 현실적인 위험을 제거하기 위해 취소소송을 제기할 권리보호의 필요성이 인정된다고 보아야 한다"고 하면서(대판 2018.7.12. 2015두3485), "행정처분에 그 효력기간이 정하여져 있는 경우, 그 처분의 효력 또는 집행이 정지된 바 없다면 위 기간의 경과로 그 행정처분의 효력은 상실되므로 그 기간 경과 후에는 그 처분이 외형상 잔존함으로 인하여 어떠한 법률상 이익이 침해되고 있다고 볼 만한 별다른 사정이 없는 한 그 처

분의 취소를 구할 법률상의 이익이 없다"거나(대판 2004.7.8. 2002두1946), "행정처분의 취소를 구하는 소는 그 처분에 의하여 발생한 위법상태를 배제하여 원상으로 회복시키고 그 처분으로 침해되거나 방해받은 권리와 이익을 보호 · 구제하고자 하는 소송이므로, 비록 처분을 취소한다 하더라도 원상회복이 불가능한 경우에는 그 처분의 취소를 구할 이익이 없는 것이 원칙이다"(대판 2019.5.10. 2015두46987)라고 판시한다.

2) 그럼에도 불구하고 어떠한 형태와 내용의 권리침해의 가능성이 있을 수 있기 때문에 효력이 상실된 처분등에 대한 취소를 인정하는가? 행정소송법 제12조 후단과 관련하여 이러한 문제가 제기될 수 있다.

그런데 행정소송법 제12조 후단의 규정내용으로 보아 당해 효력이 소멸된 처분등은 반드시 위법한 처분등에 한정되지 않는 것으로 보인다. 그렇다면 이미 소멸하여 존재하지 않는 위법하였던 처분등은 물론이고 비록 적법한 처분등이었다 하더라도 효력이 소멸된 이후에 그 외관이 존재하는 한 언젠가는 원고의 법률상 이익의 침해가 예상되는 상황이라면 권리보호의 필요성이 인정될 수 있다.

(1) 우선 효력이 상실되고 이제는 더 이상 그 외관도 존재하지 않는 과거의 위법한 처분등에 대한 취소의 청구는 부존재확인소송의 성질을 가진다. 이 경우에 위법확인의 이익에는 독일행정법원법 제113조 제1항 제4문의 이른바 계속확인소송(Fortsetzungsfeststellungsklage)에서와 같이 확인에 대한 정당한 이유가 있는 경우에 한할 것이다. 예를 들어 위법한 대집행이 이미 실행된 이후에는 그 행위의 위법을 이유로 하는 처분의 취소(대집행의 처분성을 인정하는 경우라면)를 구하는 것은 권리보호의 이익이 없는 것이 원칙이다. 따라서 이러한 경우에 권리보호의 필요성이 인정되기 위해서는 예컨대 국가배상을 청구함에 있어서 공권력행사의 위법성 주장을 하기 위하여 취소소송의 기판력이 필요하다는 정당한 이익이 있어야 한다.

그러나 대법원은 "설령 원고가 이 사건 처분이 위법하다는 점에 대한 판결을 받아 피고에 대한 손해배상청구소송에서 이를 원용할 수 있다거나 위 배출시설을 다른 지역으로 이전하는 경우 행정상의 편의를 제공받을 수 있는 이익이 있다 하더라도, 그러한 이익은 사실적 · 경제적 이익에 불과하여 이 사건 처분의 취소를 구할 법률상 이익에 해당하지 않는다"라고 한 원심의 판단이 정당하다고 판시하였다(대판 2002.1.11. 2000두2457).

(2) 반면에 위법 또는 적법한 처분등으로 효력은 소멸되었으나 외관이 존재하는 경우의 취소청구는 단순한 부존재의 확인을 넘어서서 그 존재를 부인하는 것이므로 형성소송으로서의 성격을 가진다. 사실상 취소소송으로서 권리보호의 필요성이 강조되는 것은 후자의 경우이다. 여기에서는 확인소송과는 달리 앞으로의 권리침해에 대한 개연성 정도만 있으면 취소를 통한 권리보호의 필요성을 인정할 수 있을 것이다. 독일

식으로 본다면 '장래에 있어서의 권리침해의 개연성'이 취소소송의 정당한 이유를 제공하는 것이다. 따라서 이 경우 취소에 대한 법률상 이익은 그 효력이 소멸된 처분의 외관이 잔존함으로 인하여 장래의 권리침해 개연성이 존재하는 경우에 인정되는 것으로서 위의 정당한 이익에 비하여 상당히 완화된 의미로 이해하여야 한다.

3) 판례는 권리보호의 필요성은 행정처분의 존재로 인하여 국민의 권익이 실제로 침해되고 있는 경우뿐만 아니라 그 침해의 구체적 · 현실적 위험이 있는 경우에도 인정될 수 있다고 한다(대판 2018.7.12. 2015두3485). 또한 해당 사건의 동일한 소송 당사자 사이에서 발생하는 것인지는 불문하고 장래 동일한 사유로 위법한 처분이 반복될 위험성이 있어 그 위법성의 확인 또는 불분명한 법률문제에 대한 해명이 필요한 경우, 그리고 하자가 승계되는 원칙적인 경우에서의 선행처분에 대하여 이미 소가 제기되어 그 위법성을 확인하여 줄 필요가 있는 경우 등에도 협의의 소의 이익이 인정될 수 있다고 본다[대판(전합) 2007.7.19. 2006두19297; 대판 2020.12.24. 2020두30450]. 나아가 그 취소판결로 인한 권리구제의 가능성이 확실한 경우에만 소의 이익이 인정되는 것도 아니다(대판 2015.10.29. 2013두27517).

이처럼 판례는 협의의 소의 이익이 인정되는 범위를 넓히고 있는데, 특히 장래 동일한 사유로 위법한 처분이 반복될 위험성이 있어 그에 대한 해명이 필요한 경우에 이르러서는 항고소송을 객관적 소송에 버금가게 운용하는 태도를 보이고 있다. 이는 헌법재판소가 헌법소원심판에서 주관적 권리보호이익이 없더라도 객관적 헌법질서를 보장하기 위하여 예외적으로 심판청구의 이익이 인정된다고 보는 것과 유사하다(헌재결 2008.7.31. 2004헌마1010 등).

3. 판 례

1) 제재적 행정처분의 기준과 소의 이익

(1) 판례는 법률과 대통령령인 시행령에 규정된 제재적 행정처분의 기준과 관련하여 제재적 행정처분이 그 제재기간의 경과로 그 효력이 소멸되었다고 하더라도 그 전력이 장래에 유사한 위반행위에 대한 가중된 처분을 가능하게 하는 경우 소의 이익을 인정한다. 즉 판례는 의료인이 3회 이상 자격정지처분을 받은 경우 면허취소사유에 해당하는 것으로 규정한 의료법(대판 2005.3.25. 2004두14106)이나 감리원에 대한 일반정지처분이 가중정지처분의 요건이 되는 것으로 규정한 건설기술관리법시행령(대판 1999.2.5. 98두13997)에 근거하여 소의 이익을 인정한 바 있다.

(2) 판례는 "제재적 행정처분의 가중사유나 전제요건에 관한 규정이 법령이 아니라 규칙의 형식으로 되어 있다고 하더라도, 그러한 규칙이 법령에 근거를 두고 있는 이상 그 법적 성질이 대외적 · 일반적 구속력을 갖는 법규명령인지 여부와는 상관없이,

관할 행정청이나 담당공무원은 이를 준수할 의무가 있으므로 이들이 그 규칙에 정해진 바에 따라 행정작용을 할 것이 당연히 예견되고, 그 결과 행정작용의 상대방인 국민으로서는 그 규칙의 영향을 받을 수밖에 없다. 따라서 그러한 규칙이 정한 바에 따라 선행처분을 받은 상대방이 그 처분의 존재로 인하여 장래에 받을 불이익, 즉 후행처분의 위험은 구체적이고 현실적인 것이므로, 상대방에게는 선행처분의 취소소송을 통하여 그 불이익을 제거할 필요가 있다"라고 하여 부령인 시행규칙에 규정된 제재적 행정처분의 기준 관련 협의의 소의 이익에 대한 종전의 입장을 변경하여 이를 인정하였다[대판(전합) 2006.6.22. 2003두1684]. 다만 이 판결의 다수의견은 부령인 시행규칙의 법적 성격보다는 부령인 시행규칙이나 행정규칙을 집행하는 공무원에 의하여 국민이 실질적인 피해를 입을 수 있다는 가능성과 그 구제의 필요성에 보다 논의의 초점을 맞추고 있다. 이처럼 다수의견은 시행규칙인 부령의 법적 성격에 대해 직접적으로 거론하지 않았으나 이후의 유사한 사례에서 부령의 대외적 구속력과 법규성에 대해 이전의 입장을 고수하기는 어려울 것으로 보인다. 더욱이 별개의견의 입장에서 보면 다수의견은 정공법이 아닌 우회적인 방법으로 원고의 손을 들어준 결과가 되었는데, 이러한 엉거주춤한 견해를 논리적 · 법적으로 과연 어느 시점까지 유지할 수 있을지 의문이다.

2) 인인소송과 소의 이익

판례는 개발제한구역 안에서 공장설립을 승인한 처분이 위법하다는 이유로 인근 주민들이 제기한 취소소송에서 취소판결이 확정되었다고 하더라도, 그 승인처분에 기초한 공장건축허가처분이 유효하게 존속하고 있다면 인근 주민들에게는 공장건축허가처분의 취소를 구할 소의 이익이 인정된다고 보았다(대판 2018.7.12. 2015두3485). 이는 설사 공장건축물의 건축이 이미 완료되어 원상회복이 사회통념상 불가능하게 되었다고 하더라도 그로 인해 인근 주민들의 환경상 이익이 침해되는 상태가 종료되어 이를 시정할 수 있는 단계가 지나버렸다고 할 수는 없으므로 마찬가지라고 함이 판례이다(대판 2013.3.14. 2012두24474).

3) 경쟁자소송과 소의 이익

판례는 경업자에 대한 행정처분이 경업자에게 불리한 내용이면 그와 경쟁관계에 있는 기존업자에게는 특별한 사정이 없는 한 유리할 것이므로 기존업자가 그 행정처분의 무효확인 또는 취소를 구할 이익은 없다고 본다(대판 2020.4.9. 2019두49953).

4) 경원자소송과 소의 이익

판례는 인허가에 대하여 경원관계에 있는 경우 불허가처분을 받은 사람이 다른 사람에 대한 허가처분이 아니라 자신에 대한 불허가처분의 취소를 구하는 경우에도 행정청이 취소판결의 기속력에 따라 재처분을 할 때 자신에게 수익적 처분이 이루어질 수도 있으므로 소의 이익이 인정된다고 본다(대판 2015.10.29. 2013두27517).

5) 불분명한 법률문제에 대한 해명이 필요한 경우

앞서 본 바와 같이 판례는 불분명한 법률문제 대한 해명이 필요한 경우에도 소의 이익을 인정하며 그 대표적인 예시가 '장래 동일한 사유로 위법한 처분이 반복될 위험성이 있는 경우'라고 한다. 따라서 임시이사 선임처분에 대한 취소소송이 제기된 후 그 소송계속중 임기만료 등의 사유로 새로운 임시이사로 교체된 경우에도 그 소의 이익을 부정하게 되면 새로운 임시이사의 선임과 새로운 별소의 제기가 반복될 가능성이 있으므로 소의 이익이 인정된다고 하였다[대판(전합) 2007.7.19. 2006두19297]. 또한 중앙노동위원회의 중재재정에 명시된 유효기간이 경과하여 그 효력이 소멸하였다고 하더라도 다시 단체교섭이 결렬되면 동일한 쟁점에 대하여 교원노조법에 따른 조정 및 중재절차가 다시 진행될 수 있고 다른 유사한 사건에서도 동일한 쟁점이 반복될 수 있으므로 소의 이익이 인정된다고 하였다(대판 2024.4.16. 2022두57138).

제 5 절 취소소송의 대상

Ⅰ. 문제의 제기

취소소송의 대상은 처분등이다. 따라서 소의 이익 중의 하나인 취소소송의 대상인 처분등은 취소소송의 청구적격에 관련되는 것이며, 처분등의 위법성은 본안심리의 요건이다. 이러한 의미에서 처분등과 처분등의 위법성 개념은 구별된다.

그런데 취소소송의 대상인 처분등의 개념에 대하여 현행 행정소송법은 제2조 제1항 제1호에서 "행정청이 행하는 구체적 사실에 관한 법집행으로서의 공권력의 행사 또는 그 거부와 그 밖에 이에 준하는 행정작용(이하 "處分"이라 한다) 및 행정심판에 대한 재결"이라고 규정하고 있다. 여기에서 행정심판의 재결이 무엇을 의미하는지는 분명하다. 그러나 취소소송의 대상인 처분등의 개념에 대한 행정소송법의 정의에도 불구하고 그 내용은 지극히 불명확하다.

그 근본적인 이유는 행정처분이 항고소송의 대상으로서 소송법적 의미를 갖는 동시에 행정작용의 법적 형식의 근간으로서 행정법이론체계의 중핵을 이루는 행정행위의 개념과 관련을 맺고 있기 때문이다. 따라서 행정소송법의 처분 개념을 실체법적인 행정행위 개념과 일치된 것으로 볼 것인지 아니면 소송법적 의미의 고유한 개념으로 개편할 것인지에 대하여 학설상 논쟁의 대상이 되고 있다. 여기서 핵심적인 쟁점은 "공권력의 행사 또는 그 거부"와 "그 밖에 이에 준하는 행정작용"이라는 포괄적 표현이 과연 무엇을 의미하는 것인가 하는 문제이다.

이하에서는 처분 개념에 대한 학설 대립의 내용을 보고 나서 판례의 입장을 정리한다.

Ⅱ. 실체법적 의미의 행정행위 개념(이른바 일원론)

행정소송법의 처분 개념이 전통적인 행정행위 개념과 일치한다고 보는 견해는 행정행위에 고유하고 독특한 개념요소를 중심으로 하는 행정법이론체계의 유지를 강조한다. 따라서 전통적인 행정행위 개념은 Otto Mayer의 견해를 받아들여 "행정주체가 구체적인 사안의 법적 규율을 위하여 외부에 대하여 직접적인 법적 효과를 발생하게 하는 권력적 · 단독적 공법행위"로 정의될 수 있다. 그러므로 행정소송법에 규정된 "공권력의 행사"와 "이에 준하는 행정작용"의 용어는 고작해야 독일식의 일반처분(Allgemeinverfügung)이나 물적 행정행위(dingliche Verwaltungsakte)를 의미한다고 본다.

이 견해에 의하면 이른바 이원론은 다음과 같은 이유에서 비판의 대상이 된다. 첫째, 후술하겠지만 쟁송법적 의미의 행정행위 개념에는 좁은 의미의 행정행위 외에도 구속적 행정계획, 처분적 법규명령, 권력적 사실행위, 강제성이 수반된 행정지도를 행정행위의 개념에 포함시키고 있다. 이로써 행정쟁송의 대상을 넓히기는 하였으나 사실행위 등에도 공정력, 불가쟁력 등 행정행위에 독특한 효력을 인정하게 된다면 오히려 국민의 권익구제의 측면에서 불편을 야기할 가능성도 있다. 쟁송법적 처분 개념도 이를 행정절차법 및 행정기본법과 공유함으로 인하여 동일한 문제가 발생할 수 있다. 둘째, 종래의 우리나라 행정법이론체계는 행정행위와 행정행위 효력론을 중심으로 성립 · 발전되어 온 것이 현실이므로 행정행위에 갈음하는 이론적 도구가 제시되지 않는 한 순수한 행정행위 개념을 교란시키는 것은 행정법이론체계의 불필요한 혼란만을 가중시킨다. 셋째, 행정행위의 개념을 쟁송법적으로 재구성하거나 쟁송법적 처분 개념을 독자적으로 구성하는 것은 행정소송의 방식이 지나치게 항고소송 위주로 운영되어야 한다는 고정적인 소송관에서 벗어나고 있지 못하다는 비판을 면할 수 없다. 그러므로 사실행위를 포함하여 행정작용의 다양한 형식은 그에 상응하는 소송유형의 개발에 맡기는 것이 더 합리적인 것이다. 이러한 관점에서 포괄소송적 성격이 강조되는 공법상 당사자소송의 적극적 활용이 필요하다는 점이 지적되고 있다.

Ⅲ. 이른바 이원론

1. 쟁송법적(형식적) 의미의 행정행위 개념

종래의 행정행위 개념이 행정법이론체계의 구축을 위한 학문적 도구로서의 기능과 더불어 항고소송을 통한 개인의 권익구제기능을 동시에 갖고 있음을 간과할 수 없다. 이렇게 볼 때 전통적인 의미의 행정행위 개념은 항고소송의 대상이 되는 행정처분의 대상과 범위를 지나치게 축소함으로써 개인의 권익구제의 폭을 협소하게 만들었다는 비난을 면키 어렵다. 그러므로 행정행위의 개념은 항고소송의 제기를 원활하게 한다는 쟁송법적 차원에서 재구성되어야 한다는 것이다.

쟁송법적 의미에서 행정행위의 개념은 실체법적 의미의 행정행위와는 달리 "개인의 권리와 의무에 직접적·구체적으로 변동을 초래하는 일체의 행정작용으로서 취소소송의 관할에 속하는 행정청의 공권력행사"로 정의될 수 있다. 그러므로 현행 행정소송법의 처분 개념 중에서 "공권력의 행사 또는 그 거부"나 "그 밖에 이에 준하는 행정작용"에는 좁은 의미의 행정행위를 포함하여 구속적 행정계획, 처분적 법규명령, 권력적 사실행위 등을 포함하는 광의로 해석할 수 있다.

2. 쟁송법적 처분 개념

행정쟁송법상 처분 개념은 실체법상 행정행위 개념과 별개이며 그보다 넓은 것이라고 본다. 행정쟁송법의 개정을 통해 도입된 "그 밖에 이에 준하는 행정작용"이라는 법문언을 강조하며, 현행법상으로는 다양한 소송유형이 마련되어 있지 못하므로 개인의 권익구제를 위하여 처분 개념을 넓게 파악해야 한다는 것이다. 이는 형식적 의미의 행정행위 개념의 영향을 받은 것이라고 할 수 있다. 이에 따르면 실체법적 의미의 행정행위에 해당하지 않는다고 하더라도 권력적 사실행위, 처분적 법규명령, 나아가 공권력작용에 해당하지는 않지만 실질적으로 국민에게 사실상의 지배력을 미치는 행정작용 등은 행정쟁송법상 처분에 해당할 수 있다고 본다. 이 견해가 다수설이다.

Ⅳ. 소 결

행정행위의 개념을 실체법적인 것으로 이해할 것인가 또는 쟁송법적으로 재구성할 것인가 하는 입장의 차이는 행정법이론체계를 더 중시할 것인가 혹은 국민의 권익구제에 더 큰 비중을 둘 것인가 하는 법적 가치관의 차이에서 비롯된다고 할 수 있다. 물론 이원론을 지지하는 논거로 제시되는 항고소송의 원활화라는 대의명분에 대하여 이의를 제기할 수는 없을 것이다. 그럼에도 불구하고 쉽사리 쟁송법적 행정행위 개념에 가담할 수 없는 이유는 다음과 같다.

첫째, 행정행위의 개념과 항고소송의 대상은 구별되어야 한다는 것이다. 역사적으로 행정행위와 행정행위효력론을 바탕으로 성립 · 발전한 행정법이론체계는 다른 대안적 개념도구가 제시되지 않는 한 행정행위의 독특한 개념적 요소가 순수하게 유지될 필요가 있다. 물론 「행정행위=항고소송의 대상」으로 인식되어 온 것이 사실이기는 하지만 항고소송의 대상은 반드시 행정행위에 국한될 필요는 없으며, 소송법적 필요가 있다면 판례의 발전과 입법론을 통하여 범위를 확장할 수 있는 것이다. 이러한 차원에서 본다면 실체법적 행정행위 개념을 주장하는 입장도 판례나 입법론을 통하여 항고소송의 대상을 확대할 필요성에 대하여는 역시 쟁송법적 의미의 행정행위개념론을 주장하는 입장과 공통점을 가지고 있다.

둘째, 쟁송법적 행정행위 개념은 주로 일본의 학설을 바탕으로 주장되는 것인데, 일본 행정사건소송법상 처분 개념과 우리 행정소송법의 처분 개념은 반드시 일치하는 것이 아님을 주목할 필요가 있다.

셋째, 행정소송법과 행정심판법뿐만 아니라 행정절차법과 행정기본법도 처분의 개념을 동일하게 규정하고 있는데, 행정기본법과 행정절차법의 처분은 그 기능이나 본질상 실체법상 행정행위 개념에 가까운 것이다.

따라서 행정행위 내지 행정처분의 개념은 실체법적인 것으로 순수하게 유지하고 행정소송법의 개정을 통하여 항고소송의 종류뿐 아니라 항고소송의 대상을 확대하는 것이 필요하다. 다만 이러한 입법적 조치를 당분간 기대하기 어렵다면 그것이 이루어지기 전까지는 판례가 쟁송법적으로 항고소송의 대상이 될 수 있는 행정작용에 대하여 처분성을 인정하거나 당사자소송의 활성화를 통한 문제해결이 시도되어야 할 것이다.

V. 처분 개념에 대한 판례의 입장

1. 전통적인 판례와 그 변화

학설상의 논쟁과는 달리 처분성에 대한 대법원의 판례는 오랫동안 그리고 아직까지도 '처분은 권리의무나 법률관계에 직접 영향을 미치는 행위이어야 하고 그에 직접적인 변동을 초래하지 않으면 처분에 해당하지 않는다'라고 하여 고전적인 의미의 처분 개념을 유지하고 있다(대판 2022.12.1. 2019두48905; 대판 2023.7.13. 2016두34257).

다만 판례는 처분 개념을 설시할 때 행정소송법의 정의규정의 내용만을 적시한 후 처분성 판단에 대한 탄력적인 기준과 이는 소송요건이라는 점을 제시하며 그 인정폭을 넓힘으로써 상당히 변화된 태도를 보여주고 있을 뿐만 아니라 처분 개념의 확대에 따른 불가쟁력 인정 범위의 확대로 발생할 수 있는 부당한 결과를 방지하기 위하여 '실체법적 처분'과 '쟁송법적 처분'를 구분하기도 한다(대판 2020.4.9. 2019두61137).

2. 처분성 판단기준의 탄력성과 처분 개념의 확대

대법원은 특정한 공권력 행사가 취소소송의 대상인 처분에 해당하는지를 가리는 기준은 사전적으로 고정된 것이 아니며 공권력 행사의 성질, 효과 및 행정소송제도의 의의와 기능 등을 종합적으로 고려하여 판단하여야 한다는 견해를 오래전부터 제시하고 있다(대표적으로 대판 1993.12.10. 93누12619).

즉 판례는 행정청의 행정작용이 항고소송의 대상이 되는지 여부를 판단하는 기준에 대하여 "행정청의 어떤 행위가 항고소송의 대상이 될 수 있는지의 문제는 추상적 · 일반적으로 결정할 수 없고, 구체적인 경우 행정처분은 행정청이 공권력의 주체로서 행하는 구체적 사실에 관한 법집행으로서 국민의 권리의무에 직접적으로 영향을 미치는 행위라는 점을 염두에 두고, 관련 법령의 내용과 취지, 그 행위의 주체 · 내용 · 형식 · 절차, 그 행위와 상대방 등 이해관계인이 입는 불이익과의 실질적 견련성, 그리고 법치행정의 원리와 당해 행위에 관련한 행정청 및 이해관계인의 태도 등을 참작하여 개별적으로 결정하여야 한다"라고 판시하였다[대판(전합) 2010.11.18. 2008두167].

또한 판례는 행정청의 행정작용이 처분에 해당하는지 여부가 불분명한 경우에 관하여 "공기업 · 준정부기관이 법령 또는 계약에 근거하여 선택적으로 입찰참가자격 제한 조치를 할 수 있는 경우, 계약상대방에 대한 입찰참가자격 제한 조치가 법령에 근거한 행정처분인지 아니면 계약에 근거한 권리행사인지는 원칙적으로 의사표시의 해석 문제이다. 이때에는 공기업 · 준정부기관이 계약상대방에게 통지한 문서의 내용과 해당 조치에 이르기까지의 과정을 객관적 · 종합적으로 고찰하여 판단하여야 한다. 그럼에도 불구하고 공기업 · 준정부기관이 법령에 근거를 둔 행정처분으로서의 입찰참가자격 제한 조치를 한 것인지 아니면 계약에 근거한 권리행사로서의 입찰참가자격 제한 조치를 한 것인지 여부가 여전히 불분명한 경우에는, 그에 대한 불복방법 선택에 중대한 이해관계를 가지는 그 조치 상대방의 인식가능성 내지 예측가능성을 중요하게 고려하여 규범적으로 이를 확정함이 타당하다"고 판시하였다(대판 2018.10.25. 2016두33537).

위와 같이 판례는 탄력적인 처분성 판단기준을 적용하여 처분 개념을 확대하고 있다.

3. 소송요건으로서 처분과 본안에 관한 처분의 위법성 구별

소의 적법 여부에 관한 소송요건으로서의 처분과 처분의 위법성 존부에 따른 본안청구의 이유 유무는 구별된다. 판례도 "어떠한 처분에 법령상 근거가 있는지, 행정절차법에서 정한 처분 절차를 준수하였는지는 본안에서 해당 처분이 적법한가를 판단하는 단계에서 고려할 요소이지, 소송요건 심사단계에서 고려할 요소가 아니다"라고 한다(대판 2021.2.4. 2020두48772).

4. 처분의 개념적 요소

실체법적 의미의 행정행위 개념을 유지하는 본서의 입장에서 보았을 때 항고소송의 대상인 처분은 원칙적으로 행정행위를 말한다. 다만 국민의 권익구제를 위하여 항고소송의 대상을 확대할 필요가 있는 경우에는 쟁송법적으로 항고소송의 대상이 될 수 있는 행정작용에 대하여 처분성을 인정할 수 있다. 이는 처분 개념에서의 "그 밖에 이에 준하는 행정작용"의 해석을 통해 이루어질 수 있다.

1) 공권력의 행사

(1) 외부에 대하여 직접적인 법적 효과를 발생시키는 공권력의 행사

공권력의 행사는 국가, 지방자치단체 등 공권력 주체가 개인에 대하여 우월적 지위에서 하는 일방적 행위인 권력적 단독행위로서 공법행위이다. 따라서 사인의 행위, 공법상 계약이나 합동행위, 사법상 행위는 처분에 해당하지 않는다. 이때 우월적 지위에서 하는 일방적 행위라는 것은 법적 강제성이 있다는 것으로서 개인의 법적 지위에 영향을 미친다는 것, 즉 법적 규율행위임을 의미한다. 다시 말해 공권력의 행사는 외부에 대하여 직접적인 법적 효과를 발생시킨다. 이는 행정소송법의 법문언을 통해서도 확인할 수 있는데, 행정소송법 제1조의 목적에는 "행정청의 위법한 처분 그 밖에 공권력의 행사·불행사등으로 인한 국민의 권리 또는 이익의 침해를 구제"하는 것이 포함되어 있다. 이는 처분을 포함한 공권력작용은 행정조직의 외부에 놓여 있는 국민의 권리 또는 이익을 침해함을 전제로 하는 것이다. 따라서 도로의 건설, 장부와 서류의 정리, 국공립학교에서의 수업 등 이른바 비권력적 사실행위는 공권력의 행사에 해당하지 아니하므로 처분에 해당하지 않는다.

(2) 헌법소원심판의 대상인 공권력작용과의 비교

헌법재판소는 헌법소원심판의 대상으로서 공권력작용에 관하여 "여기에서 '공권력'이란 입법권·행정권·사법권을 행사하는 모든 국가기관·공공단체 등의 고권적 작용을 말하고 … 그 행사 또는 불행사로 국민의 권리와 의무에 대하여 직접적인 법률효과를 발생시켜 청구인의 법률관계 내지 법적 지위를 불리하게 변화시키는 것이어야 한다"(헌재결 2019.5.8. 2019헌마389)라고 본다. 다시 말해 공권력의 행사는 국민의 법적 지위에 어떠한 영향을 미치는 법적인 효력이 있는 행위라고 보면서(헌재결 2003.11.27. 2003헌마694 등) 권력적 사실행위 또는 규제적·구속적 행정지도(헌재결

2003.6.26. 2002헌마337 등), 구속적 행정계획(헌재결 2016.10.27. 2013헌마576) 역시 공권력 작용에 포함된다고 한다.

그런데 헌법재판소법상 헌법소원심판의 대상인 공권력작용은 "공권력의 행사 또는 불행사"로 포괄적이다(제68조 제1항). 반면 행정소송법상 항고소송의 대상인 처분등(제2조 제1항 제1호)과 부작위(제2호)에서의 "공권력 행사 또는 그 거부"는 "행정청이 행하는", "구체적 사실에 관한 법집행으로서의"라는 법문언을 통해 그 의미가 행정행위로 제한된다. 나아가 헌법소원심판의 대상으로서의 "공권력의 행사"에 속하는 공권력 작용은 항고소송의 대상에 이르면 "공권력의 행사 또는 그 거부"와 "그 밖에 이에 준하는 행정작용"으로 나누어질 수 있게 된다. 따라서 항고소송의 대상인 "공권력의 행사"와 헌법소원심판의 대상인 "공권력의 행사"는 다를 수 있다. 다시 말해 항고소송의 대상인 "공권력의 행사"에 권력적 사실행위가 당연히 포함된다고 보기는 어렵다.

2) 행정청이 행하는 구체적 사실에 관한 법집행으로서의 공권력의 행사

(1) 행정청의 공권력 행사

행정청이 행하는 공권력의 행사이어야 한다. 행정소송법 제2조 제2항은 행정청의 정의에 대하여 "이 법을 적용함에 있어서 행정청에는 법령에 의하여 행정권한의 위임 또는 위탁을 받은 행정기관, 공공단체 및 그 기관 또는 사인이 포함된다"고 하여, 행정기본법, 행정절차법, 행정심판법과 동일한 의미로 규정하고 있다.

따라서 법령에 의하여 행정권한을 위임받은 공공단체 등 역시 행정청에 해당한다. 판례는 시장형 공기업으로서 공법인인 한국전력공사가 법령에 따라 입찰참가자격 제한처분을 할 수 있는 권한을 위임받은 공공기관으로서 행정청에 해당한다고 보았고(대판 2020.5.28. 2017두66541), 지방법무사회는 법령에 의하여 법무사 사무원 채용승인에 관한 권한을 위임받은 공법인으로서 행정청에 해당한다고 하였으며(대판 2020.4.9. 2015다34444), 특수법인 총포 · 화약안전기술협회는 총포화약류의 안전관리와 기술지원 등에 관한 국가사무를 수행하기 위하여 법률에 따라 설립된 '공법상 재단법인'으로서 총포화약류를 취급하는 자에 대한 감독을 주된 업무로 하며 행정청으로서 행정처분인 회비납부통지를 한다고 보았다(대판 2021.12.30. 2018다241458).

반면 상대방의 권리를 제한하는 행위라도 행정청이 한 것이 아니면 처분에 해당하지 않는다. 판례는 한국마사회가 조교사 또는 기수의 면허를 부여하거나 취소하는 것은 국가 기타 행정기관으로부터 위탁받은 행정권한의 행사가 아니라 일반 사법상의 법률관계에서 이루어지는 단체 내부에서의 징계 내지 제재처분이라서 항고소송의 대상이 되는 행정처분에 해당하지 않는다고 하였다(대판 2008.1.31. 2005두8269).

(2) 구체적 사실에 관한 법집행으로서의 공권력 행사

여기서 '구체적 사실'은 규율되는 사안의 인적요소가 특정되어 개별적이라고 하는 경우까지 포함하는 의미라고 볼 수 있다(이에 관하여는 행정행위편 참조). 다시 말해 시·공간적 요소뿐만 아니라 인적요소까지 포함한 구체적 사실이다. 따라서 구체적·개별적 규율로서의 행정행위뿐만 아니라 구체적·일반적 규율인 일반처분, 그리고 개별적·추상적 규율로서의 행정행위 역시 이에 해당한다. 반면 행정입법은 일반적·추상적 규율이므로 이에 해당하지 않는다.

(3) 그 밖에 이에 준하는 행정작용

권력적 사실행위는 개별적·구체적인 사안에 대한 공권력 행사적 요소를 가지고 있으나 행정행위가 아닌 사실행위이고, 처분적 법규명령은 개별적·구체적 규율이자 직접적 규율에 해당하나 역시 행정입법이지 행정행위는 아니다. 하지만 국민의 권익구제를 위하여 항고소송의 대상을 확대할 필요가 있는 경우라면 "그 밖에 이에 준하는 행정작용"으로서 처분성이 인정될 수 있다.

그런데 행정소송법 제4조 제1호는 취소소송에 대하여 "위법한 처분등을 취소"라고, 제2호는 무효등확인소송에 대해 "처분등의 효력 유무"라고 규정하고 있다. 이는 처분은 법적 효력을 가지는 것으로서 취소될 수 있는 것임을 전제로 한다. 따라서 비권력적 사실행위는 처분에 해당할 수 없다.

3) 공권력 행사 또는 이에 준하는 행정작용의 거부 – 거부처분

가) 거부처분의 성립요건

개인의 신청에 대한 행정청의 거부행위가 모두 처분에 해당하는 것은 아니다. 판례는 거부처분의 성립요건에 관하여 "국민의 적극적 신청행위에 대하여 행정청이 그 신청에 따른 행위를 하지 않겠다고 거부한 행위가 항고소송의 대상이 되는 행정처분에 해당하기 위해서는, 그 신청한 행위가 공권력의 행사 또는 이에 준하는 행정작용이어야 하고, 그 거부행위가 신청인의 법률관계에 어떤 변동을 일으키는 것이어야 하며, 그 국민에게 그 행위발동을 요구할 법규상 또는 조리상의 신청권이 있어야 한다"라고 본다(대판 2017.6.15. 2013두2945).

또한 판례는 거부처분의 성립요건으로서 신청권에 관하여 "거부처분의 처분성을 인정하기 위한 전제요건이 되는 신청권의 존부는 구체적 사건에서 신청인이 누구인가를 고려하지 않고 관계 법규의 해석에 의하여 일반 국민에게 그러한 신청권을 인정하고 있는가를 살펴 추상적으로 결정되는 것이고, 신청인이 그 신청에 따른 단순한 응답을 받을 권리를 넘어서 신청의 인용이라는 만족적 결과를 얻을 권리를 의미하는 것은 아니라고 할 것이다. 따라서 국민이 어떤 신청을 한 경우에 그 신청의 근거가 된 조항의 해석상 행정발동에 대한 개인의 신청권을 인정하고 있다고 보여지면 그 거부행위는 항고소송의 대상이 되는 처분으로 보아야 할 것이고, 구체적으로 그 신청이 인용될 수 있는가 하는 점은 본안에서 판단하여야 할 사항[이다]"라고 판시하였다(대판 1996.6.11. 95누12460).

그런데 거부처분 성립요건으로 법규상 또는 조리상 신청권을 요구하여 처분성 인정 범위를 좁히는 판례의 입장은 문제가 있다. 거부처분은 공권력의 행사 또는 이에 준하는 행정작용에 대한 신청과 그 거부로서 법률상 효과를 발생하게 하는 등으로 상대방의 권리의무에 직접 영향을 미치는 행위로 보아야 하지 않을까? 이에 대하여 판례는 신청권은 응답받을 권리에 그치고 신청권의 존부는 일반 국민을 기준으로 하여 추상적으로 결정되는 것이라고 보아 이를 불식시키려 하고 있으나, 앞서 원고적격편에서 본 바와 같이 충분한 해결책이 되지 못한다. 학설로는 판례처럼 신청권은 거부처분의 성립요건이라는 견해, 이와 달리 원고적격의 문제라는 견해, 본안문제라는 견해가 있다.

나) 법규상 또는 조리상 신청권에 관한 판례

(가) 판례가 거부처분의 성립요건으로 요구하는 법규상 신청권의 존부는 관계 법규의 해석에 의하여, 조리상 신청권의 존부는 헌법상 기본권과 제반 사정을 고려하여 결정되는데, 법규상 신청권과 조리상 신청권을 엄격하게 구별하기 어려운 경우도 있다.

판례는 정보공개법상 특정한 공개방법을 지정하여 정보공개를 청구할 수 있는 법규상 신청권에 기하여 청구인이 신청한 공개방법 이외의 방법으로 공개하기로 하는 결정은 정보공개청구 중 정보공개방법에 관한 부분에 대하여 일부 거부처분을 한 것이라고 보았다(대판 2016.11.10. 2016두44674). 또한 판례는 조리상 주민등록번호의 변경을 요구할 신청권에 기하여 주민등록변경신청거부의 처분성을 인정할 때에는 헌법상 개인정보자기결정권을 고려하였다(대판 2017.6.15. 2013두2945).

그러나 판례는 문화재지정처분의 취소 또는 해제를 구할 법규상 신청권도 조리상 신청권도 인정되지 않는다고 보았다(대판 2001.9.28. 99두8565). 반면 문화재보호구역 지정해제를 요구할 수 있는 법규상 또는 조리상 신청권에 기하여 문화재보호구역 지정해제신청에 대한 거부의 처분성을 인정하였는데 이때에는 관계법규뿐 아니라 문화재보호구역 내에 있는 토지소유자 등의 헌법상 재산권이 함께 고려되었다(대판 2004.4.27. 2003두8821).

(나) 대법원은 종전의 판례를 변경하여 교수재임용거부의 처분성을 인정한 사건에서 법규상 또는 조리상 신청권을 인정할 때 대학의 자율성 및 교원지위법정주의에 관한 법규정과 그 정신을 고려하였다[대판(전합) 2004.4.22. 2000두7735]. 대법원이 왜 기존의 입장을 변경한 것인지 분명히 알 수는 없으나, 임용기간이 만료된 대학교원에 대

한 재임용거부가 문제된 사건에서의 헌법재판소 판례(헌재결 2003.2.27. 2000헌바26; 헌재결 2003.12.18. 2002헌바14 등)가 결정적인 영향을 미친 것으로 볼 수 있다.

(다) 판례는 토지매수신청거부의 처분성을 인정한 사건에서 거부처분의 성립요건을 설시한 후 그에 따라 법규상 신청권 또는 헌법상 재산권을 고려한 조리상 신청권이 인정될 수 있다는 취지의 설시를 한 뒤, 매수 거부행위가 "공권력의 행사 또는 이에 준하는 행정작용"으로서 행정처분에 해당한다고 판시하여(대판 2009.9.10. 2007두20638) 처분성 판단기준에 관한 일반법리를 적용한 것인지 아니면 거부처분의 성립요건에 관한 법리를 적용한 것인지 다소 의문이다.

5. 개별적 검토

1) 행정입법

(1) 일반론

행정입법은 처분에 해당하지 아니함이 원칙이다. 판례는 대학입시기본계획 내의 내신성적 산정지침(대판 1994.9.10. 94두33), 의료기관 명칭표시판에서 진료과목을 표시하는 글자 크기를 제한하는 의료법 시행규칙(대판 2007.4.12. 2005두15168), 특정 업체의 특정 일본산 공기압 전송용 밸브에 대하여 특정 기간 동안 적용할 덤핑방지관세율을 규정한 시행규칙(대판 2022.12.1. 2019두48905)의 처분성을 부정하였다.

그러나 직접성 · 구체성이 있는 법적 규율에 해당하면 처분적 행정입법으로서 처분성이 인정된다. 판례상 처분성이 인정된 예로는 이른바 두밀분교폐지조례(대판 1996.9.20. 95누8003)와 약가고시(대판 2006.9.22. 2005두2506)를 들 수 있다.

(2) 가평군 두밀분교의 폐지를 규정한 조례의 처분성

대법원은 법규명령, 지방자치단체의 자치입법, 행정규칙 등이 집행행위를 매개로 하지 않고 직접 개인의 권익을 침해하는 경우에도 처분성을 인정하는 경우가 드물었다. 다만 판례는 구 행정소송법하에서도 "원래 대통령령은 법령의 효력을 가진 것으로서 행정소송법상 행정처분이라 볼 수 없다고 해석함이 타당할 것임으로 그 내용의 적법여부를 논할 것 없이 행정소송의 목적물이 될 수 없을 것이다. 물론 법령의 효력을 가진 명령이라도 그 효력이 다른 행정행위를 기다릴 것 없이 직접적으로 또 현실히 그 자체로서 국민의 권리훼손 기타 이익침해의 효과를 발생케 하는 성질의 것이라면 행정소송법상 처분이라 보아야 할 것이오 따라서 그에 관한 이해관계자는 그 구체적 관계사실과 이유를 주장하여 그 명령의 취소를 법원에 구할 수 있[다]"는 원론적 입장을 밝힌 바 있다(대판 1954.8.19. 4286행상37).

그런데 대법원은 가평군의 초등학교 분교를 폐지하는 가평군 조례의 처분성을 인정하여 처분 개념의 확대에 중요한 시사를 하였다. 판례는 이 사건에서 "조례가 집행행위의 개입 없이도 그 자체로서 직접 국민의 구체적인 권리의무나 법적 이익에 영향을 미치는 등의 법률상 효과를 발생하는 경우 그 조례는 항고소송의 대상이 되는 행정처분에 해당[한다] … 원심이 같은 취지에서, 경기 가평군 가평읍 상색국민학교 두밀분교를 폐지하는 내용의 이 사건 조례는 위 두밀분교의 취학아동과의 관계에서 영조물인 특정의 국민학교를 구체적으로 이용할 이익을 직접적으로 상실하게 하는 것이므로 항고소송의 대상이 되는 행정처분이라고 전제한 다음, 이 사건과 같이 교육에 관한 조례무효확인 소송의 정당한 피고는 시·도의 교육감이라 할 것이므로 지방의회를 피고로 한 이 사건 소는 부적법하다고 판단한 것은 정당하고, 거기에 논지와 같은 조례무효확인 소송에 있어서의 피고적격에 관한 법리오해의 위법이 있다고 할 수 없다"고 판시하였다(대판 1996.9.20. 95누8003).

(3) 약가고시의 처분성

대법원은 "어떠한 고시가 일반적·추상적 성격을 가질 때에는 법규명령 또는 행정규칙에 해당할 것이지만, 다른 집행행위의 매개 없이 그 자체로서 직접 국민의 구체적인 권리의무나 법률관계를 규율하는 성격을 가질 때에는 행정처분에 해당한다"고 판시하여(대결 2003.10.9. 2003무23), 그 형식이 비록 고시이기는 하지만 법규명령적 성격을 가지고 처분성이 인정되는 경우에는 항고소송의 대상이 된다는 점을 강조하고 있다. 이는 대법원이 처분성이 인정되는 법규명령에 대해서는 과거의 소극적 입장에서 벗어나서 과감하게 이를 항고소송의 대상으로 삼겠다는 의지를 보여주는 일련의 예라고 할 수 있다.

판례는 이후에도 "원심은 그 채용 증거들을 종합하여 판시와 같은 사실을 인정한 다음, ① 약제급여·비급여목록 및 급여상한금액표(보건복지부 고시 제2002-46호로 개정된 것, 이하 '이 사건 고시'라 한다)는 특정 제약회사의 특정 약제에 대하여 국민건강보험가입자 또는 국민건강보험공단이 지급하여야 하거나 요양기관이 상환받을 수 있는 약제비용의 구체적 한도액을 특정하여 설정하고 있는 점, ② 약제의 지급과 비용의 청구행위가 있기만 하면 달리 행정청의 특별한 집행행위의 개입 없이 이 사건 고시가 적용되는 점, ③ 특정 약제의 상한금액의 변동은 곧바로 국민건강보험가입자 또는 국민건강보험공단이 지급하여야 하거나 요양기관이 상환받을 수 있는 약제비용을 변동시킬 수 있다는 점 등에 비추어 보면, 이 사건 고시는 다른 집행행위의 매개 없이 그 자체로서 국민건강보험가입자, 국민건강보험공단, 요양기관 등의 법률관계를 직접 규율하는 성격을 가진다고 할 것이므로, 항고소송의 대상이 되는 행정처분에 해당한다는 취지로 판단하였는바, 관계 법령과 위 법리를 기록에 비추어 살펴보면, 원심의 위와 같은 판단은 정당한 것으로 수긍이 가고, 거기에 상고이유로 주장하는 채증법칙 위배 또는 고시의 처분성에 관한 법리오해의 위법이 없다"고 판시하였다(대판 2006.9.22. 2005두2506).

물론 위 사건에서 판례는 구체적 규범통제절차에 비하여 항고소송이 가지는 장점을 언급하지는 않았지만 자사의 약제비의 상한에 대해 불복하려는 제약회사가 다수인 경우 취소판결의 대세효를 통하여 그러한 분쟁을 일거에 해결할 수 있다는 소송법상의 효율성을 전제로 하는 것으로 이해할 수 있다.

2) 행정계획

(1) 일반론

행정계획은 법률, 법규명령, 행정규칙, 행정행위, 사실행위 등 구체적인 발현형식에 따라 그 법적 성격이 결정된다.

(2) 비구속적 계획

판례는 이른바 '4대강 살리기 마스터플랜'은 행정기관 내부에서 사업의 기본방향을 제시하는 것에 그치고 대외적 구속력은 없으므로 처분에 해당하지 않는다고 보았다[대결(전합) 2011.4.21. 2010무111].

(3) 국토계획법의 도시 · 군계획

국토계획법상 도시 · 군계획은 특별시 · 광역시 · 특별자치시 · 특별자치도 · 시 또는 군(광역시의 관할 구역에 있는 군은 제외)의 관할 구역에 대하여 수립하는 공간구조와 발전방향에 대한 계획으로서 도시 · 군기본계획과 도시 · 군관리계획으로 구분된다(제2조 제2호). 한편 국토계획법은 종래 도시지역을 규율하던 구 도시계획법과 비도시지역을 규율하던 구 국토이용관리법을 통합한 것이다.

가) 도시 · 군기본계획 - 비구속적 계획

도시 · 군기본계획은 특별시 등의 관할 구역에 대하여 기본적인 공간구조와 장기발전방향을 제시하는 종합계획으로서 도시 · 군관리계획 수립의 지침이 되는 계획이다(제2조 제3호). 도시 · 군기본계획은 비구속적 계획으로 국민에 대한 직접적인 법적 구속력이 없어 처분성이 인정되지 않는다. 판례도 국토계획법상 도시 · 군기본계획에 해당하는 구 도시계획법상 도시기본계획에 관하여 "도시기본계획이라는 것은 도시의 장기적 개발방향과 미래상을 제시하는 도시계획 입안의 지침이 되는 장기적 · 종합적인 개발계획으로서 직접적인 구속력은 없는 것이[다]"라고 판시하였다(대판 2007.4.12. 2005두1893).

나) 도시 · 군관리계획 - 구속적 계획

도시 · 군관리계획은 특별시 등의 개발 · 정비 및 보전을 위하여 수립하는 토지 이용, 교통, 환경, 경관, 안전, 산업, 정보통신, 보건, 복지, 안보, 문화 등에 관한 다음과 같은 계획이다(제2조 제4호). ① 용도지역 · 용도지구의 지정 또는 변경에 관한 계획,

② 개발제한구역, 도시자연공원구역, 시가화조정구역, 수산자원보호구역의 지정 또는 변경에 관한 계획, ③ 기반시설의 설치 · 정비 또는 개량에 관한 계획, ④ 도시개발사업이나 정비사업에 관한 계획, ⑤지구단위계획구역의 지정 또는 변경에 관한 계획과 지구단위계획, ⑥ 입지규제최소구역의 지정 또는 변경에 관한 계획과 입지규제최소구역계획.

이러한 도시 · 군관리계획은 국민의 권리와 의무관계를 직접적으로 규율하는 구속적 계획에 해당하여 처분성이 인정되는바, 이를 전제로 본안판단이 이루어진 판례도 있다(대판 2014.7.10. 2012두2467). 판례는 국토계획법상 도시 · 군관리계획에 해당하는 구 도시계획법상 도시계획에 관하여도 "도시계획법 제12조 소정의 도시계획결정이 고시되면 도시계획구역안의 토지나 건물 소유자의 토지형질변경, 건축물의 신축, 개축 또는 증축 등 권리행사가 일정한 제한을 받게 되는바 이런 점에서 볼 때 고시된 도시계획결정은 특정 개인의 권리 내지 법률상의 이익을 개별적이고 구체적으로 규제하는 효과를 가져오게 하는 행정청의 처분이라 할 것이고, 이는 행정소송의 대상이 [된다]" 라고 판시하였다(대판 1982.3.9. 80누105).

(4) 국토계획법상 도시 · 군관리계획의 입안 · 변경에 대한 신청권과 거부처분

가) 구 도시계획법과 구 국토이용관리법에 관한 판례

판례는 구 도시계획법과 구 국토이용관리법의 경우 주민의 도시계획시설 변경신청에 대한 거부행위의 처분성을 인정하지 않았다(대판 1984.10.23. 84누227). 그러다가 구 도시계획법이 2000.1.28. 전부개정되어 2000.7.1. 시행된 법률 제6234호로 주민의 입안제안권(제20조)을 신설한 다음에는 구 도시계획법의 경우 도시계획시설 변경신청에 대한 거부행위의 처분성을 인정하면서도 '도시계획구역 내 토지 등을 소유하고 있는 주민'에게만 입안권자에게 도시계획입안을 요구할 수 있는 법규상 또는 조리상의 신청권이 있다고 하였다(대판 2004.4.28. 2003두1806).

또한 판례는 국토이용계획변경신청의 거부가 그 변경을 전제로 하는 폐기물처리업허가신청에 대하여 불허하는 결과가 되는 경우에는 예외적으로 그 당사자에게 국토이용계획의 변경을 신청할 법규상 또는 조리상 권리가 인정되고 국토이용계획변경신청거부의 처분성이 인정된다고 하였다(대판 2003.9.23. 2001두10936).

나) 국토계획법에 관한 판례

구 도시계획법과 구 국토이용관리법을 통합한 현행 국토계획법은 주민(이해관계자 포함)의 도시 · 군관리계획 입안제안권을 규정하고 있다(제26조). 이에 판례는 국토계획법 제26조에서 규정하고 있는 주민의 도시관리계획입안제안권에 헌법상 개인의 재산권 보장의 취지를 더하여 도시시설계획의 입안 또는 변경에 관한 신청에 대한 거부행위의 처분성을 인정하였다(대판 2015.3.26. 2014두42742).

다만 위 2014두42742 판결은 앞서 본 구 도시계획법상 판례와 마찬가지로 '도시계획구역 내 토지 등을 소유하고 있는 사람'에게만 법규상 또는 조리상 신청권을 인정하고 있는데, 이는 거부처분의 성립요건으로서 신청권에 관하여 "거부처분의 처분성을 인정하기 위한 전제요건이 되는 신청권의 존부는 구체적 사건에서 신청인이 누구인가를 고려하지 않고 관계 법규의 해석에 의하여 일반 국민에게 그러한 신청권을 인정하고 있는가를 살펴 추상적으로 결정되는 것"이라고 판시한 것과 일관된다고 볼 수 있는지 의문이다.

(5) 산업단지개발계획의 변경에 대한 신청권과 거부처분

이러한 판례 법리는 산업단지개발계획 변경신청에 관한 사안에도 적용된다. 즉 '산업단지 안의 토지 소유자로서 산업단지개발계획에 적합한 시설을 설치하여 입주하려는 자'는 산업단지개발계획의 변경을 요청할 수 있는 법규상 또는 조리상 신청권을 가지며 그에 기초하여 거부처분이 성립될 수 있다고 본다(대판 2017.8.29. 2016두44186).

3) 일반처분

(1) 일반처분은 행정행위로서 처분성이 인정된다. 예를 들어 부동산공시법에서의 표준지공시지가결정과 개별공시지가결정은 물건의 공법적 특색을 정하는 것으로서 일반처분에 해당한다.

표준지공시지가는 토지이용상황이나 주변 환경, 그 밖의 자연적 · 사회적 조건이 일반적으로 유사하다고 인정되는 일단의 토지 중에서 선정한 표준지에 대하여 국토교통부장관이 매년 조사 · 평가하고 중앙부동산가격공시위원회의의 심의를 거쳐 공시하는 공시기준일 현재의 단위면적당 적정가격이다(제3조 제1항). 표준지공시지가는 국가 등이 공공용지의 매수 및 토지의 수용 · 사용에 대한 보상 등의 목적을 위하여 지가를 산정할 때 그 토지와 이용가치가 비슷하다고 인정되는 하나 또는 둘 이상의 표준지의 공시지가를 기준으로 토지가격비준표를 사용하여 지가를 직접 산정하거나 감정평가법인등에 감정평가를 의뢰하여 산정할 수 있음이 원칙이다(제8조). 이는 토지시장에 지가 정보를 제공하고 일반적인 토지거래의 지표가 되며, 국가 · 지방자치단체 등이 그 업무와 관련하여 지가를 산정하거나 감정평가법인등이 개별적으로 토지를 감정평가하는 경우에 기준이 된다(제9조).

개별공시지가는 국세 · 지방세 등 각종 세금의 부과, 그 밖의 다른 법령에서 정하는 목적을 위한 지가산정에 사용되도록 하기 위하여 시장 · 군수 또는 구청장이 매년 시 · 군 · 구부동산가격공시위원회의 심의를 거쳐 결정 · 공시하는 공시지가의 공시기준일 현재 관할 구역 안의 개별토지의 단위면적당 가격이다(제10조 제1항). 표준지공시지

가와 개별공시지가에 대하여는 이의신청을 할 수 있다(제7조, 제11조).

(2) 판례는 일반처분이라는 용어를 명시적으로 사용하지는 아니하였으나 토지에 대한 과세의 기준이 되는 과세표준으로서 개별공시지가결정의 처분성을 인정하였다(대판 1993.1.15. 92누12407). 또한 표준지공시지가결정의 처분성도 인정한다(대판 1994.3.8. 93누10828).

4) 행정법상 사실행위

(1) 사실행위는 권력적 사실행위와 비권력적 사실행위 구별된다. 공권력 행사적 요소를 갖는 권력적 사실행위에 해당하는지 여부, 헌법소원의 보충성 충족 여부에 따라 항고소송과 헌법소원심판 중 어떠한 구제절차를 거쳐야 하는지 결정된다.

권력적 사실행위와 비권력적 사실행위의 구분 및 그 판단기준에 관하여 헌법재판소는 "행정상의 사실행위는 경고(警告), 권고(勸告), 시사(示唆)와 같은 정보제공행위나 단순한 지식표시행위인 행정지도(行政指導)와 같이 대외적 구속력이 없는 '비권력적 사실행위'와 행정청이 우월적 지위에서 일방적으로 강제하는 '권력적 사실행위'로 나눌 수 있고, 그 중 권력적 사실행위는 헌법소원의 대상이 되는 공권력의 행사에 해당하는데 … 일반적으로 어떤 행위가 헌법소원의 대상이 되는 권력적 사실행위에 해당하는지 여부는 당해 행정주체와 상대방의 관계, 그 사실행위에 대한 상대방의 의사 · 관여정도 및 태도, 사실행위의 목적 · 경위, 법령에 의한 명령 · 강제수단 발동 가부 등 그 행위가 행하여질 당시의 구체적 사정을 종합적으로 고려하여 개별적으로 판단한다"라고 하였다(헌재결 2021.11.25. 2017헌마1384).

(2) 비권력적 사실행위는 처분에 해당하지 않는다. 대법원도 행정권 내부에서의 행위나 알선, 권유, 법령에 의해 변동된 사항을 단순히 알려주는 것과 같은 사실상 통지행위는 항고소송의 대상이 될 수 없다고 본다. 예를 들어 ① 재단법인 한국연구재단이 특정 대학교 총장에게 특정인에 대한 대학 자체징계를 요구한 것은 법률상 구속력이 없는 권유 또는 사실상의 통지이지 처분은 아니라고 하였고(대판 2014.12.11. 2012두28704), ② 수도사업자가 급수공사 신청인에게 급수공사비의 내역과 이를 은행에 지정기일까지 먼저 납부하라는 취지로 한 납부통지는 강제성이 없는 의사 또는 사실상의 통지행위에 불과하며(대판 1993.10.26. 93누6331), ③ 국민건강보험 직장가입자 또는 지역가입자 자격 변동은 법령이 정하는 사유가 생기면 당연히 그 변동의 효력이 발생하는 것이므로, 국민건강보험공단이 가입자에게 한 가입자 자격이 변동되었다는 취지의 '직장가입자 자격상실 및 자격변동 안내' 통보는 사실상의 통지에 불과하고 처분성이 인정되지 않는다고 하였다(대판 2019.2.14. 2016두41729).

(3) 반면 권력적 사실행위는 "그 밖에 이에 준하는 행정작용"으로서 처분에 해당

한다. 그러나 권력적 사실행위라고 하더라도 침해행위가 금방 종료되어 버리는 경우가 많기 때문에 항고소송에서의 소의 이익 문제로 헌법소원을 제기하기도 한다. 헌법재판소는 현행범으로 체포된 청구인들을 경찰서 유치장에 수용하는 과정에서의 신체수색을 권력적 사실행위로서 헌법소원의 대상이 되는 공권력행사에 해당한다고 보았다(헌재결 2002.7.18. 2000헌마327).

대법원은 소의 이익을 넓게 보아 이를 인정하고, 처분성 판단기준에 관한 법리에 따라 권력적 사실행위의 처분성을 긍정한 바 있다. 즉 대법원은 '접견내용 녹음 · 녹화 및 접견 시 교도관 참여대상자 지정행위'는 권력적 사실행위로서 처분에 해당한다는 원심의 판단이 정당하다고 하였고(대판 2014.2.13. 2013두20899), 헌법재판소는 위와 같은 지정행위에 대한 헌법소원심판청구가 보충성 요건 흠결로 부적법하다고 판시하였다(헌재결 2014.10.6. 2014헌마771).

5) 지적공부 및 건축물대장 등 공부기재행위

(1) 지적공부는 토지대장, 임야대장, 공유지연명부, 대지권등록부, 지적도, 임야도 및 경계점좌표등록부 등 지적측량 등을 통하여 조사된 토지의 표시와 해당 토지의 소유자 등을 기록한 대장 및 도면(정보처리시스템을 통하여 기록 · 저장된 것을 포함)이다(공간정보관리법 제2조 제19호). 건축물대장은 건축물의 소유 · 이용 및 유지 · 관리 상태를 확인하거나 건축정책의 기초 자료로 활용하기 위하여 건축물과 그 대지의 현황 및 국토교통부령으로 정하는 건축물의 구조내력에 관한 정보를 적어서 보관하고 이를 지속적으로 정비하는 대장이다(건축법 제38조 제1항).

한편 지목은 토지의 주된 용도에 따라 토지의 종류를 구분하여 지적공부에 등록한 것이고(공간정보관리법 제2조 제24호), 지목변경은 지적공부에 등록된 지목을 다른 지목으로 바꾸어 등록하는 것이며(제33호), 등록전환은 임야대장 및 임야도에 등록된 토지를 토지대장 및 지적도에 옮겨 등록하는 것이고(제30호), 분할은 지적공부에 등록된 1필지를 2필지 이상으로 나누어 등록하는 것이다(제31호). 또한 건축물의 용도는 건축물의 종류를 유사한 구조, 이용 목적 및 형태별로 묶어 분류한 것인데(건축법 제2조 제1항 제3호) 이는 단독주택, 공동주택, 제1종 근린생활시설 등으로 구분된다(제2항).

(2) 이러한 지적공부의 등록이나 건축물대장의 기재와 같은 공부기재행위는 준법률행위적 행정행위 중 공증행위로서 처분성이 인정될 수 있다.

판례는 공부기재행위나 그 거부행위가 행정사무집행의 편의와 사실증명의 자료로 삼기 위한 것에 그치는 것이 아니라 국민의 권리관계에 영향을 미치는 것에 해당하면 행정처분이라고 본다. 이에 따라 ① 판례는 토지대장의 소유자명의변경신청을 거부한 행위(대판 2012.1.12. 2010두12354), 건축물대장상 소유권에 관한 사항의 기재에 대한 정정신청의 거부(대판 1998.2.24. 96누5612)의 처분성을 부인하였다. 또한 지목변경을 원인으로 하지 않는 등록전환도 행정처분에 해당하지 않는다는 것이 판례이다(대판 2017.5.31. 2014두14709). ② 반면 판례는 지적공부상 토지분할신청 거부행위(대판 1993.3.23. 91누8968), 토지대장상 지목변경신청 반려행위[대판(전합) 2004.4.22. 2003두9015], 건축물대장의 용도변경신청을 거부한 행위(대판 2009.1.30. 2007두7277), 토지대장 직권말소행위(대판 2013.10.24. 2011두13286), 건축물대장 직권말소행위(대판 2010.5.27. 2008두22655)의 처분성을 인정하였다.

6) 경 고

경고의 처분성 인정 여부는 문제되는 구체적 사안의 법적 · 사실적 상태에 따라 달리 판단된다. 즉 비권력적 사실행위로서 처분에 해당하지 않는 경우도 있고, 그 근거가 되는 행정규칙의 내부적 구속력에 의해 그 상대방의 권리의무에 직접 영향을 미치는 경우에 해당하여 처분성이 인정되는 경우도 있으며, 법률에 근거한 것으로서 처분에 해당하는 것도 있다.

판례는 ① 비권력적 사실행위로서 경고(대판 1991.11.12. 91누2700; 대판 2004.4.23. 2003두13687)의 처분성을 부인하였다. ② 반면 내부적 구속력이 있는 행정규칙에 근거한 경고(대판 2002.7.26. 2001두3532), 검찰총장의 검사에 대한 경고조치(대판 2021.2.10. 2020두47564), 법률에 규정된 시정조치 중 '그 밖에 위반행위의 시정을 위하여 필요한 조치'로서 경고(대판 2013.12.26. 2011두4930)의 처분성을 인정하였다.

7) 행정지도

행정지도는 비권력적 사실행위로 처분성이 인정되지 않는다. 그러나 행정지도 역시 이를 불이행한 경우에 대한 시정명령이나 형사처벌 등 불이익조치와 결합하면 이른바 명령적 행정지도로서 행정행위에 해당하거나 권력적 사실행위로서 처분성이 인정될 수 있다.

대법원은 사립학교법에 따른 보고명령 및 증빙서 첨부명령을 이행하지 아니하면 형사처벌을 받을 수 있는데 이 사건에서의 보고명령 및 증빙서 첨부명령을 이행하기 위해서는 행정지도를 이행할 수밖에 없는 경우에는 그 사실상 강제력에 따라 처분성이 인정된다고 하였다(대판 2008.9.11. 2006두18362). 그런데 앞서 본 사실행위와 마찬가지로 행정지도 역시 항고소송보다는 헌법소원의 대상이 되기 쉽다. 헌법재판소는 학칙시정요구의 공권력 행사성을 인정하며 행정지도가 규제적 · 구속적 성격을 강하게 갖게 되면 헌법소원의 대상이 되는 공권력행사에 해당한다고 본다(헌재결 2003.6.26. 2002헌마337 등).

8) 행정조사

행정조사에는 권력적 조사와 비권력적 조사가 있는데 대부분의 행정조사는 사실행위에 해당하여 처분성을 인정하는 데 어려움이 있다. 하지만 권력적 사실행위는 처분에 해당하고 행정지도 역시 예외적으로 처분성이 인정되는 것처럼 행정조사도 항고소송의 대상이 될 수 있다. 특히 과세자료를 확보하기 위한 조사작용 자체의 처분성은 인정하기 어렵다고 하더라도, 후술하듯이 행정관청이 세무조사를 하기로 한 결정 그 자체는 행정과정에서의 중간적 행위라 하더라도 행정처분에 해당한다.

9) 행정과정에서의 내부적 또는 중간적 행위

(1) 판례에 의하면 최종적 행위에 이르는 행정과정에서의 내부적 또는 중간적 행위는 일반적으로 국민의 권리관계에 직접 영향을 미치는 것은 아니라서 처분으로 인정되기 어렵지만 분쟁을 조기에 실효적으로 해결할 필요와 불가쟁력을 통한 법률관계의 조기확정 및 행정의 원활한 수행을 보장할 필요에 따라 행정처분에 해당할 수 있다. 또한 국민의 권리관계에 직접 영향을 미치는 경우에도 처분성이 인정될 수 있다.

그런데 내부적 또는 중간적 행위의 처분성이 인정된다고 하여 최종적 행위가 행정처분에 해당하지 않게 되는 것은 아니며, 최종적 행위가 이루어지면 내부적·중간적 행위를 별도로 다툴 소의 이익이 없게 되는 경우도 있다. 또한 내부적 또는 중간적 행위가 단순히 조기의 권리구제를 가능하게 하기 위한 '쟁송법적 처분'으로 처분성이 인정되는 경우에는 그에 대한 제소기간 도과로 불가쟁력이 발생한다 하더라도 절차적 하자로 방어권이 실질적으로 보장되지 아니한 경우에는 최종적 행위로 하자가 승계된다.

(2) 판례는 한국자산관리공사의 내부적인 의사결정인 공매결정은 행정처분에 해당하지 않고 매각결정이 처분에 해당한다고 하였다(대판 2007.7.27. 2006두8464). 체납세액을 강제징수하기 위하여 압류재산을 매각하는 방법 중 하나인 공매는 대략 「공매결정－공매공고－공매통지」의 과정을 거쳐 매각결정에 이르게 되고(국세징수법 제3절), 한국자산공사는 공매를 대행한다(제103조 제1항 제1호). 여기서 판례가 처분으로 인정한 것은 매각결정, 즉 공매처분이다.

또한 판례는 세무조사결정(대판 2011.3.10. 2009두23617 등), 공정거래법상 자진신고자 감면불인정 통지(대판 2012.9.27. 2010두3514), 지방자치단체의 장이 공유재산법에 근거하여 기부채납 및 사용·수익허가의 방식으로 민간투자사업을 추진하는 과정 중 사업시행자를 지정하기 위한 전 단계에서 이루어진 우선협상대상자 선정행위와 이미 선정된 우선협상대상자를 그 지위에서 배제하는 행위(대판 2020.4.29. 2017두31064), 병무청장의 병역의무 기피자 인적사항 공개결정(대판 2019.6.27. 2018두49130), 교육부장관의 대학총장 임용제청 제외행위(대판 2018.6.15. 2016두57564), 근로복지공단의 사업종류변경결정(대판 2020.4.9. 2019두61137)의 처분성을 인정하였다.

10) 수리행위

신고는 크게 자기완결적 신고와 수리를 요하는 신고로 나눌 수 있다. '자기완결적 신고'는 사인이 행정청에 일정한 사항을 통지함으로써 의무가 끝나는 신고이다(행정절차법 제40조). '수리를 요하는 신고'는 법령등으로 정하는 바에 따라 행정청에 일정한 사항을 통지하여야 하는 신고로서 법률에 신고의 수리가 필요하다고 명시되어 있어(행정기관의 내부 업무 처리 절차로서 수리를 규정한 경우는 제외) 행정청이 수리하여야 효력이 발생하는 것이다(행정기본법 제34조). 여기서 처분성이 문제되는 것은 자기완결적 신고이다. 한편 신고할 사항이 아님에도 신고한 경우의 수리행위는 처분에 해당하지 않는다(대판 2000.12.22. 99두455).

(1) 수리를 요하는 신고

수리를 요하는 신고는 수리행위가 있어야 그 효력이 발생하므로 신고수리 또는 신고수리거부는 행정처분에 해당한다. 판례는 건축법상 인 · 허가의제 효과를 수반하는 건축신고는 일반적인 건축신고와는 달리 수리를 요하는 신고에 해당한다고 하면서 그 수리거부행위가 처분에 해당한다는 전제에서 본안에 관한 판단을 하였다[대판(전합) 2011.1.20. 2010두14954].

(2) 지위승계신고

판례는 영업양도에 따른 지위승계신고에 대한 수리행위의 처분성을 인정한다. 즉 액화석유가스충전사업 지위승계신고 수리행위(대판 1993.6.8. 91누11544), 유원시설업자 지위승계신고 수리행위(대판 2012.12.13. 2011두29144)를 처분으로 보았다. 다만 이러한 수리행위의 법적 성질이 양도인에 대한 허가철회 및 양수인에 대한 허가라는 것은 행정행위편에서 설명하였다.

(3) 자기완결적 신고

자기완결적 신고는 수리를 그 효력발생요건으로 하지 않기 때문에 신고수리거부를 처분으로 보기 어려울 수 있으나, 판례는 분쟁의 조기 해결 등을 위해 건축법상 건축신고 반려행위[대판(전합) 2010.11.18. 2008두167], 건축법상 착공신고 반려행위(대판 2011.6.10. 2010두7321)의 처분성을 인정하였다.

11) 국가 · 지방자치단체 또는 그 기관을 상대로 한 처분

앞서 원고적격에서 본 바와 같이 판례는 법적 분쟁의 해결 또는 권리구제의 필요성이라는 관점에서 국가나 지방자치단체와 같은 행정주체뿐 아니라 국가기관 등 행정기관에 대한 행정처분을 예외적으로 인정하였다.

12) 반복된 처분

반복된 처분은 그 외형상 당초의 처분과 동일한 것으로 인식될 수 있어서 새로운 처분인지 아니면 당초처분을 유지 또는 철회하는 것인지 의문이 들 수 있다.

(1) 침해적 처분의 반복

판례는 공익근무요원 소집통지 이후 소집대상자의 원에 의하여 또는 직권으로 그 기일을 연기하고 나서 다시 공익근무요원 소집통지를 하였다고 하더라도 이는 최초의 공익근무요원 소집통지의 의무이행기일을 정하여 알려주는 연기통지에 불과하므로 독립된 처분에 해당하지 않는다고 하였다(대판 2005.10.28. 2003두14550). 판례는 제1차 철거명령 및 계고처분 이후의 제2차, 제3차의 계고처분은 새로운 철거의무를 부과하는 것이 아니라 대집행기한의 연기통지에 불과하여 처분이 아니라고 하였다(대판 1994.10.28. 94누5144).

판례는 직위해제처분 이후에 새로운 직위해제사유를 들어 다시 직위해제처분을 하면 종전의 직위해제처분은 묵시적으로 철회한 것으로 본다(대판 2003.10.10. 2003두5945). 또한 판례는 절차상 또는 형식상 하자로 인하여 행정처분이 무효로 되었다면 이후 다시 동일한 행정처분을 하더라도 이는 새로운 행정처분이라고 본다(대판 2014.3.13. 2012두1006).

(2) 반복된 거부처분

판례는 반복된 신청에 대한 거부의 처분성 인정 범위를 확대하였다. 최근에는 당초의 처분이 수익적 처분의 신청에 대한 거부처분이 아니라 직권으로 이루어진 처분이라 하더라도 마찬가지라고 보았다. 즉 판례는 지적재조사사업에서의 조정금에 대한 이의신청을 기각한 것의 처분성을 인정한 사건에서 “수익적 행정처분을 구하는 신청에 대한 거부처분이 있은 후 당사자가 다시 신청을 한 경우에는 신청의 제목 여하에 불구하고 그 내용이 새로운 신청을 하는 취지라면 관할 행정청이 이를 다시 거절하는 것은 새로운 거부처분이라고 보아야 한다 … 나아가 어떠한 처분이 수익적 행정처분을 구하는 신청에 대한 거부처분이 아니라고 하더라도, 해당 처분에 대한 이의신청의 내용이 새로운 신청을 하는 취지로 볼 수 있는 경우에는, 그 이의신청에 대한 결정의 통보를 새로운 처분으로 볼 수 있다”라고 판시하였다(대판 2022.3.17. 2021두53894).

당초 판례는 민원사항에 대한 거부처분에 불복하여 제기한 이의신청을 받아들이지 않는 결정은 종전의 거부처분을 유지한다는 의미에 불과하므로 새로운 처분에 해당하지 않는다고 보았다(대판 2012.11.15. 2010두8676). 그러나 이후의 다른 사안에서 판례는 이의신청을 새로운 신청을 볼 수 있는 경우라면 그에 대한 거부는 새로운 처분이라고 본다. 이에 따라 예방접종 피해보상 기각결정에 대한 이의신청을 기각한 결정의 처분성을 인정하였다(대판 2019.4.3. 2017두52764). 또한 이주대책 대상자 선정 신청에 대한 제외 결정이 있어 그에 대하여 이의신청을 하였는데 다시 이주대책 대상 제외 결정을 받은 경우, 뒤에 한 제외 결정의 처분성도 인정하였다(대판 2021.1.14. 2020두50324).

13) 변경처분

선행처분이 후행처분에 의해 변경되는 경우 무엇을 항고소송의 대상으로 삼아야 하는지 문제된다.

(1) 일반론

판례에 의하면 후행처분이 선행처분을 완전히 대체하거나 그 주요 부분을 실질적으로 변경하는 경우에는 선행처분의 효력이 상실되어 후행처분만이 항고소송의 대상이 되지만, 그렇지 아니한 경우에는 선행처분의 내용 중 일부를 변경하는 범위의 후행처분과 후행처분으로 변경되지 않은 범위의 선행처분이 가분적이라면 양자 모두를 항고소송의 대상으로 삼을 수 있다.

하지만 후행처분이 감액처분인 경우에는 감액되고 남은 선행처분을, 증액처분인 경우에는 후행처분을 각 항고소송의 대상으로 삼아야 한다는 것이 판례이다.

(2) 후행처분으로 선행처분이 실질적으로 변경된 것인지 문제된 경우

판례는 ① 대형마트영업시간제한등처분취소 사건에서 후행처분으로 선행처분에서의 의무휴업일 지정 부분은 그대로 유지하고 영업시간 제한 부분만 일부 변경('오전 0시부터 오전 8시까지'에서 '오전 0시부터 오전 10시까지'로 제한되는 영업시간 추가)한 경우에는 선행처분과 후행처분(선행처분의 유효를 전제로 추가된 부분)이 병존하여 선행처분을 다툴 소의 이익이 인정된다고 하였다[대판(전합) 2015.11.19. 2015두295]. 판례는 집단에너지사업변경허가취소 사건에서 파주 열병합발전소 설치에 관한 제2차 변경허가는 제1차 변경허가를 전제로 하여 종전의 최대열부하 및 시설 규모만 축소하는 정도로 사업내용을 조정하는 것이라서 제1차 변경허가(제2차 변경허가로 변경되지 않는 범위 내에서 존속하는 부분)와 제2차 변경허가(제1차 변경허가의 일부를 변경하는 부분)가 병존하는 것으로 보았다(대판 2012.12.13. 2010두20782 등). 또한 판례는 도선사업면허변경처분취소 사건에서 2차 변경처분은 1차 변경처분의 정원 부분만 일부 감축하는 것이라서 두 처분(1차 변경처분 중 정원의 일부를 직권으로 취소하는 2차 변경처분과 2차 변경처분으로 취소되지 않고 남아 있는 1차 변경처분)이 병존한다고 보았다(대판 2020.4.9. 2019두49953). ② 반면 판례는 정부출연금전액환수등처분취소 사건에서 2차 처분은 1차 처분에 대한 이의신청을 받아들이지 않는다는 것에 그치는 것이 아니라 다시 제재사유의 존부 및 그 내용을 다시 심의하여 새로운 처분을 한 것이므로 2차 처분으로 1차 처분의 주요 부분이 실질적으로 변경되어 1차 처분은 그 효력을 상실한다고 보았다(대판 2022.7.28. 2021두60748).

(3) 감액처분과 증액처분의 경우

판례는 과징금 감액처분은 별개 독립의 과징금 부과처분이 아니라 실질적으로 당초 과징금 부과처분을 변경하는 것이므로 당초 과징금 부과처분에서 감액되고 남은 부분이 항고소송의 대상이 되며, 감액된 부분의 취소를 구하는 것은 소의 이익이 없다고 하였다(대판 2017.1.12. 2015두2352). 또한 과세처분에서의 감액경정처분도 마찬가지라서 제소기간 준수 여부는 당초처분을 기준으로 판단하여야 한다고 본다(대판 1991.9.13. 91누391).

판례는 과세처분에서 증액경정처분의 경우 당초처분이 증액경정처분에 흡수되어 소멸되므로 증액경정처분만이 항고소송의 대상이 되고, 여기서 당초처분의 위법사유도 다툴 수 있다고 본다(대판 2009.5.14. 2006두17390). 다만 증액경정처분이 제척기간 도과 후에 이루어졌다면 증액부분만이 무효로 되고 당초처분은 유효하게 되는데, 당초처분은 증액경정처분이 있기 전에 이미 불가쟁력이 발생하여 확정되어 있었던 것이라면 그에 대하여 다시 다툴 수는 없다고 본다(대판 2004.2.13. 2002두9971).

Ⅵ. 재 결

1. 원처분주의

1) 의 의

행정소송법은 처분등의 개념에 행정심판의 재결을 포함시키고 있다. 따라서 재결에 대하여도 당연히 취소소송을 제기할 수 있다. 행정소송법은 이른바 원처분주의를 취하여 취소소송은 원칙적으로 원처분을 대상으로 하나, 재결 자체에 고유한 위법이 있음을 이유로 하는 재결에 대한 취소의 청구도 가능하다(제19조). 다시 말해 원처분의 하자를 주장하려면 재결이 있는 경우라 하더라도 원처분을 취소소송의 대상으로 삼아야 하는 것이 원처분주의이고 반드시 재결을 거쳐 재결의 취소를 구하여야 하는 것이 재결주의인데 행정소송법은 원처분주의를 취하고 있다.

2) 재결 자체에 고유한 위법이 있는 경우

원처분주의하에서도 '재결 자체에 고유한 위법이 있는 경우'에는 재결에 대하여 취소소송을 제기할 수 있다. 그 의미에 대하여 판례는 "여기에서 말하는 '재결 자체에 고유한 위법'이란 그 재결자체에 주체, 절차, 형식 또는 내용상의 위법이 있는 경우를 의미[한다]"고 본다(대판 2001.7.27. 99두2970). 예를 들어 행정심판위원회의 위원 중 결격자가 있거나 재결을 한 기관에게 그러한 권한이 없으면 주체상의 위법이고, 행정심판위원회의 의결 정족수(행정심판법 제7조 제6항, 제8조 제7항)를 위반하였으면 절차상의 위법이며, 서면(제46조 제1항)이 아닌 구두로 재결을 하면 형식상의 위법이다. 내용상의 위법도 재결 자체에 고유한 위법에 해당하는데, 주로 제3자효 있는 행정행위에서 제3자 또는 처분의 상대방이 제기한 행정심판청구가 인용되어 비로소 권익을 침해받게 되는 처분의 상대방 또는 제3자가 재결의 취소를 구할 때 문제된다. 물론 이에 국한되는 것은 아니다.

(1) 각하재결과 기각재결

행정심판청구가 적법함에도 각하재결을 하면 재결 자체에 고유한 내용상 하자가 있는 것이다(대판 2001.7.27. 99두2970). 또한 기각재결이 사정재결에 해당하는 경우라면 '인용재결이 공공복리에 크게 위배된다'는 사정재결의 요건이 충족하지 못하였다는 것은 내용상의 위법에 해당한다.

(2) 인용재결

행정심판청구가 부적법하여 각하재결하여야 하는데 인용재결을 한 경우는 내용상의 위법에 해당한다. 판례는 "소외 1 등 판시 10인의 행정심판청구인들은 인천시장의 1987.12.28.자 처분 및 1988.7.6.자 처분이 있었음을 1988.10.14.경에 이미 알았다고 할 것이므로 이들이 1990.6.22.자로 피고에게 제기한 이 사건 행정심판청구는 행정심판법 소정의 심판청구기간인 처분이 있음을 안 날로부터 60일을 도과하여 제기된 것임이 역수상 명백하고, 또한 1989.12.12.자 변경허가연장조치(갑 제25호증 기재에 담긴 내용)는 원고가 인천시장에게 액화석유가스용기충전소 현대화시설연기요청을 서면으로 제출한 데 대한 회신의 형식으로 그 서면상의 사항에 대한 인식을 위한 관념의 통지에 불과하고 새로운 권리를 설정하거나 의무를 부과하는 것이 아니므로 이를 행정처분이라고 볼 수는 없는 것이라 할 것이어서 이를 대상으로 하여 재결하고 그 취소를 명한 이 사건 재결은 그 처분대상을 결여한 것이라 할 것이며, 따라서 피고의 이 사건 재결은 그 절차에 있어서 위와 같은 점들을 간과한 잘못이 있어 그 재결 자체에 고유한 위법이 있는 경우에 해당한다"라고 판시하였다(대판 1993.8.24. 92누1865).

제3자효 있는 행정행위에 대한 행정심판청구의 인용재결은 원처분과 다른 내용을 가지는 것이므로 인용재결의 취소를 구하는 것은 내용상의 위법을 주장하는 것이 된다. 판례도 "이른바 복효적 행정행위, 특히 제3자효를 수반하는 행정행위에 대한 행정심판청구에 있어서 그 청구를 인용하는 내용의 재결로 인하여 비로소 권리이익을 침해받게 되는 자(예컨대, 제3자가 행정심판청구인인 경우의 행정처분의 상대방 또는 행정처분의 상대방이 행정심판청구인인 경우의 제3자)는 그 인용재결에 대하여 다툴 필요가 있고, 그 인용재결은 원처분과 내용을 달리하는 것이므로 그 인용재결의 취소를 구하는 것은 원처분에는 없는 재결에 고유한 하자를 주장하는 셈이어서 당연히 항고소송의 대상이 된다"라고 판시하였다(대판 1997.12.23. 96누10911).

3) 개별적 검토

원처분주의에 따른다고 하더라도 형성재결에 의해 원처분이 전부취소되거나 이행명령재결에 따른 행정처분으로 원처분이 일부취소된다면 무엇을 소송의 대상으로 삼아 원처분의 하자를 주장할 수 있는지 문제될 수 있다. 반면 재결 자체에 고유한 위법이 있다면 이는 재결을 대상으로 한 취소소송에서 주장하면 된다.

(1) 형성재결의 경우

가) 전부취소재결

전부취소재결이 있으면 원처분은 소멸되므로 재결을 행정소송의 대상으로 삼아야 한다. 판례도 "이 사건 재결과 같이 그 인용재결청인 피고 스스로가 직접 이 사건 사업계획승인처분을 취소하는 형성적 재결을 한 경우에는 그 재결 외에 그에 따른 행정청의 별도의 처분이 있지 않기 때문에 재결 자체를 쟁송의 대상으로 할 수밖에 없다"라고 판시하였다(대판 1997.12.23. 96누10911). 다만 이때에는 원처분의 하자가 인정된 것이므로 재결 자체의 고유한 위법을 다투는 경우에 해당한다.

따라서 전부취소재결로 소멸된 원처분에 대하여 별도로 취소처분이 이루어졌다고 하더라도 이는 원처분이 취소되어 소멸되었음을 알려주는 의미밖에 없어서 행정처분에 해당하지 않는다. 즉 판례는 "행정심판법 제32조 제3항에 의하면 재결청은 취소심판의 청구가 이유 있다고 인정할 때에는 처분을 취소 · 변경하거나 처분청에게 취소 · 변경할 것을 명한다고 규정하고 있으므로, 행정심판 재결의 내용이 처분청에게 처분의 취소를 명하는 것이 아니라 재결청이 스스로 처분을 취소하는 것일 때에는 그 재결의 형성력에 의하여 당해 처분은 별도의 행정처분을 기다릴 것 없이 당연히 취소되어 소멸되는 것이라 할 것인바 … 기록에 의하면 이 사건 취소재결은 피고가 재결청의 지위에서 스스로 원고에 대한 위 의약품제조품목허가처분을 취소한 이른바 형성재결임이 명백하므로, 원고에 대한 의약품제조품목허가처분은 이 사건 취소재결에 의하여 당연히 취소 · 소멸되었고, 그 이후에 다시 위 허가처분을 취소한 이 사건 처분은 이 사건 취소재결의 당사자가 아니어서 그 재결이 있었음을 모르고 있는 원고에게 위 허가처분이 취소 · 소멸되었음을 확인하여 알려주는 의미의 사실 또는 관념의 통지에 불과할 뿐 위 허가처분을 취소 · 소멸시키는 새로운 형성적 행위가 아니므로 항고소송의 대상이 되는 처분이라고 할 수 없다. 그럼에도 불구하고 원심이 이 사건 처분이 항고소송의 대상이 되는 새로운 행정처분으로 보고 본안에 들어가 판단하였으니 거기에는 항고소송의 대상이 되는 처분에 관한 법리오해의 위법이 있다"라고 판시하였다(대판 1998.4.24. 97누17131).

나) 일부취소재결 또는 변경재결

일부취소재결이나 변경재결이 있으면 원처분주의에 따라 일부취소되고 남은 원처분이나 변경된 원처분을 대상으로 행정소송을 제기하여야 한다. 예를 들어 일부취소재결에 따라 과징금이 100만원에서 50만원으로 감경되면 50만원의 과징금부과처분을, 변경재결에 따라 영업정지가 과징금으로 변경되었다면 과징금부과처분을 각 행정소송의 대상으로 삼아야 한다. 이때 청구취지의 처분일자도 원처분을 기준으로 기재하여야 한다.

판례도 변경재결로 감봉 1월의 징계처분이 견책으로 변경된 경우 견책의 하자는 변경재결 자체에 고유한 위법이 아니라고 하여 견책을 취소소송의 대상으로 삼아야 한다는 취지로 판시하였다. 즉 "항고소송은 원칙적으로 당해 처분을 대상으로 하나, 당해 처분에 대한 재결 자체에 고유한 주체, 절차, 형식 또는 내용상의 위법이 있는 경우에 한하여 그 재결을 대상으로 할 수 있다고 해석되므로, 원고에 대한 감봉 1월의 징계처분을 견책으로 변경한 피고의 이 사건 소청결정 중 원고를 견책에 처한 조치는 재량권의 남용 또는 그 범위를 일탈한 것으로서 위법하다는 사유는 이 사건 소청결정 자체에 고유한 위법을 주장하는 것으로 볼 수 없어, 이는 이 사건 소청결정의 취소사유가 될 수 없는 것[이다]"라고 판시하였다(대판 1993.8.24. 93누5673).

다) 거부처분에 대한 취소재결

판례는 거부처분에 대한 취소재결이 있으면 행정청은 재처분의무에 따라 후속처분을 하게 되므로 후속처분을 대상으로 하여 행정소송을 제기하여야 하는 것이지 취소재결의 취소를 구하는 것은 분쟁해결의 유효적절한 수단이라고 할 수 없어 소의 이익이 없다고 한다(대판 2017.10.31. 2015두45045).

(2) 변경명령재결의 경우

판례는 변경명령재결에 따라 행정청이 당초처분을 변경하는 변경처분을 한 경우에 변경된 내용의 당초처분이 위법하다고 주장하려면 변경된 당초처분을 대상으로 하여 행정소송을 제기하여야 하며 제소기간의 준수 여부도 변경된 내용의 당초처분을 기준으로 하여야 한다고 본다(대판 2007.4.27. 2004두9302).

4) 재결 자체에 고유한 위법이 없는 경우

재결을 취소소송의 대상으로 삼았으나 재결 자체에 고유한 위법이 없는 경우에는 각하판결과 기각판결 중 어느 것을 하여야 하는지 문제된다. 다시 말해 행정소송법 제19조 단서에 규정된 "재결취소소송은 재결 자체에 고유한 위법이 있음을 이유로 하는 경우에 한한다"는 것이 소송요건인지 본안판단사항인지 문제된다.

판례는 각하판결에서 "원고가 내세우는 이 사건 취소소송은 피고가 소외 성업공사에게 대행시켜 진행하는 원고 소유의 공매재산에 대한 매각예정가격이 너무나 저렴하여 동 매각예정가격의 결정은 부당하여 취소되어야 한다는 것으로서 피고의 재결인 위 이의신청각하처분 자체에 고유한 위법이 있음을 이유로 하는 것이 아니므로 이는 취소소송의 대상이 되는 처분이라고 볼 수 없다"라고 판시하였다(대판 1989.10.24. 89누1865). 반면 기각판결에서는 "재결취소소송의 경우에는 재결자체에 고유한 위법이 있는지 여부를 심리할 것이고, 재결 자체에 고유한 위법이 없는 경우에는 원처분의 당부와는 상관없이 당해 재결취소소송은 이를 기각하여야 할 것[이다]"라고 판시하였다(대판 1994.1.25. 93누16901).

검토하면 행정소송법 제19조의 법문언상 재결이 취소소송의 대상적격을 갖추려면 재결 자체에 고유한 위법이 있음을 주장하여야 하는 것이므로 이러한 주장 자체가 없다면 대상적격 흠결로 부적법하여 각하판결을 하여야 할 것이다. 반면 재결 자체에 고유한 위법이 있음을 주장하였으나 그 주장이 받아들여지지 아니한 경우에는 기각판결을 하면 된다.

2. 원처분주의의 예외로서 재결주의

1) 의 의

개별법에서 행정심판의 필요적 전치를 전제로 하여 원처분의 하자와 재결 자체의 고유한 하자 모두 재결에 대한 취소소송에서 주장하도록 하는 재결주의를 규정한 경우가 있다. 이는 원처분주의의 예외에 해당한다.

예를 들어 ① 지방노동위원회의 구제명령에 불복하려면 중앙노동위원회에 재심을 신청하여야 하고 중앙노동위원회의 재심판정에 대하여는 행정소송을 제기하여야 한다(근로기준법 제31조, 노동조합 및 노동관계조정법 제85조, 노동위원회법 제26조, 제27조; 대판 1995.9.15. 95누6724). ② 감사원의 변상판정에 대한 재심의판결을 다투려면 감사원을 당사자로 하여 행정소송을 제기하여야 하는데(감사원법 제36조, 제39조 제1항), 판례는 "감사원의 변상판정처분에 대하여서는 행정소송을 제기할 수 없고 재결에 해당하는 재심의 판정에 대하여서만 감사원을 피고로 하여 행정소송을 제기할 수 있는 것이다"라고 하여 재결주의로 보고 있다(대판 1984.4.10. 84누91). 그런데 재심의판결이 재결인지는 다소 의문이다.

2) 교원소청심사위원회의 결정과 중앙토지수용위원회의 이의재결의 경우

교원소청심사위원회의 결정과 중앙토지수용위원회의 이의재결에 대한 재결주의

적용에 관하여는 문제가 되는 부분이 있다.

(1) 교원소청심사위원회의 결정

교원소청심사위원회는 각급학교 교원의 징계처분과 그 밖에 그 의사에 반하는 불리한 처분(교육공무원법 제11조의4 제4항 및 사립학교법 제53조의2 제6항에 따른 교원에 대한 재임용 거부처분 포함)에 대한 소첨심사를 하기 위하여 교육부에 설치된 것인데(교원지위법 제7조 제1항), 소청심사청구에 대한 소청심사위원회의 결정에 대하여는 교원, 학교법인, 사립학교 경영자 등 당사자(공공단체는 제외)는 그 결정서를 송달받은 날부터 30일 이내에 행정소송을 제기할 수 있다(제10조 제4항). 이때 그 해석상 소청심사청구에서의 피청구인이 된 학교의 장도 소청심사위원회의 결정에 대하여 행정소송을 제기할 수 있는 당사자능력과 당사자적격을 갖는다는 것이 판례이다(대판 2011.6.24. 2008두9317).

사립학교 교원에 대한 징계처분 등은 행정처분에 해당하지 아니하므로 민사소송을 제기하거나 교원소청심사를 청구할 수 있는데, 후자의 경우 교원소청심사위원회의 결정은 재결이 아니라 행정처분에 해당하므로 이에 대하여 행정소송을 제기하여야 한다(대판 1993.2.12. 92누13707).

반면 국 · 공립학교 교원의 경우에는 교원소청심사위원회의 결정이 재결에 해당하는데 교원지위법은 위 결정에 대하여 행정소송을 제기하는 것으로 규정하고 있어서 재결주의에 해당하는 것인지 문제되는데, 판례는 원처분주의로 본다(대판 2009.10.15. 2009두11829). 이는 교원이 아닌 일반 공무원의 경우 원처분주의가 적용됨을 고려하면 수긍할 수 있는 것이다(국가공무원법 제16조, 지방공무원법 제20조의2).

(2) 중앙토지수용위원회 이의재결의 경우

중앙토지수용위원회 또는 지방토지수용위원회의 수용재결은 처분에 해당하고 이를 다툴 때에는 이의신청을 하거나 행정소송을 제기할 수 있다(제83조, 제85조). 그런데 중앙토지수용위원회의 이의신청에 대한 재결에 불복하여 행정소송을 제기하는 경우 수용재결과 이의재결 중 무엇을 대상으로 하여야 하는지 의문이 들 수 있다.

판례는 원처분주의에 따라 수용재결을 대상으로 하여야 한다는 입장이다(대판 2010.1.28. 2008두1504). 토지보상법 제85조 제1항에는 "제34조에 따른 재결에 불복할 때에는 … 이의신청에 대한 재결서를 받은 날부터 60일 이내에게 각각 행정소송을 제기할 수 있다"라고 규정되어 있고 제34조에 따른 재결은 수용재결이므로 판례의 입장을 수긍할 수 있다.

제 6 절 취소소송의 제기

Ⅰ. 취소소송 제기의 요건

취소소송은 행정소송법에서 규정한 원고가 행정청의 위법한 행정처분에 대하여 피고적격을 가진 행정청을 피고로 일정한 기간 내에 필요한 전심절차를 거쳐 적법하게 제기하여야 한다. 따라서 취소소송의 제기요건으로는 원고적격, 위법한 처분등, 피고적격, 제소기간, 예외적 행정심판전치주의 등의 요건이 요구되며, 이 요건이 적법하게 충족되면 본안에 대한 심리에 들어가 본안청구의 이유유무를 가리게 된다. 아래에서는 이전의 논의와 중복을 피하기 위하여 처분등의 위법성, 제소기간, 예외적 행정심판전치주의에 대하여만 설명하기로 한다.

Ⅱ. 처분등의 위법성

행정처분의 객관적 위법성은 본안에 대한 이유의 유무에 관련되는 문제이다. 반면 소송요건으로서의 위법성은 위법한 처분등으로 인하여 원고의 법률상 이익이 침해되었다는 주장을 말한다.

Ⅲ. 제소기간

행정심판에서와 같이 위법한 행정처분에 대한 취소소송은 행정소송법이 규정한 기간 내에 제기되어야 한다. 단기 또는 장기의 제소기간 중 어느 하나라도 경과하면 행정행위에 불가쟁력이 발생하여 흠의 승계, 처분의 재심사 등 예외적인 사유가 존재하지 않는 한 더 이상 처분의 위법성을 다툴 수 없다.

1. 단기의 주관적 제소기간

취소소송은 처분등이 있음을 안 날부터 또는 해당 처분등에 대한 적법한 행정심판청구가 있어 그 재결서 정본을 송달받은 날부터 90일 이내에 제기하여야 한다(제20조 제1항). 위 제소기간은 불변기간이고(제3항) 소송행위의 추후보완이 가능하다(제8조 제2항, 민사소송법 제173조).

1) 행정심판청구를 하지 않은 경우

(1) 일반적인 경우

취소소송은 처분등이 있음을 안 날부터 90일 이내에 제기하여야 한다(행정소송법

제20조 제1항 본문). 이러한 주관적 제소기간의 기산점은 '현실적으로 안 날'을 말한다. 판례도 "행정소송법 제20조 제1항이 정한 제소기간의 기산점인 '처분 등이 있음을 안 날'이란 통지, 공고 기타의 방법에 의하여 당해 처분 등이 있었다는 사실을 현실적으로 안 날을 의미하므로, 행정처분이 상대방에게 고지되어 상대방이 이러한 사실을 인식함으로써 행정처분이 있다는 사실을 현실적으로 알았을 때 행정소송법 제20조 제1항이 정한 제소기간이 진행한다고 보아야 하고 … 처분서가 처분상대방의 주소지에 송달되는 등 사회통념상 처분이 있음을 처분상대방이 알 수 있는 상태에 놓인 때에는 반증이 없는 한 처분상대방이 처분이 있음을 알았다고 추정할 수 있다 … 또한 우편물이 등기취급의 방법으로 발송된 경우 그것이 도중에 유실되었거나 반송되었다는 등의 특별한 사정에 대한 반증이 없는 한 그 무렵 수취인에게 배달되었다고 추정할 수 있다"라고 판시하였다(대판 2017.3.9. 2016두60577).

(2) 처분이 고시 · 공고 등 공고문서로 이루어진 경우

행정처분이 공고문서로 이루어지는 경우에는 ① 불특정 다수를 대상으로 하는 처분, ② 그 상대방이 특정되는 처분, ③ 송달불능인 경우의 처분 등 세 가지가 있고, 기산점이 서로 다름을 유의하여야 한다.

가) 불특정 다수를 대상으로 하는 처분

불특정 다수를 대상으로 하는 처분이 고시나 공고로 이루어진 경우에는 그 행정처분에 이해관계를 가지는 사람이 이를 현실적으로 알았는지 여부에 관계없이 그 효력발생일이 안 날이 된다(대판 2017.6.8. 2015두38573). 그리고 효력발생일은 고시 · 공고 등 행정기관이 일정한 사항을 일반에 알리기 위한 공고문서에 특별한 규정이 있는 경우가 아니라면 그 고시 또는 공고가 있은 후 5일이 경과한 날부터 효력을 발생한다(행정업무규정 제6조 제3항; 대판 2013.3.14. 2010두2623). 공고문서에 효력발생일을 명시한 예로는 청소년유해매체물 결정 및 고시처분에 관한 판례 사안이 있다(대판 2007.6.14. 2004두619).

나) 그 상대방이 특정되는 처분

개별토지가격결정처럼 그 효력이 개별적으로 발생하여 그 상대방이 특정되는 경우에는 개별적으로 안 날이 제소기간의 기산점이 된다. 즉 판례는 "통상 고시 또는 공고에 의하여 행정처분을 하는 경우에는 그 처분의 상대방이 불특정 다수인이고 그 처분의 효력이 불특정 다수인에게 일률적으로 똑같이 적용됨으로 인하여 고시일 또는 공고일에 그 행정처분이 있음을 알았던 것으로 의제하여 행정심판청구기간을 기산하는 것이나, 개별토지가격결정에 있어서는 그 처분의 고지방법에 있어 위 훈령의 규정에 의하여 행정편의상 일단의 각 개별토지에 대한 가격결정을 일괄하여 읍 · 면 · 동의

게시판에 공고하는 것일 뿐 그 처분의 효력은 각각의 토지 또는 각각의 소유자에 대하여 각별로 효력을 발생하는 것이므로, 이러한 개별토지가격결정처분의 특수성을 고려할 때 재조사 또는 행정심판의 청구기간의 기산일을 정함에 있어 위의 일반적인 고시 또는 공고의 경우와 같은 의제는 적절하지 아니하고, 따라서 개별토지가격결정의 공고는 공고일로부터 그 효력을 발생하지만 그 처분의 상대방인 토지소유자 및 이해관계인이 공고일에 개별토지가격결정처분이 있음을 알았다고까지 의제할 수는 없다 할 것이다"라고 하면서 "결국 개별토지가격결정에 대한 재조사 또는 행정심판의 청구기간은 그 처분의 상대방이 실제로 그 처분이 있음을 안 날로부터 기산하여야 할 것이고, 따라서 위 훈령 제12조의2 제1항 소정의 "개별토지가격이 결정된 날로부터"는 위와 같은 의미로 해석하여야 할 것이다. 그러나 시장, 군수 또는 구청장이 개별토지가격결정을 그 처분의 상대방에 대하여 별도의 고지절차를 취하지 않는 이상 토지소유자 및 이해관계인이 위 처분이 있음을 알았다고 볼 경우는 그리 흔치 않을 것이므로, 특별히 위 처분을 알았다고 볼만한 사정이 없는 한 개별토지가격결정에 대한 재조사청구 또는 행정심판청구는 행정심판법 제18조 제3항 소정의 처분이 있은 날로부터 180일 이내에 이를 제기하면 될 것이다"라고 판시하였다(대판 1993.12.24. 92누17204). 한편 부동산공시법상 표준지공시지가와 개별공시지가는 국토교통부장관이 필요하다고 인정하는 경우 개별적으로 통지할 수 있다(제3조 제3항, 제10조 제8항, 같은 법 시행령 제4조 제2항, 제21조 제3항, 제4조 제2항).

다) 송달불능인 경우의 처분

주소불명 등 이유로 송달할 수 없어 공고한 경우는 처분의 상대방이 현실적으로 안 날이 기산점이다. 판례도 "행정소송법 제20조 제1항 소정의 제소기간 기산점인 '처분이 있음을 안 날'이라 함은 당사자가 통지, 공고 기타의 방법에 의하여 당해 처분이 있었다는 사실을 현실적으로 안 날을 의미하는바, 특정인에 대한 행정처분을 주소불명 등의 이유로 송달할 수 없어 관보 · 공보 · 게시판 · 일간신문 등에 공고한 경우에는, 공고가 효력을 발생하는 날에 상대방이 그 행정처분이 있음을 알았다고 볼 수는 없고, 상대방이 당해 처분이 있었다는 사실을 현실적으로 안 날에 그 처분이 있음을 알았다고 보아야 한다"라고 판시하였다(대판 2006.4.28. 2005두14851).

2) 행정심판을 적법하게 청구한 경우

(1) 다른 법률에 당해 처분에 대한 행정심판의 재결을 거치지 아니하면 취소소송을 제기할 수 없다는 규정이 있는 경우, 그 밖에 행정심판청구를 할 수 있는 경우, 행정청이 행정심판청구를 할 수 있다고 잘못 알린 경우에 행정심판청구가 있은 때의 주관적 제소기간은 재결서의 정본을 송달받은 날부터 기산한다(제20조 제1항 단서).

그런데 이때 행정심판청구는 적법한 것이어야 한다. 판례도 "처분이 있음을 안 날부터 90일 내에 행정심판을 청구하지도 않고 취소소송을 제기하지도 않은 경우에는 그 후 제기된 취소소송은 제소기간을 경과한 것으로서 부적법하고, 처분이 있음을 안 날부터 90일을 넘겨 청구한 부적법한 행정심판청구에 대한 재결이 있은 후 그 재결서를 송달받은 날부터 90일 내에 원래의 처분에 대하여 취소소송을 제기하였다고 하여 그 취소소송이 다시 제소기간을 준수한 것으로 되는 것은 아니다"라고 판시하였다(대판 2011.11.24. 2011두18786). 따라서 원고가 행정심판을 청구하는 경우 청구기간을 처음부터 꼼꼼히 살펴야 후에 취소소송의 제기도 적법한 것으로 판단될 수 있다.

(2) 행정소송법 제20조 제1항의 '행정심판'은 일반행정심판과 특별행정심판을 말한다(대판 2019.4.3. 2017두52764). 이처럼 행정심판이 일반행정심판과 특별행정심판을 의미한다면 그와 구별이 어려운 이의신청을 거쳤는데 해당 이의신청이 행정심판에 해당하지 않는 것으로 판단되는 경우에는 제소기간 도과로 부당한 결과에 이르게 될 수도 있다. 이를 방지하기 위하여 행정기본법은 이의신청에 대한 결과를 통지받은 날을 행정심판 청구기간 또는 행정소송 제소기간의 기산점으로 규정하였다(제36조 제4항, 제5항).

예를 들어 행정기본법이 제정되기 전의 판례는 민원처리법상 이의신청(대판 2012.11.15. 2010두8676)이나 공공감사법상 재심의신청(대판 2014.4.24. 2013두10809)은 일반행정심판이나 특별행정심판에 해당하지 아니하므로 행정심판을 거친 경우의 제소기간 특례가 적용되지 않는다고 판시하였다. 그러나 이제는 이러한 경우 행정기본법 제36조 제5항 및 제4항에 따른 제소기간의 특례가 적용되는 것이다.

2. 장기의 객관적 제소기간

취소소송은 처분등이 있은 날부터 또는 행정소송법 제20조 제1항 단서에 따라 적법하게 행정심판을 거친 경우에는 재결이 있은 날부터 1년을 경과하면 정당한 사유가 없는 한 이를 제기하지 못한다(제20조 제2항).

1) 행정심판청구를 하지 않은 경우

취소소송은 처분등이 있은 날부터 1년을 경과하면 이를 제기하지 못한다(제20조 제2항 본문). 판례는 '처분등이 있은 날'에 관하여 "상대방이 있는 행정처분의 경우는 특별한 규정이 없는 한 의사표시의 일반적 법리에 따라 그 행정처분이 상대방에게 고지되어 효력이 발생한 날을 말한다"고 판시하였다(대판 1990.7.13. 90누2284). 여기서 고지는 통상 송달에 의하며 송달은 도달로 그 효력이 발생한다(행정절차법 제14조, 제15조). 판례는 '도달'에 관하여 "행정처분의 효력발생요건으로서의 도달이란 처분상대방이 처분서의 내용을 현실적으로 알았을 필요까지는 없고 처분상대방이 알 수 있는 상태에 놓임으로써 충분하며, 처분서가 처분상대방의 주민등록상 주소지로 송달되어 처분상대방의 사무원 등 또는 그 밖에 우편물 수령권한을 위임받은 사람이 수령하면 처분상대방이 알 수 있는 상태가 되었다고 할 것"이라고 하였다(대판 2017.3.9. 2016두60577).

2) 행정심판을 적법하게 청구한 경우

행정소송법 제20조 제1항 단서의 행정심판청구가 있은 경우에는 재결이 있은 날부터 1년을 경과하면 정당한 사유가 없는 한 취소소송을 제기하지 못한다(제20조 제2항). 여기서 '재결이 있은 날'은 재결의 효력발생일이다. 재결은 청구인에게 재결서의 정본이 송달되었을 때 그 효력이 생긴다(행정심판법 제48조 제2항). 그런데 재결서의 정본 송달일은 단기의 주관적 제소기간의 기산점이기도 하므로 장기의 제소기간은 특별한 의미가 없게 된다.

여기서 정당한 사유에 관하여 판례는 "“정당한 사유”란 불확정 개념으로서 그 존부는 사안에 따라 개별적, 구체적으로 판단하여야 하나 민사소송법 제160조(소송행위의 추완)의 "당사자가 그 책임을 질 수 없는 사유"나 행정심판법 제18조 제2항 소정의 "천재, 지변, 전쟁, 사변 그밖에 불가항력적인 사유"보다는 넓은 개념이라고 풀이되므로, 제소기간도과의 원인 등 여러 사정을 종합하여 지연된 제소를 허용하는 것이 사회통념상 상당하다고 할 수 있는가에 의하여 판단하여야 한다"고 하면서 "원고가 약식명령에 대한 정식재판을 청구하고 그 판결을 기다리고 있었다는 사정은 위 규정에서 말하는 정당한 사유에 해당한다고 볼 수 없다"라고 판시하였다(대판 1991.6.28. 90누6521).

Ⅳ. 예외적 행정심판전치주의

1. 개 설

행정심판전치주의란 취소소송이나 부작위위법확인소송을 제기함에 있어서 사전적으로 행정심판을 반드시 거치도록 하는 제도이다. 이미 행정심판제도에서 언급한 바와 같이 행정심판전치주의는 행정청에 처분에 대한 반성의 기회를 부여하고 행정사건에 대한 행정심판위원회의 전문성을 활용한다는 취지에서 도입된 것이다. 더 나아가 행정심판은 개인의 권익구제제도로서 소송에 의한 비용과 시간을 절약하고 법원의 부담을 경감하는 기능도 수행한다. 이러한 의미에서 헌법 제107조 제3항은 재판의 전심절차로서 행정심판을 할 수 있도록 규정하여 행정심판에 대한 헌법적 근거를 마련하고 행정심판이 가지는 권익구제기능을 의식하여 행정심판에는 사법절차가 준용됨을 분명히 하였다.

한편 종래의 행정심판제도에 대한 비판에 따라 행정심판법을 개정하여 권익구제 제도로서의 위상을 제고함과 동시에 행정소송법을 개정하여 행정심판의 전치 여부를 원칙적으로 당사자의 선택에 맡기게 되었다. 다시 말해 행정심판전치주의는 다른 법률에 당해 처분에 대한 행정심판의 재결을 거치지 아니하면 취소소송이나 부작위위법확인소송을 제기할 수 없다는 규정이 있는 때에만 요구된다(행정소송법 제18조 제1항 단서, 제38조 제2항). 이는 예외적 행정심판전치주의라고 할 수 있다.

2. 행정심판전치주의의 적용대상

다른 법률에 행정심판전치주의가 규정되어 있는 예로는 ① 국가공무원법상 징계처분, 그 밖에 본인의 의사에 반한 불리한 처분이나 부작위에 관한 소청심사(제16조), ② 지방공무원법상 소청심사(제20조의2), ③ 교육공무원법상 교원소청심사(제53조 제1항), ④ 과세처분에 대한 심사청구 또는 심판청구(국세기본법 제56조 제2항), ⑤ 운전면허취소처분 등 도로교통법상 처분(제142조)이 있다. 이때 행정심판전치주의의 적용대상과 관련하여 다음과 같이 검토할 문제가 있다.

1) 취소소송과 부작위위법확인소송

취소소송과 행정심판의 관계에 관한 행정소송법의 규정(제18조)은 항고소송 중 부작위위법확인소송에는 준용되나(제38조 제2항) 무효등확인소송에는 그렇지 않다(제1항). 또한 행정심판에는 항고심판만 있고 당사자심판은 없다. 따라서 행정심판전치주의는 항고소송 중 취소소송과 부작위위법확인소송에는 적용되나 무효등확인소송에는 적용되지 않는다. 다시 말해 무효등확인소송의 경우에는 행정심판을 거치거나 거치지 않고 제기할 수 있다.

2) 무효선언 의미에서의 취소소송

행정행위의 무효는 무효확인소송을 통하여 주장하며 여기에는 행정심판전치주의에 관한 규정의 적용이 없음은 이미 살펴보았다. 그런데 무효선언 의미에서의 취소소송은 외형상 취소소송에 해당하므로 행정심판전치주의가 적용되는지 등의 문제에 대하여 견해의 대립이 있다.

적극설은 비록 행정행위의 무효를 구하는 소송이라고 하더라도 그 외형이 취소소송의 형태를 띠는 이상 여기에는 행정심판전치주의나 제소기간 등이 적용된다고 본다. 소극설은 비록 외형상 취소소송의 형태에 의한 무효주장이라 하더라도 그 실질적인 내용은 행정행위의 무효확인을 구하는 소송이므로 여기에는 행정심판전치주의 등 취소소송 제기의 요건이 적용되지 않는다는 것이다. 판례는 “과세처분의 무효선언을 구하는 의미에서 그 취소를 구하는 소송이라도 전심절차를 거쳐야 [한다]"고 하여 적극설의 입장이다(대판 1990.8.28. 90누1892).

그러나 소송의 제기방식에도 불구하고 종국적으로는 행정행위의 무효를 다투는 것이므로 소극설의 논리가 보다 타당하다. 그러므로 행정소송법 제18조 제1항 단서에 따라 행정심판전치주의가 적용되는 경우에도 무효선언 의미에서의 취소소송에는 행정심판전치주의나 제소기간의 적용은 없다고 보아야 한다.

3) 제3자에 의한 취소소송의 제기와 행정심판전치주의

제3자효적 행정행위에 의하여 법률상 이익을 침해받은 제3자는 행정소송법 제12조에 의하여 취소소송의 원고적격을 가지므로 위법한 처분에 대한 취소소송을 제기할 수 있다. 그런데 행정심판전치주의가 적용되는 경우 제3자도 처분의 상대방과 마찬가지로 취소소송 전에 행정심판을 거쳐야 하는지 문제된다.

이에 대한 견해로는 적극설과 소극설이 있는데, 판례는 적극설의 입장이다. 즉 행정심판전치주의에 따른 구 행정소송법에서의 판례는 "행정심판법 제18조 제3항에 보면 심판청구는 처분이 있은 날로부터 180일을 경과하면 제기하지 못한다. 다만, 정당한 사유가 있는 경우에는 그러하지 아니하다고 규정하고 있는 바, 행정처분의 직접 상대방이 아닌 제3자는 특별한 사정이 없는 한 그와 같은 행정처분이 있음을 곧 알 수 없는 처지이므로 위 심판청구의 제척기간내에 처분이 있음을 알았다는 특별한 사정이 없는 한 위 제척기간의 적용을 배제할 정당한 사유가 있는 때에 해당한다고 볼 수 있다"라고 하면서 "결국 행정처분의 상대방이 아닌 제3자는 행정심판법 제18조 제3항 본문 소정의 제척기간에 심판청구가 가능하였다는 특별한 사정이 없는 한 그 제척기간에 구애됨이 없이 행정심판을 제기할 수 있으나, 어떠한 경우에도 행정심판을 제기함이 없이 곧바로 행정소송을 제기할 수는 없다고 보아야 할 것이다"고 판시하였다(대판 1989.5.9. 88누5150).

3. 행정심판전치주의의 내용

1) 행정심판의 범위

행정심판전치주의에서 행정심판은 원칙적으로 행정심판법에서 규정한 형식적 의미의 행정심판을 의미한다. 그러나 이에 그치지 않고 개별법에 의한 이의신청, 심사청구, 심판청구, 소청심사 등 실질적으로 취소소송을 제기하기 이전에 법령 또는 당사자의 의사에 의하여 거치는 실질적 의미의 행정심판을 포함한다.

앞서 행정심판편에서 언급한 바와 같이 구 감사원법상 심사청구에 대하여 판례는 이를 실질적 의미의 행정심판으로 보지 않았으나(대판 1990.10.26. 90누5528), 현행 감사원법 제46조의2는 심사청구 및 결정을 거친 행정기관의 장의 처분에 대하여는 해당 처분청을 당사자로 하여 해당 결정의 통지를 받은 날부터 90일 이내에 행정소송을 제기할 수 있는 길을 열어두어 이 문제를 입법적으로 해결하였다.

2) 2단계 이상의 행정심판

구 국세기본법은 위법한 조세부과처분에 대한 취소소송을 제기하기 이전에 이의신청을 제외하고 심사청구와 심판청구는 반드시 사전적으로 거칠 것을 요구하고 있었다. 그러나 국세기본법의 개정에 따라 납세자는 두 절차 중 어느 하나만을 거쳐 행정소송을 제기할 수 있다. 구 구세기본법처럼 2단계 이상의 행정심판을 개별법이 요구하는 경우가 아니라면, 일반적으로 둘 이상의 행정심판절차가 규정된 경우에는 한 번의 행정심판을 거치는 것으로 족하다 할 것이다. 그러나 이 역시 행정심판법 제18조 제1항 단서에 따라 다른 법률에 의하여 행정심판전치주의가 요구되는 경우에 해당하지 않는 한 원칙적으로 큰 의미는 없다.

3) 부적법한 행정심판의 제기와 행정심판위원회의 본안재결

행정심판법 제18조 제1항 단서에 따라 다른 법률에 의하여 행정심판전치주의가 요구되는 경우에 이를 거치지 아니하거나 그 청구기간을 도과하여 행정심판이 청구되면 그 심판청구는 부적법하다. 따라서 행정심판위원회는 이에 대하여 각하재결을 한다.

그런데 행정심판청구의 요건이 충족되지 않은 부적법한 심판청구에 대하여 행정심판위원회가 본안에 대한 재결을 하는 경우에 그 흠은 치유되고 행정심판전치주의의 요건은 충족되는 것일까? 이에 대하여 판례는 부정적이다. 구 행정소송법에서의 판례는 "만약 어떤 행정심판청구가 기간도과로 인하여 부적법한 경우에는 행정소송 역시 전치의 요건을 충족치 못한 것이 되어 부적법각하를 면치 못하는 것이고, 이 점은 행정청이 행정심판의 제기기간을 도과한 부적법한 심판에 대하여 그 부적법을 간과한 채 실질적 재결을 하였다 하더라도 달라지는 것이 아니다"라고 판시하였다(대판 1991.6.25. 90누8091).

반면에 행정심판이 요구되는 경우에 이를 거치지 않고 취소소송이 제기되면 이는 부적법한 것으로 각하되어야 하지만 소의 각하판결이 있기 전에 적법한 행정심판이 제기되고 이에 대한 재결이 있게 되면 그 하자는 치유되는 것으로 보아야 한다.

4) 행정심판과 행정소송의 인적 · 사항적 관련성

(1) 행정심판을 거쳐서 취소소송을 제기하여야 하는 경우에 원칙적으로 청구인과 원고는 인적 동일성을 유지하여야 한다. 다만 행정심판은 행정청에게 당해 처분에 대

한 재고의 기회를 부여하는 의미가 있으므로 당해 처분에 대하여 다수의 당사자 중 어느 한 사람이 행정심판을 청구하는 것으로 족하다(제18조 제3항 제1호).

(2) 그런데 행정심판전치주의가 법령상 요구되는 경우 행정심판과 행정소송의 대상은 동일하여야 하고 행정심판에서의 청구이유에 의하여 취소소송에서 주장할 수 있는 청구원인이 제한되는가? 행정심판과 행정소송의 사항적 관련성에 따라 이와 같은 의문이 제기될 수 있다.

행정소송법은 서로 내용상 관련되는 처분 또는 같은 목적을 위하여 단계적으로 진행되는 처분 중 어느 하나가 이미 행정심판의 재결을 거친 때에는 행정심판을 거침이 없이 취소소송을 제기할 수 있도록 하여(제18조 제3항 제2호) 양자간의 관련성을 완화하였다. 판례도 "항고소송에 있어서 원고는 전심절차에서 주장하지 아니한 공격방어방법을 소송절차에서 주장할 수 있는 것이고 법원은 이를 심리하여 행정처분의 적법여부를 판단할 수 있다 할 것이므로 … 원심이 이 사건 행정소송에서 처음으로 나온 원고의 주장사실 즉 이 사건 과세처분에는 과세절차상의 하자가 있다는 원고의 주장사실을 심리하여 이 사건 과세처분의 위법여부를 판단한 조처는 정당하고 논지는 이유없다"고 판시하였다(대판 1987.5.26. 86누136). 그렇다고 하더라도 원칙적으로 양자는 기본적인 측면에서 동일성이 유지되어야 한다.

4. 행정심판전치주의의 예외

행정심판전치주의를 적용함에서 오는 폐단과 불합리를 방지하기 위하여 행정소송법은 '행정심판의 재결을 거칠 필요가 없는 경우'와 '행정심판을 청구할 필요가 없는 경우'에는 바로 취소소송을 제기할 수 있도록 하여 행정심판전치주의에 대한 예외를 규정하고 있다(제18조 제2항, 제3항). 위 예외사유에 대하여는 취소소송을 제기하는 원고가 이를 소명하여야 한다(제18조 제4항).

1) 행정심판의 재결을 거칠 필요가 없는 경우(제18조 제2항)

이에 해당하려면 행정심판의 청구는 있어야 한다. 단지 그에 대한 '재결'을 기다리지 않고 취소소송을 제기할 수 있는 것이다.

(1) 행정심판청구가 있은 날로부터 60일이 지나도 재결이 없는 때(제1호)

행정심판청구에 대하여 재결이 없는 경우 일정한 기간이 경과하면 당연히 직접적으로 소송을 제기할 기회가 보장되어야 한다. 이는 행정심판법이 재결기간에 관하여 행정심판위원회 또는 피청구인인 행정청이 심판청구서를 받은 날부터 60일 이내에 재결을 하도록 규정한 것(제45조 제1항 본문)과 균형을 맞춘 것이다.

그런데 행정심판위원회의 위원장은 부득이한 사정이 있는 경우에는 직권으로 재결기간을 30일 연장할 수 있다(행정심판법 제45조 제1항 단서). 이때 취소소송의 원고는 연장된 재결기간이 경과한 후에 소송을 제기할 수도 있다.

(2) 처분의 집행 또는 절차의 속행으로 생길 중대한 손해를 예방하여야 할 긴급한 필요가 있는 때(제2호)

여기서 "중대한 손해를 예방", "긴급한 필요" 등의 요건은 하나의 의미로 정의할 수 없는 일종의 불확정개념이다. 따라서 그 판단은 행정심판의 재결을 거치지 않고 제기된 취소소송의 수소법원이 소송제기에 대한 적법 여부의 심사를 통하여 행한다. 다만 이 요건들은 대부분 행정소송법 제23조의 집행정지의 요건과 유사하므로 이를 참조할 수 있을 것이다.

(3) 법령의 규정에 의한 행정심판기관이 의결 또는 재결을 하지 못할 사유가 있는 때(제3호)

행정심판위원회의 내부적 사정에 의하여 위원의 위촉이 지연되는 등 다양한 사유가 있을 수 있다. 다만 이러한 경우에는 무용하게 제1호에 규정된 60일을 기다리게 하는 것보다는 위원회가 위의 사정을 청구인에게 알려서 제3호에 따라 신속히 취소소송을 제기할 수 있게 하는 규정을 추가로 두어야 할 것이다.

(4) 그 밖의 정당한 사유가 있는 때(제4호)

그 밖의 정당한 사유는 일종의 일반조항으로서 위 (1) 내지 (3) 사유에 해당하지 않는 경우라 하더라도 행정심판청구에 대한 재결을 거치지 않고 취소소송을 제기할 수 있게 할만한 사유가 인정되는 경우라 할 것이다. 따라서 그 구체적인 내용은 수소법원의 판단에 의하여 구체화될 수밖에 없다. 한편 위 제4호 사유의 경우에도 행정심판청구 자체는 있어야 한다(대판 2015.8.27. 2014두4344).

2) 행정심판을 청구할 필요가 없는 경우(제18조 제3항)

(1) 동종사건에 관하여 이미 행정심판의 기각재결이 있은 때(제1호)

여기에서의 동종사건이란 동일한 처분에 의하여 다수의 당사자가 발생하는 사건으로 당해 사건은 물론이고 당해 사건과 기본적인 점에서 동일성이 인정되는 사건도 포함한다. 예를 들어 일반처분에 해당하는 행정행위가 위법하여 다수의 상대방의 법률상 이익을 침해하게 되는 경우를 생각할 수 있다. 이때 그중 한 사람이 행정심판을 청구하여 기각의 재결이 있었을 때 다른 상대방에게도 행정심판을 거칠 것을 요구한다는 것은 행정심판의 결과가 달라질 가능성이 없음에도 무용한 절차를 강요하는 것이다.

판례도 "행정소송법 제18조 제3항 제1호에서 행정심판을 제기함이 없이 취소소송을 제기할 수 있는 경우로 규정하고 있는 '동종사건에 관하여 이미 행정심판의 기각재결이 있는 때'에서의 '동종사건'이라 함은 당해 사건은 물론이고 당해 사건과 기본적인 동질성이 있는 사건을 말한다"고 하면서 "방위산업체에서 산업기능요원으로 의무종사한 기간이 지방공무원 보수규정 [별표 2] 제1호 (가)목의 '군복무 경력'에 포함됨을 이유로 하는 원고의 초임호봉 재획정 신청을 거부한 피고의 이 사건 처분은 원고의 의사에 반하는 불리한 처분에 해당하므로, 원고가 이에 관한 행정소송을 제기하기 위해서는 지방공무원법 제20조의2 규정에 의하여 소청심사위원회의 심사 · 결정을 거쳐야 함에도 이를 거치지 아니하여 이 사건 소는 부적법하다고 판단한 다음, 구 병역법(1989.12.30. 법률 제4156호로 개정되기 전의 것) 제2조 제1항 제8호, 제44조, 제46조에 따라 특례보충역으로 의무복무를 한 기간이 공무원 보수규정 제8조 제2항 [별표 15]의 '병역법에 의한 군 의무복무기간'에 포함됨을 이유로 하는 부산지방철도청 산하 기능직 공무원들의 초임호봉 변경신청을 거부한 부산지방철도청장의 처분에 대하여 행정심판을 청구한 사안에서 1990년경 그 공무원들의 청구를 기각하는 재결을 한 바 있으므로 이 사건과 동종의 사건에 관하여 이미 행정심판의 기각재결이 있었다는 원고의 주장에 대하여, 위 재결이 23년 전에 있었던 점, 재결의 청구인과 피청구인이 모두 상이한 점, 지방공무원 보수규정이 문제되는 이 사건과 달리 위 재결은 공무원 보수규정의 해석이 문제되는 점 등을 종합하여 보면 위 재결은 이 사건과 '동종사건'에 관한 기각재결이라고 볼 수 없다"고 한 원심의 판단이 정당하다고 하였다(대판 2015.8.27. 2014두4344).

(2) 서로 내용상 관련되는 처분 또는 같은 목적을 위하여 단계적으로 진행되는 처분중 어느 하나가 이미 행정심판의 재결을 거친 때(제2호)

그 취지에 관하여 판례는 "'서로 내용상 관련되는 처분 또는 같은 목적을 위하여 단계적으로 진행되는 처분 중 어느 하나가 이미 행정심판의 재결을 거친 때'에는 다른 처분에 관하여 행정심판을 거치지 아니하고도 취소소송을 제기할 수 있는 것으로 규정하고 있는 것은 비록 형식적으로는 그 각 처분이 별개의 처분이라고 하더라도 그 위법사유나 분쟁의 내용이 서로 공통되어 어느 한 처분에 대하여 행정심판을 경유하면 다른 처분과 관련하여서도 그 처분청에게 재고 또는 시정의 기회를 부여한 것으로 볼 수 있는 경우에는 그에 대하여 별도의 행정심판을 거치지 아니하고도 취소소송을 제기할 수 있도록 함으로써 무용한 절차의 반복을 피하고 행정구제제도의 실효를 거두게 하기 위한 것"이라고 하였다(대판 2000.12.8. 99두1953).

여기서 '서로 내용상 관련되는 처분'의 예로는 ① 같은 내용의 자료제출요구처분이 3차례 이루어진 경우의 1차 자료제출요구처분과 3차 자료제출요구처분(대판 1994.2.22. 93누21156), ② 농지전용신고반려처분과 농지전용신고가 부적법하고 농지의 전용이 불법임을 전제로 하여 원상회복을 위한 행정대집행을 할 것이라는 내용의 계고처분(대판 1993.6.29. 92누19194), ③ 경원관계에서의 일방에 대한 허가처분과 타방에 대한 불허가처분이 있다. '같은 목적을 위하여 단계적으로 진행되는 처분'의 예로는 체납처분의 절차인 압류, 공매, 청산의 일련의 처분을 들 수 있다. 그런데 양자의 구별이 항상 분명한 것은 아니다.

판례는 하천구역 무단점용에 따라 부당이득금 부과처분과 가산금 징수처분이 있은 후 가산금 징수처분과는 달리 부당이득금 부과처분에 대하여만 전심절차를 거쳐 위 두 처분을 다투는 행정소송을 제기한 경우에 관하여, 가산금 징수처분은 부당이득금 부과처분의 내용이 구체적으로 확정된 후에 비로소 발생되는 징수권의 행사에 해당하므로 위 제2호 사유에 해당한다고 보았다(대판 2006.9.8. 2004두947).

그런데 처분청이 다르다면 서로 내용상 관련되는 처분 또는 같은 목적을 위하여 단계적으로 진행되는 처분에 해당하기 어렵다. 판례는 "피고 [대구지방병무청장]의 이 사건 처분[인 현역병입영명령]이 비록 대구직할시 교육감의 원고에 대한 해임처분을 기초로 한 것이기는 하나, 처분청을 달리하는 위 두 개의 행정처분이 서로 내용상 관련되는 처분이라거나 같은 목적을 위하여 단계적으로 진행되는 처분에 해당한다고 할 수 없[다]"고 판시하였다(대판 1994.11.22. 93누11050).

(3) 행정청이 사실심의 변론종결 후 소송의 대상인 처분을 변경하여 당해 변경된 처분에 관하여 소를 제기하는 때(제3호)

행정행위의 처분청이 사실심변론종결 후에 처분의 내용을 변경하는 경우에 행정심판의 청구인은 그 변경된 행정처분에 대하여 다시 행정심판을 제기하여야 하는가? 이것을 요구한다면 취소소송의 원고에게 지나친 부담을 지우는 것이고 행정소송의 피고인 처분청에 의한 소송지연의 길을 합법화시킬 우려도 있다. 따라서 위의 경우에는 행정심판을 거칠 필요 없이 직접 취소소송의 제기가 가능하다.

(4) 처분을 행한 행정청이 행정심판을 거칠 필요가 없다고 잘못 알린 때(제4호)

행정심판법이나 행정절차법에 의하여 행정심판의 전치 여부를 잘못 알림으로써 행정심판을 거치지 않은 취소소송의 원고의 신뢰를 보호하기 위한 규정이다.

판례는 처분청이 아닌 '재결청'이 행정심판을 거칠 필요가 없다고 잘못 알린 때에도 위 규정을 유추적용한다. 즉 "행정소송법 제18조 제3항 제4호의 규정이 행정청이 행정심판을 거칠 필요가 없다고 잘못 알린 때에는 행정심판을 제기하지 않고도 취소소송을 제기할 수 있도록 행정심판 전치주의에 대한 예외를 두고 있는 것은 행정에 대한 국민의 신뢰를 보호하려는 것이므로, 처분청이 아닌 재결청이 이와 같은 잘못된 고지를 한 경우에도 행정소송법 제18조 제3항 제4호의 규정을 유추 · 적용하여 행정심판을 제기함이 없이 그 취소소송을 제기할 수 있다고 할 것이고, 이 때에 재결청의 잘못된 고지가 있었는지 여부를 판단함에 있어서는 반드시 행정조직상의 형식적인 권한 분장에 구애될 것이 아니라 담당자의 조직상의 지위와 임무, 당해 언동을 하게 된 구체적인 경위 및 그에 대한 행정심판청구인의 신뢰가능성에 비추어 실질에 의하여 판단하여야 할 것이다"고 하면서 "원고가 2차 부과처분 직후 그 처분에 대한 행정심판청구서를 작성하여 직접 그 재결청인 중앙토지수용위원회에 이를 접수시키려고 하였으나 중앙토지수용위원회 사무국 행정심판업무 담당 공무원인 소외인 이미 1차 부과처분에 대한 행정심판을 거쳤으니 별도로 2차 부과처분에 대한 행정심판을 거칠 필요가 없다고 잘못 알리는 바람에 이를 믿고 별도로 2차 부과처분에 대한 행정심판청구를 하지 아니한 채 1차 부과처분 전부와 2차 부과처분 일부의 취소를 구하는 이 사건 소를 제기하였음을 알 수 있으므로, 이와 같은 경우에는 재결청이 행정심판을 거칠 필요가 없다고 잘못 알린 것으로 보고 행정소송법 제18조 제3항 제4호의 규정을 유추 · 적용하여 이 사건 소 중 2차 부과처분 일부의 취소를 구하는 부분도 이를 적법한 소라고 하여야 할 것이다"라고 판시하였다(대판 1996.8.23. 96누4671).

5. 행정심판전치주의의 요건충족에 대한 판단

행정심판전치주의의 요건을 충족하였는지 여부는 법원의 직권조사사항이다. 요건충족의 판단시점은 원칙적으로 취소소송을 제기하는 때이다. 다만 판례는 취소소송의 사실심 변론종결시까지 행정심판을 제기하여 기각결정을 받았다면 전심절차요건의 흠결은 치유되는 것으로 본다(대판 1987.4.28. 86누29).

제 7 절 소의 변경

Ⅰ. 의 의

소의 변경이란 원고가 소송의 대상인 청구를 변경하는 것을 말한다. 소의 변경이 허용되는 것은 원고가 행정소송의 종류를 잘 알지 못하여 잘못된 소송수단을 선택하는 것에 수정할 기회를 부여하고 행정청의 처분변경에 대응할 수 있는 길을 터주기 위한 것이다. 행정소송법에 명시된 소의 변경은 소송의 종류의 변경(제21조)과 행정처분의 변경으로 인한 소의 변경(제22조)의 두 가지인데, 소송의 종류의 변경에서는 피고의 변경도 허용되어 민사소송법상 소의 변경과 차이가 있다. 나아가 민사소송법을 준용한 소의 변경도 가능하다(행정소송법 제8조 제2항, 민사소송법 제262조; 대판 1999.11.26. 99두9407).

Ⅱ. 소송의 종류의 변경

1. 변경의 내용

법원은 취소소송을 당해 처분등에 관계되는 사무가 귀속하는 국가 또는 공공단체에 대한 당사자소송 또는 취소소송 외의 항고소송으로 변경하는 것이 상당하다고 인정할 때에는 청구의 기초에 변경이 없는 한 사실심의 변론종결시까지 원고의 신청에 의하여 결정으로써 소의 변경을 허가할 수 있다(행정소송법 제21조 제1항). 또한 위 규정은 무효등확인소송이나 부작위위법확인소송을 취소소송 또는 당사자소송으로 변경하는 경우에 준용되고(제37조), 당사자소송을 항고소송으로 변경하는 경우에도 준용된다(제42조).

따라서 취소소송을 당사자소송으로 변경하는 것과 거꾸로 당사자소송을 취소소송 등 다른 항고소송으로 변경하는 것도 허용된다. 또한 취소소송을 다른 항고소송인 무효등확인소송이나 부작위위법확인소송으로 변경하는 것은 물론 무효등확인소송 또는 부작위위법확인소송을 취소소송이나 당사자소송으로 변경하는 것도 허용된다. 이처럼 행정소송법상 소의 변경은 취소소송에서 당사자소송으로의 변경과 같이 피고의 변경을 수반하는 것도 허용되므로 당사자의 변경을 인정하지 않는 민사소송법에 대한 특례를 규정한 것이다.

2. 요건 – 청구기초의 동일성

소송종류변경의 요건은 ① 사실심 변론종결 전일 것, ② 청구의 기초에 변경이 없을 것, ③ 상당하다고 인정될 것이다. 아래에서는 위 ② 요건에 관하여 본다.

소송의 종류변경은 청구의 기초에 변경이 없어야 허용될 수 있다. 여기에서 청구의 기초란 취소소송을 통하여 원고가 소송상 주장하는 법률상 이익의 동일성이 유지되어야 함을 의미한다. 위에서 본 바와 같이 당사자의 변경이 있어도 실체적 동일성이 유지되는 한 청구기초의 동일성이 인정된다.

판례도 민사소송법상 소의 변경과 관련하여 "소변경제도를 인정하는 취지는 소송으로서 요구받고 있는 당사자 쌍방의 분쟁에 합리적 해결을 실질적으로 달성시키고, 동시에 소송경제에 적합하도록 함에 있다 할 것이므로, 동일한 생활사실 또는 동일한 경제적 이익에 관한 분쟁에 있어서 그 해결방법에 차이가 있음에 불과한 청구취지의 변경은 청구의 기초에 변경이 없다 함이 상당하다"고 판시하여(대판 1987.7.7. 87다카225) 실체적 동일성이 유지되는 한 구체적인 소송실현방법의 변경은 허용될 수 있다는 견해를 제시하고 있다.

3. 절차와 효과

소변경은 법원이 결정으로써 허가하며(행정소송법 제21조 제1항) 이로써 피고를 달리하게 되는 경우에는 새로이 피고가 될 자의 의견을 들어야 한다(제2항). 위의 허가결정에 대하여는 즉시항고할 수 있다(제3항). 법원의 허가결정이 있으면 새로운 소송은 이전의 소송이 처음 제기된 때 제기된 것으로 보며, 이전의 소는 취하된 것으로 본다(제4항, 제14조 제4항, 제5항).

Ⅲ. 처분의 변경으로 인한 소의 변경

1. 변경의 내용과 대상

취소소송이 제기된 후 행정청이 소송의 대상인 처분을 변경하는 경우에는 법원이 원고의 신청에 의하여 결정으로써 청구의 취지 또는 원인의 변경을 허가할 수 있다(제22조 제1항). 행정청의 처분변경에 따라 원고의 소변경을 허가하는 이유는 피고와 원고의 무기대등의 원칙에 있다.

처분변경으로 인한 소변경은 소송종류변경과는 달리 처분청이 처분의 내용을 변경하는 경우이므로(예를 들어 영업허가취소를 영업정지로) 청구 기초의 동일성이 유지될 것을 요하지 아니한다. 또한 처분변경으로 인한 소변경은 처분의 존재를 전제로 하므로 취소소송을 무효등확인소송(제38조 제1항)과 당사자소송(제44조 제1항)으로 변경하는 것은 가능하다. 그러나 부작위위법확인소송의 경우는 처분이 존재하지 아니하므로 처분의 변경으로 인한 소변경이 인정되지 않는다(제38조 제2항).

2. 변경기간과 효과

처분의 변경에 따른 소변경의 신청은 처분의 변경이 있음을 안 날부터 60일 이내에 하여야 한다(제22조 제2항). 행정심판전치주의가 적용되는 경우라 하더라도 행정청의 처분변경에 따라 새로운 행정심판을 거치게 하는 것은 불합리하므로 처분변경으로 인한 소변경이 있는 경우에는 행정심판전치주의의 요건을 갖춘 것으로 본다(제22조 제3항).

Ⅳ. 민사소송법상 소의 변경

행정소송법 제8조 제2항에 따라 민사소송법 제262조를 준용한 소의 변경도 가능하다. 따라서 원고는 ① 청구의 기초가 바뀌지 아니할 것, ② 소송절차를 현저히 지연시키지 아니할 것, ③ 사실심 변론종결 전일 것의 요건을 갖추어 소변경의 신청을 할 수 있다.

행정소송을 민사소송으로, 민사소송을 행정소송으로 소변경하는 것도 가능하다. 판례도 공법상 당사자소송을 민사소송으로 소변경하는 것이 가능하다고 보았다(대판 2023.6.29. 2022두44262). 또한 민사소송을 항고소송으로 변경하는 것이 허용된다고 본 사건에서는 "행정소송법 제7조는 원고의 고의 또는 중대한 과실 없이 행정소송이 심급을 달리하는 법원에 잘못 제기된 경우에 민사소송법 제31조 제1항을 적용하여 이를 관할 법원에 이송하도록 규정하고 있을 뿐 아니라 관할 위반의 소를 부적법하다고 하여 각하하는 것보다 관할 법원에 이송하는 것이 당사자의 권리 구제나 소송경제의 측면에서 바람직하므로, 원고가 고의 또는 중대한 과실 없이 행정소송으로 제기하여야 할 사건을 민사소송으로 잘못 제기한 경우 수소법원으로서는 만약 그 행정소송에 대한 관할도 동시에 가지고 있는 경우라면, 행정소송으로서의 전심절차 및 제소기간을 도과하였거나 행정소송의 대상이 되는 처분 등이 존재하지도 아니한 상태에 있는 등 행정소송으로서의 소송요건을 결하고 있음이 명백하여 행정소송으로 제기되었더라도 어차피 부적법하게 되는 경우가 아닌 이상, 원고로 하여금 항고소송으로 소 변경을 하도록 하여 그 1심법원으로 심리 · 판단하여야 한다"고 판시하였다(대판 1999.11.26. 97다42250).

따라서 민사소송법을 준용한 소변경의 경우에도 피고의 변경이 수반될 수 있다. 예를 들면 민사소송을 항고소송으로 변경하는 것이다. 그런데 행정소송법상 소송종류의 변경이 있으면 처음에 소를 제기한 때에 제기된 것으로 보지만, 민사소송법을 준용한 소변경의 경우에는 소변경을 신청한 때에 소를 제기한 것이 된다.

제8절 행정소송 제기의 효과

Ⅰ. 개 설

취소소송이 행정소송법에서 규정한 소송요건을 충족하여 적법하게 제기된 경우에는 크게 보아 두 가지 측면에서 효력을 발생한다. 하나는 수소법원에 대한 효력으로서 법원은 적법하게 제기된 취소소송을 심리 · 판결할 의무를 지게 된다. 다른 하나는 계쟁처분에 대한 효력으로서 우리 행정소송법은 취소소송의 제기가 처분등의 효력을 정지하지 않는 집행부정지의 원칙을 취하고 일정한 요건하에 집행의 정지를 인정하고 있다(제23조). 취소소송과 법원의 심리 · 판결에 관한 부분은 후술하고, 아래에서는 취소소송의 제기와 집행부정지의 원칙, 집행정지제도와 가처분에 대하여 설명하기로 한다.

Ⅱ. 집행정지제도 - 행정소송법상 가구제

1. 취소소송의 제기와 집행부정지의 원칙

우리의 행정소송법은 행정심판법상 행정심판청구와 마찬가지로 취소소송의 제기는 처분등의 효력이나 그 집행 또는 절차의 속행에 영향을 주지 않는다고 하여 집행부정지의 원칙을 규정하고 있다(제23조 제1항). 취소소송의 대상은 처분이고 원고는 그 처분의 위법성으로 인하여 자신의 법률상 이익이 침해되었다는 것을 소송에서 주장하는 것이므로 취소소송의 제기는 계쟁처분의 정지효를 갖는 것이 원칙이다. 독일과 같이 행정소송의 제기가 처분의 집행정지효과를 가지고 오는 입법례도 있다.

그러나 이미 행정심판편에서 언급한 바와 같이 집행정지의 원칙과 부정지의 원칙을 평면적으로 비교하여 집행정지의 원칙이 국민의 권리보호를 위하여 더욱 발전된 제도라고 속단하기는 어렵다. 그 이유는 집행정지제도가 행정법이론체계에는 더욱 충실한 제도임에는 틀림없으나 독일도 행정법원법 제80조 제2항에서 공과금의 부과를 비롯한 행정처분에는 집행정지에 대한 상당한 예외를 인정하고 있기 때문이다. 따라서 집행정지나 부정지제도 자체보다는 그 요건과 실제적 운영에 국민의 권익보호가 의존한다고 보는 것이 더 정확한 판단일 것이다.

2. 집행부정지의 원칙과 예외적 집행정지제도

집행부정지의 원칙은 행정처분의 공정력 또는 집행력이 소송법적으로 표현된 것이라는 견해도 있으나, 행정행위의 효력과 집행정지제도를 논리필연적으로 관련시키는 것이 반드시 옳은 시도라고 볼 수는 없다. 그 이유는 독일의 경우 우리와 같이 일반적으로 행정행위에 독특한 효력을 인정하면서도 집행정지의 원칙을 취하고 있기 때문이다. 따라서 집행정지 또는 부정지의 원칙은 행정법이론체계보다는 특정 국가에서 행정작용에 대한 인식과 내용을 결정하는 행정문화적 요인과 정책적 판단에 의하여 결정된다.

우리나라에서는 행정소송의 가구제를 통한 국민의 권익보호라는 목표보다는 신속한 행정적 과제의 실현과 공익의 달성에 더욱 비중을 둔 결과 집행부정지원칙을 성립시켰고, 예외적으로 엄격한 요건하에서 집행정지제도를 인정한 것이다.

Ⅲ. 집행정지의 요건

행정소송법 제23조 제2항은 "취소소송이 제기된 경우에 처분등이나 그 집행 또는 절차의 속행으로 인하여 생길 회복하기 어려운 손해를 예방하기 위하여 긴급한 필요가 있다고 인정할 때에는 본안이 계속되고 있는 법원은 당사자의 신청 또는 직권에 의하여 처분등의 효력이나 그 집행 또는 절차의 속행의 전부 또는 일부의 정지(이하 "執行停止"라 한다)를 결정할 수 있다. 다만, 처분의 효력정지는 처분등의 집행 또는 절차의 속행을 정지함으로써 목적을 달성할 수 있는 경우에는 허용되지 아니한다"고 규정하고 있다. 또한 제3항은 "집행정지는 공공복리에 중대한 영향을 미칠 우려가 있을 때에는 허용되지 아니한다"고 규정하고 있다. 따라서 행정소송법상 집행정지의 요건으로는 처분등의 존재, 적법한 본안소송의 계속, 회복하기 어려운 손해 및 긴급한 필요의 존재, 공공복리에 중대한 영향을 미칠 우려의 부존재 등이 있다.

1. 본안소송이 적법하게 계속중일 것

행정소송법은 집행정지의 요건으로 "취소소송이 제기된 경우에"라고 규정하여 본안소송으로 적법한 취소소송이 계속중일 것을 요구하고 있다. 이는 민사소송법상 가구제수단으로서의 가처분이 본안소송의 제기 이전에도 권리의 보전수단으로 인정되는 것과는 차이를 보이는 것이다. 또한 본안소송은 적법하게 제기되어야 한다(대결 2013.1.31. 2011아73).

2. 처분등이 존재할 것 – 거부처분에 대한 집행정지 문제

집행정지는 본안소송의 대상이 되는 처분등의 효력에 대한 정지 등을 구하는 것이므로 처분등이 존재하여야 한다. 그러므로 집행정지는 처분 전이나 부작위 또는 처분의 소멸 이후에는 허용될 수 없다. 이에 따라 행정소송법도 집행정지의 대상인 소송의 종류를 취소소송과 더불어 무효등확인소송으로만 규정하고(제38조 제1항) 부작위위법확인소송에는 이를 인정하지 않는다(제38조 제2항).

그렇다면 거부처분에 대한 취소소송을 본안소송으로 하고 이에 대한 집행정지를 구하는 가구제를 신청할 수 있는가? 다시 말해서 신청에 의한 수익적 행정행위에 대한 거부처분(영업허가의 갱신을 위한 신청에 대한 거부처분 등)이 있는 경우 거부처분의 취소소송에 대한 본안의 판단이 있기 전에 신청에 따르는 처분을 구하는 집행정지가 허용될 수 있는가 하는 것이다.

이에 대하여 대법원은 신청의 이익이 없어 허용되지 않는다는 입장이다. 즉 "신청에 대한 거부처분의 효력을 정지하더라도 거부처분이 없었던 것과 같은 상태 즉 거부처분이 있기 전의 신청시의 상태로 되돌아가는 데에 불과하고 행정청에게 신청에 따른 처분을 하여야 할 의무가 생기는 것이 아니므로, 거부처분의 효력정지는 그 거부처분으로 인하여 신청인에게 생길 손해를 방지하는 데에 아무런 소용이 없어 그 효력정지를 구할 이익이 없다"고 하면서 "이 사건에서 사행행위등규제법 제7조 제2항이 규정에 의하면 사행행위영업허가의 효력은 그 유효기간의 만료로 소멸하고 그 만료 후에도 계속하여 영업을 하고자 하는 자는 다시 허가를 받아야 하도록 되어 있고 당초의 유효기간 만료 후에도 다시 허가를 받을 때까지 허가의 효력이 지속된다고는 볼 수 없으므로, 재항고인의 허가갱신신청을 거부한 불허처분의 효력을 정지하더라도 이로 인하여 재항고인에게 허가의 효력이 회복되거나 또는 행정청에게 허가를 갱신할 의무가 생기는 것은 아니[므로,] 원심이 위와 같은 취지에서 이 사건 투전기업소갱신허가불허처분의 효력정지로서는 재항고인이 입게 될 손해를 피하는 데에 아무런 보탬이 되지 아니하여 그 불허처분의 효력정지를 구할 이익이 없다는 이유로 이 사건 신청을 각하한 조치는 정당하고 소론과 같은 법리오해의 위법이 없다"라고 판시하였다(대결 1992.2.13. 91두47).

그러나 예외적으로 신청의 이익이 인정될 수 있는 경우라면 달리 볼 수 있을 것이다. 하급심에서는 한약사 국가시험 응시원서 반려처분(서울행정법원 2000.2.18. 2000아120), 신입생 정시모집 1단계 전형 불합격처분(서울행정법원 2003.1.14. 2003아95)에 대한 효력정지결정이 예외적으로 이루어진 바 있다.

이처럼 부작위와 거부처분에 대하여 집행정지제도가 활용되지 못하는 것은 우리 행정소송법상 가구제수단으로서의 집행정지제도의 제도적 한계를 드러내는 것으로 비판되고 있다.

3. 회복하기 어려운 손해를 예방하기 위하여 긴급한 필요가 있을 것

처분등이나 그 집행 또는 절차의 속행으로 인하여 생길 회복하기 어려운 손해를 예방하기 위하여 긴급한 필요가 있어야 한다. 판례는 그 판단기준에 관하여 "'처분 등이나 그 집행 또는 절차의 속행으로 인하여 생길 회복하기 어려운 손해를 예방하기 위하여 긴급한 필요'가 있는지 여부는 처분의 성질과 태양 및 내용, 처분상대방이 입는 손해의 성질 · 내용 및 정도, 원상회복 · 금전배상의 방법 및 난이 등은 물론 본안청구의 승소가능성의 정도 등을 종합적으로 고려하여 구체적 · 개별적으로 판단하여야 한다"라고 판시하였다[대결(전합) 2011.4.21. 2010무111].

1) 회복하기 어려운 손해발생의 우려

여기에서 회복하기 어려운 손해는 사후에 금전적인 배상 또는 보상이 불가능하거나 권리구제로서 의미를 가지지 못하는 손해로 이해되고 있다. 판례도 "행정소송법 제23조 제2항에서 정하고 있는 효력정지 요건인 '회복하기 어려운 손해'라 함은 특별한 사정이 없는 한 금전으로 보상할 수 없는 손해로서 이는 금전보상이 불가능한 경우 내지는 금전보상으로는 사회관념상 행정처분을 받은 당사자가 참고 견딜 수 없거나 또는 참고 견디기가 현저히 곤란한 경우의 유형, 무형의 손해를 일컫는다"고 본다[대결(전합) 2011.4.21. 2010무111]. 따라서 회복하기 어려운 손해는 금전적인 배상 · 보상이 불가능 또는 무의미한 손해로 그 범위가 대단히 축소된다.

그러나 예를 들어 개인의 생명 · 신체에 대한 손해, 인격과 명예 등에 대한 침해, 일단 훼손되면 금전적인 구제가 의미를 상실하는 심각한 환경침해, 재산적 손해라도 개인에게 매우 중대한 영향을 미치는 등 구체적인 상황과 사안에 따라 회복하기 어려운 손해의 의미가 결정되어야 한다. 판례도 "당사자가 행정처분 등이나 그 집행 또는 절차의 속행으로 인하여 재산상의 손해를 입거나 기업 이미지 및 신용이 훼손당하였다고 주장하는 경우에 그 손해가 금전으로 보상할 수 없어 '회복하기 어려운 손해'에 해당한다고 하기 위해서는, 그 경제적 손실이나 기업 이미지 및 신용의 훼손으로 인하여 사업자의 자금사정이나 경영 전반에 미치는 파급효과가 매우 중대하여 사업 자체를 계속할 수 없거나 중대한 경영상의 위기를 맞게 될 것으로 보이는 등의 사정이 존재하여야 한다고 봄이 상당하다"라고 하였다(대결 2003.4.25. 2003무2).

2) 긴급한 필요의 존재

긴급한 필요는 취소소송의 본안에 대한 심리 · 판결이 이루어질 때까지 기다릴 수 있는 시간적 여유가 없는 경우를 말한다. 헌법재판소는 "손해의 발생이 시간상 임박하여 손해를 방지하기 위해서 본안판결까지 기다릴 여유가 없는 경우를 의미[한다]"라고 하였다(헌재결 2018.1.25. 2016헌바208). 이에 해당하는 경우로는 본안에 대한 판단이 이루어질 시점까지 소송이 지연된다면 이미 회복할 수 없는 손해가 발생할 개연성이 매우 높아지는 상황을 생각할 수 있다.

4. 공공복리에 중대한 영향을 미칠 우려가 없을 것

처분등의 존재, 적법한 본안소송의 계속, 회복하기 어려운 손해를 예방하기 위하여 긴급한 필요의 존재와 같은 집행정지의 적극적 요건이 충족되더라도, 집행정지로 인하여 공공복리의 달성에 심각한 장애를 유발하는 경우에는 집행정지가 허용되지 않는다. 이에 공공복리는 집행정지의 소극적 요건으로 설명되고 있다. "공공복리에 중대한 영향"은 일종의 불확정개념으로서 법원에 상당한 판단여지가 인정된다.

판례는 위 소극적 요건에 관하여 "집행정지의 장애사유로서의 '공공복리에 중대한 영향을 미칠 우려'라 함은 일반적 · 추상적인 공익에 대한 침해의 가능성이 아니라 당해 처분의 집행과 관련된 구체적 · 개별적인 공익에 중대한 해를 입힐 개연성을 말하는 것으로서 이러한 집행정지의 소극적 요건에 대한 주장 · 소명책임은 행정청에게 있다"라고 판시하였다(대결 2004.5.12. 2003무41). 또한 그 판단기준에 대하여는 "신청인의 '회복하기 어려운 손해'와 '공공복리' 양자를 비교 · 교량하여, 전자를 희생하더라도 후자를 옹호하여야 할 필요가 있는지 여부에 따라 상대적 · 개별적으로 판단되어야 한다"라고 하였다(대결 2010.5.14. 2010무48).

5. 본안청구가 이유 없음이 명백하지 아니할 것

1) 문제의 제기

행정소송에서의 집행정지제도는 본안소송의 결과와는 관계없이 사안의 성격과 권리구제의 긴급성에 의하여 독자적으로 그 허용 여부가 결정되는 것이 원칙이다. 그럼에도 불구하고 행정처분의 위법성이 명백하여 본안에서의 이유 있음이 명백한 경우 집행정지의 요건 충족이 다소 미흡하다 하여 이를 기각하는 것이 정당한 것인가 하는 의문이 제기될 수 있다. 이와는 반대로 본안에서의 이유 없음이 명백한 경우에까지 집행정지를 허용할 실익이 과연 존재하겠는가 하는 의문도 자연히 제기된다. 따라서 이 문제는 본안의 이유 유무가 집행정지의 허용 여부를 결정하는 요소인지에 대한 것이며, 더 나아가면 가구제와 본안소송의 관련성을 어느 정도로 인정할 것인가에 귀착된다.

2) 판 례

(1) 본안청구의 이유 있음이 명백한 경우

본안의 이유 유무와 집행정지의 허용 여부에 관한 첫 번째 문제인 "본안청구의 이유 있음이 명백한 경우"에 대하여 대법원은 초기에 이를 긍정적으로 보기도 하였으나, 근래에는 처분의 위법성이 명백하더라도 이를 집행정지의 기각결정에 대한 불복사유로 주장할 수 없음을 분명히 하고 있다.

판례는 "행정처분의 효력정지나 집행정지를 구하는 신청사건에서는 행정처분 자체의 적법 여부를 판단할 것이 아니고 그 행정처분의 효력이나 집행 등을 정지시킬 필요가 있는지의 여부, 즉 행정소송법 제23조 제2항 소정 요건의 존부만이 판단대상이 되고 … '처분 등이나 그 집행 또는 절차의 속행으로 인한 손해발생의 우려' 등 그 적극적 요건에 관한 주장 · 소명책임은 원칙적으로 신청인 측에 있으며 … 이러한 요건을 결여하였다는 이유로 효력정지 신청을 기각한 결정에 대하여 행정처분 자체의 적법 여부를 가지고 불복사유로 삼을 수 없다"라고 판시하였다[대결(전합) 2011.4.21. 2010무111]. 따라서 적어도 이 판례를 통해서는 집행정지와 본안의 관련성이 희박하다는 판단이 가능하다.

(2) 본안청구의 이유 없음이 명백한 경우

본안소송에서 원고의 청구가 인용될 가능성이 전혀 없고 또 이것이 명백한 경우에는 집행정지를 신청할 수 없다는 것이 대법원의 입장이다. 여기에서 본안청구의 이유 없음이 명백한 경우란 일반처분에 의하여 다수의 당사자가 발생한 경우 그 중 어느 한 사람의 취소소송에서 청구가 기각되는 예를 들 수 있다.

판례는 "행정처분의 효력정지를 구하는 신청사건에 있어서는 행정처분 자체의 적법여부는 궁극적으로 본안판결에서 심리를 거쳐 판단할 성질의 것이므로 원칙적으로는 판단할 것이 아니고, 그 행정처분의 효력을 정지할 것인가에 대한 행정소송법 제23조 제2항 소정의 요건의 존부만이 판단의 대상이 되나, 본안소송에서의 처분의 취소가능성이 없음에도 불구하고 처분의 효력정지를 인정한다는 것은 제도의 취지에 반하므로, 효력정지사건 자체에 의하여도 신청인의 본안청구가 이유 없음이 명백할 때에는 행정처분의 효력정지를 명할 수 없[다]"라고 하였다(대결 1994.10.11. 94두23). 따라서 이 판례는 앞서 본 다른 판례와는 달리 결과적으로 집행정지제도와 본안의 관련성을 강조한 것으로 평가할 수 있다.

(3) 소 결

위의 문제는 본안소송과는 달리 집행정지제도라는 일종의 독자적인 가구제수단을 규정한 행정소송법의 취지와 목적을 고려하여 결정되어야 한다. 그러므로 원칙적으로 집행정지 자체의 요건이 충족되는 한 본안소송에서의 이유 유무가 집행정지의 추가적 요건으로 제시되어 그 허용 여부를 결정할 수 없다. 따라서 본안소송과 가구제수단의 관련성을 강조하는 나머지 본안소송에서의 인용 여부에 집행정지의 존속을 종속시키는 것은 가구제수단의 독자적인 소송법상 기능과 의미를 해할 수 있다.

위의 대법원 판례에서 보듯이 어떠한 경우에는 양자 간의 관련성을 완화하기도 하고 또 어떠한 사건에서는 강화하는 등 일관성이 결여되어 있다. 이러한 상황에서는 집행정지제도를 통하여 법률상 이익을 잠정적으로나마 보전하려는 원고의 법적 기대가능성은 보장되기 어렵다. 그러므로 본안과 가구제의 관련성 문제를 판례에 의존하기 보다는 행정소송의 기능과 의미에 대한 명확한 소송관에 토대를 둔 입법적 결단에 의하여 결정하는 것이 바람직하다.

Ⅳ. 집행정지의 대상과 내용

집행정지의 대상은 처분등의 효력이나 그 집행 또는 절차의 속행의 전부 또는 일부의 정지이다. 여기에서 '효력의 정지'는 행정처분의 효력 자체를 정지시키는 것이다. 예를 들어 특정인에 대한 조세부과처분의 구속력을 정지시키는 것이다. 따라서 조세채무자는 과세처분에 따른 의무이행이 유보된다. '집행의 정지'는 행정처분의 효력 중 그 실효성을 확보하기 위한 집행력을 정지시키는 것이다. 예를 들어 과세처분에 따른 행정법상 금전납부의무가 이행되지 않는 경우 행정상 강제징수의 절차에 해당하는 독촉, 체납처분 등을 할 수 있는 집행력 자체가 정지된다. '절차의 속행정지'는 행정처분의 집행력은 유지되더라도 그 실행을 위한 후속절차가 진행되지 못하게 정지하는 것이다. 예를 들어 체납처분절차의 집행을 정지시키는 것으로서 압류나 공매절차 등이 이어지지 못하게 하는 것이다.

다만 처분의 효력정지는 처분등의 집행 또는 절차의 속행을 정지함으로써 목적을 달성할 수 있는 경우에는 허용되지 아니한다(제23조 제2항 단서). 다시 말하면 행정처분의 효력 자체에 대한 집행의 정지에는 일종의 보충성원칙이 적용되어 가능한 한 행정처분의 효력은 유지하는 것을 원칙으로 한다.

Ⅴ. 집행정지의 효력

집행정지결정의 효력에는 형성력과 기속력이 있으며 장래효를 가진다. 집행정지결정은 상당한 방법으로 고지하면 효력을 가진다(행정소송법 제8조 제2항, 민사소송법 제221조 제1항). 법원은 집행정지의 시기(始期)와 종기(終期)를 정할 수 있는데, 통상적으로 시기를 별도로 정하지는 아니하므로 집행정지결정의 효력발생일이 시기가 된다. 종기는 본안판결 선고일부터 30일 이내의 범위에서 정함이 원칙인데, 당사자의 의사, 회복하기 어려운 손해의 내용 및 그 성질, 본안 청구의 승소가능성 등을 고려하여 달리 정할 수 있다(행정소송규칙 제10조).

집행정지결정의 효력은 그 주문에서 정한 기간까지 존속하다가 그 기간이 만료되면 장래에 향하여 소멸한다(대판 2020.9.3. 2020두34070). 또한 집행정지결정 후 본안소송이 취하되면 집행정지결정의 효력은 별도의 취소조치를 필요로 하지 않고 당연히 소멸된다(대결 2007.6.28. 2005무75).

1. 제한된 범위의 형성력

여기에서 형성력이란 처분에 대한 집행정지는 처분의 효력 등을 일시적으로 정지하여 잠정적으로 처분이 없었던 것과 같은 상태를 실현한다는 의미이다. 물론 집행정지결정 자체의 효력은 종국적인 것이지만 집행정지결정으로 인하여 처분 자체의 존재나 효력이 종국적으로 상실되는 것은 아니기 때문에, 집행정지의 형성력은 취소소송에 의한 처분의 취소와는 다른 "제한된 의미의 형성력"을 말한다. 또한 집행정지의 형성력은 장래효를 가지므로 기존에 형성된 법률관계에는 영향을 미치지 않는다. 그리고 형성력에는 이른바 대세적 효력이 포함된다. 즉 집행정지결정은 제3자에 대하여도 효력이 있다(제29조 제2항, 제1항).

2. 기속력

집행정지결정은 그 사건의 당사자인 행정청과 관계행정청을 기속하는데, 집행정지결정에는 취소확정판결의 기속력 중 재처분의무에 관한 규정이 준용되지 않는다(제23조 제6항, 제30조 제1항). 예를 들어 집행정지결정은 일시적으로 처분의 효력 등을 정지하는 것이므로 그에 반하는 조치를 취하여서는 아니 된다는 부작위의무를 발생시킨다.

기속력에 반하는 처분은 그 하자가 중대 · 명백하여 당연무효이다.

3. 집행정지결정이 있은 후 본안소송에서 원고가 패소한 경우의 문제

집행정지결정이 있은 후 본안소송에서 원고패소판결이 확정된 경우, 집행정지결정의 효력이 갖는 잠정성과 종국성이 처분의 효력 등과 관련하여 구체적으로 어떠한 의미를 갖게 되는지 문제된다.

1) 영업정지처분

영업정지처분에 대하여 효력정지결정이 있으면 그 결정의 효력이 유지되는 동안은 영업정지기간이 진행하지 않는다. 원고가 본안소송에서 패소하더라도 영업정지기간 중의 영업행위가 무허가영업으로 되지 않는다.

판례는 "행정소송법 제23조에 의한 집행정지결정의 효력은 결정주문에서 정한 시기까지 존속하며 그 시기의 도래와 동시에 효력이 당연히 소멸하는 것이므로, 일정기간 동안 영업을 정지할 것을 명한 행정청의 영업정지처분에 대하여 법원이 집행정지결정을 하면서 주문에서 당해 법원에 계속중인 본안소송의 판결선고시까지 처분의 효력을 정지한다고 선언하였을 경우에는 처분에서 정한 영업정지기간의 진행은 그때까지 저지되는 것이고 본안소송의 판결선고에 의하여 당해 정지결정의 효력은 소멸하고 이와 동시에 당초의 영업정지처분의 효력이 당연히 부활되어 처분에서 정하였던 정지기간(정지결정 당시 이미 일부 진행되었다면 나머지 기간)은 이 때부터 다시 진행한다"고 판시하였다(대판 1999.2.23. 98두14471).

2) 과징금부과처분

금전납부의무를 부과하는 과징금부과처분에 대하여 집행정지결정이 내려진 경우 납부기간이 진행하지 아니하여 가산금 등이 발생하지 않는다.

판례는 "과징금부과처분에 대한 법원의 집행정지결정에도 불구하고 당초의 과징금부과처분에서 정한 기한의 도과로서 가산금이 발생한다고 보게 되면 이는 과징금납부의무자로 하여금 그 의무의 이행을 간접적으로 강제하는 결과가 된다고 할 것이어서 집행정지결정의 의미가 거의 없게 된다고 할 것인데, 이러한 취지 등을 감안하여 볼 때, 일정한 납부기한을 정한 과징금부과처분에 대하여 법원이 소명자료를 검토한 끝에 '회복하기 어려운 손해'를 예방하기 위하여 긴급한 필요가 있고 달리 공공복리에 중대한 영향을 미치지 아니한다는 이유로 그에 대한 집행정지결정을 하였다면 행정청에 의하여 과징금부과처분이 집행되거나 행정청 · 관계 행정청 또는 제3자에 의하여 과징금부과처분의 실현을 위한 조치가 행하여져서는 아니되며, 따라서 부수적인 결과인 가산금 등은 발생되지 아니한다고 보아야 할 것이다. … 위에서 본 여러 가지 사정들을 종합적으로 고려해 보면, 일정한 납부기한을 정한 과징금부과처분에 대하여 '회복하기 어려운 손해'를 예방하기 위하여 긴급한 필요가 있고 달리 공공복리에 중대한 영향을 미치지 아니한다는 이유로 집행정지결정이 내려졌다면 그 집행정지기간 동안은 과징금부과처분에서 정한 과징금의 납부기간은 더 이상 진행되지 아니하고 집행정지결정이 당해 결정의 주문에 표시된 시기의 도래로 인하여 실효되면 그때부터 당초의 과징금부과처분에서 정한 기간(집행정지결정 당시 이미 일부 진행되었다면 그 나머지 기간)이 다시 진행하는 것으로 보아야 할 것이다"라고 하였다(대판 2003.7.11. 2002다48023).

3) 보조금 교부결정 취소처분

보조금 교부결정 취소처분에 대한 효력정지결정의 효력이 소멸하면 해당 취소처분의 효력이 되살아나고 그 취소처분으로 취소된 기간 동안 기 지급된 보조금은 보조금법에 따라 반환되어야 한다.

판례는 "행정소송법 제23조에 의한 효력정지결정의 효력은 결정주문에서 정한 시기까지 존속하고 그 시기의 도래와 동시에 효력이 당연히 소멸하므로, 보조금 교부결정의 일부를 취소한 행정청의 처분에 대하여 법원이 효력정지결정을 하면서 주문에서 그 법원에 계속 중인 본안소송의 판결 선고 시까지 처분의 효력을 정지한다고 선언하였을 경우, 본안소송의 판결 선고에 의하여 그 정지결정의 효력은 소멸하고 이와 동시에 당초의 보조금 교부결정 취소처분의 효력이 당연히 되살아난다고 할 것이다"라고 하면서 "따라서 효력정지결정의 효력이 소멸하여 보조금 교부결정 취소처분의 효력이 되살아난 경우, 특별한 사정이 없는 한 행정청으로서는 보조금법 제31조 제1항에 따라 그 취소처분에 의하여 취소된 부분의 보조사업에 대하여 효력정지기간 동안 교부된 보조금의 반환을 명하여야 할 것이다"라고 하였다(대판 2017.7.11. 2013두25498).

4) 직접생산확인 취소처분

집행정지는 본안승소판결의 실효성을 확보하기 위한 수단으로 잠정적 성질을 갖는 것이다. 따라서 본안확정판결로 원고가 패소하게 되었다면 집행정지결정이 이루어졌는지 여부에 따라 결과적으로 어떠한 제재를 받았는지가 달라지면 안 된다.

판례는 "행정소송법 제23조에 따른 집행정지결정이 있으면 결정 주문에서 정한 정지기간 중에는 처분을 실현하기 위한 조치를 할 수 없다 … 특히 처분의 효력을 정지하는 집행정지결정이 있으면 결정 주문에서 정한 정지기간 중에는 처분이 없었던 원래의 상태와 같은 상태가 된다 … 집행정지결정의 효력은 결정 주문에서 정한 기간까지 존속하다가 그 기간이 만료되면 장래에 향하여 소멸한다 … 항고소송을 제기한 원고가 본안소송에서 패소확정판결을 받았다고 하더라도 집행정지결정의 효력이 소급하여 소멸하지 않는다"라고 하면서도 "그러나 제재처분에 대한 행정쟁송절차에서 처분에 대해 집행정지결정이 이루어졌더라도 본안에서 해당 처분이 최종적으로 적법한 것으로 확정되어 집행정지결정이 실효되고 제재처분을 다시 집행할 수 있게 되면, 처분청으로서는 당초 집행정지결정이 없었던 경우와 동등한 수준으로 해당 제재처분이 집행되도록 필요한 조치를 취하여야 한다. 집행정지는 행정쟁송절차에서 실효적 권리구제를 확보하기 위한 잠정적 조치일 뿐이므로, 본안 확정판결로 해당 제재처분이 적법하다는 점이 확인되었다면 제재처분의 상대방이 잠정적 집행정지를 통해 집행정지가 이루어지지 않은 경우와 비교하여 제재를 덜 받게 되는 결과가 초래되도록 해서는 안 된다 … 반대로, 처분상대방이 집행정지결정을 받지 못했으나 본안소송에서 해당 제재처분이 위법함이 확인되어 취소하는 판결이 확정되면, 처분청은 그 제재처분으로 처분상대방에게 초래된 불이익한 결과를 제거하기 위하여 필요한 조치를 취하여야 한다"라고 한 후, "이 사건 처분은 2차 직접생산확인의 원시적 하자를 처분사유로 하여 1차 취소처분과 별개의 직접생산확인 취소처분을 하는 것이 아니라, 1차 취소처분과 '처분하려는 원인이 되는 사실'과 '법적 근거'를 같이하면서 1차 취소처분의 제재 실효성을 확보하기 위해 직접생산확인 취소 대상 제품만을 변경한 처분이라고 보아야 한다 … 이 사건 처분을 위와 같이 변경처분으로 이해하는 이상, 선행 취소소송의 확정 판결에서 판단한 것처럼 원고의 이 사건 위반행위가 인정된다면, 이 사건 처분은 그 처분사유가 인정된다고 보아야 한다"라고 판시하였다(대판 2020.9.3. 2020두34070).

Ⅵ. 집행정지의 절차와 집행정지의 취소

집행정지는 직권 또는 당사자의 신청에 의하여 본안이 계속되고 있는 수소법원이 결정한다(제23조 제2항). 당사자가 집행정지의 신청을 함에 있어서는 그 이유에 대한 소명이 있어야 한다(제4항). 집행정지의 실체적 요건 중 적극적 요건(회복하기 어려운 손해를 예방하기 위한 긴급한 필요가 있을 것)에 대한 주장 · 소명책임은 신청인에게 있고, 소극적 요건(공공복리에 중대한 영향을 미칠 우려, 본안청구의 이유 없음의 명백성)에 관한 것은 피신청인에게 있다.

법원은 집행정지의 결정이 확정된 후 집행정지가 공공복리에 중대한 영향을 미치거나 그 정지사유가 없어진 때에는 당사자의 신청 또는 직권에 의하여 결정으로써 집행정지결정을 취소할 수 있다(제24조 제1항). 이러한 취소사유에 대하여 판례는 "집행정지 결정의 취소사유는 특별한 사정이 없는 한 집행정지 결정이 확정된 이후에 발생한 것이어야 하고, 그 중 '집행정지가 공공복리에 중대한 영향을 미치는 때'라 함은 일반적 · 추상적인 공익에 대한 침해의 가능성이 아니라 당해 집행정지 결정과 관련된 구체적 · 개별적인 공익에 중대한 해를 입힐 개연성을 말하는 것이다"라고 하였다(대결 2005.7.15. 2005무16).

Ⅶ. 집행정지에 대한 불복

법원의 집행정지결정 또는 기각의 결정, 집행정지취소결정에 대하여는 즉시항고할 수 있으나, 즉시항고는 결정의 집행을 정지하는 효력이 없다(제23조 제5항, 제24조 제2항).

Ⅷ. 가구제 및 예방적 권리구제

1. 가구제 및 예방적 권리구제제도의 의의

행정쟁송제도는 나라마다 그 내용에 있어서 다소간의 차이를 보이고 있기는 하지만 일반적으로 이미 행하여진 위법한 행정처분이나 행정작용으로 인하여 권리를 침해당한 개인이 원고가 되어 이러한 처분이나 행정작용의 시정을 구하는 것이기 때문에 원칙적으로 사후적인 권리구제수단이다.

그러나 현대국가에 있어서의 행정작용은 그 형태가 매우 다양하고 따라서 개인의 권리침해의 태양(態樣)도 이에 상응하여 여러 가지 모습을 보이고 있기 때문에 기존의 행정소송이나 국가배상제도로는 만족할 만한 권리의 구제를 실현하기 어렵거나 국민의 입장에서 기존의 권리구제제도가 큰 의미를 갖지 못하는 경우도 있다.

예를 들어 환경침해요인이 광범위한 시설에 대하여 국가의 인·허가 등 행정처분이 내려지는 경우에 그러한 행정처분의 위법성과 그로 인한 권리침해의 개연성이 매우 크다 하더라도 원칙적으로 원고적격이 있는 개인은 그러한 처분이 실제로 존재하여야만 이를 대상으로 하는 행정쟁송을 제기할 수 있다. 그러나 이미 자연환경은 훼손되고 개인의 생명·신체·보건상의 권리가 원상회복이 불가능한 상태에 이르렀다면 금전적인 손해전보의 수단이 과연 어느 정도의 실효성을 가질 수 있을지 의문이다. 따라서 환경법 분야를 지배하는 기본원리로서 존속보호의 원칙(Bestandsschuzprinzip)도 환경침해의 특수성을 고려하여 환경보호를 위한 특별한 법적 수단과 환경침해방지를 목적으로 하는 쟁송수단을 요구하게 되는 것이다.

현대국가에서 이와 같은 "침해와 구제의 특수성"이라는 실무상의 도전에 대하여 공법학은 행정소송법상 가구제 및 예방적 권리구제제도를 통하여 이에 대응하여 온 것이 주지의 사실이다. 이미 언급한 바와 같이 행정쟁송제도의 권리구제 범위 확대라는 의미로 이해되는 가구제제도 등은 위법한 행정작용으로 인한 기성화된 사실(vollendete Tatsache)을 방지하는 기능을 수행하는 것으로 평가받고 있다. 여기에서 기성화된 사실이란 환경에 대한 침해 등과 같이 일단 권리침해가 이루어지면 원상회복이 불가능해지는 경우를 의미한다. 그러므로 기성화된 사실이 발생하면 사후적인 권리구제수단의 실효성이 의문시되는 경우에는 소송이 제기되기 이전이거나 소송이 제기되는 경우라 하더라도 되도록 초기단계에서 법원이 이에 개입하여 문제되는 행정처분 등의 적법성 여부에 대한 본안소송이 확정되기 이전까지 그 효력을 잠정적으로 중지시키는 것이 필요하다.

그런데 기성화된 사실을 방지하기 위해서 사용될 수 있는 소송의 형태는 크게 보아 두 가지로 나누어질 수 있다. 그중 하나는 가구제와 같은 잠정적 수단(vorläufiger Rechtsschutz)이며, 다른 하나는 행정청의 부작위를 구하는 예방적 수단(vorbeugender Rechtsschutz)이다. 따라서 위에서 언급한 집행정지는 대표적인 잠정적인 권리구제수단이며 예방적 부작위소송은 예방적 권리구제수단으로서 중요한 의미를 갖는다.

우선 잠정적 권리구제수단은 이미 행하여진 행정작용을 가능한 한 초기단계에서 억제·통제함으로써 잠정적으로 위법한 행정작용의 효력이나 그 집행을 법원의 확정판결이 있을 때까지 정지시키는 것이다. 반면에 예방적 권리보호수단은 행정작용이 행해지기 이전에 법원이 당사자의 청구에 의하여 청구인의 권리침해 여부에 대하여 심사하고 그것이 이유 있다고 판단되는 경우 행정작용의 금지를 명하는 것이다. 그러나 잠정적인 권리구제수단에 비하여 예방적인 권리보호수단은 법원이 아직 정해지지도 않은 미래의 행정청의 행위를 심사함으로써 행정청의 고유한 책임과 관할권을 침해하고 행정청은 법원의 확인이 있어야만 비로소 사업수행이 가능하기 때문에 권력분립의 원칙에 위반됨을 이유로 비판이 제기되고 있다. 따라서 개인이 사후적으로도 통상적인 행정쟁송의 수단을 통하여 충분히 권리구제를 받을 수 있는 경우이거나 가구제로서 소기의 목적을 달성할 수 있는 때에는 예방적 권리보호를 정당화할 만한 특별한 권리보호의 필요성은 존재하지 않는다.

이렇게 본다면 행정쟁송제도에 있어서는 「통상적인 사후적 행정쟁송-가구제수단-예방적 권리보호수단」이라는 순차관계가 존재한다고 볼 수 있는 것이다.

2. 집행정지제도의 문제점

위에서 본 바와 같이 본안소송 외에도 실효성 있는 가구제 및 예방적 권리구제제도를 마련하는 것은 한 나라의 법치주의 수준을 가늠하는 기준 중의 하나라고 할 수 있다. 그러나 우리나라의 경우 이미 살펴본 바와 같이 권력분립의 원칙을 이유로 예방적 부작위소송은 인정되지 않고 있다.

또한 집행정지제도도 다음과 같은 이유에서 상당한 개선의 여지가 있다. 첫째, 현행 집행정지제도는 그 요건이 지나치게 까다롭고 불명확하다는 점이 지적될 수 있다. “회복하기 어려운 손해”, “긴급한 필요”, “공공복리에 지장이 없을 것” 등의 불확정개념으로 인하여 집행정지제도는 이미 요건을 충족하기 어려운 경우가 많다. 따라서 집행정지제도는 행정법상 국민을 위한 가구제수단이라기보다는 되도록 행정처분의 집행을 통한 공익의 달성에 중점을 두는 제도에 가깝다고 평가할 수 있다. 더욱이 당사자가 집행정지를 신청하는 경우에는 위의 요건에 대한 이유를 일일이 소명하여야 하는데 이는 신청인에게 커다란 부담이 아닐 수 없다.

둘째, 현행법상 집행정지는 취소소송과 무효등확인소송에만 적용되고, 거부처분 취소소송이나 처분이 존재하지 않는 부작위위법확인소송에는 적용되지 않는다. 그러나 부작위나 거부처분의 경우 형식적으로는 아무런 처분이 없는 것처럼 보이지만 실질적으로는 거부처분이나 부작위에 관한 작위의무가 해태되어 관계인의 법률상 이익이 침해되는 경우가 대부분이다. 따라서 가구제수단은 부작위 등에 대하여도 잠정적인 권리보호가 필요한 경우에까지 확대되어야 한다.

Ⅸ. 가처분

1. 가처분의 의의

위에서 살펴본 바와 같이 현행 행정소송법의 집행정지제도는 그 요건의 엄격성과 대상의 한정성으로 인하여 가구제수단으로서의 기능적 한계가 내재하고 있다. 이에 반하여 민사집행법의 가처분제도는 잠정적인 권리보전수단으로서 광범위하게 사용되고 있다. 민사집행법의 가처분에는 '다툼의 대상에 관한 가처분'(제300조 제1항)과 '임시의 지위를 정하기 위한 가처분'(제2항)이 있다.

2. 민사집행법상 가처분의 행정소송법상 항고소송에의 준용 여부

적극설은 행정소송법이 특별히 가처분에 대하여 규정하고 있지는 않지만 제8조 제2항의 준용규정은 가처분의 가능성을 시사하고 있으므로 행정소송에서도 가처분이 가구제수단으로 실효성이 인정되는 한 이를 배제할 이유가 없다고 본다. 반면 소극설은 행정소송법이 민사집행법과는 달리 가구제수단으로 집행정지를 규정한 것은 민사집행법에 대한 특례를 규정한 것으로서 행정소송에서 가처분은 불가능한 것으로 본다.

판례는 구법하에서 "행정소송법이 정한 소송 중 행정처분의 취소 또는 변경을 구하는 이른바 항고소송에 있어서는 행정소송법 제14조의 규정에 불구하고 민사소송법의 규정중 가처분에 관한 규정은 준용되지 않는다"고 하여 소극설의 입장이다(대결 1980.12.22. 80두5).

대법원과 법무부가 각자 마련한 행정소송법개정안은 집행정지제도와 더불어 가처분에 대한 명문의 규정을 두고 있다. 이에 따르면 본안판결을 관할하는 법원은 처분등이나 부작위가 위법하다는 상당한 의심이 있는 경우로서 다음의 사유가 있는 때에는 당사자의 신청에 따라 결정으로 가처분을 할 수 있다. ① 다툼의 대상에 관하여 현상이 바뀌면 당사자가 권리를 실행하지 못하거나 이를 실행하는 것이 매우 곤란할 염려가 있어 다툼의 대상에 관한 현상을 유지할 긴급한 필요가 있는 경우, ② 다툼이 있는 법률관계에 관하여 당사자의 중대한 손해를 피하거나 급박한 위험을 피하기 위하여 임시의 지위를 정하여야 할 긴급한 필요가 있는 경우. 다만 이러한 가처분은 행정소송법상 집행정지에 의하여 목적을 달성할 수 있는 경우에는 허용되지 않기 때문에 일종의 보충적인 가구제수단이다.

검토하면 행정소송법이 항고소송에서의 가구제수단으로 집행정지를 규정한 것은 원칙적으로 그 특수성을 고려한 것이라고 할 수 있다. 따라서 항고소송에서의 가처분은 가구제수단으로서 집행정지제도를 통하여 달성할 수 있는 경우에는 준용되지 않는다. 그러나 현행 집행정지제도의 기능적 한계를 인식하면 보다 광범위한 대상을 가지며 요건이 완화된 가처분제도가 활용될 여지는 충분히 존재한다. 예를 들어 처분적 성격이 부인되는 사실행위 기타 공권력행사에 대한 가처분을 활용할 필요성을 부인할 수 없다. 특히 수익적 행정행위에 대한 신청이 거부되거나 부작위에 대한 가구제가 허용되지 않는 집행정지에 대한 제도적 보완이 이루어지기까지 이러한 청구를 내용으로 하는 가처분의 적용을 긍정할 실익이 있다.

3. 민사집행법상 가처분으로 행정청의 행정행위 금지를 구할 수 있는지

판례는 채권자가 여객자동차운전사업면허의 관할 행정청을 제3채무자로 하여 위 면허의 채무자명의 변경금지가처분을 구한 사건에서 "민사집행법상의 가처분으로써 행정청의 어떠한 행정행위의 금지를 구하는 것은 허용될 수 없다"고 판시하였다(대결 2011.4.18. 2010마1576). 또한 판례는 "항고소송의 대상이 되는 행정처분의 효력이나 집행 혹은 절차속행 등의 정지를 구하는 신청은 행정소송법상 집행정지신청의 방법으로서만 가능할 뿐 민사소송법상 가처분의 방법으로는 허용될 수 없다"고 하였다(대결 2009.11.2. 2009마596).

4. 당사자소송의 경우

당사자소송에는 민사집행법의 가처분규정이 준용된다. 판례는 "당사자소송에 대하여는 행정소송법 제23조 제2항의 집행정지에 관한 규정이 준용되지 아니하므로(행정소송법 제44조 제1항 참조), 이를 본안으로 하는 가처분에 대하여는 행정소송법 제8조 제2항에 따라 민사집행법상의 가처분에 관한 규정이 준용되어야 한다"라고 판시하였다(대결 2015.8.21. 2015무26). 또한 당사자소송에서는 행정주체가 원고도 될 수 있고 가처분을 신청할 수도 있다(대판 2019.9.9. 2016다262550).

제 9 절 행정소송의 심리

Ⅰ. 개 설

취소소송이 제기되면 수소법원은 이를 심리하여 판결할 의무를 진다. 특히 취소소송이 행정소송법에서 규정한 소송요건을 갖추어 적법하게 제기된 경우에 법원은 당사자의 공격과 방어에 의하여 사실을 인정하고 경우에 따라 직권에 의하여 필요한 증거 등의 조사를 한다.

행정소송법은 민사소송법과 민사집행법 및 법원조직법을 준용하고 있어서(행정소송법 제8조 제2항) 원칙적으로 행정소송에서도 당사자의 처분권주의와 변론주의가 지배한다. 그러나 법원은 실체적 진실의 발견을 위하여 소송관계인의 사실주장과 증거제출에 구속되지 않고 필요한 조사를 직권으로 할 수 있어 직권심리주의를 가미하고 있다(제26조).

Ⅱ. 심리의 단계

1. 요건심리

취소소송에 대한 법원의 심리는 요건심리와 본안심리의 두 단계로 구별된다. 요건심리는 취소소송의 원고적격, 피고적격, 청구적격, 소제기의 절차와 기간 등 형식적 요건에 대한 심리를 말한다. 취소소송이 이러한 형식적 소송요건을 갖추지 못한 경우에 법원은 이를 부적법한 것으로 보아 각하판결을 한다.

소송요건의 구비 여부를 판단하는 시점은 원칙적으로 취소소송의 제기시가 되어야 할 것이나, 비록 소송의 제기시에는 요건의 충족이 없었다 하더라도 사실심의 변론종결시까지 이를 충족하는 경우에는 그 하자가 치유되는 것으로 본다.

한편 일반적으로 소송요건에는 공익에 관한 것이라서 당사자의 항변이 없어도 법원이 직권으로 조사하는 직권조사사항과 그렇지 아니한 항변사항이 있다. 행정소송에서의 소송요건도 대부분 직권조사사항에 해당한다. 다만 직권조사사항에 해당하더라도 소송요건에 관한 사실자료와 증거자료에 대하여는 후술하는 변론주의보충설에 따라 변론주의에 의함이 원칙이다.

2. 본안심리

취소소송의 제기가 소송요건을 갖추어 적법하게 제기되면 법원은 청구의 이유 유무를 본안으로 심리한다. 본안심리에는 처분의 위법성과 더불어 원고의 법률상 이익의 침해 여부가 중심을 이룬다. 본안심리의 결과 원고의 청구가 이유 있다고 인정되면 원고의 청구를 인용하는 판결을 하게 되며 그 반대의 경우에는 청구를 기각하는 판결이 내려진다.

Ⅲ. 심리의 대상과 범위

1. 법률문제와 사실문제 – 재량과 판단여지

법원이 본안에서 심리하는 대상은 단순한 법률문제뿐 아니라 사안에서 당사자가 주장하는 사실문제에까지 미친다. 따라서 어떠한 사실관계를 바탕으로 법규의 해석과 적용이 잘못되어 위법한 처분에 이르게 되었는지 등이 중점적인 심리의 대상이 된다.

이러한 심리의 과정에서 문제가 되는 것은 행정청의 재량권행사와 사실문제에 대한 행정청의 판단에 대하여 어느 정도의 심리가 가능하며 또한 바람직한가 하는 것이다. 법원은 심리과정에서 행정청의 재량권행사와 사실문제에 대한 판단을 존중하는 것이 원칙이지만 재량권이 법적 한계를 일탈하거나 객관적 · 경험적 법칙에 어긋난 방만한 판단에 대하여 그 위법 여부를 심사하여야 한다.

한편 사실문제가 아닌 법률문제는 법원이 직권으로 판단하는 직권판단사항으로 변론주의의 적용 대상이 아니다.

2. 불고불리의 원칙과 직권탐지주의

취소소송의 심리의 범위는 일반적인 소송의 원칙에 따라 당사자가 주장하는 범위를 넘어서지 않는다. 따라서 행정심판법과는 달리 행정소송법에는 심리의 범위에 대한 명문의 규정이 없으나 당사자가 주장하는 청구의 범위에 한정된다는 점에서 불고불리의 원칙이 적용된다. 그러나 이미 언급한 바와 같이 법원은 소송에서의 실체적 진실의 발견을 위하여 필요하다고 인정하는 때에는 직권으로 증거조사를 하는 등 직권심리주의를 보완적으로 활용할 수 있다.

판례도 "행정소송에 있어서도 불고불리의 원칙이 적용되어 법원은 당사자가 청구한 범위를 넘어서까지 판결을 할 수는 없지만, 당사자의 청구의 범위 내에서 일건 기록상 현출되어 있는 사항에 관하여 직권으로 증거조사를 하고 이를 기초로 하여 당사자가 주장하지 아니한 사실에 관하여도 판단할 수 있다"라고 판시하였다(대판 1999.5.25. 99두1052).

Ⅳ. 심리의 절차

1. 심리절차의 원칙

행정소송법에는 심리절차에 대한 특별한 규정이 없으므로 법원조직법과 민사소송법상 심리절차에 관한 원칙인 당사자처분권주의, 변론주의, 공개심리주의, 구술심리주의 등을 따른다. 한편 처분권주의와 직권주의는 소송물에 관한 것이고, 변론주의와 직권탐지주의는 소송자료(사실자료와 증거자료)에 관한 것이다.

2. 행정소송에 특별한 심리절차

1) 변론주의원칙과 직권심리주의의 가미

행정소송도 대심구조를 취하는 전형적인 소송절차이므로 심리의 기본원칙은 민사소송법의 변론주의에 의한다. 그러나 민사소송법도 제292조에서 "법원은 당사자가 신청한 증거에 의하여 심증을 얻을 수 없거나, 그 밖에 필요하다고 인정한 때에는 직권으로 증거조사를 할 수 있다"라고 하여 직권에 의한 증거조사의 가능성을 규정하고 있다(변론주의에서의 보충적 직권증거조사). 이처럼 변론주의와 처분권주의가 지배하는 민사소송에서도 필요한 경우에 직권에 의한 증거조사가 이루어지는 것이므로 공익적 성격을 갖는 취소소송에서는 법원의 직권에 의한 증거조사 등은 불가피한 것이다.

이에 따라 행정소송법은 제26조에서 "법원은 필요하다고 인정할 때에는 직권으로 증거조사를 할 수 있고, 당사자가 주장하지 아니한 사실에 대하여도 판단할 수 있다."고 규정하고 있다. 그런데 이 규정이 행정소송법이 변론주의를 배제하고 전적으로 직권탐지주의를 취한 것으로는 보기 어렵다. 이는 당사자가 주장한 내용이 불명확하거나 당사자가 신청한 증거만으로는 심증형성이 어려운 경우에 법원은 석명의 의무가 있으며 당사자의 신청이 없다 하더라도 직권에 의한 증거조사가 이루어지는 것으로 이해하여야 한다.

이렇게 볼 때 행정소송법은 변론주의를 원칙으로 하면서도 보완적으로 직권심리주의(직권탐지주의)를 가미하는 것으로 이해할 수 있다(이른바 행정소송법 제26조의 해석에 관한 변론주의보충설). 판례도 "행정소송법 제26조에 법원은 필요하다고 인정할 때에는 직권으로 증거조사를 할 수 있고 당사자가 주장하지 아니한 사실에 대하여도 판단할 수 있다고 규정하고 있기는 하나 이는 행정소송의 특수성에서 연유하는 당사자주의, 변론주의에 대한 일부예외 규정이라고 볼 것이고 그렇다고 하여 법원이 아무런 제한 없이 당사자가 주장하지도 않은 사실을 판단할 수 있는 것은 아니[다]"라고 판시하였다(대판 1986.6.24. 85누321). 또한 판례는 "행정소송에 관하여 행정소송법에 특별한 규정이 없는 사항에 대하여는 민사소송법의 규정이 준용되므로(행정소송법 제8조 제2항), 원칙적으로 변론주의가 지배하는 행정소송에서도 직권조사사항에 관한 것이 아닌 이상 실기한 공격 또는 방어의 방법의 각하에 관한 민사소송법 제149조 제1항이 준용된다고 할 것이고, 행정소송법 제26조가 있다고 하여 달리 볼 것은 아니다"라고 판시하였다(대판 2003.4.25. 2003두988).

2) 행정심판기록제출명령

행정소송에서 당사자주의를 관철하고 원고의 실효성 있는 공격을 가능하게 하기 위하여는 행정청이 보유한 정보나 자료에 대한 열람 · 복사를 청구하는 권리를 보장하는 것이 필요하다. 행정소송법은 이를 위한 규정을 두고 있지 않지만 행정심판을 위하여 위원회가 보유한 심판청구서, 답변서, 행정심판위원회의 심리기록, 재결서 등에 대한 제출명령을 규정하고 있다. 이에 따라 법원은 당사자의 신청이 있는 때에는 결정으로써 재결을 행한 행정청에 대하여 행정심판에 관한 기록의 제출을 명할 수 있고(제25조 제1항), 이러한 제출명령을 받은 행정청은 지체없이 당해 행정심판에 관한 기록을 법원에 제출하여야 한다(제2항).

V. 주장책임과 입증책임

1. 주장책임

행정소송법은 취소소송에서 직권심리주의를 가미하고는 있으나 취소소송 역시 원칙적으로 변론주의가 지배한다. 그러므로 당사자는 적극적으로 주요사실을 주장하여 자신에게 유리한 법원의 심증을 얻으려고 노력할 책임이 있으며 이것을 주장책임이라고 한다. 따라서 주장책임은 변론주의에 특유한 것으로서 순수한 직권심리주의에서는 문제되지 않는다.

법원은 당사자가 주장하지 않은 주요사실에 의하여 일정한 심증을 형성할 수는 있으나 이는 법원의 심리범위를 넘는 것이므로 이것이 원고의 청구를 인용 또는 기각하는 데 영향을 미칠 수 없다. 그렇다면 구체적으로 취소소송에서 누가 어느 정도의 주장책임을 부담하는가 하는 문제가 제기될 수 있는데 이는 후술하는 입증책임의 분배문제와 일치하는 것으로 봄이 일반적이다.

한편 주요사실은 법적 효과를 발생시키는 요건에 해당하는 사실이고, 간접사실은 주요사실의 존재를 추정할 수 있게 하는 사실이며, 보조사실은 제출된 증거의 증거능력이나 증거력에 관한 사실이다. 변론주의에 따라 주장책임이 적용되는 것은 주요사실이다. 또한 일반적으로 주요사실과 요건사실을 동일한 것으로 보지만, 불확정개념처럼 요건에는 속하나 그 자체로는 사실에 해당하지 않는 것도 있다. 다시 말해 불확정개념에 해당하는지 여부를 판단하는 데에는 사실에 대한 평가를 필요로 하므로 그 평가의 대상 또는 기초가 되는 사실이 주요사실이라고 할 수 있다.

2. 입증책임

1) 의 의

법원은 당사자의 공격과 방어에 의하여 실체적 진실의 발견을 위한 심증을 형성한다. 따라서 대부분의 사실관계는 당사자의 주장에 의하여 그 존재 여부나 진위 여부가 가려진다. 또한 당사자의 변론주의에 의하여 심증형성이 어려운 경우 법원은 직권으로 증거를 조사하거나 석명을 통하여 최종적으로 사실관계를 해명하여 판결을 내린다.

그러나 이러한 일련의 심리과정을 통하여도 계속하여 사실관계의 해명이 어려운 부분이 있는 경우에 법원이 재판을 포기하지 않는 한 이러한 사실관계에 대한 입증을 누구에게 부담시킬 것인가 하는 문제가 발생한다. 따라서 사실관계의 진위가 불명하여 법규의 요건적용에 따르는 특정한 법률효과가 발생할 수 없으므로 이를 주장하는 자는 법적 불이익을 입게 되며 이러한 불이익을 입증책임이라고 한다. 그러므로 이러한 불이익을 제거하기 위해서는 그 당사자에게 입증에 대한 책임을 지우는 것이 원칙이다.

그러나 취소소송에서 행정청의 전문적 판단을 기초로 하는 처분의 위법성에 대한 입증의 불이익을 원고에게 전적으로 부담시킨다는 것은 불합리하다. 그러므로 어떠한 불이익을 누구에게 부담시킬 것인가 하는 입증책임의 분배문제가 취소소송에서 입증책임의 핵심적 사항이다.

2) 학 설

(1) 원고책임설

취소소송은 행정처분의 위법성을 다투는 것이므로 입증의 책임은 처분의 위법성을 주장하는 원고에게 있다는 견해이다. 특히 행정행위는 이른바 공정력에 의하여 적법성을 추정받기 때문에 그에 대한 반증의 책임은 원고에게 돌아간다는 것이다. 그러나 행정행위의 공정력 개념과 적법성 추정의 원리가 수정된 오늘날 원고책임설은 타당성의 근거를 상실하였다.

(2) 피고책임설

행정행위는 행정법의 대원칙인 법치주의와 행정의 법률적합성원칙에 의하여 적법하게 행하여져야 하는 것이므로 그 위법 여부에 대한 입증의 책임은 처분을 행한 행정청이 부담한다는 견해이다.

(3) 입증책임분배설(법률요건분류설)

과거 행정행위의 공정력이 절대시되던 시대에는 공정력이 이른바 적법성추정원리로 인정받아 취소소송에 있어서도 원고의 입증책임을 정당화하였다. 그러나 공정력 개념 자체가 동요하고 더욱이 적법성추정이론으로서의 공정력이론이 퇴조한 현시점에서는 공정력과 입증책임의 관련성은 부인되는 것이 정당하다. 따라서 행정소송에 있어서의 입증책임에 관한 명문의 규정이 없다면 입증책임에 관한 일반원칙도 민사소송법에 의하여 결정할 수 있다.

민사소송법상 입증책임의 분배기준으로는 흔히 법률요건에 따르는 것이 일반화되어 있다. 다시 말하자면 민사소송에서는 권리의 발생 또는 소멸을 주장하는 자가 권리발생 또는 소멸의 요건사실에 대한 입증책임을 진다. 반면에 권리발생과 권리소멸의 장애를 주장하는 자가 그 장애의 요건사실에 대한 입증의 책임을 지는 분배방식이다.

이를 취소소송에 적용한다면 행정처분으로 인하여 권리 또는 의무의 발생을 주장하는 당사자는 행정청이므로 이러한 권리발생 등의 요건사실에 대한 입증책임을 진다. 반면에 권리발생 또는 소멸의 장애요인인 처분의 위법성에 대한 요건사실의 입증책임은 원고가 부담한다.

(4) 행정소송독자분류설

위의 민사소송법상 입증책임의 분배기준은 매우 합리적인 측면을 가지고 있는 것이 사실이다. 그러나 소송법적인 측면에서나 실체법적인 측면에서 행정소송은 민사소송과 비교하여 많은 차이점을 가지고 있다. 더 구체적으로 본다면 취소소송의 대상이 되는 처분은 고도의 전문성과 기술적인 고려에 의하여 성립하는 것이므로 그 위법사유에 대한 입증의 책임을 일반인인 원고에게 부담시키는 것은 논리적으로 문제가 있다.

또한 처분을 통하여 성립되는 행정상 법률관계는 진정한 의미의 민사관계와는 달리 대등한 당사자간의 권리의무관계로 보기는 어렵다. 따라서 취소소송에 있어서 입증책임의 분배기준은 민사소송에 비하여 다른 차원에서 결정되는 것이 합리적이다. 따라서 행정소송에 있어서는 국민의 자유와 권리를 제한하는 침해적 행정처분에서의 입증책임은 피고에게, 권리를 부여하고 부과된 의무를 해제하는 수익적 행정처분과 재량권의 일탈 · 남용 여부 문제에 대한 입증책임은 원고가 부담한다.

3) 판 례

이 문제에 대한 판례는 초기에 행정행위의 공정력을 근거로 원고에게 입증책임이 있다고 보았으나, 그 이후에 공정력과 입증책임은 관련이 없는 것으로 견해를 수정하였다(대판 1964.5.26. 63누142).

판례는 입증책임분배설의 입장을 따르고 있다. 즉 법인세부과처분의 위법사유에 대한 입증책임의 문제에 대하여 "민사소송법 규정이 준용되는 행정소송에서의 증명책임은 원칙적으로 민사소송 일반원칙에 따라 당사자 간에 분배되고, 항고소송의 경우에는 그 특성에 따라 처분의 적법성을 주장하는 피고에게 그 적법사유에 대한 증명책임이 있다. 피고가 주장하는 일정한 처분의 적법성에 관하여 합리적으로 수긍할 수 있는 일응의 증명이 있는 경우에는 그 처분은 정당하다고 할 것이며, 이와 상반되는 주장과 증명은 그 상대방인 원고에게 그 책임이 돌아간다"라고 판시하여(대판 2016.10.27. 2015두42817) 처분의 적법성에 대한 입증책임은 피고에게 있으나 그와 상반되는 주장 · 입증책임은 원고에게 있다는 것이다.

다만 판례는 위법사유에 해당하는 구체적 사실에 대한 주장책임은 원고에게 있다고 한다. 즉 "행정소송에 있어서 특단의 사정이 있는 경우를 제외하면 당해 행정처분의 적법성에 관하여는 당해 처분청이 이를 주장 · 입증하여야 할 것이나 행정소송에 있어서 직권주의가 가미되어 있다고 하여도 여전히 변론주의를 기본 구조로 하는 이상 행정처분의 위법을 들어 그 취소를 청구함에 있어서는 직권조사사항을 제외하고는 그 취소를 구하는 자가 위법사유에 해당하는 구체적인 사실을 먼저 주장하여야 [한다]"(대판 2000.3.23. 98두2768). 만약 취소소송을 제기한 원고가 위법사유에 해당하는 구체적 사실을 전혀 주장하지 않는다면 주장책임에 따라 패소하게 되는 것이다.

4) 소 결

행정소송의 대상이 되는 처분 및 이를 바탕으로 한 행정법관계의 특성을 고려한다면 행정소송독자분배설도 타당성을 가지고 있음을 부인할 수 없다. 또한 판례의 입장에 따라 처분의 적법성과 위법성의 주장을 당사자에게 분배하는 분배설도 수긍이 가는 측면이 있다.

그러나 취소소송의 입증책임에서 근본적으로 고려되어야 하는 것은 행정작용이 법에 적합하여야 한다는 책임을 궁극적으로 누가 부담하여야 하는가 하는 문제와 결부되어야 한다는 사실이다. 따라서 이러한 책임은 적법성담보에 대한 최종적인 책임을 지는 행정작용의 주체가 부담하는 것이 원칙이며, 결과적으로 취소소송의 입증책임은 피고가 부담하는 것이 정당하다. 이는 침해적 행정행위나 수익적 행정행위를 가리지 않고 타당하다.

형식적으로는 위의 조세부과처분과는 달리 예를 들어 영업허가와 같은 수익적 행정행위의 경우에는 처분의 상대방이 특정한 법률효과를 원하고 있으므로 그에 대한 요건사실에 대한 입증책임은 원고가 부담한다고 볼 수 있다. 그러나 법률요건분류설에 따르는 이러한 주장은 의문의 여지가 있다. 그 이유는 행정행위의 신청에 대하여 원고가 법규상 또는 조리상 권리를 가지고 있는가 하는 여부와는 관계없이 신청내용이 법규에 합당하다고 판단하여 최종적인 허가결정을 내리거나 요건의 불충족을 이유로 거부처분 또는 부작위로 머무는 것은 바로 행정청이기 때문이다.

그러므로 원칙적으로 행정청인 피고가 취소소송에서 그 적법 · 위법 여부에 대한 입증책임을 지는 것으로 보아야 한다. 다만 이러한 근본적인 사실에 대한 입증책임은 원칙적으로 피고인 행정청이 지되 부수적 사실에 대한 입증책임은 예외적으로 원고가 부담할 수 있다. 예를 들어 부수적 사실에 대한 입증책임이란 위법한 소득세부과처분을 다투는 소송에서 납세자가 과세표준과 세액을 신고함에 있어서 필요경비의 누락이나 계산상의 착오가 있었는지의 여부가 이에 해당한다. 따라서 이러한 부수적 · 기술적 문제에 대한 입증책임은 원고가 부담한다.

5) 개별적 검토

입증책임분배설은 처분의 근거가 되는 법규를 권한행사규정("~ 하는 경우에 행정청은 ~ 처분을 한다"는 내용)과 권한불행사규정("~ 하는 경우 행정청은 ~ 처분을 하여서는 아니 된다"는 내용)으로 구분하고 전자에 대하여는 권한의 행사를 주장하는 자에게, 후자에 대하여는 그 불행사를 주장하는 자에게 각 입증책임이 있다는 입장이다. 그런데 권한행사규정과 불행사규정에는 법규의 요건부분과 효과부분이 들어 있고, 행사 또는 불행사의 대상이 되는 행정행위에는 수익적인 것과 불이익한 것이 포함된다. 또한 판례는 처분의 근거가 되는 법규의 효과부분뿐만 아니라 요건부분에도 재량이 존재한다는 입장이며(대판 2012.3.25. 2020두51280), 불확정개념이나 행정법의 일반원칙과 같이 사실에 기초한 평가를 요하는 사항이 권한행사규정이나 권한불행사규정에 포함된다. 따라서 입증책임분배설에 따른 입증책임의 분배가 이론적 · 구체적 타당성을 갖도록 하는 것은 간단한 문제가 아니다.

가) 소송요건

소송요건은 대부분 직권조사사항에 해당하고 그 입증책임은 원고에게 있다. 판례는 "당사자적격, 권리보호의 이익 등 소송요건은 직권조사사항으로서 당사자가 주장하지 않더라도 법원이 직권으로 조사하여 판단하여야 하고, 사실심 변론종결 이후에 소송요건이 흠결되거나 그 흠결이 치유된 경우 상고심에서도 이를 참작하여야 한다"라고 판시하였다(대판 2017.5.17. 2016두40580).

예를 들어 ① 판례는 소송요건으로서 행정처분의 존재에 관하여 "행정소송에 있어서 쟁송의 대상이 되는 행정처분의 존부는 소송요건으로서 직권조사사항이라 할 것이고, 설사, 그 존재를 당사자들이 다투지 아니한다 하더라도 그 존부에 관하여 의심이 있는 경우에는 이를 직권으로 밝혀 보아야 할 것이다"라고 판시하였다(대판 1995.2.

3. 94누910). ② 판례는 원고적격에 관하여 "행정처분의 직접 상대방이 아닌 자로서 그 처분에 의하여 자신의 환경상 이익을 침해받거나 침해받을 우려가 있다는 이유로 취소나 무효확인을 구하는 제3자는 자신의 환경상 이익이 그 처분의 근거 법규 또는 관련 법규에 의하여 개별적 · 직접적 · 구체적으로 보호되는 이익, 즉 법률상 보호되는 이익임을 입증하여야 원고적격이 인정된다"라고 한다(대판 2018.8.1. 2014두42520).

반면 임의관할, 소송비용의 담보제공은 항변사항에 해당하고 피고에게 입증책임이 있다. ① 판례는 민사소송이 행정법원에 제기되어 변론관할이 생긴 경우에 관하여 "그런데 기록에 의하면, 민사소송인 이 사건 소가 서울행정법원에 제기되었는데도 피고는 제1심법원에서 관할위반이라고 항변하지 아니하고 본안에 대하여 변론을 한 사실을 알 수 있는바, 공법상의 당사자소송 사건인지 민사사건인지 여부는 이를 구별하기가 어려운 경우가 많고 행정사건의 심리절차에 있어서는 행정소송의 특수성을 감안하여 행정소송법이 정하고 있는 특칙이 적용될 수 있는 점을 제외하면 심리절차면에서 민사소송절차와 큰 차이가 없는 점 등에 비추어 보면, 행정소송법 제8조 제2항, 민사소송법 제30조에 의하여 제1심법원에 변론관할이 생겼다고 봄이 상당하다"라고 판시하였다(대판 2013.2.28. 2010두22368). 또한 ② 판례는 행정소송에서도 소송비용 담보제공 신청권은 피고에게만 있다고 한다(대결 2012.9.13. 2012카허15).

나) 조세부과처분

조세부과처분의 경우 과세요건사실의 입증책임은 과세관청에게 있다(대판 2009.7.9. 2009두5022). 또한 경험칙에 비추어 과세요건사실을 추정할 수 있는 사실에 대한 입증책임은 과세관청에게 있는데(대판 2009.9.24. 2009두7103), 만약 과세요건사실이 추정되는 사실이 밝혀지면 납세의무자가 문제로 된 해당 사실이 경험칙을 적용하기에 적절하지 아니하다거나 해당 사건에서 그와 같은 경험칙의 적용을 배제하여야 할 만한 특별한 사정이 있다는 점 등을 증명하여야 한다(대판 2016.6.10. 2015두60341). 추정 · 의제규정이 있는 경우에도 추정 · 의제규정에 해당하는 사실이 밝혀지면 그에 반대되는 사실에 대한 입증책임은 납세의무자에게 있다(대판 2008.9.25. 2006두8068). 반면 면세 · 비과세대상 · 공제요건에 대한 입증책임은 납세의무자에게 있다(대판 1996.4.26. 94누12708; 대판 2009.7.9. 2007두4049).

다) 재량행위

판례는 재량행위의 위법사유에 대한 입증책임은 원고에게 있다고 하는데 이는 재량권 행사가 부당을 넘어 위법이 되는 것은 예외적인 경우이기 때문인 것으로 평가된다. 즉 "재량권을 일탈 · 남용한 특별한 사정이 있다는 점은 증명책임분배의 일반원칙에 따라 이를 주장하는 자가 증명하여야 한다"는 것이 판례의 입장이다(대판 2018.6.15. 2016두57564).

라) 수익적 처분과 불이익처분

판례는 ① 수익적 행정행위인 개인택시운송사업면허의 발급요건에 해당하는 사실인 '무사고운전경력'에 대한 입증책임은 그 발급을 구하는 원고에게 있다고 한다(대판 2005.7.22. 2005두999). 반면 수익적 처분인 건축허가의 발급요건을 충족하지 못한다는 것에 대한 입증책임은 처분청에게 있다고 한다(대판 1983.9.13. 83누288). ② 불이익 처분에 해당하는 과징금부과처분의 요건에 해당하는 사실인 '수수료 기타 대가'에 대한 입증책임은 처분청인 피고에게 있다고 한다(대판 2007.1.12. 2006두12937). ③ 수익적 행정행위의 직권취소에 관한 입증책임은 처분청에게 있다(대판 2012.3.29. 2011두23375). 하지만 직권취소의 예외에 해당한다는 것에 대한 입증책임은 이를 주장하는 원고에게 있다(대판 2003.7.22. 2002두11066).

마) 절차적 하자

절차적 요건을 충족한다는 것에 대하여는 처분청에게 입증책임이 있다. 판례는 "과세처분의 취소를 구하는 항고소송에서 과세관청은 실체상의 과세요건 뿐만 아니라 과세처분의 절차상 적법요건에 대하여도 이를 구비하였음을 입증할 책임이 있다 할 것이다"라고 판시하였다(대판 1986.10.14. 86누134).

바) 법적판단의 근거가 되는 기초 사실

처분사유가 되는 법적판단을 뒷받침하는 기초 사실에 대하여는 처분청에게 입증책임이 있다. 판례는 "결혼이민[F-6 (다)목] 체류자격의 요건인 '자신에게 책임이 없는 사유로 정상적인 혼인관계를 유지할 수 없는 사람'이란 '자신에게 주된 책임이 없는 사유로 정상적인 혼인관계를 유지할 수 없는 사람', 즉 '혼인파탄의 주된 귀책사유가 국민인 배우자에게 있는 경우'를 의미한다고 봄이 타당하다. … 결혼이민[F-6 (다)목] 체류자격을 신청한 외국인에 대하여 행정청이 그 요건을 충족하지 못하였다는 이유로 거부처분을 하는 경우에는 '그 요건을 갖추지 못하였다는 판단', 다시 말해 '혼인파탄의 주된 귀책사유가 국민인 배우자에게 있지 않다는 판단' 자체가 처분사유가 된다. 부부가 혼인파탄에 이르게 된 여러 사정들은 그와 같은 판단의 근거가 되는 기초 사실 내지 평가요소에 해당한다. 결혼이민[F-6 (다)목] 체류자격 거부처분 취소소송에서 원고와 피고 행정청은 각자 자신에게 유리한 평가요소들을 적극적으로 주장·증명하여야 하며, 수소법원은 증명된 평가요소들을 종합하여 혼인파탄의 주된 귀책사유가 누구에게 있는지를 판단하여야 한다. 수소법원이 '혼인파탄의 주된 귀책사유가 국민인 배우자에게 있다'고 판단하게 되는 경우에는, 해당 결혼이민[F-6 (다)목] 체류자격 거부처분은 위법하여 취소되어야 할 것이므로, 이러한 의미에서 결혼이민[F-6 (다)목] 체류자격 거부처분 취소소송에서도 그 처분사유에 관한 증명책임은 피고 행정청에게 있다고 보아야 한다. 일반적으로 혼인파탄의 귀책사유에 관한 사정들이 혼인관계의 당사자의 지배영역에 있는 것이어서 피고 행정청이 구체적으로 파악하기 곤란한 반면, 혼인관계의 당사자인 원고는 상대적으로 용이하게 증명할 수 있는 측면이 있음을 고려하더라도 달리 볼 것은 아니다. 피고 행정청은 처분 전에 실태조사를 통해 혼인관계의 쌍방 당사자의 진술을 청취하는 방식으로 혼인파탄의 귀책사유에 관한 사정들을 파악할 수 있고, 원고의 경우에도 한국의 제도나 문화에 대한 이해나 한국어 능력이 부족하여 평소 혼인파탄의 귀책사유에 관하여 자신에게 유리한 사정들을 증명할 수 있는 증거를 제대로 수집·확보하지 못한 상황에서 별거나 이혼을 하게 되는 경우가 있을 수 있기 때문이다"라고 판시하였다(대판 2019.7.4. 2018두66869).

사) 무효확인소송

판례는 "행정처분의 당연무효를 주장하여 그 무효확인을 구하는 행정소송에 있어서는 원고에게 그 행정처분이 무효인 사유를 주장·입증할 책임이 있[다]"고 한다(대판 2010.5.13. 2009두3460).

아) 부작위위법확인소송

부작위위법확인소송은 처분을 신청한 자로서 부작위의 위법의 확인을 구할 법률상 이익이 있는 자만이 제기할 수 있고(제36조) 부작위는 행정청이 당사자의 신청에 대하여 상당한 기간 내에 일정한 처분을 하여야 할 법률상 의무가 있음에도 불구하고 이를 하지 아니하는 것이다(제2조 제2호). 여기서 신청을 하였다는 사실, 신청에 대하여 행정청이 아무런 처분을 하지 아니하고 있다는 사실에 대하여는 원고가 입증책임을 진다. 상당한 기간, 일정한 처분을 하여야 할 법률상 의무는 법률문제이므로 입증책임이 문제되지 않는다.

제10절 행정소송의 판결

Ⅰ. 의 의

소송에서의 판결이란 당사자간의 법적 분쟁에 대하여 소송이 제기되고 이를 심리한 결과를 토대로 무엇이 법인지를 선언하는 국가작용이다.

Ⅱ. 판결의 종류

1. 종국판결과 중간판결

일반적으로 중간판결이란 소송의 진행중에 당사자의 항변을 이유 없다고 기각하는 판결을 하는 것처럼 소송의 진행중에 발생한 분쟁을 해결하는 판결이다. 이에 반하여 종국판결은 사건의 전부 또는 일부를 종료시키는 판결을 말한다.

2. 소송판결과 본안판결

소송판결은 취소소송의 제기가 적법한 것인가 하는 여부를 심리하여 부적법한 경우 이를 각하하는 판결이다. 본안판결은 적법한 소송을 심리하여 그 이유 여부를 가리는 판결이다.

3. 인용판결과 기각판결

본안심리의 결과 원고의 청구가 이유 있다고 판단하여 그 청구를 인용하여 처분의 취소를 하는 것을 인용판결이라 한다. 따라서 인용판결을 통하여 위법한 처분의 취소 또는 변경이라는 형성적 효과가 발생한다. 취소소송의 형성효와 관련하여 문제가 되는 것은 여기에서의 "변경"이 무엇을 의미하는가 하는 것이다. 이미 언급한 바와 같이 여기에서의 변경은 의무이행을 포함하는 적극적 변경을 의미하는 것은 아니며 일부취소의 소극적 의미로 이해된다. 반면에 이유 없는 경우에는 원고의 청구를 기각하는 판결을 내린다. 다만 원고의 청구가 이유 있는 경우에도 예외적으로 청구를 기각하는 사정판결이 행하여지는 경우도 있다.

Ⅲ. 위법성판단의 기준시점

행정처분이 위법하여 판결을 통하여 취소가 이루어져야 하는 경우에 근거법률이 개정되어 처분의 위법성이 치유된다면 원고의 청구를 이유 없다고 기각하여야 하는가?

이때 처분의 위법성을 판단하는 기준시점을 처분시로 볼 것인지 아니면 판결시로 볼 것인지의 여부에 따라 판결의 결과가 달라지게 된다. 이에 대하여는 처분시설과 판결시설이 대립되고 있다.

1. 학 설

1) 처분시설

처분의 위법성판단은 처분시의 법령 및 사실상태를 기준으로 삼아야 한다는 견해이다. 취소소송은 과거의 위법한 처분으로 인한 권리구제를 다루는 것이므로 판결시를 기준으로 할 때 자칫 법원에 행정감독적 기능을 부여할 우려가 있다고 본다. 우리나라의 통설이다.

2) 판결시설

처분의 위법성판단은 판결시(변론종결시)를 기준으로 하여 법령 및 사실상태가 변경되어 침해될 법률상 이익이 없음에도 불구하고 이를 인용하는 판결을 할 실익이 존재하지 않는다는 견해이다. 따라서 이러한 경우에는 당연히 기각의 판결이 내려진다.

3) 절충설

처분시설을 원칙으로 하되, 예외적으로 계속적 효과를 지닌 행정처분의 경우에는 판결시설이 타당하다는 견해도 있다.

2. 판 례

판례는 "행정소송에서 행정처분의 위법 여부는 행정처분이 있을 때의 법령과 사실상태를 기준으로 하여 판단하여야 하고, 처분 후 법령의 개폐나 사실상태의 변동에 의하여 영향을 받지는 않는다"(대판 2007.5.11. 2007두1811)라고 하여 처분시설의 입장이다.

한편 처분시의 법령과 사실상태를 판단하는 자료는 처분 당시 존재하지 아니하였던 자료라고 하더라도 처분 당시의 법령과 사실상태를 판단할 수 있는 것이라면 사실심 변론종결시까지 제출된 것을 포함한다. 판례도 "항고소송에서 행정처분의 위법 여부는 행정처분이 있을 때의 법령과 사실 상태를 기준으로 판단하여야 한다. 이는 처분 후에 생긴 법령의 개폐나 사실 상태의 변동에 영향을 받지 않는다는 뜻이지, 처분 당시 존재하였던 자료나 행정청에 제출되었던 자료만으로 위법 여부를 판단한다는 의미는 아니다. 따라서 법원은 행정처분 당시 행정청이 알고 있었던 자료뿐만 아니라 사실심 변론종결 당시까지 제출된 모든 자료를 종합하여 처분 당시 존재하였던 객관적 사실을 확정하고 그 사실에 기초하여 처분의 위법 여부를 판단할 수 있다"라고 판시하였다(대판 2018.6.28. 2015두58195).

3. 소 결

취소소송은 과거의 위법한 처분으로 인하여 법률상 이익을 침해받은 자가 법률상 이익의 침해를 이유로 그 시정을 구하는 것이므로 위법성 판단시점은 처분시를 기준으로 함이 타당하다. 예컨대 소득세법상 조세면제의 대상인 소득에 대한 과세처분이 이루어져 이를 취소소송으로 다투는 동안 소득세법령이 경과규정 없이 개정되어 이를 과세의 대상으로 하는 경우를 생각해보자. 만약 이러한 경우 판결시를 기준으로 하여 법원의 기각판결이 내려진다면 사실상 법원이 소급과세를 인정하는 결과가 되는 것으로서 원고의 법적 안정은 보장될 수 없다. 따라서 처분의 위법성판단의 기준시점은 처분시로 함이 타당하다.

Ⅳ. 사정판결

1. 의 의

사정판결제도는 행정심판법상 사정재결제도와 더불어 공공복리달성을 위하여 원고의 청구가 이유 있어도 이를 기각하는 판결을 말한다. 행정소송법은 제28조 제1항에서 "원고의 청구가 이유있다고 인정하는 경우에도 처분등을 취소하는 것이 현저히 공공복리에 적합하지 아니하다고 인정하는 때에는 법원은 원고의 청구를 기각할 수 있다. 이 경우 법원은 그 판결의 주문에서 그 처분등이 위법함을 명시하여야 한다"라고 규정하고 있다.

취소소송은 사법작용으로서 위법한 처분으로 인하여 침해된 개인의 권익을 구제하는 제도이다. 따라서 처분이 객관적으로 위법하고 원고의 청구가 이유 있음에도 불구하고 법원이 공공복리를 이유로 이를 기각하는 것은 법원에게 정책적 판단을 요구하는 것으로 엄격히 보면 권력분립의 원칙에 반하는 반(反)법치주의적 제도라고도 말할 수 있다. 따라서 사정판결제도는 극히 예외적으로 허용되는 데 그쳐야 하며 법률에 의하여 그 대상과 요건도 엄격하게 규정되고 또한 해석 · 적용될 것이 요구된다.

2. 대상처분

사정판결은 취소소송에 대하여만 내려질 수 있다. 다시 말하자면 처분의 위법사유가 있어도 취소할 수 있는 단순위법사유만을 가지고 있는 경우에 한하여 법원은 사정판결을 선고할 수 있다. 따라서 무효등확인소송과 부작위위법확인소송에 있어서는 사정판결제도가 인정되지 않는다.

학설상으로는 처분의 무효사유와 취소사유가 상대적이어서 그 구별이 용이하지 아니하므로 무효등확인소송에도 사정판결이 가능함을 주장하는 견해도 있다. 그러나 사정판결제도는 처분이 법원에 의하여 취소되는 경우 초래될 수 있는 공공복리에 대한 현저한 위해를 방지하기 위한 예외적인 제도이므로 이를 무효인 행정처분에까지 확대하는 것은 타당하지 않다. 따라서 사정판결제도의 예외적 성격을 부인하고 그 대상의 확대나 요건의 완화를 꾀하는 것은 행정소송제도 자체의 존립을 위협하는 것이다.

행정심판법에서도 무효등확인심판에는 사정재결을 인정하지 아니하였고 행정소송법 제38조 제1항에서도 무효등확인소송에는 사정판결에 대한 제28조 규정의 준용을 배제시키고 있다. 따라서 행정심판에서도 처분의 흠이 중대하고 명백한 경우에는 사정재결이 인정되지 않는 것은 고려한다면 행정소송에서 무효인 처분에 대하여 사정판결을 주장하는 근거는 희박하다.

3. 사정판결의 요건

1) 취소할 수 있는 흠

사정판결은 이미 언급한 바와 같이 처분에 단순위법사유가 있어 이를 취소하는 취소소송에만 인정된다.

2) 처분등을 취소하는 것이 현저히 공공복리에 적합하지 아니할 것

원고의 청구가 이유 있어도 이를 인용하는 것이 현저히 공익을 해하는 결과를 가져와야 하므로 원고의 권리침해와 공익의 엄격한 비교형량이 이루어져야 한다. 따라서 형량의 결과 "현저한 공익"의 침해가 현존함이 없이 우려로 그친다든가 예상되는 것만으로는 사정판결의 요건이 충족된다고 할 수 없다.

판례도 "행정처분이 위법한 경우에는 이를 취소하는 것이 원칙이고, 예외적으로 그 위법한 처분을 취소 · 변경하는 것이 도리어 현저히 공공복리에 적합하지 아니하는 경우에는 그 취소를 허용하지 아니하는 사정판결을 할 수 있고, 이러한 사정판결에 관하여는 당사자의 명백한 주장이 없는 경우에도 기록에 나타난 여러 사정을 기초로 직권으로 판단할 수 있는 것이나, 그 요건인 현저히 공공복리에 적합하지 아니한지 여부는 위법한 행정처분을 취소 · 변경하여야 할 필요와 그 취소 · 변경으로 인하여 발생할 수 있는 공공복리에 반하는 사태 등을 비교 · 교량하여 판단하여야 한다"라고 판시하여(대판 2001.1.19. 99두9674) 공사이익의 엄격한 비교형량을 요구하고 있다.

3) 주문에서 그 처분등이 위법함을 명시할 것

사정판결은 공익상의 이유에 의하여 원고의 청구가 이유 있어도 이를 예외적으로 기각하는 것이므로 사정판결을 통하여 처분의 위법성이 치유되는 것은 아니다. 따라서 사정판결 이후에 다른 소송사건에서 원고가 사정판결의 대상이 된 원처분의 위법성을 주장하는 경우에는 처분의 위법성에 대한 기판력을 확보해 줄 필요가 있다. 행정소송법 제28조 제1항 후문은 이러한 의미에서 판결의 주문에 처분등의 위법성을 명시하여야 사정판결을 할 수 있다고 규정한 것이다.

4) 사정조사 및 소송비용

사정판결로 인하여 원고가 입게 될 불이익에 대한 조절적 장치가 반드시 마련되어야 한다. 따라서 법원은 사정판결을 함에 있어서는 미리 원고가 입게 될 손해의 정도와 배상방법 그 밖의 사정을 조사하여야 한다(제28조 제2항). 통상적으로는 원고가 패소하면 그 소송비용을 원고가 부담하는 것과 달리, 사정판결로 원고가 패소한 경우에는 피고가 소송비용을 부담한다(제32조).

5) 원고에 대한 권리구제

사정판결로 인하여 권리침해를 수인하여야 하는 원고에게는 당연히 일정한 범위의 조절적 보상장치가 마련되어야 한다. 따라서 행정소송법은 사정판결의 경우 원고가 피고인 행정청이 속하는 국가 또는 공공단체를 상대로 손해배상, 재해시설의 설치 그 밖에 적당한 구제방법의 청구를 당해 취소소송 등이 계속된 법원에 병합하여 제기할 수 있도록 하였다(제28조 제3항). 원고가 사정판결에 대하여 불복하고 계속하여 원처분의 취소를 원하는 경우에는 상급법원에 하는 상소가 가능함은 당연하다.

V. 처분사유의 추가 및 변경

1. 의 의

처분 당시에는 존재하였으나 행정청이 처분의 근거로 삼지 않았던 사유를 행정쟁송의 단계에서 추가하거나 그 내용을 변경하는 것을 처분사유의 변경(Nachschiben von Gründen)이라고 한다. 예를 들어 건축허가신청에 대하여 건축법상 거리제한규정을 이유로 하는 거부처분이 있는 경우 그에 대한 취소소송이 제기되어 법원에서 심리중에 행정청이 처분 당시에는 존재하였으나 기존에 소송상 주장하지 않았던 용적률이나 건폐율에 대한 요건흠결을 추가하여 처분의 적법성을 유지하려 하는 경우이다. 또는 영업허가신청에 대한 거부처분의 취소소송이 제기된 이후에야 비로소 민원의 발생, 자연경관의 훼손 등을 이유로 처분의 적법성을 주장하는 것도 예상할 수 있다.

이는 처분의 이유제시 및 그 하자의 치유, 행정청의 처분시 법 적용의 기준, 법원의 판결시 처분의 위법성 판단기준시점, 취소확정판결의 기속력의 시간적 범위와 구별되고 연관되는 문제이다.

2. 허용성

이러한 처분사유의 추가나 변경을 규율하는 행정소송법상 명문규정은 존재하지 않지만 일정한 한계 내에서 이를 허용하는 것이 학설과 판례의 입장이다. 그 이유는 행정청이 처분 당시에 객관적으로 존재하였으나 다만 주장하지 않았던 이유나 근거를 추가하는 것은 새로운 사실관계의 성립을 의도하는 것은 아니기 때문이다. 또한 처분사유의 추가나 변경을 일정한 범위 내에서 허용하지 않는 경우에는 행정청이 소송의 종료 후에 위의 이유를 근거로 하여 새로운 행정처분을 하는 것을 예상할 수 있다. 그러므로 다시 여기에 대한 취소소송이 제기된다면 불필요한 소송절차의 계속으로 인하여 당사자에게 추가적인 부담만을 주게 된다는 것이다. 따라서 기존의 소송절차에서 처분사유의 추가와 변경을 허용하는 것은 신의성실의 원칙에 반하지 않으며 분쟁의 신속한 해결에 이바지한다.

판례는 "행정처분의 취소를 구하는 항고소송에 있어서는 실질적 법치주의와 행정처분의 상대방인 국민에 대한 신뢰보호라는 견지에서 처분청은 당초 처분의 근거로 삼은 사유와 기본적 사실관계에 있어서 동일성이 인정되는 한도 내에서만 새로운 처분사유를 추가하거나 변경할 수 있을 뿐 기본적 사실관계와 동일성이 인정되지 않는 별개의 사실을 들어 처분사유로 주장하는 것은 허용되지 아니하며 법원으로서도 당초의 처분사유와 기본적 사실관계의 동일성이 없는 사실은 처분사유로 인정할 수 없[다]"라고 판시하였다(대판 1995.12.12. 95누9051).

반면에 행정청이 주장하지 않았던 새로운 이유와 사실을 추가하는 것은 원고에게 방어의 기회를 박탈하고 예상하지 못한 법적 불안정을 야기할 수 있는 것으로 비판하는 견해도 있다. 그러나 원고에게도 소송의 종료 후에 새로운 처분으로 인한 재차의 권리침해가 있을 수 있고 이에 대한 또 한번의 소송의 부담을 회피한다는 차원에서 처분사유의 추가 등은 반드시 부정적으로만 볼 수 없는 측면이 있다. 따라서 처분사유의 추가 및 변경의 핵심은 그 허용 자체보다는 그 허용요건과 한계에 집중되고 있다.

3. 요건 및 한계

1) 일반론

처분사유의 사후추가 및 변경에 대하여 학설과 판례는 대체로 "기본적 사실관계의 동일성 유지"라는 요건과 한계 내에서 허용되는 것으로 보고 있다. 여기에서 기본적 사실관계의 동일성이라는 것은 법원의 판례를 통하여 구체화되는 불확정개념이다.

처분의 변경, 즉 소송물의 변경에 해당하는 경우는 처분사유 추가 · 변경의 범위를 벗어나는 것이다. 다시 말해 행정청이 처분 당시에는 존재하지 않았던 새로운 사실이나 처분의 기초가 되는 이유의 동질성을 훼손할 정도의 내용변경을 하는 경우에는 원칙적으로 기본적 사실관계의 동일성이 유지될 수 없다. 이러한 정도의 내용변경은 처분의 내용 자체가 본질적으로 변경된 것으로서 여기에 대하여는 처분변경으로 인한 소의 변경이라는 원고의 방어기회를 다른 차원에서 보장하는 것이 필요하다.

처분시에 존재한 사유를 사실심 변론종결시까지만 추가·변경할 수 있다. 다시 말해 처분의 위법성 판단기준 시점이 처분시이므로 추가·변경할 수 있는 처분사유는 처분시에 존재한 것이어야 한다. 판례는 처분사유 추가·변경의 시간적 한계에 관하여 "과세관청은 과세처분 이후는 물론 소송도중이라도 사실심 변론종결시까지 처분의 동일성이 유지되는 범위 내에서 처분사유를 추가·변경할 수 있[다]"라고 판시하였다(대판 2001.10.30. 2000두5616).

이러한 판례에 따라 행정소송규칙은 제9조에서 처분사유의 추가·변경에 관하여 "행정청은 사실심 변론을 종결할 때까지 당초의 처분사유와 기본적 사실관계가 동일한 범위 내에서 처분사유를 추가 또는 변경할 수 있다"라고 규정하고 있다.

2) 판 례

(1) 기본적 사실관계의 동일성

대법원은 처분사유의 추가·변경에 있어서 기본적 사실관계의 동일성을 다음과 같은 기준으로 판단하고 있다. 즉 "행정처분의 취소를 구하는 항고소송에서 처분청은 당초 처분의 근거로 삼은 사유와 기본적 사실관계가 동일성이 있다고 인정되는 한도 내에서만 다른 사유를 추가 또는 변경할 수 있고, 이러한 기본적 사실관계의 동일성 유무는 처분사유를 법률적으로 평가하기 이전의 구체적 사실에 착안하여 그 기초인 사회적 사실관계가 기본적인 점에서 동일한지 여부에 따라 결정되므로, 추가 또는 변경된 사유가 처분 당시에 이미 존재하고 있었다거나 당사자가 그 사실을 알고 있었다고 하여 당초의 처분사유와 동일성이 있다고 할 수 없다"라고 한다(대판 2021.7.29. 2021두34756).

(2) 구체적 사실을 변경하지 아니하는 범위에서의 법적 근거의 변경

판례는 구체적 사실을 변경하지 않는 범위에서 법적 근거를 변경하는 것은 가능하지만, 법적 근거의 변경이 처분의 근거가 되는 사실을 변경하여 새로운 처분을 하는 것에 해당하면 허용되지 않는다고 한다. 즉 "처분청이 처분 당시에 적시한 구체적 사실을 변경하지 아니하는 범위 내에서 단지 그 처분의 근거 법령만을 추가·변경하는 것에 불과한 경우에는 새로운 처분사유의 추가라고 볼 수 없으므로 행정청이 처분 당시에 적시한 구체적 사실에 대하여 처분 후에 추가·변경한 법령을 적용하여 그 처분의 적법 여부를 판단할 수 있다 … 그러나 처분의 근거 법령을 변경하는 것이 종전

처분과 동일성을 인정할 수 없는 별개의 처분을 하는 것과 다름없는 경우에는 허용될 수 없다"라고 판시하였다(대판 2021.7.29. 2021두34756).

가) 허용된 경우

(가) 판례는 자동차운송사업면허취소처분과 관련하여 '기본적 사실관계는 그대로인데 재량행위인지 기속행위인지에 관한 규정만 변경'된 경우 이를 허용한 바 있다(대판 2005.3.10. 2002두9285).

(나) 판례는 산림형질변경불허가처분과 관련하여 '준농림지역에서는 부지면적 30,000㎡ 이상인 시설 · 건축물 기타 공작물의 설치를 할 수 없다는 행위제한사항에 해당한다'는 처분사유에서 '준농림지역의 경우 원칙적으로 일정 규모 이상의 토지이용행위를 제한하여 환경의 보전을 도모하는 지역으로서 부지면적 30,000㎡ 미만의 개발은 허용된다고 하더라도 환경오염의 우려가 있거나 자연환경의 보전 및 토지의 합리적인 이용이라는 법의 입법 취지에 부합하는 한도 내에서만 허용된다고 할 것인데, 원고들이 추진하고자 하는 사업은 비교적 대규모의 전원주택의 부지조성사업으로서 위와 같은 법의 취지에 반하여 이를 허용할 수 없다'는 처분사유를 추가하는 것이 허용된다고 하였다. 왜냐하면 그 내용이 모두 이 사건 임야가 준농림지역에 위치하고 있다는 점을 공통으로 하고 있을 뿐 아니라 그 취지 또한 자연환경의 보전을 위하여 개발행위를 제한할 필요가 있어서 산림형질변경을 불허한다는 것으로서 기본적 사실관계의 동일성이 인정되기 때문이라는 것이다(대판 2004.11.26. 2004두4482).

이와 관련하여 구 산림법상 산림형질변경은 허가를 받아야 하는데 '다른 법령의 규정에 의하여 산림의 형질변경이 제한되는 지역'은 '국토 및 자연의 보전, 문화재 및 국가의 중요한 시설의 보호 기타 공익상 산림형질변경을 하여서는 아니될 지역'으로서 형질변경을 하여서는 아니되고(제90조 제1항 본문, 제7항 본문 제1호, 같은 법 시행령 제91조의4 제1항 본문 제1호), 구 국토이용관리법은 준농림지역에서의 행위제한에 관하여 제15조 제1항 제4호에서 "환경오염의 우려가 있거나 부지가 일정규모이상인 공장 · 건축물 · 공작물 기타의 시설의 설치등 대통령령이 정하는 토지이용행위는 이를 할 수 없다. 다만, 농림부장관이 농업진흥이나 농지보전에 필요하다고 인정하는 지역에서는 농지법에 의하여 행위를 제한할 수 있다. 이 경우에는 이 법에 의한 행위제한의 취지와 형평을 이루도록 하여야 한다"라고 규정하고 있었다.

(다) 또한 판례는 귀화의 경우에는 그 요건이 항목별로 구분되어 구체적으로 규정되어 있고 행정절차법상 처분의 이유제시 의무가 적용되지 아니함을 고려하면 귀화거부의 처분사유는 귀화요건을 갖추지 못하였다는 판단이 처분사유가 되고, 해당사건에서는 '품행미단정'이 처분사유가 되고 처분을 할 때에도 처분사유로 품행미단정이라고 하였으므로, 품행미단정이라는 판단의 근거가 되는 기초 사실로 1심에서는 '원고가

자동차번호판을 부정사용하다 적발되어 2009.9.29. 자동차관리법위반죄로 기소유예처분을 받은 전력'과 '신원조회 결과'를 들었다가 2심에서는 '원고가 2001.7.3.부터 2003.9.7.까지 대한민국에서 불법 체류한 전력'을 추가한 것이 허용된다고 하였다(대판 2018.12.13. 2016두31616).

나) 허용되지 않은 경우

(가) 판례는 의료보험요양기관 지정취소처분과 관련하여 '요양급여기준에 명시된 관계서류를 비치하지 않았다'는 처분사유에서 '관계서류 제출명령에 위반하였다'는 처분사유로 변경하는 것은 허용되지 않는다고 하였다(대판 2001.3.23. 99두6392).

(나) 판례는 원상복구의 시정명령 및 계고처분과 관련하여 '건축물에 대한 건축허가를 받지 아니하였다'는 처분사유에서 '가설건축물에 대한 축조신고를 하지 아니하였다'는 처분사유로 변경하는 것을 허용하지 않았다(대판 2021.7.29. 2021두34756).

(다) 판례는 구 정보공개법상 정보공개거부처분과 관련하여 '범죄의 예방, 수사, 형의 집행, 교정 등에 관한 사항으로서 공개될 경우 그 직무수행을 현저히 곤란하게 한다고 인정할 만한 상당한 이유가 있는 정보'(제7조 제1항 제4호)와 '당해 정보에 포함되어 있는 이름 · 주민등록번호 등에 의하여 특정인을 식별할 수 있는 개인에 관한 정보'(제6호)로서 비공대상정보에 해당한다는 처분사유에 '의사결정과정 또는 내부검토과정에 있는 사항으로서 공개될 경우 업무의 공정한 수행에 현저한 지장을 초래한다고 인정할 만한 상당한 이유가 있는 정보'(제5호)로서 비공대상정보에 해당한다는 처분사유를 추가하는 것은 허용되지 않는다고 하였다(대판 2003.12.11. 2001두8827).

Ⅵ. 판결의 효력

취소소송의 판결의 효력에 관하여 행정소송법은 당사자인 행정청과 그 밖의 관계행정청을 기속한다고 규정하여 판결의 기속력을 규정하고 있으며(제30조), 형성력 중 대세효를 규정하고 있다(제29조 제1항). 또한 취소소송의 확정판결은 민사소송법을 준용하여 기판력이 인정된다(제8조 제2항, 민사소송법 제216조, 제218조). 물론 이외에도 판결을 한 법원 스스로에 대한 자기구속력, 판결의 당사자에 대한 형식적 확정력 등이 있다.

1. 기속력

1) 의 의

판결의 기속력이란 취소확정판결이 이루어지면 행정청이 판결의 취지에 따라 일정한 행위를 하여야 할 의무를 발생시키는 효력을 말한다. 취소소송은 위법한 처분등의 취소를 구하는 것을 소송의 대상으로 하므로 처분등에 대한 취소가 이루어진다 하더라도 이에 따라 행정청에게 특정한 행위의무를 부담시키지 않는 한 판결의 효과를 담보할 수 없다.

예를 들어 위법한 조세부과처분에 대한 취소확정판결이 이루어지더라도 이러한 처분의 적법을 주장하는 과세관청이 동일한 내용의 과세처분을 행할 위험성은 항상 존재한다. 따라서 판결의 기속력을 통하여 비로소 행정청은 판결에 구속되며 동일한 내용의 처분이 금지되는 것이다. 이에 행정소송법은 제30조 제1항을 통하여 "처분등을 취소하는 확정판결은 그 사건에 관하여 당사자인 행정청과 그 밖의 관계행정청을 기속한다"고 기속력의 내용을 규정하고 있다.

2) 성 질

기속력의 성질에 대하여는 기판력설과 행정소송의 고유한 특수효력설이 대립되고 있다. 기판력을 넓은 의미로 이해하는 경우에는 행정청이 동일한 사안에서 동일한 이유로 동일한 내용의 처분을 금하는 판결의 효력으로 볼 수 있다.

그러나 일반적으로 기판력은 다른 소송에서 판결주문의 내용에 반하는 재판을 허용하지 않는 판결 자체에 주어진 소송법상 효력으로 이해하는 것이 일반적이다. 이에 반하여 기속력은 행정청에게 동일처분의 금지라는 소극적 측면을 넘어서서 판결의 취지에 따른 일정한 행위의무를 부과한다는 점에서 기판력보다는 넓은 의미를 가지고 있음을 간과할 수 없다. 따라서 기속력은 취소판결의 실효성을 담보하기 위하여 행정소송법이 부여한 특수한 효력이라는 것이 통설의 견해이다.

판례도 기속력과 기판력을 구별한다. 즉 "행정소송법 제30조 제1항은 "처분 등을 취소하는 확정판결은 그 사건에 관하여 당사자인 행정청과 그 밖의 관계행정청을 기속한다."라고 규정하고 있다. 이러한 취소 확정판결의 '기속력'은 취소 청구가 인용된 판결에서 인정되는 것으로서 당사자인 행정청과 그 밖의 관계행정청에게 확정판결의 취지에 따라 행동하여야 할 의무를 지우는 작용을 하는 것이다. 이에 비하여 행정소송법 제8조 제2항에 의하여 행정소송에 준용되는 민사소송법 제216조, 제218조가 규정하고 있는 '기판력'이란 기판력 있는 전소 판결의 소송물과 동일한 후소를 허용하지 않음과 동시에, 후소의 소송물이 전소의 소송물과 동일하지는 않다고 하더라도 전소의 소송물에 관한 판단이 후소의 선결문제가 되거나 모순관계에 있을 때에는 후소에서 전소 판결의 판단과 다른 주장을 하는 것을 허용하지 않는 작용을 하는 것이다"라고 판시하였다(대판 2016.3.24. 2015두48235).

3) 기속력의 범위

(1) 주관적 범위

취소확정판결은 그 사건에 관하여 당사자인 행정청과 그 밖의 관계행정청을 기속한다(제30조 제1항).

(2) 객관적 범위

기속력은 주문과 이유 중 처분의 구체적 위법사유에 관한 판단에 미친다. 여기서 위법사유는 처분사유에 관한 것이고 그와 기본적 사실관계의 동일성이 인정되는 사유, 즉 처분사유의 추가 · 변경이 가능한 처분사유에 대하여도 기속력이 미친다.

판례는 기속력의 객관적 범위에 관하여 "행정소송법 제30조 제1항에 의하여 인정되는 취소소송에서 처분 등을 취소하는 확정판결의 기속력은 주로 판결의 실효성 확보를 위하여 인정되는 효력으로서 판결의 주문뿐만 아니라 그 전제가 되는 처분 등의 구체적 위법사유에 관한 이유 중의 판단에 대하여도 인정[된다]"라고 판시하였다(대판 2001.3.23. 99두5238).

또한 판례는 기속력이 미치는 위법사유가 처분사유에 관한 것임에 대하여 "처분사유는 취소판결의 기속력이 미치는 객관적 범위를 결정한다. 처분청이 확정된 취소판결에서 위법한 것으로 판단된 처분사유와 기본적 사실관계에 동일성이 인정되는 사유를 내세워 다시 동일한 내용의 처분을 하는 것은 취소판결의 기속력에 반하는 것으로서 그 하자가 중대 · 명백하여 당연무효라고 보아야 한다 … 따라서 어떤 처분 내용의 적법성을 뒷받침하기 위하여 당초 처분사유와 기본적 사실관계의 동일성이 인정되는 다른 사유가 있다면 처분청은 그 처분에 대한 취소소송의 사실심 변론종결 시까지 그 사유를 적극적으로 주장 · 증명하여 법원으로부터 그 처분이 적법하다는 판단을 받아야 한다. 만약 소송에서 추가 · 변경할 수 있는 다른 사유가 있었음에도 처분청이 이를 적절하게 주장 · 증명하지 못하여 법원이 그 처분을 위법하다고 판단하여 취소하는 판결이 확정되면, 처분청이 그 다른 사유를 근거로 다시 종전과 같은 내용의 처분을 하는 것은 허용되지 않는다. 어떤 처분의 당초 처분사유와 기본적 사실관계의 동일성이 인정되지 않는 다른 사유가 있다면, 그 처분에 대한 취소소송에서 처분사유 추가 · 변경은 허용되지 않지만, 처분청이 그 처분에 대한 취소판결 확정 후 그 다른 사유를 근거로 별도의 처분을 하는 것은 허용된다"라고 판시하였다(대판 2020.12.24. 2019두55675).

(3) 시간적 범위

처분의 위법성 판단기준시점은 처분시이므로 기속력도 처분시를 기준으로 하여 처분 당시 이미 존재하고 있었으며 해당 처분의 처분사유과 기본적 사실관계가 동일한 사유에 대하여 생긴다.

판례는 "행정처분의 위법 여부는 행정처분이 행하여진 때의 법령과 사실을 기준으로 판단하므로, 확정판결의 당사자인 처분 행정청은 종전 처분 후에 발생한 새로운 사유를 내세워 다시 처분을 할 수 있음은 물론이고 … 새로운 처분의 처분사유가 종전 처분의 처분사유와 기본적 사실관계에서 동일하지 않은 다른 사유에 해당하는 이상, 해당 처분사유가 종전 처분 당시 이미 존재하고 있었고 당사자가 이를 알고 있었다 하더라도 이를 내세워 새로이 처분을 하는 것은 확정판결의 기속력에 저촉되지 않는다"라고 판시하였다(대판 2016.3.24. 2015두48235).

4) 내 용

기속력은 앞서 언급한 바와 같이 동일처분의 금지라는 소극적 내용과 결과제거의무 및 거부처분 취소판결의 경우 판결의 취지에 따르는 재처분의무와 같은 적극적 내용을 갖는다.

(1) 반복금지효

취소판결이 확정되면 행정청은 동일한 사안에 대하여 동일한 이유로 동일한 내용의 처분을 반복할 수 없다. 이는 취소판결의 기속력이 갖는 최소한의 효력으로서 만약 행정청이 동일한 처분을 하는 경우에는 무효로 본다. 다만 절차상 · 형식상 하자를 보완하거나 종전 처분 당시 존재하였으나 종전 처분사유와 기본적 사실관계의 동일성이 인정되지 않는 사유 또는 종전 처분 후에 발생한 새로운 사유를 내세워 동일한 처분을 하는 것은 기속력에 반하지 않는다.

판례도 "처분청이 확정된 취소판결에서 위법한 것으로 판단된 처분사유와 기본적 사실관계에 동일성이 인정되는 사유를 내세워 다시 동일한 내용의 처분을 하는 것은 취소판결의 기속력에 반하는 것으로서 그 하자가 중대 · 명백하여 당연무효"라고 한다(대판 2020.12.24. 2019두55675).

(2) 거부처분의 취소판결과 재처분의무

가) 신청에 대한 거부처분을 취소하는 확정판결

당사자의 신청을 거부하는 것을 내용으로 하는 거부처분의 취소판결이 확정되는 경우에는 그 처분을 행한 행정청은 판결의 취지에 따라 다시 이전의 신청에 대한 처분을 하여야 하는 재처분의무가 발생한다(제30조 제2항). 이는 신청에 대한 거부를 취소하는 것만 가지고는 취소소송의 목적을 달성할 수 없으므로 판결의 취지에 따른 재처분의무를 취소소송의 기속력의 내용으로 규정한 것이다.

그런데 판결의 취지에 따른 재처분이 반드시 신청을 인용하는 재처분을 의미하는 것은 아니므로, 앞서 본 반복금지효에 반하지 아니하는 거부처분은 재처분의무를 이행한 것이 된다. 판례도 ① "취소 확정판결의 기속력의 범위에 관한 법리 및 도시관리계획의 입안 · 결정에 관하여 행정청에 부여된 재량을 고려하면, 주민 등의 도시관리계획 입안 제안을 거부한 처분을 이익형량에 하자가 있어 위법하다고 판단하여 취소하는 판결이 확정되었더라도 행정청에 그 입안 제안을 그대로 수용하는 내용의 도시관리계획을 수립할 의무가 있다고는 볼 수 없고, 행정청이 다시 새로운 이익형량을 하여 적극적으로 도시관리계획을 수립하였다면 취소판결의 기속력에 따른 재처분의무를 이행한 것이라고 보아야 한다. 다만 취소판결의 기속력 위배 여부와 계획재량의 한계 일탈 여부는 별개의 문제이므로, 행정청이 적극적으로 수립한 도시관리계획의 내용이 취소판결의 기속력에 위배되지는 않는다고 하더라도 계획재량의 한계를 일탈한 것인지의 여부는 별도로 심리 · 판단하여야 한다"라고 판시하였다(대판 2020.6.25. 2019두56135).

또한 ② 판례는 "행정소송법 제30조 제2항의 규정에 의하면 행정청의 거부처분을 취소하는 판결이 확정된 경우에는 그 처분을 행한 행정청이 판결의 취지에 따라 이전의 신청에 대하여 재처분할 의무가 있으나, 이때 확정판결의 당사자인 처분 행정청은 그 행정소송의 사실심 변론종결 이후 발생한 새로운 사유를 내세워 다시 이전의 신청에 대한 거부처분을 할 수 있고 그러한 처분도 위 조항에 규정된 재처분에 해당된다"(대결 1997.2.4. 96두70)고 판시하였다. ③ 판례는 "행정소송법 제30조 제2항의 규정에 의하면 행정청의 거부처분을 취소하는 판결이 확정된 때에는 그 처분을 행한 행정청이 판결의 취지에 따라 이전의 신청에 대하여 재처분할 의무가 있으나, 이때 확정판결의 당사자인 처분 행정청은 그 확정판결에서 적시된 위법사유를 보완하여 새로운 처분을 할 수 있는 것이고 … 행정처분의 적법 여부는 그 행정처분이 행하여 진 때의 법령과 사실을 기준으로 하여 판단하는 것이므로 거부처분 후에 법령이 개정 · 시행된 경우에는 개정된 법령 및 허가기준을 새로운 사유로 들어 다시 이전의 신청에 대한 거부처분을 할 수 있으며 그러한 처분도 위 조항에 규정된 재처분에 해당된다고 할 것이다"라고 판시하였다(대결 1998.1.7. 97두22).

④ 대법원은 "이 사건 2009.12.28.자 처분이, 종전 거부처분 후인 2007.12.26. 이 사건 토지 일대가 개발행위허가 제한지역으로 지정되었다는 새로운 사실을 그 사유로 한 것으로, 이는 종전 거부처분의 사유와 내용상 기초가 되는 구체적인 사실관계가 달라 기본적 사실관계가 동일하다고 볼 수 없다는 이유로, 행정소송법 제30조 제2항의 재처분에 해당하고, 종전 거부처분을 취소한 확정판결의 기속력에 반하지 않는다는 취지로 판단"한 원심의 판단이 정당하다고 하면서 "원고가 상고이유에서 들고 있는 대법원 2001.3.23. 선고 99두5238 판결은 사실심 변론종결 이전에 유효하게 주장할 수 있었던 사유를 내세워 다시 이전의 신청에 대한 거부처분을 할 수 없다는 것일 뿐, 이 사건과 같이 종전 처분 후 발생한 새로운 사유를 내세워 다시 거부처분을 할 수 없다는 취지는 아니다"라고 하였다(대판 2011.10.27. 2011두14401). 위 99두5238 판결은 구 하천법상 손실보상의 대상이 됨에도 손실보상 신청을 기각한 것이 위법하다고 한 사건에서 "취소소송에서 소송의 대상이 된 거부처분을 실체법상의 위법사유에 기하여 취소하는 판결이 확정된 경우에는 당해 거부처분을 한 행정청은 원칙적으로 신청을 인

용하는 처분을 하여야 하고, 사실심 변론종결 이전의 사유를 내세워 다시 거부처분을 하는 것은 확정판결의 기속력에 저촉되어 허용되지 아니한다"라고 판시한 것이다(대판 2001.3.23. 99두5238).

나) 신청에 대한 인용처분을 취소하는 확정판결

재처분의무는 신청에 대한 인용처분의 취소를 구하는 소송을 제3자가 제기하여 처분의 절차에 하자가 있음을 이유로 취소확정판결이 있은 경우에도 준용된다(제30조 제3항). 따라서 이러한 경우에는 적법한 절차를 거쳐서 이전의 신청에 대한 처분을 하여야 한다.

다) 기속행위와 재량행위

거부처분의 취소판결을 통하여 발생하는 재처분의무는 기속행위과 재량행위와 같은 처분의 성격에 따라 내용이 달라진다. 우선 기속행위의 경우에는 거부처분을 취소하는 판결이 확정되면 판결의 취지에 따라 법규에서 규정한 특정한 처분의무가 존재한다.

반면에 재처분의무의 내용이 재량처분을 예정하는 경우에는 처분청에 특정한 처분을 명할 수는 없으며 판결의 취지에 따라 하자 없이 재량권을 행사하라는 내용의 재처분의무가 부과됨에 그친다. 그러나 이러한 형식적 의미의 무하재량행사청구권을 넘어서서 재량의 축소가 이루어지고 행정청의 처분의무가 발생하는 경우에 재처분의무는 특정처분의무로 그 내용이 실체화된다.

라) 간접강제

거부처분에 대한 취소판결이 확정되어 재처분의무가 존재함에도 불구하고 필요한 처분이 이루어지지 않는 경우에는 판결의 기속력은 종국적으로 담보되지 않는다. 이는 우리 행정소송법이 의무이행소송을 인정하지 않고 있기 때문에 발생하는 근본적인 고민이다. 따라서 행정소송법은 거부처분에 대한 취소판결의 실효성을 담보하기 위하여 재처분의무와 함께 민사소송법에서 인정되는 간접강제제도로서의 배상명령제를 규정하고 있다.

즉 행정청이 재처분의무를 이행하지 않는 경우에는 제1심 수소법원은 당사자의 신청에 의하여 결정으로써 상당한 기간을 정하고 행정청이 그 기간 내에 이행하지 아니하는 때에는 그 지연기간에 따라 일정한 배상을 할 것을 명하거나 즉시 손해배상을 할 것을 명할 수 있다(제34조 제1항). 판례는 기속력에 반하는 재처분은 당연무효이므로 아무런 재처분을 하지 아니한 것과 마찬가지로 간접강제의 요건을 충족한다고 본다. 즉 "거부처분에 대한 취소의 확정판결이 있음에도 행정청이 아무런 재처분을 하지 아니하거나, 재처분을 하였다 하더라도 그것이 종전 거부처분에 대한 취소의 확정판결의 기속력에 반하는 등으로 당연무효라면 이는 아무런 재처분을 하지 아니한 때와 마찬가지라 할 것이므로 이러한 경우에는 행정소송법 제30조 제2항, 제34조 제1항 등에 의한 간접강제신청에 필요한 요건을 갖춘 것으로 보아야 한다"라고 판시하였다(대결 2019.4.4. 2018무672).

또한 이 경우에 배상명령의 효력을 피고인 행정청이 속하는 국가 또는 공공단체에 미치게 하여 채무자의 범위를 넓히고 행정청을 심문할 수 있게 하였다(제34조 제2항).

한편 간접강제결정에 따른 의무이행기간이 경과한 후라고 하더라도 확정판결의 취지에 따른 재처분이 이루어지면 배상금의 추심이 허용되지 않는다. 판례는 "행정소송법 제34조 소정의 간접강제결정에 기한 배상금은 거부처분취소판결이 확정된 경우 그 처분을 행한 행정청으로 하여금 확정판결의 취지에 따른 재처분의무의 이행을 확실히 담보하기 위한 것으로서, 확정판결의 취지에 따른 재처분의무내용의 불확정성과 그에 따른 재처분에의 해당 여부에 관한 쟁송으로 인하여 간접강제결정에서 정한 재처분의무의 기한 경과에 따른 배상금이 증가될 가능성이 자칫 행정청으로 하여금 인용처분을 강제하여 행정청의 재량권을 박탈하는 결과를 초래할 위험성이 있는 점 등을 감안하면, 이는 확정판결의 취지에 따른 재처분의 지연에 대한 제재나 손해배상이 아니고 재처분의 이행에 관한 심리적 강제수단에 불과한 것으로 보아야 하므로, 특별한 사정이 없는 한 간접강제결정에서 정한 의무이행기한이 경과한 후에라도 확정판결의 취지에 따른 재처분의 이행이 있으면 배상금을 추심함으로써 심리적 강제를 꾀할 목적이 상실되어 처분상대방이 더 이상 배상금을 추심하는 것은 허용되지 않는다고 봄이 상당하다고 할 것이다"라고 판시하였다(대판 2004.1.15. 2002두2444).

이와 같은 간접강제제도는 부작위위법확인소송에도 준용된다(제38조 제2항). 그러나 거부처분에 대한 무효확인소송에는 준용되지 않는다(제38조 제1항). 판례도 "법 제38조 제1항이 무효확인 판결에 관하여 취소판결에 관한 규정을 준용함에 있어서 법 제30조 제2항을 준용한다고 규정하면서도 법 제34조는 이를 준용한다는 규정을 두지 않고 있으므로, 행정처분에 대하여 무효확인 판결이 내려진 경우에는 그 행정처분이 거부처분인 경우에도 행정청에 판결의 취지에 따른 재처분의무가 인정될 뿐 그에 대하여 간접강제까지 허용되는 것은 아니[다]"라고 판시하였다(대결 1998.12.24. 98무37).

(3) 결과제거의무(원상회복의무)

행정청은 확정판결로 취소된 처분에 따라 발생한 위법한 결과를 제거하여 원상회복하여야 한다. 판례도 "어떤 행정처분을 위법하다고 판단하여 취소하는 판결이 확정되면 행정청은 취소판결의 기속력에 따라 그 판결에서 확인된 위법사유를 배제한 상태에서 다시 처분을 하거나 그 밖에 위법한 결과를 제거하는 조치를 할 의무가 있다"라고 판시하였다(대판 2020.6.25. 2019두57404).

나아가 판례는 결과제거의무를 적극적으로 인정하여 “이 사건 원심판결 중 ‘1차 변경처분 중 2차 변경처분에 의하여 취소되지 않고 남아 있는 부분’을 취소하는 부분이 확정되면 이 사건 항로에서 ◎◎◎호를 도선으로서 운항할 법적 근거가 사라진다. 따라서 ◎◎◎호의 정원 부분만을 규율하는 2차 변경처분은 그 기초를 상실하여 실효되는 것이라고 보아야 한다. 어떤 행정처분을 위법하다고 판단하여 취소하는 판결이 확정되면 행정청은 취소판결의 기속력에 따라 그 판결에서 확인된 위법사유를 배제한 상태에서 다시 처분을 하거나 그 밖에 위법한 결과를 제거하는 조치를 할 의무가 있다 … 따라서 피고는 취소판결의 기속력에 따라 위법한 결과를 제거하기 위하여 「유선 및 도선 사업법」 제9조 제1항에 의하여 세종해운에 대하여 이 사건 항로에서 ◎◎◎호의 운항을 중단할 것을 명령하는 등의 필요한 조치를 취하여야 한다”라고 하였다(대판 2020.4.9. 2019두49953).

2. 기판력(실질적 확정력)

1) 의 의

소송에서 확정력이라 함은 일반적으로 형식적 확정력과 실질적 확정력으로 구분한다. 형식적 확정력은 소송이 개별심급에서 심리를 마치고 종국판결이 내려지거나 상소기간이 종료되어 더 이상 처분 등에 대하여 다툴 수 없는 상태를 말한다. 이에 비하여 기판력 또는 실질적 확정력은 확정판결주문에 명시된 내용을 후소에서 다시 주장을 하지 못하게 하여 재판을 통한 법적 안정을 유지하는 판결의 효력을 말한다. 따라서 후소에서 동일한 소송물에 대한 항변이 이루어지는 경우 법원은 일사부재리의 원칙에 의하여 원고의 청구를 각하하여야 한다. 판례는 기판력의 본질에 관한 모순금지설의 입장에서 전소 확정판결에서 승소한 부분에 대하여는 권리보호의 이익이 없어 각하하고 패소한 부분에 대하여는 기판력에 저촉되어 기각하여야 한다는 입장이다(대판 2009.12.24. 2009다64215). 이처럼 전소와 후소의 소송물이 동일한 경우뿐만 아니라 서로 모순관계에 있는 경우, 전소의 소송물에 관한 판단이 후소의 선결문제인 경우에도 기판력이 작용한다.

행정소송법은 기속력과는 달리 기판력에 대하여는 규정하지 않았으나 취소판결의 속성과 민사소송법의 준용을 통해 인정된다(행정소송법 제8조 제2항, 민사소송법 제216조, 제218조).

2) 기판력의 범위

(1) 주관적 범위

기판력은 당사자 및 이와 동일시할 수 있는 권리의무의 승계인에게는 미치나 제3

자에게는 미치지 않는다(행정소송법 제8조 제2항, 민사소송법 제218조). 기판력이 제3자에게 미치지 않는 것은 후술하는 형성력이 제3자에게 미치는 것과는 대조적이다. 또한 기판력은 권리의무의 주체가 아닌 행정청에게 한정할 이유는 없으며 그 행정청이 소속한 국가나 공공단체에게도 미친다고 보아야 한다. 판례도 "취소소송의 피고는 처분청이므로 행정청을 피고로 하는 취소소송에 있어서의 기판력은 당해 처분이 귀속하는 국가 또는 공공단체에 미친다"라고 하였다(대판 1998.7.24. 98다10854).

(2) 객관적 범위

원칙적으로 판결의 기판력의 범위는 주문에 한정된다(행정소송법 제8조 제2항, 민사소송법 제216조). 따라서 판결이유에 나타난 선결적 법률관계나 기타의 위법사항에 대하여는 기판력이 미치지 않는다. 판례도 "확정판결의 기판력은 그 판결의 주문에 포함된 것, 즉 소송물로 주장된 법률관계의 존부에 관한 판단의 결론 그 자체에만 생기는 것이고, 판결이유에 설시된 그 전제가 되는 법률관계의 존부에까지 미치는 것은 아니[다]"고 하며(대판 2010.12.23. 2010다58889) "취소 확정판결의 기판력은 그 판결의 주문에만 미치고, 또한 소송물인 행정처분의 위법성 존부에 관한 판단 그 자체에만 미치는 것이므로 전소와 후소가 그 소송물을 달리하는 경우에는 전소 확정판결의 기판력이 후소에 미치지 아니한다"라고 판시하였다(대판 2016.3.24. 2015두48235). 다시 말해 기판력의 범위를 판결주문, 본안판단에서의 소송물에 한정시키고 있다. 따라서 취소소송의 인용판결은 처분의 위법성에 기판력을 미치며 기각판결은 그 적법성에 한하여 기판력을 미친다. 취소소송의 소송물을 처분의 위법성 일반이라고 보면 개개의 위법사유에 대하여는 기판력이 미치지 않는다. 또한 소송판결의 기판력은 소송요건의 흠결에 관하여 미친다(대판 2015.10.29. 2015두44288).

기판력의 객관적 범위와 관련하여 최근에 쟁점이 된 문제는 취소소송에서의 기판결이 후에 동일한 처분등으로 인하여 제기된 국가배상청구소송에 어떠한 영향을 미치는가 하는 것이다. 이 문제에 대하여는 양자의 무관함을 주장하는 견해도 있으나 이는 수용하기 어렵다. 그 이유는 취소소송의 판결을 통하여 처분의 위법성이 확인된 이상 후소인 국가배상청구소송에서 피고인 국가 등이 모순되는 주장을 할 수 없기 때문이다. 따라서 취소소송의 인용판결은 후소인 국가배상청구소송에 기판력을 미친다. 반면에 취소소송의 기각판결은 처분의 적법성에 한하여 기판력을 미치므로 후소에서 처분의 적법성을 제외한 다른 위법사유에는 기판력을 미치지 않는 것으로 보아야 한다.

나아가 취소소송의 기각판결의 기판력은 무효확인소송에도 미친다고 보아야 한다. 판례도 "과세처분의 취소소송은 과세처분의 실체적, 절차적 위법을 그 취소원인으로 하는 것으로서 그 심리의 대상은 과세관청의 과세처분에 의하여 인정된 조세채무인 과세표준 및 세액의 객관적 존부, 즉 당해 과세처분의 적부가 심리의 대상이 되는 것이며, 과세처분 취소청구를 기각하는 판결이 확정되면 그 처분이 적법하다는 점에 관하여 기판력이 생기고 그 후 원고가 이를 무효라 하여 무효확인을 소구할 수 없는 것이어서 과세처분의 취소소송에서 청구가 기각된 확정판결의 기판력은 그 과세처분의 무효확인을 구하는 소송에도 미친다"라고 판시하였다(대판 1998.7.24. 98다10854).

(3) 시간적 범위

기판력의 시간적 범위는 사실심 변론종결시를 기준으로 하여 판단한다. 확정판결이 변론종결시까지 제출된 서류 등을 기준으로 내려지는 것이므로 변론종결 이전의 사유에는 일률적으로 기판력이 미친다.

판례는 "동일한 소송물에 대한 후소에서 전소 변론종결 이전에 존재하고 있던 공격방어방법을 주장하여 전소 확정판결에서 판단된 법률관계의 존부와 모순되는 판단을 구하는 것은 전소 확정판결의 기판력에 반하는 것이고, 전소에서 당사자가 그 공격방어방법을 알지 못하여 주장하지 못하였는지 나아가 그와 같이 알지 못한 데 과실이 있는지 여부는 묻지 아니한다"라고 한다(대판 2014.3.27. 2011다49981).

3. 형성력

취소소송은 전형적인 형성소송이므로 취소소송의 판결은 법률관계의 발생 · 변경 · 소멸이라는 형성적 효력을 갖는다. 판례도 "행정처분을 취소한다는 확정판결이 있으면 그 취소판결의 형성력에 의하여 당해 행정처분의 취소나 취소통지 등의 별도의 절차를 요하지 아니하고 당연히 취소의 효과가 발생한다"라고 판시하여(대판 1991.10.11. 90누5443) 취소판결의 형성력을 인정하고 있다. 또한 소급효를 갖는다. 판례도 "본안소송에서 이 사건 처분이 위법하다고 하여 취소하게 되면 그 취소판결의 소급효만으로 그대로 소멸[된다]"라고 판시하였다(대판 2000.1.8. 2000무35).

그런데 이러한 형성력은 법률관계 자체를 소급적으로 형성하는 효력 외에도 제3자에까지 미치는 이른바 대세적(對世的) 효력을 포함한다. 즉 행정소송법 제29조 제1항은 "처분등을 취소하는 확정판결은 제3자에 대하여도 효력이 있다"라고 규정하고 있다. 이는 취소소송의 인용판결이 갖는 속성으로 당연한 결과이다. 다만 이미 언급한 바와 같이 소송의 존재를 잘 알지 못하는 제3자의 권리보호를 위하여 제3자의 소송참여(제16조)와 재심청구(제31조)를 인정하고 있다.

Ⅶ. 취소소송의 관련사항

1. 위헌 · 위법한 명령 · 규칙에 대한 판결의 공고

행정소송에 대한 대법원의 판결에 의하여 명령 · 규칙이 헌법 또는 법률에 위반된다는 것이 확정된 경우에는 대법원은 지체없이 그 사유를 행정안전부장관에게 통보하여야 하고, 행정안전부장관은 이를 지체없이 관보에 게재하여야 한다(제6조). 이는 위헌 · 위법한 명령 등에 대한 규범통제의 효력이 명령 등의 일반적 폐지를 가져오지 않고 당해 사건에서의 적용배제라는 한계가 있기 때문에 유사한 사건에서의 재발방지를 위한 조치로 이해된다. 따라서 종국적으로는 위헌 · 위법으로 확정된 명령 등에 대한 일반적 폐지를 인정하는 법률개정이 이루어져야 할 것이다.

또한 대법원은 재판의 전제가 된 명령 · 규칙이 헌법 또는 법률에 위배된다는 것이 법원의 판결에 의하여 확정된 경우에도 그 취지를 해당 명령 · 규칙의 소관 행정청에 통보하여야 하며, 이를 위해 대법원 이외의 법원이 위와 같은 취지의 재판을 하였을 때에는 해당 재판서 정본을 지체없이 대법원에 송부하여야 한다(행정소송규칙 제2조).

2. 제3자에 의한 재심청구

취소소송에 이해관계를 가지는 제3자가 소송의 존재를 알지 못함으로 인하여 자신의 권익을 방어하지 못한 경우에는 제3자에 의한 재심의 청구가 인정되고 있다. 즉 처분등을 취소하는 판결에 의하여 권리 또는 이익의 침해를 받은 제3자는 자기에게 책임없는 사유로 소송에 참가하지 못함으로써 판결의 결과에 영향을 미칠 공격 또는 방어방법을 제출하지 못한 때에는 이를 이유로 확정된 종국판결에 대하여 재심의 청구를 할 수 있다(제31조 제1항). 제3자의 재심청구는 확정판결이 있음을 안 날로부터 30일 이내, 판결이 확정된 날로부터 1년 이내에 제기하여야 하며(제31조 제2항) 이는 불변기간이다(제3항).

제6장
무효등확인소송

제1절 개 설

Ⅰ. 의의 및 형태

행정소송법상 무효등확인소송은 행정청의 처분등의 효력 또는 존재 여부를 확인하는 소송이다(제4조 제2호). 행정행위에 대하여 근거법규가 요구하는 주체 · 내용 · 형식 · 절차에 대한 요건을 갖추지 못하여 흠결이 있고 그러한 흠결이 중대하고도 명백한 경우를 무효인 흠이라고 한다. 무효인 행정행위는 행정행위의 요건상의 흠결이 중대하고 명백하여 행정행위에 인정되는 효력이 발생되지는 않지만 행정행위로서의 외관은 존재하므로 행정행위의 부존재와는 개념적으로 구분된다. 그러나 무효등확인소송은 소송의 대상으로 무효와 부존재를 모두 포함하여 그 명칭도 무효확인소송이 아닌 "무효등확인소송"으로서 행정행위의 존재 여부의 확인도 그 대상으로 한다.

그런데 행정행위에 중대하고 명백한 흠이 있어 행정행위에 특유한 일련의 효력이 발생하지 않고, 부존재의 경우에는 행정행위의 외관조차 존재하지 않음에도 불구하고 이를 소송으로 다투는 이유는 어디에 있을까? 그것은 행정행위의 흠 중 무효와 취소사유를 개념적으로 구별함에도 불구하고 실제에 있어서 양자의 구별은 유동적 · 상대적이어서 무효를 확인받을 권리보호의 필요성이 존재하기 때문이다.

따라서 무효등확인소송은 구체적으로 무효확인소송, 유효확인소송, 부존재확인소송, 존재확인소송의 형태를 띠게 된다. 또한 행정행위의 무효를 무효등확인소송의 형태가 아닌 무효선언의 의미에서 취소소송으로 제기되는 경우도 행정행위의 무효를 주장하는 소송형태의 하나라고 볼 수 있다.

Ⅱ. 성 질

무효등확인소송의 성격에 대하여는 확인소송설, 항고소송설, 준항고소송설 등이 대립되고 있다. 우선 무효등확인소송을 확인소송으로 보는 견해는 이 소송의 대상이 행정행위의 무효성 또는 존재 여부에 대한 확인을 구하는 것이므로 처분등에 대한 불복을 구하는 항고소송과는 구별된다는 것이다. 이에 대하여 항고소송설은 행정행위의 무효와 취소사유가 불명하여 무효인 처분에 불복하는 소송이므로 항고소송의 성격을 갖는다는 것이다. 이러한 의미에서 행정소송법도 항고소송의 하나로서 무효등확인소송을 규정하였다는 견해이다. 준항고소송설은 무효등확인소송이 처분등의 무효와 부존재 여부를 확인하는 소송인 동시에 처분등에 대한 불복을 의미하므로 항고소송으로서의 성격도 아울러 갖는다는 견해이다.

무효등확인소송이 만약 처분으로 인한 법률관계의 무효나 존재 여부만을 대상으로 하는 것이었다면 순수한 확인소송으로서의 성격을 가질 것이다. 그러나 이 소송이 그 외관이 존재하는 처분의 무효 등을 대상으로 하는 것이므로 동시에 항고소송으로서의 성격을 부인할 수 없으므로 항고소송에 준하는 성질을 갖는다고 보아야 할 것이다. 준항고소송설이 현재의 통설이다.

Ⅲ. 적용법규

무효등확인소송은 항고소송적인 성격이 있으므로 취소소송에 관한 행정소송법의 대부분 규정이 준용된다(제38조 제1항). 예를 들어 재판관할, 피고적격, 집행정지, 소의 변경, 직권심리주의, 판결의 효력 등에 관한 것이다. 그러나 무효등확인소송은 행정행위의 무효 등을 대상으로 하는 것이므로 행정심판전치주의, 제소기간, 사정판결 등에 관한 규정은 준용되지 않는다.

Ⅳ. 재판관할

무효등확인소송의 재판관할에 관하여는 취소소송의 재판관할에 관한 규정이 준용된다(제38조 제1항, 제9조). 그러므로 무효등확인소송의 제1심 관할법원은 피고의 소재지를 관할하는 행정법원으로 한다. 다만 중앙행정기관 또는 그 장이 피고인 경우 등의 관할법원은 대법원 소재지를 관할하는 행정법원으로 한다. 또한 토지의 수용 기타 부동산 또는 특정의 장소에 관계되는 처분등에 대한 무효등확인소송은 부동산 또는 장소의 소재지를 관할하는 행정법원에 이를 제기할 수 있다.

제2절 당사자 및 참가인

Ⅰ. 원고적격

1. 무효등확인소송에 있어서 "법률상 이익"의 특수성

행정소송법은 무효등확인소송의 원고적격에 관하여 처분등의 효력 유무 또는 존재 여부의 확인을 구할 법률상 이익이 있는 자가 제기할 수 있다고 규정하고 있다(제35조). 따라서 여기에서의 "법률상 이익"이라는 개념은 원칙적으로 취소소송에서의 법률상 이익의 연장선상에서 무효인 처분으로 인하여 상대방 또는 제3자의 권리가 침해되었을 때 널리 이들에게 원고적격을 열어주는 규정으로 이해된다. 다만 취소소송과는 달리 여기에서의 법률상 이익의 개념은 원고적격에 관한 문제뿐 아니라 무효의 확인에 대한 권리보호의 필요성이라는 협의의 소의 이익이 더욱 문제된다.

2. 무효등확인소송의 보충성

우리나라 행정소송법은 일본의 행정사건소송법과는 달리 무효등확인소송에 관하여 민사소송의 확인소송에 요구되는 보충성 요건을 인정하지 않는다. 그럼에도 불구하고 종래 판례는 무효등확인소송이 확인소송으로서 "확인의 이익"이라는 소의 이익이 인정되는 경우에 한하여 원고적격을 인정할 수 있다고 보고 있었다. 즉 처분등의 무효를 전제로 하여 발생한 법률관계를 대상으로 소송이 제기되어 그 법률관계의 확정을 통한 권리구제의 가능성이 존재하는 경우에는 처분의 무효 자체에 대한 무효의 확인을 구할 법률상의 이익이 없고 따라서 원고적격도 인정되지 않는다는 것이다. 예를 들면, "위법상태의 제거방법으로서 그 위법상태를 이룬 원인에 관한 처분의 무효확인을 구하는 길을 터주는 것은 그 무효확인판결의 기속력과 국세기본법 제51조의 규정이 있다 하여도 민사소송에 의한 부당이득반환청구의 소로써 직접 피고에게 위와 같은 위법상태의 제거를 구할 수 있는 길이 열려 있는 이상 간접적인 해결방법에 불과하여 이 사건 분쟁해결에 필요하고도 적절한 경우라 할 수 없어 위에서 이미 보아온 '확인을 구할 법률상 이익'이 없는 것이라고 봄이 옳다"라고 하였다(대판 1988.3.8. 87누133).

그러나 이러한 판례의 입장은 2008년 대법원 전원합의체가 종래 무효등확인소송에 대하여 요구하던 보충성 요건을 포기함으로써 근본적으로 변화되었다. 즉 하수도원인자부담금 부과처분에 대한 무효확인소송보다는 부당이득반환청구소송을 통해 권리구제를 받아야 하는지 문제된 사건에서 "행정소송은 행정청의 위법한 처분 등을 취소·변경하거나 그 효력 유무 또는 존재 여부를 확인함으로써 국민의 권리 또는 이익의 침해를 구제하고, 공법상의 권리관계 또는 법 적용에 관한 다툼을 적정하게 해결함을 목적으로 하는 것이므로, 대등한 주체 사이의 사법상 생활관계에 관한 분쟁을 심판 대상으로 하는 민사소송과는 그 목적, 취지 및 기능 등을 달리한다. 또한 행정소송법 제4조에서는 무효확인소송을 항고소송의 일종으로 규정하고 있고, 행정소송법 제38조 제1항에서는 처분 등을 취소하는 확정판결의 기속력 및 행정청의 재처분 의무에 관한 행정소송법 제30조를 무효확인소송에도 준용하고 있으므로 무효확인판결 자체만으로도 실효성을 확보할 수 있다. 그리고 무효확인소송의 보충성을 규정하고 있는 외국의 일부 입법례와는 달리 우리나라 행정소송법에는 명문의 규정이 없어 이로 인한 명시적 제한이 존재하지 않는다. 이와 같은 사정을 비롯하여 행정에 대한 사법통제, 권익구제의 확대와 같은 행정소송의 기능 등을 종합하여 보면, 행정처분의 근거 법률에 의하여 보호되는 직접적이고 구체적인 이익이 있는 경우에는 행정소송법 제35조에 규정된 '무효확인을 구할 법률상 이익'이 있다고 보아야 하고, 이와 별도로 무효확인소송의 보충성이 요구되는 것은 아니므로 행정처분의 무효를 전제로 한 이행소송 등과 같은 직접적인 구제수단이 있는지 여부를 따질 필요가 없다고 해석함이 상당하다"라고 판시하였다[대판(전합) 2008.3.20. 2007두6342].

무효등확인소송은 처분의 상대방과 제3자가 무효 또는 처분의 존재로 인하여 행정법관계에서 느끼는 불안을 제거하는 것을 궁극적인 목적으로 한다. 따라서 여기에는 취소소송에 요구되는 행정심판이나 제소기간 등의 까다로운 요건도 적용되지 않는다. 그러므로 처분의 존재나 효력에 불안을 느끼는 자는 상대방과 제3자를 막론하고 무효확인소송의 보충성이라는 다른 추가적인 요건 없이 무효의 확인에 대한 필요성만 인정된다면 협의의 소의 이익이 인정되어 무효확인소송을 제기할 수 있는 것으로 보아야 할 것이다.

Ⅱ. 피고적격

무효등확인소송의 피고적격에 대하여는 역시 취소소송에 관한 행정소송법의 규정이 준용되므로 당해 무효인 행정처분을 한 행정청이 피고가 된다(제38조 제1항, 제13조). 따라서 처분과 관련되는 권한이 승계된 경우에는 이를 승계한 행정청이 피고가 되며 권한이 폐지된 경우에는 그 처분에 관한 사무가 귀속하는 국가 또는 공공단체가 피고가 된다.

Ⅲ. 소송참가

무효등확인소송에 관하여도 취소소송에 적용되는 소송참가규정이 준용된다. 이는 무효인 처분등에 대하여 이해관계를 갖는 제3자와 다른 행정청의 권익을 보호하기 위한 것이다(제38조 제1항, 제16조, 제17조). 따라서 제3자와 행정청의 소송참가가 모두 인정된다.

제 3 절 무효등확인소송의 제기

Ⅰ. 행정심판전치주의, 제소기간 등의 요건

취소소송과는 달리 무효등확인소송에는 행정심판전치주의나 제소기간과 같은 소송제기의 요건이 적용되지 않는다. 이는 취소할 수 있는 행정처분을 대상으로 하는 취소소송과는 달리 무효인 행정행위는 이론적으로 기간의 경과 등으로 인하여 행정처분에 대한 불가쟁력이 발생할 여지가 없으므로 당연한 결과이다. 다만 행정행위의 무효를 무효선언의 의미에서 취소소송의 형태로 제기하는 경우에는 행정심판전치주의, 제소기간 등 소송요건이 적용된다는 것이 판례이다(대판 1987.6.9. 87누219).

Ⅱ. 대 상

무효등확인소송의 대상은 취소소송에서와 같이 처분 및 행정심판에 대한 재결이다. 이는 취소소송에서 설명하였으므로 더 이상 언급하지 않는다.

Ⅲ. 관련청구소송의 이송 및 병합과 소의 변경

관련청구소송의 이송 및 병합에 관한 취소소송의 규정은 역시 행정소송법에 의하여 무효등확인소송에도 준용된다(제38조 제1항, 제10조). 또한 공동소송의 경우에도 무효등확인소송의 경우에 준용된다(제38조 제1항, 제15조). 따라서 무효등확인소송과 관련되는 손해배상, 부당이득반환, 원상회복 등 청구소송, 당해 처분과 관련되는 취소소송 등이 각각 다른 법원에 계속되고 있는 경우에는 관련청구소송이 계속된 법원이 상당하다고 인정하는 때에는 당사자의 신청 또는 직권에 의하여 이를 무효등확인소송이 계속된 법원으로 이송할 수 있다.

또한 무효등확인소송에는 사실심의 변론종결시까지 관련청구소송을 병합하거나 피고 외의 자를 상대로 한 관련청구소송을 무효등확인소송이 계속된 법원에 병합하여 제기할 수 있다.

소의 변경에 관하여도 역시 취소소송에 관한 규정이 준용되므로(제38조 제1항, 제21조, 제22조) 무효등확인소송을 취소소송으로 변경할 수 있다. 다만 이러한 경우에는 원칙적으로 제소기간이나 행정심판전치주의의 적용을 받는다.

Ⅳ. 집행정지와 가처분

취소소송에 적용되는 집행정지제도는 무효인 행정행위를 대상으로 하는 무효등확인소송에는 이론상 적용되지 않는 것이 원칙일 것이다. 그 이유는 처분의 외관은 존재하되 행정행위로서의 공정력이나 집행력 등 행정행위에 고유한 효력이 발생하지 아니하므로 이를 정지할 대상도 존재하지 않기 때문이다.

그러나 행정소송법은 무효인 행정행위와 취소할 수 있는 행정행위의 구별의 상대성과 외관의 존재로 인한 권리침해의 가능성에 근거하여 무효등확인소송에도 집행정지에 관한 규정을 준용하고 있다(제38조 제1항, 제23조). 따라서 민사소송법상 가처분제도도 그 성질에 반하지 않는 한 무효등확인소송에 적용된다(제8조 제2항). 오히려 가처분제도는 무효등확인소송의 성질상 취소소송에 비하여 적용가능성이 더 크다고 할 수 있을 것이다.

제 4 절 무효등확인소송의 심리

Ⅰ. 심리절차의 원칙

무효등확인소송의 심리에 관하여도 취소소송에 관한 규정을 준용하고 있으므로(제38조 제1항, 제25조, 제26조) 취소소송에서의 심리절차원칙이 그대로 적용된다. 따라서 당사자주의와 변론주의를 원칙으로 하면서도 법원은 필요하다고 인정하는 때에는 직권으로 증거조사를 할 수 있고, 당사자가 주장하지 아니한 사실에 대하여도 판단할 수 있는 등 직권심리주의가 가미되고 있다. 또한 법원은 당사자의 신청에 의하여 결정으로써 재결을 행한 행정청에 대하여 행정심판에 관한 기록의 제출을 명할 수 있다.

Ⅱ. 입증책임

무효는 취소에 비하여 행정행위의 흠이 더욱 중대하며 명백한 경우이므로 이것이 적법하다는 입증책임은 피고인 행정청이 부담하는 것이 원칙이다. 그러나 판례는 취소소송과는 달리 행정처분의 당연무효를 구하는 소송에 있어서는 그 무효를 구하는 사람, 즉 원고에게 그 행정처분에 존재하는 하자가 중대하고 명백하다는 것을 주장·입증할 책임이 있는 것으로 보고 있다(대판 2010.5.13. 2009두3460).

그러나 무효등확인소송에서의 입증책임을 일방적으로 원고에게 부담시키는 것은 부당하다. 또한 민사소송법에 따라 권리발생요건과 권리장애요건 사실에 따라 입증책임의 분배원칙을 정하는 것도 너무 기교적이다. 중요한 것은 행정법관계에서의 요건사실이 불명확함에도 불구하고 처분을 내린 주체가 행정청이라는 사실이다. 그러므로 취소소송에 있어서와 같이 법원이 심증형성에 어려움이 직면할 때 행정의 법률적합성원칙을 궁극적으로 담보할 책임을 지는 피고에게 입증의 부담이 돌아간다고 보아야 한다.

Ⅲ. 선결문제의 심리

1. 의 의

행정처분의 무효나 존재 여부가 민사소송이나 형사소송의 선결문제가 되어 민사법원 등이 행정처분의 무효를 선결적으로 심리·판단하여 이에 따르는 본안에 대한 인용 여부를 결정한다.

여기에 대하여 전통적인 견해는 이른바 취소할 수 있는 행정행위의 경우에는 행정행위의 공정력 또는 구성요건적 효력에 의하여 선결적 판단이 불가한 것으로 보고 있다. 그러나 무효인 행정행위의 경우에는 행정행위의 공정력 등이 부인되므로 선결적인 판단이 가능하다는 것이다. 하지만 이러한 전통적인 견해는 행정행위의 공정력(구성요건적 효력)을 논하는 과정에서 근본적으로 비판되었음은 이미 행정작용법편에서 언급한 바와 같다. 따라서 취소할 수 있는 행정행위도 처분의 위법성에 대한 선결적 판단이 가능하다는 입장에서는 행정소송법 제11조의 규정은 선결적 판단에 관해 다만 확인적인 의미를 가질 뿐이다.

2. 준용규정

행정소송법은 제11조 제1항에서 처분등의 효력 유무 또는 존재 여부가 민사소송의 선결문제로 되어 당해 민사소송의 수소법원이 이를 심리·판단하는 경우에는 제17

조(행정청의 소송참가), 제25조(행정심판기록의 제출명령), 제26조(직권심리), 제33조(소송비용에 관한 재판의 효력)의 규정들이 준용된다. 이는 선결문제로서 행정처분의 무효에 대한 민사법원의 심증형성을 용이하게 하기 위한 규정이다.

제5절 판 결

무효등확인소송의 판결과 그 효력에 대하여는 대체로 취소소송의 판결에서 논한 내용이 그대로 타당하다. 형성효에 관한 명문의 규정은 없으나 제3자에 대하여도 판결의 효력이 미친다(제38조 제1항, 제29조 제1항). 따라서 제3자를 보호하기 위한 소송참가와 재심청구가 인정된다(제38조 제1항, 제16조, 제31조).

또한 무효등확인소송에서 기속력이 인정되므로(제38조 제1항, 제30조 제1항) 무효확정판결은 당사자인 행정청과 관계행정청을 기속한다. 따라서 처분청은 동일한 사안, 동일한 이유, 동일한 내용의 처분을 할 수 없다. 다만 무효등확인소송의 성격상 간접강제는 인정되지 않는다(대결 1998.12.24. 98무37). 사정판결에 관하여는 무효등확인소송에는 그 준용을 하고 있지 않는 방식으로 이를 허용하지 않고 있다(제38조 제1항). 판례도 “당연무효의 행정처분을 소송목적물로 하는 행정소송에서는 존치시킬 효력이 있는 행정행위가 없기 때문에 행정소송법 제28조 소정의 사정판결을 할 수 없다”라고 한다(대판 1996.3.22. 95누5509).

제 7 장
부작위위법확인소송

제 1 절 개 설

Ⅰ. 의 의

항고소송의 한 형태로 행정소송법에 규정된 부작위위법확인소송은 행정청의 부작위가 위법하다는 것을 확인하는 소송이다(제4조 제3호). 행정법관계에서의 권리침해는 행정청의 위법한 처분이나 사실행위와 같은 작위행위에 의하여 침해되는 것이 일반적이다. 그러나 행정법관계에서 개인의 지위향상과 수익적 행정행위의 증가에 따라서 행정청의 필요한 처분이 제때 이루어지지 않는 부작위로 인한 권리침해를 구제할 필요성이 커지고 있다.

부작위에 의한 권리침해에 대하여는 원칙적으로 의무이행소송이 인정되어야 권리구제의 실효성이 담보될 수 있다. 그러나 의무이행소송이 권력분립원칙에 위반된다는 설득력이 희박한 근거로 인하여 행정소송법은 부작위위법확인소송을 인정하는 것으로 그친 것이다. 다만 부작위위법확인소송에는 인용판결의 실효성을 담보하기 위하여 거부처분의 취소에 대한 확정판결시의 재처분의무와 간접강제에 대한 규정이 준용된다.

Ⅱ. 성 질

부작위위법확인소송은 행정청의 처분에 대한 작위의무가 해태되어 이에 대하여 불복하는 것이므로 복심적 소송이며 또한 항고소송이다. 그런데 부작위위법확인소송은 의무이행소송이 법률관계의 변동을 적극적으로 초래하는 형성적 소송으로서의 성질을 갖는 데 반하여 단순히 부작위가 위법하다는 것을 확인할 뿐이다. 따라서 행정청에 일정한 행위의무를 부과하는 것은 아니므로 확인소송으로서의 성격을 갖는다.

Ⅲ. 적용법규

무효등확인소송에서와 같이 부작위위법확인소송에도 취소소송에 관한 규정이 광범위하게 준용된다(제38조 제2항). 그 내용으로는 재판관할, 피고적격, 관련청구소송의 이송 및 병합, 공동소송, 소송참가, 소의 변경, 행정심판기록제출명령, 직권심리주의, 제3자의 재심청구, 소송비용에 관한 재판의 효력, 행정심판전치주의, 제소기간에 관한 규정 등이다. 이미 살펴본 바와 같이 특히 거부처분의 취소소송에 인정되는 판결의 기속력과 간접강제규정에 대한 준용은 중요한 의미를 갖는다. 이에 반하여 부작위위법확인소송에 준용되지 않는 규정으로는 선결문제, 원고적격, 처분변경으로 인한 소의 변경, 집행정지, 사정판결 등이다.

Ⅳ. 재판관할

부작위위법확인소송의 재판관할에 대하여는 취소소송의 규정이 준용되므로(제38조 제2항, 제9조) 제1심 관할법원은 피고의 소재지를 관할하는 행정법원으로 한다. 다만 중앙행정기관 또는 그 장이 피고인 경우 등의 관할법원은 대법원 소재지를 관할하는 행정법원도 된다. 또한 토지의 수용 기타 부동산 또는 특정의 장소에 관계되는 처분등에 대한 부작위위법확인소송은 그 부동산 또는 장소의 소재지를 관할하는 행정법원에 이를 제기할 수 있다.

제 2 절 부작위위법확인소송의 당사자와 참가인

Ⅰ. 원고적격

부작위위법확인소송은 처분을 신청한 자로서 부작위의 위법의 확인을 구할 법률상 이익이 있는 자만이 제기할 수 있다(제36조). 그런데 여기에서 말하는 “처분을 신청한 자”의 범위를 둘러싸고 견해가 대립되고 있다. 즉 여기에서 처분을 신청한 자는 법령상 또는 조리상 신청권이 인정되는 자에 한한다고 보는 견해가 그 하나이다. 따라서 법령상 또는 조리상 신청권이 없는 자의 신청에 대하여는 부작위 자체가 성립하지 아니하므로 원고적격이 없다는 것이다.

이에 반하여 처분을 신청한 자를 신청권과는 관계없이 현실적으로 행정청에 처분을 신청한 자로 족하다고 이해하는 견해가 있다. 이러한 견해는 법령상 또는 조리상

신청권을 요구하는 견해가 소송요건으로서의 원고적격과 본안청구의 요건을 혼동하고 있다고 비판한다.

물론 행정소송법 제36조의 해석을 엄격하게 한다면 처분에 대한 신청권을 가진 자로서 신청에 대한 부작위의 위법의 확인을 구할 법률상 이익이 있는 자만이 원고적격을 가진다고도 할 수 있다. 즉 처분을 신청한 모든 자가 아니라 그중에서도 부작위로 인하여 법령상 또는 조리상의 신청권을 침해당한 자에 한하여 원고적격이 부여된다고 보는 것이다.

그러나 행정소송법 제36조는 소송요건으로서 단순한 원고적격에 대한 규정이므로 여기에 지나치게 엄격한 해석을 요구하는 견해는 수용하기 어렵다. 그러므로 부작위위법확인소송에서의 원고는 법령에 일반적 · 추상적으로 규정된 바에 의하여 자신의 법률적 판단에 따라 처분에 대한 신청을 하였으나 어떤 이유에서든지 상당한 기간 내에 이에 대한 응답이 없었을 때 이러한 부작위의 위법성 확인을 추궁하는 자로 봄이 옳다. 바로 그러한 부작위에 대한 위법성의 추궁이라는 것이 부작위위법확인소송에서의 권리보호의 필요성을 창출시키는 것이다.

따라서 원고가 신청권이 있는지 여부는 국민이 법령에 의하여 일반적 · 추상적으로 보유하는 단순한 신청권의 존재에 의하여 결정되어야 한다. 바꾸어 말한다면 단순신청권과 처분신청권을 혼동하는 것은 곤란하며 행정청에 특정한 처분을 요구할 권리를 가지는지의 여부는 본안심리과정에서 판단될 문제이다.

Ⅱ. 피고적격

부작위위법확인소송에서의 피고적격은 취소소송에 관한 규정이 준용되므로(제38조 제2항, 제13조) 법률에 특별한 규정이 없는 한 그 처분등을 행한 행정청을 피고로 한다. 또한 권한의 승계, 권한의 폐지에 따르는 피고의제, 피고경정에 관한 문제에는 모두 취소소송의 규정이 준용된다.

Ⅲ. 소송참가

부작위위법확인소송에 있어서도 제3자나 다른 행정청이 이해관계를 갖는 경우가 많으므로 취소소송에 있어서와 같이 제3자와 행정청에 의한 소송참가에 관한 규정이 준용된다(제38조 제2항, 제16조, 제17조).

제 3 절 부작위위법확인소송의 제기

Ⅰ. 행정심판전치주의

무효등확인소송과는 달리 부작위위법확인소송은 취소소송에서와 동일하게 행정심판과 일정한 관련이 있다. 따라서 행정소송법은 부작위위법확인소송에서 행정심판에 관한 취소소송의 규정을 준용하고 있다(제38조 제2항, 제18조).

그러므로 부작위위법확인소송은 법령의 규정에 의하여 당해 처분에 대한 행정심판을 제기할 수 있는 경우에도 이를 거치지 아니하고 제기할 수 있도록 하여 행정심판의 제기 여부를 당사자의 선택에 맡기고 있다. 다만 다른 법률에 당해 처분에 대한 행정심판의 재결을 거치지 아니하면 부작위위법확인소송을 제기할 수 없다는 규정이 있는 때에는 그러하지 아니하다. 그러나 이러한 경우에도 행정소송법 제18조 제2항, 제3항에 의한 예외사유가 있는 경우에는 재결 또는 행정심판을 청구함이 없이 직접 부작위위법확인소송을 제기할 수 있다.

Ⅱ. 제소기간

판례는 부작위위법확인소송의 경우에는 부작위상태가 계속되고 있는 한 제소기간의 제한을 받지 않지만, 행정심판과 같은 전심절차를 거친 경우에는 제소기간이 적용된다는 입장이다. 즉 "부작위위법확인의 소는 부작위상태가 계속되는 한 그 위법의 확인을 구할 이익이 있다고 보아야 하므로 원칙적으로 제소기간의 제한을 받지 않으나, 행정소송법 제38조 제2항이 제소기간을 규정한 같은 법 제20조를 부작위위법확인소송에 준용하고 있는 점에 비추어 보면, 행정심판 등 전심절차를 거친 경우에는 행정소송법 제20조가 정한 제소기간 내에 부작위위법확인의 소를 제기하여야 할 것이다. 하지만, 당사자의 법규상 또는 조리상의 권리에 기한 신청에 대하여 행정청이 부작위의 상태에 있는지 아니면 소극적 처분을 하였는지는 동일한 사실관계를 토대로 한 법률적 평가의 문제가 개입되어 분명하지 않은 경우가 있을 수 있고, 부작위위법확인소송의 계속중 소극적 처분이 있게 되면 부작위위법확인의 소는 소의 이익을 잃어 부적법하게 되고 이 경우 소극적 처분에 대한 취소소송을 제기하여야 하는 등 부작위위법확인의 소는 취소소송의 보충적 성격을 지니고 있으며, 부작위위법확인소송의 이러한 보충적 성격에 비추어 동일한 신청에 대한 거부처분의 취소를 구하는 취소소송에는 특단의 사정이 없는 한 그 신청에 대한 부작위위법의 확인을 구하는 취지도 포함되어 있다고 볼 수 있다. 이러한 사정을 종합하여 보면, 당사자가 동일한 신청에 대하여 부작위위법확인의 소를 제기하였으나 그 후 소극적 처분이 있다고 보아 처분취소소송으로 소를 교환적으로 변경한 후 여기에 부작위위법확인의 소를 추가적으로 병합한 경우 최초의 부작위위법확인의 소가 적법한 제소기간 내에 제기된 이상 그 후 처분취소소송으로의 교환적 변경과 처분취소소송에의 추가적 변경 등의 과정을 거쳤다고 하더라도 여전히 제소기간을 준수한 것으로 봄이 상당하다"라고 판시하였다(대판 2009.7.23. 2008두10560).

그러나 부작위위법확인소송의 경우에는 처분이 존재하지 아니하므로 행정심판을 거치지 아니하고 직접 부작위위법확인소송을 제기하는 경우의 제소기간은 처분에 대한 당사자의 신청에 대하여 처분의무가 있는 상당한 기간이 경과한 이후부터 기산하여야 할 것이다.

반면 행정심판의 재결을 거쳐야 하는 경우와 그 밖에 행정심판청구를 할 수 있는 경우 또는 행정청이 행정심판을 할 수 있다고 잘못 알린 경우에 행정심판청구가 있은 때에는 재결서의 정본을 송달받은 날부터 90일 내에 부작위위법확인소송을 제기하여야 하는데, 이 기간은 불변기간으로 한다(제38조 제1항, 제20조 제1항 단서, 제3항). 또한 부작위위법확인소송은 재결을 거친 경우 재결이 있은 날부터 1년을 경과하면 이를 제기하지 못하는데, 다만 정당한 사유가 있는 때에는 그러하지 아니하다(제38조 제2항, 제20조 제2항).

Ⅲ. 소송의 대상

1. 부작위의 의의

부작위위법확인소송의 대상은 부작위이다. 여기에서 부작위라 함은 행정청이 당사자의 신청에 대하여 상당한 기간 내에 일정한 처분을 하여야 할 법률상 의무가 있음에도 불구하고 이를 하지 아니하는 것을 말한다(제2조 제2호). 따라서 부작위는 당사자의 신청, 상당한 기간, 처분의 법률상 의무, 처분이 이루어지지 않음의 요건이 충족되어야 성립한다.

2. 성립요건

1) 당사자의 신청

여기에서 당사자의 신청이란 법령상 규정된 요건에 의거하여 신청인의 법률적 판단에 따라 행정청에 일정한 행위를 요구하는 사인의 공법행위이다. 따라서 당사자의 신청과 이에 따르는 행정청의 부작위는 이미 원고적격에서도 설명한 바와 같이 법령에 의하여 모든 국민에게 일반적 · 추상적으로 인정되는 단순한 신청을 말한다.

판례는 거부처분의 성립요건과 마찬가지로 과거에는 "부작위위법확인의 소에 있어 당사자가 행정청에 대하여 어떠한 행정행위를 하여 줄 것을 요구할 수 있는 법규상 또는 조리상 권리를 갖고 있지 아니한 경우에는 원고적격이 없거나 항고소송의 대상인 위법한 부작위가 있다고 볼 수 없어 그 부작위위법확인의 소는 부적법하다"(대판 1999.12.7. 97누17568)고 하여 단순신청권과 처분신청권을 분명히 구별하지 못하고 소송요건을 본안의 이유와 혼동하거나 본안의 외연 문제로 파악하였는데, 이후 이러한 견해를 수정하였다. 즉 "부작위위법확인의 소는 행정청이 당사자의 법규상 또는 조리상의 권리에 기한 신청에 대하여 상당한 기간 내에 그 신청을 인용하는 적극적 처분을 하거나 각하 또는 기각하는 등의 소극적 처분을 하여야 할 법률상의 응답의무가 있음에도 불구하고 이를 하지 아니하는 경우, 그 부작위의 위법을 확인함으로써 행정청의 응답을 신속하게 하여 부작위 내지 무응답이라고 하는 소극적인 위법상태를 제거하는 것을 목적으로 하는 것이고, 나아가 그 인용 판결의 기속력에 의하여 행정청으로 하여금 적극적이든 소극적이든 어떤 처분을 하도록 강제한 다음, 그에 대하여 불복이 있을 경우 그 처분을 다투게 함으로써 최종적으로는 당사자의 권리와 이익을 보호하려는 제도이므로, 당사자의 신청이 있는 이후 당사자에게 생긴 사정의 변화로 인하여 위 부작위가 위법하다는 확인을 받는다고 하더라도 종국적으로 침해되거나 방해받은 권리와 이익을 보호 · 구제받는 것이 불가능하게 되었다면 그 부작위가 위법하다는 확인을 구할 이익은 없다"라고 판시하였다(대판 2002.6.28. 2000두4750).

2) 상당한 기간

상당한 기간에 대하여는 관련법규에서 정하는 바에 따른다. 다만 신청의 처리기간에 대한 특별한 규정을 두지 아니한 경우에는 신청에 따르는 처리기간을 사회통념에 따라 소요되는 객관적인 기간을 기준으로 판단하여야 한다. 따라서 신청을 처리하는 부서의 주관적 사정이나 인원부족은 원칙적으로 고려되지 않는다.

상당한 기간이 경과하도록 당사자의 신청에 대하여 아무런 처분이 없어야 부작위는 위법한 것이 된다. 판례는 유선방송사업허가신청에 관한 부작위위법확인소송에서 "원심이 원고의 피고에 대한 이 사건 유선방송사업허가신청에 대하여 허가권자인 피고가 그 처리기간인 70일을 훨씬 지나 3년 가까이 되도록 허부의 결정을 하지 아니하고 있는 것은 위법하다고 판단한 것은 정당하고, 거기에 소론과 같은 유선방송관리법에 관한 법리오해의 위법이 없다"라고 하였다(대판 1992.7.28. 91누7361).

3) 처분을 하여야 할 법률상의 의무

앞서 지적한 바와 같이 여기에서의 법률상 의무는 부작위위법확인소송의 소송요건이므로 당사자의 신청내용에 따르는 구체적인 처분의무와는 구별된다. 이는 본안에서 판단할 문제이기 때문이다. 따라서 소송요건으로서의 법률상 의무는 상대방의 신청에 대하여 응답할 의무를 말하며, 이러한 의무가 이행되지 않을 때 원고는 그러한 부작위의 위법확인을 추궁할 권리보호의 필요성을 부여받는 것이다.

4) 아무런 처분도 하지 않았을 것

여기에서의 처분은 특정한 신청내용에 따르는 특정한 처분을 의미하는 것은 아니며 상대방의 신청에 대한 응답의무를 행하지 않는 것을 말한다. 따라서 상대방의 신청을 적극적으로 거부하는 행위는 거부처분으로서 "아무런 처분도 하지 않았을 것"의 요건에 해당하지 않아 이에 대하여는 거부처분취소소송을 제기하여야 한다.

Ⅳ. 관련청구소송의 병합과 이송 등

부작위위법확인소송의 경우에도 취소소송에 적용되는 관련청구소송의 이송과 병합에 관한 규정이 준용된다(제38조 제2항, 제10조). 또한 공동소송의 경우에도 취소소송의 경우에 준한다(제38조 제2항, 제15조).

Ⅴ. 소의 변경

부작위위법확인소송의 수소법원은 부작위위법확인소송을 국가 또는 공공단체에 대한 당사자소송 또는 취소소송 등으로 변경하는 것이 상당하다고 인정할 때에는 청구의 기초에 변경이 없는 한 사실심의 변론종결시까지 원고의 신청에 의하여 결정으로써 소의 변경을 허가할 수 있다(제37조, 제21조). 예를 들어 부작위위법확인소송을 제기한 후 처분이 행하여져 이 처분에 불복하여 취소소송으로의 변경이 이루어지는 경우이다. 다만 부작위위법확인소송의 경우에는 처분이 존재하지 아니하므로 처분의 변경으로 인한 소의 변경은 인정되지 않는다.

Ⅵ. 집행정지와 가처분

행정소송법상 집행정지제도는 처분의 존재를 그 요건으로 하므로 취소소송과 무효등확인소송에만 인정되고 부작위위법확인소송에는 적용되지 않는다. 그러나 부작위로 인한 권리침해의 가능성이 점차로 커지면서 이에 대한 집행의 정지(가명령)를 인정하지 않는 것은 현행 행정소송법의 흠결 중의 하나라는 것은 이미 지적하였다. 가처분의 경우에도 처분 및 이로 인한 법률관계가 존재하지 아니하므로 무효등확인소송과는 달리 부작위위법확인소송의 경우에는 그 적용이 곤란한 것이 사실이다.

제 4 절 부작위위법확인소송의 심리

Ⅰ. 심리절차의 원칙

심리절차에 대하여도 취소소송에 관한 규정이 준용되므로(제38조 제2항, 제25조, 제26조) 당사자주의와 변론주의를 원칙으로 하면서도 직권심리주의가 보완적으로 적용된다. 또한 부작위위법확인소송은 행정심판전치주의와 관련이 있으므로 행정심판기록의 제출명령에 관한 규정도 준용된다.

Ⅱ. 심리의 범위

부작위위법확인소송에 대한 본안심리의 범위에 관하여 다음과 같은 두 가지 견해가 대립되고 있다. 즉 실체적 심리설은 신청인의 신청내용에 따르는 실체적인 내용과 행정청에 대한 처리방향까지를 심리의 범위로 보고 있다. 이에 반하여 절차적 심리설은 부작위위법확인소송의 확인소송적 성격에 비추어 부작위의 위법 여부에 대한 심리로 그친다는 견해이다. 후자가 통설이며 판례(대판 1990.9.25. 89누4758)이다.

그러나 부작위위법확인소송의 인용판결의 기속력과 관련하여 행정청에 재처분의무를 가하고 있는 점과 간접강제를 통하여 의무이행소송에 가까운 목적실현을 지향하는 점을 고려하면 법원의 실체적 심리는 불가피한 것으로 보아야 한다.

제 5 절 부작위위법확인소송의 판결

Ⅰ. 부작위의 위법판단시점

부작위의 위법판단은 취소소송과는 달리 처분이 존재하지 아니하므로 처분시를 기준으로 할 수 없다. 따라서 판결시, 즉 사실심 변론종결시를 기준으로 한다(대판 1990.9.25. 89누4758).

Ⅱ. 판결의 기속력 - 재처분의무와 간접강제

1. 부작위위법확인소송의 인용판결의 기속력

부작위위법확인소송에 대한 인용과 기각판결은 기판력을 갖는다. 문제가 되는 것은 부작위위법확인소송의 인용판결이 확정되었을 때 갖는 기속력의 내용에 관한 것이다. 여기에 대하여는 거부처분 취소소송에서의 기속력에 관한 규정이 준용된다(제38조 제2항, 제30조). 따라서 부작위위법확인소송의 청구를 인용하는 판결이 확정된 경우에는 그 판결의 취지에 따라 다시 이전의 신청에 대한 처분을 하여야 한다. 그런데 여기에서 문제되는 것은 판결의 취지에 따르는 이전의 신청에 대한 처분이 무엇을 의미하는가 하는 것이다.

2. 판결의 취지에 따르는 이전의 신청에 대한 처분의 의미

여기에 대하여 통설과 대법원의 일관된 판례는 부작위위법확인소송은 행정청의 부작위가 위법함을 확인하는 데 그치는 것이므로 행정청은 판결의 취지에 따라 단순히 신청에 대한 응답의무를 부담하는 데 그치는 것으로 이해하고 있다. 즉 판례는 "부작위위법확인의 소는 행정청이 국민의 법규상 또는 조리상의 권리에 기한 신청에 대하여 상당한 기간 내에 일정한 처분, 즉 그 신청을 인용하는 적극적처분 또는 각하하거나 기각하는 등의 소극적처분을 하여야 할 법률상의 응답의무가 있음에도 불구하고 이를 하지 아니하는 경우, 판결(사실심의구두변론종결)시를 기준으로 그 부작위의 위법을 확인함으로써 행정청의 응답을 신속하게 하여 부작위 내지 무응답이라고 하는 소극적인 위법상태를 제거하는 것을 목적으로 하는 것이고, 나아가 당해 판결의 구속력에 의하여 행정청에게 처분 등을 하게 하고 당시 당해 처분 등에 대하여 불복이 있는 때에는 그 처분 등을 다투게 함으로써 최종적으로는 국민의 권리이익을 보호하려는 제도이므로, 소제기의 전후를 통하여 판결시까지 행정청이 그 신청에 대하여 적극 또는 소극의 처분을 함으로써 부작위상태가 해소된 때에는 소의 이익을 상실하게 되어 당해 소는 각하를 면할 수가 없는 것이다"라고 하면서 "여기서 행정청의 부작위상태를 소멸시키는 행정청으로부터의 일정한 처분, 특히 거부처분이 있었다고 하기 위하여는 단지 행정청의 내부에 있어서 그 처분을 위한 의사결정의 사실이 있었다거나 그 의사결정의 내용을 담은 서면이 작성, 준비되었다는 것만으로는 부족하고 그 의사결정이 어떠한 형식으로든 행정청의 권한 있는 자에 의하여 외부로 표시되고 그 신청이 거부내지 각하되었다는 취지가 신청자에게 오해 없이 정확하게 전달되어 이를 알 수 있는 상태에 놓여진 경우에 한하는 것[이다]"라고 판시하였다(대판 1990.9.25. 89누4758).

1) 응답의무의 내용

판결의 취지에 따르는 처분의무를 위와 같이 이해하는 대법원의 견해는 몇 가지 점에서 비판의 여지가 있다. 첫째 판례가 말하는 응답의무는 쉽게 표현한다면 "아이가 자꾸 조르니 아무 떡이나 던져주어라. 그러면 너의 일은 끝난다"라는 내용 외에는 더 이상 아무것도 아니다. 물론 이러한 견해는 부작위위법확인소송이 부작위의 위법성 확인으로 그 기능과 목적을 다한다면 타당할지도 모른다. 그러나 부작위위법확인소송에서의 기속력은 이에 그치지 않고 판결의 취지에 따라 이전의 신청에 대한 재처분의무가 부과되고 또 이를 간접적으로 강제하는 확장효과를 갖는다는 점을 간과할 수 없다.

둘째 단지 부작위위법확인소송에서의 기속력을 응답의무로 이해한다면 인용판결에 대하여 다시 거부처분이 가능하다는 결론이 나온다. 대법원은 이를 인식하여 판결의 구속력(기속력)에 의하여 처분을 하게 하고, 다시 여기에 불복하여 다투면 된다("다시 당해 처분 등에 대하여 불복이 있는 때에는 그 처분을 다투게 함으로써")는 견해를 보이고 있다. 그런데 이러한 견해는 너무도 비효율적이고 경제적이지 못하다. 부작위위법확인소송에 대한 인용판결에도 불구하고 신청내용을 거부하는 처분에 다시 취소소송 등이 제기되면 이는 부작위위법확인소송의 연장전에 지나지 않는다.

따라서 부작위위법확인소송의 심리단계에서 실체적 심리가 이루어지고 인용판결에 대한 실질적인 기속력을 인정하는 것은 무용한 소송의 계속을 방지하기 위하여도 필요하다. 따라서 판결의 취지에 따르는 신청에 대한 처분은 경우에 따라(재량의 축소 등) 응답의무를 넘어서서 신청내용에 부합하는 특정처분을 의미하는 것으로 보아야 한다.

2) 기속행위와 재량행위

따라서 위에서 문제가 되는 판결의 취지에 따르는 처분의무는 처분의 성격에 따라 그 내용이 결정된다. 우선 재량행위의 경우에는 신청에 따르는 처분의 내용은 재량권을 행사하라는 정도의 단순한 응답의무임을 부인할 수 없다. 다시 말해서 재량권에 대하여 형식적 의미의 무하자재량행사청구권이 행사되는 경우(대부분의 경우가 이에 해당할 것이다)에는 법규상의 절차와 기준을 준수하여 재량권을 행사할 처분의무만이 존재한다.

그런데 처분의 대상이 기속행위인 경우와 행정재량이 축소되어 무하자재량행사청구권의 내용이 실체화하는 단계에서의 재량행위의 경우에는 신청의 내용에 따르는 특정처분의무가 존재한다. 물론 부작위위법확인소송이 의무이행소송과는 달리 특정처분의무를 직접 판결을 통하여 할 수 없고 간접강제의 방법에 의존하여 그 실효성이 상대화되는 것은 사실이다. 그럼에도 불구하고 이론적으로는 재량의 축소와 기속행위의 경우 판결의 취지에 따르는 처분의 내용이 특정처분을 의미한다는 점에서는 변함이 없다.

제8장
당사자소송

제1절 개 설

Ⅰ. 당사자소송의 의의

당사자소송은 행정청의 처분등을 원인으로 하는 법률관계에 관한 소송 그 밖에 공법상의 법률관계에 관한 소송으로서 그 법률관계의 한쪽 당사자를 피고로 하는 소송이다(제3조 제2호). 당사자소송은 행정소송의 하나로서 항고소송과는 달리 행정주체의 일방적인 공권력행사의 위법성이나 부작위를 다투는 것이 아니다. 다시 말하자면 당사자소송은 원고인 개인과 피고인 행정주체 사이의 대등한 관계의 존재를 전제로 한다.

예를 들어 처분등을 원인으로 하는 법률관계에 관한 소송에 있어서의 당사자의 대등성을 살펴보자. 만약 위법한 조세부과처분을 원인으로 하는 공법상 부당이득반환청구권이 문제가 되었다면 여기에서의 당사자소송의 대상은 위법한 조세부과처분이라는 공권력행사가 아니다. 당사자소송의 대상은 이러한 위법한 조세부과처분으로 인한 부당이득반환청구권 그 자체이다. 따라서 당사자소송은 부당이득반환청구권이라는 시심적 법률관계를 대상으로 대립하는 원·피고 사이의 법적 분쟁을 해결함을 그 목적으로 한다.

Ⅱ. 당사자소송의 성격과 활용분야

당사자소송은 행정소송의 한 종류로서 규정되어 있으나 항고소송 위주로 운영되는 소송제도를 벗어나지 못하는 우리의 현실에서 그 성격과 위상이 불분명한 것이 사실이다. 다만 이제까지의 논의를 통하여 분명해지는 사실은 처분성이 결여되어 항고소송의 대상이 되지 못하면서도 국민의 권익을 해하는 행정작용에 대하여는 일종의 포괄적 성격을 가진 당사자소송의 활용을 통하여 보다 적극적인 권리구제가 이루어질 필요성이 있다는 것이다. 당사자소송은 항고소송 및 민사소송과의 비교를 통하여 그 성격이 더 분명해질 수 있을 것이다.

1. 항고소송과 당사자소송

항고소송은 이미 이루어진 행정청의 처분이나 필요한 처분이 행하여지지 않는 부작위에 대한 위법을 다투는 소송이다. 따라서 항고소송은 전형적인 복심적 소송으로서 처분등을 통하여 성립한 행정법관계의 분쟁을 해결하는 수단이다. 또한 이러한 행정상 법률관계는 처분의 주체인 행정주체의 우위성을 특징으로 하므로 항고소송은 행정주체의 우월적 처분에 대한 원고의 수세적 방어를 의미한다.

이에 비하여 당사자소송에서의 원고는 법률관계의 대등성을 전제로 보다 적극적으로 자신의 권리를 방어할 수 있다. 따라서 공법상 계약이나 민관협력 등 행정주체와 개인 사이의 대등성을 전제로 하는 법률관계가 보편화되고, 이에 따르는 법적 분쟁이 늘어나게 됨에 따라 공법관계에서의 당사자소송의 활용가능성은 더욱 커지게 되었다.

2. 민사소송과 당사자소송

당사자소송이 법률관계 당사자의 대등성을 전제로 하고, 주로 공법상의 채권관계를 중심으로 하는 법률관계의 분쟁을 그 대상으로 하므로 민사소송과 유사한 성격이 있음을 부인할 수 없다. 따라서 현재까지 우리나라에서는 소송실무상 공법상 당사자소송의 성격을 가지는 국가배상청구소송이나 손실보상청구소송, 결과제거청구권, 공법상 계약관계에서의 채무불이행 등에 대한 분쟁을 모두 민사소송으로 다루어왔다. 그 이유는 당사자소송에 있어서는 주로 이론적인 측면보다는 소송의 편의가 강조되었으므로 당사자소송을 인정할 실익이 크게 없었기 때문으로 풀이된다.

그러나 예를 들어 공법상의 위법한 결과의 제거를 당사자소송으로 청구한다는 것은 단순히 민사적 청구로서 소유권에 기한 방해제거나 반환의 차원을 넘어서는 의미를 가진다. 다시 말해서 공법상 야기된 위법한 결과에 대하여는 손해의 배상보다는 우선적으로 원상의 회복을 구하는 것이 공법의 권리구제체계에 더 부합하는 것이다(일차적 권리보호수단의 우월성). 또한 위법한 결과의 제거를 통하여 행정작용의 적법성을 회복한다는 것은 단순히 개인의 소유권을 보호한다는 의미를 넘어서서 당사자소송이 법치주의의 일반적인 실현수단임을 의미하는 것이다.

다만 판례는 종래 민사소송의 대상으로 삼았던 사항을 당사자소송으로 다투도록 입장의 변화를 보이기도 한다. 예를 들어, 대법원은 부가가치세 환급세액 지급청구를 종전과는 달리 당사자소송의 대상으로 판시하였다. 한편 부가가치세는 사업자가 행하는 재화 또는 용역의 공급 등에 대하여 사업자를 납세의무자로 하여 과세하는 것이다(부가가치세법 제3조, 제4조). 현행법상 국가의 부가가치세 환급의무는 부가가치세법 제59조에 규정되어 있는데, 다른 조세환급금의 경우와는 달리 부가가치세 환급의무는 부당이득 반환의무가 아니라 조세 정책적 관점에서 특별히 인정되는 공법상 의무라는 법적 성질을 가짐이 고려된 것이다. 조세환급금은 과오납금과 개별세법에 따라 인정되는 환급금으로 구분되는데(국세기본법 제51조 제1항, 지방세기본법 제60조 제1항), 부가가치세법에 따라 인정되는 부가가치세 환급금은 민사소송에 의하는 나머지 조세환급금과는 달리 평가된 것이다.

즉 대법원 전원합의체 다수의견은 "납세의무자에 대한 국가의 부가가치세 환급세액 지급의무는 그 납세의무자로부터 어느 과세기간에 과다하게 거래징수된 세액 상당을 국가가 실제로 납부받았는지 여부와 관계없이 부가가치세법령의 규정에 의하여 직접 발생하는 것으로서, 그 법적 성질은 정의와 공평의 관념에서 수익자와 손실자 사이의 재산상태 조정을 위해 인정되는 부당이득 반환의무가 아니라 부가가치세법령에 의하여 그 존부나 범위가 구체적으로 확정되고 조세 정책적 관점에서 특별히 인정되는 공법상 의무라고 봄이 타당하다"라고 하면서 "납세의무자에 대한 국가의 부가가치세 환급세액 지급의무에 대응하는 국가에 대한 납세의무자의 부가가치세 환급세액 지급청구는 민사소송이 아니라 행정소송법 제3조 제2호에 규정된 당사자소송의 절차에 따라야 한다"라고 판시하였다[대판(전합) 2013.3.21. 2011다95564].

이에 대하여 반대의견은 "그 권리의 법적 성질에 공법적인 요소가 있다는 이유만으로 반드시 당사자소송의 대상으로 삼아야 할 논리필연적 당위성이 존재한다고는 볼 수 없다"라고 하면서 "오히려 부가가치세 환급세액은, 사업자가 매입 시 지급한 부가가치세(매입세액)가 매출 시 받은 부가가치세(매출세액)보다 많을 때, 국가는 사업자가 더 낸 부가가치세를 보유할 정당한 이유가 없어 반환하는 것으로서 그 지급청구의 법적 성질을 민법상 부당이득반환청구로 구성하는 것도 가능하다. 또한 어느 사업자로부터 과다하게 거래징수된 세액 상당을 국가가 실제로 납부받지 않았다고 하더라도, 그 사업자의 출연행위를 직접적인 원인으로 하여 국가가 그 거래징수를 한 사업자에 대한 조세채권을 취득하기 때문에 손실과 이득 사이의 직접적 연관성 및 인과관계가 존재한다고 규범적으로 평가하고, 부가가치세법 제24조 제1항, 부가가치세법 시행령 제72조 제1항 등의 규정을 부당이득의 성립요건 중 국가의 이득 발생이라는 요건을 완화시키는 부당이득의 특칙으로 이해할 수도 있[으므로] 결국 본래 부당이득으로서 국가가 이를 즉시 반환하는 것이 정의와 공평에 합당한 부가가치세 환급세액에 관하여 부가가치세법령에 요건과 절차, 지급시기 등이 규정되어 있고 그 지급의무에 공법적인 의무로서의 성질이 있다는 이유로, 그 환급세액 지급청구를 반드시 행정법원의 전속관할로 되어 있는 행정소송법상 당사자소송으로 하여야 한다고 볼 것은 아니다”라는 견해를 제시하였다.

제2절 당사자소송의 종류와 적용법규

공법상 당사자소송은 크게 실질적 당사자소송과 형식적 당사자소송으로 구별된다. 그러나 후자에 대하여는 개별법에 의하여 인정되는 것을 제외하고는 행정소송법의 당사자소송에 관한 규정에 의하여 일반적으로 그 제기가 가능한 것인지 논란이 있다. 행정소송규칙은 제19조에서 당사자소송의 대상으로 인정되는 것을 예시하고 있다.

Ⅰ. 실질적 당사자소송

1. 의 의

실질적 당사자소송이란 처분등을 원인으로 하는 법률관계에 대한 소송 또는 공법상의 법률관계에 관한 소송으로서 법률관계의 한쪽 당사자를 피고로 하는 소송이다(제3조 제2호). 따라서 엄격히 말한다면 실질적 당사자소송도 다시 두 가지로 구분되는바, 하나는 처분이 원인이 되는 당사자소송이고, 다른 하나는 처분을 전제로 함이 없이 직접 공법상의 법률관계의 다툼을 대상으로 하는 당사자소송이다.

1) 처분이 원인이 되는 경우

이에 해당하는 것으로는 위법한 조세부과처분을 원인으로 하는 공법상 부당이득반환청구소송, 위법한 계고처분을 원인으로 하는 공법상 손해배상청구소송 등이 있다.

다만 판례는 부가가치세법상 부가가치세 환급세액을 제외한 나머지 조세환급금의 지급을 구하는 것은 민사소송의 대상이라고 한다. 예를 들어, 부당이득의 법적 성질을 갖는 과오납부액에 대한 국세환급금은 그 법적 성질에 따라 민사소송의 대상이 된다고 한 판례(대판 2015.8.27. 2013다212639), 부당이득의 법적 성질을 갖는 조세환급금 역시 민사소송의 대상이 됨을 전제로 한 판례[대판(전합) 2018.7.19. 2017다242409]가 있다.

판례상 국가배상청구 역시 민사소송의 대상이다. 즉 판례는 “공무원의 직무상 불법행위로 손해를 입은 국민이 국가 또는 지방자치단체에 대하여 그의 불법행위를 이유로 배상을 청구함은 국가배상법이 정한 바에 따른다 하여도 이 역시 민사상의 손해배상책임을 특별법인 국가배상법이 정한 데 불과[하다]”라고 한다(대판 1981.2.10. 80누317).

2) 처분을 전제하지 않고 직접 공법상 법률관계에서의 다툼을 대상으로 하는 경우

이에 해당하는 것으로는 공법상의 금전지급청구소송, 공법상 신분이나 지위의 확인을 구하는 소송, 공법상 계약에 관한 소송 등이 있다.

(1) 공법상의 금전지급청구소송

판례는 법령에 금전지급청구권이 직접적으로 규정되어 바로 발생하는 경우에는 당사자소송의 대상으로 본다.

가) 공무원수당 지급청구소송

판례는 ① 지방소방공무원이 소속 지방자치단체를 상대로 하는 초과근무수당 지급청구소송은 공법상 당사자소송이라고 하였다. 즉 “지방자치단체와 그 소속 경력직 공무원인 지방소방공무원 사이의 관계, 즉 지방소방공무원의 근무관계는 사법상의 근로계약관계가 아닌 공법상의 근무관계에 해당하고, 그 근무관계의 주요한 내용 중 하나인 지방소방공무원의 보수에 관한 법률관계는 공법상의 법률관계라고 보아야 한다. 나아가 지방공무원법 제44조 제4항, 제45조 제1항이 지방공무원의 보수에 관하여 이른바 근무조건 법정주의를 채택하고 있고, 지방공무원 수당 등에 관한 규정 제15조 내지 제17조가 초과근무수당의 지급대상, 시간당 지급액수, 근무시간의 한도, 근무시간의 산정방식에 관하여 구체적이고 직접적인 규정을 두고 있는 등 관계 법령의 내용, 형식 및 체제 등을 종합하여 보면, 지방소방공무원의 초과근무수당 지급청구권은 법령의 규정에 의하여 직접 그 존부나 범위가 정하여지고 법령에 규정된 수당의 지급요건에 해당하는 경우에는 곧바로 발생한다고 할 것이므로, 지방소방공무원이 자신이 소속된 지방자치단체를 상대로 초과근무수당의 지급을 구하는 청구에 관한 소송은 행정소송법 제3조 제2호에 규정된 당사자소송의 절차에 따라야 한다”라고 판시하였다(대판 2013.3.28. 2012다102629). 또한 ② 법원공무원 또는 계약직 공무원의 보육수당 지급청구소송(대판 2016.8.25. 2013두14610), ③ 해외 파견된 국가공무원인 초등학교 교사의 공무원수당규정에 따른 추가 수당 지급청구소송(대판 2023.10.26. 2020두50966), ④ 지방공무원의 초과근무수당 지급청구소송(대판 2019.10.31. 2013두5845)도 당사자소송으로 다루고 있다.

나) 공무원연금 지급청구소송

판례는 ① 군인연금법에 따른 퇴역연금 등의 급여를 받을 권리는 법령의 규정이 아니라 국방부장관의 인정에 의해 비로소 구체적인 권리로 발생하는 것이므로 불인정 또는 일부인정의 경우에는 이에 대하여 항고소송으로 구체적 권리를 인정받은 후 당사자소송으로 그 급여의 지급을 구하여야 하고, 국방부장관의 인정에 따라 퇴역연금을 지급받아 오다가 관련 법령의 개정으로 퇴역연금액이 감액된 경우에는 국방부장관의 퇴역연금액 결정과 통지에 따라 감액되는 것이 아니므로 이에 불복하는 퇴역연금수급권자는 당사자소송으로 감액분 상당 금액의 지급을 구하는 공법상 당사자소송을 제기하여야 한다고 본다(대판 2003.9.5. 2002두3522). ② 마찬가지로 퇴직공무원이 공무원연금관리공단의 인정에 따라 퇴직연금을 지급받아 오다가 관련 법령의 개정으로 퇴직연금 중 일부 금액의 지급이 정지된 경우에는 공무원연금관리공단의 퇴직연금 결정과 통지에 의하여 퇴직연금이 확정되는 것이 아니므로 퇴직연금 중 일부 금액에 대한 지급거부의 의사표시가 있다고 하더라도 이는 행정처분에 해당하지 아니하며 미지급 퇴직연금에 대한 지급청구소송은 당사자소송에 해당한다는 것이 판례이다(대판 2004.12.24. 2003두15195).

다) 석탄산업법령상 재해위로금 지급청구소송

판례는 석탄산업법 제39조의3 제1항 제4호, 제6항, 같은 법 시행령 제41조 제4항 제5호에 따른 재해위로금청구권은 법령상 지급요건이 충족되면 당연히 발생하고 그 금액도 확정되는 것이므로 재해위로금에 대한 지급거부의 의사표시는 행정처분에 해당하지 않고 재해위로금 지급청구소송은 당사자소송에 해당한다고 본다(대판 1999.1.26. 98두12598).

라) 하천구역 편입토지에 대한 손실보상청구소송

판례는 하천구역 편입토지에 대한 손실보상청구권은 헌법 제23조 제3항의 손실보상청구권이 하천법 등으로 구체화된 것으로서 입법적 수용에 따른 토지소유자의 손실을 보상하기 위한 공법상 권리이므로 그 손실보상청구는 당사자소송의 대상이라고 본다[대판(전합) 2006.5.18. 2004다6207].

(2) 공법상 신분이나 지위의 확인을 구하는 소송

판례는 ① 전문직공무원인 공중보건의사에 대한 관할 도지사의 채용계약 해지 의사표시는 행정처분에 해당하지 않고 그 무효확인을 구하는 것은 공법상 당사자소송에 해당한다고 하였다(대판 1996.5.31. 95누10617). ② 서울특별시립무용단원의 위촉은 공법상의 계약에 해당하므로 그 단원의 해촉에 대하여 무효확인을 구하는 것은 공법상 당사자소송에 해당한다고 본다(대판 1995.12.22. 95누4636). ③ 또한 판례는 지방계약직공무원인 옴부즈만 채용계약은 공법상 계약에 해당하므로 그 채용과정에서 최종합격자로 공고된 사람에게 한 임용을 하지 아니하겠다고 한 통보는 처분에 해당하지 않는다고 하였다(대판 2014.4.24. 2013두6244). 따라서 이러한 경우에도 위 통보의 무효확인을 구하고자 한다면 당사자소송을 제기하여야 할 것이다.

(3) 공법상 계약에서의 법률관계에 관한 소송

판례는 ① 한국에너지기술평가원과 갑 주식회사 등으로 구성된 컨소시엄이 체결한 산업기술개발사업에 관한 협약에 근거하여 정산금 납부 통보가 이루어진 경우 위 협약은 공법상 계약에 해당하고 그 계약상 정산의무의 존부와 범위에 관한 분쟁은 당사자소송의 대상이라고 하였다(대판 2023.6.29. 2021다250025). ② 한국토지주택공사가 서울특별시와 서울 강남 · 서초 보금자리주택지구 개발사업지구 내에 신설 초 · 중학교의 시설을 설치하여 무상공급하고 그 설치비용을 양자가 분담할 의무가 있다는 내용의 협약을 체결하였다가 그에 따라 한국토지주택공사가 서울특별시에게 자본비용(건설자금이자)의 지급을 구하는 소송에서 위 협약은 공법상 계약이고 위 자본비용 지급청구소송은 당사자소송의 대상이라고 하였다(대판 2021.2.4. 2019다277133). ③ 중소기업기술정보진흥원장이 갑 주식회사와 체결한 중소기업 정보화지원사업 지원대상인 사업의 지원에 관한 협약에 근거하여 협약의 해지 및 정부지원금 반환을 통보한 사안에서 달리 지원금 환수에 관한 구체적인 법령상 근거가 없음을 고려하여 위 해지 및 환수통보는 행정처분에 해당하지 않고 공법상 계약에 근거한 의사표시라고 보았다(대판 2015.8.27. 2015두41449). 따라서 이러한 경우에는 당사자소송으로 다투어야 한다. ④ 민간투자법에 따라 체결된 실시협약의 법적 성질과 그에 관한 쟁송방법에 관하여 대법원 2021.5.6. 선고 2017다273441 전원합의체 판결에서 대법관 안철상은 별개의견으로 이를 공법상 계약으로 보고 당사자소송에 의하여야 하는데 위 사건의 경우에는 전속관할 위반이나 절차상의 잘못이 원심판결을 파기할 정도는 아니라고 하였다. ⑤ 반면 판례는 국가계약법에 따라 국가가 당사자가 되는 공공계약은 사법상 계약에 해당하고 관련 법령에 특별한 규정이 있는 경우를 제외하고는 사적 자치와 계약자유의 원칙 등 사법의 원리가 그대로 적용된다고 본다. 지방자치단체나 공공기관이 체결하는 공공계약도 마찬가지이다[대판(전합) 2017.12.21. 2012다74076; 대판 2018.2.13. 2014두11328]. 따라서 이는 민사소송에 의한다.

2. 적용법규

당사자소송에도 취소소송에 관한 행정소송법의 규정이 다수 준용된다(제44조). 예를 들면 관련청구소송의 이송 · 병합, 피고경정, 공동소송, 소송참가, 소의 변경, 처분변경으로 인한 소의 변경, 행정심판기록제출명령, 직권탐지주의, 판결의 기속력(제30조 제1항), 소송비용의 부담 등에 관한 것들이다.

반면에 당사자소송의 특성상 취소소송의 규정이 준용되지 않는 것들은 선결문제, 원고적격, 피고적격, 예외적 행정심판전치주의, 소송대상, 집행정지, 재량처분의 취소, 사정판결, 취소판결의 제3자효, 판결의 기속력 중 재처분의무에 관한 규정(제30조 제2항, 제3항), 제3자에 의한 재심청구, 간접강제에 관한 규정 등이다.

Ⅱ. 형식적 당사자소송

1. 의 의

형식적 당사자소송이란 원래는 행정처분의 위법을 다투는 항고소송을 제기하여야 하나 소송경제상 처분에 대한 항고소송을 제기함이 없이 바로 법률관계의 한쪽 당사자를 피고로 하여 제기하는 소송을 말한다.

예를 들어, 토지보상법상 사업시행자와 토지소유자 사이에 보상금액에 대한 협의가 이루어지지 않아서 토지수용위원회가 보상금액에 대한 재결을 하였다고 가정하자. 그런데 이러한 재결에 불복하는 자는 중앙토지수용위원회에 이의신청을 할 수 있고 다시 이의재결이 행하여진다. 그런데 이러한 재결에 불복하는 자는 수용재결의 위법을 이유로 하여 취소소송을 제기하지 않고 사업시행자나 토지소유자를 피고로 하여 직접 보상액의 증감을 청구하는 당사자소송을 제기하게 된다.

여기서 보상금의 증감청구라는 급부소송의 원인은 수용재결이라는 행정처분이므로 그 위법을 이유로 취소소송을 제기하는 것이 원칙이므로 취소소송의 인용판결을 받아 다시 보상금의 증감이라는 급부소송을 제기하여야 하지만 이것이 번거롭고 소송경제상 바람직하지 아니하므로 취소소송의 과정은 생략한 채 바로 한쪽 당사자를 피고로 하여 당사자소송을 제기하는 것이다.

따라서 "형식적" 당사자소송이라는 명칭은 원래 항고소송으로 처분의 위법을 다투어야 하는 것이지만 소송상 편의를 위하여 당사자소송으로 의제되는 소송형태라는 의미를 갖는다. 그러므로 용어상으로는 "형식적"이라는 것보다는 "부진정" 당사자소송이라는 표현이 더 정확할 것이다.

2. 법적 근거와 일반적 허용성

1) 특허법 등 개별법규

현재 우리나라에서는 위에서 언급한 소송경제상의 이유로 개별법규에서 형식적 당사자소송을 인정하고 있다. 예를 들어 특허법에 따라 특허청장이 국방상 필요한 발명에 대하여 비밀로 취급하도록 명하거나 특허를 받을 수 있는 권리를 수용하면서 지급되는 보상금에 불복하는 경우에는 비밀취급명령이나 수용을 다투는 것이 아니라 보상금을 지급하여야 하는 중앙행정기관의 장 또는 출원인을 피고로 하여 소송을 제기한다(제190조 제1항, 제41조 제3항, 제4항, 제191조 제1호). 이와 유사한 소송형태는 디자인보호법(제171조), 실용신안법(제33조)에서도 인정되고 있다. 형식적 당사자소송은 이러한 산업재산권법 외에도 전기통신사업법(제78조) 등에서도 인정되고 있다.

2) 일반적 허용성

위에서 언급한 개별법규상의 형식적 당사자소송 외에 행정소송법 제3조 제2호의 당사자소송에 관한 규정에 의하여 일반적으로 형식적 당사자소송이 인정될 수 있는지에 대하여 견해의 대립이 있다. 이를 긍정하는 입장은 일본의 행정사건소송법이 제4조에서 형식적 당사자소송을 법령이 규정하는 바에 의하여 제기할 수 있다고 규정한 바와는 달리 우리 행정소송법은 그러한 규정을 두고 있지 않다는 이유를 들고 있다.

그러나 형식적 당사자소송은 원래는 항고소송으로서 처분등의 효력을 다투는 것임에도 불구하고 소송경제상 예외적으로 당사자소송을 제기할 수 있도록 하는 제도이다. 그러므로 이러한 경우에는 형식적 당사자소송을 제기할 수 있는 요건과 절차를 개별법으로 명시하는 것이 필요하다. 그렇지 않으면 경우에 따라 항고소송과 당사자소송 중에 선택을 함에 있어서 혼란이 야기되는 것을 예상할 수 있다. 또한 처분을 한 행정청이 피고에서 제외됨으로써 행정의 법률적합성을 담보할 주체가 책임을 회피하고 당사자의 분쟁을 방관하는 결과가 초래될 우려도 있다.

3) 토지보상법 제85조 제2항에 규정된 보상금의 증감에 관한 소송

토지수용위원회의 수용재결에 대하여는 이의신청 또는 행정소송으로 불복할 수 있다(토지보상법 제83조, 제85조). 다만 이의신청이나 행정소송의 제기가 사업의 진행 및 토지의 수용 또는 사용을 정지시키지 아니한다(제88조). 여기서 이의재결은 특별행정심판에서의 재결이고 수용재결이 원처분이 되며 원처분주의가 적용됨은 앞서 설명한 바와 같다. 이의신청과 행정소송으로는 수용 여부 또는 보상금 증감을 다툴 수 있는데, 행정소송으로 보상금의 증감을 구하는 경우에 관하여는 토지보상법 제85조 제2항이 규율하고 있는 것이다.

중앙토지수용위원회의 수용재결에 이의가 있는 자는 중앙토지수용위원회에, 지방토지수용위원회의 수용재결의 경우에는 해당 지방토지수용위원회를 거쳐 중앙토지수용위원회에 이의신청을 할 수 있는데, 이는 재결서의 정본을 받은 날부터 30일 이내에 하여야 한다(토지보상법 제83조). 중앙토지수용위원회는 이의신청을 받은 경우 수용재결이 위법하거나 부당하다고 인정할 때에는 그 재결의 전부 또는 일부를 취소하거나 보상액을 변경할 수 있다(제84조 제1항). 이의재결이 확정된 때에는 민사소송법상의 확정판결이 있은 것으로 보며, 재결서 정본은 집행력 있는 판결의 정본과 동일한 효력을 가진다(제86조 제1항).

사업시행자, 토지소유자 또는 관계인은 수용재결에 불복할 때에는 재결서를 받은 날부터 90일 이내에, 이의신청을 거쳤을 때에는 이의신청에 대한 재결서를 받은 날부터 60일 이내에 각각 행정소송을 제기할 수 있다(제85조 제1항 제1문). 이때 제기하려는 행정소송이 보상금의 증감에 관한 소송인 경우 그 소송을 제기하는 자가 토지소유자 또는 관계인일 때에는 사업시행자를, 사업시행자일 때에는 토지소유자 또는 관계인을 각각 피고로 한다(제85조 제2항).

재결절차를 거쳤는지 여부는 보상항목별로 판단하는데, 소극적 손실인 잔여 건축물 가격감소와 적극적 손실인 잔여 건축물 보수비는 별개의 보상항목에 해당한다는 것이 판례이다(대판 2024.1.25. 2023두49172).

제3절 당사자소송의 제기와 심리, 판결

Ⅰ. 재판관할

당사자소송의 재판관할에 관하여는 취소소송에 관한 규정이 준용된다(제40조, 제9조). 다만 국가 또는 공공단체가 피고인 경우에는 관계행정청의 소재지를 피고의 소재지로 본다. 따라서 원칙적으로 당사자소송의 제1심 관할법원은 피고의 소재지를 관할하는 행정법원으로 한다. 또한 토지의 수용 기타 부동산 또는 특정의 장소에 관계되는 처분등에 대한 당사자소송은 그 부동산 또는 장소의 소재지를 관할하는 행정법원에 이를 제기할 수 있다.

Ⅱ. 적용법규

앞서 본 바와 같이 당사자소송에서 취소소송에 관한 규정이 광범위하게 준용된다. 그 내용으로는 관련청구소송의 이송과 병합(제44조 제2항, 제10조), 소의 변경(제42조, 제21조)을 들 수 있다. 그 밖에도 피고경정, 공동소송, 제3자의 소송참가, 행정청의 소송참가, 처분변경으로 인한 소의 변경, 행정심판기록제출명령, 직권심리주의, 취소판결의 기속력(제30조 제1항), 소송비용의 부담, 소송비용에 관한 재판의 효력 등이다(제44조 제1항). 반면에 피고적격, 소송대상, 예외적 행정심판전치주의, 제소기간, 집행정지, 사정판결, 제3자의 재심청구 등에 관한 규정은 당사자소송의 성격상 준용되지 않는다.

대법원은 당사자소송에는 항고소송의 집행정지에 관한 규정이 준용되지 아니하므로 민사집행법상 가처분규정이 준용된다고 한다. 즉 "도시 및 주거환경정비법(이하 '도시정비법'이라 한다)상 행정주체인 주택재건축정비사업조합을 상대로 관리처분계획안에 대한 조합 총회결의의 효력을 다투는 소송은 행정처분에 이르는 절차적 요건의 존부나 효력 유무에 관한 소송으로서 그 소송결과에 따라 행정처분의 위법 여부에 직접 영향을 미치는 공법상 법률관계에 관한 것이므로, 이는 행정소송법상의 당사자소송에 해당한다 … 그리고 이러한 당사자소송에 대하여는 행정소송법 제23조 제2항의 집행정지에 관한 규정이 준용되지 아니하므로(행정소송법 제44조 제1항 참조), 이를 본안으로 하는 가처분에 대하여는 행정소송법 제8조 제2항에 따라 민사집행법상의 가처분에 관한 규정이 준용되어야 한다"라고 판시하였다(대결 2015.8.21. 2015무26).

나아가 판례는 사업시행자가 당사자소송의 원고로서 임시의 지위를 정하기 위한 가처분을 신청할 수도 있다고 한 사건에서 "당사자소송에 대하여는 행정소송법 제8조 제2항에 따라 민사집행법상 가처분에 관한 규정이 준용되므로 … 사업시행자는 민사집행법 제300조 제2항에 따라 현저한 손해를 피하기 위해 필요한 경우 '임시의 지위를 정하기 위한 가처분'을 통하여 공익사업을 신속하고 원활하게 수행할 수 있음을 밝혀 둔다"라고 판시하였다(대판 2019.9.9. 2016다262550).

Ⅲ. 당사자

1. 원고적격

항고소송과는 달리 당사자소송의 원고적격에 관한 규정은 없으므로 민사소송법상의 원고적격에 관한 법리가 준용된다(제8조 제2항). 따라서 원칙적으로 공법상 법률관계에서 권리보호의 이익이 인정되는 자는 당사자소송의 원고가 될 수 있다.

또한 판례에 의하면 행정주체도 당사자소송의 원고가 될 수 있다. 즉 사업시행자가 토지소유자 등을 상대로 토지의 일시 사용에 대한 동의의 의사표시를 구하는 소를 제기하는 것이 문제된 사건에서 "행정소송법 제39조는, "당사자소송은 국가 · 공공단체 그 밖의 권리주체를 피고로 한다."라고 규정하고 있다. 이것은 당사자소송의 경우 항고소송과 달리 '행정청'이 아닌 '권리주체'에게 피고적격이 있음을 규정하는 것일 뿐, 피고적격이 인정되는 권리주체를 행정주체로 한정한다는 취지가 아니므로, 이 규정을 들어 사인을 피고로 하는 당사자소송을 제기할 수 없다고 볼 것은 아니다"라고 판시하였다(대판 2019.9.9. 2016다262550).

2. 피고적격

당사자소송은 법률관계의 당사자를 직접 피고로 하는 소송이므로 원칙적으로 권리의무의 주체일 것이 요구된다. 따라서 당사자소송의 피고는 항고소송과는 달리 국가 · 공공단체 그 밖의 권리주체를 피고로 한다(제39조). 여기서 피고는 개인도 될 수 있다. 국가가 피고가 되는 경우에는 국가소송법 제2조에 의하여 법무부장관이, 지방자치단체가 피고가 되는 경우에는 지방자치법 제114조에 의하여 지방자치단체의 장이 대표자가 된다.

3. 소송의 대상

당사자소송의 대상은 처분등을 원인으로 하는 법률관계 그 밖에 공법상의 법률관계이다. 따라서 당사자소송은 항고소송의 대상인 처분과는 달리 공법상의 법률관계 자체를 소송의 대상으로 한다. 이러한 공법상 법률관계는 매우 포괄적인 내용과 대상을 담을 수 있는 것으로서 처분을 다투는 항고소송에 비하여 다양한 법률관계에서 개인의 권리구제에 이바지할 수 있는 가능성이 있다. 그 활용영역에 대하여는 실질적 당사자소송에서 언급하였으므로 재론하지 않는다.

Ⅳ. 제소기간

당사자소송은 민사소송과 같이 특별한 제소기간이 없으나 법령에 제소기간이 정하여져 있는 경우에는 그 기간은 불변기간으로 한다(제41조).

Ⅴ. 심리절차의 원칙

당사자소송은 항고소송에 비하여 더욱 당사자주의와 변론주의가 심리의 비중을 차지한다. 다만 당사자소송도 행정소송이라는 점을 감안하여 행정소송법은 행정심판기록제출명령과 직권심리주의에 관한 규정을 준용하여 직권주의를 가미하고 있다.

Ⅵ. 가집행선고의 제한

행정소송법은 제43조에서 국가를 상대로 하는 당사자소송의 경우에는 가집행선고를 할 수 없다고 규정하였는데, 헌법재판소는 위 규정이 재산권의 청구에 관한 당사자소송 중에서도 피고가 공공단체 그 밖의 권리주체인 경우와 국가인 경우를 다르게 취급하여 평등원칙에 위반된다는 이유로 위헌으로 판단하였다(헌재결 2022.2.24. 2020헌가12).

Ⅶ. 판 결

당사자소송의 판결의 효력에 대하여는 행정소송법이 제30조 제1항의 취소소송의 기속력을 준용하는 규정을 두고 있다(제44조 제1항). 따라서 당사자소송의 확정판결은 그 사건에 관한 당사자인 국가 · 공공단체 등과 그 밖의 관계행정청을 기속한다.

제 9 장
객관적 소송

항고소송과 당사자소송이 처분등으로 인하여 또는 행정상 법률관계에서의 개인의 권익침해를 구제하는 주관적 소송임에 반하여, 객관적 소송은 행정작용에 대한 적법성 통제에 중점을 두는 소송형식이다. 현행 행정소송법은 객관적 소송으로서 기관소송과 민중소송의 두 종류를 인정하고 있다.

제 1 절 기관소송

Ⅰ. 의 의

기관소송이란 국가 또는 공공단체의 기관 상호간에 있어서의 권한의 존부 또는 그 행사에 관한 다툼이 있을 때에 이에 대하여 제기하는 소송이다. 다만 헌법재판소법 제2조의 규정에 의하여 헌법재판소의 관장사항으로 되는 소송(권한쟁의)은 기관소송에서 제외한다(제4호).

국가기관 상호간에는 물론 국가와 지방자치단체 또는 지방자치단체 상호간에는 법령에 의하여 고유한 행정권한이 규정되어 있으나 경우에 따라 그 권한이 행사되는 과정에서 갈등을 일으키기도 한다. 이러한 경우에는 제3의 기관인 사법부가 기관소송을 통하여 권한의 존재 여부나 행사에 있어서의 법적 분쟁을 해결하는 것이다.

Ⅱ. 법적 근거

기관소송은 객관적 소송이므로 주관적 소송이 행정소송법에 의하여 널리 제기될 수 있는 것과는 달리 개별법이 규정하는 경우에 한하여 제소권을 가진 자만이 제기할 수 있다(제45조).

우리나라에서는 주로 지방자치관련법규가 기관소송에 대하여 규정하고 있다. 즉 지방자치법 제192조 제4항에 의하여 지방자치단체의 장은 지방의회 재의결이 법령에 위반됨을 이유로 하여 지방의회를 피고로 대법원에 소송을 제기할 수 있음을 규정하고 있다. 지방의회 재의결에 대하여 지방자치단체의 장에게 제소를 지시하거나 직접 제소할 수 있는 주체는 특별시, 광역시, 특별자치시, 도, 특별자치도(이하 '시 · 도')에 대해서는 주무부장관이, 시 · 군 및 지방자치단체인 구(즉 자치구)에 대하여는 시 · 도지사이다(제192조 제5항). 또한 교육자치법 제28조 제3항에 의하여 교육감은 교육 · 과학 · 기술 · 체육 그 밖의 학예에 관한 특별시 · 광역시 및 도의회의 재의결이 법령에 위반됨을 이유로 이들을 피고로 대법원에 소송을 제기할 수 있다. 지방자치법상 기관소송에 관하여는 후술한다.

Ⅲ. 적용법규

행정소송법은 기관소송에 관하여 그 성질에 반하지 않는 한 취소소송, 무효등확인소송, 당사자소송에 관한 행정소송법의 규정을 준용하도록 규정하고 있다(제46조). 따라서 기관소송의 경우에는 당사자와 행정심판전치주의, 제소기간 등에 관한 규정은 준용가능성이 상대적으로 작을 것이다. 그러나 기관소송이 행정소송의 한 형태임을 감안한다면 심리절차의 기본원칙과 직권심리주의의 가미, 판결의 기속력에 대한 규정들은 그 성질에 반하지 아니하는 한 이에 준용될 가능성이 크다.

Ⅳ. 권한쟁의와 기관소송의 관계

이미 언급한 바와 같이 국가 또는 공공단체 상호간의 권한에 대한 법적 분쟁은 기관소송의 대상이 되는 것이지만, 헌법재판소법 제2조 제4호에 의한 권한쟁의심판사항은 여기에서 제외된다. 여기서 권한쟁의심판사항은 국가기관 상호간, 국가기관과 지방자치단체 간, 지방자치단체 상호간의 권한쟁의이다.

그렇다면 위에서 언급한 지방자치관련법규상의 기관소송을 제외한다면 기관소송과 권한쟁의의 대상이 일치하여 모두 권한쟁의심판사항으로 다루어지므로 실제로는 기관소송의 존재가치가 희박하다. 한편 기관소송에서 권한쟁의심판사항이 제외됨을 고려하여 기관소송은 동일한 행정주체 내부기관 사이의 것으로 국한하는 것이 다수의 견해이다.

그런데 과연 이러한 법상태는 바람직한 것인지 의문이 제기되지 않을 수 없다. 헌법재판소가 권한쟁의를 통하여 국가와 지방자치단체 혹은 지방자치단체 상호간의 경미한 행정적 권한에 대한 분쟁까지 심판하는 것은 헌법적 성격의 쟁송을 해결함을 그 임무로 하는 헌법재판제도에는 적절하지 못하다. 예를 들어 지방자치단체 상호간에 자동차운수사업의 인가권을 대상으로 권한에 대한 분쟁이 발생한다면 현행법상으로는 이것도 헌법재판소의 권한쟁의심판사항이다. 그러나 이러한 권한다툼은 지방자치단체와 다른 지방자치단체라는 비록 법주체가 상이한 기관 상호간의 분쟁이기는 하지만 순수히 행정적 성격을 가지는 분쟁이므로 입법론적으로는 관련법규에 근거한 기관소송을 통하여 해결되어야 한다. 따라서 행정소송법 제3조 제4호 단서규정은 헌법재판소의 관장사항 중 헌법적 성격의 권한쟁의(예를 들어 지방세의 부과를 둘러싼 지방의회와 국회간의 조세입법권에 대한 법적 분쟁 등)만을 기관소송에서 제외하는 방식으로 개정되는 것이 바람직하다.

V. 지방자치단체의 장 또는 감독청과 지방의회 사이의 소송

이는 지방의회의 재의결을 대상으로 하는 소송이다. 기관소송의 범위를 어떻게 보느냐에 따라서 그 법적 성질을 달리 판단할 수 있다. 예를 들어 기관소송이 아니라 감독소송이나 특수한 소송이라고 보는 견해가 있다.

지방자치단체의 장은 지방의회의 의결이 월권이거나 법령에 위반되거나 공익을 현저히 해친다고 인정되면 그 의결사항을 이송받은 날부터 20일 이내에 이유를 붙여 재의를 요구할 수 있고(제120조 제1항), 재의결된 사항이 법령에 위반된다고 인정되면 재의결된 날부터 20일 이내에 대법원에 소를 제기할 수 있으며 필요하다고 인정되면 그 의결의 집행을 정지하게 하는 집행정지결정을 신청할 수 있다(제3항, 제192조 제4항). 감독청은 지방자치단체의 장에 대하여 재의요구지시나 제소지시를 할 수 있다(제192조 제2항, 제5항).

지방자치단체의 장은 주무부장관이나 시 · 도지사와 같은 감독청의 재의요구지시에 따라 재의결된 사항이 법령에 위반된다고 판단되면 재의결된 날부터 20일 이내에 대법원에 소를 제기할 수 있고, 필요하다고 인정되면 그 의결에 대하여 집행정지결정을 신청할 수 있다(제192조 제4항). 감독청은 지방자치단체의 장이 자신의 재의요구지시를 따르지 아니하거나 재의요구지시를 받기 전에 그 조례안을 공포한 경우에는 대법원에 직접 제소 및 집행정지결정을 신청할 수 있다(제8항).

지방자치단체의 장은 감독청으로부터 제소지시를 받은 날부터 7일 이내에 제소하여야 한다(제6항). 감독청은 위 7일이 지난 날부터 7일 이내에 직접 제소 및 집행정지결정을 신청할 수 있다(제7항).

Ⅵ. 지방자치단체의 장과 감독청 사이의 소송

이는 감독청의 취소 · 정지처분 또는 이행명령을 대상으로 하는 소송이다. 이 역시 기관소송의 범위를 어떻게 보느냐에 따라서 그 법적 성질을 달리 판단할 수 있다.

지방자치단체의 장은 자신의 자치사무에 관한 명령이나 처분이 법령에 위반됨을 이유로 하여 감독청이 그에 대하여 한 취소 또는 정지에 대하여 이의가 있으면 그 취소처분 또는 정지처분을 통보받은 날부터 15일 이내에 대법원에 소를 제기할 수 있다(제188조 제6항). 한편 판례는 지방자치단체의 장 또는 지방의회의 의장이 하는 명령이나 처분에 관하여 지방자치법 제188조 제1항은 "지방자치단체의 자치행정 사무처리가 법령 및 공익의 범위 내에서 행해지도록 감독하기 위한 규정이므로 그 적용대상을 항고소송의 대상이 되는 행정처분으로 제한할 이유가 없다"라고 하였다(대판 2017.3.30. 2016추5087). 또한 지방자치법 제188조 제6항에 따라 지방자치단체의 장이 대법원에 제소할 수 있는 대상은 그 법문언에 따라 주무부장관이나 시 · 도지사가 한 자치사무에 관한 명령이나 처분에 대한 취소 또는 정지에 국한되는 것이고 시정명령은 포함되지 않는다고 하였다(대판 2017.10.12. 2016추5148).

지방자치단체의 장은 기관위임사무에 관한 감독청의 이행명령에 이의가 있으면 이행명령서를 접수한 날부터 15일 이내에 대법원에 소를 제기할 수 있고 이때 이행명령의 집행을 정지하게 하는 집행정지결정을 신청할 수 있다(제189조 제6항).

제 2 절 민중소송

Ⅰ. 의 의

민중소송이란 국가 또는 공공단체의 기관이 법률에 위반되는 행위를 한 때에 직접 자기의 법률상 이익과 관계없이 그 시정을 구하기 위하여 제기하는 소송이다(제3조 제3호). 따라서 민중소송은 "직접 자신의 법률상 이익과 관계없는 소송"이므로 극단적으로 말한다면 원고가 누가 되는가는 중요하지 않으며 국가기관행위의 적법성통제라는 소송목적이 전면에 나선다. 이러한 의미에서 민중소송은 기관소송과 함께 대표적인 객관적 소송이라고 할 수 있다.

Ⅱ. 법적 근거

민중소송도 객관적 소송이므로 항고소송이나 당사자소송과 같이 널리 제기되는 것은 아니며 법률에 정한 경우에 한하여 제소권을 가진 자만이 제기할 수 있다(행정소송법 제45조). 우리나라에서 민중소송을 규정한 법규는 대부분 선거관련법규이다. 공직선거법은 제222조와 제223조에서 선거인 등은 선거의 효력과 당선의 효력에 대하여 당해 선거구선거관리위원회위원장 등을 피고로 하여 대법원에 제소할 수 있다고 규정한다. 예를 들어 대통령선거 및 국회의원선거에 있어서 선거의 효력에 관하여 이의가 있는 선거인 · 후보자를 추천한 정당 또는 후보자는 선거일로부터 30일 이내에 당해 선거구선거관리위원회위원장을 피고로 하여 대법원에 소를 제기할 수 있다(제222조 제1항).

또한 국민투표법에 의하여 국민투표의 효력에 관하여 이의가 있는 투표인은 10만인 이상의 찬성을 얻어 중앙선거관리위원회위원장을 피고로 하여 투표일로부터 20일 이내에 대법원에 제소할 수 있다(제92조). 대법원은 이 소송에 있어서 국민투표에 관하여 이 법 또는 이 법에 의하여 발하는 명령에 위반하는 사실이 있는 경우라도 국민투표의 결과에 영향이 미쳤다고 인정하는 때에 한하여 국민투표의 전부 또는 일부의 무효를 판결한다(제93조). 주민투표법상 주민투표소송에 대하여는 제25조 제3항에 규정되어 있는데 공직선거법의 관련 규정을 준용한다.

Ⅲ. 적용법규

민중소송의 경우에도 기관소송과 같이 그 성질에 반하지 않는 한 취소소송, 무효등확인소송, 당사자소송에 관한 행정소송법의 규정을 준용하도록 규정하고 있다(제46조). 그럼에도 불구하고 민중소송의 성질상 원고와 피고, 재판관할에 대하여 개별법에서 특별한 규정을 둘 것이므로 항고소송이나 당사자소송의 규정이 준용될 가능성은 희박하다. 반면에 민중소송도 행정소송의 한 형태임을 감안한다면 심리절차의 기본원칙과 직권탐지주의의 가미, 판결의 기속력에 대한 규정들은 그 성질에 반하지 아니하는 한 이에 준용된다.

Ⅳ. 주민소송

1. 의 의

민중소송의 예로서, 지방자치법상 주민소송은 ① 공금의 지출에 관한 사항, ②

재산의 취득 · 관리 · 처분에 관한 사항, ③ 해당 지방자치단체를 당사자로 하는 매매 · 임차 · 도급 계약이나 그 밖의 계약의 체결 · 이행에 관한 사항, ④ 지방세 · 사용료 · 수수료 · 과태료 등 공금의 부과 · 징수를 게을리한 사항을 감사 청구한 주민이 그 감사 청구한 사항과 관련이 있는 위법한 행위나 업무를 게을리한 사실에 대하여 해당 지방자치단체의 장(해당 사항의 사무처리에 관한 권한을 소속 기관의 장에게 위임한 경우에는 그 소속 기관의 장)을 상대방으로 하여 제기하는 소송이다(제22조 제1항). 따라서 주민소송은 주민감사청구의 전치를 그 소송요건으로 한다(대판 2020.6.25. 2018두67251). 주민소송에 관하여 지방자치법에 규정된 것 외에는 행정소송법에 따른다(제22조 제18항).

2. 주민소송의 대상

주민소송의 대상은 주민감사청구사항과 관련이 있는 위법한 행위나 업무를 게을리 한 사실이다. 따라서 주민소송의 대상과 주민감사청구사항이 반드시 동일하여야 하는 것은 아니며, 그 관련성 유무 판단기준에 관하여 판례는 “주민감사를 청구한 사항과 관련성이 있는지 여부는 주민감사청구사항의 기초인 사회적 사실관계와 기본적인 점에서 동일한지 여부에 따라 결정되는 것이며 그로부터 파생되거나 후속하여 발생하는 행위나 사실은 주민감사청구사항과 관련이 있다고 보아야 한다”라고 본다(대판 2020.7.29. 2017두63467).

주민소송제도의 목적을 고려할 때 주민소송의 대상은 재무회계와 관련이 있는 행위이어야 한다. 판례는 “주민소송 제도는 주민으로 하여금 지방자치단체의 위법한 재무회계행위의 방지 또는 시정을 구할 수 있도록 함으로써 지방재무회계에 관한 행정의 적법성을 확보하려는 데 그 목적이 있다. 그러므로 위 규정에 따라 주민소송의 대상이 되는 ‘재산의 관리 · 처분에 관한 사항’이나 ‘공금의 부과 · 징수를 게을리 한 사항’이라 함은, 지방자치단체의 소유에 속하는 재산의 가치를 유지 · 보전 또는 실현함을 직접 목적으로 하는 행위 또는 그와 관련된 공금의 부과 · 징수를 게을리한 행위를 말하고, 그 밖에 재무회계와 관련이 없는 행위는 설령 그것이 지방자치단체의 재정에 어떤 영향을 미친다고 하더라도, 주민소송의 대상이 되는 ‘재산의 관리 · 처분에 관한 사항’ 또는 ‘공금의 부과 · 징수를 게을리 한 사항’에 해당하지 않는다”라고 한다(대판 2015.9.10. 2013두16746).

판례는 주민소송대상으로서 ‘재산의 취득 · 관리 · 처분에 관한 사항’ 해당 여부의 판단기준에 관하여 “주민소송은 원칙적으로 지방자치단체의 재무회계에 관한 사항의 처리를 직접 목적으로 하는 행위에 대하여 제기할 수 있고, 지방자치법 제17조 제1항에서 주민소송의 대상으로 규정한 ‘재산의 취득 · 관리 · 처분에 관한 사항’에 해당하는지 여부도 그 기준에 의하여 판단하여야 한다. 특히 도로 등 공물이나 공공용물을 특정 사인이 배타적으로 사용하도록 하는 점용허가가 도로 등의 본래 기능 및 목적과 무관하게 그 사용가치를 실현 · 활용하기 위한 것으로 평가되는 경우에는 주민소송의 대상이 되는 재산의 관리 · 처분에 해당한다고 보아야 한다"라고 하면서 "이러한 여러 사정에 비추어 보면, 위 도로점용허가로 인해 형성된 사용관계의 실질은 전체적으로 보아 도로부지의 지하 부분에 대한 사용가치를 실현시켜 그 부분에 대하여 특정한 사인에게 점용료와 대가관계에 있는 사용수익권을 설정하여 주는 것이라고 봄이 상당하다. 그러므로 이 사건 도로점용허가는 실질적으로 위 도로 지하 부분의 사용가치를 제3자로 하여금 활용하도록 하는 임대 유사한 행위로서, 이는 앞서 본 법리에 비추어 볼 때, 지방자치단체의 재산인 도로부지의 재산적 가치에 영향을 미치는 지방자치법 제17조 제1항의 '재산의 관리 · 처분에 관한 사항'에 해당한다고 할 것이다"라고 판시하였다(대판 2016.5.27. 2014두8490).

3. 주민소송을 제기할 수 있는 경우

주민소송을 제기할 수 있는 경우로는 ① 주무부장관이나 시 · 도지사가 감사 청구를 수리한 날부터 60일(제21조 제9항 단서에 따라 감사기간이 연장된 경우에는 연장된 기간이 끝난 날)이 지나도 감사를 끝내지 아니한 경우, ② 제21조 제9항 및 제10항에 따른 감사 결과 또는 같은 조 제12항에 따른 조치 요구에 불복하는 경우, ③ 제21조 제12항에 따른 주무부장관이나 시 · 도지사의 조치 요구를 지방자치단체의 장이 이행하지 아니한 경우, ④ 제21조 제12항에 따른 지방자치단체의 장의 이행 조치에 불복하는 경우가 있다(제22조 제1항).

4. 주민소송의 종류

주민소송의 종류에는 ① 해당 행위를 계속하면 회복하기 어려운 손해를 발생시킬 우려가 있는 경우에는 그 행위의 전부나 일부를 중지할 것을 요구하는 소송, ② 행정처분인 해당 행위의 취소 또는 변경을 요구하거나 그 행위의 효력 유무 또는 존재 여부의 확인을 요구하는 소송, ③ 게을리한 사실의 위법 확인을 요구하는 소송, ④ 해당 지방자치단체의 장 및 직원, 지방의회의원, 해당 행위와 관련이 있는 상대방에게 손해배상청구 또는 부당이득반환청구를 할 것을 요구하는 소송, ⑤ 위 ④에서의 지방자치단체 직원이 「회계관계직원 등의 책임에 관한 법률」 제4조에 따른 변상책임을 져야 하는 경우에는 변상명령을 할 것을 요구하는 소송이 있다(제22조 제2항).

그런데 위 ①의 중지청구소송은 해당 행위를 중지할 경우 생명이나 신체에 중대한 위해가 생길 우려가 있거나 그 밖에 공공복리를 현저하게 해칠 우려가 있으면 제기할 수 없다(제22조 제3항). 위 ②의 취소소송뿐만 아니라 무효등확인소송에 대하여도

90일의 제소기간이 적용된다(제4항).

위 ④의 소송의 경우 그 소송에 대하여 손해배상청구나 부당이득반환청구를 명하는 판결이 확정되면 지방자치단체의 장(해당 사항의 사무처리에 관한 권한을 소속 기관의 장에게 위임한 경우에는 그 소속 기관의 장)은 그 판결확정일부터 60일 이내를 기한으로 하여 당사자에게 그 판결에 따라 결정된 손해배상금이나 부당이득반환금의 지급을 청구하여야 하는데, 그 지급하여야 할 당사자가 지방자치단체의 장이면 지방의회의 의장이 지급을 청구하여야 한다(제23조 제1항). 위 지급청구를 받은 자가 지급기한까지 손해배상금이나 부당이득반환금을 지급하지 아니하면 손해배상 · 부당이득반환의 청구를 목적으로 하는 소송을 제기하여야 하는데, 그 소송 상대방이 지방자치단체의 장이면 그 지방의회의 의장이 그 지방자치단체를 대표한다(제2항).

위 ⑤의 소송의 경우 그 소송에 대하여 변상명령판결이 확정되면 지방자치단체의 장은 그 확정일부터 60일 이내를 기한으로 하여 당사자에게 그 판결에 따라 결정된 금액을 변상할 것을 명령하여야 하고, 위 기한까지 변상금이 지급되지 아니하면 지방세 체납처분의 예에 따라 징수할 수 있다(제24조 제1항, 제2항). 위 변상명령을 받은 자는 그 명령에 불복하는 경우 일반행정심판은 제기할 수 없고 행정소송을 제기할 수 있다(제3항).

한편 주민소송이 진행 중이면 다른 주민은 같은 사항에 대하여 별도의 소송을 제기할 수 없다(제5항).

판례색인

사항색인

[ㅈ]

[ㅊ]

[공저자약력]

김 성 수

연세대학교 법과대학 및 동 대학원 졸업
독일 Tübingen 대학교 법학박사(1989)
연세대학교 경법대학(1990–2004), 한양대학교 법과대학 교수(2005–2008) 역임
연세대학교 법학전문대학원 교수(2008–2023), 명예교수(2023–현재)
독일 아데나우어재단(Konard–Adenauer–Stiftung) 초청교수
독일 훔볼트재단(Alexander von Humboldt–Stiftung) 객원교수
(사)한국재정법학회 회장, (사)행정법과 법치주의학회 회장 역임
연세학술상 수상(2003)
독일 훔볼트재단(Alexander von Humboldt–Stiftung) 라이마 뤼스트 국제 연구상(Reimar Lüst Research Award) 수상(2020)

[주요 논저]
Rechtfertigung von Sonderabgaben, Duncker & Humblot Berlin 1990.
민자유치론(공저), 박영사, 1995.
행정절차법제정연구(공저), 법문사, 1996.
Vom paternalistischen zum partnerschatlichen Rachtsstaat, Nomos Verlagsgesellschaft, Baden Baden, 2000.
일반행정법, 홍문사, 2021.
개별행정법, 법문사, 2004.
세법, 법문사, 2003.
행정법판례평론, 홍문사, 2006.
물과 인권(공저), 피어나 2012.
수법(water law)연구, 신조사, 2013.
물 거버넌스(공저), 피어나 2014.
기후변화와 법학의 과제(공저), 신조사 2014.
수법연구 II, 신조사, 2020.
신사조행정법, 신조사, 2023.
Rechtliche Probleme bei der Zuteilung von Emissionsberechtigungen in Korea, Recht der internationalen Wirtschaft, 2013.

[주요 연구분야]
행정법, 水法, 환경법, 재정법, 조세법, 경제행정법, PPP.

이 국 현

연세대학교 법과대학 및 동 대학원 석사과정 졸업, 박사과정 수료
제48회 사법시험 합격, 사법연수원 제38기 수료
법무부 국가송무과 공익법무관, 정부법무공단 변호사(2012–2022)
충북대학교 법학전문대학원 부교수(2022–현재)

[주요 논저]
적법절차원리에 의해 요구되는 행정처분절차의 절차적 요건 –미국법에서의 논의와 그 시사점을 중심으로–, 2014.
「온실가스 배출권의 할당 및 거래에 관한 법률」상 배출권의 법적 성격 재론(再論), 2021.
기후대응기금의 효과성과 책임성을 위한 행정법적 과제, 2023.
전력시장의 기후변화대응과 행정법의 과제–재생에너지전기 직접구매제도를 중심으로–, 2023.
「약제 급여적정성 재평가」에 관한 행정법적 문제, 2023.

[주요 연구분야]
행정법, 환경법, 보건의료행정법

행 정 법

2024년 8월 20일 제 1 판 인쇄
2024년 9월 1일 제 1 판 발행

공저자 김성수 · 이국현
발행인 임 권 규
발행처 弘 文 社

05855 서울시 송파구 송파대로 167 테라타워 B동 802호
등록 1993. 6. 24. 제1-1543호
TEL. 712-5311(代) FAX. 716-5311

값 43,000원

ISBN 978-89-7770-765-8